KB160944

EU 법

European Union Law

Law · Governance · Economic and Trade · Food Safety ·
Environmental Protection · Criminal Cooperation

EU 법

법 · 통치구조 · 경제통상 · 식품안전 · 환경보호 · 형사공조   김두수 지음

European Union Law

Law · Governance · Economic and Trade · Food Safety ·
Environmental Protection · Criminal Cooperation

▦ 머리말

　EU는 1957년 당시의 기존 회원국인 독일, 프랑스, 이탈리아, 벨기에, 네덜란드, 룩셈부르크에 이어 1970년대에서 1990년대까지 영국, 덴마크, 아일랜드, 그리스, 스페인, 포르투갈, 스웨덴, 핀란드, 오스트리아가 가입되었고, 2004년 5월 1일에 사이프러스, 몰타, 헝가리, 폴란드, 슬로박공화국, 라트비아, 에스토니아, 리투아니아, 체코공화국, 슬로베니아가 가입된 후 2007년 1월 1일에 루마니아, 불가리아가 그리고 2013년 7월 1일에 크로아티아가 가입되어 영역이 확대되었다. 이로써 EU는 전쟁 없는 유럽을 지향하며 역내복지를 보다 잘 구현할 수 있는 기초를 놓게 되었다.

　이후 EU는 2009년 10월 2일 아일랜드 2차 국민투표에서 리스본조약(Treaty of Lisbon Amending the Treaty on European Union and the Treaty Establishing the European Community)이 찬성 67.1%, 반대 32.9%로 통과됨으로써 '하나의 유럽'으로 가는 난관을 극복하게 되었다. 2008년 하반기부터 시작된 국제경제의 침체로 아일랜드 등 EU회원국들은 국익 차원에서 EU라는 든든한 울타리의 필요성을 더욱 체감하여 EU의 결속을 강화하는 계기가 되었다.

　더욱이 2009년 12월 1일부터 리스본조약이 발효됨에 따라 역내 단일생활권을 형성하고 있는 EU는 이제 명실상부한 국제사회의 구성원으로서 대내외적으로 그 지위가 확고해지고 영향력도 증대되게 되었다. 이를 가장 잘 보여 주는 것은 EU가 소위 EU의 대통령이라고 할 수 있는 '유럽이사회 상임의장'(President of the European Council)을 선출하고, EU의 대외정책을 조율하는 EU집행위원회 내에서 집행위원회 위원장 외의 'EU외교안보정책고위대표'(High Representative of the Union for Foreign Affairs and Security Policy)를 선출하게 되었다는 점이다. 1999년의 유로(Euro)화 도입이 EU 경제통합의 핵심적 내용이라면, 리스본조약 발효에 의한 유럽이사회 상임의장과 EU외교안보정책고위대표의 선출은 EU의 정치통합의 핵심이라고 볼 수 있기 때문에, 이제 EU는 국제사회에서 명실상부한 정치적·경제적 주체성을 확보하게 된 것이다.

이러한 EU와 우리나라 사이에 FTA가 체결되어 2011년 7월 1일 발효되었고, 여러 분야에서 EU의 법과 제도에 대한 이해가 더욱 절실히 필요하게 되었다. 더구나 오늘날 국제사회는 먹을거리의 안전성 확보와 기후변화로 인한 환경보호에 큰 관심을 가지게 되었다. 1995년 1월 1일 WTO의 출범과 수많은 FTA의 체결 등으로 다자간 또는 양자 간의 국가 간 교역이 증대되었고, 식품안전 문제와 같은 초국경적인 문제가 이슈화되었다. 따라서 이미 회원국들 간 시장을 개방하여 역내 공동시장체제를 갖추고 있는 EU식품법에 관하여 살펴보는 것은 국제공동체뿐만 아니라 우리나라의 식품안전과 소비자보호에도 법·제도적으로 유익할 것이다. 또한 기후변화로 인한 환경보호가 초국경적인 사안임에는 틀림이 없어, 환경문제는 국가의 '주권적' 사항이라는 측면과 '초국경적' 국제문제라는 측면에서 다루게 되는데, EU 환경법도 특별한 것이 아닌 국제법 주체들이 공통적으로 관심을 갖는 내용이 규율대상이기 때문에 그 다루는 내용이 유럽이라는 지역에서 실행되고 있는 정책과 법의 한 영역으로 이해될 수 있다.

우리나라는 한·EU FTA시대에 시장개방을 통한 경제적·통상적 국익뿐만 아니라, 적극적 차원에서 식품안전정책과 환경보호정책을 고려할 필요가 있다. 적극적 차원에서 식품안전과 환경보호의 목적 또는 원칙들이 반영된 경제통상정책이 추진된다면 미래지향적 관점에서 결국 국제적으로 큰 경쟁력을 확보하게 될 것이다.

이에 이 책은 EU의 여러 분야 중에서 법, 통치구조, 경제통상, 식품안전, 환경보호, 형사공조를 중심으로 구성하였다. 특히 EU에 대한 기본 이론과 핵심 사례를 해당 부문에서 상세하게 소개하여 EU에 대한 가장 기본적인 내용에서부터 부문별 세부 영역에 이르기까지 심도 있게 학습되고 이해되도록 하였다. 부디 이 책이 학계와 실무계 관계자 여러분들께 유익하기를 바란다.

끝으로 무엇보다 저자를 위해 항상 헌신하셨던 아버지(김종기)와 어머니(정진옥), 그리고 늘 관심과 사랑을 보내 준 어린 시절의 추억 속에서 그리운 형님(김철수)과 누님들(김은희, 김은옥, 김은경, 김은화)과 동생(김은정)을 포함한 사랑하는 가족에게 고마운 마음을 전한다. 또한 영완이의 건강과 행복을 바라며 이렇게 지면으로나마 밖에서의 그리움과 미안함을 전한다.

2014년 1월 21일
김두수

▦ 차례

PART 02. 경제통상

PART 04. 환경보호

■ 인용약어

APEC: Asia-Pacific Economic Cooperation
BSE: Bovine Spongiform Encephalopathy
CAC: Codex Alimentarius Commission
CAP: Common Agricultural Policy
CFI: Court of First Instance
CMLR: Common Market Law Reports
CMLRev: Common Market Law Review
DCFR: Draft Common Frame of Reference
EAEC: European Atomic Energy Community
EC: European Community
ECB: European Central Bank
ECHR: European Court of Human Rights
ECJ: European Court of Justice
ECR: European Court Reports
ECSC: European Coal and Steel Community
EEA: European Economic Area / European Environment Agency
EFSA: European Food Safety Authority
EFTA: European Free Trade Association
EIE: Environmental Impact Assessment
EIONET: European Environment Information and Observation Network
EJIL: European Journal of International Law
ELRev: European Law Review
EU: European Union
EMEA: Europan Medicines Agency
FDA: Food and Drug Administration
FTA: Free Trade Agreement / Free Trade Area
FVO: Food & Veterinary Office
GATT: General Agreement on Tariffs and Trade
GMO: Genetically Modified Organisms
HACCP: Hazard Analysis Critical Control Points systems
ICJ: International Court of Justice
JHA: Justice and Home Affairs
NAFTA: North American Free Trade Agreement(or Area)

NAFTA: North American Free Trade Agreement(or Area)

OECD: Organization for Economic Co-operation and Development

OEM: Original Equipment Manufacturer

OJ: Official Journal of the European Union

PPP: Polluter-pays Principle

RAS: Rapid Alert System

RASFF: Rapid Alert System for Food and Feed

SCFCAH: Standing Committee on the Food Chain and Animal Health

SEA: Single European Act

SPS: Agreement on the Application of Sanitary and Phytosanitary Measures

TBT: Agreement on Technical Barriers to Trade

TEU: Treaty of European Union

TFEU: Treaty on the Functioning of the European Union

UN: United Nations

WHO: World Health Organization

WTO: World Trade Organization

법과 통치구조

제1장 EU의 통합법제사*

Ⅰ. 서언

오늘날의 유럽연합(European Union: EU)의 통합은 갑작스레 이루어진 것이 아니다. 유럽에서는 과거에 먼저 영토 정복을 통한 통합의 시도가 있었다. 프랑스의 나폴레옹에서 독일의 히틀러에 이르기까지 당대 정치 지도자들은 유럽 대륙에 대한 제국주의적 지배를 통하여 통합을 이루고자 하였다. 그러나 유럽대륙이 모자이크처럼 분열되어 있다는 사실과 지방민들의 요구를 간과한 채 거대한 영토를 무력으로 통제하려고 했기 때문에 그들의 통합 시도는 결국 실패하였다.

이러한 의미에서 '진정한 의미의 통합'은 소위 군사적 내지 무력적 정복에 의해서 성취되는 것이 아니라고 할 수 있다.[1] 여러 지식인들과 사상가들도 이러한 통합이라는 주제에 관하여 지속적인 관심을 가지고 있었다. 많은 저술가들은 유럽통합의 모델을 고대 로마제국에서 찾기도 한다. 이는 아마도 통합의 가장 큰 가치는 전쟁의 방지와 평화의 보존이라고 할 수 있는데, 당시 로마제국이 외부의 약탈과 침략으로부터 '유럽을 효과적으로 방위'할 수 있었기 때문으로 볼 수 있다.[2] 2차 대전 후 유럽통합의 활발한 움직임도 이러한 '유럽의 안보와 번영'이라는 궁극적 가치와 관련이 있었다.

1946년 9월 19일 스위스 취리히(Zürich) 대학의 연설에서 윈스턴 처칠(Winston Churchill)은 "유럽(European family)은 통합을 통해 앞으로 보다 많은 성과를 달성할 수 있다"라고 역설하였으며, 유럽의 평화·자유가 정착된 통치구조의 설립을 제안하였다.[3] 이 연설을 시초로 시작된 유럽통합의 이상은 약 45년이 흘러 1992년 네덜란드(Holland) Maastricht에서

---

* 이 내용은 김두수, 『EU법론』, 파주: 한국학술정보, 2007, 제1장을 참고하였음.
1) Derek W. Urwin, *The Community of Europe: A History of European Integration since 1945*(London: Longman, 1992), p.2.
2) *Ibid.*
3) P. S. R. F. Mathijsen, *A Guide to European Union Law*(London: Sweet & Maxwell, 1995), p.12.

체결된 '유럽연합조약'(Treaty on European Union: TEU)에 의해 구체화되었다. 그런데 이런 EU통합의 이상은 일찍이 '로마제국', '중세 기독교적 유럽', 히틀러의 '제3제국'과 같은 모습으로 전개되기도 하였으며, 1849년에는 빅토르 휴고(Victor Hugo)가 '유럽합중국'(United States of European)이라는 용어를 사용하기도 하였다.[4] 그러나 본격적인 EU통합의 역사는 제2차 세계대전 종결 후부터 시작되어 1992년의 유럽연합조약(TEU)의 채택에 의해 일단락 되었다.[5]

현재 EU는 통합과정[6]의 '과도기적 단계'를 대부분 지나 이제는 '완전한 통합 단계'에 도달해 있다. EU통합을 위하여 기능주의적 차원에서 추구했던 '경제통합' 단계를 넘어서 '정치통합'을 추구하고 있다. 이전보다 더 긴밀한 움직임 속에 EU의 역내 경제적·정치적 통합이 동시에 진행되어 결실을 보고 있는 것이다. 이런 EU가 '완전한 연방체'로 통합된다면 21세기 국제질서는 보다 새로운 국면을 맞이하게 될 것이다.[7] EU는 한국, 중국, 일본을 포함한 동아시아, 미국을 포함한 북미자유무역지대(North America Free Trade Area: NAFTA)와 함께 세계 경제질서의 3대 축 가운데 하나라는 점에서 비중을 가진다.

대부분 국제기구들은 일련의 역사적 투쟁 결과로 이를 성립하기 위하여 많은 관심과 열정, 희망과 갈등의 시간을 겪으며 법·제도적으로 발전해 왔다. 지역기구[8]로 출발한 EU도 마찬가지이다. 따라서 현재의 EU와 EU법을 충분히 이해하기 위해서는 EU의 통합과정을 '법제사적 관점'에서 바라볼 필요가 있다.[9] 현재의 EU만 바라보고 EU를 이해하는 것은 거

---

4) Urwin, *supra* note 1, p.3.

5) Mathijsen, *supra* note 3, p.12.

6) 지역통합 3대 이론으로 Federalism, Communications Approach, Neo-functionalism이 있다고 할 수 있다. 'Federalism'은 정치적 선결요건(political postulates)이 확립되어 주권국가를 지향하는 것이고, 'Communications Approach'는 지역적으로 동일한 법적 조리를 구상하는 것이고, 'Neo-functionalism'은 다원론적 국가모델(Pluralistic National Model)로서 설명된다. 일반적으로 연방주의의 추진요소는 경제적 요소로 통합목적이 공동체이며, 기능주의의 추진요소는 정치적 요소로 통합목적이 주권국가의 성립에 있다. Ernst B. Hass, "The Study of Regional Institution: Reflections on the Joy and Anguish of Pretheorizing", *International Organization,* Vol.24(1970), pp.622-630.

7) 6개국이었던 회원국 수는 1973년 영국, 아일랜드, 덴마크의 가입, 1981년 그리스의 가입, 1986년 스페인, 포르투갈의 가입, 1995년 오스트리아, 핀란드, 스웨덴의 가입으로 15개국이 되었다. 반면 당시 EC와 동유럽 국가들과의 관계에는 성과가 없었는데, 이는 EC가 가장 크게 실패한 부분이라고 설명하는 자도 있었다. 1972년에는 노르웨이가 가입조약을 체결하였음에도 불구하고, 국민투표(Referendum)에서 EC가입이 거부됨에 따라 EC의 권위가 손상을 입기도 하였다. 지리적 범위는 1985년 2월 그린란드가 탈퇴함으로써 축소되었다. 덴마크의 일부분이었던 그린란드는 유럽과 멀리 떨어져 있고 인구가 희박한 섬으로서, 1973년에 덴마크의 EC가입과 함께 자동적으로 EC의 일원이 되었었다. 2004년 사이프러스, 몰타, 헝가리, 폴란드, 슬로박공화국, 라트비아, 에스토니아, 리투아니아, 체코, 슬로베니아의 가입으로 25개국이 되었다. 2007년 루마니아, 불가리아의 가입으로 27개국이 되었다.

8) 지역기구라는 것은 비록 지역적(regional)이라고 표현은 하지만, '지역'이라는 용어가 갖는 실질적인 의미는 지리학상의 개념이라기보다는 정치적 성격을 갖는 개념이라고 볼 수 있다. D. W. Bowett, *The Law of International Institutions*(London: Stevens & Sons, 1982), p.11.

대한 숲 속의 나무 몇 그루만을 보고 거대한 숲을 보았다고 말하는 것과 같다.

Ⅱ. EC와 EU

　과거에 유럽공동체(European Communities: EC)라고 함은 엄밀히 말해서 유럽석탄철강공동체(European Coal and Steel Community: ECSC, 1952), 유럽원자력공동체(European Atomic Energy Community: Euratom(EAEC), 1958), 유럽경제공동체(European Economic Community: EEC, 1958)를 통틀어 의미하였다. 이 중에 하나의 공동체(Community)를 지칭할 때는 통상 유럽경제공동체(EEC)만을 의미하였다.[10] 그런데 이 EEC는 나머지 두 개 공동체와 완전히 분리되어 개별적인 역할을 수행하지 않으며, 실제로는 조약 대부분 목적들이 EEC 내로 흡수되어 있고, 유럽연합조약(TEU)은 이러한 EEC를 유럽공동체의 '대표격'으로 여겨 EC로 개칭하였다.[11]

　'공동시장'[Common Market, 즉 역내시장(Internal Market)을 의미함]은 '공동체'와 혼동될 우려가 있으나, '공동시장'은 '공동체'에 의해 수행되는 다양한 농업, 상업, 경쟁, 식품, 환경, 에너지 정책들과 같은 '기본적 자유들'(basic freedoms)이 실현되는 공간을 의미한다.[12] '역내시장'(internal market)이란 '공동시장'과 유사한 개념으로 '상품, 사람, 서비스, 자본의 자유이동이 보장된 경계선이 없는 지역'을 의미한다.

---

9) 유럽통합사의 주요 조약의 체결과 발효는 다음과 같다.

주요 조약	체결	발효
ECSC설립조약	1951. 4.18.	1952. 7.25.
EEC설립조약 · Euratom설립조약	1957. 3.25.	1958. 1. 1.
Merger Treaty	1965. 4. 8.	1967. 7. 1.
Single European Act	1986. 2.28.	1987. 7. 1.
Treaty on European Union	1992. 2. 7.	1993.11. 1.
Amsterdam조약	1997.10. 2.	1999. 5. 1.
Nice조약	2001. 2.26.	2003. 2. 1.
Lisbon조약	2007.12.13.	2009.12. 1.

10) Mathijsen, *supra* note 3, p.4.

11) T. C. Hartley, *The Foundations of European Community Law*(Oxford: Clarendon Press, 1994), p.3.

12) Mathijsen, *supra* note 3, p.4.

1. EC

과거 1951년 ECSC조약 초안자들은 '고등관청'(High Authority, 현재의 European Commission에 해당됨)의 회원국들에 의해 수행되는 기능의 특수성과 관련하여 '초국가적'(supranational)이란 용어를 사용하였다.13) 이는 공동체가 개별 회원국들보다 또한 개별 회원국들의 국내법보다 우위에 있다는 것으로 이해되었다. 이로써 공동체는 국제법상의 '국제조직'(즉 국제기구)의 형태로 설립되었지만, 다른 국제조직들보다 그 설립 시 많은 신중을 기하였고, 단순히 서명국들이 '국가 간 체제'에 따라 그들 상호 간의 의무를 수용하는 것이 아니라, 일체의 권한을 공동체에 위임함으로써 '주권의 제한'을 받게 되었다.14)

그런데 보통의 국제조약과 비교하여 볼 때, 공동체와 관련된 기초 설립조약들은 '국가간'(international)이란 용어를 사용하지 않으며, 자체적인 법적 체계인 '국제법상의 새로운 법질서'(a new legal order of international law)를 형성해 왔다. '초국가적'(supranational)이란 용어는 보통의 국제조약과 공동체 조약과의 차이를 보여 주고 있는데, 바로 이는 회원국을 규율하는 공동체법이 일반적으로 국가들 간을 규율하는 국제법과는 다른 성격을 가짐을 의미한다.15) 그렇기 때문에 공동체법은 모든 회원국에서 통일적이고도 일관성 있게 적용되어야 하고, 이로써 공동체법은 진정한 '초국가적' 성질을 가진다.

그런데 현재는 '초국가적'이란 용어의 사용에 대한 논란이 있어 왔고, EU시민들이 'EU헌법'에 민감한 반응을 보였던 것과 같이 '초국가적'이란 용어는 ECSC조약에서도 삭제되었다. 그러나 이로 인해 공동체와 공동체법의 '초국가적' 특수성이 변화 또는 변질되었다는 것을 의미하는 것은 아니다. 보다 중요한 점은 이러한 '초국가적' 개념이 현재 보편적으로 수용되고 있고, 또한 공동체법(Community Law)이란 용어로 표현되어 왔다는 것이다.16) 공동체법을 단수 'Community'로 표현한 이유는 대부분의 법률문제가 EEC조약과 관련되기 때문이었다.

1967년 통합조약(Merger Treaty)으로 유지되던 유럽공동체(EC)는 시간이 흘러 1984년 '유럽연합에 대한 초안'(Entwurf eines Vertrages zur Gründung einer Europäischen Union)이 유럽의회에서 채택되고,17) 'EU' 출범 준비를 위한 1986년 단일유럽의정서(Single European

---

13) ECSC조약 제9조의 (5), (6).

14) Mathijsen, *supra* note 3, p.7.

15) *Ibid.*, pp.7-8.

16) *Ibid.*, p.8.

17) Albert Bleckmann, *Europarecht: Das Recht der Europäischen Gemeinschaft*(Köln: Carl Heymanns Verlag KG, 1990), p.5.

Act: SEA)가 채택되면서 명칭이 점차 'EU'로 변경되게 된다. 이 단일유럽의정서(SEA)의 핵심적 내용은 ① 1992년 말까지, 즉 'EU'가 창설될 때까지 '완전한 역내시장'을 완성해야 한다는 것과 ② '제1심법원'[CFI, 현재의 일반재판소(General Court)를 의미함]의 설립에 관한 것이었다.[18]

2. EU

EU는 출범 당시 그 존립 형태가 구체적으로 결정된 것은 아니었으나, 완전한 연방체가 궁극적인 목표였다고 할 수 있다. 이런 EU는 법적 측면에서보다는 정치적 측면에서 보다 중요한 의미를 갖는 기구였다.[19] 그런데 회원국의 모든 국민들이 유럽연합조약(TEU)상 그들의 권리가 확고히 보장되는 EU의 '시민'[20](citizens)으로 인정되었기 때문에 법적 측면에서 완전히 무관한 것만은 아니다.[21]

한편 리스본조약 발효 이후에는 의미가 없어졌지만 당시 EU의 3개 기둥[22](3주 체제) 중에 공동외교안보정책[23](Common Foreign and Security Policy: CFSP)과 사법·내무협력(Co-operation in the fields of Justice and Home Affairs: CJHA)은 아직 회원국들 간 합의가 이루어지지 못해, 이 두 분야에 관한 내용은 EC조약 외부에 두어 특수한 지위를 인정하고 있었다.[24]

EU의 대외적 정체성[25](external identity)은 국제상사·경제 분야에서의 공동체 역할과 관

---

18) *Ibid.*, p.7. Mathijsen, *supra* note 3, p.18.

19) *Ibid.*

20) EU시민이 그 거주지에서 선거권과 피선거권을 소유하느냐와 관련하여 프랑스 헌법법원은 EU시민이 그가 거주하고 있는 프랑스 내의 어떤 도시에서의 선거에서 선거권과 피선거권을 갖는 것은 위헌이며, 유럽의회(EP) 의원선거에 있어서 선거권과 피선거권을 갖는 것은 합헌이라고 하였다. 변해철, "유럽연합조약과 프랑스헌법", 『외법논집』, 제2집(1995), p.117.

21) Albert Bleckmann, *supra* note 17, p.5. TFEU 제20조~제25조.

22) 이런 EU의 3대 기둥은 통합된 3개 공동체(European Communities), 공동외교안보정책(Common Foreign and Security Policy), 사법내무협력(Co-operation in the fields of Justice and Home Affairs)이다.

23) 1996년 10월 5일 아일랜드에서 개최된 EU 특별 정상회의에서 독일과 프랑스 등 대다수 회원국들은 EU의 국제적 영향력을 강화하기 위해서는 '확대된 EU' 내에서 보다 결집력 있는 공동외교안보정책이 긴요하며, WEU의 EU방위기구화 등을 통해 공동외교안보정책(CFSP)을 내실화해야 한다는 입장을 표명하였다. 반면 영국은 회원국 전체의 동의가 있는 경우에만 외교안보정책에 대하여 공동정책을 추진해야 한다고 하며, 역내문제 해결을 위해서는 EU와 NATO 간의 협력 확대를 주장하였다. 스웨덴, 핀란드, 아일랜드 등 중립국들도 CFSP 참여를 유보하였다. 하지만 WEU는 1996년 11월 19일 벨기에 오스탕드에서 정례 각료이사회를 개최하여 EU 방위기구로서의 WEU 역할 증대 및 NATO와의 협력강화방안을 내용으로 하는 '오스탕드 선언'을 채택하였다. 서병철, "유럽안보환경의 변화와 안보체제의 발전 방향", 외교안보연구원정책연구시리즈 96-3(1997), p.50.

24) Mathijsen, *supra* note 3, pp.5-6. TEU 제3조.

련하여 필요하지만, 당시에는 아직 국제정치적 현실로 인해 대외적 정체성을 완전히 성취하지 못하였다.[26] 따라서 EU의 법인격에 대해서는 계속해서 의견이 분분하였고, EU는 명확하지 않은 정체성을 유지하는 가운데 국제회의에 EU의 대표를 파견해 왔다. 그러나 2007년 12월 13일 채택된 리스본조약에 의해 '개정된 유럽연합조약'(TEU) 제47조에 의해 EU는 명확한 법인격을 갖게 되었다.

한편 회원국과 회원국 가입을 희망하는 국가는 '민주주의 원칙'에 기초한 정부여야 하였기 때문에,[27] 이 조건에 부합되지 못하는 경우에는 EU의 회원국 자격을 박탈할 수 있었다.[28] 그리고 '공동체법의 일반원칙'[29]을 구성하고 있는 회원국들 헌법의 공통산물인 '기본권'을 유럽사법법원(European Court of Justice: ECJ)은 인정하고 있었다.[30] 이 기본권에 관한 규정은 EU헌법조약에는 규정되었으나 동 조약은 실패로 끝났고, 이후 리스본조약에서는 승인의 형식을 통하여 'EU기본권헌장'(Charter of Fundamental Rights of the European Union)을 리스본 조약체계 내로 수용한다고 규정하고 있다.

EC조약은 유럽공동체설립의 목적들로 다음을 들고 있다. ① 경제활동의 조화와 균형 있는 발전, ② 환경을 존중하는 지속적이고도 인플레이션을 일으키지 않는 성장, ③ 경제수행의 높은 집중력, ④ 높은 임금과 사회적 보호, ⑤ 삶의 수준 향상, ⑥ 회원국들 간의 경제·사회적 결합과 연대 등이다.[31] EU는 이전부터 이러한 EC조약상의 목적들을 실현하기 위해 노력하고 있다.

이러한 광범위한 목적들을 달성하기 위해서는 첫째, 경제·화폐의 통합과 공동시장(역내시장)의 확립·기능화·발전이 필요하다. 둘째, 조약상 규정된 공동정책들(common policies)의 이행이 필요하다.[32] EC조약은 이런 공동시장과 경제·화폐통합을 위한 상세한 규칙들과 프로그램을 규정하고 있다. 그러나 공동정책과 관련해서는 일반적인 문구로 규정하고

---

25) 공동체설립조약은 각각 그 법인격을 규정하고 있다[EC조약 제281조(현재는 삭제되고 'TEU 제47조'), Euratom 조약 제184조, ECSC조약 제8조]. 그리고 EC조약 제300조(현 TFEU 제218조), Euratom조약 제101조는 국제협정 체결권을 부여하고 있으며, ECSC도 그 권한의 범위 내에서 협정체결권이 인정된다. I. Macleod·I. D. Hendry·Stephen Hyett, *The External Relations European Communities: A Manual of Law and Practice*(Oxford: Clarendon Press, 1996), pp.29, 166; Rachel Frid, *The Relations Between the EC and International Organizations: Legal Theory and Practice*(London: Kluwer, 1995), pp.29-116.

26) Mathijsen, *supra* note 3, p.6.

27) TEU 제6조의 (1).

28) Mathijsen, *supra* note 3, pp.6-7.

29) TEU 제6조의 (2). Cf. TFEU 제218조의 (6).

30) TEU 제6조의 (2).

31) EC조약 제2조(현재는 삭제됨).

32) TFEU 제119조(구 EC조약 제2조, 제4조).

있다.[33) 그러나 이러한 모호함에도 불구하고 공동체 활동들은 계속해서 사회·경제적 분야에서 발전하고 있으며,[34) 그 외의 분야도 유럽연합조약(TEU)에 의해 추가되었고 리스본 조약에 의해 재정비되었다.[35)

그런데 이러한 EU의 발전은 공동체의 정치적 혼란과 경제적 침체의 시기에도 유지되었을 뿐 아니라, 그 통합분야를 확대하여 왔으며, 지리적·정치적으로도 지속적으로 발전하였다. 이는 공동체와 회원국들이 심오한 '대의의 달성'을 위해 EU통합을 위한 기초적 조건들을 계속 이행하고 있었음을 의미한다.[36) 이는 오늘날 그리스를 포함한 몇몇 국가들의 경제위기에서도 EU 차원에서 지원을 아끼지 않는 결속력과 유럽이 함께 잘 살고자 하는 복지를 향한 강한 의지에서도 나타난다고 할 수 있다.

Ⅲ. 현재 EU의 통합 정도

1. 정치적 측면

유럽연합조약(TEU)은 주로 EU의 협력(cooperation) 체제·정책을 지향하고 있으며, 새롭게 사법·내무협력과 공동외교안보정책을 규정하여 부차적인 통합을 꾀하고 있다. 또한 회원국 국민들에게는 EU시민권을 부여하며, 역내적으로 완전한 자유이동이 보장된 단일시장과 단일통화체제를 확립하고 있다. 다소 제도화된 정부 간 협력체로서의 일면도 있지만, 조약상의 연방적 성질을 지닌 요소(federal elements)를 통해 완전한 통합체로 발전하고 있다.

또 하나의 발전된 모습은 이사회의 만장일치가 특별한 사안의 경우에만 인정되고, 그 이외의 사안에 대해서는 (가중)다수결제도가 활용된다는 점이다. 특히 유럽사법법원(ECJ)에 의

---

33) Mathijsen, *supra* note 3, p.10.

34) TFEU 제352조를 근거로 한 이사회의 결의로서 가능하다.

35) 이에는 교육, 문화, 보건, 산업 등이 있다.

36) 유럽연합조약(TEU)의 비준(ratification)과 관련하여, 덴마크는 국가의 독립성에 대한 우려로 인해 1992년 6월 국민투표에서 비준이 거부되었으나, 1992년 12월 12일 영국의 에든버러 정상회담에서 덴마크에 통화단일화, 공동방위정책, 유럽시민권, 사법공조의 예외를 인정하여 1993년 5월 재투표에서 비준되었다. 영국은 노동관련 규정인 사회정책조항의 삭제를 주장하였으나, 1993년 8월 영국의회에서 비준되었다. 프랑스는 자국의 정치적 입지가 독일에 비해 약화될 우려 속에 1992년 9월 투표에서 비준되었다. 독일은 1993년 1월 비준되었다. 덴마크와 프랑스의 통합반대론자들의 영향을 받은 독일 내 통합반대론자들이 본 조약에 의해 독일의 독립국가로서 주권을 해치게 된다고 위헌소송을 제기했으나, 1993년 10월 독일헌법재판소는 단일통화에 동의하기 전 의회의 승인을 받아야 한다는 전제하에 합헌판결을 내렸다. Andrew Duff·John Pinder·Roy Pryce, *Maastricht and Beyond: Building the European Union*(London: Routledge, 1995), pp.54-65.

해 EU법 우위의 원칙이 확립됨으로써 EU 내 일원화된 법질서가 확립되었다.[37] 발효되지 못하였으나 EU헌법조약(Ⅰ-6)은 EU법의 우위를 명문화한 바가 있다.

정치통합과 관련하여 특별히 살펴볼 내용은 유럽의회(European Parliament: EP)에 관한 내용이다. EU는 UN과 같이 발달된 국제기구도 갖고 있지 않은 회원국들 국민들의 직접선거에 의해 선출한 대표들(유럽의회 의원)[38]로 EP를 구성하고 있다.[39] 이런 의회를 갖는 EU는 회원국들 간 합의에 기초한 국제기구이면서, 또한 회원국들에 구속력을 부여하는 법률을 제정하는 초국가적 기구의 성질을 갖고 있다. 이전에 협상과정에서 유럽연합조약(TEU) 초안에서는 본 조약이 유럽연방의 목표를 가지고 있는 정치동맹으로서 점차적으로 발전해 가는 새로운 단계임을 표시하는 문구를 포함하였다. 그러나 이에 대한 영국의 반대로 '연방'이라는 용어는 삭제된 바가 있었다.[40] 이는 EU체제가 그 구조에 있어서는 연방제와 유사하지만, 조약상의 중요 분야에 있어서는 회원국들이 여전히 '주권'을 행사할 수 있기 때문이다.

그런데 유럽연합조약(TEU)을 보면 EU는 국가연합의 단계를 넘어 연방국가에 근접했음을 알 수 있다. 이는 EU법에 '초국가적 성질'을 보여 주는 '연방 요소'가 다분히 존재하고 있음을 의미하며, 무엇보다 유럽연합조약(TEU)이 EU의 헌법과 같은 기능을 하고 있기 때문이다.[41] 본래 '국가연합'(confederation)이란 둘 이상의 국가가 동등한 자격으로 조약을 체결함으로써 형성되어 일정한 외교적 권한을 공동으로 행사하는 국가 결합 형태를 말한다. 이런 국가연합은 연방국가에 비해 보다 유연한(flexible) 성격을 갖고 있다.[42] 한편 '연방국가'(federal state)는 연방헌법에 기초하여 설립되며, 연방은 완전한 외교능력을 향유하여, 각각의 구성원은 대외적으로 국제법상 주체성을 소유하지 아니한다.[43] 그런데 둘 이상의 국가가 상호 의존의 특수한 관계에 있거나 또는 실질적 의존이 인정되고 있는 국제관계를 조약에 기초하여 형성하고 있다면, 이는 국가연합으로 볼 수 있다. 따라서 EU는 국가연합에 해당한다고 볼 수 있다. 물론 리스본조약에 의해 유럽이사회의 상임의장과 집행위원회 내

---

37) Hartley, *supra* note 11, pp.8-9.
38) TFEU 제223조는 국가별 유럽의회 의석수를 규정하고 있다. 유럽의회(EP)의 의석수는 각국의 인구수에 비례한다. 여기에서 '인구수'란 일반적 수치를 의미하는 것이 아니라 회원국들의 경제규모 내지 실질적 기능을 고려한 대표성을 의미한다. 의원들은 유럽의회 내에서 출신국가가 아닌 정당을 대표하는데, 이는 유럽의회가 회원국의 '주체성'보다는 회원국들 간의 '평등과 불평등'의 개념을 도입했기 때문이다.
39) 최수경, "유럽연합의 발전과정과 정치·경제적 통합", 『국제법학회논총』, 통권 제78호(1995), p.191.
40) *Ibid.*, p.192.
41) D. Lasok, *Law and Institutions of the European Communities*(London: Butterworths, 1994), p.27.
42) Malcolm N. Shaw, *International Law*(Cambridge: Cambridge Univ. Press, 1997), p.155.
43) Peter Malanczuk, *Akerhurst's Modern Introduction to International Law*(London: Routledge, 1997), p.81.

의 EU외교안보정책고위대표가 선출되기 때문에 EU를 '국가'로 볼 수 있으나, 현재 EU가 보이는 소위 국가적 형태는 지금까지 존재하지 않았던 '새로운 형태의 국가적 모습'으로 볼 수 있을 것이다.

2. 경제적 측면

경제통합의 금융 분야[44]는 비중 있는 현안사안으로서 그 통합 정도를 살펴볼 필요가 있다. 먼저 회원국들의 화폐가 'Euro화'로 통합되었고, Euro화를 사용하는 국가들을 모아 'Euro Zone'이라고 한다.

유럽연합 15개국 재무장관들은 1995년 6월 19일 룩셈부르크에서 열린 재무장관회의에서 통화단일화 시기를 1999년으로 연기하기로 결정했다. 이는 유럽연합조약(TEU)이 1997년을 통화단일화 실행시기로 정한 것을 사실상 포기한 것이었다. 유럽연합조약은 통화단일화 실현을 위해 각 회원국에 부채를 국내총생산의 '3% 이하'로 줄이고, 재정적자를 국내총생산의 '60% 이하'로 줄일 것을 기준으로 제시했다. 이에 거부반응을 보이는 국가는 영국, 덴마크였다. 그런데 이런 회원국들의 재정정책의 조화를 위해서는 회원국들의 보다 적절한 정치적 결단이 필요했으며, 회원국들이 정치적 권한을 EU에 점차 이전(또는 양도)함으로써 정치통합을 이루어야 했다. 영국은 아직까지 Euro화를 도입하고 있지 않다.

Bela Balassa는 경제통합의 발전단계로서 부분별 통합, 즉 자유무역(free trade), 관세동맹(customs union), 공동시장(common market), 경제동맹(economic union)을 통한 완전한 경제통합을 제시하였다.[45] 현재 EU는 Euro Zone을 형성하여 'Euro화'의 통용을 확대해 가고 있는 경제동맹의 단계에 있다고 할 수 있다. 역내시장에서 상품과 생산요소의 자유이동이 보장되고, 역외국가에 대해서는 공동관세가 부과되며, 회원국들 간에는 경제정책의 조정과 협력이 이루어진다. 회원국들의 국가 '주권'이 '공익적 차원' 이외의 분야에서는 대부분 '포기'되어 하나의 단일국가로 통합되고 있다.

---

44) 자본의 자유이동은 EU에 통용되는 유럽단일통화 Euro화의 구축으로 말미암아 보다 확실한 법적 지위를 확보하게 되었다.

45) ① '자유무역'이란 역내국가 간에는 무관세를, 역외국가에는 관세를 적용하는 것을 말하고, ② '관세동맹'이란 역내국가 간에는 무관세를, 역외국가에는 공동관세를 적용하는 것을 말하고, ③ '공동시장'이란 생산요소의 자유이동을 보장하는 것을 말하고, ④ '경제동맹'이란 금융·통화의 단일정책 실행을 의미한다. Bela Balassa, *The Theory of Economic Integration*(London: George Allen & Unwin, 1961), pp.1-17 참조.

Ⅳ. 결언

1. 리스본조약의 체결과 발효

2002년 2월 28일 벨기에 브뤼셀에서 15개월을 기한으로 하는 유럽미래회의(Convention on the Future of Europe)가 구성되어 마련한 EU헌법조약(Treaty Establishing a Constitution for Europe)은 2004년 10월 29일 채택되었으나, 프랑스 국민투표(2005년 5월 29일)와 네덜란드 국민투표(2005년 6월 1일)에서 부결되었다. 이후 새로운 조약안이 마련되어 2007년 12월 13일 리스본조약(Treaty of Lisbon Amending the Treaty on European Union and the Treaty Establishing the European Community)이 채택되었고, 2008년 6월 13일 1차 국민투표에서 부결시켰던 아일랜드가 2차 국민투표에서 2009년 10월 2일 가결한 후 27개 회원국의 찬성으로 2009년 12월 1일 발효되었다.

이 리스본조약은 제1조에서 '유럽연합조약(TEU)의 개정', 제2조에서 'EC설립조약의 개정', 제3조에서 '리스본조약의 유효기간', 제4조에서 '리스본조약의 부속의정서 1&2와 관련된 내용', 제5조에서 '신·구 조문의 대조', 제6조에서 '리스본조약의 비준과 발효', 제7조에서 '조약의 정본과 기탁'에 관하여 규정하고 있다.

2. 리스본조약상 변화된 주요 법적 내용

1) 쇄신된 EU의 법인격

이제 EU는 개정된 '유럽연합조약'(Treaty on European Union: TEU)과 'EU기능조약'(Treaty on the Functioning of the European Union: TFEU)에 따라서 운영된다. 이제 'EU'는 과거의 'EC'를 대체하여 '승계'하게 되었으며,[46] 그동안 논란이 되어 왔던 EU의 정체성과 관련해서 독립된 법인격을 갖게 되었다.[47] 다만, 유럽원자력공동체(European Atomic Energy Community: EAEC 또는 Euratom) 설립조약은 리스본조약에 합치되어 존속하기 때문에 '공동체'(Community)라는 용어는 제한된 범위 내에서 계속 사용하게 되었다. 한편 유럽석탄철강공동체(ECSC) 설립조약은 50년의 존속기간 규정에 따라 2002년 7월 23일 소멸된 바 있다.

---

46) TEU 제1조(3).
47) TEU 제47조.

2) EU기본권헌장과의 관계

2000년 12월 7일 채택된 EU기본권헌장(Charter of Fundamental Rights of the European Union)은 '헌법적 성질'의 민감한 성질로 인하여 리스본 조약체계에 직접 담지 않고, 승인의 형식을 통하여 리스본조약과 '동일한' 법적 효과를 갖는 것으로 하고 있다.[48] 따라서 EU헌법조약 Part Ⅱ에 명기되었다가 이번 리스본조약에서는 직접적으로 명기되지는 않았으나 '효력 발생'에는 아무런 문제가 없기 때문에 분쟁이 발생하는 경우에는 EU사법기관의 '재판관할권'이 인정되게 되었다.

3) EU기관들의 변화

과거 EC기관들은 리스본조약에 따라 대부분 그대로 EU기관이 되었다. 물론 EU의 정체성이 논란이 되었던 시대에도 실제적으로는 EC기관들이 EU기관들로 사용되기도 하였다. 이러한 주요 기관들(Institutions)로는 유럽의회(European Parliament: EP), 유럽이사회(European Council), 이사회(Council), EU 위원회(European Commission), 사법법원(Court of Justice of the EU), 유럽중앙은행(European Central Bank), 감사원(Court of Auditors)이 있다. 자문기관들(Advisory Bodies)로는 지역위원회(Committee of the Regions), 경제사회위원회(Economic and Social Committee)가 있다.[49]

(1) 유럽의회

유럽의회의 전체 의원 수는 최대 '750명'이며, 이는 회원국의 '인구비례'에 의한 것으로 어떤 회원국도 최대 96명 이상을 넘을 수 없고, 아무리 작은 회원국도 최소 6명의 의원을 확보하게 되었다. 그리고 유럽의회는 EU위원회 위원장을 선출한다.[50]

(2) 유럽이사회

리스본조약에 의해 유럽이사회가 특별히 새로운 권한을 부여받은 것은 아니다. 그러나 EU 공식적 기구로 인정되었다. 유럽이사회는 회원국 정부수반, 유럽이사회에서 가중다수결(qualified majority)로 선출된 '유럽이사회 상임의장'(President of the European Council: 소

---

48) TEU 제6조.
49) TEU 제13조(1). TFEU 제300조.
50) TEU 제14조(1), (2).

위 EU대통령), EU위원회 위원장(President of the Commission)으로 구성된다. 그런데 유럽이사회는 '입법권한'을 행사하지 아니한다. 그리고 유럽이사회 상임의장은 EU외교안보정책의 영역에서 'EU외교안보정책고위대표'(High Representative of the Union for Foreign Affairs and Security Policy)와 함께 EU를 대외적으로 대표한다. 상임의장의 임기는 2년 6개월이고, 1회 연임이 가능하다.[51] 따라서 과거의 6개월 임기의 순번제 EU '이사회 의장직'과 달리, 본 상임의장직은 업무수행의 '연속성'과 '대표로서의 권위'가 한층 강화될 수 있다고 볼 수 있다.

(3) 이사회

이사회는 일반적으로 각 회원국의 장관급으로 구성되며, 유럽의회(EP)와 공동으로 입법·예산에 관한 권한을 행사한다.[52] 가장 중요하다고 볼 수 있는 '외무이사회'(Foreign Affairs Council)의 의장은 EU외교안보정책고위대표가 역할을 수행하며,[53] 기타 이사회의 의장은 '순환'하며 직임한다.[54] 그런데 이사회는 이중다수결(dual majority)을 도입하여 '찬성하는 국가의 수' 그리고 '찬성하는 국가들이 EU에서 차지하는 전체 인구수'를 이중적 기준으로 적용하고 있다.[55] 의사결정 기준을 회원국 수의 55%로 하되 최소 15개 회원국의 찬성과 EU 전체 인구 65% 이상 찬성이라는 '이중다수결'을 도입하고 있다. 이를 통해 '국가 평등의 원칙'과 '강대국에 대한 견제'를 확보하게 되었다. 이러한 '이중다수결'은 2014년 11월 1일부터 적용되며, 2017년 3월 31일부터는 과도기규정에 따라 예외 없이 적용된다.[56]

(4) EU위원회

EU위원회의 '집행위원장'은 유럽의회(EP)에서 선출된다. EU위원회는 'EU법의 적용'을 '보장'하고 '감독'하는 기능을 수행하며, EU사법기관에 EU법 불이행의 당사자(위반회원국)를 '제소'할 수 있다. EU의 입법제안은 일반적으로 EU위원회가 행사한다.[57] 그리고 집행위원의 임기는 5년이다.[58] 한편 'EU외교안보정책고위대표'는 '유럽이사회'가 'EU위원회 위

---

51) TEU 제15조(1), (2), (5), (6).

52) TEU 제16조(1), (2).

53) TEU 제18조(3).

54) TEU 제16조(9).

55) TEU 제16조(3), (4).

56) Protocol on transitional provisions, 제3조(1), (3).

57) 과거에는 EU위원회(Commission)가 사실상 모든 입법제안을 하였으나, 이제는 EU시민 최소 1백만 명이 리스본조약의 이행을 위해 EU 차원에서의 입법행위가 필요하다고 판단하는 경우에 EU 위원회에 적절한 입법안을 마련하도록 환기시킬 수 있어 EU시민의 입법제안권이 일면 인정된다. TEU 제11조(4).

원장'과 합의한 후 임명한다. EU외교안보정책고위대표는 EU위원회에서 대외관계 업무를 담당하는 부위원장직을 겸직하면서 EU의 대외관계를 책임진다.[59] 따라서 EU의 '대외활동'을 보다 '효과적'이고도 '일관성' 있게 수행할 수 있게 되었다. EU는 공동외교안보정책에 있어서 다른 국가나 국제기구와 국제협정을 체결할 수 있다.[60]

(5) 사법법원

EU의 사법기관은 사법법원(Court of Justice), 과거 제1심법원(Court of First Instance: CFI)을 대체할 일반재판소(General Court), 과거 사법패널(Judicial Panel)을 대체할 전문재판소들(Specialized Courts)로 구성되며, '재판관'과 '법률고문'(Advocate-General)의 임기는 6년이며 재임될 수 있다.[61]

(6) 유럽중앙은행 및 감사원

독립된 법인격을 갖는 유럽중앙은행(ECB)은 '유로(Euro)화'를 발행하며, 회원국 국내'중앙은행'과 함께 EU의 통화정책을 수행한다.[62] 한편 감사원은 EU의 모든 수입과 지출에 대한 회계감사를 수행하며, 각 회원국별로 1명씩 임명되어 직무수행상의 독립된 지위를 가진다.[63]

3. 리스본조약의 발효 이후 전망

EU는 2009년 10월 2일 아일랜드 2차 국민투표에서 리스본조약이 찬성 67.1%, 반대 32.9%로 통과됨으로써 '하나의 유럽'으로 가는 최대 난관을 극복하였다. 2008년 하반기부터 시작된 국제경제의 침체는 아일랜드를 포함한 EU회원국들이 국익 차원에서 EU라는 든든한 울타리의 필요성을 더욱 체감하였고, EU의 결속을 강화하는 계기가 되었다고 할 수 있다. 역내 단일생활권을 형성하고 있는 EU는 이제 명실상부한 국제사회의 구성원으로서 대내외적으로 지위가 확고해지고 영향력도 향상되었다. 이를 가장 잘 보여 주는 것은 이제 EU가 소위 EU의 '대통령'이라고 할 수 있는 '유럽이사회 상임의장'을 선출하고, EU의 대

---

58) TEU 제17조(1), (2), (3).
59) TEU 제18조.
60) TEU 제37조.
61) TEU 제19조(1), (2).
62) TFEU 제281조(1), (3).
63) TFEU 제285조.

외정책을 조율하는 EU위원회 내에서 집행위원회 위원장 외의 부위원장을 겸하는 'EU외교안보정책고위대표'를 선출하게 되었다는 점이다. 이러한 EU와 자유무역협정(FTA)을 체결하고 2010년 10월 6일 브뤼셀에서 정식 서명한 우리나라는 EU와 더욱 긴밀한 관계를 구축하게 되었고, EU의 법과 제도에 대한 이해가 더욱 절실하게 되었다.

제2장 EU통합상 회원국의 주권문제*

Ⅰ. 서언

유럽연합(European Union: EU)의 법적인 통합과 회원국헌법의 기본가치와 원칙 간의 관계는 쉽게 해결되기 어려운 문제이다. 이러한 문제는 유럽공동체(European Community: EC)가 성립된 이래 다소 논란의 소지가 있어왔으나, 그래도 1990년대까지 얼마 동안은 소홀히 여겨지다가 유럽연합조약(Treaty on European Union: TEU)의 비준절차에 있어서 특별히 강하게 표출되기 시작하였다. EU라는 새로운 지역국제사회의 통합절차는 관련 모든 회원국들에게 있어서 매우 분명하고도 즉각적인 도전으로써의 헌법적 현상이 되었다. 이로써 EU법이 회원국 국내헌법에 대하여 우위에 있는가, 유럽사법법원(European Court of Justice: ECJ) 또는 국내최고법원이 EU권한의 한계에 대하여 최종적 권한을 갖는가, 그리고 유럽통합의 진전된 움직임에 대한 헌법적 제한이 있는가 하는 문제가 제기되었다.[1] 여기에서는 이러한 논쟁을 중심으로 하나의 개념에 대하여 검토하고자 하는데, 이것은 EU법에 관한 법적 논문으로 충분하게 알려지지 않은 소위 '주권'(sovereignty)의 개념 또는 원칙에 관한 것이다.[2][3] 이를 기초로 EU통합상 주권문제를 시대 흐름에 따라 살펴봄으로써 EU의 독특한 성질을 이해하고 미래의 EU의 향방을 모색하고자 한다.

---

* 이 내용은 김두수, "EU통합상 회원국의 주권문제", 『외법논집』 제26집(2007.5)을 참고하였음.

1) 국내법원의 부정적 인식과 점진적 수용에 관한 예로는, 변해철, "유럽인권협약과 프랑스 국내법원", 『외법논집』, 제17집(2004), pp.123-131 참조.

2) 개념으로써의 주권이란 법철학적 구조를 의미하고, 원칙으로써의 주권이란 적극적인 헌법의 요소를 의미한다고 볼 수 있다. Anne-Marie Slaughter, Alec Stone Sweet, and J. H. H. Weiler(eds), *The European Court and National Courts-Doctrine and Jurisprudence: Legal Change in Its Social Context*(Oxford: Hart Publishing, 2000), p.277.

3) Maastricht조약에는 유럽공동체가 지향하는 정치통합형태가 국가연합인지 연방국가인지에 대한 명확한 언급이 없다. 이는 유럽공동체가 '국가이익'과 '주권'을 '우선'시하는 '독립국가들'로 구성된 정치체제이기 때문이다. 유럽공동체의 개별 회원국들은 분명 자국의 이익을 보호하고 주권의 침해를 거부할 권리를 갖고 있다. 그러나 이는 유럽통합에 있어 결정적 장애요인으로 작용할 수 있다. 김영일, "EU통합과 국가주권의 문제", 『유럽연구』, 제1권(1994), p.42 참조.

Ⅱ. 주권의 개념

1. 주권의 '양면성': '대내적 주권'과 '대외적 주권'

주권은 법적 상상(legal imagination)의 산물로서 특별한 영토적·역사적 상황에서 발생하는 정치적 이념이다. 이러한 배경은 독립된 민족국가의 공존으로 상징되는 '웨스트팔리아 조약'(Westphalian model)[4][5]으로써 종종 설명된다. Dionisio Anzilotti가 말하기를 '독립'-(independence)이란 "국제법에 의하면 국가의 일반적 성립요건 그 이상의 것은 아니며, 또한 독립은 대외적 주권으로써 곧 국가는 국제법상 부여된 권한을 행사는 것일 뿐이다."[6] 실용주의적 관점으로서의 주권을 의미하는 것으로 주권의 원칙에 대한 현대국제법상의 고전적 기초가 된 것은 *Wimbledon* 기선 사건에 대한 상설국제사법재판소(Permanent Court of International Justice: PCIJ)의 다음과 같은 실용주의적 견해였다.

"본 법원은 국가의 주권을 포기하게 하거나 또는 주권포기를 삼가도록 하는 어떠한 조약의 체결도 불허한다. 의심의 여지가 없이, 국가의 주권적 권리(sovereign right)의 이행제한 의무를 발생하게 하는 어떠한 협정도 인정할 수 없다. 이러한 의미에서 주권은 어떠한 방법으로든 실행되어야 한다. 그러나 국가 간 약속에 의해 발생되는 권리는 국가주권의 속성에서 비롯되는 '부수적인 내용'이다."[7]

'완전한 주권'의 개념에 대한 이러한 '유연한 주권'에 대한 견해에 있어서, '국제기구'에 속한 국가의 결정 역시 국가주권의 속성[8]에서 비롯되는 '부수적 산물'에 해당된다. 비록 그러한 국제기구가 회원국들을 구속하는 법안을 채택할 권한을 소유한다 할지라도, 그러한

---

4) 1648년 웨스트팔리아 조약 이후 대내적 최고성과 대외적 독립성을 표방하는 '국가주권의 원칙'은 국제체제의 중요 구성원리인 동시에 한 국가의 결속의 표현이었다. 이처럼 대외적으로는 '배타적 고유권한'이자 대내적으로는 '최고의 권위'로 간주되어 왔던 '국가주권'이 한편으로는 지역통합체 등의 '국제기구'로 '부분적'이나마 '이양'되고 있으며, 다른 한편으로는 인종, 종교, 언어 등의 구분에 기반을 둔 새로운 정치적 단위의 부상에 의해 파편화되는 현상을 보이고 있기도 하다. 최진우, "세계화의 도전과 주권국가: 유럽의 경험을 중심으로", 『유럽연구』, 제19권(2004), p.32 참조.

5) 국가주권의 개념은 1648년 웨스트팔리아 조약 이후 국제관계 운용의 규범으로서 중심적인 역할을 해 왔다. 오영달, "두 가지 주권론과 인권과의 관계: 영국정부의 유럽인권협약에 대한 정책태도의 분석을 중심으로", 『유럽연구』, 제13권(2001), p.323 참조.

6) Individual Opinion in *the Austro-German Customs Regime* case, PCIJ Ser. A/B no.41(1931), 57.

7) Case of the *S.S. Wimbledon*, PCIJ Ser. A no.1(1923) 25.

8) 유럽공동체 내부에는 '통합과 중앙집권화'를 지향하는 그 자체의 '지배적 속성'과 국가주권을 수호하기 위하여 이에 저항하는 개별 회원국의 '독자적 성향'이 '혼재'하고 있다. 그런데 개별 회원국의 국가이익과 주권문제는 유럽공동체와 회원국 간의 수직적 관계에서뿐만 아니라 회원국 상호 간의 수평적 관계에서도 '대립'과 '갈등'을 야기할 수 있다. 김영일, 앞의 논문(각주 3), p.44 참조.

국가의 결정은 '주권의 산물'에 해당하는 것이다. 이와 같이 UN헌장은 UN의 '기관들'에게 '광범위한 권한'을 부여하고 있다(특히 '안전보장이사회'). 그러나 UN헌장은 국가들의 '주 권평등의 원칙'에 근거하도록 하고 있다.[9)]

이처럼 EU는 다른 국제기구와 다른 특별한 점이 있는 것은 아니다. EU도 역시 국가들 이 주권을 포기한 것이 아닌, '주권의 이행에 관한 제한'을 자유롭게 '수락한 국가들'이 체 결한 '국제조약'에 그 기초를 두고 있는 것이다. 그러나 EU의 국제조약들은 어떤 다른 국 제협정보다도 국가(회원국)에 대한 보다 많은 광범위한 제한을 부여하고 있기 때문에, 국제 법의 실제에서 사용되는 주권방식의 근저에 심오한 '헌법적 문제'(갈등)를 드러내고 있다고 도 볼 수 있다.[10)]

실제로 Anzilotti 등의 많은 저술가들이 말했듯 국가의 '대외적' 주권은 매우 뿌리 깊은 이념적 구조의 반영인 것이다. 이는 '대내적' 주권의 반영이기도 하다. 이것은 전부는 아니 지만 대부분의 유럽국가들이 국내의 법적 권위의 최고근원으로 느슨하게 정의될 수 있는 헌법적 원칙의 핵심요소에 해당된다.[11)] '대외적' 그리고 '대내적' 주권은 다소의 명확성을 위하여 구별될 수 있으나, 이는 하나에 대한 두 가지 차원이기도 하고 동일한 개념이기도 하다. 이러한 '주권의 양면성'은 처음부터 존재해 왔다고 할 수 있다. Jean Bodin에 의해 제시되어 가장 먼저 전개된 '주권이론'은 대내적으로(봉건귀족에 대하여) 그리고 대외적으 로(교황과 제국의 '초국가적 요구'에 대하여) 프랑스 왕들의 권위확립을 위한 철학적인 방 어수단(philosophical ammunition)을 제공하였다.[12)] 오늘날 혹자는 대외적 주권은 단지 대내 적 주권의 '반향' 또는 '논리적 귀결'이라고 말할 수 있을 것이다.[13)] 왜냐하면 '대내적' 주 권은 특별국가체제에서 특별한 기관(왕 또는 의회) 또는 특정한 집단(국민 또는 국가)에 속

---

9) UN헌장 제2조 1항.

10) 유럽의 지역통합은 '세계화의 축소판'이라고 볼 수 있다. 따라서 세계화의 결과로 인하여 발행할 수 있는 '국 가'에 의한 '제반 도전'이 정치적·경제적 등 여러 차원으로 '유럽'에서 나타난다고 할 수 있다. 세계화가 수 반하는 주권국가에 대한 도전은 바로 이러한 맥락에서 이해될 수 있다. 사실 오늘날 주권국가의 대외적 독립 성에 대한 도전이 '외부'로부터의 '물리적 침략'에서 생성되는 경우는 과거에 비해 현저히 '감소'하였다. 국가 의 대외적 독립성에 대한 위험은 영토확장을 목적으로 하는 적국에 의한 '군사적 침공'이 아닌, 이른바 세계 화라고 불리는 거대한 시대적 조류에 기인하는 바가 오히려 크다는 점에서 '전통적인 국가기능'인 '안보기능' 의 유용성이 퇴색하고 있으며, 바로 이것이 오늘날 '국가성'의 '희석현상'을 낳게 하는 부분적 원인이 되고 있기도 하다. 최진우, 앞의 논문(각주 4), pp.34, 46 참조.

11) 이러한 느슨한 정의(loose definition)는 주권이 어떤 특정 국가의 적극적인 헌법적 문제로서 유효성을 가진다 고 주장할 수 있는 것이 아니기 때문이다. 실제로 헌법은 항상 주권이 무엇을 의미하는지에 대하여 정의를 내리는 것이 아니고, 법원이나 정치기관들도 종종 상세한 의미를 정의함이 없이 주권이라는 용어를 사용한다. Slaughter, Stone Sweet, and Weiler(eds), *supra* note 2, p.278.

12) *Ibid*, p.279.

13) A. Bleckmann, "Article 2(1)" in B. Simma(ed.), *The Charter of the United Nations. A Commentary*(Oxford: Oxford Univ. Press, 1994), p.79.

하는 것으로 이해되기 때문이다. 그리고 이러한 '특별국가'는 '외부세계'와의 관계에 있어서 이러한 최고의 권위에 전반적으로 '관여'한다. '대내적 주권'을 갖고 있다면 '대외적 주권'도 또한 소유하고 있다고 볼 수 있다. 그러나 국제법에 의해 사용된 법적 의제를 통해 대외적 주권은 국내 기관이나 집단의 최종적 권위소유의 문제를 설명함이 없이 전반적으로 국가에 부속된 것으로 이해된다고 볼 수 있다.

2. 유럽에서의 '국민주권'의 확립과 발전

이는 이전부터 매우 논쟁의 여지가 되어 왔던 문제이다. Bodin과 Hobbes의 시대에는, '주권'은 '군주'에 의해 주장되었고, '주권'이란 용어는 특히 '단일한 개인'의 부속물로서 매우 적합한 것이었다.[14] 그 이후 모든 유럽국가들의 헌법적 사고에 있어서 '최고의 권위'는 '국가원수'로부터 후퇴하게 됨으로써 주권개념이 보존되게 되었다. 처음의 이러한 주권의 개념은 영국과 유럽대륙에서 다양한 방식으로 변형되었다. 영국적 전통에서 '주권'은 '기관'에 부여되었다. 처음에는 '의회의 왕'(King in Parliament), 17세기 동안의 장기간의 주권투쟁 이후에는 '의회'(Parliament)가 단독으로 군주소유의 기존의 주권을 접수인계하였다. 그런데 이 당시에는 주된 흐름인 헌법상의 원칙인 '국민주권'이 결코 보장된 것은 아니었다.

반면, '국민주권'은 대륙의 모든 유럽국가들에게 있어서 지배적인 모델이 되었다. 이는 18세기 후반 프랑스혁명과 미국혁명의 영향을 받은 것이었다. 식민지권력에 대한 그들의 이념적 기초를 구하는 중, 북아메리카 혁명가들은 "영국식 의회주권을 거부"하게 되었고, 대신 '국민주권'의 원칙을 채택하였다.[15] 프랑스혁명은 '국가주권'(national sovereignty)과 '국민주권'(popular sovereignty) 사이를 망설이게 하였다. 그러나 이들 양 개념 간의 이념적 대립은 '보통선거'의 도입으로 사라지게 되었고, 오늘날 프랑스헌법 제3조는 양자 간의 섬세한 조합("국가주권은 국민에게 있다"[16], "La souveraineté nationale appartient au peuple")으로 기능하고 있다. '국민주권'에 대한 프랑스와 북아메리카의 모델은 19세기와 20세기를 걸쳐 '유럽'대륙을 관통하여 확산되었다. 오늘날에 있어 '국민주권'은 명백하게 EU의 대부

---

14) Slaughter, Stone Sweet, and Weiler(eds), *supra* note 2, p.279.

15) *Ibid.*, p.280.

16) 국가주권(national sovereignty)이란 용어는 자주 다른 의미로 사용되는데, 즉 국가주권(state sovereignty)과 동등하게, 다시 말해서 국제법과 국제관계의 언어에 있어서 나타나는 주권의 대외적 측면으로 사용된다. *Ibid.*, p.280.

분의 회원국들 「헌법」에 의해 확립되었으며, 이는 EU회원국 헌법 제1조에서 종종 발견된다.[17] 게다가 많은 헌법서문에서 「헌법」은 전적으로 '국민'으로부터 '유래'됨을 엄숙하게 언급하고 있고, 이로써 헌법적 권한과 최고의 권위는 확고해지게 되었다. '국민주권의 원칙'은 모든 유럽국가들의 헌법체제의 정점이 된 것이다.[18] '국민주권의 원칙'은 유럽국가들의 법질서 인식의 원칙(rule of recognition)으로서 기능하고 있다.[19]

그런데 이러한 국민주권은 확실히 헌법상 침해될 수 있다. 그러나 많은 정치가나 법률가들의 코멘트에 따르면 이는 극히 적은 경우에 해당한다. 이는 마치 오늘날 헌법체제의 효과적인 기능을 설명함에 있어 그 가치가 없다고 말하는 것과 같다. 유럽국가들의 '국민'은 국가의 최고권위를 공식적으로 주장할 수 있다. 그러나 '국가권한'의 즉각적인 실행은 금지된다. 비록 프랑스와 독일의 헌법이 의회 내 투표와 의사의 직접표현에 의해 주권을 실행할 수 있다고 규정할지라도, 프랑스헌법제도는 국민투표로써 의사를 직접 표현하도록 단지 약간의 매우 억제된 기회만을 부여하고 있고, 독일기본법은 일반적으로 그러하지 않다고 할 수 있다. 스위스는 법령의 폐기, 헌법개정의 실행 또는 거부를 위하여 국민주권이 선거인단의 직접적 권리를 형성하는 유일한 유럽국가일 것이다.[20]

3. 유럽에서의 '국가주권'과 유럽통합 간의 특성

'국민주'권이 헌법제도의 '대내적 기능'의 관점에서 보면 단지 '법적 허상'(legal fiction)처럼 보일 수도 있지만, '국민주권'은 국제적 차원에서는 중요한 법적 귀결이 된다. 즉 헌법상의 국민주권은 '국가의 대외적 관계'와 '국제법의 국내적 효력'을 다루게 된다. 국민주권의 허상은 모든 국가권력은 국민의 이름으로 행동하고 선거인단(직접적으로 또는 의회대표의 중재를 통해)에 대하여 책임지는 정치기관들에 의해 실행된다는 사실을 쉽게 설명할 수 있다. 그러나 EU와 같이 '단일국가국민'의 이름으로 행동하지 않는 국제기구의 권한행사에 대하여 '국민주권'은 쉽게 설명될 수 없다. 이는 EU가 '국민주권'이라는 전통적 계산으로는 쉽게 통합될 수 없는 조직이라는 데에 그 이유가 있다. 또한 이는 유럽의 법적 통

---

17) '주권'이란 용어가 'sovereignty'로 명백하게 사용된 것은 스페인헌법 제1조, 이탈리아헌법 제1조, 포르투갈헌법 제3조, 룩셈부르크헌법 제32조이다. 그리고 "모든 권한은 국민으로부터 나온다"("all power emanates from the people")는 방식으로 넌지시 표현된 것은 벨기에헌법 제25조, 독일헌법 제20.2조, 그리스헌법 제1조, 아일랜드헌법 제6조이다.

18) EU의 '초기' 12 회원국 중 영국은 제쳐두고 국민주권의 개념이 부재한 2개의 헌법이 존재하는데 덴마크와 네덜란드이다.

19) H. L. A. Hart, *The Concept of Law*(London: Clarendon Press, 1994), pp.100-110 참조.

20) Slaughter, Stone Sweet, and Weiler(eds), *supra* note 2, p.280.

합의 속도를 조절하는 도구로써 '국민주권'의 원칙이 사용될 수 있다는 것을 말해 준다. 이는 국민주권이 EU 법질서의 진행상 '수용 가능한지'와 '부적절한지' 간의 경계를 명확하게 하기 위한 도구로써 사용될 수 있음을 의미한다.[21]

아래에서는 EU법질서와 회원국법질서 간의 관계성립상의 '주권의 개념적 역할'을 검토하고자 한다. 여하튼 '주권'의 개념은 회원국들에게 EU의 통합 또는 성립을 위하여 '수용'되어야 했다. 그러나 이러한 '주권'개념은 EU회원국들의 국내법질서로의 완전한 공동체법 수용을 '계속하여 방해'하여 왔던 것도 사실이다. 비록 '국가주권'과 '유럽통합' 간의 '평화적 공존'이 수년에 걸쳐 점진적으로 발전하여 주로 '유럽사법법원'과 '국내법원'의 창조적인 노력을 이끌어 내었음에도 불구하고, 유럽연합조약(TEU)의 채택과 EU헌법조약의 서명이라는 'EU통합'의 주요 '새로운 단계'에서 '국가주권'과 '유럽통합' 간의 이러한 신중한 균형은 혼란을 가져왔고 1990년대의 새로운 학리상의 갈등을 초래하기도 하였다. 이러한 문제는 아직까지도 적절하게 해결되지 못한 문제로 남아 있기도 하다.

Ⅲ. 주권과 EU법의 요구: '평화적 공존'의 발전(1945~1990)

두 차례의 세계대전을 경험한 유럽은 1945년 이후 유럽의 평화와 안전의 유지를 위하여 '효과적인 권한'을 가진 '유럽적'이면서도 동시에 '세계질서의 발전'에 기여할 수 있는 지역기구의 설립에 합의하였을 때, 그러한 '유효권한'의 지역기구로의 귀속은 각국의 헌법적 권한의 '존속에서 벗어나야' 했고, 따라서 지역협력을 위한 그러한 손상을 허용하는 특별한 '헌법적 정돈'이 요구되었다.

1. EU회원국의 헌법적 기초로서의 주권제한

1) 주권적 권한의 '귀속'과 주권의 '제한'

'구국민주권의 원칙'과 '신국제기구로의 권한귀속' 사이의 헌법적 관계는 벨기에헌법에 매우 명확하게 설명되어 있다. 벨기에헌법 제25조(현33조)는 1831년이래로 다음과 같이 선언하고 있다. "모든 권한은 국가로부터 발생한다. 이러한 권한은 헌법규정상의 방식으로 이

---

21) *Ibid.*, p.281.

행된다." 그런데 1970년 이후 국가권한이 EC에 귀속되었다는 사실에 관한 헌법적 의심을 진정시키기 위하여[22] 제25조 뒤에 즉시 '새로운 제의' 제25조(현34조)를 다음과 같이 첨가하였다. "일정한 권한의 이행은 '조약'이나 '법률'에 의하여 국제공법적 기관에 귀속될 수 있다." 벨기에헌법상 이러한 개정은 EC와 같은 국제기구로의 권한귀속이 주권의 원칙의 자격으로써 이해되어야 했다는 학리상의 견해로서 설명될 수 있다. 반면, 권한의 귀속은 주권의 부분적 '포기'(불완전한 '포기')와는 다르다. 오직 이러한 권한이행은 당해 국제기구로 이전될 수 있으며, 이는 향후 조약의 종료 또는 다른 사건에 있어서 '국가기관'에게 '반환'되어 귀속시킬 수 있음을 의미한다.[23]

그런데 국제적 '협력의 필요'에 따라 '주권의 원칙'의 '조정'은 필요하지만, '주권의 원칙' 그 자체는 유지된다는 이러한 조심스러운 접근방식은 EU 모든 회원국의 헌법적 발전에 획을 그었다. 이러한 발전은 제2차 세계대전 이후 즉시 시작되었다. 프랑스, 이탈리아, 독일에서 전후 민주주의의 부활은 이들의 헌법에서 그 인식을 같이 하였다. 효과적인 국제기구는 새로운 전쟁을 방지하기 위해 필요하였고, '굴레를 메지 않은 국가주권'에 의한 무절제를 회피하기 위해 절실하게 필요하였다. 이들 3국의 헌법은 각각 '주권'의 '제한'을 허락하는 규정을 두거나 또는 '국제기관'에 '주권'적 권한을 '이전'하고 있다.

프랑스는 1946년 채택한 제4공화국 헌법서문 제15절에서 다음과 같이 기술하고 있다. "호혜원칙에 따라 프랑스는 평화의 수호와 실현을 위해 필요한 경우 주권의 제한에 동의한다." 1948년 이탈리아헌법 제11조는 이와 매우 유사한 표현으로 선언하고 있는데 다음과 같다. "이탈리아는 다른 국가와 같이 국가들 간 평화와 정의를 보장하는 질서의 성립에 필요한 주권의 제한에 동의할 수 있다. 그리고 이러한 목적을 갖는 국제기구에 대하여 호의적일 것이다." 1949년 독일 기본법 제24조(1)는 수동적이기보다는 능동적인 표현을 하고 있다. "우리 연방은 입법에 의하여 주권적 권한을 정부 간 기구에 이전할 수 있다."

전후 수년 동안 '국제협력에 관한' 특별한 헌법규정을 채택하여 EU를 리드하는 이들 3개 회원국에 의해 마련된 이러한 모델은, 얼마 후 이들의 파트너 국가들도 따르게 되었다. 네덜란드는 1953년(헌법 제67조, 현제92조) 헌법개정을 결정하였고, 룩셈부르크는 1956년(제49bis조) 헌법개정을 결정하였다. 결국 그 이후에도 EU에 합류하는 대부분의 회원국들은 초기회원국 6개국과 유사한 헌법규정들을 채택하게 되었다.[24]

---

22) 이러한 의심과 걱정은 벨기에법원에 의해서가 아닌 법률가에 의해 표출되었다. EU 회원으로의 권위를 부여하는 행위는 벨기에에 있어서 모든 다른 입법행위와 마찬가지로 사법심사의 대상에서 제외되었다. *Ibid.*, p.282.

23) *Ibid.*

24) 덴마크헌법 제20조의 (1); 아일랜드헌법 제29조의 (4); 그리스헌법 제28조의 (2), (3); 스페인헌법 제93조: 포르

'국제협력을 위한 주권제한'은 국제적 관점에서 볼 때 실제로 'EC'를 언급한 경우는 전무하다고 할 수 있다. 많은 저서들은 EC 회원국을 일반적으로 '국제기구의 회원국'으로 언급하고 있다.[25] EC에 관한 헌법적 묵인은 '오랜' 전후자료를 이해할 수 있게 한다. 그러나 EC가 완전히 가동하였을 때 EC에 합류한 국가들은 유럽통합의 광대한 헌법적 영향이라는 공공연한 과오가 오히려 놀라운 일이 되었다. 그러나 이러한 변화와 지나치게 간결한 방식에 의할지라도, 이러한 모든 헌법규정들은 입법권, 행정권, 사법권을 실행하는 자체기관을 갖는 EC라는 지역기구에 국가의 회원자격을 부여하는 실제적인 목적을 충족시켜 왔다.

이러한 '통합조항'(integration clauses) 중 주권적 권한의 이전 또는 권한의 '귀속'을 허락하는 '벨기에-독일식'(Belgo-German formula)과 주권의 '제한'을 허락하는 '프랑스-이탈리아식'(Franco-Italian formula) 간에는 분명한 의미론상의 차이가 있다. 그리스헌법은 제28조의 이하 2개 구절에서 이들 방식을 규정하는 유일한 국가이다. 대개는 이러한 상이한 방식에 과도한 중요성을 부여하려 하지 않는다. 실제로 국제기구에 권한을 '귀속'시키지 아니하면서 국가들의 자유를 '제한'하는 국제조약이 있을 수 있다. 그러나 'EC'의 경우 주권의 '제한'은 국제기구에 대한 권한의 '귀속'을 수반하고 있고, 이 두 가지 작용(권한의 귀속과 주권의 제한)은 불가분의 관계에 있다. 이러한 관계는 1964년 *Costa v. ENEL* 판결에서 ECJ에 의해 강조되었다. 유럽공동체법의 우위에 찬성하는 판결과정에서 ECJ는 다음과 같이 판결하였다.

> "자체 기관을 갖고, 자체의 인격을 가지며, 국제적 수준의 대표능력과 자체의 법적 능력을 가지는, 특히 공동체의 국가들로부터 권한의 이전 또는 주권의 제한에서 발생하는 실제적 권한을 갖게 됨으로써, 회원국들은 자신의 주권적 권한을 제한하였고 이로서 국가들과 기구 스스로를 구속하는 법적 기구를 성립하였다."[26]

이 논증의 결론에서 ECJ는 동일한 견해를 재차 언급하였다.

> "조약상 발생하는 권리와 의무의 국내법제도로부터 공동체법제도로의 회원국들의 '이전'은 주권적 권리의 영원한 '제한'을 가져오며, 공동체개념과 양립할 수 없는 후속되는 일

투갈헌법 제7조의 (5).

25) 예외적으로 아일랜드헌법 제29조는 직접적으로 EC를 언급하였다. Slaughter, Stone Sweet, and Weiler(eds), *supra* note 2, p.283.

26) Case 6/64, *Costa v. ENEL*, [1964] ECR 585, at 593-594. 물론, 판결의 영어본은 후에 번역된 것인데, '주권적인'(sovereign)이라는 단어는 판결원본상에 현저하게 소개되어 있지는 않다. 프랑스어본은 다음과 같다. "en instituant une Communauté…dotée de pouvoirs réels issus d'une limitation de compétences ou d'un transfert d'attributions des Etats á la Communauté, ceux-ci ont limité, bien que dans des domaines restreints, leurs droits souverains."

방적인 행위는 이를 종속할 수 없다."[27]

ECJ에 의한 이러한 관계는 1992년의 'Maastricht' 선언에 있어서 스페인헌법의 통합조항을 해석할 목적으로 스페인헌법법원(The Spanish Constitutional Tribunal)에 의해 찬성으로 채택되었다.

> "제93조는 일정한 목적을 위한 특별한 제한과 연루될(이미 연루된 것을 포함하여) '헌법에 기인한 권한을 이행할' 권리의 부여를 허락하며, 이는 스페인 공공기관의 능력과 권한의 부여를 말한다(Costa v. ENEL에서 ECJ가 표현한 '주권적 권리'(sovereign rights)의 제한…)."[28]

따라서 스페인법원은 헌법이 허락한 '권한의 귀속'은 '주권의 제한'을 수락함을 의미한다는 사실을 수용하였다. 반대로 '주권의 제한'을 말하는 프랑스와 이탈리아의 헌법은 국가를 구속하는 국제협정체결의 권한(The Hague Court에 의해 Wimbledon 사건에서 일반적 의미로 사용된 '주권의 제한')뿐 아니라 '정상적으로' 국가기관에 유지되는 권한을 이행하는 국제기구의 성립도 의미한다.

2) 주권의 '공동실행'과 '주권 자체'의 유지

따라서 1945년 이후 서유럽에서는 여러 국가들의 공통된 원칙적 합의가 나타난다는 결론에 이를 수 있는데, 이는 '국가주권의 전통적 개념'과 '유럽통합과 국제협력의 새로운 필요성' 간의 합의를 말한다. 이러한 공통적인 유럽의 원칙은 다음과 같이 설명될 수 있다. '주권'은 '국민들'에서 '계속'하여 '존재'하고 주로 국가기관들에 의해 실행되는 것이다. 이러한 주권적 권한의 실행은 국가중앙기관(입법기관, 행정기관, 사법기관) 가운데 수평적으로 분산될 수 있다. 그러나 주권적 권한의 실행을 하부국가기관(sub-national institutions)에 허락하는 수직적 분산에 대해서는 어떠한 개념적 장애물도 존재하지 않는다. 유사하게 전후 헌법적 혁신의 덕택으로 국가권한의 실행은 EC와 같은 국제기구에 귀속될 수 있었다. 그

---

27) 여기에는 '영원한'(permanent)이라는 말이 첨가되었다. EC법의 우위를 다루는 판결의 문맥상 '영원한'이라는 말은 아마도 EC가입에 관한 회원국들의 주권제한의 수락은 이들이 자유롭게 수용한 조약의 우위를 부인함에 의하여 후에 이를 최소할 수 없다는 것을 의미할 것이다. Slaughter, Stone Sweet, and Weiler(eds), *supra* note 2, p.284.

28) A. Oppenheimer(ed.), *The Relationship Between European Community Law and National Law: The Cases*(London: Cambridge Univ. Press, 1994), p.726.

결과 국가주권의 책임을 지는 회원국들의 또 다른 방법으로써 EC의 행위가 나타나게 되었다. 이는 자동적인 과정이 아닌 공동결의 과정을 통해서 나타나게 되었다.[29] 이러한 '주권의 공동실행'의 측면으로부터 EU기관들은 회원국들의 '다양한 자주국민'을 위하여 행동하였고 현재도 그렇게 하고 있다. 그리고 이는 헌법원칙상 확고하게 성립된 것으로 남아 있다. 이러한 기본적 원칙은 변함이 없으며, '주권 그 자체'는 '국민'에게 계속하여 속하고, 따라서 '주권 그 자체'는 국가기관에 의하여 전체적으로든 부분적으로든 양도될 수 없을 것이다.

이러한 타협(절충)은 최소한 EU로의 가입 시 모든 회원국들에게 전통적인 단일주권의 개념의 보존을 허용하게 하였고, 이는 유럽의 전후 정치적 발전에 의하여 초기 '주권통합'을 위하여 '허용'된 것이었다.

그러나 이러한 조화로운 측면 이면에는 하나의 주요한 개념적인 문제가 있다. 국가기관들의 법적 권위의 특별한 실행의 최고의 근원으로써 전통적으로 정의된 주권이 어떻게 국가들의 직접적인 통제가 없는 '초국가적 기관들'(supra-national institutions)에 의해 실행된 권한에 있어서의 전례가 없는 상황을 설명할 수 있느냐 하는 문제이다. 특히 공동체법령이 '다수결'에 의해 채택될 수 있는 경우에는 더욱 그러하다. 이는 특정국가의 국민을 대표한다고 말할 수 있는 유럽의회와 이사회의 구성원의 견해에 반하는 것이다. 이는 '주권의 공동실행'이라는 표제 아래 이러한 조직체제를 가져오려는 '인위적인 장치'는 아닌가 하는 의문을 가져올 수 있다.[30]

이 문제는 IV의 결론부분에서 더 논의될 것이다. 그러나 그 허구성에도 불구하고 지금까지 EU회원국의 헌법 원칙상 위의 내용은 지배적인 견해를 확보하고 있다. 이러한 견해는 사법기관인 ECJ에 의해서 공개적인 도전을 받은 일이 없다. 전반적으로 ECJ는 주권이라는 주제에 관하여 남다른 침묵을 유지하였고, 유럽통합의 체계 내에서 주권의 입지에 관한 납득할 만한 이론을 형성할 어떠한 시도도 하지 않았다. 위에서도 언급하였듯 '주권적'(sovereign)이란 말은 1964년 *Costa v. ENEL* 판결에서 사용되었고, 몇몇 다른 획기적인 사건들에서도 사용되었다. 이러한 사건들의 경우 사용된 가장 일반적인 사용방법은 회원국들이 '그들의 주권적 권리를 제한하였다'[31]는 것이다. 1963년 *Van Gend en Loos* 판결에서 ECJ는 일면 약간 다른 접근방식을 취하였는데, 그것은 공동체기관들이 '주권적 권리'를 부여받은 존재라는 것이었다. 따라서 유럽경제공동체(European Economic Community: EEC) 초기 주요 회원국

---

29) Slaughter, Stone Sweet, and Weiler(eds), *supra* note 2, p.285.

30) *Ibid.*, p.286.

31) Case 6/64, *Costa* v. *ENEL*, [1964] ECR 593-594; Case 26/62, *Van Gend en Loos*, [1963] ECR 12.

들의 헌법서적에 따르면 ECJ는 주로 회원국들의 주권적 권리를 제한하는 'Franco-Italian'방식을 사용하고 있고, 적어도 한번은 주권적 권리를 공동체에 귀속 또는 이전하는 'Belgo-German'방식을 사용하고 있다고 언급하였다. 그러나 후자와 같은 표현의 경우조차도 ECJ가 '주권의 진정한 이전'을 요구할 수 있다는 주장을 정당화하지는 못한다.[32] 또는 ECJ가 그러한 '주권의 진정한 이전'이 효과적으로 발생했다고 반복적으로 진술할 수 있다는 주장 또한 정당화하지 못한다.

ECJ는 주권에 대한 법원 자체의 또 하나의 교리를 만들고자 시도하지 않았으며, 회원국들의 헌법상 전통적인 견해에 반대하기 위한 노력도 하지 않았다. ECJ는 '유럽통합'의 전통적인 옹호자로서 '국가주권'의 원칙은 통합에 해를 가져다준다는 견해를 곧잘 취해 왔을 것이다. 그러나 이것이 국가의 헌법적 차원에서 존재하는 원칙적 합의에 대한 전면공격을 준비하려는 것은 아니었다. ECJ는 단지 그의 직접적인 대화자인 '국내법원'에게 요구하여 유서 깊은 '주권의 원칙'이 *Van Gend en Loos*와 *Costa v. ENEL* 사건에서 형성된 실제적인 긴급사태를 간섭하거나 방해하지 않아야 한다고 주장하였다.[33] 이는 곧 회원국들의 국내법 질서 내 공동체법의 우위(primacy)와 직접효력(direct effect)의 승인인 것이다. 그러나 다음에서 설명하는 것처럼 주권은 이러한 공동체법의 수용문제에 관하여 불가피하게 그림자를 드리우기도 하였다.

2. 공동체법수용에 대한 '제약'으로서의 주권

주요 EU의 리더 회원국들(당시에는)의 헌법에 사용된 것과 유사한 *Van Gend en Loos*와 *Costa v. ENEL* 사건에서 사용된 표현은 아마도 일치하지 않을 것이다. '주권의 제한'에 대한 주장은 'ECJ'가 공동체법의 국내적 효력과 우위를 인정하기 위한 필요성을 정당화하기 위하여 사용한 많은 것들 중의 하나였다. 그러나 이는 국내법원이 필요한 경우에 EU법의 적용을 촉진하기 위해 회원국헌법의 '통합조항'을 적용하도록 하는 일종의 전략적 주장이었다고 볼 수 있다.[34]

---

32) T. C. Hartley, *The Foundations of European Community Law*(London: Clarendon Press, 1994), p.239.

33) Case 26/62, *Van Gend en Loos*, [1963] ECR 1; Case 6/64, *Costa v. ENEL*, [1964] ECR 585.

34) Slaughter, Stone Sweet, and Weiler(eds), *supra* note 2, p.287.

1) 초기 회원국들의 태도: 이탈리아와 독일을 중심으로

공동체 초기 6개국 중 프랑스, 벨기에, 룩셈부르크, 네덜란드 4개의 일원론(국제법의 국내적 적용에 관한)국가는 '주권의 제한'에 관한 조항에 의지함이 없이 EC법의 직접효력과 우위를 승인하였다.

그러나 이탈리아와 독일에서는 *Van Gend en Loos*와 *Costa* v. *ENEL* 사건에 의해 국내법원에 실제적인 의무가 부여되었다. ECJ는 주권의 제한과 권한의 귀속이라는 주장을 통하여, 독일과 이탈리아의 법원이 약간은 창조력을 갖고 공동체법 우위를 인정함에 필요한 헌법적 수단을 찾을 수 있다고 제안하였다.[35]

Costa v. *ENEL* 사건의 의미는 주로 이탈리아 헌법법원에 제시된 것이었다. 이탈리아 헌법법원은 수개월 전 *Costa* v. *ENEL* 사건에 대한 자체결정에서 매우 다른 견해를 취했었다. 이탈리아 헌법법원은 국제기구에 찬성하는 주권제한의 부여를 허가하는 헌법조항(이탈리아 헌법 제11조)과 그러한 국제기구가 제정한 법규의 '국내적 지위'에 관한 문제 간에는 '이론적 관련성'이 없다고 주장하였었다. 이탈리아 헌법법원은, 제11조는 이탈리아가 체결한 국제조약의 의무에 대한 국내법상의 효과에 관하여 현존하는 법으로부터 어떠한 이탈의 원인이 되지 않는다고 단언하였다. 따라서 이탈리아 헌법법원은 후속되는 의회의 법령은 공동체법에 우월해야 한다고 단언하였다. 이는 *Costa* v. *ENEL* 사건에 대한 ECJ의 견해에 정확하게 반대되는 것이었다.[36]

그러나 수년에 걸쳐 이탈리아 헌법법원은 ECJ의 견해에 따라 확신되는 것을 그 자체로서 허용하여 왔고, 다른 국제조약과 구별되는 공동체법의 '특별한 성격'에 근거하여 점진적으로 국내입법에 대한 '공동체법의 우위'를 인정하게 되었다.[37] 제11조는 공동체법의 우위를 위한 헌법적 이유가 되었고, 이원론의 경계를 관통하여 이탈리아 법질서 내에서의 직접효력과 우위를 갖는 공동체법을 허용하는 수단으로서 자주 상징적으로 인용되는 헌법적 이유가 되었다. 따라서 제11조가 허용한 '주권제한'에 있어 입법제안자는 이들 성문법이 공동체의무와 양립할 수 없는 경우에는 이들 성문법이 국내법원에 의해 더 이상 강제될 수 없다는 것을 수용해야 하는 것이다.

이러한 학리상의 구성에는 몇 가지 난관들이 있다. 그러나 *Granital* v. *Amministrazione delle*

---

35) *Ibid.*, p.288.

36) *Ibid.*

37) M. Cartabia, "The Italian Constitutional Court and the Relationship between the Italian Legal System and the European Community", 12 *Michigan Journal of International Law*(1990) 173.

Finanze dello Stato 사건 이후 이탈리아 법원에 의해 EC법 이행의무의 강제의 보장은 일반적으로 성취되었다. 그러나 동시에 이탈리아 헌법법원은 이러한 주권의 '제한'은 결코 '주권 그 자체'를 무효화할 수는 없다고 지속적으로 주장하였다. 이탈리아 헌법질서상 기본적 원칙에 의하여 형성된 '반대 제한'(counter-limits)이 있으며, 이는 EC법이 우세할 수 없다는 것에 대한 준비에 해당한다. 제11조는 헌법의 '보통의' 원칙을 묵시적으로 손상하는 것을 허용하지만, 그러나 이탈리아 헌법질서의 '기본적' 원칙을 손상하는 것을 EC에 허용할 수는 없다는 것이다. 국가기관들이 주권을 행사할 때 이들은 헌법상의 '기본적 가치와 원칙'을 존중해야 한다. 권한을 EC기관에 귀속시킬 때 그러한 가치와 원칙을 완전히 포기할 수는 없는 것이다.[38] 1989년 *Fragd* 판결에서 이탈리아 헌법법원은 EC법의 사적 원칙이 이탈리아헌법의 기본적 원칙, 특히 인권과 일관성을 갖도록 통제할 수 있다고 주장하였다.[39] 이탈리아 헌법법원은 이러한 권한을 *Fragd* 사건에서도 그 이후의 사건에서도 사용하지 않았다. 그러나 관념상 공동체법의 전적인 우위의 인정을 위한 다른 여지가 없다는 것은 분명하다고 할 수 있다.

*Van Gend en Loos*와 *Costa* v. *ENEL* 사건 당시 독일헌법의 견해는 이탈리아와 매우 유사하였다.[40] 학리상 이원론이 우세하였고, 이는 다른 국제조약의 형식과 같이 EC법이 '독일의회'가 제정한 후속 법령보다 우세할 수 없다는 것이다. 그러나 1960년대 후반 이래 독일 헌법재판소에 의한 독일헌법 제24조의 해석은 이탈리아헌법 제11조와 같은 동일한 역할을 실제적으로 이루어지게 하였다. 그 명백하고도 우세한 기능은 국제기구의 구성원에게 그러한 예민한 권한을 EC권한으로 허락하는 것이다. 그러나 이 해석의 묵시적인 2차적 기능은 공동체법의 직접효력과 우위의 승인을 위한 '헌법적 기초'를 제공하는 것이었다.

그러나 이 제24조는 공동체법의 전적이고도 무제한적인 우위를 부여하지는 않는다. 독일 헌법재판소는 '반대 제한'의 이론을 발전시켰으며, 1974년과 1986년의 *Solange* I 와 *Solange* II 판결에서 이 이론을 형성하였다.[41] 이탈리아의 학설을 분명하게 언급하면서, Karlsruhe Court는 양 사건의 경우에 제24조는 '주권의 이전'을 허락하는 것이 아니라고 판결하였다. 기본적 구조를 침해하는 것은 독일헌법질서의 정체성을 포기하도록 하는 것이기 때문이다. 이러한 정체성 없는 불가사의한 방식은 정확하게 독일법률가들 사이에 상당한 논쟁의 주제

---

38) Slaughter, Stone Sweet, and Weiler(eds), *supra* note 2, p.289.

39) G. Gaja, "New Developments in a Continuing Story: The Relationship between EEC Law and Italian Law", (1990) *Common Market Law Review* 83, at 94.

40) H. J. Schlochauer, "Das Verhaltnis des Rechts der europaeischen Wirtschaftsgemeinschaft zu den nationalen Rechtsordnungen der Mitgliedstaaten", *Archiv des Voelkerrchts*(1963) 22.

41) *Solange* I, BVerfGE 37, 271; *Solange* II, BVerfGE 73, 339.

였음을 의미한다. '유럽통합에 찬성하는' 해석에 따르면, 국가헌법의 이러한 관련조항은 유럽통합의 제약으로 작용하는 것이 아니라, 공동체법이 '발전'되어야 한다는 방향으로 작용한다고 한다. 독일헌법재판소가 언급한 독일기본법상의 본질적 가치는 EC 내에서 동일한 방식으로 달성되어야 한다. 만일 EC법질서가 기본권을 위한 사법적 보장을 더욱 발전시켜 나가고 EC법질서가 더욱 민주화된다면, 그때 국가의 헌법적 가치는 공동체법질서의 하나의 부분이 될 것이고, 독일헌법재판소는 더 이상 EC법 우위의 인정에 대한 수용을 필요로 하지 않게 된다.

그러나 Paul Kirchhof의 *Solange* 사건에 대한 해석에 의하면, *Solange* 유보는 주로 공동체법을 '수용하는 경향'에 대하여 국가주권을 보호하기 위한 것이다. 그는 보다 그럴듯하게 주장하기를, 독일헌법질서의 정체성 보장은 최소한 '독일의회'가 '새롭게 형성되는 유럽연방국가'에 '주권이전'을 통하여 독일국가를 종결짓는 것을 허용하는 것이 아니라고 하였다. 이러한 견해는 독일헌법 제79(3)조(소위 영구조항인, Ewigkeitsklausel)를 살펴봄으로써 보다 더 확고해지는데, 이는 헌법개정에 의하여 변경될 수 없는 것으로서 기본법(Grundgesetz)의 몇몇 기본규정들과 구별된다. 제79(3)조에 언급된 이러한 막연한 규정들 중에 제20조가 있는데, 그 첫째 구절에서 독일연방공화국은 민주적이고 사회적인 연방공화국("Die Bundesrepublik Deutschland ist ein demokratischer und sozialer Bundesstaat")이라고 선언하고 있다. 그리고 그 둘째 구절에서 모든 국가권한은 국민으로부터 나온다("Alle Staatsgewalt geht vom Volke aus")라고 선언하고 있다. 이는 다시 독일은 주권국가로 존재하는 것을 종결짓는 것이 아니며 '유럽연방'의 일원이 되는 것이라는 전제가 된다.[42] *Solange* 판례법의 이러한 해석에 따라, 독일헌법재판소는 국제조약을 승인하는 행위의 생략에 대하여 독일국가의 존재와 국민주권의 원칙을 보호하려는 것이 그 취지였다고 지적하였다. 이러한 견해의 완전한 효과는 이후에 Kirchhof가 ECJ의 보고담당재판관으로서 상당한 영향력을 행사하는 독일헌법재판소의 *Maastricht* 판결에서 명백해졌다.[43]

따라서 이탈리아와 독일의 헌법재판소에 의해 주권제한에 관한 관련조항들은 EU통합의 문맥상 매우 유사한 해석을 하게 되었다. 이 주권제한에 관한 조항은 이중적인 역할을 하였다. 한편으로는, 주권제한 관련조항들은 EU법의 국내법제도로의 유연한 통합을 허용하여 EU법의 배타적 이익을 위해 이원론을 포기하고 모든 '정상적' 상황에 있어서 EU법의 직접효력과 우위를 보장하게 되었다. 다른 한편으로는, 주권제한 조항들은 EU법의 어떠한 침해

---

42) Paul Kirchhof, "Der deutsche Staat im Prozess der europaeischen Integration", in J. Isensee and P. Kirchhof(eds.), *Handbuch des Staatsrechts der Bundesrepublik Deutschland,* Vol.Ⅶ(1992) p.855, at p.883.

43) Slaughter, Stone Sweet, and Weiler(eds), *supra* note 2, p.290.

에 대하여 양국이 헌법의 '핵심'이라고 간주하는 내용을 두 국가의 헌법재판소가 보장하는 것을 허락하였다. 이러한 방법으로 이들 법원은 대내적 그리고 대외적 위협에 대한 헌법의 수호자로서 기능하게 되었다.

2) 영국의 경우

주권제한의 '유럽확대'의 원칙을 논함에 있어 1개국이 결석하였는데 바로 영국이다. 영국은 '성문헌법'이 없는 상황에서 EU기관에 국가권한을 귀속시키기 위한 헌법개정의 필요성이 없었던 것이다. 보다 근본적으로 주권은 전체로서의 국민이라기보다는 특별기관인 '의회'에 소속된 것으로서, 공동체 회원국으로서 관련된 어떠한 '주권의 제한'도 단지 의회의 법령(즉, The European Communities Act 1972)만을 요구하게 되었다. 다른 국가들과 같은 '헌법적 권위부여'를 필요로 하지 않았던 것이다. 그런데 '의회주권'의 원칙은 EU회원국으로써의 헌법적 문제를 야기하지는 않는 데 반하여, 이 원칙은 공동체법의 영국법질서로의 수용을 위한 '소극적인 영향'과 직접적인 관련성을 가진다.[44] 이러한 위협은 Dicey의 주권에 대한 고전적 정의로부터 직접적으로 기인하는 것 같다. "의회주권의 원칙이란 그 이상도 그 이하도 아닌 것이다. 즉 의회는 영국헌법하에 어떠한 법령도 제정하거나 또는 폐지할 권리를 가지며, 나아가 영국법에 의하여 의회입법을 무효화하거나 배제할 권한이 있는 인정된 어떠한 사람이나 기구도 존재하지 않는다."[45]

그러나 영국이 EU에 가입한 지 20년 이상이 된 오늘날 이러한 위협은 구체적으로 실현되지 않고 있으며, Dicey의 정의는 현 상태로는 더 이상 완전한 법적 표현이 되지 않는다고 할 수 있다. 1990년 주목할 만한 Factortame 판결에서 영국 상원(The House of Lords)은 향후 법규범에 대한 EU법의 우위를 공식적으로 확립하였다. Factortame 사건에서 Bridge 상원은 EU법의 우위를 인정함으로써 사법부는 주권을 희생하고 있다는 내용을 부인하였다. 그는 의회는 국내법원으로 하여금 의회법령에 우월한 공동체법을 만들어 가도록 명령하였다고 재치 있게 주장하였다.[46]

EU법의 직접효력과 우위에 관한 ECJ의 원칙에 대한 영국 국내법원들의 유연한 수용은 영국법의 편협에 관한 초기의 불안에도 불구하고 영국스타일의 의회주권은 초기의 두려움

---

44) 이처럼 영국에서는 다른 회원국에 비하여 그 회원국으로서의 지위보다는 실제적인 사법질서상의 지위에 있어서 상당히 소극적인 태도를 보여 왔다.

45) A. V. Dicey, *Introduction to the Study of the Law of the Constitution*(London: Macmillan, 1959), pp.39-40.

46) Slaughter, Stone Sweet, and Weiler(eds), *supra* note 2, p.292.

보다는 다루기가 덜 힘든 것임을 증명해 준다.[47] 그리고 대륙적 스타일의 국민주권이라는 몇몇 국가의 오명보다 EU법의 '통일된 적용'을 위해서는 덜 위협적일 수 있다는 것을 증명한 것이다. 만일 '주권'이 추상적 실체보다는 '하나의 기관'에게 주어진다면, 이때 어떠한 주권의 제한도 당해 기관이 '홀로 결정'할 수 있을 것이다. 이로서 지금까지 사용해 오던 섬세한 헌법적 균형 또는 '복잡한' 헌법적 개정은 더 이상 필요하지 않게 된다. 또한 '영국'에서 행해진 것과 같은 주권의 형태는 '국민주권'의 추상적 개념보다 '더 쉽게' '주권'이 변환('국가'에서 '유럽연합'으로)될 수 있을 것으로 생각될 수 있다.

이 Ⅲ의 내용을 마무리함에 있어서, 많은 회원국들의 최고법원은 ECJ가 이들 최고법원에게 요구하는 EU법의 완전한 우위를 수용하는 것보다 '유럽통합과 국가주권' 간의 정교하게 조화된 법적 균형을 확립하였다는 것을 알 수 있다. 일반적으로 말해서 유럽통합의 법적 요건에 대한 주권의 원칙의 유연한 조화가 존재하는 것이 아니라, 지속적인 '평화적 공존'(peaceful coexistence)이 회원국들의 정치적·사법적 기관들의 손에 달린 것이라는 것이다.

1990년은 되돌아보면 유럽의 법적 통합의 절정이자 이정표로 볼 수 있다. 1989년 프랑스 국사원(Conseil d'Etat)의 *Nicolo* 결정과 1990년 영국 상원의 *Factortame* 판결 이후 국내법에 대한 공동체법의 우위는 모든 회원국에서 확고하게 확립된 듯 보였다. 국가주권은 더 이상 문제 되지 않는 듯하였다. 심지어 영국에서조차도 다루기 힘든 것으로 여겨지는 '의회주권의 원칙'이 상원에 의해 발전된 창조적 헌법학설에 근거하여 효과적으로 '길들여지게' 되었다. 공동체법의 완전한 수용에 대한 헌법유보에 관한 이론은 독일과 이탈리아로 한정되는 듯 보였고, 이러한 헌법유보이론은 EU의 통일된 적용에 대한 효과적 위협보다는 형식적인 상징적 의사표시인 듯하였다.

그러나 1991년 유럽연합조약(TEU)의 체결 협상과 채택, 그리고 무엇보다 1992년과 1993년 당해조약의 비준에 관한 모든 회원국들의 논의는 잠정협정(*modus vivendi*)의 긴장상태를 야기하였다. 이로서 회원국헌법과 EU법 간의 관계의 잠재적인 갈등적 성격이 외부로 표출되었고, EU통합과정상의 '국가주권'의 법적 영향에 관한 논쟁이 새롭게 일어났다. 이러한 문제는 EU 모든 회원국에 의하여 2004년 10월 29일 채택되기는 하였으나 프랑스와 네덜란드에서 국민들의 동의를 받지 못하여 아직 발효되지 못한 EU헌법조약과도 무관하지 않다고 하겠다. 다만 1992년 당시에는 EU의 창설이라는 데 대한 '주권'의 형식적 측면에서 논의가 될 수 있는 내용이고, 2004년 채택되어 발효를 기다리는 양적으로나 질적으로 강화된 EU헌법조약은 '주권'의 보다 실제적 측면에서 논의가 될 수 있는 내용이라고 볼 수 있다.

---

47) P. P. Craig, "Sovereignty of the United Kingdom Parliament after Factortame", (1991) 11 *Yearbook of European Law* 221, at 243.

Ⅳ. 주권과 EU: 불가피한 갈등 여부

여기에서는 1992년 유럽연합조약(TEU)의 채택을 중심으로 전개되었던 주권의 문제를 살펴보고자 한다. 먼저 '국가주권'이 '재주장'되기 시작한 배경과 비준의 문제, 그리고 '주권'이 '탄력적'으로 적용될 수 있는지 아니면 '진부한 내용'의 것인지에 관하여 고찰한다.

1. 'Maastricht' 이후 국가주권의 재주장

'Maastricht'에 관한 정치적 논쟁에 있어서 공통적으로 사용된 주장은 유럽연합조약(TEU)은 너무나 '광범위한' 권한의 이전을 포함하고 있고, 이는 회원국들의 주권적 국가지위라는 문제의 소지가 있게 된다는 것이다. Maastricht에서 성립된 새로운 국가권한의 이전은 단일유럽협정(Single European Act: SEA)과 같은 초기 발전과 관련하여 볼 때, EU의 성격에 있어서는 중대한 변화의 원인[두말할 필요 없이 현재 EU는 연방국가[48](federal state)가 되어가고 있다]이 되었고, 그리고 회원국들에 있어서는 통지 없이 그들의 주권을 양도하고 있었다. 'Maastricht'의 이러한 해석은 법적으로 소수의 견해로 남아 있다. 그러나 누구든지 최소한 다음과 같이 주장할 수 있을 것이다. 국가헌법상 존재하는 통합조항은 많은 국가들이 공동체에 가입하는 것을 허락하였는데, 이들 헌법상의 통합조항들은 이 조항들의 총체적인 특성 때문에 더 이상 유럽연합조약이 부여한 유럽통합의 성숙된 형식을 위한 헌법적 기초로서는 적합하지 않다는 것이다.[49]

모든 회원국들은 아니나 몇몇 회원국의 경우에 유럽엽합조약(TEU)의 '비준'이 '헌법적 문제'에 직면하였는데, 이는 전혀 새로운 것이 아닌 이전에 무시되었거나 과소평가되었던 내용이었다. 더욱이 특별한 것은 비준에 관한 논쟁이 몇몇 회원국에서는 주권의 원칙의 상당한 방해로 표출되었다는 것이다. 이러한 주권이라는 주제는 프랑스의 헌법적 논쟁에 있어서는 자존심이 걸린 문제였다. 이는 직접적이라기보다는 잠행성을 갖고 1993년의 독일헌법재판소의 *Maastricht* 판결을 고취시키는 역할을 하였다. 그리고 이는 결국 몇몇 다른 회원

---

48) 제1차 세계대전 후 베르사유체제는 아무런 대책 없이 민족주권국가원칙을 유지시켰고 이것이 제2차 세계대전을 야기하였다. 이에 유럽인들은 영구한 평화를 이루기 위해서는 기존의 국제영역에서 국가주권이 제한되어야 한다고 주장하였다. 또한 이들은 유럽연방을 형성하는 것만이 유럽국가들이 제국주의 경쟁으로부터 해방될 수 있는 유일한 수단으로 보았다. 즉 유럽연방이 이루어지는 경우 국가 간의 경쟁은 무의미하게 될 것이었다. 노명환, "유럽 이념의 형성과 발전: 주권국가 가치의 부정과 유럽 지역주구의 추구", 『유럽연구』, 제1권 (1994), pp.111-112.

49) Slaughter, Stone Sweet, and Weiler(eds), *supra* note 2, p.293.

국들에 있어서 자국의 헌법을 유럽연합조약을 위하여 변경하지 않는 결과를 초래하였고, 공동체법과 회원국 헌법 간의 '평화적 공존'을 혼란케 할 우려가 있을 수도 있는 것이다.

2. 주권: 탄력적 또는 진부적

주권은 분명 서유럽국가들에게 있어서 공통적인 법적 원칙의 일부분에 해당한다. 그러나 50년 또는 심지어 20년 전보다 오늘날에는 아마도 그 인식이 경감되었을 것이다. 주권은 국가헌법적 측면에서 공동체법과 국내법질서 간의 관계에 해당한다. 그 의미와 중요성은 상당히 다양하게 변화한다. 유럽연합조약(TEU)에 관한 논쟁은 유럽통합의 법적 분석에 있어서 새로운 혼란의 국면을 가져왔고, 주권 개념은 이러한 논쟁에 있어 주권의 '옹호자'와 반대자에 의하여 중요한 역할을 하고 있다. 그런데 논쟁의 결과는 뭐라 말할 수 없는 불확실한 것이다. 한편으로는, 여론에 의한 각성과 결합된 유럽통합세력의 지속적 팽창(확대)은 국가주권에 새로운 힘을 부여하였고, 다른 한편으로 증가하는 법학자들의 주장에 의하면 유럽통합의 현실에 있어서 주권개념은 전체적으로 재고되어야 하거나 또는 심지어 포기되어야 한다고 한다.[50]

고전적 주권개념은 독일헌법재판소의 강력한 옹호에서 발견된다. 독일헌법재판소의 *Maastricht* 판결은 국가개념과 주권개념에 대한 재판소의 '구식의' 개념 때문에 비판을 받았다. 그러나 이는 국민주권의 원칙이 계속하여 통합의 범위를 명백하게 제한하는 일종의 강제적인 내부적 논리임을 증명하는 것이다. 이러한 시각에서 국민주권은 거의 형이상학적으로 모든 정부권한의 규범적 근원으로 남게 되고, '민주적 합법성의 끊어지지 않은 사슬'로써 모든 국가와 국제기구에게 합법성을 제공한다.[51] 국가의회들은 이러한 사슬의 첫 번째 고리가 된다. EU 기관들 또한 이 사슬 중에서 자신들의 입지를 발견할 수 있으나, EU 기관들은 이 사슬에 위해되어서는 아니 된다.

이러한 주권에 대한 전통적 원칙에 관한 의심은 정치학자들이 분석한 통합과정의 분석에 의해 지지된 실증적 숙고에서 비롯된다. 형식상 '주권'은 자율적 행동방침을 채택하는 국가의 '효과적인 권한'이 없이는 존재할 수 없다는 것이다. 이러한 '효과적인 권한'을 EU회원국들은 조금 또는 많은 범위에서 '상실'했던 것이다. '정치적 권한'은 현재 '국가 차원'과 'EU 차원'의 많은 기관들 간에 분산되어 있다. 그렇다면 모든 권한이 유일한 근원인 '단일

---

50) *Ibid.*, p.301.

51) E. W. Boeckenfoerde, "Demokratie als Verfassungsprinzip", in *Handbuch des Staatsrechts*, Vol. I (1987) 887, at 894.

국가'의 국민으로부터 나오고, 이러한 권한이 '단일국가'의 통제하에 계속 유지된다는 '법적 상상'(주권)을 '여전히' '주장'할 수 있겠는가 하는 문제가 야기된다.

유서 깊은 '주권의 원칙'을 조정하려는 EU회원국들의 많은 노력이 있었으며, 이는 종종 이론상의 학리적 '해결'이 되어 마치 줄타기를 위해 마련한 팽팽한 줄 위에서 춤추는 것 그 이상의 것으로 아슬아슬하게 보이게 된다.[52]

몇몇 학자들은 수년 동안 주장하기를 EU가 구원칙들을 조심스럽게 적용함으로써 초래한 법적 혁신을 설명할 수는 있는 사람은 아무도 없을 것이라는 것이다. 오히려 어떤 사람은 통일되어 '분리할 수 없는' 국가주권의 전통적 개념을 버리고, '분리된 주권'(divided sovereignty)의 '대안적인 원리'를 부활시켜야 할 필요가 있다고 하였다. 이러한 원칙의 철학적 유래는 '분리할 수 없는 주권'(indivisible sovereignty)이라는 Bodin의 고전적인 개념과 견줄 만한 유래를 가지고 있다.[53] '분리된 주권개념'은 19세기 어느 시기에는 미국, 독일, 스위스와 같은 연방국가들에 있어서 대유행이었다. 그러나 20세기 이래로 철학적 그리고 헌법적 현장으로부터 거의 사라지게 되었다. 심지어 연방국가에서도 '주권'은 전체로서의 '국가국민'(*Staatsvolk*)에게 속하는 것으로 주장되었다. 심지어는 주의 '주권'(sovereignty of cantons)에 대하여 언급하고 있음에도 불구하고 이러한 현상은 사실이었다.[54]

그렇다면 20세기 말 EU통합상 '분리 가능한 주권'의 원칙은 부활하기에 적절한 것인가. 긍정적인 대답은 이미 25년 정도 전에 있었는데, 이는 당시 ECJ의 재판관인 Pierre Pescatore로부터 나왔다. 그리고 이 이론은 일반적으로 널리 옹호되었는데, 그 누구보다도 J. V. Louis였으며 그는 공동체법질서에 관한 광범위한 번역과 영향력 있는 연구를 하였다.[55]

이러한 저자들은 독일헌법의 원문과 ECJ의 판례법에서 이러한 대안적인 견해를 위한 주장들을 발견하였다. 독일기본법 제24조상의 주권적 권한의 '이전가능성'에 대한 언급은 EC에 대한 주권의 '부분적 이전'은 '헌법적 감각'이라고 지적한 Pescatore 재판관에 의해 제시되었다. 그리고 그는 지적하기를 주권은 이후로 정부차원에서 분리될 수 있는 한 묶음의 권한(a bundle of powers)으로 이해되어야 한다고 하였다. 그러나 이러한 결론에 도달함에 있어서 Pescatore는 오히려 기본법 제24조의 독일어인 *Hoheitsrechte* 에 대한 통상적인 영어와 프랑스어 번역인 '주권적 권한'(sovereign powers or droits souverains)이라는 단어에 크게

---

52) Slaughter, Stone Sweet, and Weiler(eds), *supra* note 2, p.302.

53) *Ibid.*

54) 스위스헌법에 의하면, 주(cantons)는 주의 권한으로써의 진정한 주권을 가지지 못하며, 주의 권한으로써의 주권은 연방정부의 처분에 좌우된다.

55) J. V. Louis, *The Community Legal Order*, 2nd edn(Office for Official Publication of the EC, 1990), at 11.

의존하였다. *Hoheitsrechte*는 주권이 실행되는 형식을 말한다. 그러나 이는 주권 그 자체와는 혼란을 초래해서는 아니 된다. 왜냐하면 독일어로서 *Souveränität*는 별개의 용어이기 때문이다. 따라서 독일헌법 제24조는 영어로서 보다 적절한 용어가 부족한 관계로 '주권적 권리'(sovereign rights)로 번역될 수 있는 *Hoheitsrechte*는 국제기구에 귀속시킬 수 있는 것을 의미하였고, 이는 마치 국가들의 기관(*Länder* institutions)에 귀속시킬 수 있는 것과 같은 것이다. 그러나 이는 당시나 그 후에나 '독일헌법학자들'에게 있어서는 '독일국민들'과는 분리될 수 없는 *Souveränität*의 일부분의 이전을 허락하는 것으로서 이해되지는 않았다.[56)

*Van Gend en Loos*와 *Costa* v. *ENEL* 사건에 관한 ECJ의 판결에 있어서, 이 판결들은 ECJ가 회원국들의 헌법상 확립된 원칙들에 반대함에 있어서 주권의 '분리 가능성'에 근거한 새로운 원칙을 실제로 내놓기 원했다는 결론을 정당화시켜 주는 것 같지는 않다.

'분리 가능한 주권'의 이론은 '주권'이라는 용어의 논리적 구조와 쉽게 조화될 수 없다. 만일 '주권'이 특별한 영토에서의 절대적 권위를 의미한다면, 이때 주권은 절대적 권위로 생각되는 그 이상의 논리적인 것이 된다. 이러한 '주권'은 몇몇 기관들 중에 '분산'되어야 하는 것보다 '하나의 기관' 또는 '하나의 집단'이 고수하는 것과 같다. 만일 '주권'이 '분리'된다면 '주권'은 주권의 '독특한 특성'을 잃게 된다.

이러한 난점의 해결방법은 어떤 대안을 마련하는 노력을 하지 않는 것이 아니라, 오히려 '통합'에 관한 법제도적 논의과정에서 모든 회원국들이 함께 주권의 개념을 '포기'하는 것이라고 할 수 있다. 각 회원국들에 있어서 최근 몇몇 저자들은 간략하지만 그러나 이러한 성질을 제안하여 흥미를 이끌어 내었다. 이러한 견해는 '회원국들'과 '공동체' 간의 관계에 있어서 어느 쪽도 *Kompetenz-Kompetenz* 또는 최고의 권한을 소유하지 않는 것처럼 보인다. 따라서 주권의 개념은 유럽의 '법적 통합'이라는 현재의 상황에서는 설명할 가치를 상실한 것처럼 보인다고 할 수 있다.

혹자는 '주권'이란 여기서나 저기서나 희미하게나마도 해결될 수 없는 오히려 '성가신 것'이라는 결론에 확신을 가지게 될지도 모른다. 그렇다면 충돌 또는 갈등이 발생한 경우 최종권한을 결정하는 '주권의 원칙'의 도움 없이 오늘날 유럽의 법적 관계의 복잡한 그물 (complex web)을 어떻게 정리할 수 있겠는가 하는 것이다.[57) 게다가 최종권한이 부재하는 공동체와 회원국 간의 관계를 설명하는 것은 매우 부적절한 일이 될 것이다. 오히려 유럽

---

56) H. Mosler, "Die Uebertragung von Hoheitsgewalt", in J. Isensee and P. Kirchhof(eds), *Handbuch des Staatsrechts der Bundesrepublik Deutschland*, Vol.Ⅶ(1992), 599, at 615.

57) 충돌이 발생한 경우 공동체법질서와 회원국법질서라는 두 법질서는 두 가지 최종책임을 질 수 있다는 가능성은 존재할 수도 없고 존재해서도 아니 된다. 유럽시민은 이로 인한 희생자가 될 것이다.

연합조약(TEU) 제48조(구 제N조)는 그 최고권한은 EU 회원국의 정부간회의(이사회)와 효력 발생을 위해 비준을 요하는 국가헌법기관(회원국의회)에 있음을 증명하고 있다. 그러면 이러한 '주권'은 '분산된 EU 개개의 국민들'에게 있기보다 '공동의 EU 국민(시민)들'에게 있다고 할 수 있겠는가 하는 것이다. 이러한 가능성은 독일헌법재판소에게는 이단적 표현이 된다. 그러나 1993년의 러시아헌법[58]은 다국적 국민(multinational people)에게 주권을 귀속시키는 것은 헌법적 감각에 해당하는 것임을 보여 주기도 한다.

Ⅴ. 결언

주권에 대한 평화적 공존의 시기와 Maastricht 시기를 통과한 EU는 현재 기존의 회원국인 독일, 프랑스, 이탈리아, 벨기에, 네덜란드, 룩셈부르크, 영국, 덴마크, 아일랜드, 그리스, 스페인, 포르투갈, 스웨덴, 핀란드, 오스트리아에 이어 2004년 5월 1일에 싸이프러스, 몰타, 헝가리, 폴란드, 슬로박공화국, 라트비아, 에스토니아, 리투아니아, 체코공화국, 슬로베니아가, 2007년부터는 루마니아, 불가리아가, 2013년 7월 1일부터는 크로아티아가 가입함으로써 28개 회원국으로 확대되었고, 실패로 끝났으나 2004년 10월 29일에는 EU헌법조약(Treaty Establishing a Constitution for Europe)이 채택되기도 하였으며, 2009년 12월 1일에 이르러 리스본조약이 발효되었다. 이로써 EU는 전쟁 없는 유럽을 지향하며 역내복지를 보다 잘 구현할 수 있는 기초를 놓게 되었다.

현재의 EU가 존재하기까지 ECJ의 역할이 매우 중요하였는데, ECJ는 1951년 4월 18일에 ECSC가 설립된 이래 EU가 경제적·정치적 통합을 이루어 오는 동안 지속적으로 EU법의 직접효력과 우위를 보장하는 판정 태도를 취하여 왔다. 그러나 이는 EU법의 우위를 명시한 EU헌법조약에서는 논의의 비중이 적게 될 것이다.[59] 이는 보편국제사회에서의 국제법과 국내법 간의 관계에 대한 일종의 해답을 EU 내 EU법과 회원국 국내법 간의 관계에서 보여 주는 것으로 이해될 수 있다. 그러나 EU헌법조약에서도 언급된 바와 같이 다양성 속에서의 통합(united in diversity)은 결코 쉬운 일이 아니다.[60] 그 근저에는 회원국의 '주권

---

58) 러시아연방헌법서문에는 다음과 같은 내용이 포함되어 있다. "We, the multinational people of the Russian Federation, …adopt the Constitution of the Russian Federation"; 그리고 제3조의 (1)은 다음과 같다. "the holders of sovereignty and the sole source of authority in the Russian Federation are its multinational people."

59) EU헌법조약 Article Ⅰ-6.

60) EU헌법조약 Article Ⅰ-8.

문제'가 있기 때문이다.

EU헌법조약에 관한 논의는 1990년대부터 이미 시작되어 그 초안이 2002년 작성되었으며 2년 후인 2004년 10월 29일에 EU 모든 회원국들이 서명하기에 이르렀다. 회원국 주권의 광범위한 이전 또는 제한을 담고 있는 이러한 EU헌법조약은 2007년 발효를 목표로 하고 있었으나 프랑스와 네덜란드에서 연이어 국민의 동의를 얻지 못함에 따라 그 발효가 불투명하게 되었다. 이는 EU헌법조약이 전체 EU회원국들의 비준을 얻어야 효력이 발생하기 때문이다. 따라서 현재 EU헌법조약의 지위는 EU정상회의에서 합의하여 채택한 사항이며 2004년 6월에 있었던 유럽의회(EP) 의원 직접선거에서 투표율도 저조했으므로 아직 EU시민들의 EU헌법조약에 대한 전폭적인 동의라고는 볼 수 없는 것이다. 이러한 EU헌법조약의 채택을 통해 볼 때 한 가지 관심이 집중되는 것은 EU가 각 회원국들의 주권문제의 해결을 통하여 초국가적 주체인 연방국가로 완전히 성립될지 주목받게 되었다는 것이다.

EU헌법조약은 모든 회원국의 비준 또는 국민투표를 통한 동의에 의하여 효과가 발생하게 된다. 이렇게 되면 EU는 독립적이고 구속력 있는 행정부의 구성이 가능해지고 독자적인 조약체결권을 행사할 수 있을 뿐 아니라 국제기구로의 가입이 가능하게 된다. 마치 회원국들의 주권문제가 해결되어 일개의 국가와 같은 행태를 취하게 되는 것이다. EU는 소위 대통령직(이사회 상임의장직)과 외무장관직(EU외교안보정책고위대표)을 신설하게 되는데, 이는 EU정상회의에서 선출되게 된다.[61] 이는 이제까지 법적 실체가 불완전했던 EU가 구속력 있는 법인격체가 되었음을 의미한다. 이로써 EU는 주권국가와 같이 국제사회에서 대외적으로 대표성과 외교력이 강화되게 되었다. EU의 대통령직은 전체회원국의 정상회의에서 선출되며 임기는 2년 6개월이고 1회 연임이 가능하다. 전체회원국 정상회의의 상임의장인 대통령직으로 인하여 기존의 순번 의장국(임기 2년)은 소멸되고 집행위원장의 위상은 상대적으로 축소되게 된다. 한편 외무장관직은 5년의 임기이며 대통령을 보좌하게 된다. 집행위의 부위원장으로서 대외적으로 EU의 외교와 안보에 관하여 대표하고 협상한다.

또한 EU헌법조약에 의하면 상호방위의 원칙을 채택하고 있어 한 회원국이 공격을 받을 경우 다른 회원국들이 이에 개입할 수 있도록 하고 있었다. 이탈리아와 폴란드 등이 요구했던 기독교적 전통이라는 표현의 명시는 인정되지 않았다. 유럽의회의 의원 수는 750명까지 가능하며, 인구가 적은 국가도 최소 6명의 유럽의회 의원을 보유할 수 있다. 회원국의 숫자가 증대했음에도 불구하고 파란색 바탕에 12개의 노란색 별이 그려진 EU기는 그대로 유지되며 공용화폐로는 유로(Euro)화가 사용되고 있다.[62] 특히, 1999년의 Euro화의 도입이

---

61) EU헌법조약 Article Ⅰ-22, 23.

경제통합의 핵심적 내용이라면 대통령직과 외무장관직의 신설은 주권국가와 같은 정치통합의 시작을 의미한다고 볼 수 있어서 명실상부한 정치적·경제적 통합체의 탄생을 의미하는 것이다. EU헌법조약의 또 다른 특징의 하나는 만장일치제가 아닌 다수결제도를 도입했다는 것인데 특히 이를 이중다수결제도라고 한다. EU헌법조약에 의하면 이는 2009년 11월부터 적용될 예정인데 이로써 의사결정의 신속성과 효율성을 확보했다고 볼 수 있다. 먼저 총인구 중 65%와 전체 회원국 중 15개국 이상의 찬성에 의하여 중요정책이 결정된다. 그리고 총인구 중 35%와 전체 회원국 중 4개국 이상의 찬성에 의하여 의제채택이 기각된다.[63] 이로서 회원국의 주권을 이전 또는 제한하더라도 프랑스, 독일, 영국 등 몇몇 강대국의 담합을 견제할 수 있게 되며 주요의제의 결정에 대한 견제가 가능하게 되었다.

이러한 광범위한 주권의 이전 또는 제한을 담고 있는 EU헌법조약의 발효는 전체 회원국들의 동의 즉 비준이나 국민투표에 의한 찬성을 필요로 하고 있었다. 물론 현재는 EU헌법조약의 실패로 이 조약의 내용을 대부분 담고 있는 리스본 조약에 의해 EU가 규율되고 있다. 근래 EU의회선거에서 반통합성향의 각 회원국 야당이 대거 약진하고 있는데, 그럼에도 불구하고 EU헌법조약안이 2004년 10월 29일에 서명된 바 있다. 따라서 EU가 회원국들의 주권문제의 해결을 통하여 일개의 국가와 같은 형태로 나아가기 위해서는 EU시민들의 유럽통합에 대한 회의적 시각을 극복해야 할 것이며, 또한 유럽통합에 대한 EU시민들의 무관심을 극복해야 할 것이다. 2차 세계대전 이후 지난 반세기 동안 많은 진통 속에서도 EU통합을 진행해 온 점을 고려해 볼 때, EU헌법조약이 난관에 직면했으나 이는 EU의 한 단계 발전을 위한 마지막 과정이라고 볼 수 있을 것이다.

---

62) EU헌법조약 Article Ⅰ-8.

63) EU헌법조약 Article Ⅰ-25, 44, 59, 60 참조.

제3장 EU의 주요기관*

EU 주요기관의 소재지와 관련하여 유럽의회(European Parliament)는 프랑스 스트라스부르(Strasbourg), 이사회(Council)와 위원회(European Commission)는 벨기에 브뤼셀(Bruxelles), 사법법원(Court of Justice)과 일반재판소(General Court, 구 제1심법원(Court of First Instance)) 및 감사원(Court of Auditors)은 룩셈부르크(Luxembourg)에 위치하고 있다. 한편 유럽중앙은행(European Central Bank)은 독일 프랑크푸르트(Frankfurt), 경제사회위원회(Economic and Social Committee)와 지역위원회(Committee of the Regions)는 벨기에 브뤼셀에 위치하고 있다.

Ⅰ. 이사회

1. 구성

이사회(Council)는 주로 회원국들의 장관급 대표자들로 구성되며, 이들은 회원국 정부로부터 권한을 위임받아 자국의 이익을 위하여 역할을 수행해 왔다. 이사회의 구성원들은 회원국을 대표하기 때문에 해당 정부의 지시에 따라 행동한다. 그러나 이들은 정부 간 장관급회의(intergovernmental conference of ministers)를 별도로 구성하지는 않으며, 또한 국제기구들(international organizations) 내에서의 파트너와 유사한 지위를 갖는 것은 아니다. 국제기구에서의 결정은 그 결정에 '비준'(ratification)한 국가(EU 해당 회원국)에만 구속력이 있다. 또한 이사회는 연방국가(federal state) 내의 하원이 없는 상원(senate)에 비유될 수 있다. 이사회의 구성원은 실제 '개별국가의 이익'을 대표하고 있으나, '동시에' EU기관으로서 'EU의 이해관계'를 위하여 협력하고 행동하여야 한다. 그러나 이것이 항상 모든 참가자들

---

* 이 내용은 김두수, 『EU법론』, 파주: 한국학술정보, 2007, 제4장~제5장을 참고하였음.

에 의해서 명백하게 수용되는지는 분명하지 않다.

이사회에 참여하는 회원국 대표자를 결정하는 권한은 각 회원국 정부에 부여되어 있다. 그리고 비록 조약이 '한 사람'의 대표자라고 언급했을지라도, 때로 필요한 경우에는 두 사람 이상의 장관들이 동일 회의에 참석하기도 한다. 이사회는 일반사무를 위해 외무장관들로 구성되는 '일반이사회'(외무이사회)와 각각의 기타 세부 '전문이사회'로 통상 구분되어 왔다. 대체로 전문이사회에는 관련 문제에 대하여 국가적으로 권한 내지 책임 있는 각급 장관들이 참석한다. 따라서 회기 내에 여러 이사회 모임들이 동시에 이루어지는 것은 기이한 일이 아니다. 이사회 의장직은 6개월 간격으로 회원국들이 순번을 정하여 교대로 수행해 왔다. 이는 상임대표위원회(Committee of Permanent Representatives: COREPER), 실무그룹, 기타 장관급회의와 같은 이사회의 모든 하위기관에도 적용된다.

2. 의결절차

TFEU(Treaty on the Functioning of the European Union)상의 표결절차는 EU의 흥미 있는 관점 중의 하나이다. 왜냐하면 만장일치가 아닌 '다수결'에 의해 채택된 결정은 '모든 회원국을 구속'하기 때문이다. 다수결 표결제도하에서는 어떤 회원국도 '거부권'을 행사할 수 없다. 이 표결제도는 EU가 EU목적의 지속적 이행을 위해 허용되어 왔다. 이 표결제도는 EU를 국제법하에 설립된 다른 기구들과 구별시켜 주는 '독특한' 제도이다. 왜냐하면 국제법하에 설립된 기구들은 주로 만장일치에 의한 결정에 근거하여 운영되기 때문이다.

이사회 내에서 표결과 관련된 기본 규율은 TFEU에 규정된 다른 방식을 제외하고는 이사회 구성원의 '다수결'에 의하여[1] 운용된다. 그 외에는 '대부분' 조약규정들이 다른 방식 ('qualified majority' or 'unanimity')을 규정하고 있어[2] 사실상 일반 규율은 예외규정이 되었다. 그렇다 하더라도 가중다수결제도는 EU의 가장 독특한 표결방식이라고 할 수 있다.

3. 상임대표위원회(Committee of Permanent Representatives: COREPER)

상임대표위원회는 이사회가 수개월 동안만 개최되기 때문에 이를 보완하고자 창설되었고, EU가 발전하면서 그 업무도 증가함에 따라 상설화되기에 이르렀다. 상임대표자들(permanent

---

1) TFEU 제238조의 (1).
2) TFEU 제238조의 (1).

representatives, 즉 회원국들의 '대사급' 고위공무원들)은 매일 사안들에 관련된 다양한 EU의 활동을 긴밀하게 수행한다. 그러나 상임대표자들은 이사회 구성원의 '대리인'이 아니므로 의결권(decision-making power)을 소유하지는 못한다. 다만 이사회 체제 내에서 하나의 '상설적' 그리고 '실무적' 기관을 형성한다. 이들은 이사회의 실무를 준비하며, 이사회에 의하여 COREPER에 위임된 업무를 이행한다.[3] 이들은 주 1~2회 회합하며, 때로는 보다 자주 회합한다. 그리고 이들은 비록 '의결권'은 없으나, 일단 COREPER가 EU위원회의 일정한 제안에 관하여 승낙하면, 이는 결국 이사회에 의해 사실상 의결되도록 상정된다. 이 경우 이러한 사안은 이사회 일정록에 'A'로 표시되어 중요하게 다루어진다.[4] 그리고 이사회가 개회되면 이사회는 모든 'A'로 표시된 사안들을 접수하여 검토하고 직무를 수행한다. 이를 통해 이들 사안들은 채택되고 법적 구속력을 갖게 된다. 그러나 주의할 것은 이사회가 'A'로 표시된 사안을 반드시 접수할 의무가 있는 것은 아니고, 어느 이사회 구성원도 본 사안에 관한 토의 내지 검토를 요하지 않는다고 판단되는 경우에는 이는 차기 이사회 일정록에 기입되고, 이때는 'B'로 표시된다. 또한 COREPER의 위원은 유보를 주장할 수 있는데, 국내 의회의 심사를 필요로 하는 경우가 이에 해당된다. 그러나 이러한 유보는 시간상 제약으로 인해 차기 이사회에서 'A'로서 채택될 것을 조건으로 수용될 수 있다.

4. 이사회의 직무와 권한: 의결권의 일반원칙과 범위

이사회는 EU에서 다루는 여러 정책에 있어서 주요 의결권을 부여받은 기관이었다. 그러나 이러한 권한은 'TFEU(구 EC조약) 규정'에 따라 허용된 범위와 권한 내에서 실행되어야 했다. 즉 각 기관들은 TFEU에 의하여 각 기관에 부여된 권한의 범위 내에서 행동하여야 했다. 이는 기관들이 '한정적' 권한을 가짐을 의미한다. 따라서 이사회는 일반적인 통제능력을 부여받지는 못하고 있다. 그렇기 때문에 월권행위에 의한 입법행위는 취소송의 대상이 되기도 한다. 그러나 EU의 '목적'을 추구하기 위하여 필요한 경우에는 TFEU가 관련 권한을 규정하지 아니하여도 이사회는 일정한 조치를 취하게 된다. 이 경우 이사회는 EU위원회의 제안에 대하여 유럽의회(EP)의 자문과 이사회 만장일치를 통하여 적절한 조치를 취하게 된다. 이처럼 몇몇 엄격한 조건이 충족되어야 하기 때문에 EU기관들의 의결권 증대에 무제한의 기회가 있는 것은 아니다. 실제 TFEU상 근거 규정이 없는 조치는 TFEU상의 '목

---

3) TFEU 제240조의 (1).
4) ECJ규칙 제2조의 (6).

적'을 달성하기 위하여 필요한 경우에만 제한적으로 취해진다. 그리고 이 경우에 부여된 권한은 단지 보충적인(complementary) 성격을 갖는다. 실제로 EU권한의 확대는 불가피하게도 그만큼 회원국의 권한을 축소시킨다. 즉 보충성의 원칙과 비례의 원칙이 반영되었다.

이사회가 TFEU에 명백하게 규정된 경우에만 행동한다는 것 외에, EU기관들 사이의 힘의 균형으로부터 도출되는 또 다른 이사회 권한의 제한이 있다. 즉 실제로 대부분 경우에 이사회는 'EU위원회 제안'을 기초로 한 경우에만 의결권을 행사할 수 있다는 점이다. 그런데 TFEU상에는 많은 경우에 EU위원회가 이사회에 입법 관련 사안을 제안하도록 하고 있으나,[5] 이사회는 적절한 제안을 제출할 것을 EU위원회에 요청할 수 있다.[6] 실제 이사회가 만장일치에 의하여 EU 위원회의 제안을 수정하는 법안의 채택을 위하여 권한을 위임받았다 할지라도, 이사회는 여전히 일반적인 내용에 있어서는 제한을 받게 된다.[7] 단 EU위원회가 그 본래의 제안을 수정하는 것을 수락하는 경우에는 가능하다.[8] 따라서 중요한 점은 EU위원회가 사실상의 배타적 입법발의권을 갖는다는 것이다. 이는 EU가 아직까지도 소위 유럽의회 '의원발안'보다는 '정부(위원회)발안'에 크게 의존하고 있음을 보여 준다. 그러나 입법발안은 그렇다 하더라도 의결절차에 있어서는 현재 이사회와 유럽의회가 공동결정절차에 의하는 경우가 많아 유럽의회가 '입법발안'에 관한 권한은 전무하더라도 '의결권'에 있어서는 상당히 강화된 권한을 행사하고 있다는 점은 중요한 의미를 갖는다.

대체로 이사회의 의결권과 관련하여 '의결권을 제한'하는 방식이나 보호조항 또는 통제수단은 참으로 인상적으로 보인다. 첫째, 조약규정에 의거한 '수권방식'(system of conferred powers)에 의해 초래되는 제한이다. 둘째, 이사회가 'EU위원회의 제안'(proposal of the commission)이 없이는 실제 법령을 제정할 수 없다는 사실이다. 셋째, 다양한 경우에 '유럽의회'(EP)를 포함시켜야 하는 의무로서, 유럽의회가 관여하는 의결절차의 종류에는 자문(consultation)절차, 협력(co-operation)절차, 동의(assent)절차, 공동결정(co-decision)절차가 있다. 넷째, 월권행위에 의한 입법행위의 경우 취소소송이 제기될 수 있어 '유럽사법법원(ECJ)에 의한 사법적 통제'(judicial control)가 있다.[9]

---

5) TFEU 제18조(구 EC조약 제12조의 (2)).

6) TFEU 제241조(구 EC조약 제208조).

7) TFEU 제293조(구 EC조약 제250조의 (1)).

8) TFEU 제293조(구 EC조약 제250조의 (2)).

9) TFEU 제263조(구 EC조약 제230조).

Ⅱ. 위원회

1. 구성

EU위원회는 약 20명의 '위원'으로 구성된다.[10] 위원회의 '위원'은 이사회에 의하여 대체될 수 있다.[11] 위원의 임기는 5년이었으며, 회원국들 정부(이사회)와 유럽의회로 구성된 임명절차에서 재임될 수 있었다. 위원회의 위원으로서 임명되기 위한 요건은 매우 광범위하게 정의되어 있다. 국적(nationality), 자질(competence), 독립성(independence)인데, 이들은 EU의 '공무원'에 해당되기 때문에 '독립성'이 가장 중요하다고 할 수 있다. 실제 이러한 '독립성'은 위원회를 이사회나 유럽의회와 가장 잘 구별시켜 주는 특징이다. EU위원회는 'EU 자체의 이익'을 위하여 역할을 수행하며, EU의 주요업무에 대하여 대외적으로 EU를 대표한다. 이러한 *EU 자체의 이익*은 EU위원회의 모든 직무수행에 있어서 최우선의 목표이다.

이런 '독립성'과 연관하여 명심해야 할 것은, ECSC조약은 '국가 간'(international)이 아닌 '초국가적'(supranational)이란 용어를 도입했다는 점이다.[12] 이후의 주요 조약에서 이 용어가 다시 나타나지는 않았지만, 이러한 개념의 본질적 성격은 EU에 여전히 남아 있다. 이런 '독립성'의 요구는 위원 지원자(candidate-Commissioner)의 자격뿐만 아니라, 위원의 임무수행에 있어서도 완전한 독립을 요구하고 있다.[13] 그리고 대부분 '독립성'과 관련된 문제가 위원과 위원의 소속 국가 간의 관계이기 때문에, TFEU는 명백하게 회원국들에 이 원칙을 존중해 줄 것과 의무이행과 관련하여 EU위원회의 구성원에게 영향을 미치지 않을 의무를 부과하고 있다.[14] 이 점이 바로 EU가 일반적인 국제기구가 아니라는 점을 보여 주고 있으며, 회원국들의 관계를 '국가 간'이 아니라 '초국가적'인 관계로 이해하고 있다는 증거가 된다.

2. 직무와 권한

EU위원회의 주요 기능은 '공동시장'(common market)의 발전과 기능을 보장하는 것이었

---

10) TFEU 제245조의 (1).

11) TFEU 제245조의 (1)2.

12) ECSC조약 제9조.

13) TFEU 제245조의 (2)1.

14) TFEU 제245조의 (2)2.

다. 또한 EU위원회는 EU의 기초가 되는 설립조약의 '보호자'이자 '감시자'로서의 역할을 수행해 왔다. 즉 EU위원회는 모든 사람들이 기초 설립조약에 따라 EU법에 종속되어 행동하는 것을 보장한다. 또한 EU위원회는 EU '재정을 관리'하며, '국제협정 체결' 시 국제협상(외교적 교섭)을 통하여 대내외적으로 EU를 대표한다. 또한 EU위원회는 EU활동에 동력을 제공하기 위하여 Brussels에서 부단히 회합한다. 그러나 더욱 중요한 것은 회원국들 간에 채택된 결정을 구체화하며, EU의 공동이익을 대변한다는 점이다.

이러한 EU위원회의 직무와 권한은 다음과 같다. EU법 적용의 보장, 권고 및 의견의 전달, 의결권의 실행, EU입법절차에의 참여, 국제협정체결을 위한 교섭과 EU의 대외적 대표, 예산의 집행, EU활동에 관한 연례보고서의 발행이다.

1) EU법 적용의 보장

EU위원회는 EU의 기초 설립조약('1차적 법원')과 설립조약에 의거해 각 기관들이 채택한 2차 입법('2차적 법원')의 회원국 내 이행을 보장하는 책임을 진다. 1차적 법원이나 2차적 법원은 일반적으로 EU의 공법적 차원에서 회원국에 의무를 부여하여 양자 모두 회원국에 이행해야 할 의무를 부과한다. '회원국' 내의 기관, 자연인 또는 법인이 EU법을 준수하도록 책임을 지는 것이 EU위원회의 직무이다. 이러한 목적을 위해 EU위원회는 주로 정보를 획득할 수 있는 권리, 위반자에 대해 소송을 제기할 수 있는 권리를 부여받고 있다. 정보획득의 권리를 위해서는 일반적 방법을 규정하고 있으며,[15] 다양한 설립조약규정들과 EU법령에 의해 규정된다.[16] 더욱이 EU의 목적달성을 촉진하기 위해 회원국들에 부과된 일반적 의무(관련 '보고서'의 제출)는 EU위원회가 필요로 하는 모든 정보를 확보하도록 필요한 법적 환경을 마련해야 한다는 것이다.

EU위원회는 획득한 정보에 근거하여 필요시 다음과 같이 행동한다.

(1) 회원국과 관련하여[17]

회원국이 EU법상의 의무를 이행하지 아니할 경우에 EU위원회는 다음과 같은 조치를 취한다. ① EU위원회는 회원국에 의무위반과 관련된 문제를 환기시킬 수 있으며, 필요한 조치를 취하도록 권고할 수 있으며, 법의 준수를 부탁할 수 있다. EU위원회는 이를 위해 보

---

15) TFEU 제337조.
16) TFEU 제108조의 (3).
17) TFEU 제258조.

통 '2개월'의 여유를 준다. ② 회원국이 적절한 조치를 취하지 아니하거나, 법의 준수를 수용하지 아니하거나, 자신의 의무불이행에 대하여 EU위원회를 납득시키지 못하는 경우, EU위원회는 사법절차 전에 문제에 대한 '합리적 의견'(reasoned opinion)을 회원국에 전달하고 회원국이 응해야 할 '기한'을 정한다. ③ 회원국이 이에 응하지 아니하면, EU위원회는 사안을 유럽사법법원(ECJ)에 제소할 수 있다.[18] ④ 유럽사법법원이 회원국의 '의무불이행'을 확인하는 경우, 회원국은 재판에 회부된다.

물론 여기에서 중요한 문제는 위반회원국이 유럽사법법원(ECJ)의 '판결'을 이행하지 않는 경우이다. 만약 ECJ가 위반회원국이 판결에 응하지 않음을 확인한 경우 EU법을 '폄하'하는 위반회원국에 대하여 강제조치를 규정하기도 한다.[19] 주의할 것은 위반회원국의 EU법 이행과 관련된 문제는 대부분 'ECJ의 외부'에서 해결되고 있다는 점이다.

(2) 법인 또는 자연인과 관련하여

EU위원회는 공법인, 사법인, 자연인에 대하여 업무상 중요한 권한을 부여받고 있으며,[20] 이러한 권한은 주로 경쟁(competition)과 운송(transport) 분야에서 행사되며, EU위원회는 이 '위반행위'에 대하여 '벌금'을 부과할 수 있다. 또는 '합병 조사' 시 법규를 위반한 기업에 대하여 해외투자를 철회하도록 명령할 수도 있다.

2) 권고 및 의견의 전달

TFEU가 '명백하게 규정'하거나[21] 또는 EU위원회가 '판단'하여 필요한 경우, EU위원회는 사안에 대하여 권고(recommendations) 및 의견(opinions)을 전달할 수 있다. 이른바 EU위원회의 '공고'(Notices)나 '통보'(Communications)가 이러한 범주에 해당한다. 주의할 것은 권고나 의견은 '법적 구속력'을 갖지 못하기 때문에,[22] EU위원회는 단지 '정보를 제공'한다거나 '충고적인 권한'으로서 이 직무를 수행하게 된다는 점이다. TFEU는 EU위원회의 의견이 필요한 경우에 관하여 규정하고 있었으며, EU위원회의 권고와 의견은 TFEU에서 다루는 사안과 관련된 내용이어야 한다.

---

18) 이는 위원회의 전속적 재량권이라 할 수 있다.
19) ESCS조약 제88조.
20) TFEU 제106조.
21) TFEU 제242조.
22) TFEU 제288조.

3) 의결권의 실행

　TFEU는 EU위원회의 의결권에 관하여 규정하고 있었다. EU 내의 의결기관은 원칙상 이사회이다. 그러나 EU위원회 역시 의결권을 행사한다는 사실은 입법권을 두 기관이 함께 향유하고 있다는 인상을 갖게 한다. 그런데 비록 두 기관이 EU법에 예속되어 행동한다고는 하지만, 양자의 구별은 이사회의 특권인 '입법'권(legislative power)과 EU위원회의 '행정'권(executive power or implementing power)으로 특징지어져야 한다. 입법부와 행정부 양자는 '규칙'을 제정할 수 있고, '지침'이나 '결정'을 채택할 수 있다. 명심해야 할 것은 양자 모두 그 권한이 조약상의 '수권'(conferred powers)에 의해 제한된다는 점이다. 즉 이들 기관들에는 일반적 의결권(general decision-making power)이 주어지는 것은 아니다. 이들 기관들은 단지 '조약상' 명백하게 부여된 경우에만 의결권을 행사한다. 그런데 이 경우에도 이사회와 EU위원회가 '동등한 수준'으로 의결권이 운영되는 것은 아니다. 비록 양자를 명백하게 구분하는 것이 불가능하다고 할 수 있더라도, 이 양 기관은 매우 '동등한 수준'으로 운영되지는 않는다.

　TFEU에 의하여 EU위원회에 직접적으로 부여되는 결정권한은 '공동시장'의 발전과 기능에 관한 내용이었다. 그중에서도 특히 '관세동맹'에 관한 행정(administration of the customs union), '보호조항'(safeguard clauses)의 적용과 '경쟁'(competition)[23]과 '농업'(agriculture)[24]과 같은 다양한 정책, 공동체 '예산'의 실행, 보다 광범위하게는 공동통상정책 등의 '대외관계'(external relations)에 관한 것이다.

　EU위원회의 결정(의결)은 '다수결'[25]로 채택되며, 적어도 '11명'의 위원이 참석해야 한다.[26] 이러한 EU위원회의 의결권은 위원들 중 하나 또는 그 외의 공무원들에게 위임될 수 없다.

4) 입법절차에의 참여

　이사회는 EU위원회의 '제안'에 근거해야만 입법에 대한 의결권을 수행할 수 있다. EU위원회가 '규칙', '지침', '결정'을 위한 입법 초안을 제출함으로써 이사회의 입법상 의결권 행사가 가능하다. 이를 TFEU(구 EC조약)에서는 "이사회와 유럽의회에 의하여 채택된 법안

---

23) TFEU 제101조의 (3), TFEU 제105조의 (2), TFEU 제106조의 (3), TFEU 제108조의 (2).
24) TFEU 제43조.
25) TFEU 제250조.
26) Rules of Procedure, 제6조.

을 형성함에 있어서"라고 표현하였다. 따라서 EU 위원회는 EU의 입법과정에서 사실상 '배타적인 발안권'(exclusive right of initiative)을 행사하는 것이다. 대부분의 경우 EU '위원회'는 입법제안의 '적정성'에 대하여 스스로 판단해야 한다.[27]

그런데 비록 EU위원회가 입법과정에서 사실상의 '배타적인 발안권'을 행사한다고 할지라도, 이사회[28]와 유럽의회[29]는 EU위원회에 적절한 제안을 제출하도록 요구할 수 있다. 물론 이는 단지 요구할 수 있는 것일 뿐이지만, '사실상' EU위원회가 이를 무시하기란 어려울 것이다. 그럼에도 불구하고 이사회나 유럽의회는 입법안을 발의할 수 없다. 그런데 EU '위원회'는 다른 기관의 요구에 따른 입법안 '제안' 시 그 제안에 대한 '정치적 책임'이 있다. 그리고 EU '위원회'가 이사회에 입법을 위한 '제안을 한다'는 것은 3개 기관인 EU위원회, 유럽의회, 이사회 내에서의 의결절차 '개시'를 말하는 것이며, 각 기관은 각자 본연의 역할을 수행하게 됨을 의미한다.

여기서는 EU위원회의 역할에 대하여 간략하게 살펴볼 필요가 있다. 입법제안에 대한 초안을 작성하기 전, 어떤 경우 EU위원회는 '경제사회위원회'(Economic and Social Committee)[30]와 '상의'(자문)해야 한다. 그러나 보다 중요한 것은 EU위원회에 의하여 위임된 '국내 전문가들'(national experts)과 행하는 '비공식적 자문'(informal consultations)이다. 이는 EU위원회가 '각국의 반응들'을 파악하는 기회를 제공한다. 특별히 이사회 내에서 '다수결'에 의해 의결되는 경우에 그 '결과를 예측'할 수 있게 해 준다는 데에 중요한 의미가 있다.

일단 입법제안에 대한 초안을 EU '위원회'가 '승인'하면, 일반적으로 이는 관보에 공표되는데, 이는 모든 이해당사자들의 '논평'이 있은 후에 '공표'된다. 이를 위하여 필요한 경우 EU위원회는 자문그룹(consultations of groups)을 구성하거나 또는 청문회(hearings)를 구성할 수 있다. 비록 이러한 '상의'가 '많은 시간'을 소비할지라도, 이는 '입법제안의 초안'과 관련된 매우 귀중한 '다양한 정보들'을 EU위원회에 제공할 것이기 때문에 큰 의미를 갖는다고 할 수 있다. 또는 입법초안이 이미 제출된 경우일지라도 그 '수정' 및 '보완'의 차원에서 중요한 정보들이 제공될 수 있다.

EU위원회의 '입법제안'은 이사회에서 유럽의회의 '자문'을 위한 기초로 제공된다. EU위원회는 유럽의회와도 '긴밀'하게 직무를 수행하는데, 특히 입법제안의 초안을 '심의'하는 '유럽의회 분과위원회들'과 더욱 '긴밀'하게 직무를 수행한다. EU위원회의 대표위원들은 항

---

27) TFEU 제109조.
28) TFEU 제241조.
29) TFEU 제225조의 (2).
30) TFEU 제43조의 (2)1.

상 이들 유럽의회 분과위원회 개회 시 참관한다. 이는 EU위원회가 초안에 대한 자신의 입장을 유럽의회 분과위원회에서 설명하게 하고, 또한 이에 대한 유럽의회의 반응을 보다 잘 이해하기 위함이다. 이로써 EU위원회는 결국 그 입법제안의 '수정' 및 '보완'에 대한 준비를 하게 되고, 이사회가 아무런 행동을 취하지 않는 한 해당 입법초안은 EU법령으로 채택된다.[31] EU위원회는 '유럽의회 내의 토의 시'에 참석하듯, '이사회 내 의제 논의 시'에도 참석하며, 이때 이사회는 상임대표위원회(COREPER)에 의해 실무그룹 차원에서 논의한다. 많은 경우에 COREPER의 이런 실무그룹들은 각 '국가공무원'으로 구성되며, 이들은 사안이 입법초안이 되기 전에 EU위원회에 비공식적으로 자문을 받고, '이사회 내'에서 보다 '부드러운 토의'(smoother discussion)가 진행될 수 있도록 보조한다.

EU위원회의 입법제안은 이사회의 최종결정을 위한 기초가 된다. 이사회가 EU위원회가 제출한 입법제안의 '수정 및 보완'을 원하는 경우에는 회원국들의 만장일치가 요구된다.[32] 제안을 '수정'하는 '이사회의 권한'이 무한한 것은 아니다. 유럽사법법원(ECJ)도 지적하였듯 제안의 '본질적인 내용'은 수정 또는 변경할 수 없다.[33] 이 이외의 경우에 EU위원회는 이사회의 '수정'을 수용한다. 제안에 대한 이사회 토론 시 '이사회의 의장'(6개월 순번 의장국)은 '교착'상태를 해소하기 위해 '조화'를 도모한다. 법안을 상정한 EU위원회는 종종 스스로 이사회의 의장에게 그러한 타협점에 이를 것을 제안한다. 이러한 이사회의 수정을 EU위원회가 수용했을지라도, '수정된' 제안에 관한 또 다른 의견수렴을 위하여 해당 입법안은 '유럽의회'에 다시 제출된다.

끝으로 EU위원회는 '유럽의회'에서뿐만 아니라 추후에 문제가 된 경우에 '유럽사법법원'에서도 그 입법제안의 정당성에 대한 책임이 있다. 왜냐하면 ECJ는 이사회가 제정한 법령의 합법성(적법 타당한 입법)에 관하여 법령을 채택한 '이사회'에 대해서뿐만 아니라 법안을 제안했던 'EU위원회'에 대해서도 소송을 제기하는 원고의 권리구제를 위하여 상대방으로서의 당사자 적격을 인정해야 하기 때문이다.[34]

5) 대외관계

EU의 대외관계와 관련해서는 EU위원회의 두 가지 측면을 지적할 수 있다. 첫째, TFEU

---

31) TFEU 제293조의 (2).

32) TFEU 제293조의 (1).

33) Case C-65/90, *Parliament* v. *Council,* [1992] ECR I-4593.

34) Joined Cases 63-69/72, *Werhahn* v. *Council,* [1973] ECR 1229 at 1247(8).

상 '국제협정'(international agreements)의 체결 시, 주로 EU의 공동 통상정책(commercial policy)의 체제 내에서, EU위원회는 이사회에 권고를 할 수 있다. 이에 대하여 이사회는 EU 위원회에 EU를 대표해서 필요한 국제협정체결을 위한 국제협상(외교적 교섭)을 '개시'할 것, 그리고 그러한 국제협정 교섭을 위해 '지침'을 형성할 권한을 부여하고 있다. 둘째, EU 위원회는 이사회가 지명한 '전문위원회'(special committees)와상의함으로써 국제협정 체결을 위해 상대방과 '교섭'한다.[35]

한편, 이사회가 EU위원회에 국제협정체결을 위한 교섭을 '지시'하는 경우, 그 국제협정 내용이 TFEU 규정과 '양립'할 수 없을 경우에 EU위원회는 유럽사법법원(ECJ)에 의견을 구할 수 있다.[36]

그리고 타국과의 '국제협정체결'을 위한 교섭 외에, EU'위원회'는 모든 '국제기구들'과 적절한 관계를 유지하기 위해 '대외적인 활동'을 할 수 있다.[37] 특별히 국제연합(United Nations: UN)과 그 전문기구(specialized agencies) 그리고 세계무역기구(World Trade Organization: WTO) 와의 관계에서 그러하다.[38]

또한 EU위원회의 특별 임무에는 유럽평의회(Council of Europe)[39]와 경제협력개발기구 (Organization for Economic Co-operation and Development: OECD)[40]와 밀접한 협력관계를 확립하는 것이 포함된다.

Ⅲ. 유럽의회

명칭과 관련하여 유럽의회는 처음에는 'Assembly'라는 용어를 사용하였다.[41] 그 후 1958 년 3월 '유럽의회 회의'(European Parliament Assembly)로 개명되었다가, 1962년 3월 자체 내부적으로 '유럽의회'라는 명칭을 사용하기로 결정하여 1987년 단일유럽의정서(SEA)에 의해 정식으로 'European Parliament'라는 용어를 채택하였다.[42]

---

35) TFEU 제218조의 (1).
36) TFEU 제218조의 (6).
37) TFEU 제220조의 (2).
38) TFEU 제220조의 (1).
39) TFEU 제220조.
40) TFEU 제220조.
41) ECSC조약 제7조.
42) SEA 제3조의 (1).

유럽의회를 논함에 있어서 핵심적인 부분은 물론 유럽의회의 '입법권' 내용에 관한 것이라고 할 수 있다. 왜냐하면 1979년 실시된 최초의 '직접보통선거'와 이에 의한 실질적인 법치주의와 연관하여 '민주질서'를 형성하기 때문이다. 그러나 유럽의회에는 배타적 또는 광범위한 '입법권'이 부여되어 있지 않다. 단일유럽의정서(SEA)와 유럽연합조약(Maastricht 조약)에 의해 입법절차상의 그 '권한'을 '확대'시켰다고는 하지만, 민주주의의 주축을 이루는 유럽의회의 역할로는 만족스럽지 못하며, 특히 '입법권'과 관련하여 '의회'라는 용어가 요원하게 느껴지기도 한다. 하지만 EU'위원회'가 '입안'하고 '이사회'가 '의결'한다고 해도, '유럽의회'가 부여받은 협의(consultation), 협력절차(co-operation procedure), 공동결정절차 [co-decision procedure: 현재의 보통입법절차(ordinary legislative procedure)를 의미함], 동의 절차(assent procedure) 등은 그 의미가 크다고 할 수 있다. 특히 이사회/유럽의회에 의한 공동결정절차에 의한 법률제정의 빈도가 점점 '증대'되고 있다는 점은 매우 고무적인 현상이라고 할 수 있다. 이러한 현상은 2000년대 이후 급증하고 있으며, 리스본조약 체결 및 발효를 전후해서는 '보편적인 현상'으로 보아도 좋을 만큼 광범위하게 활용되고 있다고 할 수 있다. 또한 '예산'[43]에 관한 유럽의회의 권한도 상당하다 할 것이다.

1. 구성과 운영

1) 구성: 의원의 선출

유럽의회(EP)는 총 750석 이하의 의석수를 가지며,[44] 의원들은 EU회원국들의 국민, 보다 정확하게는 '정당'을 대표하였다. ECSC조약[45]은 이미 직접보통선거를 규정하고 있었으나, 1976년 이사회의 부속서를 통해 유럽의회 의원의 선출방식을 '직접보통선거'(direct universal suffrage)로 하는 법안을 채택함으로써 임기를 5년으로 하는 의원선출 직접보통선거가 1979년에 처음으로 실시되었다.

EP 의석수는 각국의 '인구수'에 비례하여 할당된다. 이러한 방식은 EU의 '초국가적' 성질을 보여 주며, 회원국의 '주체성'보다는 회원국 간의 '평등과 불평등'의 개념을 도입한 특징을 보여 준다. 그런데 여기서의 '인구수'란 일반적 수치를 의미하는 것이 아니라, 회원국의 '경제규모' 내지 '대표성' 등 '실질적 기능'을 고려한 인구수를 의미한다.

---

43) TFEU 제313조~제314조.
44) TFEU 제223조.
45) ECSC조약 제21조의 (3).

EP 의원들은 의회에서 출신국가가 아니라 '정당'을 대표하였다. 이러한 형태는 EU'통합'의 중요한 요인이 되기도 하였다. 즉 유럽정당(European Political Parties)은 EU통합의 중요한 요소가 되어 'EU시민'의 '여론'을 형성하고 '시민'의 '정치적 의사'(political will)를 표현하는 데 기여하게 된 것이다.

EP 내규에 따라 EP는 '상임위원회'(standing committees) 또는 '임시위원회'(temporary committees)를 둘 수 있다.[46] 여기에는 법률, 예산, 농업 등을 다루는 20여 개의 부속된 '분과위원회'가 있으며, 이들은 EP에서 토의될 내용의 보고서를 작성하거나 또는 회기 동안 EU 위원회, 이사회와 회합하거나 또는 안건에 대해 교섭한다. 그런데 이러한 20여 개의 부속 분과위원회들은 'EP와 접촉'할 기회가 많지 않으므로 대부분 독자적으로 활동을 수행한다.

EP사무국(Bureau)은 재정적·행정적 업무를 담당하며, 2년 6개월을 임기로 하는 의장과 14명의 부의장 및 직원으로 구성된다.

2) 운영

EP는 별도의 규정이 없는 한, 재적의원 1/3 이상 출석 그리고 출석의원 과반수로 의결한다.[47] EP는 프랑스 스트라스부르(Strasbourg)에 위치하며 이곳에서 예산책정을 포함한 '본회의'(plenary sessions)가 열린다. '추가회의'(additional sessions)는 Brussels에서 열린다. 이는 한 회원국에 의한 권력의 집중을 방지하려는 정치적 동기에서 기인한다고 볼 수 있다.

2. 직무와 권한: 입법절차에의 참여

처음 EP는 '자문 내지 협력' 역할만 수행하였으나, 단일유럽의정서(SEA)와 유럽연합조약(Maastricht 조약)에 의해 '입법권'이나 '예산안' 결정과 같은 영역에서 그 권한이 강화되었다.

1) 자문(Consultation)절차

'자문 또는 협의'는 EU '위원회'가 이사회에 제출한 입법안에 대해 EP가 '자문' 또는 협의하여 '의견'을 제시하는 것을 말한다. 그러나 이러한 EP의 의견은 '법적 구속력'을 갖지

---

46) Rules of Procedure, 제109조, 제114조.

47) Rules of Procedure, 제112조.

못하여, EU위원회나 이사회가 'EP의 의견'에 반드시 응할 의무는 없다고 할 수 있다. 실제로 이사회는 'EP의 의견'보다는 '회원국들의 이해'를 조율하는 데 더 관심을 갖고 있다.

한편 EP는 EU위원회로 하여금 적절한 법안(appropriate proposal)을 제출할 것을 요구할 수 있는데,[48] 이는 EU위원회의 배타적인 '법률안 제안권'을 '저해'할 수 있다는 우려가 제기될 수 있다. 그러나 TFEU의 어느 규정도 EP의 입안 요구 시 EU위원회가 이에 응할 의무를 규정하고 있지는 않다. EP가 자문 또는 협의를 하는 중요한 분야는 농업, 운송, 경쟁 관련 분야이다.[49]

2) 협력절차(Co-operation Procedure)

이는 EU위원회가 제출한 입법안에 대해 이사회가 '유럽의회'와 '상의' 후, 의결이 아닌 '공동입장'(common position)을 채택하는 것을 말한다. 이는 역내시장(internal market)의 완성과 관련된 대부분 문제에 적용된다고 볼 수 있다. 이때 EP는 제안을 '승인'하거나 '거부'할 수 있으며, 재적의원 절대다수에 의해 수정안을 제안할 수 있고, 이때 EU위원회는 이를 근거로 재검토하여야 한다. 만약 (전제 조건: '상의절차'를 진행한 후) '공동입장'의 도출에 실패하였음에도 불구하고 이 제안이 채택되기 위해서는 이사회의 '만장일치'를 요한다.[50] 주로 EU의 지역발전, 연구, 환경(예: 파라콰트(paraquat) 활성화 허가 사건), 기술개발, 사회정책, 해외협력에 관한 사안들이 해당된다.

3) 동의절차(Assent Procedure)

이는 이사회와 EP가 함께 조정절차(conciliation procedure)하에서 결의하는 것을 의미한다. 동의절차에 있어서는 공동결정이라기보다는 거부권(veto right)을 EP에 부여하고 있다고 할 수 있다. 즉 'EP의 동의'를 요하는 경우에는 이사회의 권한이 그만큼 축소되는 것을 의미하기 때문이다. 유럽의회의 '동의절차'를 요하는 경우로는 회원국에 개별적으로 적용되는 조치, 국제협정체결, 재정 관련 사안이 해당된다.

---

48) TFEU 제225조의 (2).
49) TFEU 제43조의 (2)3.
50) TFEU 제293조.

4) 공동결정절차[Co-decision Procedure: 현재의 보통입법절차
(ordinary legislative procedure)를 의미함]

이는 EU '위원회'의 제안에 대해 '이사회'와 'EP'가 공동으로 의결하는 것을 의미한다. 이를 위하여 '조정위원회'가 설치되어 조력한다.[51] 유럽의회와의 공동결정을 요하는 경우는 '역내시장의 성립'을 위한 '사람의 자유이동', '소비자보호', '교육', '문화', '보건', 식품안전 및 소비자보호 등이다.

Ⅳ. 사법기관

1. 국내법원

회원국 국내법원은 국가기관과 자연인 및 법인 간의 모든 사건에 대하여 EU법상의 의무를 적용하고 권리를 보호할 의무가 있다. 이러한 EU법 적용에 있어 국내법원의 가장 기본적인 기능은 EU법의 독특한 성질과 관계가 있다. 즉 EU는 EU법의 '직접효력'과 '우위'라는 '하나의 새로운 법질서'(a new legal order of international law)를 형성하고 있으며, 이러한 EU법의 적용은 회원국 '국내법원의 협력'과 직접적인 관련이 있다. 즉 EU의 사법질서와 회원국의 사법질서는 EU법의 직접효력과 우위라는 법적 성질에 의해 '초국가적'으로 운영되고 있다. 한편 EU시민인 개인이 EU법상의 권리에 대하여 어떤 방법을 통해 그 구제를 주장할 수 있는가의 문제가 제기될 수 있는데, 이 경우에 개인은 일반재판소(구 CFI)를 통해 직접소송으로 제소할 수 있으며, 또한 개인이 국내법원에 1차적으로 제소하여 당해 국내법원이 ECJ에 선결적 결정을 부탁함으로써 EU법상의 권리구제가 가능하다.

EU의 기초 설립조약들은 회원국 내에 사법보호제도로서 개별적인 소위 'EU법 관할법원'의 창설을 규정하고 있지 않다. 이는 곧 국가기관의 '작위' 또는 '부작위'에 의해 또는 EU법이 부여한 '개인의 권리'가 타방 당사자에 의해 침해되었을 경우, 그 개인이 의지할 수 있는 기관은 오직 '국내법원'뿐임을 전제로 하는 것이다. 따라서 '국내법원'은 EU법원으로서 ECJ 또는 일반재판소(구 CFI)의 관할에 속하지 않는 모든 사건에 대하여 심리하고 판결할 권한을 가진다. 국내법원은 회원국 사법제도에서 EU사법질서의 '교두보'로서 ECJ와 대

---

51) TFEU 제294조의 (3).

화·협력하며, 이를 통해 EU법의 집행을 보장한다.[52] ECJ는 이 경우 선결적 부탁절차의 개시와 관련하여 국내법원의 직무내용을 결정함과 동시에, TFEU 제10조상 국내법원의 '협력의 원칙'을 적용할 것인지를 결정하고, 국내법원의 협조를 실질적으로 요청할 수 있다.

1) 국내법원의 범위

일반적으로 TFEU 제267조(구 EC조약 제234조) 2단의 '회원국의 국내법원'(any court or tribunal of a Member State)이란 표현 자체는 특별한 문제를 발생시키지는 않는다. 먼저 여기에서 회원국의 '국내법원'이란 국내사법질서상의 '상급심과 하급심'을 구별함이 없이 모두 인정함을 말한다. 따라서 국내의 '최고법원'이 아닌 '하급법원'도 독자적으로 선결적 결정을 ECJ에 부탁할 수 있다.

(1) 사법기관으로 인정될 수 있는 공공기관의 요건

회원국이 어떤 '공공기관'을 일종의 법원과 같은 성격의 최종적 제재 결정 기관으로 인정했다면, EU는 회원국의 이러한 견해를 그대로 수용한다. 왜냐하면 이 경우 당해 공공기관은 '사법기관으로서의 직무'에 대한 ECJ의 기준을 분명하게 이행하고 있기 때문이며, 당해 공공기관이 비록 국내법상 '법원'으로 인정되지 않는다 하더라도 선결적 판결소송에 관한 한 EU법을 적용하는 '사법적 성질'을 갖는 기관(준사법적 기관)으로 인정될 수 있다고 보기 때문이다. 한편 국내법원으로 인정되기 위하여 기관은 어떠한 명칭으로 불리는가는 문제가 되지 않으며, 당해 기관이 소위 '사법적 기능'을 수행하는가가 그 중요한 판단 기준이 된다.

따라서 회원국의 당해 '공공기관'이 ECJ에 의해 국내법상의 '법원'으로 인정되기 위해서는 다음과 같은 요건을 갖추어야 한다. 회원국의 공공기관은 ① 일정한 기관의 형태로 존재해야 하며, ② 법에 근거하여 설립되었어야 하며, ③ 상설적·독립적 기관이어야 하며,[53] ④ 분쟁해결에 대한 책임을 지는 기관으로, ⑤ 보통의 법원규칙과 같은 절차규칙에 의해 운영되어야 하며,[54] ⑥ 분쟁해결을 위해 적합한 '사법적 기관'으로서 행동할 수 있어야 하는데, 이는 곧 당사자들이 분쟁해결을 위해 법원이나 법정에 제소할 수 있어야 하고 또한 당사자에 대한 '판결의 구속력'이 존재해야 함을 의미한다.[55] ⑦ 그리고 법의 지배가 가능

---

52) Koen Lenaerts, Dirk Arts and Robert Bray, *Procedural Law of the European Union*(London: Sweet & Maxwell, 1999), p.3.

53) Case C-54/96, *Dorsch Consult,* [1997] ECR Ⅰ-4961, at Ⅰ-4992-4993, para.23.

54) *Ibid.*, paras.22-38.

해야 한다.56)57) 이런 판단에 따라 네덜란드의 Commissie van Beroep Juisartsgeneeskunde (일반진료 상소위원회: Appeals Committee for General Medicine)는 전문기관으로서 네덜란드법상으로는 법원이 아님에도 불구하고 ECJ는 법원으로 간주하였다.58) 본 상소위원회가 법원으로 인정된 중요한 이유는 다음과 같은 판결에 의해 구체화되었다. 즉 ECJ가 본 상소위원회는 "'EU법의 적용'과 관련하여 '사실상 최종적인 기관'으로 간주되며,59) 이러한 상소위원회를 통한 선결적 판결을 요청할 기회가 존재하지 않는다는 것은 'EU법의 적용 및 기능'을 위협하는 결과를 초래할 수 있다"60)고 판결하였다.

그러나 ECJ는 룩셈부르크대공국(Luxembourg Grand Duchy)의 조세국장(Director of Taxation and Excise Duties: Directeur des Contributions Directes et des Accises)에 의한 선결적 판결의 요청에 관해서는 이를 거부하였다. 그런데 본 기관의 담당관은 이러한 기관을 법원으로 볼 수 있다고 주장했었다.61) 이에 대하여 ECJ는 그러한 주장은 EU법에 의해 판단되어야 하며, 성질상 소송의 객체를 다루는 기관은 '제3자'로서 행동하는 어떤 기관이어야 한다고 강조하였다. 그러나 본 조세국장에 의한 사건에 있어서는 분명 그렇지 않았다. 본 기관의 담당관은 세금평가를 담당하는 세무부서에 근무하고 있었고, 더욱이 본 사안은 상소로서 Luxembourg의 참사원(Conseil d'Etat)에 제출되어 본 기관의 담당관은 피고가 되어 소송상 당사자가 되었기 때문에, 이제는 더 이상 '제3자적' 기관의 자격이 아니었기 때문이다.

그런데 비록 공공기관에 의견을 제출하는 기관이 행정적 기능을 수행한다 할지라도 국내 법원의 지위로서 선결적 판결을 제소할 수 있는 권한을 부여받은 것은 아니다. 예를 들면, 외환 관련 국내법을 위반한 개인에 대하여 재무장관이 부과하는 제재에 관하여 재무장관에게 합리적 의견(reasoned opinions)을— 그러나 구속력은 없는— 제출할 의무가 있는 '자문위원회'가 그것이다. 이 양자의 경우 최종적인 행정적 결정 이후 필요한 경우에 선결적 판결의 부탁을 위해 당사자로서 국내사법기관에 제소할 가능성이 있는 것인지에 관하여 직접 ECJ에 선결적 판결을 부탁할 권한이 있는 기관은 아니다. 이러한 '전문기관'이나 '자문위원회'는 제3자적 기관으로 간주될 가능성이 전무한데, 이는 이들 기관이 관련 내용을 '자체

---

55) *Ibid.*, paras.27-29.

56) Case 61/65, *Vaassen(née Göbbels)* v. *Beambtenfonds Mijnbedrijf*, [1966] ECR 261, at 273.

57) Josephine Steiner and Lorna Woods, *EC Law*(Oxford: Oxford Univ. Press, 2003), p.555; Mark Brealey and Mark Hoskins, *Remedies in EC Law*(London: Sweet & Maxwell, 1998), pp.200-201.

58) Case 246/80, *Broekmeulen* v. *Huisarts Registratie Commissie*, [1981] ECR 2311, at 2327, para.11.

59) 상소위원회가 국내법원 또는 법정으로 간주되기 때문에 굳이 다른 법원이나 법정을 구할 필요가 없다. 국내 법상으로는 법원으로 인정되지 않더라도, EU법의 적용과 관련된 문제일 경우에는 그러하다는 것이다.

60) Case 246/80, *Broekmeulen* v. *Huisarts Registratie Commissie*, [1981] ECR 2311, at 2328, paras.16-17.

61) Case C-24/92, *Corbiau*, [1993] ECR I-1277, at I-1304, para.17.

적'으로 형성하였거나 혹은 그러한 사항을 형성하는 데 '직접적'으로 관여하였기 때문에 '제3자적' 지위를 부여받기에는 부적절하다는 점이 그 이유이다.

경쟁법(competitions law)의 적용과 관련하여, 분쟁해결의 책임을 지는 '국내기관들'에 선결적 판결의 제소권이 부여될 수 있는가의 문제가 발생한다. 무엇보다도 이들 국내기관이 일반 국내법원과 같은 방식으로 판결할 수 있는가의 의문이 발생한다. 이 문제에 대한 해답을 위해 당해 '국내기관'의 국내법상 법적 지위에 대한 분석이 선행되어야 한다. 이러한 국내기관의 국내법상 법적 지위는 '회원국에 따라' 다를 수 있다. 그럼에도 불구하고 ECJ는 처음부터 이들 국내기관을 통한 선결적 판결의 부탁을 허용하였다. 왜냐하면 EU경쟁법의 '통일된 적용'을 통한 법적 효과를 최대한 보장할 필요성을 깊이 인식하고 있었기 때문이다. 이는 ECJ의 법률고문 Jacobs가 무역부(Ministry of Trade)의 행정적 법정(Tribunal) 형태로 만들어진 법정부서를 '국내기관'으로 인정한 후, 스페인의 Tribunal de Defensa de la Competencia에 의한 선결적 판결 부탁에 대하여 어떠한 유보도 없이 ECJ가 그 선결적 판결의 부탁을 '접수'하여 판결한 이유가 되었다.[62] 행정적 성격을 갖는 기관임에도 불구하고 앞서 언급했던 사법적 성질을 갖는 국내법원으로 인정될 조건이 충족되었던 것이다.

(2) 중재의 사법기관으로서 인정 여부

중재인(arbitrator)은 국내기관으로 인정될 조건을 충족시키지 못하는 경우, 사실관계가 다음과 같음에도 불구하고, TFEU 제267조(구 EC조약 제234조)상의 '회원국의 국내법원'으로 간주될 수 없다. 즉 ECJ는 "'중재법원'의 활동과 '일반법원'의 활동 사이에는 일정한 유사성이 있는데, 이러한 중재법원의 활동은 법의 범위 내에서 규율된다는 것, 중재자는 법에 따라 판결해야 한다는 것, 그의 판정은 당사자 간에 법적 구속력을 갖는다"는 것이다.[63] 그런데 이러한 단순한 유사성만으로 중재기관에 회원국의 국내법원으로서 지위를 부여하기는 불충분하다. 왜냐하면 조약의 당사자들이 "일반법원에 의해 해결되어야 할 분쟁을 '회피'하거나 혹은 조약상 중재조항을 규정하여 중재를 '선택'"[64]하게 할 수 있기 때문이다. 이렇게 되면 중재기관은 실제로는 적절한 사법기관으로 행동할 수 없고, 이로 인해 국내법원으로 인정될 조건을 실질적으로 충족하지 못하게 된다. 조약의 당사자들은 중재조항을 선택하여도 법적으로든 실질적으로든 그들의 분쟁을 중재에 회부할 의무가 실제로는 존재하지 않게 된다. 더욱이 중재기관이 소재하는 '회원국'이 중재선택의 결정에 관여하지 않고, 중재소송

---

62) Case C-67/91, *Asociación Española de Banca Privada and Others,* [1992] ECR Ⅰ-4785, at Ⅰ-4809.

63) Case 102/81. *Nordsee* v. *Reederei Mond,* [1982] ECR 1095, at 1110, para.10.

64) *Ibid.,* para.11.

절차상 어떠한 요청도 하지 않는다면 본 중재기관을 국내법원으로 인정하기는 더욱 어려울 것이다.

그런데 ECJ는 중재기관에 의한 선결적 판결의 제기가 부진함에 따라 중재기관에 선결적 판결을 요청할 것을 '권유'하게 되었다. 실제 TFEU 제267조(구 EC조약 제234조)의 입법취지는 회원국 '국내법원'과 'ECJ'의 '대화·교류·협력'을 위한 것이었다. 국내법원은 선결적 판결의 요구에 대한 독점적 권리를 갖고 ECJ라는 EU사법 당국에 판단을 위임하기 위해 진정으로 필요한 경우에 한하여 선결적 판결을 부탁한다. ECJ의 관점에서 보면 이러한 사법체제는 조약의 당사자가 '중재'를 통해 '국내법원'보다 선행하여 문제의 해결을 시도하는 경우에는 다른 방법을 취할 수 없게 하는 위험을 초래할 수 있다. 따라서 중재기관과 국내법원 간의 사법적 보호제도에는 충분히 밀접한 관계가 정립되어야 하고, 이렇게 정립된 후에야 이러한 중재기관은 TFEU 제267조 2단의 '회원국의 국내법원'과 같은 성격의 법원으로 간주될 수 있을 것이다.[65]

(3) 사법기관의 역외 소재의 경우

TFEU 제267조(구 EC조약 제234조) 2단의 국내법원은 반드시 '회원국의 소유'여야 한다. 그런데 이 점은 일반적으로 인정되어야 할 내용이라 할지라도, 다음의 법원들이 그러한 자격을 실제로 부여받고 있다는 사실은 매우 중요하다. 회원국 내 설립된 법원, 프랑스 해외 부분과 특별제휴협정상의 법원,[66][67] 회원국이 책임을 지는 대외관계에 대한 유럽영토 내의 법원, 마지막으로 아일랜드해협(Channel Islands)과 만 섬(Isle of Man) 내에 설립된 법원[68][69]에 의해 선결적 판결을 ECJ에 부탁할 수 있다.

분명 '비회원국' 내에 설립된 법원은 TFEU 제267조(구 EC조약 제234조) 2단의 사법기관은 아니다. 그러나 비회원국 내의 법원에 선결적 판결을 부탁할 일정한 권리를 부여한다고는 볼 수 없음에도 불구하고, EU와 관련 '비회원국 간에 체결된 국제협정에 근거'하여 선결적 판결을 부탁할 일정한 권리의 존재가 부여되는 경우가 있다. "EEA협정"이 바로 그러한 경우인데, 이 협정은 'EFTA회원국의 국내법원'이 EEA규칙의 '해석'에 관하여 ECJ에

---

65) John Fairhurst and Christopher Vincenzi, *Law of the European Community*(London: Pearson Longman, 2003), p.129.

66) TFEU 제349조의 (2).

67) TFEU 제355조의 (3).

68) TFEU 제355조의 (6)의 (c).

69) Protocol No.3 constitutes the "arrangements for those islands set out" in the Accession Treaty signed on January 22, 1972.

선결적 판결을 부탁할 권한을 부여하고 있다.[70) EEA협정 제107조에 의하면 EFTA국가들은 자국의 재판소 또는 심판소가 ECJ에 EEA규칙의 '해석'에 관하여 결정을 주도록 요청하는 것을 허용할 수 있다. 세부적인 규정은 제34의정서에 수립되어 있는데, 동 의정서에 의하면 이 같은 요청은 EEA협정의 규정이 EU법 규정과 실질적으로 동일한 경우에만 가능하다.

(4) 국제재판기관의 경우

'국제사법재판소'(International Court of Justice: ICJ), '유럽인권재판소'(European Court of Human Rights: ECHR)와 같은 '국제재판기관'은 ECJ에 선결적 판결을 부탁할 권한이 없다. 비록 국제분쟁이 사안의 성질상 어떠한 경우에는 ECJ에 제소하는 것이 그 해결에 유용하다고 판단될지라도 그러하다.

그러나 '베네룩스대법원'(Benelux Court of Justice)의 경우에는 일반적인 '국제법원'과는 그 법적 지위가 다르기 때문에, 베네룩스대법원은 베네룩스 3국 내에서 통일된 공동의 사법질서를 보장할 의무가 있으며, 국내법원의 자격으로 ECJ에 선결적 판결을 부탁할 권한이 있다.

2. 유럽사법법원(ECJ)

EU의 사법법원은 '국내법원' 외에 두 개의 법원으로 구성되는데, '유럽사법법원'(European Court of Justice: ECJ)과 일반재판소[71)(General Court, 구 제1심법원(Court of First Instance: CFI))가 그것이다.[72) 이 두 사법기관은 관할권의 범위에 의해 구분되지만, EU법의 해석과

---

70) EEA Agreement 제107조(OJ 1994 L1/26), Protocol 34 annexed to the EEA Agreement(OJ 1994 L1/204).

71) TFEU 제256조. 한편, 니스조약에 의하여 EC 제220조(TFEU에 의해 삭제됨)에 도입된 주요변화의 하나는 ECJ 와 CFI 이외에 "사법패널(judicial panels)이-제225a조(TFEU 제257조)에 규정된 조건에 따라-CFI에 부속될 수 있다"(*may be attached* to the Court of First Instance)는 사실이다. EC 제225a조(TFEU 제257조)에 의하면, 특수 영역에서의 일정 소송을 제1심의 자격으로 심리하고 결정지을 각 사법패널은- 위원회의 제안에 의거하여 그리고 유럽의회와 ECJ의 의견을 구한 후 또는 ECJ의 요청에 따라 그리고 유럽의회와 위원회의 의견을 구한 후- 만장일치로 행동하는 이사회에 의하여 설립될 수 있다. 한편, 'EC 제225a조에 관한 선언'(Declaration on Article 225a TEC)에서는 "EU와 그 직원 간의 분쟁에 대해 제1심의 자격으로 판결을 내릴 권한이 있는 한 개의 사법패널을 설치하기 위한 결정초안을 가능한 한 신속히 준비할 것을 ECJ와 위원회에 요구"하고 있다. 예를 들면 2005년에 설치된 EU공무재판소(Civil Service Tribunal)라고도 하는 EU행정법원을 들 수 있다.

72) ECJ(European Court of Justice)는 1951년 4월 18일 채택되어 1952년 7월 25일 발효된 ECSC조약에 의하여 설치된 ECSC의 사법기관으로 시작되어, 1957년 3월 25일 EEC조약과 EAEC조약이 채택된 후 "Convention on Certain Institutions Common to the Three Communities"에 의하여 EC(European Communities)의 사법기관이되었다. 세 개의 공동체에 공통적인 일정한 기관에 관한 동 협정에서는 단일의회(a Single Assembly)와 단일법원(a Single Court)에 있어서 합의를 이루었기 때문에, 이때부터 ECJ는 EC의 실질적인 사법기관이 되었으며, 물론 향후 1965년 4월 8일 통합조약에 의해 완전한 공식적인 EC의 사법기관이 되었다. 한편 CFI(Court of First Instance)는 1986년 2월 28일 채택되어 1987년 7월 1일 발효된 단일유럽의정서(Single European Act: SEA)에 의하여 설치되어 1989년 11월에 직무를 개시하였다. L. Neville Brown and Tom Kennedy, *The Court*

적용을 보장하여 EU법의 준수를 확보한다는 역할에 있어서는 동일하다. EU의 사법질서는 국내법원, ECJ 그리고 일반재판소(구 CFI)에 의해 규율되는데, 여기에서 한 가지 주목할 것은 ECJ와 일반재판소는 본래 EC의 사법기관이었으며, 1992년 2월 7일의 Maastricht 조약으로 설립된 EU의 사법기관이 되었다는 점이다. Maastricht 조약은 3대 기둥으로 구성되었는데, 제1 기둥은 통합된 3개의 공동체(European Communities), 제2 기둥은 공동외교안보정책(Common Foreign and Security Policy: CFSP), 제3 기둥은 사법내무협력(Co-operation in the Fields of Justice and Home Affairs: CJHA)이다. ECJ와 CFI는 주로 제1 기둥인 EC의 분쟁해결기관으로 기능하였기 때문에, EU 설립 이후에 제2 기둥과 제3 기둥과 관련된 사안에 대해서는 그 관할권이 제한받게 되었다. 그러나 현재는 이러한 제약에도 불구하고 일반적으로 ECJ와 일반재판소는 통합된 EU의 사법기관으로 불리고 있다. 따라서 여기에서도 ECJ와 일반재판소를 통상 'EU의 사법기관'으로 다루고자 한다.

1) 재판관과 법률고문

ECJ의 구성을 살펴보면, ECJ의 '재판관'은 '법률고문'[73]의 자문을 받는다. ECJ가 요청하는 경우 이사회의 만장일치에 의하여 재판관[74]이나 법률고문[75]의 숫자를 증가시킬 수 있다. 재판관과 법률고문은 회원국들의 일반협정에 의해 6년의 임기로 선출된다. 이들은 물론 독립적 지위를 가지며, 개인 자격으로 선출되어 회원국에 종속되지 않으며, 당해 국가의 고위법률기관에 근무한 경력자 또는 유능하다고 인정된 법률가이다. 이들은 3년마다 부분적으로 교체된다. 그런데 TFEU는 회원국 가운데 재판관이나 법률고문[76]의 숫자를 배분하고 있지 않으며, 심지어 회원국의 국민이어야 한다고 규정하고 있지도 않다.[77] 그러나 실제 각 회원국은 1명의 재판관을 보유하고 있다.[78]

재판관과 법률고문은 직무개시 전에 법원에서 그들의 직무를 공평하고도 양심적으로 이

---

of Justice of the European Communities(London: Sweet & Maxwell, 2000), pp.1-2.

73) TFEU 제252조, para.1.

74) TFEU 제251조, para.4.

75) TFEU 제252조, para.3.

76) 법률고문의 임명에 있어서는 5대 회원국인 프랑스, 독일, 이탈리아, 스페인, 영국이 각각 관여하며, 나머지의 법률고문은 그 외의 회원국들이 교대로 임명한다. 만일 재판관 또는 법률고문의 임기만료 전에 공석이 발생하는 경우에 후임자는 선임자임기의 연장선상에서 임명된다. ECJ규정 제7조.

77) Cf. TFEU 제245조, paras.2-4. 위원회의 구성원은 반드시 회원국의 국민이어야 함을 명시하고 있다.

78) ECJ는 항상 홀수의 재판관으로 구성되어야 하며, 이는 판결상 항상 홀수의 재판관이 필요하기 때문이다. ECJ규정 제15조.

행할 것과 심의과정 비밀을 보장할 것을 선서한다.[79) 재판관과 법률고문은 사법권으로부터 면제를 받으며, 이러한 특권은 구두절차와 서면절차를 포함한 업무의 한도 내에서 인정된 다. 이들의 사법권으로부터 면제특권은 재판관 전원출석의 개정에 의해 법원이 철회할 수 있다. 일정한 사유로 인해 이들의 사법적 면제특권이 철회되면, 이들 재판관이나 법률고문 에 대한 형사절차는 회원국 고위사법기관의 구성원에 대한 재판관할권을 갖는 ECJ에 의해 서 진행된다.[80)

재판관과 법률고문은 일체 자국의 정치기관이나 행정기관에 임직할 수 없으며, 이사회 (Council)가 인정하지 않는 한, 어떠한 직업에도 고용될 수 없다. 이들은 임기만료 후에도 일정한 지위나 이해와 관련하여 청렴결백하고도 사려 분별 있게 행동해야 한다.[81) 재판관 이나 법률고문은 다른 재판관이나 법률고문의 만장일치에 의하여 개인 또는 기타 이익에 대한 권리나 직무를 박탈당하는 경우에 더 이상 직무를 수행할 수 없다.[82) 재판관의 부분 적 교체 즉시, 재판관들은 그들 가운데서 3년 임기의 법원장(President of the Court)을 선출 하며, 재선[83)이 가능하다.[84)

2) 재판부의 구성

원칙상 ECJ는 '전원재판부'로 이루어지며, 예외적으로 관할재판부(chambers)를 구성하는 데 3명, 5명 또는 7명의 재판관으로 구성되며,[85) 전원재판부에 비해 이러한 관할재판부에 의해 판결되는 사건들이 양적 측면에서 많다. ECJ의 법원장은 어느 재판부에도 참석하지 아니한다. 각 재판부는 각 재판부의 재판장에 의해 사회가 진행된다. 재판부들의 구성과 재 판장들의 임명은 유럽연합공보(Official Journal of the European Union: OJ)에 공시된다.[86)

---

79) ECJ규정 제2조.
80) ECJ규정 제3조.
81) ECJ규정 제4조.
82) ECJ규정 제6조.
83) TFEU 제253조, para.5. ECJ규칙 제7조의 (1).
84) 임기만료 전에 공석이 발생하는 경우 후임자가 선임자의 임기를 대신하여 선출된다는 재판관과 법률고문에 관한 규정은 법원장에게도 동일하게 적용된다. ECJ규칙 제7조의 (2).
85) TFEU 제251조, para.2.
86) ECJ규칙 제10조의 (1), subpara.3.

3) 재판절차

재판을 위한 서면절차가 종료되면, ECJ는 여러 사건들을 일정한 재판부에 각각 할당하며, '보고담당재판관'(Judge-Rapporteur)의 '예비보고서'에 대한 숙지와 '법률고문'이 제시한 '법률고문의 의견'을 청취한 후에, 어떤 회원국 또는 어떤 EU기관이 소송당사자로서 불복하지 않는 한 그다음의 절차를 계속하여 진행한다.[87] 여기에서 소송당사자란 회원국 또는 EU기관, 선결적 판결소송에 서면보고서를 제출한 이해당사자를 의미한다.[88] 이로부터 ECJ는 자체적으로 재판부들에 할당될 사건들의 기준을 정한다.[89] 반면 이들 재판부는 소송절차의 어떤 단계에서든지 사건을 ECJ에 회송할 수 있다.[90] 소송당사자들은 특정 국적의 재판관을 지정 또는 제외할 것을 요구하지 못하므로,[91] ECJ는 회원국의 특별한 절차상의 이해에 대하여 초국가적 법원(supranational court)으로 조직되고 운영된다고 볼 수 있다.

소송의 부탁 즉시 ECJ의 법원장은 사건들을 각 재판부에 지정 할당하며,[92] ECJ의 판결에 대한 중요한 책임은 보고담당재판관[93]에게 있다. 동시에 최고법률고문[94](First Advocate General)은 본 사건에 대하여 1명의 법률고문[95]을 배정한다.[96]

법원장은 ECJ의 법적·사무적 행정을 책임지고 지시하며, 심문·심리 시 사회를 주관한다.[97] ECJ는 임무의 수행을 위하여 자체적으로 다양한 부서를 둘 수 있다. 예를 들면, 통역부, 번역부, 자료검색부, 법원도서관, 내부행정조직(인사과, 총무과 등을 포함하는) 등이 있다. 법원행정처 직원(Registry staff)은 법원행정처장(Registrar)의 법적·행정적 업무를 보조하고, 법원행정처장은 법원의 다양한 부서들을 활용할 수 있다. 재판관들과 법률고문들은

---

87) TFEU 제251조, para.3. ECJ규칙 제95조의 (2).

88) ECJ규칙 제95조의 (2), subpara.2.

89) ECJ규칙 제9조의 (3).

90) ECJ규칙 제95조의 (3).

91) ECJ규정 제16조, para.4.

92) ECJ규칙 제9조의 (2).

93) 당해 보고담당재판관과 법률고문은 각별히 주의하여 사건의 소송 진행에 따라야 한다. '보고담당재판관'은 사건의 경과와 결과에 관한 '예비보고서'를 작성할 책임을 지며, 이 보고서는 후에 재판부에서 청취된다. 결국 보고담당재판관은 '판결초안'을 작성하게 되는 것이고, 이어서 이것을 수정하여 ECJ 또는 재판부의 합의에 반영한다.

94) ECJ규칙 제10조의 (1).

95) ECJ규칙 제10조의 (2).

96) 매우 공평하고도 독립적으로 활동하는 법률고문은 공개법정에서 ECJ의 임무수행을 지원하기 위하여 그에게 할당된 각 사건에 관하여 합리적인 의견(Advocate General's Opinion)을 제시하여 중재한다. TFEU 제252조, para.2.

97) ECJ규칙 제8조.

법률사무비서(référendaires)로 알려진 직원을 3명씩 둘 수 있다. 이 직원들은 재판관들과 법률고문을 위해 사전작업을 수행한다. 또한 재판관과 법률고문은 법률사무비서가 아닌 별도의 3명의 비서직원을 둘 수 있다.

4) 주요 기능

ECJ의 기본적 주요 기능에 관하여 살펴보면, ECJ는 EU의 '헌법재판소'(constitutional court)로서의 기능을 한다. 즉 TFEU(구 EC설립조약)상에 규정된 '목적'의 달성과 EU법에 의한 '법치주의'의 감시자로서 역할을 수행한다. ECJ가 회원국들이나 EU기관들이 제소한 사건에 대하여 판결하는 경우, 이러한 사건은 EU의 기초 설립조약상의 쟁점이어야 한다. 예를 들면 EU의 2차적 법원(규칙(regulations), 지침(directives), 결정(decisions), 권고(recommendations) 및 의견(opinions))의 '합법성', 제도적 균형의 보호와 유지, 기본권의 보호 등에 관한 문제여야 한다. 또한 ECJ는 국내법원의 선결적 판결의 부탁과 관련하여 EU의 '최고법원'-(supreme court)으로서의 기능을 하여 EU법의 통일적 '해석'과 적용을 보장한다. 이는 TFEU상의 목적달성에 반하는 회원국의 상이한 EU법의 적용에 대하여 ECJ가 EU사법질서의 통합을 위해 수행하는 사법적 기능이다.[98]

3. 일반재판소

1) 재판관

일반재판소(구 CFI)의 구성에 관하여 살펴보면, '재판관'은 회원국들의 합의로 6년 임기로 임명된다.[99] 이들은 독립된 개인자격으로 선출되어 회원국에 예속되지 않는 법률사무에 필요한 능력을 갖춘 자들이다. 이들은 3년마다 부분적으로 교체되며, 퇴임하는 재판관일지라도 재선이 가능하다.[100] 재판관의 임명에 있어 국적을 요건으로 하지는 않으나, 실제로

---

98) ECJ의 이와 같은 기능과 관련하여 볼 때, 분명한 것은 EU법의 헌법적 쟁점들에 관한 사건은 국내법원 또는 제1심법원에도 제소될 수 있다는 사실이다. 따라서 ECJ만이 EU사법질서의 유일한 감시기관은 아니다. 그러나 국내법원도 결국은 선결적 부탁절차를 통하여 ECJ에 헌법적 쟁점을 제기할 수 있으므로, 선결적 부탁의 대상이 되는 법률문제에 대한 최종적인 사법적 감독기관은 ECJ뿐이다. 그리고 국내법원은 제1심법원의 판결에 관하여 ECJ로 상소를 제기할 수 있는데, 이는 EU 기초 설립조약상의 난해한 법률문제를 판결하는 최종적인 권한을 행사하는 사법기관이 ECJ임을 의미한다.

99) TFEU 제256조의 (3).

각 회원국들은 1명의 재판관을 보유한다. 사무 기간에 공석이 발생하는 경우, 신임재판관은 선임자의 기간을 위해 임명된다.[101]

각각의 재판관은 그의 직무 전, ECJ에서 선서를 한다.[102] 재판관들은 ECJ의 재판관이나 법률고문과 동일한 법적 지위를 가진다.[103] 그리고 다른 정치적 또는 행정적 사무에 종사하거나 기타의 직종에 종사하는 것을 자제할 의무가 있다. 어떠한 재판관도 직무상 필요한 조건을 갖추지 못해 직무상의 의무를 더 이상 수행할 수 없는 경우, 이러한 사유에 관해서는 일반재판소의 의견을 청취한 후 ECJ에 의해 그의 직위에서 제명된다.[104] 그러한 제명에 관한 사유의 청취 이전에 적합하다고 판단되는 경우 관련 재판관은 자신의 의견을 일반재판소에서 설명할 수 있다.[105]

일반재판소는 ECJ와는 달리 원칙적으로 별도의 '법률고문'이 존재하지 않는다. 이는 일반재판소 관할권에 속하여 일반재판소에 제소되는 모든 사건들이 재판상 법률고문의 보조를 반드시 필요로 하지 않기 때문이다. 그러나 재판관은 일정한 사건에 대하여 '법률고문'의 보조를 요청할 수 있다.[106] 전원재판부를 구성하는 경우, 경우에 따라서 법률고문의 보조를 받을 수 있다.[107] 즉 당해 사건을 관할하는 재판부는 사건이 법적인 '난해함'이나 '복잡한' 성질을 가진다고 판단되는 경우에 '법률고문'의 임명을 요구할 수 있다. 이때 일반재판소의 법원장은 재판관들 중 한 재판관에게 법률고문의 기능을 수행할 것을 지시할 수 있다.[108] 결국 일반재판소의 소송규칙상 법률고문의 요구는 강제사항이 아니기 때문에, 법률고문으로서 재판관이 지정될 경우에만 법률고문의 임명이 가능하다.[109]

---

100) TFEU 제256조의 (3).

101) ECJ규정 제7조. ECJ규정 제44조.

102) CFI규칙 제4조의 (1).

103) TFEU 제256조의 (2). ECJ규정 제44조.

104) ECJ규정 제44조. CFI규칙 제5조.

105) CFI규칙 제5조.

106) 이렇게 지명된 재판관은 ECJ의 법률고문과 같은 자격과 동일한 기능을 수행하되, 본 사건의 판결에는 재판관으로서 직접적으로 관여하지 아니한다. 이런 특별한 사건에 있어서 법률고문의 임명은, CFI(현 일반재판소(General Court)를 의미함) 행정회의 시에 또는 사건의 초기배정 시에 본 사건을 관할하는 재판부의 요구에 의해 이루어진다. CFI(현 일반재판소(General Court))규칙 제19조, para.1.

107) CFI규칙 제17조, 제32조의 (1), subpara.2.

108) CFI규칙 제19조, para.2.

109) CFI규칙 제2조의 (2).

2) 재판부의 구성

ECJ와는 달리, 일반재판소(구 CFI)는 보통 '일반재판부'를 구성하며, 예외적인 경우에만 전원재판부를 구성하거나 또는 단독판사로 재판부를 구성한다.[110] 일반재판소는 3명의 재판관으로 재판부를 구성하거나, 5명의 재판관으로 재판부를 구성할 수 있다.[111] 일반재판소는 각 사건들의 분류기준에 따라서 각 재판부에 사건을 배당한다.[112] 법원장은 법원이 정하는 분류기준에 근거하여 재판부에 당해 사건의 해결을 지시한다. 물론 재판관의 수에 필적할 만큼의 사건을 각 재판부에 할당한다.[113] 재판부의 구성과 재판부 재판장들의 임명은 유럽연합공보(OJ)에 공지된다.[114] 사건의 법적인 난해함, 사건의 중요성 또는 재판을 위한 특별한 환경이 필요한 경우에 당해 사건은 일반재판소의 전원합의부[115]에 배당되거나 별도의 판사 수로 구성된 재판부에 배당된다.[116]

3) 재판절차

일반재판소의 소송절차는 대부분 ECJ 소송절차와 같다. 그리고 법원장의 직무와 권한은 그 범위에 있어서 ECJ 법원장의 내용과 유사하다. 그리고 재판관은 2명의 법률사무비서(이들은 ECJ의 재판관과 법률고문의 법률사무비서와 같은 동일한 직무를 수행한다)와 2명의 일반사무비서 직원의 보조를 받는다. 이는 이들이 다른 법원으로부터 독립을 보장받아 법원장하에서 직접적으로 그리고 배타적으로 법적 기능을 수행하기 위함이다. 일반재판소의 인사에 관해서는, 이사회(Council)의 결정(decision)을 통해 ECJ규정에 다음의 규정이 첨가되었다. 즉 "ECJ 법원장과 일반재판소 법원장은 공동합의로 일반재판소의 기능을 위해 봉사할 수 있는 직원을 ECJ에 소속시킨다는 조건하에 그 직원들을 결정한다."[117]

---

110) CFI규칙 제11조의 (1), 제14조의 (2).

111) CFI규칙 제10조의 (1).

112) CFI규칙 제12조.

113) CFI규칙 제13조의 (1).

114) CFI규칙 제15조, para.3.

115) 소송의 어떤 단계에서든지 재판부는 자체적으로 또는 당사자의 요구에 의하여 본 사건이 전원합의부를 통하여 효과적으로 판단될 수 있다고 제안할 수 있다. 이때 전원합의부의 구성 여부는 당사자 또는 법률고문의 의견을 청취한 후 결정된다. CFI규칙 제51조.

116) CFI규칙 제14조, para.1.

117) ECJ규정 제45조, para.2.

4) 주요 기능

일반재판소(구 CFI)의 기본적 주요 기능을 살펴보면, 일반재판소는 EU의 일종의 '행정법원'으로서 기능한다. 즉 일반재판소는 EU기관의 '불법행위'(unlawful act)나 '부작위'(ommission)에 대하여 자연인이나 법인의 권리를 보호한다. 한편 일반재판소(구 CFI)의 설립목적은 EU 사법질서를 통한 법적 보호를 '질적'이면서도 '효과적'으로 달성하기 위함이다. 이는 유럽 단일의정서(SEA)에서 구체화되었으며, 1988년 이후 발생한 수많은 사건들이 접수할 수 없을 정도로 법원에 제소된 상황과 맥을 같이한다. 더욱이 복잡한 사실관계의 평가를 요하는 사건들에 대하여 ECJ는 시간적으로 그리고 인적 인프라상으로 더 이상 양질의 법적 보호를 부여할 수 없게 되었다. 1988년 10월 24일 이사회에 의해 제1심법원 설립에 관한 결정(Council Decision 88/591)이 채택되었고, 1989년 9월 25일 제1심법원이 설치되었으며, 1989년 11월 제1심법원의 직무가 개시되었다. 이에 따라 '2단 법원체제'(two-tier court system: ECJ와 CFI체제)가 성립되었고, 이로써 EU 차원의 사법적 보호의 질적 향상에 기여하게 되었다.

그런데 TFEU 제256조(구 EC조약 제225조)의 (1)에 의하여, 일반재판소 관할권의 범위에서 제외되는 것은 오직 '선결적 부탁의 대상'뿐이다. 반대로 그 외 모든 사건은 직접소송의 대상으로 TFEU 제256조의 (2)에서 정하는 의결절차에 따라서 일반재판소의 관할권에 속한다.[118] 현재 자연인이나 법인은 오직 직접소송에 의해 제소하는데, 이는 본래의 EU법에 해당하는 EU기초 설립조약의 적용과는 무관한 것으로서 일반재판소의 재판관할권에 해당되는 문제의 경우이다.[119] 그러나 위반회원국에 대한 회원국이나 위원회의 제소에 의한 직접소송은 ECJ가 관할권을 행사한다.[120] 일반재판소의 판결에 대한 상소[121]는 오직 법적인 쟁점에 대해서만 ECJ로 제소될 수 있다. 이 경우에 일반재판소는 독자적인 사실조사관할권을 갖기 때문에, 상소소송에 있어서 ECJ는 사실관계에는 크게 관여하지 않으며 오직 법률문제

---

118) TFEU 제256조의 (1), (2).

119) EC설립조약(TFEU)상 직접소송의 대상 중 자연인과 법인과 무관한 사건에 관해서는 ECJ가 관할권을 행사한다. 그런데 회원국의 EU법위반행위에 대해 다른 회원국이나 위원회는 직접소송을 통해 ECJ에 제소할 수 있으나, 회원국의 위반행위를 간접적으로 평가하기 위해 EU법의 해석에 관한 선결적 판결소송을 이용하는 경우도 있다. Lenaerts, Arts and Bray, *supra* note 52, p.128.

120) TFEU 제270조. EAEC조약 제152조.

121) CFI의 결정에 대한 ECJ의 상소소송절차는 서면절차와 구두절차로 구성된다. 서면절차는 원칙적으로 상소서(appeal)와 응답서(response)로 구성되며(ECJ규칙 제110조, 제111조(1)), 서면절차를 통해 당사자들의 의견이 충분히 반영되지 못한 경우가 아닌 한, ECJ는 구두절차 없이 결정을 내릴 수 있다(ECJ규정 제52조. ECJ규칙 제120조, 제121조).

의 해결에 관심을 가진다.

V. 감사원

감사원(Court of Auditors)[122]은 이전에는 공동체의 단순한 기관(simple organ)이었으나, 유럽연합조약(Maastricht 조약)에 의해 공동체의 주요 기관(institution)으로 승격되었다. 감사원의 임무는 공동체의 회계감사를 이행하는 것이며 Luxemburg에 소재한다.

1. 구성

감사원은 15명으로 구성되며, 6년 임기로 이사회의 만장일치로 임명하며 재임이 가능하다. 이때 '이사회'는 '유럽의회'의 자문을 받은 후에 위원들을 임명한다. 감사원은 각국에서 대외회계기관(external audit bodies)에 속하거나 속해 왔던 사람 중에서 선출되거나 또는 이 직무에 특별히 자격과 능력을 갖춘 사람 중에서 선출된다. 감사원장은 3년을 임기로 구성원 중에서 선출되며, 재선이 가능하다.[123]

감사원 위원들은 EU위원회의 구성원이나 사법기관의 재판관과 같이 그들의 임무를 수행함에 있어서 완전한 '독립'이 보장되어야 하며, 자국의 어떠한 지시를 받아서도 아니 되며, 여타의 직업에 종사할 수 없으며, 그 직무에 대하여 진지하게 임무를 수행하며, 청렴결백하게 행동해야 하며, 직무기간이나 그 후에도 신중하게 행동해야 한다. 이들은 ECJ의 판결에 의해 강제 퇴임될 수 있다.[124]

2. 직무

감사원은 EU와 EU에 의해 설립된 모든 기구들의 세입(revenue)과 지출(expenditure)에 대한 회계를 심사한다.[125]

감사원은 거래의 기초가 되는 회계대차(accounts), 적법성(legality), 일반성(regularity)에 관

---

122) TFEU 제285조.
123) TFEU 제286조의 (2), (3).
124) TFEU 제286조의 (4), (5), (6).
125) TFEU 제287조의 (1)1.

하여 신뢰할 만한 진술서(평가서)를 작성하여 '유럽의회'와 '이사회'에 제출해야 한다.[126)]

감사원은 수입과 지출의 '적법성'과 '일반성'에 대해 심사하며, 재정에 대한 경영의 '건전성'에 관하여 심사한다. 감사원은 EU의 모든 기술사항(premises)과 모든 기록(records)들에 대하여 방문 심사할 권리를 갖는다. 회원국이 관련되는 경우 그 회계는 국내회계기관(national audit bodies)의 연락관을 통하여 이행되어야 한다. 기관들(institutions)과 회원국들은 감사원의 직무수행에 필요한 자료(documents)와 정보(informations)를 제공해야 한다.[127)]

감사원은 여러 EU기관들이 관측할 수 있도록 관보(Official Journal)에 연례보고서(annual report)를 작성하여 공지한다. 여기에는 감사원의 부가 설명이 포함된다. 그런데 이는 EU기관들에는 불리하게 작용되는데, 왜냐하면 이러한 답변에 대하여 자신들의 견해를 알릴 수 있는 가능성이 희박하기 때문이다.

한편 감사원은 특별한 문제에 관해서는 특별보고서(special reports)를 제출할 수 있고, 여타 기관의 요청에 대해 감사원의 견해(opinions)를 전달할 수 있다.[128)]

감사원의 역할은 "예산(budget)의 이행을 조율하는 '유럽의회'와 '이사회'를 보조한다"라는 TFEU 제287조상의 문구에 의해 가장 잘 요약되어 표현된다고 할 수 있다.[129)]

VI. 유럽중앙은행

유럽통화기구(European Monetary Institute: EMI), 유럽중앙은행제도(European System of Central Banks: ESCB), 유럽중앙은행(European Central Bank: ECB)은 유럽연합조약(Maastricht 조약)에 의하여 설립되었다. 이들은 일정한 범주 내에서 EU의 경제와 통화정책(Economic and Monetary Policy)을 이행하는 각각의 임무를 수행하며 그 권한을 행사한다. 아래에서는 제도적 측면을 간단히 살펴보고자 한다.

유럽통화기구(EMI)[130)]는 경제 및 통화정책에 대한 제2단계에서 구성되어 독자적인 법인격을 가지며, 각 회원국들의 중앙은행장들로 구성된 이사회에 의하여 지시를 받으며 운영된다. 유럽통화기구의 의장은 유럽의회와 이사회의 자문 후 은행장위원회(Committee of Governors)

---

126) TFEU 제287조의 (1)2.

127) TFEU 제287조의 (2), (3).

128) TFEU 제287조의 (4).

129) TFEU 제287조의 (4)4.

130) TFEU 제141조.

의 추천에 의하여 유럽이사회(European Council)가 임명한다. 유럽통화기구 의장은 통화와 은행 업무에 있어서 명성이 있으며, 전문적인 경험이 있는 자 중에서 선출된다. 자체의 내규는 EU조약에 부속된 의정서에 규정되어 있다. 제3단계에서는 1993년 10월 29일 유럽이사회(European Council)의 결정에 따라 유럽통화기구(EMI)가 유럽중앙은행(ECB)으로 대체되었다. 따라서 'Frankfurt'에 있는 유럽통화기구(EMI)의 체제는 그대로 유럽중앙은행(ECB)으로 이전되게 되었다.

유럽중앙은행제도(ESCB)[131]는 제3단계에서 기능이 시작되며, 'ECB'와 '회원국 중앙은행들'(national central banks)로 구성된다. 유럽중앙은행제도(ESCB)는 독자적인 법인격을 가지며, ECB의 의결기관들(Governing Council와 Executive Board)에 의해 운영된다. 유럽중앙은행(ECB)[132]은 제3단계에서 유럽통화기구(EMI)를 대신하며, 의결기관들인 '관리위원회'와 '집행위원회'의 지시를 받는다. 유럽통화기구(EMI)의 청산에 관해서는 EMI의 법령에 규정되어 있다. ① 관리위원회[133]는 집행위원회의 구성원들과 회원국 중앙은행장들로 구성된다. ② 집행위원회[134]는 의장, 부의장 그리고 관리위원회 구성원 4명으로 구성된다. 이들은 8년을 임기로 통화와 은행 업무에 있어서 명성이 있으며 전문가적 경험을 갖춘 자 중 회원국 정부들의 동의에 의해 임명된다. 그 임명은 '이사회'의 추천에 의하여 '유럽이사회'(European Council)가 결정한다. 이때 이사회는 먼저 유럽의회와 관리위원회의 자문을 받아야 한다. 유럽중앙은행(ECB) 의장은 유럽중앙은행제도(ESCB)의 목적과 직무에 관련된 문제를 논의하는 경우 유럽이사회 회의에 초청된다.[135] 분명한 것은 모든 것이 국가최고화폐기관(highest national monetary institutions)과 EU최고의결기관(highest decision-making authorities within the Community)을 밀접하게 연결시키도록 규정되어 있다는 것이다. 유럽중앙은행(ECB)의 연차보고서는 유럽의회와 유럽이사회(European Council), 이사회, EU위원회에 보고된다. 이 연차보고서는 유럽중앙은행(ECB) 의장에 의해 이사회와 유럽의회에 보고되는데, 유럽의회에서는 이에 대한 일반적인 논의가 진행된다.[136] ③ 자문적 지위를 갖는 통화위원회(Monetary Committee)는 역내시장 기능 확대를 위한 회원국들 정책의 조화를 증진시키기 위해 설립되었다.[137] 통화위원회의 직무는 회원국들과 EU의 금융과 재정 상태를

---

131) TFEU 제129조.
132) TFEU 제140조~제141조.
133) TFEU 제283조의 (1).
134) TFEU 제283조의 (2).
135) TFEU 제284조의 (2).
136) TFEU 제284조의 (3).
137) TFEU 제134조의 (1)1.

검토하고 회원국의 일반지출체계를 검토하는 것으로, 이를 이사회와 EU 위원회에 보고한다.[138] 이는 '자본의 이동'과 관련된 이사회의 업무에 기여하며, 회원국들의 경제정책 방향이 된다.[139] 그리고 재정기관들에 관여하며, 공공기관의 범죄와 정부의 결손에 관여하며, 경제화폐연합(Economic and Monetary Union: EMU)의 과도적 규정들에 관여한다. 제3단계에서 통화위원회는 경제재정위원회(Economic and Financial Committee)로 대체되고, 그 직무는 전과 동일하며,[140] 다만 제3국과 국제기구와의 재정관계가 첨가되었으며,[141] 경제재정위원회의 구성원의 임명에 유럽중앙은행(ECB)도 관여한다는 것이 첨가되었다.[142]

Ⅶ. 경제사회위원회 · 지역위원회

1. 경제사회위원회

경제사회위원회(Economic and Social Committee)는 EU의 의결절차에서 주로 '자문역할'(consultative role)을 수행한다. 경제사회위원회는 일반적으로 최종결정이 채택되기 전 이사회의 요청에 의해 자문의 역할을 담당하고, 이때 유럽의회가 함께 관여한다. 만일 이사회가 TFEU에 따라 경제사회위원회에 자문을 구하는 것을 소홀히 한 경우, 중요 절차요건(essential procedural requirement)의 위반으로 ECJ에 의해 그 채택된 조치 또는 법령이 무효가 될 수 있다.

경제사회위원회는 이사회나 EU위원회에 의해, 또한 경제사회위원회 자체 발의에 의해[143] 자문 역할을 수행한다. 이사회와 EU위원회는 필요한 경우 경제사회위원회에 의견서 제출을 위한 1개월의 기한을 정할 수 있으며, 기한이 만료된 경우 의견서의 부재를 이유로 후속조치를 해하지는 아니한다.[144] 이 경우 이사회는 EU위원회의 자문을 받아야 하며, 공동체와 관련된 경제영역 · 사회영역을 대표하는 여타 기구들의 의견도 수렴하게 된다.[145]

---

138) TFEU 제134조의 (1)2, 3.
139) TFEU 제134조의 (1)4, 5.
140) TFEU 제134조의 (2).
141) TFEU 제134조의 (2)4.
142) TFEU 제134조의 (2)7.
143) TFEU 제303조의 (3), TFEU 제304조의 (1).
144) TFEU 제304조의 (2).
145) TFEU 제302EC조약 제259조의 (2).

1972년 Paris정상회담(Paris Summit meeting)에서 국가대표들은 "앞으로 공동체기관들(community institutions)은 자체 발의권에 의하여 공동체에 영향을 주는 모든 문제에 대하여 경제사회위원회의 자문에 대한 승인을 할 수 있다"고 결의하였다.146) 경제사회위원회는 '농업'과 '운송'과 같은 특별 분야에 있어서는 관련 규정들에 구속되어 자문절차가 의무화되며, 이러한 특별 분야들은 경제사회위원회의 자문역할에서 독립될 수 없다.

경제사회위원회의 구성원은 재임이 가능한 4년의 임기로, 개인적 자질을 갖춘 자로 이사회의 만장일치에 의해 임명된다.147) 이들은 직무상 완전한 독립이 유지되어야 하고, 경제·사회적 활동의 다양한 범주의 대표자들로 구성된다. 경제사회위원회의 의장과 그 외 관료는 2년을 임기로 구성원 중에서 선출된다.148) 경제사회위원회는 Brussels에 소재한다.

2. 지역위원회

지역위원회(Committee of the Regions)는 유럽연합조약(Maastricht조약)에 의해 설립되어 지역 대표자들로 구성되어 자문 역할을 수행한다.

지역위원회는 경제사회위원회와 마찬가지로 4년 임기의 구성원으로 구성되며, 재임이 가능하고, 각 회원국들의 제안에 대한 이사회의 만장일치에 의하여 임명된다.149) 구성원은 어떠한 지시에도 구속되지 않으며, EU 일반이익상의 직무수행상 완전한 '독립'을 누려야 한다.150)

지역위원회는 2년 임기의 의장과 관료들을 구성원 중에서 선출하며, 이사회나 EU위원회의 요청에 의하여 또는 지역위원회 자체 발의에 의하여 회합한다.151)

지역위원회는 TFEU 규정상 이사회와 EU위원회에 대하여 자문하며, 기타 두 기관이 필요하다고 판단되는 경우에 자문의 역할을 수행한다.152) 지역위원회는 적절하다고 판단되는 경우 자체 발의에 의하여 의견을 표명할 수 있다.153) EU위원회와 이사회는 지역위원회의 의장에게 통지된 지 1개월 내에 자체 의견을 제출하도록 기한을 정하며, 기한 만료 시 의견 부재를 이유로 하여 후속조치를 해하지는 아니한다.154) 경제사회위원회가 TFEU 제304

---

146) See the own-initiative opinions in [1988] OJ C95, C134 and C318.
147) TFEU 제301조의 (1), (2).
148) TFEU 제303조의 (1).
149) TFEU 제305조의 (2), (3).
150) TFEU 제305조의 (4).
151) TFEU 제306조.
152) TFEU 제307조의 (1).
153) TFEU 제307조의 (4).

조(구 EC조약 제262조)에 의거하여 자문을 하는 경우, 이사회나 EU위원회는 지역위원회에도 의견을 타진해야 하며, 특별한 지역적 이해관계에 관한 문제라고 판단되는 경우에 지역위원회는 이에 대하여 자신의 의견을 표명할 수 있다.[155] 지역위원회의 의견은 진행기록과 함께 이사회와 EU위원회에 발송된다.[156]

---

154) TFEU 제307조의 (2).
155) TFEU 제307조의 (3).
156) TFEU 제307조의 (5).

제4장 EU법의 법원*

EU정책 결정(입법)의 주요방향은 유럽의회, 이사회 그리고 EU위원회에 의해 이루어진다.[1] 이로써 EU는 기초 설립조약상의 정책 이외에 2차 입법에 의해 정책이 결정되기도 한다. 그러나 여기에서 아래와 같은 사항들에 유념할 필요가 있다.

다만 때에 따라서는 '규칙'(Regulations)이나 '지침'(Directives)보다는 '결정'(Decisions)의 채택이 증대되기도 한다. 한편 이사회의 선언(declarations) 이외에도 계획(programmes),[2] 결의(resolutions)를 통해 이루어지기도 하는데, 이러한 내용은 이사회뿐 아니라 이사회 내의 회원국 정부 대표자들에 의해서도 공표된다. 이를 위해 유럽연합조약(Treaty on European Union: TEU)은 '국가나 정부의 수뇌들로 구성된 이사회회의'(Council Meeting in the Composition of the Heads of State or of Government)를 추가로 구성하기도 하였다.

그러나 이러한 법령들은 직접적으로 권리와 의무를 발생시키지 못한다. 왜냐하면 이러한 법령은 모두 사법기관에서 참조될 수 있는 합법성을 지닌 법령으로서 제정되는 것이 아니기 때문이다. 또한 이는 항상 EU위원회의 입법제안으로 공표되는 것도 아니고, 유럽의회나 경제사회위원회가 반드시 자문해야 하는 것도 아니기 때문이다. 그럼에도 불구하고 이러한 법령들은 본질적인 EU의 정책을 형성한다. 그리고 그 결과로서 EU통합의 발전에 기여한다. 때때로 그 내용이 중요해질수록 절차와 형식은 덜 형식적이 된다는 것을 의미하기도 한다. 그러나 그럼에도 불구하고 기초 설립조약에 의해 명확히 규정된 법령들은 여전히 EU의 정책결정과정에서 중요한 역할을 한다는 기본 원리의 중요성에 관해서는 의문의 여지가 없으며, 이를 통해 이러한 기초 설립조약은 합법성 차원에서 수호되고 보장된다.[3]

EU 기초 설립조약 이후 EU의 기관들은 EU의 '공동 목적'을 이행하는 책임을 지게 되었으며, 이를 수행하기 위해 규칙, 지침, 결정, 권고 및 의견 등의 법령을 제정할 수 있는 권

---

* 이 내용은 김두수, 『EU법론』, 파주: 한국학술정보, 2007, 제6장을 참고하였음.

1) P. S. R. F. Mathijsen, *A Guide to European Union Law*(London: Sweet & Maxwell, 1999), p.25.

2) TFEU 제50조.

3) T. C. Hartley, *The Foundations of European Community Law*(Oxford: Clarendon Press, 1994), p.196.

한을 부여받게 되었다. EU법의 발전에 있어서 '각 법령들'은 '특별한 기능'을 수행하고 있으며, EU 기초 설립조약은 이러한 법령들이 채택되는 몇몇의 경우를 규정하고 있다.[4] 이러한 EU법령들에 대한 이해는 EU의 전반적인 통합체계를 이해하는 데에 필수적이다. 따라서 아래에서는 EU법령의 '종류'와 '특징'에 관하여 살펴본다.

Ⅰ. 설립조약

EU의 기초가 되는 설립조약에는 ECSC설립조약, EC설립조약(TFEU를 의미함), Euratom 설립조약이 있다. 이 설립조약들은 의심의 여지없이 직접효력을 갖는 법으로서 국내법원에 의해 국내법의 범주로 수용되었다. 이 세 개 공동체설립조약들은 단일유럽의정서(SEA)와 유럽연합조약(TEU)에 의해 수년에 걸쳐 개정되었다. 특히 유럽연합조약(TEU)은 EU를 창설한 EU의 정치적 '헌장'이라고 할 수 있다. 비록 TEU가 국내 헌법과 같이 모든 임무를 수행할 수는 없다 하더라도, TEU는 헌법에서 일반적인 주제로 다루기 부적절한 내용까지도 다수 다루고 있다. 구체적으로 보면 한편으로는 일반적인 원칙(general principles)의 선언 형태를 취하고 있고, 다른 한편으로는 발전되어야 하는 정책 분야(policy sectors)를 규정하는 형태를 취하고 있다.[5] 이러한 정책에는 ECSC설립조약상의 석탄과 철강정책, Euratom설립조약상의 핵에너지정책, EC설립조약(TFEU)상의 농업정책, 사회정책, 운송정책, 지역정책, 소비자보호 및 보건정책, 환경정책, 과학개발연구정책, 경제통화동맹정책 등이 있다.

Ⅱ. 2차 입법[6]

EU의 입법(규칙, 지침, 결정, 권고 및 의견)은 주로 EU위원회의 입법제안에 대해 이사회가 유럽의회(EP)와 협력함으로써 채택된다.[7] 입법제안은 EU위원회의 자체 제안 또는 이사회의 위임으로 인한 제안으로 행해지며, 이때 EU위원회의 제안에 대하여 수정을 필요로 할

---

4) TFEU 제288조의 (1).

5) Neill Nugent, *The Government and Politics of the European Union*(London: Macmillan Press, 1994), pp.209-210.

6) TFEU 제296조, ECSC조약 제15조: 유럽 의회와 이사회에 의해 공동으로 채택되는 규칙, 지침, 결정 그리고 이사회 또는 위원회에 의해 채택되는 그러한 법령은 그 기초가 되는 이유를 명시해야 한다.

7) TFEU 제288조.

경우 이사회는 만장일치로 수정할 수 있으며, EU위원회는 이사회가 입안을 거부하는 동안 그 제안된 법안을 변경할 수 있다.[8] 이로써 '이사회'와 EU '위원회'는 상호 견제한다고 할 수 있다.

1. 규칙

규칙(regulations)은 모든 회원국에 대해 일반적 적용성을 가지며, 이행해야 하는 결과와 방법 선택에 있어 모두 구속력을 가진다.[9] 따라서 연방적 성격을 갖는 규칙은 EU의 법질서 형성을 위한 중요한 법원(法源)이다.

규칙의 구체적 특성은 다음과 같다. 첫째, 규칙은 '일반적 적용성'이 있는데, 일반적 적용성이란 수범자가 불특정 다수라는 것을 의미한다. 둘째, 규칙은 '전체적 구속력'을 가지는데, 여기서 '구속력이 있다'는 것은 수범자에게 권리를 부여하거나 의무를 부과함을 말한다. 그리고 '전부' 구속력이 있다는 것은, 지침과 같이 달성될 결과에 대해서만 구속력을 가지는 것이 아니라, 국내법률과 같이 규칙에 담겨 있는 모든 규정이 구속력이 있음을 의미한다. 즉 '결과' 이외의 '형태나 방법' 등에 관한 사항에 대해서도 구속력을 가진다. 따라서 규칙에 결과 달성의 방법이 명시되어 있으면 이것도 구속력이 있다. 회원국들에는 규칙 내의 여러 조항을 선별하여 자국민 또는 자국의 이익에 불리한 부분의 적용을 거부할 권리가 없다. 셋째, 규칙은 '직접 적용성'을 가지는데, 직접 적용성이란 규칙이 제정됨과 동시에 자동적으로 회원국 내 법질서의 일부를 형성하며, 따라서 효과 발생을 위한 특별한 국내적 편입절차(national legislation)가 요구되지 않는다. 넷째, 규칙은 '모든 회원국 내'에서 직접 적용된다. 따라서 규칙은 EU의 모든 영토에서 법적 효력이 발생한다.

2. 지침

어떤 '국제기구'도 지침(directives)과 같은 성격을 지닌 규정은 없으며, 이는 EU에서 가장 특이한 입법 형태이다. 지침은 때로는 이사회에 의해서, 때로는 EU위원회에 의해서, 때로는 유럽의회와 이사회의 협력으로 채택된다. 이러한 지침은 TFEU 제288조(구 EC조약 제249조(구 제189조))에는 단지 그 기능만 언급하고, TFEU 제288조는 일단 이사회와 EU

---

8) TFEU 제293조.
9) TFEU 제288조의 (2). Euratom조약 제161조.

위원회에 지침을 채택할 수 있는 권한을 부여할 뿐이다. 이 지침도 구속력이 있는 법령이다. 그러나 규칙과는 달리 '전부' 구속력이 있는 것은 아니고, 달성될 '결과'에 대해서만 구속력이 있으며, '형식과 방법'의 선택은 회원국에 위임되어 있다. 즉 지침에 있어서는 목표만을 수립하고, 적당하다고 생각하는 방법은 회원국에 위임하고 있다. 하지만 지침은 국내법으로의 변형이 필요한데, 이로 인해 회원국들은 중요한 이해관계에 직면한다.[10] 분명한 것은 지침이 회원국에 의해 그 이행조치가 취해져야 한다는 것을 예정하고 있다는 것이다. 따라서 회원국들은 자국의 이익을 위해 지침을 위반하지는 못한다. 이러한 지침을 불완전 이행하거나 불이행하는 경우 막대한 벌금을 부과받을 수 있다.

지침에 있어서 주의할 것은, TFEU 제288조(구 EC조약 제249조) 규정상으로 지침은 직접 적용성이 없으며, 그 수범자도 회원국에 한정되어 있다는 것이다. 따라서 실제 모든 회원국들은 항상 지침을 이행해야 할 직접적 의무가 없다고 주장해 왔다. 따라서 중요 문제는 규칙의 형태로 규정하며 그 밖의 것은 지침의 형태를 취하게 된다. 이처럼 지침은 외관상으로는 연방적 성격이 없는 것으로 보인다. 그러나 ECJ는 이처럼 지침이 회원국을 상대로 발표되지만, 해당 국민은 그로부터 직접적인 권리를 향유할 수 있다고 봄으로써, 그 성격을 규칙 또는 '연방적 법령'에 근접시키고 있다. 즉 국내법원은 직접효력을 갖지 않는 EU규정, 곧 지침의 합법성과 관련하여 ECJ에 선결적 판결을 부탁할 수 있다. 지침의 효과에 대해 유권적 해석기관인 ECJ에 제소할 수 있다는 것은 '지침'이 '연방적 성질'을 가짐을 보여 준다.

이러한 지침은 기한이 완료되기 전에는 직접효력을 갖지 못하는데, 이 또한 규칙과의 차이점이다. 한편 규칙과 EU 기초 설립조약들은 회원국 국민 개인에게 직접 권리와 의무를 부여하지만, 지침은 '회원국'에는 의무부여가 가능하나 '개인'에게는 의무부여가 원칙적으로 불가능하다. 개인과 관련된 지침이 문제가 될 경우에도, 단지 ECJ는 법률사항을 관할할 뿐, 사실문제는 국내법원이 관할한다. 개인과 관련된 법률문제도 '개인'이 아니라 '국가'가 판결을 ECJ에 부탁하는 경우이며, 개인이 지침과 관련하여 직접 제소할 수 없다. 지침의 효과에 있어서 이제는 지침의 수평적·수직적 효과의 구별이 사라지고 있다.

3. 결정

결정(decisions)은 당해 수범자들에게 전부 구속력이 있다. '전부' 구속력이 있다는 점에서

---

10) Elies Steyger, *Europe and its Members: A Constitutional Approach*(Aldershot: Dartmouth, 1995), p.89.

규칙과 같고 지침과 다르다. 결정은 또한 오로지 확정된 개개의 수범자들을 대상으로 한다. 이러한 '개별 적용성'으로 인해 수범자는 하나 혹은 둘 이상의 회원국일 수도 있고 회원국 내의 하나 혹은 둘 이상의 개인일 수도 있다. 다만 수범자가 다수인 경우에는 당해 결정에서 그들을 일일이 지칭할 필요는 없고 수범자의 집단이 확인될 수 있을 정도면 충분하다.

일반적으로 결정은 EU위원회 또는 이사회가 개별 문제를 다루는 수단이 된다. 따라서 결정을 국내 행정법상의 '행정행위'에 비유한다. 하지만 실제는 결정의 내용이 추상적인 입법적 성격의 결정도 많이 채택되고 있다. 그 결과 지침과 비슷하게 일정한 목적을 달성하기 위해서 회원국에 대해 필요한 조치를 취할 것을 요구하는 결정도 있고, 규칙과 같이 일반규칙을 수립하는 결정도 있다.

4. 권고 및 의견

'권고'(recommendations)란 일정한 상대방에게 특정행위를 권하는 국제기구의 일방행위이며, '의견'(opinions)이란 특정대상자 없이 제3자의 요청으로 단순한 견해를 표시하는 것이다. 이러한 권고 및 의견은 모두 구속력이 없다. 이들은 대부분 회원국 정부에 대해 내려지지만, EU기초 설립조약에 명시되어 있는 몇몇의 경우에는 한 개인, 다수인 또는 일정한 사업가에 대해서도 내려질 수 있다. 권고와 의견의 차이점을 분명히 말하기란 쉽지 않다. 일반적으로 그 목적이 수범자로부터 행동(EU 집행기관이 회원국들의 국내법규를 조화시키기위한 간접적인 행동수단)을 얻는 것이면 '권고'이고, 제3자의 요청에 대해 어떤 관점인가를 표현하는 것이면 '의견'이다.

Ⅲ. 국제협정

일반적으로 국제법은 그 구속력과 이행강제에 있어 불완전한 점이 있지만, ECJ는 때때로 EU의 발전을 위해 국제협정을 인용한다. 이러한 사법심사는 EU가 고유의 국제적 법인격을 갖게 됨으로써 그리고 회원국들로부터 국제협정체결의 권한을 위임받음으로써 가능하게 되었다.

EU가 당사자로 참여하는 많은 국제협정들은 종종 국제법상으로는 다소 다른 차원으로 이해되고 있다. 그러나 그러한 국제협정들이 EU 내에서는 '유럽연합의 입법'으로 수용되어 이행되기 때문에, 그러한 국제협정들은 'EU의 입법'과 동등하다. 즉 EU가 당사자가 되어 체결한 국제협정은 유럽연합이 입법한 것으로 수용되어 회원국에 직접 적용된다. 여기에서 '구속력이 있다'는 것은 국제협정이 EU법의 일부를 형성함을 의미한다. 따라서 EU법도 국내법과 마찬가지로 하나의 통일된 법체계를 형성한다고 할 수 있다. 그렇다면 EU에 대하여 구속력을 가지는 국제협정은 EU법체계 내에서 어느 정도의 서열에 있는가가 문제이다. 그런데 국제협정체결권을 포함한 EU의 모든 권한은 설립조약에서 나온다. 따라서 EU 기초 설립조약과 국제협정 사이에서는 당연히 EU '기초 설립조약'이 우선한다.

Ⅳ. 법의 일반원칙

3개의 모든 공동체설립조약들은 ECJ에 설립조약의 해석과 적용에 있어서 '법의 준수'를 보장하는 관할권을 인정하고 있다.[11] 그런데 이 EC설립조약 제220조(구 제164조), ECSC설립조약 제31조, Euratom설립조약 제136조 그리고 명백하게는 EC설립조약 제230조(구 제173조, TFEU 제263조)와 제288조(구 제215조, TFEU 제340조)는 명문화된 EU법 규정만이 EU의 법원으로 인정될 수 있는 유일한 법적 근거가 아님을 함축하고 있다. 즉 이는 ECJ가 판결 시 '법의 일반원칙'의 적용이 필요한 경우에는 법의 일반원칙을 적용하여 재판 불능을 면할 수 있음을 의미한다. 현재는 정확하게는 무엇이 법의 일반원칙이냐를 놓고 논쟁이 있기도 하다. 결국에는 법의 일반원칙은 회원국들의 법제를 비교법적으로 연구하여 적용하여야 할 것이다.

또한 ECJ에 의해 인용된 법의 일반원칙에는 '기본권 존중'이 있는데, 이는 현재 TEU 제6조(구 제F조)에 명백하게 규정되어 있다. 즉 "유럽연합은 1950년 11월 4일 Rome에서 서명한 인권과 기본적 자유의 보호에 관한 유럽대표자회의(European Convention for the Protection of Human Rights and Fundamental Freedoms)에 의해서, 회원국 공통의 전통으로서 그리고 공동체법의 일반원칙으로서, '기본권'을 존중해야 한다"[12]는 것이다. 법의 일반원칙은 종종 법원의 판결을 이끌어 내는 법적 참작으로서 중요하다. 이로써 재판관의 자의적 판결을 방지하고, 법의 흠결로 인한 재판 불능을 예방하기 때문이다. 기본권과 관련해서는 'EU 기본권헌장'이 채택된 바 있으며, 이는 리스본조약에 의해 승인되어 동 조약의

---

11) EC조약 제220조(TFEU에 의해 삭제됨). ECSC조약 제31조. Euratom조약 제136조.

12) TEU 제6조의 (2)(구 제F조의 (2)).

일부가 되었다.

다음은 ECJ에 의해 다수 인용되었던 법의 일반원칙들이다.[13] 적법의 기대 가능성 보장 (protection of legitimate expectation),[14] 청문권(right to be heard),[15] 법적 확신(legal certainty),[16] 동등하게 대우받을 권리(equality of treatment),[17] 비례의 원칙(proportionality),[18] 충실한 행정 운영과 감독(good administration)[19] 등이다.

Ⅴ. 사법적 해석과 판결

일반적으로 국제법상으로는 '선례구속의 원칙'이 적용되지 않아, 당해 판결은 당해 사건에 대해서만 효력을 갖는다. 그런데 이런 판례법은 영국과 아일랜드를 제외한 대부분 EU회원국 내에서 전통적으로 법원으로서의 주된 기능을 하지 못하였음에도 불구하고, ECJ의 판결은 EU법의 한 부분을 형성해 왔다. 이는 법의 올바른 해석과 적용을 보장하기 위해 ECJ에 인정된 권한이다. 또한 이는 EU의 성문법 '불명확성'과 '불완전성'에서 기인한다.

EU 성문법의 '불명확성'과 '불완전성'은 다음과 같은 요인으로 발생한다. 새로운 EU와 기존 공동체와의 관계, 타협으로 인한 미약한 의결절차 문제와 제2차 입법으로의 회피, EU의 발전에 부합하는 성문법 영역의 빠른 변화 속도가 그것이다. 따라서 EU의 다양한 권한의 영역에 있어서 ECJ가 상세한 법령에 기초한 판결을 내릴 수 없는 경우도 존재한다. 또한 다양한 사건들이 법원에 제소됨으로써,[20] ECJ는 불가피하게 기술적이고도 문법적인 해석이 불가능할 경우도 있다. ECJ는 이를 극복하고자 해석을 통하여 법을 명확하게 하고, 나아가 새로운 법을 창출하기도 한다. 이는 회원국 국내법원들이 ECJ의 판결을 존중해 줄

---

13) L. Neville Brown and Tom Kennedy, *The Court of Justice of the European Communities*(London: Sweet & Maxwell, 2000), pp.345-367.

14) Case 112/77, *Töpfer* v. *Commission*: [1978] ECR 1019 at 1033(19).

15) Case 17/74, *Transocean Marine Paint Association* v. *Commission*: [1974] ECR 1063 at 1080(15), [1974] 2 CMLR 459.

16) Case 21/81, *Openbaar Ministerie* v. *Bout*: [1982] ECR 381 at 390(13), [1982] 2 CMLR 371.

17) Case 148/73, R *Louwage* v. *Commission*: [1974] ECR 81 at 89(12).

18) Case 122/78, *Buitoni* v. *FORMA*: [1979] ECR 677 at 684(16), [1979] 2 CMLR 665.

19) Joined Cases 33 and 75/79, *Kuhner* v. *Commission*: [1980] ECR 1677 at 1698(25).

20) 단일유럽의정서(SEA) 제11조에 의해 이사회는 재판의 효율을 위해 ECJ에 부속된 제1심법원(Court of First Instance)을 두고 있다. 법적 관점에 관해서는 ECJ의 관할이다. 이 제1심법원은 이사회 결정 88/591(Council Decision 88/591)에 의해 1988년에 설치되어, 1989년 11월부터 기능하고 있다. 제1심법원은 각 회원국이 한 명씩 임명한 재판관들로 구성되며, 특별한 경우에는 전원재판부(plenary session)를 구성한다.

것이 기대되는 데서 비롯되는데, 일반적으로 그렇게 수용되고 있다. 그리고 실제 ECJ가 판례법을 인용하는 정도가 증가하고 있는데, 이로써 ECJ는 해석과 판결을 통하여 EU법의 적용을 확대시키고 있다.

Ⅵ. 결의 및 계획

여기서의 결의(resolutions)란 주로 이사회와 이사회 내의 회원국 정부 간 대표자회의에 의한 결의를 의미한다. 그리고 계획(programmes)이란 EU회원국과 EU기관들이 EU의 장래 행동에 대한 일반원칙을 설정하는 것을 의미한다. 이러한 계획도 역시 일반적으로 이사회와 이사회 내의 회원국 정부 간 대표자회의에 의해 채택된다. 오늘날에는 환경과 같은 분야에서 행동계획(action programmes)의 형태로 많이 활용되고 있다.

제5장 EU법의 법적 성질*

ECJ의 선결적 부탁절차를 통해 확립된 EU법의 법적 성질은 직접효력, 우위 그리고 초국가성이다. 이렇게 선결적 부탁절차는 EU법형성에 기여하였다. EU법의 법적 성질을 설명하기 위해서, 먼저 ECJ의 초기 중요 사례를 간략하게 살펴볼 필요가 있다. 이를 통해 국제법도 아니고('지역법'에 해당) 연방법도 아닌 EU법의 독특한 성질을 이해할 수 있다. EU법은 국가의 수용 여부와 무관하게 적용되며, 회원국 국내법(헌법)보다도 우위에 있는 것으로 EU법의 우위는 연방법의 우위와 유사하다.

먼저 *Van Gend en Loos* 사건[1]의 사건 개요는 다음과 같다. Van Gend en Loos는 네덜란드 수입가로서, 요소포르말데히드(ureaformaldehyde)를 독일에서 수입하고 있었다. 당시 원고인 Van Gend en Loos는 1947년의 관세법에 따라 3%의 관세를 납부하는 것이 합당하며, 이는 E[E]C조약 제12조(EC조약 제25조, TFEU 제30조)상의 '회원국 간의 새로운 관세협정의 자제'에도 타당하다고 주장하였다. 이에 대해 네덜란드정부는, 1958년 7월 25일 베네룩스 3국 간에 체결되어 1959년 12월 16일에 네덜란드가 승인한 후 1960년 1월 20일에 공포한 '새로운 관세법'에 따른 8%의 수입관세의 부과를 주장하였다. Van Gend en Loos의 주장은 네덜란드세관에 의해 무시되었고, Van Gend en Loos는 네덜란드관세위원회(Dutch Tariff Commission)에 중재되었다. 이 네덜란드관세위원회는 자체결정을 유보하고, TFEU 제267조(EC조약 제234조, 구 제177조)에 따라 ECJ에 선결적 판결을 요청하였다. 이에 대해 ECJ는 "본 공동체는 국제사회에 있어서 '하나의 새로운 법질서'(a new legal order of international law)를 형성하며, 회원국들은 이 새로운 법질서를 위하여 주권적 권리(sovereign right)를 제한한 것이다"고 판결하여 EU법의 직접효력을 처음으로 인정하였다.

Costa v. *ENEL* 사건[2]의 사건 개요는 다음과 같다. 이탈리아정부는 1962년 전력생산과

---

* 이 내용은 김두수, 『EU법론』, 파주: 한국학술정보, 2007, 제7장을 참고하였음.
1) Case 26/62, *Van Gend en Loos*, [1963] ECR 1.
2) Case 6/64, *Costa* v. *ENEL*, [1964] ECR 585.

분배의 국유화를 위해 새로운 국립전력회사(Ente Nazionale Per L'energia Elettrica: ENEL)를 설립하였다. Costa는 이탈리아정부의 이런 행위는 회사설립의 자유의 보장과 회원국의 개입금지를 규정한 당시 EC조약 제102조, 제53조, 제37조 제2항에 대한 위반이라고 주장하였다. Costa는 이 새로운 국유화전력회사의 전 주주로서 피해자가 되어, 자신에게 청구된 $300 전기요금의 납부를 거부하며 이를 Milan법원에 제소하였고, Milan법원은 ECJ에 선결적 판결을 요청하였다. 이에 대해 ECJ는 "조약에 의한 회원국법상의 권리의무의 공동체법으로의 양도는, 공동체법과 양립되지 않는 사후 조치에 의해 영향을 받지 아니한다"라고 판결하여 국가권한의 양도를 통한 EU법 우위의 확고한 지위를 인정하였다.

Ⅰ. EU법의 직접효력

EU의 사법질서는 TFEU 제267조의 선결적 부탁절차를 통하여 확립되었다. 여기에서 EU의 사법질서라 함은, EU법과 회원국의 국내법과의 관계에 있어서의 EU법의 '직접효력'과 '우위'를 통해 형성된 '초국가적'인 사법질서를 의미한다. 이러한 EU의 사법질서를 통한 EU법의 법적 성질의 형성은 ECJ의 초기 사례에 그 기초를 두고 있다. *Van Gend en Loos* 사건이 회원국 주권의 제한을 통하여 E[E]C법의 '직접효력'을 인정한 판결이라면, *Costa* v. *ENEL* 사건은 회원국 주권의 이전이라는 개념을 통하여 E[E]C법의 '우위'를 확고히 한 판결이다.

그런데 EU의 3개의 설립조약을 포함한 'EU조약'(Treaty on European Union: TEU)은 회원국의 상호의무를 규정하는 '국제조약 그 이상'의 것이다. 더욱이 ECJ는 설립조약들을 국제조약 그 이상의 것으로 인식하고 있다. 왜냐하면 설립조약은 국가 공공기관에 해당하는 EU의 독립된 준정부기관(quasi-governmental bodies)을 자체적으로 설립하였고, 이러한 EU기관은 회원국이 이전한 입법적·행정적·사법적 권한을 부여받았기 때문이다. 무엇보다 이러한 설립조약들의 규정은 설립조약상 자체적으로 또는 EU기관의 입법행위를 통하여 기본원칙들을 규정하고 있다. 이로써 EU는 회원국 및 회원국의 자연인과 법인에게 직접 권리를 부여하거나 의무를 부과하는 일련의 규정을 소유하게 되었다. 따라서 설립조약들은 연방헌법과 유사한 성질을 갖게 되어,[3] 비록 협정체결의 처음에는 '국제조약'이었지만 그 이후에는 EU의 '연방헌법의 성질'을 갖게 되었다. 그러나 성질 자체는 '연방헌법의 성질'을

---

3) Stephen Weatherill and Paul Beaumont, *EC Law*(London: Penguin Books, 1995), p.342.

가졌으나 그것은 어디까지나 '국제조약'임에 유의해야 한다.

설립조약들에 구체화된 원칙들은 지속적인 신규정들에 의해 보충되어 시행되었으며, EU기관의 다양한 입법행위(EU의 2차적 법원들: 규칙(regulations), 지침(directives), 결정(decisions), 권고(recommendations) 및 의견(opinions))에 의해 이행되었다. 그리고 이러한 내용은 ECJ의 판결에 의해 EU의 법원으로 인정되어 왔다. 그러나 모든 국내법원이 설립조약들에 의한 독특한 사법질서의 성립에 대한 견해를 공유하기까지는 많은 시간이 필요하였다.[4]

그런데 EU법의 '직접효력'을 논함에 있어서 구별해야 할 개념이 있다. 그것은 EU법의 '직접적용성'에 관한 개념이다. 일반적으로 EU법의 '직접적용성'(direct applicability)이란, EU법의 이행에 있어서 회원국의 '국내입법절차'의 필요 없이 EU법이 직접 회원국의 국내법질서의 일부를 형성하는 것을 의미하며, EU법의 직접효력(direct effect)이란 개인이 자신에게 부여된 EU법상의 권리·의무의 규정을 근거로 하여 회원국 국내법원에 '직접 제소'할 수 있는 것을 의미한다. 따라서 EU법은 '직접적용성'에 근거하여 '직접효력'이 인정될 수 있다는 점에서 그 구별의 실익이 있다.[5]

그러나 이는 회원국들의 다양한 국내사법질서의 독특한 성질을 무시함을 의미하는 것이 아니라, 다만 EU법의 적용은 모든 회원국에서 동일해야 한다는 것이다. EU법의 통일된 '해석'과 통일된 '적용'이 보장되지 않는다면, EU는 더 이상 존립할 수 없다. 따라서 EU법의 직접적용의 문제는 회원국 '국내법질서의 소홀'이라는 측면이 아니라, 'EU의 존립'이라는 관점에서 이해되어야 한다. 이렇게 이해될 때, EU는 역내의 기본적 자유질서를 보장하며 EU법의 적용영역을 확보할 수 있다.

EU법의 '직접적용'이 회원국 국내기관의 '입법조치'의 불필요를 의미한다면, EU법의 '직접효력'이란 EU법이 개인에 대하여 직접효력을 갖는 것을 근거로 하여, 모든 사건에서 EU시민인 개인은 EU법을 근거로 국내법원에 '제소'할 수 있음을 의미하며, 이를 통해 EU는 EU시민의 권리를 보호한다. 일반적으로 EU법이 회원국들에게 의무를 부여하게 되면, EU

---

4) 그러나 독일최고행정법원(Germany Supreme Administrative Court) 및 몇몇 회원국 국내법원은 단기일 내에 이런 견해에 동의하기도 했다. 독일최고행정법원은 공동체법이 "일반국제법에도 회원국 국내법에도 속하지 않는 특별한 사법질서"를 형성한다고 하였다. P. S. R. F. Mathijsen, *A Guide to European Union Law*(London: Sweet & Maxwell, 1999), p.149.

5) EU법의 직접 적용이란, 회원국국내기관의 별도의 입법절차 없이 EU법상의 권리·의무의 부여가 가능함을 의미한다. 따라서 규칙(regulations), 지침(directives), 결정(decisions)은 회원국 사법질서상의 법적 효력을 갖기 위해서 개별회원국의 어떠한 조치를 필요로 하지 않는다. 특별히 규칙과 관련해서는 TFEU 제288조(EC조약 제249조, 구 제189조) (2)에 의하여 '직접적용'을 분명하게 규정하고 있다. 규칙은 2차 법원 중 '직접적용'의 성질이 가장 큰 법원이다. 나아가 회원국은 EU법의 직접적용을 방해할 수 없으며, 이는 "회원국은 조약의 목적의 달성을 위태롭게 하는 일체의 조치를 자제해야 한다"라는 EC조약 제10조(구 제5조)에 근거하고 있다. T. C. Hartley, *The Foundations of European Community Law*(Oxford: Clarendon Press, 1998), p.206.

시민에게는 권리를 부여하는 결과가 된다. ECJ는 EU법 효력발생의 이행시한이 설정되어 있는 경우, 그 시한이 완료되면 당해 EU법의 직접효력을 인정한다. 그런데 ECJ는 EU기관이나 국내당국의 시행세칙의 불비에도 불구하고 직접효력을 인정한다. 즉 시행세칙의 불비의 경우에, 당해 EU규정은 그 세부내용의 이행을 위한 배타적 권한을 국내입법부에 유보하고 있는 것이 아니라는 것이 ECJ의 견해이다.

그런데 ECJ와 대부분의 국내법원은 EU법의 '직접적용'과 '직접효력'을 인정하고 있다. 처음에 회원국의 국내법원은 선결적 판결의 부탁6)의 자제를 통해 EU법의 직접적용과 직접효력을 묵인해 왔다. 그러나 나중에 국내법원은 선결적 판결을 요청하게 되었고, 국내법원이 자신의 관할영역에서 직접적용과 직접효력을 지지하고 인정해야 당해 회원국이 EU법상의 권리를 부여받게 된다는 사실을 인식하였다. 이는 그만큼 대내외적으로 'EU의 지위'가 '격상'되었음을 의미한다.

EU법이 '하나의 새로운 법질서'를 성립하고 있다는 사실은 EU통합의 초기부터 발견되었고, 수년 전부터는 회원국의 국내최고법원들에 의해 인정되었다. 이탈리아, 독일, 벨기에는 이에 대해 적극적이었지만, 이러한 '하나의 새로운 법질서'에 대한 소수 국내법원들의 견해에 대해서는 EU법의 발전과정상 그 역사적 가치에도 불구하고 외면되어 국내법관들의 반대가 있을 경우에 종종 중요한 문제로 대두되어 논쟁이 되었다. 이러한 EU의 사법적 통치의 문제는 당장 명확히 해결될 내용은 아니었으며 사법적 통합을 위한 많은 인내를 필요로 하였다. 그러나 결국에는 TFEU 제267조(EC조약 제234, 구 제177조)의 선결적 부탁절차에 의한 ECJ와 국내법원 간의 역할과 협력을 통한 사례의 축적에 의하여 오늘날의 EU의 사법질서를 확립하게 되었다.

Ⅱ. EU법의 우위

EU사법질서에 있어서, EU법의 '우위'란 EU법이 국내법과 '충돌'할 경우 국내법보다 'EU법'의 우위를 인정하여 EU의 사법질서를 확립하고, 모든 회원국에서 통일된 법의 '해석'과 '적용'을 가능케 함을 말한다. 이러한 EU법 우위의 문제는 과거 설립조약상 EU법과 회원국 국내법의 충돌 시 그 해결을 위한 명문규정을 두고 있지 않음에서 발생되었다. 이를 국내법에 의해 해결하려는 시도는 있었지만, 이러한 미묘한 성격을 갖는 문제를 명확하

---

6) TFEU 제267조(EC조약 제234조, 구 제177조).

게 해결할 수 있는 규정을 갖는 국내법체계는 존재하지 않았다.[7] 물론 리스본 조약에 의해 개정된 TEU에서는 이를 명문화하였다.

따라서 과거 EU법 '우위'의 근거를 설명하기 위해서는 특정한 국내법질서에 대한 언급이 아닌, 모든 회원국의 국내법원이 EU법 '우위'를 인정하고 있다는 EC조약 제234조(TFEU 제267조)를 통한 ECJ의 판결들이 존재해야 한다. 이는 곧 모든 회원국의 국내법원이 어떠한 유보도 없이 동일한 조건하에서 EU법을 준수할 것을 인정해야 함을 의미한다. 이와 관련하여 주목할 만한 ECJ의 판결은, "EU법은 EC조약 제10조 2항(구 제5조 제2항)상 설립조약상의 목적의 달성을 위해 어떠한 차별을 야기하지 아니하며, 후속되는 회원국의 국내법에 따라 개별 회원국에서 다르게 적용될 수 없다"[8]는 판결이며, 이와 같은 ECJ의 판결에 의해 국내헌법과 관련하여 공동체법의 효력은 헌법규정에 반한다는 주장에 대하여 아무런 영향을 받지 않는다고 보아야 할 것이다.[9] 간략하게 말해, EU법은 회원국 국내법과 충돌 시에도 그 자체적으로 존립이 유지되며, 국내법에 대한 '우위'로써 EU 내에서 통일적으로 적용된다. 중요한 것은 이러한 견해가 현재 모든 회원국에 의해 수용되고 있느냐 하는 문제이다. 그런데 실제로 EU의 회원국 국내법원이 ECJ의 EU법 우위의 판결을 어떠한 유보가 없이 수용하고 있다는 점은 EU통합의 사법제도화에 있어 매우 중요한 내용이다.

그런데 '직접적용'이 되는 모든 EU법은 관련되는 내용에 있어서 모든 권리와 의무의 직접적인 근거가 된다. 따라서 회원국 국가기관으로서 자국의 사건을 관할하는 국내법원은 EU법상의 개인의 권리를 보호해야 할 의무가 있다. 그렇기 때문에 국내법원은 EU법의 성립 이전에 존재하든 또는 이후에 존재하든 관계없이 EU법과 충돌하는 일체의 국내법규의 적용을 포기해야 한다. 이는 EU의 사법질서상 자동적으로 발생하는 원리이므로, 개인은 국내법원에 충돌된 국내법규정을 근거로 어떠한 입법적 또는 여타의 조치를 요청하거나 또는 그 충돌된 국내법규정의 포기를 기다릴 필요가 없다. EU는 법의 지배에 근거하고 있으며, 어떤 회원국이나 EU기관도 EU법의 '해석'과 '적용'의 영역에서 벗어날 수 없다. 마찬가지로 EU법에 의해 자연인과 법인도 EU법의 '해석'과 '적용'의 영역에서 회피할 수 없다. EU는 이러한 역내의 법치주의의 확립을 위해 그 사법기관은 ECJ를 설립하였으며, 이러한 ECJ의 주된 임무는 TFEU 제267조에 의하여 EU법의 '해석'과 '적용'상의 문제의 해결을 통하여 EU법의 준수를 보장하는 것이다.[10]

---

7) 회원국들은 EU법의 우위를 위해 헌법을 개정하면서까지 EU회원국으로서의 지위를 획득하는가 하면, ECJ는 충돌회원국 국내법의 무효판결을 우회적으로 회피하여 EU법 자체를 해석하여 그 우위를 인정하는 판결을 내려 왔다. 이제는 EU법의 우위에 관한 회원국의 반응은 그 논의의 의미가 사라져 가고 있다.

8) Case 6/64, *Costa* v. *ENEL*, [1964] ECR 585, para.10.

9) Case 4/73, *Nold* v. *Commission*, [1974] ECR 491.

이와 관련하여, ECJ의 판결과정상에는 몇 가지 본질적인 특성이 있다. 첫째, EU는 법치주의에 기초해야 한다는 것이다. 즉 EU법은 분쟁의 발생시 어떤 사유보다도 먼저 고려해야 할 대상이다. 이러한 특성으로 인해 EU법은 회원국의 이해관계를 사실상 필요로 하지 않는다. 이러한 EU법의 효력을 보장하기 위해 ECJ라는 '사법기관'이 존재하고 있으며, ECJ의 재판관은 그 '독립성'이 보장된다. 둘째, 설립조약들은 EU의 헌법적 성질을 가지며, 실제 EU의 헌법으로 이해되어 왔다. 왜냐하면 설립조약들은 모든 법률제정의 기초가 되는 기본법이기 때문이다. 셋째, ECJ는 EU기관행위의 '유효성'과 관련하여 최후수단으로서의 통제기능을 한다. EU법에 의한 통치를 거부하는 회원국이 존재하는 EU는 존속 · 유지될 수 없으며, 따라서 EU는 앞으로도 회원국의 성실한 준법의식이 필요하다.

그런데 ECJ의 역할과 임무는 실제로는 상당히 복잡하다. 왜냐하면 EU법은 기본적으로 경제적 · 사회적인 내용이 중심이며, 그러한 내용은 계속하여 변화하고 있기 때문이다. EU법의 이러한 측면은 ECJ가 "현재는 공동체법의 발전 단계로서…"[11]라는 표현을 공식적으로 자주 사용하는 데서 발견할 수 있다. 실제로 설립조약(특히 EC조약)은 그 해석과 적용을 위해 필요한 내용을 약 350개의 조문으로 규정하고 있고, 대부분은 일반원칙들과 과도적 절차들로 규정되어 왔다. 결국 관련분야에 관하여 EU법의 판결을 요청받은 ECJ는 우선 EU의 '목적'에 관한 내용을 검토하고, 이를 통해 '목적론적'으로 해석하여 적용하는 경우가 많게 된다. 실제로 ECJ는 EU법을 '해석'할 뿐 아니라, 법규부존재의 경우에 적용될 '법규를 창설'(학설 적용 등)하기도 한다. ECJ도 EU의 특수성을 잘 인식하고 있기 때문이다. 그러나 ECJ가 이러한 임무를 수행하는 것을 부여받았지만, '창설되는 법규'가 명확하게 형성되기까지 그리고 '일반원칙들'이 EU법의 형성에 관하여 그 중요성을 인정받기까지는 수년간의 기간을 필요로 하며, 이는 대부분 계쟁 중인 관련 EU법에 관한 국내재판관의 요청에 의하여, 설립조약이나 기관법령의 해석에 관한 선결적 부탁절차를 통해 이루어진다.

결국 EU법의 '우위'는 EU통합에 있어 회원국 국내법과의 충돌문제를 해결하는 필수적인 원리로서, '위헌심사'가 인정되는 회원국에 의해 완벽하게 실현되지 못하는 한계가 있었지만, ECJ의 판결을 존중하는 회원국 국내법원의 태도를 통해 EU의 사법적 통합상의 한계를 극복하여 왔다. 그러나 EU는 초국가적 성질이 매우 짙은 '국제기구'의 성질을 갖고 있으나, 아직 완전한 '연방국가'에 해당한다고 볼 수는 없을 것이다. 하지만 현재와 같이 EU통합이 ECJ라는 사법기관에 의해 계속 강화 · 확대되어 간다면, 더불어 EU법의 '우위'의 지위도

---

10) 과거 EC조약 제220조(구 제164조).

11) Case 27/80, *Fietje*, [1980] ECR 3839.

더욱 확고해질 것이다. 따라서 2007년 12월 13일에 채택되어 2009년 12월 1일 발효된 리스본 조약에 의해 개정된 TEU에서 EU법 '우위'를 명문화하고 있다는 점은 매우 중요하다.

Ⅲ. EU의 초국가성

EU의 '초국가성'과 관련하여, 1951년 4월 18일에 설립된 ECSC조약의 초안자들은 '고등관리청'(High Authority, 현재의 European Commission)의 '역할의 특수성'과 관련하여 '초국가적'(supranational)이란 용어를 사용하였다.[12] 이는 공동체가 개별회원국 또는 개별회원국의 국내법보다 '우위'에 있다는 것을 의미한다. 이는 공동체가 국제조직의 형태로 설립되었지만, 실제로는 일반 국제조직에 비해 설립 시 많은 신중을 기하였고, 단순히 회원국 상호 간의 의무를 수용한 것이 아니라, 회원국의 상당한 권한을 공동체에 이전하여 회원국 주권의 제약을 인정하였음을 의미한다. 이처럼 ECSC조약은 '회원국'의 권리·의무를 성립시켰을 뿐 아니라, 공동체의 시민인 회원국 '국민'(EU시민)에 대한 직접적인 법률관계를 형성하고 있었다.[13] 따라서 EU는 앞으로도 연방국가의 성립을 위해 국가주권의 제한영역을 계속하여 확대하려고 할 것이며, 이에 대해 회원국들은 적극적 태도로 국가주권을 양보하거나 또는 소극적 태도로 국가주권의 이전을 회피하거나 하나를 '선택'할 것이다. 그런데 EU의 회원국들은 지금까지 EU법의 '우위'의 보장을 위해 헌법개정을 하면서까지 주권문제의 해결을 위해 노력하여 EU의 통합을 발전시켜 왔다.

일반 '국제조직'과 비교할 때 설립조약들은 국가 간(international)이란 용어를 사용하지 않고 독자적인 법체계를 형성해 왔다. 따라서 EU의 '초국가성'은 EU법을 일반적인 국제기구법과 구별시켜 주어 EU법이 일반적인 국제기구법과는 성격을 달리함을 보여 준다.[14] 비록 현재는 이러한 '초국가적'(supranational)이라는 용어를 조문상 사용하고 있지는 않지만, 그렇다고 EU법의 특수성이 변질되었다는 것을 의미하는 것은 아니다. 중요한 것은 이러한 '초국가성'이라는 개념이 현재 보편적으로 회원국들에 의해 수용되고 있고, 다만 EU법 (European Union Law)이라는 용어로 대용되고 있을 뿐이라는 것이다. EU법은 곧 '초국가

---

12) ECSC조약 제9조(5),(6). 그러나 이 조항은 1965년 4월 8일 통합조약(Merger Treaty)에 의하여 개정될 때 삭제되었다.

13) TFEU 제20조(EC조약 제17조, 구 제8조) (1).

14) 그런데 이러한 용어사용의 문제는 공동체법을 이해함에 있어 난해함을 초래한다는 이유로, ECSC조약 제9조 (5), (6)은 Merger Treaty에 의한 개정 시 삭제되었다. Mathijsen, *supra* note 4, p.7.

적'법의 대명사에 해당한다고 볼 수 있다.

이처럼 EU는 연방국가형성의 잠재적 특수성을 갖고 있는 포괄적 지역통합체이다.[15] 3개의 설립조약 이외의 EU의 입법행위는 일반 법률가와 시민들에게는 익숙한 내용이 아니며, 국내투표제도나 전통적인 국내통치제도와는 성격이 다르다고 할 수 있다. 특히 EU의 2차 법원인 규칙, 지침, 결정은 그 집행절차가 복잡할 뿐 아니라, 일반 국민들과는 동떨어진 회원국의 외부인 공동체기관에서 논의·형성되고 있기 때문에 큰 괴리감을 가져오기 쉽다. 그럼에도 불구하고 이 2차 법원들은 직접효력을 갖고 있다. 2차 법원들은 회원국에 일정한 의무를 부여함과 동시에 EU시민의 권리보장을 위한 입법행위의 결과물로서, 분쟁 발생 시 TFEU 제267조에 의하여 회원국의 국내법원을 통하여 ECJ에 EU법을 근거로 선결적 판결을 부탁할 수 있도록 하고 있다. 따라서 이러한 개인은 '회원국의 국민'인 동시에 'EU의 시민'으로서 EU사법질서의 일부를 구성하고 있는 것이다.

EU회원국은 EU와의 관계에서 이중적 지위를 가진다. 회원국은 한편으로는 '독립국가'로서, 다른 한편으로는 'EU회원국'으로서의 지위를 가진다. 이런 회원국의 이중적 지위는 EU에 있어서 회원국 간의 관계를 난해하게 하는데,[16] 이는 EU와 회원국의 관계가 국제법적으로 단순하게 설명될 성질의 것이 아니기 때문이다. EU회원국은 국제법상 '독립국가'임과 동시에 EU법에 구속되는 'EU회원국'이라는 이중적 지위[17]로서의 특별한 관계를 갖고 있어, EU가 성장·발전함에 따라 '연방국가적'인 지역국제사회의 통합을 이룰 것으로 보인다. 이러한 통합과정에서 회원국은 EU에 협력할 의무를 지게 되고, 위법 시에는 당연히 ECJ에 제소되어 제재를 받게 된다.[18] 따라서 회원국 간의 관계는 일반적인 국제법적 관계로 보기 어려우며 연방국가체제로 보기도 어렵다. 회원국은 EU사법질서에서 자국의 독자성만을 주장할 수 없는 지위에 있기 때문에, 회원국들은 상호협력과 조화를 이루어 나갈 수밖에 없다.[19]

---

15) Neil Nugent, *The Government and Politics of the European Union*(London: Macmillan Press, 1994), p.430.

16) EU사법질서는 국가에 버금가는 새로운 국제적 실체를 개별회원국들이 형성한 것으로, 일반적 국제기구에 관한 국제법적 이론으로는 포괄할 수 없는 독자적인 주권을 가지는 지역적 국제기구의 사법질서이다. 최철영, 『유럽연합의 대외통상법제연구』(서울: 한국법제연구원, 2000), p.50.

17) 이는 일종의 유럽연방국가를 향한 회원국의 잠정성과 특수성을 기초로 한 사법질서로 이해되어야 할 내용이다.

18) 세계가 지구촌화되어 가면서 개별 주권국가들은 정치적 독립은 예외로 하더라도 경제적 독립은 그 의미를 상실해 가고 있다. 특히 EU와 같은 지역경제통합기구는 구성국가들이 해당 분야의 국가적 관할권, 특히 경제생활영역에 관한 관할권을 당해기구에 양도하고 있다. 나아가 EU 내의 사법질서를 규율하는 독자적인 사법제도를 설치·운영함으로써 지역기구의 초국가적 성격을 분명히 보여 주고 있다. 이처럼 EU가 회원국정부로부터 독립된 독자적인 기관에 의해 운영되고, 보통의 국제법과는 구별되는 독자적인 사법제도를 가지고 있으며, 의사결정에 있어서 회원국의 만장일치를 반드시 요하지 않는다는 점은 EU가 초국가적 지역기구임을 보여 주는 근거가 된다.

19) EU소송법상 회원국들 간의 상호협력과 조화를 위해 특별히 기여할 수 있는 것은 선결적 판결소송절차이며, 선결적 판결소송절차는 실체법적으로나 또는 소송법적으로 EU사법질서의 통합에 반드시 필요한 내용이라 하겠다.

EU사법기관의 하나인 ECJ는 그 소송제도의 하나인 '선결적 부탁절차'를 통하여 EU통합의 형성과 발전에 크게 기여하였다. EU법과 회원국의 국내법의 충돌 시 EU의 사법기관으로서 '유권해석' 또는 '유효성'에 관한 판결을 내려 회원국들이 추구하는 목표인 '지역통합'을 이루는 데 공헌하였으며, 여러 회원국들의 '다양한 사법질서'로 인한 '충돌문제'를 극복하여[20] 지역통합의 사법제도화를 확립하였다.[21] 이렇게 EU는 국내법원과의 협력을 조화롭게 확립하였고, 선결적 판결의 국내적 효력 보장을 확립하였다. 근래에 와서 ECJ와 국내법원 간의 관계가 관심의 대상이 되는 이유는 ECJ와 국내법원 사이에 이루어진 '선결적 판결절차'가 이처럼 EU통합에 있어서 주요한 역할을 수행했기 때문이며, 이는 지역통합의 사법제도화를 모색함에 있어서 중요한 의미를 부여한다.

---

20) 국내법원들이 추구하는 사법적 이익의 내용을 살펴볼 필요가 있다. 첫째, EU법의 국내적 수용에 있어서의 '국내입법의 유효성'에 관한 사법심사권(judicial review)의 행사이다. 이는 EU의 정책사안에 관한 '국내입법기관의 권한의 증가'를 의미한다. 둘째, 동일한 국내사법제도에서 다른 국내법원과의 관계에 대한 '권위와 명성'을 위한 사법심사의 행사이다. 이와 관련하여, Karen Alter는 EU의 사법적 통합을 설명하기 위해 '법원 간 경쟁'(inter-court competition)의 접근방식을 주장하여 발전시켰다. 셋째, 일정한 '실질적 정책의 촉진'을 위한 사법심사의 행사이다. 즉 EU법과 국내법이 상이한 정책을 추구하는 경우에 EU법의 적용을 통해 일개의 국가보다는 전체로서의 EU에 적합한 실질적인 정책을 촉진시킬 수 있다. 그런데 여기서 중요한 것은, EU의 사법적 통합에 있어서 사법심사의 사법적 이익의 핵심 주체는 결국 ECJ라는 것이다. 국내법원이 EU의 법률문제에 대한 사법심사권을 이미 실행하고 있고, 이러한 국내법원의 사법심사권의 행사를 ECJ의 사법심사권과 동등한(parallel) 것으로 이해할 수 있다고 할지라도, ECJ만이 실질적인 사법심사권을 행사하는 것으로 보아야 한다. 왜냐하면 어떤 국내법원은 다른 국내법원이 EU법을 수용함에 대하여 '사법정책에 대한 다양성'(이러한 다양성은 첫째, EU통합의 지향에 대한 국가 정책선호도의 다양성, 둘째, 국가의 법률문화의 다양성, 셋째, 특정국가의 법적 선언에 의해 존재함)을 이유로 사법심사에 대한 자존심을 내세워 당해 EU법의 수용을 거부할 우려가 있기 때문이다. 또한 국내법원은 국내법의 적용에 의해 발생하는 결과에 익숙하고, 그러한 결과를 선호하기 때문에 EU법의 적용에 대하여 부정적일 수 있기 때문이다. 그러나 국내법원은 약자의 보호자로서, 정의의 공평한 분배자로서, 다른 국내법원의 사법심사권의 남용의 감독자로서, 신의성실한 법적용을 통한 사회질서의 보호자로서 그리고 공동체의 동반자적 사법기관으로서의 역할을 해야 한다. 즉 국내법원은 사법적 이해관계로 인하여 사법심사를 추구하지만 그러한 사법심사권을 남용해서는 아니 된다. 나아가 국내법원은 선결적 부탁을 위한 사법심사권의 행사에 있어서 '정치적 상대성'의 탈피를 위한 '사법적 정체성'(judicial identity)을 확보해야 한다. 국내법원은 분쟁당사자의 요청에 대하여 성실하게 판결해야 하며, 정치적 특정계층이 아닌 다수의 정치적 선호도를 존중해야 한다. Walter Mattli and Anne-Marie Slaughter, "The Role of National Courts in the Process of European Integration: Accounting for Judicial Preferences and Constraints", in Anne-Marie Slaughter, Alec Stone Sweet and J. H. H. Weiler(eds), *The European Court and National Courts-Doctrine and Jurisprudence: Legal Change in Its Social Context*(Oxford: Hart Publishing, 2000), pp.257, 266-267.

21) EU의 사법적 통합에 관한 신기능주의자들의 설명은 EU의 사법적 통합에 관한 목적론적 귀결이라는 특성이 있다. Haas의 초기 신기능주의에 관한 분석은 공동체 자체의 운명에 따라 성쇠가 좌우되었고, EU가 통합된 현재적 측면에서의 신기능주의는 마치 성공적 사례를 설명하기 위하여 맞추어진 이론처럼 여겨질 수 있다. 즉 신기능주의는 상이한 행위자가 공동목적(common goal)의 달성을 위해 어떻게 한계를 극복할 수 있었는가를 설명하는 이론처럼 보인다. 따라서 신기능주의는 통합이 미래를 향하여 언제 발생하고 발생하지 않고를 설명하는 이론으로는 한계가 있으며, 오히려 통합이 과거에 어떻게 이루어졌는가의 과정(process)을 설명하는 데에 적합한 이론이라고 볼 수 있다. 위와 같은 신기능주의에 대한 견해에 대하여 신기능주의의 이론적 체계를 재검토할 필요가 있다. EU통합상의 경험적 증거들은 주요 행위자들의 운영상의 정황, 상호작용의 역학관계, 동기의 '확인수단으로서 신기능주의' 체제의 가치를 강화시켜 준다. EU 법률가들은 법률공동체에서 행위하는 국가부속의 행위자(sub-national actors)와 초국가적 행위자(*supra*-national actors) 사이에는 긴밀한 구조적 체제가 존재한다는 사실을 점점 인식하고 있다. 이런 구조적 이해를 위해 신기능주의적 관점은 유익하다. *Ibid*. pp.254-255.

제6장 이행강제소송[*]

I. 서언

처음에 유럽연합조약(Treaty on European Union: TEU) 제L조는 유럽사법법원(European Court of Justice: ECJ)[1]의 권한의 행사를 유럽공동체(European Community: EC)조약, 유럽석탄철강공동체(European Coal and Steel Community: ECSC)조약, 유럽원자력공동체(European Atomic Energy Community: EAEC)조약, TEU 제K.3조(2)(c) 및 제L조(구 TEU 제46조)～제S조(구 TEU 제53조, 현 TEU 제55조)로 한정하였다. 따라서 ECJ의 관할권은 EU법, EU법외 회원국들이 체결한 일정한 협정, TEU 최종규정이었다. 그런데 암스테르담조약(Treaty of Amsterdam)의 새로운 제L조는 ECJ의 관할권을 '형사문제'상의 사법경찰협력(police and judicial co-operation)에까지 상당히 확대하였으며, EU 내에서 보호되는 '기본권'에 관한 기관 법령에 대한 검토권을 ECJ에 명백하게(TFEU 제6조(구 제F조)의 (2)) 부여하고 있다.

옛 TEU 제46조는 ECJ가 자체적으로 그들의 관할권범위의 한계를 정하는 것을 방해하지 아니한다. 예를 들면, EU의 공동체기둥(Community pillar) 외에 공동체기둥과의 관계에서 적절하게 채택된 조치(공동외교안보정책상 부과된 제재)는 실제 공동체권한으로 귀착시킬 수 있게 된다(예를 들면 TFEU 제207조(구 EC조약 제133조)상의 공동통상정책). 이는 ECJ가 EU설립조약과의 양립성에 관하여 관련 법령을 검토할 권한을 가짐을 의미한다. 분쟁 시 EU의 기둥들 간의 상호 간의 관계를 명확하게 결정해 주는 것이 ECJ 또는 제1심법원 [Court of First Instance: CFI, 현 일반재판소(General Court)를 의미]의 임무였다. 이러한 임무는 ECJ 외에 다른 기관에 부여될 수 없다. 왜냐하면 이는 EU설립조약의 '해석'과 '적용'에 관한 문제로서 EU사법질서에 있어서 ECJ와 일반재판소(구 CFI)의 관할권에 속하기 때

---

[*] 이 내용은 김두수, "EC법상 이행강제소송에 관한 소고", 『외법논집』 제21집(2006.2)을 참고하였음.

[1] EU사법기관은 일반적으로 Court of Justice(ECJ)와 General Court(GC, 구 Court of First Instance(CFI)) 두 법원을 의미한다. ECJ의 관할권에 관해서는, Thomas Oppermann, *Europarecht*(München: C. H. Beck, 1999), pp.147-153 참조.

문이다. 이는 TEU 제40조(구 TEU 제47조, 구 제M조)의 사법강제적 성격에 의한 것이며 본 조약의 기타 규정에 의하여 영향을 받지 아니한다.

EU는 EU기관 또는 회원국 내의 입법, 기관법령의 집행 또는 이행에 있어서 법의 지배 (rule of law)에 기초를 두고 있으며, 따라서 EU '기관'이나 '회원국'의 행위는 EU가 기초를 두고 있는 '헌장'에 적합해야 한다. EU조약은 완전한 '사법 구제제도'(judicial remedy)의 설립을 선언하고 있으므로 어떠한 EU '기관'의 작위 또는 부작위에 있어서, 어떤 '회원국'의 작위 또는 부작위에 있어서, 이는 EU사법기관의 검토의 대상이 되어야 한다. 이로서 EU설립조약의 해석과 적용에 있어 '법의 준수'[2]를 보장할 수 있다.

EU사법부는 공동체의 '사법 구제제도'와 관련하여 2중의 직무를 수행한다. 첫째, EU사법부는 공동체의 모든 법률을 '집행'해야 할 책임이 있다. 그 결과 법률을 위반한 '회원국'과 '개인'의 작위 또는 부작위에 대하여 보호해야 한다. 이러한 점에서 EU법은 EU법에 기초한 권리를 보호하는 '칼'로서 기능한다. 둘째, EU사법부는 EU법의 우위를 '보호'하고 EU'기관'이나 '기타 기구들'이 그러한 법을 위반하는 경우 그 작위 또는 부작위를 보호해야 할 책임이 있다. 이러한 점에서 EU법은 '방패'로서 기능한다. 따라서 여기에서는 이러한 EU사법질서의 측면에서 '법의 지배'에 기초한 완전한 '사법 구제'의 실현을 위한 회원국의 공동체법위반에 대한 '이행강제소송'을 중심으로 살펴보고자 한다.

II. 이행강제소송의 제기와 관련 규정상의 문제

EU법상의 의무를 위반하는 경우에는 '위반 회원국'을 상대로 한 '이행강제소송'이 제기될 수 있다. 아래에서는 이러한 불이행의 '대상이 되는 법'과 '불이행'의 의미를 중심으로 살펴보고자 한다.

1. 일반적 내용

이행강제소송[3](action for failure to fulfil obligations 또는 infringement proceedings)은 회원국의 행위가 EU법을 위반하였고, 위반행위의 종결을 구할 목적으로 하는 소송이다. 본

---

2) 구 EC조약 제220조, ECSC조약 제31조, EAEC조약 제136조.

3) TFEU 제258조(구 EC조약 제226조, 구 제169조); EAEC조약 제141조; EU조약 제35조(구 제K.7조)의 (7).

소송은 본질상 '객관적 소송'으로 오직 피고인 '회원국이 EU법을 위반하였는지'에 관하여 제기된 사안에만 한정된다. 주장된 '위반행위가 발생'하였는지를 결정함에 있어서 ECJ는 회원국의 행위와 태만을 '정당화'하기 위한 '주관적 요소들'은 고려의 대상에서 제외하며 (변명의 여지를 두지 않는 매우 엄격한 태도를 취하고 있음) 또한 EU법위반의 '고의성'에 대한 증거가 없다[4]는 사실을 고려할 필요도 없다. '위반의 정당성'도 '고려의 대상'이 되지 아니한다. 그러나 이행강제소송이 '객관적 소송'이라고 함에 있어서 ECJ가 법적 관점과 사실관계의 관점에서 회원국의 관련 행위를 '철저하게 심의하지 않아도 된다'는 것을 의미하는 것은 아니다. '취소소송'(action for annulment)에 비하여 ECJ는 그 심사에 적용되어야 할 많은 근거들을 제한하지 아니하며, 어떠한 EU법위반도 TFEU 제258조~제260조(구 EC조약 제226조~제228조, 구 제169조~제171조)에 따라 평결할 수 있다.

ECJ의 '평결'은 원칙적으로 위반 시 위반회원국에 대해 EU법의 '실제적인 적용'을 '강제'할 수 있도록 한다. 먼저 *Francovich* 사건[5] 이래로, 회원국은 공동체규정의 위반을 이유로 EU법상의 책임을 추궁할 수 있게 되었다. 위반을 평결하는 '판결'은 '국가책임'의 이유가 될 수 있다. 게다가 TFEU 제260조(구 EC조약 제228조, 구 제171조)는 그러한 판결의 강제를 위하여 다양한 방법을 구비하고 있다.

이행강제소송은 EU법의 '상이한 해석'이 발생하는 경우에 '회원국의무의 정확성'을 결정하는 수단으로서 또한 사용된다. ECJ가 판결한 후에 관련 회원국은 그의 공동체의무의 범위에 대한 '더 이상'의 논쟁을 할 수 없다. 만약 회원국의 '의무위반이 계속'된다면 이는 EU법에 대한 '충분히 심각한 위반'이 성립될 것이고, 손해 입은 개인에 대한 '국가책임'을 추궁할 이유를 제공하게 된다.

이행강제소송의 '절차'는 TFEU 제258조~제260조에 규정되어 있다(EAEC조약 제141조, 제142조, 제143조와 동일함).[6] 이행강제소송은 ECJ가 EU법에 대하여 '직접적으로'[7] '회원국의 행위를 평가'할 수 있는 절차이다.

소멸된 ECSC조약 제88조의 절차는 같은 목적을 추구하지만 완전히 다르게 구성되었다. 위원회는 '자체적으로' ECSC조약상의 의무불이행의 회원국에 대하여 합리적인 결정을 내릴

---

4) 따라서 국내의결절차가 어려운 상황이었다는 사실은 고의성이 없음에도 불구하고 위법행위의 기초가 된다.

5) Joined Cases C-6 and C-9/90, *Francovich and Others,* [1991] ECR Ⅰ-5357; Anthony Arnull, *The European Union and its Court of Justice*(Oxford: Oxford Univ. Press, 1999), p.29; Mark Brealey and Mark Hoskins, *Remedies in EC Law*(London: Sweet & Maxwell, 1998), p.128.

6) ECB에 관해서는 TFEU 제271조(구 EC조약 제237조, 구 제180조)(d)를 참조. TFEU 제126조(구 EC조약 제104조, 구 제104c)(10) 참조.

7) 그러나 ECJ는 공동체법에 대한 회원국행위를 '간접적으로' 평가하기 위하여 해석에 관한 선결적 부탁절차를 이용할 수 있다.

수 있는 권한을 부여받았다. 그리고 이사회 2/3의 다수결에 의해 일정한 재정적 제재를 부과할 권한을 부여받았다. 회원국들은 어떠한 내용의 법령에 대한 위반에 대해서도 ECJ에 무한정한 범위로 제소할 수 있다.[8) 게다가 어떠한 개인도 의무불이행을 이유로 했던 위원회에서의 기각에 대하여 취소소송을 제기할 수 있다.[9) 다만, 아래에서는 TFEU 제258조~제260조상의 절차에 관하여 살펴보고자 한다.

2. 회원국의 조약상 의무불이행

1) '조약상 의무'에 해당하는 법률

'조약상 의무'라는 표현은 회원국들을 구속하는 '총체적인 EU법상의 의무'를 의미한다. 이에는 모든 설립조약들, 공동체기관들의 법령, 공동체가 체결한 국제협정[10), ECJ가 인정한 법의 일반원칙이 있다. 이러한 규정들이 위반된 경우에 이는 TFEU 제258조와 제259조에 의하여 제소될 수 있다.

그런데 회원국이 기본권을 포함한 '법의 일반원칙'을 위반했다는 사실의 발견은 오직 국가행위가 'EU법의 범위 내'에서 행해졌어야 한다. 이는 회원국이 본 공동체조약의 규정에 근거하여 그들의 행위를 정당화할 수 있다는 점에서 특별하다.

2) '불이행'의 의미

이행강제소송은 '객관적 성질'을 갖기 때문에, EU법상 회원국의무의 '어떠한 흠'도 위법판결 소송의 '근거'가 된다. 흠의 빈도나 정도는 아무런 상관이 없다. '최소한' EU법과의 '괴리'와 EU법의 '부주의(태만)'의 존재는 제소 요건으로 충분하다. 제소의 적절성에 대한 평가는 위원회 또는 신청자인 회원국이 행사한다. 일단 소송이 계류 중이라면 ECJ는 주장된 '위반이 존재'했는지에 대하여 고려해야 한다.[11)

회원국행위가 EU설립조약상의 의무불이행의 범주에 속하느냐는 논쟁된 행위의 성격과

---

8) Case 20/59, *Italy* v. *High Authority*, [1960] ECR 325 at 339.

9) Case 30/59, *De Gezamenlijke Steenkolenmijnen in Limburg* v. *High Authority*, [1961] ECR 1, at 15-17.

10) TFEU 제218조(구 EC조약 제300조, 구 제228조)의 (7).

11) 일단 제소되면 ECJ는 의무불이행의 존재 여부를 확인해야 한다. Josephine Steiner and Lorna Woods, *EC Law*(Oxford: Oxford Univ. Press, 2003), p.580 참조. Brealey and Hoskins, *supra* note 5, pp.129-130 참조.

주장된 위반 EU법규의 내용에 달려 있다. 따라서 '의무불이행이 존재'했었다는 것을 '평결'하는 것은 '수월'한 일이며, 소위 회원국의 '행정적 실재'로부터 이끌어 내기보다는 'EU법을 위반한 국내법규의 존재'로부터[12) 의무불이행이 존재한다고 간주하는 것이 수월한 일이다.

의무불이행은 회원국의 '작위' 그리고 '부작위' 2가지 모두의 경우에 발생한다. '부작위'의 고전적인 예는 회원국이 국내사법질서에 '지침'을 이행하지 아니한 경우이다.[13) EU법에 '위반'한 행동의 예는 '수입품을 제한하는 행정적 수속'의 부여로서 이는 TFEU 제41조(구 EC조약 제28조, 구 제30조)를 위반하는 것이다.

EU설립조약에 저촉하는 일정한 법규정의 국내적 존재도 또한 '불이행'의 범주에 해당될 수 있다. 비록 그 규정이 국가당국에 의해 적용되고 있지 않거나, 더 이상 적용되지 않는 것이라 할지라도 불이행의 범주에 해당된다. 그러한 규정이 존재한다는 사실은 EU법에 의존하는 가능성에 관하여 불확실성을 야기할 가능성이 있다. 이러한 불확실성은 EU법의 적용을 방해하게 되고, 따라서 의무에 대한 '불이행'으로 간주된다. 그러나 오직 그러한 규정이 EU법과 저촉에 있어 어떠한 효력도 발생케 하지 않을 수 있는 한, 단지 그러한 규정의 존재는 EU법의 위반을 성립시키기에는 불충분할 것이다.

심지어 어떤 회원국의 행위가 국내법제도상 구속력을 갖지 않음에도, 그러한 행위의 '잠재적인 효과'가 구속력을 갖는 법령으로부터 발생하는 효과와 '비견될 만한 것'에 해당되는 한 EU법상의 의무불이행이 될 수 있다. Home market에서의 아일랜드상품의 판매를 증진시키기 위한 Irish정부의 대규모캠페인행진은 TFEU 제41조에 반하는 동일한 효과가 있는 조치가 된다고 판결된 바 있다.[14)

마지막으로 ECJ의 관할권에 영향을 주는 회원국의 행위는 항상 EU법을 위반하게 된다. 예를 들면, 어떤 회원국이 국내법상 직접효력을 갖는 '규칙을 금지'한다면, 이로서 공동체의 기초가 방해받게 되고, '규칙'의 해석과 유효성에 대한 '선결적 부탁[15)의 성립을 위협'하게 되어 회원국은 이에 대한 책임을 지게 된다.

---

12) 그러나 국내법률의 범위, 규칙 또는 행정적 규정은 국내법원의 해석에 의해 평가되어야 한다.

13) 지침을 국내법내로 변형해야 할 의무는 변형을 위한 적극적인 행위를 요구한다.

14) Case 249/81, *Commission* v. *Ireland*, [1982] ECR 4005 at 4023, para.27; Steiner and Woods, *supra* note 11, p.580 참조.

15) T. C. Hartley, *The Foundations of European Community Law*(Oxford: Oxford Univ. Press, 2003), pp.278-297 참조.

3. 회원국 의무불이행 판결 선언을 얻기 위한 '특별절차'와의 관계

1) TFEU 제258조와 제259조와 TFEU 제108조(2)의 관계

'위원회'는 TFEU 제108조(구 EC조약 제88조, 구 제93조)에 의하여 공동시장에서 '경쟁'을 위한 '국가보조의 적합성'을 '평결'할 권한을 부여받았다. 국가보조의 존재와 국가보조의 도입 또는 수정 2가지 모두는 위원회의 감독대상이다. '국가보조'의 부여 또는 수정을 위한 어떠한 계획도 TFEU 제108조(3)에 따라 '위원회'에 통지해야 한다. 그리고 위원회는 TFEU 제107조(구 EC조약 제87조, 구 제92조)에 근거하여 제108조(2)의 절차에 따라 공동시장에 '부적합한 국가보조'에 대하여 일정한 조치를 취할 수 있다. '위원회'는 그러한 '국가보조가 부적합하다'고 평결되면 관련 회원국에게 특정기간 내에 국가보조를 '폐지'하거나 '수정'할 것을 '명령'하게 된다. 관련 회원국이 지정된 특정기간 내에 평결에 응하지 아니하는 경우에 '위원회' 또는 기타 이해관계에 있는 '회원국'은 제258조와 제259조에 의하여 ECJ에 문제를 직접 제기할 수 있다.[16]

TFEU 제108조(2)는 모든 이해 당사자들이 '의견서'를 제출할 권리를 보장하고 있다. 게다가 회원국의 신청에 관하여, 이사회는 만장일치로 그리고 TFEU 제107조에 의하여 당해 국가보조가 예외적 상황[17]에 의해 정당화될 수 있는지의 적합성에 대하여 판결할 수 있다.

그런데 TFEU 제108조(2)에 의한 '특별절차가 존재'함에도 불구하고, 제258조의 '일반절차'가 여전히 위원회에 의해서 제기되어 제107조 위반을 평결하는지에 관한 문제가 제기된다. 먼저, 제108조(2)에 규정된 절차는 모든 이해 당사자들이 공동시장에서의 '경쟁'을 위한 '국가보조'에 의해 제기된 특별한 문제들을 보장하도록 조력하고 있다. 이러한 보장은 단지 위원회와 관련 회원국만이 참여하는 제258조상의 예비소송절차(pre-litigation procedure)보다 훨씬 '광범위'하다. 따라서 만일 위원회가 공동시장에 '부적합한 국가보조'라는 평결을 내리기 원한다면 제108조(2)의 절차에 따라야 할 의무가 있다. 그러나 제108조(2)상의 특별절차의 존재는 제258조 절차에 의해 '제107조 외'에 'EU법에 부적합하다고 평결하는 어떠한 국가보조조치'를 방해하지 아니한다.[18]

---

16) TFEU 제108조(구 EC조약 제88조)(2), subpara.2.

17) TFEU 제108조(구 EC조약 제88조)(2), subpara.3.

18) 즉 제108조(2)의 절차는 제107조의 적용에 있어서만 특별절차에 해당한다. James Hanlon, *European Community Law*(London: Sweet & Maxwell, 2000), p.114; L.Neville Brown and Tom Kennedy, *The Court of Justice of the European Communities*(London: Sweet & Maxwell, 2000), pp.126-128 참조.

끝으로 제108조(2)의 제1단에 따른 '판결에 대한 위반'이 발생하는 경우, 위원회는 제108조(2)의 제2단에 의해 ECJ에 직접 제소하든 또는 제258조의 일반절차를 개시하든 2가지 중 하나를 선택할 수 있다.

위원회는 회원국이 제108조(3)에 반하여 기한 내에 국가보조의 신설이나 수정에 대한 '계획'을 위원회에 '통지'하지 않을 경우에 제108조(2)의 절차와 제258조에 규정된 절차 사이의 선택적 상황에 자주 처한다. 그러나 위원회에 대한 '통지의무의 위반' 사실이 곧바로 당해 국가보조가 공동시장에 부적합하다는 결론을 의미하지는 아니한다. 따라서 위원회는 공동시장에 '통지되지 않은 국가보조'에 대한 '적합성 심사'를 개시해야 한다. 이 경우 심사결과가 나오는 동안 '통지되지 않았던 당해 국가보조'는 일시적으로 '중지'되어야 하며, 회원국은 제108조(2)의 절차에 따라 국가보조에 관한 정보를 위원회에 제공해야 한다. 국가보조 적합성 심사과정에서 회원국이 '국가보조'의 일시적 중지를 거절하는 경우, 위원회는 제108조(2)의 제2단에 따라 본 사안을 ECJ에 직접 제소할 수 있다. 또는 위원회는 제258조에 따라 제소할 수 있다.

'비통지된 국가보조' 조치가 공동시장에 적합하다는 위원회의 심사결과에 의한 평결은 통지하지 않음으로 인해 발생한 공동체법위반을 '소급적으로 구제하지 아니한다'. 왜냐하면 TFEU 제108조(3)은 직접효력을 갖기 때문에, 당해 국가보조는 공동시장에 적합하다는 위원회의 평결이 있기 전에는 국내법원은 '비통지된 국가보조'의 이행으로 시행된 일체의 행위를 불법한 것으로 간주해야 할 의무가 있으며 이에 대해서는 적절한 제재를 부과해야 한다.

2) TFEU 제258조와 제259조와 TFEU 제106조(3)의 관계

TFEU 제106조(구 EC조약 제86조, 구 제90조)(3)은 '공기업'과 '일반기업'에 관한 '회원국의 의무'에 대하여 회원국들이 순응하고 있는지를 감독할 의무를 위원회에 부여하고 있다. 보통 회원국들은 이들 기업에게 '특별한 권리' 또는 '배타적인 권리'를 부여하고 있다. 또한 제106조(3)은 명백하게 '지침'과 '결정'이라는 2가지 법원을 사용할 권한을 위원회에 부여하고 있다. 이로서 위원회는 제106조(1)의 의무를 특정하기 위해 '지침'을 사용할 권한을 부여받고 있다. 여러 회원국 내에 존재하는 특별한 상황에 대한 고려 없이 이러한 권한은 행사될 수 있다. 그리고 위원회는 구체적인 방법으로 공동체규정에 의해 회원국들에게 의무를 부여한다. 그런데 위원회의 그러한 권한은 실제로는 회원국이 EU설립조약상의 특정 의무를 이행하지 않았다는 판결을 내리는 데 사용할 수 없다.

제106조(3)상의 법원으로서의 '결정'에 의해 행사되는 위원회의 권한은 지침에 의해 행사되는 권한과는 다르다. 결정은 하나 또는 그 이상의 회원국들의 특별상황과 관련하여 채택된다. 필요한 경우에는 공동체법적 측면에서 상황이 감안된 '결정'의 내용이 채택된다. '결정'은 지정된 특정한 직무의 이행을 요청하기 위해 관련 회원국에게 발생하는 결과를 특정한다. 만일 제106조(3)에 의해 위원회에 부여된 '결정'의 채택권한이 실제적인 효과를 갖지 못한다면, 위원회는 국가조치가 EU설립조약에 부적합하다고 판결할 수 있는 권한을 부여받아야 하고, EU법상의 의무를 이행하기 위해 국가에게 제출된 '결정'이 무엇인지를 지적할 수 있는 권한을 부여받아야 한다.[19] 비록 제106조(3)에 이러한 효력에 대한 명백한 규정이 없다할지라도, '변호권을 위한 일반원칙'에 의해, 위원회가 회원국에 대하여 제기할 것으로 여겨지는 내용에 관해 '관련 회원국은 위원회의 정확하고 완전한 진술을 접수받아야' 한다. 또한 이해관계에 있는 제3당사자가 제출한 '의견서'에 관한 '위원회의 견해'도 효과적으로 알 수 있어야 한다.[20]

제106조(3)에 의해 채택된 법원으로서의 '결정'에 있어서, 제106조(1)에 언급된 '기업'에 관하여 '회원국들'이 채택하고 적용하는 법령이 EU설립조약에 적합한지를 평가하는 '위원회'의 권한은 제258조에 의해 ECJ에 부여한 권한에 반하지 아니한다. 만일 회원국이 채택된 당해 '결정'에 따르지 않는다면[21] 이는 제258조가 규정한 절차위반의 근거가 되어 제소될 수 있다.

제106조(3)에 따라 '결정'이 채택되기 전에 위원회가 의무불이행을 이유로 제소를 할 수 있는지는 변호권의 요건에 달려 있다. 관련 회원국을 위한 최상의 보증을 제공하는 절차는 아마도 제108조(2)에 관해 앞서 언급된 판례를 유추함으로써 국내법령의 제106조(1)과 (2)에 대한 최초의 적합성심사단계에서 있었던 선례에 따라야 할 것이다.[22] 어떤 경우이든 확실한 것은 제106조(1)과 (2)의 의무불이행을 이유로 하여 회원국은 제259조에 의해 위반회원국을 항상 제소할 수 있다는 것이다. 비록 위원회가 아직 제106조(3)에 의해 관련 회원국에게 '결정'을 제출할 권한을 실행하지 않고 있다하더라도 회원국은 항상 ECJ에 대한 제소권을 행사할 수 있다.

---

19) Joined Cases C-48 and C-66/90, *Netherlands and Others* v. *Commission*, [1992] ECR I-565 at I-635, para.28.

20) *Ibid.*, paras.45-46.

21) 관련 회원국이 결정에 응하지 않는 경우에는 그 의무불이행을 이유로 제258조의 절차가 적용되지만, 결정의 합법성이 문제가 된 경우에는 제263조(구 EC조약 제230조, 구 제173조)의 취소소송절차가 적용된다.

22) Joined Cases C-48 and C-66/90, *Netherlands and Others* v. *Commission*, [1992] ECR I-565 at I-636, paras.31-33: 게다가 ECJ는 제106조(3)과 제108조는 같은 목적을 지닌 유사조항이라고 강하게 강조하였다.

3) TFEU 제258조~제259조와 손해규정의 부적절한 사용에 관한 특별절차의 관계

EU설립조약상 규정된 손해규정들이 잘못 사용되어 남용된 경우 ECJ에 직접 제소할 수 있다(공동시장과 관련된 TFEU 제114조(구 EC조약 제95조, 구 제100a조)(4)와 TFEU 제346조(구 EC조약 제296조, 구 제223조)~제348조(구 EC조약 제298조, 구 제225조)). '예비소송절차로 인한 지연 없이' ECJ에 직접 문제를 가져가기 위해 TFEU 제114조(9)에 의하여 '위원회'는 기회를 부여받은 것이다. 이러한 위원회의 기회는 '역내시장의 완전한 성립을 보호'하는 공동체이익을 위한 '입법의도'이다. 그러나 이는 위원회가 피고인 위반회원국에 대한 제258조의 절차를 선택하는 것을 방해하지 아니한다.

이러한 위원회 또는 회원국의 다른 회원국에 대한 제소는 TFEU 제348조(구 EC조약 제298조) 제2단에 의하는 것이며, 제346조(구 EC조약 제296조)와 제347조(구 EC조약 제297조)에 규정된 권한이 부적절한 사용이라고 판단되는 경우에는 이러한 제소는 예비소송단계(이는 TFEU 제258조와 제259조의 절차와는 매우 다르다)를 포함하는 것이 아니라, ECJ가 재판관의 비공개 판결[23]을 보증하기 위해 노력하는 것이다. 이는 정치적으로 고소된 분쟁의 경우에는 중요한 의미가 있다.

Ⅲ. 이행강제소송상 당사자 적격의 인정범위의 문제

앞에서는 이행강제소송의 '대상이 되는 법'과 '불이행'의 의미에 대하여 살펴보았다. 여기에서는 이러한 이행강제소송의 주체에 대하여 '신청자 적격'과 '피고 적격'을 중심으로 살펴보고자 한다.

1. 신청자 적격

TFEU 제258조에 의하면 오직 '위원회'만이 위반회원국을 상대로 소송을 제기할 수 있다.[24] 이러한 권한은 'EU법의 적용을 보장'하는 '위원회의 직무'와 일치된 권한이다.[25] 위

---

23) ECJ규정 제28조: 제258조와 제259조에 의해 제소된 사건은 원칙상 공개재판이어야 한다.

24) Hartley, *supra* note 15, p.312; Arnull, *supra* note 5, p.23; Margot Horspool, *European Union Law*(London: Butterworths, 2004), p.215.

25) 구 EC조약 제211조(구 제155조), 1st indent.

원회는 공동체의 일반적 이익을 위해 '자체적으로' 자신의 감독 직무를 수행한다. 그리고 제소절차에 있어 '특별한 이익'이 존재함을 보여서는 아니 된다.[26] 위원회는 자체적으로 제 258조에 의해 '제소가 적합한지'를 평가하며, EU설립조약을 위반했다고 주장된 경우에 반 드시 그렇게 해야 할 의무가 있는 것은 아니다. 회원국 의무불이행선언을 위해 ECJ에 '신 청'하는 결정은 행정적 또는 경영적 조치로서 기술될 수 없으므로 '위임'될 수 없다. '제소 여부의 결정'은 모든 위원회위원들(Commissioners)에 의해 결정되며, 위원회위원들은 '제소 여부 결정'에 대하여 '집단적 책임'을 져야 한다.[27] '집단적 책임'의 원칙을 효과적으로 적 용하기 위한 형식적 요건은 위원 개인의 법적 지위에 영향을 주는 결정을 채택하는 경우보 다 제소를 결정하는 경우에 그 형식적 요건을 '덜 엄격'하게 하는 것이다. ECJ에 의무불이 행을 이유로 소송을 개시하기로 하는 결정은, 의무불이행의 주장을 구속하는 결정에 의해 ECJ의 판결이 가능하도록 하기 위한 절대적인 단계를 형성하지만, 그러나 이런 이유로서 문제의 '회원국의 법적 지위'를 본질적으로 '변경'하지는 아니한다. 따라서 '제소 결정'은 위원회위원의 '집단적 심의의 산물'로서 충분하며, 관련결정에 대한 정보는 위원단(college of Commissioners)이 이용할 수 있는 근거가 되기에 충분하다. 위원단이 공식적으로 결정에 영향 을 미치는 법령의 문구를 결정해야 할 필요는 없으며, 그러한 내용은 마지막에 첨가한다.[28]

ECJ의 관여는 회원국들이 EU법을 효과적으로 적용하는 것을 보장하기 위해 항상 '절대 적'으로 필요하거나 또는 항상 '적절한 수단'인 것은 아니다. 따라서 위원회는 어떤 소송을 제기할 때 그 기간을 자유롭게 결정할 수 있다.[29] 반면 위원회는 회원국의 행위가 EU설립 조약과 양립할 수 있는지를 최종적으로 결정할 권한은 부여받지 못하였기 때문에, 회원국 의 '권리와 의무의 내용'은 결정할 수 있으나 회원국의 행위에 대한 '최종적인 법적 평가' 는 '오직 ECJ'에 의해 결정된다. 따라서 회원국을 상대로 제소하지 않겠다는 위원회의 결 정은 회원국이 EU법을 위반하지 않았다는 것을 의미하는 것은 아니다.[30]

'개인'은 의무불이행을 이유로 'ECJ'(또는 일반재판소(구 제1심법원))에 제소할 수 없다. 만약 필요한 경우에 개인은 회원국의 행위를 '국내법원'에서 다투어야 한다.[31] 국내법원은

---

26) Case C-422/92, *Commission* v. *Germany,* [1995] ECR Ⅰ-1097 at Ⅰ-1130-1131, para.16.

27) *Ibid.*, paras.35-37.

28) *Ibid.*, paras.47-48.

29) *Ibid.*, paras.17-18: ECJ는 효력을 발생케 한 국내입법조치가 있은 지 6년이 경과한 후에 취한 위원회의 제소에 놀랐음에도 불구하고 ECJ는 위원회가 특정기간 내에 제소해야 할 의무는 없다고 판결하였다.

30) 이는 공동체법위반이 회원국의 책임을 발생케 할 만큼 충분히 심각한지의 평가와 관련된 문제로, 회원국이 실제 공동체법을 위반하였음에도 불구하고 이러한 상황에서 위원회는 의무불이행을 이유로 회원국을 제소하 지 않을 수 있다.

31) Brealey and Hoskins, *supra* note 5, p.142.

EU법의 요건에 있어서 고소된 행위를 '간접적으로 검토'하기 위해 ECJ에 '선결적 판결'[32]을 요구할 수 있다(또는 요구해야 한다). 나아가 회원국이 EU법을 위반하였다고 생각하는 '개인'은 '위원회'에 고소할 수 있다. 그러나 위원회는 당해 개인의 고소에 대해 반드시 행동할 의무는 없다.

'개인'의 위원회로의 '고소를 거부하는 위원회 결정'은 '취소소송'으로 제기될 수 없다. 왜냐하면 이러한 경우에 위원회는 고소를 수용하지 않았기 때문에 당연히 예비소송단계에서 어떠한 구속력 있는 법적 행위를 취하지 않을 것이기 때문이다.[33] 예비소송단계에서 위원회는 회원국의 '권리와 의무'를 결정하지도 않을 않으며, 또한 문제 행위가 EU설립조약에 적합할 것을 보장하도록 조력하지도 아니한다.

만일 위원회가 당해 '개인'의 고소를 '미답변의 상태'로 내버려 둔다 해도 위원회를 상대로 한 '부작위소송'은 존재하지 않을 것이다. 왜냐하면 위원회는 어떠한 '작위의무'도 위반하지 않았기 때문이다.[34] 이는 TFEU 제108조(구 EC조약 제88조, 구 제93조)(2)에 따라 채택된 결정(decisions)을 회원국이 위반하는 경우에 ECJ에 제소하지 아니하는 '특별절차'의 경우와 같다.[35] 게다가 자연인이나 법인은 위원회가 자연인이나 법인에게 향하여 예정된 권고나 의견 이상의 법령을 채택하지 아니한 경우에만 위원회를 제소할 수 있다. 왜냐하면 제258조의 절차에 있어서 위원회는 관련 회원국에게 단지 '합리적 의견'(reasoned opinion)만을 전달할 뿐이며, 자연인이나 법인은 그러한 '합리적 의견'이 전달되지 않음을 이유로 제소할 수 있는 자격이 배제되었기 때문이다.

의무불이행을 이유로 제소하는 데 있어서의 '위원회의 태만'은 어느 쪽이든지 '손해배상소송'의 근거가 되지 아니한다. 이러한 이유로서 위원회의 태만은 제258조를 위반하는 것도 아니고, 따라서 과실을 성립시키는 것으로서 간주될 수도 없다.[36] 그러한 경우에 '손해의 원인'은 회원국의 EU설립조약위반에 있는 것이지 위원회의 과실에 있는 것은 아니다.

TFEU 제259조에 의해 회원국은 다른 회원국이 EU설립조약상의 의무를 이행하지 않았다고 판단되는 때에는 ECJ에 사안을 제소할 수 있다.[37] '회원국'은 먼저 '위원회에 고소장'

---

32) Koen Lenaerts, Dirk Arts and Robert Bray, *Procedural Law of the European Union*(London: Sweet & Maxwell, 1999), pp.20, 37; Hartley, *supra* note 15, pp.278-283 참조.

33) Case 48/65, *Lütticke* v. *Commission,* [1966] ECR 19 at 27.

34) Case T-117/96, *intertronic* v. *Commission,* [1997] ECR Ⅱ-141 at Ⅱ-152, para.32.

35) Case T-277/94, *ALTEC* v. *Commission,* [1996] ECR Ⅱ-351 at Ⅱ-377-379, paras.65-72.

36) 그러나 이런 위원회의 행위는 기타 조약규정을 위반할 가능성이 있으며, 따라서 책임성립의 모든 필요요건이 충족되는 경우에는 책임을 져야 할 잠재적 성격을 띤다. 구 EC조약 제97조(현재는 폐지된 조항)(2)과 제88조(구 제93조, TFEU 제108조)(2), 제211조(구 제155조), 제226조(구 제169조, TFEU 제258조) 참조.

37) ECSC조약 제89조도 유사한 구제방법을 규정하고 있다. 그러나 위원회의 연루를 요구하는 예비소송단계는 없

을 제출한다. 위원회는 각각의 관련 국가들에게 '구두'와 '서면'으로 타방당사자의 사정에 대한 자신의 '사정'과 '의견서'를 제출할 기회를 제공한 후에 '합리적 의견'을 전달한다. 그 '합리적 의견'에는 EU설립조약상 공동체 의무'위반'의 주장이 실제 '발생'하였는지에 대한 위원회의 견해를 기재한다. 만일 위원회가 고소장 수령일로부터 3개월 내에 '의견서'를 전 달하지 아니하여도, 본 사안은 ECJ에 제소될 수 있다.

'위원회'는 또한 제258조에 따라 자체적으로 ECJ에 본 사안을 제소할 수 있다. 위원회가 그렇게 하지 않아도 위원회는 '이해관계 있는 회원국'이 또한 제소하는 것을 방해하지 아니 한다. 위원회의 '합리적 의견'이 '이해관계 있는 회원국'의 기대에 미치지 못하였을 경우에, 회원국은 그것에 더하여 신청할 수 있다.[38] 현재까지, 단지 몇 건의 소송만이 제259조에 의해 제소되었을 뿐이며,[39] 그중 하나의 사건만이 판결이 내려졌을 뿐이다.[40] 그만큼 회원 국 다른 회원국을 상대로 의무불이행을 이유로 제소하는 것은 자제하고 있다고 볼 수 있다. 이는 경제 외적으로 정치적으로 민감한 사안으로 확대될 수 있으며, 세계무역기구(WTO)체 제 내에서 간혹 국가들의 무역분쟁이 정치적인 이슈로 부각되는 것과 같다.

2. 피고 적격

TFEU 제258조~제259조상의 소송은 오직 '위반회원국에 대해서' ECJ에 제소할 수 있 다. 여기서 '회원국'이란 EU설립조약에 가입한 국제법상의 주체를 의미한다. 회원국의 정부 기관, 헌법기관, 기타 공공기관으로 간주되는 기관의 '작위' 또는 '부작위'는 '잠정적으로' 회원국의 EU법상의 '책임'을 성립시킬 수 있다. 회원국의 국내기관은 EU법의 완전효로부 터 분리될 수 없다. 따라서 EU법위반의 혐의 회원국은 ECJ에서 회원국을 대표하는 국가정 부와 부속기관이 행한 위법임에도 불구하고 국내법상 변호권이 존재하지 아니한다. 나아가 회원국 '입법기관'의 작위 또는 부작위를 이유로 물론 의무불이행소송을 제기할 수 있다. 한편 EU법을 적용하는 '국내법원'의 과실은 회원국들에게 위법의 책임을 지울 수 있다.[41]

다. Hartley, *supra* note 15, pp.317, 319 참조.

38) 위원회가 관련 회원국을 ECJ에 제소할 때보다 회원국이 타방 회원국을 ECJ에 제소할 때에 보다 더 큰 신중 을 기하고 있다.

39) 즉 대부분의 사건은 위원회가 TFEU 제258조에 의해 회원국을 제소하고 있으며, 회원국이 타방 회원국을 상 대로 제소하는 경우는 극히 드물다. 이 점에서 위원회는 EU법의 집행 여부에 대한 실질적인 감독기관이며, ECJ는 이러한 집행을 보장하는 강제기관이다.

40) Case 141/78, *France* v. *United Kingdom*, [1979] ECR 2923.

41) Hartley, *supra* note 15, p.309.

그런데 이는 십중팔구 일반적인 사법적 과실로는 불충분하다. 물론 국내법원이 상당하게 EU법을 무시하였거나 또는 경시하였다면, 이는 관련 회원국에게 공동체적 책임을 부과할 수 있을 것이다(이 점에 있어서는 회원국의 사법기관보다는 입법기관에게 보다 엄격한 책임을 부과하고 있다고 할 수 있다). 끝으로 '공공기관의 통제를 받는' 사법에 의해 통제를 받는 '법인의 행위'는 관련 회원국에 있어서는 EU법위반의 결과를 초래할 수 있다. 예를 들면, 아일랜드상품이사회(Irish Goods Council)는 아일랜드에서 'Buy Irish' 캠페인을 조직하였다. 아일랜드상품이사회의 행위는 아일랜드의 위법책임을 물어야 했다. 왜냐하면 이 기관은 아일랜드 소속이었고, 이는 아일랜드정부에 의해 기금이 조성되었고 그 목적이 성립되었기 때문이다.

Ⅳ. 이행강제소송의 특별한 법적 성질

이행강제소송은 일종의 '행정적 단계'와 '사법적 단계'로 이루어진다. 먼저 '소송 전의 서신'과 '합리적 의견'을 포함하는 '예비소송단계'를 살펴본 후에 'ECJ에서 진행되는 소송'의 구체적 내용에 관하여 살펴보고자 한다.

1. 예비소송단계

예비소송단계의 '목적'은 회원국들에게 ① ECJ에 사안이 제소되기 전에 위반에 대한 '구제의 기회'를 부여하기 위해서, 그리고 ② 위원회의 고소장에 대한 회원국의 '변호의 기회'를 주기 위함이다. 더욱이 예비소송단계 기간 동안 위원회와 당해 회원국은 '조정'의 편의를 도모할 수 있고, 따라서 추후 발생하게 될 '수많은 국내법원의 심리'는 불필요하게 된다. 마지막으로 예비소송절차의 적절한 행위는 '관련 회원국의 권리를 보호'하는 데 중요한 보증이 될 뿐 아니라, 예비소송절차에서 분쟁의 범위가 정해져 변론절차에 있어서 '분쟁의 주요문제를 한정'하는 것에 기여하게 된다. 따라서 변론절차에서 ECJ는 단지 예비소송절차에서 위원회가 제시한 기소내용만을 심의할 수 있다.

1) 소송 전의 서신

TFEU 제258조의 절차는 위원회가 혐의 회원국에 '공식적인 주의를 주기 전'에 '소송 전의 서신'(letter before action)의 수령을 공식적으로 시작하도록 하고 있다. 일반적으로 이러한 서신은 위원회와 회원국 간의 '비공식적 접촉'에 의해 진행되며, 위원회는 혐의 회원국의 EU법위반의 가능성에 대한 조사를 시작한다.

소송 또는 공식적인 주의 이전에 행해지는 '소송 전 서신'의 목적은 분쟁의 '주요문제를 한정'하고, '의견서'를 제출해야 하는 회원국이 자신의 변호를 준비하는 데 필요한 정보를 제공하기 위함이다. 따라서 '소송 전의 서신'은 회원국의 불이행에 대해 위원회가 주장하는 회원국의 의무내용과 위원회가 취하는 견해에 대한 '근거가 상세하게 특정'되어야 한다. 소송 전 서신의 모호성은 의견서를 제출할 회원국의 기회를 박탈하는 것이고, 따라서 위원회는 기한 내에 '새로운 소송 전 서신'으로서 '추가된 특정내용과 정보'를 보내야 한다.42) 그런데 예비소송단계에서 기소내용이 요약된 서신을 회원국이 수령했다면 이것으로서 충분하다고 본다.43) 그 충분성에 있어서는 회원국이 자신의 변호를 위해 필요한 모든 관련 정보를 소유할 수 있었는지가 그 기준이 된다.

'소송 전의 서신'은 관련 회원국에게 미리 의견서를 제출할 기회를 부여하기 때문에, 회원국이 의무를 이행하지 않았다고 판결하는 데 있어서 '적법절차'를 위해 요구되는 '중요한 절차'이다. 비록 회원국이 어떠한 의견서도 내놓는 것을 원하지 않는다 해도 위원회는 이 요건('소송 전 서신'의 전달)에 따라야 한다.44)

게다가 회원국은 주장된 EU법위반에 대해 전반적으로 주의되어야 한다. 그 이후의 다른 고소내용은 '합리적 의견'의 제시에서 더 이상 확대될 수 없다. 왜냐하면 이러한 확대는 관련 회원국의 '공정한 청취의 기회'를 부여하는 위원회의 '의무위반'이 될 수 있기 때문이다.45) 이러한 '불법행위'는 심지어 분쟁의 범위를 확장한 새로운 고소내용에 대한 '합리적 의견'에 대해 당해 회원국이 그들의 '의견서'에 변호의 내용이 기록되었다는 사실에 의해서도 치유될 수 없다.46)

---

42) Case 211/81, *Commission* v. *Denmark*, [1982] ECR 4547 at 4558, paras.10-11.

43) Case C-279/94, *Commission* v. *Italy*, [1997] ECR Ⅰ-4743 at Ⅰ-4766, para.15: 만일 소송 전 서신에서 위원회가 EAEC조약 제141조 대신 EC조약 제266조(TFEU 제308조)를 잘못 언급하였어도(소송 전 서신의 모호함), 이러한 불법행위로 인해 수용 불가능한 결과가 발행할 수 없고, 관련 회원국의 변호권은 아무런 영향을 받지 않는다.

44) Case 31/69, *Commission* v. *Italy*, [1970] ECR 25 at 33, paras.13-14.

45) Case 51/83, *Commission* v. *Italy*, [1984] ECR 2793 at 2804, para.6.

회원국은 그의 '의견서'를 작성하기 위해 적절한 '기간'을 가져야 한다. 기간의 적절성은 위원회가 특별한 정황을 살펴 정해야 한다. 따라서 '사건의 긴급성' 또는 소송 전의 서신에 앞서 회원국이 위원회의 입장을 '온전히 통지받았다는 사실'은 '짧은 기간을 정함에 정당성'을 부여할 수 있다.[47] 그러나 '사건의 긴급성'은 위원회가 자체적으로 결정할 수 없다. 예를 들면, 의무불이행을 이유로 한 소송의 제기는 느리게 진행되는 면이 있기 때문이다. 게다가 '소송 전의 서신'이 있기 전에는 회원국이 위원회의 입장을 완전하게 '통지'받았다고 간주될 수가 없다. 왜냐하면 위원회는 '소송 전의 서신'에서 위원회의 견해를 매우 명백하게 밝히지는 않기 때문이다.

2) 합리적 의견

'회원국'이 위반회원국을 상대로 EU법상의 의무불이행을 구제하는 데 실패한다면, '위원회'는 '합리적 의견'을 제시할 수 있다. 그 자료에는 'EU법위반에 대한 내용'이 상세하게 기록되며, 혐의 회원국이 정해진 기한 내에 '의무이행을 완료할 수 있는 방법들'을 열거한다. '소송 전의 서신'의 경우와 같이 '합리적 의견'의 전달은 '적법절차'의 중요한 요건이다.[48] 그리고 '합리적 의견'의 전달은 ECJ에로의 회원국 제소 가능성의 중요한 요건이다.

'합리적 의견'의 제시는 예비소송절차를 형성하며, 이러한 예비소송절차는 수신자에게 '법적 구속력'을 갖지 아니한다. 단지 ECJ에 제소되는 절차상의 예비소송단계일 뿐이다. TFEU 제258조에 규정된 예비소송절차의 목적은 혐의 회원국들이 '자발적으로' EU설립조약상의 요건(의무이행)에 '응할 수 있도록' 하는 것이다. 적절한 경우에는 관련 회원국의 입장을 '정당화'시킬 수 있도록 하는 것이다. 이러한 '행정적 단계'에서 분쟁해결을 위한 노력이 성공을 거두지 못한다 해도, 이런 '합리적 의견'이 갖는 기능은 당해 분쟁의 '주요문제를 한정'하는 것이다. 그러나 위원회는 TFEU 제258조에 의해 형성된 합리적 의견을 통해 회원국의 권리와 의무를 '최종적으로 판정'할 수 있는 권한을 부여받고 있는 것은 아니다. 또한 EU설립조약상의 방법과 일치하는 적합성에 관해 관련 국가에게 담보를 제공할 권한을 부여받고 있는 것은 아니다. TFEU 제258조~제260조까지의 구체화된 제도에 따라, 회원국의 '권리와 의무'는 오직 'ECJ의 재판에 의해 평가'되어 판결된다. 따라서 '합리적 의견'은 ECJ에서의 소송개시와 관계될 때에만 법적 효력을 갖는다. 허용된 기간에 회원국

---

46) *Ibid.*, para.7.

47) Case C-473/93, *Commission* v. *Luxembourg*, [1996] ECR Ⅰ-3207 at Ⅰ-3254, para.22.

48) Steiner and Woods, *supra* note 11, p.581 참조.

이 그러한 '합리적 의견'에 응하지 않는 경우에는 소송이 개시된다. 이 경우 위원회는 ECJ 에 소송을 개시할 권리는 있으나 의무는 아니다.[49]

'합리적 의견' 제시의 결정은 위원회위원들의 '집단책임의 원칙'(principle of collegiate responsibility)에 따른 것이다. 이러한 '집단책임의 원칙'의 적용은 합리적 의견에 부합한 법적 결과와 관련해서는 '효과적인 순응'을 이끌기엔 다소 '덜 엄격한 접근방법'이다. 합리적 의견 제시의 결정은 형식적으로 결정될 필요는 없다. 따라서 합리적 의견의 결정은 위원회 위원단체(college of Commissioners)에 의한 '집단적 심의'(collective deliberation)의 산물이고, 위원회위원단체의 구성원에게 합리적 의견 제시 결정의 기초가 되는 정보가 이용 가능하였 다면 충분하다.[50]

합리적 의견은 조리 있고 '상세'하게 그 '이유'를 진술했다면, 본 사안에 있어 회원국이 EU설립조약상의 의무를 이행하지 않았다는 것을 믿게 하기에 충분하다. 이미 언급하였듯 '합리적 의견'은 '소송 전의 서신'에 언급되었던 관련 회원국의 흠에 관한 것이어야만 한다. 그러나 '합리적 의견'에 포함된 고소내용들은 '소송 전 서신'보다 상세하게 세련된 정교한 내용을 선언할 수 있다. 위원회는 '소송 전의 서신'에 대한 답변으로 회원국이 제출한 '의 견서'를 '합리적 의견'을 작성할 때 고려하여 반영해야 한다.[51] 그렇지 아니한 경우 ECJ는 이어지는 사법소송절차에서 소송 전의 서신과 합리적 의견에 포함된 고소내용들만 존중할 것이기 때문에 소송 전 서신과 합리적 의견의 중간에 '의견서'를 고려하는 일이 필요하다. 위원회가 그의 합리적 의견을 전달하기 전에 관련 회원국은 TFEU 제258조 제1단에 따라 관련고소내용(소송 전 서신)에 대한 '의견서'를 제출할 수 있는 지위에 있기 때문에 이 '의견 서'가 어떻게 반영되느냐에 따라 합리적 의견에서는 새로운 기소내용을 포함할 수도 있다.

또한 위원회는 예비소송단계에서 위반행위를 종결하기 위하여 필요하다면 일정한 조치를 취할 수 있고 또는 취해야 한다. ECJ가 의무불이행이 있었음을 평결하는 데 관할권의 제한 을 받는다는 사실은 '위원회의 이러한 권한'에 영향을 주지 않는다. 왜냐하면 TFEU 제258 조의 목적은 '소송 그 자체'가 목적이 아니라 '위반의 실제적인 제거'를 성취하는 것이기 때문이다. 그러나 위원회가 자신의 합리적 의견에서 이러한 목적(위반의 실제적 제거)에 필

---

49) Case C-191-95, *Commission* v. *Germany*, [1998] ECR Ⅰ-5449 at Ⅰ-5498, paras.44-46.

50) *Ibid.*, paras.34-36 and 48.

51) Case C-266/94, *Commission* v. *Spain*, [1995] ECR Ⅰ-1975 at Ⅰ-1981-1983, paras.16-26: 만일 소송 전 서신에 대한 답변으로 관련 회원국이 제출한 의견서를 합리적 의견에 고려하여 반영하지 않는다면, 이는 본 사건의 ECJ에로의 제소 시 분쟁의 성질과 범위를 명확하게 한정하지 않았음을 의미한다 할 수 있다. 따라서 만일 그 러하다면 ECJ는 본 예비소송절차가 적절하게 행해지지 않았다고 판결할 수 있고, 본 신청은 명백히 수용불가 하다고 선언될 것이다.

요한 조치를 지적했음에도 혐의 회원국이 이에 따른 조치를 취하지 않으면, ECJ는 공동체 법을 실제 '위반'하였음과 위반행위를 종결하기 위해 채택될 '조치' 양자 모두를 언급하여 판결한다. 이때 회원국은 ECJ의 위법행위판결에 대한 이유를 통해 의무불이행을 종결지을 수 있었던(합리적 의견에서 제시되었던) 방법들이 무엇인지 인정할 수밖에 없게 된다.

위원회는 합리적 의견서에 혐의 회원국이 응해야 할 '기한'을 기술해야 한다. 그 기한은 사건의 정황에 비추어 합리적이어야 한다. ECJ는 위원회가 기술한 기한을 '변경'할 권한을 갖지 못한다. 다만 그 기한이 너무 짧아서 회원국이 필요한 조치를 취할 수 없거나 또는 회원국이 변호를 준비할 수 없는 때에는(이러한 사건이 발생하게 된다면), 기한의 만료 후 제소된 의무불이행소송은 인정할 수 없다고 선언될 것이다.[52] 그러나 회원국에게 허락된 시간이 비합리적 단기시한일지라도 실제사건에서 예비소송단계의 목적이 성취된다면, 기한 만료 후 제소된 이행강제소송일지라도 그 소송의 신청은 허용될 수 있다고 선언될 것이다.[53]

2. ECJ에서의 소송단계

1) 소송적격의 요건

(1) 예비소송단계에서 적절히 수행되어야 할 요건

예비소송단계에서의 적절한 행위란, 앞에서도 언급하였듯 '혐의 회원국의 권리를 보호'하기 위해서뿐 아니라, 변론절차가 '주요문제로서 명백하게 한정된 분쟁'이 될 것을 보장하기 위하여 EU설립조약상 요구되는 중요한 보장을 말한다. 이러한 이유로 인해 위원회는 '소송 전의 서신'에 대한 답변으로 제출한 혐의 회원국의 '의견서'를 위원회의 '합리적 의견'에 고려하여 반영해야 한다. 이로서 소송제기 시 ECJ는 위원회가 주장하는 혐의 회원국의 특정한 의무의 위반에 대해 재판을 할 수 있다. 위원회가 회원국의 '의견서'를 고려하지 아니하였다면 이는 분쟁의 주요문제가 상세하게 반영되지 않았다는 것을 의미한다. 예비소송단계의 수행에 있어서 이러한 불법성은 그러한 신청의 명백한 '접수 불가'를 선언하는 결과를 초래할 수 있다.[54]

---

52) Case 293/85, *Commission* v. *Belgium,* [1988] ECR 305 at 353, para.20.

53) Case 74/82, *Commission* v. *Ireland,* [1984] ECR 317 at 338-339, para.13.

54) Case C-266/94, *Commission* v. *Spain,* [1995] ECR Ⅰ-1975. 위원회의 이러한 미흡한 내용에 의한 소송의 신청은 ECJ에 의해 기각될 수 있기 때문이다.

(2) ECJ제소의 신청과 조화되어야 할 '합리적 의견'의 요건

'소송의 주요문제'는 예비소송단계에서 정해지기 때문에, ECJ에의 '이행강제소송의 신청'은 '합리적 의견'과 일치되어야 한다.[55] 이는 EU법위반의 주장이 '신청서'(application)와 '합리적 의견'(reasoned opinion)서 양자에 있어서 한정되어 충분히 정밀한 언어로 일치되어야 함을 의미한다. 본 사법소송의 신청은 합리적 의견에서와 '동일한' '항변'과 '주장'에 근거해야 한다. 그러나 합리적 의견에 있어서 소송의 주요문제의 진술은 신청서상에 기재된 형태와 항상 정확하게 일치해야 할 필요는 없다. 왜냐하면 소송의 주요문제가 확대되었거나 변경되지 않았고 '단지 약간의 제한'이 가해졌을 수 있기 때문이다. 예를 들면, 국내법에 지침을 이행하지 않았음을 이유로 아직 예비소송단계 동안 제기되지 않았던 고소내용에 해당하는 당해 지침규정을 실제 위반이 있었던 것처럼 해서 당해 회원국을 상대로 한 소송에 있어서 소송내용을 위원회가 '확대'할 수 없다.[56] 반대로 ECJ에 제출된 신청서에서 불명확한 내용에 대해 소송의 주요문제를 위원회가 '명확'하게 하는 것은 법에 어긋나는 것이 아니다.[57] 많은 수의 의견서가 이러한 과정을 거치고 있다고 할 수 있다.

위원회가 고소한 위반을 '제거하기 위해' 회원국이 취한 조치에서 제기되는 위반행위는 오직 '새로운 예비소송절차'의 개시 시 이행강제소송의 주제가 될 수 있다. 왜냐하면 위반행위의 '제거를 위한' 조치에서 발생하는 '또 다른 위반행위'는 처음에 고소된 위반행위와는 다른 것이기 때문이다.

소송신청서의 내용이 합리적 의견의 내용과 일치하지 않는다는 이유로 ECJ가 그 신청서를 수락할 수 없다고 선언한다면, 위원회는 합리적 의견과 동일한 고소내용, 법적 항변, 주장에 근거한 '새로운 사법소송신청서'를 제출하여 그 '결함을 구제'할 수 있다. 이렇게 하면 위원회는 새로운 예비소송단계를 시작할 의무를 지지 않으며, 또한 보충적으로 합리적 의견을 제시할 의무를 지지도 않는다.[58]

(3) 의무불이행의 존재

실제로 만일 합리적 의견에 기술된 기간의 만료 시에 고소된 '위반행위가 존재'한다면

---

55) 물론 말할 것도 없이 이러한 신청은 ECJ규정 제19조와 ECJ규칙 제38(1)(c)의 일반적인 요건과 일치되어야 한다. Brealey and Hoskins, *supra* note 5, pp.134-135 참조.

56) 위원회가 지침의 변형을 위해 회원국에게 위반에 대한 공식적인 주의를 했음에도 불구하고, 관련 회원국이 예비소송단계 후 몇몇의 이행조치를 채택하여 지침의 이행을 위해 필요한 모든 이행조치를 채택하지 않았다면, 위원회는 당시까지 아직 이행되지 않은 관련 지침규정을 제소신청서에 기재하는 방법(일종의 위원회의 명령의 형태(form of order))으로 제약할 수 있다.

57) Case 205/84, *Commission* v. *Germany*, [1986] ECR 3755 at 3798-3799, paras.11-13.

58) Case C-57/94, *Commission* v. *Italy*, [1995] ECR Ⅰ-1249 at Ⅰ-1268, para.14.

이행강제소송은 수락된다. 회원국이 논쟁 중에 위반을 '제거하기 위해' 적시에 조치를 취하는 경우에는 소송의 목적은 소멸된다. 반면 회원국이 적시에 조치를 취하지 않으면 신청서는 수락될 것이다. 비록 회원국이 주어진 '기간의 만료 후 소송이 제기되기 전'에 위반행위에 대해 구제를 하였을지라도, 본 신청서는 여전히 수락될 수 있다. 회원국의 '잠재적 책임'(potential liability)의 측면에서 볼 때 공동체, 기타 회원국들, 개인은 ECJ에서 '위반행위가 존재한다는 판결에 관한 이해관계가 여전히 유지'되고 있는 것이다. 그때 이러한 위반행위존재의 판결은 손해배상청구소송의 근거로서 작용할 수 있다.[59]

(4) 시한

이행강제소송에 관한 권한의 실행에 있어서 위원회는 '시한'에 대한 제약이 없다.[60] 예비소송단계를 '언제' 시작할지 그리고 합리적 의견에 기술된 기간의 만료 후에 '언제' ECJ에 제소할지를 판단하는 것은 '위원회의 재량'이다.[61] 그러나 위원회는 이러한 관할권을 남용해서는 아니 된다. 예를 들면, 예비소송절차가 '지나치게 장기간' 지속된다면 관련 회원국은 위원회의 주장에 대해 논박하는 데 더욱 어려움을 겪게 될 것이고, 이는 '변호권보장의 위반'을 초래할 수 있다. 이 경우 관련 회원국은 '비정상적인 예비소송의 장시간'이 그의 변호의 효과에 영향을 주었다는 것을 '증명'해야 한다.[62] 관련 회원국이 이를 성공적으로 증명할 경우에 당해 기소신청은 '기각'된다. 그러나 회원국의 '입증책임'은 실제로는 상당히 어려운데, 왜냐하면 위반행위와 소송개시 사이의 비정상적인 시간의 긴 공백 또는 예비소송단계의 비정상적인 장기간을 정당화할 수 있는 요인들이 보통 존재하기 때문이다. 그리고 그것이 지나치게 긴 시간이라고 간주되기란 일반적으로 쉽지 않기 때문이다.

2) 의무불이행에 대한 손해배상청구에서 취급되어야 할 실질적 내용

(1) 입증책임

입증책임은 '위원회'에 의해 이행되어야 한다.[63] 합리적 의견서에 기술된 기간이 만료될 때 회원국의 '위반행위가 존재'한다는 사실을 위원회는 ECJ에서 '증거'를 인용하여 입증해

---

59) Case C-289/94, *Commission* v. *Italy,* [1996] ECR Ⅰ-4405 at Ⅰ-4424-4425, para.20.

60) Hartley, *supra* note 15, p.314 참조.

61) *Ibid.*, pp.312, 314 참조.

62) Case C-96/89, *Commission* v. *Netherlands,* [1991] ECR Ⅰ-2461 at Ⅰ-2491-2492, paras.14-16.

63) Case 96/81, *Commission* v. *Netherlands,* [1982] ECR 1791 at 1803, para.6.

야 한다. 위원회는 이 점에 있어서 일체 가정(presumptions)에 의존할 수 없다.[64] 이는 위원회의 '기소신청의 근거'가 EU법을 위반한 '회원국 국내규정의 존재'에 기초한다면, 위원회는 계쟁 중에 그러한 '국내규정을 EU법에 모순되게 해석한 국내사법결정이 존재'한다는 것을 증명해야 한다. 따라서 단지 '전문가의 보고서'를 기초로 작성한 위원회의 기소신청은 기각될 것이다. 왜냐하면 위원회 '스스로' 의무불이행을 주장하는 증거를 증명할 수는 없을 것이라고 보기 때문이다.[65]

피고인 회원국이 자신의 반론을 펴는 것은 단지 위원회가 의무불이행에 대한 충분한 증거를 제시했을 때에 행해진다.

구 EC조약 제10조(구 제5조)는 회원국이 위원회의 업무달성을 촉진하도록 요구하고 있다. 따라서 회원국들은 회원국들이 '공동체법을 적용하는 방법에 관한 정보'를 '위원회에 제공'해야 할 의무가 있다. 많은 '지침들'이 지침 내 특별규정에서 위원회에 관련 법령의 이행에 관한 '보고서'를 제출하도록 하여 '정보제공의무'를 부과하고 있다. 그러한 특별규정은 지침을 이행하기 위해 채택한 '법적·행정적 규정들'에 관한 명백하고도 정확한 정보를 제공하도록 회원국들에게 요구하고 있다. 회원국들이 취한 이러한 법적·행정적 규정들은 위원회로 하여금 관련 회원국이 지침을 효과적으로 완전하게 이행했는지에 대한 확신을 줄 수 있다.[66]

(2) 회원국들의 실제적인 변호

성공적 변호의 가능성은 첫째, 이행강제소송의 '객관적 성질'에 의해 결정된다. ECJ는 위반의 중요한 '이유'를 고려하지도 않으며 또는 실제 효과를 제한하거나 위반을 설명하는 '정황'을 고려하지도 않는다. 따라서 회원국은 공동체의무의 불이행을 '정당화'하기 위해 국내법제도에 존재하는 정황이나 관례, 규정들을 통해 항변할 수 없다. 비록 어떤 지침이 요구하는 내용이 '다른 요인에 의하여 실제 동일한 결과가 발생한다'는 사실로 의무불이행을 정당화할 수 없다.

둘째, EU법의 특성[67]은 회원국이 국제법상의 많은 일반적 변호에 의존하는 것을 금지한다. 예를 들면, 회원국은 다른 회원국의 결함을 이유로 자신의 의무불이행을 정당화할 수 없다.

끝으로 '회원국'은 회원국에게 해당하는 '지침이나 결정이 불법적'이라는 이유로 소송을

---

64) Lenaerts, Arts and Bray, *supra* note 32, p.108.

65) 의무불이행을 위원회 스스로 증명하려 하기보다는 공동체법에 저촉되게 해석한 국내사법결정을 증명하는 것이 수월하다고 할 수 있다.

66) Case 274/83, *Commission* v. *Italy,* [1985] ECR 1077 at 1095, para.42.

67) EU법의 법적 성질에 관해서는, 김두수, 『EU소송법상 선결적 부탁절차』(파주: 한국학술정보, 2005), pp.211-228 참조; Matthias Herdegen, *Völkerrecht*(München: C. H. Beck, 2004), pp.4-5 참조.

제기할 수 있는 권한을 부여받지 아니한다. ECJ는 이러한 경우에 그 변호를 허락한다면 EU 설립조약상의 법적 구제제도의 안정성과 법적 확신의 원칙을 해할 우려가 있다고 하였다.[68]

회원국은 위반행위를 제거할 수 있는 조치를 채택하는 것이 '절대적으로 불가능하다'고 주장할 수 있다. 또는 이는 관련 결정을 적절하게 이행하도록 하는 TFEU 제108조(2)에 의한 소송에서 주장할 수 있다. 이 경우에 회원국은 그러한 불가항력[69](force majeure)의 상황의 존재를 '증명'해야 한다. 구 EC조약 제10조(구 제5조)에 의해 부여된 회원국의 협력의 의무와 관련하여 관련 회원국은 해결책을 함께 모색하기 위해 공동체규정을 적용하는 데 있어서의 난점을 위원회에 통지해야 한다.[70] 만일 관련 회원국이 공동체규정의 적용상의 난점을 위원회에 통지하지 아니하면 협력의 의무를 위반하게 되므로 회원국의 변호권은 성립되지 않을 것이다.

V. 결언

ECJ는 회원국의 의무불이행행위의 판결하든지 아니면 기소신청을 기각하든지 한다.[71] 그런데 의무불이행의 판결은 단순히 '선언적'인 것에 불과하다. ECJ가 판결하기 전에 이미 '위반행위는 존재'하는 것이다. ECJ는 판결에 효력을 부여하기 위해 취해져야 하는 특별한 조치를 요구할 권한이 없다. 기껏해야 ECJ는 명확하게 제시하지는 못하지만 그러한 특별조치가 위반행위를 제거하기 위해 필요하다고 단지 지적할 수는 있다.[72] 게다가 ECJ는 '판결에 응해야 할 기간'을 정하지 않는다. 왜냐하면 TFEU 제260조가 ECJ에게 기간을 정하는 권한을 부여하고 있지 않기 때문이다.[73] 마찬가지로 ECJ는 회원국의 관련 법령(또는 부작위 – 입법 불비)이 '불법적'(unlawful), '무효'(void) 또는 '적용 불가능'(not applicable)하다고

---

68) Case C-183/91, *Commission* v. *Greece,* [1993] ECR Ⅰ-3131 at Ⅰ-3149, para.10.

69) Case 52/84, *Commission* v. *Belgium,* [1986] ECR 89 at 104, para.14.

70) *Ibid.,* para.16.

71) Case 170/78, *Commission* v. *United Kingdom,* [1980] ECR 417 at 438, para.24: 만일 ECJ가 의무불이행을 성립시키는 회원국의 법령을 발견하기에 충분하지 못한 정보를 제공받았다면, ECJ는 당사자에게 사안을 재검토하여 ECJ에 보고할 것을 요구할 수 있다. 이후에 ECJ는 최종판결을 행하게 된다.

72) Case 70/72, *Commission* v. *Germany,* [1973] ECR 813 at 829, para.13: 합리적 의견에서 위원회는 위반을 제거하기 위해 필요하다고 판단되는 조치를 기술할 수 있다. 게다가 TFEU 제108조(2) 절차에서 위원회는 공동시장과 양립할 수 없는 국가보조를 위한 조치에 대한 결정을 채택하여 불법적으로 부여된 국가보조를 상환할 것을 요구할 수 있다. 만일 관련 회원국이 이러한 결정에 응하지 않는 경우에 위원회는 국가보조의 상환이라는 특정의무의 불이행을 이유로 ECJ에 제소할 수 있다.

73) Case C-473/93, *Commission* v. *Luxembourg,* [1996] ECR Ⅰ-3207 at Ⅰ-3262, para.52.

판결하지 아니한다. 이러한 적극적인 표현의 판결은 오직 국내법원만이 국내법에 의해 그렇게 판결할 권한을 갖는다. ECJ는 오직 관련 법령(또는 부작위 – 입법 불비)의 '존재' 사실 또는 공동체법에 '위반'한다는 사실을 판결할 뿐이다.[74]

TFEU 제260조(1)에 의하여 EU 설립조약상의 의무를 이행하지 않았다는 ECJ의 판결을 받은 회원국은 ECJ의 판결에 따라 '적절한 조치'를 취해야 할 의무가 있다.[75] 판결이란 기판력(res judicata)을 강제하는 것이기 때문에, 적절한 조치를 취해야 할 의무란 '공동체법에 부적합하다고 판정된 국내법률의 적용'에 대해 완전한 법의 강제를 '금지'시키는 것을 포함한다. 그리고 이에서 더 나아가 공동체법이 완전히 적용될 수 있도록 '적극적'으로 모든 조치를 취할 의무를 포함한다.[76] ECJ의 판결에 효력을 부여하는 이러한 의무는 관련 회원국의 '모든 기관들' '각각의 권한'에 속하는 영역에서 당해 기관들이 부담한다. '입법기관'과 '행정기관'은 국내법의 위반규정을 공동체법의 요건에 일치시켜야 한다. 관련 회원국 국내법원은 판결에서 그러한 국내위반규정을 무시해야 한다.[77]

그런데 이로서 공동체법위반의 판결이 '개인'에게 어떠한 권리를 부여하는 것은 아니다. 개인은 국내법원의 그러한 '판결을 직접적으로 의지하는 것'이 아니고, 오직 관련 회원국위반에 대한 판결에 직접효력을 부여하는 '공동체법상의 관련 규정에 의지하는 것'이다.[78] 개인이 그의 변호 시에 직접효력을 갖지 못하는 공동체법규정에 대해 탄원하였지만 분명 관련 회원국이 위반하였다는 ECJ의 판결이 있는 경우에, 국내법원은 관련국 기관으로서 국내법을 적용하여 그 역할을 수행하는 것이 ECJ의 판결에 따라 공동체법상의 의무를 이행하는 것에 해당한다는 것을 보장해야 한다.

의무불이행의 판결은 '잠정적'으로 관련 회원국의 '책임'의 기초를 이룬다. 그러나 판례법에 의해 회원국의 책임이 발생하는 것은 오직 공동체법의 위반이 '충분한 심각성'을 띤 경우이어야 한다. 의무불이행판결 자체는 판결이 내려지기 전에 제기된 '손실' 또는 '손해'(for loss or damage)의 산정에 충분하지 못하다. 공동체법의 '충분히 심각한 위반'을 위한 요건은 이행강제소송의 엄격성과 객관성이 완전하게 단호히 적용되는 것이 아니다. 왜냐하면 관련 회원국이 공동체법을 적용하는 관할권을 행사할 때 여러 다른 요인들을 고려하기 때문이다. 예를 들면, 당해 위반행위가 '고의적'인지, 어떤 법적 오류로 인해 '항변'할

---

74) Opinion of Advocate General G. Reischl in Case 141/78, *France* v. *United Kingdom*, [1979] ECR 2923 at 2946.

75) Steiner and Woods, *supra* note 11, pp.588-589 참조.

76) Case 48/71, *Commission* v. *Italy*, [1972] ECR 527 at 532, para.7.

77) Joined Cases 314-316/81, and 83/82 *Waterkeyn*, [1982] ECR 4337 at 4360-4361, para.14.

78) *Ibid.*, paras.15-16.

수 있는지가 존재하기 때문이다. 의무위반 관련국에 대한 판결이 전달된 후에도 의무불이행이 계속된다는 것이 자명한 사실이라면, 이로서 공동체법의 충분히 심각한 위반이 성립되고, 그 기간 동안 발생한 어떠한 손실과 손해를 보상해야 할 책임이 관련 회원국에게 발생하게 된다.

게다가 위반된 공동체규정상의 '국가책임'을 발생케 하기 위해서는 그것이 '개인'에게 '권리'를 부여하는 내용의 공동체규정이어야 한다는 점이 중요하다. 이는 TFEU 제258조~제260조의 소송에 있어서 위법판결은 '자동적으로' 관련 회원국에게 공동체법상의 '책임'을 발생케 하지 않는다는 데서 기인한다. 그러나 비록 관련 규정이 직접적으로 개인에게 '권리'를 부여하지 않는다 할지라도, 공동체규정의 위반으로 인해 발생한 손실이나 손해에 대해 관련 회원국에게 '국내법상의 배상책임'이 발생하는 것은 당연하다.

EU설립조약은 자체적으로 '판결에 응해야 할 기간'을 특별히 정하고 있지 않으며, ECJ는 판결의 집행을 즉시 시작하여 '가능한 한 조속히' 완결되도록 판결한다.[79]

판결은 기판력(res judicata)의 강제력을 갖기 때문에, 이미 ECJ가 판결한 공동체법위반을 관련 회원국이 중단할 것을 요구하기 위하여 TFEU 제279조(구 EC조약 제243조, 구 제186조)에 따른 '임시조치'(interim measures)의 신청을 '위원회'는 취하지 아니한다. 왜냐하면 TFEU 제260조(1)에 의해 '회원국'이 필요한 조치를 취해야 하기 때문이다.

위원회는 공동체법위반판결의 추궁에 대한 보장책임을 진다. 만일 관련 회원국이 '필요한 조치'를 취하지 않는다면, TFEU 제260조(2)에 따라 위원회는 우선 관련 회원국에 '서면경고'를 해야 한다. 이 서면경고는 관련 회원국에게 의견서를 제출할 기회를 부여하는 것이다. 이때 관련 회원국은 ECJ의 판결에 응하지 않은 것에 대해 상세하게 기록한 합리적 의견을 제시한다. 이때 관련 회원국이 위원회가 제시한 기한 내에 필요한 조치를 취하지 않으면, '최초의 판결에 응하지 않았다'는(또는 적시에 효력을 발생시키지 않았다는) 판결을 위해 또다시 ECJ에 제소된다. 본 사건이 ECJ에 제소되면, 위원회는 관련 회원국이 지불해야 할 총액 및 위약금을 상세히 기재한다. 이는 ECJ가 최초의 판결이 이행되지 않았음을 발견하는 경우 TFEU 제260조(2)의 제3절에 따라 총액과 위약금의 지불을 부과할 수 있음을 의미한다. 이러한 절차에 있어서 ECJ는 회원국이 최초의 판결을 이행하기 위해 채택한 조치의 '적합성'(suitability)과 '유효성'(effectiveness)을 평가할 관할권을 갖는다. 이러한 판결이 기판력(res judicata)으로서의 효력을 가질 때 비로소 최초의 의무불이행에 대한 본 분쟁은 TFEU 제260조(2)의 절차에 의해 재개되지 아니한다.

---

79) Case C-334/94, *Commission* v. *France*, [1996] ECR Ⅰ-1307 at Ⅰ-1343, para.31.

제7장 선결적 판결 소송*

I. 서언

유럽연합(European Union: EU)의 사법적 분쟁해결제도는 EU[1]통합의 핵심적인 내용으로, EU통합과 유럽사법법원(European Court of Justice: ECJ)은 불가분의 관계에 있다.[2] 이러한 EU의 사법적 분쟁해결제도 중에 EU의 지역통합의 형성과 발전에 가장 큰 기여를 한 것은 EU의 사법기관인 ECJ의 다양한 재판관할권중에서 '직접소송'과 비견되는 TFEU 제267조(EC조약 제234조, 구 제177조)의 '선결적 부탁절차'(preliminary reference procedure)이다. 선결적 부탁절차란, EU법상의 법률문제, 즉 EU법의 '해석'(interpretation)과 EU기관 행위(주로 '입법')의 '유효성'(validity)을 회원국 '국내법원'[3]이 ECJ에 부탁하는 EU법상의 소송제도를 말한다.[4] 이러한 선결적 부탁절차는 EU의 사법질서와 회원국의 사법질서를 통일적

---

* 이 내용은 김두수, "EU법상 선결적 부탁절차의 한계와 극복방안", 『국제법학회논총』 제50권 제1호(2005.6)를 참고하였음.

1) EU를 연방국가로 볼 것인가, 아니면 국가연합으로 볼 것인가에 대해서는 이견이 있으나, EU가 명실상부한 국제법 주체임에는 틀림이 없으며, 분명한 것은 영토, 정부, 시민의 결속측면에서 국가연합의 단계를 넘어 연방국가를 추구하는 과도기적 실체라는 점이다. 본래 국가연합이란 둘 이상의 국가가 동등한 자격으로 조약을 체결하여 일정한 외교적 권한을 공동으로 행사하는 국가결합형태이다. 반면, 연방국가는 연방헌법에 기초하여 완전한 외교적 권한을 행사하여 개별구성원은 대외적으로 국제법 주체로서의 권한을 행사하지 못하는 실체이다. Peter Malanczuk, *Akerhurst's Modern Introduction to International Law*(London: Routledge, 1997), p.81; D. Lasok, *Law and Institutions of the European Communities*(London: Butterworths, 1994), p.27; Malcolm N. Shaw, *International Law*(Cambridge: Cambridge Univ. Press, 1997), p.155.

2) 과거의 EC(European Communities)는 1992년 2월 7일의 마스트리히트조약(Maastricht Treaty)에 의하여 EU(European Union)으로 개명되었기 때문에, 그리고 2004년 10월 29일 EU헌법조약의 서명을 통한 EU통합의 발전적 측면에서 반드시 필요한 경우를 제외하고는 EU라는 용어를 사용하고자 한다.

3) EU회원국의 국내법원은 EU의 법원으로서 ECJ나 CFI의 관할외의 모든 사건을 심리하고 판결하며, EU사법질서의 교두보로서 ECJ와의 협력을 통하여 EU법의 집행을 보장한다.

4) EU소송절차에 관해서는 ECJ규정(EC Statute of the Court of Justice), ECJ규칙(Rules of Procedure of the Court of Justice of the European Communities), CFI규칙(Rules of the Court of First Instance of the European Communities: CFI는 리스본조약에 의해 일반재판소(General Court)로 개명되었다)에 상세하게 규정하여 직접소송절차, 선결적 판결소송절차, 상소소송절차에 관하여 자세히 규율하고 있다. EU소송절차에는 ECJ와 일반재판소의 관할권 배분을 통한 3가지 형태의 소송절차가 있다. 첫째, 직접소송절차로 이는 신청자가 피고를 상대로

으로 규율함으로써 EU의 지역통합의 발전에 기여해 왔다. ECJ는 EU법과 회원국 국내법의 충돌 시 EU의 사법기관으로서 유권적인 판결을 행사하여 회원국들의 궁극적인 목표인 역내복지를 추구하며 역내분쟁을 해결하여 왔다.

그러나 이러한 선결적 부탁절차는 EU의 사법적 통합에 중요한 기능을 해 왔으나, 이러한 선결적 부탁절차를 통한 EU의 사법적 통합에는 몇 가지 한계가 있다. 첫째, TFEU 제267조(EC조약 제234조)는 사실상 국내법원의 선결적 부탁의 의무를 강제한다고 간주됨에도 불구하고, 국내법원의 선결적 부탁의 의무가 면제되는 경우가 존재할 수 있었다. 국가안전보장과 공공질서의 유지에 관한 구 EC조약 제68조의 적용과 관련하여 국내법원의 선결적 부탁의 의무가 제외될 수 있고, 또한 *CILFIT* 사건에서 도출된 '명확한 규정의 이론'(*acte clair doctrine*)을 통하여 판례에 의한 선결적 부탁의무가 면제될 수 있다.[5] 둘째, 국내법원은 선결적 부탁을 위한 선결적 사안의 제기에 대한 관련성(relevance)을 판단하는 최상의 지위에 있음에도 불구하고 명백히 부적절한 사안에 대하여 선결적 부탁을 요청하는 경우가 있으며, 어떤 경우에는 허위분쟁이 선결적 부탁으로 요청되는 경우가 있기 때문에 선결적 부탁의 남용의 문제가 발생한다. 셋째, 국내법원은 선결적 부탁명령서(order for reference)의 제출에 있어서 그 사유를 성실하게 제시해야 하지만 실제 국내법원은 이를 충실하게 이행하지 않는 경우가 있다.

Ⅱ. EU법상 선결적 부탁절차의 기능

1. 선결적 부탁절차의 실체법적 기능

선결적 부탁절차의 실체법적 기능과 관련하여, ECJ는 EU법의 '해석'[6]과 '유효성'의 심사에 대한 선결적 판결의 관할권을 행사하며, 이러한 경우에 ECJ는 '사실관계'나 '국내법적

ECJ 또는 일반재판소에 제소하는 소송을 말한다. 둘째, 선결적 판결소송절차로 이는 국내법원이 EU법의 해석, EU기관행위의 유효성판단에 관하여 ECJ에 선결적 판결을 부탁하는 소송을 말한다. 셋째, 상소소송절차로서 이는 일반재판소의 결정(종국판결)에 관하여 ECJ에 상소하는 소송을 말한다.

5) TFEU 제267조에 의하여 '국내법상의 사법구제가 존재'하는 경우에는 원칙상 국내법원의 선결적 부탁의무의 예외가 인정된다.

6) 공동체법의 해석을 위한 ECJ의 선결적 판결은 간접적으로나마 회원국의 국내법에 대한 연방적 규범통제의 기능을 수행하게 된다. 결국 회원국의 국내법은 TFEU 제258조~제259조(EC조약 제226조~제227조, 구 제169~170조)에 의하여 직접적인 사법심사의 대상이 될 뿐만 아니라, 동시에 TFEU 제267조(EC조약 제234조, 구 제177조)에 의하여 우회적인 심사의 대상이 될 수 있다.

관점'에 대해서는 평결하지 않으며, 이러한 사실관계와 국내법적 관점이 선결적 판결의 정당성을 증명하지는 않는다. 다만 ECJ는 사실관계나 국내법적 관점에 대한 내용을 국내법원에게 '설명'할 것을 요청할 수는 있다. 주목할 만한 점은 해석에 대한 회답에 있어, ECJ는 실제 EU법과 비교하여 '국내법의 불일치'에 관심을 갖는다는 것이다.[7] 게다가 국내법원은 이러한 ECJ의 해석의 판결에 '실제적으로 구속'된다는 점이다. 이러한 ECJ의 선결적 판결은 '다른 모든 회원국'의 국내법원에도 동일한 법률효과가 적용된다. 그리고 당해 선결적 판결에 대한 '재요청'은 일반적으로 국내법원이 자제한다. 국내법원은 해석에 있어서나 유효성의 심사에 있어서나 선결적 판결을 재요청할 수 있는데, 이는 일반적으로 국내법원이 본안소송에서 본 사건을 판결하기 위해 ECJ의 선결적 판결에 대한 보다 '상세한 이유'나 '지적' 또는 '지시'를 얻기 위함이다. 한편 EU기관행위의 유효성 판단의 주요 객체와 관련하여, 유효성 '판단의 척도'가 되는 설립조약 자체와 헌장급 법령들은 EU의 존립과 관계되므로 당연히 유효성에 관한 사법심사의 범위에서 제외된다.

이러한 ECJ는 EU법의 '유용한 해석'을 내려 국내법원의 판결을 보조할 필요가 있으며, 이러한 해석을 함에 있어 ECJ로의 자료의 제출 시 필요한 경우에 ECJ는 국내법원이 제출한 국내소송에 있어서의 사실관계와 국내법적 관점을 특별히 제한할 수 있다.[8] 왜냐하면 EU법의 해석과 무관한 자료제출은 ECJ의 평결에 영향을 미치지 않기 때문이다. 그런데 ECJ는 관련 국가에게 일정한 사실관계와 국내법적 관점에 대해 설명할 것을 요청은 할 수 있다. 만일 그러한 사실관계와 국내법적 관점에 대한 설명이 민감한 내용으로서 자유롭게 토의할 수 없는 경우 ECJ는 이를 비공식적으로 요청할 수 있고, ECJ는 선결적 판결 시 이러한 설명의 내용을 고려할 수 있다. 중요한 점은 선결적 부탁절차에 의한 모든 사건의 소송은 국내법원이 제기한다는 점이다. 이런 의미에서 해석에 관한 ECJ의 '선결적 판결'은 본안소송의 결과를 결정하는 내용이 무엇이든 간에 항상 '선결적'인 것이다.[9]

2. 선결적 부탁절차의 소송법적 기능

선결적 부탁절차의 소송법적 기능과 관련하여, 선결적 부탁은 '국내법원'에 의하여 ECJ에 제기되며, 이는 회원국 국내법원이 '자체적'으로든지 아니면 소송상의 '당사자 일방의

---

7) Koen Lenaerts, Dirk Arts and Robert Bray, *Procedural Law of the European Union*(London: Sweet & Maxwell, 1999), p.127.

8) *Ibid.*

9) *Ibid.*, pp.129-130.

요구'에 의한 '국내법원의 재량행위'에 의해 이루어진다. 이때 회원국의 국내소송법은 선결적 판결을 요청하는 일체의 권리행사에 있어 어떠한 방해도 할 수 없다. 국내사법질서상의 상급법원 또는 하급법원의 구별에 관계없이, 모든 국내법원은 EU법상의 선결적 판결을 요구할 권리를 가지며, 이는 TFEU 제267조가 보장하는 권리이다. 비록 회원국에 의해 국내법상 법원으로 인정되지 않는 공공기관일지라도 당해 공공기관이 일정한 기관의 형태로 존재하고, 법에 근거하여 설립되었으며, 상설적이고 독립적으로 운영되는 기관이며,[10] 분쟁해결에 책임을 지는 기관이며, 보통의 법원규칙과 같은 절차법규에 의해 운영되며, 분쟁해결에 있어서 당사자를 구속할 수 있는 경우[11]에는 ECJ에 의하여 국내법상의 법원으로 인정된다.[12] 한편 ECJ가 일정한 범위 내에서 선결적 판결의 부탁에 대해 회답할 능력을 행사할 수 있을지라도, 그러한 선결적 판결의 '관련성'의 판단은 전적으로 국내법원의 재량에 의한다. 국내법원이 선결적 판결을 부탁하는 유일한 기관이라는 것은 국내법원이 선결적 부탁의 내용을 결정하는 실질적인 기관임을 의미한다. 따라서 국내법원은 선결적 판결의 부탁시 '부탁명령서'에 충실을 기할 필요가 있으며 '진실된 정보'를 '상세하게 설명'할 의무가 있다. 이렇게 할 때 ECJ는 국내법원의 본안소송상의 판결을 보조할 수 있다. 주목할 만한 점은 TFEU 제267조의 '국내법상 사법구제가 불가능할 경우에 회원국의 국내법원'이란 표현은 국내법원에 계류 중인 사건은 선결적 판결의 대상에 해당되는 한 선결적 판결을 위하여 ECJ로의 선결적 부탁의 제기가 '원칙적으로' 가능함을 의미한다는 것이다. 또한 EU기관 행위의 '유효성'의 사법심사에 대한 선결적 판결의 경우에는 국내사법구제가 가능할지라도 당해 법령의 무효선언은 ECJ의 '배타적 권한'에 해당된다는 것이다.[13]

그런데 설립조약들은 EU법에 대한 사법적 보호의 확보를 위하여 회원국들 내에 개별적인 EU법에 대한 전문적 관할법원을 창설할 것을 규정하고 있지 않다. 이는 곧 개인이 국가기관의 작위 또는 부작위 또는 다른 개인에 의해 EU법이 부여한 권리를 침해받았을 경우, 그 개인이 의지할 수 있는 기관은 오직 '국내법원'뿐임을 의미하는 것이다. 이러한 국내법원은 당해 개인의 회원국의 사법제도에서 EU사법질서로의 '교두보'로서 ECJ와의 협력을 통해 EU법의 시행을 보장한다. 이러한 경우에 ECJ는 선결적 부탁절차의 개시와 관련하여 국내법원의 직무의 내용을 결정함과 동시에, EC조약 제10조(구 제5조)상의 국내법원의 협력의 원칙에 따라 국내법원의 협조를 실질적으로 요청할 수 있다. 따라서 선결적 부탁절차에

---

10) Case C-54/96, *Dorsch Consult*, [1997] ECR Ⅰ-4961, at Ⅰ-4992-4993, para.23.

11) *Ibid.*, paras.27-29.

12) Case 61/65, *Vaassen*(née Göbbels) v. *Beambtenfonds Mijnbedrijf*, [1966] ECR 261, at 273.

13) Lenaerts, Arts and Bray, *supra* note 7, p.47.

있어서 '국내법원'은 EU의 사법질서와 회원국의 사법질서에 있어서 양자의 조화를 추구하여 EU의 '사법적 통합'을 달성함에 있어서 중요한 역할을 하고 있다. 이것이 EU통합에 있어서 ECJ와 국내법원 간의 관계가 주목받는 이유이다.

3. 선결적 부탁절차를 통한 EU의 사법적 통합

이처럼 EU의 사법기관인 ECJ의 소송제도의 하나인 '선결적 부탁절차'는 EU의 사법적 통합의 형성과 발전에 크게 기여하였다. EU법과 회원국 국내법의 '충돌' 시 EU의 사법기관으로서 '유권해석' 또는 '유효성' 판결을 내려 회원국들이 추구하는 목표인 지역통합을 이루는 데 공헌하였으며, 여러 회원국들의 다양한 사법질서로 인한 충돌문제를 극복하여 지역통합의 사법제도화를 확립하였다. ECJ는 이러한 선결적 부탁절차를 통하여 국내법원과의 협력을 조화롭게 확립하여 왔고, 선결적 판결의 국내적 효력 보장을 확립하여 왔다. 여기에서 ECJ와 국내법원 간의 관계가 중요한 이유는 ECJ와 국내법원 사이에 이루어진 '선결적 부탁절차'가 'EU의 통합'에 있어서 중요한 역할을 했기 때문이며, 이는 지역통합의 사법제도화를 모색함에 있어서 중요한 의미를 부여한다.

Ⅲ. EU법상 선결적 부탁절차의 한계와 극복방안

1. 선결적 부탁의무의 면제문제

1) 과거 EC조약 제68조상의 선결적 부탁의무의 예외 문제

ECJ에 선결적 판결을 부탁하기 위한 국내법원의 일련의 조치들은 복잡해지고 다양해지는 특성이 있다. 가장 중요한 것은, 과연 국내법원이 어떠한 경우에 선결적 부탁을 이행해야 할 '의무'가 있으며 또한 어떠한 경우에 그러한 의무의 '예외'가 인정되는가 하는 문제이다. 왜냐하면 후자의 경우에는 TFEU 제267조(EC조약 제234조)에 대한 도전이자 위협으로 간주될 수 있기 때문이다. 이에 과거 EC조약 제68조(구 제73p조)는 제234조의 권위와 가치를 실추시킬 수 있다는 논란이 되었다. 이로써 사법적 일치를 이루지 못한 쟁점들의 해석과 유효성의 문제에 관해서는, 암스테르담조약의 New Title Ⅳ(사람의 자유이동과 관련된 비자, 망명, 이민과 기타의 정책: Title Ⅳ-Visa, asylum, immigration and other policies related to free movement of persons)가 명시한 바에 따라 ECJ는 선결적 판결의 관할권의 제한을 받게 되었다.[14] 더욱이 어떠한 국내법원도 과거 EC조약 제68조의 2항에 의하여 "법과 질서의 유지 그리고 국가의 안전보장과 관련하여" 중요한 경우에는 EC조약 제62조 (TFEU 제77조)의 (1)이 추구하는 어떠한 조치나 결정에 관하여 ECJ에 문제를 제기하지 아니한다고 규정하고 있다.

그런데 과거 EC조약 제68조는 공동체법의 적용의 대상과 관련하여 제234조(TFEU 제267조)상의 관할권의 행사에 대한 중대한 훼손을 가져왔다. 따라서 선결적 판결에 관한 EC조약의 기본적인 체계는 제68조가 명확하게 규정하고 있는 내용에 한해 제한되어 적용되어야 했다. 이는 제68조에서 "제234조(TFEU 제267조)는 다음의 상황과 조건하에서 적용되어야 할 것이다"라는 표현을 보면 명확히 알 수 있다. 따라서 관련된 사안이 국내법원에 제시되면 당해 사안에 관한 결정을 함에 있어서 필요하다고 판단되는 경우에 한하여 국내법원은 ECJ에 선결적 판결을 부탁하게 된다. 이처럼 "국내 질서와 법의 유지 그리고 국가의 안전보장을 위해 필요한 경우"에 이러한 사안에 대하여 ECJ의 선결적 판결을 제한하는 것은 관련 사안의 부적합성이 인정되는 범위 내에서 타당하다고 보아야 하며, 다만 이를 인정하는 경우에도 명백히 불가피한 경우로 제한해야 한다. 따라서 이러한 선결적 부탁의 의무에 대한 '예외'는 인정하되 국내법원은 "국내질서와 법의 유지 그리고 국가안전보장을 위해 필요한 경우"에만 제한적으로 관련 법률의 유효성에 관한 선결적 판결의 부탁의 의무에서 제외된다. 이러한 과거 EC조약 제68조에 의한 국내법원의 선결적 부탁의무의 예외는 본질적으로 선결적 부탁에 관한 관련성의 판단이 국내법원의 재량행위라는 데에서 기인하는 것이지만, ECJ의 측면에서 볼 때 EU법과 국내법 충돌 시의 유효성에 관한 판결은 ECJ의 배타적 권한이라는 점에서 중요한 의미를 가진다. 그러므로 제68조에 의한 ECJ의 선결적 판결의 부탁의무의 예외는 조약이 인정하는 특별한 예외적 규정에 해당한다.

2) 판례에 의한 선결적 부탁의무의 면제: *CILFIT* 사건

선결적 부탁은 TFEU 제267조 1단에 열거되어 있는 문제들이 국내법원의 본안판결을 위하여 필요한 경우에 국내법원에 의하여 ECJ에 제기됨을 말한다. 또한 TFEU 제267조 2단은 선결적 판결의 부탁의 권한에 관하여, 동 조 3단은 선결적 판결의 부탁의 '의무'에 관하

---

14) Giorgio Gaja, "The Growing Variety of Procedures concerning Preliminary Rulings", in David O'Keeffe, *Judicial Review in European Union Law*(London: Kluwer Law International, 2000), p.164.

여 규정하고 있다. 이러한 일련의 규정에 의한 선결적 부탁의 발생은 두 가지 요건을 필요로 한다. 첫째, 국내법원으로의 문제의 제기, 둘째, 국내법원의 본안판결을 위한 부탁의 필수적 상황(즉 해석 또는 유효성에 관한 사법심사의 필요성)으로 요약될 수 있다. 첫째 요건은 소송당사자 중의 어느 일방이 EU법의 문제를 제기하지 않는 한 선결적 부탁이 성립될수 없다는 것을 의미하는데, 이는 TFEU 제267조 3단의 '그와 같은 문제가 회원국의 법원에서 제기되는 경우'라는 표현은 국내법원이 자체적으로 문제를 제기하는 것을 면제하는 의미로 이해할 수 있기 때문이다. 그러나 이는 지나친 '협의의 해석'으로서 부당한 논리이다. 따라서 소송당자자 중의 어느 일방 또는 국내법원 어느 쪽이든 EU법의 문제를 제기할수 있다고 본다. 이러한 판단의 주체와 관련하여 국내법원은 EU법적 문제에 관한 결정이본안판결의 행사에 있어 필수적인 요건이라고 판단되는 경우에 선결적 부탁을 제기한다. 따라서 이러한 선결적 부탁 여부의 결정이 필수적인지는 회원국의 국내법원이 판단할 문제이다. 물론 이것은 소송의 '모든 부분'이 EU법적 문제에 의존해야 한다는 것을 의미하지는 않는다. ECJ의 선결적 판결에 의해 국내법원의 최종판결만 '변경'될 수 있는 성질의 문제라면 부탁의 '필수적인 요소'를 갖는다고 볼 수 있다. 그러나 만일 EU법적 문제가 어떻게 결정되든 간에 최종판결의 내용이 꼭 같아진다면, 그러한 사안의 결정은 본안판결에 있어서 '필수적'인 것이라고 볼 수 없을 것이다.[15]

그런데 이러한 선결적 사안의 '필수적 성질'에 대한 판단은 쉬운 일이 아니다. 소송의 진행에 있어 EU법의 문제는 다른 문제와 직접적으로 밀접한 관계를 맺고 있고, 또한 다른 문제가 결정되기 전에는 EU법적 사안인가의 결정이 필수적인가에 대한 판단이 사실상 어렵다. 국내법원이 이러한 '다른 문제'를 결정하지 않는 한 'EU법적 사안'의 문제에 관한 결정이 실제로 필수적인지 확신할 수 없기 때문이다. 그러나 소송의 실제운용상의 관점에서 보면, 사건에 따라서는 'EU법의 문제'를 먼저 결정하는 것이 문제의 해결을 위해서는 훨씬 편리하다. 즉 EU법의 문제가 매우 단순한 반면 그 다른 문제들은 매우 복잡하다면, ECJ에 즉시 선결적 부탁을 하는 것이 소송에 있어서 '경제적'이고 소송진행에 있어서도 '신속'을 기할 수 있기 때문이다. 그러므로 'EU법적 사안'의 결정이 '잠재적'인 의미에서 결정적이라 하더라도 그 선결적 사안의 '필수적 성질'은 인정되는 것으로 보아야 한다.[16] 이러한 의미로 이해될 때, 국내법원은 선결적 부탁의 시기를 자유롭게 자체적으로 결정할 수 있다. ECJ도 "소송의 어느 단계에서 선결적 판결을 부탁하는 것이 적절한가는 오직 국내법원이 결정

---

15) T. C. Hartley, *The Foundations of European Community Law*(Oxford: Clarendon Press, 1998), pp.280-281; Case 126/80, *Salonia* v. *Poidomani and Giglio*, [1981] ECR 1563, at 1577, para.7.

16) Hartley, *supra* note 15, p.282.

할 문제"[17)라고 설명하였다.

이와 같이 TFEU 제267조(EC조약 제234조, 구 제177조) 3단의 국내법원은 선결적 부탁에 관한 '관련성'의 판단에 대한 재량권을 가지며, ECJ는 1982년 *CILFIT* 사건[18)에 대한 판결을 통해 이 점을 확정하였다. 원칙적으로, 본 분쟁이 EU법의 해석과 관련된 사안 또는 EU기관행위의 유효성과 관련된 사안이라는 당사자의 주장이 존재하는 단순한 사실만으로 당해 국내법원의 선결적 판결의 부탁의 의무가 존재함을 의미하지는 않는다. 이와 관련하여 ECJ는 다음과 같은 견해를 취하였다.

> "제177조(TFEU 제267조)의 2단과 3단의 관계로부터, 3단에 언급된 국내법원은 2단과 동일한 재량을 갖는바, 3단의 국내법원도 EU법상의 사안에 관한 ECJ의 판결이 본안소송의 판결을 위해 필요한지에 대하여 확인할 수 있다. 따라서 그러한 국내법원은 EU법의 해석과 관련된 문제(또는 EU기관행위의 유효성과 관련된 사안)가 관련성이 없음이 판명되었을 경우에는 이를 ECJ에 부탁할 의무가 없다."[19)

이처럼 본 사안이 판결의 목적상 선결적 절차가 아니라 명백하게 본안소송에서 다루어져야 하는 경우가 있다. 이를 통해 ECJ는 제267조 3단의 목적을 보다 효과적으로 달성하기 위하여 선결적 부탁의 의무를 조절하고 있다. 이로써 선례구속의 원칙이 적용되듯 EU법적 사안에 관한 국내법원과 ECJ 간의 사법적 판단에 대한 충돌을 예방한다. 먼저 EU법적 사안이 '유사 사례'로서 이미 선결적 판결의 목적이 되었던 사안과 동일한 목적인 경우가 있다.[20) 어떤 EU법적 사안에 관한 결정이 국내법원의 본안판결에 필수적이라 하더라도 당해 EU법과 관련된 ECJ의 판례가 이미 존재하는 경우에는 선결적 부탁의무가 면제된다. 한편 ECJ는 선결적 판결의 부탁의무에 관하여 법적인 의미에서 '선례의 구속'을 받지 않는다. 따라서 과거의 ECJ의 선결적 판결이 올바르지 않다고 판단되는 '국내법원'은 이러한 과거에 판결된 선결적 사안의 문제를 재고하기 위하여 선결적 부탁을 다시 요청할 수 있다. 그러므로 이미 당해 선결적 사안에 관한 ECJ의 판례가 존재하는 경우에 국내법원은 선결적

---

17) Case 36&71/80, *Irish Creamery Milk Suppliers Association* v. *Ireland*, [1981] ECR 735, at 748, para.9.

18) 1982년 10월 6일 판결된 *CILFIT* 사건의 내용은 다음과 같다. 이탈리아의 몇몇 섬유업자들은 공동체 외부에서 수입된 모직물(wool)에 대하여 부과되는 보건검역세의 징수에 반대하였다. 이들은 '농산품'의 공동시장을 규율하는 규칙(Regulation) 827/68은 수입된 '축산품'에 관하여 회원국들의 관세부과를 금지한다고 주장하였다. 이에 대하여 보건당국(Ministry of Health)은 모직물은 본 규칙의 부속서 Ⅱ에 언급된 '축산품'에 해당하지 않고 따라서 '농산품'의 공동시장에 포함되지 않는다고 지적하였다. 결국 본 사건은 파기원(Cour de Cassation)에 의해 ECJ에 그 해석을 위하여 선결적 판결소송이 제기되었다. Case 283/81, *CILFIT* v. *Ministry of Health*, [1982] ECR 3415.

19) *Ibid.*, at 3428-3429. para.10.

20) *Ibid.*, at 3429, para.13.

부탁의무는 면제되지만 선결적 부탁에 대한 재량적 권한은 영향을 받지 아니한다. ECJ와 국내법원 간의 관계는 '종속관계'가 아니라 '협력관계'이다.

> "제177조(현제234조)의 3단의 부탁의 의무의 한계와 관련하여, ECJ의 기존 판결들이 이미 사안의 법적 관점을 다루었다면, 그와 동일한 효력은 본 사건에도 발생할 것이다. 이는 소송의 성질과는 무관하며, 논쟁의 사안이 기존의 사안과 엄격하게 동일한 내용이 아닐지라도 그러하다."[21]

EU법에 관한 ECJ의 해석은 명확하기 때문에, 본 사안의 해결방법에 관한 어떠한 '합리적 의심의 여지'를 남겨 두지 않을 것이다. 어떤 내용이 이전의 사례와 동일하다는 결론이 내려지기 전에, 국내법원은 본 사안이 다른 회원국의 국내법원과 ECJ에서 명백하게 적용되었던 사안인지를 확인하여 본안소송의 판결에 대한 확신을 가질 수 있다. 이로써 국내법원은 ECJ에 본 사안을 제출하는 것을 자제할 수 있고, 자체적으로 문제를 해결하기 위한 책임을 지게 된다.[22] 이러한 명백히 본안소송에서 다루어야 할 사건은 '명확한 규정의 이론'으로 알려져 있다. '명확한 규정의 이론'은 국내법원이 선결적 판결의 부탁의 의무를 '회피'하는 것을 외견상 '허용'하면서 동시에 동 부탁의무의 회피를 '남용'하는 것을 방지하기 위한 것이다.[23] 이 이론에 의하면 ECJ의 판례가 존재하는 경우에 국내법원의 선결적 부탁의무가 원칙적으로 면제되고, 국내법원은 EU법적 사안에 관한 결정이 본안판결을 행사함에 있어서 필수적이라고 인정되어도 당해 EU법규의 의미가 명확하다는 이유만으로 ECJ의 해석을 요청하지 않고 당해 EC법규를 그대로 적용할 수 있다.[24]

이러한 '명확한 규정의 이론'은 ECJ의 과중한 업무를 경감시켜 주고 또한 국내소송의 지연을 방지한다는 기능적 측면을 지니고 있다. 그런데 '명확성에 대한 판단'은 일면 상대적이기 때문에 어떤 법률가에게는 명확하게 보여도 다른 법률가에게는 '의문'인 경우가 있을 수 있다. 특히 법적 전통을 달리하는 국내법원 내지 법학자들에게 이러한 현상은 적지 않을 것이다. 그 외에 이 이론은 본질적인 위험성을 내포하고 있다고 볼 수 있는데, 왜냐하면 어떤 EU법적 사안의 의미가 ECJ의 해석이 필요 없을 정도로 명확한지도 그 자체가 이론적

---

21) *Ibid.*, at 3429, para.14.

22) *Ibid.*, at 3430, para.16.

23) Lenaerts, Arts and Bray, *supra* note 7, p.50.

24) '명확한 규정의 이론'은 Cases 28-30/62, *Da Costa* v. *Nederlandse Belastingadministratie*, [1963] ECR 31 at 40-46 에서 법률고문관 Lagrange에 의해 제시된 바 있다. 이러한 '명확한 규정의 이론'은 본래 프랑스의 사법절차상의 선결문제 제도에 기반을 둔 것으로, 이 프랑스 국내이론을 국참사원(Conseil d'Etat)이 EU법적 분쟁에도 적용하면서부터 타 회원국의 국내법원들도 도입하여 적용하였다.

으로는 '해석'의 문제에 해당되어 ECJ의 해석에 관한 선결적 판결의 배타적 관할권에 속할 수 있기 때문이다.[25]

　　CILFIT 사건의 '명확한 규정의 이론'에 관한 공식선언은 절충의 표현으로, ECJ는 자발적인 협력을 강화하여 국내법원이 EU법에 관한 선결적 부탁의 사안을 결정하는 데 대하여 책임을 부여하고 있다. 국내재판관에 따라 다양한 견해가 제기되는 EU법 사안의 결정에 대한 책임을 강화하여 ECJ와의 실제적인 협력을 강화하고자 한 것이다. 그러나 이러한 EU법상의 '명확한 규정의 이론'은 매우 제한적으로 인정되어야 할 것이다. 이러한 취지에 의해 ECJ는 *CILFIT* 사건에서 '그 해답이 너무도 명백'하여 어떤 합리적인 의심의 여지가 존재하지 않는 경우에는 TFEU 제267조(EC조약 제234조) 3단에 포함되는 국내법원일지라도 선결적 부탁의 의무가 면제된다고 판결함으로써 명확한 규정의 이론을 인정하였다. 이와 관련하여, ECJ는 "회원국의 국내법원은 다른 회원국의 국내법원과 ECJ에서도 동일하게 명백하다는 확신을 가져야 한다"[26]라고 하였다.[27]

2. 선결적 부탁의 남용의 방지

1) 명백히 부적절한 사안에 대한 제한

　　ECJ는 "국내법원에 의한 EU법의 해석 또는 EU기관행위의 유효성에 대한 검토의 결과, 본 사건의 사실과 아무런 관련이 없거나 또는 본안소송의 객체와 아무런 관련이 없음이 명백한 경우, 국내법원의 관련성에 관한 평가의 내용에 따르지 아니한다"[28]라고 판결하였다. 이 경우 선결적 판결의 요청은 허락할 수 없으며, 따라서 이러한 국내법원의 선결적 부탁의 소는 기각된다.[29]

　　ECJ에 의하면 국내법원이 제출한 선결적 사안의 '무관련성'은 명백하게 알 수 있다고 한다.[30] 그러나 문제는 ECJ가 본안소송의 '사실관계'와 '국내법적 측면'의 인정을 위하여 광

---

25) Hartley, *supra* note 15, p.283.

26) Case 283/81, *CILFIT* v. *Ministry of Health*, [1982] ECR 3415, at 3428-3429. para.16.

27) 따라서 ECJ가 선결적 부탁의무로부터 면제되기란 사실상 불가능할 것이다. 만일 선결적 부탁의무를 지는 회원국의 국내법원이 부탁의무를 위반하는 경우, 당해 국내법원이 속하는 회원국을 피고로 하여 TFEU 제258조(EC조약 제226조, 구 제169조)와 제259조(EC조약 제227조, 구 제170조)에 의해 강제소송이 제기될 수 있으나, 이는 현실적으로 기대하기 어렵다고 보아야 할 것이다.

28) Case 126/80, *Salonia* v. *Poidomani and Giglio*, [1981] ECR 1563, at 1576-1577, para.6.

29) Case C-428/93, *Monin Automobiles*, [1994] ECR Ⅰ-1707, at Ⅰ-1714, paras.13-14.

30) Hartley, *supra* note 15, p.280; Lenaerts, Arts and Bray, *supra* note 7, p.40.

범위하게 검토할 수 있는가 하는 문제이다. 왜냐하면 이에 대하여 확실하게 검토가 되어야만 선결적 판결의 요청을 '수용'할 수도 '거절'할 수도 있기 때문이다. 이에 대하여 ECJ는 재검토한 사안을 통해 부적합한 선결적 부탁의 소를 기각하며, 다만 ECJ는 선결적 부탁으로 성립되지 않은 당사자 간 분쟁의 사실관계와 국내법적 측면에 관하여 그 검토결과를 공개적으로 발표하지 아니하여야 하며, 국내법원은 ECJ의 이러한 접수거부의 판단에 대해 어떠한 결정도 취하지 아니하여야 할 것이다.[31] 이를 통해 부적절한 선결적 사안은 자연스럽게 치유된다. 반대로, ECJ의 검토 중 본 사건의 사실관계와 국내법적 측면이 인정되거나 또는 ECJ에 제출된 사건기록상 사실관계나 국내법적 측면이 명백한 것으로 판명된 경우, 본 선결적 사안의 '관련성'의 평가는 TFEU 제267조상의 ECJ에 의해 방해받지 아니하며 선결적 부탁의 사안으로 인정된다. 아래에서는 ECJ의 선결적 부탁에 대한 관할권의 존재 여부를 결정함에 있어서 선결적 부탁의 대상으로서 부적절한 경우에 대하여 몇 가지 사례를 살펴본다.

(1) 국내법으로도 해결이 가능한 경우: *Vlaeminck* 사건

1982년 *Vlaeminck* 사건[32]에서 ECJ는 한 노동법원(Arbeitshof, Labour Court)의 선결적 부탁명령서에 제시된 사안에 관하여 다음과 같은 결론을 내려 사건을 기각하였다.

> "사실적 상황과 관련하여 본 선결적 사안은 '목적'을 결한 것으로 보인다. 본 사안에 대한 진술은 공동체법의 해석을 통해 공동체법적인 문제의 해결에 유용하게 적용될 수 있는 내용이 아니다. 본안소송의 사실적·법적 정황에 비추어 볼 때, 본 사건에는 공동체법적 쟁점이 존재하지 아니한다. 따라서 ECJ는 제177조(제234조, TFEU 제267조)에 의하여 노동법원이 부탁한 선결적 사안에 관하여 판결하지 아니한다."[33]

(2) 사적 목적으로 부탁된 경우: *Falciola* 사건

선결적 사안의 기각에 관한 문제는 1990년 *Falciola* 사건[34]에서 더욱 명백해졌다. ECJ는 한 이탈리아 국내법원이 부탁한 일련의 사안들에 대해 답변할 선결적 부탁에 관한 관할권을 거부하였다. 본 사안들은 도로공사계약의 재정과 관련된 내용이었다. 이탈리아 국내법원

---

31) *Ibid.*

32) 이 판결은 프랑스(남편)와 벨기에(아내)에서 근무한 경력이 있는 결혼한 한 부부의 연금제도와 관련된 사실관계와 국내법적 측면들이 복잡한 내용을 이루었다는 점에서 의미가 있다. 그러나 이러한 복잡성에도 불구하고, 본 사건은 EU법적 쟁점과는 무관하여 국내법원의 본안판결 자체에 의해서도 해결될 수 있는 것이었다. Case 132/81, *Rijksdienst voor Werknemerspensioenen* v. *Vlaeminck*, [1982] ECR 2953.

33) *Ibid.*, at 2963-2964, paras.13-14.

34) Case C-286/88, *Falciola*, [1990] ECR Ⅰ-191.

의 '부탁명령서'에 의하면, 당해 계약은 '2개의 이사회 지침'과 관련되었다는 것이다. 그런데 부탁된 사안들은 이러한 이사회의 지침이 민사책임상 발생한 손해배상에 관한 1988년 4월 13일의 이탈리아 법률 No.117/88의 몇 가지 측면에서 본질상 EU법과 양립할 수 있는 것[35]으로서 선결적 부탁의 대상으로서는 부적합한 내용이었다. ECJ는 본 사안들이 본안소송의 객체인 '이사회의 지침'과 아무런 관련이 없다는 것을 발견하는 데 어려움이 없었다. 왜냐하면 선결적 판결의 요청이 2개의 이사회지침의 해석과 관련된 사안이 아니었기 때문이다. 반면 ECJ는 1988년 4월 13일의 이탈리아 법률의 제정결과로부터 일어날 수 있는 일단의 이탈리아 재판관들의 심리적 반응들에 관하여 의심을 가졌다. 따라서 ECJ는 "이러한 ECJ에 제출된 선결적 사안은 본안소송의 판결을 목적으로 하는 공동체법의 해석의 대상과는 무관한 것"[36]이라고 주장하며, 사적인 요청에 의한 선결적 부탁에 의해서는 EU법의 해석을 기대할 수 없다고 판결하였다. 따라서 선결적 판결은 특별한 '사적인 필요'를 목적으로 요청되어서는 아니 되며, 국내법원의 본안소송상의 분쟁의 해결을 위한 '진실된 필요'에 의해 요구되어야 한다.

(3) 선결적 사안의 이유를 진술하지 않은 경우: *Lourenço Dias* 사건

선결적 부탁명령서에 국내법원이 선결적 판결의 요청에 대한 '이유'를 진술하지 아니할 경우, 부탁된 선결적 사안들에 대한 선결적 부탁에 관한 '관련성'의 존부에 관한 판단에 대하여 ECJ의 광범위한 재량을 부여하는 결과를 초래한다. 따라서 '국내법원'은 선결적 판결의 요청 시에 부탁명령서를 통하여 선결적 사안의 '이유'를 성실하게 상세히 '설명'해 주는 것이 필요하다.

이와 관련된 상황이 1992년 *Lourenço Dias* 사건[37]에서 발생하였다. 포르투갈의 한 국내법원은 EC조약 제25조(구 제12조, TFEU 제30조)와 제90조(구 제95조, TFEU 제110조)의 해석에 관한 8개 선결적 사안을 ECJ에 부탁하였다. 본 선결적 사안들은 자동차의 세금에 관한 포르투갈의 신법률의 몇 가지 문제에 있어서 EU법에 대한 적합성(compatibility)에 관한 확인을 요청하는 것이었다. 그런데 본안소송의 한 당사자인 검사, 포르투갈과 영국정부, 그리고 위원회는 본 사안에 대한 ECJ의 관할권을 부정하였다. 왜냐하면, 본 선결적 사안들이 선결적 부탁상의 사실관계 또는 본안소송의 객체와 관련이 없다고 판단하였기 때문이다. '차량'과 관련된 본 사건은 영국으로부터의 포르투갈의 '수입'이 '물품수송'으로 변경되었

---

35) Lenaerts, Arts and Bray, *supra* note 7, p.41.

36) Case C-286/88, *Falciola*, [1990] ECR Ⅰ-191, at Ⅰ-195, para.9.

37) Case C-343/90, *Lourenço Dias*, [1992] ECR Ⅰ-4673.

고, 따라서 '세금면제'의 혜택을 향유하고 있었다. 그러나 몇 개월 후 조사에서 그런 변경은 '물품'뿐만 아니라 '승객'도 운반할 수 있도록 바뀌어 있었다. 이와 같은 상황에 대하여 관세당국은 관세의 납입을 주장하였고, 본 차량의 소유주인 Lourenço Dias는 이에 대한 불응으로 국내법원에서 분쟁이 발생하게 되었다.

이에 대하여 ECJ는 국내법원이 제출한 포르투갈 법률의 일련의 규정들과 EU법의 적합성에 관한 의문점들에 관한 부탁명령서를 검토하기 시작하였다. 그러나 국내법원은 신법률의 일련의 관련 규정들이 본안소송의 사실관계와 어떤 관련이 있는지의 이유를 ECJ에 설명해야 했는데, 포르투갈 국내법원은 이러한 '이유'의 진술을 소홀히 하였다. 이에 ECJ는 부탁된 8개 개개의 선결적 사안들과 포르투갈 신법률의 관련 규정을 분석하여 '사안들을 확정'하는 작업을 '자체적'으로 진행하였고, 그 선결적 사안들을 차량의 특성과 새롭게 밝혀진 기타의 사건정황과 관련을 짓게 되었다. 이러한 ECJ의 선결적 부탁에 대한 '사안'에 관한 '관련성'에 대한 확정작업은 국내법원이 제출한 사건기록과 부탁명령서뿐만 아니라, ECJ 규정 제20조에 따라 관련 당사자들로부터 제출된 서면의견서들까지 적극적으로 검토하여 진행되었다. 이로서 그동안 본 사건에 대하여 방관자였던 영국정부도 참가하게 되었다. 이런 선결적 부탁의 관련성에 대한 확정작업의 진행의 결과, ECJ는 "부탁된 8개의 선결적 사안 중 6개의 포르투갈 법률규정은 직접적으로든 또는 암시적으로든 명백하게 본안소송의 사실들에 적용될 수 없다는 이유로 인하여 선결적 부탁을 위한 관련성을 부인하였으며, 따라서 이러한 선결적 사안들에 대하여 회신할 필요가 없다"[38]라고 판결하였다. 왜냐하면 이는 선결적 부탁의 대상과는 무관한 내용으로서 이러한 선결적 사안에 대한 ECJ의 회신이 무엇이든 간에 본질적으로 본안소송상 어떠한 결과를 도출해 낼 수 없기 때문이다.

그런데 문제는 위와 같은 선결적 사안의 확정작업을 통한 ECJ의 선결적 판결의 시도는 ECJ가 EU법과 국내법 사이의 해석의 '한계선'을 침해하였다고 여겨질 수도 있다. 그러나 이러한 선결적 사안의 확정작업은 매우 적절한 것이었다. 그 이유는 ECJ가 선결적 판결을 행사함에 있어서, 선결적 판결을 부탁한 국내법원이 당사자들 간의 분쟁인 본안소송의 사실적 또는 국내법적 측면에 관하여 일체 어떠한 설명도 하지 않았기 때문에 초래되는 불가피한 상황이기 때문이다. 이러한 선결적 사안의 확정작업은 ECJ가 국내법원이 미해결로 남겨둔 선결적 사안을 조사하여 불충분한 내용을 단순히 충족시킬 뿐 국내법의 적법성을 논하기 위한 것은 아니며, 이는 EU의 사법질서 유지를 위한 ECJ의 당연한 의무이다. 이는 국내법원의 입장에서 보면, 선결적 사안에 대해 그 이유의 설명을 생략한 것은 그러한 이

---

38) Case C-343/90, *Lourenço Dias*, [1992] ECR I-4673.

유의 설명이 자칫 국내법원 자신의 관할권을 넘어 ECJ의 관할권을 침해하지 않기 위함이라고 볼 수 있다.[39] 그런데 만일 ECJ가 8개 모든 선결적 사안들에 대한 이러한 검토작업이 없이 답변을 했다면, 이는 철저한 사법적 검토 없이 행해진 결과에 불과한 것이 될 것이다.

2) 허위분쟁에 대한 제한

선결적 부탁절차는 본질상 본안소송의 분쟁해결을 '보조'하기 위한 소송이므로, ECJ는 허위의 본안소송에 근거한 선결적 사안을 기각할 수 있다. "EC조약 제177조(TFEU 제267조)의 절차의 남용으로 ECJ의 선결적 판결을 '유인'할 목적으로 한 허위분쟁이 실제로 밝혀질 경우, ECJ는 그러한 사건에 대한 선결적 판결의 요청을 거부한다"[40]라고 판결하였다. 그러나 허위분쟁의 여부를 판단하는 것은 쉬운 일이 아니다. 왜냐하면 한편으로는 발견하지 못한 허위분쟁이 선결적 부탁절차를 남용하는 문제가 발생할 수 있고, 다른 한편으로는 이러한 허위분쟁을 판단하기 어려움에도 불구하고 ECJ가 허위분쟁을 이유로 선결적 부탁을 거부하는 남용의 문제가 발생할 수 있기 때문이다.

(1) 허위분쟁에 대한 판단의 한계

당사자들이 본안소송의 분쟁해결을 목적으로 하지 않고 '다른 목적'을 위해 국내법원을 통하여 허위로 ECJ에 선결적 판결을 요청한다[41]는 사실을 ECJ가 밝혀내기란 실제로 어려운 일이다. 그것은 본안소송의 '사실관계'와 '국내법적 측면'을 '평가'하는 것은 원칙적으로 '국내법원'의 직무이기 때문이다. 따라서 ECJ는 국내법원이 부탁한 선결적 사안을 '일반적으로 진실된 것으로 간주'하게 된다.

그러나 위와 같은 허위분쟁의 판단에 대한 한계에도 불구하고, ECJ는 오직 선결적 부탁명령서에 진술된 내용으로만 본 사건이 허위분쟁이라고 판단할 수 있으며, 이렇게 허위로 판단된 사건은 선결적 판결로 허용될 수 없다. 따라서 ECJ는 선결적 '부탁명령서'상의 내용에 한정되어 사실관계에 대한 최종조사를 이행한다. 이는 선결적 판결소송이 원래 본안소송의 '사실관계'의 조사에 직접적으로 관여하지 않기 때문이다. 이러한 선결적 사안에 관한 ECJ의 허위분쟁에 대한 판단은 ECJ규정 제20조에 따라 제출된 '서면의견서들' 또는 국내법원이 제출한 '사건기록'에 포함된 특별한 내용을 참고로 하되, 이러한 자료에 영향을

---

39) Lenaerts, Arts and Bray, *supra* note 7, p.42.

40) Case C-231/89, *Gmurzynska-Bcher*, [1990] ECR Ⅰ-4003, at Ⅰ-4018, para.23.

41) Case 244/80, *Foglia* v. *Novello* Ⅱ, [1981] ECR 3045, at 3062-3063, para.18.

받지 않고 진행될 수 있다.[42] 이는 선결적 재판상 효력을 갖는 실질적인 법률적 문서를 '부탁명령서'로 한정하고자 하는 ECJ의 의도라고 할 수 있다.

(2) *Foglia* v. *Novello* **사건**

TFEU 제267조에 의해 ECJ는 오직 EU법에 관해서만 결정을 내릴 수 있다. 즉 회원국의 국내법이 EU법에 '위배'되는지를 결정할 권한은 존재하지 않는다. 이는 선결적 부탁절차에 있어서 ECJ와 회원국 국내법원의 권한배분과 관련하여 중요하다. 즉 이는 회원국의 국내법원이 ECJ보다 '하위'에 있다기보다는 양자가 '동등'한 지위에 있다는 것, 그리고 상호 '협력'의 관계에 있다는 것을 의미한다. 그러나 양자의 협력관계에는 일정한 한계가 있는데, ECJ의 선결적 판결은 단순한 자문적(advisory) 기능을 수행하는 것이 아니라 이를 부탁한 국내법원을 구속한다는 것이다.[43] 한편 국내법원과 ECJ는 상호협력의 관계에 있기 때문에 선결적 사안이 절차상 부적절함을 이유로 거부되지 아니하며, 가능한 한 ECJ는 부탁된 사안에 대한 결정을 내린다.[44] 또한 ECJ는 선결적 부탁상 국내법원에 명백한 과실이 존재한다 하더라도 실제로 제기된 문제보다는 당해 국내재판관이 부탁하려고 의도했을 것으로 여겨지는 문제에 대하여 회신하는 데 있어서 적극적이다.

Foglia v. *Novello* 사건은 ECJ가 본안소송의 허위분쟁을 이유로 선결적 판결의 관할권을 거부한 유일한 사례로서, 어떤 회원국의 세금제도가 다른 회원국에서는 무효라고 주장하여 제소된 사건이다. 이 2명의 당사자 개인은 재판의 결과에 대하여 승복할 것에 합의하고, 그 계약서에 문제발생 시 회원국 국내법원에 본 사안의 판결을 위임한다는 내용의 조항을 삽입하였다. ECJ는 이러한 방법의 '인위적' 성격을 지적하며, 이는 회원국의 조세법에 의하여 권리의 구제가 가능하다고 판결하였다.[45] 즉 당사자인 개인은 보다 큰 사적인 이익을 위하여 '인위적'으로 사건을 조작한 것이라고 간주하였던 것이다.

Foglia v. *Novello* 사건에 관하여 보다 상세히 살펴보면, 두 명의 이탈리아인이 인도장소를 프랑스로 하는 포도주 매매계약을 체결하였는데, 이 계약에 의하면 매수인 Novello는 프랑스와 이탈리아 간 상품의 자유이동에 위배되는 일체의 프랑스 또는 이탈리아 세금에 대해

---

42) Case 267/86, *Van Eycke* v. *ASPA*, [1988] ECR 4769, at 4774.

43) Case 13/61, *De Geus* v. *Bosch*, [1962] ECR 45; Case 244/80, *Foglia* v. *Novello Ⅱ*, [1981] ECR 3045, at 3062, para.14.

44) 이탈리아의 Milan치안판사는 문제점을 적절하게 제시하지 못하였고, 다만 이탈리아의 법률이 당시 EC설립조약상의 몇몇 규정과 모순된다는 문제가 제기되었기 때문에 관련소송서류를 ECJ에 송달할 것을 명령하였다. 그럼에도 불구하고 ECJ는 "국내법원에 의해 부적절하게 제기된 문제 중 오직 조약의 해석에 관한 문제점들을 추출할 권한이 ECJ에 있다"고 하였다. Case 6/64, *Costa* v. *ENEL*, [1964] ECR 585, at 592-593.

45) Case 104/79, *Foglia* v. *Novello Ⅰ*, [1980] ECR 745, at 759-760, para.10.

책임을 지지 않는다고 되어 있었다. 이에 상품은 잘 인도되었으나, 문제는 프랑스 당국이 소비세를 부과하였다는 점이다. 이에 매도인 Foglia가 이를 부담한 뒤 매수인 Novello에게 그 상환을 청구하였으나, Novello는 프랑스 세금이 TFEU 제110조(EC조약 제90조, 구제95조)(역내 과세의 금지)에 위배되는 것이므로 계약대로 이를 지불할 의무가 없다면서 상환을 거절하였다. 결국 이탈리아 국내법원은 프랑스 세금이 EU법과 일치하는가를 ECJ에 요청하였다. 그런데 Foglia와 Novello 간의 '전체 거래'는 허위분쟁을 일으킬 목적으로 고안된 것이라고 의심되는 근거들이 발견되었다. 따라서 ECJ는 두 당사자 간에는 진정한 분쟁 (genuine dispute)이 존재하지 않으므로 부탁된 사안에 대하여 선결적 판결을 부여할 수 없다고 판결하였다.46) 그 후 이탈리아 법원은 분쟁이 존재하며 따라서 당해 분쟁의 해결을 위해 선결적 판결이 필요하다고 판단되어 ECJ에 다시 선결적 부탁을 하였다. 여기에서 이탈리아 법원은 선결적 부탁의 필요성은 국내법원의 재량이라는 ECJ의 일관된 판례법을 지적하였고, 이에 대해 ECJ는 선결적 부탁의 필요성이 '국내법원의 재량'임에도 불구하고 'ECJ'로 부탁된 사건을 '검토'할 수 있다고 하였다. 그리고 한 회원국의 입법이 다른 회원국의 국내법원에서 사법심사의 대상이 되는 경우 ECJ는 TFEU 제267조(EC조약 제234조)의 절차가 조약의 취지에 적합하지 않은 목적으로 남용되지 않도록 특별히 주의해야 한다고 하였다. 그런데 *Foglia* v. *Novello* 사건이 바로 이러한 경우이므로 ECJ는 이전과 동일하게 선결적 판결을 거부하였다.47)

이러한 판결에 대하여 ECJ가 본안소송의 '사실관계'에 '지나치게' 깊이 '관여'한 남용행위라는 비판이 제기되었다. 특히 이 사건의 경우에는 ECJ가 본안소송의 분쟁해결에 실질적인 기여를 하기 위해 선결적 판결을 행사하여 선결적 부탁명령서를 제출한 국내법원을 존중했어야 한다는 것이다. 또한 이로 인하여 TFEU 제267조(EC조약 제234조)에 규정된 ECJ와 국내법원 간의 협력체계에 관한 전반적인 '신뢰관계'에 위험을 초래하게 되었다고 주장하였다.48) 따라서 ECJ는 이러한 허위로 인한 선결적 사안의 거부에 관한 판례법의 범위를 최소한의 예외적 사례로 축소하기 위해 "국내법원의 선결적 '부탁명령서'상의 정보제공에 의하여 본안소송이 허위분쟁이라는 것이 명백한 경우, ECJ는 국내법원의 본안판결을 보조할 수 없음을 이유로 하여 당해 선결적 사안에 대한 관할권을 거부한다"49)라고 판결하였다.

---

46) Hartley, *supra* note 15, p.279; Case 104/79, *Foglia* v. *Novello* I, [1980] ECR 745.

47) Hartley, *supra* note 17, p.280; Case 244/80, *Foglia* v. *Novello* II, [1981] ECR 3045.

48) A. Barav, "Preliminary Censorship? The Judgment of the European Court in Foglia v. Novello", (1980) *ELRev.* 443-468; G. Bebr, "The Existence of a Genuine Dispute: an Indispensable Precondition for the Jurisdiction of the Court under Art. 177(now Art. 234) EEC Treaty", (1980) *CMLRev.* 525-537.

49) Case 46/80, *Vinal* v. *Orbat*, [1981] ECR 77, at 91.

결론적으로, 본안소송상의 사건에 대한 명백한 허위 여부는 국내법원의 선결적 '부탁명령서'에서 기술한 사실관계에 관한 자료로부터 분명하게 판단할 수 있으며, 이를 통하여 ECJ는 허위분쟁의 경우 선결적 판결이 국내법원의 본안판결을 보조할 수 없음을 이유로 당해 선결적 사안의 허용을 거부한다. 당사자 간 분쟁이 사실상 존재하지 않는다면, 또한 이러한 허위사실에 대한 판결도 불필요한 것이다.

3. 선결적 부탁명령서의 충실화

1) 국내법원의 국내정보제공의 충실화

TFEU 제267조에 따른 선결적 판결의 부탁의 결정에 있어서 국내법원은 소송의 '경제성'과 '효율성'을 고려해야 한다. 국내법원은 선결적 부탁의 결정에 관하여 평가할 수 있는 최상의 지위에 있으며, 이러한 평가를 통해 관련 사안에 관하여 ECJ에 선결적 판결을 요청한다. 그러나 국내법원은 이런 평가자로서의 지위를 무제한적으로 향유하는 것은 아니다. 국내법원은 단지 ECJ로의 선결적 부탁에 대한 결정여부를 평가하는 최상의 지위에 있을 뿐이며, 원칙적으로 ECJ는 이러한 국내법원의 평가와 보조를 같이 하여 임무를 수행한다. 이는 국내법원의 '부탁명령서'에 의해서도 분명해진다. 만일 아직 국내법원이 사건의 사실관계, 법적 관계를 충분하게 파악하지 못하였고, 이로 인해 '부탁명령서'상 이에 관하여 당사자들에게 아무런 언급도 할 수 없다면, 이러한 문제들은 국내법원에 계류 중인 본안소송의 해결을 위해 선결적부탁의 방법으로 ECJ에 이송되고 ECJ는 국내법원과 협력하게 된다.[50] 그런데 이때 ECJ는 '유용한 판결'에 이를 수 없는 큰 위험에 처할 수도 있어서, 그 결과 ECJ의 선결적 판결은 단순한 '가설적 의견'으로서 무시되고, 국내법원과 ECJ간의 협력은 소기의 목적을 달성하지 못하게 될 수도 있다.

1979년 *Union Laittière Normande* 사건의 판결에서, ECJ는 '부탁명령서'의 내용에 관하여 "공동체법의 '유용한 해석'을 가능케 하는 요소이어야 하고 이 요소는 해석의 법적 정황을 판단하는 데 필수적인 내용이어야 한다"[51]라고 판결하였다. 본 사건에서는 부탁명령서상 국내법원이 EU법의 해석을 요구하는 이유를 언급하지 않았음에도 불구하고,[52] ECJ에 제출

---

50) 국내법원이 소송의 경제성과 효율성을 평가할 최상의 지위에 있음에도 불구하고, 사안에 대한 명쾌한 사실관계와 법적 쟁점을 도출하지 못하는 경우, 본 사안을 계속하여 국내법원에 잔류시킬 수는 없다.

51) Case 244/78, *Union Laitière Normande* v. *French Dairy Farmers,* [1979] ECR 2663 at 2681, para.5.

52) 국내법원이 부탁명령서(order for reference)에 선결적 판결 요청의 이유나 근거를 진실하고 상세하게 기술하지

된 사건기록에는 충분하고도 명백하게 선결적 판결의 제기이유들이 언급되어 있었다. 본 사건에서는 '사건기록'을 통해 선결적 판결의 제기의 이유의 충실을 확보하였지만, 결국 선결적 판결에 관한 '부탁명령서'의 충분하고도 명백한 내용이 'EU법의 유용한 해석'의 가능성과 ECJ의 판결가능성에 얼마나 중대한 영향을 주는가를 보여 주고 있다.

2년 후, 1981년 *Irish Creamery Milk Suppliers Association* 사건에서 ECJ는 불명확했던 이러한 선결적 판결에 관한 부탁명령서의 내용에 관한 기본적인 요건을 확대하였다.

> "그러므로 본 사건의 사실관계의 확정에 있어서, 그리고 해결되어야 할 법적 사안에 있어서, 이러한 내용을 부탁명령서에 기술하여 ECJ에 부탁하는 것은 법적·사실적인 모든 특징들을 파악하여 공동체법과의 '관련성'을 판결하기에 용이할 것이다."[53]

충실한 부탁명령서의 요구는 ECJ의 선결적 판결의 요청 여부를 결정하는 국내법원의 재량권을 제한하지 아니하고는 현실적으로 불가능하다. ECJ는 국내법원의 사건기록으로부터 수집된 정보와 ECJ에서의 소송 중 인용된 정보를 이용함으로써 부탁명령서의 부실을 보완할 수 있다.[54] 따라서 ECJ는 일반적으로 이러한 과정을 통해 부탁된 사안들에 대하여 결정할 준비를 한다. 그러나 ECJ는 이에 대해 전적으로 만족하지 못하고 있는데, 이는 선결적 판결의 부탁을 위한 국내법원의 불충분한 정보제공에 의하여 법적 쟁점의 질을 해할 위험이 있기 때문이다.

> "선결적 판결의 부탁의 경우, 국내법원에 의하여 제출된 정보는 ECJ가 유용한 판결을 제시하는 데 유익할 뿐만 아니라, ECJ규정 제20조에 따라 의견을 제출하는 회원국들과 기타 이해당사자들에게도 유익하다. ECJ는 이들에게 자신의 의견을 제출할 기회를 보장할 의무가 있으며, 위에 언급한 규정에 의하여 국내법원이 요청한 선결적 판결의 제기사실을 이해당사자들에게 통지하여야 한다."[55]

2) 진실된 정보의 상세설명의 요구: *Telemarsicabruzzo* 사건

1993년 *Telemarsicabruzzo* 판결[56]에서, ECJ는 국내법원의 부탁명령서의 내용의 부실과 관

않는 경우, ECJ가 국내법원의 본안소송을 위하여 유용한 판결을 전달하는 데에 어려움이 있다.

53) Joined Cases 36, 71/80, *Irish Creamery Milk Suppliers Association* v. *Ireland*, [1981] ECR 735, at 748, para.6.

54) Lenaerts, Arts and Bray, *supra* note 7, p.32.

55) Joined Cases 141-143/81, *Holdijk*, [1982] ECR 1299, at 1311-1312, para.6.

56) 1993년 1월 26일 판결된 *Telemarsicabruzzo and Others* 사건 내용은 다음과 같다. 이탈리아는 대부분의 유럽국가들과 같이 TV프로그램방송을 전통적으로 유럽국가들에게 제공하였다. 그러나 1976년 이탈리아 헌법재판소는

련하여 국내법원에 조언을 하는 대신 무엇보다도 진실된 정보의 요건을 갖출 것을 요구하였고, 이에 응하지 않는 경우 선결적 판결의 신청을 수락할 수 없다고 하였다. ECJ는 "국내법원이 본 사건의 판결을 위해 본 사안에 대한 사실적·입법적 정황에 따른 EU법의 해석이 필요한 경우, 당해 선결적 사안의 기초가 되는 실제 정황을 진실되게 설명해야 한다"[57]라고 주장하였다. 실제, ECJ가 이렇게 선결적 부탁명령서에 있어서 일정한 제한을 가하는 것은 선결적 판결의 특정부분의 불필요한 사법심사를 사전에 거부하기 위함이다.

ECJ가 이렇게 부탁명령서상의 진실된 정보의 상세한 설명을 요구하는 근본적인 이유는 먼저, 사건의 상황 설명에 대한 정확성의 부족은 선결적 부탁의 거부의 이유가 되기 때문에 국내법원은 이를 상세하게 설명해야 한다.[58] 무엇보다 ECJ의 선결적 사안에 대한 사법심사는 정확한 사실적 근거를 기초로 진행되어야 하기 때문이다. 특히 경쟁법상에 제기된 사실적·법적으로 복잡한 상황들은 정확한 상황의 설명이 없이는 추상적으로 심사될 수밖에 없기 때문이다. 물론 국내법원이 제공한 '사건기록'의 정보와 본안소송의 당사자들이 제출한 '서면의견서'는 ECJ가 유용하게 사용할 수 있도록 제공된다. 그러나 이러한 정보와 서면의견서의 제공에 있어서 신중을 기하지 아니한 경우, 이러한 내용이 비합리적일 경우가 있을 수 있고, 이로 인해 ECJ의 선결적 판결이 국내법원의 본안소송에 대한 판결에 유익하지 못할 위험성이 있다고 할 수 있다. 결국 이러한 경우에는 ECJ와 국내법원과의 협력이 소기

지역적 차원의 TV전파의 설치와 사용에 있어서 사적 운영을 금지시키는 것은 헌법에 저촉되는 것이 아니라고 선언하였다. 이에 많은 사인들이 TV방영에 대한 허가를 요청하였으나, 방송주파수의 수가 제한되었고 할당량도 정해져 있었다. 이는 1990년 8월 6일의 법률 제223호에 의한 조치였다. 이로써 1976년과 1990년 사이의 법적 상황은 명확하지 않게 되었다. 이탈리아 헌법재판소의 몇몇 사건에서는 기존의 허가서(licenses)가 유효함을 이유로 하여 사기업이 TV방송을 할 수 있다고 판결하였고, 다른 사건에서는 유효한 입법이 부재한 상황에서 어떠한 사인에게도 이러한 요건이 적용될 수 없다고 판결하였다. 많은 하급심에서도 양자 중 하나의 결정을 채택하였다. 이러한 상황에서 Lazio 지역 TV방송사들은 방송을 제공하였고, 이러한 방송에 지장을 받는 국방부(Ministry of Defence)와 정보통신부(Ministry of Posts and Telecommunications)는 이들 방송의 금지를 명령하였다. 이로써 본 사건은 라디오와 TV 송신부인 Telemarsicabruzzo, Telaltitalia, Telelazio회사 대 Circostel(Circolo Costruzioni Telegrafiche e Telefoniche di Roma), 국방부, 정보통신부가 당사자가 되어 논쟁하였다. 매번 행정법원은 이러한 명령을 고수하였고, 마침내 이 사건은 TV방송기반시설의 허가에 관한 명령의 위헌 여부에 관하여 이탈리아 헌법재판소에 제기되었다. 이는 기각되었고, 행정법원은 이탈리아 정부의 TV채널사용권(특히, UHF채널 67, 68, 69의 사적 사용을 금하고 있음)이 EC조약 제81조(구 제85조, TFEU 제101조)와 제82조(구 제86조, TFEU 제102조)에 위반되는지 확인하기 위해 ECJ에 사건을 부탁하였다. 그런데 이 선결적 부탁명령서는 당해 사건에 대한 정보 및 관련 이탈리아 법조항에 대한 매우 적은 양의 정보를 담고 있었다. 특히 경쟁법과 관련된 사건은 복잡한 사실관계와 법적 쟁점이 문제가 되기 때문에 선결적 부탁명령서에는 본안사건에 대한 세부적인 사항이 포함되어야 한다. 단편적이거나 또는 미흡한 정보에 의해서는 ECJ의 정확한 해석을 기대하기 어렵기 때문이다. 이에 따라서 ECJ는 TFEU 제267조(EC조약 제234조)에 의해 적절한 판결을 내리기 위해서는 국내법원의 본 사건에 대한 사실적 및 법적 정보의 제공이 필수적이라는 결론을 내리고 당해 사건을 기각하였다. Joined Cases C-320-322/90, *Telemarsicabruzzo and Others*, [1993] ECR Ⅰ-393.

57) *Ibid*., at Ⅰ-426, paras.6-7.

58) Case 52/76, *Benedetti* v. *Munari*, [1977] ECR 163, at 182, paras.20-22.

의 목적을 달성하지 못하는 결과를 초래하게 되고, ECJ는 다만 단순한 의견을 제공하여 잠정적 효력을 부여하는 판결을 내릴 뿐, 국내법원의 본안소송의 판결에 대하여 거의 기여하지 못하게 된다. 따라서 ECJ는 진실된 정보의 상세한 설명을 국내법원에 요구하고 있다.

위와 같은 경우, ECJ는 국내법원의 부탁명령서의 부실을 이유로(ECJ규칙 제92조(1)에 따라) 선결적 판결의 요청으로서 부적합하다고 판결하였다. 그러나 ECJ는 사실적·법적 사안들의 문맥을 판단하기 위해 국내법원이 제출한 내용이 기술적인 면에서는 약간 미흡하다고 하면서, 비록 국내법원이 법적·사실적인 상황을 설명한 것이 적합하지 않은 경우일지라도 ECJ는 유용한 답변을 제시할 수 있다고 하였다.[59] 왜냐하면 부탁명령서의 내용설명이 기술적인 면에서는 다소 미흡하지만, 일면 진실에 근거한 상황의 설명이라고 판단되었기 때문이다.

선결적 부탁의 내용을 상세하게 설명할 것을 요구하는 *Telemarsicabruzzo* 사건은, 선결적 판결의 요청에 관한 국내법원의 배타적 관할권을 완전히 '부정'하는 것은 아니고, 다만 국내법원은 본 사건을 ECJ에 '진실'되게 부탁하여야 한다는 것을 의미한다. ECJ가 유용한 해답을 제시할 정도로 부탁명령서에 기술한 사실적·법적 설명은 충분해야 하며, 국내법원은 선결적 판결의 부탁에 있어서 반드시 이러한 법적 전제들 중에 어느 하나를 선택해야 할 필요는 없다. 이후에 국내법원은 이러한 ECJ의 견해에 충분히 영향을 받게 되었고,[60] 본 사건의 사실적·법적 측면에 관한 내용을 설명한 후 ECJ의 회신을 기다리게 되었다. 즉 국내법원은 부탁명령서에서 다양한 전제를 설명하고, 각각의 전제에 있어서 EU법이 어떠한 관련성을 갖는지를 더욱 명확하게 하기 위하여 선결적 판결을 요청한다. 국내법원은 이러한 보편적 요건을 위하여 본 사건의 모든 내용을 ECJ에 설명해야 한다. 이것이 *Telemarsicabruzzo* 사건의 핵심적 내용으로, 이를 통해 ECJ와 국내법원 양 법원 간의 진정한 대화가 가능하게 되었다.

결국 이러한 국내법원의 선결적 부탁명령서에는 선결적 판결을 요청하는 이유와 함께, 본 사건의 기초가 되는 다양한 사실적·국내법적 전제에 대하여 하나 이상의 설명을 포함시켜야 한다. 여기에서 본안소송의 판결을 예측함에 있어 EU법에 대한 설명은 존재하지 않아도 무관하며, 이러한 EU법과 관련된 사항은 ECJ의 재판관에 의하여 충분한 설명이 가능하기 때문이다. 이러한 과정은 어떤 사건과 관련된 EU법상의 전제에 대한 법적 쟁점의 폭을 좁히는 국내법원의 첫 번째 직무이다. 이를 위해서 국내법원은 선결적 부탁을 위해 국

---

59) Case C-316/93, *Vaneetveld*, [1994] ECR Ⅰ-763, at Ⅰ-783-784, para.13.

60) Joined Cases 36, 71/80, *Irish Creamery Milk Suppliers Association* v. *Ireland*, [1981] ECR 735, at 748, para.8.

내법원에 제소된 본 사건의 사실적·국내법적 측면들을 전체적으로 또는 부분적으로 구별할 수 있어야 한다. 물론 이러한 과정을 통한 선결적 부탁의 결정에 대한 재량권은 전적으로 국내법원에 한정되어 인정된다. 이렇게 선결적 부탁의 권한을 국내법원에 한정하여 인정하는 이유는 추후 국내법원이 "EU법은 사실관계 또는 국내법과 관련하여 더 이상 아무런 관련이 없다"는 사실을 발견하여 ECJ의 판결이 부적절한 판결이 될 수 있기 때문에,[61] 이러한 선결적 부탁에 대한 배타적 권한을 국내법원에 부여하여 선결적 부탁에 있어서 신중을 기하게 하고, 그 책임을 국내법원에게 지워 ECJ와 국내법원 간의 협력이 아무런 결과를 초래하지 못하게 되는 사태를 미연에 방지하기 위함이다.

IV. 결언

ECJ의 소송제도의 하나인 선결적 부탁절차는 EU의 사법적 통합의 형성과 발전에 크게 기여하였다. EU법과 회원국 국내법의 충돌 시 EU의 사법기관으로서 '유권해석' 또는 '유효성' 판결을 내려 회원국들이 추구하는 목표인 지역통합을 이루는 데 공헌하였으며, 여러 회원국들의 다양한 사법질서로 인한 충돌문제를 극복하여 지역통합의 사법제도화를 확립하였다. 그러나 이러한 선결적 부탁절차를 통한 EU의 사법적 통합에는 몇 가지 한계가 있다. 그런데 이러한 한계는 EU의 사법질서와 회원국의 사법질서에 있어서 다소 혼란을 초래하기도 하였지만 근본적으로 해결할 수 없는 것은 아니며 그 내용을 정리하면 다음과 같다.

첫째, TFEU 제267조는 사실상 국내법원의 선결적 부탁의무를 강제한다고 간주됨에도 불구하고, 국내법원의 선결적 부탁의무가 면제되는 경우가 존재한다. 문제는 어떠한 경우에 선결적 부탁의무가 면제되는가 하는 점이다. 이러한 경우에는 조약상 선결적 부탁의무의 예외가 인정되는 경우가 있고, 기존 판례에 의해 선결적 부탁의무가 면제되는 경우가 있다. 전자와 관련해서는 국가안전보장과 공공질서의 유지에 관한 과거 EC조약 제68조의 적용과 관련하여 국내법원의 선결적 부탁의무가 제외될 수 있고, 이는 TFEU 제267조에 대한 예외 규정에 해당한다. 후자와 관련해서는 *CILFIT* 사건에서 도출된 '명확한 규정의 이론'을 통하여 판례에 의한 선결적 부탁의무가 면제될 수 있다. 그러나 과거 EC조약 제68조에 의한 국내법원의 선결적 부탁의무의 예외는 국내질서의 유지, 국가안전보장을 위한 특별한 경우에만 제한적으로 인정되어야 할 것이다. 또한 *CILFIT* 사건의 '명확한 규정의 이론'에 의해

---

61) Lenaerts, Arts and Bray, *supra* note 7, p.34.

인정되는 판례에 의한 국내법원의 선결적 부탁의무의 면제는 명백한 경우에만 제한적으로 적용되어야 한다. 왜냐하면 무분별한 선결적 부탁의무의 면제는 TFEU 제267조에 의한 EU 의 사법적 통합을 제한 및 위협하는 결과를 발생시킬 수 있기 때문이다. 또한 이러한 '명확한 규정의 이론'의 적용은 TFEU 제267조의 목적을 보다 효과적으로 달성하기 위하여 선결적 부탁의무를 조절하는 기능에 해당한다. 국내법원은 ECJ에 선결적 사안을 제기하는 경우 신중을 기하게 되고 가능한 한 국내법원의 책임하에 자체적으로 본 사안을 해결하고자 노력하게 된다. 이를 통해 EU법적 사안에 관한 국내법원과 ECJ간의 사법적 판단에 관한 충돌을 사전에 예방할 수 있다. 한편 '명확한 규정의 이론'의 적용은 국내법원이 선결적 부탁의무를 회피하기 위해 본 이론을 남용하는 것을 방지하는 효과가 있다.

둘째, '국내법원'은 선결적 부탁을 위한 선결적 사안의 제기에 대한 '관련성'을 판단하는 최상의 지위에 있음에도 불구하고 명백히 부적절한 사안에 대하여 선결적 부탁을 요청하는 경우가 있으며, 어떤 경우에는 허위분쟁이 선결적 부탁으로 요청되는 경우가 있을 수 있다. 그러나 명백히 부적절한 선결적 부탁에 대하여 ECJ는 선결적 부탁의 관련성을 제한하여 당해 선결적 사안을 기각할 수 있다. ECJ는 국내법으로도 분쟁의 해결이 가능했던 *Vlaeminck* 사건, 사적인 목적으로 부탁된 *Falciola* 사건, 선결적 사안에 관한 이유진술의 의무를 충실히 이행하지 않은 *Lourenço Dias* 사건에서 선결적 부탁을 위한 관련성을 부인하여 선결적 부탁을 제한하였다. 한편 *Foglia* v. *Novello* 사건과 같이 허위분쟁이 선결적 부탁절차에 따라 ECJ 에 제기되었으나, ECJ는 본 사건의 허위분쟁을 이유로 선결적 판결의 관할권을 기각한 바 있다. 이는 선결적 부탁절차에 있어서 선결적 부탁을 수용해야 하는 ECJ의 남용행위라는 비판이 제기될 수 있으므로, ECJ는 허위분쟁의 판단에 신중을 기해야 할 것이다. 선결적 판결소송에 있어서 '사실관계'의 확정은 원칙적으로 '국내법원'이 그 판단을 위한 최상의 지위에 있으므로, ECJ는 본안소송의 사실관계에 지나치게 관여해서는 아니 되며 국내법원의 본안판결을 보조하기 위해 실질적으로 기여할 수 있는 판결을 내려야 한다.

셋째, 국내법원은 선결적 '부탁명령서'의 제출에 있어서 그 내용을 성실하게 제시해야 하지만 실제 국내법원은 이를 충실하게 이행하지 않는 문제가 있다. 그러나 ECJ는 국내법원으로 하여금 선결적 사안에 대한 진실된 정보를 상세하게 설명할 것을 요구하고 있다. 왜냐하면, ECJ는 이러한 진실되고도 상세한 설명을 한 선결적 '부탁명령서'를 선결적 판결을 위한 실질적인 '판단의 근거'로 간주하기 때문이다. 또한 ECJ는 이러한 부탁명령서에 상세하게 설명된 내용에 의해 국내법원의 본안판결을 보조하기에 적합한 '유용한 판결'을 내릴 수 있기 때문이다. 선결적 부탁명령서의 충실의 정도에 따라 유용한 판결의 가능성의 정도가 결정된다고 할 수 있다. 이러한 과정을 통해 ECJ와 국내법원은 과거 EC조약 제10조의 협력의 원칙에 의한 유용한 판결에 이르게 된다. 그런데 *Telemarsicabruzzo* 사건에서와 같이 비록 국내법원이 국내정보의 제공에 충실을 기하지 않은 경우가 발생하더라도 ECJ는 EU법의 해석과 유효성이 문제가 된 경우에는 부실한 선결적 부탁명령서의 내용을 보충하여 판결할 수 있다. 무엇보다, ECJ의 재판관은 선결적 사안에 관한 상세한 설명이 결여된 부탁명령서에 대하여 이를 보충할 수 있는 자로 간주되어야 할 것이다. 이를 통해 국내법원은 선결적 부탁명령서의 제출 시보다 많은 신중을 기하게 되고 ECJ와 국내법원 간의 협력이 아무런 결과를 초래하지 못하게 되는 사태를 미연에 방지하게 되어, ECJ와 국내법원은 EU 사법질서상의 진정한 협력자로서의 역할과 기능을 수행하게 된다.

제8장 EU통합과정상 회원국 국내법원의 역할*

Ⅰ. 서언

유럽연합(European Union: EU)법의 적용은 모든 회원국 내에서 일관적이어야 한다. 만일 EU법의 일관된 해석과 일관된 적용[1]이 보장되지 않는다면, EU는 존립할 수 없게 된다.[2] 따라서 EU법의 직접적용의 문제는 회원국 국내법질서의 간과라는 측면이 아니라, EU의 존립이라는 측면에서 이해되어야 한다. 이를 통하여 EU는 지역경제통합체의 법의 지배(rule of law)[3]의 기초를 확립할 수 있고,[4] 역내 기본적 자유질서를 보장할 수 있게 된다. 이와 같이 EU법의 직접효력이 EU의 회원국 내에서 보장되기 위해서, 개인은 EU법의 직접효력을 이유로 하여 역내분쟁의 모든 사건에 있어 제소가 가능해야 한다. 이는 회원국의 사법질서에 있어서의 '국내법원'(national courts)의 선결적 부탁의 의무와 관련이 있으며, 또한 이러한 선결적 부탁에 대한 국내적 효력의 보장과 관련이 있다. 이러한 관련 문제의 해법

---

* 이 내용은 김두수, "EU통합과정상 회원국 국내법원의 역할", 『유럽연구』 제22권(2006.2)을 참고하였음.

1) EU는 회원국들 내에 개별적인 EU법 관할법원을 사법제도로서 창설할 것을 규정하고 있지 않다. 이는 곧 개인이 국가기관의 작위 또는 부작위 또는 다른 개인에 의해 EU법이 부여한 권리를 침해받았을 경우, 그 개인이 의지할 수 있는 기관은 오직 국내법원뿐임을 전제로 하는 것이다. 따라서 국내법원은 EU의 법원으로서 ECJ 또는 일반재판소(General Court-구 제1심법원(Court of First Instance: CFI))의 관할에 속하지 않는 모든 사건들에 대해서 심리하고 판결할 권한을 가진다. 국내법원은 당해 개인의 회원국 사법제도상 EU사법질서의 교두보로서 ECJ와 협력하며 이를 통해 EU법의 이행을 보장한다. 이처럼 선결적 판결소송에 있어서 모든 사건의 재판은 국내법원에서 시작된다. 이런 의미에서 해석에 관한 ECJ의 선결적 판결은 본안소송의 결과를 결정하는 내용이 무엇이든 간에 항상 선결적인 것이다. Koen Lenaerts, Dirk Arts & Robert Bray, *Procedural Law of the European Union*(London: Sweet & Maxwell, 1999), pp.129-130; L. Neville Brown and Tom Kennedy, *The Court of Justice of the European Communities*(London: Sweet & Maxwell, 2000), p.206.

2) P. S. R. F. Mathijsen, *A Guide to European Union Law*(London: Sweet & Maxwell, 1999), p.140.

3) 지역주의의 발전의 잠재적인 동인의 하나로서 법의 지배(rule of law)를 제시할 수 있다. 즉 지역주의의 성공에 대한 잠재적 요인도 보편국제사회에서의 세계무역기구(World Trade Organization: WTO)와 같이 법에 의한 분쟁해결제도의 존재 여부에 달려 있다고 볼 수 있다. 지역주의의 미래에 대한 불확실성은 법에 의한 분쟁해결, 즉 사법적 분쟁해결방식에 의하여 극복될 수 있을 것이다. R. Faini and E. Grille(eds.), *Multilateralism and Regionalism after the Uruguay Round*(London: Macmillan Press, 1997), p.224.

4) Case 294/83, *Les Verts* v. *European Parliament*, [1986] ECR 1339, at 1365, para.23.

을 통해 EU시민인 개인의 권리는 직접적으로 보호받을 수 있다.[5] 그런데 무엇보다도 회원국 국내법원이 EU법 우위에 대하여 어떠한 유보 없이 수용하여 유럽사법법원(European Court of Justice: ECJ)의 EU법 우위의 판결을 그대로 수용하고 있다는 사실은 EU의 사법적 통합에 있어서 매우 중요한 일이라 할 수 있다.

이처럼 EU는 법의 지배에 근거하고 있으며, 어떤 회원국이나 EU기관도 EU법의 해석과 적용의 영역에서 면제될 수 없다. 마찬가지로, EU법에 의해 자연인과 법인도 EU법의 해석과 적용의 영역에서 면제될 수 없다. 이러한 역내 사법질서의 통합을 위하여 ECJ가 설립·운영되고 있으며, TFEU 제267조(구 EC조약 제234조)상의 ECJ의 주요한 임무는 EU법의 해석과 적용상의 문제를 해결하여 EU법의 준수[6]를 보장하는 것이라고 볼 수 있다.[7] 이를 위하여 ECJ는 회원국 국내법원의 협력을 통하여 지역통합의 임무를 수행하였다. 선결적 판결소송은 국내법원에 의하여 제기되는데, 이는 회원국 국내법원이 자체적으로든지 아니면 소송중인 당사자 일방의 요구에 의해 국내법원에서 제기된다. 이러한 경우 국내법은 선결적 판결을 요청하는 일체의 권리행사에 있어 어떠한 방해도 할 수 없다.[8] 모든 국내법원은 EU법상 선결적 판결을 부탁할 권리와 의무를 가지며, 이는 TFEU 제267조가 보장하는 권리와 의무이다. 한편 ECJ가 일정한 범위에서 선결적 판결의 부탁에 대해 회답할 능력을 행사할 수 있을지라도, 그러한 선결적 판결의 제소 여부에 관한 '관련성'의 판단은 국내법원[9]의 재량행위[10]에 의한다. 주목할 만한 점은 TFEU 제267조의 '국내법상 사법구제가 불가능

---

5) Mathijsen, *supra* note 2, p.142.

6) EC조약 제220조(구 제164조).

7) T. C. Hartley, *Constitutional Problems of the European Union*(Oxford: Hart Publishing, 2000), p.149; Margot Horspool, *European Union Law*(London: Butterworths, 2003), p.114.

8) ECJ의 선결적 판결은 원칙적으로 국내법에 의해 시행된다. 왜냐하면 EU는 자체적인 국내이행법을 갖고 있지 않아 개별회원국의 국내사법제도에 의하기 때문이다. 이로 인해 EU법의 적용에 있어서, 이행조치에 관한 국내법이 EU법의 효과적 적용을 방해할 수 있고, 이로서 EU법의 우위와 직접효력을 침해할 우려가 있어 EU법의 통일된 적용을 위협할 수 있다. 그러나 이러한 난점을 해결하기 위해 국내법원은 'EU법의 완전한 효력'을 보장할 의무가 있다. 이에 대하여 ECJ는 판결과 동시에 국내법과 관련하여 두 가지 기본적인 원칙을 제시하였다. 첫째, 관련 법률은 회원국의 유사 국내 법률보다 덜 우호적이지 않아야 한다는 동등성의 원칙(principle of equivalence)이고, 둘째, 관련 법률은 EU법이 부여한 권리의 실행을 본질적으로 불가능하게 하거나 또는 지나치게 곤란케 해서는 아니 된다는 효력의 원칙(principle of effectiveness)이다. Lenaerts, Arts & Bray, *supra* note 1, p.57; Case 33/76, Rewe v. *Landwirtschaftskammer Saarland*, [1976] ECR 1989, at 1998, para.5, subparas.3, 6.

9) 선결적 부탁에 있어서의 '국내법원의 지위'에 관해서는 1978년 Pigs Marketing Board 사건에서 "EC조약 제177조(TFEU 제267조)상의 국내법원과 ECJ의 관할권배분과 관련하여, 본 사건에 대한 사실과 당사자분쟁의 쟁점을 직접적으로 알고 있는 유일한 기관이고 본 사건을 최종적으로 판결해야 할 기관인 국내법원은, 본 사안에 대한 풍부한 이해를 통해 사안의 관련성과 선결적 판결의 필요성을 평가하기에 가장 적절한 지위에 있다"고 판결한 이래로 이를 판례법을 근거로 해결하고 있다. 따라서 선결적 판결을 요청하기 위한 사안의 '관련성'을 평가해야 하는 국내법원의 책임은 '부탁의 책임'과 '관련성의 인정 여부에 관한 판단의 책임'이라는 이원적인 기초를 이룬다. Case 83/78, *Pigs Marketing Board v. Redmond*, [1978] ECR 2347, at 2367, para.25.

10) 국내법원이 선결적 판결을 부탁하는 유일한 기관이라는 것은 국내법원이 선결적 부탁의 내용을 결정하는 실

한 경우에 회원국의 국내법원'이란 표현은, 국내법원에서 계쟁 중인 사건은 선결적 판결의 대상에 해당되는 한 선결적 판결을 위하여 ECJ로의 제소가 본질상 강제됨을 의미한다는 것이다.[11] 그러나 선결적 판결의 부탁 여부의 결정에 대한 국내법원의 사법정책은 어느 한편으로 치우쳐서는 아니 되며 성실하고도 정의롭게 이루어져야 한다. 따라서 본 연구에서는 EU통합에서의 국내법원의 지위, 권한 및 역할을 검토하여 EU통합과정상 발생할 수 있는 문제에 대한 해결방안을 모색하고자 한다.

Ⅱ. EU통합과 신기능주의상의 ECJ

1. ECJ에 관한 관심과 신기능주의

1990년대 이후 ECJ는 EU통합의 주요 관심의 대상이 되었다. 만일, ECJ가 EU사법질서의 창시자로서의 역할에 실패했다면,[12] ECJ는 더 이상 EU법 전문가들의 관심사가 되지 않았을 것이다.[13] 이러한 ECJ에 관한 관심은 1992년 2월 Maastricht조약(Treaty on European Union: TEU)의 체결로 인하여 EU통합이 다시 활기를 띠면서 대두되었다. 이러한 관심사는 1986년의 단일유럽의정서(Single European Act: SEA)에서 시작되어, 1992년 역내 단일시장의 완성으로 인해 추진력을 갖게 되었다. 이제는 이러한 ECJ라는 지역법원을 통한 지역통합[14]을 이해하는 것은 더 이상 구식의 연구가 아니며, 법률가들과 정치학자들은 사법적 통합이 경제적·정치적 통합을 능가하고 있다는 것을 인식하게 되었다. 나아가 ECJ는 신기능주의(neofunctionalism)의 부활을 위한 전제가 되었으며, 한동안 단일유럽의정서가 정부간거

질적인 기관임을 의미한다. John Fairhurst & Christopher Vincenzi, *Law of the European Community*(London: Pearson Longman, 2003), pp.135-136; Brown & Kennedy, *supra* note 1, p.321.

11) Stephen Weatherill & Paul Beaumont, *EC Law*(London: Penguin Books, 1995), p.301; Lenaerts, Arts & Bray, *supra* note 1, p.47.

12) 지역통합에 있어서 EU의 ECJ를 통한 사법적 통합의 경험은 제3자의 개입을 통한 분쟁해결에 대하여 긍정적인 해답을 제공할 수 있다. ECJ는 EU 기초설립조약을 헌법적 지위로 변환시켰으며, 초국가적 사법질서를 형성하였다. J. H. H. Weiler, *The Constitution of Europe: Do the New Clothes Have an Emperor?*(London: Cambridge Univ. Press, 1999), pp.221-224 참조.

13) Walter Mattli & Anne-Marie Slaughter, "The Role of National Courts in the Process of European Integration: Accounting for Judicial Preferences and Constraints", Anne-Marie Slaughter, Alec Stone Sweet & J. H. H. Weiler(eds.), *The European Court and National Courts-Doctrine and Jurisprudence: Legal Change in Its Social Context*-(Oxford: Hart Publishing, 2000), p.253.

14) EU통합에 있어서의 ECJ의 중요성에 관해서는 김두수, 『EU소송법상 선결적 부탁절차』(파주: 한국학술정보, 2005), pp.43-62 참조.

래(inter-governmental bargain)로서 이해될 때,[15] 효과적인 EU사법제도의 성립을 위한 ECJ의 성공은 신기능주의자들의 견해에 의하여 가장 잘 설명될 수 있었다.[16]

정부간주의자들(intergovernmentalist)은 ECJ를 통한 실질적인 EU통합이 예측하지 못한 것이었다고 하였다. 비록 EU통합의 과정상 ECJ의 불확실한 지위로 말미암아 한계적 상황이 있었지만, 일반적으로 ECJ는 회원국 이익의 믿음직한 대리인으로 행동하였다는 것이다.[17] 이에 대하여 ECJ결정과 회원국이익 사이의 일치에 관한 경험적인 증거가 제시되어, 보다 기본적으로 경제적 통합의 이익과 국가의 이익의 일치를 제시하였다.[18] 이러한 측면에서 EU통합 과정상의 특별한 행위 주체인 ECJ의 유용성을 구체적으로 설명함에 있어서 다소 부족했던 이론적 기초가 강화될 수 있었다.

EU통합에 관한 신기능주의자들의 설명은 EU의 사법적 통합에 관한 목적론적 귀결이라는 특성이 있다. Haas의 초기 신기능주의에 관한 분석은 유럽공동체 자체의 운명에 따라 성쇠가 좌우되었고, EU가 통합된 현재적 측면에서의 신기능주의는 마치 성공적 사례를 설명하기 위하여 맞추어진 이론처럼 여겨질 수 있다.[19] 즉 신기능주의는 상이한 행위 주체가 공동목적(common goal)의 달성을 위해 어떻게 한계를 극복할 수 있었는가를 설명하는 이론처럼 보인다. 따라서 신기능주의는 통합이 미래를 향하여 언제 발생하고 발생하지 않고를 설명하는 이론으로는 한계가 있으며, 오히려 통합이 과거에 어떻게 이루어졌는가의 과정을 설명하는 데에 적합한 이론이라고 볼 수 있다.

2. 신기능주의체제에 관한 재인식

위와 같은 신기능주의에 대한 견해에 대하여 신기능주의자들의 이론적 체제를 재검토할 필요가 있다. EU통합상의 경험적 증거들은 주요 행위자들의 운영상의 정황, 상호작용의 역학관계, 동기의 확인수단으로서 신기능주의체제의 가치를 강화시켜 준다. EU법의 영역에 있어서는 법률공동체에서 행위하는 국가부속의 행위자(sub-national actors)와 초국가적 행위

---

15) Andrew Moravcsik, "Negotiating the Single European Act: National Interests and Conventional Statecraft in the European Community", *International organization*, Vol.45(1991), pp.19-45 참조.

16) Anne-Marie Burley & Walter Mattli, "Europe Before the Court: A Political Theory of Legal Integration", *International Organization*, Vol.47(1993), pp.41-76 참조.

17) Geoffrey Garrett, "International Cooperation and Institutional Choice: The European Community's Internal Market", *International Organization*, Vol.46(1992), pp.533-560 참조.

18) Mattli & Slaughter, *supra* note 13, p.254.

19) *Ibid.*

자(supra-national actors) 사이에는 긴밀하고도 유기적인 구조적 체제가 존재한다는 사실을 점점 인식하고 있다. 이러한 구조적 이해에 있어서는 신기능주의적 관점이 유익하다고 할 수 있다.

1) 국가 부속행위자들의 특별이익에 관한 관심

EU의 사법적 통합의 문맥상 국가부속의 행위자가 EU사법제도의 성립을 위해 ECJ와 협력하였다. 그러나 상대적으로 이러한 국가부속의 행위자들에게 활력을 주는 특별한 동기와 이익은 일반적인 관심의 대상이 되지 않았고, 이들 국가부속의 행위자들이 자신의 이익만을 추구하고 있을 뿐이었다는 비판을 받기도 하였다.[20] 사법적 통합에 관한 이러한 개괄적 설명으로는 다양한 국내법원들 중에 존재하는 EU법의 중요원칙의 수용의 범위와 중요원칙의 수용을 위한 시간조절상의 이해관계의 다양성을 설명할 수 없다.

EU의 사법적 통합의 속도와 범위에 있어서의 회원국의 다양성을 설명하기 위해서는 국가 자체를 구성하는 국가부속의 행위자들을 분석해야 한다. 신기능주의자들에 의하면 완전한 통합체로서의 국가는 국가부속의 행위자와 초국가적 행위자의 제휴에 의해 영향을 받을 수 있다.[21] 그러나 실제적인 사법적 통합의 과정을 면밀하게 살펴보면, 회원국의 국내적 변형뿐 아니라, 국내법원·입법부·행정부가 행위자로서 상호작용하고 있음을 알 수 있다. 이들 기관들은 각각 개별적인 정치제도에 의해 입법상 또는 재판상 형성된 특별이익을 향유하며 특별한 정치적 지반의 요청에 의하여 특별이익을 향유한다고 볼 수 있다.

2) 특별이익의 존재와 사법적 강제와의 관계

EU통합의 과정상 연루된 국가부속의 행위자들의 특별이익에 관한 상세한 설명이 필요하며, 따라서 이에 관한 몇몇 회원국의 보고서[22]에 근거한 설명이 필요하다. 이들 몇몇 회원국의 보고서는 벨기에, 프랑스, 독일, 영국, 이탈리아, 네덜란드에 있어서의 EU법의 직접효력의 원칙과 우위에 대한 수용과정을 조사 및 검토한 것이다. 그러나 EU통합상 관련 행위자들에게 특별이익이 존재한다는 설명만으로는 사법적 통합을 설명하기에 불충분하다. 행위

---

20) *Ibid.*, p.255.

21) *Ibid.* 통합과정상 EU시민권의 민주적 반영에 관해서는 채형복, "다양성 속에서의 통합: 유럽시민권과 합리적 의사결정제도", 『유럽연구』, 제18호(2003), pp.143-162 참조.

22) Slaughter, Stone Sweet & Weiler, *supra* note 13.

자들이 자신의 특별이익의 추구에 직면하게 된다는 것은, 곧 행위자들의 이러한 특별이익의 추구에 대한 사법적 강제가 요구된다고 간주되어야 하기 때문이다.

Ⅲ. EU통합상 국내법원의 사법심사권

1. ECJ와 국내재판관의 관계

TFEU 제267조(구 EC조약 제234조)는 ECJ와 국가 부속행위자의 연결체제의 법적 기초가 된다. 특별히 ECJ는 ECJ의 판례법을 통해 개별적 소송당사자들과 이들의 변호사들에게 EU법에 관심을 갖도록 노력한다. ECJ는 주말마다 Luxembourg에서 사법적 동반자(judicial partnership)인 국내재판관들에 대하여 교육 및 호소를 하는 등의 노력을 한다. 다수의 국가보고서들도 이러한 상황을 설명하였다. 예를 들면, 이탈리아의 보고서에 의하면 이탈리아 하위법원의 재판관들은 변호사들의 관심이 집중되는 ECJ에 사건을 부탁하려는 동기를 갖고 있다는 것이다.[23] 그러나 많은 법학자들과 최고법원의 재판관들은 이러한 현실을 인식하고 있지 않았다.[24]

프랑스의 보고서도 ECJ를 통한 개별 국내재판관들의 사회화(socialisation)에 관한 잠재적 중요성을 강조하였다. 프랑스의 보고서는 프랑스의 국참사원(Conseil d'Etat)의 구성원이며 ECJ의 재판관으로 임명되었던 Yves Galmot 재판관의 사례를 인용하였다. Yves Galmot는 EU 차원의 사법질서의 유지가 기대되는 가운데 Luxembourg의 ECJ에 파견되었다. 1년 뒤 그는 국참사원으로 돌아왔고, 철저하게 EU법의 원칙을 수용하였고, 재판관들에게 EU의 기초설립조약이 국내법보다 우위에 있다는 결정을 채택할 수 있는 권위를 부여하는 데 일조하였다.[25]

---

23) Francesco P. Ruggeri Laderchi, "Report on Italy", Anne-Marie Slaughter, Alec Stone Sweet & J. H. H. Weiler(eds.), *The European Court and National Courts-Doctrine and Jurisprudence: Legal Change in Its Social Context*(Oxford: Hart Publishing, 2000), p.147.

24) *Ibid*.

25) Jens Plötner, "Report on France", Anne-Marie Slaughter, Alec Stone Sweet & J. H. H. Weiler(eds.), *The European Court and National Courts-Doctrine and Jurisprudence: Legal Change in Its Social Context*(Oxford: Hart Publishing, 2000), pp.68-69.

2. 국내법원의 사법심사의 강제와 사법적 이해관계

위와 같이 국가부속적 법률행위의 주체인 EU의 기초설립조약상의 독립적 참가자로서의 국내법원에 관심이 집중되었고, '사법적 권한의 부여'를 통하여 이들 국내법원은 일반적으로 자신의 사법적 이익의 추구라는 동기에 의하여 사법적 권한을 행사한다고 볼 수 있다.[26] 이와 같은 분석은 지나치게 직설적이라는 비판도 제기될 수 있다.[27] 왜냐하면, 국내법원의 재판관들이 추구하는 이익이 무엇인지를 상세히 설명하지 못하며, 또한 국내법원의 재판관들이 어떻게 ECJ의 권위를 통하여 자신의 이익의 추구에 관한 권한을 취득할 수 있는지를 설명할 수 없다는 것이다. 따라서 국내법원의 이익의 추구에 관한 사법심사의 강제와 아울러 사법적 이익이 구체적으로 무엇인지에 관한 상세한 설명이 필요하게 된다.

따라서 국내법원들이 추구하는 사법적 이익의 내용에 관한 보다 구체적인 정의를 내릴 필요가 있다. 첫째, EU법의 국내적 수용에 있어서의 국내입법의 유효성에 관한 사법심사(judicial review)의 행사이다. 이는 EU의 정책사안에 관한 국내입법기관의 권한의 증가를 의미한다. 둘째, 동일한 국내사법제도에서 다른 국내법원과의 관계에 대한 권위와 명성을 위한 사법심사의 행사이다. 이와 관련하여, Karen Alter는 EU의 사법적 통합을 설명하기 위해 법원 간 경쟁(inter-court competetion)의 접근방식을 주장하여 발전시켰다.[28] 셋째, 일정한 실질적 정책을 촉진시키기 위한 사법심사의 행사이다. 즉 EU법과 국내법이 상이한 정책을 촉진시키는 경우에 EU법의 적용을 통해 일개의 국가보다는 전체로서의 EU에 적합한 실질적인 정책을 촉진시킬 수 있다.

3. 국내법원의 사법심사의 선호와 남용금지의 문제

EU통합에 있어서 사법심사의 사법적 이익의 핵심 주체는 결국 ECJ라는 것이다. 국내법원이 EU의 법률문제에 대한 사법심사권을 이미 실행하고 있고, 이러한 국내법원의 사법심사권의 행사를 ECJ의 사법심사권과 동등한 것으로 이해할 수 있다고 할지라도, ECJ만이 실질적인 사법심사권을 행사하는 것으로 보아야 한다.[29] 왜냐하면, 어떤 국내법원은 다른

---

26) Burley & Mattli, *supra* note 16, p.63.

27) Karen Alter, "Explaining National Court Acceptance of European Court Jurisprudence: A Critical Evaluation of Theories of Legal Integration", Anne-Marie Slaughter, Alec Stone Sweet & J. H. H. Weiler(eds.), *The European Court and National Courts-Doctrine and Jurisprudence: Legal Change in Its Social Context*(Oxford: Hart Publishing, 2000), p.227.

28) *Ibid.*, pp.229, 241.

국내법원이 EU법을 수용함에 대하여 사법정책에 대한 다양성30)을 이유로 사법심사에 대한 자존심을 내세워 당해 EU법의 수용을 거부할 우려가 있기 때문이다. 또한 국내법원은 국내법의 적용에 의해 발생하는 결과에 익숙하고, 그러한 결과를 선호하기 때문에 EU법의 적용에 대하여 부정적일 수 있다. 그러나 국내법원은 약자의 보호자로서, 정의의 공평한 분배자로서, 다른 국내법원의 사법심사권의 남용의 감독자로서, 그리고 신의성실한 법적용을 통한 사회질서의 보호자로서의 역할을 해야 한다.

Ⅳ. EU통합상 국내법원의 사법심사 선호상의 효과

EU법의 직접효력과 우위의 원칙에 대한 회원국들의 적용은 다양한 모습으로 나타난다. 먼저 중요한 점은 회원국들의 국내법원들이 EU법적 사안에 관한 사법심사권에 대하여 관심을 갖는다는 것이고, 이러한 과정에서 이들 사법기관들은 수평적으로 또한 수직적으로 경쟁이 발생하게 된다. 이러한 과정에서 회원국 내 일정한 사법정책이 촉진될 수 있으며, 회원국들의 사법기관 간에 사법적 교류가 실현될 수 있다.

1. 사법심사에 대한 관심

EU법의 직접효력과 우위의 적용에 관한 사례는 다양한 모습으로 제시될 수 있다. 예를 들면, 네덜란드에서는 의회가 1956년 헌법을 개정하여 "국내에서 시행 중인 법령은 그 적용이 규정 전 또는 후에 체결된 국제협정과 양립하지 않는 한 적용되지 아니한다"라는 제66조를 도입하여 국내법원들에게 국제조약과의 양립성에 관한 사법심사권을 부여하였다. 이 새로운 권한은 오랜 전통과의 싸움에서 얻어진 결과로서, 그동안 국제조약에 저촉되는 국내법령에 대한 합헌성의 사법심사는 금지되어 왔다.31) 따라서 현재 조약에 대한 법령의 합헌적 사법심사에 의하여 이들 법령의 조약에 대한 불가침성은 유지되고 있다. 처음에 국내재판관들은 이러한 새로운 권한의 사용에 소극적이었고, 다만 ECJ에 의해 본 사법심사에 관한 협력절차의 요청에 의해 자신의 직무에 책임을 다하였다.32)

---

29) Alec Stone Sweet, "Constitutional Dialogues in the European Community", European University Institute, Florence, working paper, 1996, pp.10-15.

30) 이 문제에 대해서는 이 글 Ⅴ(EU통합상 국내법원의 사법정책 다양성의 문제)를 참조.

31) T. C. Hartley, *supra* note 7, pp.158-159.

영국의 입장도 네덜란드와 비슷하다. 영국은 의회주권의 원칙이 어떠한 국내법원들보다 우세하였다. 그러나 1990년 *Factortame* 사건[33]에서 EU법의 우위에 대한 공식적인 수용을 통하여 국내법원들은 EU법상의 의무를 위반한 주요법률을 무시할 수 있는 권한을 소유하였다.[34] 그러나 아마도 가장 좋은 예는 이탈리아의 EU법의 직접 효력과 우위의 수용을 가능케 한 '사법심사의 실행에 대한 관심'이라는 방법일 것이다. 이탈리아의 이러한 경험은 3가지 주요한 주체를 가지는 특별한 사건이었다. ECJ, 이탈리아 헌법법원(Italian Constitutional Court), 그리고 하급법원(lower courts)이 그것이다. ECJ의 원조에 자극받은 하급국내법원의 재판관들은 EU법의 우위를 통하여 EU법과의 일치를 위해 이탈리아 국내법률을 통제할 권한이 하급국내법원의 재판관들에게 부여되었다고 이해하였다. 이에 이탈리아헌법법원은 배타적 위헌심사의 특권이 위협을 받고 있다고 이해하여 하급법원들에 의한 국내법률의 위협을 염려하게 되었고, EU법의 적용에 대한 감독을 ECJ에게 적극적으로 요구하게 되었다. 실제로는 모든 다른 회원국들의 최고법원들보다 이러한 ECJ와의 사법심사에 관한 협력이 지연되게 되었다는 것을 인식한 후인 1980년대에 가서야 결국 이탈리아헌법법원은 ECJ의 판결에 관한 우위를 적극적으로 수용하기 시작하였다.[35]

---

32) Monica Claes & Bruno de Witte, "Report on the Netherlands", Anne-Marie Slaughter, Alec Stone Sweet & J. H. H. Weiler(eds.), *The European Court and National Courts-Doctrine and Jurisprudence: Legal Change in Its Social Context*(Oxford: Hart Publishing, 2000), p.192. 네덜란드는 이러한 헌법개정을 통하여 1957년 12월 EEC와 EAEC의 창설에 참여하게 되었다.

33) 1990년 6월 19일 판결된 *Factortame and Others* 사건의 내용은 다음과 같다. 본래 어획량의 분배는 이사회 내 회원국들의 정치적 협상의 대상이다. 그런데 당시 천연자원의 감소는 어선과 관련된 해양산업에 의지하는 회원국들 간에 치열한 경쟁을 초래하였다. 스페인은 1986년 1월 1일 공동체에 가입한 후 어업할당량이 점차 감소하게 되었다. 따라서 스페인의 많은 어업종사자들은 영국에 회사를 설립하여 자국의 어선을 영국 국적의 어선으로 재등록하거나 또는 이미 영국에 등록된 어선을 매입하게 되었다. 이로써 스페인 어선은 영국에 배당된 어업할당량을 통하여 자국의 감소된 어획량을 만회할 기회를 얻고자 하였다. 이에 영국은 1988년 자국의 해운등록제도를 변경하여 영국 차원의 소유권제도(British ownership)를 도입하였다. 이를 통해 영국은 자국의 어획할당량이 단지 '형식상'(lacking any genuine link) 영국 국적의 어선에 의해 약탈되는 사태를 방지하고자 하였다. 그런데 이러한 조치에 대해 문제의 당사국이 된 것은 영국이었고, 공동체 집행위원회는 이 새로운 해운등록제도가 국적을 이유로 한 '비차별의 원칙'에 대한 위반을 이유로 EC조약 제226조(구 제169조, TFEU 제258조)에 근거하여 영국을 상대로 소송을 제기하였다. 이와 병행하여 95척(스페인에 이미 등록되었던 53척과 스페인 국적의 회사들에 의해 영국에 등록된 어선을 매입한 42척)의 소유주, 경영자 등 어선관계자들은 영국의 Secretary of State for Transport를 상대로 제소하여 적절한 조치가 취해질 때까지 이 새로운 해운등록제도의 적용을 배제할 것을 요청하였고, 이 새로운 해운등록제도의 적용으로 인해 초래한 가처분으로 발생한 손해의 배상을 청구하였다. 하지만 영국법정(English courts)은 의회의 법령(Act of Parliament)을 중지함으로써 이 새로운 해운등록제도의 적용을 중지시킬 권한이 없기 때문에 본 사건은 영국 상원(House of Lords)에 상정되었고 영국 상원은 본 사건을 ECJ에 부탁하였다. Case C-213/89, *Factortame and Others(Factortame I)*, [1990] ECR Ⅰ-2433; Hartley, *supra* note 7, p.62; 채형복, 『유럽연합법』(파주: 한국학술정보, 2005), p.104 참조.

34) P. P. Craig, "Report on the United Kingdom", Anne-Marie Slaughter, Alec Stone Sweet & J. H. H. Weiler(eds.), *The European Court and National Courts-Doctrine and Jurisprudence: Legal Change in Its Social Context*(Oxford: Hart Publishing, 2000), p.216.

35) Stone Sweet, *supra* note 29, pp.10-11.

프랑스는 1958년까지 법률의 해석에 대한 독점권이 국참사원에 속하였다. 1958년 이후에 법률의 합헌성에 대한 심사권은 새롭게 성립된 헌법위원회(Conseil Constitutionnel)로 이전되었고, 이 기관은 1975년에 국제조약의 국내법과의 양립성에 관한 심사를 자제하기로 결정하였다. 그런데 국참사원은 프랑스 국내문제에 대한 ECJ의 일체의 해석을 프랑스의 정치적·행정적 권한에 대한 직접적인 위협으로 간주하였고 따라서 ECJ의 판결을 무시하기로 하였다.[36] 그러나 파기원(Cour de Cassation)은 이와는 달랐다. 파기원은 헌법위원회의 조약에 대한 사법심사의 거부 후 단지 4개월 만에 1971년 *Jacques Vabre* 사건에서 EU법의 우위의 원칙에 관한 수용을 위해 국제조약과의 양립성에 관한 사법심사를 이행하기로 결정하였다.[37] 이를 위해 파기원은 재판관에게 국제의무와 국내법 사이의 충돌을 회피할 것을 요청하는 Matter doctrine을 추구하였다.[38] 따라서 이 이후로는 일체의 어떠한 단순한 법원도 의회의 모든 법령을 심사할 수 있을 뿐 아니라, EU법상의 재판관이 될 수 있게 되었다.[39]

2. 사법심사에 대한 경쟁의 발생

Karen Alter는 법원 간 경쟁(inter-court competition)의 모델을 통하여 직접효력과 우위의 원칙에 관한 국내법원의 수용의 범위와 속도의 차이를 설명하였다. Karen Alter는 "각각의 법원은 EU법에 대한 개별적인 이익을 가진다… 국내법원은 당해 사법기관의 서열에 의하여 그리고 사법기관과 정치기관의 관료주의적 경쟁에 의하여 EU법을 적용한다. 따라서 이러한 과정은 EU의 사법적 통합을 촉진시킬 수 있다"고 주장하였다.[40] 이러한 사법심사의 실행은 헌법이나 조약의 사법심사에 대한 국내법원과 입법기관간의 수평적 경쟁(horizontal competition)을 발생시킨다.[41] 반면 국내법원 간의 경쟁은 다른 사법기관을 상호 감독할 책임

---

36) Plötner, *supra* note 25, p.66.

37) Alec Stone은 파기원은 헌법위원회(Conseil Constitutionnel)로부터의 '허락'을 기다릴 필요가 없었다고 주장하였다. EC조약(현 TFEU)을 위반한 프랑스법을 적용하지 않는 *Vabre* case에서 보여 준 하급법원의 결정은 1971년에 결정되었었다. Stone Sweet, *supra* note 29, p.12.

38) Plötner, *supra* note 25, p.45; Craig, *supra* note 34, pp.198-199; Monica Claes & Bruno de Witte, *supra* note 32, p.171 참조.

39) Plötner, *supra* note 25, p.63.

40) Karen Alter, *supra* note 27, p.241.

41) 그러나 지나친 경쟁심에서 비롯된 사적 목적의 선결적 사안의 기각에 관한 문제는 1990년 *Falciola* 사건에서 발생하였다. 즉 ECJ는 한 이탈리아 국내법원이 부탁한 일련의 사안들에 대해 답변할 선결적 부탁에 관한 관할권을 거부하였다. 본 사안들은 도로공사계약의 재정과 관련된 내용이었다. 이탈리아 국내법원의 부탁명령서에 의하면, 당해 계약은 2개의 이사회 지침과 관련되었다는 것이다. 그런데 부탁된 사안들은 이러한 이사회의 지침이 민사책임상 발생한 손해배상에 관한 1988년 4월 13일의 이탈리아 법률 No.117/88의 몇 가지 측면에서 본질상 EU법과 양립할 수 있는 것으로서 선결적 부탁의 대상으로서는 부적합한 내용이었다. ECJ는 본

이 있는 상급법원 사이에서 수평적으로(horizontally) 발생할 수도 있고, 또한 국내법원조직상의 상급법원과 하급법원[42] 사이에서 수직적으로(vertically) 발생할 수도 있다.[43]

여러 국내연구보고서들도 '법원 간 경쟁' 모델의 실제적인 증거들을 제시하고 있기는 마찬가지이다.[44] 그런데 이러한 모델은 독일에 있어서는 하급국내법원들의 사법심사의 선호가 다른 대부분의 회원국들에 비하면 약한 점이 특징이다. 왜냐하면 독일에서는 사법심사를 집행하는 권한이 독일기본법 제25조에 의하여 독일사법제도상 이미 존재하였으므로 새로운 소개로서 여겨질 수 없었기 때문이다. 그럼에도 불구하고 하급법원과 상급법원 사이의 수직적 경쟁은 독일법원들이 EU법의 직접효력과 우위의 원칙을 수용하도록 추진하는 동기를 부여하였다.

이러한 '법원 간 경쟁'에서 발생하는 사법심사의 선호는 '상대적인' 사법적 권한의 반영이다. 여기서의 상대적인 사법적 권한이란, 동일한 국내사법제도에서의 다른 법원들에 대한 권한과 특권을 말한다. 이러한 사법심사의 선호는 사법적 심사권의 취득에 대한 교차이익이다. 즉 국내사법제도상 어떤 국내법원이 사법심사를 이행하는 경우 다른 국내법원은 당해 사법심사를 이행할 수 없다. 따라서 이로 인해 국내사법제도상 사법심사권이 없는 국내

사안들이 본안소송의 객체인 이사회의 지침과 아무런 관련이 없다는 것을 발견하는 데 어려움이 없었다. 왜냐하면 선결적 판결의 요청이 2개의 이사회 지침의 해석과 관련된 사안이 아니었기 때문이다. 반면 ECJ는 1988년 4월 13일의 이탈리아 법률의 제정결과로부터 일어날 수 있는 일단의 이탈리아 재판관들의 심리적 반응들에 관하여 의심을 가졌다. 따라서 ECJ는 "이러한 ECJ에 제출된 선결적 사안은 본안소송의 판결을 목적으로 하는 EU법의 해석의 대상과는 무관한 것"이라고 주장하며, 사적인 요청에 의한 선결적 부탁에 의해서는 EU법의 해석을 기대할 수 없다고 판결하였다. 따라서 선결적 판결은 특별한 사적인 필요를 목적으로 요청되어서는 아니 되며, 국내법원의 본안소송상의 분쟁의 해결을 위한 진실된 필요에 의해 요구되어야 한다. Lenaerts, Arts and Bray, *supra* note 1, p.41; Case C-286/88, *Falciola*, [1990] ECR Ⅰ-191, at Ⅰ-195, para.9. 그 외의 선결적 부탁의 남용에 관해서는 김두수, "EU법상 선결적 부탁절차의 한계와 극복방안",『국제법학회논총』제50권 제1호(2005.6.30), pp.39-45 참조.

42) 일반적으로는 TFEU 제267조(구 EC조약 제234조) 2단의 '회원국의 국내법원'(any court or tribunal of a Member State)이라는 표현 자체는 어떠한 문제를 발생시키지는 않는다. 먼저 여기에서 회원국의 국내법원이란 국내사법질서상의 상급심과 하급심을 개별적으로 인정함을 의미한다. 따라서 국내의 최고법원이 아닌 하급법원도 독자적으로 선결적 판결을 부탁할 수 있다. 또한 회원국이 어떤 공공기관을 일종의 법원과 같은 성격의 기관으로 인정하면, EU는 회원국의 이러한 견해를 그대로 수용한다. 왜냐하면 이 경우 당해 공공기관은 사법기관에 관한 ECJ의 기준을 분명하게 이행하고 있기 때문이며, 당해 공공기관이 비록 국내법상 법원으로 인정되지 않는다 하더라도 선결적 판결소송에 관한 한 EU 기초설립조약 규정들을 적용하는 해당 기관으로 인정될 수 있다고 보기 때문이다. 국내법원으로 인정되기 위하여 당해 기관은 어떠한 명칭으로 불리는가는 문제가 되지 않으며, 당해 기관이 사법적 기능을 수행하는가가 그 중요한 기준이 된다. Josephine Steiner & Lorna Woods, *EC Law*(Oxford: Oxford Univ. Press, 2003), p.555; Mark Brealey & Mark Hoskins, *Remedies in EC Law*(London: Sweet & Maxwell, 1998), pp.200-201; Lenaerts, Arts & Bray, *supra* note 1, p.20.

43) 그러나 1996년 ECJ는 "A Note for Guidance on References by National Courts for Preliminary Rulings"를 발행하여 국내법원(상·하급법원을 모두 포함)에게 선결적 부탁을 위한 서식을 제공하여 ECJ와 국내법원 간의 선결적 판결 과정에 관한 대화의 질을 향상시키고 있으므로 국내법원은 선결적 부탁에 있어서 그 서면상의 명확성을 요구받게 되었다. Anthony Arnull, *The European Union and its Court of Justice*(Oxford: Oxford Univ. Press, 1999), p.60.

44) Alter, *supra* note 27, p.241.

법원은 ECJ의 협력자로서 EU법과의 양립성을 위한 사법심사에 관한 권한의 행사을 선행함으로써 다른 국내법원과의 지위의 균형을 추구하려고 한다. 그런데 프랑스의 경우에는 국참사원에 대한 파기원의 제도상의 지위가 EU법 우위의 보장을 크게 향상시키게 되었다.[45]

3. 사법심사를 통한 사법정책의 촉진

국내법원에 의한 EU법 적용에 있어서, 국내법원은 원하는 정책결과에 대한 선택적 이익의 추구가 이루어지기 마련이다. 문제는 어떠한 사법적 이익에 근거하여 어떠한 사법정책을 추구할 것인가 하는 것이다. 하급법원들은 정책 때문이든 또는 법적 이유 때문이든 하급법원들이 선호하는 정책적 결과를 얻기 위해 EU법을 이용할 수 있다.[46] 물론 이러한 사법정책에 대한 선택적 이익은 그것이 EU통합의 지향으로 인해 발생하느냐, 국내 법률문화의 특성으로 인해 발생하느냐, 국가의 특별한 법적 선언에 의하여 발생하느냐에 따라서 다양하게 나타날 수 있다.

그런데 무엇보다도 ECJ와 국내법원 간의 사법심사를 통한 사법적 협력[47]이 확립되었다는 사실은 중요한 의미가 있다. 그러나 문제는 이러한 사법심사의 결정의 구체적인 내막과 배경은 쉽게 밝혀질 수 없다는 것이다. 그러면 사법정책에 있어서의 선택적 이익이 다양하다면, 이런 사법정책의 이익을 평가하고 확인할 수 있는 방법은 무엇인가의 의문이 발생한다. 이러한 질문은 오랜 기간 동안 EU회원국들의 사법정책에 대한 연구에 있어서 해결하기 쉽지 않은 문제가 되어 왔고, 개별적인 재판관들의 사법정책적 태도를 예상하는 데 도움을 줄 수 있는 근거를 도출함에 있어서 한계를 가져다주었다.[48] 개별 재판관이 어떠한 사법정책을 선호하게 될지를 예상하기보다는 오히려 어떤 특정한 재판관의 정치적 태도와 특정한 사법정책의 결과 사이의 상호관계를 사후에 증명하는 것이 보다 수월하다고 여겨져 왔다.

위와 같은 예상하기 어려운 재판관의 사법정책은 직접효력과 우위의 EU법이 개별사건들의 결과에 어떠한 영향을 미칠 것인가에 관한 예측불가능성을 증대시켰다. 따라서 높은 수준의 환경보호를 선호하는 영국재판관을 예로 들면, 이러한 경우에 EU의 지침에 대한 ECJ의 해석은 영국법률에 상응하는 수준의 환경보호를 명령할 수 있다. 그러나 이러한 EU법의 직접효력과 우위는 사건들 중 일정한 특별계층에 제한적으로 적용될 수 없다.[49] ECJ는 특

---

45) Plötner, *supra* note 25, p.62.

46) Alter, *supra* note 27, p.242.

47) Thomas Oppermann, *Europarecht*(München: C. H. Beck, 1999), p.147.

48) Martin Shapiro, *Court: A Comparative and Political Analysis*(Chicago: University of Chicago Press, 1981), p.29.

별산업을 위한 국가보조, 성차별, 이민법 또는 일체의 다른 실질적인 영역에 있어서 국내재판관이 행사하는 정책적 편애에 대하여 반대할 수 있다.

그런데 개별 국내재판관은 EU법의 실제적인 적용을 통제할 수 없다는 의문을 가질 수 있다. 이는 국가최고법원이 취하는 사법제도상의 정책 때문이라고 할 수도 있다. 이로서 사법심사의 대상으로 TFEU 제267조(구 EC조약 제234조)의 선결적 부탁의 대상이 될 사건들을 선택할 수 있는 국가최고법원 외의 국내법원의 권한은 점점 제한을 받을 수 있다. 왜냐하면 개별소송당사자들의 압력 때문이 아니라, 국내사법제도의 운영상 법률 자체의 최소한의 일관성과 통일성이 요구되기 때문이다. 일단 국가최고법원이 관련 EU법은 국내법보다 우월하다고 판결하면, 소송당사자들은 EU법에 찬성하는 원칙을 인용할 것이고, 이러한 원칙에 따르지 아니하는 일반국내법원의 결정에 대해서는 선결적 판결을 구하기 위하여 ECJ에 제소할 것을 당해 국내법원에서 주장할 것이다.[50]

따라서 어떤 개별사건에 관한 국내재판관의 사법정책적 선호도는 사법정책의 실질적 발전의 범주에 관한 예측의 근거가 될 수 있다. 사법정책에 관한 매우 개별화된 선호도의 조사는 법령해석의 형태, 국내법원들과 입법부와의 관계, 특별한 소송당사자의 보호의 필요성과 관련이 있다. 그런데 이런 국내재판관의 사법정책적 선호도는 일관적·통일적으로 일반화될 수 있어야 한다.[51] 이러한 과정을 통하여 국내재판관의 사법정책적 선호도는 명확성을 갖게 되어 예측가능성이 강제되는 효과를 가져다준다. 이러한 사법정책의 명확성과 예측가능성은 국내재판관의 사법정책의 판단의 근거가 될 수 있다. EU의 사법적 통합상 발생할 수 있는 회원국의 사법정책의 다양성에 관한 문제는 이 글 V(EU통합상 국내법원의 사법정책 다양성의 문제)에서 구체적으로 살펴본다.

4. 사법적 교류를 통한 사법심사

어떤 국내법원들의 EU법에 대한 직접효력과 우위의 수용을 이유로 하여 당해 EU법의 통일성과 일반성을 위해 다른 국내법원이 동일한 사법정책을 선호할 것이라고 예측하기는 쉽지 않다. 이러한 직접효력과 우위는 현재 EU 전역의 국내재판관들에 의하여 보편적으로 수용되고 있지만,[52] 과거에는 취급하기가 매우 곤란한 내용이었다.[53] 이탈리아헌법재판소

---

49) Matthias Herdegen, *Völkerrecht*(München: C. H. Beck, 2004), pp.4-5 참조.

50) Arnull, *supra* note 43, p.51.

51) Mattli & Slaughter, *supra* note 13, p.264.

52) Arnull, *supra* note 43, pp.100, 105.

(Italian Constitutional Court)는 1980년대 EU법의 우위를 수용하면서 독일을 포함한 EU 전역의 다른 최고국내법원들이 이미 이러한 수용단계를 거쳤다고 명백하게 언급하였다.[54] 이러한 과정을 'EU회원국의 국내법원 간의 사법적 교류'라고 말할 수 있으며, 이러한 사법적 교류를 통하여 당해 사법심사가 EU 전역으로 파급되는 효과가 있을 수 있다. 실제 사법적 교류는 한 국가의 국내법원의 의미 있는 사례가 다른 결정에서 인용되는 것을 말한다. 이러한 사법적 교류는 다른 회원국들이 이미 수용한 EU법상의 의무를 발생시키기 위한 지적 교환으로, EU법률문제의 해결을 위한 위험최소화정책으로 이해될 뿐 아니라, EU법의 국내법적 조화의 필요성에 관한 인식을 의미한다.

Ⅴ. EU통합상 국내법원의 사법정책 다양성의 문제

국내법원의 선결적 부탁의 의무와 관련하여, 국내법원들의 상이한 사법정책의 선호도는 EU통합의 불완전성에 대한 비판을 제공할 수 있다. 따라서 이러한 국내법원의 사법정책의 선호도를 추구함에 있어서 국내법원의 사법심사의 강제에 관한 확인이 필요하며, 이는 곧 국내법원의 사법정책의 일관성과 예측가능성의 강제를 의미한다. 왜냐하면 각각의 국내법원들은 상이한 선호도를 취하고 있기 때문에 선결적 부탁의 의무의 이행에 있어서도 차이를 보일 수 있기 때문이다. 이렇게 사법정책이 국내법원에 따라서 다양하게 나타나는 경우에 EU통합에 심각한 위협을 가져올 수 있다. 그런데 이러한 국내법원의 사법정책상의 선호도의 차이는 당해 국내법원 자신의 사법정책의 추구의 상대성에서 발생한다. 이러한 사법정책의 상대성은 보편적 사법정책의 측면에서 비판의 대상이 될 수 있는 개념이므로, 이러한 문제의 해결을 위해서는 사법적 정체성[55](judicial identity)이라는 개념으로 논할 필요가 있다.

---

53) 그러나 국내재판관의 정책선호와 균형 있는 발전을 위하여 EU법의 직접효력과 우위는 적절한 기능을 하고 있다. 첫째, 국내재판관들은 EU통합에 찬성하는 과정을 통하여 EU사법제도(European legal system)의 성립에 참여하고 있다. 둘째, 국내법원은 EU법을 통하여 노동자 또는 무역가와 같은 '고객'을 소유할 수 있어 제도적인 활력을 띨 수 있다. Plötner는 파기원(Cour de Cassation)은 일면으로는 국참사원(Conseil d'Etat)이 행하지 않은 "프랑스의 경제주체와 시민들의 이익에 관심을 가졌다"고 지적하였고, Kokott는 '독일노동법원(German labour courts)의 ECJ에 대한 선결적 부탁의 호의적 태도'를 지적하였다. Juliane Kokott, "Report on Germany", Anne-Marie Slaughter, Alec Stone Sweet & J. H. H. Weiler(eds.), *The European Court and National Courts-Doctrine and Jurisprudence: Legal Change in Its Social Context*(Oxford: Hart Publishing, 2000), p.112.

54) Francesco P. Ruggeri Laderchi, *supra* note 23, p.156.

55) Mattli & Slaughter, *supra* note 13, p.265.

1. 사법정책의 다양성의 극복을 위한 사법적 정체성

사법적 정체성이란, 비정치적 행위자로서 법의 지배를 보호하는 법원의 자기 개념이다.[56] 이러한 국내법원은 일반적으로 자신들을 법의 대리인 또는 법의 봉사자로 인식한다. 이러한 국내법원은 다른 법원과 함께 법률문제의 해결을 위한 대화의 참여자로서 생각한다. 따라서 ECJ와의 협력에 있어서 이들 국내법원은 법원으로서의 자기 인식과 공동체의 동반자적 사법기관으로서의 자기 인식을 가진다.[57] 기본적으로 비정치적인 사법적 정체성의 개념은 법적 논쟁의 실재에 있어서 중요하였다. 즉 정치적 고려는 사법적 결정을 수반하고 사법적 결정을 촉진시킬 수 있다. 그런데 이는 곧 법이 먼저냐, 정치가 먼저냐의 문제와도 같다.[58] 따라서 국내법원은 사법적 정체성의 추구를 위해서 ECJ와의 사법적 협력의 이면에 있는 정치적 상대성을 탈피해야 할 것이다.[59]

사법적 정체성은 사법심사로부터 정치적 간섭을 분리시킴으로써 확보할 수 있다. 따라서 이런 사법적 정체성의 확보를 위하여 법률공동체상 사법심사의 일관성과 예측가능성의 강제가 필요하다고 볼 수 있다.[60] 자유민주사회는 법치주의에 의하여 사회질서가 유지될 수 있으므로 사법적 정체성의 확보는 법치주의와 불가분의 관계에 있다. 자유민주사회에 있어서 법원은 재판관 자신의 정치적 선호, 법원에 출두하는 당사자의 정치적 선호나 권력, 사건과 이해관계를 가지는 정부의 기타 기관의 정치적 선호와 권력에 관계없이 법률을 해석하고 적용할 책임을 진다. 따라서 이러한 법원의 법률의 해석과 적용상의 책임의 이행을

---

56) *Ibid.*; Burley & Mattli, *supra* note 26, pp.74-75.

57) 회원국의 국내법원은 국가기관과 자연인 및 법인 간의 모든 사건에 대하여 EU법상의 의무를 적용하고 권리를 보호할 의무가 있으며, 이러한 EU법 적용에 있어 국내법원의 가장 기본적인 기능은 EU법의 독특한 성질과 관계가 있다. EU는 EU법의 직접효력과 우위라는 '하나의 새로운 법질서'(a new legal order of international law)를 형성하고 있으며, 이러한 EU법의 적용은 회원국 국내법원의 협력과 직접적인 관련이 있다. 즉 EU의 사법질서와 회원국의 사법질서는 EU법의 직접효력과 우위라는 법적 성질에 의해 초국가적으로 운영되고 있다. 한편 EU시민인 개인이 EU법상의 권리에 대하여 어떤 방법을 통해 주장할 수 있는가의 문제가 제기될 수 있는데, 이 경우에 개인은 일반재판소(구 CFI)를 통해 직접소송으로 제소할 수 있으며, 또한 개인이 국내법원에 1차적으로 제소하여 당해 국내법원이 ECJ에 선결적 판결을 부탁함으로써 EU법상의 권리의 실현이 가능하다. Lenaerts, Arts & Bray, *supra* note 1, p.3; T. C. Hartley, *The Foundations of European Community Law*(Oxford: Oxford Univ. Press, 2003), p.278; Brown & Kennedy, *supra* note 1, pp.214-215: Helmut Lecheler, *Einführung in das Europarecht*(München: Verlag C. H. Beck, 2000), pp.207-208; Albert Bleckmann, *Europarecht*(Köln: Carl Heymanns Verlag K G, 1997), p.323.

58) 국내법원들은 자신의 정책선호(policy preferences)를 실행하기 위하여 EU법을 통해서든 또는 국내법을 통해서든 유효하게 이용할 수도 있다. Mattli & Slaughter, *supra* note 13, p.266.

59) 이러한 통찰력은 Joseph Weiler와 같은 궤변적 법률가들의 결론에 이르게 하였는데, 그는 '정치적 상황'에서의 법률 원칙의 발전을 설명하였다. Burley & Mattli, *supra* note 26, pp.75-76; James Hanlon, *European Community Law*(London: Sweet & Maxwell, 2000), p.44.

60) Burley & Mattli, *supra* note 26, p.70.

위하여 두 가지 기본적인 원칙이 적용된다고 할 수 있다.

첫째, 소송당사자의 법적 대화의 요청에 대하여 법률을 해석하고 판결할 최소한의 성실성(minimum fidelity)이 법원에게 요구된다고 볼 수 있다. 법원은 법률적 분쟁해결의 요청에 대하여 합리적인 해석, 논리적인 추론, 제도상 그리고 시간상 통일적이고도 일관되게 노력해야 한다. 이러한 요건들에 따르지 아니하는 추론과 결과는 '법률상 이유 없음'에 의하여 기각될 수 있다. 법원은 정치권력과 분리되어 사법정책의 정치성을 탈피하여 신의성실하게 독립적인 판결을 내려야 한다. 둘째, 최소한의 민주적 책임(minimum democratic accountability)이 법원에게 요구된다. 법원은 다수의 정치적 선호에서 지나치게 벗어나지 않아야 한다. 법원은 투표권자의 선호에 대하여 책임을 질 수 있는 기관은 아니며, 엄격하게 말해서 비록 재판관들은 직접적으로 유권자들을 책임지거나 책임질 수 있는 것도 아니다. 따라서 법원은 정치성을 탈피하여 사법적 정체성을 갖고 사법정책을 추구하되, 정치적 특수계층의 이익이 아닌 다수의 정치적 선호도를 존중해야 한다.[61]

2. 사법정책의 다양성의 원인

위에서 설명한 회원국의 사법질서에 있어서 국내법원에 적용되는 두 가지 기본적인 원칙(법적 대화의 요청에 대한 신의성실한 책임, 최소한의 민주적 책임)은 회원국마다 다양한 모습으로 나타날 수 있다. 회원국의 사법질서에 있어서 이러한 국내법원의 기본적인 원칙에 대한 회원국의 다양한 모습의 원인에는 첫째, EU통합의 지향에 대한 국가의 정책선호도의 다양성, 둘째, 국가의 법률문화의 다양성, 셋째, 특정국가의 법적 선언에 의한 다양성의 존재를 제시할 수 있다.[62]

첫째 범위와 관련하여, 국내법원이 EU통합을 위한 공식적인 지지정책을 펴는 경우에는 국내법원의 사법정책에 대한 합법성은 문제 되지 않을 것이다. 일반적으로 이러한 국내법원의 공식적인 EU통합에 대한 지지정책은 EU통합에 대한 단편적인 태도를 취하는 것보다 큰 효과를 가진다. 둘째 범위와 관련하여, 몇몇 국가의 법률문화는 다른 회원국들보다 EU사법제도에 대한 자국의 사법심사의 참여에 관하여 적극적인 편이다. 그런데 이러한 개별국가의 법률문화는 궁극적으로는 EU의 사법적 통합과 조화[63]를 이루거나 흡수되어야 할 내용이다. 셋째 범위와 관련하여, 특정국가가 자국의 상황을 고려하여 특별한 법적 선언을 하는 경우에

---

61) Mattli & Slaughter, *supra* note 13, pp.266-267.

62) *Ibid.*, p.268.

63) Steiner & Woods, *supra* note 42, p.258; Mathijsen, *supra* note 2, p.352.

는 주권의 개념과 작용에 있어서, 또한 EU법의 국내적 적용에 있어서 문제를 발생시킬 수 있다.[64] 따라서 이러한 국가의 법적 선언은 극히 제한된 경우에만 인정되어야 할 것이다.

3. 사법정책의 다양성과 EU통합이론의 지향점

신기능주의이론은 EU의 통합과정을 설명하는 데 있어서 유익하다. 그러나 이 이론은 보다 세련되게 순화되어야 하며, ECJ와 국내법원 간의 사법적 협력[65]에 있어서의 사법심사의 선호의 내용과 사법심사의 강제에 관한 관련 당사자들의 사법정책상의 이해관계에 관한 상세한 설명을 필요로 한다. 여기서의 관련 당사자들이란 ECJ뿐만 아니라, 국가와 사회적 행위자 모두를 말한다.[66] 진정한 사법적 통합의 이론은 가설로서의 통일국가라는 개념을 초월할 수 있는 것이어야 하며,[67] 법원들과 기타의 국가기관들 사이뿐만 아니라, 등급의 차이가 있는 법원들 사이에 있어서의 사법정책상의 이해관계도 설명할 수 있어야 한다.

신기능주의가 EU통합의 결과에 이르는 과정을 설명하기에는 유익하지만, EU통합의 결과는 원래 신기능주의와는 직접적인 관련이 없다. 따라서 EU통합에 관한 이론의 패러다임 논쟁은 중단될 필요가 있고, 이제는 사법적 통합과정상의 실제적인 사법정책의 다양성을 설명할 수 있어야 한다. 나아가 사법정책의 천편일률적인 통일성의 추구가 아니라, 다양성이 존재하는 상황에서의 통합에 대하여 유의해야 할 것이다. 그런데 이러한 연구는 EU통합상의 모든 행위자(개인, 초국가적 기관, 회원국 정부)의 사법적 동기와 목적에 관하여 상세하게 설명할 수 있어야 할 것이다. 그런데 이는 이러한 연구만이 EU의 사법적 통합을 이해할 수 있는 유일한 이론이 된다는 것이 아니라, TFEU 제267조(구 EC조약 제234조)의 ECJ와 국내법원 간의 협력을 통해 해결한 광범위하고도 복잡한 선결적 부탁의 사안을 보다 잘 이해할 수 있게 된다는 의미이다.

---

64) Mattli & Slaughter, *supra* note 13, p.268.

65) Oppermann, *supra* note 47, pp.147-153; Arnull, *supra* note 43, p.51.

66) Gunther Teubner, *Global Law without a State*(Aldershot: Dartmouth, 1997), p.156.

67) EC법의 헌법국가적 측면에 관한 일반적 내용에 관해서는, René Barents, *The Autonomy of Community Law*(The Hague: Kluwer Law International, 2004), pp.109-165 참조.

Ⅵ. 결언

ECJ는 EU통합에 있어서 주요한 관심을 받는 EU의 사법기관이며, 사법적 통합상의 ECJ의 역할을 이해하기 위해서는 ECJ와 회원국 국내법원 간의 관계를 이해해야 한다. 왜냐하면 EU의 사법질서와 회원국의 사법질서는 ECJ와 회원국 국내법원 간의 긴밀한 협력에 의해 확립되어 왔기 때문이다. 그런데 이러한 협력의 법적 기초가 되는 TFEU 제267조(구 EC조약 제234조)에 따른 선결적 부탁의 결정은 ECJ가 아닌 국내법원에 의해 이루어진다. 국내법원은 선결적 부탁의 여부를 판단할 수 있는 최상의 지위에 있으며, 이러한 평가를 통해 ECJ에 선결적 판결을 요청한다. 그러나 국내법원은 이런 평가자로서의 지위에 있어서 무제한의 자유를 갖는 것은 아니다. 국내법원은 단지 제소단계를 평가하는 최상의 지위를 가지고 있을 뿐이며, 원칙적으로 ECJ는 이러한 국내법원의 평가와 보조를 같이 하여 협력하며 그 임무를 수행한다. 이러한 방식으로 국내법원은 회원국기관으로서 ECJ와 협력하며 성실하게 의무를 수행한다. 물론 EU법은 기본적으로 국내법원에 의해 적용된다. 왜냐하면 EU는 자체적인 국내이행법을 갖추고 있지 않기 때문이며, 이로 인해 국내법은 EU법의 효과적 적용을 방해할 수 있고, 이로서 EU법의 직접효력과 우위를 침해할 우려가 있게 된다. 또한 회원국들의 다양한 법은 EU법의 통일된 적용을 위협할 수 있다. 이러한 문제를 해결하기 위해 'EU법의 완전한 효력'을 보장할 의무를 회원국 국내법원에 부여하고 있다. 그런데 'EU법의 완전한 효력의 원칙'의 개념은 ECJ의 판결의 기반 위에 계속하여 발전되고 있으므로, ECJ의 판결의 국내적 보장을 위한 기본원칙은 회원국의 사법질서에서 점점 확대되어 적용되고 있는 것으로 간주되어야 할 것이다. 국내법이 원칙적으로 적용해야 할 기본원칙은, 먼저 관련 법률은 회원국의 유사 국내법률보다 덜 우호적이지 않아야 할 것이고, 관련 법률은 EU법이 부여한 권리의 실행을 본질적으로 불가능하게 하거나 또는 지나치게 곤란케 해서는 아니 되어야 할 것이다.

또한 EU법의 완전한 효력은 EU법상 개인에게 부여된 권리를 개인이 국내법원에 제소할 수 있을 때에 완전하게 달성될 수 있다. 따라서 회원국들은 EU법상의 법률문제를 갖는 개인에게 국내법원의 사법절차에 따라 제소권을 당연히 인정해야 하는 것이다. 이러한 국내법의 의무는 EU법의 완전한 효력과 관계되는 회원국들의 헌법상의 일반원칙에 해당한다고 볼 수 있다. 이러한 개인의 제소권은 TFEU 제18조(구 EC조약 제12조)상의 차별금지에 관한 조항에 근거하여 다른 회원국의 시장에서 경제활동을 수행하는 어떤 회원국의 국민에게도 인정되어야 한다. 한편 EU는 EU법에 대한 사법적 보호의 확보를 위하여 회원국들 내에 개별적인 EU법에 대한 전문적 관할법원을 창설할 것을 규정하고 있지 않다. 이는 곧 개인이 국가기관의 작위 또는 부작위 또는 다른 개인에 의해 EU법이 부여한 권리를 침해받았을 경우, 그 개인이 의지할 수 있는 기관은 오직 국내법원뿐임을 의미하는 것이다. 이러한 국내법원은 당해 개인의 회원국의 사법제도에서 EU사법질서의 교두보로서 ECJ와의 협력을 통해 EU법의 시행을 보장한다. 이러한 경우에 ECJ는 선결적 부탁절차의 개시와 관련하여 국내법원의 직무의 내용을 결정함과 동시에, 국내법원의 협력의 원칙에 따라 국내법원의 협조를 실질적으로 요청할 수 있다. 따라서 선결적 부탁절차에 있어서 국내법원은 EU의 사법질서와 회원국의 사법질서에 있어서 양자를 조율하여 사법적 통합을 달성함에 있어서 중요한 역할을 하고 있다.

이와 같이 EU법의 해석과 유효성의 판결에 관한 선결적 부탁절차는 EU법의 특성인 직접효력과 우위의 원칙의 적용과 보존을 위해 중요한 역할을 하고 있으며, 모든 회원국에서 EU법이 통일적으로 적용되도록 보장하는 소송제도이다. TFEU 제267조(구 EC조약 제234조)는 ECJ와 국내법원 간의 효과적인 사법적 협력의 달성과 EU법의 통일적 적용을 보장하고 있다. 이러한 사법적 협력은 국내법원과 ECJ 양자가 각자의 일정한 관할권을 유지함과 동시에, 동일한 방법에 의해 EU법의 적용을 보장하려는 목적을 공유함으로써 이루어진다. 이로서 양 사법기관은 당해 사건의 확정판결을 내리는 데 직접적으로 그리고 보완적으로 상호 기여하게 된다. 마지막으로 국내법원의 선결적 부탁의무와 관련하여 실제로는 국내법원의 사법정책의 다양성으로 인하여 국내사법질서상의 혼란을 초래할 수 있다는 점이다. 그러나 이러한 문제는 국내법원으로 하여금 사법정책에 있어서의 정치성을 탈피하여 사법적 정체성을 확립하고, 이로 인한 사법정책의 일관성과 예측가능성을 사실상 강제함으로써 해결될 수 있을 것이다.

경제통상

제9장 상품의 자유이동*

Ⅰ. 서언

현재 세계무역기구(World Trade Organization: WTO)하의 다자간체제와 함께 자유무역협정(Free Trade Agreement: 이하 FTA)은 보편적인 세계적 현상이며, 이러한 상황에서 한국과 유럽연합(European Union: 이하 EU) 간의 FTA협상이 진행되었다.[1] 그런데 EU의 FTA 정책은 유럽공동체(European Community: EC)조약 제131조(TFEU 제206조))에서 제133조(TFEU 제207조)까지의 '공동통상정책'을 기초로 추진되고 있다.[2] EC조약 제131조(TFEU 제206조)에 따라 EU는 WTO의 기조 아래 대내적으로는 회원국들이 무역정책 및 법률의 조화를 통하여 원활한 단일시장(Single Market, 즉 공동시장(Common Market) 또는 역내시장(Internal Market))의 운영을 제도적으로 구축하고, 대외적으로는 역외국가와 효과적인 경제관계를 유지·발전시킴으로써 회원국들의 협상력 제고와 경제적 이익을 도모하고 있다고 볼 수 있다.[3]

---

* 이 내용은 김두수, "EU의 상품의 자유이동에 있어서의 관세 및 수량제한과 동등한 효과를 갖는 조치의 금지", 『외법논집』 제33권 제3호(2009.8)를 참고하였음.

1) 그런데 오늘날에는 FTA가 단순한 '관세철폐'에 그치지 아니하고, '역내시장'의 경제활동에 중요한 영향을 미치는 '노동, 서비스, 투자, 환경' 등 다양한 분야에 이르기까지 협상이 진행되고 있다. 이처럼 한·EU FTA 체결은 '역내시장'에서 '무역 및 투자의 증가, 고용창출 및 산업경쟁력 강화를 통한 경제성장' 등 다양한 측면에서 경제적 파급효과를 기대할 수 있다. 그러나 한편으로, 한·칠레 FTA, 한·싱가포르 FTA, 한·EFTA FTA, 한·ASEAN FTA의 체결 및 발효 이후, 최근 한·미 FTA에 이르기까지 시장개방과 자유경쟁의 원리가 가져오는 영향력과 그에 대한 우려는 1994년 WTO가 출범할 당시 가졌던 것과 유사하다고 할 정도로 국내적 반발을 야기한다고 할 수도 있다. 특히 EU와 같은 대규모 경제 주체와의 FTA를 통한 교역이 예외일 수는 없다. 이 정, "유럽연합(EU)과의 자유무역협정(FTA)체결에 따른 노동서비스개방에 대한 연구", 『외법논집』, 제29집(2008), p.32 참조. EU는 외부적으로는 WTO를 통한 다자주의를 지향하면서 내부적으로는 동유럽 국가들의 EU신규가입을 통하여 EU의 영역을 확대하였다. 국제사회가 WTO를 통한 다자주의에 있어서 한계를 갖고 있고, EU신규회원국들의 가입도 어느 정도 마무리되어 가고 있는 현재, EU의 장기발전전략은 여전히 '시장 확대'에 맞추어져 있다고 볼 수 있다. 단지 시장 확대의 초점이 동유럽에서 이제는 세계시장에 대한 선택적 양자주의, 즉 'FTA'와 같은 상호 시장개방을 통한 확대로 전환되고 있다고 볼 수 있고, EU가 한국, ASEAN, 인도 등과의 FTA에 관심을 갖는 이유도 같은 맥락이라고 할 수 있다.

2) EU는 EC체제였던 1968년에 대외무역에 대하여 '공동대외관세'를 부과하여 '관세동맹'을 확립하였다.

EU가 생각하는 FTA의 경제통합수준은 EU와 같은 단일시장 수준보다는 낮고 다자주의의 체제에 의한 WTO의 개방 수준보다는 높은 수준이라고 할 수 있다. EU수준의 단일시장이란 표준화, 경쟁원칙, 환경기준, 국가보조금 등에 있어서 모든 규정이 모든 회원국들에게 동일하게 적용되는 것을 말하고, WTO의 개방 수준이란 '상품시장' 자유화 중심의 시장개방을 의미한다. 그런데 과거보다 한층 강화된 신세대 FTA란 바로 상대방에 대한 '시장접근'(market access)의 개선을 최우선의 목표로 삼는 것이고, EU도 단순한 '관세율 인하'로 해결할 수 없는 상대방의 '위생검역기준', '환경기준' 또는 '상거래관행' 등 다양한 '비관세 장벽'의 문제를 해결하기를 원하는 것이라 할 수 있다. 이에 대한 자세한 내용은 "대한민국과 유럽공동체(리스본조약 발효에 의해 현재는 유럽연합) 및 그 회원국 간의 자유무역협정" 국문본에 있는 제1장(목적 및 일반정의), 제2장(상품에 대한 내국민대우 및 시장접근), 제3장(무역구제), 제4장(무역에 대한 기술장벽), 제5장(위생 및 식품위생조치), 제6장(관세 및 무역원활화), 제13장(무역과 지속가능발전) 등을 통해서도 알 수 있다.

한국과 EU는 1차(2007.5.7.~5.11.: 서울), 2차(2007.7.16.~7.20.: 브뤼셀), 3차(2007.9.17.~9.21.: 브뤼셀), 4차(2007.10.15.~10.19.: 서울), 5차(2007.11.19.~11.23.: 브뤼셀), 6차(2008.1.28.~2.1.: 서울), 7차(2008.5.12.~ 5.15.: 브뤼셀), 8차(2009.3.23.~3.24.: 서울) FTA협상을 개최하였다. 8차 협상 결과 양측 협상단 차원에서 대부분의 핵심 쟁점에 대해 잠정합의에 도달했으나, 관세 환급 등 미해결 정치적 이슈는 4월 2일 영국 런던에서의 양측 통상장관회담에서도 합의에 이르지 못해 최종 타결은 다시 지연되기도 하였다. EU 측에서 볼 때 한국은 역외교역국 중 4위의 규모이며, 한국 측에서 볼 때 EU는 2위의 수출국이자 최대의 외국투자자이다. 따라서 이러한 긴밀한 무역관계에 기초하여 양측 모두에게 이익이 되는 방향으로 협상이 타결되어야 했다. EU는 명실 공히 세계 최대시장으로, 이러한 EU와 FTA가 체결되는 경우 한국과 EU 27개 회원국들은 FTA협정의 발효와 함께 '단일시장'이 된다. 이로써 한국 기업들은 EU라는 거대시장에 보다 쉽게 접근할 수 있게 되며, 다른 한편으로 우리나라의 국내시장이나 무역구조에는 향후 큰 변화를 가져올 수도 있다. 따라서 2009년 10월 15일 한·EU FTA협정 가서명(2010년 10월 6일 정식서명, 브뤼셀)은 매우 의미 있는 일이라고 할 수 있다.

그러므로 이 글의 목적은 위와 같은 한·EU FTA협정 배경이 된 EU의 '상품의 자유이동'에 대한 '공동시장'의 법제와 주요 판례를 분석·검토하여, 이러한 이해를 기초로 EU가 상품과 관련하여 자신의 '공동시장' 수준으로 한국에 시장개방을 요구할 경우 그 대응책을

---

3) 이강용, "유럽연합의 공동통상정책: EC 133조를 중심으로", 『유럽연구』, 제26권 제2호(2008), p.137 참조.

모색하는 것이다. 이로써 우리나라가 전적으로 수용해야 할 내용은 아니지만 EU가 원하는 시장개방의 수준 내지 정도를 가늠할 수 있을 것이고, 나아가 향후 한·EU FTA협정의 발효로 EU시장과의 교류확대에 따른 각종 법률문제 해결에 기여할 수 있을 것이다.

이 글에서는 EU공동시장의 여러 분야 중 '상품[4]의 자유이동'에 관한 법제와 판례의 검토로 범위를 한정한다. 상품의 자유이동을 방해하는 장벽과 관련하여 EC조약(TFEU)은 '관세장벽'에 대해서는 제23조~제25조(역내관세의 폐지, TFEU 제28조~제30조)에 의하여, 제26조~제27조(관세동맹에 의한 대외공동관세, TFEU 제31조~제32조)에 의하여 그리고 제90조~제93조(차별적·보호적 내국세의 금지, TFEU 제110조~제113조)에 의하여 규율하고 있다. 한편 '비관세장벽'에 대해서는 제28조~제31조(수량제한 및 이와 동등한 효과를 갖는 조치의 금지, TFEU 제34조~제37조)에 의하여 규율하고 있다. EU는 이를 통하여 역내에서 상품의 자유이동을 완전하게 실현하고자 하고 있으며, 유럽사법법원(European Court of Justice: ECJ)이 이에 대한 판례법을 형성하고 있다. 아래에서는 먼저 EU의 관세동맹과 역내 관세금지의 엄격성에 대하여 살펴본 후, 회원국들 간 수입품에 대한 과세의 문제 그리고 특히 오늘날 주요 논의가 되고 있는 상품의 자유이동에 있어서의 '수량제한'의 문제와 '수량제한과 동등한 효과를 갖는 조치'의 금지에 관하여 살펴보고자 한다. 이를 위하여 EC조약(TFEU) 관련 규정을 검토하고 몇몇 주요 사례를 선별적으로 분석·평가하고자 한다.

Ⅱ. EU의 관세동맹과 역내 관세금지의 엄격성

EU는 어느 회원국을 통하여 EU 외부로부터 수입된 상품에 대하여 특별한 이익이 없다는 것을 보장하기 위하여 '관세동맹'(customs union)을 통해 대외공동관세(common external tariff)를 적용하고 있으며, 회원국들 간의 수출·수입에 관해서는 모든 관세부과를 금지하고 있다(EC조약 제23조(TFEU 제28조) 제1항, 제2항). 사람·서비스의 자유이동, 회사 설립의 자유 그리고 상품의 자유이동 중 수량제한 금지 영역에서는 '공익적 관점'에서 회원국에게 일정한 예외적 조치를 허용하고 있으나, 관세의 금지에 있어서는 예외를 허용하고 있지 않아 매우 '엄격'하게 적용된다고 할 수 있다.

---

4) 여기에서의 '상품'(goods 또는 products)의 개념은 광의로 인정되고 있으며, 일반적으로 무역거래의 대상이 될 수 있는 모든 것이 해당된다. 예술적·역사적·고고학적·민속학적 가치를 갖는 상품도 금전적으로 평가되어 거래의 대상이 될 수 있는 한 '상품'에 해당된다. Case 7/68, *Commission v. Italy*, [1968] ECR 423, p.428.

1. 관세 및 '이와 동등한 효과'를 갖는 과세의 금지

관세의 부담 정도를 불문하고 관세로 부과되는 모든 금전적 부담은 소액일지라도 금지되며, 관세의 명칭 및 적용의 형태를 불문하고 금지된다.[5] 또한 관세가 국산품보호의 효과(차별적·보호적 효과)를 발생시키지 않아도, 관세가 부과된 제품과 경쟁하는 국산품이 존재하지 않아도 그리고 관세징수의 목적을 불문하고 이러한 상황들은 관세부과의 정당화 사유가 되지 않는다.[6] 예를 들면, 무역통계를 작성할 목적으로 수출입에 부과하는 소액의 부담금도 '관세와 동등한 효과'를 갖는 과세에 해당한다고 하여 금지된다.[7] 그러나 상품의 자유이동을 촉진하기 위하여 수출국에서만 가축의 수출에 필요한 검역을 실시하고 부담금을 부과하는 것(수입국에 대한 검역배제로 인한 1회 검역 실시 정책)은 수출국 측면에서 볼 때 관세와 동등한 효과를 갖는 과세에 해당하지 않는다고 볼 수 있다.[8]

2. 회원국들 간 관세부과 금지의 엄격성

EC조약 제25조(TFEU 제30조)는 회원국들 간 수출·수입상의 모든 관세를 금지하고 있다. 이에는 '관세와 동등한 효과'를 갖는 일체의 비용(charges)도 포함된다. 이러한 금지는 직접적인 효력이 있으며,[9] 상품이 회원국 국경을 넘어왔다는 사실에 의하여 부과하는 어떠한 형태의 비용에도 적용된다.[10] 이 조항은 아래의 *Sociaal Fonds voor de Diamantarbeiders(Diamond Workers case)*[11]사례에서 보는 바와 같이 매우 엄격하게 적용된다.

이 사례에서 벨기에는 수입된 다이아몬드에 0.33%의 과세(levy)를 부과하였다. 벨기에는

---

5) Case 24/68, *Commission* v. *Italy*, [1969] ECR 193, para.9.

6) Cases 2 and 3/69, *Sociaal Fonds voor de Diamantarbeiders* v. *Brachfeld(Diamond Workers* case), [1969] ECR 211, paras.15-18; Case 7/68, *Commission* v. *Italy*, [1968] ECR 423, pp.429-430; Case 24/68, *Commission* v. *Italy*, [1969] ECR 193, paras.7, 9, 14, 15.

7) *Ibid.*, paras.15-18.

8) Case 46/76, *Bauhuis* v. *Netherlands*, [1977] ECR 5, paras.40, 41, 52.

9) 이러한 직접효력의 첫 번째 사례는 Case 26/62, *Van Gend en Loos*([1963] ECR 1)이다. 유럽공동체가 설립되었을 때, 처음에는 회원국들 간의 관세의 어떠한 '증가'에 대해서도 이를 금지(관세동결)하였으나, 그 다음단계에서는 관세를 완전히 '철폐'하였다(관세철폐).

10) Case 24/68, *Commission* v. *Italy*, [1969] ECR 193, para.9. ECJ는 엄격한 의미에서의 관세는 아니지만 국경을 넘었다는 사실에 근거하여 부과된 일체의 금전상의 비용을 이와 동등한 효과를 갖는 비용으로 보았다. 그러나 EU법이나 또는 국제협정에 근거하여 요구되는 상품검사에 필요한 합리적 비용은 예외로 인정하였다. T. C. Hartley, *European Union Law in a Global Context: Text, Cases and Materials*(Cambridge: Cambridge Univ. Press, 2004), p.395 참조.

11) Cases 2 and 3/69, *Sociaal Fonds voor de Diamantarbeiders* v. *Brachfeld(Diamond Workers* case), [1969] ECR 211.

이 금전이 Antwerp를 센터로 하고 있는 다이아몬드 세공 산업에 종사하는 노동자들의 복지혜택을 위한 기금마련(Sociaal Fonds voor de Diamantarbeiders)에 사용된다고 주장하였고,[12] 이 과세는 EC조약 제25조(TFEU 제30조)에 반한다는 이유로 SA CH. Brachfeld and Sons(Case 2/69)와 Chougal Diamond Co.(Case 3/69)에 의해 벨기에 국내법원(Vrederechter of the Second Canton of Antwerp)에 제소되어 결국 ECJ에 선결적 결정이 부탁되었다. 이 사건에서 벨기에정부는 자국 내에서 다이아몬드가 생산되지 않기 때문에 당해 과세는 보호무역의 효과를 갖는 것이 아니었다고 주장하였다.

벨기에는 다이아몬드를 생산하는 국가가 아니다. 만약 벨기에에서 다이아몬드가 생산된다고 가정하면, 수입된 다이아몬드와 벨기에산 다이아몬드는 판매에 있어서 가격 경쟁을 벌이게 된다. 그러나 벨기에에서는 다이아몬드가 생산되지 않으며, 수입을 통해서만 다이아몬드를 구할 수 있기 때문에, 벨기에에서 생산된 다이아몬드와 수입된 다이아몬드 간에는 경쟁이 발생할 여지가 없다. 그러므로 벨기에정부가 다이아몬드에 세금을 부과하여 수입하더라도 벨기에 내에서는 수입된 다이아몬드만이 거래될 것이고, 이러한 세금 부과는 벨기에 자국의 다이아몬드 산업을 보호하려는 것이 아니므로 보호무역적인 효과가 발생하는 것은 아니다. 따라서 벨기에정부는 다이아몬드 세공 산업에 종사하는 노동자들의 복지혜택을 위해 부과된 과세는 불법이 아니라고 주장하였던 것이다.

그런데 ECJ에 의하면 어떤 관세도 그것이 금지되는 회원국들 간에는 금지에 관한 일반적이고도 절대적인 원칙에 따라야 하기 때문에, 회원국의 국경을 넘어왔다는 이유로 인하여 상품에 부과되는 아주 적은 금전상의 부담일지라도 상품의 자유이동에 장애를 가져오는 경우에는 관세의 금지를 위반하게 된다.[13] 따라서 벨기에정부가 수입된 다이아몬드에 부과한 과세는 불법적인 것이다.[14]

결국 EC조약 제25조(TFEU 제30조)의 '회원국 상호 간'의 수입품 및 수출품에 대한 모든 관세 및 내국세(단, 국산품과 동등하게 부과되는 내국세는 인정됨)의 금지원칙 규정은 직접적인 효력을 가지며, 또한 이는 어떠한 이유를 불문하고 국경을 넘어온 상품에 대해서는 엄격하게 적용된다고 보아야 한다.

---

12) Paul Craig and Grainne de Burca, *EU Law: Text, Cases, and Materials*(Oxford: Oxford Univ. Press, 2008), p.641.

13) *Ibid.,* p.642 참조.

14) Cases 2 and 3/69, *Sociaal Fonds voor de Diamantarbeiders* v. *Brachfeld*(*Diamond Workers* case), [1969] ECR 211, paras.11-14, 15-18.

Ⅲ. EU회원국들 간 수입품에 대한 과세(내국세)의 금지

EU역내관세의 폐지는 다른 회원국들로부터의 수입품에 대한 '차별적' 내국세, 국산품에 대한 '보호적' 내국세를 함께 금지함으로써 보다 충분하게 달성될 수 있을 것이다. 이것이 EC조약 제90조(TFEU 제110조)의 제정 목적이며, 이러한 차별적·보호적 내국세의 금지는 EC조약의 '상품의 자유이동'의 장(PART THREE-COMMUNITY POLICIES: TITLE Ⅰ -FREE MOVEMENT OF GOODS)에 포함되어 있지는 않지만, 동 조항은 '상품의 자유이동'과 매우 밀접하게 관련되어 있으며, 국산품과 수입품의 '경쟁'과 관련하여 내국세가 중립적 견지를 취할 것을 보증하고, 관세 및 '이와 동등한 효과'를 갖는 과세의 금지에 관한 규율체계를 보완하고 있다.[15]

1. 차별적 내국세와 보호적 내국세의 금지

1) 차별적 내국세의 금지

EC조약 제90조(TFEU 제110조)는 차별적 내국세와 보호적 내국세를 구별하여 금지하고 있다. 제90조(TFEU 제110조) 1단에 의하여 회원국은 동종의 국산품(similar domestic goods)에 부과하는 것 이상의 내국세를 다른 회원국의 제품에 '직접적으로' 또는 '간접적으로' 부과하는 것이 금지된다(차별적 내국세의 금지). 그런데 수입품과 국산품의 과세부담의 평등을 보장하기 위하여 동종제품의 개념은 유연성 있게 해석할 필요가 있으며, 생산 또는 판매의 동일단계에서 '동종의 성질을 갖거나 또는 소비자의 측면에서 동일한 필요를 충족시키는 제품'일 경우에는 동종제품으로 간주될 수 있다.[16] ECJ는 위스키와 코냑에 대해서는 식전 주와 식후 주와의 차이, 맛, 소비자의 습관에 의한 구별로서 '동종성'이 부정될 수 없다고 판정하였으며,[17] 과실주(liqueur fruit wine)와 위스키(whisky)의 동종성은 알코올 함유량 차이 그리고 제조공정에서의 증유와 양조라는 차이가 있기 때문에 동종성이 부정되었다.[18]

---

15) Craig and de Burca, *supra* note 12, p.648 참조. Case 168/78, *Commission* v. *France*, [1980] ECR 347, paras.4, 6, 25, 29.

16) *Ibid.*, paras.9-10, 29, 36.

17) *Ibid.*, paras.21-23, 29, 31-36.

18) Case 243/84, *John Walker* v. *Ministeriet for Skatter*, [1986] ECR 875, paras.8-14.

2) 보호적 내국세의 금지

EC조약 제90조(TFEU 제110조) 2단에 의하여 회원국은 다른 회원국의 제품에 대하여 국산품을 간접적으로 보호하는 것과 같은 성질의 내국세를 부과하는 것이 금지된다(보호적 내국세의 금지). 특히 제90조(TFEU 제110조) 2단의 규정 목적은 제90조(TFEU 제110조) 1단에서와 같은 국산품과 수입품 간에 '동종성'이 존재하지 않음에도 불구하고, 수입품이 국산품과 '경쟁관계'에 있는 경우에 모든 형태의 간접적인 보호적 내국세를 금지하기 위함이라고 할 수 있다.[19] 즉 수입품과 '동종의 국산품'이 존재하는 경우에는 1단이 적용되고, 수입품과 국산품 간에 '동종성'이 없는 경우에는 2단이 적용된다. 동 조 2단은 국산품의 간접적 보호를 금지하고 있으며, 비록 수입품이 국산품과 동종성이 없다 하더라도 이들 상품 간에는 여전히 경쟁관계가 존재할 수도 있기 때문이다. 즉 일정한 상황에서 소비자는 국산품 대신에 수입품을 구매할 수도 있다. 예를 들어, 맥주(beer)와 와인(wine)은 다르지만 만일 어떤 회원국이 다량의 맥주를 생산하는 반면 와인은 조금 혹은 전혀 생산하지 않았고 맥주보다 와인에 보다 높은 세금을 부과했다면, 이는 소비자가 맥주에서 수입 와인으로 전환하는 것을 방해하여 구매를 단념시키게 된다. 이러한 경우에는 EC조약 제90조(TFEU 제110조) 2단을 위반하게 된다.[20]

그런데 문제의 두 상품 간에 어떤 '충분한 관련성'이 있든지 간에 EC조약 제90조(TFEU 제110조) 2단의 적용은 사실의 문제(question of fact)이다. 1980년 한 사건(Case 170/78, *Commission v. United Kingdom*)에 대한 ECJ의 판결에서 영국정부는 영국 내에서 맥주와 와인은 서로 다른 환경에서 소비된다고 주장하였다. 오늘날보다는 1980년 관점에서 맥주는 술집에서 주로 소비되는 인기 있는 음료이고, 반면 와인은 보편화되지 않은 특별한 음료였다. 즉 맥주는 인기가 많고 평소에도 많이 찾아서 소비가 많지만 와인은 특별한 날에 소비하기 때문에 수요가 많지 않다는 것이고, 이러한 와인에 대한 세금을 많이 부과하는 것은 큰 문제가 되지 않을 수도 있었다. 그럼에도 불구하고 ECJ는 '현재의 상황'뿐만 아니라 가능한 한 '미래의 경향'도 고려해야만 하기 때문에 EC조약 제90조(TFEU 제110조) 2단이 적용될 수 있다고 판시하였다.[21] 즉 와인은 그 품질과 가격 면에서 현저한 차이가 있어 여러 종류가 있기 때문에, 알코올 농도가 낮고 값이 저렴한 와인과 맥주 사이에는 경쟁관계가 인정될 수 있으므로 보호적 내국세 금지에 관한 EC조약 제90조(TFEU 제110조) 2단의 적용이

---

19) Case 168/78, *Commission v. France,* [1980] ECR 347, paras.34, 41.

20) Hartley, *supra* note 10, p.396 참조. Craig and de Burca, *supra* note 12, p.656 참조.

21) Case 170/78, *Commission* v. *United Kingdom,* [1983] ECR 2265, paras.12-24.

가능하다는 것이다.[22) 이 사건 이래로 영국에서 증가된 와인의 인기는 ECJ의 관점을 지원하는 데 일조하였다.

2. '간접적 차별'의 내국세 및 '보호적' 내국세의 성질 인정문제

'차별적' 내국세의 금지는 '직접적 차별'과 '간접적 차별'을 모두 그 대상으로 하고 있다. '직접적 차별'이란, 수입국의 세제가 국산품과 수입품을 구별하여 취급하는 것을 명확하게 규정하고 있는 경우를 말한다. 이에 반해 '간접적 차별'이란, 수입국의 세제 자체에는 국산품과 수입품을 구별하고 있지 않으나, 그 세제의 적용 결과 실제로는 수입품이 국산품보다 과중한 세금 부담을 지게 되어 국산품과의 경쟁에서 불리하게 되는 경우를 말한다. 이처럼 원산지와는 무관하게 객관적 기준에 근거하여 과세되었음에도 불구하고, 결과적으로는 수입품에 대하여 차별적 과세효과가 발생하는 경우에 이는 '간접적 차별'로서 금지된다.[23) 이 문제는 아래의 *Humblot(French Road Tax* case)[24) 사례에서 잘 설명된다.

이 사건 당시 프랑스에는 자동차에 적용할 수 있는 두 종류의 도로세(road tax)가 있었다. 이 두 종류의 도로세는 모두 과세를 위하여 마력(horsepower(CV))에 근거하고 있었다. 즉 프랑스는 자국의 자동차에 CV란 등급을 매기고 그 등급에 따라 차등적으로 자동차의 도로세를 부과하였는데, 차별세(differential tax)에 의하여 16CV까지 점차적으로 세금이 높게 책정되었고, 특별세(special tax)에 의하여 16CV를 초과하는 자동차에 대해서는 모두 동일한 세금이 일률적으로 책정되었다. 그런데 이 일률적 세금은 너무나도 과도해서 문제가 되었고, 더욱이 그 대상은 대부분이 수입차였다. 예를 들면, 1981년 차별세는 최고가 FF1,100인 반면 특별세는 FF5,000이었다. 모든 프랑스산 자동차들은 16CV 이하였고, 모든 16CV를 초과하는 자동차들은 수입품이었던 것이다.[25)

이 사례에서 Michel Humblot 씨는 36CV 등급의 수입차를 구매하였고, 프랑스 Belfort 시의 지방법원(Tribunal de Grande Instance)에 세무서장(Directeur des Services Fiscaux)을 상대로 소송을 제기하여 차별세의 최고액과 특별세 간의 차액 환불을 주장하였다. 프랑스 동 지방법원은 이 문제에 대한 선결적 결정을 ECJ에 부탁하였다.

이에 대하여 ECJ는 회원국이 자동차와 같은 생산품에 대하여 정당한 과세목적으로 등급

---

22) *Ibid.,* paras.26-28.

23) Craig and de Burca, *supra* note 12, pp.649, 653 참조.

24) Case 112/84, *Humblot(French Road Tax* case), [1985] ECR 1367.

25) Frank Emmert, *European Union Law: Cases*(The Hague: Kluwer Law International, 2000), p.323.

세율의 권한을 행사하여 점진적으로 과세를 증가시키는 도로세 제도를 자유롭게 적용할 수 있음을 인정하였으나,[26] 그러한 국내세제는 어떠한 차별(간접적 차별도 포함)이나 또는 보호적 효과에 해당하지 않을 경우에만 EC조약 제90조(TFEU 제110조)와 양립할 수 있다고 하였다.[27] 그런데 이 사건의 경우 차별세는 점진적으로 증가해도 지나치게 과도하지 않으나, 특별세와 같은 고정세는 최고 높은 차별세의 거의 5배 이상 세율에 해당하여 지나치게 과도하다는 것이 문제였다. 이러한 세제는 비록 원산지에 기초해서는 아무런 직접적·형식적인 차이가 없을지라도 EC조약 제90조(TFEU 제110조)에 위반하는 '간접적 차별' 또는 '보호적 성질'이 있음이 명백하다고 할 수 있다. 왜냐하면 특별세의 의무를 결정하는 세율 책정이 특히 다른 회원국들로부터의 '수입차'에 대해서만 일정한 수준에서 '일률적으로' 고정되어 있기 때문이다. 반면 모든 국내산 자동차들은 분명히 월등히 유리한 차별세의 적용을 받게 되어,[28] 특별세는 국내산 자동차에 대한 경쟁을 상당히 감소시키는 무역장벽의 원인이 되었던 것이다.[29] 즉 엔진마력의 크기라는 객관적 기준은 제품의 원산지와는 무관한 것으로 세액의 구분에 사용될 수 있으나, 결과적으로 최고세액이 적용되는 기준은 수입차만 적용되도록 설정되어 있기 때문에, 이러한 프랑스의 세제는 EC조약 제90조(TFEU 제110조)를 위반하는 것으로 '간접적 차별의 내국세'와 '보호적 내국세'의 성질을 갖고 있다고 ECJ는 판시하였던 것이다.

Ⅳ. 상품의 자유이동에 있어서의 '수량제한과 동등한 효과'를 갖는 조치의 금지

1. 수량제한의 금지에 관한 개관

단순히 '관세' 및 '이와 동등한 효과'를 갖는 과세의 금지를 통해서는 EU가 목표로 하고 있는 공동시장의 완성이 불가능하다고 할 수 있다. 왜냐하면 회원국들은 다른 회원국들로부터의 특정 상품 수입 '총량'을 제한할 수도 있기 때문이다. 이런 이유로 EC조약은 제28

---

26) Case 112/84, *Humblot(French Road Tax* case), [1985] ECR 1367, para.12.

27) *Ibid.,* para.13.

28) *Ibid.,* para.14.

29) *Ibid.,* para.15; Case C-265/99, *Commission* v. *France,* [2001] ECR Ⅰ-2305, paras.40-51; Case C-393/98, *Gomes Valente,* [2001] ECR Ⅰ-1327, paras.20-44.

조(구 제30조, TFEU 제34조)와 제29조(구 제34조, TFEU 제35조)를 통하여 수입품 및 수출품에 대한 '수량제한'(quantitative restrictions) 및 '이와 동등한 효과'를 갖는 조치의 금지(현재는 단순한 수량제한이 아닌 '이와 동등한 효과'를 갖는 조치의 금지가 주요 문제가 되고 있다)를 규정하고 있다. 수입과 수출에 있어서의 수량제한은 국제통상에 있어서 비관세 장벽으로 사용되는 전통적인 방식으로, EU는 이러한 수량제한을 폐지하기 위하여 '수입'과 '수출'의 경우를 모두 규율하고 있다.[30]

그러나 EC조약 제28조와 제29조(TFEU 제34조와 제35조)는 그 적용이 엄격하고 원칙적이므로, EC조약 제30조(TFEU 제36조)는 허용되는 국내조치를 한정적으로 열거해 규정함으로써 이러한 특정한 경우에는 무역에서의 임의적이고도 독단적인 '자의적 차별'(arbitrary discrimination)이나 또는 '위장된 제한조치'(disguised restriction)로 간주하지 아니한다. 따라서 공중도덕(public morality), 공공정책(public policy) 또는 공공안보(public security), 인간·동식물의 생명과 건강의 보호(protection of the health or life of human), 예술적·역사적·고고학적 가치가 있는 국보의 보호, 산업적·상업적 재산권의 보호를 위한 조치는 EC조약 제30조(TFEU 제36조)의 예외적 허용범주에 해당된다. 앞에서 살펴본 관세장벽의 폐지는 절대적인 사항이기 때문에 그 예외를 검토할 필요가 없지만, 수량제한과 같은 비관세장벽은 일정한 '공익상의 이유'에 의해 정당화되기 때문에 금지의 예외를 검토할 필요가 있는 것이다.

2. EC조약 제28조(수입, TFEU 제34조)상의 '수량제한과 동등한 효과'를 갖는 조치의 인정 문제

ECJ는 수량제한과 '동등한 효과를 갖는 조치'의 개념을 가능한 한 광의로 해석하여 왔다. 제품을 원산지에 따라 구별하는 회원국의 차별적 규제, 제품에 적용되는 규제내용(예를 들면, 제품에 대한 기술적 규격 등)의 상이함 등 이러한 것들이 '수량제한과 동등한 효과를 갖는 조치'로 인정될 수 있는 것이다. 후자는 전자만큼 차별적 규제가 직접적이지는 않지만 통상을 제한하는 효과를 발생시킬 수 있기 때문에 이러한 종류의 통상장벽도 '상품의 자유이동'을 보장하기 위해서는 폐지해야 하는 것이다.[31]

아래에서는 EC조약 제28조(TFEU 제34조)에 따른 상품 '수입' 시 '수량제한과 동등한 효

---

30) 채형복, 『유럽연합법』(파주: 한국학술정보, 2005), p.187 참조.
31) 채형복, 앞의 책(각주 30), p.191 참조. Craig and de Burca, *supra* note 12, pp.714-717 참조.

과를 갖는 조치'의 인정 문제에 관한 ECJ의 주요 사례를 살펴보고자 한다.

1) *Procureur du Roi* v. *Dassonville* 사례[32)]
   '수량제한과 동등한 효과'를 갖는 조치의 포괄적 인정 첫 사례

이 사례에서 Gustave Dassonville 씨는 프랑스로부터 벨기에로 Scotch whisky를 수입하였는데, 당시 벨기에에서 이러한 위스키 수입업자는 영국 세관당국이 벨기에 수입업자에게 발행한 '인증서'[33)]를 제출해야 하였으나, 이 위스키를 영국으로부터 직접 수입하지 않았기 때문에 그러한 인증서를 확보하는 것이 매우 어려웠다. 그래서 그는 이 위스키를 인증서 없이 판매하였고, 결국 검사(Procureur du Roi)에 의해 형사기소되었으며, EU법상의 상품의 자유이동을 근거로 자신은 정당하다며 무죄를 주장하였다.[34)] 이에 벨기에 국내법원 (Tribunal de Premiere Instance of Brussels)은 이 문제에 대한 선결적 결정을 ECJ에 부탁하였다.

이에 대하여 ECJ는 회원국들 간의 역내거래에 방해가 될 수 있는 회원국들의 모든 무역규제조치들은 그것이 '직접적이든 간접적이든 또는 실제적이든 잠재적이든' 관계없이 '수량.제한과 동등한 효과'를 갖는 조치로 간주될 수 있다고 판시하였다.[35)]

이 사건에서 ECJ는 어떤 경우에 '수량제한'에 해당되는지에 대한 범위를 '광의'로 해석하였다는 데 의의가 있다. 그리고 상품에 대한 '쿼터'의 부과나 또는 '전면적 금지'를 부과하는 조항은 수입을 방해하는 범주에 해당한다고 하였다. 더욱이 이들 조항은 그것이 '직접적이든 간접적이든 또는 실제적이든 잠재적이든' 관계없이 위반의 범주에 포함시키기에 충분하다는 것이다. 벨기에의 법규는 Scotch whisky가 프랑스에 수입된 후 프랑스에서 구입하는 것보다 영국에서 직접 구입하는 것을 보다 쉽게 규율할 수 있었기 때문에 양자를 동일하게 규율하고자 하였으나, 이러한 벨기에의 법규는 무역의 '다양한 경로'에 대한 간과를 초래하였던 것이다.

---

32) Case 8/74, *Procureur du Roi* v. *Dassonville*, [1974] ECR 837.

33) 수입되는 상품이 특정 국가를 원산지로 하고 있다는 증명(소위 원산지 증명서)은 동 상품으로 인하여 유럽공동체 내부의 상거래가 직간접적으로 또는 실제적·잠재적으로 교란되는 것을 방지하기 위하여 요구된다. 채형복, "EU법상 상품의 원산지의 개념에 관한 연구", 『국제법학회논총』, 제43권 제1호(1998.6), p.276 참조.

34) Emmert, *supra* note 25, p.237.

35) Case 8/74, *Procureur du Roi* v. *Dassonville*, [1974] ECR 837, para.5.

2) *Rewe-Zentral AG* v. *Bundesmonopolverwaltung für Branntwein*(*Cassis de Dijon* case) 사례[36]: '수량제한과 동등한 효과'를 갖는 조치의 엄격한 적용과 관련하여

이 사례에서 Cassis de Dijon은 향료나 감미료를 넣은 강한 술로, 프랑스에서 생산되는 리쾨르 (fruit liqueur)인데, 독일에서는 그러한 종류의 리쾨르는 브랜디독점법(Branntweinmonopolgesetz) 제100조에 의거해 25%의 최소알코올함량을 준수해야만 하였다. 독일의 모든 리쾨르는 그러한 최소알코올함량을 갖고 있었으나, 대부분 프랑스 리쾨르는 보다 낮은 알코올함량을 갖고 있었고, Cassis de Dijon은 15%~20%의 알코올함량을 갖고 있었다. 그 결과 Cassis de Dijon은 독일에서 판매될 수 없었고,[37] 이에 항의하기 위한 Rewe-Zentral AG의 연방브랜디독점행정청(Bundesmonopolverwaltung für Branntwein)을 상대로 한 독일에서의 소송은 결국 독일재정법원(Hessisches Finanzgericht)에 의해 선결적 결정을 위하여 ECJ에 부탁되었다.

그런데 알코올의 제조와 판매에 관한 EU 차원의 공동규범이 부재하는 경우, 회원국들은 자국 영토에서 알코올이나 알코올음료의 제조 및 판매에 관한 모든 사항들을 규율할 수 있다. ECJ도 문제가 된 상품의 제조 및 판매에 관한 회원국 국내법률들의 다양성으로 인하여 초래되는 EC 내 상품의 자유이동 장애물들은 그러한 국내법규정들이 특히 재정 관리의 효과, 공중보건, 상업적 거래의 공평, 소비자보호와 관련된 요건을 충족하기 위하여 필요한 경우에는 인정될 수 있다고 판시하였다.[38]

이에 본 사건에서 독일 정부는 프랑스산 Cassis de Dijon에 대한 국내 판매금지조치를 정당화하기 위하여 두 가지를 주장하였는데, 첫 번째 주장은 다소 놀랍게도 최소알코올함량의 요구는 '공중보건'에 필요했다는 것이다. 즉 음주가들은 고알코올함량보다는 저알코올함량의 알코올음료를 통하여 보다 쉽게 알코올에 중독될 수 있다는 주장이었는데, ECJ는 어렵지 않게 이러한 주장을 기각하였다. 독일 정부의 두 번째 주장은 '소비자보호'에 근거를 두고 있었다. 즉 저알코올함량음료는 고알코올함량음료에 부과되는 알코올에 대한 높은 세금 때문에 상대적으로 불공정한 이득을 얻게 되고, 독일산 고알코올음료를 음용하는 소비자들에게는 경제적 불이익이 발생하게 된다는 것이다.[39] ECJ는 이러한 주장 역시 기각하였다. 결국 문제는 상품무역에 장애가 있어서는 아니 되고 알코올음료의 병에 알코올함량이

---

36) Case 120/78, *Rewe-Zentral AG* v. *Bundesmonopolverwaltung für Branntwein*(*Cassis de Dijon* case), [1979] ECR 649.

37) Emmert, *supra* note 25, p.242.

38) Case 120/78, *Rewe-Zentral AG* v. *Bundesmonopolverwaltung für Branntwein*(*Cassis de Dijon* case), [1979] ECR 649, para.8.

39) *Ibid.*, paras.9-11.

표시되어야 한다는 단순한 문제로 귀결되었고, 상품의 선택은 소비자의 몫이라는 것이다.[40]

이와 같은 이유로 알코올음료의 최소알코올함량 요구는 EU 기본 원칙의 하나인 '상품의 자유이동'보다 우선될 수 없다는 것을 알 수 있다. 따라서 알코올음료의 판매를 목적으로 회원국규범이 부여한 최소알코올함량의 요구(독일에서는 25%의 최소알코올함량 요구)는 일방적인 요구로서, 이는 EU역내 무역에 장애를 초래하는 것으로 EC조약 제28조(TFEU 제34조)의 규정과 양립할 수 없고, 따라서 독일의 최소알코올함량의 요구에 관한 법률은 EC조약(TFEU)에 위배되는 것이다.[41]

3) *Keck and Mithouard* 사례[42]: '수량제한과 동등한 효과'를 갖는 조치의 제한적 인정을 위한 유형적 접근방식과 관련하여

이 사례에서 Bernard Keck과 Daniel Mithouard는 독일과의 국경에 인접한 Strasbourg 시의 프랑스 소매상으로, 이들은 맥주, 커피 등 상품을 고객에게 실제 구입가격 이하의 가격으로 판매하였는데, 프랑스 국내법은 소매상인의 '염가판매'(resale at a loss)를 금지하고 있었다.[43] 이는 '슈퍼마켓'이 '소매상인'이 파산할 때까지 가격경쟁을 하여 이들 소매상인을 사업에서 몰아내는 사태를 방지하기 위한 조치라고 할 수 있다. 즉 프랑스의 입법취지는 '판매방식'상 소매상인들이 지나친 가격경쟁으로 인하여 파산되는 것을 방지하기 위한 것이라고 할 수 있다. 그런데 이 두 사람은 염가판매를 하였고, 위반혐의로 Strasbourg 시의 지방법원(Tribunal de Grande Instance)에 의해 형사기소되었다. 이에 두 사람은 프랑스 국내법이 EC조약 제28조(TFEU 제34조)를 위반하여 역내 공정무역에 있어서의 수량제한의 금지에 해당한다고 주장하며, 프랑스의 염가판매 금지입법으로 인해 프랑스 상점이 특히 독일과의 국경지대에서 이와 같은 염가판매규제가 없는 독일 상점과의 경쟁에서 불리하게 되었다고 주장하였다. 이 문제는 선결적 결정을 위하여 ECJ에 부탁되었다.

이에 대하여 ECJ는 이 사건에서의 염가판매에 대한 일반적 금지를 규정한 회원국의 국내조치는 회원국들 간 상품의 공정무역을 위해 의도(계획)된 것이 아니라고 하였다.[44] 그러

---

40) *Ibid.*, paras.12-13.

41) *Ibid.*, para.14.

42) Cases C-267 and 268/91, *Keck and Mithouard,* [1993] ECR Ⅰ-6097; David O'Keeffe, *Judicial Review in European Union Law*(The Hague: Kluwer Law International, 2000), pp.548-553.

43) 동 프랑스 국내법(No.63-628, 2 July 1963) 제1조는 No.86-1243(1 December 1986) 제32조에 의하여 개정되었다. 단, 특별한 경우에는 그 예외를 인정하였는데 유통기한에 도달한 상품과 같은 경우가 그 예에 해당된다. Hartley, *supra* note 10, p.402 참조.

한 입법은 분명 다른 회원국으로부터 수입되는 상품의 판매량을 제한하여 무역업자에게서 판촉 방법(method of sales promotion)을 빼앗은 것임에는 틀림이 없다. 그러나 문제가 된 프랑스의 입법행위가 EC조약 제28조상의 수입품에 대한 '수량제한과 동등한 효과'를 갖는 조치로서 인정될 가능성이 있는지에 관해서는 검토할 필요가 있다.[45] ECJ는 그러한 국내조치가 다른 회원국으로부터의 '수입품'을 특정한 목적으로 하지 않음에도 불구하고 그러한 조치가 무역업자 자신들의 '상업적 자유'를 제한하는 효과가 있다고 주장하여 EC조약 제28조(TFEU 제34조)에 호소하는 경향이 증대됨에 따라 이 문제에 대한 ECJ의 판례를 재검토하여 분명히 할 필요가 있다고 생각하였다.

1979년 *Cassis de Dijon* 판결을 통하여 형성된 판례법에 의하면 다른 회원국에서 합법적으로 제조 및 판매되는 상품에 적용되는 명칭, 형태, 크기, 중량, 구성, 라벨링, 포장 등과 관련된 내용이 어떤 회원국에서는 규제의 대상이 되는 경우, 이는 상품의 자유이동을 방해하는 것이고 EC조약 제28조(TFEU 제34조)가 금지하고 있는 '수량제한과 동등한 효과'를 갖는 조치에 해당하게 된다.[46] 그런데 이 사건에서는 '수량제한과 동등한 효과'를 갖는 조치의 인정에 대한 기존 광의의 해석 판결과는 달리 동 사건과 같이 소매상인들의 지나친 가격경쟁으로 인한 파산을 방지하기 위하여 심사숙고한 입법취지에 따라 특정 판매방식(여기서는 과도한 염가판매)을 제한하거나 금지하는 국내규정은 회원국들 간의 공정무역을 '직접적으로든 간접적으로든 또는 실제적으로든 잠재적으로든' 방해하는 '수량제한과 동등한 효과'를 갖는 조치에 해당하지 않는다고 본 것이다. 이들 국내규정들은 자국의 영역 내에서 '모든 관련 있는 무역업자'에게 적용되는 한 그리고 이러한 국내규정들이 법적으로 그리고 실제적으로 국산품의 판매와 수입품의 판매에 '동일한 방식'으로 영향을 미친다면, 이는 EC조약 제28조(TFEU 제34조)를 위반하는 행위가 되지 않는다는 것이다.[47] 따라서 ECJ는 프랑스의 염가판매금지에 관한 입법은 EC조약에 위배되지 아니한다고 판시하였다.[48]

이 사건에서 ECJ는 기존의 1974년 *Dassonville* 판결내용에 일부 변화를 가져오면서 회원국의 특정한 판매조건이 당해 국가에서 영업하는 모든 무역거래 주체들에게 '차별 없이' 적용되고, 법률상 및 사실상 국산품이나 수입품을 불문하고 '동일한 방식'으로 영향을 미친다면, 그러한 판매조건에 대한 국내조치는 기존 판결에서 금지되었던 '우회적 수량제한조치'

---

44) Cases C-267 and 268/91, *Keck and Mithouard*, [1993] ECR Ⅰ-6097, para.12.

45) *Ibid.*, para.13.

46) *Ibid.*, para.15.

47) *Ibid.*, para.16.

48) *Ibid.*, para.17.

에 해당되지 않는다고 판시한 것이다.

그리고 이 판결은 '수량제한과 동등한 효과'를 갖는 조치의 개념을 기존 판례보다 '협의'로 해석한 것으로 EC조약 제28조(TFEU 제34조)의 적용 범위를 '제한'하는 결과를 가져오는 것이다. 이 판결에 의한 기존 판례의 변경은 EC조약 제28조(TFEU 제34조)의 적용 범위를 확정함에 있어서 기존에는 ECJ가 '각 사안마다' 역내통상행위에 대한 영향을 평가하였으나, 이제는 보다 명확한 기준에 따른 '판매방식'과 같은 '유형적 접근방식'으로 그 적용 범위를 확정할 수 있도록 전환시켰다는 데 의미가 있다. 그러나 이 사건 판결에 의한 유형적 접근방식은 그 기준의 명확화에는 기여하였지만, 이로 인하여 원칙적으로 금지되어야 하는 내용을 '수량제한과 동등한 효과를 갖는 조치'로부터 배제시킬 위험성을 수반하고 있다. 무엇보다 이 판결에 대하여 우호적인 분위기가 형성되어 있지 않다는 점이 있고, 이 판결 이후의 판매방식에 대한 사례들[49]에서도 이 판결과 같은 취지의 판결을 내린 사례가 거의 없으며, 결국에는 그러한 판매방식에 대한 대부분의 국내조치가 '수량제한과 동등한 효과를 갖는 조치'로 판정되었다는 점이다.

4) *Alfa Vita Vassilopoulos AE* 사례[50]:

'수량제한과 동등한 효과'를 갖는 조치의 포괄적 인정으로서의 기본 원칙과 관련하여

이 사건은 두 슈퍼마켓 상인인 원고 Alfa Vita Vassilopoulos AE(Case C-158/04)와 Carrefour Marinopoulos AE(Case C-159/04)가 그리스 Ioannina 지방당국(Elliniko Dimosio, Nomarkhiaki Aftodiikisi Ioanninon)의 'bake-off'(정확하게는 'fully or partially pre-baked and frozen products'를 의미하지만 ECJ는 단순히 'bake-off'라는 용어를 사용하였다)[51]제품의 판매금지처분에 반발하여 소송을 제기한 사건이다.

그리스 Ioannina 지방당국은 국내법률[52]에 의하면 제빵설비를 갖추고 지방당국이 발급하는 관련 자격증을 발급받아야 영업행위가 가능하고, 관련 법률에 의하면 거실공간을 비롯해 통풍, 조명, 기계설비, 오븐, 냉각기, 고체연료창고, 밀가루창고, 외투류(휴대품)보관소, 용기세척기, 화장실 등 상세한 부분까지 요구하고 있는데, 이와 관련된 자격증 발급의 권한

---

49) Joined Cases C-34, 35, 36/95, *de Agostini*, [1997] ECR I-3843; Case C-189/95, *Franzen*, [1997] ECR I-5909; Case C-405/98, *Gourmet*, [2001] ECR I-1795; Joined Cases C-158, 159/04, *Alfa Vita Vassilopoulos AE*, [2006] ECR I-8135.

50) *Ibid.*

51) *Ibid.*, para.1.

52) FEK A'309, FEK A'113, FEK A'186.

을 가진 지방당국의 지사로부터 자격증을 취득해야 비로소 영업이 허용된다는 것이다.[53] 아울러 그리스 지방당국은 2001년 2월 28일 관련 부서(Ministry of Development)의 공보[54] 를 통하여 'bake-off' 제품에 대해 언급하였고, 이 제품판매방식을 사용하기 위해서는 사용자 가 자격증을 취득하도록 법적으로 규정하고 있음을 공표하였다고 주장하였다.[55] 이러한 공보에 따라 그리스의 Ioannina 지방당국이 당 사안의 원고인 두 슈퍼마켓을 조사한 결과, 위에서 언급한 'bake-off' 제품의 제조판매에 관한 자격증이 없이 'bake-off' 시스템을 사용한 것이 밝혀졌고, 이에 지방당국은 두 슈퍼마켓에 대하여 영업중지를 결정하였다.[56]

이에 원고인 두 슈퍼마켓 주인은 이와 같은 그리스 지방당국의 영업중지 명령이 EC조약 제28조(TFEU 제34조)에서 금지하고 있는 '수량제한과 동등한 효과를 갖는 조치'에 해당한다고 주장하여 그리스 국내법원(Diikitiko Protodikio Ioanninon)에 소송을 제기하였고, 피고인 지방당국은 이러한 원고들에 대한 규제조치는 EC조약 제30조(TFEU 제36조))에 해당하는 예외적 행위로서 소비자들의 생명과 건강에 대한 보호를 위한 차원에서 행하여졌다고 항변하였다.[57] 이에 그리스 국내법원은 2003년 11월 10일, 26일의 법원결정에 따라 2004년 3월 29일 이 사건에 대한 선결적 결정을 ECJ에 부탁하였다.

이에 대하여 ECJ는 2006년 9월 14일 첫째, 'bake-off' 제품판매를 위한 그리스 지방당국의 자격증 요구가 EC조약 제28조에서 금지하는 '수량제한과 동등한 효과'를 갖는 조치에 해당하는지, 둘째, 만약 '수량제한과 동등한 효과'를 갖는 조치에 해당하나, 이것이 규제의 대상인 제의 품질이나 공중보건과 소비자보호를 위한 조치로서 인정될 수 있는지[즉 EC조약 제30조(TFEU 제36조) 예외적 허용요건의 해당 여부], 셋째, 위에 언급한 제한이 국내와 유럽공동체 간에 차별 없이 적용되는 경우에 이러한 제한이 직간접적이거나 실제적 혹은 잠재적인 경우에도 EU의 상품의 자유이동에 방해가 되는지에 대하여 판시하였다.[58]

첫째, ECJ는 'bake-off' 제조방식의 특성상 완전 또는 부분적 제조 후 판매처로 배송되어 그 자리에서 '약간의' 제빵과정이나 가열만으로 제품을 완성하여 판매하는 것을 주시하였고, 이러한 사정하에서 그리스 당국이 주장하는 모든 규제내용을 수용하는 것은 실제로는 힘들 수 있다는 점을 인정해 이러한 국내규제가 '수량제한과 동등한 효과'를 갖는 조치로서 EU의 상품 '수입'에 대한 사 실상의 비관세장벽 형태로서 EC조약 제28조(TFEU 제34조)에

---

53) Joined Cases C-158-159/04, *Alfa Vita Vassilopoulos AE*, [2006] ECR Ⅰ-8135, paras.5-8.
54) Bulletin No F 15(F17.1)/4430/183.
55) Joined Cases C-158-159/04, *Alfa Vita Vassilopoulos AE*, [2006] ECR Ⅰ-8135, para.9.
56) *Ibid.*, para.10.
57) *Ibid.*, para.11.
58) *Ibid.*, para.12.

위반된다고 판시하였다.[59]

둘째, ECJ는 관련 국내규제조치는 단지 제조방법을 규정하는 것으로 EU 내의 상품의 자유이동을 방해하는 행위가 아니라는 피고의 주장을 배척하였다. 다만 피고가 내세운 식품학자의 증언[60]과 반죽을 만들어 이동하는 과정에서 생기는 곤충, 바이러스 등에 의한 감염의 문제에 대해서는 그 타당성을 인정하였다.[61] 그러나 이는 자격증 취득을 요건으로 규정한 후 영업정지라는 방법을 동원하지 않고, 라벨을 붙이거나 하는 방식으로 소비자들로 하여금 즉석제품방식과 'bake-off'방식을 구별하게 할 수 있는 다른 방법을 사용하여도 본래목적을 달성할 수 있다는 점에서 그리스 지방당국의 규제수단이 지나치다고 보았다.[62] ECJ는 이러한 규제조치가 정당화되기 위해서는 그 수단이나 방법이 소비자의 건강을 위하여필요하고 또한 적절한 방식으로 취해져야 한다고 하였고,[63] 따라서 그리스 지방당국의 규제조치는 일면 공중보건과 소비자보호를 위한 조치로 볼 수 있으나, EC조약 제30조(TFEU제36조)가 인정하는 정당화 사유라고 볼 수 없다고 판시하였다.[64]

셋째, ECJ는 상품의 자유이동은 EC조약(TFEU)의 가장 본질적인 부분으로 EC조약 제28조(TFEU 제34조)를 통한 상품의 자유이동의 보장의 중요성을 강조하며, EC조약 제28조(TFEU 제34조)의 '수량제한' 및 '이와 동등한 효과'를 갖는 조치의 금지는 해당 규제조치가 직접적이든 간접적이든 또는 실제적이든 잠정적이든 불문하고 모든 범위를 포괄한다고판시하였다.[65]

ECJ는 기본적으로 EC조약 제28조(TFEU 제34조)에 따라 회원국 간의 수·출입에 대한 '수량제한'과 '이와 동등한 효과'를 가지는 조치에 대하여 가능한 한 '광의'로 해석해 왔다. ECJ는 '수량제한'과 '이와 동등한 효과'를 갖는 조치의 기본적 정의를 1974년 *Dassonville* 사건에서 확립하여, 역내무역을 직접적 또는 간접적으로, 실제적 또는 잠정적으로 방해할 수 있는 회원국의 모든 통상규제조치는 '수량제한과 동등한 효과'를 갖는 조치로 간주된다

---

59) *Ibid.*, paras.19-20, 27.

60) 'bake-off'제조판매방식은 소비자들로 하여금 제품이 신선하다는 오해를 불러일으키는데, 그보다 중요한 사실은 비타민이 파괴될 수 있고 그 물질도 변화가 될 수 있기 때문에 공중보건과 소비자보호를 중시하여야 한다. *Ibid.*, para.24.

61) *Ibid.*, para.26.

62) *Ibid.*, para.25.

63) *Ibid.*, para.22; Case C-463/01, *Commission* v. *Germany*, [2004] ECR Ⅰ-11705, para.78; Case C-309/02, *Radlberger Getränkegesellschaft and S. Spitz*, [2004] ECR Ⅰ-11763, para.79.

64) Joined Cases C-158-159/04, *Alfa Vita Vassilopoulos AE*, [2006] ECR Ⅰ-8135, para.23.

65) *Ibid.*, para.15; Case C-192/01, *Commission* v. *Denmark*, [2003] ECR Ⅰ-9693, para.39; Case C-366/04, *Schwarz*, [2005] ECR Ⅰ-10139, para.28.

고 보고 있다. 다만 이러한 기존 광의의 해석이 *Keck and Mithouard* 사건에서 다소 변경을 가져왔으나, '판매방식'에 관하여 보다 명확하게 '유형적'으로 접근하여 상품의 자유이동의 예외를 역시 신중하게 판단하고자 했던 것으로 볼 수 있다. EC조약 제30조(TFEU 제36조)에 의한 예외적 정당화 사유도 EU공동시장의 상품의 자유이동이라는 원래 목적을 중시하여 최대한 보장해야 하고, 공익적 관점과 충돌하는 경우 그 목적과 수단의 균형을 고려하여 합리적으로 결정되어야 하기 때문이다.

따라서 이 사건에서 그리스 지방당국의 규제조치는 EC조약 제30조(TFEU 제36조)에 의하여 정당화되지 않으며 제28조(TFEU 제34조))의 '수량제한과 동등한 효과'를 갖는 조치에 해당하여 EU법에 위배된다고 한 ECJ의 결정은 타당하다고 볼 수 있다. 이러한 ECJ의 견해는 EU공동시장 질서를 회원국 국내시장 질서의 상위질서로 보는 것이며, 매우 제한적인 부득이한 경우에만 예외를 허용하는 것으로, 이를 합리성 이론으로 설명하고 있으나 실제로는 EU의 통합을 강화하고자 하는 것으로 이해할 수 있을 것이다.

5) 소결

위의 사례들에서 살펴보았듯이 ECJ는 '수량제한과 동등한 효과'를 갖는 조치의 개념을 가능한 한 협의가 아닌 '광의'로 해석하여 왔다. 수량제한과 동등한 효과를 갖는 조치의 기본적인 개념은 *Procureur du Roi* v. *Dassonville* 사건에서 확립되었는데, 이 판결에 의하면 역내무역을 '직접적으로 또는 간접적으로, 실제적으로 또는 잠재적으로' 방해할 수 있는 회원국의 모든 통상규칙은 '수량제한과 동등한 효과'를 갖는 조치로 간주되어야 한다고 하였다. 이후 이러한 ECJ의 원칙은 *Rewe-Zentral AG* v. *Bundesmonopolverwaltung für Branntwein*(*Cassis de Dijon* case) 사건을 통하여 보다 확고해졌는데, 이 사건에서 ECJ는 알코올음료 판매에 있어서 최소알코올함량 요구는 EU 기본 원칙의 하나인 상품의 자유이동보다 우선될 수 없다고 하였다.

그러나 *Keck and Mithouard* 사건은 기존의 ECJ의 판례에 다소 변경을 가져왔는데, 이 사건에서 논란이 되었던 것은 '판매방식'의 유형화에 관한 것이었고, ECJ는 소매상의 염가판매금지를 규정한 프랑스의 입법은 그 취지에 의거해 볼 때 EC조약 제28조(TFEU 제34조)에 위배되지 않는다고 판시하였다. 그러나 이 판결에 의한 판매방식이라는 '유형적 접근방식'은 나름대로 그 기준의 명확화에는 기여한 듯하지만, 이로 인하여 원칙적으로 금지되어야 하는 내용을 '수량제한과 동등한 효과'를 갖는 조치로부터 배제시킬 위험성을 수반하고 있다. 무엇보다 이 판결에 대하여 우호적인 분위기가 형성되어 있지 않다는 점이 있고, 이 판결 이후의 판매방식에 대한 사례들에서도 이 판결과 같은 취지의 판결을 내린 사례가 전무하며, 결국에는 판매방식에 대한 국내조치가 '수량제한과 동등한 효과'를 갖는 조치로 판정되었다는 점이다. 이 사건 직후의 판례와 2006년의 *Alfa Vita Vassilopoulos AE* 판결에서도 ECJ는 결국 EU 내에서의 시장접근성, 상품의 자유이동을 원칙적으로 보장하기 위하여 관련 국내조치를 '수량제한과 동등한 효과'를 갖는 조치로 보아 그 인정 범위를 '광의'로 해석하였다고 할 수 있다.

3. EC조약 제29조(수출, TFEU 제35조)상의 '수량제한과 동등한 효과'를 갖는 조치의 인정 문제

'수입'에 대한 수량제한이 국가가 국내 산업을 보호하기 위한 수단으로서 일반적으로 사용하는 것인 데 비해, 국가가 '수출' 시 수량제한을 꾀할 필요는 일반적으로 많지 않으므로 EC조약 제29조(TFEU 제35조)에 관한 판례는 제28조(TFEU 제34조)에 관한 판례만큼 많지 않다고 할 수 있다. 수출 시 '수량제한과 동등한 효과'를 갖는 조치에 관한 예로는 *The Queen* v. *MAFF, ex parte Hedley Lomas(Ireland) Ltd* 사례[66]가 있다. 한편 이 사례는 '수량제한' 및 '이와 동등한 효과'를 갖는 조치를 규율하기 위한 조화지침의 효과를 잘 보여 주고 있다.[67]

이 사례에서 영국정부는 몇몇 회원국들 내에서 사용되는 잔인한 가축도살방식에 대하여 많은 염려를 하였고, 이러한 관심과 염려에 의해 EC는 1974년에 이사회 지침 74/577(Council Directive 74/577, OJ 1974, L316, p.10)을 채택하여, 동 지침 제1조와 제2조에서 잔인한 가축도살방식에 반대하여 "도살 전에 가축을 기절시켜야 한다"는 내용을 규정하여 회원국들이 이를 보장하도록 국가책임을 부여하였다. 이에 스페인정부는 동 지침을 이행하기 위하여 가축 도살 전 기절시킬 것을 의무화하였으나(Royal Decree of 18 December 1987-Boletin Oficial del Estado No 312 of 30 December 1987), 도살 전 기절시킬 의무를 이행하지 않는 경우에 대한 어떠한 '처벌규정'도 마련하고 있지 않았다.[68]

---

66) Case C-5/94, *The Queen* v. *MAFF*(Ministry of Agriculture, Fisheries and Food), *ex parte Hedley Lomas(Ireland) Ltd*, [1996] ECR Ⅰ-2553.

67) T. C. Hartley, *The Foundations of European Community Law*(Oxford: Oxford Univ. Press, 2003), pp.238-239; Hartley, *supra* note 10, p.406 참조.

68) Case C-5/94, *The Queen* v. *MAFF*(Ministry of Agriculture, Fisheries and Food), *ex parte Hedley Lomas(Ireland) Ltd*, [1996] ECR Ⅰ-2553, paras.3-6.

이에 영국정부는 스페인의 동물복지단체를 포함한 여러 기관들로부터 획득한 정보에 기초하여 이사회 지침 74/577과 스페인의 이행조치가 스페인의 상당히 많은 도살장에서 무시되고 있다고 결론지었으며, 몇몇 도살장은 심지어 기절시킬 도구조차 구비하고 있지 않았다고 판단하여 살아 있는 가축의 스페인으로의 수출을 금지하였고, 이러한 수출제한조치는 스페인으로의 살아 있는 가축의 수출에 관한 '수출면허발행'의 거부에 의해 효력이 발생하게 되었다. 영국정부는 이러한 수출제한조치는 EC조약 제30조(TFEU 제36조)에 의거한 것으로서 1990년 4월에 효력이 발생되었다고 주장하였다. 영국정부는 이러한 수출제한조치가 EC조약 제30조(TFEU 제36조)상의 공공윤리, 공공정책 그리고 동물의 생명과 보건을 위하여 필요했다고 주장하였다. 비록 영국정부는 스페인의 모든 도살장이 당해 이사회 지침 74/577을 위반하고 있었다는 증거를 확보하지는 못하였지만, 영국정부는 스페인으로 수출된 동물들이 고통받을 중대한 위험(substantial risk)이 있었다고 주장하였다.[69]

한편 아일랜드계 회사인 Hedley Lomas Ltd는 스페인으로의 가축 수출에 대한 수출면허발행을 거부당한 가운데 영국으로부터 살아 있는 가축을 스페인으로 수출하였고, 이는 영국정부가 취한 수출제한조치에 반하는 것이었다. 이에 영국법정[High Court of Justice, Queen's Bench Division(England and Wales)]에서 소송이 진행되었고, 이 문제의 해결을 위한 선결적 결정이 ECJ에 부탁되었다.[70]

이에 대하여 ECJ는 영국정부가 취한 스페인으로의 가축 수출에 관한 수출면허발행의 거부조치는 수출에 대한 '수량제한과 동등한 효과'를 갖는 조치에 해당하는 것으로 이는 EC조약 제29조(TFEU 제35조)에 위반된다고 판시하였다.[71] 상품의 자유이동에 대한 회원국의 국내 제한조치를 허용하는 EC조약 제30조(TFEU 제36조)에 의해 동물의 생명과 보건을 이유로 그러한 국내 제한조치가 정당화될 수는 있으나, 특정한 목적 달성을 위하여 국내조치들의 조화를 위해 채택된 EU지침이 각 회원국에서 이행되고 있는 경우(즉 각 회원국이 지침을 자국의 법률로 수용하여 규제하고 있는 경우)에는 EC조약 제30조(TFEU 제36조)를 원용할 수 없다는 것이 판결이유였다.[72]

이 사례에 있어서 예외조항인 EC조약 제30조(TFEU 제36조)는 이 사건에서 다음과 같은 이유로 영향을 받지 않는다고 할 수 있다. 즉 당해 이사회 지침 74/577이 '감독절차'에 대한 어떠한 EU 차원의 절차를 규정하고 있지 않고, 또한 규정위반에 대한 어떠한 '형벌'도

---

69) *Ibid.*, paras.7-8, 12.

70) *Ibid.*, paras.10-11.

71) *Ibid.*, para.17.

72) *Ibid.*, para.18.

규정하고 있지 않다는 사실에 의해 EC조약 제30조(TFEU 제36조)가 영향을 받는 것은 아니다. 당해 지침이 '감독절차' 또는 '형벌'을 규정하고 있지 않다는 사실은 단지 EC조약 제10조(구 제5조, TFEU에 의해 삭제됨) 1단과 제249조(구 제189조, TFEU 제288조) 3단에 따라 회원국들이 EU법의 적용과 그 효력을 보장하기 위해 필요한 모든 조치를 취해야 할 의무가 있다는 것을 의미한다. 따라서 각 자신의 영토에 대한 검역 실시는 당해 지침에 기초한 회원국들의 상호 신뢰에 의해 이행되어야 할 것이다.[73]

EU회원국은 다른 회원국의 EU법위반의 상황을 제거하기 위하여 일방적으로 위반행위에 대한 교정조치(corrective measures) 또는 보호조치(protective measures)를 채택할 수 없다.[74] 즉 EC조약 제30조(TFEU 제36조)에 의거한 수출제한에 대한 정당화 사유는 이 사건에서는 한쪽 당사자(여기서는 영국정부)의 일방적인 행위에 해당하는 것이고, 따라서 살아 있는 가축의 스페인으로의 수출을 금지한 영국의 수출제한조치는 '수출'에 대한 '수량제한과 동등한 효과'를 갖는 조치로서 EC조약 제29조(TFEU 제35조) 위반에 해당하는 것이다.

결론적으로 이 사례는 상품의 수출입에 있어서의 수량제한 및 이와 동등한 효과를 갖는 조치를 규율하기 위한 조화지침의 효과를 잘 보여 주고 있다. EU의 역내시장 질서를 규율하기 위해 채택된 '조화지침의 효과'를 인정하여 EC조약 제30조(TFEU 제36조)에 근거한 일개 회원국의 일방적 국내조치의 정당성을 부정하였다. 동물복지수준이 높은 영국의 입장에서 보면 이에 불만을 가질 수도 있다. 만약 관련 EU지침이 없었더라면, 영국의 살아 있는 가축에 대한 스페인으로의 수출제한조치가 EC조약 제30조(TFEU 제36조)에 의하여 공공윤리, 공공정책, 동물의 생명과 보건을 이유로 정당화되었을 가능성도 배제할 수는 없을 것이다.

4. 수량제한의 금지에 대한 예외: 정당화 사유

EC조약 제30조(구 제36조, TFEU 제36조)는 공중도덕, 공공정책, 공공안보, 인간·동식물의 생명과 건강의 보호,[75] 예술적·역사적·고고학적 가치가 있는 국보의 보호, 산업적·상업적 재산권[76]의 보호를 위하여 필요한 경우 회원국들의 수량제한조치를 허용하고 있다.[77]

---

73) *Ibid.*, para.19.

74) *Ibid.*, para.20.

75) 이와 관련하여 영국에서의 광우병위기라든가 또는 벨기에에서의 다이옥신오염위기는 1997년 이후 EU식품법의 발전에 중요한 기여를 하였으나, 이로 인하여 EU역내시장에서의 '식료품의 자유이동'은 그만큼 제한을 받게 되었다고 할 수 있다. Raymond O'Rourke, *European Food Law*(London: Sweet & Maxwell, 2005), p.30.

76) 이와 같은 특허권 또는 상표권과 같은 지적 재산권의 분야는 아직까지 각 회원국들의 독자적 권한이 지배적

그러나 이러한 목적을 달성하려는 회원국들의 국내조치는 첫째, 제30조(TFEU 제36조)의 단서규정('임의적 또는 자의적 차별조치'와 '위장된 제한조치')에 해당되어서는 아니 된다. 국내조치가 무역거래에서 임의적 차별이나 위장된 제한조치로서 행사된 경우, 이는 EC조약 제30조(TFEU 제36조)에 의하여 정당화될 수 없다.[78]

둘째, ECJ는 보다 제한적인 조치수단에 의해서도 공익적 차원의 '동일한 결과'를 달성할 수 있는 경우, 과도한 국내조치는 EC조약 제30조(TFEU 제36조)에 의하여 정당화될 수 없다고 판시하였고,[79] 이는 EU법의 일반원칙인 '비례의 원칙'(principle of proportionality)의 적용이라고 할 수 있다. 따라서 회원국 정부는 공중보건이나 소비자보호가 상품의 자유이동상 '보다 가벼운 제한적 효과'를 갖는 조치에 의해 '동등한 결과'가 충분히 보호될 수 있는 경우, 해당 국내조치는 공중보건을 이유로 정당화될 수 없다. 따라서 만약 보호법익이 역내자유무역체제하에서 '약한 정도의 제한적 수단 또는 방법'에 의하여 보호될 수 있다면, 회원국은 이에 따라야 할 것이다.[80]

5. 역내시장 질서를 위한 조화 지침의 기능

EU는 회원국들의 상이한 법과 원칙에서 비롯되는 상품의 자유이동에 대한 '수량제한' 및 '이와 동등한 효과'를 갖는 조치의 인정 문제를 해결하기 위하여 '조화지침'[81](harmonization directives)을 채택하여 규범의 통일적 적용을 시도하고 있다. 규범의 효력과 이행방법 모두 강제성을 갖는 '규칙'에 의하여 역내시장 질서를 규율하는 것이 보다 바람직하겠으나, 회원국들의 '주권'을 존중하여 규범의 효력 발생을 위한 이행방법을 회원국에 위임하는 '지침'

인 영역이라고 할 수 있다.

77) Koen Lenaerts and Piet van Nuffel, *Constitutional Law of the European Union*(London: Sweet & Maxwell, 2005), pp.162-163 참조.

78) 따라서 전염병으로부터 가축을 보호한다는 이유로 취해진 영국정부의 닭고기 및 계란에 대한 수입금지 조치는 ECJ가 법률심 이전에 사실을 조사한 결과 실제로는 국내산업의 보호(프랑스로부터의 크리스마스용 칠면조(turkeys) 수입을 방해하려는 목적)를 목적으로 하고 있는 경우 이는 위장된 제한조치에 해당될 수 있다. Case 40/82, *Commission* v. *United Kingdom,* [1982] ECR 2793, paras.21-22, 25, 31, 37, 40; 더구나 이 사례에서는 국내생산자가 영국정부의 금수조치가 취해지기 전에 수입저지의 압력을 행사했으며, 영국의 금수조치가 즉시 EU위원회 및 다른 회원국들에게 통지되지 않았으며, 전염병에 대한 충분한 연구나 논의 없이 졸속으로 조치가 취해졌기 때문에 위장된 제한조치로 인정되게 되었던 것이다. Hartley, *supra* note 10, p.403 참조.

79) Case 155/82, *Commission* v. *Belgium,* [1983] ECR 531, para.12.

80) Hartley, *supra* note 10, p.403 참조.

81) EU는 2차적 법원의 하나인 '지침'을 통하여 회원국들 간의 상이한 법질서를 조화시키고 있고, 이를 소위 EU '법률의 조화'라고 한다. 지침은 EU공동시장의 확립과 발전을 위하여 회원국들의 주권을 존중하는 가장 적절한 방법으로 사용되어 왔다. 김두수, 『EU법론』(파주: 한국학술정보, 2007), p.145.

의 형식도 EU법질서의 통일에 기여하는 바가 크다고 할 수 있다. 모든 회원국들이 조화지침에 따라 동일한 제한조치를 적용하는 경우, 모든 무역장벽은 점차 사라지게 될 것이다. 즉 회원국들의 국내 규제의 차이로 인하여 발생하는 통상장벽에 대하여 회원국들의 규제 내용을 조화시킴으로써 사전에 역내의 통상 문제를 적절하게 해결할 수 있을 것이다. 이를 위하여 EC조약 제94조(TFEU 제115조)는 이를 위한 지침의 입법권한을 EU이사회에 부여하고 있는 것이다.[82]

V. 결언

EU는 EC조약 제23조(TFEU 제28조)에서 제25조(TFEU 제30조)의 규정에 의거하여 어느 한 회원국을 통하여 EU 외부로부터 수입된 상품에 대하여 특별한 이익이 없다는 것을 보장하기 위하여 관세동맹을 통해 대외공동관세를 적용하고 있으며, 회원국들 간의 수출·수입에 관하여 모든 관세부과를 금지하고 있다. 사람·서비스의 자유이동, 회사 설립의 자유 그리고 상품의 자유이동 중 수량제한 금지 영역에서는 공익적 관점에서 회원국에게 일정한 예외적 조치를 허용하고 있으나, 관세의 금지에 있어서는 예외를 허용하고 있지 않아 매우 엄격하게 적용된다고 할 수 있다.

그리고 EU의 역내관세 폐지는 EC조약 제90조(TFEU 제110조)를 통해 다른 회원국들로부터의 수입품에 대한 '차별적' 내국세, 국산품에 대한 '보호적' 내국세를 함께 금지함으로써 보다 충분하게 달성될 수 있다고 볼 수 있다. 이러한 차별적·보호적 내국세의 금지는 EC조약(TFEU)의 '상품의 자유이동' 부분에는 포함되어 있지 않지만, 동 조항은 '상품의 자유이동'과 매우 밀접하게 관련되어 국산품과 수입품의 경쟁과 관련하여 내국세가 중립적 견지를 취할 것을 보증하고 있으며, 또한 관세 및 이와 동등한 효과를 갖는 과세의 금지에 관한 공동시장의 규율체계를 보완하고 있다고 할 수 있다.

그런데 단순히 관세부과 금지 및 이와 동등한 효과를 갖는 과세 금지를 통해서는 EU가 목표로 하고 있는 공동시장의 완성이 불가능하다고 할 수 있다. 왜냐하면 회원국들은 다른 회원국들로부터의 특정 상품의 수입 시 수량을 제한할 수도 있기 때문이다. 따라서 EC조약은 제28조와 제29조(TFEU 제34조와 제35조)를 통하여 '수입품' 및 '수출품'에 대한 '수량제

---

82) 수량제한 및 이와 동등한 효과를 갖는 조치를 규율하기 위한 조화지침의 효과는 이 글 IV-3에서 분석하고 검토한 *The Queen v. MAFF(Ministry of Agriculture, Fisheries and Food), ex parte Hedley Lomas(Ireland) Ltd* 사례에 잘 나타나 있다고 할 수 있다.

한' 및 '이와 동등한 효과'를 갖는 조치의 금지를 규율하고 있다. 수입과 수출상의 수량제한 은 국제통상에 있어서 비관세장벽으로 사용되는 전통적인 방식으로, EU는 이러한 수량제한 을 폐지하기 위하여 수입과 수출의 경우를 모두 규율하고 있으며, 오늘날 주요 관심이 되고 있는 것은 단순한 수량제한이 아닌 '이와 동등한 효과'를 갖는 조치의 금지라고 할 수 있다.

한편 EC조약(TFEU)은 EC조약 제28조와 제29조(TFEU 제34조와 제35조)를 적용함에 있 어서 그 예외적 사항을 EC조약 제30조(TFEU 제36조)에 규정하여 일정한 경우에는 국내규 제를 허용하고 있다. 이러한 허용의 조건에는 공중도덕, 공공정책, 공공안보, 인간·동식물 의 생명과 건강의 보호, 예술적·역사적·고고학적 가치가 있는 국보의 보호, 산업적·상 업적 재산권의 보호를 들 수 있다. 그러나 이러한 목적을 달성하려는 회원국의 국내조치는 제30조(TFEU 제36조)의 단서규정에 따라 임의적 또는 자의적 차별조치, 위장된 제한조치 에 해당되어서는 아니 된다. 또한 보다 가벼운 국내조치에 의해서도 공익적 차원의 동일한 결과를 달성할 수 있는 경우, 과도한 국내조치는 EC조약 제30조(TFEU 제36조)에 의하여 정당화될 수 없다고 보아야 할 것이다.

한·EU FTA는 세계경제위기의 돌파구로 인식될 수도 있으나, 본문에서 살펴본 EU공동 시장 법제와 주요 판례들을 볼 때 그리 단순하게 생각할 사안은 아니라고 할 수 있다. 우 리나라는 이미 FTA수준 이상의 단일시장인 공동시장 질서를 경험한 EU의 경제정책을 조 심스럽게 접근하여 분석해야 할 것이다. EU는 이미 상품의 자유이동에 관한 관세철폐와 수 량제한 및 이와 동등한 효과를 갖는 조치의 금지를 통하여 역내의 시장 질서를 확립하여 운영하고 있다. 따라서 EU가 원하는 개방 수준은 생각보다 수준이 높다고 할 수 있다. 특 히 EU는 우리나라와의 완전한 관세철폐 이후의 시장경제질서를 염두에 두고 있을 것이며, 가능한 한 모든 종류의 비관세장벽 요소인 우리나라의 국내조치를 제거하고자 할 것이다. 따라서 "대한민국과 유럽공동체(리스본조약 발효에 의해 현재는 유럽연합) 및 그 회원국 간 의 자유무역협정" 국문본에 있는 제1장(목적 및 일반정의), 제2장(상품에 대한 내국민대우 및 시장접근), 제3장(무역구제), 제4장(무역에 대한 기술장벽), 제5장(위생 및 식품위생조치), 제6장(관세 및 무역원활화), 제13장(무역과 지속가능발전) 등을 EU공동시장법과 비교하여 검토하는 것이 의미 있다고 할 수 있다.

결론적으로 한·EU FTA협정 발효 후 우리나라는 직접적 차별뿐만 아니라 간접적 차별 에 의한 내국세 또는 보호적 내국세의 금지에 위배되지 않도록 유념해야 할 것이고, 무엇 보다도 수량제한과 동등한 효과를 갖는 조치의 금지에 유의해야 할 것이다. EU는 WTO체 제하에서 유럽이라는 지역적 이점을 극대화하여 통합된 단일시장체제를 운영해 오고 있으 므로, 우리나라로서는 향후 동일 시장권역에서 발생하는 법적 분쟁으로 인해 발생되는 손해를 예방하기 위해서 보다 숙고해야 할 것이다. ECJ가 *Keck and Mithouard* 사건에서 판매방식이라는 유형화를 통하여 국내조치를 허용하기도 하였으나, 이 판결의 영향력은 그 이후 최근의 2006년 *Alfa Vita Vassilopoulos AE* 사건 등에서와 같이 기존의 *Dassonville* 사례나 *Cassis de Dijon* 사례의 견해를 취하고 있는 것을 볼 때 그리 크지 않다고 할 수 있다. 나아가 EC조약 제30조(TFEU 제36조)와 같은 국내조치의 예외적 허용도 극히 제한적이라고 예상할 수 있다. 따라서 한·EU FTA가 실현되어도 상품무역에 있어서 우리나라는 국내규제조치에 신중을 기하여야 하며, 국내산업의 경쟁력 강화를 위한 경제정책을 집행해야 할 것이고, 제한적이긴 하지만 공익적 차원에서의 예외적 정당화 요건도 세심하게 살펴 국익을 적극적으로 보호해야 할 것이다.

제10장 스웨덴에서의 상품의 자유이동*

Ⅰ. 서언

유럽연합(European Union: EU)은 유럽지역에서 단일의 공동생활권을 형성하고 있어 매일의 일상생활에서 EU시민들의 생활은 역내에서 매우 밀접한 관계를 형성하고 있다. EU는 일반 국제사회에서 실현하는 데는 정치적·경제적·사회적·문화적·종교적 차원에서 한계가 있는 문제점들을 자체 지역의 법과 제도를 통해 극복하여 EU라는 지역 국제사회에서 평화와 복지사회를 추구하고 있다. 이는 다른 지역 국제사회에서는 매우 보기 힘든 현상이자 결과이다. 그런데 공동 단일생활권을 확립하고 있는 EU에서 가장 중요한 부분은 EU의 본질적 목적에 해당하는 '공동시장'[common market, 즉 역내시장(internal market)을 의미함]이며, 이는 상품·사람·서비스의 자유이동과 설립(개업)의 자유를 주요 내용으로 하고 있다. 그런데 이 글에서는 EU공동시장의 여러 분야 중 상품의 자유이동에 있어서 '수량제한(quantitative restrictions)과 동등한 효과를 갖는 조치의 금지'에 관하여, 특히 스웨덴과 관련된 사례들을 중심으로 살펴보고자 한다. 그런데 상품의 자유이동을 위협하는 통상장벽과 관련하여 현재 TFEU(구 EC조약)는 '관세장벽'에 대해서는 TFEU 제28조~제30조(역내 관세의 폐지, EC조약 제23조~제25조)에 의하여, TFEU 제31조~제32조(관세동맹에 의한 대외공동관세, EC조약 제26조~제27조)에 의하여, 그리고 TFEU 제110조-제113조(차별적·보호적 내국세의 금지, EC조약 제90조~제93조)에 의하여 규율하고 있다. 다른 한편 '비관세장벽'에 대해서는 TFEU 제34조~제37조(수량제한 및 이와 동등한 효과를 갖는 조치의 금지, EC조약 제28조-제31조)에 의하여 규율하고 있다. 이를 통해 EU는 역내에서 상품의 자유이동을 완전하게 실현하고자 하고 있으며, 유럽사법법원(European Court of Justice: ECJ)이 이에 대한 판례법을 형성해 오고 있다.[1] EU의 회원국인 스웨덴도 이에서 자유로울

---

* 이 내용은 김두수, "스웨덴에서 EU공동시장법상 수량제한과 동등한 효과를 갖는 조치의 금지", 『경기법학논총』 제12권(2011.6)을 참고하였음.

수 없다. 아래에서는 먼저 EU공동시장법상의 상품의 자유이동에 있어서의 '수량제한과 동등한 효과를 갖는 조치'의 금지에 관해 개괄적으로 살펴본 후, 특히 오늘날 주요 논점이 되고 있는 상품의 자유이동에 있어서의 '수량제한과 동등한 효과를 갖는 조치'의 금지에 관하여 '스웨덴' 관련 사례를 살펴보고자 한다. 이를 위하여 TFEU(EC조약) 관련 규정을 검토하고 몇몇 주요 사례를 선별적으로 분석·평가하고자 한다.

II. 수량제한과 동등한 효과를 갖는 조치의 금지에 대한 개관

1. 금지의 의의

EU가 현재 상당한 수준의 공동시장 생활권을 형성하고는 있으나, 단순하게 '관세' 및 '이와 동등한 효과'를 갖는 과세의 금지를 통해서는 EU가 최대이자 궁극적 목표로 하고 있는 공동시장의 완성에는 한계가 있다. 왜냐하면 EU회원국들은 다른 회원국들로부터의 특정 상품의 수입의 '총량'을 제한함으로써 역내 통상질서를 저해할 수도 있기 때문이다. 이런 이유로 TFEU는 제34조(수입의 경우, EC조약 제28조, 구 EC조약 제30조)와 제35조(수출의 경우, EC조약 제29조, 구 EC조약 제34조)를 통해 수입품 및 수출품에 대한 '수량제한' 및 '이와 동등한 효과'를 갖는 조치의 금지[2]를 규정하고 있다. 그런데 수입 및 수출에 있어서의 수량제한은 국제통상에서 비관세장벽으로 사용되는 전통적 방식으로써, EU는 이처럼 통상장벽을 초래하는 수량제한을 폐지하기 위해 '수입'과 '수출'의 경우를 모두 규율하고 있다.[3]

2. 금지의 예외

TFEU 제34조와 제35조(EC조약 제28조와 제29조)는 그 적용이 매우 엄격하고 원칙적이므로, TFEU 제36조(EC조약 제30조)는 허용되는 국내조치를 한정적으로 열거해 규정함으로써 이러한 특정한 경우에는 무역에서의 임의적이고도 독단적인 '자의적 차별'이나 또는 '위장된 제한조치'로 간주하지 아니한다. 따라서 공익적 목적을 위한 공중도덕, 공공정책, 공공

---

1) 김두수, 『EU공동시장법』(파주: 한국학술정보, 2010), p.112 참조.

2) 현재는 단순한 수량제한이 아닌 '이와 동등한 효과'를 갖는 조치의 금지가 주요 문제가 되고 있다.

3) 채형복, 『유럽연합법』(파주: 한국학술정보, 2005), p.187 참조. P.S.R.F. Mathijsen, *A Guide to European Union Law*(London: Sweet & Maxwell, 2010), pp.227-229 참조.

안보, 인간 및 동식물의 생명과 건강의 보호, 예술적·역사적·고고학적 가치 있는 국보 보호, 산업적·상업적 재산권 보호를 위한 회원국 국내조치는 TFEU 제36조상 예외가 인정된다. EU역내 '관세장벽'의 폐지는 절대적 사항이므로 예외 검토가 불필요하나, 수량제한과 같은 '비관세장벽'은 일정한 '공익적 이유'에 의해 회원국 국내조치가 정당화되므로 예외를 검토할 필요가 있다.[4]

3. 금지에 대한 광의의 해석

EU의 주요 사법기관인 ECJ는 수량제한과 '동등한 효과를 갖는 조치'의 개념을 가능한 한 '광의로' 해석하여 왔다.[5] 이는 EU통합을 지향하는 차원에서 당연한 사법적 태도이다. 제품을 원산지에 따라 구별하는 회원국의 차별적 규제, 제품에 적용되는 규제내용(예를 들어 제품에 대한 기술규격)의 상이함 등은 '수량제한과 동등한 효과를 갖는 조치'로 인정될 수 있다. 그런데 후자는 전자만큼 차별적 규제가 직접적이지 않지만 통상을 제한하는 효과를 발생시킬 수 있기 때문에 EU역내 '상품의 자유이동'을 보장하기 위해서는 금지해야 한다.[6]

Ⅲ. 스웨덴 관련 사례에 대한 분석 및 검토

다음에서는 스웨덴과 관련된 TFEU 제34조(EC조약 제28조)에 따른 '수량제한과 동등한 효과를 갖는 조치'의 인정 문제에 관한 주요 사례에 관해 살펴보고자 한다.

---

4) *Ibid.*, pp.232-234 참조.

5) EU공동시장에서의 상품의 자유이동상의 수량제한과 동등한 효과를 갖는 조치에 관한 일반적 주요 사례에 관해서는 김두수, "EU의 상품의 자유이동에 있어서의 관세 및 수량제한과 동등한 효과를 갖는 조치의 금지", 『외법논집』 제33권 제3호(2009. 8.31), pp.209-221을 참조.

6) 채형복, 앞의 책(각주 3), p.191 참조. Paul Craig and Grainne de Burca, *EU Law: Text, Cases, and Materials*(Oxford: Oxford Univ. Press, 2008), pp.714-717 참조.

1. *Franzén* 사건

1) 사실관계

Harry Franzén은 1994년 12월 16일 제정되어 1995년 1월 1일 발효된 스웨덴 알코올법 (Alkohollag: 1994/1738)을 위반하여 스웨덴 Landskrona 시의 지방법원(Landskrona Tingsrätt) 에 형사 기소되었다. 스웨덴 지방법원은 1995년 6월 14일 이 사건에 관한 EC조약 제28조 (구 제30조, TFEU 제34조)와 제31조(구 제37조, TFEU 제37조)의 해석을 위하여 ECJ에 선 결적 결정을 부탁하기로 결정하였고, 이 사건은 1995년 6월 16일 ECJ에 접수되었다.

(1) 스웨덴 알코올법의 주요 내용

스웨덴 알코올법의 주요내용은 스웨덴에서의 알코올음료의 제조 및 판매에 관한 것으로, 그 목적은 알코올음료의 소비를 제한하는 것이고 특히 '도수가 높은' 알코올음료의 소비로 인한 '인간의 건강'에 끼치는 해로운 영향을 감소시키기 위한 것이었다.[7] 여기에서 의미하 는 알코올음료의 알코올 도수는 2.25% 이상인 것을 의미하였다. 이러한 음료에는 와인(포 도나 그 외의 과일로 만든 것으로 알코올 도수가 22% 이하인 것)이나 맥주(알코올 도수가 2.25%~3.5%인 것), 강한 맥주(알코올 도수가 3.5% 초과인 것), 그리고 독주들(알코올음료 이지만 와인이나 맥주에 속하지 않는 것)이 있다.[8] 이러한 스웨덴 알코올법에 의하여 알코 올음료의 제조 및 판매는 그 '허가증'(production licence, wholesale licence)의 소지를 조건으 로 가능하였다. 바로 문제는 알코올음료의 제조 허가증을 소지한 사람에게 그 판매를 허가하 고 있었다는 것이다.[9] 뿐만 아니라, 알코올음료의 스웨덴으로의 수입 또한 이 제조 및 판매 '허가증'의 소지를 조건으로 허가되었다.[10] 이 허가증들은 알코올검사관(Alkoholinspektion)의 심사에 의해 발급 여부가 결정되었다. 물론 검사관에 의한 이 허가증의 심사는 신청서에 대하여 객관적이고도 공정하게 그 평가가 이루어져야 한다. 검사관은 신청자의 관련 법규 특히 스웨덴에서의 관련 상품의 무역규칙에 대한 전문지식의 정도, 상품의 보유·이동·모 티터링 및 납세이행을 위한 일반예치금의 마련에 관한 1992년 2월 25일의 이사회 지침 92/12[11] 규정들의 이행능력과 같은 허가증발급을 위한 모든 요소들과 신청자의 개인적·

---

7) Case C-189/95, *Franzén*, [1995] ECR I -5909, para.3.

8) *Ibid.*, para.4.

9) *Ibid.*, para.5.

10) *Ibid.*, para.6.

경제적 상황을 심사해야 한다. 또한 검사관은 신청자의 자국에 대한 의무이행능력과 준법능력을 검사해야 하는데, 특히 재정상태(채무관계)에 대하여 심사를 해야 하며, 형사상 혐의를 받고 있는지를 조사해야 한다.[12] 신청자는 자신의 충분한 보관 또는 저장 용량의 능력을 확인시켜 주어야 하고, 검사관은 신청자의 활동형태에 따라 이를 검사해야 한다. 그러나 이러한 신청자의 보관 또는 저장 능력은 알코올음료를 국내영토에 거주하는 구매자에게 직접 공급하는 판매자에게는 요구되지 않는다.[13] 그리고 신청자는 은행담보를 제공해야 하는데, 이러한 은행담보는 창고업자와 수탁판매자로서 이사회 지침 92/12에 따라 지불해야 하는 납세의 이행에 대해 담보를 제공하는 것이다.[14] 마지막으로 허가증 소지자는 자신의 기술사항에 대한 심사비를 지불해야 하는데, 이 심사비는 매년 국가에 의해 책정된다. 이 심사비는 당시 10,000SKR~323,750SKR 정도였고, 이는 제조되거나 또는 판매되는 알코올음료의 종류와 양에 따라 결정되었다.[15]

(2) 스웨덴정부의 주장

이 사건에서(in reply to written questions from the ECJ) 스웨덴정부는 관련 알코올법은 스웨덴에 거주하는 자를 요건으로 하고 있지 않으며,[16] 1996년 10월 7일 현재 223개의 제조 또는 도매에 관한 허가증이 발급되었다고 하였다.[17] 이 알코올법은 특히 와인, 강한 맥주, 그리고 독주의 소매업에 대한 책임을 위해 한 국가기업을 탄생케 하였고, 이러한 목적을 위해 선정된 국가기업은 Systembolaget Aktiebolag로서, 이 회사는 전적으로 스웨덴국가의 소유였다.[18] 이 국가기업의 활동, 운영, 검사절차는 스웨덴국가의 동의를 거쳐 제정되었

---

11) OJ 1992 L76/1.

12) Case C-189/95, *Franzén*, [1995] ECR Ⅰ-5909, para.9.

13) *Ibid.*, para.10.

14) *Ibid.*, para.11.

15) *Ibid.*, para.12.

16) *Ibid.*, para.13.

17) *Ibid.*, para.14.

18) *Ibid.*, para.15; Koen Lenaerts and Piet van Nuffel, *Constitutional Law of the European Union*(London: Sweet & Maxwell, 2005), p.150 참조. EU에서 상품의 자유이동에 대한 장애는 기업의 불법행위뿐만 아니라, 국가기관의 개입에 의해서도 발생될 수 있다. 이러한 두 가지 방식은 EC조약(TFEU)에 의해 모두 금지되고 있다. 그런데 EU 내에서 관세와 조세의 철폐가 이루어졌음에도 불구하고, 회원국은 여전히 일정한 거래와 경쟁에 영향을 미칠 수가 있다. 이는 국가독점기업(state monopolies)의 설립과 유지에 의하여, EC조약규정을 우회하는 공기업(public enterprises)의 활용을 통하여, 기업에 대한 불법적인 보조금(unlawful subsidies)에 의하여, 국가기업과 기타 기업들 간의 회계조치(fiscal measures)를 통한 차별화를 통하여 가능해진다. EC조약 제31조(TFEU 제37조)는 회원국들은 그들의 상업적 성격의 독점기업에 대하여 과도기의 기간을 거쳐 점진적으로 상품의 생산과 시장점유를 위하여 회원국들 사이에 여러 조건들에 관하여 차별을 폐지할 것을 약속하도록 요구하고 있다. 김두수, 『EU법론』(파주: 한국학술정보, 2007), p.176 참조.

다.[19] 관련 알코올법은 와인, 강한 맥주, 그리고 독주에 대한 소매업의 허가증(beverage retail licence)에 대해서도 규율하고 있는데,[20] 제조 및 도매 허가증의 소지자는 소매가 허가된 일부의 회사에게 알코올음료를 판매할 수 있고, 그 외에 제조 및 도매 허가증을 소지한 자에게도 판매할 수 있으며, 또한 소매업 허가증의 소지자에게도 판매할 수 있다. 소매업 회사는 소매업 허가증을 소지한 자에게 도매를 하기 위해서는 반드시 허가증을 발급받아야 했다.[21] 고의 또는 부주의로 인해 허가증이 없이 알코올음료를 판매한 경우에 형사상의 처벌을 받게 된다.[22] 마지막으로 스웨덴의 알코올음료판매규제조치법(Lag med bestämmelser om marknadsföring av alkoholdrycker)은 알코올음료의 광고 금지를 일반적으로 규정하고 있지는 않으나, 다만 지속적인 강한 압박을 주는 광고기법, 방문판매, 그리고 라디오, TV, 신문, 정기간행물을 통한 광고와 같은 소비를 자극하는 조치는 금지하고 있다. 그러나 동 판매규제조치법은 Systembolaget와 같은 소매점들의 서면광고는 허가되었고, 일간신문이나 정기간행물에 등장하는 와인과 음료를 주제로 한 칼럼에서 알코올음료에 관하여 언급하는 것은 허용되었다는 것이다.[23]

한편, 스웨덴 국가와 Systembolaget 간의 협약은 1995년 1월 1일 발효되었으며, 특별히 동 국가기업에 대해서는 다음과 같이 규정하고 있다. 동 회사는 첫째, 알코올음료의 소비로 인하여 발생되는 공적·사회적 그리고 의학적 성질의 일체의 해로운 영향을 초래하는 활동들은 가능한 한 금지해야 하며, 둘째, 알코올음료의 품질, '인간건강'에의 역효과의 가능성, 소비자의 요구, 그리고 기타 사업적 또는 윤리적 고려사항에 기초해 판매되는 알코올음료를 선택해야 하며, 셋째, 알코올음료의 범주에 어떤 생산품은 포함되고 어떤 생산품은 포함되지 않는지에 대한 이유를 제조업자에게 서면으로 제시해야 하고, 넷째, 독자적이고도 공정한 기준에 의한 알코올음료의 원산지에 의한 판매와 정보에 관한 조치를 채택해야 하고, 다섯째, 소비자에게 첫선을 보이는 새로운 알코올음료의 경우 알코올법상의 규제들을 준수할 것을 보장해야 하고, 여섯째, 알코올음료의 원산지와는 관계없이 객관적 기준에 따라 마진율을 채택해야 하고, 일곱째, 회사의 영업은 합리적 원칙에 따라 운영되고, 양질의 서비스를 제공해야 하며, 알코올음료의 가격책정은 회사의 소요비용과 국가로의 합리적인 수입을 포함하는 형식으로 이루어지고 불필요한 과도한 가격으로 판매하는 것을 회피해야 하며,

---

19) Case C-189/95, *Franzén*, [1995] ECR Ⅰ-5909, para.16.

20) *Ibid.,* para.17.

21) *Ibid.,* para.18.

22) *Ibid.,* para.19.

23) *Ibid.,* para.20.

여덟째, 직판점(sales outlets)의 설치나 폐쇄는 경영제한, 서비스제공규정, 그리고 알코올음료정책에 따르나, 원칙적으로는 각 코뮌(commune)은 하나의 직판점을 설치할 수 있고, 직판점이 없는 곳에서는 알코올음료의 주문이 Systembolaget의 비용으로 속달로 판매될 수 있도록 보장해야 하고, 직판점의 개점시간은 스웨덴 의회(Riksdag)가 정한 가이드라인에 따라 결정해야 한다.24)

ECJ에 제출한 스웨덴정부의 증거자료에 따르면, Systembolaget은 스웨덴 전역에 384개의 자체 상점(shop)을 운영하고 있었다. 또한 Systembolaget이 판매한 제품들은 시골지역(식료품점, 신문판매업자, 담배 가게, 주유소 등)의 약 550개의 직판점 또는 56개의 버스 노선, 45개의 시골우체국에서 주문되어 배달되었다.25) 동 회사의 내규에 의하여, 동 회사가 판매하는 알코올음료(1995년 10월 현재 2,454개의 상품들이 있음)는 몇 가지 그룹으로 분류된다. 첫째, '기초분류'(basic assortments)는 저가이거나 또는 중간등급에 속하는 음료 및 연중 모든 직판점에서 구매 가능한 제품들로 음료들로 구성되고(1995년 10월 현재 1,288개의 제품이 있음), '조건분류'(provisional assortments)는 일 년에 제한된 기간에만 애용되는 오래된 최고가의 와인이나 기타 계절음료들로 구성되며(1995년 10월 현재 930개의 제품이 있음), '시험분류'(trial assortments)는 몇몇 자체 상점(shop)에서 시음용으로 사용되는 음료들로 구성되는데, 이는 후에 기초분류에 포함되기 위함이다(1995년 10월 현재 236개의 제품이 있음). 그리고 '주문분류'(by order assortment)가 있는데, 이는 동 회사가 재고품을 보유하고 있지는 않으나 그 보유가 가능한 음료들로 구성되는데, 동 회사는 고객이 주문하는 경우 주문한 고객의 비용으로 수입하여 판매하기도 한다(private imports).26) 앞의 세 가지 분류에 나타는 음료들은 일반적인 가격표에 표기되고, 이러한 가격표는 일 년에 수차례 발간되며, 이는 자체 상점(shops)이나 동 회사의 직판점(sales outlets) 또는 정기간행물(subscription)을 통하여 이용할 수 있다. '주문분류' 목록상의 제품은 특별목록(special list)으로 표기되며, 자체 상점(shop)에 주문하여 이용할 수 있다. 동 회사가 판매하는 신제품(new products)은 동 회사가 독점적으로 발간하는 월간 정보지(monthly information review)에 게재되고, 이는 자체 상점이나 아웃렛에서 이용할 수 있고 또한 정간물구독자, 레스토랑, 그리고 신문·라디오·TV의 와인비평가들에게 발송된다. 또한 이 월간 정보지는 동 독점회사 상점들(shops)의 진열창에 비치되어 있다는 것이다.27) 동 회사는 동 회사의 제품에 대한 연간 구매계획

---

24) *Ibid.*, para.21.

25) *Ibid.*, para.22.

26) *Ibid.*, para.23.

27) *Ibid.*, para.24.

을 분기별로 발표하며, 주문서를 제출하기 원하는 제조 및 판매(도매) 허가증의 소지자들을 초대한다. 그 다음에 가격경쟁력과 상업경력과 같은 경제적 또는 상업적 기준에 근거하여 예비선정이 이루어지고, 이어서 비공개적인 시음심사(blind tasting trial)가 진행된다. 그 다음에 이렇게 하여 선정된 제품들은 '기초분류' 또는 '조건분류'의 범주에 포함된다. 선정되지 못한 제품들은 공급자의 요청이 있는 경우, 소비자들로 구성된 패널에 의해 실행되는 새로운 시음심사에 의거하여 선정된 후에 '시험분류'의 범주에 포함될 수 있다. 일반적으로 음료들은 그 제품판매가 양적으로 예정되어 있고 시장점유율을 확보하고 있는 경우에는 '기초분류'에 포함된다.[28] 스웨덴정부가 ECJ에 제출한 증거자료에 따르면, 동 회사는 1995년 1월부터 9월까지 185.2백만 리터의 알코올음료를 판매하였고(스웨덴산 45.2%, 다른 회원국들로부터의 수입산 41.8%), 1996년 1월부터 9월까지 176.9백만 리터의 알코올음료를 판매하였다(스웨덴산 45.1%, 다른 회원국들로부터의 수입산 40.6%). 1996년 초 8개월 동안, 동 회사는 12,576건의 주문을 받았고, 이 중 다른 회원국으로부터의 주문은 10,711건이었다(스웨덴으로부터 227건, 다른 회원국들로부터 10,484건). 검사한 7,417건 중 6,325건이 유럽공동체로부터의 주문이었다(스웨덴으로부터 149건, 다른 회원국들로부터 6,176건). 수락된 908건 중 704건이 유럽공동체로부터의 주문이었다(스웨덴으로부터 85건, 다른 회원국들로부터 619건).[29]

(3) Harry Franzén의 주장

이에 Harry Franzén은 Systembolaget로부터 구입한 와인과 덴마크로부터 수입된 와인을 고의적으로 허가증이 없이 1995년 1월 1일 판매했음을 이유로 스웨덴 Landskrona 시의 지방법원(Landskrona Tingsrätt)에 형사 기소되었다. 그는 지방법원 즉 국내법원에서 스웨덴 알코올법이 EC조약 제28조(구 제30조, TFEU 제34조)와 제31조(구 제37조, TFEU 제37조)에 반하기 때문에, 어떠한 위반을 이유로 한 유죄판결도 수용할 수 없다고 자신의 무죄를 주장하였다. 이에 지방법원은 이러한 주장에 대한 확답을 구하기 위하여 소송을 중지하고 ECJ의 선결적 결정을 부탁하였다.[30] 이 사건은 선결적 결정의 부탁명령서(order for reference)에 언급된 바와 같이 EC조약 제28조와 제31조의 적용에 있어서, 알코올음료의 소매에 대한 국내독점에 관한 국내규정들의 배제가능성에 관한 것이다.

---

28) *Ibid.*, para.25.

29) *Ibid.*, para.26.

30) *Ibid.*, paras.27-29.

2) ECJ의 결정

Harry Franzén은 스웨덴에서의 소매업은 알코올음료의 수입에 장애를 초래하게 되고, Systembolaget에 의해 국산품의 판매가 촉진된다고 주장하였다. 또한 그에 의하면 Systembolaget에 의한 알코올음료의 선정은 허가증을 소지자에 의한 제한적이고 독단적인 기준에 의해 이루어졌고, 이러한 알코올음료는 오직 제한된 판매 네트워크를 통해서만 매매될 수 있고, 이러한 음료들은 Systembolaget에 의하지 않으면 광고가 될 수 없다고 주장하였다.[31] 한편, 프랑스, 핀란드, 스웨덴, 노르웨이 정부들과 EU위원회는 EC조약 제28조(구 제30조, TFEU 제34조)와 제31조(구 제37조, TFEU 제37조)는 국내규정을 무조건적으로 배제시키는 것은 아니라고 간주하였다. 또한 EC조약 제31조는 소매 독점판매의 폐지를 요구하는 것이 아니라, 다만 제품의 원산지에 대한 차별이나 판매자의 국적에 대한 차별규정의 조정을 요구하는 것이라고 주장하였다. 이들의 주장에 의하면 독점에 적용할 수 있는 알코올법 관련 조항은 직접적 또는 간접적으로 유럽공동체 내에서의 매매를 방해하지 않는다는 것이다.[32]

이러한 사안의 해결을 위하여, ECJ는 무엇보다도 '독점의 존재와 운영'에 관한 국내규정에 대한 조사가 필요하였고, EC조약 제31조(TFEU 제37조)에 대한 검토가 우선 필요하였다.[33] 즉 '독점기업의 존재와 운영에 대한 일반적인 원칙'에 대한 검토가 필요하였다. 이에 ECJ는 공동시장에서의 상품의 자유이동에 대한 기본적인 원칙을 확인하였다. 그러나 ECJ는 EC조약 제31조는 국가독점의 폐지를 요구하는 것이 아니라, 다만 상품의 원산지나 시장의 위치에 따라서 차별받는 문제의 해결을 위한 것이고, 특히 수량제한 및 이와 동등한 효과를 갖는 조치는 회원국들 간에 폐지되어 회원국들 간의 경제 질서상의 경쟁조건의 일반적 유지를 보장하기 위한 것이라고 판시하였다.[34] EC조약 제31조의 목적은 공동시장의 확립과 발전에 따른 각 회원국의 공익적 목적의 수단으로서 일정한 상업적 독점의 유지가능성을 조화시키는 것이라는 것이다.[35] 국가독점은 공동시장에서 상품의 자유로운 이동을 해롭게 하는 것이지만, 본 사안에 있어서의 매매의 제한은 EC조약 제31조에 의해 본래로부터 유래되는 고유한 것이라는 것이다. 이 사건에서는 EC조약 제30조(구 제36조, TFEU 제36조)에 의거한 알코올의 공중보건의 문제는 큰 논쟁이 되지 않았다.

---

31) *Ibid.*, para.32.
32) *Ibid.*, para.33.
33) *Ibid.*, para.35.
34) *Ibid.*, para.37.
35) *Ibid.*, para.39.

첫째, ECJ는 제품선정제도, 즉 알코올음료의 선정과정상의 객관성 및 공정성의 문제에 관하여 심사하였다. Harry Franzén은 Systembolaget에 의해 선정된 음료들은 제한적일 뿐만 아니라, 독단적으로 이루어졌다고 주장하였다.[36] 이에 ECJ는 무엇보다도 이러한 음료의 선정에 대한 기준과 선정방법에 있어서 차별이 존재하는지 또는 수입되는 상품들이 차별적인 대우를 받았는지에 대하여 조사하였다.[37] 이에 대하여 ECJ는 동 회사의 구매계획은 예측 가능한 구매자들의 욕구변화에 기초하여 수립되었고, 제조업자·수입업자·소비자 단체 모두가 이 구매계획의 수립과정상 그 논의에 참여했다고 하였으며, 동 회사의 주문요청은 모든 제조회사, 매매 허가증 소지자, 모든 종류의 음료, 음료의 출처와 관계없이 비차별적으로 이루어졌다고 하였다. 또한 모든 주문들은 동 회사에 의해 순수하게 상업적 기준(제품에 대한 가격경쟁과 상업적 이력) 또는 질적 기준(blind tasting)에 의해 선정되었기 때문에, 이러한 음료선정에 있어서 국산품의 선정에 차별적인 이익이 존재하지 않는다고 하였다.[38] 그리고 판매자들에게는 독점에 의한 판매뿐만 아니라, 다른 방식에 의한 판매가 존재하는데, 동 회사에 의해 선정되지 않은 제품은 소비자들로 구성된 패널에 의한 두 번째 질적 테스트를 통과하는 경우, 동 회사는 이러한 제품을 '시험분류'의 범주에 포함시켜 판매될 수 있고 '주문분류'의 범주로서 소비자의 요청에 의해 판매되었다고 하였다. 뿐만 아니라, 동 회사는 소비자의 요청과 비용부담이 있는 경우 알코올음료를 수입해야 했던 점을 고려하였다.[39] 또한 판매자들에게는 음료선정에 대한 이유를 독점기업에 물을 수 있고, 그러한 선정과 관련하여 독립이 보장된 주문위원회에 문제를 제기할 수 있는 권한이 부여되어 있다고 하였다.[40] 결국 ECJ는 동 회사의 선정의 기준과 방식은 차별적이거나 제한을 두는 것이 아니라고 보았다.

둘째, ECJ는 독점판매네트워크상의 흠의 문제, 즉 동 회사가 유지하고 있는 판매네트워크가 상품의 판매에 충분한지 혹은 제약을 받고 있는 것은 아닌지에 관하여 심사하였다. 동 회사는 384개의 자체 상점(shops)과 550개의 직판점(sales outlets)을 두고 있고, 56개의 버스노선을 두고 있고, 45개의 시골 우체국을 판매네트워크로 하고 있었다. 무엇보다도 288개의 스웨덴 코뮌(communes) 중 259개에 적어도 한 개의 판매점이 위치하고 있고, 동 회사는 1998년까지 모든 코뮌에 적어도 한 개의 상점을 둘 계획을 수립하였다.[41] 이에 ECJ는

---

36) *Ibid.*, para.43.
37) *Ibid.*, para.45.
38) *Ibid.*, paras.46-48.
39) *Ibid.*, para.50.
40) *Ibid.*, para.51.
41) *Ibid.*, paras.56-57.

판매네트워크가 아직 완벽하지 않을지라도, 이러한 환경들은 다른 국가에서 수입된 알코올음료의 판매에 악영향을 끼치는 것은 아니라고 보았다.

셋째, ECJ는 광고제한의 문제에 관하여 심사하였다. Harry Franzén은 알코올음료의 광고가 동 독점기업에 의해서만 극히 제한적인 정보만을 제공할 수밖에 없고, 라디오·TV·모든 신문과 정간물에서 특히 광고가 제약을 받고 있으며, 가능한 경우에도 직판점에서나 이용할 수 있는 서면자료에 의한 것이고, 어떤 음료는 신문의 기사(광고가 아닌)에서나 언급될 수 있다고 주장하였다.[42] 이에 ECJ는 이는 국내에서 생산된 음료와 관련하여 다른 회원국으로부터 수입된 음료에 불이익을 주기 위한 것으로 볼 수 없고, 스웨덴 알코올법이 제조자나 수입업자들이 자신의 제품을 광고하는 것을 전면적으로 금지하고 있지는 않다고 하였다.[43]

이러한 점들을 종합해 볼 때, 알코올음료의 매매와 관련된 국내규정들은 EC조약 제31조(TFEU 제37조)와 양립할 수 있다고 하였다.[44]

또한 ECJ는 EC조약 제28조(구 제30, TFEU 제34w)조와 국내규정들 간의 관계에 관하여 심사하였다. 이는 관련된 스웨덴의 국내규정들이 EC조약 제28조상의 '수량제한과 동등한 효과를 갖는 조치'에 해당되는가에 대한 심사를 의미한다. Harry Franzén은 스웨덴의 독점 관련 규정에 따라 제조 및 도매 허가증의 소지자에게만 제한된 지위와 자격을 부여하는 것은 필연적으로 외부로부터의 수입을 방해한다고 주장하였다.[45] 이에 ECJ는 확립된 판례법[46]에 따라 모든 직접적이든 간접적이든 또는 실질적이든 잠재적이든 방해가 될 수 있는 모든 무역규정들은 '수량제한과 동등한 효과를 갖는 조치'에 해당된다고 하였다.[47] 허가증을 발급하고 이에 지위를 부여하는 국내제도를 갖고 있는 스웨덴의 경우, 이들 과정에 다양한 요구조건들을 충족시켜야 하는바, 특히 본 사건에서의 판매자는 자신의 활동을 위하여 특별한 전문지식, 재정능력, 그리고 활동의 필요에 합당한 충분한 저장능력의 소유와 관련하여 충분한 개인적인 그리고 재정적인 보증을 제공해야 하고, 그리고 신청을 위해 필요한 비싼 고정비용인 SKR 25,000을 지불해야 하는데 이는 탈락 시 상환되지 않는 것이며, 허가증의 유지를 위하여 매년 관리감독비(음료의 종류, 제조 및 판매되는 양에 따라 SKR 10,000~SKR 323,750)를 지불해야 하였다.[48] 이러한 스웨덴의 허가증 발급에는 음료에 대

---

42) *Ibid.*, paras.58, 61.

43) *Ibid.*, paras.63-64.

44) *Ibid.*, para.66.

45) *Ibid.*, para.68.

46) Case 8/74, *Procureur du Roi* v. *Dassonville*, [1974] ECR 837, para.5.

47) Case C-189/95, *Franzén*, [1995] ECR Ⅰ-5909, para.69.

한 추가비용(additional costs)이 필요하였고,[49] 1996년 10월 현재 발급된 허가증은 총 223개로서 매우 낮은 수치이며, 이 허가증의 대부분이 스웨덴에 설립된 판매업자들에게 발급되었다는 점을 고려해 볼 때,[50] 결국 본안 소송에서 문제가 된 스웨덴 국내법은 EC조약 제28조(TFEU 제34조)에 위배되어, 알코올음료를 수입하는 수입업자들에게 큰 장애가 되 궁극적으로는 수입을 방해하게 된다고 하였다.[51] 따라서 이러한 국내규정은 EC조약 제28조에 위배되는 '수량제한과 동등한 효과를 갖는 조치'에 해당된다고 할 수 있다. 이 사건에서 큰 논점이 되지는 않았지만, 스웨덴정부는 EC조약 제30조(TFEU 제36조)에 의거하여 국민의 '건강보호'를 위하여 EC조약 제28조의 예외를 주장하였으나,[52] ECJ는 국민의 건강보호라는 목적은 수긍할 수 있으나 '비례의 원칙'에 비추어 그 수단이 EC조약 제28조에 반한다고 하였고,[53] 따라서 스웨덴 국내법상의 요건에 따라 알코올음료를 수입하기 위하여 판매자가 제조 및 판매 허가증을 소지해야 한다는 것은 EC조약 제28조(TFEU 제34조)와 제31조(TFEU 제37조)에 위배된다고 판시하였다.[54]

3) 평가

이 사건에서 피고인 Harry Franzén은 허가증이 없이 덴마크와 스웨덴에서 알코올음료를 수입하여 판매하는 소매업자로, 스웨덴의 알코올법 위반 혐의로 형사 기소되었다. 이러한 기소로 인해 국내법원(지방법원)에서 소송이 진행되었고, 그는 이러한 알코올법이 EC조약 제28조(TFEU 제34조)와 제31조(TFEU 제37조)에 위배되어 자신은 무죄라고 주장하였다. 이러한 주장에 따라서 국내법원은 ECJ에 선결적 결정을 요청하게 되었다.

사안에서 가장 문제가 된 점은 스웨덴 알코올법상 제조 및 판매의 허가증을 소유한 자만이 알코올음료를 제조, 판매, 그리고 수입할 수 있다는 규정인데, 이러한 부분에 대해서 ECJ는 그 허가증을 발급받는 데 있어서 다양한 요건들을 요구하고 있고, 지나치게 많은 재정적인 요구를 하고 있는데, 이러한 제약이 공동시장에 있어서의 상품의 자유이동을 보장하고 있는 EC조약 제28조(TFEU 제34조)에 위배되므로, 스웨덴 국내법인 알코올법은 적용

---

48) *Ibid.*, para.70.

49) *Ibid.*, para.71.

50) *Ibid.*, para.72.

51) *Ibid.*, para.73.

52) *Ibid.*, para.74.

53) *Ibid.*, paras.75-76.

54) *Ibid.*, para.77.

될 수 없다고 하였다. 스웨덴정부의 경우 국민의 건강보호를 위해서 EC조약 제30조(TFEU 제36조)를 들어 항변하였으나, 이 사건에서 이는 큰 논점이 되지는 못하였고, ECJ는 이에 대하여 목적은 정당화될 수 있으나 그 수단에 있어서 EC조약 제28조(TFEU 제34조)에 명백히 위반되므로 이러한 스웨덴정부의 주장은 수용하지 않았다고 할 수 있다.

2. *de Agostini* 사건

1) 사실관계

TV3은 영국에 설립된 회사로서, 인공위성을 통하여 덴마크, 스웨덴, 노르웨이로 TV프로그램을 방송하였다. TV4와 홈쇼핑 채널은 스웨덴에서 인가를 받고 방송하는 채널이다. 3개의 사례(Cases C-34-36/95)에서 문제가 된 TV광고는 인공위성을 통해 영국에서 스웨덴으로 전송되어 TV3에서 방영됨과 동시에 스웨덴의 TV4와 홈쇼핑 채널에서 방송되었다.[55]

(1) C-34/95의 경우
C-34/95의 경우, 1993년 9월 스웨덴 회사 De Agostini는 TV채널 TV3과 TV4에 어린이 잡지인 '공룡에 관한 모든 것!'(Allt om dinosaurier!)을 광고하였다.[56] 소비자보호단체인 소비자옴부즈맨(Konsumentombudsmannen)은 이 잡지에 대한 광고가 12세 미만 어린이의 관심을 끌기 위해 제작되었으므로, 이는 이러한 상업적 직접광고를 금지한 방송법(Broadcasting Law-Radiolag prohibiting advertisements directed at children) 제11조에 위배된다고 지적하였고, 이 경우에 적용 가능한 마케팅법(Marketing Practices Law) 제2조와 제3조에 따라 스웨덴 국내법원(Marknadsdomstol)에 벌금의 부과, 그리고 해당 잡지에 대한 광고의 금지명령을 신청하였다.[57]

(2) C-35-36/95의 경우
C-35-36/95는 TV홈쇼핑 회사인 스웨덴 회사 TV-Shop Europe의 자회사인 TV-Shop의 활동에 관한 것이다. 1993년 TV-Shop은 TV3과 홈쇼핑 채널에서 스킨케어 제품광고(Case

---

55) Joined Cases C-34-36/95, *de Agostini(Svenska) Förlag AB(TV-Shop i Sverige AB)*, [1997] ECR Ⅰ-3843, paras.11-13.

56) *Ibid.*, para.14.

57) *Ibid.*, para.16.

C-35/95)와 세제광고(Case C-36/95)를 방영하였는데,[58] 소비자옴부즈맨은 상품 홍보 당시 증명되지 않은 '이 제품은 환경 친화적이다'라든지 또는 '분해가 잘 된다'라는 상품의 효과에 대해 홍보하는 행위, 일반적으로 피부 관리세트가 추가제품이 없이 판매될 때와 동일한 가격으로 판매되지 않음에도 불구하고 피부 관리세트를 구입할 때 구매자가 추가금액 없이 추가제품을 받을 것이라고 직간접적으로 알리는 행위, 회사가 동일제품에 대해 비교하여 보여 줄 수 없음에도 불구하고 다른 회사 제품과 해당 피부 관리세트의 가격을 비교하는 행위, 그리고 특정 추가제품을 받기 위해서는 소비자가 20분 혹은 그에 상응하는 짧은 시간 내에 주문해야 한다고 하는 행위 등 이러한 광고행위가 공정거래상 위배된다고 지적하면서 마케팅법 제2조와 제3조에 근거하여 해당 광고에 대한 벌금의 부과, 그리고 해당 광고의 금지명령을 요청하였다.[59]

이에 스웨덴 국내법원(Marknadsdomstol)은 1995년 2월 13일 'EC조약 제28조(구 제30조, TFEU 제34조)나 또는 1989년 10월 3일의 회원국들 간의 TV광고와 관련된 국내 법률의 조화지침인 이사회 지침 89/552[60]의 해석에 관하여 ECJ에 선결적 결정을 부탁하였다. 첫째는 회원국이 다른 회원국으로부터 방송되어 오는 TV광고에 대해 어떠한 국내조치를 취할 수 있는지, 둘째는 12세 미만의 아이들을 겨냥한 광고를 금지하는 방송법 제11조 1항의 인정 여부에 관한 것이었다.

2) ECJ의 결정

1995년 3월 20일 ECJ는 위의 3개의 사건의 소송을 병합하여 진행하기로 하였고, 이사회 지침 89/552와 소비자를 잘못된 광고로부터 보호하기 위한 국내 법률의 관계에 대하여 ECJ는 다른 회원국으로부터의 광고의 재전송을 원칙적으로 금지하지 않는다고 판시하였다. 그리고 스웨덴의 국내 법률 중에 마케팅법 제2조와 같은 조항이 모든 회원국이 반드시 갖고 있는 권한을 해하지 않고 자국 방송과 타국 방송에 동일하게 영향을 미친다면, 이 국내 법률이 관련 지침과 EC조약 제28조(TFEU 제34조)에 위배되지 않으며 상품의 자유이동을 위한 '수량제한과 동등한 효과를 갖는 조치'로 볼 수 없다고 하였다.[61] 즉 국내법이 EC조약

---

58) *Ibid.*, paras.17-18.

59) *Ibid.*, paras.19-21.

60) OJ 1989 L298/23.

61) Joined Cases C-34-36/95, *de Agostini(Svenska) Förlag AB(TV-Shop i Sverige AB)*, [1997] ECR Ⅰ-3843, paras.44-47.

제30조(TFEU 제36조)에 명시된 목적 중 하나를 만족시키기 위해서 필요하며 또한 이 국내 법률이 그 목적을 달성하기에 적합한 경우, 국내 법률에 의거한 조치는 인정된다는 것이다. 그러나 지침 89/552에는 TV광고 분야에서 미성년자를 보호하기 위해 각 회원국들을 위해 특별히 제정된 조항들이 있고, 지침의 준수 여부는 방송을 제공하는 국가에서 이루어져야 하므로 스웨덴 방송법 제11조를 타국의 방송에 적용하는 것은 인정될 수 없다고 하였다.[62]

3) 평가

일반적으로 다른 회원국으로부터의 광고의 재전송은 EC조약(TFEU)상 보장되고 있는 '상품의 자유이동'을 위하여 회원국의 국내조치에 의하여 금지될 수 없다. 그러나 관련 국내조치는 EC조약 제30조(TFEU 제36조)상의 목적을 위하여 필요하고, 비차별적이며 비례의 원칙에 따라 적절하게 취하여진 경우에는 '수량제한과 동등한 효과를 갖는 조치'에 해당하지 않는다고 할 수 있다. 그러나 관련 사항에 대한 EU 차원의 지침이 존재하는 경우에 이러한 지침의 이행방식은 회원국의 재량에 의하여 결정되어 적용되므로, 이 사건에서의 ECJ의 결정과 같이 스웨덴의 국내 법률에 의거하여 다른 회원국의 광고주를 규율하는 것은 인정될 수 없다고 보아야 할 것이다. ECJ도 이 사건에서 스웨덴의 국내 법률은 EC조약 제28조(TFEU 제34조)가 보장하는 시장접근성, 상품의 자유이동을 방해하는 것으로 이는 '수량제한과 동등한 효력을 갖는 조치'에 해당한다고 결정하였다고 볼 수 있다.

3. *Gourmet* 사건

1) 사실관계

이 사건은 1998년 9월 18일 스웨덴의 Stockholms 시 지방법원(Stockholms Tingsrätt)의 선결적 결정의 부탁명령에 따라, EC조약 제234조(구 제177조, TFEU 제267조)하에 EC조약 제28조(TFEU 제34조), 제30조(TFEU 제36조), 제46조(구 제56조, TFEU 제52조), 제49조(구 제59조, TFEU 제56조)에 관한 해석과 관련하여 1998년 11월 16일 ECJ에 접수된 사건이다.[63] 사건의 당사자는 원고인 소비자옴부즈맨(Konsumentombudsmannen)과 'Gourmet'이

---

62) *Ibid.*, paras.32-35.
63) Case C-405/98, *Gourmet*, [2001] ECR Ⅰ-1795, para.1.

라는 알코올음료 잡지를 발간한 Gourmet International Products AB(이하 GIP)이다.

알코올음료의 판매에 관한 스웨덴 법률 1978:763(Lagen 1978:763 med vissa bestämmelser om marknadsföring av alkoholdrycker)은 1979년 7월 1일 발효되었는데, 제1조에 의하면 동 법률은 제조자 및 소매상에 의한 소비자의 알코올음료의 촉진에 적용되는 법이며, 'Alkoholreklamlagen'으로 불린다. 그리고 스웨덴 알코올법 1994:738 (Alkohollagen 1994:738)에 따라, 알코올음료는 2.25% 이상의 알코올을 함유해야 음료로서 인정받게 되며, 이러한 음료들로는 와인, 강한 맥주(알코올함량 3.5% 이상), 그리고 일반 맥주(알코올함량 2.25%~3.5%)가 있다.[64]

그런데 'Alkoholreklamlagen' 제2조에 의하면, 첫째, 알코올소비에 관한 건강위험과 관련하여 알코올음료는 특히 절제(moderation)의 의미로서 적당하게 판매되어야 하기 때문에, 특히 광고 또는 기타 판매수단과 방법은 강요의 방식이어서는 아니 되고, 요청되지 않은 불필요한 접근방식에 의해서도 아니 되고, 혹은 알코올소비를 조장하는 방식이어서도 아니 된다. 둘째, 라디오 또는 TV는 알코올음료의 판매를 위한 광고가 금지된다. 이러한 금지는 스웨덴의 라디오와 TV에 대한 위성방송법(Law 1996:844)에 있어서도 동일하게 적용된다. 셋째, 독주, 와인 또는 강한 맥주는 출판의 자유의 규제하에 잡지와 같은 정기간행물 또는 기타 출판물에서 광고될 수 없다. 그러나 이러한 출판물에 의한 광고의 금지는 스웨덴 법률(Law 1996:851)에 따라 오직 이러한 음료를 판매하는 순간에 사용되는 경우에는 적용되지 않는다.[65]

이 사건의 선결적 부탁명령서(order for reference)에 의하여 분명한 것은, GIP가 'Alkoholreklamlagen'에 대한 위반으로 인하여 소비자들에 대한 알코올음료의 판매가능성이 제약되었으며, 정기간행물을 통한 광고의 금지라 할지라도 무역업자, 다시 말해서 특히 제조업자들과 음식점들을 기본적인 목적(대상)으로 출판된다는 의미로서의 출판에 의한 광고에는 적용되지 않는다는 점이다.[66] 또한 이 선결적 부탁명령서에 의해 분명한 것은, 공적인 루트에 의한 광고와 광고자료를 개인에게 직접 우송하는 행위는 특히 'Alkoholreklamlagen'에 규정된 절제(적당성)를 이행할 의무에 위배되는 것으로 간주된다는 점이다.[67]

그런데 이 사건에서 피고인 GIP는 'Gourmet'이라는 이름의 잡지를 발간하였고, 구독신청자들을 위한 출판의 'Issue No 4'(August-October 1997)는 알코올음료를 위한 3면의 광고를 포함하였다. 이 중 1면은 레드와인, 2면에 걸쳐서는 위스키에 관한 광고였다. 그런데

---

64) *Ibid.*, para.3.

65) *Ibid.*, para.4.

66) *Ibid.*, para.5.

67) *Ibid.*, para.6.

이들 3면에 걸친 광고는 상점(shops)에서 판매되는 출판물에는 게재되지 않았다. 선결적 부탁명령서에 따르면, 이 잡지의 구독자 9,300명의 90%는 무역업자들, 제조업자들 또는 소매상들이었고, 나머지 10%는 일반인(개인)이었다.[68]

이에 소비자옴부즈맨은 지방법원(Stockholms Tingsrätt)에 'Alkoholreklamlagen'의 제2조에 위배됨을 이유로 GIP의 잡지광고 방식에 의한 소비자로의 알코올음료판매의 금지와 불이행에 대한 벌금의 부과를 요청하였다. 이에 대하여 GIP는 본 소송은 유럽공동체법에 반하는 스웨덴 입법에 기초한 소송이기 때문에, 이러한 소는 기각되어야 한다고 주장하였다.[69]

스웨덴 스톡홀름 지방법원은 소비자옴부즈맨의 소장을 검토함에 있어서, 특별히 특정한 광고에 대한 전면적 금지를 규정한 스웨덴의 국내법규가 EC조약 제28조(TFEU 제34조)의 의미에 해당하는 '수량제한과 동등한 효력을 갖는 조치'로서 간주될 수 있는지에 대하여 확신이 없었고, 또한 그러한 경우에 해당한다고 할지라도 관련 국내법규의 목적에 비추어 해당 국내법규가 EC조약 제30조(TFEU 제36조)에 따라 합법적인 것으로 간주될 수 있는지에 대해서도 확신이 들지 않았고, 또한 이들 국내법규가 EC조약 제46조(TFEU 제52조)와 제49조(TFEU 제56조)가 보장하는 서비스제공의 자유에 부합되는지에 관해서도 확신이 들지 않았다. 스톡홀름 지방법원은 관련 EC조약(TFEU) 규정에 대한 '해석'이 필요하다고 간주하였고, 이에 소송중지를 결정하였고, 다음의 질문들에 대하여 ECJ에 선결적 결정을 요청하였다. 첫째는 EC조약 제30조(TFEU 제36조)와 제49조(TFEU 제56조)가 'Alkoholreklamlagen'의 제2조에 규정된 금지와 같은 알코올음료광고의 일반적 금지를 수반하는 국내입법을 제약하는 것으로 해석될 수 있는지에 관한 것이고, 둘째는 국내입법이 제약받는 경우, 그러한 금지에 관한 국내법규가 소비자옴부즈맨이 주장하는 바와 같이 알코올의 소비를 감소시키기 위한 스웨덴 국내입법의 특별한 목적에 따라 인간의 건강과 생명의 보호를 위해 정당화되고 비례의 원칙에 부합될 수 있는지에 관한 것이다.[70]

소비자옴부즈맨은 스톡홀름 지방법원이 선결적 결정 부탁명령을 내린 데 대하여 불복하여 스웨덴 Marknadsdomstolen에 항소(appeal)하였으나, 1999년 3월 11일 결정에 의하여 동 항소는 기각되었다.[71]

---

68) *Ibid.*, para.7.

69) *Ibid.*, para.9.

70) *Ibid.*, paras.10-11, 13-14.

71) *Ibid.*, para.12.

2) ECJ의 결정

ECJ는 이 사건 당사자들의 서면의견서(written observations)를 고려하여 2000년 10월 19일 구두의견들(oral observations)을 청취하고, 2000년 12월 14일 법률고문(Advocate General-F. G. Jacobs)의 의견(Opinion)을 청취한 후, 2001년 3월 8일 결정을 내렸다.

이 사건은 EU공동시장법상 상품의 자유이동으로 인하여 알코올음료광고가 제약되는지에 관한 문제로서, ECJ에서 소비자옴부즈맨과 관련 국가정부들은 알코올소비의 감소라는 스웨덴 국내입법의 특별한 목적을 이유로 스웨덴의 알코올음료에 대한 광고금지조치가 정당하다고 하였다. 즉 이들은 이러한 광고금지로 인하여 다른 회원국들로부터 수입된 알코올음료의 소비감소에 영향을 미친다는 점은 수용하였으나, *Keck and Mithouard* 사건[72]에서와 같이 관련 국내규정이 국산품과 다른 회원국으로부터의 수입품의 판매에 법적으로 그리고 사실상으로 동일한 방식으로 영향을 미친다면, 일정한 판매방식을 금지하거나 제한하는 국내규정은 EU역내무역을 방해한다는 이유로 책임을 물을 수 없기 때문에, 이들은 본안소송에서 문제가 된 광고금지는 회원국들 간의 무역에 장애를 초래하지 않으며, ECJ의 *Keck and Mithouard* 판결상의 기준을 만족시킨다고 주장하였다.[73] 그러나 ECJ에서 GIP는 본안소송에서 문제가 된 바와 같은 알코올음료광고의 전면적 금지는 *Keck and Mithouard* 사건에서의 ECJ의 판결의 기준을 충족시키는 것이 아니고, 그러한 전면적 금지는 특히 문제의 회원국(여기서는 스웨덴)에서 생산된 상품보다 수입된 상품에 보다 큰 영향을 미치는 책임을 물을 수 있다고 주장하였다.[74][75]

그러나 ECJ는 *Keck and Mithouard* 사건의 판결[76]에서 일정한 판매방식을 제한하거나 금지하는 국내규정이 EC조약 제28조(TFEU 제34조)에 위배되지 않기 위해서는, 이러한 국내규정은 다른 회원국의 생산품에 대한 시장접근을 금지하는 조치가 되서는 아니 되고 또한 국산품의 시장접근을 저해하는 것보다 더 심하게 시장접근을 저해하는 조치가 되서는 아니 된다고 지적하였다.[77] 또한 ECJ는 *DE Agostini and TV-shop* 사건 판결[78]에서와 같이 어떤 회원국에서 합법적으로 판매된 상품에 대하여 광고 등의 그 촉진형태를 전면적으로 금지하

---

72) Cases C-267-268/91, *Keck and Mithouard*, [1993] ECR Ⅰ-6097, para.16.

73) Case C-405/98, *Gourmet*, [2001] ECR Ⅰ-1795, para.15.

74) *Ibid.*, para.16.

75) Mathijsen, *supra* note 3, pp.229-231 참조.

76) Cases C-267-268/91, *Keck and Mithouard*, [1993] ECR Ⅰ-6097, para.17.

77) Mathijsen, *supra* note 3, pp.230-231 참조. Case C-405/98, *Gourmet*, [2001] ECR Ⅰ-1795, para.18.

78) Cases C-34-36/95, *de Agostini and TV-shop*, [1997] ECR Ⅰ-3843, para.42.

는 것은 다른 회원국들로부터 수입된 상품에 대하여 지대한 영향을 미칠 가능성이 있다고 판시하였다.[79] 그리고 명백한 사실은 알코올음료와 같은 광고에 대한 금지는 상품에 대한 마케팅을 금지하는 것일 뿐만 아니라 제조업자들이나 수입자들이 소비자들에게 직접적으로 광고메시지를 전달하는 것을 금지하는 것이라는 점이다.[80] 따라서 ECJ는 TV, 라디오, 우편 이나 포스터를 통한 알코올음료와 같은 상품에 대한 모든 광고의 금지는 국산품의 시장접 근을 방해하는 것보다 더 다른 회원국들로부터 수입된 상품의 시장접근을 방해하는 책임이 있다고 판시하였다.[81]

이 사건에서 알코올음료의 광고금지에도 불구하고 오히려 스웨덴에서 보드카(주로 스웨 덴산인 국산품 vodka)와 같은 상품에 비해서 와인과 위스키(주로 수입되고 있는 wine과 whidky)의 소비는 감소된 것이 아니라 상대적으로 증가했다는 소비자옴부즈맨과 스웨덴정 부가 제공한 정보는 ECJ의 결정에 영향을 주지는 못하였다. 왜냐하면 관련 정보는 단지 몇 몇 알코올음료를 고려의 대상으로 삼았으며, 특히 맥주의 소비가 간과되었기 때문이다.[82] 게다가 광고를 게재한 출판물은 판매 현장에서 배포되어 활용될 수 있다고 하더라도, 완전 한 스웨덴 국가 기업으로 알코올음료의 소매를 독점해 오고 있는 Systembolaget AB는 판매 현장에서 실제로는 오직 자체 잡지만을 제공하여 활용하게 하고 있었다.[83] 또한 스웨덴 국 내입법에 의하면 사설광고(editorial advertising)는 허용되고 있기 때문에, 광고의 전면적 금 지는 입법상의 부조화의 문제를 야기할 소지가 있다고 할 있다.[84] 그러므로 ECJ는 알코올 음료에 대한 광고의 금지는 국산품의 마케팅보다 다른 회원국들로부터 수입된 상품의 마케 팅에 더 큰 영향을 미치는 것으로 간주할 수 있고, 따라서 이는 회원국들 간의 무역에 장 애를 초래하는 것으로 EC조약 제28조(TFEU 제34조)에 위배된다고 판시하였다.[85]

그러나 ECJ는 EC조약 제30조(TFEU 제36조)에 의해서 인정된 공중보건에 의거하여 그러 한 장애가 정당화될 수 있다고 하였다. 따라서 공중보건과 관련하여 알코올음료의 남용에 대응하기 위하여 취해진 광고제한법규는 허용된다고 하였다.[86] 그리고 이러한 공중보건을

---

79) Case C-405/98, *Gourmet*, [2001] ECR Ⅰ-1795, para.19.

80) *Ibid.*, para.20.

81) *Ibid.*, para.21.

82) *Ibid.*, para.22.

83) *Ibid.*, para.23.

84) *Ibid.*, para.24.

85) *Ibid.*, para.25.

86) *Ibid.*, paras.26-27; Case 152/78, *Commission* v. *France*, [1980] ECR 2299, para.17; Joined Cases C-1/90 and C-176/90, *Aragonesa de Publicidad Exterior and Publivia*, [1991] ECR Ⅰ-4151, para.15.

위한 광고금지법규가 무역상의 장애에 있어서 정당화되기 위해서, 관련 국내 규제조치는 달성하고자 하는 목적에 비례해야 하고, 회원국들 간 무역에 있어서 '일방적인 차별'이나 '위장된 제한조치'가 되어서는 아니 된다고 판시하였다.[87]

이에 소비자옴부즈맨과 스웨덴정부는 본 사건에서의 광고금지는 EC조약 제30조(TFEU 제36조)에 의한 예외로서, 특히 이는 절대적인 광고금지가 아니고, 관련 정보획득을 방해하는 것이 아니라고 강조하였다. 만약 원한다면, 소비자들은 레스토랑에서, 인터넷을 통하여, 사설란을 통하여 또는 생산자 및 수입자에게 요청하는 방법으로 통하여 광고물을 보내달라고 할 수 있다고 하였다. 게다가 스웨덴정부는 현행 EU법상 '보건정책'을 통하여 정부가 공중보건을 위한 보호수위를 조절할 수 있는 자유가 있다는 점을 ECJ가 인지하고 있음[88]을 지적하면서 국내법규를 통한 주류정책의 정당성을 진술하며, 본 소송에서 문제가 된 국내입법은 스웨덴 주류정책의 기본적인 내용에 해당한다고 주장하였다.[89]

반면 GIP는 이 사건에서의 주류에 대한 전면적 광고금지는 비례의 원칙에 부합되지 않으며, 공중보건은 예를 들면 일정한 공중장소 또는 청소년을 대상으로 한 출판물과 같이 좀 더 한정된 성질에 의한 광고금지에 의해 달성될 수 있다고 보았다. 그리고 스웨덴의 알코올정책은 독점판매에 의해서, 20세 미만에 대한 판매금지에 의해서, 그리고 캠페인 운동 등에 의해서 이미 수행되고 있다는 점을 명심해야 할 것이라고 주장하였다.[90]

EU위원회는 이러한 광고금지의 비례의 원칙에 대한 적정성에 대해서는 국내법원이 결정할 사안이라고 하였으나, 위원회 역시 사설란의 존재와 인터넷과 같은 다른 간접적인 광고수단의 존재로 이러한 광고금지는 특별히 효과적으로 보이지 않는다고 하였다.[91]

이 사건에서 ECJ는 스웨덴정부가 주장하는 공중보건의 요건을 만족할 만한 증거가 없다는 점을 지적하였고, 광고금지가 비례의 원칙에 부합되는가와 관련하여 특히 보다 약한 제한이나 금지로써 동일한 목적을 달성할 수 있었는지 또는 EU역내무역에 보다 약한 효력을 미치는 제한이나 금지로써 동일한 목적을 달성할 수 있었는지에 대하여 관련 회원국(여기서는 스웨덴)의 법적 그리고 사실적 정황에 대한 분석이 필요한바, 이러한 이행을 위한 국내법원의 지위가 ECJ보다 나은 것인지에 대하여 결정해야 했다고 지적하였다.[92] 따라서 ECJ는 상품의 자유이동과 관련된 EC조약 제28조(TFEU 제34조)와 제30조(TFEU 제36조)에

87) Case C-405/98, *Gourmet*, [2001] ECR Ⅰ-1795, para.28.

88) Joined Cases C-1/90 and C-176/90, *Aragonesa de Publicidad Exterior and Publivia*, [1991] ECR Ⅰ-4151, para.16.

89) Case C-405/98, *Gourmet*, [2001] ECR Ⅰ-1795, para.29.

90) *Ibid.*, para.30.

91) *Ibid.*, para.31.

92) *Ibid.*, paras.32-33.

의하여 Alkoholreklamlagen 제2조에 규정된 바와 같은 알코올음료의 광고금지는 EU법에 저촉되는 것으로서 허용되지 않는다고 판시하였다. 그리고 만약 그러한 광고규제가 허용되는 경우에는 알코올의 해로운 효과에 대한 공중보건은 EU역내무역에 보다 약한 영향을 미치는 조치에 의해서 보장될 수 있을 것이라고 하였다.[93] 서비스의 자유이동에 대해서도 ECJ는 상품의 자유이동과 동일한 취지의 판결을 내렸다.[94]

3) 평가

이 사례는 Gourmet international products AB(GIP)가 발간한 'Gourmet'이라는 잡지에서 주류광고를 했다는 이유로 스웨덴 소비자옴부즈맨이 'Alkoholreklamlagen' 제2조의 위반을 이유로 스톡홀름의 국내법원에 판매금지와 벌금부과를 요구한 사례이다. 이 사건의 쟁점은 스웨덴의 주류규제조치가 EC조약 제28조(TFEU 제34조)와 제30조(TFEU 제36조), 제46조 (TFEU 제52조)와 제49조(TFEU 제56조)에 저촉되는지에 관한 것이었다. 원고인 소비자옴부즈맨은 *Keck and Mithouard* 사건에서의 판결과 같이 관련 국내규정들이 EC역내에서 국산품과 회원국으로부터의 수입품에 동일한 방식으로 적용되었기 때문에 주류광고금지는 회원국들 간의 무역에 아무런 장애가 되지 않는다고 주장하였으며, 반대로 피고인 GIP는 그러한 광고금지는 관련 회원국들 간 수입되는 상품의 판매에 큰 영향을 미치는 것으로 책임이 있고, 그러한 전면적인 주류광고금지는 *Keck and Mithouard* 사건 판결에서의 기준을 만족시키지 않는다고 주장하였다. 이에 ECJ는 TV, 라디오, 우편이나 포스터를 통한 알코올음료와 같은 상품에 대한 광고의 금지는 다른 회원국들로부터 들여온 상품의 시장접근을 방해하는 책임이 있다고 간주하였고, 본 사건에서의 주류와 같은 광고의 금지는 국내 상품의 마케팅보다 다른 회원국들로부터 수입된 상품의 마케팅에 더 큰 영향을 미친다고 보았으며, 이는 회원국들 간의 무역에 장애를 초래하기 때문에 EC조약 제28조(TFEU 제34조)에 위배된다고 판시하였다. 그러나 ECJ는 EC조약 제30조(TFEU 제36조)와 같이 회원국 국민의 공중보건을 위하여 이러한 장애는 정당화될 수 있다고 판시하였다. ECJ는 서비스의 자유이동에 관한 사안에 대해서도 이와 동일한 취지의 결정을 내렸다.

이 사례는 기존의 *Keck and Mithouard* 사건과 유사한 점이 많지만 다른 취지의 판결을 내렸다. *Keck and Mithouard* 사건에서는 국내규정이 수량제한과 동등한 효과를 갖는 조치로

---

93) *Ibid.*, para.34.

94) *Ibid.*, para.42.

인정되지 않았으나, 이 사건에서는 반대의 판결을 내렸다. EU공동시장에 의한 경제 질서에서 상품의 자유이동과 관련된 EU법과 회원국 국내법의 저촉에 관하여 EU법의 우위라는 일반적으로 예상할 수 있는 결과가 내려졌다. 이는 EU가 경제공동체이고, 따라서 가능한 한 무역장벽을 제거하고자 한다는 점에서 당연한 귀결이라고 볼 수 있다. ECJ도 공익적 차원에서 회원국에게 심각한 영향을 미칠 만한 경우가 아니고서는 역내무역에 장애를 초래하는 국내조치를 인정하고 있지 않다고 할 수 있다. 회원국이 비례의 원칙에 따라 적절한 규제와 제도를 확립하는 경우에는 얼마든지 공중보건의 목적을 달성하면서도 광고를 허용할 수 있다고 볼 수도 있다.

Ⅳ. 결언

현재 EU는 역내 공동시장체제를 구축함으로써 EU시민들의 단일 공동생활권을 형성하고 있다. 전체적으로 보면 물적 이동이 인적 이동보다 광범위하고 포괄적으로 보장되고 있다. 이런 EU는 TFEU 제28조(EC조약 제23조)에서 제30조(EC조약 제25조)의 규정에 의거하여 회원국을 통해 EU 역외 제3국에서 수입된 상품에 대해 특별이익이 없음을 보장하기 위해 관세동맹을 통해 역외공동관세를 부과하고 있으며, 회원국들 간 수출·수입에 관해 모든 관세부과를 금지하고 있다. 사람·서비스의 자유이동, 설립의 자유, 그리고 상품의 자유이동 중 '수량제한의 금지'의 부분에서는 '공익적 차원'에서 회원국의 일정한 예외적 국내조치를 허용하고 있으나, 관세금지에 대해서는 매우 엄격하게 적용하여 예외를 인정하고 있지 않다. 그리고 EU의 역내관세의 폐지는 EC조약 제90조(TFEU 제110조)를 통해 타 회원국으로부터의 수입품에 대한 '차별적' 내국세, 국산품에 대한 '보호적' 내국세를 모두 금지함으로써 보다 충분히 달성될 수 있다. 이 차별적·보호적 내국세 금지는 TFEU(EC조약) '상품의 자유이동' 부분에 포함되어 있지는 않으나, 동 조항은 '상품의 자유이동'과 매우 밀접히 관련되어 국산품과 수입품의 '경쟁'과 관련해 내국세가 중립적 견지를 취할 것을 보증하고 있으며, 또한 관세 및 이와 동등한 효과를 갖는 과세의 금지에 관한 EU공동시장의 규율체계를 보완하고 있다. 그런데 단순하게 관세부과 금지 및 이와 동등한 효과를 갖는 과세의 금지를 통해서는 EU가 궁극적 목표로 하고 있는 유럽 공동시장의 완성에는 한계가 있다. 왜냐하면 회원국들은 타 회원국으로부터 특정 상품의 수입 시 수량제한 조치를 취할 수 있기 때문이다. 따라서 EU는 EC조약 제28조(TFEU 제34조, 수입의 경우)와 제29조

(TFEU 제35조, 수출의 경우)를 통해 '수입품' 및 '수출품'에 대한 '수량제한' 및 '이와 동등한 효과'를 갖는 조치의 금지를 규율하고 있다. 수입과 수출상의 수량제한은 국제통상무역에 있어서 비관세장벽으로 사용되는 전통적인 방식으로써, EU는 이 수량제한의 폐지를 위해 수입과 수출의 경우를 모두 규율하고 있다. 그리고 오늘날 주요 관심은 단순한 수량제한이 아닌 '이와 동등한 효과'를 갖는 조치의 금지이다. 이는 본문에서 스웨덴과 관련된 사례를 중심으로 살펴본 바와도 같다.[95] 비록 EC조약(TFEU)은 EC조약 제28조(TFEU 제34조)와 제29조(TFEU 제35조)를 적용함에 있어서 그 예외 사항을 EC조약 제30조(TFEU 제36조)에 규정하여 일정한 경우에는 회원국의 국내규제를 허용하고 있기 때문에 공익적 차원의 공중도덕, 공공정책, 공공안보, 인간 및 동식물의 생명과 건강의 보호, 예술적·역사적·고고학적 가치 있는 국보 보호, 산업적·상업적 재산권 보호를 위한 예외가 허용되고는 있으나, 이러한 목적을 달성하려는 회원국의 국내조치는 EC조약 제30조(TFEU 제36조)의 단서규정에 따라 임의적 또는 자의적 차별조치, 위장된 제한조치가 되어서는 아니 되며, 또한 비례의 원칙에 입각해 보다 가벼운 국내조치에 의하여도 공익적 차원의 동일한 결과를 달성할 수 있는 경우에는 과도한 국내조치가 EC조약 제30조(TFEU 제36조)에 의하여 정당화될 수 없다고 보아 매우 제한적으로 인정되어야 한다. 이는 본문에서 살펴본 스웨덴 관련 사례들에서도 잘 알 수 있다.

---

95) David O'Keeffe, *Judicial Review in European Union Law*(The Hague: Kluwer Law International, 2000), p.548 참조.

제11장 사람의 자유이동*

Ⅰ. 서언

유럽연합(European Union: EU)은 2009년 10월 2일 아일랜드 국민투표에서 리스본조약[1] (Treaty of Lisbon)이 찬성 67.1%, 반대 32.9%로 통과됨으로써 '하나의 유럽'으로 가는 최대 난관을 극복하였다. 이로써 역내 단일생활권을 형성하고 있는 EU는 이제 명실상부한 국제사회의 구성원으로서 대내외적으로 그 지위가 확고해지고 영향력도 증대되었다.[2] 이러한 EU와 자유무역협정(Free Trade Agreement: FTA)을 체결하고 2009년 10월 15일 브뤼셀에서 가서명(2010년 10월 6일 정식서명, 브뤼셀)한 우리나라는 EU와 더욱 긴밀한 관계를 구축하게 되었고, EU법에 대한 이해가 더욱 절실하게 되었다.

그런데 EU법의 영역들 중 가장 중요한 내용은 일상생활의 기초가 되는 '공동시장'[common market, 즉 역내시장(internal market)을 의미함]에 관한 내용이라고 할 수 있다. 무엇보다 EU는 EC조약 제3조(TFEU 제3조~제6조) 1항 (c)에서 '상품·사람·서비스의 자유이동 및 회사설립(개업)의 자유'에 방해가 되는 모든 요소들에 대한 회원국의 '철폐의무'를 규정하는 한편, EC조약 제14조(TFEU 제26조) 제2항을 통해 이러한 자유이동이 보장되도록 '역내시장'(internal market)이라는 역내 국경이 사라진 시장개념을 설정하고 있다.[3] 그리고 EC조약

---

* 이 내용은 김두수, "EU시민 및 제3국 국민에 대한 EU의 사람의 자유이동과 제한", 『법학연구』 제18권 제1호 (2010.4)를 참고하였음.

1) 2007년 12월 13일 채택된 리스본조약은 EU조약(Treaty on European Union)과 EC설립조약(Treaty establishing the European Community)을 개정하는 EU의 헌법적 성질을 갖는 것으로 2008년 6월 13일 실시된 아일랜드 국민투표에서 반대 53.4%, 찬성 46.6%로 부결된 바가 있었다.

2) 이를 가장 잘 보여 주는 것은 이제 EU가 소위 대통령이라고 할 수 있는 유럽이사회(European Council) '상임의 장'을 선출하고, EU의 대외정책을 조율하는 '외교안보정책고위대표'를 선출하게 되었다는 점이다.

3) T. C. Hartley, *European Union Law in a Global Context: Text, Cases and Materials*(Cambridge: Cambridge Univ. Press, 2004), p.393 참조. '역내시장'(internal market) 개념은 독일의 'Binnenmarkt'(internal market)에 착안했다고 할 수 있다. Rene Barents, *The Autonomy of Community Law*(The Hague: Kluwer Law International, 2004), pp.196-198 참조.

제3조 제1항 (h)는 공동시장의 기능화를 위하여 '지침'(directive)과 '상호 인준'(mutual recognition)을 통한 회원국들 간의 '법률 조화'를 추구하도록 하고 있다. 이러한 EU는 현재 27개 회원국들의 경제적·정치적 통합을 경험한 경쟁력을 갖춘 국제사회의 영향력 있는 구성원으로서 양적·질적 통합[4]에 있어서의 선행주자라고 할 수 있기 때문에 이러한 EU를 상대하기란 쉬운 일이 아닐 것이다.

이 글의 목적은 위와 같은 배경하에 '사람의 자유이동'에 관한 EU공동시장 법제와 주요 판례를 분석·검토하여 한·EU FTA시대에 EU로의 진출방안을 모색하기 위함이다. 특히 EU의 'EU시민'과 '제3국 국민'에 대한 '자유이동상의 권리와 제한'을 중심으로 살펴보고자 한다. 이를 통해 지역통합의 모델인 EU공동시장의 '인적 이동'을 이해하여 EU진출방안을 마련할 수 있을 것이다. 한·EU FTA를 맞아 서비스·투자 분야가 개방되는 만큼 우리나라와 EU의 기업 지점을 통한 '인적 교류'도 활성화될 수 있을 것이다. 이와 관련해서는 "대한민국과 유럽공동체(리스본조약 발효에 의해 현재는 유럽연합) 및 그 회원국 간의 자유무역협정" 국문본에 있는 제7장(서비스 무역·설립 및 전자상거래) 등을 참고하는 것이 좋을 것이다. 아래에서는 먼저 '사람의 자유이동'에 관한 법제의 이해를 위하여 'EU시민'과 '제3국 국민'에 관한 지침에 관하여 살펴본 후, 그 구체적 실현을 위한 '비차별적 적용'에 대한 실효성에 관해 살펴본다. 그리고 결론에 갈음하여 이러한 EU법제와 사례가 한·EU FTA시대에 우리나라에게 부여하는 의미와 그 대응방안에 관하여 검토하고자 한다.

Ⅱ. EU법상 사람의 자유이동에 관한 개괄적 고찰

EU법상 기본권 중 '사람의 자유이동'에 해당하는 거주이전 자유의 권리에 관한 규정으로는 기본권헌장 제45조, EC조약 제18조(TFEU 제21조), 지침 2004/38이 있다. EU가 이를 규정한 이유는 이것이 EU통합의 과정에 있어서 역내시장 단일화를 위해 필수불가결한 자유권의 하나로 인정했기 때문이다. EU는 '지침 2004/38'을 통하여 EU시민과 그 가족구성

---

4) EU는 1951년 4월 18일 파리조약(Treaty of Paris)에 의해 유럽석탄철강공동체설립조약(Treaty Establishing the European Coal and Steel Community: ECSC설립조약)이 채택되면서 독일, 프랑스, 이탈리아, 벨기에, 네덜란드, 룩셈부르크 6개국으로 출범하여, 1973년 1월 1일 영국, 덴마크, 아일랜드, 1981년 1월 1일 그리스, 1986년 1월 1일 스페인, 포르투갈, 1995년 1월 1일 스웨덴, 핀란드, 오스트리아, 2004년 5월 1일 사이프러스, 몰타, 헝가리, 폴란드, 슬로박공화국, 라트비아, 에스토니아, 리투아니아, 체코공화국, 슬로베니아, 2007년 1월 1일 루마니아, 불가리아 등이 가입하여 현재 27개 회원국으로 구성되어 있으며, 관세동맹·공동시장·통화통합 이후 리스본조약까지 발효되어 명실상부한 정치·경제적 통합체로서의 국제사회 구성원이 되었다.

원의 거주권과 영주권을, '지침 2003/109'를 통하여 제3국 국민의 EU 내 장기거주를 규율하고 있다.

Principal Community measures on free movement: Legislation under the EC Treaty		
Directive 64/221	restriction on exercise of public policy proviso	OJ (Special Eng. Ed.) Series I, 1963~1964, p.117.
Regulation 1612/68	right to find work	OJ (Special Eng. Ed.) Series I, 1968(II), p.475.
Directive 68/360	employed persons(workers)	OJ (Special Eng. Ed.) Series I, 1968(II), p.485.
Regulation 1251/70	right of employed persons(workers) to remain on retirement	OJ (Special Eng. Ed.) Series I, 1970(II), p.402.
Directive 73/148	self-employed persons and providers/receivers of services	OJ 1973, L172/14.
Directive 75/34	right of self-employed persons to remain on retirement	OJ 1975, L14/10.
Directive 75/35	public policy proviso: right of self-employed persons to remain	OJ 1975, L14/14.
Directive 77/486	schooling for children of employed persons(workers)	OJ 1977, L199/32.
Directive 90/364	persons of independent means	OJ 1990, L180/26.
Directive 90/365	retired persons	OJ 1990, L180/28.
Directive 93/96	students	OJ 1993, L317/59.
Directive 2003/109	status of third-country nationals who are long-term residents	OJ 2004, L16/44.
Directive 2004/38	right of residence of citizens of the EU	OJ 2004, L158/77.

1. 사람의 자유이동의 적용대상의 광범위한 인정

EU에서 '노동(자)'의 자유이동은 어느 한 회원국의 노동자[5](workers)가 일을 하기 위하여 다른 회원국으로 자유롭게 이동할 수 있는 권리를 말한다. 이 경우 노동력 부족현상이나 높은 급여문제를 해결할 수 있어 역내 경제 활성화에 기여할 수 있다. 이러한 '노동(자)'의

---

5) 1957년 설립된 E(E)C조약은 사람을 경제활동에 있어서의 생산요소의 하나로 이해하였기 때문에, 사람의 자유이동에 있어서 '사람'의 범위에는 경제활동에 종사하는 노동자, 자영업자를 포함시켰다. 따라서 비경제적 활동자의 자유이동은 제한되었다. 그러나 EU법의 개정에 따라 점차 '사람'의 범위가 노동자, 자영업자의 가족, 학생 등에까지 확대되었다. 과거에는 사람의 자유이동을 논함에 있어서 적용대상인 '노동자'의 범위인정이 문제가 되었으나, '사람'의 범위가 EU시민에게까지 확대된 현재는 문제의 소지가 적다고 할 수 있다. EC조약 제39조와(TFEU 제45조) 기본권 관련 규정을 포함한 내용에 관해서는 John Fairhurst and Christopher Vincenzi, *Law of the European Community*(London: Longman, 2003), pp.238-239.

자유이동은 역내 급여 수준을 평등화시킬 수 있으며, 역내 회사들은 더욱더 경쟁력을 증대시킬 수 있게 된다.[6] 처음에 EU는 노동자 및 자영업자의 자유이동을 주로 허가하였으나, 현재는 일정한 요건을 충족하는 경우에는 거주이전 자유 대상 범주를 광범위하게 인정하고 있다.

여기서 EC조약 제39조(TFEU 제45조)의 '취업이 완료'된 이후에만 입국이 허용된다는 규정과 관련하여 구 '지침 68/360'과 구 '규칙 1612/68'의 초안이 1968년 EC 이사회에서 작성될 당시 회원국들에 의해 채택되어 이사회 회의록(Council Minutes)[7]에 기록된 하나의 '선언'(declaration)을 살펴볼 필요가 있다. 이 선언의 내용은 "구직을 위하여 다른 회원국으로 이주하는 회원국의 국민들은 당해 지침 제1조에 따라 구직을 위하여 최소한 '3개월'의 기간이 허용되며, 만약 이 기간이 만료될 때까지 직업을 구하지 못하는 경우에는 이주한 국가에서의 거주는 더 이상 허용되지 아니하고 본국으로 돌아가야 할 것이다(첫째 단락). 그리고 만약 위의 사람이 위에 명시된 기간 동안 이주한 국가에서 사회복지의 혜택을 요구한다면 이주한 국가에서 추방의 통지를 받게 될 수도 있다(둘째 단락)"라는 것이었다.[8]

그런데 구 '지침 68/360'이 그 자체로서 '구직을 위해' 다른 회원국으로 입국하는 권리를 부여한 것은 아니고, 개별국가의 국내입법에 따라 입국의 권리가 부여되었다.[9] 따라서 이 '이사회 선언'은 국내입법상의 권리로서 일종의 동의 형식으로 기록되었고, 권리의 직접적인 근원을 형성할 의도도 없었으며, 이행조치에 대한 정확한 해석을 지적할 의도도 없었던 것으로 보인다. 유럽사법법원(ECJ)은 이와 관련된 효력문제에 대하여 *Antonissen*[10] 사례에서 아래와 같이 숙고하였다.

---

6) 그러나 이는 이론에 불과한 측면이 없지 않다. 예를 들면, 몇몇 노동자들은 모국에서 더 낮은 임금을 받을지라도, 의사소통에 문제가 있거나 또는 기후가 너무 춥고 습하거나 또는 친절하지 않은 사람들이 있는 타 국가보다 모국에 남아 있는 것을 더 선호할 수도 있다. 이로써 다음과 같은 결과가 나타나게 된다. 즉 쉬운 예를 들면, 이탈리아에서 독일로의 이주가 계속하여 있어 왔지만, 아직도 EU의 남·북 지역 간에는 상당한 급여 차이가 존재한다. 더구나 대부분의 회원국에서는 EU 외부에서 오는 이민자의 수가 EU회원국 내에서 오는 이민자의 수에 비해 훨씬 더 많은 상황이다. Hartley, *supra* note 3, p.407.

7) 이사회는 비공식적으로 개최되었고, 이사회 회의록은 출간되지 않았기 때문에, 이사회의 동 '선언'의 존재는 공개적으로 알려지지 않았으며, 유출되지도 않았고 인쇄기관에 의하여 출간되지도 않았다.

8) Koen Lenaerts and Piet Van Nuffel, *Constitutional Law of the European Union*(London: Sweet & Maxwell, 2005), pp.545-546, 548 참조.

9) 영국의 경우는 The Immigration Rules for Control on Entry(EEC and Other Non-Commonwealth Nationals), HC Paper 81 of 1972/73, para.52.

10) Case C-292/89, *Antonissen*, [1991] ECR Ⅰ-745.

1) 사실관계

안토니센(Mr. Antonissen)은 영국에 입국한 벨기에 국적자로, 마약유통의 유죄판결로 수감되었다. 영국은 석방과 함께 그를 추방하기 원하였으나, 그는 '구직 중'임을 이유로 EC법에 의해 보호되는 '노동자'로서의 권리를 주장하였다. 이에 영국법원은 ECJ에 선결적 결정을 부탁하였다. 선결적 결정의 내용은 공동체 이주자가 6개월 내에 직업을 갖지 못하는 경우 그를 추방할 수 있는가 하는 문제였다. 여기서 6개월의 기간은 기존에 '이사회 선언'에서 명시한 3개월의 기간보다 영국입법에 의하여 6개월로 연장된 것이었다.

2) ECJ의 결정: '구직 중'이라는 의미와 관련하여

EC조약 제39조(구 제48조, TFEU 제45조)를 엄격하게 적용하면, EU회원국의 국적 보유자는 이미 실질적으로 결정된(only accepting offers of employment actually made) 고용청탁에 대한 승인을 위한 목적의 범위 내에서 회원국 영토를 자유롭게 이동할 수 있는 권리를 갖는다고 보아야 한다(제39조 제3항(a), (b), TFEU 제45조). 그리고 이러한 고용목적을 위해서 회원국의 영토에 체류할 수 있는 권리가 주어진다고 보아야 한다(제39조 제3항(c), TFEU 제45조).[11] 그런데 이렇게 해석할 경우 회원국의 국민이 '구직을 위하여' 다른 회원국의 영토에 자유롭게 이동하거나 체류하는 권리는 제한되며 이는 부당하다고 할 수 있다.[12] 실제로 ECJ가 지속적으로 견지해 왔듯이 노동자를 위한 자유이동은 EU공동시장법의 기초 내용 중의 하나이고, 따라서 그러한 규정들은 '폭넓게(광의로) 해석'되어야 할 것이다.[13] 더욱이 EC조약 제39조(TFEU 제45조) 제3항을 엄격하게 해석하게 되는 경우에 '구직 중'인 회원국 국민은 다른 회원국에서 직업을 구할 수 있는 실질적인 기회가 줄어들 위험성이 있고 노동력의 이동은 증가하지 않을 것이다. 이렇게 되는 경우 동 조항(제39조 제3항)은 비효과적인 조문에 불과하게 된다.[14] 이러한 관점에서 먼저 EC조약 제39조(TFEU 제45조)의 효력이 EU의 입법상 보장되어야 한다는 점을 지적해 두어야 하고 또는 그렇지 않은 경우 회원국의 입법상 관련자에게 관련 회원국의 영토 내에서 업무 능력에 상응하는 직업을 제공하며, 이를 위해 적절하고도 필요한 과정을 거쳐 고용되도록 합리적인 기간(reasonable time)을 부

---

11) *Ibid.*, para.9.
12) *Ibid.*, para.10.
13) *Ibid.*, para.11.
14) *Ibid.*, para.12.

여해야 할 것이다.[15]

이에 ECJ는 앞서 언급된 '이사회 선언'의 효과에 대하여 숙고한바, 구 '지침 68/360'과 구 '규칙 1612/68' 모두 '이사회 선언'에 의거하지 않았기 때문에, '이사회 선언'이 두 법령을 해석하는 데 이용될 수 없다고 결정하여 '이사회 선언'은 '법적인 중요성(의미)'(no legal significance)이 없다고 하였고, 여타 주장들을 기각한 후 "EU회원국 국적을 갖는 사람이 다른 회원국에서 구직을 위하여 체류할 수 있는 기간이 EU법상 명시되지 않은 경우, 회원국의 국내법률에 의거하여 규정된 '6개월의 기간'(본 사건의 재판부에서 중요 문제로 다루고 있는 사안)과 같이 규정될 수 있다. 이러한 기간은 노동자를 수용하는 국가가 관련자에게 업무 능력(자질)에 상응하는 직업을 제공하고, 이를 위하여 적합한 직업에 종사할 수 있도록 필요한 조치를 취할 수 있을 만큼의 충분한 시간을 제공한 것이다. 따라서 이러한 국내 입법상의 조치는 자유이동의 원칙에 위배되지 아니한다. 그러나 기간이 만료된 이후에 관련자가 구직을 위하여 계속해서 노력하고 있고, 직업을 구할 수 있는 결정적 기회(genuine chances)가 있다는 증거를 제시하는 경우에 이러한 사람은 해당 국가로부터 출국의 권고에 응하지 않아도 된다"[16]라고 판시하였다.

결론적으로 EU회원국 국적을 갖는 사람이 '구직을 위하여' 계속 노력하고 있으나 직업을 구할 수 있는 결정적 기회가 있다는 증거를 제시하지 않는 한, 영국에 입국한 후 6개월 동안 직업을 구하지 못한 EU회원국 국적을 갖는 사람을 영국이 추방하는 것은 EU법을 위반하는 것이 아니라고 할 수 있다.

3) 평가

이 사건에서 ECJ는 유럽공동체 이주자에게 EC조약(TFEU)의 입안자들이 의도했던 것보다도 더 많은 권리를 인정하였다. ECJ는 '이사회 선언'을 고려하지 않으려 하였지만 3개월의 엄격한 기간제한을 보다 유연하게 변경한 것만을 제외하면 '이사회 선언'의 영향을 받은 것이 분명해 보인다.

이 사건에서 가장 중요한 ECJ 해석 측면은 아마도 유럽공동체법 규정들이 이주자에게 우호적으로(유리하게) 해석될 수 있다는 본 사건 판결의 제11번째 단락일 것이다. 이것은 유럽공동체법 규정들은 단지 '최소한의 권리'(minimum rights)를 의미한다는 제13번째 단

---

15) *Ibid.*, para.16.
16) *Ibid.*, para.21.

락의 진술과 함께 이후 사건들의 향방을 결정하게 된다.[17] 이러한 이유로 인하여, EU규정들은 반드시 유럽공동체 권리의 '최대한도'(full extent of Community rights)를 의미하는 것은 아니라고 정리할 수 있다. 이 사건에서의 논점인 '구직 중인 자'에 대한 거주이전의 자유는 이후에 통합 지침인 지침 2004/38 제14조에 의하여 규율하고 있으며, 해당 회원국에 사회복지혜택으로 인한 부담을 주는 경우에는 제7조에 의하여 자유이동을 제한할 수 있도록 하고 있다. '구직 중인 자'를 노동자로 인정할 수는 있으나, 이는 당사자에게 해당 회원국 국민과 동일한 사회보장 및 세제상의 이익까지 보장하는 것을 의미하는 것은 아니다.

2. 회사설립(개업)의 자유와 사람의 자유이동

EC조약 제43조~제48조(TFEU 제49조~제54조)에 따라 다른 회원국에서의 '회사설립(개업)' 자유는 회사 또는 자영업자가 지사 또는 본점을 설치하기 위하여 해당 회원국으로 자유롭게 이동할 수 있는 권리를 포함한다. 이것이 실현되기 위해서는 '사업가'가 이주할 수 있는 권리와 적어도 사업가의 '핵심 직원들'(key staffs)이 사업가와 함께 이주할 수 있는 권리가 부여되어야 한다. 후자의 경우 해당 '고용인(종업원)'은 통상 이주권이 보장되는데, 이는 '급여'나 '지위'를 불문하고 어떠한 '고용인'이든지 EC법상 '노동자'(worker)로 간주되어 '노동자의 자유이동'에 관한 권리규정의 범주에 포함되기 때문이다. 마찬가지로 자영업자(self-employed persons)도 EC조약에 의하여 보호될 수 있다.

3. 서비스의 자유이동과 사람의 자유이동

EC조약 제49조~제55조(TFEU 제56조~제62조)상의 '서비스의 자유이동'은 개인이나 회사가 어느 회원국에 기반을 두는가와 관계없이 EU 전역을 통하여 고객, 구매자 또는 환자들에게 법률, 회계, 증권, 의료, 컴퓨터 프로그램, 광고, 은행, 항공, 물류, 보험 등의 서비스를 제공할 수 있는 권리를 의미한다.[18] 이것도 앞서 언급한 회사설립의 자유와 같이 서비

---

17) EC조약(TFEU)과 최소한의 기준 또는 EC조약 제95조(TFEU 제114조)와 최소한의 조화에 관해서는 Jan H. Jans and Hans H. Vedder, *European Environmental Law*(Groningen: Europa Law Publishing, 2007), pp.98-103 참조.

18) '회사설립의 권리'와 '서비스 공급의 권리'의 구별(차이점)은 다음과 같은 예로서 설명될 수 있다. 잉글랜드에 기반을 둔 한 회계회사가 프랑스에서 사업하기를 원하는 경우가 있다고 가정하자. 만약 단순히 프랑스에서 광고하고 사람을 보내어 '일시적으로' 특별한 고객을 위하는 경우, 이는 프랑스에서의 '서비스 공급' 권리를 주장하게 되는 것이다. 반면에 만약 프랑스에 '한 사무소를 개장하고' 프랑스식 운영에 따르는 경우, 이는 프랑스에서의 '회사설립'의 권리를 주장하게 되는 것이다.

스의 '공급자'(providers)와 '수요자'(receivers)가 서비스 수행을 위하여 자유롭게 이동할 수 있는 권리를 포함하고 있다. 서비스의 공급자와 수요자는 임시 이주권(temporary immigration rights)을 가지며, 이러한 임시 이주권은 서비스를 제공하고 수령하는 데 필요한 기간 동안에만 지속된다.[19]

4. 경제적 목적뿐만이 아닌 사회적 목적을 위한 사람의 자유이동: 시민권의 부여

위와 같이 EU는 공동시장의 완성을 위해 '노동자'나 '자영업자' 또는 서비스의 '공급자'나 '수요자'와 같은 다양한 분야의 다양한 사람들이 자유롭게 이동할 수 있는 '사람의 자유이동' 권리를 보장해야 했다. 나아가 공동시장이 설립된 이후 이주권에 관한 정책은 '경제적 목적'뿐만 아니라, '사회적 목적'도 지니고 있었기 때문에, 기존의 이주자에 의한 이점은 그 자체로서는 한계가 있다고 볼 수 있어 '사람'의 범위를 보다 확장하여 은퇴한 사람, 학생 그리고 자산가 부류에까지 자유이동의 권리를 부여하게 되었다.[20]

'사회적 목적'을 위한 EU의 노력은 일반인들에게 점점 관심을 주었고, 이는 유럽연합조약(Treaty on European Union: TEU)에서 '시민권'(citizenship)이란 개념으로 도입되었다. TEU는 EC조약을 개정하여 하나의 새로운 파트(EC조약의 'Part Two: 제17조~제22조')인 'EU의 시민권'(Citizenship of the Union)을 신설하였다. 이 파트의 첫 번째 규정인 EC조약 제17조(구 제8조, TFEU 제20조)는 제1절에서 "EU의 시민권은 여기에서 설정된다. 회원국의 국적을 갖는 모든 사람은 EU의 시민이 될 수 있다. EU의 시민권은 보완적 성격을 가지나 각국의 시민권으로 대체될 수는 없다"라고 규정하고 있다. EU의 시민권이라는 새로운 개념을 창출해 낸 TEU의 초안자들은 일정한 내용을 첨가하기를 원했고, 그 첫 번째 내용은 '이주의 권리'를 '시민권'과 연결시키는 것이었다. 이는 EC조약 제18조(구 제8a조, TFEU 제21조)에 명시되었고, 제1절에서 "EU의 시민권자는 회원국들의 영토 내에서 '자유롭게 이동하며 거주할 수 있는 권리'를 가진다. 이에 대한 모든 제한과 조건은 본 조약 규정에 의하고, 채택된 2차 법령에 의하여 그러한 제한과 조건은 효력을 갖는다"라고 규정하

---

19) EC조약 제49조(구 제59조, TFEU 제56조) 이하의 규정; 구 '지침 73/148' 참조. 김두수, "EU에서의 사람(노동자)·서비스의 자유이동에 관한 공동시장법제", 한국법제연구원, 『최신외국법제』 2009-3, (2009.6), pp.66-68 참조.

20) Paul Craig and Grainne de Burca, *EU Law: Text, Cases, and Materials*(Oxford: Oxford Univ. Press, 2008), p.870 참조.

고 있다. 즉 EU의 2차 법령에 따른 제한과 조건의 범위 내에서 '자유롭게 이동하며 거주할 수 있는 권리'가 EU의 시민에게 부여된 것이다.[21]

이에 대하여 ECJ는 이주권을 적용해 왔으나,[22] '보편적인(통합적) 자유이동'의 권리에 관한 '입법의 부족'으로 인하여[23] ECJ는 한계를 갖고 있었다. 따라서 이때까지는 EU법의 '특정' 규정에 의하여 '특정' 범주의 사람에게 부여된 '특정'한 권리에 관하여 검토할 필요가 있었다. 그러나 현재는 지침 2004/38에 의거하여 역내에서 '사람의 자유이동'이 보편적으로 인정되게 되었다. 이러한 사람의 자유이동은 공동시장의 창설을 위한 경제활동 생산요소의 자유이동 측면에서뿐만 아니라, EU통합에도 막대한 영향을 미쳐 왔다. 즉 이는 사람의 자유이동이 단순한 '노동력' 차원에서뿐만 아니라, 사람의 '존재' 차원에서도 중요한 영향을 미쳤다고 할 수 있다.[24]

5. 이주통제(입국통제)의 폐지와 예외

1) 국경통제 폐지 의의

EU 대부분의 회원국들은 쉥겐조약(Schengen Agreements)을 체결하여 회원국들 간의 국경통제(border controls)를 폐지하였다.[25] 통상 대륙에 국경을 갖는 국가들은 무단으로 국경을 넘어 들어오는 사람들을 방지하기가 항상 어려웠다. 따라서 많은 대륙 국가들은 '입국 후에 불법입국자들을 추방하는 정책'을 주로 이용해 왔다. 예를 들면, '의무적인 신분증(identity cards)의 소지'를 정책화하고, 모든 사람들이 '경찰에 자신의 주소를 등록'하도록 의무화하였다. 이로써 대륙 국가들은 국경을 폐지하는 일에 있어서 그리 큰 어려움이 없었다. 그러나 섬나라인 영국은 입국 후 이를 통제하는 것보다는 영국 영토에 '입국하는 것 자체를 통제'(사전통제)하는 것을 선호해 왔고, 전통적으로 국경통제 제도에 의존해 왔다. 섬

---

21) Hartley, *supra* note 3, p.409.

22) 예를 들면 Case C-85/96, *Martinez Sala*, [1998] ECR Ⅰ-2691; Case C-184/99, *Grzelczyk*, [2001] ECR Ⅰ-6193이 있다.

23) 국경에서의 이민통제에 관한 EC조약 제18조(구 제8a조, TFEU 제21조)의 효력에 관해서는 Case C-378/97, *Wijsenbeek*, [1999] ECR Ⅰ-6207을 참조.

24) 채형복, 『유럽연합법』(파주: 한국학술정보, 2009), p.233; 과거 단지 경제적 이유로 인한 이주의 문제에 관해서는 채형복, "외국인노동자의 자유이동에 관한 EU의 규제", 『국제지역연구』, 제11권 제2호, 2007, pp.440-441 참조.

25) Friedl Weiss, *Free Movement of Persons within the European Community*(Rijn: Kluwer Law International, 2007), pp.15-16.

나라인 영국으로서는 이러한 국경통제 제도가 보다 수월했던 것이다. 신분증은 영국에서 잘 알려지지 않은 생소한 것이었고, 시민들은 자신의 주소를 경찰에 등록해야 할 의무도 없었다. 이러한 이유 때문에 영국은 쉥겐조약의 당사국이 되지 않았다.[26]

현재 쉥겐조약은 암스테르담조약(Treaty of Amsterdam)을 통하여 EC조약 내로 통합되었다.[27] EC조약 제14조 제2항(구 제7a조 제2항, TFEU 제26조)에 의하면, EC가 설립해야 하는 '역내시장'(internal market)은 '역내 국경들이 없는 하나의 지역'(an area without internal frontiers)으로 설정되어야 하고, 이 지역에서는 본 조약의 규정에 따라 상품·사람·서비스·자본의 자유이동이 보장된다.[28] 그리고 '역내국경'(internal borders)[29] 통과 시 EU시민 또는 제3국인으로 분류되어 문제가 발생될 소지가 있기 때문에 이들에 대한 어떠한 통제도 있을 수 없다는 EC조약 제14조(구 제7a조, TFEU 제26조)에 의거하여 EC조약 제62조(구 제73j조, TFEU 제77조)는 이사회로 하여금 이를 보다 철저히 보장하는 조치를 채택할 것을 요구하고 있다.

2) 공공정책의 경우는 예외

이주의 권리는 '공익적 차원'에서 필요한 경우에는 제한될 수 있다. 따라서 회원국들은 자국의 '공공정책(public polity), 공공안전(public security) 또는 공중보건(public health)'[30]을 위하여 이주 권리를 제한할 수 있다. 그런데 이는 회원국에게 일정한 재량권을 부여한 것이나, 이는 '일반 대중'을 제한하는 데는 사용될 수 없기 때문에 범죄자가 도주 중인 경우 다른 회원국으로 도망갈 위험성을 완전히 제거할 수 없다. 구 '지침 64/221'의 제3조 제1항에 의하면 공익적 조건은 '개인'과 관련된 '개인적 행위'에 기초할 때에만 효력이 발생한다.[31] 따라서 이주자가 입국거부 또는 추방을 당할지는 그가 한 행동의 '심각성'에 의하여

---

26) Hartley, *supra* note 3, p.414; 국경통제의 폐지에 관한 조항들(EC조약 제14조, 제62조(TFEU 제26조, 제77조))은 영국을 구속하지 않는다. 왜냐하면 암스테르담조약의 한 의정서(Protocol on the application of certain aspects of Article 14[7a] EC to the United Kingdom)는 EC조약 제14조(TFEU 제26조)나 국경폐지에 관한 일련의 어떠한 EC법 규정도 EU시민의 권리보장을 위해 영국에 필요하지 않은 경우 그 적용이 배제될 수 있다고 규정하였기 때문이다.

27) Protocol integrating the Schengen *acquis* into the framework of the European Union; Weiss, *supra* note 25, pp.39-40.

28) 국경철폐에 관한 이들의 효과에 관해서는 Case C-378/97, *Wijsenbeek*, [1999] ECR Ⅰ-6207 참조.

29) 여기서 '역내국경'이란 한 EU회원국과 다른 회원국 간의 국경을 말한다.

30) Art 39(3) EC(workers); Art. 46 EC(right of establishment); Art. 55 EC(services); Fairhurst and Vincenzi, *supra* note 5, pp.320-328.

31) 그러나 당해 지침의 이 규정은 '공중보건'(public health)을 목적으로 채택된 조치에 대해서는 적용되지 아니한

결정되어야 한다.[32]

Ⅲ. 'EU시민'과 회원국의 국적을 갖지 않는 '가족구성원'의 자유이동

1993년 11월 1일 EU의 출범은 현재 27개 회원국으로 확대된 회원국들 간의 국경을 초월한 생활권을 형성하여 역내 경제교류를 활발하게 하였다. 더욱이 2009년 12월 1일에는 리스본조약에 의해 개정된 EU조약(TEU)과 EU기능조약(TFEU)이 발효되어 역내 교류활성화는 더욱 속도를 내게 되었다. 아래에서 살펴볼 유럽의회/이사회 '지침 2004/38'은 EU 기본권의 하나인 '거주이전의 자유'에 관한 내용으로 EU의 역내 인적 교류를 통한 사회경제질서 활성화의 기초를 제공하고 있다.

1. 통합법규로서의 지침 2004/38의 의미

EU는 회원국 시민이 역내에서 자유롭게 이동하여 거주할 수 있는 권리에 관한 '지침 2004/38'을 채택하여, 복잡하고 산발적이던 기존의 여러 법령들의 중요내용을 하나의 문서로 통합하여 적용하고 있다.[33] 이 지침은 관련 행정절차를 간소화하여 EU시민이 자유이동에 의거한 거주권을 EU회원국에서 행사하는 것을 장려 및 원조하고, 시민의 가족구성원 자유이동에 관한 법적 지위를 명확히 하며, 입국제한의 범위나 거주권의 제한범위를 한정하기 위하여 채택되었다. 따라서 ECJ는 목적론적 해석에 의거하여 사람의 자유이동에 있어서

다. 상품(Goods)에 있어서 유전자변형식품(Genetically Modified Foods)의 안전성에 관한 EU와 미국과의 분쟁에 관해서는 Mark A. Pollack and Gregory C. Shaffer, *When Cooperation Fails: The International Law and Politics of Genetically Modified Foods*(Oxford: Oxford Univ. Press, 2009) 참조. 상품에 있어서의 EU의 식품안전에 대해서는 Bernd van der Meulen and Menno van der Velde, *European Food Law*(Wageningen: Wageningen Academic Publishers, 2009), pp.275-280 참조.

32) 이것은 심지어 그가 유죄판결을 받았을 경우에도 적용된다. 특정 범죄에 의한 유죄판결이 자동적으로 추방을 결정짓는다는 법은 없다. 어떤 문제에 대한 '개인'의 특정한 행위가 그가 계속해서 해당 국가 내에 체류하는 경우 해당 국가의 '공공정책'에 '심각하게' 위배되는지를 평가한 후 결정해야 한다. Directive 2004/38, Art. 27(1), (2); 구 Directive 64/221, Art. 3(1), (2); 김두수, 앞의 글(각주 19), pp.73-74 참조.

33) 2004년 4월 29일 채택된 지침 2004/38/EC은 기존의 EU역내 사람의 자유이동에 관한 2개 규칙(규칙 1612/68/EEC, 규칙 1251/70/EEC)과 9개 지침(지침 64/221/EEC, 지침 68/360/EEC, 지침 72/194/EEC, 지침 73/148/EEC, 지침 75/34/EEC, 지침 75/35/EEC, 지침 90/364/EEC, 지침 90/365/EEC, 지침 93/96/EEC)을 개정·폐지하여 채택되었다. 동 지침은 제1장에서는 일반규정의 내용을, 제2장에서는 출·입국과 관련된 내용을, 제3장에서는 거주권의 내용을, 제4장에서는 영주권의 내용을, 제5장에서는 거주권과 영주권에 공통되는 내용을, 제6장에서는 공익적 차원에서의 거주권과 영주권의 제한을, 제7장에서는 최종규정을 다루고 있다. Weiss, *supra note 25*, p.174; Nigel Foster, *EU Law*(Oxford: Oxford Univ. Press, 2009), pp.340, 342.

대상자의 범위를 가능한 한 넓게 해석하고, 공익적 차원의 예외적 적용을 가능한 한 제한 적으로 해석할 필요가 있다. 이 통합되어 채택된 단일화 지침은 일반적인 회원국 국민들뿐만 아니라, 행정업무를 담당하는 국가기관에게는 부여된 권리행사를 신속하고 효율적으로 실현할 수 있도록 정책이행을 보다 용이하게 해 준다.

2. 동 지침의 일반적 규정

동 지침을 적용하는 적용대상은 EU회원국의 시민과 회원국의 국적을 갖지 않는 그의 가족이며, 이들은 출·입국의 자유와 거주의 자유에 대한 권리가 있다. 단, 회원국은 공공정책·공공안보·공중보건 등 공익적 차원에서 그 권리를 제한할 수 있다.[34]

동 지침에서 사용하는 용어의 정의는 다음과 같다. '시민'이란 회원국의 국적을 갖는 개인을 의미한다. '가족'이란 시민의 배우자이거나 사실혼 관계, 21세 미만이거나 건강상의 문제 등으로 인하여 보호받아야 하는 회원국의 국적을 갖지 않은 피부양자를 의미한다. '해당 회원국'이란 시민과 그 가족이 동 지침에 규정된 권리를 자유롭게 행사할 수 있는 회원국을 의미한다.[35]

동 지침의 수혜인은 시민과 그 가족이며, 회원국의 국적을 갖지 않은 개인은 이를 증명할 수 있어야 한다. 아울러 해당 회원국은 개인에 대해 세세하게 조사하지 않고서는 출·입국의 권리를 제한할 수 없다.[36]

3. 출·입국의 권리

시민과 그의 가족은 비자가 없어도 유효한 신분증이나 여권을 소지할 경우 회원국에서 자유롭게 출·입국할 권리를 갖기 때문에 비자발급의 행정절차가 필요하지 않다.[37] 그 외에 시민의 가족은 특별한 경우 입국 비자가 필요할 수도 있고, 이 경우 '규칙 539/2001'에 의거하여 단기거주비자(short-stay visa)의 요건을 갖추어야 한다. 단, 유효한 거주증이 있는 경우에는 제외하여 거주허가증과 단기거주비자를 동일한 것으로 간주한다. 회원국은 비자가 필요한 개인에게 신속하게 발권해 줘야 할 의무가 있으며, 이 경우 발권비용은 무료이다.

---

34) 지침 2004/38, 제1조.

35) 지침 2004/38, 제2조.

36) 지침 2004/38, 제3조(2).

37) 지침 2004/38, 제4조.

시민 가족의 경우 거주증을 제시할 경우 여권에 출·입국을 증명하는 도장을 찍을 필요가 없다. 아울러 여행증명서나 비자가 없는 경우 일정기간 내에 관련 서류나 비자를 제출하거나 시민과 그 가족임을 증명할 수 있으면 된다. 여행 관련 서류를 소지하고 있지 않은 경우에 해당 회원국, 즉 체류국은 그들이 필요한 서류를 제공받을 수 있는 모든 편의를 제공하여야 한다. 이 외에 해당 회원국은 자국 영토 내의 개인에게 필요한 경우 출석을 요구할 수 있고, 이를 거부할 시 책임은 해당 개인이 부담하게 된다.[38]

4. 거주권

1) 3개월 미만 거주할 경우

시민과 그 가족은 다른 회원국에서 유효한 신분증이나 여권을 소지하는 경우 최고 3개월까지 자유롭게 거주할 수 있다.[39]

2) 3개월 이상 거주할 경우

(1) 거주권 부여 요건

3개월 이상 거주할 경우에 '시민'은 고용인 혹은 자영업자로서 경제활동에 종사하는 자이거나, 자신과 가족을 부양할 만큼의 충분한 자산을 소유하고 있어 해당 회원국의 사회복지제도의 재정적 부담이 되지 않으며 의료보험에 가입한 자이거나, 연수나 학업을 위해 왔으며 해당하는 사적·공적 기관에 등록되어 있는 자이거나 하여 이 중 하나에 해당되는 요건을 충족해야 한다.[40] 한편 회원국의 국적을 갖지 않은 '시민의 가족'은 시민의 세 가지 요건 중 하나를 만족시킬 경우 시민과 마찬가지로 3개월 이상 거주할 권리가 있다. 만약 시민이 고용인이나 자영업자였으나 질병이나 사고로 인하여 일시적으로 노동이 불가능한 경우 또는 1년 이상 근무경력이 있지만 현재는 비자발적으로 실업자가 되었고 현재 관련 해당 노동기관에 등록되어 있는 경우, 1년 미만의 계약직이었으나 첫 12개월 중 반 이상 근무하고 비자발적으로 해고되었고 현재 고용기관에 구직자로 등록되어 있는 경우, 직업훈

---

38) 지침 2004/38, 제5조.
39) 지침 2004/38, 제6조(1).
40) 지침 2004/38, 제7조(1).

련 차 연수 중인 경우 등 경우에는 다시 고용인이나 자영업자의 상태로 돌아갈 것으로 예상하여 그 지위를 보호해야 한다.[41]

(2) 행정절차상의 구비서류 등

거주권은 시민과 그 배우자, 사실혼 관계에 있는 자 그리고 직계자손에까지 사실상 보편적으로 인정되고 있기 때문에 거주허가제도는 폐지되었다고 볼 수 있다.

그러나 동 지침에서 규정하고 있는 '시민'의 거주허가증(거주카드)과 관련된 행정상의 절차에 의하면 만약 3개월 이상 거주하는 경우 해당 회원국은 관련 기관에 당사자의 등록을 요구할 수 있고, 등록마감일은 여권상의 입국한 날짜로부터 최소 3개월 이상이어야 한다. 등록 후에는 즉시 등록확인증이 발급되어야 하고, 등록확인증에는 등록한 사람의 이름, 주소 그리고 등록날짜가 기록되어 있어야 한다.[42] 이 부분에서 모든 개인은 차별을 받지 아니한다. 그 외에 해당 회원국은 당사자에게 유효한 신분증이나 여권, 고용계약서나 고용증명서, 자영업자의 사업증명서(사업자등록증), 거주에 필요한 요건을 충족시키는 증거, 학교 등 관련 시설에 등록되어 있다는 증거, 의료보험 가입증명서 등을 요구할 수 있다. 해당 회원국은 충분한 재원의 최소액을 일일이 열거하지 않을 수 있으나, 개인의 개별적인 환경과 여건에 관하여 심의를 해야 한다.[43] 그리고 해당 회원국은 시민에게 시민의 가족에 대한 유효한 신분증이나 여권, 가족관계나 사실혼 관계 증명서류, 시민의 등록확인증, 피부양자라는 것을 증명할 만한 증명서류 등을 요구할 수 있다.[44]

회원국 국적을 갖지 않은 '시민의 가족'이 3개월 이상 거주하기를 원하는 경우 거주허가증 발급을 신청해야 한다. 접수서류 마감일은 여권상의 입국일자로부터 최소 3개월 이상이어야 하며, 미접수에 대한 책임은 해당 개인이 진다.[45] 시민의 가족은 '시민 가족의 거주허가증'이라는 문서를 증거로 삼되, 이 문서는 거주허가증 신청서류를 접수한 후 최고 6개월 이내에 발급되어야 한다. 한편 거주허가증 발급가능 확인증은 곧바로 발급받을 수 있다.[46] 해당 회원국이 거주허가증 발급을 위해 시민의 가족에게 요구할 수 있는 서류는 위에서 언급한 제8조상의 서류와 동일하다.[47]

---

41) 지침 2004/38, 제7조(3).

42) 지침 2004/38, 제8조(1), (2).

43) 지침 2004/38, 제8조(3), (4).

44) 지침 2004/38, 제8조(5).

45) 지침 2004/38, 제9조.

46) 지침 2004/38, 제10조.

47) 지침 2004/38, 제8조(5)와 제10조(2)를 비교.

(3) 거주허가증의 효력

'거주허가증'은 발급일로부터 최고 5년까지 유효하며, 만약 시민이 5년 이내에 자국으로 돌아갈 경우 돌아가는 날까지 유효하다. 그 외에 1년 중 6개월 미만의 부재, 군 입대 혹은 임신 및 출산, 심각한 질병, 유학 혹은 연수, 다른 회원국이나 제3국에서 일하는 경우에는 최장 12개월까지 유효한 것으로 인정하여 계산한다.[48)

(4) 시민의 사망이나 체류국 이탈의 경우에 '회원국 국적을 갖지 않은 시민 가족'의 법적 지위

시민의 '사망'이나 '체류국 이탈'의 경우에도 시민의 가족은 거주권에 영향을 받지 않는다. 단, 시민의 사망시기부터 최소 1년 이상 해당 회원국에 거주하고 있어야 한다. 그 외에 시민의 직계자손이거나 해당 아동의 법정대리인인 경우 거주권을 잃지 않으며, 해당 아동의 경우 학업을 위해 학교 등의 시설에 등록되어 있어야 모든 교육과정을 마칠 때까지 해당 회원국에 거주할 수 있다. 상기의 대전제조건으로 해당 시민은 사망 전 3개월 이상 거주에 관한 요건을 충족하고 있어야 한다.[49)

(5) 시민의 이혼 등의 경우 '회원국 국적을 갖지 않은 시민 가족'의 법적 지위

시민의 '이혼', 혼인무효 혹은 동거종료의 경우에도 회원국의 국적을 갖지 않은 시민 가족의 거주권은 소멸되지 않는다. 이 경우 최소 3년 이상 함께 살았고, 이 중 1년 이상을 해당 회원국에서 거주했어야 한다. 그 외에 직계자손의 법정대리인에 해당되거나 또는 가정폭력 등 이혼·혼인무효 혹은 결별에 정당한 이유가 있을 경우에 법적으로 전 배우자나 동거인의 아이를 대면할 권리가 있으며, 반드시 해당 회원국에서 대면해야 할 경우에도 거주권은 인정된다.[50)

5. 영주권

1) 영주권 부여 요건

동 지침 제4장에서는 영주권에 관하여 규정하고 있다. 먼저 '영주권을 갖는 EU시민'이란

---

48) 지침 2004/38, 제11조.
49) 지침 2004/38, 제12조.
50) 지침 2004/38, 제13조(2).

자국이 아닌 다른 회원국에서 5년 이상을 거주하여 영주의 권리를 취득한 'EU시민'을 의미한다. 영주권을 취득할 수 있는 자격으로 첫째, 영주권은 다른 회원국에서 합법적으로 5년 이상을 연속으로 거주한 EU시민이 취득할 수 있다. 둘째, 영주권을 소유한 EU시민과 함께 5년 이상을 거주한 가족 구성원들도 영주권을 취득할 수 있다.[51] 이때 그 가족은 회원국의 시민이 아니어도 무관하다. 한편 영주권은 이를 소유한 상태에서 회원국이 아닌 다른 국가에서 2년 이상 거주한 경우에는 박탈될 수 있다. 물론 의무적 군복무이거나, 임신과 출산, 질병, 학업, 직업훈련과 같은 중요한 사유로 인하여 불가피하게 12개월 연속 부재한 경우에는 예외가 인정된다.[52]

2) 행정절차상의 구비서류 등

영주권을 취득하기 위해서는 행정절차상 확실한 증거를 제시해야 하는바, '시민'은 자신이 해당 회원국에서 5년 이상 '연속적으로' 거주했다는 증명서류를 반드시 제출해야 한다.[53] 당사자는 해당 회원국에서 연속적 거주를 증명할 수 있는 일반적인 증명 방식으로도 충분하다.[54] 이를 증명할 수 있는 서류를 구비하지 못하는 경우에는 아무리 자신이 5년 이상을 거주했더라도 영주권을 취득할 수 없다. 한편 이렇게 입증한 사실이 허위임이 밝혀지거나 의심스러운 부분이 발견되는 경우 해당 회원국은 그의 영주권을 정식적으로 박탈시킬 수 있다. 여기서 '5년'이란 총 거주기간을 말하는 것이 아니라 반드시 '연속적으로' 거주한 5년을 의미한다. 시민이 아닌 '가족' 역시 5년 이상 거주했다는 증명서류를 제출하여 영주허가증(영주카드)을 신청해야 한다. 영주허가증 신청서를 제출받은 해당 회원국은 행정적으로 6개월 이내에 반드시 신청자에게 영주허가증을 발급해야 한다. 그리고 이 영주허가증은 10년마다 자동적으로 갱신된다. 해당 가족은 '거주허가증(거주카드)' 만기 전에 반드시 '영주허가증(영주카드)' 발급을 신청해야 하며, 특별한 불가피한 상황이 발생하여 영주허가증의 승인이 불가능한 경우에 해당 회원국은 반드시 비합리적이거나 차별적인 대우를 받지 않도록 적절한 조치를 취해야 한다.[55]

---

51) 지침 2004/38, 제16조(1), (2).
52) 지침 2004/38, 제16조(3), (4).
53) 지침 2004/38, 제18조, 제19조.
54) 지침 2004/38, 제21조.
55) 지침 2004/38, 제20조.

6. 공공정책·공공안보·공중보건상의 출입 및 거주의 제한

EU회원국은 공공정책·공공안보·공중보건에 해가 될 경우 영주권을 박탈하고 추방할 수 있다. 이때 해당 회원국은 추방자의 여권이나 신분증의 EU 내 사용을 금지하는 조치를 취해야 한다. 한편 EU는 추방자의 인권이나 권리를 보호해야 하고, 어떠한 경우에도 경제적 이유에 의해서는 추방할 수 없다.[56] 당사자를 추방하기 전에는 반드시 그의 거주기간·나이·개인건강·가정환경·사회적 위치·본국과의 관계 등 요소를 고려해야 한다. 이때 당사자가 해당 회원국에서 10년 이상 거주한 사람이거나 미성년자인 경우에는 각별히 신경을 써야 하며, 공공정책·공공안보·공중보건에 해가 되는 특별한 경우를 제외하고는 가급적 추방하지 아니한다.[57] 그리고 자유이동과 거주권을 제한할 경우에는 비례의 원칙에 따라야 하고, 당사자 개인의 행위에 근거해야만 한다. 유죄판결의 전과는 이러한 제한을 자동적으로 정당화하지 아니한다.[58] 개인추방을 결정하기 위해서는 개인행위가 국익을 침해할 정도로 중대해야 하고, 그러한 위험은 현존해야 한다. 단순히 당사자의 입국서류가 만기되었다는 사실만으로는 추방의 이유가 되지 아니한다.

특히 '공중보건'에 있어서 EU 각 회원국은 철저하게 통제를 해야 한다. 발병지역으로부터 입국하는 자는 반드시 진료를 받아야 하며, 질병을 보유한 자는 즉시 입국을 거절당할 수 있다. 또한 입국 후 3개월 이내에 질병이 발생한다면 보균자 당사자를 추방시킬 수 있다. 반면에 입국 후 3개월 이후의 발병자에 대해서는 그를 추방시킬 수 없는데, 이는 3개월 후의 발병은 해당 회원국 내에서 발생한 것으로 본다는 것을 의미한다.[59]

한편 영주권의 박탈이나 추방을 결정한 해당 회원국은 사전에 당사자에게 그 결정된 내용을 통지해야 한다. 이때 통보된 결정은 반드시 해당 회원국의 공공정책·공공안보·공중보상의 제한이어야 한다. 그리고 추방명령이나 입국거부판결을 받은 자는 항소할 수 있는 법적 절차가 존재함을 통지받아야 하며, 항소가 진행되는 동안에는 해당 회원국에 입국할 수 없다. 또한 추방결정이 내려지는 경우 긴급한 경우를 제외하고는 1개월 내에 해당 회원국에서 출국하면 된다.[60] 어떠한 경우에도 평생추방의 결정은 있을 수 없으며, 최대 3년 후에는 재심을 청구하여 자유이동과 거주권을 복원시킬 수 있다. 이때 당사자는 재판상 재심

---

56) 지침 2004/38, 제27조(1), (2), (4).

57) 지침 2004/38, 제28조(1), (2), (3).

58) 지침 2004/38, 제27조(2).

59) 지침 2004/38, 제29조.

60) 지침 2004/38, 제30조.

과 행정상 재심의 방법을 이용할 수 있다.[61]

7. 위장결혼 방지를 위한 국내조치의 인정

EU회원국의 시민은 그들의 권리와 의무에 대해서 해당 회원국으로부터 각종 매체나 수단을 통해 정확하고 신속히 통보받아야 한다.[62] 또한 EU회원국은 위장결혼과 같은 방식으로 권리가 남용되는 사례를 방지하기 위해 추방이나 영주권박탈 등의 조치를 채택할 수 있다.[63]

8. 지침 2004/38의 EU 내 이행 현황

지침 2004/38의 제39조에 의하여 EU위원회는 2008년 4월 30일까지 동 지침의 이행과 새로운 제안에 대한 보고서를 유럽의회/이사회에 제출해야 한다. 그런데 다소 늦게 제출된 2008년 12월 10일의 위원회의 보고서[64]에 의하면 역내 회원국들의 사람의 자유이동에 대한 동 지침의 이행 정도는 매우 실망스러운 수준이라고 하였다. 현재 EU시민들은 2004년 기존 법규들을 통합하여 제정한 동 지침에 따라 특정 자격이나 조건을 충족하는 경우에는 EU역내 어느 회원국에서든지 은퇴 후 거주, 학업을 위한 거주, 노동을 위한 거주, 주거를 목적으로 한 거주의 자유가 보장되어야 하지만, 대부분의 회원국들은 동 지침의 완전이행에 실패하였다고 하였다. 대부분의 회원국들이 지침의 상당한 부분 또는 중요한 결정적인 규정에 대한 국내이행을 외면하고 있다고 할 수 있다.[65]

결론적으로 말하자면 EU위원회는 단 하나의 회원국도 EU시민의 역내 거주·이전의 자유에 관한 동 지침을 제대로 완전하게 이행하지 않았다고 보고하였다. 사이프러스, 핀란드, 룩셈부르크, 그리스, 포르투갈, 스페인, 몰타 등만이 동 지침 규정의 85% 이상을 국내적으로 도입하였고, 반면 오스트리아, 슬로베니아, 에스토니아, 슬로바키아 등은 60%에도 미치지 못하였다고 보고하였다. 심지어 EU시민의 자유이동을 저해하는 새로운 규정이 추가 도

---

61) 지침 2004/38, 제32조, 제33조.

62) 지침 2004/38, 제34조.

63) 지침 2004/38, 제35조.

64) The Directive on the right of EU citizens to move and reside freely in the European Union / The Commission issues report on the application of the Directive(Memo/08/778, Brussels, 10 December 2008).

65) 예를 들면, 직계존속이나 배우자와 같은 가족 구성원의 거주권이 존중되지 않고 있다든가 또는 제3국 국적을 갖는 가족구성원의 입국비자발급과 거주에 있어 문제가 있다는 것이다. 즉 비자발급 등의 서류 준비와 제출에 관한 편의를 충실하게 제공하지 않는다든가 또는 비자발급 등 필요한 서류가 신속하게 발급되지 않는 등 문제가 있다고 하였다. *Ibid.*

입되는 현상도 발견되었다고 하였다.[66] 이에 EU위원회는 이러한 추가적인 요건들은 EU법에 위반되는 조치이며, 나아가 이를 사법절차에 따라 제소할 수 있다고 하여 회원국들의 동 지침의 완전이행을 촉구하였다. EU위원회는 이러한 위반회원국에 대한 제소가능성과 함께 EU시민들에게 사람의 자유이동에 대한 법적 정보를 보다 적극적으로 제공하고자 방향을 설정하였다.

Ⅳ. 제3국 국민의 EU 내 장기거주

EU는 역내로의 이주자와 관련하여 이사회 지침 2003/109를 채택하여 규율하고 있다.[67] EC조약 제17조(TFEU 제20조)가 회원국의 국적을 갖는 'EU시민'에게만 자유이동의 권리를 부여하고 있기 때문에 제3국의 국민은 EU역내에서 회원국 국민과는 다르게 규율된다.[68]

1. 동 지침의 일반적 규정

동 지침 제2조는 동 지침에 사용된 제3국 국민(EU시민이 아닌 자), 장기거주자(장기거주하고 있는 제3국 국민), 제1회원국(처음으로 장기거주를 허가한 회원국), 제2회원국(제1회원국 외에 장기거주 지위를 허용한 회원국), 가족(EU회원국에 살고 있는 제3국 국민), 난민(난민의 지위를 갖는 제3국 국민), 장기거주자의 EU거주허가(EU회원국이 발행한 거주허가)에 대한 개념을 정의하고 있다.

2. 제1회원국에서 장기거주자의 지위

EU회원국은 역내에서 5년 동안 합법적으로 거주한 제3국 국민에게 장기거주권을 부여할

---

66) 예를 들면, EU시민이 다른 회원국에서 3개월 이상 거주를 원하는 경우 동 지침에서는 부여되고 있지 않은 조건을 추가적으로 제공하는 경우가 있는데, 체코는 가족구성원이 만족스럽게 적응하였을 때만 거주권을 인정하고 있었고, 몰타는 노동자로서 거주하고자 할 경우에는 노동허가증의 취득을 요건으로 하고 있었다. *Ibid.*

67) 동 지침의 제1장에서는 일반적인 내용을, 제2장에서는 제3국 국민의 제1회원국 내에서의 장기거주에 관한 내용을, 제3장에서는 회원국 내에서 또 다른 회원국(제2회원국)으로 이동하여 체류할 경우의 제3국 국민의 제2회원국 내에서의 장기거주에 관한 내용을, 제4장에서는 최종규정을 다루고 있다. Foster, *supra* note 33, pp.336-340.

68) 지침 2003/109, 제1조, 제2조.

수 있다. 이 경우 계절적 노동자, 국경서비스 제공을 목적으로 파견된 자, 무역을 위한 서비스제공자의 거주허가가 공식적으로 제한된 경우와 같이 임시적 이유로 거주하는 자의 경우에는 거주기간 계산에 산입되지 않는다. 학업, 직업훈련 목적으로 거주하는 경우에는 그 기간의 반만이 산입된다.[69] 한편 회원국은 장기거주 지위를 취득하기 위해 요구되는 제3국 국민의 임금이나 연금 등을 고려한 재산상태, 의료보험가입, 국내법 준수의 증명 등의 제출을 요구할 수 있다.[70] 나아가 EU회원국은 공공정책과 공공안보상의 위중함을 이유로 장기거주권 부여를 거절할 수 있다. 이 경우 개인의 경제적 이유가 아닌 당사자로부터 초래되는 위험, 거주 기간, 체류국과의 유대관계를 적절히 고려하여 결정해야 한다.[71] 그런데 장기거주 자격부여의 제한 결정에 대한 판단은 해당 회원국의 구체적 상황 속에서 판단되어야 하므로 '회원국에 따라' 그리고 '판단의 시기에 따라' 해당 회원국의 재량이 작용할 여지가 있다고 할 수 있다.

1) 장기거주권의 취득과 그 성질

제3국 국민의 장기거주권 취득을 위한 신청사항 및 증거제출서류에 관한 동 지침 제7조에 의하면 제4조, 제5조에 규정된 거주기간, 충분한 재산, 모국에 의해 보장된 의료보험의 조건을 충족하고, 당사자가 공공정책·공공안보를 해하지 않는다는 전제하에 장기거주 신청서를 제출할 수 있으며, 제출 후 6개월 내에 장기거주허가 결정이 당사자에게 통지된다.[72] 이에 반해 회원국 국민의 거주권 그 자체는 EC조약에 의해서 부여되기 때문에 거주허가증에 따라 그 권리가 부여되는 것은 아니다. 따라서 회원국 국민의 거주에 대한 서면상의 요건은 '선언적 효과'를 가지는 것에 불과할 뿐이기 때문에, 거주허가에 대해 회원국이 '재량권'을 행사하여 제3국 국민에게 발행하는 동 지침상의 거주허가와는 그 성질이 엄연히 다르다고 할 수 있다.

2) 장기거주자의 거주허가 연장

EU회원국은 최소 5년간 유효한 거주허가증을 장기거주자에게 발급하며, 또한 '추가 신

---

69) 지침 2003/109, 제4조.
70) 지침 2003/109, 제5조.
71) 지침 2003/109, 제6조.
72) 지침 2003/109, 제7조(1), (2).

청'이 있는 경우에 거주허가 기간 만료일에 갱신된다.[73] 이에 반해 회원국 국민에게 부여된 거주허가는 발행일로부터 최소 5년간 유효하며, 이는 자동적으로 갱신된다. 즉 제3국 국민의 경우에는 EU거주허가의 경우 만료일에 '추가로' 거주허가 연장을 신청해야 갱신되지만, 회원국 국민의 경우에는 계속 거주하는 경우에는 자동적으로 갱신된다는 점에서 차이가 있다고 할 수 있다.[74]

3) 장기거주권의 철회 또는 상실

장기거주자의 장기거주권 부정취득이 발견되거나, 제12조에 의한 추방조치가 결정되거나, 12개월간 EU 내에 부재한 경우에는 장기거주권을 유지할 수 없다.[75] 그런데 회원국 국민은 공공정책·공공안보·공중보건을 이유로 한 예외를 제외하고는 원칙적으로 장기거주가 인정되나, 제3국 국민에게는 회원국 국민의 공익적 차원에 의한 거주권 제한뿐만 아니라, 장기거주 지위의 부정취득, 제12조에 의한 추방조치, 12개월간의 EU 내 부재의 경우에도 거주권이 상실된다. 그러나 회원국 국내법에 따라 12개월 부재의 경우에도 예외적으로 거주권이 인정될 수는 있다.

한편 제1회원국에서 장기거주권을 부여받은 제3국 국민이 제2회원국에서 장기거주권을 부여받는 경우, 제1회원국에서의 장기거주권은 상실하게 된다.[76] 그런데 회원국 국민의 경우에는 EC조약(TFEU)에 의해 역내의 자유이동이 인정되므로 거주권을 부여받은 제1회원국으로부터 다른 회원국(제2회원국)으로 이동해도 제1회원국에서의 거주권이 상실되지는 않는다.[77]

그리고 EU시민의 거주허가는 발행일로부터 최소 5년간은 유효하며 자동적으로 갱신되는데 반해, 제3국 국민의 경우에는 EU거주 허가기간 만료일에 자동으로 갱신되지 않는다. 그렇다고 하여 기간의 만료만으로 장기거주권을 상실하는 것은 아니다. 장기거주권을 상실한 제3국 국민이 회원국 국내법 규정과 요건에 위배됨이 없이 공공정책·공공안보상 해가 되지 않는 경우에 해당 회원국은 제3국 국민을 회원국 영역 내에 머무르게 허가할 수 있다.[78]

---

73) 지침 2003/109, 제8조(2).

74) '장기거주자의 EU거주허가'는 서류나 스티커의 형태로 발행되며, 허가는 2002년 6월 13일 제정된 이사회규칙 1030/2002[1])에 명시된 규칙과 표준에 따라 발행된다. 지침 2003/109, 제8조(3).

75) 지침 2003/109, 제9조(1).

76) 지침 2003/109, 제9조(4).

77) 한편 일단 장기거주권을 취득했으나 12개월 이상 부재하는 경우, 제2회원국에서 장기거주권을 취득하여 제1회원국의 장기거주권을 상실한 경우, 학업수행 목적으로 제2회원국에 거주해 온 제3국 국민의 경우에는 해당 회원국이 장기거주권의 재취득을 위한 용이한 절차를 국내적으로 규정해야 한다. 지침 2003/109, 제9조(5).

78) 지침 2003/109, 제9조(6), (7).

4) 구제절차의 보장과 통지

해당 회원국이 장기거주권 신청 거부 또는 장기거주 지위상실 결정을 하는 경우에는 구체적인 이유, 관련 당사자가 취할 수 있는 구제절차와 그 기간을 해당 회원국 국내법에 따라 당사자에게 통지하여야 한다. 제3국 국민은 통지된 결정에 대해 해당 회원국에 법적 청구를 할 수 있다.79) 이를 통해 제3국 국민은 회원국 국민에 준하여 권리구제절차를 부여받는다고 할 수 있다.

5) 동등대우의 보장과 제한

제3국 국민에 대한 장기거주상의 고용이나 자영업의 범위 내에서, 학업 또는 직업훈련의 목적 범위 내에서, 국내법상의 사회보장과 세금혜택 등 자국민에 대한 서비스 범위 내에서 그리고 공공안보에 반하지 아니하는 범위 내에서 제3국 국민인 장기거주자도 자국민과 동등하게 취급되어야 한다.80) 이 외에도 회원국의 재량으로 위의 범위 외에 동등한 대우를 부여할 수 있다. 그러나 장기거주자의 거주 장소나 그 가족이 주장하는 이익에 관해 거짓이 있는 경우에 자영업 활동, 노동의 권리, 교육훈련에 대한 장기거주자의 동등대우를 제한할 수 있다.81)

6) 추방으로부터의 보호

동 지침 제12조는 해당 회원국의 제3국 국민의 추방 전 고려요소로서 공공정책・공공안보상의 심각한 위협을 들고 있다.82) EU시민에게 있어 공공정책상의 제한 요건이 충족되기 위해서는 문제가 된 개인의 존재 내지 행위로부터 사회의 존속 자체에 대한 위기상황이 현실적으로 나타날 위험이 존재해야만 한다. 그런데 EU시민에게도 추방결정을 내릴 수 있으나, 재심청구 규정에 의해 일정한 경우 재입국이 허용되는 등 제3국 국민에 비해 더 유리한 권리가 인정된다고 할 수 있다. 한편 제12조(4)는 추방결정의 회원국 내 장기거주자의 사법구제절차를 인정하고 있다.83)

---

79) 지침 2003/109, 제10조.
80) 지침 2003/109, 제11조(1).
81) 지침 2003/109, 제11조(2), (3), (4), (5).
82) 지침 2003/109, 제12조(1), (2), (3).

3. 제2회원국에서 장기거주자의 지위

1) 장기거주권의 취득

제1회원국의 장기거주자는 제2회원국에서 '3개월 이상' 거주할 수 있으며,[84] 자신은 고용인이나 자영업자로서 경제활동에 종사하거나 또는 학업이나 연수를 목적으로 거주해야 한다. 회원국들은 국내 거주허가 총 인원수를 제한할 수 있으나, 혼란이나 부정적 효과를 방지하기 위하여 동 지침 발효 시의 국내법규만 인정된다.[85]

2) 장기거주권 취득의 요건

당사자는 제2회원국 입국일로부터 3개월을 초과하지 않는 기간 내에 거주허가신청을 해야 하며, 아울러 이는 장기거주자 당사자뿐만 아니라 그 가족에게도 해당된다.[86] 제2회원국에서의 장기거주 자격 요건과 증명 서류의 제출은 제1회원국에서와 동일하다.[87]

3) 장기거주권 취득의 제한

공공정책·공공안보·공중보건을 위협하는 장기거주자와 그 가족구성원의 거주허가신청은 그 위험의 형태와 심각성을 고려하여 거절될 수 있다.[88] 해당 회원국의 국가기관은 허가신청서를 접수받은 날로부터 4개월 내에 행정절차를 진행하며, 만약 신청서에 앞서 열거한 필요한 증거서류가 첨부되지 않았거나 예외적 상황에 해당하는 경우에는 3개월 내에서 연장될 수 있고, 해당 회원국의 국가기관은 신청자에게 이러한 사실을 통지해야 한다.[89]

---

83) 그리고 동 지침 제13조는 각 회원국이 이 지침에 규정된 것보다 더 유리한 영구 거주허가 또는 무제한의 유효기간이 부여된 거주허가를 부여할 수 있는 재량이 있다고 규정하고 있다.

84) 지침 2003/109, 제14조(1), (2).

85) 지침 2003/109, 제14조(4).

86) 지침 2003/109, 제15조.

87) 지침 2003/109, 제15조(2), (4).

88) 지침 2003/109, 제17조, 제18조.

89) 지침 2003/109, 제19조(1).

4) 장기거주허가증의 발급과 연장

만약 동 지침 제14조, 제15조, 제16조에서 규정된 요건이 충족되는 경우 제17조, 제18조에 해당하지 않는 이상 제2회원국은 장기거주허가증을 발급하며, 이 거주허가는 신청서에 요청하는 경우 만기에 갱신이 가능하다. 이 경우 제2회원국은 이 결정을 제1회원국에 통지하고, 제2회원국은 이와 같은 거주허가증을 장기거주자의 가족구성원에게도 발급해야 한다.[90] 만약 제2회원국이 거주허가신청을 거절하는 경우에는 그 이유를 해당 회원국 국내법의 통지절차에 따라 제3국 국민에게 통지해야 한다. 이러한 통지의 경우 이의제기 기한과 구제절차를 상세히 설명해야 한다. 거주허가신청이 거절되거나 비갱신 또는 철회된 경우, 당사자는 해당 회원국에 법적 소송을 제기할 권리가 있다.[91] 제2회원국에서 거주허가를 부여받은 경우 장기거주자는 동 지침 제11조에 규정된 조건하에서 해당 회원국에서 자국민과 같은 동등한 대우를 받을 수 있고,[92] 또한 노동시장에서 활동을 할 수 있다.[93]

5) 회원국 간 정보교환책임 및 협력의무

제2회원국은 장기거주신청 시 동 지침 제7조에 따라 심사를 진행하고, 제8조에 따라 장기거주허가증을 발행한다. 제3조, 제4조, 제5조, 제6조에 따라 제2회원국은 이러한 결정을 제1회원국에게 통지해야 한다. 장기거주신청이 불허되는 경우에는 제10조가 적용된다.[94]

회원국들은 제19조 제2항, 제22조 제2항, 제23조 제1항에 언급된 바와 같이 정보를 교환하는 책임을 지며, 관련 정보와 문서의 교환에 대하여 적절한 협력을 제공할 의무가 있다.[95] 2003년 11월 25일 채택된 이 지침은 2006년 1월 23일까지 각 회원국들이 이행하도록 규정하고 있다.[96]

---

90) 지침 2003/109, 제19조(2), (3).
91) 지침 2003/109, 제20조(1), (2).
92) 지침 2003/109, 제21조(1).
93) 지침 2003/109, 제21조(2).
94) 지침 2003/109, 제23조.
95) 지침 2003/109, 제25조.
96) 지침 2003/109, 제26조.

V. 사람의 자유이동에 있어서 비차별적 대우의 예외

사람의 자유이동을 달성하기 위해서는 EC조약 제39조(TFEU 제45조) 제2항에 따라 '국적'에 의한 차별이 금지되어야 한다. 그리고 금지되는 차별의 종류에는 '국적'을 이유로 한 '직접적 차별'(direct discrimination)과 국적 이외의 기준에 따라 적용하였으나 이와 동등한 효과를 갖는 '간접적 차별'(indirect discrimination)이 포함된다. 간접적 차별은 국적에 의한 차별은 아니지만, 무차별적 적용으로 자유이동을 제한하여 차별적 효과를 발생케 하는 회원국의 조치를 말한다.[97] 그리고 금지되는 차별의 대상에는 가족 구성원들의 긴밀하고도 불가결한 관계를 고려하여 EU시민과 그 가족이 포함된다.[98]

1. 역내 공동시장에서 비차별적 대우의 의의

만약 EU역내에서 회원국 국민과 동일한 '비차별적 노동권'이 인정되지 않는다면, '사람의 자유이동의 권리'는 EU공동시장의 창설과 운영에 기여하는 바가 매우 미미했을 것이다. 따라서 EU법은 고용영역 등에서 국적에 관계없이 '동등한 대우를 받을 권리'(right to equal treatment)를 확립해 왔다.[99] 이와 관련된 규정은 EC조약 제39조 제2항(구 제48조 제2항, TFEU 제45조 제2항)과 지침 2004/38 제24조이다. 또한 이러한 권리는 '자영업자'(EC조약 제43조, TFEU 제49조)와 '서비스 공급자'(EC조약 제49조, TFEU 제56조)에게도 인정되어 왔다. 현재는 EU가 양적·질적으로 확대되고 있어 '고용' 외 '사회적 또는 조세상의 이익'에 있어서도 EU시민의 비차별적 대우가 일반적으로 보장되어야 한다고 해석될 여지가 충

---

97) 1992년 1월 24일 독일 슈투트가르트행정법원(Verwaltungsgericht, Stuttgart)에 접수되어 ECJ에 선결적 결정이 부탁된 사건에서, 독일 국내법(German Law of 7 June 1939 relating to the use of academic titles-(Reichsgesetzblatt 1939 I, p.985))은 외국에서 취득한 학위의 국내사용을 위한 관할 행정청의 허가 요건을 규율하고 있었으나, ECJ는 이는 EC조약 제39조(TFEU 제45조)에 반하는 조치라고 판시하였다. Case C-19/92, *Kraus* v. *Land-Baden-Württemberg*, [1993] ECR I-1663, paras.1, 4, 11, 32, 42; 프로축구선수의 소속팀 이적 시 이적료를 지불하는 것을 규율하는 규정은 회원국의 국적을 갖는 모든 사람에 대하여 동등하게 취급하여 적용하고 있으나, 이는 무차별적 규제의 형태로 프로축구선수의 역내 자유이동을 제한하는 것으로 EC조약 제39조(TFEU 45조)에 반하는 조치이다. 그러나 이 사건에서 ECJ는 이적료지불조건은 소속구단탈퇴를 방해하는 것으로 사람의 자유이동에 위배되는 것이지만, 다만 구단 간 부의 불균형을 해소하고, 젊고 능력 있는 선수의 채용과 훈련의 촉진을 위한 목적으로서의 규정은 적법한 것으로 정당화될 수 있다고 판시하였다. Case C-415/93, *Union Royale Belge des Sociétés de Football Association and Others* vl [1995] ECR I-4921, paras.25-27, 114-120, 121-137.

98) 채형복, 앞의 책(각주 24), p.248.

99) 이러한 권리는 '공공정책조건'(public policy proviso)의 경우에는 적용되지 아니한다. Case C-224/98, *D'Hoop*, [2002] ECR I-6191, paras.27-40.

분하다고 볼 수 있다.

2. 비차별적 대우의 적용 예외 문제

EC조약 제12조(구 제6조, TFEU 제18조)는 '국적'을 근거로 한 '차별'의 '전면적 금지'를 규정하고 있다. 이는 고용영역 외에도 적용되나, 그럼에도 불구하고 EC조약(TFEU)상 규정된 범위 내에서만 효력이 있다. 예를 들면, 국내선거에서 EU시민에게는 투표권이 보류될 수 있다. 또한 EC조약 제12조(TFEU 제18조)는 EC조약규정상 특별한 예외를 인정하고 있다. 이 예외 중 하나가 EC조약 제39조(TFEU 제45조) 제4항으로, 이 규정에 의하면 EC조약 제39조(TFEU 제45조)에 의해 인정된 권리들은 '공공서비스에서의 고용'(employment in the public service)에는 적용될 수 없다. EC조약 제45조(구 제55조, TFEU 제51조)는 '자영업자'와 '서비스 공급자'에 대해서도 이와 유사한 예외(국가가 관여하거나 또는 공공기관이 실행하는 활동)를 규정하고 있다.[100] 그러나 ECJ는 일련의 판결에서 어느 정도의 국가의 자유재량이나 정책입안을 함의하는 공공서비스직에 대한 이러한 예외의 인정을 제한하기도 하였다.[101]

그런데 '직접적 차별'이 관련 조항의 범위 내에 해당될 경우에 항상 불법인 반면, '간접적 차별'은 차별이 EU법에 불일치하지 않은 '진정한 목적'(genuine purpose)을 가졌을 경우에만 적법한 것으로 인정된다. 이는 아래에서 *Groener* v. *Minister for Education*[102] 사례를 검토해 봄으로써 보다 명확하게 이해할 수 있다.

1) 사실관계

흐루너 부인(Mrs. Groener)은 아일랜드 더블린(Dublin)에 살고 있는 네덜란드 국민으로, 더블린에 있는 한 마케팅-디자인 대학(college of marketing and design)에서 시간제 미술교사로 임시직에 종사하고 있었다. 그녀는 해당 대학에 영구적인 전임교원을 신청하였다.

---

100) 이러한 공공서비스분야에서 고용상의 평등권 인정 예외는 EC조약 제39조(TFEU 제45조) 제4항(Workers), 제45조(TFEU 제51조)(Right to Establishment)에 이어 제55조(TFEU 제62조)(Services)에까지 규정되어 있다. Craig and de Burca, *supra* note 20, pp.764-765 참조.

101) Case 149/79, *Commission* v. *Belgium*, [1980] ECR 3881; 기존 사례의 요약에 관해서는 Handoll, "Article 48(4) EEC and Non-National Access to Public Employment"(1988) 13 *ELRev.* 223; Castro Oliveira, "Workers and Other Persons: Step-by-Step from Movement to Citizenship-Case Law 1995~2001"(2002) 39 *CMLRev.* 77 at 97-98을 참조.

102) Case C-379/87, *Groener* v. *Minister for Education,* [1989] ECR Ⅰ-3967.

그런데 아일랜드 법에 의하면 특별한 경우를 제외하고는 아일랜드 '공교육기관'의 영구적 전임교원은 아일랜드 어에 대한 지식이 있어야 한다. 이에 그녀는 아일랜드 어학시험에 응시해야만 하였다. 그런데 그 기본요구수준이 높아 보이지 않았음에도 불구하고 그녀는 시험에 실패하였고, 영구적 전임교원에 임명될 수 없게 되었다. 그녀는 이러한 언어요구가 타회원국 국적을 갖는 EU시민들에게 대한 차별이기 때문에 EU법에 위반된다고 주장하여 아일랜드법원에 소송을 제기하였다. 특히 그녀는 과거 당시의 '규칙 1612/68'의 제3조 제1항에 따라 자신은 언어요구조건의 적용에서 제외된다고 주장하였다. 이에 아일랜드법원은 ECJ에 선결적 결정을 부탁하였다.

2) ECJ의 결정: 국내조치의 '공적 목적'과의 균형과 관련하여

비록 아일랜드 어가 모든 아일랜드 인에 의해 사용되지 않는다 해도 수년간 아일랜드정부정책은 자국의 정체성과 문화를 표현하는 수단으로 아일랜드 어의 사용·유지뿐만 아니라 촉진을 장려해 왔다. 아일랜드 어 교육과정은 초등교육에서는 '의무적'이고, 중등교육에서는 '선택적'이다. 즉 공공직업교육학교의 강사들에게 부과된 의무인 아일랜드 어에 관한 일정한 지식은 이러한 아일랜드의 정체성과 문화를 유지·촉진하는 국가정책의 일환으로 아일랜드정부가 채택한 조치들 중의 하나이다.[103]

그런데 EC조약(TFEU)은 회원국이 '모국어'와 '제1공용어'의 보호와 촉진을 위하여 정책을 채택하는 것을 금지하고 있지 않다. 그러나 이러한 모국어와 제1공용어의 보호와 촉진정책의 이행은 노동자의 자유이동과 같은 EU공동시장의 기초인 '사람의 자유이동'을 침해해서는 아니 된다. 따라서 이러한 공공정책의 이행을 위한 조치들은 그 요건에 있어서 어떠한 상황에서든지 그 추구하는 '목적'과 균형을 이루어야 하며, 국가의 공익적 목적상 필요한 범위 내로 제한되어야 한다. 또한 그러한 공공정책의 이행을 위하여 취해진 조치의 '적용방법'도 다른 회원국들의 국민들에 대한 차별을 야기해서도 아니 된다.[104] 그리고 그러한 정책이행을 위한 교육의 중요성이 충분히 인정되어야 한다. 교사들에게는 자신이 제공하는 교육을 통해서뿐만 아니라, 학교의 일상생활에 참여함으로써 학생들과 특별한 관계를 맺으며 담당해야 할 중요한 역할이 있다. 이러한 정황에 비추어 볼 때, ECJ는 모국어(아일랜드 어)에 대한 '어느 정도의 지식'을 갖추도록 요구하는 것은 부당하지 않다고 보았

---

103) *Ibid.*, para.18.

104) *Ibid.*, para.19.

다.[105) ECJ는 요구되는 언어에 대한 지식의 수준이 '추구하는 목적'과 관련하여 불균형한 정도가 아닌 한, 교원들에게 그 정도의 언어지식을 갖추도록 요구하는 것은 '규칙 1612/68' 의 제3조 제1항의 마지막 단락의 의미 내에서 특정 직업을 이유로 하여 요구되는 언어지식 에 해당하는 것으로 간주되어야 한다고 보았다.[106)

3) 평가

결국 이 사건에서 '아일랜드 어 지식에 관한 요구조건'은 '규칙 1612/68'의 제3조 제1항 의 마지막 단락에 해당하는 것으로, 비차별적 방법으로 적용된 것이고(공교육정책상 허용되 는 정책이행), 또한 비례의 원칙을 고려하여 적용된 것으로(추구하는 목적에 부합하는 일정 한 정도의 언어지식을 요구함), 결국 EU법에 위반되지 아니한다고 할 수 있다.

이 사건은 공동체에서 '합리적인 국가적 정책목적'과 '사람의 자유이동' 간에 분쟁이 발 생할 수 있음을 보여 준다. 분명 미술교사에게 능숙한 아일랜드 어를 요구하는 것은 이 직 업에서 외국인을 배제시키는 효과가 있다. 더구나 당해 대학의 교수(강의) 언어는 영어였기 때문에 아일랜드 어의 실질적 필요는 적었다. 그럼에도 불구하고 언어요구조건을 배제시키 는 것은 공교육정책에 적합하지 않은 것으로, 이는 오히려 외국인을 고려한 아일랜드 국민 에 대한 역차별로서 인식될 수도 있는 것이다.

VI. 결언

역내 단일생활권을 형성하고 있는 EU는 리스본조약의 발효로서 대내외적으로 그 지위가 강화되고 영향력도 증대되었다. 이에 한·EU FTA시대를 맞는 우리나라는 EU법을 이해함 으로써 합리적인 대응방안을 마련할 수 있을 것이다. 특히 EU시장 접근을 위한 인적 교류 가 활발해질 경우에 대비해 EU의 대내외적 인적 교류에 관한 기본 법규에 대한 이해가 필 요하다. 그런데 본문에서 살펴본 바와 같이 EU는 EU시민과 제3국 국민의 역내 인적 이동 에 관하여 달리 규율하고 있다. 이에 우리나라는 한·EU FTA의 파트너로서의 지위를 이 유로 하여 전략적으로 EU시장에 대한 접근정책을 추진할 수도 있을 것이다. 따라서 EU의

---

105) *Ibid.*, para.20.

106) *Ibid.*, para.21.

제3국 국민에 대한 인적 이동에 관한 지침인 2003/109상의 취약한 보장내용을 EU시민에 대한 인적 이동에 관한 지침인 2004/38의 수준으로 보장받을 수 있도록 적극적인 태도를 보일 필요가 있다. 인적 이동이 보다 자유로울 경우에 EU시장으로의 적극적 진출이 가능하여 기업 활동이나 서비스제공 사업이 수월해지고, 이는 국내경제 활성화와 실업문제 해결에도 일조하게 될 것이다.

"대한민국과 유럽공동체(리스본조약 발효에 의해 현재는 유럽연합) 및 그 회원국 간의 자유무역협정"은 제7장 제4절에서 '자연인의 상용 일시 주재'에 관하여 규정하고 있다. 동 협정 제7.17조는 EU로의 '입국과 일시적 체류'가 적용되는 범위를 핵심인력,[107] 대졸연수생,[108] 상용서비스판매자,[109] 계약서비스 공급자[110] 및 독립전문가[111]로 한정하고 있으며,

---

107) '핵심인력'이란 당사자의 비영리조직 이외의 법인 내에 고용된 자연인으로서, 설립체의 설치 또는 적절한 통제, 관리 및 운영을 담당하는 자연인을 말한다. 핵심인력은 설립체의 설치를 담당하는 상용방문자와 기업 내 전근자로 구성된다. ① '상용방문자'란 설립체의 설치를 담당하는 고위직에 근무하는 자연인을 말한다. 그들은 일반 공중과의 직접적인 거래에 종사하지 아니하며, 방문국 내에 위치한 소득원으로부터 보수를 받지 아니한다. ② 그리고 '기업 내 전근자'란 최소 1년간 당사자의 법인에 의해 고용되어 있거나 그 법인의 공동경영자(과반수 지분보유자는 제외한다)인 자로서, 다른 쪽 당사자의 영역에 있는 설립체(자회사, 계열사 또는 지점을 포함한다)에 일시적으로 파견된 자연인을 말한다. 이에 해당하는 자연인은 다음의 범주 중 하나에 속한다. ⓐ 관리자: 법인 내에서 고위직에 근무하는 자로서 주로 그 사업체의 이사회나 주주 또는 그에 상응하는 자들로부터 일반적인 감독 또는 지휘를 받아 다음을 포함하여 주로 설립체의 경영을 지휘하는 자연인: 가) 설립체 또는 설립체의 부서 또는 그 하부 조직을 지휘하는 것, 나) 그 밖의 감독직, 전문직 또는 관리직 피고용인의 업무를 감독하거나 통제하는 것, 다) 채용 및 해고를 직접 하거나 채용, 해고 또는 그 밖의 인사조치를 권고하는 권한을 보유하는 것. ⓑ 전문가: 법인에 근무하는 자로서, 설립체의 생산, 연구 기기, 기술 또는 경영에 필수적인 전문적 지식을 보유하는 자연인. 그러한 지식을 평가함에 있어, 설립체에 특정한 지식뿐 아니라, 해당 인이 공인된 직업단체의 회원인지를 포함하여, 특정한 기술적 지식을 요하는 업무 또는 직업의 유형과 관련된 높은 수준의 자격을 지니고 있는지가 고려될 것이다. "대한민국과 유럽공동체(리스본조약 발효에 의해 현재는 유럽연합) 및 그 회원국 간의 자유무역협정", 제7.17조 제2항 가.

108) '대졸연수생'이란 당사자의 법인에 의해 최소 1년간 고용되어 있는 자로서, 학사학위를 보유하고 경력개발 목적을 위해서나 사업 기술 또는 방법에 대한 연수를 받기 위해 다른 쪽 당사자의 영역에 있는 설립체에 일시적으로 파견된 자연인을 말한다. "대한민국과 유럽공동체(리스본조약 발효에 의해 현재는 유럽연합) 및 그 회원국 간의 자유무역협정", 제7.17조 제2항 나.

109) '상용서비스판매자'란 당사자의 서비스 공급자를 위해 서비스 판매를 협상할 목적으로 또는 서비스를 판매하기 위한 계약을 체결할 목적으로 다른 쪽 당사자의 영역으로 일시 입국을 하려는 서비스 공급자의 대표인 자연인을 말한다. 이들은 일반 공중에 대한 직접 판매에 종사하지 아니하며 방문국 내에 위치한 소득원으로부터 보수를 받지 아니한다. "대한민국과 유럽공동체(리스본조약 발효에 의해 현재는 유럽연합) 및 그 회원국 간의 자유무역협정", 제7.17조 제2항 다.

110) '계약서비스 공급자'란 당사자의 법인이 다른 쪽 당사자의 영역에 설립체를 두지 아니하고 다른 쪽 당사자 내의 최종 소비자와 서비스를 공급하기 위한 선의의 계약을 체결하여 그 계약이 서비스 공급 이행을 위해 그 다른 쪽 당사자 내에 피고용인을 일시 주재시킬 것이 요구되는 경우에 있어 그 법인에 의하여 고용된 자연인을 말한다. "대한민국과 유럽공동체(리스본조약 발효에 의해 현재는 유럽연합) 및 그 회원국 간의 자유무역협정", 제7.17조 제2항 라.

111) '독립전문가'란 당사자 영역에서 서비스 공급에 종사하는 자영업자로서, 다른 쪽 당사자의 영역에 설립체를 두지 아니하고 다른 쪽 당사자 내의 최종 소비자와 서비스를 공급하는 선의의 계약을 체결하여 그 계약이 서비스 공급 이행을 위해 그 다른 쪽 당사자 내에 일시 주재할 것이 요구되는 경우에 있어 그 자연인을 말한다. "대한민국과 유럽공동체(리스본조약 발효에 의해 현재는 유럽연합) 및 그 회원국 간의 자유무역협정", 제7.17조 제2항 마.

각각에 대하여 정의하고 있다. 그리고 동 협정 제7.18조는 핵심인력과 대졸연수생의 일시 입국 및 체류와 관련하여 기업 내 전근자에 대해서는 3년, 상용방문자에 대해서는 12개월 기간 내 90일, 대졸연수생에 대해서는 1년까지의 기간 동안을 허용하고 있다.[112] 즉 상업적 주재가 허용되는 분야의 핵심인력, 대졸연수생, 상용서비스판매자에 대해서는 일정한 체류요건(기한 준수)을 전제로 자유이동을 허용하고 있다. 특히 대졸연수생을 인적 이동의 대상에 신규로 포함시킴으로써 양측이 청년층의 상호 인적 교류를 촉진시키고자 한 점은 미래지향적 측면에서 매우 의미 있는 내용이다. 다만, 편법 취업의 가능성을 차단하기 위해 법률, 회계, 유통 등 45개 서비스 분야에 대해서는 양허를 하지 않았다. 이러한 대졸연수생은 상대국 기업 소속으로 단순한 경력개발 훈련을 목적으로 파견된 직원이므로 국내 고용시장에는 영향을 미치지 않는다고 할 수 있다. 이러한 대졸연수생은 상대국에서 1년까지 체류가 가능하므로 현지 출입국 관련 절차가 대폭 간소해지는 효과를 기대할 수 있다. 단, 계약서비스 공급자 및 독립전문가의 인적 이동에 대해서는 추후 WTO DDA(Doha Development Agenda) 협상 결과를 반영하여 포함시키기로 합의하였다. 그러나 위와 같은 매우 제한된 범위에서의 인적 교류만으로는 양측 사회질서의 근간을 형성하는 사람의 자유이동 활성화는 한계적일 수밖에 없다.

그러나 향후 인적 이동에 있어서의 사람의 범위가 광범위하게 인정되는 경우에는 단순한 경제적 목적뿐만이 아니라 사회적 차원에서 삶의 질을 향상시킬 수도 있다. 그리고 장기거주허가의 요건과 절차가 보다 간소화됨으로써 경제적 이익을 볼 수 있다. 또한 공익적 차원에서의 인적 이동 제한을 적절하게 활용하는 경우에는 오히려 국익에 도움이 될 수 있으므로 신중하게 살펴야 한다. 그러나 한 가지 주의할 점은 EU회원국들도 인적 이동에 대한 지침을 완전하게 이행하는 것만은 아니라는 현황이다.

그런데 우리가 국제사회에서 EU를 바라볼 때 두 가지 특징에 유념할 필요가 있다. 하나는 EU회원국들은 독립국가로서의 지위와 회원국으로서의 이중적 지위를 갖는다는 점이고, 다른 하나는 EU시민들은 일개 국가의 국민으로서의 지위와 EU시민으로서의 이중적 지위를 갖는다는 점이다. 따라서 제3국으로 분류되는 우리나라는 EU와의 관계를 돈독히 하여 소위 준회원국 같은 지위를 확보함으로써 EU시민과 동등 또는 유사한 권리를 누릴 수도 있을 것이다. 특히 EU에서 임시적 체류가 아닌 사업 활동 등을 목적으로 장기거주를 원하

---

112) 상용서비스판매자의 경우에는 동 협정 부속서 7-가에 기재된 유보를 조건으로, 각 당사자는 12개월 기간 내 90일까지 일시 입국 및 체류가 허용된다. 계약서비스 공급자 및 독립전문가의 경우에는 "서비스무역에 관한 일반협정"(General Agreement on Trade in Services: GATS)에 따르도록 하고 있다. "대한민국과 유럽공동체(리스본조약 발효에 의해 현재는 유럽연합) 및 그 회원국 간의 자유무역협정", 제7.19조, 제7.20조.

는 경우 해당 제3국 국민의 임금이나 연금 등의 재산상태, 의료보험가입, 국내법 준수 등을 고려하여 장기거주허가증을 발급받기 때문에 EU에서 장기체류를 통해 소정의 목적을 달성하고자 하는 사람은 이에 유념해야 한다. 또한 EU회원국이 공익적 차원에서 제3국 국민을 개별적으로 제한할 수 있으므로 EU에서 장기거주 가능성이 있는 개인은 자기 관리에도 힘써야 한다. 한편 EU시민의 거주허가는 5년 유효기간 후에 자동으로 갱신됨에 비해, 제3국 국민의 거주허가는 추가 신청을 해야 연장되기 때문에 일정한 목적으로 거주의 연장이 필요한 경우에 제3국 국민은 추가신청을 별도로 해야 한다는 점에 유념해야 한다. 그리고 EU시민에게 부여된 권리와 달리, 제3국 국민은 제2회원국에서 장기거주권이 부여된 경우 제1회원국에서의 권리가 소멸되는 점을 유의해야 한다.

그런데 무엇보다 주지해야 할 점은 제3국 국민에 대한 장기거주상의 고용이나 자영업의 범위 내에서, 학업 또는 직업훈련의 목적 범위 내에서, 국내법상의 사회보장과 세금혜택 등 자국민에 대한 서비스 범위 내에서 그리고 공공안보에 반하지 아니하는 범위 내에서 제3국 국민인 장기거주자도 자국민과 동등하게 취급된다는 점이다. 물론 이외에도 회원국이 재량으로 위의 범위 외에 자국민과 같은 동등한 대우를 부여할 수 있으므로 선진법제를 도입하고 있는 EU회원국일수록 제3국 국민으로서는 이득이 많다. 그러나 장기거주자의 거주 장소나 그 가족이 주장하는 이익에 관해 거짓이 있는 경우에 자영업 활동, 노동 권리, 교육훈련에 대한 장기거주자의 동등대우가 제한될 수 있다는 점에 유의해야 한다. 한편 제3국 국민은 자신이 고용인이나 자영업자로서 경제활동에 종사하거나 또는 학업이나 연수를 목적으로 하는 경우에 제1회원국이 아닌 제2회원국에서 3개월 이상 거주할 수 있으므로 특히 영리목적으로 활동하는 제3국 국민은 보다 폭넓은 활동을 보장받을 수 있다. 끝으로 *Groener* 사건에서 보는 바와 같이 공익적 차원(공공교육정책)에서 인적 이동의 제한이 인정되는 점은 EU의 비차별적 대우에 대한 제한된 범위에서의 예외적 허용으로 보아야 한다. 따라서 한·EU FTA에서도 가능한 한 개방의 폭을 넓히되 제한된 범위 내에서 보호조치가 인정될 것이므로, 필요한 경우에는 공익적 견지에서 면밀한 준비를 하여 보호조항을 활용해야 할 것이다.

제12장 설립의 자유*

Ⅰ. 서언

유럽연합(European Union: EU)은 국제연합(United Nations: UN)이나 세계무역기구(World Trade Organization: WTO)로 대변되는 보편적 국제사회가 실현하기 어려운 정치적·경제적 통합을 유럽이라는 지역적 국제사회에서 보다 잘 실현함으로써 역내 복지를 추구하고 있다. 그런데 유럽을 하나로 결속시키는 가장 기초적이며 중요한 내용은 바로 EU시민의 일상생활과 직결되는 '공동시장'[common market, 단일시장(single market) 또는 역내시장(internal market]의 확립이라고 할 수 있다.[1]

한편 관세동맹을 거쳐 공동시장체제를 확립한 EU는 브뤼셀의 EU위원회(European Commission)를 통해 공동통상정책[2]을 실시하고 있다. 국제사회에서 통상무역협상 창구를 단일화해 자신의 거대시장 규모의 협상력을 실질적으로 제고하고 있다. 이미 27개국으로 구성되어 있는 공동체를 통해 역내 경제통상질서의 통일을 경험한 EU가 이를 기초로 WTO의 기조를 역외 경제통상관계에서도 강화시키고 있다. 역내 공동시장체제를 확립한 EU를 통해 알 수 있는 것은 EU가 WTO체제의 보존과 강화에 호의적이라는 사실이다. EU는 WTO기조 아래서 관세인하 및 비관세장벽의 제거를 통해 EU기업 및 근로자들의 이익을 증대시키고 있다. 한편 개도국에 대해서는 개발지원을 통해 지속 가능한 발전에 기여함으로써 국제사회에서 EU의 좋은 평판을 유지하고자 노력하고 있다.

---

* 이 내용은 김두수, "EU법상의 설립의 자유와 한·EU FTA상의 설립규정", 『유럽연구』제29권(2011.4)을 참고하였음.
1) 이러한 공동시장의 주요 내용은 상품·사람(노동자)·서비스의 자유이동과 설립의 자유를 보장하기 위해 방해가 되는 모든 요소들을 '철폐'하는 것이다. René Barents, *The Autonomy of Community Law*(The Hague: Kluwer Law International, 2004), pp.199-200 참조.
2) TFEU 제207조 제3항은 공동통상정책을 EU의 배타적 영역으로 규정하고 있고, 제207조 제4항은 서비스, 지식재산권보호, 문화·시청각·사회·교육·보건 서비스 분야에 있어서 특별한 경우에는 회원국들의 만장일치를 요건으로 하되, 그 외 대부분의 분야는 EU의 배타적 권한으로 이전하고 있다. 이로서 공동통상정책 입법과정에서 개별 회원국, 특히 소국인 회원국의 권한이 약화되었다.

이처럼 2010년 10월 6일 정식서명 되어 2011년 7월 1일 잠정 발효되는 한·EU FTA의 상대방인 EU는 공동시장체제를 갖추고 있는 실체이다. 이러한 EU의 FTA 정책은 TFEU-(Treaty on the Functioning of the European Union) 제206조~제207조(구 EC조약 제131조~제134조)에 기초한 '공동통상정책'을 기반으로 추진되고 있다.[3] TFEU 제206조(구 EC조약 제131조)에 따라 EU는 세계경제질서의 기조 아래 대내적으로는 EU회원국들이 무역정책 및 법률의 조화를 통하여 원활한 '공동시장'의 운영을 제도적으로 구비하고, 대외적으로는 역외국가와 효과적인 경제관계를 유지·발전시킴으로써 EU회원국들의 '협상력 제고'와 '경제적 이익'을 추구하고 있다.[4] 따라서 한·EU FTA를 전체적이면서도 세부적으로 이해하고 대응하기 위해서는 동 FTA뿐만 아니라, 이에 앞서 상대방인 EU의 공동시장법질서를 이해할 필요가 있다. EU공동시장법질서를 이해함으로써 한·EU FTA에 반영된 EU의 정책 또는 전략을 잘 파악할 수 있으며, 또한 앞으로 EU공동시장 수준의 개방을 계속하여 요구할 경우에 적절하게 대응할 수 있을 것이다. 다만 이 글의 주된 연구 범위는 '설립'에 관한 부분으로 다른 분야들은 제외하고자 한다. 그리고 이 글의 전개와 관련해서는 먼저 '설립의 자유'에 관한 EU공동시장 법제와 유럽사법법원(European Court of Justice: ECJ)의 주요 판례에 관하여 각각 살펴본 후, 한·EU FTA상의 설립에 관한 규정을 분석하고 검토하고자 한다.

Ⅱ. 설립의 자유에 관한 법제의 현황과 쟁점

1. 총설

TFEU 제49조(구 EC조약 제43조)는 설립의 자유를 위해 '국적'에 의한 차별을 금지하고 있다. 이러한 차별의 대상에는 국적을 직접적 이유로 하는 '직접적 차별'의 금지와 국적을 이유로 하지 않음에도 불구하고 차별의 효과를 발생시키는 '간접적 차별'의 금지 모두가 포함된다. 설립의 자유에 있어서 자연인에 대한 간접적 차별의 전형적인 예는 회원국마다 상이하게 적용하는 '자격요건'이다. 한편 법인(회사)에 대한 간접적 차별의 예와 관련해서는 주식의 과반수가 직접적 또는 간접적으로 회원국에 의해 소유되는 회사에게만 회원국과의

---

3) 참고로 EU는 처음에 유럽경제공동체(EEC)의 설립을 기초로 시작하였고, 1968년에 대외무역에 대하여 '공동대외관세'를 부과하여 '관세동맹'을 성립한 바 있다.

4) 이강용, "유럽연합의 공동통상정책: EC 133조를 중심으로", 『유럽연구』 제26권 제2호(2008), p.137 참조.

자료처리시스템 개발계약의 체결을 승인하는 회원국법은 국적에 관계없이 적용된다고 주장할 수 있으나, 이는 본질적으로 수입국의 회사를 우대하고 다른 회원국에 등록사무소를 두고 있는 회사는 불리한 상황에 처하게 되는 결과를 가져오기 때문에 간접적 차별에 해당한다.[5] 나아가 이러한 금지의 대상에는 '차별적 규제'뿐만 아니라, 직간접적 차별의 요소가 없는 '무차별적 규제'라 할지라도 이것이 설립의 자유를 방해하는 경우에는 금지된다.

다만, TFEU 제51조(구 EC조약 제45조)에 의한 공무집행과 관련된 '공권력 행사'(exercise of official authority)의 경우와 TFEU 제52조(구 EC조약 제46조)에 의한 공공정책(public policy), 공공안보(public security), 공중보건(public health)을 목적으로 하는 경우에는 예외가 인정된다.

2. TFEU상 설립의 자유[6]

1) 설립의 자유의 적용대상

다른 회원국에서 자신의 회사를 설립할 수 있는 권리, 즉 '설립의 자유'는 '회사'(companies) 또는 '개인 사업가'(자영업자, businessmen)가 지점 또는 본점을 설치하기 위하여 해당 회원국으로 자유롭게 이동할 수 있는 권리를 말한다.

여기에서 회사의 범위는 넓게 해석될 수 있으나, 단 설립의 권리를 향유하기 위해서 관련 회사는 등기상의 주소, 경영본부, 주된 영업지 중 하나를 'EU역내'에 보유하고 있어야 한다. 그리고 회사가 어느 회원국에 설립되었으나, '설립국'에서는 아무런 업무를 수행하지 않고 대리점・지점・자회사를 설치한 '다른 회원국에서만 영업'을 하고 있다고 할지라도 설립국에서 개업하고 있는 것으로 인정되어 개업의 자유가 보장된다는 점에 관해서는 유의할 필요가 있다.[7]

그런데 이러한 설립의 자유는 '자연인'의 경우에 1차 개업과 2차 개업으로 나눌 수 있는데, '1차 개업'은 아직 개업하고 있지 않은 회원국 국민이 다른 회원국으로 이동하여 새롭게 개업하는 것을 말하며, 회원국 국민이 역내에서 이미 개업하고 있는 경우에는 기존 개

---

5) Case C-3/88, *Commission* v. *Italy*, [1989] ECR 4035, operative part.

6) 이 내용은 김두수, "EU법상 변호사의 개업의 자유와 예외", 『외법논집』 제32집(2008.11), pp.101-105의 내용을 대폭 수정하고 보완하였음.

7) 채형복, 『유럽연합법』(파주: 한국학술정보, 2009), pp.281-282 참조. Case C-446/03, *Marks & Spencer plc* v. *David Halsey(Her Majesty's Inspector of Taxes)*, [2005] ECR Ⅰ-10837, para.59; Case C-347/04, *Rewe Zentralfinanz eG, as universal legal successor of ITS Reisen GmbH* v. *Finanzamt Köln-Mitte*, [2007] ECR Ⅰ-2647, para.70.

업활동을 폐쇄하고 다른 회원국으로 이동하여 영업을 개시하는 것을 의미한다. '2차 개업'은 어느 회원국에서 이미 개업하고 있는 회원국 국민이 그 개업을 유지하면서 다른 회원국에서도 개업하는 것을 의미한다. 이처럼 2차 개업도 인정하는 이유는 당사자가 EU역내 '복수의 회원국'에서 동시에 개업활동을 하는 것을 보장하기 위한 것으로, 이는 EU가 '하나의 국가'와 같은 실체임을 반영하고 있다. 그런데 설립의 자유는 1차 개업이든 2차 개업이든 모두 '고정시설'의 설치를 통한 수입국과의 영속적이고도 계속적인 관계의 설정이 필요하며, 이를 위한 개업의 형태로는 일반적으로 TFEU 제49조에서와 같은 대리점·지점·자회사가 있다. 단, 사업자를 위해 영속적이고도 계속적으로 행동한다고 인정될 수 있는 경우에는 독립적 개인이 운영하는 사무소도 '고정시설'로 인정될 수 있다.[8]

이에 반하여 설립의 자유는 '회사'의 경우에 TFEU 제54조(자연인과 동일하게 취급)에도 불구하고 '2차 개업'의 권리만이 보장되고 있다. 회사는 경영본부를 다른 회원국으로 '이전'할 수 없으며, 대리점·지점·자회사의 설립 형태로서 경제활동을 수행할 수 있다.

이러한 설립의 권리는 변호사, 의사, 건축가 등의 '전문직'이 포함된 회원국 국민인 '자영업자'를 포함하며,[9] 경제활동에 종사할 목적으로 다른 회원국으로 이동하여 '고정시설'을 설치하고 개업한 후, '특정한 기간의 정함이 없이'(영속적이고도 계속적인(on a stable and continuous basis)) 경제활동을 실제적으로 수행하는 것을 말한다.[10] 이것이 실현되기 위해서는 무엇보다 사업가의 이주의 권리와 적어도 사업가의 핵심 직원(key staff)이 사업가와 함께 이주할 수 있는 권리가 부여되어야 한다. 즉 '사람의 자유이동'이 전제되어야 함을 의미하는데, 해당되는 직원 즉 고용인(종업원)은 그 권리를 보장받을 수 있다. 왜냐하면 급여나 지위를 불문하고 어떠한 고용인이든지 EU법상으로는 '노동자'(worker)로 간주되어 TFEU 제45조(구 EC조약 제39조) 이하 규정의 '노동자의 자유이동'에 관한 권리의 범주에 포함되기 때문이다. 또한 '자영업자'[11](self-employed persons)도 TFEU상 실질적으로 이와 같은 권리가 있다.[12] '설립의 자유'와 '서비스의 자유이동'이라는 양자의 대상이 되는 자연인[13]은

---

8) 채형복, *supra* note 7, p.283 참조.

9) Ralph H. Folsom, *European Union Law*(St. Paul, MN: Thomson/West, 2005), p.134.

10) 채형복, *supra* note 7, p.274 참조.

11) 고용계약에 의하지 않고 경제활동에 종사하는 자영업자의 이동의 자유는 TFEU 제43조의 개업의 권리와 제49조의 서비스의 자유이동에 의해 보장되고 있다.

12) T. C. Hartley, *European Union Law in a Global Context: Text, Cases and Materials*(Cambridge: Cambridge Univ. Press, 2004), p.408 참조.

13) 회원국 국민이 자국에서의 자격, 경험을 기초로 자국에서 개업하는 것과 같이 한 회원국의 영역을 넘는 요소가 존재하지 않는 순수한 국내사항(purely internal situations)에 대해서는 개업의 권리에 관한 규정이 적용될 여지가 없다. Joined Cases C-54/88, C-91/88 and C-14/89, *Nino and Others*, [1990] ECR Ⅰ-3537, para.12; 그러나 회원국 국민이 자국에서 개업할 때에도 한 회원국을 넘는 요소가 존재하는 경우에는 다르다. 즉 회원국

'자영업자'에 한정되며, '노동자'의 이동에 관해서는 TFEU 제45조(구 EC조약 제39조) 이하의 규정이 적용된다.[14] 제45조 이하의 노동자의 자유이동과 제56조(구 EC조약 제49조) 이하의 서비스의 자유이동이 그 대상으로 하는 활동의 성질 자체는 동일하나, 그 활동이 '고용계약'하에 어느 노동자에 의해 행해지고 있는 경우에는 제45조 이하의 규정이 적용되고, 그 활동이 '고용계약 없는' 자영업자에 의해 실현되는 경우에는 제56조 이하의 규정이 적용된다는 점에 있어서 차이가 있다.[15]

2) 설립의 자유와 서비스의 자유이동과의 관계

한편 '서비스의 자유이동'은 개인이나 회사가 어느 회원국에 기반을 두는가와 관계없이 EU 전역을 통하여 고객, 구매자에게 법률, 회계, 증권, 의료, 광고, 은행, 항공, 물류, 보험 등의 서비스를 제공하는 권리를 말한다. 이는 TFEU 제56조에 규정된 바와 같이 서비스 공급자(providers)가 서비스 제공을 위하여 타국에 이동하여 '일시적으로' 체재하는 자유와 수령자(receivers)가 서비스 제공을 받기 위하여 타국으로 이동하는 자유 등 사람의 자유이동에 관한 내용이 포함된다. 이처럼 '사람의 자유이동'이 전제되고 있다는 점에서는 설립의 자유나 서비스의 자유이동이 동일하다고 할 수 있다.[16] 따라서 공동시장의 창설을 위해서는 우선적으로 '노동자'나 '자영업자' 또는 '서비스의 공급자나 수령자'와 같은 다양한 분야의 다양한 사람이 자유롭게 이동할 수 있는 권리가 보장되어야 했던 것이다. 나아가 공동

국민이 '다른 회원국'에서 취득한 자격에 따라 자국에서 개업하고자 하는 경우, 이러한 자격이 인정되지 않으면 그는 다른 회원국 국민과 동일한 곤란에 처하게 된다. 따라서 회원국 국민이 다른 회원국에 합법적으로 거주하는 자격을 취득하여 그 범위 내에서 다른 회원국 국민과 동일시될 수 있는 경우에는 자국에 대해서도 개업의 자유에 대한 권리를 주장할 수 있다고 보아야 한다. Case 115/78, *Knoors v. Secretary of State for Economic Affairs,* [1979] ECR 399, paras.24, 28 참조. 이러한 의미에서 다른 회원국에서 개업의 권리를 주장할 수 있는 자는 TFEU 제49조의 문구에도 불구하고 다른 회원국의 국민에게만 한정되지 않는다. 즉 독일인이 영국에서 취득한 학위의 사용이 독일에서 인정되지 않는다면 이는 '국적'에 의한 차별로써 TFEU 제45조와 제49조의 위반으로 주장될 수 있다. Case 19/92, *Kraus v. Land Banden-Württemberg,* [1993] ECR I-1663, paras.32, 42 참조. 이는 개업의 자유에 대한 권리뿐만 아니라 노동자의 자유이동, 서비스의 자유이동에 대해서도 동일하다. Paul Craig and Grainne De Burca, *EU Law: Text, Cases and Materials,* (Oxford: Oxford Univ. Press, 2008), pp.803-804 참조. 채형복, *supra* note 7, p.281 참조.

14) Mike Cuthbert, *European Union Law*(London: Thomson/Sweet &Maxwell, 2006), p.92.

15) Case 36/74, *Walrave and Koch* v. *Association Union Cycliste Internationale,* [1974] ECR 1405; Craig and De Burca, *supra* note 13, p.744 참조.

16) 설립의 권리와 서비스제공의 자유 양자는 상호 배타적 관계이다. 설립의 자유는 타국에 이동하여 '고정시설'을 설치하고 개업한 후 '기한의 정함이 없이' 경제활동을 수행하는 것을 말하고, 서비스제공의 자유는 타국에 이동하여 '일시적으로' 체재하는 자유라고 할 수 있다. Case C-55/94, *Gebhard,* [1995] ECR I-4165; 채형복, *supra* note 7, p.274 참조. Nicholas Moussis, *Access to European Union*(Rixensart: European Study Service, 2006), p.101.

시장 창설 후 수년 만에 이러한 이주권은 경제문제에만 국한되지 않고 보다 광범위한 사회문제로 이해되고 있기 때문에, EU의 궁극적인 목적은 공동시장을 단지 경제기구가 아닌 보다 포괄적인 기구로 재정립하고 있다고 보아야 한다. EU의 사회정책은 각 영역별로 고유의 목적을 갖고 있고, 이주권에 관한 정책은 '경제적 목적'뿐만 아니라, '사회적 목적'도 지니고 있다고 할 수 있다. 또한 EU 내에서 개인 이주자에 의한 이점은 그 자체로서는 한계가 있다고 볼 수 있고, 따라서 '사람'의 범위를 보다 확장하여 은퇴한 사람, 학생 그리고 자산가 부류에까지 자유이동의 권리를 부여하고 있다.[17)]

또한 TFEU 제54조(구 EC조약 제48조)와 TFEU 제62조(구 EC조약 제55조)에 의해 공동시장상의 설립의 자유와 서비스의 자유이동은 그 적용대상을 확대하고 있는데, 다른 회원국 국적의 '자연인'뿐만 아니라 다른 회원국의 국내법에 의해 설립되어 등기상의 주소, 경영본부, 주된 영업소를 역내에 두고 있는 '회사'도 회원국 국민인 자연인과 동일한 권리를 가진다. 그런데 설립의 자유와 서비스의 자유이동은 개념상으로는 명확하게 구별할 수 있으나 실제는 개별 사안에 따라 구별이 모호한 점이 없지 않다. 일반적으로 양자의 구별은 다른 회원국에서 해당 자영업자의 경제활동이 '영속적이고도 계속적'으로 행해지고 있는가 또는 '일시적 기반'으로 행해지고 있는가에 의해 판별될 수 있다.[18)] 서비스 공급의 자유의 경우에는 다른 회원국에서 상대적으로 비교적 '단기간의 체재'가 예정되어 있음에 비해, 설립의 자유의 경우에는 서비스 공급에 '영속적이고도 계속적인' 성질이 필요하기 때문에 일반적으로 다른 회원국에 '항구적인 고정시설'을 갖추고 있으며 규모가 상당하다.[19)]

이에 관하여 TFEU는 설립의 자유와 서비스의 자유이동에 관하여 기본적으로는 법제의 구조를 같이하고 있다. 이는 양자에 대한 구별의 실익이 적다는 것, 그리고 가능한 한 양자를 동일하게 규제할 필요가 있다는 입법취지일 것이다. 먼저, 양자는 TFEU 제49조와 제56조에 의거하여 '국적'에 의한 회원국들의 '차별의 금지'를 핵심사항으로 하고 있다.[20)] 이로써 자영업자는 개업하는 다른 회원국의 국민과 동일한 조건으로 활동할 수 있다. 나아가 제50조와 제59조에 의거하여 이사회는 필요한 경우에 '지침'의 형태로 2차 입법권을 행사

---

17) Hartley, *supra* note 12, p.408 참조.

18) Case C-55/94, *Gebhard*, [1995] ECR Ⅰ-4165, para.26; Anthony Arnull, *The European Union and its Court of Justice*(Oxford: Oxford Univ. Press, 2007), p.467; Josephine Steiner, Lorna Woods and Christian Twigg-Flesner, *EU Law*(Oxford: Oxford Univ. Press, 2006), pp.448-449.

19) Case C-215/01, *Schnitzer*, [2003] ECR Ⅰ-14847, para.40.

20) 경제활동을 위하여 선박을 영국선박으로 등록하기 위해서는 선박의 소유자가 수입국(다른 회원국)의 거주요건과 국적요건을 충족해야 한다는 영국 측의 요구는 개업의 자유에 있어서의 국적에 의한 차별에 해당한다. Case C-221/89, *Factortame and Others*, [1991] ECR Ⅰ-3905, paras.39, 43; Alina Kaczorowska, *European Union Law*(London: Routledge, 2011), pp.697-699, 712-714 참조.

할 수 있다. 즉 기존의 '제한의 폐지'라는 소극적 방법뿐만 아니라, 양자의 권리실현을 위한 적극적 입법조치를 취할 수 있다. 제50조 제1항과 제2항에 의거하여 설립의 자유와 관련된 지침의 채택에 있어서 이사회와 위원회는 특히 다음의 사항을 유념하여야 한다. 첫째, 일반적 원칙으로써 그러한 적극적 입법조치를 행할 필요가 있는 관련 분야에서의 설립의 자유는 역내 생산과 무역의 발전에 특히 기여할 수 있는 것으로 우선 취급받을 수 있는 것일 것, 둘째, EU 내에서의 다양한 활동과 관련하여 특정한 지위를 갖는 회원국들의 권한 있는 기관들 간의 긴밀한 협력을 보장할 것, 셋째, 설립의 자유를 제한하는 회원국들 간의 기존의 협정 또는 회원국의 국내입법으로부터 발생하는 행정절차나 관행을 폐지할 것, 넷째, 다른 회원국에 고용되어 있는 노동자가 자영업자로서 계속 활동하기 원하는 경우에는 필요한 조건을 충족하는 것을 조건으로 계속하여 거주하는 권리를 보장할 것, 다섯째, 어느 회원국 국민이 다른 회원국에서 토지나 건물을 취득하여 사용하고자 하는 경우 이를 보장할 것, 여섯째, 다른 회원국에서의 대리점, 지점, 자회사의 설립조건과 관련하여 그리고 그러한 대리점, 지점, 자회사의 본업을 위하여 입국하는 개인의 입국조건(입국절차)과 관련하여 설립의 자유에 관한 제한을 점진적으로 폐지할 것, 일곱째, EU 내에서의 동등한 보호조치를 위하여 회원국들이 요구하는 회사의 구성원과 제3자의 이익을 위한 보호조치의 범위를 필요한 경우 조정할 것, 여덟째, 개업의 조건이 회원국들의 '국가보조'에 의해 왜곡되지 않도록 이사회와 위원회가 개업권 보장을 위해 지침을 채택하는 경우에 이를 유의할 것 등이다.

3) '설립의 자유'는 곧 '회사의 자유이동'이라는 관점과 관련하여

보통 다른 회원국에서의 사업상 또는 직업상 스스로 '설립의 자유'를 원하는 '개인'의 권리에 관해 살펴보지만, 여기에서는 관점을 달리해서 '회사'에 관련된 입장에 관해 살펴본다. 여기에서 '설립의 자유'는 곧 '회사의 자유이동'이라는 말과 일맥상통한다고 할 수 있다.

'개인의 자유이동'은─가족 구성원의 경우를 제외하고는─회원국의 '국적'을 갖는 국민에 한정하여 인정된다. 그런데 이것이 '회사'의 경우에는 어떻게 적용될 것인지가 문제가 된다. 이에 대한 해답은 TFEU 제54조(구 EC조약 제48조)에서 찾을 수 있는데, 제54조에 의하면 ① 어느 회사가 '회원국 국내법에 의하여 설립'되었고, ② 이 회사가 '등록된 사무소나 본점 혹은 주요사업소가 회원국에 있는 경우'에 이 회사는 회원국의 국민인 '개인'과 같은 동일한 권리를 갖는다.

여기에서 회사의 설립이란, 회사가 어떻게 '창설'되고 '법인격'이 부여되는지의 과정을 말한다. 그런데 개인은 태어나면서 자연적으로 법인격이 부여되는 반면, 회사의 법인격은 법에 의하여 부여된다. 따라서 각 회원국의 법률체계는 회사설립을 위한 '고유의 법'을 가지며, 이러한 법을 준수하는 경우 회사는 '설립'된다. 일반적인 회사설립의 요건들 중의 하나는 당해 회사가 설립지국가내에 '등록 사무소'(registered office)를 두어야 한다는 것이다. 여기에서 '본점'21)(central administration)과 '주요사업소'22)(principal place of business)와 관련된 요건들은 '선택적 사항'으로, 드문 경우이긴 하겠지만 이는 '등록 사무소'가 문제의 회원국 내에 있지 않은 경우에 적용될 수 있을 것이다.

회사가 이와 같은 요건들을 만족시키는 경우, 이 회사는 EU법상의 '설립의 자유'를 부여받을 자격이 있다. 이와 관련된 특별한 경우는 아래의 *Centros* 사건을 통해 살펴본다.

(1) *Centros* 사건23)

① 사실관계

원고인 Bryde씨 부부는 덴마크 시민으로 회사를 설립하고자 하였는데, 만약 그들이 덴마크에서 회사설립을 했다면 200,000덴마크 크로네(DKK200,000 – 약 20,000파운드)를 최저자본금으로 예치해야만 했다. 이는 덴마크 국내법이 요구하고 있는 최저액이었다. 그러나 그들은 이렇게 하는 대신 영국에서 회사(Centros)를 설립하였고, 그 이유는 영국법에는 최소한도의 자본예치금에 관한 규정이 없었기 때문이다. 해당 회사는 영국에 등록사무소를 두어야 했으나, 영국법은 회사가 건물의 부지가" 있어야 한다든지 또는 그곳에서 경영되어야 할 것을 요구하지 않았다. 법적 서류들이 송달될 수 있는 회사의 등록된 사무실로 확인되는 사무소가 존재하면 충분하였다. Bryde 씨의 한 친구는 자신의 '집'(home)이 이와 같은 '등록 사무소'가 되는 데 동의하였고, 이는 덴마크에서의 영업을 위해 영국에 회사를 설립한 형태가 되었다.

Bryde 씨 부부는 영국에 회사를 설립하고 덴마크에 '지점'(branch)을 설립하고자 하였다. 회사가 영국에서 아무런 사업도 하지 않는 이상, '지점'은 사실상 본점이자 유일한 사업 장소다. 그런데 이들이 덴마크에 '지점'을 등록하려고 신청서를 제출하였을 때, 덴마크회사위원회(Danish Companies Board-덴마크의 무역 및 법인등록 관장부서)는 이를 거부하였다. 동

---

21) 본점은 회사의 설립에 관한 '가장 중요한 결정'이 이루어지는 장소에 위치한다고 할 수 있다.
22) 주요사업소는 '가장 중요한 경제활동'이 이루어지는 장소에 위치한다고 할 수 있다.
23) Case C-212/97, *Centros*, [1999] ECR Ⅰ-1459(Full Court).

위원회는 Bryde 씨 부부가 영국에서 회사를 설립한 목적이 덴마크법의 요구조건(자본 예치금)을 교묘히 회피하고자 함이었다고 주장하였다. 그런데 덴마크법의 이러한 요구는 채권자를 보호하고 사기행위를 방지하기 위한 '공익적 차원'에서 입안된 것이었다. 동 위원회는 만약 당해 회사가 영국에서 사업을 해 왔었다면 당해 회사의 '지점' 설립을 기꺼이 허가하였을 것이다. 그러나 그렇지 않았기 때문에 동 위원회는 이 사건이 EU적 요소가 없는 순전한 덴마크 내부의 국내문제였다고 주장하였다.

② ECJ의 결정

어느 회원국(첫 번째)의 법에 근거해 설립되어 등록사무소를 갖는 회사가 또 다른 회원국(두 번째)에 지점을 설립하기 원하는 경우, 이는 EU법의 범주에 포함된다는 사실에 특히 주의해야 한다. Bryde 씨 부부가 덴마크법상의 최소한도의 자본금예치를 회피하기 위한 목적으로 영국에 Centros라는 회사를 설립했다는 것은 본 사건의 서면보고나 구두심리절차 어느 것에서도 부인되지 않았다. 그러나 ECJ는 이로서 영국 회사에 의한 덴마크 지점 설립이 TFEU 제49조(구 EC조약 제43조)와 TFEU 제54조(구 EC조약 제48조)의 목적인 회사설립의 자유에 포함되지 않는다는 것을 의미하지는 않는다고 보았다. TFEU 규정의 적용문제는 국내법을 교묘히 회피하는 일부 자국민의 시도를 방지하기 위한 조치를 채택할 것인지와는 별개의 문제라는 것이다.[24] Bryde 씨 부부가 주장하는 것처럼, 다른 회원국의 법에 따라 설립되어 등록 사무소가 있는 그들의 회사의 지점을 덴마크에서 등록하는 것을 거부당한 것은 회사설립의 자유에 대한 장애로, 제49조에 의해 회원국 국민들에게 부여된 자유는 그들이 자영업자들처럼 사업을 택하여 종사하며, 자국민을 위한 회사설립에 관한 회원국 국내법에 규정된 동일한 조건하에서 '기업'을 설립하고 경영하는 권리를 포함하고 있다는 점을 반드시 명심해야 한다는 것이다. 더욱이 제54조에 따라 회원국 국내법에 따라 설립되어 EU 내에 등록사무소나 본점 혹은 주요사업소가 있는 회사들이나 기업체들은 회원국의 국민인 자연인과 같은 방식으로 동등하게 대우받아야 한다고 판시하였다.[25] 그 결과 그러한 회사들이 또 다른 회원국에서 대리점·지점·자회사를 통해 사업을 경영할 권리를 부여받게 된다. 따라서 특정한 국내적 상황에서 행한 회원국의 지점등록의 거부는 TFEU 규정들에 의해 보장된 회사설립의 자유에 방해가 된다고 판시하였다.[26] 결국 회사설립의 자유의 남용을 주장하는 덴마크 당국의 주장은 수용되지 않았다. ECJ는 국내법이 인정받기

---

24) *Ibid.*, para.18.

25) *Ibid.*, para.19.

26) *Ibid.*, paras.20, 22.

위해서는 EU법적 관점에서 보다 객관적인 증거가 제시되어야 남용이나 부정행위가 고려될 수 있으며, 반드시 '진정한 목적'의 관점에서 그러한 행위를 평가해야 한다고 지적하였다.[27]

그런데 이 사건에서 Bryde 씨 부부가 회피하고자 시도했던 국내법규는 회사의 설립을 '관리'하기 위한 법률이지, 어떤 상업이나 직업 혹은 사업에 종사하는 것에 관여하기 위한 법률이 아니며, 회사설립의 자유에 관한 TFEU 규정들은 본질적으로 회원국법에 의해 설립되어 EU 내에 등록사무소나 본점 또는 주요사업소가 있는 회사들이 다른 회원국에서 대리점·지점·자회사를 통하여 사업을 수행할 수 있는 권리를 특별히 부여하고 있으며, 이는 공동시장법상의 '고유한 권리'이다.[28] 따라서 회사를 설립하기 원하는 회원국 국민이 자신을 최소한도로 제약하는 회사법을 갖는 회원국을 선택해 회사를 설립하고 다른 회원국에 지점을 설립하는 것은 본질적으로 회사설립의 권리를 남용하는 행위가 아니다. 이와 관련하여 EU 내에서 각 회원국들의 회사법이 완벽하게 일치되지 않는 사실은 그다지 중요하지 않다. TFEU 제50조(구 EC조약 제44조) 제2항의 (g)(구 제54조 제3항의 (g))에 의해 부여된 권한에 근거하여, 이사회(Council)는 완전한 일치의 달성을 위하여 항상 개방되어 있다.

그리고 ECJ는 Centros 회사의 등록에 대한 '채권자보호'와 '사기성 파산방지'와 관련하여, 일정한 상황하에서는 회사설립의 자유와 같은 기본적 자유를 제한하는 국가적 조치가 인정될 수 있으나, 만약 관련 회사가 영국에서 사업을 경영했을 경우 비록 덴마크의 채권자들이 똑같은 위험에 노출되더라도 그 '지점으로서' 덴마크에 등록되는 이상 이는 진정한 채권자보호의 목적을 위한 거부 사유가 될 수 없으며, 본안소송의 관련 회사도 자신을 덴마크법에 의해 규율되는 회사가 아니라 영국(잉글랜드와 웨일즈)에 의해 규율되는 회사라고 주장하고 있기 때문에 문제 되지 않는다고 하였다.[29]

4) 학위 및 자격의 상호 인정 필요

또한 설립의 자유와 서비스의 자유이동을 실현하기 위하여 TFEU 제53조(구 EC조약 제47조)와 제62조(구 EC조약 제55조)에 의거하여 이사회는 다른 회원국에서의 개업권 및 서비스의 자유이동을 적극적으로 촉진할 목적으로 학위, 자격 등의 '상호 인준' 및 자영업자의 영업에 대한 각 회원국의 상이한 '규제의 조화'를 위한 지침을 채택할 수 있다. 즉 이사

---

27) *Ibid.*, para.25.

28) *Ibid.*, para.27.

29) *Ibid.*, paras.35-36; 이 사건은 회사의 설립의 자유에 있어서 등록사무소지법에 관대하다고 볼 수 있다. Kaczorowska, *supra* note 20, p.721.

회가 2차 입법 활동인 '지침'의 채택을 통해 개업의 자유의 제한의 폐지에 대하여 주된 책임을 진다는 의미이다. 이런 각 회원국의 규제 내용의 조화는 다른 회원국이 부여한 자격을 자국의 자격과 동등한 것으로 인정하는 '상호 인준'을 포함한다.

그런데 설립의 자유에 있어서의 '간접적 차별'의 전형적인 예는 바로 회원국마다 상이하게 적용하는 직업 취업상의 '자격요건'이다. 개업을 위한 각국의 자격요건의 구체적 내용이 다를 수 있어 다른 회원국에서 취득한 자격을 아무런 차별 없이 인정받을 것이라고 확신할 수 없기 때문이다. 따라서 다른 회원국에서 취득한 학위, 전문지식, 경험을 고려하여 인정해야 할 필요가 있다.[30] 다시 말해서 회원국들은 국내법을 적용함에 있어서 다른 회원국에서 이미 승인된 지식(knowledge)이나 자격증(qualifications)을 무시할 수 없다.[31] 필요한 경우 다른 회원국 국적자가 소지하고 있는 지식 또는 자격증과 관련된 자국의 규정 및 요건을 비교하여[32] 주재국과 다른 회원국 양자가 대등하다고 인정되는 경우, 회원국들은 다른 회원국 국적자의 지식이나 자격증도 동등하게 인정해 주어야 한다.[33] 다만 이들 학위를 평가함에 있어서 그 동등성의 판단은 학위취득을 위하여 당사자가 그동안 행한 연구 및 실무 업적의 기간과 그 성질을 고려하여 당사자가 갖는 지식과 자격의 정도에 비추어 평가되어야 할 것이다.[34] EU는 의학박사, 간호사, 치과의사, 수의사, 조산사(산파), 약사, 건축설계사 등의 전문직에 관한 '지침 2005/36'[35]을 채택하여 조화를 위해 노력하고 있다.

---

30) Case C-71/76, *Thieffry* v *Conseil de l'Ordre des Avocats à la Cour de Paris(The Paris Bar Council)*, [1977] ECR 765, para.12 참조. 이 사건의 원고 Jean Thieffry는 파리에 거주하는 벨기에 국적자로, 벨기에 대학에서 법학박사학위를 취득하였고, 벨기에에서 변호사(advocate)로서 활동을 하고 있었다. 그는 프랑스 대학으로부터 벨기에에서 취득한 법학박사학위가 프랑스법상 인정될 수 있다는 승인을 받았고, 프랑스변호사(avocat) 자격에 대한 증명서를 취득한 후, 파리변호사협회에 실무(training stage)를 위하여 신청하였다. 그러나 파리변호사협회는 그의 법학박사학위가 프랑스법상 취득한 것이 아니라는 이유로 그의 신청을 각하하였다. 이에 ECJ는 이것이 TFEU 제49조의 개업의 자유에 위배된다고 판결하였다. Craig and De Burca, *supra* note 13, p.798 참조.

31) Case C-340/89, *Vlassopoulou* v *Ministerium für Justiz, Bundes-und Europaangelegenheiten Baden-Württemberg*, [1991] ECR I-2357, para.15 참조. 이 사건의 원고 Irene Vlassopoulou는 그리스 법학박사학위를 취득한 그리스 국적자였다. 그녀는 독일 변호사협회에 가입하기 위해 독일에서 수년간 독일 법학을 학습하였으나 관련 독일시험에 합격하지 못하여 자격 미달이 되었다. 이에 독일 변호사협회는 독일국민에게 요구할 수 있는 조건이 충족되지 못하였다는 이유로 그녀의 협회 가입등록을 거부하였다. 이에 대해 ECJ는 회원국은 타 회원국에서 원고가 지금까지 획득한 지식, 자격을 고려하지 않는 것은 TFEU 제49조의 개업의 자유에 장애가 될 수 있다고 지적하였다. Craig and De Burca, *supra* note 13, pp.799-800 참조.

32) Case C-340/89, *Vlassopoulou* v *Ministerium für Justiz, Bundes-und Europaangelegenheiten Baden-Württemberg*, [1991] ECR I-2357, para.16.

33) Case C-55/94, *Gebhard*, [1995] ECR I-4165, para.38.

34) Case 222/86, *UNECTEF* v. *Heylens*, [1987] ECR 4097, para.13.

35) Directive 2005/36/EEC of the European Parliament and of the Council of 7 September 2005 on the recognition of professional qualifications(OJ 2005 L255/22); Kaczorowska, *supra* note 20, p.726.

3. EC조약상 설립의 자유의 예외

한편, 설립의 자유는 예외가 인정되는바, 첫째, TFEU 제51조(구 EC조약 제45조)에 의거하여 극히 예외적인 경우로서 회원국의 '공권력 행사'(exercise of official authority, 즉 공무집행)와 관련된 경우에는 개업의 자유가 적용되지 아니한다. 이러한 공권력 행사에 대한 예외는 사람의 자유이동에 있어서의 공공기관에 의한 공공정책적 고용[TFEU 제45조(구 EC조약 제39조) 제4항]의 경우에 있어서의 예외와 같은 취지라고 할 수 있다. 공권력의 개념은 조약상 정의되어 있지 않으며, 설립의 자유의 원칙에 대한 예외에 해당하는 만큼 후술되는 *Reyners* 사건[36]에서와 같이 협의의 의미로 제한적으로 해석되어야 할 것이다.[37] 한편 제45조 후단에 의해 이사회는 특정 활동을 설립의 자유의 예외대상으로 결정할 수 있으나 그 구체적인 내용은 아직까지 발견되지 않고 있다.[38] 둘째, TFEU 제52조(구 EC조약 제46조)에 의거하여 외국인을 특별히 취급하는 '공공정책', '공공안전', '공중보건'의 경우에는 회원국의 공익적 차원에서 설립의 자유가 적용되지 아니한다.[39]

Ⅲ. 설립의 자유에 관한 주요 사례 분석

앞에서는 TFEU상의 설립의 자유와 예외를 중심으로 관련 법제의 현황과 쟁점에 관하여 이론적으로 살펴보았다면, 여기에서는 이러한 이론적 분석과 검토를 기초로 하여 '개인'과 '회사'에 있어서의 설립의 자유에 관한 의미 있는 주요 사례를 분석하고 검토하고자 한다.[40] 이를 통하여 EU공동시장 법질서를 보다 실제적으로 잘 이해할 수 있고, 향후 한·EU FTA 시대에 있어서의 시장개방정책에 대해 보다 더 적절하게 대응할 수 있을 것이다.

---

36) Case 2/74, *Reyners*, [1974] ECR 631.

37) 법원의 판단을 구속하지 않는 의견을 제출하는 교통사고 손해사정사(traffic accident expert)도 변호사와 마찬가지로 공권력의 행사에 관여하는 것으로 간주되지 아니한다. Case C-306/89, *Commission v. Greece*, [1991] ECR Ⅰ-5863, para.7.

38) 채형복, *supra* note 7, p.295 참조.

39) Moussis, *supra* note 16, p.102; Steiner, Woods and Twigg-Flesner, *supra* note 18, pp.447-448; 국내보건제도에 대한 사례로는 Case C-60/00, *Mary Carpenter v. Secretary of State for the Home Depertment*, [2002] ECR Ⅰ-6279가 있다.

40) 사례들에 대한 ECJ의 전체 결정에 대한 상세한 분석에 관해서는 김두수, *supra* note 6, pp.106-126을 참조.

1. 국적차별 금지와 직종의 공무집행성과 관련된 *Reyners* 사건[41]

1) 사실관계

원고 Jean Reyners는 네덜란드 국적의 부모로부터 벨기에 브뤼셀에서 태어나, 벨기에에서 법학박사학위의 취득을 하였다. 그런데 그는 부모를 따라 네덜란드 시민권을 보유해 왔고, 벨기에 변호사협회의 회원자격요건인 벨기에 '국적'을 보유하지 않았기 때문에 개업이 불가능하였다. 또한 벨기에와 네덜란드 간에는 변호사활동을 위한 면제에 대한 상호 인준도 부재하였다.

이에 Reyners는 이는 설립(개업)의 자유에 관한 TFEU 제49조, 제50조, 제51조, 제53조에 위배된다고 주장하며 벨기에 국사원(Belgian Conseil d'Etat)에 벨기에 국내법상의 '국적' 요건을 취소할 것을 요청하였다. 반면 벨기에정부는 설립의 자유에 관한 TFEU상의 규정은 본질적으로 제50조에 따라 '지침의 채택'을 요건으로 하고 있어, 이사회가 관련 지침을 채택하지 않는 한 설립의 자유는 직접적으로 적용될 수 없다고 주장하였다.

2) ECJ의 판단 및 평가

이 사례에서 ECJ는 다음과 같은 쟁점을 기초로 판시하였다. 첫째, 개업의 자유의 범위와 관련하여 TFEU 제49조의 개업의 권리는 총칙 규정으로서 전체로서 받아들여지고 일반적인 문맥에서 해석되어야 하고,[42] 개업의 자유는 '자영업자'로서의 활동과 특히, 제54조의 두 번째 단락에서의 '회사'의 활동을 포함한다고 보았다. 둘째, 제49조의 '자국민에 대해 규정된 조건하에서'의 의미에 관한 것으로 이는 상호 인준 또는 지침을 통한 상호주의의 적용을 의미하는 것으로, 상대편의 개방 정도에 따라 자신의 개방 정도를 결정하게 된다. 이 사건에서는 벨기에에서 원고에게 벨기에 국적을 요구하지 않으려면 상대국인 네덜란드도 벨기에 국민의 개업 시 네덜란드 국적을 요구하지 말아야 한다는 것을 의미한다. 셋째, EU공동시장에서 절대로 강요될 수 없는 조건으로서의 '국적'에 관한 것으로[43] 기존의 벨기에 국내법에서는 변호사협회에 가입하려면 벨기에 국적을 보유요건으로 하고 있었으며, 법의 개정을 통하여도 그 요건은 여전하였다. 그런데 '동등하게 대우받을 권리'는 EU법상

---

41) Case 2/74, *Reyners*, [1974] ECR 631.

42) *Ibid.*, para.17.

43) *Ibid.*, paras.27-28 참조.

의 '법의 일반원칙'에 해당된다고 할 수 있다. 넷째, 개업의 자유의 예외에 관한 것으로 TFEU 제51조에 따라 정부의 활동, 특히 '공권력 수행'에는 적용되지 않는다. 특정 회원국의 행정집행업무와 동일하거나 유사한 업을 영위할 목적으로 하는 회사설립 또는 그와 같은 서비스제공의 활동은 회원국의 공권력을 침해할 수 있기 때문이다.[44] 다섯째, 회원국이 다른 회원국 국적자의 개업 활동을 어느 한도까지 제외시킬 수 있는가 하는 것으로, 제51조의 첫 단락은 자영업자로서의 활동들 중 일부가 특별히 '직접적이고도 실제적으로' 공권력 집행과 관련이 있는 경우에 개업의 자유를 제한하고 있다.[45] 따라서 변호사라는 직업 전체가 예외로 인정되어야 한다는 룩셈부르크의 주장이 배척되었던 것이다.[46] 여섯째, 다른 회원국 국민은 공증인, 판사, 검사 등 공공부분의 고용은 일단 제한된다. 물론 이 부분에 대해서 입법적으로 명확하게 나타난 바는 없으나, 공증인, 판사, 검사와 같은 직업은 각 회원국 행정법규에 의하여 부여된 권한행사 및 의무이행과 직접적·간접적인 관련성이 있으며, 그 신분관계가 자국에 대한 특정된 충성의무가 요구된다고 볼 수 있으므로 공공부문의 직종으로서 타 회원국 국민에게는 접근이 제한된다고 해야 한다.

2. 설립 사무소 장소와 관련된 *Klopp* 사건[47]

1) 사실관계

프랑스 국내법 Decree No 72-468 of the French Republic 제83조와 파리변호사협회 내규 Internal Rules of the Paris Bar 제1조에 의하면, 변호사는 '오직 한 장소'에서만 개업할 수 있고, 장소는 그가 등록되어 있는 지방법원(tribunal de grande instance)의 영토적 관할권 내에 해당되어야 한다.[48]

그런데 원고인 독일인 변호사 Onno Klopp는 독일의 Düsseldorf에 사무실을 갖고 있었고, 일부 고객들은 프랑스에서 사업하는 독일회사이거나 독일에서 사업을 하는 프랑스회사였다. 그는 1969년 파리대학 법경제학부에서 법학박사학위를 취득하였고, 1980년 파리변호사 시험에 합격하였음에도 불구하고 프랑스정부와 파리변호사협회가 자국법에 따라 '관할 지방

---

44) *Ibid.*, paras.35, 39.
45) *Ibid.*, para.54.
46) *Ibid.*, para.35.
47) Case 107/83, *Klopp*, [1984] ECR 2971.
48) *Ibid.*, para.12.

법원'에만 사무실을 설립할 수 있다는 규정을 이유로 개소를 거부하여 파리에서 개업이 불가능하였다. 원고 독일인 변호사 Klopp는 파리변호사협회가 다른 나라에 두 번째 사무소를 설치하는 파리변호사협회 회원에 대해서는 이를 용인하여 관대하게 대하면서도 자신에 대해서는 프랑스 법률을 적용하여 독일 Düsseldorf에 변호사 사무소를 두고 있는 한 파리에서의 사무소 설치를 허락하지 않는 것은 차별이라고 주장하였다.[49] 이 사건의 원고인 Klopp, 영국, 덴마크 정부, 그리고 위원회는 회원국 국내법은 다른 회원국 국민인 변호사가 자국에 기존에 이미 설치한 사무소를 유지하는 것을 금지할 수 없다고 주장하였다.[50]

이에 파리변호사협회 이사회는 Klopp가 모든 다른 요건들을 충족했지만, 그가 Düsseldorf에 위치한 그의 사무실을 유지하려는 의도에 일단 의문을 제기하였다. 즉 TFEU 제49조에 의하여 Klopp는 오직 '그러한 개업이 효력을 갖는 국가의 국내법(프랑스법)이 자국민을 위해 규정한 조건하에서만 회사의 설립이 가능하다'는 것이다.[51] 파리변호사협회는 '오직 한 장소'에서만 사무소를 설치할 것을 규정하고 있는 규정은 프랑스 국민과 다른 회원국의 국민 모두에게 적용된다고 하였다.[52] 그리고 제49조의 완전 적용을 부정하고 '부분적인' 직접 효력을 인정하고 있는데, 이는 변호사가 한 장소에 사무소를 설치할 수 있다는 국내 규정은 국내법원과 고객 모두의 편의를 위해서도 그리고 변호사의 성실한 업무수행을 위해서도 필요하다고 주장하였다. 그리고 제49조 2항에 따라 '자국의 국민에게 적용되는 조건하'에 외국의 자영업자의 사업을 허가한다는 것을 강조하면서, 특별한 EU법(여기서는 관련 지침)의 부재의 경우 자국 영토 내에서의 외국인의 변호사 개업의 규제는 회원국의 재량이라고 주장하였다.[53] 이에 독일인 변호사 Klopp는 이는 TFEU 제49조의 회사설립의 자유에 위배된다고 주장하였고, 이 사건은 ECJ에 선결적 결정이 요청되었다.

2) ECJ의 판단 및 평가

EU에서 경제통합상 상품의 이동은 자유화가 용이하지만, 다른 영리활동을 위한 노동이나 서비스의 이동은 '국적' 문제로 자유화에 제한이 따르게 된다. 이 사건은 자신의 국가에서 변호사 사무소를 유지하면서도 다른 회원국에 사무소를 설립할 수 있도록 허용하는

---

49) *Ibid.*, para.13.

50) *Ibid.*, para.15.

51) *Ibid.*, para.7.

52) *Ibid.*, para.12.

53) *Ibid.*, paras.16-17.

TFEU 제49조의 실행을 위한 EU법상의 직접적인 규정(여기서는 국내규정들의 조화를 위한 지침의 부재)이 없다는 데 문제가 있었다.[54] 즉 EU 입법기관인 이사회가 제50조에 의거하여 회사설립의 자유를 제한하는 국내법 규정을 폐지하는 목표를 일반적 강령(general programme)으로 설정하였고, 제50조 2항은 회사설립의 자유를 위하여 지침을 제정할 것을 규정하였음에도 불구하고 이에 대한 지침을 제정하지 않았고, 또한 제53조에서는 회원국 간 동등한 규정의 적용을 위해 회원국의 자영업자에 대한 구제나 행정행위에 대해서 이사회가 규칙으로 규정하도록 하였으나 이에 대해서도 규정하지 않았다. 비록 1977년 3월 22일 '변호사의 법률서비스제공의 자유의 효과적인 실행의 강화를 위한 이사회 지침 77/249'(Directive 77/249 to facilitate the effective exercise by lawyers of freedom to provide services)가 제정되었지만,[55] 제50조와 제53조하에서 보다 구체적인 '변호사의 회사설립(개업)의 자유'를 위한 지침은 제정되지 않았다.[56] 그러나 ECJ는 1974년 6월 21일 *Reyners* 사건에서 회사설립의 자유는 과도기간의 종료 시에 달성되며, 제49조는 점진적 조치들에 의하여 개업의 자유에 대하여 수월한 이행을 보조하고 있으며, 이러한 이행으로 구체적인 결과를 달성하도록 의무를 부여하고 있는 것으로, 이러한 규정에 의하여 제49조가 훼손되는 것은 아니라고 하며,[57] 이사회가 제50조와 제53조가 규정하고 있는 지침을 제정하지 않았다고 하여 회원국의 의무 불이행이 정당화되지는 아니한다고 판시한 바 있다.[58]

이에 ECJ는 제49조 규정은 변호사가 EU 내에 단 하나의 사무소를 소유한다고 규정하는 것은 아니라고 하였다. 즉 이미 설치한 사무소를 포기해야만 다른 회원국에서 사무소를 설치 할 수 있는 것은 아니라는 것이다. 또한 제49조를 문리해석 하여 회사설립의 자유에 대한 제한의 점진적인 폐지는 다른 회원국의 영토 내에 대리점·지점·자회사를 설치하여 개업하는 경우에도 적용된다고 하였다. 즉 이 규정은 자영업에도 일반 원칙으로 간주한다는 것으로, 따라서 직업상 통제 규칙을 준수한다면 EU회원국 내에서 한 곳 이상의 사무소를 개업하고 유지할 수 있는 자유가 있다고 하였다.[59] 또한 프랑스는 변호사업의 특별한 성질상 변호사들이 고객과 사법당국 등과의 관계에 있어서 '충분한 연락'(sufficient contact)을 유지하기 위해서 한 장소에서만 사무소를 설치할 수 있다고 주장하고 있으나, 이는 현대 교통과 통신수단으로 쉽게 적절히 고객과 사법당국과 연락을 취할 수 있으므로, 두 번

---

54) *Ibid.*, para.6.

55) OJ 1992 L209/29; Nigel Foster, *EU Law*(Oxford: Oxford Univ. Press, 2006), pp.368-370 참조.

56) Case 107/83, *Klopp*, [1984] ECR 2971, para.9.

57) Case 2/74, *Reyners*, [1974] ECR 631, paras.31, 32.

58) Case 107/83, *Klopp*, [1984] ECR 2971, para.10.

59) *Ibid.*, paras.18-19.

째 사무소의 설치 및 존재가 변호사 '직업의 성질'상 윤리규칙을 해하지 않으며, 이러한 윤리규칙 자체가 TFEU상 보장하고 있는 설립의 자유를 제한할 수 없다고 판시하였다.[60]

3. 협회 가입의무와 자격 인정문제와 관련된 *Gebhard* 사건[61]

1) 사실관계

이탈리아 국내법상 다른 회원국의 변호사는 자신의 사무소를 설치하는 것이 금지되었다. 이러한 금지는 지점뿐만 아니라 본점의 개업에도 적용되었다.

이 사건에서 원고 Reinhard Gebhard는 독일 국적자로 독일에서 법학박사학위를 취득하였고, 1977년부터 독일에서 변호사(Rechtsanwalt)로서 활동하였다. 그는 1978년~1989년까지 '변호사의 법률서비스제공의 자유의 효과적인 실행의 강화를 위한 지침 77/249'(Directive 77/249 to facilitate the effective exercise by lawyers of freedom to provide services)에 따라 밀라노의 한 법률사무소에서 근무하였다. 동 지침은 본질적으로 그가 국내변호사(여기서는 이탈리아)의 '지휘 및 감독'하에 근무한다는 외국변호사의 요건을 구비해야만 했다. 그런데 실제로는 이탈리아법상 다른 EU회원국 출신의 외국인 법률가나 변호사는 이탈리아에서 '독자적으로' 사무소를 개업할 수 없었다. 그러나 Gebhard는 1989년에 독자적으로 변호사 사무소를 밀라노에 설립하였고, 'avvocato'라는 명칭을 그대로 사용하였는데, 이 단어는 이탈리아어로 변호사라는 뜻이다. 그리고 그는 몇몇의 이탈리아인을 대리인(procuratori)으로 고용하였다. 이로 인해 Gebhard는 징계절차에 회부되었고, 그 초점은 'avvocato'라는 이탈리아 변호사 고유의 명칭에 대한 불법사용, 현재의 실정법이 존재함에도 불구하고 이탈리아에서 영구기반으로 독자적으로 자신의 변호사 사무소를 설립했다는 것이었다. 이에 이탈리아 변호사협회는 정직 및 변호사로서의 전문 활동의 중지를 명령하였다. 이에 Gebhard는 소를 제기하였고, 이 사건의 관할 법원인 Consiglio Nazionale Forense는 ECJ에 선결적 결정을 요청하였다.

---

60) *Ibid.*, paras.20-21.

61) Case C-55/94, *Gebhard*, [1995] ECR Ⅰ-4165.

2) ECJ의 판단 및 평가

노동자의 자유 이동, 개업의 자유, 서비스 공급의 자유는 EU법에 의거해 특정 회원국 영토 내로의 입국 및 거주, 그리고 국적을 이유로 한 모든 '차별'의 금지에 관하여 '각각 동등한 지위'를 갖는다.[62] 이 사건과 같이 독일인 Gebhard가 경제활동을 위하여 다른 회원국(여기서는 이탈리아)으로 이동한 경우, 노동자의 자유 이동이나 개업의 자유 또는 서비스 공급의 자유에 관한 규정이 적용되는데, TFEU상의 이러한 규정들은 '상호 배타적'으로 적용된다.[63] 이 사건에서는 노동자의 자유 이동에 대한 규정보다는 '개업의 자유'나 '서비스 공급의 자유'에 관한 규정이 주요 사안이었다. 그런데 TFEU 제56조(구 EC조약 제49조) 1단에 의하면 서비스를 제공하는 사람과 제공받는 사람이 두 개의 다른 회원국에서 회사를 설립한 경우, 서비스 공급의 자유에 관한 장의 규정들은 회사설립(개업)의 자유에 관한 권리에 보조적으로 적용된다. 그리고 제57조 1단에서는 서비스 공급의 자유에 관한 규정은 회사설립의 자유가 적용되지 않는 경우에만 적용된다고 규정하고 있다.[64]

그런데 TFEU가 의미는 '개업의 자유'의 개념은 자국에 안정적·지속적 기반(상주 영업장소)을 두고 다른 회원국에서도 경제활동에 참여할 수 있는 반면,[65] 서비스의 제공자가 다른 회원국으로 이동한 때에는 서비스 공급의 자유에 관한 규정인 TFEU 제57조 2단에 의하여 다른 회원국에서는 영구적 기반이 아닌 '임시적인 기반'으로 경제활동을 해야 한다.[66] 이 사건의 법률고문(Advocate General)이 지적하였듯 경제활동의 '임시적' 성질은 서비스 공급의 존속기간뿐만 아니라, 규칙성(regularity), 정기성(periodicity), 계속성(continuity)이 판단 기준이 되어야 한다. 하지만 서비스 공급의 자유에 관한 규정이 임시적인 성질을 갖는다고 하여 서비스 제공자가 서비스 제공을 위한 장비(회사, 사무실 또는 상담실 등)를 설치하지 못한다는 것을 의미하는 것은 아니므로 제반 시설을 설치할 수 있다.[67]

그런데 ECJ는 Gebhard의 경우에는 서비스 공급의 자유에 관한 규정이 적용되지 않는다고 보았다. Gebhard는 안정적·지속적인 경제 기반(상주 영업장소)을 애초에 자국이 아닌 다른 회원국(여기서는 이탈리아)에 두었기 때문이다. 이러한 경우에는 '개업의 권리'에 관한

---

62) Case 48/75, *Jean Noel Royer,* [1976] ECR 497.

63) Case C-55/94, *Gebhard,* [1995] ECR Ⅰ-4165, para.20.

64) *Ibid.,* paras.21-22.

65) *Ibid.,* para.25; Case 2/74, *Reyners,* [1974] ECR 631, para.21 참조.

66) Case C-55/94, *Gebhard,* [1995] ECR Ⅰ-4165, para.26.

67) *Ibid.,* para.27.

규정이 적용된다는 것이다.68) 이 사건에서 밀라노 변호사협회(Milan Bar Council)는 Gebhard 가 밀라노 변호사협회의 구성원이 아니며 밀라노 변호사협회의 회원과 협력하거나 연합하여 일하지 않는 한 TFEU에서 의미하는 '회원국(이탈리아)에서 개업'한 것으로 볼 수 없다고 주장하였다. 그러나 이에 ECJ는 이러한 주장을 수용하지 않았고, 변호사협회와 같은 전문가협회에의 가입은 특정 활동을 하기 위한 일반적 조건은 될 수는 있으나, 이러한 회원 가입이 TFEU상 인정된 '개업의 자유'를 위한 '필수 요건'은 될 수 없다고 보았다.69) 그러면서도 ECJ는 '변호사'의 경우 타 회원국 변호사에게 개업을 위하여 타 회원국 변호사협회에 가입하도록 요구하는 것은 변호사윤리 준수(observance of moral and ethical principles)의 확보를 위하여 필요하고, 또한 필요한 경우 변호사의 활동을 규제하거나 징계(disciplinary control)할 수 있으므로 이는 일면 가능하다고 판시하였다.70)

4. 회사 소재지(등록사무소)의 타 회원국 이전문제와 관련된 *Daily Mail* 사건71)

1) 사실관계

영국의 세법하에서는 영국 내에 소재한 회사가 해외로 소재지를 이전하길 원하는 경우에는 '소득세' 납부 등의 처리 문제가 있는 관계로 인하여 '재무부의 승인'이 필요하였다. 이 사건에서 Daily Mail and General Trust PLC(이하 Daily Mail)는 영국법상 유한책임회사 법인으로 등록사무소 소재지가 London이었다. Daily Mail은 두 개의 신문사와 런던증권시장에 상장된 포트폴리오투자의 상당히 많은 주식을 소유한 투자회사로 1984년에 네덜란드로 이전하기 위하여 영국 재무부의 승인을 요청하였다. 사실상 Daily Mail의 모든 회의를 네덜란드에서 개최하고자 하였고, 대다수 이사진이 영국 외부에 거주하며, 그 부기(bookkeeping)와 경영(administration)의 대부분을 네덜란드의 새로운 사무소로 이전하려 하였으며, 네덜란드에서 은행계좌를 개설하고자 하였다.

소송 신청서에 따르면, Daily Mail은 처음에는 영국에서 발생하는 수입에 대한 소득세를 납부하고자 하였으나, 추후에는 자산매각소득세(capital gains tax)와 기업이전세(advance corporation

---

68) *Ibid.*, para.28.

69) *Ibid.*, paras.29-31.

70) Case 292/86, *Gullung* v. *Conseil de l'Ordre des Avocats de Barrau de Colmar et de Saverne*, [1988] ECR 111, para.29.

71) Case 81/87, *Daily Mail*, [1988] ECR 5483.

tax)의 영국 내 납세를 원치 않았고, 향후 회사의 소재지 이전에 따라 발생하는 자산매각에 대한 납세 관계의 발생을 포함한 네덜란드에서의 법인세에 대한 책임을 부담하고자 하였다. 나아가, Daily Mail은 회사 이전 후 포트폴리오의 일정 부분을 청산하여 이전한 자기 회사 주식을 재구입하는 데 충당할 자금으로 사용하기를 원했고, 설립의 자유에 따라 가능하다고 판단하였다.

이에 대하여 영국 재무부는 Daily Mail이 포트폴리오의 상당한 부분을 회사 이전 전에 청산할 것을 요구했으며, 그 부분에 대한 자산매각소득세(그리고 기업이전세)가 납부되어야 한다고 하였다. Daily Mail의 자산매각소득세의 총액(그리고 이전한 자기 회사 주식을 재구입하기 위하여 포트폴리오 청산에서 발생한 소득에 대한 기업이전세)은 약 2,500만 파운드(GBP)였다. 그러나 Daily Mail은 이러한 모든 세금이나 혹은 심지어 이중의 본질적 부분에 대해서도 납부할 준비가 되어 있지 않았기 때문에, 본 회사는 TFEU 제49조에 의거하여 영국 재무부의 승인 없이 네덜란드로 회사 소재지를 이전하기 위하여 재무부를 고소하였다.

2) ECJ의 판단 및 평가

이 사건은 '회사설립의 자유'와 관련된 규정인 TFEU 제49조와 제54조가 회원국의 국내법상 설립된 회사에 적용될 수 있는지에 관한 '본질적인 심사', 그리고 회원국에 '등록된 사무소'를 다른 회원국으로의 '경영의 중심과 통제 및 관리'를 위하여 이전할 수 있는 권리를 가지는지에 관한 심사와 관련된 것이다. 만약 그러하다면 처음의 회원국(여기서는 영국)은 회사의 과세장소와 관계되는 '국내의 권한 있는 기관'(여기서는 영국 재무부)의 동의하에 그러한 권리를 부여할 수 있는가 하는 것이다. 나아가 '설립과 서비스제공과 관련하여 회원국의 국적을 이유로 한 EU 내에서의 이동과 거주에 관한 제한의 철폐'라는 1973년 5월 21일의 '이사회 지침 73/148'[72]이 '회사'에게 다른 회원국으로 '경영의 중심'을 이전할 권리를 부여하는지에 관한 것이다.

이에 대해 위원회는 EU법의 현재의 상황을 무엇보다도 강조하여 회원국 국내법에 의해 여전히 통제받는 한 회사가 다른 회원국으로 경영의 중심과 관리를 이전하고자 하는 경우 이는 가능하다는 입장이다. 이와 관련하여 위원회는 회원국들의 국내 회사법제의 다양성을 언급하며, 일부 회원국의 회사법제는 경영의 중심과 관리의 이전을 허용하고 있고, 이들 중

---

[72] Directive 73/148 of 21 May 1973 on the abolition of restrictions on movement and residence within the Community for nationals of Member States with regard to establishment and the provision of services(OJ 1973 L172/14).

에는 심지어 과세와 관련해서도 회사이전으로 인한 아무런 법적 귀결(의무)이 없을 수 있다는 것이다. 한편 다른 법제하에서는 회사의 주요 의결기관 또는 경영진의 이전은 법인격의 상실을 초래할 수 있다는 것이다. 그러나 모든 법제들은 회원국에서의 회사의 '폐업'과 '재조직'을 허용하고 있다는 것이다. 이에 위원회는 회사 '경영의 중심'의 이전은 국내입법상 가능한 일이고, 이러한 회사 경영의 중심의 타 회원국으로의 이전의 권리는 제49조가 보장하는 권리라고 하였다.[73]

그런데 회사의 '중앙경영본부'에 대한 개념 설명의 어려움으로 인해 주요 의결기관인 이사회 회의장소가 회사이전의 요건 충족상 만족스러운 결과를 초래할 수 있는지를 검토해 볼 수 있지만, 이는 오늘날 기술상의 진보로 인한 회의장소의 발달에 의해 그 이전 의미가 충분히 제공될 수 없고, 따라서 주소의 이전이 회사설립의 의미를 내포하는지는 개별 요소에 각각 다른 무게를 두어 고려될 수 있다. 예를 들어 경영자의 주소, 주된 의결기관의 회의장소, 회사 행정상의 장소, 예금문서 보관 장소, 회사의 금융활동 및 은행계좌가 활성화된 장소를 기준으로 고려되어야 하고, 이 외에도 회사의 생산과 투자도 고려되어야 하는바, 투자는 주식거래와 주식거래액 규모에 대한 시장 판단도 필요하다고 할 수 있다.

ECJ는 위와 같은 분분한 이견에 대하여 먼저 많은 사례에서 그래 왔듯이 설립의 자유가 EU의 기본 원칙들 중의 하나라고 직시하였다.[74] 그리고 '회사'(법인)의 경우에 설립의 권리가 대리점(agencies), 지점(branches), 자회사(subsidiaries)의 설립에 의해 일반적으로 실현되고, 이는 제49조 1단의 2문에 명백하게 규정되어 있다. 실제 이 사건에서의 신청자(원고)의 회사설립의 형태는 네덜란드에서의 투자경영회사의 개업이라는 형식이다.

그런데 본안소송에서 문제가 되었던 영국의 국내법은 회사이전에 관해 제한을 부과하고 있지 않으며, 다른 회원국에서 새로운 회사를 설립하기 위하여 영국 내에 설립된 회사의 활동에 대한 전체적인 또는 부분적인 이전의 형식으로 표현되지도 않았다. 따라서 영국의 국내법에 의하면 '폐업' 이후에 필요하다면 영국 회사로서의 납세자의 지위문제를 해결하면 될 것이다. 또한 영국의 국내법에 의하여 재무부는 영국 외부로 회사의 경영의 중심을 이전하기 원하는 회사가 오직 영국 회사로서의 법인격과 지위를 유지하는 동안에는 그 이전에 동의할 수 있었다.[75]

ECJ는 이러한 정황에 의하여 제49조와 제54조는 처음 회원국의 법률상 설립된 회사로서의 지위를 유지하는 한, 다른 회원국으로의 '경영의 중심과 관리 및 중앙행정'의 이전의 권

---

73) Case 81/87, *Daily Mail*, [1988] ECR 5483, para.14.

74) *Ibid.*, para.15.

75) *Ibid.*, para.18 참조.

리는 부여될 수 없다고 하였다. 따라서 첫 번째 문제에 대하여 ECJ는 현재의 EU법 즉 제49조와 제54조에 의거해 한 회원국의 등록사무소, 본점 또는 주요사업소는 다른 회원국으로 '경영 중심과 관리'를 이전할 수 없다고 하였다.[76) 결국 대리점, 지점, 자회사의 설립을 통한 회사의 경제활동은 가능하다.

그리고 1973년 5월 21일의 이사회지침 73/148(설립과 서비스제공에 관한 회원국 국민들(즉 '자연인')의 EU 내에서의 거주와 이전에 대한 제한의 철폐에 관한 이사회 지침)은 당해 지침의 제목과 규정은 오직 '자연인'(natural persons)의 거주와 이전에 대하여 규정되는바, '법인'(legal persons)에게는 이를 유추하여 적용할 수 없다고 판시하였다.[77)

결국 회사 경영과 통제의 중심지를 이전하고자 하는 Daily Mail은 국적이 보유되어 세금 납부의무가 존재하는 회사의 이전이 아닌, 현지 회사의 '폐업'과 네덜란드에서의 '재개업'을 통하여 국적을 포기함으로써 세금납부도 회피할 수 있게 된다고 볼 수 있다.[78) 그런데 경영과 통제의 핵심인 본부가 이전함에 있어서, 전 국가에서 청산의 절차를 거치고 다른 국가에서 개업을 하는 것은 회사의 '실체'가 분명 변하지 않고 존재하는 것으로 이를 회사의 설립으로 인정하는 것은 제3자의 이해를 해칠 우려가 있다. 따라서 회사의 설립과 이전의 자유는 인정된다고 생각하나, 이 사건에서 경영과 통제의 핵심인 본부의 이전이 회사의 설립을 초래하는 것으로 보는 데는 신중해야 할 것으로 보인다.

---

76) *Ibid*., paras.24-25.

77) *Ibid*., paras.28-29.

78) 이 사건에서 원고가 선택할 수 있는 방안에는 첫째, 기존 회사를 청산하고 이전하고자 하는 곳에서 새로이 개업을 하는 것이다. 물론 이는 제3자의 이해를 해할 염려가 있고, 조세회피의 목적으로 악용될 우려가 존재한다. 둘째, 재무부의 승인을 받는 것으로, 이는 엄격한 절차에 따라 이루어지므로 그 판단기준이 까다롭고 시일도 많이 걸릴 것이다. 셋째, 이전하고자 하는 타 회원국의 장소에 회사를 설립하는 것으로, 현재의 회사를 존치시키면서 타 회원국에 새로운 회사를 설립함으로써 사업의 다각화와 투자의 안정을 꾀할 수 있다. 넷째, 이전하고자 하는 타 회원국의 회사에 투자를 하는 것이다. 간접적 투자로 자신이 원하는 업종의 회사를 물색하여 그 지역의 회사에 투자를 하는 것 또한 거주 및 이전의 자유에 대한 제한에 대한 방안으로 볼 수 있다. Case C-411/03, *Sevic Systems AG*, [2005] ECR Ⅰ-10805, para.31과 비교.

Ⅳ. 결언에 갈음하여: 설립의 자유와 제한이 한·EU FTA에 주는 의미

1. 한·EU FTA[79]상의 설립 규정과의 비교적 차원에서

1) 용어 정의(제7.9조)

'설립'이란 경제적 활동을 행할 목적으로 법인을 구성·인수·유지하거나, 지사 또는 대리점을 설치·유지하는 행위를 의미한다. 즉 서비스업뿐만 아니라 제조업, 광업 등 비서비스업 분야의 상업적 주재를 포괄하는 개념이다. 그러나 '경제적 활동'의 범위에서 국경 간 서비스와 마찬가지로 비상업적, 비경쟁성을 속성으로 하는 공무집행적 정부권한행사는 제외된다. 그리고 '투자자'란 설립을 통해 경제활동을 수행하거나 수행하고자 하는 자연인 또는 법인을 의미한다. 그리고 '지사'란 법인격은 없으나 항구적인 외관을 갖고 있는 영업장소를 의미한다. 결국 설립이나 투자자의 개념은 EU법상으로나 한·EU FTA으로나 같다고 할 수 있다.

2) 적용 범위

한·EU FTA는 '설립'에 대해 영향을 미치는 당사국의 모든 국내조치를 적용대상으로 하고 있다. 따라서 당사국의 국적에 의한 '직접적 차별'과 '간접적 차별'뿐만 아니라 '무차별적 규제'가 일반적으로 금지된다고 볼 수 있다. 다만 핵연료의 채굴·제조·처리, 군수품 및 전쟁물자의 제조, 시청각(방송 서비스 포함)서비스, 연안해운서비스, 항공운송 관련 서비스 분야는 적용대상에서 배제하고 있다.[80]

한편 EU는 투자보호와 관련된 권한은 회원국이 보유하고 있고 EU위원회가 소유하고 있지 않기 때문에, 한·EU FTA에서는 이와 관련된 수용·보상, 투자자－국가 간 분쟁해결절차(ISD) 등 투자보호와 관련된 사항은 포함하고 있지 않다. 다만 제7.16조의 규정을 통해 향후 투자자유화의 진전을 위해 투자 법제 및 투자 환경에 대한 당사국의 검토의무를 부과

---

79) 체약국들 간 FTA체제하에서는 일단 궁극적으로 또는 장기적으로는 '국적'에 의한 차별의 문제가 해결되게 된다. 따라서 한·EU FTA하에서는 시장개방에 따라 EU와 우리나라의 자연인이나 법인의 상호 진출이 이루어진다. 여기에서 살펴보는 한·EU FTA상의 '설립'에 관한 내용은 한·EU FTA '국문본'과 관계부처합동, 『한·EU FTA 상세설명자료』(2009.10)를 참고하였음.

80) 그러나 예외적으로 항공 관련 서비스 중 항공기의 유지·보수, 항공 관련 판촉, 컴퓨터예약시스템, 지상조업, 운영자포함 항공기임대, 공항운영 분야는 적용대상에 포함하고 있다.

하고 있다. 이와 관련해서는 한·EU FTA상의 투자 자유화와 관련된 내용 검토도 이루어져야 하되, 한·EU FTA 발효 후에는 3년 이내 시점부터 정기적으로 검토의무가 이행되어야 한다. 이때는 동 FTA협정문 본문, 양허리스트, 최혜국대우 예외리스트도 검토대상이 된다. 무엇보다 제7.16조가 중요한 이유는 투자자유화의 장애요소의 제거를 위해 당사국 간 추가협상 의무를 규정하여 '설립' 관련 분야에 있어서의 '실효성'을 매우 강화하고 있기 때문이다.

3) 시장접근(제7.11조)

당사국은 외국인 투자자의 시장접근을 보장해야 하며, 설립 및 투자자에 대한 다음의 6가지 유형의 제한 조치의 채택 및 유지를 금지해야 한다. ① 설립의 수량, ② 거래·자산의 총액, ③ 영업의 총 수량·총 산출량, ④ 외국인 자본의 참여, ⑤ 법적 실체·합작 투자의 형태, ⑥ 고용되는 자연인의 총수, 예를 들어, 다수의 지점을 설치하고 여러 명을 고용하여 경제활동을 수행하는 것이 가능하다. *Klopp* 사건에서 살펴본 바와 같이, 프랑스가 주장하듯 비록 지방법원 관할하의 한 장소에서만 변호사 사무소를 설치하고 활동하는 것이 국내법원과 고객의 편의를 도모하고 변호사의 성실한 업무수행을 위해 필요하다고 할지라도, 이로써 변호사 개업의 자유에 대한 제한을 정당화할 수는 없다. 따라서 변호사 사무소를 타 회원국의 지방법원 관할하의 '오직 한 장소'에서만 설치하도록 한 프랑스 국내법은 TFEU 제49조의 위반이라고 할 수 있으므로, 타 회원국 국적자는 이미 설치한 자국 내 사무소를 포기할 필요가 없으며, EU 내에 하나의 변호사 사무소를 설치해야 하는 것도 아니다. EU 내에서 원하는 곳에서 원하는 만큼의 변호사 사무소를 설치하여 활동할 수 있는 것이다. 그리고 두 번째 사무소의 설치 및 존재가 변호사의 직업상 윤리규칙을 해하지도 않는다고 할 수 있다.

한편 한·EU FTA에서는 기체결된 FTA에서 서비스분야에 대해서만 적용해 오던 것과 달리 제조업, 광업 등 비서비스분야에 대해서도 시장접근 보장 의무를 규정함으로써 자유화 수준의 제고에 동의하였다. 이를 통해 투자의 투명성을 한 단계 업그레이드시키고 국내 제조업체들의 대EU진출 확대에 기여할 수 있게 되었다. 다만 양해를 통해 환경보호, 도시계획 등을 위한 각종 조치들에 대해서는 '국가의 규제권한'을 유보하였다. 따라서 과밀억제를 위한 공장설립 상한제 등 구역설정, 도시계획 및 환경보호 관련 규제는 비차별적·비수량적 조치로서 시장접근 의무에 관한 위반에 해당하지 아니한다.[81] 이러한 환경과 같은 분야는 국가의 주권적 성질이 여전히 강한 분야로서 비관세장벽에 해당되지 않기 때문에 전략적 차원에서 활용할 수 있다.

4) 내국민 대우(제7.12조)

당사국은 상대국의 투자 및 투자자에게 자국의 '동종 투자 및 투자자'보다 불리하지 않은 대우를 할 의무가 있다. 이러한 의무는 '국적', '거주 요건'의 부과에 대한 금지를 포함한다.[82] '국적'에 의한 차별은 일반적으로 금지된다. *Centros* 사례에서 살펴본 바와 같이 EU는 '설립의 자유'를 EU공동시장의 기본질서로서 매우 중요하게 다루고 있다. TFEU 제54조에 따라 회원국 국내법에 따라 설립되어 EU 내에 등록사무소나 본점 혹은 주요사업소가 있는 회사들이나 기업체들은 회원국의 국민인 '자연인'과 같은 방식으로 '동등하게' 대우받아야 한다. 그 결과 이 회사들이 타 회원국에서 대리점·지점·자회사를 통해 사업을 경영할 권리를 부여받게 된다. 따라서 회사를 설립하기 원하는 회원국의 국민이 자신을 최소한도로 제약하는 회사법을 갖는 회원국에 회사를 설립하고 타 회원국에 지점을 설립하는 것을 '선택'하는 것은 본질적으로 설립의 권리를 남용하는 행위가 아니다.

5) 양허표

양허표에는 포지티브(positive)방식을 택하여 설립에 있어서 개방이 이루어지는 '분야'와 해당 분야에서의 내국민대우, 시장접근 의무와 관련된 '유보' 사항이 기재되어 있다.

6) 양허안 주요 내용(비서비스업 분야)

(1) 공통 양허 사항

직접투자를 하고자 하는 외국인은 지식경제부장관에 대한 '사전 신고 의무'가 있으며, 투

---

81) 그러므로 「수도권정비계획법」 제18조 ①항에 따라 공장 등의 인구집중유발시설이 수도권에 집중되지 않도록 그 신설 또는 증설의 총 허용량을 설정할 수 있다. 그리고 「산업집적활성화 및 공장설립에 관한 법률」 제20조 ①항에 따라 과밀억제지역, 성장관리지역 및 자연보전지역 내 공장의 신설, 증설, 이전 또는 업종 변경을 제한할 수 있다. 또한 「수도권대기환경특별법」 제14조 ①항에 따라 총량관리대상 오염물질을 과도하게 배출하는 사업장의 설치에 대한 허가제 실시를 할 수 있다. 관계부처합동, 『한·EU FTA 상세설명자료』(2009.10), pp.108-109 참조.

82) 한편 한·EU FTA 제7.14조는 상대국 투자 및 투자자에게 제3국의 동종 투자 및 투자자보다 불리하지 않은 대우를 해야 할 의무인 최혜국대우의 의무를 규정하고 있다.

자 관련 사항을 변경하는 경우에도 동일하다. 한편 '방위산업' 투자와 관련된 조치는 포괄적으로 유보하였다. 다만 외국인투자자가 방위산업 관련 기업의 기발행 주식을 취득하기 위해서는 지식경제부장관의 사전 허가가 필요하다. 이 외에 외국인의 '토지·농지의 취득, 사회적 취약계층에 대한 대우, 국가 소유의 전자/정보시스템, 총포·도검·화약류' 관련 조치는 포괄적으로 유보하였다. 따라서 이와 관련된 국내조치는 차별에 해당하지 않는다.

Daily Mail 사건에서 살펴본 바와 같이, ECJ는 많은 사례와 같이 공동시장의 기능의 활성화에 큰 관심을 갖고 국적에 의한 차별 없이 타 회원국에서 동등하게 '설립의 자유'를 인정하고 있다. 따라서 설립의 자유는 EU시민인 '자연인'뿐만 아니라 TFEU 제65조상의 '회사'에게도 타 회원국에서의 회사설립의 자유를 적극적으로 보장하고 있다. 다만 회사 '경영과 통제의 중심지'를 이전하고자 하는 Daily Mail은 국적이 보유되어 세금납부의무가 존재하는 회사의 이전이 아닌, 현지 회사의 '폐업'과 네덜란드에서의 '재개업'을 통하여 국적을 포기함으로써 세금납부도 회피할 수 있게 된다고 할 수 있다. 그러나 이는 회사의 실체가 분명 변하지 않고 존재하는 것으로 이를 회사의 설립으로 인정하는 것은 제3자의 이해를 해할 우려가 있다. 따라서 한·EU FTA상 '설립'에 있어서도 양측이 시장을 개방하더라도 제3자의 보호에 큰 관심을 가져야 할 것이다. 이러한 측면에서 EU 측이 우리나라에서 설립을 통해 서비스 등을 제공하더라도 국내 관련 기관에 '신고' 또는 '허가'를 통해 활동이 보장되도록 규정한 부분에 관해서는 유의해야 할 것이다.

(2) 개별 산업별 양허 사항

'에너지' 관련 원자력산업, 발전·송전·배전 및 전력의 판매 분야, 천연가스 수입과 도매 및 인수기지와 전국 고압 주배관망의 운영에 관한 조치에 대해서는 포괄적 규제권한을 유보하였으며, 한국전력공사의 외국인 지분취득은 40% 미만, 한국가스공사의 외국인 지분취득은 30% 미만으로 외국인지분취득의 제한에 관하여 규정하였다. 그리고 '농·축·수산업' 관련 쌀, 보리 재배업 및 어업은 미양허하였으며, 육우사육업 종사 기업의 외국인 지분취득은 50% 미만으로 제한하였다. 한편 '광업' 관련 해저석유광업권은 정부가 독점적으로 보유토록 하여 비서비스업 분야의 시장접근을 제한하였다.

7) EU 측 양허 수준

EU는 제조업 등 대부분의 비서비스업 투자를 개방하는 높은 수준의 개방을 하고 있으며,

이는 EU공동시장 수준의 자유화가 보장된 개방으로 에너지 분야, 공익산업 등 그 공익성 및 민감성을 감안하여 매우 제한된 범위에서만 규제 권한을 유보하고 있다.

8) 적용 예외

한·EU FTA Chapter 7에만 적용되는 예외에는 '공공안전, 공중도덕, 공중질서, 인간·동식물의 생명 및 건강 보호, 문화재보호, 천연자원 보존, 사생활 보호' 등을 위한 제한 조치가 있다. 이러한 예외와 관련해서는 *Reyners* 사건에서 살펴본 바와 같이 국적을 근거로 상대방 국적자를 차별적으로 규율할 수 없으나, 다만 TFEU 제51조의 첫 단락에 따라 회원국들은 제49조에 규정된 자영업자로서의 활동들 중 일부가 특히 '실제적이고 직접적으로' 당사국의 '공권력의 집행'과 관련된 경우에는 외국인에 대한 개업의 자유를 제한할 수 있다. 다만 이러한 제한 조치는 '자의적' 또는 정당화될 수 없는 국가 간 '차별 수단'이거나 '위장된 제한 조치'가 돼서는 아니 된다. 이러한 적용 예외는 국내적으로 외국인투자촉진법 제4조 및 대외무역법 제5조의 교역·투자 제한 사유를 포함시킴으로써 규제 권한을 유지하는 효과를 갖는다는 점에서 의미가 있다. 그러나 이러한 예외적 사항은 EU에서도 회원국의 주권적 사항이고 일반 국제사회에서도 통상적으로 양해되고 있다는 점에 유의해야 한다.

9) 상호 자격 인정(제7.21조)

양 당사자는 상호 간 서비스 공급자에 대한 자격·면허의 인정을 촉진시키기 위해 관련 직능 단체 간 논의 및 정보교류 등을 제도화하였다. 이를 위해 양측은 무역위원회 산하에 상호 자격인정에 관한 작업반을 설치하고 정기적으로 만나 관심 분야 및 권고 내용을 논의키로 합의하였다. 이는 우리나라 측의 건축, 수의, 엔지니어링 등 업계의 요구사항을 반영하고 있다고 볼 수 있다. 한편 EU도 전문지식이나 자격의 상호인정에 대해 적극적이라고 할 수 있다. *Gebhard* 사건에서 살펴본 바와 같이, 변호사협회와 같은 전문가협회의 회원 가입은 이탈리아 국적을 가져야만 가능하도록 하고 있는데, 이는 개업의 자유를 위한 일반적 조건은 될 수는 있으나, 이러한 회원 가입이 '개업의 자유'를 위한 '필수 요건'은 될 수 없다고 하였다. 그리고 필요한 경우 타 회원국 국적자가 소지하고 있는 지식 또는 자격증과 관련된 자국의 규정 및 요건을 비교하여 주재국과 타 회원국 양자가 대등하다고 인정되는 경우, 회원국은 그동안 행한 연구 및 실무업적의 기간과 그 성질을 고려하여 타 회원국 국적자의 '지식'이나 '자격증'도 동등하게 인정하고 있다.

2. 비교의 의의

본문에서 살펴보고 위와 같이 접목하여 살펴본 EU법상의 설립의 자유에 관한 이론과 판례의 태도는 한·EU FTA에 있어서 장차 고려되어야 할 시장의 개방정책과 관계되므로, 관련 사안들이 EU시장으로의 진출을 목표로 하고 있는 국내의 자연인 및 법인에게 부여하는 의미가 적지 않다고 할 수 있다. 경제통합의 단계 중에서도 상당한 발전의 양상에 해당하는 공동시장체제에 비해, FTA는 경제통합의 초기단계의 형태에 해당하기 때문에, 한·EU FTA의 상대방인 EU도 초기에는 EU공동시장 수준으로까지는 우리나라에게 요구하지 못할 것이다. 그러나 한·EU FTA의 발효 후 양측의 교역증대 정도에 따라 시장개방의 수준은 높아질 수 있고, 이렇게 되면 경제통합에 있어서 발전된 '공동시장체제'를 구축하고 있는 EU가 WTO통상질서의 기조하에 국제통상협상에서 우리나라보다 강한 협상력을 발휘하여 보다 유리한 위치에서 자신의 요구수준을 관철시키고자 할 것이다. 뿐만 아니라 EU는 27개 회원국을 대표하여 공동통상협상에 임하고 있기 때문에 일개 국가인 우리나라의 입장에서는 철저한 준비를 통하여 '지역통합체 대 지역통합체'가 아닌 '지역통합체 대 국가'가 국제통상협상에서 겪는 한계를 극복할 수 있도록 해야 할 것이다. 무엇보다 중요한 점은 한·EU FTA의 발효 이후인데, 동 FTA가 발효되고 적절한 시기에 도달하면 EU는 더 높은 수준의 '관세 철폐'와 '내국민대우'를 요구할 것이다. 또한 통상협상의 구체적 내용에 있어서도 처음에는 포지티브(positive) 방식으로 시작되었으나, 나중에는 네거티브(negative) 방식으로 우리나라 시장을 공략할 수 있다. 또한 우리나라의 '비관세 장벽', 즉 여러 규제들을 추가적으로 완화하거나 제거하도록 요청할 것이다. 점차 초기의 과도기적 조치가 사라질 것이고, 세이프가드 조치를 취할 수 있는 경우와 그 범위도 점차 단계적으로 축소될 것으로 예상된다. 물론 이러한 측면은 상대적인 효과를 갖기 때문에 지나치게 우려할 필요는 없다고 할 수 있으나, 미래를 위해 철저한 준비는 필요하다고 할 수 있다.

제13장 EU의 공동통상정책과 한·EU FTA*

Ⅰ. WTO체제하에서의 통상정책(FTA 등) 실현

현재 국제통상에 있어서 세계무역기구(World Trade Organization: WTO)를 통한 다자간 체제와 함께 자유무역협정(Free Trade Agreement: FTA)을 통한 국제통상은 보편적인 세계적 현상이며, 이러한 흐름 속에서 한·EU FTA 체결 협상이 타결되어 2009년 10월 15일 벨기에 브뤼셀에서 가서명되었고, 2010년 10월 6일 벨기에 브뤼셀에서 정식 서명되었다. 그리고 2011년 2월 17일 유럽의회(EP)는 한·EU FTA를 승인하였고, 한국의 국회비준절차를 거쳐 7월 1일 발효되었다. 지역적 차원의 경제협력은 다자조약체제와 상충되는 것이 아니며, WTO는 관세 및 무역에 관한 일반협정(General Agreement on Tariffs and Trade, 1994: 1994년의 GATT) 제24조에 근거하여 FTA 등 '지역경제협력'이 국제경제질서에 있어서 '시장자유화'에 기여한다고 판단하고 있다.

그런데 오늘날에는 FTA가 단순히 '관세철폐'에 그치지 아니하고, '역내시장'의 경제활동에 중요한 영향을 미치는 '노동, 서비스, 투자, 환경' 등 다양한 분야에 이르기까지 세부적으로 협상이 진행되고 있다. 이처럼 한·EU FTA 체결은 '역내시장'에서 '무역 및 투자의 증가, 고용창출 및 산업경쟁력 강화를 통한 경제성장' 등 다양한 측면에서 경제적 파급효과를 기대할 수 있다.

Ⅱ. EU의 공동통상정책(FTA 등)의 기초

EU의 FTA정책은 TFEU 제206조~제207조(EC조약 제131조~제134조) 등에 기초한 '공

---

* 이 내용은 김두수, 『EU공동시장법』, 파주: 한국학술정보(2010), 제9장을 참고하였음.

동통상정책'을 기반으로 추진되고 있다. TFEU 제206조(EC조약 131조)에 따라 EU는 세계 경제질서의 기조 아래 대내적으로는 EU회원국들의 무역정책 및 법률의 조화를 통하여 '단일시장'의 원활한 운영을 제도적으로 구비하고, 대외적으로는 역외국가와 효과적인 경제관계를 유지·발전시킴으로써 EU회원국들의 협상력 제고와 경제적 이익을 도모하고 있는 것이다. EU는 '공동통상정책'의 틀을 기초로 반덤핑, 반보조금, 세이프가드 및 무역장벽제거 등의 이사회 규칙에 근거하여 EU의 대외무역관계에 적용되는 무역정책의 법제도적 근거를 제공하여 회원국들의 이해관계를 보조하고 있다. EU 내 회원국마다 '상이'하게 적용되었던 '무역정책'을 EU 차원에서 단일화해 통일적으로 적용하고 있으며, 경제통합의 규모가 커지면서 그 '공동통상정책'의 적용 영역도 확대되고 있다.

이미 27개국으로 구성되어 있는 공동체를 통해 '역내 경제통상질서'의 통일을 경험한 EU가 이를 기초로 'WTO의 기조'를 '역외 경제통상관계'에서도 강화시키고자 하고 있다. '역내 공동시장체제'를 확립한 EU를 통해 알 수 있는 것은 EU가 'WTO체제'의 보존과 강화에 기여하는 바가 크다는 사실이다. EU는 WTO기조 아래서 관세인하 및 비관세장벽의 제거를 통해 EU기업 및 근로자들의 이익을 증대시키고 있다. 또한 덤핑 및 불법보조금 등 불공정 무역행위에 따른 역내 경쟁의 왜곡을 방지하고 있다. 한편 개도국에 대해서는 개발지원을 통해 EU가 국제사회에서 선도적 역할을 행사하고 있는 '지속 가능한 발전'에 기여함으로써 국제사회에서의 EU의 좋은 평판을 유지하고자 노력하고 있다. EU의 '공동통상정책'의 발전은 개별회원국의 관할권을 공동체의 '배타적 관할권'으로 이전시켜 온 역사적 과정이다.

1. 공동통상정책 이행 절차

'공동통상'과 관련된 '역내 입법 사안'의 경우에는 EU 집행위원회가 제안을 하고 이사회가 최종 승인한다. '대외 통상 협상'의 경우에는 집행위원회의 권고를 이사회가 검토한 후 협상 개시를 승인하면 집행위원회가 대외통상협상을 수행한다. 이 경우 '집행위원회'는 대외통상협상 과정에서 TFEU 제207조(EC조약 제133조)상의 '위원회'(이사회 특별위원회: 회원국 통상전문 관료회의)에 정기적으로 보고하고, 회원국들은 동 위원회를 통해 대외통상협상 상황을 파악하고 지시한다. 한·EU FTA에서와 같이 특정 분야(예를 들면, 서비스분과)에 대한 협상의 경우에는 '집행위원회'가 교섭하되, '회원국들 외교관'이 옵저버 자격으로 후열에 배석하여 참석하기도 하였다. 단, 소규모회합의 경우에는 일반적으로 집행위원회가 참석한 후 그 결과를 회원국들에게 브리핑한다. 과거에는 대외통상협상에 있어서의 최종서명, 정식발효 전 잠정발효, 최종비준에 대한 결정은 이사회가 전권을 행사하였으나, 2009년 12월 1일 리스본조약 발효 이후에는 대외통상 '협상과정'에서 유럽의회의 공식적 역할이 강화되어 유럽의회는 통상협상 과정에서 통상협상 과정에 대해 보고를 받으며 통상협상체결에 대한 승인권(비준에 해당)을 가진다.

2. 리스본조약 이후의 공동통상정책

1) 공동통상정책 범위 확대

TFEU 제207조(3)는 '공동통상정책'을 EU의 '배타적 영역'으로 규정하고 있고, 제207조(4)는 서비스, 지식재산권보호, 문화·시청각·사회·교육·보건 서비스 분야에 있어서의 특별한 경우에는 '회원국들의 만장일치'를 요건으로 하되, 그 외 대부분의 분야를 EU의 '배타적 권한'으로 이전하고 있다. 이로서 '공동통상정책' 입법과정에서 개별 회원국, 특히 소국인 회원국의 권한이 약화되었다.

2) 유럽의회 역할 강화

TFEU 제207조(2)에 의하면 EU가 '공동통상정책'을 이행하기 위한 골격을 정의하는 조치로서의 규칙(regulations)을 채택하기 위해서는 가중다수결 방식을 요건으로 하는 일반입법절차(회원국의 만장일치를 요하지 않음)가 적용된다. 그리고 TFEU 제207조(3)에 의하면 '대외통상협상' 분야에서 집행위원회는 '이사회 특별위원회' 외에 유럽의회에도 '통상협상과정'에 관하여 정기적으로 보고해야 한다. 이는 '대외통상협상' 과정에서 '유럽의회'가 '이사회 특별위원회'와 동일한 수준의 권한을 행사함을 의미하며, 이로서 '유럽의회'는 이사회 특별위원회의 구성원인 통상관료와는 달리 보다 '정치적인 논리로 통상이슈에 접근'(예를 들면, 로비활동 가능)하는 태도를 보일 것으로 보인다. 이 경우 유럽의회의 권한이 강화되는 것과는 반대로, 의원의 전문성과 윤리규정의 미비한 점으로 인해 유럽의회에 대한 EU 업계의 로비가 전개될 가능성이 있다. 예를 들면, 한·EU FTA타결에서 이탈리아 자동차업계가 자국 출신 유럽의회 의원을 통해 전략을 구사했듯이, 통상문제에 대한 회원국 국내 정치적 요구가 자국 출신 유럽의회 의원을 통해 표출될 가능성이 있다. 그리고 TFEU 제

218조(6.a.v) 대외통상협상을 포함하여 모든 국제협정체결을 위해서는 유럽의회의 동의(승인)가 필요하다.

3) EU 대외정책과의 일관성

TFEU 제207조(1)에 의하면 EU의 '공동통상정책'은 EU의 '외교정책' 체계에서 운영된다. 즉 2009년 12월 1일부터 신설된 EU외교안보공동대표는 EU의 '공동통상정책'을 전체적으로 책임지고 조율하고 운영한다. 따라서 EU의 통상협상에서는 EU외교안보공동대표가 추진하는 외교정책적 고려 요인이 중요하게 작용하게 된다. 예컨대 EU가 '동아시아'에서 다른 나라가 아닌 '한국'과 FTA를 추진한 것이 향후 한반도 평화에 시사하는 바가 적지 않을 것으로 볼 수 있다.

그러므로 한·EU FTA에서도 위와 같은 내용이 반영되어 우리나라 정부에 EU역내시장 수준의 개방을 점차 요구할 것이고, 우리나라 정부로서는 EU공동시장 법제와 주요 판례에 관한 분석과 검토가 더욱 절실히 필요한 상황이라고 할 수 있다. 협상의 상대방을 이해하는 데 있어서 상대방의 법제도적 측면을 이해하는 것만큼 빠르고 합리적인 방법도 드물 것이다. 양 당사자 간 다양한 분야에서의 시장개방 내용은 한·EU FTA의 초기에서든지 아니면 차후의 협상에서든지 요구되어 적용될 수 있다.

Ⅲ. 한·EU FTA에 대한 EU의 전략

EU는 외부적으로는 세계무역기구(WTO)를 통한 다자주의를 지향하면서 내부적으로는 동유럽 국가들의 EU신규가입을 통하여 EU의 영역을 확대하였다. 국제사회가 WTO를 통한 다자주의에 있어서 한계를 갖고 있고, EU신규회원국들의 가입도 어느 정도 마무리되어 가고 있는 현재, EU의 장기발전전략은 여전히 '시장 확대'(역외 시장접근)에 맞추어져 있다고 볼 수 있다. 단지 '시장 확대'의 초점이 '동유럽'에서 세계시장에 대한 선택적 양자주의, 즉 '자유무역협정(FTA)'과 같은 상호 시장개방을 통한 확대로 전환되고 있다고 볼 수 있고, EU가 한국, 동남아시아국가연합(ASEAN), 인도 등과의 FTA에 관심을 갖는 이유도 같은 맥락이라고 할 수 있다. 범유럽적 통합을 달성한 EU로서는 이제 시야를 EU 외부로 더욱 넓힐 수 있게 된 것이다.

그런데 EU가 교역규모가 더 큰 미국, 일본, 중국이 아닌 한국과 FTA를 선 대상으로 삼은 이유에 대하여 살펴볼 필요가 있다.

첫째, EU는 WTO체제 수준의 규범을 잘 준수하는 국제사회의 구성원인 국가와 통상관계를 맺기 원하며, 이러한 국가들과 '관세 및 비관세장벽'을 초월한 더 높은 단계(수준)의 통상관계를 맺기를 원한다는 것이다. 이는 EU가 WTO창설에 적극적이었던 배경과도 맥을 같이한다. EU는 당연히 EU와의 교역규모나 시장잠재력이 비교적 큰 국가라는 점 외에도 EU와의 통상 분쟁이 감소하고 있는 국가에 매력적 관심이 있다고 할 수 있다. EU는 중국과의 관계에서는 통상 분쟁의 증대와 시장잠식에 대한 우려가 있다.

둘째, EU는 세계시장에서의 표준화경쟁에서 EU표준의 우위를 확보하는 데 우리나라가 도움이 될 수 있다고 판단하고 있다. 미국, 일본은 EU의 입장에서 보면 과학 및 기술 표준화에 있어서 경쟁관계에 있는 국가들이라고 볼 수 있다. 실제로 전기, 자동차, 정밀기계 등 다양한 분야에서 미국, 일본, EU는 국제사회에서 넓은 소비시장과 선진기술을 갖추어 세계시장의 표준을 선점하기 위하여 치열한 경쟁을 벌여 왔다. 그런데 서로 대등한 세력 간 경쟁이 예상되는 분야에서는 우리나라와 같이 신속하게 첨단기술을 상품화하는 국가와 '과학 및 기술 표준화'에 합의하는 것이 국제표준의 선점을 위해서도 중요하다고 할 수 있고, 이는 국제통상에 있어서도 매력적이라고 할 수 있다. 무엇보다 정치, 경제, 사회, 문화적으로 비교적 안정적이며 장차 영향력을 발휘할 국가로 우리나라를 선택했다고 볼 수 있다. 특히 미국경제가 점차 둔화될 가능성에 대비하면서도 중국경제 성장에 대비하여 우리나라를 주목했을 가능성이 크다고 할 수 있다. 장기적으로는 한반도통일을 통한 동북아경제시장 또는 동아시아경제시장의 허브(hub)로 우리나라를 주목하고 있다고 볼 수 있다.

Ⅳ. EU가 원하는 한·EU FTA의 경제통합수준

EU가 생각하는 FTA의 경제통합수준은 EU와 같은 '단일시장'보다는 낮고 다자주의체제에 의한 'WTO'의 개방보다는 높은 수준이라고 할 수 있다. 이는 EU가 'WTO창설'에 적극적이었던 점과 EU '공동시장'을 설립한 점을 통해 알 수 있다. 여기에서 EU와 같은 수준의 '단일시장'이란, 여러 기술 표준화, 경쟁의 원칙, 환경기준, 국가보조금 등에 있어서 모든 규정이 모든 회원국들에게 동일하게 적용되는 것을 말한다. 한편 'WTO의 개방 수준'이란, 주로 '상품시장'의 자유화를 중심으로 하는 시장의 개방(시장접근)을 의미한다. 그런데 과거보다 한층 강화된 '신세대 FTA'란, 바로 상대방에 대한 '시장접근'(market access)의 개선을 통상협상의 최우선 목표로 삼는 것이고, 따라서 EU도 통상협상의 상대방에 대하여 기존의 단순한 '관세율 인하'로 해결할 수 없는 상대방의 '위생 및 검역기준', '환경보호 기준' 또는 '상거래관행' 등 다양한 '비관세장벽' 문제를 해결하기를 원하고 있는 것이다. 즉 시장접근을 용이하게 하기 위하여 비관세장벽들을 제거하는 것이 통상협상의 주요 쟁점 사항이자 목표라고 할 수 있다.

따라서 EU기업들에게 불리한 경쟁조건이 될 수 있는 FTA 상대방 국가의 '상이한 제도'가 국제통상관계에서 쟁점 사안이 될 수 있다. 우리나라의 경우에는 그동안 WTO에서 수차례 제기되었던 '국가보조금'(state aid) 문제, EU기업들보다 낮은 '환경기준' 문제가 EU기업과 우리나라 기업 간의 '공정한 경쟁'을 방해하는 요인으로 지적될 가능성이 있다. 이는 오늘날 국제사회에서 환경과 에너지, 식품안전 기준에 대한 관심이 점점 증대되는 것과 맥을 같이한다고 볼 수 있다. EU의 경우 자신들의 '공정한 경쟁정책'을 위하여 공공금융기관이 민간 기업에 대해 지원하는 것을 금지하고 있기 때문에, 우리나라의 산업은행, 수출입은행, 기업은행, 수출보험공사 등이 공적 신용을 기반으로 저리로 민간 기업에 대출하거나 수출신용을 제공하는 경우에 이것이 문제가 될 수 있다. 또한 G20 등 국제사회에서 많은 관심을 갖기 시작한 환경문제와 관련된, 교토의정서(Kyoto Protocol)에 의한 이산화탄소 배출권(Emission Trade System: ETS) 부담이 EU기업들에게만 적용되는 경우, 이는 EU역내기업과 역외기업 간의 '역차별'이 발생할 가능성이 있기 때문에, EU는 우리나라 기업들에게도 추가적인 '환경 관련 부담'을 지우거나 또는 최소한 통상협상에서 전략적으로 이를 이용할 수도 있다. 따라서 이제 우리나라도 환경에 대한 법적 규제를 강화하고 환경에 대한 인식을 제고해야 할 것이다. 한·EU FTA가 발효되었으나, 이는 추후에도 쟁점화될 우려가 없지 않다.

이에 대하여 우리나라는 다음과 같은 태도로 대응할 수 있을 것이다. 첫째, 계속해서 발전하고 있는 과학 및 기술의 표준화와 관련해서는 유럽표준과 미국표준 가운데 우리나라 기업들의 연구개발 및 상품화에 있어서 유리한 표준을 채택하는 방향으로 나아가야 하며, 우리나라 정부와 기업들의 이해가 일치하는 방향에서 우리나라의 기술이 국제표준이 될 수 있도록 노력해야 할 것이다. 둘째, 당사자 간 경쟁정책의 이행, 특히 '국가보조금'과 관련해서는 EU의 요구를 무조건 수용할 필요는 없는데, EU 내에서도 여러 정책적 필요에 따라 국가보조금과 관련하여 EU회원국들에게 요구되는 사항들이 완벽하게 이행되지 않고, EU회원국들의 이해관계에 따라 조정과정을 통해 이행되고 있기 때문에, 우리나라는 우리나라의 국가보조금 관련 제도가 WTO협정 부속서 1A "보조금협정" 기준을 준수하고 있으면 충분하고, EU회원국들도 다양한 분야에서 '허용가능 보조금'을 지원하고 있다는 사실을 언급해야 할 것이다. 셋째, 오늘날 국제사회에서 큰 관심을 갖고 있는 환경문제에 대해서는 우리나라가 WTO협정 등 '환경'과 관련된 국제조약상의 국제적 기준과 합의를 이행하고 있으면 충분할 것이다. 나아가 국내 환경 관련 산업 자체가 미래의 먹을거리(식품 및 사료 등)와 관련된 부분이기도 하기 때문에, 환경 관련 표준에 있어서는 선진국들의 국제적 표준제정에 공동으로 적극적으로 협력하여, 우리나라의 환경 관련 기업들에게도 미래의 관련 산업에 대한 성장가능성을 제고시키는 계기로 삼아야 할 것이다.[1]

Ⅴ. 한·EU FTA 협상과정

우리나라와 유럽연합(EU)은 1차(2007.5.7.~5.11.: 서울), 2차(2007.7.16.~7.20.: 브뤼셀), 3차(2007.9.17.~9.21.: 브뤼셀), 4차(2007.10.15.~10.19.: 서울), 5차(2007.11.19.~11.23.: 브뤼셀), 6차(2008.1.28.~2.1.: 서울), 7차(2008.5.12.~5.15.: 브뤼셀), 8차(2009.3.23.~3.24.: 서울)[2] FTA협상을 개최하였다. 8차 협상 결과 양측 협상단 차원에서 대부분 핵심 쟁점에

---

1) http://www.lgeri.com 참조. 또한 우리가 한·EU FTA에서 관심을 가져야 할 부분으로 주목받는 분야는 '친환경 EU시장의 개척'을 들 수 있다. 전 세계적으로 식품 등과 관련된 '친환경문제'가 부각되고 있는 오늘날 EU의 환경 관련 제품에 대한 대응으로 이러한 '친환경시장'을 공략하는 것도 앞으로는 필요할 것이다. EU는 기존 15개국에 동유럽 10개국과 루마니아, 불가리아가 추가적으로 가입함으로써 27개국으로 확대되었다. 이제는 동유럽과 서유럽의 구별개념이 사라지고 있는 것이다. 우리나라는 이런 EU와 FTA를 발효시켰고, 또한 녹색성장기본법을 제정하여 친환경정책을 주도적으로 추진하고 있다. 장기적 측면에서 EU가 환경에너지 관련 각종 규칙과 지침을 제정하고 있는 것을 볼 때, 환경 관련 국제기준을 EU가 앞으로 주도해 나갈 것으로 예견되는 만큼, 당장 '친환경생산공정'의 전면도입 또는 '환경 관련 규제'의 실시를 강력하게 실행할 수는 없다 하더라도 미래를 위하여 중·장기적인 정책을 추진하여 EU의 시장정책에 대응해야 할 것이다.

2) 8차 협상: 약 2개월 전 김종훈 외교통상부 통상교섭본부장과 캐서린 애쉬튼(Catherine Ashton) EU집행위원회 통상담당 집행위원은 2009년 1월 20일 양측 통상장관회담에서 3월 서울에서 8차 협상을 통해 FTA를 최종 타결할 것을 밝힌 바 있다. 이 과정에는 양측의 수석대표인 이혜민 FTA교섭대표(외교통상부 자유무역협정추진단장)와 이그나시오 가르시아 베르세로(Ignacio Garcia Bercero, EU위원회 통상총국 동아시아국장)가 수석대표회담을 통해 준비에 관여하였다. 이 통상장관회담에서 난항을 겪은 분야는 '관세 환급'(duty drawback)인데, 이는 원자재(부품)에 대한 수입비중이 높은 우리나라가 이를 수입할 때 부과했던 관세를 제품수출 시 환급해 주는 것을 말한다. 이 관세 환급 문제는 2009년 4월 2일 런던에서 있었던 한·EU통상장관회담에서도 합의에 이르지 못하여 한·EU FTA의 최종타결이 다시 미루어지게 되었던 것이다. 그럼에도 불구하고 양측은 세계경제위기로 보호무역주의가 대두되고 있는 상황에서 여전히 자유무역주의에 의한 해결을 강구하고 있다고 할 수 있었다. 세계경제위기 속에서 수출이 차지하는 비중이 큰 우리나라는 주요 무역 국가들과 FTA를 추진하는 것이 더욱 필요한 상황이다. 이에 우리나라 정부는 향후 멕시코, 페루, 콜롬비아 등 중남미국가와 협상을 추진하고, 중동지역의 전략적 거점국가인 걸프협력회의(GCC)와 협상을 진행하고, 호주 및 뉴질랜드와도 협상을 추진하여 글로벌 FTA네트워크를 구축하는 것이 필요하다. 이렇게 되면 기존의 칠레, 싱가포르, ASEAN, EFTA, 인도 등과 함께 EU, 미국, 중동, 호주, 뉴질랜드, 캐나다, 멕시코, 페루, 콜롬비아가 우리나라의 글로벌 FTA네트워크 권역 내에 포함되게 된다. 중국, 일본 및 아프리카 국가들 중 한 국가와 협상이 체결되는 경우 보다 완전한 글로벌 FTA네트워크를 구축하게 된다고 할 수 있다.

대해 잠정합의에 도달했으나, 관세 환급(duty drawback) 등 미해결 정치적 이슈에 대해서는 이후 추가 실무적 차원에서 합의를 도출한 끝에 2009년 10월 15일 양측이 가서명하게 되었다. 양측은 2010년 10월 6일 정식 서명 이후, 비준절차를 거쳐 본 FTA를 2011년 7월 1일 발효하기로 합의하였다.

식품안전

제14장 식품법제의 성립과 발전*

I. 서언

2008년 12월 6일 아일랜드산 돼지고기에서 다이옥신(Dioxin)이 검출되자 유럽연합(European Union: 이하 EU)의 회원국들과 이를 수입한 EU의 역외 국가들은 식품안전에 있어서 큰 위기에 직면하였다. 이러한 식품위기는 EU가 역내시장에서 '상품'의 자유이동을 보장하고 있기 때문에 더 위기가 고조될 수밖에 없었고, 또한 2008년 9월에 전 세계를 강타한 중국산 분유에서의 멜라민(Melamine) 검출이 있었던 후이기 때문에 '식품안전'과 '소비자보호'에 대한 관심은 어느 때보다도 높았다고 할 수 있다.

이에 아일랜드정부는 2008년 12월 6일 자국산 돼지고기, 사료에서 다이옥신[1]이 허용차(1.5pg TEQ[2]/g 돼지지방)[3]를 초과하여 검출되었다는 아일랜드식품안전청(Food Safety Authority of Ireland: 이하 FSAI)의 보고에 따라 다음 날인 7일에 '2008년 9월 1일' 이후에 생산된 돼지고기(가공품 포함)를 전량 회수조치(recall)하기로 했다고 발표하였다[4]. 아일랜드정부는 돼지사료, 돼지

---

* 이 내용은 김두수, "식품안전과 소비자보호에 관한 EU식품법제의 성립과 유럽식품안전청의 설립과정", 『국제지역연구』 제13권 제3호(2009.10)를 참고하였음.

1) 다이옥신은 독성이 높아 환경호르몬 중에서도 가장 위험한 물질에 해당된다. 일단 인체에 들어가면 지방에 축적되어 7∼11년간 잔류하는 것으로 피부, 간기능, 신경계, 면역체계 등에 손상을 가져와 암을 유발할 수 있는 유해물질이다. 다이옥신 같은 유해물질은 먹이사슬의 최종 소비자로 갈수록 더 많이 검출된다. 이를 '생물학적 축적'(bio accumulation)이라는데, 사람 중에서도 모유를 먹는 아기가 먹이사슬의 최고 정점에 있다고 볼 수 있다.

2) TEQ(Toxicity Equivalency Quantity: 독성등량)는 I-TEF(I-Toxicity Equivalency Factor: 국제독성가환산계수)로 환산한 농도를 의미하며, 다이옥신의 단위로서는 다이옥신의 이성질체 PCDDs 75개, PCDFs 135개로서 전체의 독성 중 가장 독성이 높은 2, 3, 7, 8-Tetrachloro dibenzene dioxine의 독성으로 환산한 등가농도를 나타낸다.

3) 돼지고기에 대한 다이옥신의 유럽의 기준치는 1피코그램(pg)/(g fat)이고, 우리나라의 기준치는 2피코그램(pg)/(g fat)이다. EU의 규칙(Regulation 1881/2006 참조)에 의하면 다이옥신과 폴리염화비페닐(polychlorinated biphenyl: 이하 PCB, 다이옥신 유사물질)을 합한 잔류량이 1.5pg TEQ/g fat를 초과해서는 아니 된다. 즉 돼지고기에 대한 잔류허용기준은 다이옥신 단독으로는 1pg TEQ/g fat이며, 다이옥신＋PCB로는 1.5pg TEQ/g fat이다. 참고로 피코그램(picograms)의 'pico'는 '1조분의 1'을 말하며, '2pg/g fat'는 '2picograms per gram for pork meat'를 말한다.

4) Recall of Irish Pork and Bacon Products, Alert Notification: 2008.09(06/December/2008).

고기(돼지의 비계, 즉 지방)에 대한 실험 결과 허용기준치의 80배~200배에 이르는 다이옥신이 검출됐다고 밝혔다. 이러한 식품위기는 북아일랜드 식품안전당국(Food Standards Agency, Northern Ireland: 이하 FSA NI)의 보고에 기초해 볼 때, 사료공장(Millstream Power Recycling)에서 산업용 기름(기계유)이 혼입된 돼지사료가 원인이었던 것으로 보고 있다. 즉 일부 돼지사료에 기계용 기름이 섞이었기 때문에 돼지 몸속에 다이옥신이 축적된 것이다. 이 사료공장에서 사료를 만드는 과정에서 원료를 건조시키기 위해 사용한 기계유의 연소과정에서 생긴 연기가 사료 원료에 혼입되면서 문제를 야기했던 것이다.[5] 이 아일랜드산 돼지고기는 북아일랜드, 영국(아일랜드산 돼지고기의 최대 수입국으로 가장 민감하게 반응한 국가), 벨기에, 프랑스, 독일 등 EU국가와 한국, 일본, 중국, 러시아 등 총 30여 개 국가에 수출되었다. 특히 유럽에서는 EU공동시장 법제상 '상품'의 자유이동이 보장되어 '식품'이 자유롭게 유통되지만, '공중보건'을 이유로 하여 해당 상품, 즉 여기에서는 돼지고기라는 '식품'의 자유이동이 제한을 받을 수 있음을 보여 주고 있다.

이로서 아일랜드산 돼지고기 관련 식품들이 소매점과 레스토랑에서 판매금지의 조치가 이루어졌고, 이는 아일랜드 농부들[6]에게는 큰 타격을 주는 일이었다. 모든 농부들은 정부가 허가한 공급자에게서 먹이(사료)를 구입하기 때문에 이는 돼지사육 농부들만의 책임이었다고 볼 수는 없을 것이다. 더욱이 이 사건은 연말 크리스마스 기간에 발생한 일로 햄 등을 구입하는 시기에 발생하였기 때문에 그 손해가 더욱 크다고 할 수 있고, 또한 이는 2008년 하반기 세계 경제의 침체와 맞물려 그 타격이 더욱 가중되는 사건이라고 할 수 있다.

이에 따라 EU위원회는 이탈리아의 파르마(Parma)에 위치하고 있는 독립된 식품안전담당기구인 유럽식품안전청(European Food Safety Authority: 이하 EFSA)과 유기적인 협력을 통하여 EU의 '식품안전'과 '소비자보호'를 보장하고자 노력하였고, 신속경보체제(Rapid Alert System)를 통하여 빠르게 대응하였다.[7] 이 체제에 의하면 일단 식품위기가 발생하면 각 회

---

5) Recall of Irish Pork and Bacon Products, Alert Notification: 2008.09: Update 1(10/December/2008).

6) 이러한 사태가 발생할 때마다 곤란한 상황에 처하는 곳은 농부들을 포함하는 식품업계라고 할 수 있다. 과거에는 보이지 않거나 또는 측정이 불가능하여 알지도 못하고 또한 찾아낼 수도 없었던 변형 크로이츠펠트야콥병(variant Creutzfeldt-Jakob Disease, vCJD, 소위 인간 광우병(human variant of BSE)), 노로바이러스감염(Norovirus infection), 다이옥신오염(dioxin contamination) 등까지 신경 써야 하기 때문이다.

7) 식품안전에 대한 신속한 대응에 관해서는 2008년 9월 중국산 분유에서의 '멜라민'(Melamine) 사태를 보아서도 알 수 있다. 공업용 화학물질로 사용되는 멜라민은 식품첨가물로 사용될 수 없으나, 원가만 절감하면 된다는 중국의 관련 식품업자들의 도덕불감증으로 인하여 본 사건이 발생하였다. 중국 관련 업체들은 이미 생산된 우유의 양을 늘리기 위해 물을 사용하였는데, 이는 우유의 단백질 성분을 묽게 한다는 생각에, 무엇보다 우유품질 검사 시 단백질 측정을 위해 질소의 함유 비율을 기준으로 이용한다는 사실을 알고 질소함량이 풍부한 멜라민을 넣어 고단백의 품질이 좋은 우유인 것처럼 속여 판매하였던 것이다. 특히 문제가 더 심각한 것은 중국 간쑤성에서 이러한 잘못된 관행으로 인해 동년 6월 관련 회사가 제조한 분유를 먹은 영아 16명이 한꺼번에 신장결석 또는 요도결석 증세로 입원하면서 불거지기 시작했는데도 중국 당국은 9월에 가서야 이를 공표해 대처

원국은 EU위원회에 이를 통지해야 하고, EU위원회는 이를 확인한 후 각 회원국과 유럽식품안전청 등에 통지한다. 특히 이 과정에서 유럽식품안전청은 해당 과학패널(Scientific Panels) 소속의 과학전문가들의 조사결과에 근거하여 과학적 의견을 제시한다. 이번 사건에서 유럽식품안전청은 아일랜드정부가 돼지고기를 회수한 지 4일 뒤에 '아일랜드산 돼지고기의 위해성에 대한 평가 보고서'를 발표하였고, 이 보고서에 의하면 "오염이 가장 심한 돼지고기(200pg TEQ/g fat)를 오염 기간 내내(90일) 먹었다 하더라도 건강엔 문제가 없다"[8]라는 신속하고도 명쾌한 결론을 내렸는데, 이와 관련해서는 좀 더 구체적으로 고찰할 필요가 있다고 할 수 있다.

따라서 이 글에서는 유럽에서의 여러 식품위기들을 통해 확립된 '식품안전'과 '소비자보호'를 위한 EU식품법제의 성립과 유럽식품안전청의 설립과정을 살펴봄으로써 EU역내시장에서의 식품의 자유이동의 보장과 그 한계에 대하여 검토하고자 한다. 이를 위하여 아래에서는 먼저 '상품'의 자유이동에 대한 EU의 비관세장벽의 금지의 문제에 관하여 살펴본 후, 식품안전과 소비자보호를 위한 EU식품법제의 성립, 유럽식품안전청의 설립과 역할 및 한계, 그리고 EU식품법제의 성립과 유럽식품안전청 설립의 의의 및 EU식품법의 발전적 방향에 대하여 검토하고자 한다. 이는 한—EU FTA 시대뿐만 아니라 향후 동북아지역공동체의 성립에 있어서도 관련 분야에 대한 역내 협력에 부여하는 의미가 크다고 할 수 있다.

Ⅱ. EU의 상품의 자유이동에 대한 비관세장벽의 문제

1. 관세장벽과 비관세장벽의 일반적 금지 규정

EU에서 상품의 자유이동을 방해하는 장벽에는 두 종류가 있는데, 하나는 회원국이 부과하는 관세에 의한 장벽인 '관세장벽'이고, 다른 하나는 수량제한에 의한 '비관세장벽'이다. EU는 관세장벽에 대해서는 TFEU 제28조~제30조(구 EC조약 제23조~제25조(역내관세의 폐지))에 의하여, TFEU 제31조~제32조(구 EC조약 제26조~제27조(관세동맹에 의한 대외공동관세))에 의하여, 그리고 TFEU 제110조~제113조[구 EC조약 제90조~제93조(차별적·보

했다는 것이다. 따라서 신속경보체제의 확립과 운영이 중요하다고 할 수 있다.

8) Scientific Opinions, Publications & Reports(Statement of EFSA on the risks for public health due to the presence of dioxin in pork from Ireland: Question number-EFSA-Q-2008-777),
   http://www.efsa.europa.eu/EFSA/efsa_locale-1178620753812_1211902210863.htm 참조(2009년 1월 20일 검색).

호적 내국세의 금지)]에 의하여 규율하고 있다. 한편 '비관세장벽'에 대해서는 TFEU 제34
조~제37조[구 EC조약 제28조~제31조(수량제한 및 이와 동등한 효과를 갖는 조치의 금
지)]에 의하여 규율하고 있다. EU는 이를 통하여 역내시장에서의 상품의 자유이동을 실행
하고 있으며, TFEU 제36조(구 EC조약 제30조)에 따라 공익적 차원에서 합리적 정당성을
인정받는 경우에만 제한적으로 회원국의 특정 국내조치를 허용하고 있다.

2. TFEU 제36조에 의한 비관세장벽의 허용 요건

EU의 역내시장의 비관세장벽을 규율하는 TFEU 제34조와 제35조는 매우 포괄적으로 적
용되고 있다. 즉 EU는 수량제한과 이와 동등한 효과를 갖는 조치의 금지와 관련하여 '수량
제한과 동등한 효과를 갖는 조치'의 인정범위를 매우 광의로 해석하여 적용하고 있다는 것
이다. 이에 대하여 EU는 TFEU 제36조를 통하여 허용될 수 있는 국내조치를 특정한 조건
으로서 한정하여 열거하고 있으며, 이로서 역내무역에서 회원국들의 임의적이고도 독단적인
'자의적 차별'이나 또는 '위장된 제한조치'를 허용하고 있지 않다. 즉 허용되는 특정한 국
내조치들은 역내무역상의 '자의적 차별'이나 '위장된 제한조치'의 범주에서 제외되며, 마약
판매의 금지와 같은 경우는 TFEU 제36조상의 '공중도덕, 공공정책 또는 공공안보, 인간의
생명과 건강의 보호, 예술적·역사적·고고학적 가치가 있는 국보의 보호, 산업적·상업적
재산권의 보호'라는 예외적 허용 범주에 포함된다고 할 수 있다. TFEU 제34조와 제35조의
규정에도 불구하고 TFEU 제36조에 의하여 그 국내조치의 합리성이 '공익적 차원'에서 인
정되는 경우에는 비관세장벽의 존재가 허용된다고 볼 수 있다.[9] 그러나 실제로 해당 회원
국의 국내조치가 인간의 건강보호를 위하여 필요하기 때문에 이것이 TFEU 제34조의 금지
규정에 대한 예외에 해당한다는 것을 회원국들이 주장하는 것은 매우 어려운 일이라고 할
수 있다.[10]

3. 비관세장벽의 문제해결에 대한 소견

앞에서 살펴본 TFEU 제36조의 규정과 같이 EU법하에서도 일정한 경우에는 비관세장벽
과 같은 무역장벽이 제한적이긴 하지만 여전히 허용될 수 있다. EU는 TFEU 제115조를 규

---

9) 김두수, "EU의 상품의 자유이동에 있어서의 관세 및 수량제한과 동등한 효과를 갖는 조치의 금지", 『외법논집』,
   제33권 제3호(2009), pp.12, 26-27.

10) Caoimhín MacMaoláin, *EU Food Law*(Oxford: Hart Publishing, 2007), p.45 참조.

정하여 이러한 문제를 해결하기 위하여 관련 사안에 대한 '조화지침'[11]을 채택하여 회원국들의 공통규칙을 제정하도록 EU의 '이사회'에 권한을 부여하고 있다. 이를 통하여 회원국들의 상이한 관련 법제를 통일시켜 적용할 수 있고, 모든 회원국들이 같은 제한조치를 적용하는 경우 점차 자연스럽게 모든 역내의 무역장벽이 사라지게 될 것으로 여기고 있기 때문이다.

그러나 결국 EU가 역내무역에 있어서의 모든 무역장벽들을 제거하기란 매우 어려운 일이며, 또한 불가능한 일이라고 할 수도 있다. 물론 EU가 세계무역기구(World Trade Organization: WTO)의 시장경제질서의 취지와 정신을 지역적 차원에서 가장 성공적으로 실현하고 있다고 평가할 수는 있지만, WTO의 궁극적인 이상을 완벽하게 실현하고 있다고는 볼 수 없을 것이다. 따라서 EU역내시장의 미래지향적 전망에 관한 지나친 긍정도 신중을 기할 필요가 있다고 할 수 있다. 예를 들어 광우병(Bovine Spongiform Encephalopathy: BSE)으로 인한 소고기 수입 금지조치는 다른 회원국의 소고기 생산자에게는 막대한 손해를 주는 동안 해당 국가의 돼지고기 생산자에게는 큰 이익을 줄 수 있다. 그럼에도 불구하고 해당 수입금지조치의 목적이 '공익적 차원'에서 합리적인 경우에는 해당 수입 금지조치는 허용될 수 있다고 할 수 있다. 이러한 사례로는 광우병으로 인한 통상마찰로서 1996년부터 1998년까지 논쟁이 지속된 영국과 프랑스 간의 '소고기전쟁'(beef war)을 들 수 있다. 이 사건의 긍정적인 점은 상품의 자유이동에 있어서의 식품안전과 소비자보호에 관한 논쟁 이후에 이를 계기로 EU식품법의 발전이 더욱 촉진되었다는 점이다. 즉 EU역내시장에서도 특별한 경우의 무역장벽은 허용되어야 한다는 것인바, 주의할 점은 이러한 경우에 있어서 중요한 점은 어떠한 경우에 그 국내적 제한조치의 '합리성'이 '공익적 차원'에서 허용될 수 있는가를 결정하는 것이라고 할 수 있다.

Ⅲ. EU의 식품안전과 소비자보호에 관한 식품법제의 성립과정

오늘날 '식품안전'은 세계적인 주요 관심사 중의 하나가 되었고, 특히 EU는 법적으로 '상품의 자유이동'이 보장되고 있는 상황이기 때문에 식품안전에 관하여 더욱 관심이 증대되고 있다고 할 수 있다. 아울러 EU시민들은 안전하면서도 질 좋은 식품을 구매하기를 원

---

11) EU는 2차적 법원들 중 하나인 '지침'을 통하여 회원국들 간의 상이한 법률을 조화시키고자 하고 있으며, 이를 소위 '법률의 조화'라고 한다. 지침은 유럽의 공동시장의 확립과 발전을 위하여 회원국들의 주권을 존중하는 가장 적절한 방법으로 활용되어 왔다. 김두수, 『EU법론』(파주: 한국학술정보, 2007), p.145.

하고 있기 때문에, EU식품법도 이제는 식품안전의 보장뿐만 아니라 소비자보호, 도의적 책임, 영양적 가치 등에 관해서도 관심을 갖게 되었다.[12] 이러한 식품은 모든 사람들의 '생존'을 위한 필수적 생산품의 하나이다. 그리고 어떠한 상황에서든 식품법은 최고의 수준으로 소비자를 보호하고 공중보건에 기여해야 한다. 그러나 식품산업과 식품문화의 다양성으로 인하여 식품법의 통일화 작업은 수월한 일이 아니라고 할 수 있고, 그렇기 때문에 식품에 관한 규칙을 제정함에 있어서 반발하는 수많은 국내이해당사자들과 논쟁을 펼쳐야 하는 브뤼셀에서의 이사회와 EU위원회의 임무수행에 많은 어려움이 있다고 할 수 있다.[13]

EU의 식품안전에 관한 입법은 지난 약 30년 동안 서서히 전개되어 발전되어 왔으며, 이는 과학적·사회적·정치적·경제적 요소들의 혼합된 반영이라고 할 수 있다. 그런 만큼 EU의 식품안전에 관한 입법은 때때로 일관성이 결여되기도 하였고, 복잡성을 띠기도 하였으며, 지속성이 부족하였다고 할 수 있다. 2000년대를 전후로 최근에 들어와서야 비로소 EU가 역내 식품법에 대하여 명확한 정책의 체계를 발전시켜 오고 있다고 할 수 있다.[14]

1. 1997년 '식품법 일반원칙에 관한 녹서' 이전의 EU식품법의 지위

1957년 3월 25일 체결되어 1958년 1월 1일 발효된 로마조약(Treaty of Rome)은 공동시장의 설립을 위한 EC의 활동들을 제3조[15]에 규정하고 있으나, 1957년 그 당시의 로마조약은 '소비자보호' 또는 '공중보건'에 대하여 명백하게 언급하지 않았고, 이러한 목표들은 단지 추후 1986년 2월 17일, 28일 체결되어 1987년 7월 1일 발효된 단일유럽의정서(Single European Act)나 1992년 2월 7일 체결되어 1993년 11월 1일 발효된 마스트리히트조약(Maastricht Treaty)이 제3조를 수정함으로써 첨가되었다.[16] 실제로 마스트리히트조약 이전까지 EU의 기관들은 '보건'영역에 대한 명시적 권한을 가지지 못하였던 것이다.[17] 그럼에도 불구하고 이 보건영역에 대한 EU 차원에서의 노력은 지속되었으며, 이 경우에도 회원국

---

12) MacMaoláin, *supra* note 10, p.2 참조.

13) Raymond O'Rourke, *European Food Law*(London: Sweet & Maxwell, 2005), p.1.

14) Kaarin Goodburn, *EU food law*(Cambridge: Woodhead Publishing Limited, 2001), p.1.

15) EC의 주요 활동들에는 첫째, 상품의 수출·수입 시 회원국들 간의 관세 및 이와 동등한 효과를 갖는 조치의 폐지, 수량제한 및 이와 동등한 효과를 갖는 조치의 폐지, 둘째, 상품·사람·서비스 및 자본의 자유이동의 보장을 위한 무역장벽의 폐지, 셋째, 역내시장의 완성과 활성화를 위한 회원국들 간의 법률의 조화가 있다. EC조약 제3조(TFEU 제8조) 참조.

16) Goodburn, *supra* note 14, p.2.

17) Tamara K. Hervey and Jean V. McHale, *Health Law and the European Union*(Cambridge: Cambridge Univ. Press, 2004), p.72.

들의 입법과는 달리, EU식품법은 대부분 명확한 규정에 근거하지 못하여 EC조약 제5조(구 제3b조)와 같이 희미한 모습을 보였으며,[18] 오랜 기간 동안을 거쳐서 조금 발전하게 되었다. 이전에는 식품생산라인의 모든 단계에 있어서 관련자들의 의무를 명확하게 정의할 EU 식품법의 기본원칙을 제정하는 중앙통일화문서가 없었던 것이다. 최초의 EU식품지침은 식료품의 색깔(colours)에 관한 것으로 1962년 각료이사회(Council of Ministers)에서 채택되었고, 이 지침은 고유의 EEC번호가 없었는데, 이는 당시에는 아직까지 EU의 2차적 법원에 고유번호를 부여하는 공식적인 제도가 확립되지 않았기 때문이다. 이는 EU식품법의 제정을 위한 이상적인 출발점은 아니었다고 볼 수 있다.[19]

EU식품법에 관한 EU위원회의 첫 시도는 공동시장을 통한 식료품(foodstuffs)의 자유이동의 보장을 위한 로마조약 제3조상의 의무에 대해 집중하면서 이루어졌다. 수년 동안 EU식품입법은 이러한 방식으로 추진되었고, 이러한 입법의 한 기초로서 TFEU 제115조(회원국들의 상이한 법률의 조화를 위한 이사회의 지침채택의 권한 근거 규정)를 원용하였다. 따라서 관련 지침의 채택을 위해서는 이사회의 만장일치를 필요로 하였다. 따라서 EU식품법상의 독립적 기구인 유럽식품안전청의 설립까지는 여러 과정과 많은 시간이 필요하였고, 유명한 1979년 Cassis de Dijon[20] 사건을 포함한 유럽사법법원(European Court of Justice:

---

18) *Ibid.*, p.73.

19) O'Rourke, *supra* note 13, p.3.

20) Case 120/78, *Rewe-Zentral AG* v. *Bundesmonopolverwaltung für Branntwein*(*Cassis de Dijon* case), [1979] ECR 649, paras.8-14. Cassis de Dijon은 향료나 감미료를 넣은 강한 술로 프랑스에서 생산되는 리퀴르(fruit liqueur)로, 독일에서는 그러한 종류의 리퀴르는 브랜디독점법(Branntweinmonopolgesetz) 제100조에 의거해 25%의 최소 알코올함량을 준수해야만 하였다. 독일의 모든 리퀴르는 그러한 최소알코올함량을 갖고 있었으나, 대부분의 프랑스 리퀴르는 보다 낮은 알코올함량을 갖고 있었고, Cassis de Dijon은 15%~20%의 알코올함량을 갖고 있었다. 그 결과 Cassis de Dijon은 독일에서 판매될 수 없었고, 이에 항의하기 위한 Rewe-Zentral AG의 연방브랜디독점행정청(Bundesmonopolverwaltung für Branntwein)을 상대로 한 독일에서의 소송은 결국 독일재정법원(Hessisches Finanzgericht)에 의해 선결적 결정을 위하여 ECJ에 부탁되었다.
    그런데 알코올의 제조와 판매에 관한 EC차원의 공동규범이 부재하는 경우, 회원국들은 자국 영토에서 알코올이나 알코올음료의 제조 및 판매에 관한 모든 사항들을 규율할 수 있다. ECJ도 문제가 된 상품의 제조 및 판매에 관한 회원국 국내 법률들의 다양성으로 인하여 초래되는 EC 내의 상품의 자유이동의 장애물들은 그러한 국내법규정들이 특히 재정 관리의 효과, 공중보건, 상업적 거래의 공평, 소비자보호와 관련된 요건을 충족하기 위하여 필요한 경우에는 인정될 수 있다고 판시하였다.
    이에 본 사건에서 독일 정부는 프랑스산 Cassis de Dijon에 대한 국내 판매금지조치를 정당화하기 위하여 두 가지를 주장하였는데, 첫 번째 주장은 다소 놀랍게도 최소알코올함량의 요구는 '공중보건'에 필요했다는 것이다. 즉 음주가들은 고알코올함량보다는 저알코올함량의 알코올음료를 통하여 보다 쉽게 알코올에 중독될 수 있다는 주장이었는데, ECJ는 이러한 주장을 기각하였다. 독일 정부의 두 번째 주장은 '소비자보호'에 근거를 두고 있다. 즉 저알코올함량음료는 고알코올함량음료에 부과되는 알코올에 대한 높은 세금 때문에 상대적으로 불공정한 이득을 얻게 되고, 독일산 고알코올음료를 애용하는 소비자들에게는 경제적 불이익이 발생하게 된다는 것이다. ECJ는 이러한 주장 역시 기각하였다. 결국 문제는 상품무역에 장애가 있어서는 아니 되고 알코올음료의 병에 알코올함량이 표시되어야 한다는 단순한 문제로 귀결되었고, 상품의 선택은 소비자의 몫이라는 것이다.
    이와 같은 이유로 알코올음료의 최소알코올함량의 요구는 EC의 기본 원칙의 하나인 '상품의 자유이동'보다

ECJ)의 단지 몇몇 주요 사례를 통하여 EU위원회는 식품법에 다시 관심을 갖고 접근하기 시작하였다. EU위원회는 1985년 '역내시장의 완성: 식료품에 관한 공동체입법에 관한 위원회 통보'[21](Commission Communication on Completion of the Internal Market: Community Legislation on Foodstuffs)에서 식료품에 대한 위원회의 새로운 접근과 시도를 소개하며, 식료품에 관한 EC의 2차적 입법은 첫째, 공중보건, 둘째, 소비자에 대한 건강문제에 관한 정보의 제공과 소비자보호 및 공정무역의 보장, 셋째, 식료품에 대한 본질적이고도 적절한 공식적 통제를 제공하는 내용의 경우에 그 2차적 입법이 정당화될 수 있다고 하였다.

1989년 이후 EU위원회는 역내에서의 '식료품'의 자유이동에 관한 투명성 제고를 위하여 또 다른 위원회 통보를 공표하였다. 이 위원회 통보는 일반적으로 한 회원국에서 생산되고 판매되는 식품은 다른 회원국에서도 그 유통 및 판매를 허용해야 한다는 원칙을 확립한 Cassis de Dijon 사건의 판결에 대한 결과라고 할 수 있다. 그러나 만약 그러한 유통 및 판매를 불허하는 경우, 당사국은 이러한 불허가 공중보건에 위협이 된다는 것을 증명할 수 있어야만 한다. 그런데 1992년 단일시장설립의 전 단계에 있어서 EU식품법은 '식품안전' 또는 '공중보건'보다는 여전히 '무역촉진'과 '상품의 자유이동의 보장'에 관한 문제에 집중되어 있었다.[22] EU식품법에 있어서의 소비자보호와 공중보건의 측면은 역내무역의 논점에서 주연이 아닌 조연의 역할을 할 뿐이었다. 실제로 이 기간 동안 회원국들은 종종 '식품산업'을 육성하고자 EU식품법의 규제완화를 요청하였고, 식품과 관련된 EU입법은 '과도한 규제'로 상품의 자유이동에 관한 법리와 모순된다는 비판을 받았다.[23]

그러나 그 후 EU에서의 광우병위기는 EU식품법이 발전할 수 있는 전환기를 제공하였다. EU위원회는 광우병문제에 대한 유럽의회(EP)의 비난 움직임에 직면하여 위원회의 식품입법에 대한 준비에 착수하였다. 이러한 EU식품법의 발전적 정황들의 대부분의 내용은 주로 유럽식품안전청의 설립에 관한 것이었다. 이에 대해서는 이 글의 다음 장(IV)에서 구체적으로 살펴보고자 한다.

우선될 수 없었고, 따라서 알코올음료의 판매를 목적으로 회원국규범이 부여한 최소알코올함량의 요구(독일에서는 25%의 최소알코올함량요구)는 일방적인 요구로서, 이는 EC 역내무역에 장애를 초래하는 것으로 TFEU 제34조(구 EC조약 제28조)에 위배된다고 유럽사법법원은 판시하였다.

21) The New Approach on Community Food Law: Commission Communication on Completion of the Internal Market: Community Legislation on Foodstuffs (1985) Com (85) 603.

22) The EC Commission for the first time puts forward a Community-wide food inspection programme(1992). http://europa.eu/rapid/pressReleasesAction.do?reference=IP/92/899&format=HTML&aged=0&language=EN&guiLanguage=en 참조(2009년 1월 15일 검색).

23) O'Rourke, *supra* note 13, p.3.

2. 영국의 '광우병'위기에 따른 식품안전 및 공중보건에 관한 '재고'

'식품안전'의 문제는 광우병위기의 영향에 따라 표면화되었고, EU에서는 이를 계기로 식품위기 시의 과학적 조언, 검역 및 정보교환을 책임질 독립적이고도 투명한 식품안전기구의 필요성에 대하여 진지하게 논의하기 시작하였다. EU에서 EU위원회, 이사회, 회원국들은 유럽의회에 의해 설치된 광우병임시위원회(Temporary Committee on BSE)의 작업결과에 따라 상당한 압력을 받게 되었다.[24] 일종의 조사법정과 같은 이 광우병임시위원회는 관련 증거자료를 수집하였고, 당시 EU위원회의 위원장과 전·현직 농무담당 위원들도 질의의 대상이었다. 그리고 유럽의회는 1997년 2월 '광우병임시위원회의 결과에 대한 결의'를 채택하여 광우병위기가 EU의 식료품의 안전성, 소비자보호, 공중보건정책에 대한 근본적인 논쟁의 주도적 역할을 하였다고 공언하였다.[25] 광우병위기로 인하여 EU위원회는 유럽의회로부터의 견책에 직면하였고, EU위원회 위원들은 광우병문제의 해결에 집중할 수밖에 없었다. 그 결과 1997년 2월 19일 EU위원회의 위원장인 Jacques Santer는 '식품안전'이라는 중요한 분야에 있어서의 EU위원회의 서비스업무의 개선에 목적을 둔 일괄제안을 통하여 이번 사태의 해결에 대한 윤곽을 제시하였다. 그런데 여기서 한 가지 유념할 것은 이 세상에 '안전'의 개념과 관련하여 안전이라고 불리는 완전한 표준은 없으며, 완전하게 '안전한' 생산물도 없다는 것이다. 다만 공식적 개념으로 자주 사용하는 100% 안전한 생산물이라는 것은 상대적 개념에 해당한다는 것이다. 따라서 안전의 정도는 '이익'과 '위험'에 대한 비교평가의 차원에서 생각되어야 한다는 것이다.[26]

Jacques Santer EU위원회 위원장은 1997년 2월 19일 그의 연설 말미에서 당시의 광우병위기가 그의 오랜 정치경력을 통틀어 직면한 가장 어려운 위기 중의 하나였으나, 이러한 광우병위기를 통해 많은 교훈을 얻게 되었고, EU위원회가 식품안전에 관한 문제들을 다루는 방식에 있어서 새로운 개혁들을 도입하게 될 것이라고 언급하였다.[27] 그는 동식물의 보건에 관한 입법제안 시에 앞으로는 TFEU 제43조(단순한 자문기능)보다는 TFEU 제114조(유럽의회의 공동협력 권한의 강화)를 좀 더 비중 있게 활용할 것이고, 이로서 유럽의회는 이러한 문제들에 대하여 보다 '강화된 통제권'을 갖게 될 것이라고 하였다. EU위원회 또한

---

24) http://europa.eu/bulletin/en/9701/p102225.htm 참조(2009년 1월 20일 검색).

25) BSE resolution, 19 February 1997(PE 257.005 pp.3-4).

26) Christopher Hodges, *European Regulation of Consumer Product Safety*(Oxford: Oxford Univ. Press, 2005), p.226 참조.

27) Speech by President Santer, 18 February 1997. http://europa.eu/bulletin/en/9701/p203001.htm(2009년 1월 20일 검색)

TFEU 제168조의 '공중보건에 관한 수정안'을 정부 간 회의에 제안할 것에 동의하였다. EU 위원회는 식품안전문제들에 대한 자체 모니터링 체계를 재정립할 것을 결정하였고, 따라서 앞으로는 이러한 식품안전문제를 전담기관이 독립적으로 책임지게 하는 것이 바람직하며, 이것이 Emma Bonino EU위원회 위원의 주된 임무라고 하였다. Jacques Santer EU위원회 의장은 그의 연설에서 "진정한 식품정책의 점진적 도입은 특히 '소비자보건'에 초점을 맞추고 있다"라고 언급하였고, 따라서 그는 미국의 FDA(Food and Drug Administration)에 모델을 둔 하나의 독립된 유럽식품안전기구의 설립에 관심이 있다고 하였다.[28] 이러한 제안과 노력으로 결국 유럽식품안전청이 설립되었던 것이다.

'공중보건'에 관한 TFEU 제168조는 EU에게 '인간의 건강보호를 최고수준으로 보장'할 권한을 부여하고 있다. 그런데 흥미롭게도 영국은 1991년 Maastricht 조약체결의 협상과정에서 '공중보건' 정책분야의 이러한 광범위한 EU권한을 비교적 잘 견제하였다. 이에 대하여 Jacques Santer EU위원회 위원장은 그의 연설(Answer to the fourth question: did the Commission give in to political pressure from the United Kingdom?)에서 'No'라는 입장을 피력한 바 있다.[29] 여하간 마스트리히트 조약체결의 협상과정에서 TFEU 제168조가 다소 소극적인 결과(weak streaming)[30]로 도출되었음은 분명한 것이었다. 그런데 TFEU 제168조의 가장 중요한 부분은 4(b)이며, 이에 의하면 공동결정(보통입법절차)상의 입법행위에 의하여, 그리고 TFEU 제44조(농업정책)와의 저촉에도 불구하고 EU이사회는 '공중보건'이라는 직접적 목적으로서 가축(수의)과 자연위생의 영역에 있어서의 규제조치들을 도입할 수 있게 되었다. 따라서 광우병위기에서와 같이 문제가 농업 분야에서 발생된 식품안전에 관한 경우, EU는 적절한 보호조치들을 채택할 수 있게 되었다. 이는 2차 입법을 통해서가 아닌 EC조약상의 권한에 의한 것이기 때문에 중요한 의미를 갖는다고 할 수 있다.

또한 EU위원회는 1997년 5월의 '식품법 일반원칙에 관한 녹서'(Green Paper on the General Principles of Food Law in the European Union)[31]와 연결하여 '소비자보건과 식품안전에 관한 위원회 통보'(Commission Communication on Consumer Health and Food Safety)를 채택하였는데, 여기에서는 1997년 2월 19일의 Jacques Santer 위원회 위원장의 연설에서 윤곽을 드러내었던 '식품안전'과 '소비자보호'에 관한 EU식품입법정책의 기본원칙들을 핵

---

28) *Ibid.*

29) *Ibid.*

30) Hervey and McHale, *supra* note 17, p.74.

31) Green Paper on the General Principles of Food Law in the European Union (May 1997) Com (97) 176. 당시만 해도 EU에서 2백60만 명 정도가 식품산업에 종사하고 있었고, 상품의 자유이동이 보장된 상황에서 식품시장은 점점 더 확대되어 가고 있어 식품에 대한 법제도적 구비의 필요성이 더욱 증대되고 있었다고 볼 수 있다.

심으로 삼고 있다. 이 세 가지 원칙은 첫째, 과학적 조언을 위한 독립된 입법책임, 둘째, 검역을 위한 독립된 입법책임, 셋째, 의결절차 및 검역 등 전반에 걸친 높은 투명성의 보장과 광범위하면서도 유용한 정보의 확보에 관한 것이다.[32]

3. 1997년 '식품법 일반원칙에 관한 녹서' 이후의 EU식품법 지위의 변화

1997년 5월 발행된 '식품법 일반원칙에 관한 녹서'는 식품법의 발전에 있어서 기여효과가 큰 것으로 평가할 수 있는데, 왜냐하면 식품법 분야에 있어서 EU가 어떻게 하면 최고수준의 입법 활동을 수행할 수 있는가에 대한 수많은 논점들을 창출해 낼 수 있는 자료이기 때문이다. 당시 영국의 광우병위기가 식품법의 발전에 중대한 역할을 하였다고 볼 수 있다. 이 녹서에서 EU위원회는 향후 EU식품법제의 발전 방향에 관한 EU식품법의 기본적인 목적들로 최고수준의 공중보건, 식품안전 그리고 소비자보호의 규정, 단일시장 내에서의 상품의 자유로운 유통보장, 과학적 증거와 위해성 평가에 기초를 둔 입법 활동, 유럽 식품산업의 경쟁력 확보, 공식적 통제나 강제가 뒷받침된 자가진단 규정(소위 Hazard Analysis Critical Control Points systems: HACCP)의 확립을 통한 산업, 생산자 그리고 공급자의 식품안전에 대한 책임부담[33] 등을 제시하였다.

또한 광우병위기 이후 EU위원회는 '식품법 일반원칙에 관한 녹서'에서 "식품안전과 공중보건은 언제나 최우선으로 고려되어야 하며, 이는 단지 식품위기와 같은 긴급한 상황에서만 특별한 것으로 다루어져야 하는 것이 되어서는 아니 된다"[34]라고 하여, 소비자의 건전하고 안전한 소비를 위해서는 농장에서 식탁까지 식품의 안정이 보장되는 공동시장질서가 정착되어야 함을 강조하였다.

그리고 EU위원회는 이 녹서에서 EU식품정책의 수립에 있어서 소비자의 건강을 최우선적인 의제들의 하나로 다루기 위해 EU위원회가 보장해야 할 사항으로서 첫째, 새로운 식품법안 준비 시에는 '최근의 과학적 증거'를 중요하게 다룰 것, 둘째, 과학적 증거가 불충분하고 충분한 위해평가가 불가능한 경우에는 입법안의 제시가 어려우므로 '예방적 원칙'을 우선적으로 고려할 것, 셋째, 식품안전을 위하여 '명확한 책임'을 지우고 모든 먹이사슬의 단계에서 식품의 건전성을 확보할 것, 넷째, 식품생산초기단계에서 최종판매시점까지 전체적인 먹이사슬에 있어서의 관리 및 통제 조치가 가능할 것, 다섯째, 관련 규칙은 국산품과

---

32) Commission Communication on Consumer Health and Food Safety(May 1997). pp.9-10.

33) Green Paper on the General Principles of Food Law in the European Union (May 1997) Com (97) 176.

34) *Ibid.*

수입된 식료품들에게 동일하게 적용할 것, 여섯째, 소비자에게 식료품의 성질과 내용물에 관하여 통지하는 적절한 방법을 채택할 것[35] 등을 언급하였다.

Ⅳ. EU의 유럽식품안전청의 설립과 역할

1. '식품안전백서'에 기초한 유럽식품안전청의 설립

1997년 5월에 발표된 '식품법 일반원칙에 관한 녹서'가 EU식품법제의 발전상 중요한 내용이었음에도 불구하고, 이는 광우병위기에 따른 총체적인 EU식품법제의 확립에 대한 최종적 결과는 되지 못하였다. 따라서 EU위원회는 식품안전과 소비자보건을 최고의 의제로 하는 광범위한 EU식품규범체제를 확립하겠다고 유럽의회에 공언하였고, 그 결과 EU위원회는 1999년에 채택한 식품안전백서(White Paper on Food Safety)를 2000년 1월 12일 브뤼셀에서 발행하였다. 이 백서는 그 주요 내용인 유럽식품안전청(식품안전백서에서의 'European Food Authority'는 규칙 178/2002에 의하여 'European Food Safety Authority'로 명칭이 확정됨)의 설립을 제안하여 미래의 안전한 식품생산 및 공급에 기여하도록 하였고,[36] 또한 식품 비상사태에 대한 EU 차원의 신속경보체제(Rapid Alert System)의 쇄신을 제안하였다. 그리고 동물사료, 동물복지, 식품위생, 포장 등 식품에 관한 포괄적 영역에 해당하는 EU식품법제에 관한 여러 분야를 제시하였다.[37]

한편 EU위원회의 신임 위원장이었던 Romano Prodi는 1999년 7월에 유럽의회에서의 그의 첫 번째 정책연설에서 식품안전의 강화는 위원회에서의 그의 재직기간중의 주요 우선정책의 하나라고 언급하였으며, David Byrne 위원은 강력한 식품안전과 소비자보호를 반영할 목적으로 EU식품법을 혁신시키고 재정립하기 위하여 영국에서의 광우병위기나 벨기에에서의 다이옥신오염 등의 식품사태를 재고할 임무를 부여받았고, 그 결과 농장에서 식탁까지의 식품안전과 소비자보호에 관한 입법행동방침을 담은 식품안전백서가 발행되었던 것이다.[38]

이 식품안전백서의 주요 내용은 EU 차원에서의 독립적인 '유럽식품안전청'을 설립하는

---

35) *Ibid.*

36) MacMaoláin, *supra* note 10, p.179 참조.

37) White Paper on Food Safety. COM (1999) 719. ANNEX: Action Plan on Food Safety 참조.
   http://ec.europa.eu/dgs/health_consumer/library/pub/pub06_en.pdf(2009년 1월 20일 검색)

38) O'Rourke, *supra* note 13, pp.6-7 참조.

것이었고, EU위원회는 이 기구가 최고수준의 식품안전을 보장하는 가장 적합한 기관이 될 것으로 기대하였다. 그런데 이러한 독립적인 유럽식품안전청의 설립에 관한 구상은 유럽의회의 견책에 직면하던 광우병위기의 1997년 2월에 Jacques Santer 위원회에 의해 이미 의제로 삼은 바가 있었다. 그 후 수년 동안 EU위원회와 회원국들은 그러한 기구의 필요성이 없다고 주장하였으나, 이들의 견해는 벨기에에서의 다이옥신오염에 의하여 변화를 가져오게 되었고, 1999년 7월 Romano Prodi 위원회는 유럽의회에서 유럽의 FDA의 설립을 구상하고 있다고 언급하였다.[39] 그러나 이 식품안전백서에서 제안된 기구는 유럽의 FDA는 아니었고, 대신 '식품안전'에 대해서만 관여하여 독립적인 과학적 조언의 제공에 관한 임무를 수행하는 기구이었다. 또한 이 기구는 식품위기 사태 시 신속경보체제를 운영하고, 식품안전과 공중보건에 관한 소비자들과의 의사소통을 수행할 기구이었다.[40]

2. 유럽식품안전청의 역할수행과 한계

규칙 178/2002[41] 제3장(Chapter Ⅲ: European Food Safety Authority)에 따라 유럽식품안전청은 첫째, EU위원회, 회원국, 회원국의 국내 식품단체 또는 유럽의회에 의한 요청에 의하여 식품안전에 대한 위해성을 평가하는 독립적인 과학적 자문의 역할을 수행하고, 둘째, EU 내에서 식품안전을 모니터링하고 식품안전과 영양학의 영역 내에서 EU정책을 보조하기 위하여 영양, 식이요법, 위해성과 같은 사안을 다루는 과학적 자료를 수집 및 분석하고, 셋째, 식품첨가물, 유아용 또는 유기농과 같은 특정한 사용을 위한 식품, 기능 식품, 유전자변형체(Genetically Modified Organisms: GMO) 등에 관한 안전성을 평가하고, 넷째, 새롭게 발생되는 식품안전의 위해성을 식별하고, 다섯째, 식품안전의 위기발생 시 EU위원회를 보조하고, 여섯째, 과학적 자문과 위해성 평가의 내용과 같은 정보를 EU위원회를 통하여 EU시민들에게 커뮤니케이션하는 등의 주요 역할을 수행한다.[42]

이를 위하여 유럽식품안전청은 10개의 '과학패널들'을 설치하여 각각 고유권한의 영역에서 '과학적 의견'을 제공하도록 하고 있다.[43] 이러한 과학패널에는 첫째, 식품첨가물에 관한 패널, 둘째, 동물사료의 주재료 및 첨가물에 관한 패널, 셋째, 공장보호생산 및 잔류물에

39) *Ibid.*, p.7.
40) White Paper on Food Safety. COM (1999) 719, pp.3-5, 6-7 및 ANNEX: Action Plan on Food Safety 참조.
41) [2002] OJ L 31/1.
42) 규칙 178/2002, 제22조~제23조. 이 규칙은 2008년 3월 4일 위원회 규칙 202/2008(OJ L60/17, 5/3/2008)에 의하여 개정되었다.
43) 규칙 178/2002, 제28조~제29조, 제31조.

관한 패널, 넷째, 유전자변형체에 관한 패널, 다섯째, 다이어트제품, 영양섭취, 알레르기에 관한 패널, 여섯째, 생물학적 위험에 관한 패널, 일곱째, 먹이사슬상의 오염물질에 관한 패널, 여덟째, 동물보건과 복지에 관한 패널, 아홉째, 식물보건에 관한 패널, 그리고 마지막으로 조미료, 촉진제 사용의 식품에 관한 패널이 있다.[44]

유럽식품안전청은 이들 각각의 패널에 일반 사무직 직원들을 배치할 뿐만 아니라, 유럽 식품안전청 내에 과학적 자문의 사무를 전담하는 상임직원을 고용하여 과학적 지원 업무에도 효율성을 제고하였다.[45] 이로써 과거와는 달리 각 패널의 과학전문가들은 정해진 기한에 위해성 평가라는 중요한 임무의 수행에 집중할 수 있게 되었다. 따라서 업무의 중압감에서 벗어나 관련 서류 및 보고서의 준비작업과 위해성 평가 작업을 진행할 수 있게 되어 과거처럼 많은 시간을 소비하지 않게 되었다.

유럽식품안전청의 역할수행의 구조를 살펴보면, '유럽의회'뿐만 아니라 '회원국들' 또는 회원국들의 권한 있는 '과학기관들'은 유럽식품안전청에 식품안전에 관한 '과학적 의견'을 요청할 수 있다. 물론 이러한 요청의 대상이 되는 식품안전에 관한 사안은 EU법상 유럽식품안전청의 자문이 '의무적인' 경우에 해당되는 분야로써 매우 '중대한 질문'에 관한 것이어야 한다. 이 경우에 EU위원회는 유럽식품안전청에 이러한 질문들을 제출할 단독책임을 진다. 한편 유럽식품안전청은 식품안전문제와 관련이 있다고 판단되는 경우 자신의 고유의 '조사권'에 의한 직무수행과 이에 따른 '과학적 의견'을 제시할 독립된 권한을 소유한다.[46]

---

44) 규칙 178/2002, 제28조.

45) 규칙 178/2002, 제28조의 8항 참조.

46) 규칙 178/2002, 제37조: 그런데 이는 단순한 사항은 아니라고 할 수 있다. 유럽식품안전청과 EU기관들 또는 회원국 과학기관 간의 '과학적 의견'의 차이로 인하여 위험관리와 위험정보의 교환에 있어서 혼선이 초래될 가능성이 있다. 특히 문제가 관련 회원국에게 매우 민감한 사안인 경우에는 더욱 복잡해질 수 있다. EU위원회는 최근에 이러한 경험을 한 바가 있는데, 이는 소위 영국 – 프랑스 간의 소고기 전쟁(UK-French Beef War)으로 알려져 있으며, 프랑스정부는 1999년 10월 1일 EU에 통지하여 프랑스식품안전청(Agence française de sécurité sanitaire des aliments: 이하 AFSSA)으로부터 전달받은 새로운 과학적 의견에 근거하여 영국산 소고기의 수입 금지조치를 취한 것은 EU위원회 결정 1999/514/EC에 따른 것은 아니라고 하였다. 프랑스식품안전청(AFSSA)이라는 국내식품기관이 제시한 프랑스정부의 과학적 의견에 의하면, 동 광우병위기는 영국에서 완전히 해결되었다고 보기 어려우며, 따라서 프랑스정부는 영국산 소고기가 다시 프랑스시장에서 판매되는 것을 허가하는 것과 관련하여 프랑스 국내소비자들의 보건에 관심을 가질 수밖에 없고, 또한 영국으로부터 수입된 육류와 육류가공품의 날짜에 기초한 영국의 수출체계가 불충분하다고 판단되는 경우의 육류생산품에 대한 추적에 예의주시하고 있다고 하였다. 이에 EU위원회는 프랑스식품안전청(AFSSA)이 제기한 문제들을 해결하기 위하여 즉시 과학조정위원회(Scientific Steering Committee: 이하 SSC)를 개최하였다. 이 과학조정위원회(SSC)는 유럽의 나머지 국가들로의 영국산 소고기수출에 대한 금지조치는 정당하다는 자신의 이전의 과학적 조언을 재확인하였다. 많은 외교적 협상이 진행된 후에도 프랑스는 영국산 소고기에 대한 금수조치를 계속 유지하였다. EU위원회는 하나의 선택권만을 가질 뿐이었는데, 그것은 유럽사법법원(ECJ)에서 프랑스정부를 상대로 소송을 제기하는 것이었다. 결과적으로 프랑스는 유럽사법법원에서 패소하였고, 단지 유럽사법법원의 판결을 이행하지 않기 때문에 EU위원회가 제시하는 '매일의 벌금의 위협' 때문에 영국산 소고기의 프랑스시장으로의 유입을 허락하는 데 동의하였다. O'Rourke, *supra* note 13, p.20.

즉 유럽식품안전청은 독립된 법인격을 갖고[47] 투명성을 확보하여 공익적 차원에서 직무를 수행하는 기구이다.[48] 여기에서 중요한 점은 유럽식품안전청이 식품안전에 관하여 책임을 지는 회원국들의 국내 과학적 전문기관들과 긴밀하게 협력할 수 있게 되었다는 것이며,[49] 이를 좀 더 확대해석하여 의미를 찾는다면, 이로써 유럽과 그 이외의 지역과도 '과학적 교류'를 좀 더 원활하게 할 수 있는 네트워크를 형성하게 되었다는 것이다. 이러한 식품안전에 관한 중요한 역할수행의 중심에 유럽식품안전청이 위치해 있다고 할 수 있고, 따라서 EU위원회는 유럽식품안전청을 적극 지원해야 하며 유럽식품안전청으로부터 나오는 과학적 의견들을 중요하게 다루어야 할 것이다.[50][51]

그러나 이러한 유럽식품안전청의 역할수행상의 가장 큰 한계는 '위해성 관리'에 관한 것으로, EU위원회는 식품위기 발생 시의 위해성 관리에 관한 권한을 유럽식품안전청에 부여하지 않았다. EU위원회가 새롭게 설립된 유럽식품안전청에 위해성 관리에 관한 권한을 부여하지 않은 이유는 EU위원회와 회원국들 모두가 새로운 독립된 식품안전기구인 유럽식품안전청에 자신들이 갖고 있었던 '식품관리'와 나아가서는 '식품입법'에 관한 권한을 포기하는 것이 쉽지 않았기 때문이라고 할 수 있다. 그러나 EU위원회가 새로이 설립된 유럽식품안전청에 위해성 관리의 역할수행에 대한 권한을 부여하는 데에 찬성했다고 해서 식품관리나 식품입법에 있어서 큰 손상을 입었을 것이라고는 명확하게 말할 수는 없을 것이다. 결국 유럽식품안전청은 식품위기 발생 시의 '과학적 자문'의 역할을 수행하는 기관이라는 점에 있어서 제한된 특성을 갖게 된다고 볼 수 있다.

V. EU의 식품법제 성립과 유럽식품안전청 설립의 의의

식품안전백서의 결과로서 가장 중요한 내용은 2002년 EU식품법상의 일반원칙들을 도입한 '규칙 178/2002'의 제정과 이를 통한 유럽식품안전청의 설립과 신속경보체제의 쇄신이

---

47) 규칙 178/2002, 제46조.

48) 규칙 178/2002, 제37조.

49) 규칙 178/2002, 제30조.

50) MacMaoláin, *supra* note 10, pp.186-187 참조.

51) 한편 유럽식품안전청은 다양한 식품위기에 대응하거나 또는 자신의 임무수행상의 부족한 지식을 확보하기 위하여 필요한 경우 과학연구를 수행하기 위해 고유의 예산을 확보하고 있다. 이를 통하여 유럽식품안전청이 비상사태의 경우에 비로소 반응을 하기보다 매래의 식품안전을 위해 보다 충실한 역할을 수행할 수 있을 것이다. 규칙 178/2002, 제43조 참조.

었다. 여기에서의 일반원칙들은 식품위기발생 시에 필요한 신속한 생산품 리콜의 강화를 위한 추적능력체제를 갖추고, 안전한 식품생산을 위한 먹이사슬 전 과정을 통한 모든 식품 생산자들에 관한 의무를 포함하고 있다. 규칙 178/2002는 EU식품법의 확립과 발전에 있어서의 하나의 주요한 선구자적 이정표로 간주될 수 있을 것이다. 이 규칙 178/2002는 특히 회원국들에게 EU식품법의 기본적 성질과 체계에 관한 명확성을 제공하고 있다. 이 규칙 178/2002를 통하여 EU식품법제는 많은 발전을 하였다. 현재 EU의 미래가 불안전하다고는 말할 수 있겠지만, 로마조약이 완성되고 있었던 1957년의 상황으로 회귀될 가능성은 희박하다고 할 수 있다. 실제 회원국들은 '식품'이 EU 차원에서 가장 잘 규율될 수 있을 것이라고 신뢰하고 있다. 그런데 여기에서 검토해 볼 필요가 있는 것은 무엇 때문에 회원국들이 '식품'과 같은 중요한 정책분야에 있어서 국가의 '주권적' 권한을 EU에 이전할 수 있게 되었는가 하는 것이다.

이와 관련해서는 많은 회원국들에서 지속적으로 발생했던 식품으로 인한 많은 상처에 관하여 살펴볼 필요가 있다. 첫째, 2001년 7월에 있었던 스페인의 찌꺼기 오일(pomace oil) 사건을 예로 들 수 있다. 이 사건에서 보건경보를 발령하기 전에 저급 식품오일이 잠재적으로 해로운 수준의 발암물질(carcinogen)을 함유하고 있다는 것을 스페인의 공공기관에서는 3개월 동안 알고 있었다. 그런데 스페인정부는 2001년 7월 3일에 이 찌꺼기 오일의 선적을 중지시켰고, 이 찌꺼기 오일이 허용할 수 없을 정도의 벤조피렌[benzopyrene, 콜타르에 함유된 발암물질, 오랫동안 암의 원인으로 추정되고 있는 탄화수소(polyaromatic hydrocarbon)[52]의 일종]을 함유하고 있다는 검사결과가 있은 후 해당 오일의 보건위험을 경고하였다. 그러나 스페인의 외교경제부(Economy and Foreign Ministries)는 4월 초에 이미 스페인의 해당 찌꺼기 오일이 '체코공화국'에서 과도한 수준의 벤조피렌을 함유하고 있다는 검사를 받았다는 사실을 알고 있었다. 체코공화국의 농업 및 식품검역당국(Czech Agriculture and Food Inspection Authority: CAFIA)은 이미 2001년 2월 해당 스페인의 찌꺼기 오일을 회수하기 시작하였다. 체코공화국의 검사결과는 이미 올리브 오일에 붙은 잔여 올리브에서 해당 찌꺼기 오일이 10억당 100의 벤조피렌(100parts per billion of benzopyrene)을 함유하고 있음을 보여 주었다.[53] 그런데 스페인정부가 당시 확립한 기준은 10억당 2의 벤조피렌 함유가 허용 가능한 최고 한계치였다. 체코공화국의 한계치는 10억당 10의 벤조피렌 함유이었다. 스페인정부는 찌꺼기 오일의 위험경보를 2001년 7월 3일 발령하였고, 보건장관인

---

52) Czech Agriculture and Food Inspection Authority(CAFIA), Annual Report 2001 (02/01/2002), 8-2-6-1.
53) *Ibid.*

Celia Villalobos는 체코공화국이 수행한 검사결과를 스페인 당국도 알고 있었다고 하였다. 이러한 스페인정부의 위험경보에 대해 올리브 오일 산업계는 초기 혼란으로 인하여 안전한 양질의 올리브 오일에 대한 주문취소의 상황을 보고한 후 스페인정부의 위와 같은 결정이 충분한 연구조사 및 검토에 의하지 않은 과잉반응이라고 비난하였다. 이러한 식품공황으로 인하여 찌꺼기 오일은 스페인과 포르투갈 시장으로부터 몇 달 동안 리콜이 진행되었다. 그런데 유럽식품안전청이 설립되기 전인 당시에 EU위원회는 합리적이고도 적절한 역할을 수행하지 못하였다. 체코공화국 당국이 2001년 2월 스페인 당국에게 해당 오일 생산품에 대한 스페인의 자체 검사를 하도록 수개월의 기간을 부여했다고 통지하였지만, 그들은 체코공화국의 농업 및 식품검역당국(CAFIA)이 수행한 작업을 신뢰하지 않았던 것이 아니냐는 의구심을 갖게 하였다. 2005년에 EU에 가입한 체코공화국이 당시에는 EU가입협상이 진행 중이었고, 더욱이 아직까지 체코공화국이 식품문제에 대한 그러한 역할을 정확하게 수행한 경우가 없었기 때문에 체코공화국과 같은 국가들을 경유하여 EU에 수입되는 불안전한 식품에 대해서는 EU위원회가 큰 관심을 갖지 않았던 것으로 보인다.[54]

둘째, 2002년 7월의 벨기에와 네덜란드 간의 사건으로 위탁 판매된 동물사료가 호르몬의 일종인 'medroxyprogestrone-acetate(MPA)'로 오염되었다고 공표되자, 소비자들은 수일 안에 EU 전역에 걸친 식품위기가 발생할 것이라고 생각하였다. 이에 '식품 및 사료'에 대한 유럽신속경보체제(European Rapid Alert System for Food and Feed: RASFF)[55]가 발령되었고,

---

54) O'Rourke, *supra* note 13, pp.8-9 참조.

55) 규칙 178/2002는 식품과 사료에 대한 위험의 통지를 위한 신속경보체제(RASFF)를 특별히 확립하고 있다. 이 제도는 기존에 존재하던 일반생산품안전지침에 대한 부속서(Annex to the General Product Safety Directive)를 포함하고 있던 신속경보체제를 새로이 쇄신한 것이다. 이 규칙 제50조, 제51조, 제52조는 식품과 사료에 대한 신속경보체제의 범위와 절차를 규정하고 있다. 그 목적은 식품안전의 보장을 위해 채택된 조치에 관한 정보교환의 효과적인 통제 및 관리 수단과 그 권한을 규정하는 것이다.
EU위원회가 중심이 되어 운영되는 이 제도는 각 회원국, EU위원회 그리고 유럽식품안전청과의 네트워크를 다루고 있다. EU에서 인간의 건강에 대해 심각한 위험을 초래하는 식품문제는 그것이 직접적이든 간접적이든 관계없이 모두 EU위원회에 통지되어야 하고, 그 다음 이 네트워크의 다른 구성원들에게 통지된다(동 규칙 제50조의 1). 회원국들은 전문경영자(professional operators)와의 협정을 포함하여 식품에 제한을 가하기 위하여 채택된 어떠한 국내조치든지 EU위원회에 통지해야 한다(동 규칙 제50조의 3(b)). 그리고 회원국들은 국경부서(border posts)에서 식품 또는 사료의 반입거절의 근거가 된 건강위험에 대한 세부내용을 EU위원회에 통지해야 한다(동 규칙 제50조의 3(c)).
국경부서의 식품에 대한 반입거절은 EU위원회에 의하여 즉시 모든 다른 EU국경부서들과 원인발생의 근원지 국가에게 통지되어야 한다. 네트워크상에 제공된 정보는 일반적으로 EU시민들에게 공표된다. 그러나 전문적 보안사항(professional secrecy)으로 통제되는 정보는 인간의 건강보호에 필요한 경우를 제외하고는 공개되지 않게 된다(동 규칙 제52조의 1, 2).
인간건강에 해가 되는 식품위험이 국내조치에 의해 만족스럽게 견제되지 못하는 경우, EU위원회는 문제가 된 식품 또는 사료의 거래 또는 사용의 정지를 명할 권한을 가지며, 또한 이를 통제하기 위하여 다른 조치들을 규정할 권한을 갖는다. 한편 한 회원국이 EU위원회에 긴급조치의 필요성을 통지해 오고, EU위원회가 위의 규율에 따르는 것에 실패하는 경우 해당 회원국은 임시적 보호조치를 채택할 수 있다(동 규칙 제54조의 1, 2, 3).

해당 동물사료와 관련된 주요 생산품 리콜에 연계된 회원국들 간의 정보교환이 당시에는 상당히 향상되었기 때문에 큰 위기는 벗어나게 되었다. 이 사건은 EU 차원에서 식품공포의 억제를 위한 신속하고 효과적인 체제의 결함을 증명해 보였던 벨기에의 다이옥신 오염 사건과는 뚜렷한 대조를 보였다.[56]

셋째, 위와 같은 교훈에도 불구하고 2005년 3월에 식품에는 첨가할 수 없는 'Sudan red 1'('solvent yellow 14'로 알려진)로 인하여 소비자들은 또다시 대규모의 식품공포에 직면하게 되었다. Sudan red 1은 일종의 합성 적색염료로 미국에서는 1918년 이래로 식품에서 사용이 금지된 것이다. 그러나 수백 종류의 기성품의 음식, 양념 등에 자체 방식에 기초한 복잡한 과정을 통하여 사용되었다. 영국에서는 Premier Foods에서 생산된 우스터소스(Worcester Sauce)를 예로 들 수 있다. 이 우스터소스는 금지된 염료인 불량의 칠레 파우더(chilli powder)를 함유하고 있었고, 영국 소비자 역사상 가장 많은 생산품 리콜로서 거의 20개국에서 500여 종 이상의 생산품 리콜이 이루어졌다. 그러나 이 염료는 식품생산자, 슈퍼마켓 또는 조사당국에 의해 발견되지 않았고, 뜻밖에도 식품의 불순물의 탐지를 개선할 수 있다는 제안을 하는 이탈리아의 한 실험실에서 발견되었다.[57]

이러한 사례를 통하여 볼 때, 회원국들 정부가 EU 차원의 식품안전기관에 식품안전, 식품정책의 영역에 대한 주권적 권한을 이전할 준비가 되어 있었다는 점은 조금은 예상할 수 있는 일이라고 할 수 있다. 영국에서의 광우병위기 당시 정치가들은 매체를 동원하는 시대에 있어서도 식품위기가 발생하는 경우 소비자에게 관련 정보를 신속하게 전달하고 식품문제에 대한 확신을 주기 위하여 모든 통신기술을 활용하는 데에는 한계가 있음을 인식하게 되었다. 이러한 이유로 인하여 EU회원국정부들은 유럽식품안전청과 같은 EU 차원의 다른 어떤 기관이 이러한 사건을 담당하도록 허용할 준비를 해왔다고 볼 수 있고, 회원국정부들 입장에서는 식품위기의 발생 시 자신의 건강이 위험에 놓인 성난 소비자들의 제일선에 서지 않아도 된다는 직무상의 부담감을 감소시키게 되었다는 점에서 이에 동조하였다고 할 수 있을 것이다.[58]

끝으로 EU식품법에 있어서 앞으로 보다 관심을 가져야 할 내용은 EU가 항상 회원국정부의 영역으로 여겨졌던 영양물섭취와 같은 다른 영역들에 관해서도 관여하기 시작했다는 것이다. 미래의 EU식품법 시대에는 식품영양에 대한 관심이 더욱 높아질 것이기 때문에 '식료품의 자유이동'과 같은 부분에서 '식품안전'을 보증하기 위한 많은 법안이 제시될 것

---

56) O'Rourke, *supra* note 13, p.9 참조.

57) *Ibid.*

58) *Ibid.*

이다. 이러한 식료품의 자유이동의 보장과 식품안전의 문제는 실제로 EU위원회의 새로운 식품법안의 기초를 이루고 있다. 또한 앞으로는 유기농식품생산시장, 전통적 식품생산과 음식문화를 보호하고자 하는 슬로푸드운동[59](Slow Food movement)의 열망 등에 대하여 관심을 가질 필요가 있다고 할 수 있다. 왜냐하면 이러한 영역들은 앞으로 EU식품법을 새로운 방향으로 움직이는 주요한 요소로 작용할 수 있기 때문이다.

VI. 결언

본문에서는 EU의 식품안전과 소비자 보호를 위한 식품법제의 성립 과정, 유럽식품안전청의 설립과 역할 및 한계, 그리고 EU식품법제 성립과 유럽식품안전청 설립의 의의에 대하여 검토하였다. EU의 위원회, 이사회, 유럽의회 등 여러 주요 기관들은 영국에서의 광우병 위기 등에 관하여 EU본부가 위치하고 있는 브뤼셀에서 많은 논의를 진행하였고, 그 주요 주제는 식품안전과 공중보건 및 소비자보호에 관한 총체적인 문제에 대한 것이었다. 이러한 논의로 식품안전과 소비자보호와 관련된 많은 변화가 발생하였고, 이러한 변화의 내용은 '식품법 일반원칙에 관한 녹서', '식품안전백서', 식품 및 수의 사무소(Food & Veterinary Office: FVO[60])의 설립, 유럽식품안전청의 설립과 과학패널들, 신설조항인 EC조약 제152조 (현 TFEU 제168조), 재조직된 보건총국인 DG SANCO(EU위원회 내의 건강과 소비자 보호를 위한 총국(Directorate General)을 의미하며, 과거의 DGXXIV(Health and Consumer Protection) 를 말함), 소비자보건과 식품안전에 관한 여러 건의 EU위원회 통보 등을 포함한다.

---

59) '슬로푸드'(slow food)란 집에서 직접 만든 음식으로 만드는 데 시간이 오래 걸리는 음식을 말하며, '슬로푸드 운동'(slow food movement)이란 대량생산·규격화·산업화·기계화를 통한 맛의 표준화와 전 세계적 미각의 동질화를 지양하고, 나라별·지역별 특성에 맞는 전통적이고 다양한 음식·식생활 문화를 계승·발전시킬 목적으로 1986년부터 이탈리아의 작은 마을에서 시작된 식생활운동을 말한다. 특히 미국의 세계적인 햄버거 체인인 맥도널드의 '패스트푸드'에 반대해 일어난 운동으로, 맥도널드가 이탈리아 로마에 진출해 전통음식을 위협하자 미각의 즐거움, 전통음식의 보존 등의 기치를 내걸고 식생활운동을 전개하기 시작, 몇 년 만에 국제적인 음식 및 와인 운동으로 발전하였다. 이어 1989년 11월, 프랑스 파리에서 세계 각국의 대표들이 모여 미각의 발전과 음식 관련 정보의 국제적인 교환, 즐거운 식생활의 권리와 보호를 위한 국제운동 전개, 산업 문명에 따른 식생활 양식의 파괴 등을 주요 내용으로 하는 '슬로푸드 선언'을 채택함으로써 이 운동은 공식 출범하였다. 이 운동의 지도 원리는 소멸 위기에 처한 전통적인 음식·음식재료·포도주 등을 수호하며, 품질 좋은 재료의 제공을 통해 소생산자를 보호하고, 어린아이와 소비자들에게 미각이 무엇인가를 교육하는 데에 있다. 2000년부터는 슬로푸드 이념을 실천하는 사람을 발굴하고, 그들의 공적을 널리 알리기 위해 슬로푸드 시상대회를 개최하고 있다. 심벌(symbol)은 느림을 상징하는 달팽이다. http://100.naver.com/100.nhn?docid= 759319(2009년 2월 15일 검색)

60) FVO는 특히 검역(inspection)에 있어서 식품안전 및 동식물의 보건에 관한 효과적 통제의 증진, 이에 대한 제3 국과의 연계, EU의 식품안전 및 동식물의 보건정책의 발전에 대한 기여 등을 위하여 그 역할을 수행한다.

이러한 변화된 내용들은 EU 내의 소비자들과 정치가들에게 모두 환영을 받을 만한 일이었다. 그러나 영국에서의 광우병위기라든가 또는 벨기에에서의 다이옥신오염위기는 당시에 미래 EU식품법제의 발전상의 하나의 문제점을 제기하였는데, 그것은 향후 더 이상 EU의 역내시장 전체에 '식품의 자유이동'을 완전하게 보장할 수 없게 되었다는 사실이다. 이는 EU식품법제의 발전만큼 식품안전과 소비자보호를 위해서 회원국들이 규제완화의 태도를 재고하게 되었다는 것을 의미한다. 이로서 EU의 식품의 자유이동의 영역에 있어서 단일시장은 그 기능의 폭이 좁아지게 될 우려가 있는 것이다. 광우병과 같은 식품위기가 발생하는 경우에 EU 또는 회원국정부들은 식품안전 및 공중보건과 관련된 사태를 통제 및 관리해야 하는 것이고, 이를 위해서는 EU역내시장에서의 상품의 자유이동의 적용이 제한을 받게 되는 것이다. 이러한 문제 때문에 EU위원회와 회원국들은 식품문제 발생 시의 위해성 관리에 관한 권한이나 식품입법에 관한 권한을 유럽식품안전청에 부여하는 것을 기피하였다고 볼 수 있다.

이 글에서 살펴본 바와 같이 영국에서의 광우병위기와 벨기에에서의 다이옥신오염위기 등의 영향으로 인하여 EU식품법의 목적이 식품의 자유이동에 관한 것이 아니라, 오히려 EU역내시장에서의 식품안전의 보장과 소비자건강의 보호라는 것을 알 수 있다. 즉 EU식품법이 회원국이 국내에서 수행하던 식품안전과 공중보건과 같은 역할을 부분적으로 대신 수행하게 되었다고 볼 수 있다. 또한 규칙 178/2002에 의하면, 현재 EU의 식품법은 안전한 식품생산을 위하여 먹이사슬상의 모든 사람들에 대한 추적능력,[61] 투명성의 확보,[62] 책임부담[63] 등에 관해서도 규율하고 있다. 2004년을 전후로 EU의 회원국확대와 EU헌법조약(Treaty establishing a Constitution for Europe)에 관한 브뤼셀에서의 논의가 정점일 때, EU위원회는 당시만 하여도 국내정치가들로부터 그다지 많은 관심을 받지 못하던 EU 차원에서의 식품산업을 규제 및 관리할 권한을 행사하였던 것이다. 이처럼 EU는 '식품안전'과 '소비자보호'를 위한 법제의 정비를 통하여 식품법을 발전시켜 왔으며, 그 결과로서 유럽식품안전청을 설립하였고, 나아가 식품문제가 발생하는 경우 과학패널들의 과학적 조언을 통하여 협조를 받을 수 있고 또한 식품위기가 발생하는 경우 신속경보체제의 운영을 통하여 유럽에서의 식품안전과 소비자보호를 강화할 수 있게 되었다.

다이옥신에 오염된 아일랜드산 돼지고기의 유통은 멜라민이 첨가된 중국산 분유의 유통에 이어서 세계의 식품안전에 다시금 경종을 울렸고, 유럽뿐만이 아닌 전 세계적인 식품안

---

61) 규칙 178/2002, 제18조.
62) 규칙 178/2002, 제38조.
63) 규칙 178/2002, 제17조.

전 네트워크의 필요성이 대두되었다. 글로벌 식품위기 사태가 계속되면서 전 세계의 소비자들은 자국이 아닌 다른 나라의 식품문제가 이제는 나의 문제가 될 수 있다고 인식하게 된 것이다. 또한 세계 각국 정부들도 세계적 식품안전 네트워크하에서 식품문제의 관리가 이루어져야 하고, 이를 위해서는 국제적인 협력이 더욱 절실하다는 것을 알게 되었다. 이러한 점에 있어서 지역 국제사회인 EU의 식품안전과 소비자보호에 대한 법과 제도의 확립 및 발전은 국내외적으로 중요한 의미를 갖는다고 할 수 있다. 이러한 맥락에서 볼 때 '규칙 178/2002'에 비견되는 식품안전과 소비자보호를 위한 우리나라의 2008년 6월 13일의 식품안전정책의 수립 및 추진체계, 긴급대응 및 추적조사, 식품안전관리의 과학화, 정보공개 및 상호협력, 소비자의 참여를 담은 「식품안전기본법」의 제정과 시행은 매우 의미가 있는 일이며, EU의 위와 같은 노력의 결과는 한·EU FTA시대뿐만 아니라 향후 동북아지역공동체의 설립에 있어서도 '상품' 특히 '식품'의 안전과 소비자보호를 위한 역내 협력에 있어서 부여하는 의미가 크다고 할 수 있다.

제15장 식품법상의 과학적 기초*

Ⅰ. 서언

오늘날 국제사회는 과거 어느 때보다도 식품안전문제에 큰 관심을 보이고 있고, 식품안전문제의 발생 시 이를 매우 비중 있게 다루고 있다. 즉 현대의 식품문제는 일개 국가의 국경의 범위를 넘는 초국가적인 문제로서 유럽연합(European Union: EU)과 같은 지역적 국제사회 또는 나아가 보편적 국제사회에서 이슈화되고 있다. 이는 1995년 1월 1일 세계무역기구(World Trade Organization: WTO)의 출범과 이를 전후로 한 많은 지역경제협정으로 인하여 세계경제시장 개방의 보편화 현상 때문이기도 하며, 또한 현대를 살고 있는 사람들의 삶의 질의 향상과도 매우 관련이 있기 때문이라고 할 수 있다.[1]

이러한 식품안전과 소비자보호의 문제는 EU라는 지역공동체에서도 점차 중요하게 다루어지고 있다. EU 내에서 이러한 식품안전문제에 관한 논의의 가장 큰 이정표가 된 사건은 1997년 전후에 있었던 영국에서의 광우병(Bovine Spongiform Encephalopathy: BSE)위기[2]라고 할 수 있다. 그런데 이미 1992년 2월 7일 채택되어 1993년 11월 1일 발효된 유럽연합조약(Treaty on European Union: TEU)에 의해 개정된 유럽공동체설립조약(Treaty establishing the European Community: EC조약) 제152조(TFEU 제168조)를 통해 EU의 식품안전과 소

---

* 이 내용은 김두수, "EU식품법상 식품안전과 소비자보호를 위한 과학적 기초의 법제도적 확립에 관한 소고", 『유럽연구』 제28권 제1호(2010.4)를 참고하였음.

[1] 국내적 차원에서 취하는 식품안전 및 공중보건과 관련된 위생 및 검역조치는 WTO회원국의 국내규제 중 가장 중요한 영역의 하나로서 국가 간 무역의 증대로 인하여 중요성이 커지고 있다. WTO협정들 중 무역과 보건에 관한 가장 중요한 내용을 담고 있는 협정들은 "위생 및 검역 협정"(Agreement on the Application of Sanitary and Phytosanitary Measures: SPS협정)과 "무역관련 기술 장벽 협정"(Agreement on Technical Barriers to Trade: TBT협정)이다. 특히 SPS협정 제2조 제2항은 회원국의 SPS조치의 합법성의 판단 기준으로 '충분한 과학적 증거'(sufficient scientific evidence)를 제시하도록 규정하고 있어 위해성 평가(risk assessment)에 있어서 과학적 요소를 중요하게 다루고 있다. 한국국제경제법학회, 『국제경제법』(서울: 박영사, 2006), pp.270, 274; EC--Hormones 사건을 통해 본 SPS협정의 과학주의의 한계와 문제에 관해서는 이윤정, "WTO SPS협정과 과학주의: 그 한계와 문제점들", 『국제법학회논총』 제54권 제3호(2009.12), pp.273-298 참조.

[2] Caoimhín MacMaoláin, *EU Food Law*(Oxford: Hart Publishing, 2007), pp.175-179 참조.

비자보호의 문제가 다루어졌다. 다만 21세기에 들어서면서 EU 차원에서의 식품안전문제가 본격적으로 그리고 집중적으로 다루어지기 시작했다고 할 수 있다. 물론 그보다 더 이전인 1986년 2월 17일, 28일 양일에 걸쳐 채택되어 1987년 7월 1일 발효된 단일유럽의정서 (Single European Act: SEA)를 통하여 EU역내 공동시장(Common Market)체제가 확립되고 발전되어왔다. 그런데 EU 차원에서 상품, 사람, 서비스, 통화의 자유이동을 포함하는 공동시장질서의 확립과 발전에는 관심이 집중되었지만, 식품안전문제는 큰 관심을 받지 못하였다. 그러다가 영국에서의 광우병위기를 계기로 그리고 이어진 벨기에에서의 다이옥신 오염 사건을 계기로 EU공동시장질서상의 식품의 안전성 확보에 관심을 갖게 되었다. 특히 '식품'의 안전한 생산과 유통을 보장하기 위하여 EU 차원에서 적극적으로 개입하기 시작하였다. 결국 상품의 자유이동은 식품법의 발전에 있어서 매우 중요한 요인이 되었다.[3] 그런데 무엇보다도 사안이 '식품안전'에 관한 것인 만큼 그 법제도적 확립의 중심에 '과학'이라는 요소를 중요하게 고려해야 의미를 갖게 되었다. 식품의 안전성은 식품이 공동시장에 공급되기 전에 증명되어야만 한다. 그런데 여기서 식품의 안전성의 증명은 결국 과학적인 문제라는 것이다. 따라서 이러한 식품안전과 보비자보호의 문제를 다루는 식품법의 영역에서 '과학적 기초'를 확립하는 것은 중요한 기초 작업이라고 할 수 있다.

그러므로 이 글에서는 EU식품법제가 식품안전과 소비자보호에 대하여 어느 정도의 '과학적 기초'를 확립하고 있는지를 살펴본 후, 그리 오랜 역사를 갖고 있지는 않지만 이러한 EU식품법의 미래의 발전 방향에 대하여 검토하고자 한다. 다만 이 글의 연구범위와 관련해서는 각각 별도의 연구주제가 될 수 있는 EU에서의 식품첨가물, 유기농식품, 기능성식품 등 현재 논의 및 발전되고 있는 수많은 내용들은 제외함을 밝힌다.

II. 식품안전과 소비자보호를 위해 필요한 과학적 기초

1. '광우병'위기를 통한 식품안전문제에 대한 '인식 제고'

EU에서는 1997년 영국에서의 광우병위기를 기점으로 식품안전과 소비자보호의 문제를 본격적으로 제고하게 되었다.[4] EU에서는 이러한 광우병위기를 계기로 식품위기 시 '과학적

---

3) Bernd van der Meulen and Menno van der Velde, *European Food Law*(Wageningen: Wageningen Academic Publishers, 2009), p.230.

4) EU식품법의 역사적 측면을 검토하는 것은 단순히 식품법의 구조적 측면을 살피는 데에도 유익하지만, 과거의

조언'을 통해 핵심적 기능을 담당하며, 검역 및 정보교환을 책임지는 EU 차원의 독립적이고도 투명한 역할을 수행할 수 있는 유럽식품안전청의 설립 필요성에 대하여 진지하게 논의하기 시작하였다. EU위원회, 이사회, 회원국들은 유럽의회에 의해 설치된 광우병임시위원회(Temporary Committee on BSE)의 보고에 따라 식품안전문제의 책임에 대한 상당한 압력을 받게 되었다.[5] 일종의 조사법정과 같은 이 광우병임시위원회는 관련 증거자료를 수집하였고, 당시 EU위원회의 Jacques Santer 위원장과 EU위원회의 농무담당위원을 포함한 광우병위기와 관련된 주요 관련자들을 조사하였다. 그리고 유럽의회는 1997년 2월 '광우병임시위원회의 조사결과에 대한 결의'(The Resolution on the results of the Temporary Committee of Inquiry into BSE)를 채택하여[6] EU위원회를 견책하였다. 이는 EU위원회 위원들을 결집시키는 계기가 되었고, 이들이 당시 당면한 광우병문제의 해결에 전력을 다하게 하였다. 그 결과 1997년 2월 19일 당시 EU위원회의 Jacques Santer위원장은 '식품안전'[7]이라는 중요한 영역에 있어서의 EU위원회의 공공업무 개선을 위한 계획을 구상하기 시작하였다. EU식품법이 광우병위기 이전에는 역내시장의 발전에 종속되어 있었으나, 이제는 식품안전이라는 새로운 측면에서는 결점이 있다는 사실이 드러났던 것이다.[8]

2. 광우병위기 이후 EU위원회의 식품안전정책 구상

EU위원회 Jacques Santer 위원장은 1997년 2월 18일 그의 연설 말미에서 당시의 광우병위기가 그의 오랜 정치경력을 통틀어 직면한 가장 해결하기 어려운 위기들 중의 하나였으나, 광우병위기를 통하여 큰 교훈을 얻게 되었고, EU위원회는 식품안전에 관한 문제들을 다룸에 있어서 향후 새로운 개혁적 내용을 도입하게 될 것이라고 하였다. 첫째, 그는 동식물의 보건에 관한 입법제안 시에 앞으로는 TFEU 제43조(구 EC조약 제37조)(단순한 자문기

실수를 통해 미래의 발전을 위한 교훈으로 삼는 데에도 매우 유익하다고 할 수 있다. EU는 1차 농업생산물을 포함하는 생산물책임법을 제정함으로써 식품안전과 소비자보건의 문제를 지역적 국제사회의 차원에서 해결하고자 노력하고 있다. 김두수, "EU의 생산물책임법의 역내 이행", 『법학논고』 제31집(2009.10), pp.153-154.

5) Bulletin EU 1/2-1997: Consumer policy and health protection(3/6).
http://europa.eu/bulletin/en/9701/p102225.htm(2010년 1월 8일 검색)

6) BSE resolution, 19 February 1997(PE 257.005 pp.3-4).

7) 그런데 여기서 한 가지 유념할 것은 이 세상에 '안전'의 개념과 관련하여 안전이라고 불리는 완전한 표준은 없으며, 완전하게 '안전한' 생산물도 없다는 것이다. 다만 공식적 개념으로 자주 사용하는 100% 안전한 생산물이라는 것은 상대적 개념에 해당한다는 것이다. 따라서 안전의 정도는 이익과 위해성에 대한 비교평가의 차원에서 생각되어야 한다는 것이다. Christopher Hodges, *European Regulation of Consumer Product Safety*(Oxford: Oxford Univ. Press, 2005), p.226 참조.

8) van der Meulen and van der Velde, *supra* note 3, p.244.

능)보다는 TFEU 제114조(구 EC조약 제95조)(공동결정의 권한)를 좀 더 활용하여 유럽의회가 보다 '강화된 권한'을 소유하게 될 것)이라고 하였다. 둘째, EU위원회는 TFEU 제168조(구 EC조약 제152조)의 '공중보건에 관한 수정안'을 이사회에 제안하기로 하였다. 셋째, EU위원회는 식품안전문제들에 대한 자체 모니터링 체계를 재정립하기[10]로 하였다.[11] EU위원회 Jacques Santer 위원장은 그의 연설에서 "진정한 식품정책의 점진적 도입은 특히 '소비자보건'에 초점을 맞추고 있다"라고 밝혔으며,[12] 그는 미국 식품의약품안전청(Food and Drug Administration: FDA)에 모델을 둔 하나의 독립된 유럽식품안전기구의 설립에 관심이 있었고, 이는 결국 2002년 이사회/유럽의회 규칙 178/2002에 따른 유럽식품안전청(European Food Safety Authority: EFSA)의 창설을 통하여 실현되게 되었던 것이다.

3. TFEU 제168조와 TFEU 제44조의 관계에 대한 해석

EU의 식품안전과 소비자보호, 즉 공중보건에 관한 TFEU 제168조는 '인간의 건강보호를 최고수준으로 보장'할 권한을 EU의 권한으로 부여하고 있다.[13] 그런데 유럽연합조약(TEU) 협상과정에서 EC조약 제152조(과거 당시 EC조약 제129조, TFEU 제168조)는 이 문제를 다소 소극적인 내용[14]으로 규정하였다. 그럼에도 EC조약 제152조(TFEU 제168조)의 가장 중요한 부분은 4(b)이며, 이에 의하면 이사회와 유럽의회의 공동결정상의 입법행위에 의하여, 그리고 EC조약 제38조(농업정책, TFEU 제44조)의 규정에도 불구하고 EU이사회가 '공중보건'이라는 직접적 목적으로서 가축(수의)과 자연위생의 영역에 있어서 정당한 규제조치를 채택할 수 있게 되었다는 점이다. 따라서 광우병위기와 같이 문제가 농업 분야에서 발

---

9) 그런데 이는 광우병위기로 인하여 EU위원회에 쏟아지는 유럽의회의 비난이나 질책을 의식한 발언인 측면이 없지는 않다고 볼 수 있다.

10) 이러한 식품안전문제는 Emma Bonino EU위원회 위원의 주된 임무였다. 1997년 2월 Jacques Santer EU위원회 위원장의 연설 이후 식품안전문제를 독자적으로 책임지는 임무는 '소비자정책과 보건'을 담당하는 Emma Bonino 위원에게 위임되었다. 이 총국의 명칭은 '소비자정책과 보건'을 위한 DG XXIV(DG XXIV for Consumer Policy and Health Protection)이었으나, EU위원회의 신임 위원장인 Romano Prodi의 제안에 의하여 DG SANCO로 개칭되었다.

11) Bulletin EU 1/2-1997: Speech by Jacques Santer, President of the European Commission, to Parliament on 18 February 1997(1/1). http://europa.eu/bulletin/en/9701/p203001.htm(2010년 1월 10일 검색)

12) *Ibid.*

13) 이러한 공중보건정책을 위한 EU의 권한은 EC조약 제30조(TFEU 제36조)상의 '사람의 건강·생명의 보호'와도 매우 밀접한 것으로 각 회원국에서도 매우 중요하게 다루는 분야이다. 채형복, 『유럽연합법』(파주: 한국학술정보, 2009), p.195 참조. Paul Craig and Grainne de Burca, *EU Law: Text, Cases, and Materials*(Oxford: Oxford Univ. Press, 2008), p.709 참조.

14) Tamara K. Hervey and Jean V. McHale, *Health Law and the European Union*(Cambridge: Cambridge Univ. Press, 2004), p.74.

생된 식품안전에 관한 경우에, EU는 TFEU 제168조(구 EC조약 제152조) 4(b)에 의한 적절한 보호조치들을 채택할 수 있는 법적 근거를 확보하게 되었다.[15]

4. '식품안전과 소비자보건에 관한 통보'상의 기본원칙으로서의 과학

EU위원회는 1997년 '식품안전과 소비자보건에 관한 통보'[16](Communication on Consumer Health and Food Safety)를 채택하였는데, 이는 1997년 2월 19일의 EU위원회 Jacques Santer 위원장의 연설에서 윤곽을 드러내었던 '식품안전'과 '소비자보호'에 관한 EU식품정책의 기본원칙들을 핵심적 내용으로 하고 있다. 여기에서 다루고 있는 EU식품정책에 있어서 중요하게 고려해야 할 세 가지 기본원칙들은 첫째, 과학적 조언을 위한 독립된 입법책임, 둘째, 검역을 위한 독립된 입법책임, 셋째, 의결절차 및 검역 등 전반에 걸친 높은 투명성의 보장과 광범위하면서도 유용한 정보의 확보에 관한 것이다.[17] EU위원회는 이 세 가지를 중점적으로 고려하여 식품안전과 소비자보건에 관한 자신의 책무를 다할 것을 공표하였던 것이다. 물론 그 첫 번째 항목으로 '과학적 조언'이 있는 것으로 보아, EU위원회는 EU식품법제도의 마련에 있어서 '과학'을 중요한 기초로 삼고 있음을 알 수 있다. 이로서 EU식품법제의 중심에는 '과학'이 있고, 과학은 '법제도'를 통하여 제 역할을 충분히 발휘할 수 있다고 할 수 있다.

5. '식품법 일반원칙에 관한 녹서'상 과학이 차지하는 비중

EU위원회가 1997년 5월 발행한 '식품법 일반원칙에 관한 녹서'(Green Paper on the General Principles of Food Law in the European Union)는 식품법상의 미래적 기여 효과가 큰 것으로 평가할 수 있다. 왜냐하면 이 녹서는 식품법 분야에 있어서 EU가 어떻게 하면 최고의 입법정책을 수행할 수 있는가에 관한 수많은 논점을 창출해 낼 수 있는 자료이기 때문이다. 이 녹서에서 EU위원회는 EU식품법의 기본적인 목적들을 명기하며 재확인하고 있는데, 이에 의하면 향후 EU식품법제의 발전 방향에 관한 EU식품법의 기본적인 목적들로 "최고수준의 공중보건, 안전 그리고 소비자보호, 단일시장 내에서의 상품의 자유로운 유통

---

15) 이는 2차 입법이 아닌 조약상의 의무규정에 따른 것이기 때문에 '농업 분야'에서 발생된 '식품안전' 문제에 대한 관여의 합법성에 있어서 중요한 의미를 부여받게 된다고 할 수 있다.

16) Commission Communication on Consumer Health and Food Safety(May 1997), 183.

17) *Ibid.*, p.3.

보장, 과학적 증거와 위해성 평가의 최우선적 고려, EU식품산업의 경쟁력 확보, 공식적 통제나 강제가 뒷받침된 자가진단 규정(소위 Hazard Analysis Critical Control Points systems: HACCP)을 통한 산업, 생산자 그리고 공급자의 식품안전에 대한 원칙적 책임부여, 모든 이해관계자들과의 충분한 논의를 통한 일관적이고도 합리적인 입법 활동"18) 등을 들고 있다.

또한 EU위원회는 이 녹서에서 "식료품소비에 대한 건강보호는 '언제나' 최우선적으로 고려되어야 하며, 이는 단지 긴급 상황(식품위기 또는 식품공황)에서만 특별한 것으로 다루어서는 아니 된다"19)라고 하였다. 이로서 바로 식료품의 안전성 측면에서 건전하고 안전한 소비가 소비자들을 위해 '농장에서 식탁까지'(from the farm to the plate) '항상' 보장되는 공동시장질서가 정착되어야 한다고 강조하였다. 이를 위해 이 녹서에서 '소비자의 건강'을 주요 최우선적 의제의 하나로서 다루는 효과적인 식품정책을 수립하기 위하여 EU위원회가 보장해야 할 사항으로서, 첫째, 새로운 '입법안' 준비 시에 '가장 최근의 국제적 연구에 의한 과학적 증거'를 중요하게 다룰 것,20) 둘째, 과학적 증거가 불충분하고 충분한 위해성 평가가 불가능한 경우에는 입법제안이 어려우므로 '사전예방의 원칙'(Precautionary Principle)을 우선적으로 고려할 것, 셋째, 안전을 위하여 명확한 '책임'을 지우고 모든 먹이사슬 단계에서 식품의 건전성을 확보할 것, 넷째, 관련 조치는 수입된 식료품들에도 동일하게 적용할 것, 다섯째, 소비자에게 식료품의 성질과 내용물에 관하여 적절한 방법으로 통지할 것, 다섯째, 통제능력 있는 다양한 행위자들(예를 들면, 생산자들, 식품제조공장소유자들, 회원국들의 당국(기관)들, 위원회)의 책임을 명확하게 규명할 것21) 등을 언급하였다.

6. '식품안전백서'상의 과학

1999년 Romano Prodi가 위원장이던 EU위원회의 초기 수개월 후에 발생한 벨기에서의 다이옥신오염위기는 영국에서의 광우병위기 이후 EU에서 다시 식품안전에 대한 위기의식을 가져왔다. 그리고 Romano Prodi 이전에 EU위원장이었던 Jacques Santer 위원장의 위임

---

18) Green Paper on the General Principles of Food Law in the European Union (May 1997) Com (1997) 176.

19) *Ibid.*

20) Case T-13/1999, *Pfizer Animal Health SA v. Council,* [2002] ECR Ⅱ-3305, paras.158, 197, 199; MacMaoláin, *op. cit.,* pp.175-179; 소송당사자가 유럽사법법원(European Court of Justice: ECJ)/제1심법원(Court of First Instance: CFI)에 아직은 확실하게 증명되지 않은 자료를 제출하고, 소송개입의 당사자들에게는 이를 제시하지 않은 경우, ECJ나 CFI는 이 자료가 소송개입의 당사자들에 의해 확실하게 증명될 수도 있기 때문에 실제로는 소송개입의 당사자들에게도 이 자료를 제공하는 것에 신중을 기하고 있다. Koen Lenaerts, Dirk Arts and Ignace Maselis, *Procedural Law of the European Union*(London: Sweet & Maxwell, 2006), p.576 참조.

21) Green Paper on the General Principles of Food Law in the European Union (May 1997) Com (1997) 176.

에 따라 '식품안전백서'(White Paper on Food Safety)[22]가 발행되어 식품안전문제에 관한 위원회와 이사회에서의 논쟁은 더욱 확대되었다. 이 식품안전백서에서는 식품안전문제에 있어서의 과학적 조언(scientific advice)을 가장 핵심적 내용으로 다루고 있으며, 또한 신속경보체제(Rapid Alert System)에 관해서도 매우 비중 있게 다루고 있다.[23] 이 식품안전백서에 의거하여 이사회/유럽의회 규칙 178/2002'[24]이 채택되었고, 이 규칙을 통해 'EU식품법의 기본원칙들'뿐만 아니라 새로운 '신속경보체제'가 확립되어 오늘날까지 실행되고 있다.

Ⅲ. 식품안전과 소비자보호를 위해 확립된 초기의 과학적 기초의 내용

21세기에 들어서면서 EU는 광우병위기로 '식품안전과 소비자보호'가 보장된 역내 시장 경제질서의 필요성을 인식하게 되었다. EU는 식품산업의 육성도 중요하지만 또한 소비자보 건과 신뢰가 당시 최고의 목표임을 인정하게 되었다. EU위원회도 '식품안전'과 관련해서는 어떠한 타협의 여지도 있을 수 없다는 사실을 직시하게 되었다. 당시 광우병위기는 '식품안 전문제'가 '소비자'와 관련된 문제일 뿐만 아니라, '식품산업'의 근간을 이루는 '역내시장' 의 적절한 기능화의 기초, 특히 상품의 자유이동을 위협할 수 있다는 것을 증명해 보였던 것이다. 따라서 식품안전은 소비자보건에 관한 문제일 뿐만 아니라, 생산자들의 이익과 식 품생산의 처리·제조·매매 등의 전 과정에 관여한 모든 사람들에게까지 EU위원회의 공무 를 집행해야 하는 영역의 문제가 된 것이다. 이에 따라 높은 수준의 소비자보건을 기초로 하여 그러한 정책에 식품안전의 측면을 강화한 EU식품정책의 목적을 달성하기 위하여, EU 위원회는 다음과 같은 식품정책의 세 가지 수단(방법)을 강화해야만 할 것이라고 결의하였 다. 이처럼 강화되어야 할 세 가지 수단은 과학적 조언(scientific advice), 위해성 분석(risk analysis) 그리고 식품관리 및 검역(food controls and inspection)을 의미하며, 이는 EU식품법 에 있어서 과학적 기초의 법제도적 확립이 얼마나 중요한지를 보여 준다고 할 수 있다.[25]

---

22) White Paper on Food Safety(1999), COM (1999) 719.

23) van der Meulen and van der Velde, *supra* note 3, p.245.

24) EP & Council Regulation 178/2002(OJ 2002 L31/1). EU는 이 식품기본법에 의거하여 식품법의 기본요건(제14 조~제15조에 의한 식품안전요건)과 일반원칙들(제7조의 사전예방의 원칙, 제9조~제10조에 의한 투명성의 원칙, 제17조의 책임의 원칙)을 명문화하였으며, 또한 유럽식품안전청(제22조~제49조)을 설립하며 식품안전 문제에 있어서의 대응절차(제50조~제57조의 신속경보체제 및 위기관리)를 규정하고 있다.

25) Raymond O'Rourke, *European Food Law*(London: Sweet & Maxwell, 2005), p.14.

1. '과학적 조언'을 위한 기본원칙들의 강화

EU위원회는 기존에 과학전문가들의 '과학적 조언'이 과학적 목적수행에 있어서 적절하였는지를 평가하였고, 또한 과학적 조언상의 식품안전과 소비자보건의 강화를 위한 '입법준비'에 있어서의 과학적 조언의 탁월성(excellence), 독립성(independence), 투명성(transparency)이라는 과학적 조언의 현존하는 주요 3대 원칙들을 강화할 필요성을 인식하였다. 따라서 다음과 같이 정리할 수 있다.[26]

1) 탁월성의 원칙

탁월성의 원칙(principle of excellence)이란, 과학적 조언은 최고의 가치 있는 것으로 평가되고 인정받는 것이어야 하고, 또한 잠재적 위해성들에 대한 과학적 평가는 저명한 과학자들이 책임을 지고 수행하는 평가가 되어야 한다는 것을 의미한다.[27]

2) 독립성의 원칙

독립성의 원칙(principle of independence)이란, '과학자들'이 독립된 과학기관에서 공무를 집행함으로써 자신의 소속국가 등과 이해관계로부터 자유로울 수 있고, 따라서 높은 수준의 소비자보건에 기여할 수 있는 독립된 조언을 제공하는 데 있어서 갈등이 될 이해관계를 배제함을 의미한다.[28]

3) 투명성의 원칙

투명성의 원칙(principle of transparency)이란, EU위원회의 전반적인 투명한 정책에 따라 소비자를 포함한 '개인'과 '단체' 양 이해관계자들뿐만 아니라 'EU기관들'과 '국내기관들'이 실무과정상의 '정보'와 '조언'에 대한 접근이 용이하게 됨을 의미한다. 나아가 EU위원회는 소비자를 포함한 이해당사자들에게 이들 과학적 조언을 완전하게 공개할 것이고, EU위

---

26) Commission Communication on Consumer Health and Food Safety(May 1997), 183, pp.9-10.

27) *Ibid.*

28) *Ibid.*

원회의 통보(Communication)는 이러한 목적을 달성하는 데 필수적인 방법이 된다.[29]

4) 기본원칙들의 이행을 위한 행정조직의 개편

EU위원회는 위와 같은 '과학적 조언'의 강화를 위한 3대 기본원칙의 이행을 위하여 EU 위원회 총국 DG XXIV(현재는 DG SANCO[30])하의 식품안전과 소비자보건과 관련된 모든 과학위원회들을 개편하였다. 근본적으로 식품안전과 소비자보건과 관련된 많은 문제들은 여러 전문 분야에 걸친 복합적 성질(multidisciplinary nature)을 갖고 있으며, 따라서 개편된 여러 상이한 과학위원회들을 투입하여 이들의 보조를 받을 필요가 있었다. 결국 이 글 Ⅲ-3에서 후술하는 재편된 새로운 8개의 과학위원회들(scientific committees)이 창설되었고, 다양한 문제들의 효과적 해결을 위한 중추적 조정역할을 위하여 EU위원회는 이 글 Ⅲ-2에서 살펴보는 바와 같이 1997년 과학운영위원회(Scientific Steering Committee: SSC)를 창설하였다.

2. '과학운영위원회'의 창설과 역할

1) 창설 및 구성

1997년 EU위원회 결정 97/404[31]에 의거하여 과학운영위원회(SSC)가 창설되어 여러 과학위원회들의 실무를 조화시키게 되었다. 이들 8개의 과학위원회들이 설치되었을 당시에 이 과학운영위원회는 8명의 과학전문가들로 구성되었으며, 과학전문가인 이들 운영위원은 다른 어떠한 과학위원회의 구성원도 의장도 아니었다.

2) 역할

첫째, 과학운영위원회는 여러 과학위원회들의 실무를 모니터하여 평가하고, 필요한 경우에는 업무의 적절한 수행을 위하여 이들 과학위원회들을 적절히 교체하여 임무를 수행하게

---

29) *Ibid.*; O'Rourke, *supra* note 25, p.15.

30) Jacques Santer EU위원회 위원장의 연설 이후 식품안전문제를 독자적으로 책임지는 임무는 '소비자정책과 보건'을 담당하는 Emma Bonino 위원에게 위임되었다. 이 총국의 명칭은 '소비자정책과 보건을 위한 DG XXIV'(DG XXIV for Consumer Policy and Health Protection)이었던 것이 EU위원회의 신임 위원장인 Romano Prodi의 제안에 의하여 'DG SANCO'로 개칭되었다.

31) Commission Decision 97/404/EC setting up a Scientific Steering Committee(OJ 1997 L169/85~87).

할 수 있었다. 둘째, 과학운영위원회는 둘 이상의 과학위원회들의 과학적 조언이 필요한 경우에 해당업무와 관련된 과학위원회들을 지명할 수 있으며, 관련 과학위원회들이 제시한 과학적 조언들이 본질적으로 상이한 경우에 과학운영위원회는 EU위원회에 과학적 조언들에 관한 종합적인 견해를 제공할 의무가 있었다. 셋째, 회원국들 국내기관의 과학자들이 수행한 과학적 작업의 평가에 기초하여 EU 차원의 조치를 취하는 경우, 과학운영위원회는 그러한 과학적 조언이 EU 차원에서 수용되어 적용될 필요성이 있는지에 관하여 평가함으로써 EU위원회의 업무를 보조할 수 있었다. 넷째, 여러 과학위원회들의 임무에 해당되지 않는 사안에 대하여 과학운영위원회는 자체적으로 임무를 수행하여 과학적 조언을 제공하였다. 광우병(BSE)을 포함한 프리온질환(transmissible spongiform encephalopathies: TSE)과 관련하여, 과학운영위원회는 이러한 특별한 소비자보건문제를 모니터할 뿐만 아니라 필요한 경우에는 EU위원회에 과학적 조언을 제공하였다. 이를 위하여 과학운영위원회는 미래예측을 위한 '수시 회의'(ad hoc group)를 운영할 수 있었다. 다섯째, 과학운영위원회는 EU위원회가 활용하게 될 새로운 위해성 평가 절차(risk assessment procedures)를 검토하고, 식품에서 발생하는 질병들과 사람에게 전이되는 동물들의 질병들과 같은 영역에 대한 새로운 위해성 평가 절차를 검토하여 제안할 수 있었다. 여섯째, 과학운영위원회는 식품안전에 영향을 줄 수 있는 잠재적 위해성을 갖고 있는 소비자보건문제에 대하여 EU위원회의 주의를 환기시킬 수 있었다.[32]

3. '과학위원회들'의 창설과 역할

1) 창설과 구성

1997년 EU위원회는 소비자보건과 식품안전 분야의 임무 수행을 위한 과학위원회들의 창설에 대한 EU위원회 결정 97/579[33]를 통하여 8개의 과학위원회들을 창설하였다. 이들 과학위원회들은 특별히 '소비자보건과 식품안전'과 관련된 문제에 대해 '과학적 조언'을 제공할 기회를 가지며, EU위원회 결정 97/579에 의하여 창설된 과학위원회에는 식품과학위원회(Scientific Committee on Food), 동물음식(영양섭취)에 관한 과학위원회(Scientific Committee on Animal Nutrition), 동물보건과 동물복지에 관한 과학위원회(Scientific Committee on

---

32) *Ibid.*, 제2조(1)~(5).

33) Commission Decision 97/579/EC setting up Scientific Committees in the field of consumer health and food safety(OJ 1997 L237/18~23).

Animal Health and Animal Welfare), 공중보건과 관련된 가축조치에 관한 과학위원회(Scientific Committee on Veterinary Measures relating to Public Health), 식물과학위원회(Scientific Committee on Plants), 소비자를 위한 화장품 및 비식품에 관한 과학위원회(Scientific Committee on Cosmetic Products and Non-Food Products intended for Consumers), 의약품 및 의료기기(설비)에 관한 과학위원회(Scientific Committee on Medicinal Products and Medicinal Devices), 유독성과 환경유독성 및 환경에 관한 과학위원회(Scientific Committee on Toxicity, Ecotoxicity and the Environment)가 있다.[34]

각각의 과학위원회는 최대 19명으로 구성되며, 그 구성원들은 EU위원회에 의해 임명되었다. 과학위원회의 구성원은 해당 과학위원회의 하나 또는 그 이상의 권한영역에 있어서의 '과학전문가'이어야 한다. 과학운영위원회의 경우와 같이 그 구성원들은 유럽연합공보(Official Journal: OJ)에 공표하며 선거절차에 따라 임명되었다.[35]

2) 역할

첫째, 이들 과학위원회들은 소비자보건과 식품안전에 관한 문제들에 대한 '과학적 조언'을 EU위원회에 제공하였고, 이 경우 이들 과학위원회들은 회원국들의 국내식품안전기관들에 소속되어 있는 과학자들이 제시한 위해성 평가를 냉정하게 비판적으로 심사하였다. 둘째, 각각의 과학위원회는 세계보건기구(World Health Organization: WHO), 국제식품규격위원회(Codex Alimentarius Commission: CAC), 미국 식품의약품안전청(US FDA) 등과 같은 국제적 인지도가 높은 포럼에서 마련한 권고·표준·가이드라인의 과학적 근거를 평가할 수 있는 과학적 의견초안을 EU위원회에 제출하였다. 이 경우 이들 과학위원회들은 다양한 관련 국제기구들이 발전시킨 위해성 평가의 방법과 기술을 고려하여 EU보건표준의 기초에 대한 과학적 원칙들을 평가하게 된다. 셋째, 과학운영위원회의 경우와 같이 이들 8개의 과학위원회들도 소비자보건과 식품안전의 문제에 관련된 특별한 사안이 발생하는 경우 EU위원회에 주의를 환기시킬 수 있다.[36]

---

34) *Ibid.*, 제1조. 이들 8개 과학위원회들의 권한 및 영역은 EU위원회 결정 97/579의 부속서에 구체적으로 명시되었다. 이들 8개 과학위원회들은 EU위원회 결정 97/579 이전에 존재했던 6개의 과학위원회들을 대체한 것으로, 이들 6개의 과학위원회들은 식품, 가축(수의)문제, 동물음식, 미용(화장품), 살충제, 독성 및 환경 독성 분야를 포함하고 있었다.

35) *Ibid.*, 제3조.

36) *Ibid.*, 제2조.

4. '과학적 조언'의 제공의 의의

EU위원회는 '과학적 조언'을 식품안전과 소비자보건에 잠재적인 영향을 줄 수 있는 '입법적 제안이나 조치'를 위한 중요한 전제조건으로 보고 있다. 무엇보다도 1997년 5월 '식품안전과 소비자보건에 관한 통보'[37]에서 EU위원회는 유전자변형유기체식품(genetically modified foods)과 관련된 과학적 조언의 제공은 과학적 증거 제시를 넘어 '윤리적으로' 또는 '환경적으로' 고려해야만 할 많은 요구사항들이 있다는 사실을 직시하였다. 그러나 과학적 조언을 제공함에 있어서 어려움이 있음에도 불구하고, '과학적 조언'은 절대 오류가 있어서는 아니 되며 식품법상의 새로운 발전을 위하여 중요한 기능을 해야 할 것임에는 틀림이 없다. 따라서 '과학적 조언'은 끊임없이 검토의 대상이 되고 있다고 할 수 있다. 과학조정위원회와 8개 과학위원회들이 제공한 과학적 조언을 어떻게 활용할 것인지에 관한 어려운 문제에 대해 결정하는 일은 EU위원회의 '소비자정책과 보건'을 담당하는 위원과 DG SANCO 총국이 책임져야 할 직무라고 할 수 있다. 이는 현재 규칙 178/2002에 따라 운영되는 EU위원회의 '위해성 관리'의 측면으로 이해될 수 있을 것이다. 결국 EU위원회는 과거 자신이 소유했던 위해성 관리의 권한을 현재의 유럽식품안전청에 이전하지 않았던 것이다.

Ⅳ. '초기'의 과학적 기초의 내용에 관한 '평가'와 '개선 및 전망'

1. '과학위원회들'의 역할에 대한 평가 및 쇄신

1) 평가

1997년 과학위원회들이 직무를 개시한 지 18개월 후에 이들 과학위원회들은 매우 다양한 문제들에 대한 157개의 과학적 의견들을 제시하였다. 이들 과학적 의견들 중 23개는 광우병(BSE)과 관련된 문제들을 다루었고, 15개의 과학적 의견들은 유전자변형유기체(Genetically Modified Organism: GMO)의 안전성, 살충제, 식품첨가물, 식품접촉물질에 관한 것이었다. 이들 과학위원회들이 일종의 자문역할을 수행함에도 불구하고, 이들 과학위원회의 많은 과학적 의견들은 실제로는 EU위원회의 '입법안의 기초'로서 기여한 바가 크다고 볼 수 있다.

---

37) Commission Communication on Consumer Health and Food Safety(May 1997), 183, p.16.

그런데 이들 과학위원회들은 일정한 법과 절차에 따라 자문역할을 수행하기도 하지만, 이들 과학위원회들은 필요한 경우 자발적으로 자문역할을 수행할 수도 있다. 나아가 이들 과학위원회들은 소비자보건상의 새로운 위해성에 대하여 EU위원회의 주의를 환기시키는 역할을 할 수 있었다. 무엇보다도 이들 여러 과학위원회들 중에 '식품과학위원회'(Scientific Committee on Food)는 '식품산업'에 있어서 가장 중요한 분야이며 식품첨가물(food additives), 포장 재질 (packaging materials), 에너지음료의 성분(ingredients of energy drinks), 식료품의 저장을 위한 방사능처리(irradiation of foodstuffs)와 같은 문제들에 대하여 광범위한 의견들을 제시해 왔다고 할 수 있다.[38]

2) 쇄신

1997년부터 2000년에 걸쳐 3년 동안 진행되었던 과학위원회들의 직무는 EU위원회 결정 2000/443[39]에 의해 쇄신되었다. 2000년 9월 EU위원회는 공개모집과 선거절차에 따라 새로운 과학운영위원회의 구성원으로서 선임되는 8명의 독립된 과학전문가들을 임명하였다. 이들의 지시에 의하여 과학위원회들의 구성원들이 선출되었다. 그 다음에 각각의 과학위원회는 각각의 의장을 선출하였고, 이들 의장은 자동적으로 과학조정위원회의 구성원이 되었다. EU위원회는 3년 동안 진행될 이들의 새로운 임무는 2002년 유럽식품안전청(EFSA)의 창설에 관한 것이라고 하였다. 결국 기존의 '과학위원회들'의 역할과 기능은 유럽식품안전청의 직무 범위 내로 경감 또는 흡수되게 되었으며, 더욱이 그 명칭이 '과학패널'(scientific panels)로 변경되었다.[40] 용어상 혼동하지 말아야 할 것은 유럽식품안전청에서의 과학위원회는 기존의 과학위원회들이 아닌 과학운영위원회에 비견된다는 점이다.

---

38) O'Rourke, *supra* note 25, p.18.

39) Commission Decision 2000/443/EC amending Decision 97/404/EC of 10 June 1997 setting up a Scientific Steering Committee and Decision 97/579/EC of 23 July 1997 setting up scientific committees in the area of consumer health and food safety(OJ 2000 L179/13).

40) *Ibid.* 전문, 제1조~제2조.

2. '유럽식품안전청'의 설립에 따른 행정구조의 개편

1) 10개의 '과학패널들'과 하나의 '과학위원회'

2002년 유럽식품안전청의 설립에 따라 EU위원회는 식품안전문제에 관하여 과학적 자문의 역할을 하고 있던 기존 과학위원회들의 과감한 이동과 개편을 계획하였다. 이에 의하여 8개의 과학위원회들은 '10개의 상설독립과학패널'(scientific panels)로, 그리고 과학운영위원회는 '하나의 과학위원회'(scientific committee)로 개편되었다. 10개의 각 과학패널은 자신의 고유의 직무권한 영역에서 '과학적 의견'을 제공하는 책임을 지게 되었다.[41] 이들 10개의 과학패널들은 다음과 같다. 첫째, 식품첨가물에 관한 패널, 둘째, 동물 사료에 사용된 첨가물 및 재료에 관한 패널, 셋째, 식물보호생산 및 잔류물에 관한 패널, 넷째, 유전자변형유기체에 관한 패널, 다섯째, 다이어트제품과 영양섭취 및 알레르기에 관한 패널, 여섯째, 생물학적 위험에 관한 패널, 일곱째, 먹이사슬상의 오염물질에 관한 패널, 여덟째, 동물보건과 복지에 관한 패널, 아홉째, 식물보건에 관한 패널, 그리고 조미료 및 촉진제에 관한 패널이다.[42]

2) 과학패널의 업무효율성 제고

유럽식품안전청[43]은 10개의 과학패널들 각각에 대하여 '사무국 직원들'의 채용을 통하여 보조할 뿐만 아니라, 또한 '과학적 지원'도 하게 된다. 즉 유럽식품안전청은 조직 내에 과학적 자문을 전담하는 상임직원(permanent in-house scientific advisory staff)을 고용함으로써[44] 과거와는 달리 각 패널들의 과학전문가들이 정해진 시간에 과학적 '위해성 평가'의

---

41) EP & Council Regulation 178/2002, 제28조~제29조, 제31조.

42) *Ibid.*, 제28조. 이 규칙은 2008년 3월 4일 위원회 규칙 202/2008(OJ L60/17)에 의하여 개정되었으며, 이에 의하여 마지막에 언급한 2개의 패널이 추가되어 10개가 되었다.

43) EP & Council Regulation 178/2002 제3장(Chapter III: European Food Safety Authority)에 따른 유럽식품안전청의 주요 기능은 다음과 같다. 첫째, 식품 안전의 위해성을 평가하기 위하여 독립적인 과학적 자문(EU위원회, 회원국, 회원국의 국내 식품단체 또는 유럽의회에 의한 요청에 따른)을 제공하고, 둘째, EU 내에서 식품안전을 모니터링하고 식품 안전과 영양의 영역 내에서 EU정책을 보조하기 위하여 영양, 식사유형, 위해성과 같은 사안을 다루는 과학적 자료를 수집 및 분석하고, 셋째, 식품첨가물, 유아 또는 유기농과 같은 특정한 사용을 위한 식품, 기능 식품, 유전자변형유기체(GMO) 등에 관한 안전성을 평가하고, 넷째, 새롭게 발생되는 식품 안전의 위해성을 식별하고, 다섯째, 식품 안전의 위기 또는 공황에 대비해서 EU위원회를 보조하고, 여섯째, 과학적 자문과 위해성 평가의 내용에 관하여 일반 대중으로 정보를 통보하는 것이다. *Ibid.*, 제22조~제23조.

44) *Ibid.*, 제28조의 8항 참조.

중요한 문제에 집중할 수 있도록 하고 있다. 이를 통하여 과학패널의 과학전문가들은 과부하상태인 관련 서류(또는 보고서)의 준비 작업에 별도의 시간을 소비하지 않아도 된다.

3) 과학적 교류와 협력체계의 구축

기존의 과학위원회들은 식품안전과 소비자보건과 관련하여 단지 'EU위원회'를 과학적 조언으로 자문하기 위하여 EC조약 제152조(TFEU 제168조)와 제153조(TFEU 제169조)에 의거하여 조직되었다. 그런데 유럽식품안전청의 설립에 따라 새로 개편된 조직구조에 의하면 '유럽의회'뿐만 아니라 '회원국들' 또는 회원국들의 권한 있는 '국내과학기관들'도 유럽식품안전청에 과학적 의견을 요청할 수 있다. 물론 이러한 요청의 대상은 EU법상 유럽식품안전청의 자문이 '의무적인' 경우에 해당되는 분야로서 매우 '중요한' 이례적인 질문에 관한 것이어야 한다. 그리고 EU위원회는 접수된 질문들을 유럽식품안전청에 제출할 단독책임을 진다. 한편 유럽식품안전청은 식품안전문제와 관련이 있다고 판단되는 경우 자신의 고유의 '조사권'에 기초하여 '과학적 의견'을 제안할 독립된 권한[45]을 소유한다. 즉 유럽식품안전청은 독립된 법인격을 가지며,[46] 의결절차에 있어서 독립성과 투명성을 확보하고 있기 때문에 모든 행위들이 EU의 공익적 목적을 위해 행해지며 어떠한 외부의 영향으로부터도 자유롭다는 것을 의미한다.[47] 여기에서 중요한 점은 '유럽식품안전청'이 식품안전에 관하여 책임을 지는 회원국들의 '국내과학기관들'과 긴밀하게 협력할 수 있게 되었다는 것이며,[48] 이로서 유럽과 그 이외의 지역과도 '과학적 교류'를 원활하게 할 수 있는 네트워크를 형성하게 되었다는 점이다. 이 중심에 유럽식품안전청이 위치해 있으며, 특히 EU위원회는 유럽식품안전청을 지원해야 하며 유럽식품안전청으로부터 나오는 과학적 의견들을 중요하게 다루어야 한다.[49]

---

45) *Ibid.*, 제37조.
46) *Ibid.*, 제46조.
47) *Ibid.*, 제37조.
48) *Ibid.*, 제30조.
49) MacMaoláin, *supra* note 2, pp.186-187 참조.

3. 유럽식품안전청의 초기의 성과

1) 연차보고서 발행과 관련하여

유럽식품안전청의 소재지가 결정된 후 이탈리아의 Parma에서 개최된 첫 모임에서 유럽식품안전청의 운영위원회(Management Board)는 시기적절한 과학적 조언의 제공을 위하여 동 기구가 기여할 것을 약속하였다. 그리고 유럽식품안전청은 현재 자신의 게시판과 웹사이트를 통하여 자신의 과학적 조언의 제공과 관련하여 통보 업무를 수행해 오고 있다. 또한 유럽식품안전청은 연차보고서(Annual Report)의 발행을 통하여 동 기구가 해당 년도에 동 기구에 공식적으로 제출되거나 또는 자체 발의에 의해 제시된 질문들에 대해 제시한 과학적 의견들에 대하여 종합적으로 설명해 오고 있다. 2004년 발행한 연차보고서에서는 과학자들과 기타 이해관계자들과의 대화를 강화하기 위한 수시 행사(ad hoc events)나 콜로키움(colloquium)의 개최가 필요하다고 주장하기도 하였다.[50]

2) 업무의 독립성, 전문성, 탁월성과 관련하여

유럽식품안전청의 운영위원회(Management Board)는 동 기구의 하나의 과학위원회와 10개 과학패널들(2008년 3월 4일 이후에 10개의 패널)의 모든 구성원들이 매우 신중하게 선출되었다는 점을 강조한다. 과학위원회와 과학패널들의 과학전문가들은 '위해성 평가'에 대한 과학적 탁월성과 전문성에 근거하여 임명되었으며, 외부의 영향을 받지 않으며 독립적으로 역할을 수행한다. 규칙 178/2002 제37조에 따라 과학패널들의 구성원들은 일체의 대외적 영향에 대하여 '독립적으로' 행동해야만 하며, 이에 따라 과학패널들의 모든 구성원들은 자신의 독립적 임무수행을 증명하는 직무선언과 이해관계배제선언(declaration of commitment and declaration of interest)을 한다.[51] 나아가 유럽식품안전청은 과학패널의 많은 과학전문가들이 또한 국내 차원에서 위해성 평가에 관여하고 있다는 점을 주목하고 있다. 그런데 동 기구는 이러한 상황이 이해관계에 따른 갈등을 조장할 것으로 보고 있지는 않지만, 그러나 이러한 과학전문가들은 자신이 국내 차원에서의 위해성 평가에도 관여하고 있다는 관여사실에 대해서는 밝혀야 한다. 또한 유럽식품안전청의 독립성은 투명성과 맥을 같이하므

---

50) O'Rourke, *supra* note 25, p.21.

51) MacMaoláin, *supra* note 2, p.187 참조.

로 의결절차 등 모든 경우에 있어서 외부적 영향을 배제하고 공익적 차원에서 직무를 수행해야 할 것이다.[52]

3) 업무수행상의 개방성과 관련하여

유럽식품안전청은 업무수행의 개방성과 조화를 이루는 점도 있는데, 유전자변형유기체(GMO)패널은 '지구의 벗'[53]을 포함한 이해관계자들이 참가하는 미래지향적인 적극적인 접근방식을 택하기도 하였다. 이는 유전자변형유기체(GMO)패널의 활동의 상당 부분이 특히 식품과 사료에서 파생된 위해성 평가와 유전자변형식물의 위해성 평가와 관련이 있고, 이와 관련된 지시자료를 준비함에 있어서 필요한 접근방식이기 때문으로 보인다.

4) 업무수행상의 독창성과 관련하여

유럽식품안전청은 2004년 11월 Berlin에서 동 기구의 자문포럼(Advisory Forum)을 개최한 바가 있다. 여기에서 350명 이상의 이해관계자들이 식품과 사료의 안전에 관한 '유럽의 위해성 평가'에 대한 미래 전망에 관하여 논의를 촉진하기도 하였다.[54] 이처럼 유럽식품안전청의 자문포럼은 공개토론을 통하여 독창적으로 의제를 발전시킬 수 있는 공간이 되고 있다.

4. 유럽식품안전청의 과학적 의견의 실효성 문제

식품안전과 관련된 EU의 과학적 교류와 협력의 실현은 그리 쉬운 일이 아니다. 유럽식품안전청의 과학적 의견과 회원국 국내과학기관들의 과학적 의견 간의 차이로 인하여 위해성 관리(risk management)와 위해성 통보(risk communication)는 복잡한 양상을 보일 가능성이 있다. 특히 어떤 문제가 관련 회원국에게 매우 민감한 사안인 경우에는 더욱 복잡해질 수 있다. EU위원회는 이와 유사한 경험을 한 바가 있는데, 이는 소위 영국-프랑스 간의 소고기 전쟁(UK-French Beef War)으로 알려져 있다. 1999년 10월 1일 프랑스정부는 프랑스식품안전청(Agence Française de Sécurité Sanitaire des Aliments: 이하 AFSSA)으로부터

---

52) EP & Council Regulation 178/2002, 제37조-제41조: MacMaoláin, *supra* note 2, p.192 참조.

53) Friends of the earth(FOE), 영국의 환경 보호 단체.

54) O'Rourke, *supra* note 25, p.21.

전달받은 새로운 과학적 조언에 근거하여 영국산 소고기의 수출입을 금지하였으며, EU위원회 결정 1999/514에 따르지 않는다고 EU위원회에 통지한 바 있다. 프랑스식품안전청 (AFSSA)이 프랑스정부에 제시한 '과학적 조언'에 의하면 동 광우병위기는 영국에서 완전히 끝났다고 보기 어려우며, 따라서 프랑스정부는 영국산 소고기가 다시 프랑스시장에서 판매될 경우 프랑스 소비자들의 보건이 우려된다는 것이다. 또한 당시 영국의 육류위생 관리 및 통제가 광우병위기를 해결할 만큼 충분하지 않으며, 영국으로부터 수출된 육류와 육류 가공품에 대한 날짜에 기초를 둔 영국의 수출체계가 식품안전에 불충분하다고 판단되는 경우에 육류생산품에 대한 추적이 필요하다고 하였다. 이에 EU위원회는 프랑스식품안전청 (AFSSA)이 제기한 문제들을 처리하기 위하여 즉시 과학운영위원회(SSC)를 개최하였고 자신의 이전의 과학적 조언을 재확인하였다. 그러나 프랑스는 영국산 소고기에 대한 금수조치를 계속하여 유지하였고, EU위원회는 유럽사법법원(ECJ)에서 프랑스정부를 상대로 소송을 제기하였으며, 결국 프랑스는 유럽사법법원에서 패소하였다.[55] 그런데 프랑스정부는 단지 유럽사법법원의 판결을 이행하지 않기 때문에 EU위원회가 제시하는 '매일 납부해야 하는 벌금'이 부담스러워 영국산 소고기의 프랑스시장으로의 유입을 허락하는 데 동의하였다.[56]

그런데 유럽식품안전청의 설립을 위한 입법안의 준비에 있어서 EU위원회는 '영국-프랑스 소고기 전쟁'에 있어서의 경험을 학습하지 못한 것처럼 보일 수도 있다. 왜냐하면 규칙 178/2002에 의하면 유럽식품안전청이 수준 높은 최고의 과학적 조언을 제공할 것으로 보이지만, 동 규칙은 유럽식품안전청에게 EU에서 과학적 조언에 대한 위해성 관리의 '최종적인 중재자'로서의 권한을 부여하고 있지는 않다고 할 수 있기 때문이다. 결국 과학적 의견의 충돌문제는 명확하게 해결되고 있지 못한 것이다. 그 대신 동 규칙은 과학적 조언상의 갈등을 유발하는 논쟁이 발생하는 경우에 활용할 수 있는 정교한 외교적 절차를 확립하고는 있다. 그런데 동 규칙에서 규정하고 있는 것과 유사한 외교적 절차가 '영국-프랑스 소고기 전쟁' 사례에서 제대로 적용되지 않았던 것처럼, 이러한 외교적 절차도 다른 회원국과 갈등을 일으키는 경우에 유럽식품안전청이 어떤 과학적 조언을 도출한다 할지라도 유럽식품안전청의 역할을 실제적으로 보조하기에는 한계가 있다고 할 수 있다.[57]

---

55) Case C-1/00, *Commission* v. *France*, [2001] ECR Ⅰ-9989.

56) O'Rourke, *supra* note 25, p.20.

57) *Ibid.*

5. 여러 '규제위원회들'의 보조

규제위원회들(Regulatory Committees)은 먹이사슬의 모든 단계에 있어서 식품안전과 관련된 조치의 이행에 대하여 EU위원회를 보조한다. EU 차원의 의결과정에서 중요한 역할을 하는 이들 규제위원회들은 EU회원국들을 대표하여 활동하는 것이다. EU위원회는 일정한 사안에 관하여 해당 규제위원회에 자문을 요청할 수 있고, 이때 해당 규제위원회는 EU위원회가 적절한 절차에 따라 공식적으로 채택할 수 있는 조치를 제시하는 '의견'(opinion)을 EU위원회에 전달할 수 있다.

특히 '먹이사슬과 동물보건에 관한 상임위원회'(Standing Committee on the Food Chain and Animal Health: SCFCAH)가 규칙 178/2002에 의해 설립되었다. 동 위원회의 임무는 농장에서의 동물보건문제에서부터 소비자의 식탁에 오르는 생산품에 이르기까지의 전체적인 식품공급망을 포함한다. 따라서 식품생산에서 발생하는 보건에 대한 위해성파악과 평가를 목표로 하는 동 위원회의 자체능력의 강화는 매우 중요하게 생각되고 있다. 동 위원회는 EU위원회 위원장이 회의를 진행하며, 동 위원회는 기존의 상설가축위원회(Standing Veterinary Committee), 상설식료품위원회(Standing Committee on Foodstuffs), 상설동물영양학위원회(Standing Committee on Animal Nutrition)를 대체한 것이다.[58]

6. '먹이사슬 및 동식물보건에 관한 자문단'의 보조

식품안전백서(White Paper on Food Safety)상의 위임에 따라 2004년 8월 EU위원회는 '먹이사슬과 동식물의 보건에 관한 자문단'(Advisory Group on the Food Chain and Animal and Plant Health)의 창설을 위한 EU위원회 결정 2004/613[59]을 채택하였다. EU위원회는 유럽연합공보(OJ)에 동 자문단 구성원의 명단을 공표하였고, 이 자문단은 '식품안전'과 관련된 정책에 대하여 EU위원회에 과학적 조언을 할 수 있는 농업인, 식품회사, 소매상인, 소비자기관을 소집하는 임무를 수행하게 되었다.[60] 이 자문단은 적어도 1년에 2번 회합하며 EU 차원의 단체(협회)에 해당하는 약 45개의 회원으로 구성된다.[61]

---

58) *Ibid.*, p.21.

59) Commission Decision 2004/613/EC concerning the creation of on advisory group on the food chain and animal and plant health(OJ 2004 L275/17).

60) *Ibid.*, 제2조.

61) *Ibid.*, 제3조~제4조: AIPCE-CEP(Association des Industries de Poisson de la CE/Comite Import/Export Poissons), ANIMALS ANGELS(Animal Welfare Association), AVEC(Association of Poultry Processors and Poultry Import

7. 유럽식품안전청의 연구예산의 확보

유럽식품안전청은 다양한 위기에 대응하거나 또는 자신의 임무를 수행하는 데 방해가 되는 자신의 지식의 부족함을 보완하기 위하여 필요한 경우 과학연구의 수행을 위하여 자신의 고유의 예산을 확보하고 있다.[62] 이를 통하여 유럽식품안전청이 식품위기 또는 식품공황 등의 비상사태의 경우에 직면하여 대응하는 데 머물지 아니하고, 앞으로는 미래에 발생할 수 있는 식품안전문제에 관한 논쟁에 있어서 더욱 발전된 과학적 기초를 제공하여 참여하는 것이 바람직하다고 할 수 있다.[63]

V. 결언

이상과 같이 본문에서는 EU식품법제에 있어서의 식품안전과 소비자보호를 위한 과학적 기초의 확립 필요성, 확립된 과학적 기초의 내용, 그리고 초기의 과학적 기초에 대한 평가와 개선 및 전망에 관하여 살펴봄으로써 EU식품법의 과학적 기초에 관하여 검토하였다.

EU는 영국에서의 광우병위기를 계기로 EU공동시장질서상의 식품의 안전성 확보에 큰 관심을 갖게 되었다. 그런데 무엇보다도 사안이 식품안전에 관한 것인 만큼 그 법제도적

and Export Trade), BEUC(European Consumers' Organisation), CEFIC(Chemical Industry Council Food Regulation Panel), CELCAA(Commerce Agro-Alimentaire), CES/ETUC(Confederation Europeenne des Syndicats), CIAA(Confederation des Industries Agro-Alimentaires), CLITRAVI(Association of Meat Processing Industry), COCERAL(EU ssociation For Trade in Cereals, Oilseeds, Feedstuffs), COPA-COGECA(Agri-Cooperation), ECCA(European Crop Care Association), ECPA(EU Crop Protection Association), ECSLA(European Cold Storage and Logistics Association), EDA(European Dairy Association), EFFAT(European Federation of Food, Agriculture and Tourism Trade Unions), EFPRA(European Fat Processors and Renderers Association), EMRA(European Modern Restaurants Association), ESA(European Seed Association), EUROCHAMBRES(Association of EU Chambers of Commerce and Industries), UROCOMMERCE(Retail, Wholesale and International Trade Representation to the EU), EUROCOOP(EU Community of Consumer Co-operatives), EUROGROUP(EU Animal Welfare Organisation), EUROPABIO(EU Association of Bioindustries), FEDIAF(Alimentation pour Animaux Familiers), FEFAC(Federation Europeenne Fabricants Aliments Composes), FERCO(Federation Europeenne de la Restauration Collective Concedee), FESASS(Federation Europeenne Sante Animale et Securite Sanitaire), FRESHFEL(Forum for the Fresh Produce Industry), FVE(Federation Veterinarians of Europe), HOTREC(Hotels, restaurants and Cafes in Europe), IFAH(EU Animal Health Industry), IFOAM(EU Federation of Organic Agriculture Movements), UEAPME(Artisanat et Petites/Moyennes Entreprises), UECBV(European Livestock and Meat Trading Union), UGAL(Union des Groupements de Detaillants Independants de l'Europe), List of Members of advisory group on the food chain and animal and plant health(OJ 2005 C97/2).

62) EP & Council Regulation 178/2002, 제43조.

63) O'Rourke, *supra* note 25, p.21.

확립의 중심에 과학이라는 요소를 중요하게 고려하게 되었다. 그 핵심적인 내용은 바로 위해성 평가에 의해 제시되는 '과학적 의견'을 통한 문제의 해결이며, 이러한 문제를 해결하는 과학전문가들의 직무수행의 탁월성, 독립성, 투명성의 확보에 있다. 이를 위해 유럽식품안전청의 하나의 과학위원회와 10개의 과학패널들은 역할이 점점 증대되고 있는 과학자들을 통하여 식품의 생산과 판매에서의 위해성 평가에 있어서 자신에게 주어진 책임을 다하고 있다.[64] 비록 유럽식품안전청이 식품안전문제에 대한 과학적 의견에 있어서 위해성 관리에 대한 최종적인 중재자로서의 권한을 부여받지는 못하였지만, EU식품법제의 발전에 있어서 중요한 획을 긋는 이정표로서의 역할을 하였음은 명백한 사실이라고 할 수 있을 것이다. 또한 영국-프랑스 소고기전쟁 사례처럼 문제해결을 위한 외교적 교섭의 방식의 실패는 유럽식품안전청의 과학적 의견의 실효적 측면에서 문제가 있지만, 2009년 12월 1일 결국 리스본조약이 발효된 것같이 EU의 결속력이 점점 강화됨에 따라 이 문제는 해소될 것으로 보인다.

그러나 과학적 기초의 확립에 의한 이러한 EU식품법의 발전은 다른 한편으로는 EU공동시장법제에 있어서 상품의 자유이동의 제한을 가져오는 결과로 이어질 수 있다는 점을 간과해서는 아니 될 것이다. EU식품법이 과학적 기초에 의하여 식품안전과 소비자보호의 측면에서는 발전된 양상을 보일 수 있으나, 자칫 과학적 근거를 이유로 비관세장벽으로서 역내시장에서의 식품의 자유이동이 위축될 수 있다.[65] 즉 일정 부분에 있어서의 정부의 규제조치가 인정됨으로써 자유무역에 대한 제한을 인정할 수 있다는 것이다.[66] 따라서 이는 극

---

64) MacMaoláin, *supra* note 2, p.185 참조.

65) EU식품법제의 과학적 기초를 확립하고 있는 규칙 178/2002의 제정에 있어서 EU회원국들은 식품안전과 소비자보호를 위해서 기존의 규제완화의 태도를 재고하게 되었고, 그 결과 식품의 자유이동의 권리는 제한을 받을 수 있게 되었다. 즉 광우병위기와 같은 식품안전과 소비자보호에 관한 문제가 발생하는 경우에 EU 또는 회원국정부는 공중보건 상 관련 사태를 통제 및 관리해야 하고, 이를 위해서는 EU공동시장법제상 보장되고 있었던 상품의 자유이동이 제한을 받게 된다.

66) 예를 들면, 2001년 1월 29일 캐나다 몬트리올에서 채택된 "생명공학안전의정서"(Biosafety Protocol)에 의거하여 유전자변형유기체(GMO)의 국가 간 이동을 제한할 수 있는데, 이 경우 무역자유화를 실현하고 있는 WTO 규범과 충돌할 가능성이 없지는 않다고 할 수 있을 것이다. 한국국제경제법학회, 앞의 책(각주 1), p.34 참조. 생명공학안전의정서는 세계 130여 개국 대표와 50개국의 환경부장관이 참가하여 지난 6년간의 협상에 대한 결과물이다. 이는 유전자변형식품과 농산물의 거래에 대해 장차 법적 효력을 갖도록 하기 위하여 국제사회가 도출해낸 첫 번째 국제협약이라는 점에서 역사적 의미가 매우 크다고 할 수 있다. 이는 생명공학안전성 문제를 다루는 기술적·재정적·제도적 수단이 부족한 다수의 개도국들을 보호하는 데 비중을 두고 있으나, 세계 생명공학제품시장의 우위를 점하려는 미국이 생명공학안전성 문제가 국제통상무역에 장애가 될 것으로 여겨 소극적이었다. 이후에 미국은 협상에 참가했지만 '실질적 동등성'의 논리를 내세우며 생명공학기술이란 생물이 성적 생식을 하는 것과 같이 서로 다른 개체들의 유전자를 혼합하는 것일 뿐 특별한 위해성은 없다고 주장하였다. 즉 유전자변형 농산물이나 식품은 그 이전의 재래 농산물이나 식품과 다를 바가 없기 때문에 차별하여 취급하거나 규제해서는 아니 된다는 것이다. 이에 반해 유전자변형농산물 수입국과 세계의 환경·소비자 단체들은 '사전예방의 원칙'의 적용을 주장하여 유전자변형유기체로 인하여 심각하고 회복 불가능한 손상의 가능성이 있을 경우에는 아직 위해성의 확실한 과학적 증거가 없음을 이유로 국가들이 적절한 규제조치를

히 예외적인 경우에 한하여 인정되어야 할 것이다.

결론적으로 EU식품법제가 발전할수록 사람들은 식품의 자유이동의 활성화에 관심을 갖는 것이 아니라, 오히려 역내시장에 진열되는 식품안전의 보장과 소비자건강의 보호에 관심을 갖게 된다. 유럽에서는 이러한 사안을 이제는 국가적 차원을 넘어 EU 차원에서 다루고 있다. 무엇보다 식품안전문제의 해결을 위하여 과학적 기초를 법제도적으로 확립·발전시켜 나가고 있다. 식품법의 발전은 곧 식품법의 과학적 기초의 발전을 의미한다고 볼 수 있다. 따라서 EU가 지역적 국제사회에서 보여 주고 있는 과학에 기초한 식품법의 발전을 위한 지속적인 노력은 일개의 국가와 국제사회에 있어서 매우 의미 있는 일이라고 할 수 있다.

취할 수 있다고 하였다. 이 의정서는 50개국 이상의 비준으로 발효된다. 우리나라 농림부와 식품의약품안전청은 표시품목을 제한하는 방식으로 소극적 태도를 취하고자 하고 있으나, 국민의 공중보건을 최우선시 여겨 대외적 영향력에서 자유롭게 주체적이고도 적극적인 태도를 취하는 것이 바람직할 것이다.

제16장 식품법상의 일반원칙들과 신속경보체제*

Ⅰ. 서언

1986년 2월 17일, 28일 양일 동안 단일유럽의정서(Single European Act: SEA)가 채택되면서 가장 역점을 두었던 점은 1992년 유럽연합(European Union: EU)이 창설될 때까지 EU의 역내시장을 완성하는 것이었다. 이렇게 하여 EU는 상품·사람·서비스·통화의 자유이동과 회사설립(개업)의 자유가 보장된 시장체계를 완성하게 되었다. 이와 같은 역내 단일시장 창설 계획으로 인하여 EU라는 지역공동체의 경제는 더욱더 활기를 띠게 되었고, 그동안 진척되지 않았던 EU의 지역통합에 대한 정체적·부정적인 이미지는 일면 제거되게 되었다. 이러한 단일시장체제의 출범은 무엇보다도 경제적 측면에서 EU시민들과 기업인들의 균형적 이익을 반영한 상호 간의 승리의 결과라는 데에 의미가 있었다. 이로서 EU의 역내 단일시장의 완성이라는 대계획은 완전하게 성공하는 듯하였다.

그러나 불행하게도 단일시장체제의 활성화에 의해 촉진되었던 EU의 규제완화적인 환경은 '식품산업' 분야의 경우에는 상황이 달랐다. 식품산업 분야에 있어서는 1997년 이후 영국에서의 광우병(Bovine Spongiform Encephalopathy: BSE)위기와 벨기에에서의 다이옥신(Dioxin)오염으로 인하여 규제완화가 큰 환영을 받지 못하였다. 특히 광우병위기는 구식의 진부한 생각이나 행동이 식품문제에 있어서는 여전히 적용될 수 있음을 생생하게 보여 주었다고 할 수 있다. 즉 이는 EU역내시장에서의 식료품의 자유이동을 예로 들면, 특정 환경문제를 이유로 국경을 통제할 수 있듯이 광우병위기로 인하여 상품의 하나인 식료품의 자유이동이 제한될 수 있다는 의미이다. 이러한 '환경문제'나 '식품문제'는 오늘날 국제적으로도 매우 중요하게 다루는 주제가 되고 있으며, 모든 국가들이 삶의 질의 향상된 복지사회를 지향하며 더욱더 관심을 갖고 추진하고 있는 정책분야라고 할 수 있다.[1]

---

* 이 내용은 김두수, 『EU식품법』, 파주: 한국학술정보(2011), 제8장의 내용을 참고하였음.

1) 세계무역기구(WTO)체제하 보편적 차원에서 또는 자유무역협정(Free Trade Agreement: FTA)체제하 지역적 차

그런데 EU[당시는 유럽공동체(European Community: EC)]는 1989년 세계무역기구(World Trade Organization: WTO)창설 준비 작업 때부터 1995년 WTO체제가 출범할 때까지 매우 주도적인 역할을 했을 만큼 세계경제질서의 개방에 적극적이었다. 개방의 미학을 추구하는 것이 EU라는 지역적 국제사회의 경제적 이익의 측면에서는 매우 중요하였다. 그러던 EU도 EU나 회원국들의 '식품안전'과 '소비자보호'라는 또 다른 측면에서 볼 때, 이는 그 무엇에도 양보할 수 없는 영역으로서 적극적으로 관여할 수밖에 없다고 판단하여 '자유'보다는 '규제'의 필요성을 인식하게 되었다고 할 수 있다. 따라서 이 글에서는 이러한 필요에 의해 확립된 EU식품법상의 '식품안전'과 '소비자보호'를 위한 몇 가지 '일반원칙들'에 대하여, 나아가 식품안전과 소비자보호에 문제가 발생하는 경우 이를 신속하고도 효율적으로 해결하기 위하여 확립된 '신속경보체제'(Rapid Alert System)에 대하여 검토하고자 한다.

Ⅱ. EU식품법상의 일반원칙들의 확립

1. 식품 및 식품법 등 개념 정의의 필요성

2002년 1월 28일 이사회/유럽의회에 의해 채택된 규칙 178/2002[2]는 EU 차원에서 특히 '사료(feed)가 포함된' 그리고 '의약품이 제외된' 식품(food)이라는 용어의 개념에 대한 정의를 내림으로서[3] 회원국들 사이에 존재하는 식품의 정의를 통일하였다. 또한 동 규칙에서는 이러한 식품이라는 용어의 개념에 대한 정의 외에도 광범위한 범주의 조치들을 포함하는 식품법(food law)이라는 용어의 개념에 대하여 정의를 내리고 있다. 즉 '식품법'은 식품이라는 물질뿐만 아니라, 현물이 생산되기까지의 과정에 관한 모든 조치들을 포함한다.[4] 결국 식품법은 '식품안전'에 관하여 직접적 또는 간접적으로 영향을 줄 수 있는 모든 조치들을 규율함을 의미한다. 이처럼 동 규칙에서 식품과 식품법 등 기타 개념들에 관한 정의를 내리는 목적(이유)은 EU시민들에게 미래의 EU식품법에 대한 '신뢰'와 '법적 확신'을 제공하

원에서 국가가 시장경제질서를 개방하더라도 환경문제와 식품문제와 같은 정책분야에 관해서는 국가가 주권적 사안으로 적극적으로 관심을 갖고 관여하고 있다.

2) EP & Council Regulation 178/2002(OJ 2002 L31/1). 이 규칙은 EU와 회원국들 내에서 적용될 수 있는 '일반원 칙들'을 규정할 것, '유럽식품안전청'(European Food Safety Authority: EFSA)을 설립할 것, 식품안전위기 시에 작동되는 '신속경보체제'를 확립할 것을 주요 내용으로 하고 있다.

3) 규칙 178/2002, 제2조 참조.

4) 규칙 178/2002, 제3조 참조.

기 위함이라고 할 수 있다. 그리고 EU 차원에서의 식품법의 적용과 이해를 위해 회원국들과 관련 당사자들에게 이러한 개념을 제공하기 위함이라고 할 수 있다.[5]

2. 식품법의 목적

EU의 식품법 일반을 규율하고 있는 규칙 178/2002는 농장에서 식탁까지 제공되는 '안전식품'에 대한 소비자 권리의 근거와 그 보장을 확립하고, 소비자들이 자신의 음식을 선택할 수 있는 정확하고도 '진실한 정보'를 취득할 수 있는 권리를 확립하는 것을 목적으로 하고 있다.[6] 이 규칙은 '식품'과 관련된 TFEU 제168조(구 EC조약 제152조)[7]상의 식품안전과 소비자보건에 관한 EU의 책임 있는 정책의 이행을 보완하는 매우 중요한 법이라고 할 수 있다.

농장에서 식탁까지의 식품안전의 문제는 시간과 장소를 초월해서 법제도적으로 해결해야 할 내용으로 인간의 삶에 있어서 매우 중요한 사안이다. 이는 시대가 발전할수록 보편적으로 구체적인 법 규정 및 원칙의 확립을 통해 해결해야 할 문제라고 할 수 있다. EU의 미래의 식품법은 식품산업의 근간이 되는 농장에 적용할 수 있는 모든 조치들을 포함하여 해당 농장으로부터 최종소비자의 식탁에 도달하기까지 연결되는 완전히 통합된 관리방법에 기초를 두고 있다. 나아가 EU식품법은 그 기초가 되는 '동물・식물의 건강과 생명의 보호'라는 일반적 목적을 추구하고 있으며, 관련 조치와 양립할 수 있는 '환경보호'라는 분야의 일반적 목적을 보다 적극적으로 추구하고 있다는 점에서 의미가 있다.[8]

---

5) Raymond O'Rourke, *European Food Law*(London: Sweet & Maxwell, 2005), p.23.

6) 식품안전과 소비자보호는 첫째, '불량식품' 등 사람을 현혹시키는 행위에 대한 예방뿐만 아니라, 둘째, 소비자가 식품에 관한 '정확한 정보'를 제공받는 것을 보장하는 것을 의미한다. 규칙 178/2002 제8조는 "소비자는 절대 속임의 대상이 되어서는 아니 된다"는 보편적인 원칙을 규정함으로써 EU의 '라벨링'이나 '광고'에 관한 입법상 보다 구체적이고도 명확한 설명을 요구하도록 유도하고 있다고 할 수 있다.

7) EU에서 공중보건의 문제는 각 회원국들을 구속하기가 쉽지 않은 영역이다. EU는 보충성의 원칙을 도입하여 EU통합에 적용하고 있으나, 이 보충성의 원칙은 아직도 논쟁의 여지가 있는 주제로서, 이에 따르면 EU의 광대한 영역의 법은 오직 필요한 경우에만 도입될 뿐이며, 그렇지 않은 경우에는 지역적(regional)・국내적(national)・지방적(local) 차원에서 자체의 법을 도입하는 것이 최상의 방법이라고 할 수 있다. EU에서의 공중보건의 문제도 이와 같은 상황에서는 회원국들의 전적인 협력을 기대하기가 쉽지 않을 수 있다. 그러나 EU가 식료품에 대한 역내 단일시장을 창설하였기 때문에, 회원국들은 이 거대 단일시장이라는 관점에서 공중보건에 관한 총체적인 규칙(regulation)이 필요하다는 점은 인정해야 된다. 그리고 이제는 EU식품법의 목적이 더 이상 '식료품의 자유이동'에 초점을 둔 것이 아니라, 오히려 시장에 진열되는 '식료품의 안전'의 보장과 '소비자의 건강'의 보호에 있다는 점을 유념해야 할 것이다.

8) 규칙 178/2002, 제5조 참조.

3. 식품법상 과학적 요소(근거)의 강화

식품안전과 소비자보호를 주요 내용으로 하고 있는 규칙 178/2002는 식품법에 관하여 책임 있는 역할을 수행하는 유럽식품안전청(European Food Safety Authority: EFSA)의 직무와 관련된 '위해성 평가'를 확립하고 있다. 사안이 주로 식품안전에 관한 것이기 때문에 식품법 전반에 걸쳐 과학이 차지하는 비중이 매우 크다고 할 수 있다. 규칙 178/2002는 위해성 평가(risk assessment), 위해성 관리(risk management), 위해성 통보(risk communication)라는 3가지 요소를 식품안전과 소비자보호에 있어서 매우 신중하게 고려해야 할 식품법의 기초로 규정하고 있다.[9] 그런데 분명히 유의할 점은 소비자의 알 권리에 관한 정보제공의 세부적 내용 또는 현혹적 관행의 예방과 같은 영역은 반드시 과학적 기초를 필요로 하고 있지는 않다는 점이다.[10] 중요한 점은 EU식품법제의 확립에 있어서 과학적 요소가 매우 중요하게 반영되고 있다는 점이다. 무엇보다도 중요한 점은 동 규칙에 의하면 최고의 이용가치가 있는 과학에 근거하여 독립적이고, 객관적이며, 투명한 방법에 의하여 책임감 있게 관련된 '위해성'에 대한 '과학적 평가'가 내려져야 한다는 것이다.[11]

그런데 여기에서 '위해성 관리'란, 위해성 평가의 결과에 따라 '정책적 선택'을 고찰하는 과정을 말한다. 이 과정에서 필요한 경우에는 EU 차원에서 적절하게 채택한 수준 높은 식품안전 및 소비자보건의 정책이 취해질 수 있다. 이를 위하여 EU위원회(European Commission)는 해당 위해성의 예방, 감소, 그리고 제거에 필요한 '적절한 행동'을 선택할 수 있다. 이러한 위해성 관리의 단계에 있어서 입법정책이나 통제에 관한 결정권자들은 '과학적' '위해성 평가'에 첨가하여 관련된 '정보의 범위'를 고려할 필요가 있다. 예를 들면, 위해성통제의 실현가능성, 문제발생의 근원지인 식품공급라인에 의거하여 가장 효과적으로 위해성을 감소시킬 수 있는 행동, 실제적인 조정의 필요, 사회적·경제적·전통적·윤리적·환경적 효과와 영향 등을 위해성 관리를 위한 '정보의 범주'로서 고려해야 할 사항으로 포함시키게 된다. 동 규칙은 위해성 관리에 대한 EU 차원의 행동은 단지 '과학적' '위해성 평가'에만 기초를 두고 있는 것이 아니라, 동 규칙 제7조와도 관련된 '사전예방의 원칙'(Precautionary Principle)과 기타 합법적으로 고려해야 할 많은 요소들을 고려해야 된다고 규정하고 있다.[12] 그렇다

---

9) 규칙 178/2002, 제6조 참조.

10) O'Rourke, *supra* note 5, p.24.

11) 규칙 178/2002, 제6조 제2항.

12) 규칙 178/2002, 제6조 제3항 참조. Bernd van der Meulen and Menno van der Velde, *European Food Law* (Wageningen: Wageningen Academic Publishers, 2009), pp.267-268 참조.

고 해서 과학적 근거에 의한 위해성 평가의 결과가 식품안전문제의 해결을 위한 가장 중요한 요소로서의 위치에서 아주 조금이라도 후퇴한다는 것을 의미하는 것은 아니라고 보아야 한다.

4. EU 차원의 일반원칙들의 입법의 필요성

1997년의 영국에서의 광우병위기 및 이후 벨기에에서의 다이옥신오염위기로 인하여 EU는 EU 차원의 식품안전과 소비자보호를 위한 '과학적 조언'(scientific advice)의 중요성과 필요성을 인식하였고, EU 차원에서 제공된 과학적 조언의 강력한 활용방식에 관하여 고안하기 시작하였다. 앞에서 살펴본 '식품' 개념을 포함한 EU 차원의 공동의 '개념 확립'뿐만 아니라, 높은 수준의 식품안전과 소비자보건을 보장하기 위한 중요한 가이드가 되는 '일반원칙들을 제정'할 필요가 있었다.

5. EU 차원의 일반원칙들의 입법 과정

그런데 EU식품법상의 일반원칙들의 제정에 대한 큰 기대와는 달리 이러한 시도는 그 당시에는 단지 2000년 1월 12일 발행된 식품안전백서[13](White Paper on Food Safety)를 통하여 EU 전역에 미치는 식품법에 관한 일반원칙을 '제정'이 아닌 단지 '고안'하는 데 그쳤다고 할 수 있다.[14] 그러나 그럼에도 불구하고 이러한 EU의 식품법은 지난 40년 이상 혼합된 과학적·사회적·정치적 및 경제적 힘을 반영하여 식품분야에 있어서 소기의 목적을 달성하며 발전해 왔다고 할 수 있다. 이 열악했던 기간 이후에도 EU의 식품입법은 수준 높은 인류보건과 관련하여 그리고 소비자보호의 확립·유지와 관련하여 해결할 수 없을 것 같았던 위기의 상황에서도 '공동농업정책'이나 '역내시장'과의 조화로운 발전을 추구하며 식품분야에서의 정책적 목적을 추구해 왔다. 한편 스웨덴[15]이나 영국[16] 등의 식품안전법과

---

13) White Paper on Food Safety(1999), COM (1999) 719.

14) 1997년 5월 발행된 EU의 식품법 일반원칙에 관한 녹서(Green Paper on the General Principles of Food Law in the European Union, Com (1997) 176)와 2000년 1월 발행된 식품안전백서(White Paper on Food Safety, COM (1999) 719)는 법률이 아니다. 그러나 여기에는 수많은 법안을 창출할 수 있는 내용들을 포함하고 있다. van der Meulen and van der Velde, *supra* note 12, p.249.

15) 스웨덴은 과거의 식품법(Food Act-SFS 1971:511)을 EU 규칙 178/2002의 국내이행을 위하여 2006년 6월 8일 개정(Food Act-SFS 2006:804)하여 적용하고 있다.
http://www.slv.se/default.aspx?id=231&epslanguage=EN-GB 참조(2010년 10월 3일 검색).

16) UK Food Safety Act 1990.

같이 많은 EU회원국들은 각각 국내 식품안전법을 소유하고 있었으나, 식료품에 관한 이들 '국내법'과 이에 상응하는 'EU의 지침이나 규칙' 사이에는 의무를 회피할 수 있는 가능성이 다분하였다고 할 수 있다. 이러한 문제는 농부, 식품제조업자, 소매상인 등으로 연결되는 먹이사슬상의 사람들의 '책임'에 초점을 두어야 하는 법률이 없는 회원국들에게 있어서는 좀 더 복잡한 문제였다. 따라서 이러한 상황을 개선하고 어떠한 예외나 변칙을 방지하기 위하여 'EU 차원의 식품법상의 일반원칙들'을 확립하고자 하였고, 이것이 EU라는 지역공동체에서의 식품안전과 소비자보호의 문제를 해결하는 유일한 방법으로 보았다.[17] 그리고 이렇게 EU 차원에서 채택되어 회원국을 강제할 수 있는 식품법상의 일반원칙들의 구체적인 내용은 규칙 178/2002에 포함되었다.

6. 일반원칙들을 포함한 EU식품법의 회원국 내 적용의 문제

EU는 높은 수준의 식품안전과 소비자보호를 보장하기 위하여 EU 차원에서 적용하기 위한 주요 일반원칙들을 확립하고자 노력하였다. 다만 여기에서 유념해야 할 것은 '최근의 EU 차원'에서의 식품법의 발전에 비해 '기존 회원국들'의 국내 식품 관련 법이 상대적으로 좀 더 오랜 역사를 갖고 있다는 점이다. 따라서 규칙 178/2002는 여러 회원국들 내에 존재하는 식품 관련 법상의 국내요건들을 EU 차원에서 통일화시키는 것이 주된 목적이라고 할 수 있다.[18] 이는 유럽적 상황에 맞추어 이들 기존의 입법례를 갖는 회원국들의 국내요건들을 적절히 수용하고자 노력하고 있다는 점을 의미할 뿐만 아니라, 관련 국내법이 존재하지 않는 회원국들의 사법적 규율체제의 확립을 포함한다는 것을 의미한다. 물론 일반적으로 식품법적 문제가 EU 차원에서보다는 역사가 깊은 국내적 차원에서 규제력이 강할 경우, 당사자에 따라서는 자신이 EU법에 의해 보호법익이 우세할 경우 회원국의 EU법 불이행을 이유로 유럽사법법원(European Court of Justice: ECJ)에 제소할 수도 있다. 이 경우 일반적으로 ECJ는 EU법의 '직접효력'(direct effect)과 '우위'(supremacy)의 원칙에 따라 회원국의 패소를 결정할 것이고, 이러한 경우에 회원국들은 자국의 식품 관련 국내법이 식품안전과 소비자보호에 있어서 보다 우월하다는 이유로 반발할 수도 있다. 그러나 중요한 것은 식품규제나 환경규제의 분야는 시장에서의 자유의 보장보다는 '안전성확보와 건강보호'를 우선시해야 한다는 점을 유념해야 한다는 것이다.

---

17) O'Rourke, *supra* note 5, p.23.

18) *Ibid.*

7. EU식품법상 일반원칙들의 제정 및 쟁점

1) 사전예방의 원칙의 적용 문제

규칙 178/2002 제7조 제1항과 제2항은 위해성 평가에 의한 보건상의 위해요소에 대한 '과학적 불확실성'[19] 내지 '과학적 증거의 불충분'[20]을 근거로 한 '사전예방의 원칙'(precautionary principle)을 확립하고 있다. 왜냐하면 식품안전 문제를 다룸에 있어서 중요한 것은 시간과의 싸움인데, 그럼에도 불구하고 이처럼 중요한 시간이 경과하고 있음에도 불구하고 광우병위기에서처럼 유전자변형생물체(Genetically Modified Organisms: GMO) 식품과 같이 '잠재적 성질로 인하여' 당시의 과학으로는 식품안전문제와 관련된 상황을 명확하게 규명하기가 매우 어렵기 때문이다.[21] 이에 따라 동 규칙은 결정해야 할 문제의 사안이 보건문제와 관련된 경우이지만, 해당 위험상황에 관한 과학적 정보가 '확정적'(결정적)이지 않거나 또는 '불완전'(불충분)한 것일 때에는 위해성 관리의 담당자들에게 '사전예방의 원칙'을 선택하여 적용할 수 있도록 공식적으로 도입하고 있다.[22] 이러한 '사전예방의 원칙'은 위해성 관리의 담당자들이 결정해야 할 관련 문제의 사안이 합리적인 근거가 있고, 현재의 보건상황에 있어서 수용할 수 없을 정도로 위험한 수준에 있으며, 그리고 제공되는 정보와 자료로는 종합적인 위해성 평가를 충분하게 완료할 수 없음이 명백한 경우에 적용되어야 할 것이다.[23] 이러한 구체적인 상황에 직면하는 경우, 식품안전정책에 대한 의사결정권자들이나 또는 위해성 관리자들은 보다 완전한 과학과 기타 자료들을 확보하는 동안에 '사전예방의 원칙'에 근거하여 적절한 보건조치 또는 다른 필요한 조치를 취할 수 있다. 그러나 이러한 경우에도 해당조치들은 '비차별'(non-discrimination)과 '비례성'(proportionality)이라는 일반적 원칙들에 따라 보호적 차원에서 취해져야 하며, 보호목적의 필요 이상으로 무역을 제한해서는 아니 된다.[24] 이는 해당 위해성에 관한 좀 더 포괄적인 정보가 수집되고 위해성이 분석될

---

19) van der Meulen and van der Velde, *supra* note 12, p.269 참조.

20) *Ibid.,* p.270 참조.

21) Caoimhín MacMaoláin, *EU Food Law*(Oxford: Hart Publishing, 2007), p.195; K. H. Ladeur, "The Introduction of the Precautionary Principle into EU Law: A pyrrhic victory for environmental and public health law? Decision-making under conditions of complexity in multi-level political systems", (2003) 40 *Common Market Law Review*, 1455 참조.

22) 규칙 178/2002, 제7조 제1항 참조.

23) 한편 '사전예방의 원칙'이 국제관습법상 일반적으로 확립된 원칙인가에 대해서는 견해가 다를 수 있다. 국제법상, 국제환경법상, 국제통상법상 '사전예방의 원칙'의 구속력여부는 논란이 있으나, EU법상으로는 TFEU 제191(2)조(구 EC조약 제174(2)조)에서 EU의 '환경정책상의 원칙'과 관련하여 인정되고 있다. 최승환, "EC-GMO사건의 법적 평가: 자유무역의 승리인가?", 『국제법학회논총』 제52권 제2호(2007.8), p.571.

때까지 적용되는 '임시적인' 조치로 간주되어야 한다.[25]

유럽식품안전청의 과학자들은 2003년 7월 4일에 북부오스트리아에서 유전자변형유기체(GMO)재배의 전면금지를 도입하기 위한 북부오스트리아의 지방정부의 법률초안에 대한 자신들의 의견을 표명하기도 하였다. 여기에서 유럽식품안전청은 이러한 법률초안의 보건과 환경문제에 대한 검토 및 답변을 요청받았었다. 이에 유럽식품안전청의 유전자변형생물체에 관한 과학패널(Scientific Panel on Genetically Modified Organisms)은 북부오스트리아에서 취해지는 접근법을 정당화할 수 있는 공중보건이나 환경과 관련된 어떠한 증거도 존재하지 않는다는 결론을 내렸으며, 그러나 이러한 결론은 EU 전역에 관련된 일반적인 내용은 아니었다. 또한 동 패널은 전반적인 EU의 접근방식을 오스트리아의 증거제출에 기초한 유전자변형생물체 위해성 평가방식으로 변경할 필요는 없다고 하였다.[26] 결국 EU는 종합적으로 볼 때 유전자변형생물체(GMO)에 대하여 민감한 반응을 보이고 있으나, 그 증거가 과학적으로 충분히 제시되지 못하는 한계가 있고, 이는 오늘날 EU가 식품첨가물로서 유전자변형생물체 성분을 전면 금지시키지 못하고 부분적으로 허용할 수밖에 없는 이유이다.

2) 책임의 원칙의 강화 문제

규칙 178/2002 제17조 제1항과 제2항은 생산품에 대한 책임(responsibilities)에 관하여 규정하여, EU식품법에 따라 인정되는 '1차적 책임'(primary responsibility)의 부과에 관한 기본원칙을 확립하고 있다. 이러한 1차적 책임은 '식품사업'(food business)상 해당 식품의 안전성에 대한 기본원칙을 확립하는 것일 뿐만 아니라, '사료사업'(feed business)에도 동일하게 적용되어 책임의 원칙을 강화하고 있다는 데에 의미가 있다. 그러나 문제는 이러한 1차적 책임부여의 원칙이 EU 내에서 적용되기 위해서는 이러한 원칙의 국내적 이행을 보완·보조하기 위한 회원국들의 노력이 필요하다는 것이다. 왜냐하면 EU회원국들의 권한 있는 국내식품안전기관들이 적절하고도 효과적인 통제수단을 구비하는 경우에 그 실효성을 확보할 수 있기 때문이다. 따라서 회원국들은 식품사업가와 사료사업가들이 식품법을 잘 준수하도록 관리·감독해야 하며, 이러한 관리·감독 활동은 공식적인 방법으로 지속력 있게

---

24) van der Meulen and van der Velde, *supra* note 12, p.271; 채형복, "유럽공동체법의 일반원칙으로서 비례원칙과 공동체의 권한행사의 한계", 『국제법학회논총』 제51권 제2호(2006.10), pp.63-81 참조.

25) 규칙 178/2002, 제7조 제2항 참조.

26) O'Rourke, *supra* note 5, p.206; Joined Cases T-366/03 and T-235/04, *Land Oberösterreich and Republic of Austria v. Commission*, [2005] ECR Ⅱ-4005, paras.67-68; 박규환, "유럽연합의 환경보호정책 – 사전배려원칙을 중심으로", 『유럽헌법연구』 제5호(2009.6), pp.13-15 참조.

추진되어야 할 것이다. 나아가 회원국들은 식품법을 위반하는 당사자들에게 적절한 제재조치나 벌금을 부과할 수 있는 명확한 규정을 마련해야 할 것이다.[27]

3) 추적조사능력의 강화 문제

식품안전에 문제가 발생하는 경우 가장 중요한 일은 추적조사능력(traceability)을 통하여 문제발생의 근원을 발견한 후 '사전예방의 원칙'에서도 살펴본 바와 같이 가능한 한 빠른 시간 내에 문제의 원인을 제거하는 것이라고 할 수 있다. 따라서 사료, 식품 및 원료의 근원지를 확인하는 추적조사는 특히 생산품에 결함이 존재한다는 것이 감지 또는 발견될 경우에 소비자보호를 위하여 매우 중요하다고 할 수 있다. 먹이사슬에 대한 역으로의 추적조사능력에 따라 문제가 되었던 식품의 '회수'를 용이하게 할 수 있으며, 또한 연루된 생산품에 관한 정확한 '식품안전정보'를 소비자에게 제공할 수도 있다.[28] 이에 따라 규칙 178/2002 제18조 제1항과 제2항은 필요한 경우 '권한 있는 기관'에게 식품 또는 사료에 대한 추적조사를 이행할 수 있는 권한을 부여하고 있다.[29] 이와 관련하여 상품의 수입업자들도 영향을 받게 되어 이들도 먹이사슬상의 하나의 매개체에 해당되기 때문에 규율대상에서 예외가 될 수 없으며, 제3의 국가로 재수출한 경우에도 수출된 상품의 이전 소유자로서 확인될 수 있어야 한다. 따라서 식품무역에 있어서 관련 당사자들의 통지의무를 동 규칙 제18조의 제1항과 제3항, 제19조의 제1항과 제3항에서 강조하여 규정하고 있다. 추적조사와 관련된 특별한 규정이 없는 한, 이러한 통지의무는 수출업자 자신을 중심으로 한 단계 상위단계의 식품공급자와 한 단계 하위단계의 식품수급자에 대한 인적 정보를 확인할 수 있는 것으로 해석할 수 있다.[30]

4) 식품안전 개념의 강화 문제

어떤 식품이 '건강에 해롭다'든지 또는 '소비에 부적합하다'고 간주되는 경우, 이러한 식품은 불안전(unsafe)한 것으로 인정될 수 있다. 그리고 이러한 불안전한 식품은 어떠한 경우

---

27) 규칙 178/2002, 제17조 제1항, 제2항 참조.

28) 이러한 추적조사는 '농장에서 식탁까지'의 먹이사슬상의 모든 과정에서 진행되는 것이기 때문에 단순한 원산지규정만으로는 쉽게 규율하기가 어렵다고 보아야 한다.

29) 규칙 178/2002, 제18조 제1항, 제2항 참조.

30) O'Rourke, *supra* note 5, p.25.

에도 일체 시장에서 유통되어서는 아니 된다. 이에 규칙 178/20002 제14조와 제15조는 두 가지 요소로 구성되는 '식품안전요건'을 확립하고 있다. 첫째로 식품은 '건강'에 해로운 것 이어서는 아니 된다는 것이고, 둘째로 식품은 인간의 '소비'를 위하여 부적합한 것이어서는 아니 된다는 것이다.[31] 이들 요소들 중 하나에만 해당하는 경우에도 해당 식품은 불안전하 다고 간주될 수 있다. 식품생산의 시점을 기준으로 볼 때, 전자가 '사전적 식품안전요건'의 의미를 내포하고 있다면, 후자는 '사후적 식품안전요건'의 의미를 함축하고 있다고 볼 수 있다. 이러한 식품안전요건의 개념은 국제식품규격위원회(Codex Alimentarius Commission: CAC)상 국제적으로도 존재한다.[32]

(1) 건강에 해로운 것

식품안전요건에 있어서 '건강에 해로운'(injurious to health)이라는 개념은 규칙 178/2002 제14조의 제4항에 의하면 '광의'로 해석할 수 있는 것으로 정의되어 있다. 즉 어떤 식품이 건강에 해롭다는 것은 즉각적인 반응이든 아니면 오랜 시간을 요하는 반응이든 상관없이 인정될 뿐만 아니라, 그 해로움이 다음 세대에 발생하는 경우에도 인정된다. 또한 누적되는 유독물질로 인한 일체의 반응도 건강에 해로운 것으로 간주될 수 있다.[33] 또한 어떤 식품 이 잠재적으로 '건강에 해로운지'를 심사함에 있어서는 식품의 '용도', 식품에 제공된 '정 보' 그리고 문제가 발생하기까지의 '과정 또는 후속된 거래'(출하 또는 이동방법) 등을 총 체적으로 고려하는 것도 중요하다고 할 수 있다.

---

31) 규칙 178/2002, 제14조 제1항, 제2항 참조. 사료(feed)와 관련해서는 규칙 178/2002, 제15조 제1항, 제2항 참조.

32) "Food safety: assurance that food will not cause harm to the consumer when it is prepared and/or eaten according to its intended use". Recommended International Code of Practice General Principles of Food Hygiene, CAC/RCP 1-1969, rev. 4(2003), p.7; 국제식품규격위원회(CAC)는 UN식량농업기구(Food and Agricultural Organization of the UN: FAO)와 세계보건기구(World Health Organization: WHO)의 공동프로그 램에 의해 설치되어 운영되는 국제표준단체이다. WTO 위생 및 검역 협정(Agreement on Sanitary and Phytosanitary Measures: SPS협정)은 부록 A.3조에서 CAC를 SPS협정상의 국제표준 제정단체로 직접적으로 언 급하고 있으나, 무역관련 기술장벽 협정(Agreement on Technical Barriers to Trade: TBT협정)은 이에 대하여 침묵하고 있었다. 그런데 European Communities-Trade Description of Sardines(이하 EC-Sardines) 사건에서 분 쟁당사국들, 의견을 제시한 제3국 그리고 패널(Panel)과 항소기구(Appellate Body) 모두가 이 CAC가 TBT협정 하에서 국제표준을 제정하는 국제표준 제정단체라고 인정한 바 있다(EC-Sardines Panel Report 4.26, 4.27, 4.29, 5.36, 5.44, 5.78, 특히 7.66, 7.67 문단; EC-Sardines Appellate Body Report 특히 221 문단). 즉 WTO회 원국들은 SPS협정이나 TBT협정(2.4조)에 따라 위생 및 검역, 무역상의 기술 관련 규칙을 제정함에 있어서 국 제표준에 기초할 의무가 있고, 이 사건에서 당사국인 페루와 비당사국들은 CAC가 국제적인 표준화 제정단체 라는 근거로 CAC가 제정한 국제표준의 개수(EC-Sardines Panel Report 4.26), 국제적인 지명도(EC-Sardines Panel Report 4.27, 5.78), 모기관인 FAO와 WHO의 우수한 활동의 성과(EC-Sardines Panel Report 5.36) 등을 제시하였고, 이에 대하여 패널과 항소기구도 이의를 제기하지 않았다.

33) 규칙 178/2002, 제14조 제4항 참조.

(2) 소비에 부적합한 것

식품안전요건에 있어서 인간의 '소비에 부적당한' 식품도 규칙 178/2002 제14조 제5항에 따라 불안전한 것으로 간주되는데, 예를 들면, 부패한 식품은 인간의 소비를 위해서 용인될 수 없으며 건강에 해가 될 수 있다.[34] 그러나 이러한 부패한 식품은 그것이 발견되기 전에는 해당 식품이 건강에 위해하다거나 또는 아마도 해로울 것이라는 것이 자동적으로 증명되기는 쉽지 않을 것이다.

나아가 동 규칙은 제19조와 제20조를 통하여 '불안전'한 식품을 시장으로부터 '회수'하는 것과 이러한 일이 발생한 경우에 소비자에게 한 치의 오차도 없는 '정확한 정보'를 제공하는 것을 식품산업상의 의무로 규정하고 있다.[35] 식품안전은 그 누구보다도 식품산업가가 식품안전에 영향을 줄 수 있는 식품생산의 '모든 단계'에 있어서 유념해야 할 내용이다.

5) WTO협정 부속서 1에 따른 국제적 표준의 수용 문제

규칙 178/2002는 특히 WTO협정의 부속서 1에 따른 "위생 및 검역협정"(Agreement on the Application of Sanitary and Phytosanitary measures: SPS Agreement), "무역관련기술장벽협정"(Technical Barriers to Trade Agreement: TBT Agreement)과 관련된 '국제적 의무'의 이행에 대한 EU의 적극적인 역할과 기여를 증명해 주고 있다고 할 수 있다. 동 규칙은 EU가 식품의 국제적 표준화에 기여해야 함을 강조하고 있으며, 또한 나아가 '높은 수준의 보건'을 위하여 EU 내에서 식품 관련 법제와 그 목적상 불균형이 존재하는 경우에 EU는 WTO협정의 부속서 1의 SPS협정과 TBT협정의 내용의 범주에서 '국제적 표준'을 고려할 의무가 있다고 규정하고 있다.[36] 따라서 높은 수준의 보건 또는 식품법의 기타 목적들이 EU 내에서 합의되지 않는 경우에 EU는 국제적 표준을 도입해야 한다. 이는 유럽인들이 추구하는 문제해결의 방식으로서 문제의 사안에 대한 합의도출이 어려운 경우에 국제적 표준을 수용하고자 하는 합리적인 발상이라고 할 수 있다.

이처럼 EU는 WTO를 통한 '국제무역규범의 표준'의 발전에 매우 적극적인 역할을 하였고, 또한 EU역내 공동시장법제의 확립을 기초로 안전하고도 건전한 식품을 통한 '자유무역'에도 많은 기여를 하였다. 규칙 178/2002는 '식품에 있어서의 국제무역'이 갖추어야 할 기본적 요건에 의거하여 여러 '일반적 원칙들'을 역내에서 확립하고 있다. 그리고 동 규칙

---

34) 규칙 178/2002, 제14조 제5항 참조.
35) 규칙 178/2002, 제19조, 제20조 참조.
36) 규칙 178/2002, 제13조 (a), (b), (c), (e) 참조.

은 식품법이 어떠한 방향으로 발전되어야 할지에 대한 목적을 확립하고 있는데, 그것은 바로 첫째, 어떠한 국제무역파트너에 대해서도 '독단적'이어서는 아니 되며, 둘째, '불공정한 차별'을 행해서는 아니 되며, 셋째, 어떠한 '위장된 무역장벽'도 존재해서는 아니 된다는 것이라고 할 수 있다.[37] 이처럼 EU식품법은 WTO체제가 지향하는 바에 기초할 뿐만 아니라 EU공동시장에 있어서의 상품의 자유이동의 법제에도 부합하는 방식으로 발전하고 있다. 나아가 EU는 세계 최대 규모의 수입국이자 수출국인 점을 감안할 때, EU식품법의 발전을 국제사회에 설명하는 것은 식품안전에 있어서 대내외적으로 중요한 의미가 있다고 할 수 있다.[38]

6) 투명성의 원칙의 적용 문제

규칙 178/2002는 EU식품법의 발전에 있어서 '농장에서 식탁까지' 모든 단계의 이해관계자들의 중대한 연루의 총체적인 체계를 구상하고 있고, EU식품법에 대한 '소비자 신뢰'의 증대를 위해 필요한 여러 장치들을 마련하고 있다. 이런 소비자의 신뢰는 성공적인 식품정책의 결과로서 나타나는 현상이다. 특히 EU 차원에서의 관련 법제에 대한 '투명한' 입법활동, 그리고 해당되는 사안에 대한 효과적인 '공공자문'의 활동은 소비자의 큰 신뢰를 확보하는 데 필수적이라고 할 수 있다. 따라서 식품안전과 관련된 공정하고 투명한 진정한 '통보체계',[39] 그리고 EU위원회에 제출된 과학적 조언의 전적인 공식적 투명성[40]은 잠재적 위해성에 대한 분석능력 못지않게 EU식품법의 전반적인 운영과 발전에 있어서 중요하다고 할 수 있다. 이는 EU 거버넌스가 지향하는 공개성, 참여성, 책임성, 실효성 그리고 일관성의 기본 원리와도 일맥상통한다.[41]

---

37) O'Rourke, *supra* note 5, p.27.

38) van der Meulen and van der Velde, *supra* note 12, p.247.

39) 규칙 178/2002, 제10조.

40) 규칙 178/2002, 제9조.

41) van der Meulen and van der Velde, *supra* note 12, p.274.

Ⅲ. EU식품법상 '신속경보체제'의 확립

1. 초기의 신속경보체제

1) 법적 근거

식품위기 사태의 발생 시에 적용하는 EU의 신속경보체제(Rapid Alert System)는 지속적으로 발전되고 있는 연장선상에서 이해되어야 한다. 결국 나중에는 '사료'를 포함하여 적용하게 되었으나, 처음에는 '식품'과 관련된 긴급 상황이 발생하는 경우에 신속경보체제가 가동되어 소비자의 건강에 직접적인 위험을 주는 식료품을 규율하였다.[42] 그리고 EU위원회는 이 제도를 '일반 생산품의 안전성에 관한 지침 92/59/EEC'(이는 '유럽의회/이사회 지침 2001/95/EC'에 의해 개정됨)[43]에 편입시켰다. 동 지침은 일반 생산품의 안전에 대한 효과적인 감독을 위해서는 긴급 상황을 발생케 한 특정상품에 대한 국내적 차원 그리고 EU 차원의 '신속한 정보교환제도'의 확립이 필요하다고 보았고, 동 지침 제8조는 "소비자안전을 위하여 불안전한 식품의 시장거래를 제한하는 긴급조치를 채택한 경우에 관련 회원국은 이러한 사실을 EU위원회에 즉시 통보해야 한다"라고 규정하였다. 따라서 만약 어느 회원국이 위험한 식품생산에 관한 정보를 EU위원회에 통지하지 않아 다른 회원국들이 이러한 사실을 인지하지 못하는 경우, 통지의무를 위반한 회원국은 다른 회원국들이 문제의 식품에 대하여 실제 위험보다 더한 엄중한 조치를 취한다 해도 이를 감수해야만 하는 것이었다.[44]

2) 신속경보체제의 흠과 보완의 필요성

(1) 신속경보체제의 흠

유럽에서는 EC에서 EU로 새로이 명칭이 변경되고 역내의 구조체제가 재정비되면서 많은 변화가 초래되었다. EU는 1986년의 단일유럽의정서(SEA)에 따라 1990년대를 전후로 공동시장체제를 확립하였고, 이와 관련된 수많은 역내 분쟁들의 신속하고도 효과적인 해결을 위

---

42) *Ibid.*, p.410.

43) Council Directive 92/59/EEC(OJ 1992 L228/24); EP & Council Directive 2001/95/EC(OJ 2001 L 11 p.4).

44) O'Rourke, *supra* note 5, p.27; TFEU 제36조(구 EC조약 제30조)에 따라 국외로부터 불안전한 식품이 유입되는 경우에는 긴급수입제한조치(safeguard clause)에 의거하여 국경봉쇄(closing of borders)가 허용되고 있다는 점에 유념할 필요가 있다.

하여 제1심법원[Court of First Instance: CFI, 현재 리스본조약체제상의 '일반재판소'(General Court)를 의미함[45])을 설치하여 사법체계를 보완하였다. 이러한 변화의 시기를 지나면서 EU는 2000년대 전후의 식품위기들, 특히 영국에서의 광우병위기와 벨기에서의 다이옥신오염위기를 통하여 식료품과 관련된 EU의 초기 신속경보체제의 흠을 드러내게 되었다. 당시 두 번의 큰 식품위기들은 어떤 회원국이 잠재적인 식품문제를 EU위원회에 '통지'하지 않은 경우, 후속되어 발생하는 혼돈과 파괴가 역내시장에 가져다주는 결과가 어떠한지를 증명해 주었다. 이로서 EU는 식품문제에 대한 '통지의무'가 EU라는 지역경제에 얼마나 중요한지를 경험하게 되었다. '일반 생산품의 안전성에 관한 지침 92/59'는 소비자의 건강과 안전상 심각하고도 즉각적인 위해성의 문제가 발생한 경우에 '정보의 교환 속도'가 문제의 해결에 있어서 매우 중요하고 결정적인 요소가 된다고 규정하고 있었으나[46] 제대로 실행되지 않았던 것이다.

(2) 신속경보체제의 보완의 필요성

그러나 1990년대 당시 EU통합에 있어서 소극적 태도를 보여 온 영국에게 식품 관련 EU법에 대한 제대로 된 인식을 기대하기는 어렵다고 볼 수 있다. 이렇듯 영국정부는 광우병과 관련된 자국의 성명서를 발표하기 이전에 EU위원회에 먼저 광우병사태에 대하여 '통지'하지 않았으며,[47] 또한 벨기에정부도 양계와 양돈용 사료가 다이옥신에 오염되었다는 것을 EU위원회에 '통지'하기까지는 1개월이나 소요되었었다.[48] 이는 식품문제에 대한 '정보교환의 신속함'이 신속경보체제의 핵심이라는 점을 의미한다. 그러나 당시에 '신속한 통지의무'의 이행에 대한 법적 논쟁과 질책이 있었음에도 불구하고 더 나은 신속하고도 효과적인 통지절차를 보장하는 방식으로 발전하지는 못하였다는 것은 아쉬운 일이다.

그럼에도 불구하고 EU위원회는 식품문제에 있어서의 신속경보체제의 발전을 위하여 계속하여 노력하였고, 2000년 1월 12일 발행한 식품안전백서에서 식품안전과 소비자보건의

---

45) 2007년 12월 13일 채택되었으나, 2008년 6월 13일 1차 국민투표에서 부결시켰던 아일랜드가 2009년 10월 2일 2차 국민투표에서 가결한 후 27개 회원국의 찬성으로 2009년 12월 1일 발효된 리스본조약(Treaty of Lisbon Amending the Treaty on European Union and the Treaty Establishing the European Community)에 의해 개정된 유럽연합조약(Treaty on European Union: TEU) 제37조에 따라 EU의 사법기관은 사법법원(Court of Justice), 과거 제1심법원(Court of First Instance: CFI)을 대체할 일반재판소(General Court), 과거 사법패널(Judicial Panel)을 대체할 전문재판소들(Specialized Courts)로 구성되며, 재판관과 법률고문(Advocate-General)의 임기는 6년이며 재임될 수 있다.

46) 지침 92/59, 전문 및 부속서 제2조.

47) 영국에서의 광우병위기는 '위해성 통지', 그 통지의 '투명성' 및 '신속한 공개'가 얼마나 중요한가에 대한 중요한 교훈을 주었다. van der Meulen and van der Velde, *supra* note 12, p.268.

48) O'Rourke, *supra* note 5, p.28 참조.

문제를 독립적으로 책임질 새로운 '유럽식품안전청'이 EU위원회와 '긴밀한 연락'을 통하여 '식품문제'에 관한 '신속경보체제'를 효과적으로 운용할 것이라고 제안하면서, 이러한 초기의 신속경보체제의 흠에 대한 개선책을 강구하였다. 영국의 광우병위기가 EU의 역내 식품안전문제에 대한 '인식제고'의 효과를 가져왔다면, 뒤이은 벨기에에서의 다이옥신오염위기는 여기에서 한발 더 나아가 식품위기 발생 시 EU 차원의 '신속한 대응'의 확립이 얼마나 중요한지를 보여 주었다고 할 수 있다. 이를 통하여 EU위원회는 유럽 차원의 식품문제에 관하여 독립적으로 그리고 전문적으로 책임지고 역할을 수행하는 유럽식품안전청에 의한 신속경보제체의 통합적 운영에 관심을 갖게 되었다고 할 수 있다.

2. '식품 및 사료에 대한 신속경보체제'의 확립을 통한 보완

식품안전과 소비자보건을 다루고 있는 규칙 178/2002는 '식품' 외에도 '사료'가 포함된 먹이사슬상의 위해성 통지를 위한 신속경보체제(Rapid Alert System for Food & Feed: RASFF)를 확립하고 있다.[49] 이 제도는 기존에 존재하던 지침 92/59('일반 생산품의 안전성에 관한 지침')와 동 지침의 부속서에 규정되었던 '식품'문제에 관한 신속경보체제를 쇄신하여 보완한 것이다. 규칙 178/2002 제50조, 제51조, 제52조에서는 '식품 및 사료에 대한 신속경보체제'(RASFF)의 운영에 대한 범위와 절차를 규정하고 있다. 이렇게 보완된 신속경보체제의 목적은 식품안전보장을 위해 채택된 각 회원국들의 국내조치를 'EU 차원에서 통제 및 관리'할 수 있는 권한을 명확히 함으로써 효과적인 정보교환 수단을 확보하는 것이라고 할 수 있다.

1) 통지의무의 강화

EU위원회에 의해 운영되는 이 신속경보체제는 각 회원국, EU위원회 그리고 유럽식품안

---

49) 규칙 178/2002, 제50조~제52조: 사료와 관련하여 우리나라의 경우에는 사료관리법(법률 제6627호), 사료관리법시행령 및 사료관리법 시행규칙을 통하여 규율하고 있다. 백동훈(편저), 『축산수의법규』(고양: 선진문화사, 2005), pp.95-181 참조. 이러한 EU의 신속경보체제(RASFF)는 국제식품안전기구네트워크(International Food Safety Authorities Network: INFOSAN)에 참여하고 있다. 국제식품안전기구네트워크는 2006년 10월 151개국들이 참여하여 식품안전위기 시의 관련 정보에 대한 신속한 접근을 위하여 조직되었으며, 국내적 그리고 국제적 차원의 모든 식품안전기구들의 협력체로 평시 그리고 식품안전문제발생 시 관련 정보를 교환하는 제도를 구비하고 있다. 'EU'와 'EFTA'(European Free Trade Association)의 모든 회원국들은 2005년 9월 20일의 먹이사슬과 동물보건에 관한 상임위원회(Standing Committee on the Food Chain and Animal Health: SCFCAH) 회의에서 국제식품안전기구네트워크의 정보교환상 '단일체'가 되기로 합의하였다. van der Meulen and van der Velde, *supra* note 12, p.414.

전청을 통하여 네트워크를 형성하고 있다. 각 회원국에서 발생하는 인간의 건강에 대한 심각한 위험들은 그것이 '직접적인 상황'이든 '간접적인 상황이든' 관계없이 발생하는 즉시 모두 'EU위원회'에 통지되어야 한다. 그 다음에 EU위원회를 통하여 이 네트워크의 다른 구성원들에게 관련 사실이 통지된다.[50] 회원국들은 문제가 발생하여 해당 식품에 가한 모든 제한 조치에 관하여 통지해야 하며, 또한 회원국들 국경부서에서 식품이나 사료의 반입을 거절한 경우에는 그 근거가 된 건강위험에 대한 모든 세부내용을 통지해야 한다.[51] 이러한 국경부서의 해당 식품에 대한 반입거절은 EU위원회에 의하여 즉시 '모든 다른 EU회원국들 국경부서들'과 '원인발생의 근원지인 제3의 국가'에게 통지되어야 한다.[52] 이러한 네트워크에 제공된 정보는 규칙 178/2002 제10조에 근거하여 일반적으로 EU시민들에게 공표된다.[53] 다만, 전문성을 이유로 비밀 엄수되어 통제되는 정보는 인간의 건강보호에 필요한 경우를 제외하고는 동 규칙 제10조에 대한 예외로서 공개되지 않을 수 있다.[54] 그러나 중요한 것은 '원칙'이지 예외가 아니므로 식품안전에 있어서는 관련 정보의 공개 또는 투명성의 확보가 보다 중요하다고 할 수 있다.

2) EU위원회의 권한 강화

인간의 건강에 해가 되는 위해성 요인이 회원국의 국내조치에 의해 만족스럽게 해결되지 못하는 경우가 있을 수 있다. 이 경우 EU위원회는 문제가 된 식품 또는 사료의 거래나 사용의 정지를 명령할 권한이 있으며, 또한 이를 통제 및 관리하기 위해 다른 적절한 조치들을 취할 수 있는 권한이 있다.[55] 한편 어떤 회원국이 EU위원회에 '긴급조치'의 필요성을 통지하였으나, 이와 관련하여 EU위원회가 규칙 178/2002 제53조에 따른 직무수행에 실패하는 경우에 해당 회원국은 보호조치를 채택할 수 있다. 다만 이는 동 규칙 제54조 제3항에 따라 EU가 적절한 조치를 취할 때까지 인정되는 '임시적인 보호조치'로서의 성질을 갖는다.[56] 여하간 문제가 통지되는 경우에 EU위원회는 '먹이사슬과 동물보건에 관한 상임위원회'(Standing Committee on the Food Chain and Animal Health: SCFCAH)의 보조를 받

---

50) 규칙 178/2002, 제50조 제1항~제3항.

51) 규칙 178/2002, 제50조 제3항.

52) 규칙 178/2002, 제50조 제3항.

53) 규칙 178/2002, 제50조 제6항.

54) 규칙 178/2002, 제52조 제1항, 제2항.

55) 규칙 178/2002, 제53조.

56) 규칙 178/2002, 제54조.

아 문제해결을 시도한다. 동 상임위원회는 회원국들의 대표들로 구성되고 EU위원회 위원장이 대표가 되어 사회를 주관한다.[57] 동 상임위원회 회의를 통한 EU위원회의 직무는 규칙 178/2002 제58조 제2항의 규정에 의거하여 '결정 1999/468'[58] 제5조에 따라 구체적인 절차가 진행되며,[59] 동 결정 제5조 제6항에 따라 동 상임위원회의 당해 문제에 대한 직무의 기간은 3개월로 하고 있다.[60]

3) 주간동향의 발행

신속경보체제가 운영되기 시작한 2002년부터 EU위원회는 '위해성에 대한 경보 및 정보 통지에 대한 주간동향'(weekly overview of alert and information notifications)을 발행하고 있다. 그런데 여기에서 상업적 정보에 대한 '공개'와 '보호' 간의 균형을 깨고 문제가 된 위해성 관련 정보를 공개할 필요성이 있는 경우인지가 문제가 되는 경우에는 해당 상품명과 개별회사의 신원은 공표되지 않을 수 있다. 이에 대해서는 정보공개의 원칙을 이유로 하여 반론을 제기할 수 있으나, EU위원회는 해당 '긴급조치'가 취해졌거나 또는 취해지는 중에 있다는 것을 암시하는 신속경보체제에 의한 일정한 통지가 있기 때문에 위와 같은 비공표가 소비자보호에 반드시 해로운 것만은 아니라고 보고 있다고 할 수 있다.[61]

4) 일반계획의 작성

규칙 178/2002 제55조에 따라 EU위원회는 식품 및 사료의 안전에 관한 영역에 있어서의 위기관리를 위한 일반계획(general plan)을 작성해야 한다. 여기에서 일반계획이란 '유럽식품안전청과 회원국들 간의 긴밀한 협력'을 위한 정책을 의미한다. 이러한 일반계획은 현재의 식품 관련 법 규정을 통해서는 식품문제가 적절하게 통제될 수 없는 건강위험상의 행태를 분석하는 것을 말한다.[62] 또한 이러한 일반계획은 동 규칙 제53조와 제54조에 의하여

---

57) 규칙 178/2002, 제58조 제1항.

58) Regulation (EC) No 596/2009 of the European Parliament and of the Council of 18 June 2009 adapting a number of instruments subject to the procedure referred to in Article 251 of the Treaty to Council Decision 1999/468/EC with regard to the regulatory procedure with scrutiny-Adaptation to the regulatory procedure with scrutiny-Part Four(OJ 2009 L188/14).

59) 규칙 178/2002, 제54조 제2항, 제58조 제2항.

60) 규칙 178/2002, 제58조 제3항.

61) O'Rourke, *supra* note 5, p.29.

62) 규칙 178/2002, 제55조 제1항.

적절하게 관리될 수 없는 차원의 식품문제에 대하여 적용해야 할 투명한 원칙들과 통보전략을 포함하는 위기관리에 필요한 실제적인 절차를 마련하여 일일이 기록하는 것을 말한다.[63]

5) 유럽식품안전청이 포함된 위기대책반의 구성

규칙 178/2002 제56조에 의거하여 EU위원회는 인간건강에 심각한 위험을 초래할 수 있는지에 대한 상황을 판단하는 권한을 가진다. 해당 식품안전의 문제가 동 규칙 제53조와 제54조에 의하여 적절하게 관리될 수 없는 경우에 EU위원회는 즉각적으로 이를 유럽식품안전청과 회원국들에게 통지해야 한다.[64] 그리고 EU위원회는 유럽식품안전청이 즉시 관여할 필요가 있는 경우에는 과학적·기술적 조력을 할 수 있도록 EU위원회, 유럽식품안전청 그리고 관련 회원국들로 구성되는 위기대책반(crisis unit)을 결성해야 한다.[65] 그런데 여기에서 유럽식품안전청의 참여는 매우 중요한 의미를 가진다. 처음에 EU위원회가 동 규칙을 입안할 당시, EU위원회의 제안에 의하면 유럽식품안전청은 단지 'EU위원회가 동의'하는 경우에만 참여할 수 있다고 제안되어 있었다. 그러나 유럽의회로부터의 동 규칙 제정에 대한 수정이 있은 후, 현재는 어떠한 위기대책반이 구성되든지 간에 상관없이 유럽식품안전청은 식품안전문제를 해결하는 주축의 '하나의 구성원'으로서 '공식적'으로 참여할 수 있게 되었다.[66] 이를 통하여 유럽식품안전청은 자신의 설립취지와 목적에 맞게 식품위기의 경우에 과학적·기술적인 조력의 역할을 수행할 수 있게 되었다. 한편 이러한 위기대책반의 구성을 결정하는 문제는 모든 관련 정보를 기초로 EU위원회가 판단하게 된다.[67] 이러한 위기대책반은 위기를 신속하고도 효과적으로 관리하고 통제하기 위하여 전문지식을 소유한 어떠한 공인 또는 사인(관련 분야에 대한 공적 또는 사적 전문가)에 대해서도 협력을 요청할 수 있다.[68] 또한 위기대책반은 이러한 위기상황의 존재와 이에 따라 취해진 일정한 조치를 공중에게 공표하여야 한다.[69]

---

63) 규칙 178/2002, 제55조 제2항.
64) 규칙 178/2002, 제56조 제1항.
65) 규칙 178/2002, 제56조 제2항.
66) O'Rourke, *supra* note 5, p.29.
67) 규칙 178/2002, 제57조 제1항.
68) 규칙 178/2002, 제57조 제2항.
69) 규칙 178/2002, 제57조 제3항.

6) 문제점: 유럽식품안전청과 EU위원회 간의 조화로운 위해성 관리의 필요

신속경보체제와 관련하여 유념해야 할 중요한 점은 이 체제에 의해 제공된 정보에 따라 채택된 '위해성 관리에 대한 결정'(management decisions)은 EU위원회와 회원국들에게 여전히 책임이 있다는 것이다. 즉 끝까지 문제의 해결을 위해 노력할 당사자는 EU위원회와 회원국이라는 점이다. 그리고 쇄신된 신속경보체제가 어떻게 실제적으로 작동되어 역할을 수행하는지를 검토하는 것도 관심 가져야 할 사항이라고 할 수 있다.[70] 그러나 불행하게도 규칙 178/2002에는 식품긴급사태시의 유럽식품안전청의 식품위기관리에 관한 결정, 즉 '위해성 관리'에 관한 권한을 규정하고 있지 않다. 동 규칙은 식품긴급사태의 상황에서 유럽식품안전청이 수행할 수 있는 지휘역할을 간과하고 있다고 할 수 있다. 동 규칙은 이러한 '위해성 관리'의 역할을 EU위원회에 부여하고 있으나, 이는 과학전문가들로 구성된 유럽식품안전청의 중추적 역할을 고려하여 '과학'과 '행정'의 '보다 적절한 조화'를 추구하는 것이 바람직하다고 본다. 과학자와 행정가의 역할분담이 갖는 효율성도 중요하지만, 잘못되면 과학과 정책(행정)이 괴리되는 현상이 초래될 수도 있기 때문이다. 따라서 EU위원회와 유럽식품안전청이 '위해성 관리'에 대한 결정을 공동으로 수행하는 방향으로 숙고해야 할 것으로 보인다.

IV. 결언

'식품안전문제'는 환경문제와 같이 오늘날 국제사회에서 매우 관심을 갖는 분야가 되었다. 무엇보다도 이러한 식품안전문제는 WTO체제상 시장이 개방된 국제사회에서는 국경을 초월한 '초국가적' 성질을 갖는 문제로서 27개 회원국으로 구성된 EU에서도 중요하게 다루는 문제가 되었다.

이처럼 먹을거리의 안전성에 대한 관심이 점점 증대되는 시대적 배경하에 이 글의 본문에서는 먼저 EU식품법상의 일반원칙들의 확립과정과 그 내용을 살펴보았으며, 그리고 EU식품법상의 신속경보체제의 확립과정과 그 내용을 살펴보았다. EU는 EU식품법상의 일반원칙들로서 규칙 178/2002 제7조를 통하여 사전예방의 원칙을 적용함으로써 위해성 분석과

---

70) 이에 관한 최근의 사례의 하나로 아일랜드산 돼지고기의 다이옥신 오염사건을 들 수 있다. 이에 관한 상세한 내용은 김두수, "식품안전과 소비자보호에 관한 EU식품법제의 성립과 유럽식품안전청의 설립과정", 『국제지역연구』 제13권 제3호(2009.10), pp.3-25 참조.

평가에 있어서의 과학적 증명의 시간적 제약의 문제를 해결하였고, 제17조를 통하여 모든 회원국들 내에서의 책임의 원칙을 강화하였으며, 제18조를 통하여 추적조사능력을 강화하였다. 또한 동 규칙 제14조와 제15조를 통하여 불안전한 식품에 대한 식품안전요건을 강화하였고, 제13조를 통하여 식품의 국제적 표준화에 기여토록 하고 있으며, 제9조와 제10조를 통하여 모든 먹이사슬상의 소비자신뢰의 확보를 위한 입법 활동 등에 있어서 투명성의 원칙을 적용하고 있다. 한편 EU는 '일반 생산품의 안전성에 관한 지침'인 지침 92/59를 보완하여 규칙 178/2002 제50조~제58조상의 '식품 및 사료에 대한 신속경보체제'를 확립하였다. 이를 통하여 식품위기가 발생하는 경우에 회원국의 '신속한 통지의무'를 강화하였고, 유럽식품안전청의 과학적 조언에 기초하여 EU위원회를 중심으로 운영되는 '위해성 관리의 네트워크'를 확립하였다. 그런데 EU위원회가 권한을 행사하는 위해성 관리와 관련해서는 과학자와 행정가의 효율적인 역할분담도 중요하지만, 여기에서 한 가지 아쉬운 점은 과학과 정책(행정)이 괴리될 가능성이 있다는 점이다. 따라서 EU위원회와 유럽식품안전청은 앞으로 위해성 관리에 관하여 공동결정 방식으로 함께 역할을 수행하는 방향으로 숙고되어야 할 필요성이 있다고 할 수 있다.

제17장 유럽식품안전청(EFSA)의 조직구조와 역할*

Ⅰ. 서언

1차 생산물과 가공물을 포함하여 '농장에서 식탁까지'[1]의 식품안전과 소비자보호에 관한 문제는 오늘날 유럽에서도 점점 관심을 갖고 비중 있게 다루는 분야가 되었다.[2] 이미 유럽에서는 1990년대 후반에 들어서면서 광우병(Bovine Spongiform Encephalopathy: BSE)의 위험성에 대하여 경각심을 갖게 되었다. 이에 유럽연합(European Union: EU)의 주요기관 중의 하나인 유럽위원회(European Commission)는 1997년 4월 식료품에 대한 미래의 EU규범체계를 개혁할 필요성을 인식하였고, 이를 공론화하기 위하여 'EU식품법 일반원칙에 관한 녹서'[3](Green Paper on the General Principles of Food Law in the European Union)를 발행하였다. 그런데 영국에서는 1985년 처음으로 소의 죽음에 대해 조사된 바 있었으나 소의 죽음에 대한 정확한 요인을 밝히지 못하였고, 1997년 영국 의회에 의하여 광우병조사가 실시되어 1970년대 신종원인으로 인한 질병이 소의 죽음의 원인이었음이 밝혀졌다. 그러나 이것도 확증이라기보다는 가능성에 가까운 것이라는 데에 문제가 있다고 할 수 있다. 이처럼 광우병을 명확하게 규명하기 어려운 이유는 매우 긴 잠복기를 갖기 때문으로 보고 있다.

---

* 이 내용은 김두수, "EU식품법에 있어서 유럽식품안전청의 조직구조와 역할수행상의 문제", 『국제지역연구』 제14권 제3호(2010.10)를 참고하였음.

1) 'farm to table'과 같은 방식으로 사용되는 용어들에는 'farm to fork', 'stable to table', 'seed to silo', 'plough to plate'가 있다. Caoimhín MacMaoláin, *EU Food Law*(Oxford: Hart Publishing, 2007), p.184, note 13.

2) 식품안전과 소비자보건에 관한 국제사회의 관심과 노력도 점차 증대되고 있는 상황이다. 이미 1994년 UNDP 연례보고서에서는 인간안보를 '공포로부터의 자유 및 궁핍으로부터의 자유'라고 정의하고 있으며, 경제·식량·보건·환경·개인·공동체·정치에 있어서의 안보를 확보하는 것이 인간안보를 가장 확실하게 보장하는 것이라고 제시하고 있다. 특히 국제법상 공중보건에 관한 쟁점은 국제적 차원에서 공중보건의 수준향상에 초점을 맞추어 오고 있다. 이는 국제교역의 증가로 인하여 위기상황의 발생 시 국내적 차원의 규제조치 만으로서는 지리적으로 광범위하게 존재하는 문제를 해결하는 데 있어서 한계를 갖기 때문이다. 그리고 이러한 국내적 차원의 규제조치는 국제무역의 제한을 가져와 국가 간 통상갈등을 초래할 수도 있다. 이상환, "전염병과 인간안보, 그리고 국가안보", 『국제지역연구』 제12권 제3호(2008.10), pp.230-231.

3) Green Paper on the General Principles of Food Law in the European Union(May 1997), Com (1997) 176.

한편 광우병이 스크래피(Scrapie: 양의 바이러스성 전염병으로 뇌와 중추신경계를 파괴시키는 질환)로부터 파생되었을 가능성도 제기되는데, 스크래피는 지난 200년이 넘게 인간에 전이된 사례가 없다. 따라서 광우병도 이러한 방식으로 인간에게 전이되지는 않을 것이라는 견해도 있다.[4]

이러한 'EU식품법 일반원칙에 관한 녹서'의 발행과 동시에 당시 유럽위원회 위원장인 Jacques Santer와 유럽위원회 내의 소비자문제 담당위원인 Emma Bonino는 '유럽식 식품의 약품안전청'(Food and Drug Administration: FDA)의 설립을 주장하였다. 이에 유럽위원회 내의 소비자문제 담당위원인 Emma Bonino는 미국을 방문하였다. 그러나 그녀는 미국 식품 의약품안전청(FDA)이 처음 기대했던 만큼 독립적이지 않았고, 육류·조류·어류와 같은 1차 산업에 의한 주요 식품들을 다루지 않았으며, 9000여명의 직원으로 구성되는 매우 거대한 조직이었기 때문에 EU의 차원에서는 비현실적이었다고 판단하여 이것이 유럽에 있어서 좋은 모델은 아니라고 결정하였다.[5] 이러한 사실에도 불구하고 독립적인 유럽식품기구를 창설하고자 하는 목표와 계획은 1999년 7월 유럽위원회 신임 위원장인 Romano Prodi의 유럽의회에서의 첫 번째 연설에서 다시 언급되었다. 이 연설에서 그는 자신의 재직기간 동안 식품안전이 EU의 주요 우선 정책사항 중 하나가 될 것이라고 하여 유럽식품기구의 창설에 찬성하고 있음을 밝혔다.[6] 그 결과로 독립적인 유럽식품기구의 윤곽이 1999년 12월에 채택되어 2000년 1월에 발행된 유럽위원회의 '식품안전백서'[7](White Paper on Food Safety)에 포함되게 되었다. 그리고 이 식품안전백서에 수록된 식품안전과 소비자보호에 관한 내용을 참고하여 2002년에 '이사회/유럽의회 규칙 178/2002'가 채택되었고, 이에 의거하여 유럽식품안전청(European Food Safety Authority: EFSA)이 설립되었다.

그런데 이렇게 창설된 유럽식품안전청은 Jacques Santer, Emma Bonino, Romano Prodi가 구상했던 유럽의 독립된 완전한 식품안전기구로서는 한계와 문제점을 지니게 되었다. 유럽 식품안전청이 설립되는 과정에서 보건 및 소비자 보호 담당위원이었던 David Byrne은 미국 FDA의 모델을 EU 내로 수용하는 데 대하여 부정적인 입장이었다. 그리고 영국에서의 광우병 위기에 대한 각성으로 많은 EU회원국들이 식품안전에 대한 소비자신뢰를 유지하기 위해서 자신의 국내식품담당기관을 설치하게 되었다. 이로서 유럽식품안전청은 EU라는 지

---

4) MacMaoláin, *supra* note 1, pp.175-176.

5) Raymond O'Rourke, *European Food Law*(London: Sweet & Maxwell, 2005), p.193.

6) *Ibid.*, pp.6-7 참조.

7) White Paper on Food Safety. COM (1999) 719, pp.3-5, 6-7 및 ANNEX: Action Plan on Food Safety 참조. http://ec.europa.eu/dgs/health_consumer/library/pub/pub06_en.pdf(2010년 8월 15일 검색)

역 국제사회에서 역할수행상의 여러 문제점이 발생하게 되었다. 오늘날 국제사회는 세계무역기구(World Trade Organization: WTO)체제하에서 식품 관련 시장이 점차 개방되고 있고, 유럽에서는 공동시장법상 상품의 자유이동법제에 따라 식품이 자유롭게 유통되고 있다. 따라서 EU는 광우병위기를 정점으로 하여 EU시민들을 위한 먹을거리의 안전성확보와 소비자보호를 중요하게 다루게 되었다. 이러한 사회적 필요성과 배경하에 유럽식품안전청이 설립되어 운영되고 있다. 무엇보다 2009년 10월 15일 한·EU FTA가 가서명되고, 2010년 10월 6일 정식 서명되어 타결됨에 따라 우리나라의 상대방 당사자인 EU의 유럽식품안전청의 조직구조와 역할을 살펴보는 것은 한·EU FTA의 발효(2011년 7월 1일 잠정발효)에 대해 양 당사자가 먹을거리에 대한 위기관리와 안전성의 확보 및 소비자보호를 위한 협력관계를 구축함에 있어서 큰 의미를 갖는다고 할 수 있다.

그러므로 이 글에서는 먼저 '이사회/유럽의회 규칙 178/2002'[8] 제22조에 의해 설립된 유럽식품안전청[9]의 조직구조 및 역할에 관하여 살펴본 후, 유럽식품안전청의 역할수행상의 몇 가지 문제점들에 관하여 검토하고 적절한 개선책을 모색하고자 한다.

Ⅱ. 유럽식품안전청의 조직구조와 역할

1. 유럽식품안전청의 설립 배경 및 필요성

1997년 5월에 발표된 'EU식품법 일반원칙에 관한 녹서'는 EU식품법제의 발전상 중요한

---

8) 이는 EU에서는 식품안전과 소비자보호를 위한 「식품기본법」(The General Food Law: GFL)으로 부르기도 한다.

9) 유럽식품안전청은 이탈리아의 Parma에 위치하고 있으나, 동 기구의 소재와 관련해서는 논란이 없지 않았다. 식품안전백서 제58절에 의하면 동 기구는 EU위원회의 공무집행을 위하여 EU위원회에 인접한 곳에 위치해야 할 필요가 있고, EU위원회도 '쉽게 접근할 수 있는' 지역일 필요가 있다고 여겨 특히 식품안전위기에 따른 신속정보체제가 작동되는 곳에 소재해야 할 필요가 있다고 하였다. White Paper on Food Safety. pp.20-21; 동 기구의 소재지 후보로 거론된 지역은 핀란드의 Helsinki, 이탈리아의 Parma, 스페인의 Barcelona, 프랑스의 Lyons이었다. 이에 이들 후보지가 Brussels의 의결권자들(즉 '위해성 관리자들')에게 있어서 '쉽게 접근할 수 있는' 지역인가에 대한 의문이 있었고, 2001년 12월 벨기에의 Laeken에서 개최된 EU이사회에서 동 기구의 소재지결정에 실패한 후, 동 기구의 초기의 발전을 위하여 임시적으로 Brussels로 결정하였다. 이후 2003년에 가서야 유럽식품안전청의 소재지가 이탈리아의 Parma로 결정되었고, 조화로운 목적달성을 위하여 Brussels에 소규모의 체제를 유지하기도 하였다. O'Rourke, *supra* note 5, p.199; 이 유럽식품안전청은 EC조약(TFEU)에 언급된 EU의 주요기관들 중의 하나는 아니다. 따라서 EC조약(TFEU)상의 법적 보호 규정은 유럽식품안전청에는 적용되지 아니한다. 그러나 EU의 '식품기본법'인 이사회/유럽의회 규칙 178/2002 제47조에 의하여 유럽식품안전청의 계약적 그리고 비계약적 책임에 대한 결정의 경우에 유럽사법법원(European Court of Justice: ECJ)의 관할권이 인정된다. Bernd van der Meulen and Menno van der Velde, *European Food Law*(Wageningen: Wageningen Academic Publishers, 2009), p.212.

내용이었으나, 이는 광우병위기 이후의 총체적인 EU식품법제의 확립에 대한 최종적인 결과는 아니었다. 따라서 EU위원회는 식품안전과 소비자보건을 최고 의제로 하는 포괄적인 EU 식품법체제의 확립을 유럽의회에 약속하였고, 1999년에 채택한 식품안전백서를 2000년 1월 12일 브뤼셀에서 발행하였다. 이 식품안전백서는 유럽식품안전청(식품안전백서에서의 'European Food Authority'는 규칙 178/2002에 의하여 'European Food Safety Authority'로 명칭이 확정됨)의 설립을 제안하는 것을 주요 내용으로 하고 있으며, 이를 통해 미래의 안전한 식품생산 및 공급에 기여하도록 하였고,[10] 식품위기 또는 식품공황 등의 비상사태에 대한 EU 차원의 신속경보체제(Rapid Alert System)의 쇄신을 제안하였다. 그리고 동물사료, 동물복지, 식품위생, 포장 등 식품에 관한 포괄적 영역에 해당하는 EU식품법제와 관련된 여러 분야를 제시하였다.[11]

이러한 식품안전백서의 주요 내용은 EU 차원의 독립적인 '유럽식품안전청'을 설립하는 것이었고, 유럽위원회는 이 기구가 EU에서 최고수준의 식품안전을 보장하는 가장 적합한 기관이 될 것으로 기대하였다. 그런데 이러한 독립적인 유럽식품안전청의 설립에 관한 구상은 유럽의회의 견책에 직면하던 광우병위기의 1997년 2월에 Jacques Santer 유럽위원회에 의해 이미 의제로 삼은 바가 있었다. 그 후 수년 동안 유럽위원회와 회원국들은 그러한 기구의 필요성이 없다고 주장하였으나, 이들의 견해는 벨기에에서의 다이옥신오염에 의하여 변화를 가져오게 되었고, 1999년 7월 Romano Prodi 유럽위원회는 유럽의회에서 유럽의 FDA의 설립을 구상하고 있다고 언급하였다.[12] 그러나 이 식품안전백서에서 제안된 기구는 유럽의 FDA는 아니었고, 대신 '식품안전'에 대해서만 관여하여 독립적인 과학적 조언의 제공에 관한 임무를 수행하는 기구이었다. 또한 이 기구는 식품위기 사태 시 신속경보체제를 운영하고, 식품안전과 공중보건에 관한 소비자들과의 의사소통을 수행할 기구이었다.[13]

2. 유럽식품안전청의 조직구조의 분석

유럽식품안전청은 4개의 조직, 즉 하나의 운영위원회(Management Board), 청장(Executive Director) 및 그 사무직원, 하나의 자문포럼(Advisory Forum), 하나의 과학위원회(Scientific Committee) 및 다수의 과학패널들(Scientific Panels)로 구성되어 있다.[14]

---

10) MacMaoláin, *supra* note 1, p.179 참조.

11) White Paper on Food Safety. COM (1999) 719. pp.3-5, 6-7 및 ANNEX: Action Plan on Food Safety 참조.

12) O'Rourke, *supra* note 5, p.7.

13) White Paper on Food Safety. COM (1999) 719, pp.3-5, 6-7 및 ANNEX: Action Plan on Food Safety 참조.

1) 운영위원회의 운영과 역할

운영위원회는 한 명의 유럽위원회 대표 외에 유럽의회의 자문을 통해 이사회가 지명한 14명의 위원들로 구성된다. 14명의 위원들 후보의 명부는 유럽위원회가 작성하여 유럽의회에 자문을 위하여 제출되고, 이는 가능한 한 3개월 내에 이사회에서 최종 결정되어야 한다. 이들 운영위원들은 전문지식과 권위가 있어야 하며, 이들의 임명에는 EU의 광범위한 지역적 안배가 고려된다. 규칙 178/2002는 특히 운영위원들 중 4명의 위원은 소비자와 먹이사슬에 있어서 이해관계를 대표하는 기관에서의 경력을 갖는 자로 임명되어야 한다고 규정하고 있다.[15] 처음 운영위원회가 구성되고 2002년 7월에 위원들이 지명될 당시, 소비자를 대표하는 기관에서 근무한 경력이 있다고 인정될 수 있는 운영위원회의 위원은 단 2명만 해당되었기 때문에 이 문제에 대해서는 일부 논쟁이 있었다. 그러나 이사회는 많은 운영위원회 위원들이 다른 형태로서 소비자를 대표한다고 언급하면서 자신의 결정을 옹호하였다.[16] 이들 운영위원회 위원의 임기는 4년이고 1회 재임이 가능하다. 다만 운영위원들의 부분적 교체를 위하여 첫 임명의 경우에 운영위원들 절반의 임기는 6년에 해당되었다.[17]

운영위원회는 유럽식품안전청의 청장의 제안에 기초하여 유럽식품안전청의 내부절차규칙을 채택하며, 이는 공개된다.[18] 운영위원회는 2003년 9월 16일 성실하고 친절한 행정운영과 서비스를 위한 규정(EFSA Code of good administrative behaviour)을 채택하였으며,[19] 그 기초는 EU기본권헌장[20](Charter of Fundamental Rights of the European Union) 제41조(right to good administration)라고 할 수 있다.[21] 운영위원회는 임기 2년의 운영위원장을 선출하며 재임할 수 있다.[22] 운영위원회는 특별한 규정이 없는 한 다수결에 의하여 자체의 내부절차규칙을 채택한다.[23] 운영위원회는 운영위원장의 소집에 의하거나 또는 운영위원의 최소 1/3의 요청에 의하여 회합하며,[24] 유럽식품안전청이 규칙 178/2002에 따라 직무를 수

---

14) 규칙 178/2002, 제24조.

15) 규칙 178/2002, 제25조 제1항.

16) O'Rourke, *supra* note 5, p.196.

17) 규칙 178/2002, 제25조 제2항.

18) 규칙 178/2002, 제25조 제3항.

19) MB Decision 16.09.2003-11-Adopted, EFSA.

20) OJ 2000 C364/01.

21) van der Meulen and van der Velde, *supra* note 9, p.202.

22) 규칙 178/2002, 제25조 제4항.

23) 규칙 178/2002, 제25조 제5항.

24) 규칙 178/2002, 제25조 제6항.

행하는 것을 보장한다.25) 운영위원회는 매년 1월 31일 이전에 유럽식품안전청의 연간계획 (annual programme)을 채택하고 이를 유럽식품안전청의 예산 채택에 반영한다. 또한 운영 위원회는 다소 수정될 수도 있는 다양한 연간프로그램을 채택할 수 있으며, 이들 프로그램 이 식품안전 분야에 있어서 EU의 입법과 정책적 우선에 일치되고 조화되도록 보장한다. 운 영위원회는 매년 3월 30일 이전에 전년도 유럽식품안전청의 일반활동보고서(annual general report)를 채택하고 6월 15일 발행한다.26) 유럽식품안전청의 청장이 운영위원회의 사회를 주관하며, 과학위원회 위원장은 운영위원회 회의에 초대될 수 있다. 그러나 이들 양자에게 는 투표권이 부여되지 않는다.27)

2) 유럽식품안전청장의 임명과 역할

유럽식품안전청장은 유럽위원회로부터 추천된 후보자리스트에 근거하여 공개경쟁 후에 운영위원회가 임명하며, 임기는 5년이며 재임이 가능하다.28) 청장은 운영위원회가 임명하기 전에 유럽의회에 초청되어 모종의 진술의 기회를 가지며 유럽의회 구성원들의 질문들에 대 하여 답변을 한다. 청장은 운영위원회의 다수결에 의하여 해임될 수 있다.29)

청장은 유럽식품안전청을 법적으로 대표하여30) 유럽식품안전청의 매일의 일상적인 행정 운영에 대한 책임을 지며,31) 유럽위원회와 협의하여 유럽식품안전청의 연간계획을 구상하 고,32) 운영위원회가 채택한 결정이나 활동프로그램을 수행하며,33) 적절한 과학적·기술적· 행정적 지원을 통하여 과학위원회와 과학패널들이 원활하게 활동하도록 보장할 책임34)을 진다. 또한 청장은 유럽식품안전청의 수입과 지출의 평가에 대한 진술과 집행에 대한 책임 이 있으며,35) 모든 사무직원들의 문제에 대하여 책임을 지며,36) 유럽의회와의 관계유지와

---

25) 규칙 178/2002, 제25조 제7항.

26) 규칙 178/2002, 제25조 제8항.

27) van der Meulen and van der Velde, *supra* note 9, p.196.

28) 유럽식품안전청의 초대 청장은 2002년 11월에 운영위원회에 의해서 임명된 Geoffrey Podger로서 2003년 그 의 직위에 취임했다. 그는 유럽식품안전청장에 임명되기 전 영국 식품표준청(UK Food Standards Agency)이 2000년 설립된 이래로 그곳의 수장이었다.

29) 규칙 178/2002, 제26조 제1항.

30) 규칙 178/2002, 제26조 제2항.

31) 규칙 178/2002, 제26조 제2항(a).

32) 규칙 178/2002, 제26조 제2항(b).

33) 규칙 178/2002, 제26조 제2항(c).

34) 규칙 178/2002, 제26조 제2항(d), (e).

35) 규칙 178/2002, 제26조 제2항(f).

발전 및 유럽의회 내의 관련 위원회들과의 정규적인 대화의 확보에 대하여 책임[37]을 진다.

또한 청장은 매년 운영위원회에 전년도 유럽식품안전청의 모든 활동들이 포함된 일반보고
서초안(draft general report)을 제출해야 하며,[38] 일반적인 활동계획서 초안(draft programmes
of work)을 제출해야 한다.[39]

3) 자문포럼의 운영과 역할

자문포럼은 회원국들의 권한 있는 기관인 국내식품기관들로부터 파견되는 27명의 대표들
로 구성되며,[40] 이 자문포럼의 구성원은 운영위원회의 위원이 될 수 없다.[41]

이 자문포럼은 유럽식품안전청장의 직무수행을 위하여 자문하며, 특별히 유럽식품안전청
의 연간계획을 구상함에 있어서 자문역할을 수행한다. 역시 유럽식품안전청장도 이 자문포
럼에 '과학적 의견들'의 요청에 대한 우선권에 관하여 조언을 요청할 수 있다.[42] 이 자문포
럼의 목적은 EU에서의 상이한 기구/기관/당국들의 역할과 책임에서 발생하는 충돌을 회피
하기 위해서 유럽식품안전청과 국내식품기관 간의 긴밀한 협조의 강화를 지원하는 것이다.
이 자문포럼은 잠재적 위해성에 대한 정보교환이 가능하도록, 그리고 국내기관과 유럽식품
안전청 간의 관련 정보와 지식의 공동관리가 가능하도록 메커니즘을 형성한다. 그러므로
이 자문포럼은 유럽적 차원에서 과학적·기술적 위해성 통보문제에 대한 긴밀한 협조와 공
동연구를 가능케 함으로써 국내식품기관들을 위한 구심점 역할을 수행한다고 할 수 있다.[43]

이 자문포럼은 유럽식품안전청장에 의하여 진행되며, 청장인 의장의 제안에 따라 정규적
으로 개최되거나 또는 구성원 1/3의 요청에 의하여 개최되고, 매년 최소 4회 개최된다. 자문
포럼의 운영절차는 유럽식품안전청의 내부규칙에 따른다.[44] 유럽식품안전청은 자문포럼을
위하여 사무에 관한 제반시설을 제공할 수 있다.[45] 유럽위원회의 관련 부서대표들은 자문포

---

36) 규칙 178/2002, 제26조 제2항(g).

37) 규칙 178/2002, 제26조 제2항(h).

38) 규칙 178/2002, 제26조 제3항(a).

39) 규칙 178/2002, 제26조 제3항(b).

40) 규칙 178/2002, 제27조 제1항.

41) 규칙 178/2002, 제27조 제2항.

42) 규칙 178/2002, 제27조 제3항.

43) 규칙 178/2002, 제27조 제4항.

44) 규칙 178/2002, 제27조 제5항.

45) 규칙 178/2002, 제27조 제6항.

럼의 실무에 참여할 수 있으며, 유럽식품안전청장은 유럽의회의 대표들과 국내 다른 관련 기관들의 대표를 자문포럼에 초청할 수 있다.[46] Geoffrey Podger 초대 유럽식품안전청장은 2003년에 가서야 취임되었기 때문에, 이 자문포럼은 초기에는 '임시과학자문포럼'(interim scientific advisory forum)이라는 비공식적 회의의 형식으로 유럽식품안전청의 초기계획을 순조롭게 진행하기 위해서 2002년에 개최되었다.[47]

4) 과학위원회 및 과학패널들의 운영과 역할

과학위원회와 상설 과학패널들은 각 영역이나 권한의 범위 내에서 유럽식품안전청에 '과학적 의견'을 제공할 책임이 있다.[48] 규칙 178/2002로 표명되는 EU식품기본법 이전에는 여러 과학위원회들(scientific committees)이 과학운영위원회(Scientific Steering Committee)가 중심이 되어 과학적 자문의 역할을 수행하였으나, 현재는 하나의 과학위원회(Scientific Committee)와 10개의 상설 과학패널들(Scientific Panels)로 개편되어 유럽식품안전청의 부속기관으로 재조직되었다.

그런데 EU식품기본법 이전에는 유럽 차원에서의 식품안전문제를 관할하는 유럽식품안전기구가 설립되지 않아 EU의 2차 법원의 한 종류인 결정(decisions)의 형태로 식품안전의 문제를 다루고 있었다. 첫째는, 1997년 유럽위원회 결정 97/404[49]에 의거하여 과학운영위원회(SSC)가 창설되어 여러 과학위원회들의 실무를 조화시키는 임무를 수행하였다. 둘째는, 1997년 유럽위원회 결정 97/579[50]에 의거하여 8개의 과학위원회들이 창설되어 특별히 '소비자보건과 식품안전'과 관련된 문제에 대해 '과학적 조언'을 제공하게 하였다. 이 유럽위원회 결정 97/579에 의하여 창설된 과학위원회에는 식품과학위원회, 동물음식(영양섭취)에 관한 과학위원회, 동물보건과 동물복지에 관한 과학위원회, 공중보건과 관련된 가축조치에 관한 과학위원회, 식물과학위원회, 소비자를 위한 화장품 및 비식품에 관한 과학위원회, 의약품 및 의료기기(설비)에 관한 과학위원회, 유독성과 환경유독성 및 환경에 관한 과학위원회가 있었다.[51]

---

46) 규칙 178/2002, 제27조 제7항: 규칙 178/2002, 제22조 제5항(b).

47) O'Rourke, *supra* note 5, p.197.

48) 규칙 178/2002, 제28조 제1항.

49) OJ 1997 L169/85.

50) OJ 1997 L237/18.

51) *Ibid.*, 제1조. 이들 8개 과학위원회들의 권한 및 영역은 유럽위원회 결정 97/579의 부속서에 구체적으로 명시되었다. 이들 8개 과학위원회들은 유럽위원회 결정 97/579 이전에 존재했던 6개의 과학위원회들을 대체한 것

(1) 운영

먼저 '과학위원회'는 과학패널의 의장들과 어떠한 과학패널에도 속하지 않은 6명의 독립적인 과학자들로 구성된다.[52] 과학위원회는 과학적 자문절차의 일관성, 특히 실무절차의 채택과 실무방식의 일관성 보장을 위한 조화의 책임을 진다.[53] 이는 기존의 과학운영위원회[54]와 유사한 역할을 수행하는 것을 의미한다. 과학위원회는 문제의 사안이 특히 어떠한 과할패널에도 속하지 않는 경우에 이를 위한 실무그룹을 설치할 수 있으며, 이러한 실무그룹을 구성함에 있어서는 과학적 의견을 제시하는 데 필요한 전문적 과학지식을 갖춘 자들로 구성되도록 고려한다.[55] 이는 유럽식품안전청의 활동에 있어서 개방성과 투명성이 매우 강조되어 반영되기 때문이다.[56]

다음으로 '과학패널들'은 독립적인 과학전문가들로 구성되어 있으며,[57] 유럽식품안전청은 다음과 같은 과학패널들을 설치하고 있다. 첫째, 식품첨가물에 관한 패널, 둘째, 동물 사료에 사용된 첨가물, 재료에 관한 패널, 셋째, 식물보전생산과 잔류물에 관한 패널, 넷째, 유전자변형유기체(Genetically Modified Organisms: GMO)에 관한 패널, 다섯째, 다이어트제품, 영양섭취, 알레르기에 관한 패널, 여섯째, 광우병문제를 포함하는 생물학적 위험에 관한 패널, 일곱째, 먹이사슬상의 오염균에 관한 패널, 여덟째, 동물보건과 복지에 관한 패널, 아홉째, 식물보건에 관한 패널, 그리고 열 번째로 조미료 및 촉진제 식품에 관한 패널이다.[58] 과학패널들의 명칭이나 개수는 과학기술의 발전에 따라 유럽식품안전청의 요청이 있는 경우 규칙 178/2002 제58조 제2항의 절차에 따라 유럽위원회가 결정할 수 있다.[59]

으로, 이들 6개의 과학위원회들은 식품, 가축(수의)문제, 동물음식, 미용(화장품), 살충제, 독성 및 환경 독성 분야를 포함하고 있었다.

52) 규칙 178/2002, 제28조 제3항.

53) 규칙 178/2002, 제28조 제2항, para.1.

54) 1997년 과학운영위원회(Scientific Steering Committee: SSC)를 창설하는 유럽위원회 결정 97/404는 여러 과학위원회들(scientific committees)의 실무를 조화시키는 데 그 목적이 있었다. 특히 과학운영위원회는 여러 과학위원회들의 실무를 모니터하여 평가하고, 필요한 경우에는 관련 업무의 적절한 수행을 위하여 이들 과학위원회들을 교체할 수 있었다. 또한 과학운영위원회는 하나 이상의 과학위원회의 과학적 조언이 필요한 경우에 해당업무와 관련된 과학위원회들을 지명할 수 있으며, 관련된 과학위원회들이 제시한 과학적 조언들이 본질적으로 상이한 경우에 과학운영위원회는 유럽위원회에 과학적 조언들에 관한 종합적 견해를 제공할 의무가 있었다. 또한 회원국들 국내식품기관의 과학자들이 수행한 과학적 작업의 평가에 기초하여 EU 차원의 조치를 취하는 경우, 과학운영위원회는 그러한 과학적 조언이 EU 차원에서 수용되어 적용될 필요성이 있는지에 관하여 평가함으로써 유럽위원회의 업무를 보조할 수 있었다. OJ 1997 L169/85.

55) 규칙 178/2002, 제28조 제2항, para.2.

56) van der Meulen and van der Velde, *supra* note 9, p.208.

57) 규칙 178/2002, 제28조 제4항.

58) 규칙 178/2002, 제28조 제4항(a)~(j).

59) 규칙 178/2002, 제28조 제4항, last para; 2007년 9월 11일 AFC패널(Panel on additives, flavorings, processing

과할패널들의 구성원이 아닌 과학위원회의 구성원(6인)과 과학패널들의 구성원은 유럽식품안전청장의 제안에 따라 운영위원회가 임명하며, 임기는 3년이며 재임할 수 있다.[60] 과학위원회와 과학패널들은 각각 1명의 의장과 2명의 부의장을 그들 중에 선출한다.[61] 과학위원회와 과학패널들은 단순다수결에 의하여 임무를 수행하며, 소수의견들은 기록된다.[62] 유럽위원회의 관련 부서대표들은 과학위원회, 과학패널들 그리고 그 실무그룹들의 회의에 참여할 권한이 있다.[63] 그러나 어떠한 방식으로든 이 회의에서 결정되는 사안에 대해 영향력을 행사할 수는 없다.[64] 과학위원회와 과학패널들 간의 상호협력과 직무의 수행은 유럽식품안전청의 내부절차규칙에 의하며,[65] 이 내부절차규칙은 2002년 9월에 유럽식품안전청이 설립된 후 개최된 첫 운영위원회 회의에서 채택되었다.[66]

(2) 역할: 위해성 평가

과학위원회와 과학패널들은 '위해성 평가'(risk assessment)를 통하여 '과학적 의견'(scientific opinions)을 제시하는 중요한 역할을 수행한다. 무엇보다도 과학위원회와 과학패널들의 이러한 중요한 역할을 통하여 유럽식품안전청은 유럽위원회, 유럽의회, 회원국, 권한 있는 국내 식품기관의 요청에 대하여 '과학적 의견'을 제시할 수 있다. 그런데 유럽식품안전청은 과학위원회와 과학패널들의 주된 역할을 통하여 EU입법의 모든 경우에 어떤 자문적 의견의 제시나 또는 자체적인 과학적 의견의 제시를 통하여 참여할 수 있으나,[67] 입법과정상의 의결권은 부여되어 있지 않다. 그런데 규칙 178/2002 제29조 제1항에 따라 과학적 의견을 요청하는 당사자는 과학적 문제를 설명하는 배경에 대한 정보와 공동체의 이익에 관한 관점을 제시해야 하며,[68] 그렇지 않은 경우에 유럽식품안전청은 접수를 거부할 수 있거나 또는 요

---

aids and materials in contact with food)의 직무분할에 관한 '운영위원회의 제안'과 2008년 3월 4일 기존의 이사회/유럽의회 규칙 178/2002의 과학패널의 명칭과 숫자를 수정하는 '유럽위원회 규칙 202/2008'을 통하여 ANS패널(Panel on food additives and nutrient sources added to food)과 CEF패널(Panel on food contact materials, enzymes, flavorings, and processing aids)이 각각 설치되었다. OJ 2008 L60/17; van der Meulen and van der Velde, *supra* note 9, p.205.

60) 규칙 178/2002, 제28조 제5항.

61) 규칙 178/2002, 제28조 제6항.

62) 규칙 178/2002, 제28조 제7항.

63) 규칙 178/2002, 제28조 제8항.

64) MacMaoláin, *supra* note 1, p.191.

65) 규칙 178/2002, 제28조 제9항.

66) O'Rourke, *supra* note 5, p.198.

67) 규칙 178/2002, 제29조 제1항.

68) 규칙 178/2002, 제29조 제2항.

청한 EU기관이나 회원국과 상의하여 수정안을 제시할 수 있다.[69] 그리고 규칙 178/2002 제58조 제2항에 규정된 절차에 따라 유럽위원회는 유럽식품안전청의 자문을 받은 후 제29 조의 과학적 의견의 요구 '신청서'에 대한 향후의 이행세칙을 확정한다.[70] 한편 유럽식품안 전청은 내부절차규칙을 통하여 과학적 의견의 작성형식, 설명배경, 그리고 발행과 관련된 내용을 구체적으로 정한다.[71]

3. 유럽식품안전청의 주된 역할 및 한계

1999년 12월 채택되어 2000년 1월 발행된 식품안전백서에 의하면 유럽위원회는 식품안 전에 대한 높은 수준의 소비자보호를 위한 효과적인 조치를 강구하여 소비자신뢰를 회복하 고 유지하는 중요한 역할을 수행해야 한다.[72] 그런데 이러한 목적을 달성할 수 있는 최선 의 방법 중 하나는 독립적인 기관인 유럽식품안전청을 설립하는 것이었다.

이렇게 하여 설립된 유럽식품안전청의 역할은 위해성 평가(risk assessment), 위해성 통보 (risk communication) 그리고 위해성 관리(risk management)의 측면에서 살펴볼 수 있다.[73] 특히 '과학적 의견'에 해당되는 '위해성 평가'는 어떤 정책이나 기타 외부적 상황에 좌우되 어서는 아니 되며, 이렇게 할 때 그 공정성과 객관성을 보장할 수 있다.[74] 그런데 식품안전 백서에서는 새로운 식품안전기구의 역할과 관련하여 입법행위나 통제행위와 같은 '위해성 관리'의 주요한 영역의 측면에서는 유럽식품안전청에 그 권한이 부여되지 않는다고 구체적 으로 언급하고 있다.[75] 왜냐하면 위해성에 대한 관리적 차원의 결정은 '과학'이라는 요소뿐 만이 아니라 '경제적·사회적·윤리적·환경적 요인' 등 많은 관련된 측면들을 고려해야 되기 때문이라고 하였다.[76] EU식품법도 과학이라는 요소 외에 이처럼 많은 요소들을 고려

---

69) 규칙 178/2002, 제29조 제4항.

70) 규칙 178/2002, 제29조 제6항.

71) 규칙 178/2002, 제29조 제7항.

72) White Paper on Food Safety. p.3; MacMaoláin, *supra* note 1, pp.179-180.

73) 식품안전 및 공중보건과 관련된 위생 및 검역조치는 WTO회원국의 국내규제 중 가장 중요한 영역의 하나로 서 국가 간 무역증대로 인하여 그 중요성이 더해지고 있다. 무역과 보건에 관한 WTO협정 중 가장 중요한 협정들은 "위생 및 검역 협정"(Agreement on the Application of Sanitary and Phytosanitary Measures: SPS협정) 과 "무역 관련 기술 장벽 협정"(Agreement on Technical Barriers to Trade: TBT협정)이다. 특히 SPS협정 제2 조 제2항은 SPS조치의 합법성의 판단 기준으로 충분한 '과학적 증거'를 제시하도록 규정하고 있어 위해성 평 가에 있어서 과학적 요소를 중요하게 다루고 있다. 한국국제경제법학회, 『국제경제법』(서울: 박영사, 2006), pp.270, 274.

74) van der Meulen and van der Velde, *supra* note 9, p.194; 류창호, 『식품안전법제의 체계화에 관한 연구』(서울: 한국법제연구원, 2004), p.53 참조.

75) White Paper on Food Safety. p.15.

하여 제정되고 운영되어야 할 필요가 있다는 것이다.

1) 주된 역할: 과학적 의견의 제시를 중심으로

유럽식품안전청의 역할의 측면에서 첫째, '위해성 평가'란 식품안전문제에 대한 광범위한 정보의 수집과 분석을 요하는 과학적 조언에 관한 유럽식품안전청의 역할을 말한다. 둘째, '위해성 통보'란 부적절한 식품안전문제의 발생과 관련된 위해성의 확대를 감소시키기 위하여 소비자들에게 문제의 식품에 대한 정보가 제공되고, 해당 문제의 식품에 대한 과학적 조언이 널리 대중에게 유용하도록 하는 유럽식품안전청의 역할을 말한다. 셋째, '위해성 관리'란 입법과 통제에 관한 것으로, 이는 유럽식품안전청의 직접적인 역할에는 포함되지 않았다.[77] 유럽위원회는 위해성 관리에 관한 입법과 통제는 과학뿐만이 아닌 정치적 결단을 내포하는 것이고, 이런 경우에 '위해성 분석과 평가'는 '위해성 관리'로부터 명백하게 분리되어야 한다는 것이다.[78] 따라서 위해성 관리에 관한 입법은 EU기관의 임무수행의 범위 내에 존치되어야 한다는 것이다. 즉 관련 입법은 유럽식품안전청의 직무사항이 아니라, EU기관인 이사회/유럽의회의 공동결정 사항이고, 유럽식품안전청이 아닌 유럽위원회가 결정된 사항을 수행하거나 위임입법의 형태로 직무를 수행하게 된다는 것이다.[79] 유럽위원회는 공동체 조약(Treaty)의 수호자로서 EU법이 회원국 내에서 국내기관에 의하여 적절하게 이행되고 있는지 법규이행의 준수를 감시하고 그 이행에 대한 압력 내지 부담을 주어야 한다는 것이다. 그러한 관리 및 통제의 기능은 유럽위원회 산하기관인 '식품수의국'(Food & Veterinary Office: FVO)에 의해서 수행되며,[80] 이 기관의 업무는 긴급보호조치(emergency safeguard measures)를 취해야 할지를 결정하는 데 있어서 중요한 요소로 작용하며, 이 업무는 세계무역기구(World Trade Organization: WTO)의 위생 및 검역 협정(Agreement on Sanitary and Phytosanitary Measures: SPS협정)하에서 제3국의 식품안전관리와 차별됨이 없이 동등하게 수행된다.

---

76) van der Meulen and van der Velde, *supra* note 9, p.194.

77) 그런데 유럽식품안전청은 유럽위원회와 EU회원국을 보조하여 이들이 위해성 관리를 잘 수행할 수 있도록 하며, 역내 공동시장에서 발생할 수 있는 불공정하거나 또는 불필요한 통상 장애요인을 제거하는 역할을 수행할 수 있다. MacMaoláin, *supra* note 1, p.188.

78) *Ibid.*, p.186.

79) EU식품법의 법적 근거 규정으로는 TFEU 제114조(구 EC조약 제95조), TFEU 제168조(구 EC조약 제152조), TFEU 제169조 및 제12조(구 EC조약 제153조), TFEU 제43조(구 EC조약 제37조)가 있으며, 특히 식품법에 있어서 유럽위원회를 통한 위임입법의 장점으로는 사안에 대한 유럽위원회의 직무수행상의 신속성과 효율성을 들 수 있다. *Ibid.*, p.183.

80) *Ibid.*, pp.184-185.

앞에서 간략하게 기술되었듯이 규칙 178/2002에 상술된 유럽식품안전청의 주된 책임은 과학위원회와 과학패널들의 '위해성 평가'를 통하여 식품안전에 대한 직접적 또는 간접적 영향력을 줄 수 있는 모든 사안에 대하여 독립된 '과학적 의견'을 제공하는 것이다. 유럽식품안전청이 제공하는 과학적 의견에서는 1차 생산품과 동물사료의 안전에서부터 소비자에게 제공되는 가공식품에 이르기까지 전체 먹이사슬을 다루게 된다. 유럽식품안전청은 EU 차원에서 또한 국제적 차원에서의 전문가들 및 정책입안자들과 상호작용할 뿐만 아니라, 대중과도 직접적으로 의사소통을 한다.[81] 이러한 유럽식품안전청은 EU기관들로부터 분리 독립된 공동체의 독자적인 기구로서 EU예산으로부터 별도로 자금이 제공되는 합법적인 독자성을 지닌 공동체의 기구이다.[82] 이러한 유럽식품안전청의 사무 관리는 유럽위원회가 아닌 유럽식품안전청의 청장이 수행하며, 청장은 유럽식품안전청의 운영위원회에 대하여 책임을 진다.

규칙 178/2002에 의하여 유럽식품안전청은 '과학적 의견'의 제시를 포함하여 아래와 같은 여러 가지의 주요 기능을 수행한다. 첫째, 유럽식품안전청은 유럽위원회, 회원국, 국내식품기구 또는 유럽의회가 요청하는 경우에 식품안전의 위해성을 평가하여 독립적인 과학적 의견을 제공한다. 둘째, 유럽식품안전청은 EU 내에서의 식품안전을 모니터링하기 위하여, 그리고 식품안전과 영양에 대한 EU정책을 보조하기 위하여 영양, 식생활습관, 누출, 위험 등과 같은 문제들을 포함하는 과학적 데이터의 수집과 분석의 임무를 수행한다. 셋째, 유럽식품안전청은 식품첨가물, 특정 용도를 위한 식품, 유전자변형유기체, 신규식품 등과 같은 물질과 공정에 있어서 산업계가 제출한 서류에 대한 공동체 차원의 안전성을 평가한다. 넷째, 유럽식품안전청은 새롭게 발생된 식품안전의 위해성에 대하여 확인한다. 다섯째, 유럽식품안전청은 식품안전위기 또는 식품안전공포가 발생하는 경우 유럽위원회의 업무를 보조한다. 여섯째, 유럽식품안전청은 과학적 자문과 위해성 평가의 내용을 일반 대중에게 통보하여 일반인들과 의사소통을 한다.[83]

2) 한계: 위해성 관리의 역할을 중심으로

유럽위원회는 유럽식품안전청을 설립하는 법안을 준비하면서 '위해성 관리'에 대한 역할 수행의 권한을 유럽식품안전청에 부여하지 않았다. 그 이유는 다음과 같은 우려에 있었다

---

81) 규칙 178/2002, 제22조 참조.
82) 유럽식품안전청은 독립된 법인격을 지닌 기구이다. 규칙 178/2002, 제46조: MacMaoláin, *supra* note 1, p.189.
83) 규칙 178/2002, 제22조~제23조 참조.

고 할 수 있다. 첫째, 위해성 관리의 책임과 투명성이 희석되어 그 가치를 하락시킬 수 있다는 것이다. 즉 과학의 영역과 식품정책의 영역이 혼탁해질 수도 있다는 것이다. 둘째, 특히 위해성 관리의 영역 내에서 긴급사태 시 조약상의 의무이행에 영향력을 행사할 수 있는 유럽위원회의 통제 및 관리의 기능을 손상시킬 수 있다는 것이다. 셋째, 만약 유럽식품안전청이 규제의 권한을 부여받는 경우에 TFEU(구 EC조약)상의 현존하는 규정의 개정을 요구할 수도 있다는 것으로 이해될 수 있는데, 이는 EU입법상 매우 강력한 사항에 해당하는 것이라고 할 수 있어 주의를 요하는 사항이라는 것이다.[84] 이는 결국 유럽식품안전청이 EU의 독립적인 식품안전기구로 설립되었으나, 유럽위원회의 업무를 보조하는 역할을 수행하는 데 불과하다는 인식을 갖게 한다고 할 수 있다.

그런데 만약 유럽위원회가 유럽식품안전청에게 '위해성 관리'의 기능을 부여하는 데에 찬성했을 경우에 앞에서 언급했던 우려가 현실화되었을 것인지에 대해서는 논란의 소지가 있을 수는 있을 것이다. 그러나 유럽식품안전청에 위해성 관리의 기능이 부여되지 않은 주된 이유는 유럽위원회와 회원국들 모두가 이 새로운 독립적인 식품안전기구에 자신들의 '식품입법'과 '식품관리'에 관한 권한을 포기하는 데에 있어서 소극적 또는 부정적이었기 때문이라고 할 수 있을 것이다.[85]

Ⅲ. 유럽식품안전청의 역할수행상의 문제

유럽식품안전청은 식품안전문제에 대한 과학적 의견을 제시하는 독립성과 투명성을 갖는 EU의 기관으로서, 위해 요소를 규명하여 식품안전문제에 대한 신속경보체제(Rapid Alert System)의 운영에 있어서 유럽위원회를 보조하는 중요한 역할을 수행한다. 그런데 이러한 유럽식품안전청이 국내식품기관들에 대한 진정한 독립적 식품안전기관인지 또는 EU기관들과 회원국들에 대한 단순한 과학적 자문기관으로서의 보조적 성격을 탈피한 기관인지 등의 몇 가지 문제가 제기될 수 있어 이에 대한 검토가 필요하다고 하겠다.

---

84) O'Rourke, *supra* note 5, p.194.

85) *Ibid.*, p.195.

1. 유럽식품안전청과 국내식품기관 간의 과학적 의견의 충돌 문제

유럽식품안전청의 주된 임무는 식품안전문제에 있어서 과학적 의견을 준비하여 제시하는 것이며, 이러한 과학적 의견의 내용은 통상적으로 유럽식품안전청 웹사이트에 공표된다. 유럽의회, 회원국들, 유럽위원회는 유럽식품안전청에 과학적 의견을 요청할 수 있으며, 또한 유럽식품안전청은 자체적으로 과학적 의견을 제시할 수도 있다.[86] 이러한 과학적 의견의 요청은 유럽식품안전청장에 의해 해당 과학패널에 할당되며, 여러 과학패널들에 동시에 관련되어 있는 사안이거나 또는 어떠한 과학패널의 관할에도 속하지 않는 사안인 경우에는 과학위원회에 할당된다. 그리고 유럽식품안전청을 설립하는 규칙 178/2002는 동 기관이 초기 가능한 단계에서 동 기관과 같이 과학적 의견을 제시할 수 있는 유사한 업무를 수행하는 국내식품기관이 제시한 과학적 의견 간의 충돌가능성을 경계해야 한다고 하였다.[87] 즉 동 규칙에 의하여 유럽식품안전청은 유럽식품안전청과 국내식품기관이나 단체 간의 '효과적인 과학 네트워크'의 확립을 통해 충돌을 예방할 수 있어야 하며, 이 경우 자문포럼은 유럽식품안전청과 회원국 국내식품기관 간의 과학적 의견의 충돌의 문제를 해결하는 데 기여할 수 있다는 의미이다.[88] 만약 유럽식품안전청이 이러한 과학 네트워크를 통하여 과학적 의견들 간에 존재하는 잠재적인 충돌원인이 무엇인지 규명하는 경우, 모든 관련된 과학적 정보는 모든 당사자가 함께 공유되고 있다는 것이 보장되어 상호 신뢰를 구축하는 계기가 마련된다고 할 수 있을 것이다.[89]

그러나 위와 같은 체계에도 불구하고 규칙 178/2002가 제안하고 있는 방식은 EU의 과학적 의견에 반대하여 영국산 소고기에 대한 수입 금지를 주장하는 프랑스정부에 프랑스식품청(Agence Française de Sécurité Sanitaire des Aliments: AFSSA)이 제시한 과학적 의견을 제지하는 데는 실패한 바 있다.[90] 왜냐하면 회원국들은 국내식품위기가 발생하는 경우 TFEU 제34조~제36조(구 EC조약 제28조~제30조)에 의하여 국내적 차원에서 개별 조치를 취할 수 있기 때문이다.[91] 동 규칙에 의한다면 논쟁이 된 과학적 사안(광우병의 문제)을 명백히

---

86) 규칙 178/2002, 제29조: van der Meulen and van der Velde, *supra* note 9, p.209.

87) 규칙 178/2002, 제30조 제1항.

88) van der Meulen and van der Velde, *supra* note 9, p.209.

89) 규칙 178/2002, 제30조 제2항: MacMaoláin, *supra* note 1, p.191.

90) Case C-1/00, *Commission v. France*, [2001] ECR Ⅰ-9989. 프랑스식품안전청이라는 국내식품기관이 프랑스정부에 제시한 과학적 의견에 의하면, 동 광우병위기는 영국에서 완전히 해결되었다고 보기 어려우며 따라서 프랑스정부는 영국산 소고기가 다시 프랑스시장에서 판매되는 것을 허가하는 것과 관련하여 프랑스 국내 소비자들의 보건에 관심을 가질 수밖에 없고, 또한 영국으로부터 수입된 육류와 육류가공품의 날짜에 기초한 영국의 수출체계가 불충분하다고 판단되는 경우의 육류생산품에 대한 추적에 예의주시하고 있다고 하였다.

하기 위하여 유럽식품안전청과 국내식품기관은 서로의 상충된 과학적 의견에 대해 상호 협력하여 해결해야만 한다.[92][93] 그런데 이러한 유럽식품안전청과 국내식품기관 간의 상호 협력의 방식이 프랑스 관련 사례에서 착수되었으나 소용이 없었다. 왜냐하면 유럽식품안전청이 설립되던 초기에 유럽위원회의 제안서에는 동 기구에게 EU 내의 과학적 자문에 대한 최종적 재결기구로서의 역할을 수행할 권한을 부여하는 것이 적절하지 않다고 간주되었기 때문이다. 즉 유럽식품안전청은 '위해성 관리'에 관한 권한이 부여되어 있지 않았다. 따라서 프랑스— 영국의 '소고기 전쟁'(Beef War) 사례와 같은 문제는 유럽사법법원에서 장시간의 법정 공방이 벌어질 것이라는 것을 누구나 예측할 수 있을 것이다. 그런데 이러한 법적 소송은 소비자와 산업계의 신뢰가 훼손될 뿐만 아니라, 유럽사법법원에서의 소송 과정상 최종판결이 있기까지 거의 2년이라는 시간이 소요되기 때문에 경제적 손실이 상당하다고 할 수 있다. 이것은 분명 유럽위원회가 이러한 문제가 미래에 발생할 것이라는 것을 예측하지 못한 결과라고 할 수 있고, 이는 또 다른 회원국이 특정한 식품안전문제에 대해서 프랑스만큼 강하게 대처할 가능성을 배제할 수 없다는 것을 의미한다. EU회원국 확대의 결과로써 등장한 새로운 중·동부유럽 회원국들이 브뤼셀 유럽위원회에 의해 '지시되는 것'에 대해서 불만을 가질 수 있을 것이고, 과학적 의견 등에 대한 브뤼셀 유럽위원회와의 견해 차이로 인한 갈등에 직면하는 경우 금수조치로 강경하게 대응했던 프랑스식 해결책을 강구할 가능성도 배제할 수 없다고 할 수 있다.[94] 따라서 유럽위원회는 자문포럼을 활용한 과학 네트워크의 강화를 통해 과학적 의견에 기초한 유럽식품안전청의 역할제고와 신뢰구축에 힘을 기울여야 할 것이며, 특히 유럽식품안전청과 국내식품기관 간의 '협력의 과학적 네트워크'를 확보하고 강화하는 데 더욱 관심을 가져야 할 것이다.

---

91) MacMaoláin, *supra* note 1, p.195; 특히 EC조약 제30조(TFEU 제36조)에 의하면 회원국은 공공안보·공중보건 등 공익적 차원에서 국내적 조치의 정당성을 인정받게 된다. Paul Craig and Grainne de Burca, *EU Law: Text, Cases, and Materials*(Oxford: Oxford Univ. Press, 2008), p.696; 채형복, 『유럽연합법』(파주: 한국학술정보, 2009), p.191; 이호선, 『유럽연합의 법과 제도』(서울: 세창출판사, 2006), p.152.

92) 규칙 178/2002, 제30조 제3항~제4항, 제32조(공동체 차원의 과학연구협력), 제33조(공동체 차원의 정보수집) 참조.

93) 유럽식품안전청의 과학자들은 2003년 7월 4일에 북부오스트리아에서 유전자변형유기체(GMO)재배의 전면금지를 도입하기 위한 북부오스트리아의 지방정부의 법률초안에 대한 자신들의 의견을 표명하기도 하였다. 유럽식품안전청은 이러한 법률초안의 보건과 환경문제에 대한 검토 및 답변을 요청받았다. 유럽식품안전청의 유전자변형유기체에 관한 과학패널(Scientific Panel on Genetically Modified Organisms)은 북부오스트리아에서 취해지는 접근법을 정당화할 수 있는 공중보건이나 환경과 관련된 어떠한 증거도 존재하지 않는다는 결론을 내렸으며, 그러나 이러한 결론은 EU 전역에 관련된 일반적인 내용은 아니었다. 또한 동 패널은 전반적인 EU의 접근방식을 오스트리아의 증거제출에 기초한 유전자변형유기체 위해성 평가방식으로 변경할 필요는 없다고 하였다. O'Rourke, *supra* note 5, p.206; Joined Cases T-366/03 and T-235/04, *Land Oberösterreich and Republic of Austria* v. *Commission*, [2005] ECR Ⅱ-4005, paras.67-68; 박규환, "유럽연합의 환경보호정책— 사전배려원칙을 중심으로", 『유럽헌법연구』 제5호(2009.6), pp.13-15 참조.

94) *Ibid.*, p.203.

EU회원국들의 국내식품안전관련 기구

Country	National Food Safety Authorities	no.
Austria	AGES	1
Belgium	Federal Public Service Federal Agency for the Safety of the Food Chain	2
Bulgaria	Ministry of Health National Veterinary Service	3
Cyprus	Ministry of Health	4
Czech Republic	Ministry of Agriculture	5
Denmark	Technical University of Denmark	6
Estonia	Ministry of Agriculture	7
EU Commission(Observer)	DG Health and Consumers	8
Finland	Finnish Food Safety Authority	9
France	AFSSA	10
Germany	Federal Institute for risk assessment	11
Greece	EFET	12
Hungary	Food Safety Office	13
Iceland(Observer)	Environment Agency Icelandic Food and Veterinary Authority(MAST)	14
Ireland	FSAI	15
Italy	Ministry of Health	16
Latvia	Food and Veterinary Service	17
Lithuania	State Food and Veterinary Service National Food and Veterinary Risk Assessment Institute	18
Luxembourg	Ministry of Agriculture OSQCA	19
Malta	Standards Authority Food Safety Commission	20
Norway(Observer)	VKM	21
Poland	Chief Sanitary Inspectorate	22
Portugal	ASAE	23
Romania	Sanitary Veterinary and Food Safety Authority	24
Slovakia	Ministry of Agriculture State Veterinary and Food Administration	25
Slovenia	Institute of Public Health	26
Spain	AESAN	27
Sweden	National Food Administration Board of Agriculture Chemicals Inspectorate National Veterinary Institute	28
Switzerland(Observer)	Federal Office of Public Health	29
The Nederlands	Food and Consumer Product Safety Authority	30
United Kingdom	Food Standards Agency	31

http://www.efsa.europa.eu/en/links.htm 참조(2009년 11월 17일 검색)

2. 독립성의 문제

유럽식품안전청의 각 조직의 구성원들의 청렴성과 독립성은 유럽식품안전청의 가장 중요한 부분 중 하나라고 할 수 있다. 운영위원회의 위원들, 자문포럼의 구성원들, 유럽식품안전청장, 과학위원회와 과학패널들의 과학자들, 이들의 실무에 참여하는 외부전문가들은 항상 EU의 공익적 차원에서 독립적으로 행동해야 하며 외부의 영향을 받아서는 아니 된다. 이들은 자신이 EU의 공익적 목적에 기여하며 독립성에 저촉되는 일체의 행동을 자제하겠다는 의지를 표명하며, 매년 자신의 공익적 활동에 대한 보고서제출이 요구될 수 있고, 매 회의 때마다 논의할 항목과 관련하여 독립성에 편견을 갖게 할 수 있는 어떤 특별한 이익에 대해서는 어떤 관점을 갖는지를 공표해야 한다.[95] 그런데 여기서 문제가 되는 것은 회원국 정부의 공무원인 운영위원회 또는 자문포럼의 위원들이 이러한 기관에서 '어떻게' 행동할 것인지가 여전히 불명확하다는 것이다. 그런데 이들이 자신의 역할을 수행함에 있어서 자국 정부의 이익을 지지할지 아니면 유럽식품안전청의 이익을 지지할지에 관한 상충문제는 시간이 지나면 알 수 있는 문제라고 할 수 있다.[96] 그러나 이 문제는 EU의 식품안전과 소비자보호라는 본질적 목적에 부합된 전문가로서의 자질에 대한 것으로서 관련 당사자는 독립된 지위가 보장된 만큼 충실하게 자신의 역할을 수행해야 하는 것으로 보아야 할 것이다.

3. 투명성의 문제

유럽식품안전청은 자신의 활동이 매우 높은 수준의 투명성을 통하여 이루어지고 있음을 보장해야 한다. 동 기관은 과학위원회와 과학패널들이 과학적 의견을 채택한 즉시 공표해야 하며, 소수의견도 항상 그 공표내용에 포함시켜야 한다. 또한 동 기관은 자신의 과학적 연구조사결과와 연례활동보고서를 공표한다. 그리고 동 기관은 유럽위원회, 유럽의회, 회원국들이 요청한 과학적 사안에 대하여 거부하거나 수정한 경우에 그 정당한 이유를 공표해야 한다.[97] 나아가 운영위원회는 유럽식품안전청장의 제안에 따라 일정한 회의를 공개할 수 있고, 유럽식품안전청의 활동과 그 과정의 일부를 관찰하기를 원하는 소비자대표나 다

---

95) 규칙 178/2002, 제37조 제1항~제3항.

96) O'Rourke, *supra* note 5, p.204.

97) 규칙 178/2002, 제38조 제1항(a)~(g).

른 이해당사자들을 회의에 초청할 수 있다.[98] 이처럼 유럽식품안전청은 자신의 활동에 있어서의 투명성을 확보하기 위하여 여러 가지 방법을 실시하고 있다. 이미 동 기관의 초대 청장인 Geoffrey Podger가 운영위원회의 회의들을 유럽식품안전청의 웹사이트를 통해 중계했다는 것은 매우 고무적인 일이다. 이러한 내용들은 모두 긍정적으로 평가할 만하며 미래를 위한 좋은 징표라고 할 수 있다. 한편 유럽식품안전청의 문서에 대한 접근권은 이사회/유럽의회 규칙 1642/2003[99]에 의하여 강화되어 EU시민의 문서접근의 권리가 보장됨과 아울러 동 기관에 대한 불만에 대해서는 고충처리원(Ombudsman)을 이용할 수 있게 되었다. 나아가 유럽식품안전청은 규칙 178/2002 제38조 제1항과 제2항에 언급된 투명성의 원칙을 이행하기 위하여 실제적인 준비를 위한 내부규칙을 제정해야 한다.[100] 이처럼 투명성에 관해서는 문제가 많지는 않다고 할 수 있으나, 관련 규정과 여러 방식을 충실히 이행하는 것이 중요한 문제라고 할 수 있다.[101]

4. 신종 위해요소의 규명 문제

유럽식품안전청은 소비자신뢰를 회복하기 위한 노력의 일환으로 모든 유형의 먹이사슬 내에서 새롭게 발생하는 식품안전의 위해성을 규명하기 위해 과학적 정보와 데이터를 수집하고, 분석하고, 그리고 정리하는 데 있어서 중요한 역할을 수행한다.[102] 만약 특정한 회원국 내에 심각한 식품안전 위해성의 잠재적 발발 가능성이 존재한다고 간주되는 경우, 동 기관은 위해요소의 규명을 위하여 회원국들, 유럽위원회 및 기타 EU기관들에게 추가적인 정보를 요청할 수 있다.[103] 유럽식품안전청은 회원국들의 과학기관들, EU의 공동연구센터(Ispra Joint Research Centre)[104] 그리고 많은 회원국들의 국내식품기관과 대학 및 연구기관의 설치를 통한 완전한 통합네트워크를 통하여 업무지원을 받게 된다.[105] 이를 통하여 회원국들의 권한 있는 기관들에 의해 과학적 정보와 전문지식의 교환, 프로젝트의 개발과 실행, 수준 높은 업무수행이 가능해질 수 있고, 유럽식품안전청의 업무를 보조할 수 있다.[106]

---

98) 규칙 178/2002, 제38조 제2항.

99) OJ 2003 L245/4.

100) 규칙 178/2002, 제38조 제3항.

101) O'Rourke, *supra* note 5, p.204.

102) 규칙 178/2002, 제34조 제1항.

103) 규칙 178/2002, 제34조 제2항.

104) 이탈리아 Ispra에 위치한 생명공학, 환경 및 보안 분야에 대한 EU의 전문 공동연구센터를 말함.

105) 규칙 178/2002, 제36조 제1항~제2항 참조.

그런데 이와 같은 내용은 미래지향적인 염원으로 앞으로 얼마나 실효성을 확보하여 실제 이행할 수 있느냐가 문제라고 할 수 있다. 특히 EU회원국들로부터 과학적 네트워크에 대한 협력을 어느 정도까지 도출할 수 있을지가 관건이라고 할 수 있다.[107] 따라서 유럽식품안 전청과 회원국들 간의 매개체·구심점 역할을 하는 자문포럼의 기능이 중요하며, 이 자문 포럼은 유럽식품안전청과 여타 기관들 간의 긴밀한 협조의 강화를 지원해야 할 것이다. 나 아가 이 자문포럼은 잠재적 위험에 대한 정보교환과 지식의 공동관리가 가능하도록 메커니 즘을 형성해야 할 것이다.

5. 위해성 관리에 대한 결정의 통보 문제

유럽식품안전청의 입장에서 볼 때 규칙 178/2002의 가장 취약한 요소는 유럽식품안전청 이 수집한 과학적 자문과 위해성 평가의 통보의 문제라고 할 수 있다. EU의 공무원과 입법 자에 대한 중요한 교훈을 담고 있는 영국의 Lord Philip의 광우병 조사보고서는 '통보의 결 함'이 광우병위기 전체에 중대한 원인이었다고 언급하였듯이, 식품위기의 발생 시 '신속한 통보'는 식품안전에 있어서 매우 중요한 부분이다. Philip경의 광우병 조사보고서에 의하면 영국의 장관들은 광우병에 대한 공황사태의 예방에 지나치게 몰두하고 있었고, 과학자들이 경고하였음에도 불고하고 광우병의 위해성에 대한 '정보교류'를 수년 동안 지연시켰다고 하 였다. 그러나 이러한 교훈이 영국과 아일랜드에서 알려져 왔던 것만큼 유럽위원회가 위치 한 브뤼셀에서는 잘 알려져 있지 않은 것으로 보이며,[108] 이는 유럽위원회의 신속한 대처 능력에 의구심을 갖게 하였다.

'위해성 통보'의 개념은 '유럽식품안전청으로부터의 통보'(Communications from the Authority)라고 표제가 붙은 규칙 178/2002의 제40조에서는 정의되어 있지 않다. 따라서 제 40조는 단순히 유럽식품안전청의 과학적 보고서에 대한 대중의 정보접근을 용이하게 하는 규정이라고 할 수 있다. 오히려 제3조 제13항의 위해성 통보가 위해성 통보의 핵심은 그 '신속성'에 있다는 의미에서 앞에서의 Philip경의 견해를 보다 잘 반영하고 있다고 할 수 있다.[109]

EU식품법은 규칙 178/2002의 초기의 입법초안을 마련하는 과정에서 유럽식품안전청장

---

106) MacMaoláin, *supra* note 1, p.192; van der Meulen and van der Velde, *supra* note 9, p.210.

107) O'Rourke, *supra* note 5, p.204.

108) *Ibid.*, pp.204-205.

109) *Ibid.*, p.205.

이 정규적으로 유럽의회에 출석하여 업무를 보고한다는 규정을 제정하는 데 실패하였다. 왜냐하면 유럽위원회가 자신들의 권한축소를 우려하였고, 유럽식품안전청의 과학적 의견에 기초하여 유럽위원회가 의사결정을 함에도 불구하고 여전히 '위해성 관리에 대한 결정의 통보'의 책임 및 권한과 관련해서는 오직 유럽위원회만이 관여할 수 있도록 명시하였기 때문이다.[110] 위해성 관리의 기초가 되는 과학적 의견의 마련에 대한 실질적인 역할은 유럽식품안전청이 수행했음에도 불구하고, 그 관리에 있어서는 유럽위원회가 권한을 행사하게 된 것이다. 그러나 유럽식품안전청은 이러한 유럽위원회의 '위해성 관리에 대한 결정의 통보'에 저촉되지 않는 사항에 대해서는 일정 부분 자신의 직무범위 내에서 통보가 가능하다고 해석할 수 있을 것이다. 그럼에도 불구하고 이 사안에 있어서 중요한 점은 '위해성 관리와 통보'의 측면에서는 유럽위원회의 주된 역할로 인하여 유럽식품안전청의 역할이 제한된다는 점이다. 그러나 유럽식품안전청의 업무의 연속성과 발전적 차원에서 유럽식품안전청이 '과학적 탁월성'을 기반으로 '위해성 관리에 대한 통보'에 관한 권한을 소유해야 한다는 논의가 현재 진행되고 있는 것이 사실이며, 이는 유럽식품안전청의 지위의 강화와 관련하여 중요한 과제에 해당된다고 할 수 있다.[111]

6. 신속경보체제하에서 유럽식품안전청의 지위 문제

식품위기사태를 대비한 '신속경보체제'(Rapid Alert System)는 일반생산품안전지침 92/59[112](General Product Safety Directive 92/59)에 의하여 확립되었고, 현재는 유럽식품안전청으로부터의 조언을 받아 유럽위원회에 의해서 운영되고 있다.[113] 이 제도는 EU 소비자들의 건강이 여러 회원국들 내의 식품안전문제로 인해 위협받는 경우에 작동된다. 일단 그 오염상황이 회원국을 통해 유럽위원회에 통지되면, 유럽위원회는 관련된 정보를 수집, 분석, 정리하고 이를 모든 회원국의 권한 있는 식품안전기관에 전달한다. 또한 그 위험성을 차단하여 시장으로부터 식료품을 될 수 있는 한 회수(recall)하는 것을 목적으로 신속경보체제가 운영된다. 1999년 벨기에에서의 돼지고기 다이옥신 오염사건 이후에는 신속경보체제에 '식품' 외에 '사료'를 포함시키는 등 그 제도적 결함이 보완되었다.[114]

---

110) 규칙 178/2002, 제40조 제1항, 제50조 제1항 참조.

111) van der Meulen and van der Velde, *supra* note 9, p.210.

112) OJ 1992 L228/24.

113) 규칙 178/2002, 제50조 제1항.

114) 규칙 178/2002, 제50조~제52조.

한편 유럽위원회는 유럽식품안전청과 회원국들과 함께 식품위기 발생 시 위해성 관리에 대한 일반계획(general plan)을 작성한다.[115] 심각한 식품안전사태의 경우 그 상황을 대처하기 위해서 유럽위원회는 위원회 내에 '위기대책반'(crisis unit)을 설치하며, 유럽식품안전청은 그러한 위기대책반에 관여한다. 그런데 문제는 이 경우 규칙 178/2002의 제56조 제2항에 의하면 유럽식품안전청은 '필요할 경우'[116](if necessary)에, 즉 유럽위원회가 요청하는 경우에 과학적·기술적 지원을 제공한다고 규정하고 있다는 점이다.[117] 따라서 유럽위원회가 식품긴급사태에 관한 어떤 '결정'이나 심지어는 기타 '정책적 의견제안'의 경우에, 유럽식품안전청을 신속경보체제하에서든지 혹은 위기대책반하에서든지 직시하지 않았다는 것이 명백한 사실임을 알 수 있다. 이는 유럽식품안전청은 유럽위원회가 생각했던 것처럼 단지 의무가 아닌 필요에 의해 자문 역할을 수행하는 기관임을 다시 한 번 증명해 주고 있는 것이라고 할 수 있으며, 유럽식품안전청의 역할수행상의 탁월한 전문성과 독립성에 다소 의문을 가져다주는 부분이기도 하다.[118] 이처럼 유럽식품안전청은 위해성 평가의 과정상 과학적 의견의 제시를 통해 유럽위원회에 대한 자문 역할은 수행할 수 있으나, 위해성 관리의 과정상 정책적 권한이 없다는 점에서 한계를 갖고 있다고 할 수 있다. 그러나 그럼에도 불구하고 유럽식품안전청이 EU의 식품안전 분야에서 중요한 구성원으로서 자리매김하고 있다는 점에 있어서는 의문의 여지가 없을 것이다.

Ⅳ. 결언

유럽식품안전청은 유럽에서의 식품안전에 관한 높은 수준의 소비자보호를 목적으로 2002년 이사회/유럽의회 규칙 178/2002에 의하여 설립되었다. 이러한 목적을 수행하기 위하여 유럽식품안전청은 EU의 광범위한 지역적 안배를 고려하여 이사회가 지명한 14명의 위원과 유럽위원회 대표 1명으로 구성되는 하나의 운영위원회, 독립된 법인격을 갖는 유럽식품안전청을 대표하여 직무를 담당하는 유럽식품안전청 청장 및 그 사무직원, EU회원국들의 권한 있는 국내식품기관들로 구성되는 하나의 자문포럼, 유럽식품안전청의 과학적 의견의 제시에 있어서 가장 중요한 역할을 수행하는 하나의 과학위원회 및 다수의 과학패널들로 조

---

115) 규칙 178/2002, 제55조.

116) 규칙 178/2002, 제56조 제1항~제2항 참조.

117) van der Meulen and van der Velde, *supra* note 9, p.209.

118) O'Rourke, *supra* note 5, p.206.

직되었다.

앞에서 살펴본 바와 같이, 이 유럽식품안전청은 유럽위원회, 회원국, 국내식품기관 또는 유럽의회가 식품안전에 관한 자문을 요청하는 경우에 식품안전의 위해성을 평가하여 과학적 의견을 제시한다. 이를 위해 유럽식품안전청은 EU 내에서의 식품안전을 모니터링하고, 유럽위원회의 식품안전정책을 보조하기 위하여 관련된 과학적 데이터를 수집하고 분석하는 임무를 수행한다. 또한 유럽식품안전청은 식품첨가물, 유기농 및 다이어트 등 특정 용도를 위한 식품, 유전자변형유기체, 신종식품에 대하여 안전성을 평가하고 최종 확인한다. 나아가 유럽식품안전청은 식품안전위기 또는 식품안전공포가 발생하는 경우 유럽위원회의 업무를 전반적으로 보조하는 역할을 수행한다. 이로서 유럽식품안전청은 과학적 자문과 위해성 평가의 내용을 일반 대중에게 통보하는 데에도 기여하게 된다.

그러나 유럽식품안전청은 국내식품기관들에 대하여 진정한 독립적 식품안전기구인지 또는 EU기관들과 회원국들에 대한 단순한 과학적 자문기관으로서의 보조적 성격에 지나지 않는 기구인지 등 몇 가지 검토해야 할 문제가 제기된다고 할 수 있다. 첫째, 유럽식품안전청과 회원국 국내식품기관 간의 과학적 의견이 충돌할 수 있으나, 이 경우에는 회원국대표로 구성되는 자문포럼을 활용하여 유럽식품안전청과 회원국 국내식품기관들 간의 효과적인 과학 네트워크를 확립하여 과학적 의견의 충돌을 예방할 수 있을 것이다. 둘째, EU회원국 정부의 공무원인 운영위원회 또는 자문포럼의 위원들이 그 독립적 지위가 손상될 경우 어떻게 행동할지가 불명확하다는 점이다. 이 문제는 EU의 식품안전과 소비자보호라는 본질적 목적에 부합된 해당 전문가로서의 자질에 대한 것으로, 관련 당사자는 직무상의 독립된 지위가 보장된 만큼 자신의 역할을 충실하게 수행해야 하는 것으로 보아야 할 것이다. 셋째, 유럽식품안전청의 역할수행의 공개와 투명성과 관련해서는 관련 규정을 충실히 이행하는 것이 중요하다고 할 수 있다. 넷째, 신종위해요소의 규명과 관련해서는 얼마나 실효성을 확보할 수 있느냐가 문제이다. 이는 유럽식품안전청과 회원국 간의 매개체 및 구심점 역할을 하는 자문포럼에서의 식품안전에 관한 잠재적 위험에 대한 '정보교환'과 관련 '전문지식의 공동 관리'를 통한 긴밀한 협조체제의 강화에 의해 해결될 수 있을 것이다. 다섯째, 위해성 관리의 기초가 되는 과학적 의견의 준비에 대한 실질적 역할은 유럽식품안전청이 수행했음에도 불구하고, 그 위해성 관리는 유럽위원회가 권한을 행사하여 위해성 관리의 측면에서는 유럽위원회의 주된 역할로 인하여 유럽식품안전청의 역할이 제한된다는 점이다. 그러나 이는 과학적 탁월성을 기반으로 위해성 관리 및 통보의 권한을 업무의 연속성과 발전적 차원에서 유럽식품안전청도 보유하는 방향으로 즉 유럽위원회와 유럽식품안전청이 공유하는 방식으로 재고될 필요가 있다고 할 수 있다. 여섯째, 신속경보체제와 관련하여 유럽식품안전청은 유럽위원회의 필요에 의해 요청되는 경우에 한하여 과학적·기술적 지원을 제공하고 있다. 그러나 이는 식품안전문제에 있어서 중요한 구성원으로서 인정되어야 할 유럽식품안전청의 역할수행의 탁월성과 전문성 및 독립성을 제한할 수 있으므로 개선되어야 할 것이다.[119]

이처럼 유럽식품안전청은 역할수행상의 몇 가지 문제가 제기될 수 있다. 그러나 그럼에도 불구하고 유럽에서 수행되고 있는 유럽식품안전청의 역할은 식품안전과 소비자보호의 필요성이 점점 증대되고 있는 현대 국제사회의 식품안전네트워크에 중요한 의미를 부여하고 있다고 할 수 있다. 왜냐하면 오늘날 식품안전문제는 초국경적 성질을 갖는 문제로서 지역 국제사회의 차원에서 그리고 보편적 국제사회의 차원에서 모두 관심 있게 다루어야 할 사안이기 때문이다.[120] 결국 유럽식품안전청도 자신의 한계와 문제점들을 개선하는 데 더욱 노력해야 하며, 아울러 국제사회의 구성원인 모든 국가들도 국경을 초월해서 함께 다루어야 하는 식품안전문제에 대한 국제적인 노력에 더욱 협력해야 할 것이다.

---

119) 결국 규칙 178/2002에 의해 설립된 유럽식품안전청은 '독립된 식품안전기구'라기보다는 EU위원회를 보조하는 '과학적 자문기구'라고 말하는 것이 더 정확하다고 할 수도 있다. 그리고 EU위원회가 소재하는 브뤼셀의 일부의 행정가들은 이것을 시작으로 다음 단계에서는 유럽의약청(EMEA: European Medicines Agency)이나 식품수의국(Food & Veterinary Office: FVO)이 유럽식품안전청으로 합병될 수도 있다고 보고 있다. *Ibid.*

120) 오늘날과 같이 전 세계적으로 식품안전문제에 대하여 점점 더 큰 관심을 보이는 시대에 본문에서 살펴본 바와 같이 EU의 유럽식품안전청의 설립과 운영은 식품안전과 소비지보호에 있어서 매우 중요한 의미를 갖는다. 이는 EU시민들의 복지와 인권에 관한 내용이기도 하고, 또한 역외 제3국 국민들의 보건에 관한 내용이기 때문이다.

제18장 EU의 생산물책임법*

Ⅰ. 서언

세계무역기구(World Trade Organization: WTO)의 출범에 의한 다자간 통상체제와 이와 병행되는 자유무역협정(Free Trade Agreement: FTA)의 활성화는 국제사회에서 개별 국가의 경제시장의 개방을 이끌어 내고 있다. 이러한 시대에 오늘날 국제사회는 과거 어느 때보다도 상품 중에서도 '먹을거리'의 '안전성' 확보에 큰 관심을 보이고 있다. 유럽에서는 21세기에 들어서면서 '생산물책임'(product liability)[1]과 '생산물안전'(product safety)의 문제가 영국에서의 광우병과 벨기에에서의 다이옥신오염이라는 '식품위기들'로 인하여 매우 중요하게 인식되는 분야가 되었다.[2] 이러한 사건들은 유럽연합(European Union: EU)의 전반적인 '식료품에 대한 규범체계'에 변화를 가져오게 되었고, 이와 동시에 '책임체계'의 확립에 의한 소비자보호의 필요성[3]에 관한 많은 토론을 야기하였다. EU위원회(Commission)는 1997년 5월의 '식품법에 관한 그린페이퍼'(Green Paper on Food Law)에서 '불안전한 식품생산'에 의해 소비자가 '손해'를 입은 경우 여러 가지 배상의 형태로 '소비자'를 보호할 필요가

---

* 이 내용은 김두수, "EU의 생산물책임법의 역내 이행", 『법학논고』 제31집(2009.10)을 참고하였음.

1) 여기서의 'product liability'란 주로 '불안전한 식품'에 대해 생산자가 소비자에게 지는 '생산물에 대한 책임'을 염두에 두고 사용하고자 한다. 이 글에서 이를 제조물책임으로 통칭하지 아니하고 '생산물책임'으로 사용하는 이유는 각 회원국의 법제에 따라 제조물책임의 범위에 있어서 특히 '1차 생산품'에 대한 입장이 상이할 수 있기 때문이며, 특히 이 글은 '1차 농업생산물'을 포함하여 이를 그 중심으로 한 식품법에 초점을 두기 위한 것이며, 또한 생산물의 제조·판매 이외에 유통과정을 포함한 '농장에서 식탁'까지의 모든 과정상의 책임을 그 범위로 하고 있기 때문이다. EU는 EU위원회의 연구지원하에 이러한 사법관련 내용에 관한 '공통참조기준초안'(Draft Common Frame of Reference: DCFR)을 마련함으로써 EU사법(European Private Law)의 통일화를 시도하고 있다. 'product liability'와 관련된 부분은 DCFR Ⅵ.-3:204(Accountability for damage caused by defective products)이다. 물론 'product liability law'를 엄격한 의미에 있어서는 식품법(food law)으로 여기지 아니하고 단지 식품분야에 매우 밀접하게 관련되어 있는 것으로 보는 견해도 있다. Bernd van der Meulen and Menno van der Velde, *European Food Law*(Wageningen: Wageningen Academic Publishers, 2009), p.424.

2) G. Berends and I. Carreno, "Ssfeguards in food law-ensuring food scares are scarce", *European Law Review* 30(2005), pp.386-405.

3) Caoimhín MacMaoláin, *EU Food Law*(Oxford: Hart Publishing, 2007), pp.71-73.

있다고 명백하게 언급하였다.

그런데 '식품생산'과 관련하여 어려운 점들 중의 하나는 '어떤 특정한 건강문제'의 원인이 '어떤 특정한 식품생산'에서 비롯되었다는 것을 정확하게 증명하는 것이다. 사람들은 매일 '많은 다양한 성분(원료)들'로 구성된 '많은 식품들'을 섭취하고 있다. 따라서 특정 건강문제가 어떤 특정한 '개별' 식품생산에서 비롯되었다는 증거를 확보하는 것은 소비자인 소송당사자에게는 매우 어려운 일이 될 것이다.[4] 그러나 한편 새로운 추적능력(traceability)의 확보 의무를 도입하는 경우에는 '어떤 특정 식품회사'를 상대로 한 소송의 개시를 위한 '충분한 양의 증거들'을 확보할 가능성이 있다고 할 수 있을 것이다.[5] 그런데 유럽의회/이사회 규칙 178/2002를 통하여 도입된 '식품법에 관한 일반원칙들'에 의하여 식품체인상의 모든 이해관계자들은 시장에 오직 '안전한' 식품만을 제공할 의무가 있다. 나아가 주요 생산물책임에 관한 사건들이 만일 관련 식품회사가 관련 시장에 '불안전한 식품'을 제공했다는 것이 '증명'될 수 있다면 당해 식품회사들을 상대로 한 주요 사건들이 '소송'으로 제기될 수 있다.

이러한 배경하에 이 글에서는 '1차 농업생산물'을 포함한 EU의 '생산물책임'에 관하여 살펴본다. 이를 위하여 먼저 생산물책임에 관한 법제를 이사회 지침 85/374[6]와 이를 보완하는 유럽의회/이사회 지침 99/34[7]를 통하여 일반적인 책임규명의 문제를 중심으로 살펴본 후, 생산물 책임에 관한 유럽사법법원(European Court of Justice: ECJ)의 사례를 살펴봄으로써 생산물책임의 문제점을 구체적으로 검토하고자 한다. 이러한 EU의 사법적 영역에서의 통합시도는 2009년 12월 1일 리스본조약(Treaty of Lisbon)이 발효되어 EU의 결속이 매우 강화되었다는 점에서 중요한 의미를 갖는다고 할 수 있다.

Ⅱ. 1차 농업생산물을 포함한 EU의 생산물책임에 관한 법제

EU는 이사회 지침 85/374를 제정하여 '생산물책임'을 규율함과 동시에, 이를 보완하는 유럽의회/이사회 지침 99/34를 제정하여 논란이 되었던 '1차 농업생산물'을 명확하게 규제의 범주로 포함하였다. 이를 통하여 EU역내에서의 제품의 유통을 저해하는 '식품안전문제'

---

4) van der Meulen and van der Velde, *supra* note 1, p.427.

5) Raymond O'Rourke, *European Food Law*(London: Sweet & Maxwell, 2005), p.139.

6) OJ 1985 L210, p.29.

7) OJ 1999 L141, p.20.

라는 시장통합의 장애요소를 제거하여 EU공동시장의 원활한 운영에 기여하게 되었다. 특히 생산물 책임에 있어서 증명문제를 일부분 해소할 수 있는 생산자의 '무과실책임'(liability without fault)을 도입하여 엄격책임을 부여한 점은 식품안전과 소비자보호에 있어서 중요한 의미가 있다고 할 수 있으며, 이는 이후 EU회원국들의 입법에 큰 영향을 주었다고 할 수 있다.

1. 이사회 지침 85/374에 의한 생산물책임의 확립

이사회 지침 85/374는 '무과실책임' 제도를 도입하여 생산자에게 자신의 생산품에서의 어떤 결함이 원인이 되어 손해가 발생하는 경우에 고의·과실이라는 책임요건과는 무관하게 그 책임을 지우고 있으며,[8] 피해자에게 손해의 발생, 결함의 존재, 결함과 손해와의 인과관계를 증명하도록 하고 있다.[9] 이에 따라 EU회원국들은 이 지침의 국내적 이행을 위하여 국내법을 제정하거나 개정하는 형태로서 그 수단을 강구하게 되었다.

1) 생산자 또는 공급자의 범위

동 지침 제1조와 제3조에 의하면, '책임'은 어떤 사람이 그가 누구이든 상관없이 관련 시장에 어떤 생산물을 제공하는 경우에 적용되며, 여기에서 '어떤 사람'의 범위에는 다음과 같은 사람이 포함된다. 첫째, 완제품(finished product, 최종 생산물)의 제조업자, 둘째, 원료 (raw material)의 생산자, 셋째, 구성요소(component part, 부품)의 제조업자, 넷째, 관련 생산품의 생산자로서 관련 생산품에 자신의 이름(name)을 제공하거나, 상표(trade mark)를 제공하거나 또는 다른 특징(distinguishing feature)을 제공하는 자,[10] 다섯째, 판매(sale), 임차 (hire), 임대(leasing) 또는 어떤 다른 배분의 형태를 위하여 EU역내로 어떤 생산물을 수입하는 자(importer), 여섯째, 생산자 또는 관련 생산품을 구매한 이전 사람이 누구인지 확인될 수 없는 경우의 현 공급자(supplier) 등이다. 한편 생산물 책임에 관한 동 지침 제3조의 '생산자'(producer)개념과 식품법에 관한 규칙 178/2002 제3조(2)의 식품산업(food business)개념은 별개이지만 실제로는 동일한 대상을 의미하기도 한다.[11]

---

8) 지침 85/374, 제1조.

9) 지침 85/374, 제4조.

10) 예를 들면, 주문자상표부착생산(Original Equipment Manufacturer: OEM)을 들 수 있다.

11) van der Meulen and van der Velde, *supra* note 1, p.425.

2) 책임 및 면책 등

동 지침 제4조는 "피해자는 손해, 결함, 그리고 결함과 손해 간의 인과관계를 증명해야 한다"라고 규정하고 있다. 그리고 만일 여러 사람이 동일 손해에 대하여 책임이 있는 것으로 간주되는 경우, 이들은 공동으로(jointly) 그리고 개별적으로(severally) 책임을 진다(소위 연대책임).[12] 이는 소비자보호를 위하여 기업의 책임을 강화하기 위한 입법취지라고 할 수 있다. 그리고 어떤 생산품이든 안전하게 제공되지 않은 경우에는 결함이 있는 것으로 간주된다. 한편 후속하여 더 좋은 상품이 유통된다는 이유에 의하여 기존의 어떤 생산품이 결함이 있는 것으로 간주되지는 않는다는 것을 인지하는 것 또한 중요하다.[13]

그리고 동 지침 제7조에 의하면 생산자에게는 자신이 다음의 사항을 증명하는 경우 동 지침상의 책임을 면할 수 있는 많은 면책사유가 존재한다. 첫째, 자신이 관련 생산물을 유통시키지 않았음을 증명한 경우로써 불법유통의 경우에는 책임을 지지 아니한다. 둘째, 손해의 원인인 결함이 관련 생산물이 시장에 제공되었을 때 존재하지 않았거나 또는 관련 결함이 추후에 존재하게 되었음을 증명한 경우로써 소비자가 잘못 조작하거나 사용하여 발생한 손해에 대해서는 책임을 지지 아니한다. 셋째, 생산물이 영리목적으로 시장에 제공되기 위하여 제조된 것이 아님을 증명한 경우로써 실험실에서 과학적 연구의 목적으로 진행된 경우에는 책임을 지지 아니한다. 넷째, 당국의 적절한 공공기관이 공표한 의무규정에 따라 생산된 생산물로써 결함이 존재하는 경우에는 책임을 지지 아니한다. 다섯째, 관련 생산물의 유통 시 객관적으로 과학적·기술적 지식의 상황이 관련 결함을 발견할 수 없었을 경우(소위 '개발위험의 항변'(development risks defence)에는 면책된다.

여기에서 한 가지 주의할 것은 동 지침 제8조 제1항에 의하면, 손해가 제품의 결함과 함께 제3자의 작위 또는 부작위에 의하여 발생한 경우일지라도 생산자의 책임은 경감되지 아니한다는 점이다. 이는 일단 결함 있는 생산물을 유통시키는 데 관여한 생산자는 책임을 부담하는 것을 말하며, 유통 중 결함이 발생하는 경우와는 구별해야 함을 의미한다. 즉 생산물의 결함이 유통 전에 존재하는 경우에 유통업자에게 책임을 부과하는 것은 아니다. 그리고 동 지침 제8조 제1항에 의하는 경우 그 구상권 청구의 여부는 각 회원국의 국내법에 위임하고 있다.

이러한 생산물 책임에 관한 동 지침 제10조는 제소기간을 규정하고 있는데, 소송은 관련

---

12) 지침 85/374, 제5조.
13) 지침 85/374, 제6조.

결함이 발생한 것을 알게 된 날로부터 3년 내에 제기되어야 한다. 한편 동 지침 제11조는 소멸시효를 규정하고 있는데, 관련 생산물이 시장에 공급(유통)된 지 10년 이후에는 모든 소송가능성이 소멸된다. 나아가 동 지침 제12조는 생산자와 피해자와의 책임배제조항(면책특약)에 의한 책임의 배제를 인정하지 아니한다.

그런데 동 지침에 의한 식품분야에 있어서의 생산물책임의 국내적 사례는 거의 없다고 할 수 있다. 그 이유는 첫째, 소비자가 손해, 결함, 결함과 손해와의 인과관계를 증명하는 것이 실제로는 어려울 뿐만 아니라 그 손해도 일반적으로 소송을 제기하기에는 낮은 정도라는 것이다. 둘째, 식품사업가도 법원의 사건에 연루되어 나쁜 평판을 얻는 것을 좋아하지 않기 때문에 소비자를 만족시키는 선에서 일반적으로 문제를 해결하고 소비자와 원만한 관계를 맺기 원한다는 점이다.[14] 그러나 이는 오늘날 '먹을거리'에 대한 국제사회의 관심증대와 EU회원국의 '법률의 조화'를 위한 노력과는 관점을 달리해서 살펴보아야 한다는 점에 유의해야 할 것이다. 즉 EU식품법상 1차 농산물을 포함한 생산자책임을 확립하는 관련 지침의 채택이 무의미한 것이 아니라는 점이다.

3) 최소손해액 요건

동 지침 제9조는 손해가 결함 있는 생산물에 의하여 발생하고, 그것이 정식으로 증명된 경우에 관련 손해에 대하여 최소손해액 500유로(€ 500)[15]를 규정하고 있다. 한편 이 규정과 관련하여, 동 지침 제16조는 결함 있는 생산물에 의한 사망 또는 상해로 인한 손해의 경우에는 배상을 인정하지만, 인적 손해 중 정신적 위자료는 제외하고 있으며, 생산자의 '총책임한도액'을 7,000만 유로(€ 70million)로 제한하도록 규정하고 있다. 그런데 주로 문제가 되는 것은 생산자의 총책임한도액에 관한 것이 아니라 소비자가 소송을 제기하기 위한 최소손해액에 관한 규정이라고 할 수 있다. 이는 소비자의 권익에 비중을 두고 있는가 아니면 생산자의 권익에 비중을 두고 있는가 하는 입법정책의 문제이며, 최소손해액과는 무관하게 생산물 책임을 부과하여 소비자보호를 강화하고 있는 회원국의 경우에 문제가 된다고 할 수 있다. 이러한 회원국의 경우에는 자국 국내법이 소비자보호에 우월하다고 주장하게 되고, 반면에 EU위원회의 입장에서는 EU통합을 위한 '법률의 조화'가 우선이라고 주장하게 된다.

---

14) van der Meulen and van der Velde, *supra* note 1, p.428.

15) 지침 85/374 제9조에서는 통화단위로 'ECU'(European Currency Unit)를 사용하고 있으나, 현재 이는 1:1의 환율로써 'Euro'로 대체되었다.

2. 유럽의회/이사회 지침 99/34에 의한 생산물책임의 보완

이사회 지침 85/374의 제2조와 제15조 제1항 (a)에 의하면 생산물책임에서 축산물, 해산물을 포함하는 '1차 농산물 및 수렵물'은 원칙적으로 규율대상에서 제외되었고, 다만 회원국의 국내법에서 이를 해당 지침의 적용대상에 포함시켜 무과실책임을 부여하는 경우에는 이를 선택사항으로써 인정하고 있었다. 따라서 생산물책임에 관한 이사회 지침 85/374에서는 '1차 농업생산물' 등에 대한 책임성립 여부에 대한 논란이 발생하기도 하였고, 1999년 5월 10일 '1차 농업생산물'을 포함하는 유럽의회/이사회 지침 99/34가 채택되게 되었다.

1) 지침 99/34의 보완적 성격

1997년 5월 '식품법에 관한 그린페이퍼'(Green Paper on Food Law)에서 EU위원회는 관련 지침의 범위 내로 '1차 농업생산물'을 명확하게 포함시키기 위하여 생산물책임에 관한 지침의 보완에 관심이 있다고 언급하였다. 그리고 EU위원회는 EU 차원에서 이러한 방식으로 생산물책임에 관한 지침의 적용 범위를 명확하게 확대하는 것은 회원국들 차원에서의 '생산물의 안전'과 '충분한 공식적 통제체계'에 관한 '적절한 규칙'의 '필요성'을 배제하는 것은 아니라고 하였다. 따라서 이 경우에 있어서 '1차 농업생산물'을 포함하는 관련 지침의 적용 범위의 확대는 단지 '보완적 조치'(complimentary measure)를 구성하는 것에 해당될 뿐이라고 할 수 있다.[16] 즉 지침 99/34는 기존 지침 85/374를 폐지하는 것이 아니고, 각 회원국들의 기존의 지침 85/374에 대한 국내적 이행의 결과도 유효하며 이에 추가적으로 각 회원국들은 '1차 농업생산물'을 포함하는 '법률의 조화'에 대한 국내적 이행이 필요하다는 의미이다.

2) 농산물에 대한 생산물책임 적용의 명확성 필요

1997년 5월의 '식품법에 관한 그린페이퍼'에 의하면, EU위원회는 입법안(1차 농업생산물을 포함하는 지침 99/34/EEC에 대한 초안)을 준비하면서 다음과 같은 요소들을 고려하였다.
첫째, 공중보건에 대한 대중의 기대가 증가하고 있으며, EU위원회는 이러한 입법안을 마련하는 것이 소비자들에게 식료품안전에 대한 신뢰를 강화할 수 있다고 생각하고 있었다는

---

16) O'Rourke, *supra* note 5, p.141.

것이다.[17]

둘째, 그리스, 룩셈부르크, 핀란드, 스웨덴을 포함하는 많은 회원국들이 이미 '농업생산물책임'에 관한 '자체의 국내법률'을 마련하고 있었고, 따라서 EU 전역에 적용될 수 있는 「생산물책임법」(product liability law)을 EU 차원에서 '조화'[18]시킬 필요가 있다고 생각하였다.[19]

셋째, '1차 농업생산물에 관한 국내 책임법규'를 이미 소유하고 있는 국가들의 농업경제는 주요 불가역적인 효과(irreversible effects)를 경험한 바가 없고, 따라서 이러한 방식으로 기존의 생산물책임에 관한 지침을 '1차 농업생산물'에까지 확대 적용하는 것이 '농업 분야'에 대하여 부정적인 영향을 주지는 않을 것이라고 믿고 있었다.

넷째, 기존의 생산물책임에 관한 지침이 채택된 이래, 당해 지침이 국가들 간의 상이한 법제로 인하여 어느 정도 '초기 과정'을 경험한 농업, 축산업, 어업 생산물을 포함하고 있었기 때문에 이 과정을 경험했던 생산물과 관련하여 당해 지침의 '범위'에 관한 '불확실성'(uncertainty)이 있어 왔다. 이로써 배제된 농업생산물, 즉 1차 생산물과 기존 지침에 포함됐던 생산물, 즉 과정 중에 있었던 생산물 간의 구별점(dividing line)을 설정하게 되었다. 따라서 EU위원회는 이러한 개념과 관련된 생산의 '초기 과정'에서의 어떠한 불확실성으로 인하여 식품안전과 소비자보호에 대하여 소비자들의 실망을 우려하였고, 따라서 기존 지침의 범위 내로 '1차 농업생산물'을 명확하게 포함하도록 하는 것은 이러한 불확실성을 제거하게 될 것으로 기대하였다.[20]

3) 지침 99/34의 효력발생

이 보완 지침은 기존의 지침에 대하여 단지 '보완적 성격'을 가짐을 분명히 하였고, 각 회원국은 '법률의 조화'를 위하여 지침 99/34를 참고하여 국내법을 개정하거나 제정하여 국내에 적용해야 한다.

(1) 불소급의 원칙

1997년 10월, EU위원회는 기존의 생산물책임에 관한 지침(즉 지침 85/374)의 적용 범위

---

17) 지침 99/34, 전문(5)과 비교.

18) EU법질서의 통일을 위한 EU법상의 '법률의 조화'의 개념, 취지 및 방법에 관해서는 김두수, 『EU법론』(파주: 한국학술정보, 2007), 144-151면.

19) 지침 99/34, 전문(7)과 비교.

20) 지침 99/34, 전문(3), (8)과 비교.

내로 '1차 농업생산물'을 포함하는 입법안을 공표하였다. 이 입법안은 결국 1999년 5월 10일 '유럽의회/이사회 지침 99/34/EEC'로써 EU법으로 최종 채택되었다. 따라서 EU회원국들은 2000년 12월 4일까지 동 지침을 국내법으로 전환해야 하였다. 그런데 동 지침은 소급효 (retroactive effect)를 인정하고 있지 않은데, 이 점이 중요한 의미를 갖는 이유는 이로써 혼란을 초래할 수도 있는 동 지침과 관련된 EU역내에서의 소송은 오직 2000년 12월 4일 이후에 시장에 제공된 '1차 농업생산물'에 대해서만 성립될 수 있기 때문이다.[21]

(2) 개발위험의 항변(면책사유)의 허용문제

동 지침 99/34에 의한 생산물책임은 기존의 지침 85/374에서와 동일하게 '엄격'하게 적용되며, 또한 생산자에게 유용한 많은 항변사유(면책사유)가 인정되고 있다. '개발위험의 항변'이라는 면책사유는 이 보완된 지침에서도 마찬가지로 1차 농업생산물의 경우에 계속하여 유지된다.

특히 식료품(foodstuffs)과 제약품(pharmaceuticals)의 경우에, 오직 매우 '상당한 장기간'이 경과한 이후에 '결함 있는 생산물'에 의한 질병 또는 손해가 '발생하게' 되고, 그 손해의 원인들이 '확정'될 수 있다. 광우병의 경우에 '결함 있는 생산물'과 이로 인한 질병 간의 연계성은 10년 이상을 지나 보아야 증명될 수 있다. 기존의 생산물책임에 관한 지침의 적용 범위를 수정하는 입법안을 통과시키는 과정(1997년~1999년 약 2년)에서 유럽의회(EP)는 그러한 경우에 연장된 '기한'을 명문으로 할 것을 강구하였으나, 이는 EU위원회와 회원국들에 의하여 거부되었다. 만일 유전자변형[genetically modified (organism), 이하 GM(O)]의 씨앗/식물(seeds/plants)이 명확하게 알 수 없는 먼 '미래에' 결함이 존재하는 것으로 발견된다면,[22] '개발위험의 항변'이라는 면책수단과 연관된 '10년의 기한'은 '결함 있는 생산물'을 이유로 하는 소비자들의 손해배상권을 부인하는 것으로 판명될 위험이 있다. 즉 GMO의 경우에는 10년 그 이상의 장기간이 경과되어야 '결함이 있는 생산물'인지가 판명될 수도 있다는 의미이다. 명확하게 해결되지 않은 이 문제는 '1차 농업 생산물'로 생산물책임에 관한 기존 지침의 적용 범위를 확대하는 준비에 있어서 EU위원회가 직시하지 못한 결과이고, 따라서 EU회원국들이 GM 씨앗/식물에 관한 '책임의 문제들'을 포함하는 '자체의 법률' 도입을 어떻게 하고 있는지를 살펴보는 것 또한 흥미로운 일이라고 할 수 있다.[23]

---

21) 지침 99/34, 제2조 제1항; O'Rourke, *supra* note 5, p.142.

22) MacMaoláin, *supra* note 3, pp.241-242, 244; D. Lawrence, J. Kennedy and E. Hattan, "New Controls on the Deliberate Release of GMOs", *European Environmental Law Review* 11(2002), pp.51-56.

23) O'Rourke, *supra* note 5, p.142.

(3) 농업 등 1차 산업 종사자의 과도한 책임의 문제

EU에서 생산물책임에 관한 지침에 의하여 확립된 '무과실책임'이란, 어떤 농업 생산자가 소위 '적당한 안전 배려'로 알려진 항변수단과 같이, 자신이 현존하는 규범들을 준수하였고 모든 필수적 예방조치들을 취하였다고 주장함으로써 책임을 회피할 수 없음을 포함하는 것을 의미한다.[24] 그런데 농업 분야의 몇몇 대표자들은 '과실 책임' 제도하에서도 농부들이 '과도한 책임'을 부담하게 될 수 있다고 생각하고 있다. 더욱이 자신이 식품 생산 과정(food production chain)에 있어서 일반적으로 첫 번째 연결고리(first link)에 해당한다는 것을 알고 있는 많은 농업 생산자들은 '무과실책임'에 의한 법적 소송으로 소비자들의 권리의 추구(손해배상청구)가 자신들에게 향하게 될 것을 우려하고 있다고 할 수 있다. 농업 생산이 일반적으로 생산자가 영향력을 행사할 수 없는 환경(예를 들면, 날씨, 오염, 자연 재앙과 사고)에 좌우된다는 것을 인식할 수 있다면, 농업 생산자는 명백한 책임을 수반하는 경우에만 법적 책임을 부담할 자로 혐의를 받아야 한다는 것이다. 따라서 생산물책임에 관한 기존 지침의 범위를 확대함에 있어서(즉 보완된 새로운 지침의 준비에 있어서) 그와 같은 불가항력적인(force majeure) 경우에 의하여 발생하는 손해의 경우에는 동 지침의 적용을 배제한다는 내용을 포함하지 않은 것은 EU위원회의 큰 실수라고 할 수 있다.[25] 따라서 지침 99/34가 소비자보호를 위하여 '1차 농업생산물'을 생산물책임의 범위로 명백히 포함시킨 것은 의미가 있으나, 기업가에 비해 상대적으로 약자에 속한다고 할 수 있는 '1차 농업생산자'의 생산 과정에서의 1차 연결고리로서의 고충을 세심하게 고려하지 않은 것은 문제점으로 지적될 소지가 있다고 할 수 있다.

3. 생산물책임 지침의 이행에 관한 그린페이퍼

1999년 7월 28일 EU위원회는 생산물책임에 관한 지침이 실제로 어떻게 운영되는지에 관한 '생산물책임에 관한 그린페이퍼'(Green Paper on Product Liability)[26]를 발행하였다. 이 그린페이퍼에서 EU위원회는 관련 지침에서 개정될 가능성이 있다고 판단되는 여러 논점들(문제점들)을 다음과 같이 일일이 열거하였다. 즉 피해자에게 부여되는 증명책임의 실행을 위한 상세한 준비의 문제, € 500라는 손해배상청구를 위한 최소손해액에 관한 현재의 재정적 한도와 그 정당성, '개발위험의 항변'과 관련된 면책사유에 있어서 10년이라는 최종

---

24) The UK Food Safety Act 1990, s.21.

25) O'Rourke, *supra* note 5, p.143.

26) COM(99) 396.

기한과 어떤 변화로 인한 영향, 생산물책임에 관한 보험금 확보를 위한 생산자의 의무의
미흡함, 결함 있는 생산물로부터 발생하는 사건들에 관한 식품안전과 소비자보호를 위한
정보의 보급, 공급자의 책임, 생산물과 입은 손해의 형태 등이다.

1999년 7월 28일 발행된 이 '생산물책임에 관한 그린페이퍼'에 대한 여러 반응들은 생
산물책임에 관한 지침의 '적용'에 관한 EU위원회의 두 번째 그린페이퍼27)의 기초를 형성
하였고, 이 두 번째 그린페이퍼는 2000년 1월에 발행되었다. 그 이후의 보고서들은 EU가
위탁한 '개발위험의 항변'이라는 면책사유의 적용에 관한 것, 그리고 여러 회원국들에서 이
행되고 있는 '생산물책임 지침'의 실제적인 효과에 관한 것이었다. 그런데 이들 자료들은
'1차 농업생산물'을 포함하는 기존 지침(지침 85/374)의 적용 확대로 인한 영향을 특별히
다루고 있지 않다. 따라서 일반적으로 '식품산업'에 대한 당해 지침(지침 85/374)의 '효과'
는 오직 각 회원국 법원에서 제기되는 다양한 사건들 또는 나아가 이들 국내법원들이 유럽
사법법원(ECJ)에 부탁한 사건들을 통하여 알 수 있다.

Ⅲ. 생산물책임에 관한 유럽사법법원(ECJ)의 판례와 관련 지침의 개정 필요성

1. 문제의 배경

"생산물책임에 관한 지침"에 대한 2000년 이후의 ECJ의 판결에서,28) ECJ는 "생산물책임
에 관한 지침"은 이 지침에서 기술하고 있는 것보다 '더 중한 책임'을 규정하는 회원국들
의 결함 있는 생산물에 대한 '엄격책임의 법률'을 제정하는 것을 금지하고 있다고 판시하였
다. 이 지침의 의도(입법취지)는 회원국들의 생산물책임에 관한 각국의 상이한 '법률을 조
화'시킴으로써 EU 전역에서의 '상품 무역'을 촉진하기 위함이었다.29) 그리고 ECJ는 관련
지침이 EU에서의 생산물책임의 최소 및 최대한도 모두를 규정하고 있다고 견지하였다. 그
러나 이러한 ECJ의 결정은 본 문제를 해결하기보다는 후에 논쟁을 더 확대하였고, 특히 아

---

27) COM(2000) 893.

28) Case C-52/00, *Commission* v. *France*, [2002] ECR Ⅰ-3827; Case C-154/00, *Commission* v. *Greece*, [2002] ECR Ⅰ-3879; Case C-327/05, *Commission* v. *Denmark*, [2007], Application-OJ C 257, 15.10.2005, p.7, Judgment-OJ C 199, 25.08.2007, p.7.

29) O'Rourke, *supra* note 5, p.144.

래의 사례에서 살펴보는 바와 같이 관련 지침의 적용 범위를 확실히 넘은 '엄격책임'의 규정을 두고 있는 EU의 여러 회원국들 내에서 그러하였다. 이러한 측면의 문제는 EU의 사법 영역에서의 통합에 있어서 소정의 결과 도출을 매우 어렵게 할 수 있음을 보여 준다.[30]

프랑스는 소매상을 포함하는 공급체인(supply chain)상의 '생산물의 모든 공급자들'은 이들 공급자들이 생산물의 구매자에게 최종 생산자/제조자의 신원에 대한 '통지' 여부와 관계 없이 '엄격책임제도'하에서 책임을 질 수 있다고 규정하고 있다.[31] 그러나 이사회 지침 85/374 제3조는 공급자가 자신이 생산물을 획득한 상위의 인물의 신원을 구매자에게 '통지하지 않는다면 책임을 져야 할 것'이라고 제한하여 그 책임에 관하여 규정하고 있다. ECJ는 프랑스의 규정이 관련 지침의 범위에 합치될 수 없다고 판정하였고, 덴마크도 '공급자'의 책임과 관련하여 동 지침보다도 강화된 프랑스의 규정과 유사한 엄격책임의 규정을 두고 있었다. 결국 이러한 분쟁에서의 핵심 쟁점은 EU법보다 소비자보호에 있어서 강화된 법제를 갖추고 있는 회원국의 국내법이 EU법과 일치하지 않는 경우에 이들 간의 '법률의 조화'를 어떻게 해결할 수 있는가 하는 문제라고 할 수 있다.[32] 아래에서는 이와 관련된 몇몇 사례를 통하여 이러한 문제점을 살펴보고 해결방법을 검토하고자 한다.

2. *Commission* v. *France* 사건[33]

1) 사실관계

생산물책임에 관한 이사회 지침 85/374 제19조 제1항에 의하면 회원국들은 1988년 7월 30일까지 동 지침의 국내적 이행을 보장해야만 하였다. 그러나 프랑스는 동 지침을 국내적으로 이행하지 않았으며, 그로부터 거의 10년 지난 후인 1998년 5월19일에 동 지침의 국

---

30) EU사법의 통일화에 있어서 지침의 한계와 'EU통일민법'의 제정 필요에 대해서는 박영복 외, 『EU사법(I)』(서울: 한국외국어대학교출판부, 2009), 46면 참조.

31) O'Rourke, *supra* note 5, p.144.

32) 오늘날 소비자들은 '1차 농업생산물'을 포함한 모든 생산물의 안전에 큰 관심을 갖고 있으며, 유럽에서도 1990년대 후반 영국의 광우병과 벨기에의 다이옥신오염과 같은 사건으로 식품안전과 소비자보호를 위한 '책임제도'의 도입 및 강화의 필요성을 절실히 경험한 바 있다. 이를 통하여 EU는 '1차 농업생산물'이 포함된 생산물에 대한 '엄격책임' 체계를 확립하여 역내시장에서 안전하고 위생적이며, 건강에 좋고 고품질인 식품 생산물의 제공을 촉진하게 되었다. 그러나 지침 85/374와 지침 99/34에 의해 확립된 '생산물책임 체계'의 개정 필요성이 제기되고 있으며, 그 주요 내용은 1999년 7월 28일 '생산물책임에 관한 그린페이퍼'에서 강조되었던 최소손해액 500유로, 개발위험의 항변, 공급자책임의 한도와 같은 문제들이다. 특히 ECJ의 주요 판결 이후에는 '개발위험의 항변'이라는 면책사유가 회원국들에서 상이하게 적용되고 있는 것이 문제가 되었다. 특히 GMO의 안전성문제가 '개발위험의 항변'으로 면책될 가능성이 제기된 것이다.

33) Case C-52/00, *Commission* v. *France*, [2002] ECR Ⅰ-3827.

내적 이행을 위한 법률(No 98-389 — 프랑스민법상의 생산자 책임과 관련된 부분을 첨가하는 법률)을 제정하였다. 그러나 이 법률이 첨가된 프랑스 민법 제1386조 제1항은 생산물책임과 관련하여 비계약적 책임을 포함하고 있으며, 제1386조 제2항은 결함 있는 생산물로 인한 손해의 경우에는 손해액이 '500유로' 이하인 경우에도 배상의 범위에 포함시키고 있고(No 98-389상으로는 제3조), 제1386조 제7항 1단은 거래상의 모든 '공급자'는 '생산자'와 똑같은 책임을 부여받는 것으로 보고 있으며(No 98-389상으로는 제8조), 제1386조 제11항은 생산자는 특별한 경우를 제외하고는 원칙적으로 자동적인 책임을 진다고 하여, 생산자가 책임을 면제받기 위해서는 유통 당시에는 결함의 존재를 당시 과학·기술적 지식으로는 발견할 수 없었다는 것을 증명해야 하고, 제1386조 제12항은 이러한 과학·기술적 지식을 이유로 한 면제를 위한 기간은 10년으로 하고 있으며, 이 기간에 생산자는 결함 있는 상품으로 인하여 발생되는 해로운 결과를 피할 수 있는 '적절한 조치'를 취했다는 것을 증명하는 경우 책임이 면제된다(No 98-389상으로는 제13조)라고 하여 '엄격책임'을 법률상 도입하였다.[34] 결국 프랑스는 이사회 지침 85/374의 제9조, 제3조(3), 제7조를 국내적으로 '정확하게' 이행한 것은 아니었다. 이에 EU위원회는 EC조약 제226조에 의거하여 1999년 8월 6일 동 지침의 이행을 위한 '합리적 의견'(reasoned opinion)[35]을 제시하여 2개월의 통지기간을 거친 후, 프랑스정부로부터의 답변이 만족할 만한 것으로 보기 어렵다고 판단하여 2000년 2월 17일 지침의 불이행을 이유로 하여 프랑스정부를 상대로 유럽사법법원(ECJ)에 제소하였다.[36]

2) 법적 쟁점

EC입법인 지침 85/374와 프랑스 국내법(No 98-389를 통해 첨가된 프랑스 민법 제1386조)은 여러 면에서 법적인 차이를 보이는데, 첫째, 동 지침 제1조는 결함 있는 상품에 대한 생산자의 책임을 인정하고 제3조에서 생산자를 알 수 없을 시에만 공급자의 책임도 인정하고 있는 반면, 프랑스 민법은 제1386조 제1항에서 결함 있는 상품에 대한 생산자의 책임을 인정하고, 동 조 제7항에서는 자국의 제조물책임 법리를 EU의 생산자책임과 동일하게 취

---

34) *Ibid.*, paras.1, 9, 10.

35) 이는 EU위원회가 EU법을 국내적으로 이행하지 않거나 잘못 이행하는 경우에 해당 회원국을 ECJ에 제소하여 본격적인 사법절차에 들어가기 전에 해당 회원국의 주권을 존중하여 진행되는 소송 전 절차를 의미한다. 김두수, "EC법상 이행강제소송에 관한 소고", 『외법논집』 제21집(2006.2), 155-158면.

36) Case C-52/00, *Commission* v. *France*, [2002] ECR Ⅰ-3827, para.11.

급하고 있다. 둘째, 동 지침 제7조에서와 프랑스 민법 제1386조 제11항에서는 상품의 유통 당시의 과학적·기술적 수준에서 결함의 발견이 불가능했음을 책임자(생산자)가 입증하는 경우 면책될 수 있다는 구조상의 측면에서는 동일한 취지를 가지고 있으나, 그 상세 내용에 있어서는 다소 차이가 있는데 이에 대해서는 아래의 동 지침 제7조에 대한 법적 쟁점부분에서 자세히 다루도록 하겠다. 셋째, 동 지침 제9조에 의하면 피해자의 손해가 500유로 이상일 경우에만 손해배상청구의 소의 대상이 될 수 있는 반면, 프랑스 민법 제1386조 제2항에 의하면 500유로 미만의 손해가 발생한 경우에도 손해배상청구의 소의 대상이 될 수 있다는 점에서 법규의 내용상의 차이를 보이고 있다.

3) ECJ의 판결

(1) 지침 85/374 제9조와 관련하여

EU위원회는 지침 85/374 제9조 (b)와는 달리, 프랑스 민법 제1386조 제2항은 500유로라는 최소손해액에 대한 규정과는 무관하게 모든 손해를 손해배상청구를 위한 소송 요건으로 하고 있다고 지적하였다.[37]

반면에 프랑스정부는 자신이 동 지침을 이행하지 않은 정당화 사유로서, 첫째, 최소손해액을 조건으로 손해배상청구를 허용하여 피해자의 제소의 권리를 박탈하는 것은 1950년 11월 4일의 '인권과 기본적 자유에 관한 유럽협약'(European Convention for the Protection of Human Rights and Fundamental Freedoms) 제6조가 보장하는 '재판을 받을 기본적 권리'를 침해하는 것이라고 주장하였다. 즉 500유로 이하의 손해가 발생하는 경우에 피해자의 소송에 대한 접근이 보장되지 않는 동 지침은 문제가 있다는 것이다. 둘째, 500유로라는 최소한의 손해에 대한 경계는 생산자와 소비자 양자 간 불공정한 차별을 발생케 하기 때문에 이는 동등취급의 원칙에 반한다는 것이다. 셋째, 500유로라는 최소한의 손해에 대한 규정은 불법행위 책임으로부터의 총체적인 면제를 허용하는 것과 같은 효력을 갖는 것으로 볼 수 있기 때문에 이는 프랑스법률상 공공정책에 반한다는 것이다. 넷째, 1999년 7월 28일의 '생산물책임에 관한 그린페이퍼'에서 EU위원회는 이러한 한도가 폐지되어야 한다고 주장하였던 바에 비추어 볼 때 동 지침의 이행을 강력히 주장하는 현재의 EU위원회의 입장은 모순된다는 것이다.[38]

---

37) *Ibid.*, para.26.

38) *Ibid.*, para.27.

이에 대하여 ECJ는 EU의 입법기관에 의해 규정된 동 지침상의 최소손해액에 대한 한도는 회원국들 간의 상이한 '법률의 조화'를 통해 역내시장에서 경쟁이 왜곡되지 않도록 하기 위함이며, 또한 공동시장에서 공정무역을 촉진시키기 위함이며, 나아가 소비자보호의 목적을 위한 여러 이해관계자들의 복잡한 균형의 결과에 해당한다고 보았고,[39] 500유로 미만의 비교적 경한 손해의 경우에는 과도한 소송을 피하기 위하여 프랑스정부가 주장하듯 소송의 권리가 보장되지 않기 때문에 동 지침에 의거해 생산물책임을 주장할 수는 없으나, 일반법 하에서의 계약책임이나 비계약적책임에 의해서는 제소가 가능하다고 보았다.[40] 즉 생산물 책임에 있어서 무과실책임을 도입하고 있기 때문에, 소송제기를 위한 최소손해액의 규정은 합리적이라는 것이다. 따라서 동 지침 제9조에서 규정한 최소손해액의 한도는 소를 제기할 수 있는 피해자들의 권리에 영향을 미친다고 간주될 수 없고,[41] 비록 다른 처벌체계가 존재할지라도 그 기초가 동 지침을 따르고 있다면, 그러한 처벌 즉 손해의 배상은 객관적으로 정당화될 수 있는바, 이는 EU법상의 동등취급의 원칙에 저촉되지는 않는다고 판시하였다.[42]

(2) 지침 85/374 제3조와 관련하여

EU위원회는 지침 85/374 제3조 제3항과는 달리, 프랑스 민법 제1386조 제7항은 제조업자를 생산자와 동일하게 취급하여 생산자책임을 자국의 제조물책임과 동등하게 취급하고 있다고 주장하였다.[43]

이에 대하여 프랑스정부는 프랑스 민법 제1386조 제7항에 따라 피해자는 생산자를 소송의 상대방으로 하여 지침 85/374가 의도하고 있는 손해배상에 대한 책임을 규율할 수 있기 때문에, 프랑스 민법상의 제조물책임과 지침 85/374상의 생산자책임을 동일하게 취급하는 것은 정당하다고 주장하였다.[44]

이에 대하여 ECJ는 EU회원국은 지침의 불이행(불완전 이행 포함)을 항변하기 위하여 위원회가 제정한 지침의 불법성에 의존할 수 없고(채택된 지침을 취소한 경우는 전무하다), EU의 입법부는 생산물책임과 관련하여 회원국들의 '법률을 조화'시킬 권한을 부여받았다고 볼 수 있고, 또한 이와 관련된 사람의 책임과 조건에 관한 지침의 규정은 준수되어야 한다고 판시하였다.[45] 따라서 프랑스 민법상의 제조업자와 동 지침상의 생산자의 책임을 동일

---

39) *Ibid.*, para.29.

40) *Ibid.*, para.30.

41) *Ibid.*, para.31.

42) *Ibid.*, para.32.

43) *Ibid.*, para.36.

44) *Ibid.*, para.37.

하게 취급하는 것은 지침 85/374에 대한 위반이며, 이는 생산물책임에 관한 EU 차원의 법률의 존재를 일반대중이 충분히 인식하지 못함으로써 생산물책임에 관한 소송을 회피하기 위한 수단으로서 악용될 수 있다고 할 수 있다.

(3) 지침 85/374 제7조와 관련하여

EU위원회는 지침 85/374 제7조 (d)와 (e)에 의하면 생산자의 책임면제와 관련해서는 특별한 조건이 없으나, 프랑스 민법 제1386조 제11항 1단과 제1386조 제12항 2단에 의하면 생산자가 생산물을 '관리할 의무'를 준수하지 않은 경우에 면책될 수 없다고 규정하고 있다고 주장하였다.[46]

그런데 지침 85/374 제7조 (d)와 (e)와 프랑스 민법 제1386조 제11항 1단은 기본적으로는 상품의 유통 당시의 과학적·기술적 지식으로는 생산물의 결함을 발견할 수 없다는 것을 생산자가 증명해야 면책될 수 있다는 점에서는 동일한 입장을 취하고 있다. 다만 프랑스 민법 제1386조 제11항 4단과 5단과 제1386조 제12항 2단에 의하면 생산자는 만일 상품에 명백한 결함이 있는 경우에 그가 상품을 유통시킨 후 10년의 기간 내에 '적절한 조치'를 취하는 것에 실패하는 경우 면책될 수 없다. 물론 여기에서의 10년이란 기간도 GM식품이나 광우병과 같이 수십 년이 지나야 생산품의 결함 여부를 확인할 수 있기 때문에 문제가 없지는 않다고 할 수 있다. 그러나 이러한 프랑스 민법규정과 달리 지침 85/374 제7조는 이러한 규정을 두고 있지 않기 때문에 생산자는 상품의 유통 당시 과학적·기술적 지식으로는 생산물의 결함을 발견할 수 없었다는 것만 증명하면 책임을 면할 수 있게 되어, 10년간은 세심하게 적절한 '관리 조치'를 취해야 한다는 프랑스 민법상의 규정이 그래도 생산자에게는 엄격한 책임을 부과하는 것이라 할 수 있다. 그러나 ECJ는 동 지침의 제정의 목적과 이해관계자들의 형평성 반영을 고려하여 회원국 국내법에 대한 EU법 '우위의 원칙'이라는 기본적 입장을 견지하여, 프랑스정부가 생산물책임에 대하여 동 지침보다 엄격한 생산자책임을 규정하고 있지만 해당 프랑스 민법 규정은 EU의 지침에 합치될 수 없다고 판시하였다.[47]

4) 평가

지침 85/374 제9조 (b)와는 달리, 프랑스 민법 제1386조 제2항은 500유로라는 최소손해

---

45) *Ibid.*, paras.38-39.
46) *Ibid.*, para.42.
47) *Ibid.*, para.49.

액에 대한 규정과는 무관하게 모든 손해를 손해배상청구를 위한 소송 요건으로 하고 있기 때문에, 그리고 지침 85/374 제3조 제3항과는 달리, 프랑스 민법 제1386조 제7항은 제조업자를 생산자와 동일하게 취급하여 생산자책임을 제조물책임과 동등하게 취급하고 있기 때문에, 마지막으로 지침 85/374 제7조 (d)와 (e)에 의하면 생산자의 면책과 관련해서는 특별한 조건이 없으나, 프랑스 민법 제1386조 제11항 1단과 제1386조 제12항 2단에 의하면 생산자가 당시의 과학적·기술적 지식으로는 생산물의 결함을 발견할 수 없었다는 것 외에 생산물을 '관리할 의무'를 준수하지 않은 경우에 면책될 수 없다고 규정하고 있기 때문에 문제가 되었고, 이에 ECJ는 프랑스정부의 지침 불이행의 판결을 내렸던 것이다. 그러나 프랑스 국내법은 분명 지침 85/374에 비하여 보다 소비자를 보호하고 생산자책임의 범위를 확장하는 등 엄격책임의 법체계를 마련하고 있다고 볼 수 있다. 특히 이는 산업육성보다는 소비자의 권익보호에 보다 관심을 갖게 된 현대의 경향을 반영하고 있다고 할 수 있다. 따라서 EU의 통합지향적인 입법정책도 중요하지만 동 지침은 수정될 필요가 있다고 할 수 있다.

3. *Commission* v. *Greece* 사건[48]

1) 사실관계

그리스는 1985년 7월 25일 이래로 이사회 지침 85/374를 별도의 국내법으로 도입하지 않았으며, EC조약 제94조(구 제100조, TFEU 제115조)에 의하면 EC의 존립과 기능상의 활성화를 이유로 지침은 회원국들 간의 '법률의 조화'를 통하여 국내적 효력을 가져야 한다. 이에 EU위원회는 1999년 8월 11일 생산물책임에 관한 지침 85/374의 국내적 이행을 위하여 그리스에 통지하여 2개월의 기한을 부여하였으나, 그리스는 이를 이행하지 않았고, 이에 EU위원회는 2000년 4월 25일 지침 즉 EC법 불이행을 이유로 EC조약 제226조(TFEU 제258조)에 의거하여 그리스를 유럽사법법원(ECJ)에 제소하였다.[49]

2) 법적 쟁점

이 사건은 지침의 내용이 기존의 국내법에서 부분적으로 적용될 수 있는가에 관한 것으

---

48) Case C-154/00, *Commission* v. *Greece*, [2002] ECR Ⅰ-3879.

49) *Ibid.*, paras.1, 7.

로, 더 구체적으로는 지침에서 규정한 것보다 더 높은 보호수준의 내용을 회원국의 국내법에서 규정할 수 있는가가 쟁점이었다. 이는 앞에서 *Commission v. France* 사건에서 살펴본 바와 같이 지침 85/374의 직접적인 이행보다는 프랑스에서 법률 제1386호를 통하여 생산자책임을 제조물책임과 동일하게 취급하고자 했던 내용과 유사한 사건이라고 할 수 있다. 이 사건에서 그리스는 1994년의 법률 제2251호[50]에 따라 생산물책임을 규율할 수 있다고 보았다. 그러나 문제는 이사회 지침 85/374 제9조에서의 손해와 그리스 법률 제2251호 제6조 제6항에서의 손해에 대한 규정의 차이점이었다. 이사회 지침 85/374 제9조 (b)항은 피해자의 소송 제기가 가능한 손해를 500유로 이상으로 제한하고 있어 소비자보다는 생산자에게 보다 유리한 반면, 그리스 법률 제2251호 제6조 제6항은 피해자의 소송 제기가 가능한 손해의 최소한도를 규정하지 않음으로써 보다 엄격한 생산자 책임을 부여하고 있어서 소비자보호에게 보다 유리하였다.

이 사건에서 그리스 정부는 첫째, 지침 85/374 제9조 (b)항에서 언급한 500유로라는 소송제기를 위한 손해의 최소한도를 그리스 법률 제2251호 제6조 제6항에서는 규정하고 있지 않다는 점을 부인하고 있지는 않으나, 그리스 국내법에 의하여 동 지침의 효과를 대신할 수 있다고 보았으며, 동 지침은 EU회원국들 간의 '법률의 조화'를 위한 최소한의 조화를 위한 조치를 의미한다고 주장하였다. 따라서 소비자의 법익의 보호에 보다 유리한 조항을 국내적으로 채택하거나 유지하는 것은 EU법상으로도 허용된다고 주장하였다.[51] 이는 오늘날 소비자보호의 중요성이 증대되고 있는 점을 반영한 EC조약 제153조의 적용을 통하여도 알 수 있다고 하였다.[52] 둘째, 경과규정의 성격을 갖는 지침 85/374 제13조에 의하면 동 지침의 통보 시에 존재하는 피해자의 권리는 동 지침에 영향을 받지 않는다고 규정하고 있으므로, EU위원회가 그리스에 이행강제를 통보한 시점인 1999년 8월 11일 이전에 그리스는 1994년 11월 16일 법률 제2251호를 국내법으로 제정하여 적용하고 있었기 때문에 동 지침에 영향을 받지 않는다고 주장하였다.

이에 대하여 EU위원회는 첫째, 지침은 유럽공동체의 존립이나 기능상 중요하기 때문에 EC조약 제94조(구 제100조)에 따라 이사회에서 만장일치로 채택되고 있다고 지적하였고, 따라서 EC조약 제94조에 의하여 채택되는 지침은 지침에 위배되는 조항을 규정하거나 또는 유지하는 그 어떠한 가능성도 허용될 수 없다고 하였다.[53] 또한 EC조약 제153조(TFEU

---

50) Article 6(6), Law No 2251/94 on consumer protection(Official Journal of the Hellenic Republic 191/A/16.11.1994)을 의미한다.

51) Case C-154/00, *Commission v. Greece*, [2002] ECR Ⅰ-3879, para.8.

52) *Ibid.*, para.9.

제169조) 제5항에 의하면 EC조약상 각 회원국들에게 부여된 권한은 EC조약 제3항(b)에 언급된 법안(회원국들이 추구하는 정책을 지지하고 보충하고 감독하는 법안)에 대해서만 인정되는 것이고, 제3항(b)에 언급된 법안은 역내시장의 완성과 관련하여 EC조약 제95조(TFEU 제114조)에 의거하여 채택된 법안이라고 하였다.[54] 둘째, 지침 제13조의 경과규정과 관련하여 EU위원회의 이행강제에 대한 통보 시에 이미 존재하던 그리스의 국내법은 통보 시점을 기준으로 해서는 이제 더 이상 해당 그리스 법률이 1994년 11월 16일에 채택되기 전, 1985년 7월 25일 '이미 채택되어' 제19조 제1항에 의해 1988년 7월 30일까지 국내적 이행을 규정한 지침 85/374에 대해서는 그 효력을 주장할 수 없다고 보아야 한다고 하였다. 그 이유는 지침의 목적은 생산물책임에 대한 회원국들 간의 조화로운 법률체계의 확립이며, 이로써 역내무역에 있어서 상품의 자유이동이 촉진되고, 소비자보호에 있어서 회원국들 간에 차별 없이 법 적용의 통일성이 유지되어 경쟁이 왜곡되지 않기 때문에, 지침은 더 높은 수준의 소비자보호를 확보하기 위하여 더 엄격한 규정을 둘 수 있도록 회원국들에게 재량적 권한을 부여하고 있지는 않다고 주장하였던 것이다.[55]

3) ECJ의 판결: 지침 85/374 제9조와 관련하여

EU입법기관에 의해 채택된 지침상의 손해액의 범위에 대한 규정은 서로 다른 복잡한 이해관계자들을 고려한 '균형의 결과'라고 할 수 있고, 이는 동 지침의 전문에서와 같이 관련 이해관계는 역내무역의 촉진과 소비자보호, 경쟁정책의 유지를 보장하는 것을 전제로 하고 있다.[56] 또한 동 지침은 소송의 남발을 우려하여 소송제기를 위한 500유로의 최소한도의 손해를 규정하여 소송과용으로 인한 경제적 손실을 고려하고 있다고 볼 수 있다.[57] 이와 관련하여 사법기관을 통한 권리구제에 있어서 선의의 피해자(희생자)가 발생할 수 있으나,[58] 이는 앞에서 살펴본 *France v. Commission* 사례에서 살펴본 바와 같이 계약책임 또는 비계약적책임에 의해 별도의 구제방법에 의하여 권리보호가 가능하고, 이 경우에는 손해의 성질과 범위가 객관적으로 정당화될 수 있는 피해자로서 한정되기 때문에 인적 손해 중 사

---

53) *Ibid.*, para.10.

54) *Ibid.*, para.11.

55) *Ibid.*, paras.12-13, 17.

56) *Ibid.*, para.29.

57) *Ibid.*, para.30; 생산물책임상 피해자의 소송제기를 위한 최소손해액을 500유로로 규정한 것이 일반적으로 적절하다는 같은 취지의 판결은 Case C-203/99, *Veedfald*, [2001] ECR Ⅰ-3569, paras.26-27.

58) Case C-154/00, *Commission v. Greece*, [2002] ECR Ⅰ-3879, para.27.

망이나 상해는 포함되나 정신적 위자료는 제외되기 때문에 동등취급의 원칙(principle of equal treatment)에 위배되지 않는다고 할 수 있으므로 동 지침 제9조 (b)항은 문제가 되지 않는다고 보았다.[59) 이에 ECJ는 지침 85/374에 대한 그리스의 불이행이 인정된다고 판시하였다.[60)

4) 평가

지침 85/374 제9조상의 소송제기를 위한 최소한도의 손해액 500유로의 규정은 소비자에게는 불리한 규정이라고 할 수 있고, 그만큼 생산자에게는 유리한 규정이라고 할 수 있다. 일반적인 손해액의 산정에 의하여 소송제기의 권한이 주어질 수 있는 피해자의 소송권이 박탈당함으로써 인간의 기본적 자유인 소송권적 기본권이 사라지는 결과가 초래된 것이다. 그런데 소비자보호에 관한 최소한도의 손해액을 규정하고 있지 않은 그리스의 국내법에 의하면 생산자의 책임을 엄격하게 물어 보다 높은 수준의 소비자보호가 가능하다고 할 수 있다. 이 사례에서 그리스 정부도 1999년 7월 28일 EU위원회가 생산물책임에 관한 지침의 이행 현황을 분석하고 문제점을 제시한 '생산물 책임에 관한 그린페이퍼'상의 500유로는 지침의 개정 시 폐지되어야 한다고 주장한 바 있다고 언급하였다.[61) 그러나 이에 대하여 EU위원회는 EU의 존립과 유지를 위해서는 지침을 통한 회원국들 간의 '법률의 조화'가 필요하고, 이러한 지침을 통하여 역내시장이 활성화되고 상품의 자유이동과 왜곡 없는 경쟁 질서가 보장된다고 보고 있다. 또한 EU위원회는 지침은 모든 이해관계자들의 균형을 고려한 결과로써 모든 회원국들의 대표로 구성된 이사회에서 만장일치에 의하여 채택되고 있기 때문에 합리적이고 타당하다고 보고 있고, ECJ도 이를 인정하였다. 동 지침이 생산물책임을 무과실책임을 원칙으로 도입하고 있기 때문에 소송제기를 위한 최소손해액을 규정한 것은 적절하다는 것이다. 그러나 동 지침 제9조는 분명 소비자보호의 측면에서는 불리한 규정이고, 이보다 더 소비자보호에 충실한 회원국의 입장에서는 불만을 표시할 소지가 충분이 있다는 점은 인정되어야 한다. 따라서 EU의 통합을 위해서는 '법률의 조화'가 필요한 것은 사실이지만 생산물책임과 같은 분야에 있어서 소비자의 소송제기를 제한하는 것이 타당한지 근본적으로 재검토할 필요가 있으며, 그것이 아니라면 적어도 소송제기를 위한 최

---

59) *Ibid.,* paras.31-32; Case 8/57, *Aciéries Belges* v. *High Authority*, [1958] ECR 245, p.256; Case C-52/00, *Commission* v. *France,* [2002] ECR Ⅰ-3827, paras.31-32.

60) Case C-154/00, *Commission* v. *Greece,* [2002] ECR Ⅰ-3879, para.34.

61) *Ibid.,* para.25.

소손해액 500유로가 적정한지 재검토할 필요가 있다고 할 수 있다. 여기에서 한 가지 유념할 것은 일반적으로 EU통합에 있어서 EU시민들은 EU법이 국내법보다 자신의 권리보호에 유리하기 때문에 국내법보다는 EU법을 근거로 자신의 권리를 주장한다는 점이다. 그러나 이 사례와 같은 경우는 EU법보다는 국내법에 의하여 EU시민의 권리가 보다 잘 보장된다고 한다면 이는 의외로 심각한 문제가 있다고 볼 수 있다. 또한 이는 다수의 소비자가 아닌 소수의 생산자의 이익을 반영하고 있다는 의구심을 갖기에 충분하다고 볼 수 있으며, 이러한 의식은 EU통합의 발전적 차원에서 바람직하다고 볼 수는 없을 것이고 EU통합에 부정적인 영향을 끼칠 수도 있다. EU시민들 입장에서 보면 EU통합도 중요하지만 다수를 고려한 입법정책의 실행이 중요하다고 할 수 있을 것이다.

4. *Commission* v. *Denmark* 사건[62]

1) 사실관계

2005년 8월 30일 EU위원회가 덴마크를 상대로 ECJ에 제소한 이 사건에서 EU위원회는 배급망(distribution chain)에 있어서의 중간유통인(intermediaries)에게 제조업자(manufacturer)와 동일한 조건하에서의 책임을 부과하는 강제규정을 도입 및 유지하는 덴마크의 국내법은 '결함 있는 생산물에 대한 책임'과 관련하여 회원국들 간의 '법률의 조화'에 관한 이사회 지침 85/374 제3조의 (3)에 위배된다고 주장하였다.[63] 즉 EU위원회는 덴마크가 생산물의 분배과정에 있어서의 유통업자의 책임을 부과함에 있어서 생산자책임과 동급으로 취급하는 것은 결함 있는 생산물에 대한 생산자(제조자)책임을 핵심으로 하고 있는 지침 85/374의 완전한 효력을 발생시킬 회원국으로서의 의무를 이행하지 아니한 것으로 보아 EC조약 제226조에 의거하여 덴마크를 ECJ에 제소하였던 것이다.

2) 법적 쟁점

이 사건의 쟁점사항은 덴마크 국내법상의 생산물책임 규정과 지침 85/374의 불일치의 문제이다. 덴마크의 생산물책임법(Danish Produktansvarslov) 제10절은 "중간유통인은 '결함

---

62) Case C-327/05, *Commission* v. *Denmark*, [2007], Application-OJ C 257, 15.10.2005, p.7 / Judgment-OJ C 199, 25.08.2007, p.7.

63) *Ibid.*

있는 생산물'에 대하여 그 배분상에 있어서 피해자와 자신의 다음 단계의 유통업자에 대하여 직접적인 책임이 있다"라고 규정하여 '결함 있는 생산물'에 대한 유통업자의 책임을 생산자(제조업자)와 동일하게 취급하고 있었다.

따라서 중간유통업자의 대위책임(vicarious liability)에 관한 덴마크의 법률에 따라 제조업자에 대한 결함 있는 생산물에 대한 책임을 부과하는 소송요건을 만족하는 경우, 피해자는 직접적으로 중간유통업자[여기에서의 중간유통업자는 지침 85/374 제3조 (3)에서 정의하고 있는 공급자(suppliers)를 의미한다]를 상대로 소송을 제기할 수 있다. 이는 유통업자가 결함 있는 생산물을 생산하지는 아니하였으나 유통과정에서 발생한 피해자의 손해에 대하여 생산자(제조업자)와 같은 엄격한 책임을 부담하는 것을 말한다. 유통업자의 과실 여부는 대위책임을 부과하는 것과는 무관한 것이다. 한편 대위책임을 지는 중간유통업자는 덴마크의 생산물책임법 제11절의 (3)에 의거하여 이전의 유통업자와 제조업자 양자에 대하여 배상(구상권)을 청구할 수 있다.

그런데 이러한 덴마크의 법률은 일면 소비자의 보호를 강화하는 측면이 있으나 다른 한편으로는 제조업자에게 이로운 측면이 있다고 할 수 있다. 이렇게 중간유통업자에게 대위책임을 부여하는 것은 원칙적으로 결함 있는 생산품에 대하여 생산자(제조업자)에게만 엄격책임을 부과하고 극히 예외적인 경우에 생산자의 면책사유를 인정하고 있는 지침 85/374에 반한다고 할 수 있다. 덴마크의 법률은 중간유통업자에 대한 엄격한 대위책임으로써 손해배상에 대한 엄격책임의 도입에 의한 제도의 범주에서 벗어났다고 할 수 있다.

3) ECJ의 판결: 지침 85/374 제1조, 제3조와 관련하여

이에 대하여 ECJ는 EC조약 제226조에 의한 합리적 의견(reasoned opinion)에 대해서도 덴마크의 특별한 반응이 없어 지침 85/374에서 규정한 내용에 대한 완전한 의무를 이행하지 않은 덴마크에 대하여 "분배망의 중간유통업자에게 제조업자(생산자)와 동일한 책임을 부과하는 강제규정을 채택하고 유지하는 것은 결함 있는 생산물책임에 관한 회원국들의 '법률의 조화'에 관한 1985년 7월 25일의 이사회 지침 85/374 제3조의 (3)에 반하므로 덴마크는 해당 지침상의 회원국의 완전한 의무를 이행하지 아니하였다"라고 판시하였다.[64]

---

64) *Ibid.*

4) 평가

이 사건은 결함 있는 생산물에 대하여 유통업자에게 생산자(제조업자)와 같은 책임을 부여한 덴마크의 법률과 생산자(제조업자)에게 엄격한 책임을 부여하고 있는 지침 85/374의 불일치에 관한 것이다. 문제는 덴마크법에 의하면 생산품의 하자(결함)에 대하여 유통업자가 엄격한 책임을 부담할 뿐만 아니라, 이 유통업자가 결함 있는 생산품에 대하여 다음 단계의 유통업자에 대해서도 책임을 부담하게 된다는 것이다. 이는 결함 있는 생산물에 대한 '생산자(제조업자)의 엄격책임'과 배상의무를 규정하고 있는 이사회 지침 85/374에 반한다고 할 수 있다. 또한 유통업자가 생산물을 부주의하게 다루었는지를 불문하고 생산물책임을 부여하는 것은 지나치게 가혹하다고 할 수 있다. EU지침에서는 결함 상품에 대해서는 생산자(제조업자)의 엄격책임을 원칙으로 하고, 객관적 증거로 증명되는 경우에 한해서 결함 상품에 대한 책임이 유통업자에게 부과될 수 있다. 결론적으로 덴마크의 규정은 객관적으로 생산자(제조업자)에게 결함 상품에 대한 책임이 있을 수도 있는 모든 사례에 대해서도 중간유통업자(공급자)에게 엄격한 대위책임을 부과함으로써 EU지침의 체계로부터 벗어났다고 할 수 있다.

5. 생산물책임 지침의 개정 필요성

2002년 11월 6일, EU이사회는 한 결의안 초안을 제출하여 EU위원회가 2003년 7월 1일까지 유럽의회와 이사회에 관련 지침의 개정에 대한 입법안을 제출할 것을 요청하였다. 이 지침의 개정에 대한 입법안은 모든 회원국들에게 프랑스와 덴마크의 '엄격한 공급자 책임'을 동일하게 확대 적용하는 것에 관한 것이었다. 그러나 이는 국내법의 역외적용의 문제와 같은 것으로 쉽게 해결되기 어려운 문제라고 할 수 있으며, 다른 국가들의 반발을 초래할 소지가 있는 쉽지 않은 문제라고 할 수 있다. 또한 2002년 12월 19일 EU이사회는 "'생산자 책임'에 관한 관련 지침상의 책임제도에서와 같은 동일한 근거에 기초한 '제조자(공급자) 책임'에 관한 국내 법률을 EU법상 허용하는 것과 관련하여 그러한 방식으로 동 지침을 수정해야 하는지 검토할 필요가 있다"라고 결정한 바가 있다.[65] 그러나 이에도 불구하고 EU위원회에 의해 공표된 지침의 개정에 대한 입법안은 존재하지 않았으며, 실제로 EU위원회는 오히려 "생산물책임에 관한 지침"을 국내적으로 정확하게 이행하지 않은 프랑스와 덴마

---

65) OJ 2003 C26, p.2.

크에 대하여 이의를 제기하였다. 그런데 이 경우에 있어서는 EU위원회가 최소손해액 500 유로 규정, '개발위험의 항변'과 같은 문제와 관련하여 관련 지침을 재검토할 필요가 있고, 또한 관련 지침에 대한 개정을 제안할 필요가 있다는 점이 이미 강조되었음에도 불구하고, 이렇게 이 문제와 관련하여 프랑스와 덴마크에 대하여 논쟁을 하는 것은 적절치 않은 EU 위원회의 직무상의 명목적 행위로 비춰질 수 있다고 할 수 있다.[66] 이처럼 EU의 법률의 조화, 즉 법의 통일화 작업은 EU사법의 구체적 영역으로 갈수록 매우 어려운 일임을 알 수 있다. 이는 EU위원회가 많은 지원을 하여 완성한 공통참조기준초안(DCFR)이 향후 EU에서 긍정적 효과를 발휘하게 될지와 관련하여 난관에 봉착하게 될 가능성이 있음을 보여 준다. 그러나 EU의 결속력을 강화시키는 큰 계기가 된 2009년 12월 1일의 리스본조약의 발효는 EU가 앞으로 EU사법의 통일화에 있어서 성공적 결과를 가져올 수도 있음을 시사해 준다 고 할 수 있다.

Ⅳ. 결언

유럽의 소비자들은 과거 어느 때보다도 현재 '식품 생산물의 안전'에 큰 관심을 갖고 있 기 때문에 '1차 농업생산물'을 포함하는 생산물책임에 있어서 농업 생산자들에 대한 손해 배상청구소송은 확실히 많이 증가할 것이라고 예측할 수 있다. 이러한 법적 소송의 증가는 농업 생산자들에게는 높은 보험료 부담의 결과로 이어질 수도 있다. 그리고 과거 벨기에에 서의 다이옥신 오염과 같은 사건들은 식품분야에 있어서도 이러한 '책임제도'의 도입 및 강 화가 필요함을 보여 주고 있다. 이 경우 소비자들은 '식품안전과 소비자보호'보다는 단순히 순간적 이익에 관심이 있는 소수의 비도덕한 생산자들에 대한 손해배상청구의 가능성을 확 보할 수 있을 것이다.[67] 또한 이로써 EU는 생산물책임에 있어서 '1차 농업 생산물'을 포함 하는 '엄격책임'의 체계를 확립하여 역내시장에서 안전하고 위생적이며, 건강에 좋고 고품 질인 식품 생산물의 제공을 촉진하는 수단으로 활용할 수 있다는 점에서 희망적이라고 할 수 있다. 이는 식료품 규범체계에 있어서의 EU의 발전된 일면이라고 할 수 있다. 그리고 이러한 '1차 농업 생산물'을 포함한 식품안전문제는 현재 큰 관심을 갖고 있는 환경문제와 병행하여 법적 규제가 한층 강화되고 있다고 볼 수 있다.

---

66) O'Rourke, *supra* note 5, p.144.

67) *Ibid.*

그러나 이러한 낙관에도 불구하고, 관련 지침에 의해 확립된 '생산물책임 체계'에 개정의 필요성이 있다는 점에 있어서 다소 문제점이 없지는 않다고 할 수 있다. 1999년 7월 28일의 '생산물책임에 관한 그린페이퍼'에서 강조되었던 최소손해액 500유로 규정, '개발위험의 항변' 규정, 공급자책임의 한도와 같은 문제들이 잔존하고 있고, 특히 ECJ의 중요한 판결들이 있은 후에는 더욱 그렇다고 할 수 있다. '개발위험의 항변'이라는 면책사유가 많은 회원국들에서 상이하게 적용되고 있는 것이 현실이다. 특히 GMO의 문제와 관련하여, 만일 식품안전의 문제가 먼 미래에 발견된다면, 현재는 '개발위험의 항변'이라는 면책수단에 의해 생명(생물)공학 산업이 과연 그 책임을 회피할 수 있겠는가 하는 것이다. 이러한 맥락에서 개발위험의 항변을 위한 '10년의 기한'은 특히 식품과 약품과 관련하여 소비자의 권익보호에 있어서 한계가 있을 수 있다는 것이다.[68] 처음에 산업계는 생산물책임에 관한 지침의 도입으로 그들 사업에 '막대한 경제적 손해'를 가져올 것이라고 믿었다. 그러나 현실은 달랐고, 다수의 생산물 책임에 관한 사건들에서 생산자들(제조업자들)이 역내시장에서 비교적 안정된 지위를 확보할 수 있었다. 오히려 회원국 국내법에 의하여 식품안전과 소비자보호를 보다 강력하게 규율할 수 있음으로 인해 혼란을 가져오기도 하였다.

결론적으로 앞으로는 생산물책임지침에 의해서 확립된 '엄격책임' 체계를 더욱 강화해야 할 것이다. 개정이 필요한 경우에는 지침을 개정하여 관련 지침이 EU 전역에 '통일되게 이행'되도록 보장하고, 또한 불안전한 식품 생산물로 인한 '손해로부터 소비자의 보호'를 더욱 강화해야 할 것이다. 무엇보다 관련 EU법이 EU역내에서 실제 통일적으로 적용되는 것이 보장되어야 할 것이다. 이는 과거와 달리 현재 EU회원국들의 EU법에 대한 준법의식을 고려할 때 매우 긍정적이라고 할 수 있다. 그리고 EU시민의 권익보호의 강화라는 맥락에서 '결함 있는 생산물에 대한 책임'[69] 외에도 수많은 EU사법의 영역을 다루고 있는 EU의 공통참조기준초안(DCFR)은 EU사법의 통일화에 있어서 매우 고무적인 결과라고 할 수 있다.[70] 이는 공동시장(또는 역내시장)을 구축하고 있는 EU가 앞으로 공법적 측면에서뿐만 아니라 사법적 측면에서도 통일화에 더욱 깊이 관여할 가능성이 있음을 시사해 준다고 볼 수 있다. 또한 한·EU FTA 발효가 내국민대우 등 통상관계에 있어서 우리나라에게 적잖은 영향을 가져다줄 것으로 보이기 때문에, 생산물책임을 포함한 많은 사법영역을 다루고 있는 공통참조기준초안(DCFR)에 대한 연구와 이해는 앞으로 더욱 필요하다고 할 수 있다.

---

68) *Ibid.*, p.145.

69) 가정준, "DCFR의 비계약적 책임(불법행위법)", 『외법논집』 제33권 제2호(2009.5), 146-147면 참조.

70) 계약법 등 EU사법의 통일화에 대한 구체적인 논의에 대해서는 박영복 외, *supra* note 30, 46-65면, 218-336면 참조.

제19장 유전자변형생물체(GMO) 규범체계*

I. 서언

2012년 3월 9일 브뤼셀에서 개최된 유럽연합(European Union: EU) 환경장관이사회에서 '유전자변형생물체(Genetically Modified Organism: GMO)[1]작물의 경작을 제한 또는 금지하는 결정권'을 'EU에서 개별 회원국으로 위임'하는 안건에 대하여 논의하였으나, 회원국들 간의 이견으로 인해 결론을 내리지 못하였다. 그런데 이사회의 이 안건은 2010년 7월 13일 EU 집행위원회가 GMO의 환경방출 및 시장판매에 관한 기존의 EU지침(Directive 2001/18/EC)을 개정하는 형태로 입법 제안한 이후 수차례 이사회에서 논의하였으나, GMO의 '안전성'과 관련한 EU 사회의 민감한 관심으로 인해 이사회 차원에서 결론을 내리지 못하고 있었다.[2]

이에 2012년 상반기 이사회 의장국인 덴마크는 동 안건과 관련한 이사회 차원의 논의를 재점화하기 위하여 집행위원회의 기존 입법제안에 다음과 같은 2가지 선택 대안을 포함한 새로운 입법제안을 회원국들에게 설명하였다. 첫째, 'GMO승인 과정 도중'인 경우, GMO 경작권 신청자는 특정 EU회원국이 요청할 경우, 경작권 승인의 지리적 범위를 변경하여 수정 신청할 수 있도록 함으로써, 동 회원국 영토 내의 전 지역 또는 일정 지역을 GMO경작권 승인의 범위에서 제외할 수 있도록 하는 것이다. 둘째, 'GMO승인 과정 이후'인 경우, 회원국은 '승인된' GMO작물의 경작을 제한하거나 금지할 수 있는 재량권을 가진다는 것이다. 단, 이 경우에도 회원국의 제한이나 금지 조치는 EU 차원의 '환경위해성 평가' 결과

---

* 이 내용은 김두수, "EU 유전자변형생물체(GMO)규범체계를 통해 본 국제통상에 있어서의 식품안전과 환경보호", 『국제경제법연구』 제11권 제2호(2013.7)를 참고하였음.

1) GMO(Genetically Modified Organism)는 LMO(Living Modified Organism)와 같은 의미로 사용되는 용어로, 이는 현대 생명공학기술을 이용하여 '새롭게 조합된 유전물질'을 포함하고 있는 생물체로 유전자변형 콩·옥수수나, 제초제저항성 작물, 환경정화용 미생물, 슈퍼미꾸라지 등이 이에 해당된다. GMO 관련 우리나라 주무부서에는 산업통상자원부, 과학기술부, 농림수산식품부, 보건복지부, 환경부, 해양수산부 등 6개 관계 중앙행정기관이 있으며, 주요 이해관계자들로는 GMO 연구개발자, 수입업자, 사료 및 식품업자, 유통업자, 각국 외교관, 시민단체 관계자 등이 있다.

2) http://www.missiontoeu.mofa.go.kr/korean/eu/missiontoeu/trend/economy/market/index.jsp(2012.3.22 검색)

와 충돌되지 않아야 한다는 것이다.[3]

그런데 이사회에서 대다수의 회원국들은 의장국인 덴마크의 제안을 수용하였지만, 반대하는 소수의 회원국들로 인해 이사회 차원의 합의를 도출하지 못하였다. 반대하는 7개 회원국들은 프랑스, 영국, 독일, 슬로바키아, 벨기에, 사이프러스, 불가리아이며, 이들 회원국들이 제기한 우려 사항은 다음과 같다. 첫째, 세계무역기구(World Trade Organization: WTO)나 EU공동시장 법규와 합치하는지, 즉 지역협정의 적용에 의한 '최혜국대우의 원칙'에 대한 예외적 문제에 연계하여 GMO경작권의 회원국으로의 위임에 따라 회원국별로 각기 상이한 GMO정책이 시행되어 '공동시장' 운영에 혼란이 발생할 우려가 있다는 것이다. 국제사회에서 최혜국대우의 원칙의 예외가 인정되었던 EU공동시장의 특수성이 다시 분열될 우려가 있다는 점이다. 둘째, 'EU 차원'의 의무적 위해성 평가와 '회원국 차원'의 환경정책 간의 불합치로 충돌하는 경우가 발생할 우려가 있다는 것이다. 셋째, 2008년 12월 환경장관이사회에서 EU집행위원회가 GMO승인과 관련해 보다 강화된 환경위해성 분석을 시행하고, GMO 경작의 사회·경제적 비용 및 편익 분석보고서를 제출할 것을 결론으로 채택하였는데, 이러한 결론을 제대로 이행하게 될지에 대한 우려가 있다는 것이다.[4]

2012년 3월 9일 이사회의 결론 도출 실패의 결과에 대하여 EU집행위원회 보건담당 집행위원인 존 댈리(John Dally)는 이 안건과 관련된 이사회의 논의가 수년간 전혀 진전되지 못하고 있는 상황에 실망을 표현하였으며, 의장국인 덴마크의 입법제안에 반대한 회원국들은 2008년 환경장관이사회 결론의 이행 여부를 문제 삼고 있으나, EU집행위원회는 그동안 2008년 이사회 결론의 대부분을 이행하였다고 평가하였다. 그리고 EU집행위원회에 의하면, 반대한 회원국들은 EU공동시장의 혼란을 우려하고 있으나, 사실상 현재 EU 내 승인된 GMO작물에 대해 몇몇 회원국들이 EU지침(Directive 2001/18/EC) 제23조에 따른 환경이나 인간건강을 이유로 '세이프가드 조치'를 발동하여 경작을 금지시키고 있는 현재 상황이야말로 EU공동시장이 제대로 운영되지 못하고 있는 형국이라는 것이다.[5]

이처럼 GMO는 EU 전체 회원국들에서도 '완전히 통일적으로' 적용하여 다루기 어려운 것처럼 보편 국제사회에서도 완전히 통일적으로 다루기가 어려운 문제로서, 이는 앞으로도 국제사회가 노력할 부분이며 그 해결책을 모색할 필요가 있다. 그렇지 않을 경우 통상, 환경 및 보건상의 안보 등을 이유로 하는 분쟁이 발생할 것이고, 그 해결책을 찾기가 더욱 어려워질 것이다. 따라서 환경보호와 식품안전을 통한 인간건강에 큰 관심을 갖고 있는 오

---

3) *Ibid.*

4) *Ibid.*

5) *Ibid.*

늘날 GMO에 대한 EU의 환경보호 및 식품안전에 대한 대응 방식을 통해 우리나라의 관련 정책에 시사점을 도출할 수 있을 것이다. 특히 WTO "위생 및 검역 협정"(Agreement on the Application of Sanitary and Phytosanitary Measures: SPS협정)은 원칙적으로 '위해성'이 '과학적'으로 증명된 경우 금수조치가 가능하고, 매우 예외적인 경우에 한하여 '과학적 증거'가 불충분할 경우 잠정적으로 '사전예방의 원칙'(Precautionary Principle)[6]이 적용됨에 비하여, EU는 GMO승인절차에 있어서 '안전성'이 먼저 확보되어야 유통이 가능하다고 하여 그 반대의 태도를 취하고 있는 형세이다. 이에 EU가 미국과 함께 자유무역을 표방하는 WTO의 창설에 적극적이었던 데 비하여 GM식품에 대해서는 매우 소극적이라 할 만큼 신중한 태도를 보이는 맥락을 검토할 필요가 있다. 역내 '상품의 자유이동'(Free Movement of Goods)이 보장된 EU에서 특히 GMO에 대해서는 '규제완화'가 아니라 '규제강화'로서 극히 경계하는 이유를 쟁점사항별로 살펴볼 필요가 있다. 더불어 EU가 GMO를 신종식품규범에서 구별하여 별도로 다수의 GMO규범에서 다루고 있어 그만큼 GMO를 신중히·특별히 중요하게 다루고 있음을 유념할 필요가 있다. 무엇보다 식품 관련 통상 분야에서 규제강화의 측면, 즉 EU GMO법제는 WTO SPS협정과 충돌할 가능성이 충분하고 그 해결책이 필요하다. 미국과 GMO분쟁을 통해 2006년 WTO패널절차에서 패소를 경험한 EU의 향후 해결노력도 추가로 살펴볼 필요가 있다. 그리고 EU는 미국, 한·중·일 동북아와 함께 세계 3대 경제축의 하나인 만큼 EU의 GMO법제를 분석하여 우리나라의 상황에 참고하는 것은 의미가 있다. 물론 이는 '통상자유화'와 '식품안전 및 환경보호' 중 어느 쪽에 무게를 둔 통상정책을 선택·추진하는 것이 타당한지의 문제이기도 하다.

이에 이 글에서는 먼저 GMO의 쟁점 사항, EU의 GMO운영체계의 규범적 현황을 분석한 후, 관련 국제규범의 검토를 통해 환경보호와 식품안전을 위한 차원에서의 향후를 전망하고자 한다. 극소수의 연구를 제외한 기존 연구는 대부분 EU GMO규범을 대략적으로 설명하고 있으나, 이 글에서는 EU GMO법제를 조문별로 상세히 체계적으로 분석·검토한다. 이는 GMO의 안전성에 대한 논란이 지속되고 있는 상황에서 국제적·국내적으로 입법정책상 충분한 인식 제고를 가져다줄 것이다. 그리고 이로서 식품안전과 환경보호에 대한 관심이 증대되고 있는 오늘날 국제통상에서 그 법적 근거와 대응 논리를 제시할 수 있을 것이

---

6) 여기서의 '사전예방의 원칙'과 구별되는 '방지의 원칙'(prevention principle)은 "방지가 치료보다 낫다"는 데서 기인하는 것으로 환경보호분야에서는 환경영향평가(Environmental Impact Assessment: EIA)의 실시를 요구한다. Jan H. Jans and Hans H. B. Vedder, *European Environmental Law*(Europa Law Publishing, 2008), pp.40-41; 김두수, 『EU 환경법』(파주: 한국학술정보, 2012), pp.180-181; 한편 중대한 환경피해가 발생할 과학적 증거가 불충분할 경우에는 '사전주의원칙'(precautionary principle)으로, 충분할 경우에는 '사전예방의 원칙'(prevention principle)으로 구별하여 사용하기도 한다. 최승환, "식품안전관련 통상분쟁에 있어 사전주의원칙의 적용성", 『통상법률』통권 제87호(2009.6), p.19.

다. 또한 GMO에 대해 국제사회에서 가장 엄격하게 규율하고 있는 EU규범을 통해 국제통상에서 식품안전 및 환경보호의 필요성을 제고하고, 자유무역협정(Free Trade Agreement: FTA) 등 통상정책에서의 GM상품교역상의 본질적 측면을 재고하는 데 기여할 수 있을 것이다.

II. GM식품의 성질 및 쟁점 사항

여기에서는 GM식품에 대한 개념과 몇 가지 쟁점들에 관하여 살펴본다.

1. GM식품

지난 수년간 GM식품을 라벨링(labelling)하는 작업은 EU 내에서 매우 큰 논쟁이 되어 왔다. 이 문제는 광우병(Bovine Spongiform Encephalopathy: BSE) 사태 이후에 악화되었는데, 이로 인해 EU는 계속해서 '농장에서 식탁까지'의 식품사슬 과정을 어떻게 규제해야 할 것인가에 관하여 고민해야 했다.[7] 그런데 무엇보다 EU가 'GMO'와 같은 특정 분야의 식품법규를 제정하기란 결코 쉬운 일이 아니다. 더구나 식품과 관련된 법은 오늘날 과학적 혁신이 매일같이 진행되고 있다. 따라서 EU는 GM식품에 관한 정보를 제공하여 소비자들을 안심시켜야 하는 과제를 안고 있다. 일반인들은 GM식품이 안전한지, 장기적으로 건강상의 문제를 야기할 소지가 있는지에 관해 불안감을 갖고 있기 때문에, EU는 이런 소비자들의 불안감을 해결해야 한다. EU는 많은 법적 수단들을 통해 GM식품에 대한 소비자들의 공포감을 완화시키기 위해 노력하고 있으나, 실제는 식품이 GMO에 의해 생성되었는지에 상관없이 EU공동시장의 원활한 기능을 저해할 아무런 장애가 존재하지 않는다는 점을 강조하고 있는 실정이다. 서두에서도 언급하였듯이 이러한 '이중적'인 상황을 고려할 때 GM식품의 '안전성'에 관한 문제의 해결은 결코 쉬운 일은 아닌 것으로 보인다.[8]

그런데 치즈, 와인, 맥주, 빵과 같은 식료품의 생산은 발효를 시키거나 요구르트를 만들

---

7) 생산자와 소비자 간 상호 이해와 협력의 중요성을 고려하여 EU 내 유럽농업협동조합(Cogeca, 1959년 창설)과 유럽소비자협동조합(Euro Coop, 1957년 창설)도 역내시장에서의 식품공급체인상의 사안을 다루기 위해 노력하고 있으며, 2012년 4월 24일 UN 유럽경제사회위원회(EESC) 회의실에서 '식품공급체인의 형평성과 경쟁력 제고를 위한 협동조합의 역할'이란 주제로 세미나를 개최하기도 하였고, 이 세미나에는 EU 집행위원회와 유럽의회(EP)도 참여하였다.

8) Raymond O'Rourke, *European Food Law*(London: Sweet & Maxwell, 2005), p.171.

때 박테리아를 이용하는 방법과 같이 '전통적인 생명공학기술'을 사용하는 범주로 여겨 왔다. 반면에 국제연합 식량농업기구(United Nations Food and Agriculture Organization: UN FAO)와 세계보건기구(World Health Organization: WHO)는 '현대적 의미의 생명공학기술'을 정의 내리면서 GM식품에 대하여 구체적으로 다음과 같이 정의하고 있다.

"GM식품은 유전적인 변화를 가진 식품 또는 유전자변형을 거친 미생물을 포함하는 성분을 가진 식품 또는 유전자변형을 통해 만들어져 생산 공정에 이용된 식품을 말한다."[9]

그런데 소비자들이 GM식품에 대해 가장 우려하고 있는 부분은 '안전성'이다. '안전성'은 상대적인 개념이기 때문에 어떤 식품도 완벽하게 안전하다고 볼 수 없지만, 일상적으로 우리가 소비하는 식료품에 대해서는 안전성에 대한 확신이 존재해야 한다. 다시 말해서 모든 식료품에 대해, 특히 GM식품에 대한 '안전성'을 확립하는 데 있어서는 반드시 다음과 같은 기준에 따라야 한다. 첫째, 적절한 '위해성 평가와 위해성 관리' 수준에 의할 것, 둘째, 당시의 '최상의 과학적 지식'에 의할 것, 셋째, 일반 소비자들이 사용하는 것으로 간주되는 식품을 기준으로 할 것 등이다.

그러나 이러한 기준을 충족하더라도 GM식품은 다른 식품들과는 달리 '유전자를 변형한' 식품이라는 점에서 소비자들에게 좀 더 많은 위험성을 가지고 있는 것으로 인식되고 있는 바, 이에 대하여 아래에서 좀 더 자세히 살펴본다.

2. GM식품의 관련 쟁점 사항들

1) 식품 안전성

GM식품에 관한 안전성을 평가할 때 국제식품규격위원회(Codex Alimentarius Commission), FAO, WHO와 같은 국제기구들은 소비자들이 GM식품을 섭취할 만큼 안전한가에 대해 평가할 경우 GM식품을 반드시 전통식품이나 전통식품을 구성하는 성분과 비교해야 한다고 하였다. 만일 이러한 비교를 통해 GM식품이 전통식품과 유사하거나 거의 유사할 경우, 이를 '실질적으로 동등한'(substantially equivalent) 식품으로 간주한다. 그런데 소비자들은 GM식품이 '실질적으로 동등한'지 아닌지에 대한 결정 과정을 확립하는 것은 매우 어려운 일이라고 생각한다.[10] GMO나 GM식품에 관한 법규의 경우, EU는 시장에 판매할 수 있는지의

---

9) FAO/WHO(1996), "Joint FAO/WHO Expert Consultation on Biotechnology and Food Safety"(Rome: September 30~October 4, 1995) 참조.

10) O'Rourke, *supra* note 8, p.173.

허가를 구해야만 하는 식품에 대한 실험과 더불어 매우 구체적인 과학적 기준을 바탕으로 확립하고 공표함으로써 이 문제를 해결하기 위해 노력하고 있다.[11] 이러한 실험은 각 회원 국마다 존재하는 '위해성 평가 기관'에서 수행된다. 이들 각 회원국 위해성 평가 '관할기관' 은 소비자들을 충분히 보호하고 책임지며, 소비자들에 대한 개별 GM식품의 판매여부에 대 해 권한을 위임받아 구체적인 평가기준을 마련하고 안전성 검사의 실시를 수행한다.

2) 식품 알레르기

대부분의 식품 알레르기(food allergies)는 제한된 식품군에서 발생한다. 예를 들어 생선, 달 걀, 유제품, 밀가루, 견과류에서 발생한다. 사실 대부분의 알레르기는 단백질에서 발생하며, 알레르기를 흔히 발생시키는 식품 가운데는 알레르기를 유발하는 단백질을 보유하고 있다. 예를 들어 밀가루, 우유에서는 대략 20가지의 서로 다른 알레르기를 유발하는 단백질을 갖 고 있다. 이처럼 알레르기는 기존의 전통식품에서도 발생한다. 그런데 여기서의 문제는 많은 소비자들이 GM식품으로 인해 알레르기가 더욱 '악화'될 수 있다고 생각한다는 점이다. 그런 데 미국 식품의약청(US Food and Drug Administration: FDA)에 따르면 GM식품이 알레르 기 반응을 일으키는지에 대해 아직 충분히 밝혀지지 않았다고 한다. 미국 FDA는 식품 알레 르기의 가능성을 예측하는 다양한 방법들을 제시하는데, 단백질의 화학적 특성을 이용하거나 동물의 실험 또는 잘 알려진 알레르기 항원의 아미노산 데이터베이스를 활용하는 방법들이 그것이다. 그런데 이러한 방법들은 모두 오류를 범할 가능성을 배제할 수 없다. 이에 GM식 품과 GM동물에 관한 법률을 제정하는 데 있어서 EU는 식품 알레르기에 대한 지속적인 모 니터링을 약속하였으며, 만약 필요한 경우에는 소비자들이 이러한 GM식품 알레르기 문제에 대해 충분히 숙지할 수 있도록 특수한 '라벨링'을 하도록 하겠다고 밝혔다.[12]

3) 항생제 내성

치료 목적으로 사용되는 다양한 종류의 항생제에 저항하는 특성을 갖고 질병을 유발하는 미생물에 관해 세계적인 우려가 고조되고 있다. 그 이유는 몇몇 국가에서 항생제를 '과도하 게' 남용하거나 의사의 '처방 없이' 보편적으로 판매되고 있기 때문이다. 영국의 신종식품

---

11) WTO통상질서에서 GMO가 전통상품에 대하여 '동종상품'(비차별적 대우)에 해당하는지의 쟁점에 대해서는 서철원, "GMOs의 무역규제와 WTO-갈등의 근본이유", 『국제법학회논총』 제50권 제1호(2005), pp.92-94 참조.
12) O'Rourke, *supra* note 8, p.173.

및 가공 자문위원회(Advisory Committee on Novel Foods and Processes: ACNFP)는 항생제에 저항하는 특성을 가진 유전자는 요구르트의 유산균과 같은 미생물에 사용되어서는 아니 된다고 권고한 바 있으며, 1996년 6월 EU각료이사회(Council of Ministers)는 Ciba-Geigy(화학회사)의 GM옥수수를 시장에 도입해도 되는지에 관해 논의한 바가 있고, 영국은 당시 회원국들 중 시장도입의 반대를 표시하였는데, 그 이유는 영국이 이 GM옥수수에서 암피실린(ampicillin)에 저항하는 유전자를 발견하였기 때문이다. 암피실린은 인간과 가축에 사용되는 항생제인데, 영국은 이 유전자가 GM옥수수를 먹는 소의 내장 박테리아를 변형시켜 암피실린에 내성을 갖게 할 수 있다고 판단했다. 이렇게 되면 암피실린을 더 이상 치료용으로 사용할 수가 없고, 또한 궁극적으로 인간에 전이될 가능성이 있기 때문에 영국은 반대하였다.[13] 그런데 UN FAO와 WHO에 따르면 동물의 소화기관 내에서 항생제에 저항하는 유전자가 변형될 가능성은 낮다고 한다. 그러나 완전히 그 가능성을 배제할 수 없기 때문에 전문가 그룹을 구성하여 상업적 목적을 위한 GMO에 위와 같은 항생제 저항(내성) 유전자를 사용해서는 아니 되는 환경 또는 조건들에 관하여 조사를 수행할 필요는 있다. 만일 그러한 유전자의 사용이 가능하다면 그에 대한 환경이나 조건을 규정해야 한다.[14]

EU는 지침 2001/18/EC를 통해 항생제 저항(내성) 유전자(Antibiotic Resistance Marker Gene: ARMG)의 사용을 서서히 중단하도록 하여 2004년에는 사용을 금지하는 조치를 취하였으며, 2008년부터는 GMO를 위한 실험 시에만 GMO에 사용할 수 있도록 하였다.

4) 유기농업에의 치명적 영향

GM작물 농업이 유기농업(organic farming)의 순수성을 해할 우려가 있다는 문제점이 지적되고 있다. GM농작물의 꽃가루가 근방의 유기농작물에 날아가 GM작물과 교배될 가능성에 의해 피해를 줄 우려가 있다는 것이다. 과학적 연구에 따르면 GM농작물과 유기농작물을 분리 재배하여 오염의 정도는 줄일 수 있으나, 오염을 '완전히' 제거할 수는 없다고 한다.[15] 농작물의 종류에 따라 꽃가루가 날아가는 정도가 달라서 특정 농작물에 대해서는 분리 재배방식이 어느 정도는 효과가 있으나, 유기농작물의 근방에서 GM농작물이 재배되는 경우에 '완전히' 오염을 면할 방법은 없다고 할 수 있다.

---

13) *Ibid.*, p.174.

14) *Ibid.*

15) *Ibid.*

5) 제초제 내성

GM식물에는 다용도의 광역제초제(broad-spectrum herbicide)를 사용하는데, ① 먼저 이 제초제들은 GM식물을 제외한 모든 식물을 죽인다. 이 제초제들은 많은 잡초들을 죽이는데, 이로 인해 곤충들이나 생물체가 섭취할 수 있는 식물들이 충분하지 않게 되어 결국 자연서 식지의 균형이 파괴된다. 과학계 내에서는 제초제의 사용은 자연 서식지에 악영향을 미치는 데 얼마나 나쁜 영향을 미칠지는 농법과 지역적 환경에 의해 좌우된다고 판단한다. 이는 전통농법과 GM농법 간의 충분한 '공생을 위한 가이드라인'을 제시함으로써 전통적인 농업을 GMO의 도입으로부터 보호할 필요성이 있음을 지적하는 것이다.[16] 이로써 많은 좋지 않은 결과들의 발생을 완화시킬 수 있다.

그리고 GM식물을 위한 다용도의 제초제 사용과 관련해 ② 또 다른 요인이 존재하는데, 바로 과학자들은 다양한 제초제의 사용으로 '슈퍼잡초'(super-weed, GM작물에 의해 우연히 수분되어 생긴 야생 식물, 제초제에 대한 내성이 있고 해충을 죽일 수 있음)의 등장을 우려된다. 이와 관련하여 영국 임페리얼 컬리지(Imperial College, London)에서 10년에 걸친 연구 결과에 따르면 제초제에 저항하는 특성을 가진 GM식물이 슈퍼잡초가 될 것이라는 충분한 증거가 없다고 한다. 그러나 오하이오 주립대학교(Ohio State University)의 연구 결과에 따르면 정상적인 해바라기가 제초제에 저항하는 특성을 가진 GM식물과 교배했을 경우 해충을 쫓는 유전자를 획득했을 뿐 아니라 정상 해바라기보다 더 많은 씨앗을 만들어 냈는데 이는 아마도 식물에 손상을 가져오기도 전에 해바라기에 달라붙은 곤충이 죽었기 때문이라고 하였다.[17] 따라서 아직은 더 많은 연구조사가 필요함을 보여 주고 있다.

3. GMO의 경제적 이익의 측면

GMO를 농업에 도입하게 되면 GM농작물은 병해충에 강한 우량품종 개발과 수확량의 증대로 인해 농업생산성이 증대되어 세계 빈곤퇴치에 기여할 것으로 예상되기도 한다. 이러한 장점 때문에 이미 2001년 UN인간개발보고서(Human Development Report 2001)에서는 개도국의 사회경제적 발전을 위한 핵심적 방법으로 생명공학을 들기도 하였다. 그리고 만일 합리적으로 관련 정보를 제공받을 수 있다면, GMO는 개발도상국의 경제적 도약을 위

---

16) *Ibid.,* p.175.

17) *Ibid.*

한 혁신적인 기술이 될 수 있을 것이다. 생명공학으로 인한 '이점'을 최대한 활용하면서 동시에 인간건강 및 환경에 미치는 '악영향'을 제거 또는 최소화하는 것이 중요한 이유이다.[18]

4. 소견

이와 같이 GMO에 찬성하는 입장에 의하면, GM농작물은 해충·바이러스 등에 의한 피해가 감소하여 생산량을 증대시켜 식량난을 해결할 수 있다. 제초제·살충제 살포 횟수가 줄어들어 인건비·노동력 등의 절감 효과를 주고, 농약사용량의 감소로 환경 및 자연생태계를 보호하는 효과가 있다. 반면 GMO에 반대하는 입장에 의하면, GM식품의 '안전성'이 확실하지 않고, 전통 품종이 손실되고 생태계가 교란될 가능성이 있다. 식량부족의 문제는 분배의 불균형으로 인한 것이지 생산량의 부족으로 인한 것이 아니다. 또한 GMO를 통한 신종 품종의 개발은 주로 선진국에서 이루어지기 때문에 소수 선진국의 식량 독점이 우려된다. 그리고 해충이나 잡초의 내성이 증가되어 더 강한 살충제나 제초제가 필요하게 되어 결국 환경오염문제를 더욱 가중시킨다. 이에 의하면 결국 GM농작과 GM식품은 '인간의 건강과 환경에 대한 안전성'과 '경제적 이익' 사이의 논쟁이 그 본질이자 핵심적인 성질을 갖는 사안이라고 할 수 있다.[19]

EU는 일찍부터 우리나라보다 더 GM식품에 대한 논의가 활발하였다. 이는 우리나라가 경제성장에 치중한 나머지 인간건강과 환경과 관련된 GMO 관련 사안에 대해 소홀했던 것으로 보인다. 그러나 이제는 GMO와 관련하여 '안전성'과 '경제적 이익' 양자에 관하여 냉철한 판단을 해야 한다. 가장 먼저 GM식품의 안전성을 최우선적으로 고려해야 한다. 그리고 그동안 과학적 연구가 주로 미국과 유럽의 선진국을 중심으로 이루어졌다면, 이제는 우리나라도 GMO와 같은 생명공학에 관한 독자적인 과학적 연구를 통해 객관적인 결과를 발표할 수 있어야 한다. 이는 EU나 미국 등 외국의 견해에 의해 GMO정책이 좌지우지되는 것이 아니라는 점에서 국익과도 무관하지 않다. 무엇보다도 앞서 언급했던 쟁점 사안들에 대한 대비가 이루어진다면, GMO 관련 문제가 발생하는 경우 적절한 매뉴얼에 따른 해결책이 제시될 수 있다. 국제사회에서 생명공학이 21세기 기술의 핵심가치라면 이에 따른 부작용에 대처할 매뉴얼을 마련하는 것도 국가의 책임이라고 할 수 있다. 어쩌면 이는 머지않아 '식량안보' 및 '환경안보'와도 연관된 중요한 문제로 다루어질 것이다.

---

18) 이재곤, "생명공학안성의 국내적 및 국제적 규제동향과 문제점", 『국제법학회논총』 제49권 제2호(2004), p.22.
19) 유전자변형기술의 혜택과 잠재적 위해성에 관해서는 박원석, "유럽연합의 유전자변형생물체 규제제도: 위해성 평가와 승인절차를 중심으로", 『국제경제법연구』 제8권 제1호(2010), pp.108-110 참조.

Ⅲ. 신종식품에 대한 GMO의 별도의 규제

1. 신종식품에 관한 규제

1) 신종식품의 의미

규칙 258/97[20)의 제1조 제1항은 동 규칙의 규율대상을 명시적으로 'EU시장 내로 도입되는 신종식품 혹은 신종식품원료'라고 규정하고 있다. '신종식품'(novel foods)이란, 자연발생적인 상품들과는 달리 다른 원재료들을 함유하거나 그러한 원재료를 통해 생산된 식품을 의미한다. 완전히 독립적이지는 않지만, 신종식품 규칙 258/97은 주로 현재의 생명공학기술(biotechnology)의 도움을 통해 생산된 식품들을 규율한다. 동 규칙 제1조 제2항 1호~6호 중에 1호~2호는 GMO와 관련된 규정이나, 이는 2001년 이후 GMO와 관련된 특별법이 제정됨에 의해 대체되었으며, 3호~6호에 따라 다음에 설명할 상품들이 이에 해당된다. 첫째, 새로운 분자구조 또는 의도적으로 분자구조가 수정된 식품이나 식품구성물질(원재료), 둘째, 미생물과 균류(Fungi)나 조류(Algae)에서 추출된 식품이나 식품원재료(원재료), 셋째, 기존의 번식방식이나 사육방식을 임의로 배제한 후 식물이나 동물로부터 추출된 식품과 식품구성물질(원재료), 넷째, 현재 사용되고 있지 않는 식품공정방식을 이용하여 식품이나 식품구성물질(원재료)의 성질이나 구조를 변경시켜서 영양적 가치나 물질대사에 영향을 미쳐 물질의 구성 또는 조합에 큰 변화를 야기하는 식품과 식품구성물질(원재료) 등이다.

한편 동 규칙 258/97의 규율대상의 범위에 해당하는 식품은 동 규칙 제3조에 따라 첫째, 소비자들에게 위해성을 발생케 해서는 아니 되고, 둘째, 소비자들에게 오해(기망행위)를 초래해서도 아니 되고, 셋째, '전통적인' 식품류의 확장 등에서 오는 차이로 인해 소비자들에게 오히려 영양적으로 불이익을 야기해서는 아니 된다.

2) 승인 절차

기업은 신종식품을 역내시장에 유통하기 위해서 반드시 요청서(request)와 기술 관련 서류(technical dossier)를 신종식품이 제일 먼저 소개되는 특정 회원국 내의 권한 있는 관할관

---

20) Regulation 258/97/EC of the European Parliament and of the Council of 27 January 1997 concerning novel foods and novel food ingredients(OJ 1997 L43/1~6).

청에 제출해야 하며, 동시에 사본은 유럽식품안전청(European Food Safety Authority: EFSA)와 EU집행위원회로 전달된다(제4조). 해당 회원국 관할관청은 요청서 수령 후 3개월 내에 최초의 과학적 평가서(initial scientific assessment)를 작성해야 하고, 이 평가서는 유럽식품안전청(EFSA)에 의해 고안된 과학적 평가기술(scientific assessment techniques)과 긴밀히 연관된 것이어야 한다.

유럽식품안전청(EFSA)은 위의 최초의 과학적 평가보고서를 해당 회원국 외 모든 다른 회원국들과 EU집행위원회로 전달할 책임이 있다(제6조). 각 회원국과 관할관청은 최초의 과학적 평가보고서에 대한 '논평'(comments) 또는 '근거 있는 반대의견'(reasoned objection)을 60일 이내에 제시할 수 있다. 이러한 평가가 일단 결정되면, EU집행위원회 또는 다른 회원국의 이의가 없는 경우, 그리고 제7조상의 '추가적인 과학적 평가'가 필요치 않은 경우, 해당 회원국 관할관청은 신청자에게 제품의 시장유통의 허가를 통지해야 한다. 그런데 실제로는 언급한 것처럼 쉽게 될 확률이 매우 낮으며, 어떤 허가가 유럽식품안전청(EFSA)이나 다수의 다른 회원국들을 통해 정밀조사가 진행되는 것이 불가피하여, 결국 이로 인해 더 많은 자료조사가 필요하게 된다. 그리고 시장 도입이 허가된 신종식품은 제8조에 따라 식품성질과 관련하여 성질의 구조, 영양적 가치와 영향, 식품의 목적에 관하여 반드시 '라벨'에 표시해야 한다.

3) '실질적 동등성'과 관련하여

신종식품 규칙하에 어떤 제품은 비교적 덜 까다로운 인가 절차를 거친다(제3조 4항). 이 절차는 현존하는 식품 또는 식품구성물질(원재료)과 '실질적으로 동등한'(substantially equivalent)[21] 식품에 한해 적용된다. EU집행위원회는 규칙 1829/2003에서 기존의 전통식품과 '실질적으로 같다'는 것을 확인하는 절차는 GM식품의 안전성 평가의 핵심 단계임을 주목하고 있다. 물론 이러한 '실질적으로 같다'는 것을 확인하는 것 자체로 해당 식품의 안전성 평가가 이루어진 것은 아니다.[22]

---

21) 여기서 '실질적 동등성'이라 함은 1993년 경제협력개발기구(OECD)에 의해 정립된 개념으로 GMO식품과 유사한 재래식품 간에 구성성분과 특징, 섭취 및 조리방법, 예상 섭취량 등을 비교하여 그 차이점을 명확히 하고 그 차이가 자연계 품종 간에 존재하는 편차의 범위 내에 있다면 안전성 면에서도 사실상 동등하다고 본다는 것이다. 만일 유의적인 차이점이 존재한다면, 그 차이점에 대한 독성과 영양성 및 알레르기성을 평가하고, 항생제내성유전자가 표시유전자로 사용된 경우에는 항생제내성을 평가하여, 실질적 동등성이 확인되면 안전성 면에서 GMO식품은 기존의 재래식품과 동등하다고 본다. 식품 및 식품성분이 별로 알려져 있지 않거나 전혀 새로운 것인 경우 실질적 동등성은 적용하기가 무척 어려운데, 이 경우에는 확인된 차이와 새로운 특성이 안전성 평가를 위한 주요 기준이 된다. 최승환, *supra* note 6, p.14.

신종식품 규칙하에 '실질적 동등성'의 원칙에 있어서 EU집행위원회의 지위는 2003년 9월 이탈리아에 대한 유럽사법법원(European Court of Justice: ECJ)의 판결 사례[23]를 통해 확고해졌다. 당시 이탈리아 과학자들의 자국민에 대한 안전성 우려로 인해 이탈리아 정부 당국은 이전에 프랑스와 영국에서 '실질적으로 같다'는 규정에 의해 허가된 몬산토(Monsanto)사의 GM상품의 판매를 금지하였다. 이에 유럽사법법원(ECJ)은 인체건강에 위해성을 야기할 수 있는 경우에 회원국은 GM제품의 판매를 금지할 권한을 갖되, 다만 금지조치를 위해서는 반드시 적절한 위해성 평가를 통해 즉시 입증하여야 한다고 하였다. 유럽사법법원(ECJ)은 '실질적으로 같다'는 것은 위해성 평가를 수반하지 않은 과학적인 개념이라는 사실에 주목했다. 즉 위해성을 주장하는 측에서 위해성 평가를 통해 이를 증명해야 한다. 그런데 EU는 GMO가 기존의 생물체와 '동등하지 않다'는 입장을 일반적으로 유지하고 있기 때문에 보다 '신중'하고 '사전 예방적'인 차원에서 GMO에 접근하고 있고, 국제사회에서 가장 엄격하게 규제하는 모습을 취하고 있다.[24] GMO가 기존 생물체와 동등하지 않으며 GMO가 인체에 해롭지 않다는 것이 과학적으로 확실히 증명되지 않았기 때문에 안전하다고 가정할 수 없다는 것이다.[25]

2. GMO의 환경방출 및 시장판매에 관한 규제

1) 입법 배경

먼저 유전자변형생물체(GMO)와 신종식품(novel foods)은 차이가 있다. 신종식품은 대부분의 사람들이 GMO를 포함하여 언급하나, EU는 이를 구분한다. 유럽의회(EP)와 이사회(Council)는 제1조에 입법취지가 '인간건강 및 환경보호'임을 구체적으로 규정하는 지침 2001/18/EC[26]을 채택하며, 이전에 GMO를 환경으로 방출하는 것에 대해 다루었던 지침

---

22) O'Rourke, *supra* note 8, p.181.

23) Case C-236/01, *Monsanto Italia SpA* v. *Presidenzia del Consiglio dei Ministri*, [2003] ECR Ⅰ-8105.

24) 한국바이오안전성정보센터, 『KBCH 동향보고서 – 국가별 LMO 동향: 유럽연합[EU]』 No.2011-006(2011.9.20), p.1.

25) *Ibid.*, p.3; GMO가 전통상품과 물리적으로 다르다고 쉽게 단언할 수 없는 이유에 관해서는 서철원, *supra* note 11, pp.93-94 참조.

26) Directive 2001/18/EC of the European Parliament and of the Council of 12 March 2001 on the deliberate release into the environment of genetically modified organisms and repealing Council Directive 90/220/EEC(OJ 2001 L106/1~39); Directive 2008/27/EC of the European Parliament and of the Council of 11 March 2008 amending Directive 2001/18/EC on the deliberate release into the environment of genetically modified organisms, as regards the implementing powers conferred on the Commission(OJ 2008 L81/45-47).

90/220/EEC[27]를 폐지하였다. 동 지침 제2조 제2항에 의하면 "GMO란 자연적으로 발생하지 않는 방식으로 유전적 성질을 재조합(recombination)하는 과정을 통해 얻어진 생물체"로 정의된다. 여기서 '재조합된'(recombined) 새로운 물질이란 대표적으로 살아 있는 세포의 DNA(deoxyribonucleic acid, 디옥시리보 핵산, 유전정보를 지닌 세포핵 염색체 기초 물질) 구조 내에 외부 유기체에서 준비된 유전성의 물질을 넣은 것을 의미한다. 이 유기체들은 옥수수, 낟알 등으로 만들어질 수 있으며 궁극적으로 식료품의 생산에 사용된다.

그런데 과거 EU에서 도입된 지침 90/220/EEC는 의무적 라벨링을 요건으로 하지 않는 등 GMO를 환경으로 방출할 때 발생할 수 있는 모든 위험으로부터 '인간건강'과 '환경보호'를 기본 목적으로 하기에는 부족하였다. 그리고 1990년 회원국들의 GMO에 관한 '상이한 조건의 허가 규정'과 각 GM생산물들의 '무역장벽'의 문제가 발생하였기 때문에 이를 고려하여 지침 2001/18/EC가 채택된 것이다. 이는 당시 '역내시장의 불능'의 문제를 해결하기 위한 적절한 기능에 영향을 주었고, 회원국들의 어떤 법도 높은 수준으로 환경보호와 소비자의 안전에 기초하도록 하고 있다.

이에 사전예방의 원칙(precautionary principle)에 따라 지침 2001/18/EC는 'Part B'나 'Part C'의 허가절차 개시 전(신청서 접수 전)에 '환경위해성 평가'(environmental risk assessment)를 실시하도록 요구하고 있다(제4조 제2항). 또한 이 지침은 GMO의 항생제 내성 표지 유전자(Antibiotic Resistance Marker Gene: ARMG)의 사용을 단계적으로 축소하여 2008년 12월 31일까지 완전히 폐지하도록 규정하고 있다. 동 지침하에서 GMO는 Part B(시장에 내놓는 것 이외의 목표로 환경에 방출: 비상업적 방출)나 Part C(판매를 목적으로 시장에 내놓는 것: 상업적 방출)에 따라 '구체적인 절차'를 거쳐 '안전성이 확보'될 경우에 '시장'에서 신중하게 판매된다. 오직 대규모의 공공자문과 GMO에 관한 유럽식품안전청(EFSA)의 과학패널(GMO scientific panel)의 자문을 받은 후에만 GM제품을 역내시장에서 판매할 수 있다.[28]

---

27) Council Directive 90/220/EEC of 23 April 1990 on the deliberate release into the environment of genetically modified organisms(OJ 1990 L117/15-27).

28) GMO의 일반적 환경방출이 아닌 차원에서의 '유전자변형미생물'에 관한 밀폐사용 지침(Directive 2009/41/EC on the contained use of generically modified micro-organisms)은 유전자변형미생물(genetically modified microorganisms(GMMs))의 밀폐사용을 규제하는데, 동 지침은 사람이나 환경과의 접촉이 없는 밀폐상태에서 유전자변형 바이러스나 박테리아와 같은 '유전자변형미생물'을 연구용으로 또는 산업용으로 작업하는 행위를 규율한다. 박원석, *supra* note 19, p.111.

2) Part B 허가(제5조~제11조)

동 지침 제4조 2항에 따라 GMO를 환경에 방출하기 전, 책임 있는 회사는 각 회원국들의 관할관청에 허가를 위한 신청서를 제출해야 한다. 특정 GMO를 방출하였을 때 인간건강이나 환경에 영향을 미칠 수 있는 예측 가능한 '위험성'(foreseeable risks)을 평가할 수 있는 절차상의 과학적 서류를 제공해야 한다(제4조 4항). 동 지침의 부속서(Annex) 3은 제5조에서 언급된 GMO의 '환경 방출'을 위한 신청서, 그리고 제12조에서 참조되며 다음에서 검토되는 GM생산물을 '시장'에 진열하기 위해 제출할 자세한 정보가 규정되어 있다. 환경에의 방출의 경우, 회원국 관할관청은 첫째, 지침 2001/18의 승낙(compliance)을 위해 검토하고, 둘째, 제기된 방출상의 위험성을 평가하고, 셋째, 결론을 작성하고 기록하며, 넷째, 관리목적을 위해 필요한 경우 검사(tests)와 검역(inspections)을 수행하고, 다섯째, 이들 요소들과 다른 회원국들의 견해를 고려하여 허가 또는 불허의 결정을 내리며 이를 90일 이내에 공지한다.

그리고 회원국 관할관청은 '환경'이나 '인간건강'에 영향력을 미칠 수 있는 GMO의 방출을 감시한다. 만약 위험성을 유발할 수 있다는 '새로운 정보'가 제시되는 경우, 관할 관청은 제8조에 의하여 상황을 개정하도록 요구할 수 있으며, 회원국 국민에게 공시하는 동안 허가된 환경 방출은 수정(modify)되거나 중지(suspend)되거나 종료(terminate)될 수 있다.

동 지침은 Part B(제8조)와 Part C(제24조)의 허가하에서 의무적인 공적 자문절차를 규정하고 있다. 장소(locations)를 포함하는 모든 Part B의 환경방출 정보는 공적 기록을 통해 국민에게 알릴 수 있도록 구비되어야 한다. 또한 공적 기록물은 Part C 허가에 의해서 역내시장에 유통 판매된 GMO의 성장장소를 입증해야 한다. 회원국 국민에게 제공할 정보를 배열(format)하는 것은 회원국 관할관청의 재량이다.

3) Part C 허가(제12조~제24조)

GMO를 역내시장에 유통시키는 경우, 동 지침 제12조에 따르면 GM산물의 제조자나 EU로의 수입자는 각 생산물을 처음으로 유통시키는 회원국의 관할관청에 신청서를 제출해야 한다. 이 신청서는 부속서 3에서 요구하는 정보를 담은 절차상의 서류에 해당된다. 이 신고서를 수령한 관할관청은 허가(승인)를 위해 '환경위해성 평가'에 특별한 주의를 기울여야 하고 생산물의 안전한 사용과 관련하여 '사전예방의 원칙'을 권고하는 동 지침을 토대로 하여 검사해야 한다.

회원국 관할관청은 조사를 토대로 평가보고서(assessment report)를 준비하여 EU집행위원회에 제출해야 한다(제14조). EU집행위원회는 여타 회원국들 관할관청에게 30일 이내에 평가보고서의 인수증을 전송해야 한다. 이 평가보고서는 GMO가 역내시장에 유통되는 데 문제가 있는지 없는지를 표시해야 한다. 만일 관할관청이 GMO의 시장 유통 불가의 결정을 내리는 경우에 이 평가보고서에는 그 이유를 진술해야 하며, 제조사나 수입자가 제출한 동신청서는 승인이 거부된다.

만약 평가보고서가 GMO를 시장에 유통시키는 데 우호적인 경우, 다른 회원국의 관할관청이나 EU집행위원회는 평가보고서가 배부된 날로부터 60일 이내에 평가보고서에 대해 상세한 이유를 붙인 반대의견(reasoned objections)을 제출할 수 있다. 다수 회원국들의 반대가 존재하는 경우, EU집행위원회는 GMO의 시장거래에 관한 의견이 일치하지 않으면 평가보고서가 배부된 날로부터 105일 이내에 합의(agreement)를 위해 심의를 조정할 수 있다. GMO의 시장유통에 대한 승인(허가)은 최대 10년 동안 부여될 수 있다(제15조).

그리고 시장에 유통시키는 모든 단계에서 '의무적'으로 라벨(label)을 붙여야 하며 "이 생산품은 GMO를 포함하고 있다"고 명확하게 기재해야 한다(제21조). 단 하위생산품의 예측이 불가능하거나 과학적으로 추적이 불가능한 GMO의 흔적은 라벨을 붙이지 않아도 된다.

비록 동 지침하에서 GMO가 EU집행위원회에 의해서 EU에서의 자유로운 유통을 일단 허가(승인)받더라도, 제23조에 의해서 각 회원국의 "환경이나 인간건강에 위험할 수 있다"는 타당한 이유를 고려하여 '일시적으로' 금지될 수 있다. 만약 각 회원국이 이러한 결정을 하는 경우에 이를 EU집행위원회에 즉시 통지해야 하고, EU집행위원회는 3개월 내에 동 금지조치를 유지할 것인지를 결정한다(제23조).[29]

4) 동 지침 이행 초기의 EU위원회의 경과보고

GMO에 관한 지침 2001/18/EC의 이행에 관해 EU집행위원회는 Part B(환경방출관련) 허가의 수가 약간 증가하였고 대부분의 분야는 GM식물에 대한 시도였으며 이는 독일, 스페인, 영국에서 나타났다고 보고했다. 다른 대부분의 국가들은 Part B 허가의 수가 감소하거

---

29) 회원국은 EU정책과 별도로 승인된 GMO가 인체나 환경에 악영향을 줄 우려가 있다는 근거가 있을 경우, 세이프가드조치를 실행하여 GMO의 재배나 판매를 중단할 수 있고, 현재 오스트리아, 프랑스, 독일, 그리스, 룩셈부르크, 헝가리가 금지령을 시행 중이다. EU집행위원회가 이들 조치에 대해 과학적 증거가 희박하다며 금지조치를 해제할 것을 제안했으나, 대다수 국가들은 계속해서 금지령을 유지하고 있다. 한국바이오안전성정보센터, *supra* note 24, p.4.

나 거의 변화가 없었다. 그리고 2003년 1월과 2004년 3월 사이에 24개의 Part C(시장유통 관련)가 신청되었다.[30] 비록 지침 2001/18/EC의 Part C는 모든 상업적 방출을 포함하고 있음에도 불구하고, 현재 시장에서 GM 식품 및 사료로 유통되는 것은 특별히 '규칙 1829/2003'의 절차에 따르고 있다. 왜냐하면 지침 2001/18/EC하의 모든 Part C 생산품에 관한 허가 중에 '사료'로 사용되는 것은 규칙 1829/2003의 적용을 받도록 개정되었기 때문이다. 이후로 '식품'과 '사료'로 사용되는 GMO의 신청은 규칙 1829/2003하에서 허가되며, 대부분의 Part C 신청절차는 지침 2001/18/EC하에서 미래 입법의 골격을 만드는 것으로서 한정되었다. 위와 같은 신법들의 지속적인 제정과 법체계의 발전으로 Part C의 대상 폭이 좁혀지는 것이 불가피해 보인다.

그리고 여러 가지 우려가 대두됨에 따라 EU집행위원회가 의장 역할을 하고 있는 회원국 관할관청연합(Member States' Competent Authorities: CAs)의 실무그룹들 중에는 제초제 저항성, Bt(Bacillus thuringiensis, 바실루스 병균)독성, 항생제 저항성 표지(Antibiotic Resistance Markers: ARMs)와 같은 특별한 이슈에 대한 요건을 제정하고, 또한 시판된 GM물품의 감시와 용이한 접근성, 정보의 교환 등과 관련하여 부가적인 사무를 행하는 곳이 있다고 보고하였다. 이 관련 사무그룹은 2004년 4월에 항생제 저항성 표지(ARMs)의 평가를 유럽식품안전청(EFSA)으로부터 인도받았다고 보고하였다. 게다가 회원국관할관청연합(CAs)은 회원국들 간 정규적인 의견교환의 결과로서 동 지침(지침 2001/18/EC)의 특별 조항의 이행에 관한 공동양해에 도달하였다고 하였다.[31]

5) GM 콩 및 옥수수 관련 사례

과거의 지침 90/220/EC하에서 승인된 GM 콩(미국 Monsanto가 생산하였으며 1996년에 허가받음)과 GM 옥수수(스위스 Ciba-Geigy가 생산하였으며 1997년에 허가받음)는 상당한 논쟁의 원인이 되었다. 두 생산품은 EU집행위원회의 과학적 자문가들의 의견을 거쳐 안전성이 공표되어 허가되었다. 그런데 지침 90/220/EC는 의무적인 라벨링을 요건으로 하고 있지 않았다. 라벨링에 대한 허점이 존재하는 관계로 EU집행위원회는 회사들에게 생산품에 자발적으로 라벨링을 부착하도록 요구하였다. 당시에 많은 생산품들이 지침 90/220/EC하에서 승인이 준비되어 있었지만, EU집행위원회는 의무적으로 라벨링을 해야 하는 신종식품규

---

30) O'Rourke, *supra* note 8, p.178.

31) *Ibid.*, p.179.

칙 258/97의 범위 내에 들어오게 하기 위하여 1997년 5월 1일까지 모든 허가를 거절한 바 있다.

더욱이 오스트리아, 룩셈부르크, 이탈리아는 Ciba-Geigy사의 GM 옥수수를 자국에서 사용하거나 판매하는 것을 제한하거나 금지하였다. 오스트리아는 국민의 1/4이 Ciba-Geigy사의 GM 옥수수를 반대하는 탄원을 제출하는 동안 EU집행위원회에 항생제 저항성을 갖는 GMO에 대한 과학적 증거를 제공하였다. EU집행위원회는 1997년 9월 19일에 이 과학적 증거는 "새로운 증거로 성립할 수 없다"고 결정하였고, 따라서 이 생산품은 환경이나 인간의 건강에 대한 위해성이 존재하지 않는다는 것이다. EU집행위원회는 이후에도 계속해서 오스트리아, 룩셈부르크, 이탈리아로 하여금 Ciba-Geigy사 GM 옥수수에 국내 제한 또는 금지의 규정을 폐지하는 제안을 채택하였고, 결국 EU집행위원회는 유럽사법법원(ECJ)에 이들 국가들의 EU법 불이행을 제소하였다.[32] 이 유럽사법법원의 판결은 회원국들이 지침 2001/18 제23조에 근거하여 특정 생산품을 자국 영토에서 '언제' 그리고 '어떻게' 판매 금지할 수 있는지를 명확히 하였고, 결국 ECJ는 이들의 금수조치는 불법이라고 판결하였다.[33]

Ⅳ. GMO승인활동의 모라토리엄에 따른 추가 입법

1. GMO승인활동의 사실상의 모라토리엄(유예) 문제

2001년 3월 12일 채택된 지침 2001/18/EC에 따른 GMO승인활동이 오랜 기간 지체된 바 있는데, 이는 서언에서 언급했던 상황의 시발점이기도 하다. EU집행위원회는 새로운 GM식품이 승인되어 유예상태가 끝나기를 고대하였다. 그러나 EU집행위원회의 희망은 GM에 대해 회의적인 국가인 프랑스, 덴마크, 이탈리아, 그리스, 오스트리아, 룩셈부르크로 인해 쉽게 성취되지 못하였다. 이들 GM식품에 회의적인 국가들은 GM식품의 근원에 대한

---

32) Case C-236/01, *Monsanto Italy SpA* v. *Presidenzia del Consiglio dei Ministri,* [2003] ECR Ⅰ-8105; Cases T-366/03 and T-235/04 *Land Oberosterrich & Republic of Austria* v. *Commission,* [2005] ECR Ⅱ-4005. APPEALS: C-439/05 and C-454/05([2007] ECR Ⅰ-7141).

33) 즉 EU회원국은 환경 또는 인간건강의 위해성에 대한 '타당한 이유'(scientific evidence demonstrating the existence of a specific problem)를 제시하여 일시적으로 GMO와 관련된 세이프가드조치를 취할 수 있다. 이 경우 관련 회원국은 이러한 결정을 EU집행위원회에 즉시 통지해야 하고, EU집행위원회는 3개월 내에 이 세이프가드조치를 유지시킬 것인지를 결정한다. Cases T-366/03 and T-235/04 *Land Oberosterrich & Republic of Austria* v. *Commission,* [2005] ECR Ⅱ-4005에 대한 상소(APPEALS) C-439/05 and C-454/05, [2007] ECR Ⅰ-7141, paras.62-66; O'Rourke, *supra* note 8, pp.179-180.

추적이 충분히 보장될 때까지 GM식품의 승인을 유예할 상황이었다. 당시에는 GMO의 재배와 판매에 대한 완벽한 추적가능성에 대한 효과적 법령이 채택을 위해 상정된 상태였기 때문에 GMO에 대한 승인이 유예되고 있었다. 이러한 유예 상태는 1999년 6월부터 프랑스와 그 지지국들에 의해 진행되었으며,[34] 이에 EU집행위원회는 새로운 GMO의 허가가 유예될 가능성이 발생함에 따라 GMO에 관한 '라벨링', '이력추적', 법적 책임과 관련된 사항들을 해결해야 했다. 그 결과 2003년 입법 과정에서 GM '식품' 및 '사료'에 관한 규칙 1829/2003, GMO에 관한 '라벨링'과 '이력추적'에 대한 규칙 1830/2003을 채택하였다. 이에 EU집행위원회는 새로운 GM식품이 승인될 수 있다는 희망을 갖게 되었다. 이 시기는 미국이 EU집행위원회가 GM식품을 규제하여 '무역제한'을 하고 있다고 보아 WTO에 EU를 제소한 시기이다. GMO에 대한 규제는 인간건강 및 환경보호에 관한 문제이며, 또한 통상 분쟁을 야기할 수 있는 국제통상법상의 문제이기도 하기 때문이다. 이는 국제적으로 보더라도 WTO SPS협정은 원칙적으로 GM생산품에 대한 국내의 위생 및 검역조치가 적절한 '위해성 평가'와 충분한 '과학적 증거'에 의하도록 요구하고 있고, 극히 제한적으로 '사전예방의 원칙'을 잠정적으로 허용하고 있음에 비해, "바이오안전성에 관한 카르타헤나 의정서"(Cartagena Protocol on Biosafety)는 GM생산품의 국가 간 이동을 규제할 수 있는 수입국의 권한을 인정하고 있는 만큼 그 규율이 쉽지 않다.[35] 국내외 환경단체가 제기하는 GMO의 인간건강과 환경에 미치는 위해 가능성, GM생산품의 안전성에 대한 소비자의 불신, GMO에 대한 국가들 간의 상이한 규제 등은 비단 '생산자와 소비자 간의 갈등'을 넘어 '국제통상분쟁'으로 확산될 수 있다.

EU는 2006년 WTO패널 판정에 따라 캐나다와는 2009년 7월, 아르헨티나와는 2010년 3월 GM제품 무역을 정상화하는 방안에 대해 합의하였으며, 미국과는 계속적으로 논의를 지속하였다. GMO에 대한 견해 차이는 단순히 EU와 미국 등 몇몇 국가들 간의 문제에 국한된 것이 아니라, 우리나라를 포함한 국제적·국내적 차원의 문제이기도 하다.

2. GM식품 및 GM사료에 관한 규제

'규칙 1829/2003'[36]은 GM식품 및 GM사료에 관한 것으로 다소 '특정적' 그리고 '구체

---

34) O'Rourke, *supra* note 8, p.182.

35) 특히 WTO SPS협정 제5조와 바이오안전성에 관한 카르타헤나 의정서 제10조 6항 비교.

36) Regulation 1829/2003/EC of the European Parliament and of the Council of 22 September 2003 on genetically modified food and feed(OJ 2003 L268/1~23); Commission Regulation 1981/2006/EC of 22 December 2006 on

적'인 법령으로 기존의 '지침 2001/18/EC'에 대한 '보완적 역할'을 하고 있다.

1) 규율대상의 특정성·구체성

동 규칙 제2조와 제3조에 따라 다소 길게 기술되어 있는 GM식품 및 GM사료에 대한 '정의'를 핵심적인 내용을 중심으로 살펴보면, 동 규칙의 '규율대상'은 "유전적으로 변형이 된 생물체로 구성되거나 혹은 이러한 생물체를 포함하는 식품, 사료 또는 유전적으로 변형된 생물체로부터 추출된 원료를 기반으로 하는 식품 혹은 사료"를 의미한다.

따라서 이에 해당하는 GM 식품 또는 GM 사료는 일정한 요건이 필요한데, 동 규칙 제4조에 의거하여 사람이나 동물 혹은 환경에 '유해 작용'을 일으켜서는 아니 되며, 소비자를 기망하여서도 아니하며, 위의 식품이나 사료를 도입하여 대체하고자 하는 식품이나 사료와 비교해 볼 때 정상적인 섭취 시에 소비자들에게 영양적으로 불이익을 줄 정도로 매우 판이해서는 아니 된다. 이는 앞서 살펴본 신종식품 규제 규칙 258/97 제3조와 유사하다.

그런데 동 규칙이 사실은 기존의 '지침 2001/18/EC'와 매우 유사함에도 불구하고 '새로이' 제정이 될 수밖에 없었던 핵심 이유는, GMO가 첨가된 여러 형태의 생물체들의 '영역'이 점점 확장됨에 따라 이에 맞는 '특정적'이고도 '구체적'인 법적 절차들을 구비할 필요성이 부각되었기 때문이며, 결국 매번의 필요에 맞게 특별법을 제정하다 보니 법체계가 매우 복잡한 형태로 진행될 수밖에 없는 현실적 이유도 존재하였다. 이로 인해 GMO 관련 종사자들 역시 중첩적인 신청절차로 인해 불편함을 감수할 수밖에 없는 실정이었다.

이에 대한 대안으로 EU는 절차들을 최대한 간소화하고 여러 형태들의 GMO 관리체제에 있어서 획일적이면서도 투명한 절차를 수립하고자 하는 핵심적인 목적하에 동 규칙과 아래에서 다룰 GMO의 '이력추적'과 '라벨링'에 관한 '규칙 1830/2003'을 제정하게 되었다. 이로써 신청자에게 '단 한 번'의 '위해성 평가 신청'을 통해 받은 '단 한 번'의 '승인'으로 해당 GMO의 도입과 사용이 가능해지도록 편의성을 도모하고자 하였다. 이에는 '하나의 문에는, 하나의 열쇠'(one door, one key)라는 원칙이 작용되었음을 알 수 있다. 결국 동 규칙에 의해 그 '위해성 평가'는 유럽식품안전청(EFSA)의 'GMO 관련 과학패널'에 의해 실시되며, 그 결과는 EU역내시장(공동시장) 전체에 영향을 미치게 된다.

---

detailed rules for the implementation of Article 32 of Regulation 1829/2003/EC of the European Parliament and of the Council as regards the Community reference laboratory for genetically modified organisms(OJ 2006 L368/99-109); Regulation 298/2008/EC of the European Parliament and of the Council of 11 March 2008 amending Regulation 1829/2003/EC on genetically modified food and feed, as regards the implementing powers conferred on the Commission(OJ 2008 L97/64-66).

2) 신청, 승인 및 등록 절차

이에 '규칙 1829/2003' 제5조는 승인에 관한 '신청절차'를 규정하고 있다. 먼저 사업가는 GMO를 도입하고자 하는 자신의 '회원국 평가기관'에 승인을 신청해야 한다. 승인 신청서에는 매우 구체적인 사항들을 명시할 것이 요구되는데, 제5조 제3항에 의하면 신청하는 제품의 정확한 범위와 제품의 성질, 생산 및 공정 절차 및 방식, 위해성 평가용 분석자료, 감독 계획, 라벨 계획 제안서 등의 사항들이 포함된다.

이러한 신청을 접수받은 국내 '평가기관'은 14일 이내로 신청인에게 서면으로 신청이 접수되었음을 통지해야 하며, 또한 유럽식품안전청(EFSA)에도 이를 통지해야 한다. 더 나아가 관련 '회원국'은 제5조 제2항에 의거해 다른 회원국들과 EU집행위원회에 이 사항을 통지하여 신청인으로부터 받은 정보를 제공해야 한다.

동 규칙 제6조는 유럽식품안전청(EFSA)의 GMO 관련 과학패널의 '위해성 검토 절차'에 대해 규정하고 있다. '지침 2001/18/EC'의 부속서에서 규정한 구체적인 기준에 입각하여 관련 GMO의 '환경위해성 평가'가 시행되어야 하며, 추가적인 정보를 요하지 아니할 경우 6개월간의 기간 내에 검토 결과가 송부된다. 유럽식품안전청(EFSA)의 검토 결과는 관련 자료들과 함께 다시 EU집행위원회로 송부되고, 시민단체들 역시 EU집행위원회에게 자신의 의견을 표명할 수 있다.

동 규칙 제7조의 '승인'에 관한 조문은 EU집행위원회가 유럽식품안전청(EFSA)으로부터 위해성 검토 결과를 수령한 후 3개월 내에 동 '결정에 대한 초안'을 발표하도록 규정하고 있다. 승인의 확정적인 결정을 위해서는 동 규칙 제35조에 의거하여 '식품유통망과 동물보건에 대한 상설위원회'(Standing Committee on the Food Chain and Animal Health: SCFCAH)로부터 가중다수결투표(qualified majority)[37]에 의한 찬성이 있어야 한다. 만약 동 상설위원회에서 '초안'이 반대로 부결될 경우에, 이는 다시 EU 각료이사회(Council of Ministers)에서 다루어지고, EU 각료이사회에서 가중다수결투표를 통해 찬성 혹은 반대가

---

37) '가중다수결'이란, 1국 1표에 의한 단순다수결이 아니라 회원국의 인구나 경제력, 영향력 등을 감안하여 각각 다르게 배정된 표를 합산하여 가결 여부를 결정하는 방식으로, 기존의 만장일치제에 의한 의사결정 속도가 너무 더디고 복잡하자 절차를 간소화하기 위하여 도입되었다. 전체 투표수 345표 중 255표 이상을 얻어야 가결되는 방식인데 255표 이상을 얻었다 해도 찬성 국가의 숫자가 회원국 과반에 못 미치거나, 찬성 국가의 총 인구가 EU 전체 인구의 62%에 이르지 못하면 해당 안건은 부결된다. 이러한 의사결정 방식은 2014년부터 '회원국의 55%(15개국 이상)가 찬성하고 찬성국들의 인구가 EU 인구의 65% 이상이면 가결'되는 '이중다수결 제도'가 단계적으로 도입되어 2017년에 전면 실시되는 것으로 변경된다. EU조약(Treaty on the European Union: TEU) 제16조 4항 및 EU운영에 관한 조약(Treaty on the Functioning of the European Union: TFEU) 제238조 2항, 3항 참조.

결정된다. 만약 EU 각료이사회가 3개월 내에 어떠한 결정도 내리지 아니할 경우에는 EU집행위원회가 본래의 '초안'을 확정(승인)한다.

동 규칙 제12조와 제13조에 따라, 우선 'GM 식품'의 경우 '의무적'으로 '라벨링'이 되어야 하며, '유전적으로 변형된' 혹은 '유전적으로 변형된 식품으로 생산된'과 같은 표현들이 반드시 기술(설명)되어야 하며, 식품의 성질에 따라 '유전적으로 변형된 식품이 첨가됨' 또는 '유전적으로 변형된 식품으로 생산됨'과 같은 정보가 반드시 '라벨'에 명시되어 소비자들에게 이를 고지해야 한다.

그리고 'GM 사료'의 경우 역시 제24조와 제25조에서도 '의무적'인 '라벨' 표시를 규정하고 있다. 유의할 점은, 식품의 원료가 표시되어 있는 제품의 경우와 표시되어 있지 아니한 경우 또한 원료 표시의 방식이 다른 제품의 경우와 같이 매우 '구체적으로' 라벨을 어떻게 해야 할지 또한 무엇을 명시해야 하는지를 규정하고 있으며, GMO가 첨가되었다는 점을 밝히는 라벨 표시의 '크기'가 다른 원료 표시의 크기와 동일해야 한다는 점과 같이 매우 '사소한' 부분에서도 이를 놓치지 않고 규정하고 있다는 점이다.

위의 절차를 모두 거쳐 승인된 후에는 제28조에 의거하여 '등록'을 해야 하며, '윤리적'으로 논란이 되는 부분에 관해서는 제33조에 의거하여 '유럽과학기술윤리그룹'(European Group on Ethics in Science and New Technologies)의 자문을 받을 수도 있다. 승인의 '유효기간'은 10년 단위이며, 이는 갱신이 가능하다. 또한 지속적인 감독체제가 가동될 것이며, 만일 소비자 건강에 해를 끼치거나 동물과 환경에 유해한 영향을 미칠 수 있다는 우려가 증명될 경우에는 리콜, 유통제안, 금수조치 등 동 규칙 제34조에 따라 다양하면서도 가장 적합한 '긴급조치'(emergency measure)를 취할 수 있다.

3. GMO의 이력추적 및 라벨링에 관한 규제

'규칙 1830/2003'[38]은 시장도입이 적법하게 '승인'된 GM식품이나 GM사료 모두에 대해 '라벨'을 표시할 것과 유통의 '이력추적'(traceability)에 관해 상세하게 규정하고 있다. 동 규칙 제4조 제2항에 따라 '사업자'(operator)는 자사의 GMO가 첨가된 제품의 각 '유통망' 단

---

38) Regulation 1830/2003/EC of the European Parliament and of the Council of 22 September 2003 concerning the traceability and labelling of genetically modified organisms and the traceability of food and feed products produced from genetically modified organisms and amending Directive 2001/18/EC(OJ 2003 L286/24~28); Regulation 1137/2008/EC of the European Parliament and of the Council of 22 October 2008 adapting a number of instruments subject to the procedure laid down in Article 251 of the Treaty to Council Decision 1999/468/EC, with regard to the regulatory procedure with scrutiny-Adaptation to the regulatory procedure with scrutiny-Part One(OJ 2008 L311/1-54).

계에 대한 구체적인 정보를 확보할 의무가 있다. 나아가 '최초의 사업자'는 GMO가 첨가된 제품을 유통하는 '중간 사업자들'과도 이러한 유통망상의 정보를 공유하여야 한다. 결국 핵심적으로 중요한 점은 '누가 누구로부터 GM제품을 수령하였는지'를 구체적으로 명시할 제도와 절차를 회원국들이 구비해야 한다는 것이다.

또한 환경으로 '의도적 방출'을 할 목적인 GMO 담당 사업자는 제품에 첨가된 각 'GMO의 성질'에 관한 정보를 송부할 의무를 지닌다. 식품, 사료나 식품의 가공처리에서 사용할 목적인 GMO의 경우, 사업자는 위의 자료(GMO 유통 정보)를 송부하거나, 자사의 제품이 식품이나 사료 혹은 가공처리에서만 사용될 것을 고지하며, 제품에서 사용된 GMO의 성질에 관한 정보를 송부하여야 한다. GMO로부터 생산된 식품과 사료의 경우에 사업자는 유통망에서 중간 사업자들에게 자사의 제품에는 GMO가 첨가되어 있음을 고지해야 한다. '규칙 1830/2003' 제5조 제2항에 따라, 사업자는 '5년'간 유통망에서의 '추적과 관련된 자료들'을 '보관'할 의무를 지며, 이를 시행할 구체적인 체제를 수립하여야 한다. 기존 법령들에 의해 위해성 평가가 실시된 후 시장도입이 '승인'이 되었고, 동 '규칙 1830/2003'에 따라 사업자가 '라벨' 표시와 유통망 '추적' 기록들을 보관할 의무를 지기 때문에, 별도로 자사 제품의 안전성 실험이나 견본 추출과 같은 사항은 불필요하다. 나아가 동 '규칙 1830/2003'의 대상은 시장도입이 허가된 모든 형태의 GMO를 의미하며, GMO 자체가 첨가되거나 이로 생산된 식품이나 사료는 물론 GMO로부터 추출된 원료가 첨가된 식품이나 사료들을 다루는 사업자는 '라벨' 표시와 '추적' 기록 보관의 의무를 이행해야 한다. 가축들에게 사용되는 혼합먹이에서 GMO가 일부 첨가되었을 경우에도 반드시 라벨에 표시가 되어야 하며, 옥수수 글루텐[39] 먹이에 GM옥수수가 첨가되었을 경우에도 반드시 라벨에 표시해야 한다. 앞서 언급하였듯이, 라벨 표시에는 '규칙 1830/2003' 제4조 제6항에 따라 '본 제품은 유전적으로 변형된 생물체가 첨가되었음' 혹은 '본 제품은 유전적으로 변형된 생물체로부터 생산되었음'과 같이 정보 고지를 함으로써 '축산업자'나 '소비자들'에게 식품과 사료의 구성요소와 성질에 대한 정확한 정보를 제공할 수 있다. 또한 추적 기록 역시 '경작에서부터 추수', '운반과 가공 단계'에 이르는 매 단계의 기록들을 보관할 의무를 함의한다. 그러나 극소량의 GMO가 첨가되었을 경우에는 '지침 2001/18/EC'에 따라 0.9% 미만의 경우에 한하여 라벨링의 의무에서 제외된다. 또한 GM사료를 먹이거나 GM의료제품들로 치료를 받은 가축들의 육류, 우유, 달걀 등은 라벨링 의무에서 제외된다.

---

39) 보리, 밀 등의 곡류에 존재하는 불용성 단백질로 몇 가지 단백질이 혼합되어 존재한다. 글루텐의 함량은 밀가루의 종류를 결정하기도 한다.

Ⅴ. 바이오안전성에 관한 카르타헤나 의정서의 적용 문제

국제사회는 생명공학(Biotechnology)분야에서 '안전'과 '윤리'상의 난감한 문제들을 해결하기 위해 노력하고 있고, "바이오안전성에 관한 카르타헤나 의정서"는 과거 1992년 2월 콜롬비아의 카르타헤나(Cartagena)에서 채택을 시도한 바 있으나, 농산물 수출국인 미국, 캐나다, 오스트레일리아, 칠레, 아르헨티나, 우루과이 등이 반대하여 실패하였고, 이후 2000년 1월 29일 캐나다 몬트리올 UN회의에서 'GM농산물'의 수출입을 규제하는 국제법으로 채택된 후 50개국의 비준을 얻어 2003년 9월 11일부터 발효되어 WTO규범과 대등한 효력을 갖게 되었으며 현재 162여 개국이 회원국으로 있다. 이는 유전자변형 과정을 거친 동식물, 미생물, 동물 사료 등의 국제교역에서 '인간보건'과 '환경보호' 차원에서 국가가 규제토록 한 최초의 국제협정이라는 데 큰 의의가 있다. 동 의정서 제10조 6항의 '사전예방의 원칙'(precautionary principle)에 따라 만약 GMO 관련 어떤 상품이 '안전하다'는 것을 '적극적으로 증명'하는 '과학적 증거'가 충분치 않다고 생각되면 그러한 상품들에 대해 '수입 금지'를 허용하고 있다. 이에 대해 미국은 중요 상품의 수입 금지의 부과 전 WTO SPS협정상의 규정이 요구하는 명확한 '과학적 증거'에 근거하여 '수입 금지'가 결정되어 교역이 되어야 한다고 보고 있다.[40] 이는 분명 GM식품과 관련하여 생산량증대를 통한 식량부족문제의 해결과 우수품종의 개발을 내세운 '통상 중심'적 논리 및 정책이 반영된 견해이며, 결코 식품안전을 통한 '인간보건, 환경보호, 생물다양성보전'을 최우선으로 하는 논리 및 정책이라고 보기는 어려울 것이다.[41]

이 의정서에 EU는 2000년 5월 24일 서명 이후 2003년 6월 각료이사회의 승인을 받아 2003년 9월 11일부터 효력이 발생하였고, 'GMO의 국가 간 이동에 관한 규칙 1946/2003'[42]을 채택하였다. 우리나라는 2007년에 동 의정서에 비준하여 119번째 국가로 가입하였고, 동 의정서를 기초로 하는 '유전자변형생물체의 국가 간 이동 등에 관한 법률'이 2008년 1월 1일 시행되었다. 우리나라의 동 법률 제1조(목적)에서는 "이 법은 '바이오안전성에 관한 카르타헤나 의정서'의 시행에 필요한 사항과 유전자변형생물체의 개발·생산·수입·수출·유통 등에 관한 안전성의 확보를 위하여 필요한 사항을 정함으로써 유전자변형생물체로 인한 국민의 건강과 생물다양성[43]의 보전 및 지속적인 이용에 미치는 위해를 사전에

---

40) 서철원, *supra* note 11, pp.80, 95.

41) 박지현. "LMOs의 안전한 사용을 위한 바이오안전성의정서 소고", 『국제법평론』 제25호(2007), p.98.

42) Regulation 1946/2003/EC of 15 July 2003 of the European Parliament and of the Council on transboundary movement of genetically modified organisms(OJ 2003 L287/1~10).

방지하고 국민생활의 향상 및 국제협력을 증진함을 목적으로 한다"라고 규정하고 있다.

그런데 동 의정서 제1조는 1992년 '환경과 개발에 관한 리우선언'(The Rio Declaration On Environment And Development, 1992)에서 국제적으로 선언된 원칙인 제15번째 원칙을 재확인하고 있다. '리우선언'의 제15번째 원칙은 "환경을 보호하기 위하여 각 국가의 능력에 따라 '사전 예방적' 조치가 널리 실시되어야 하며, '심각한 또는 회복 불가능한' 피해의 우려가 있음에도 '과학적 불확실성'이 환경악화를 예방할 수 있는 비용 및 효과적인 조치를 지연시키는 구실로 사용되어서는 아니 된다"[44]라고 선언한 바 있다. 이러한 원칙하에 동 의정서 제2조 제2항, 제4조, 제10조 제6항, 제11조 제8항, 제15조, 제16조 등은 '환경'이나 '국민보건'에 위해를 가할 수 있는 제품들에 조치를 취하는 것을 '과학적 불확실성'이 지연시켜서는 아니 되며, 모든 승인과 조치방안의 '핵심적인 고려사항'은 국민보건과 환경보존임을 규정하고 있다. 이는 단순한 보호무역주의적인 방안과는 구별된다는 점에 유의할 만하다.

본래 '사전예방의 원칙'이란, 기본적으로 국민건강이나 환경에 심각한 영향을 줄 가능성이 있는 경우에 한해 비록 그러한 결과가 필연적으로 발생할 것이라는 객관적인 '과학적 입증'이 존재하지 아니하더라도 '사전적인 차원'에서 일정한 조치나 금지를 내릴 수 있다는 원칙을 말한다. 이 원칙은 사실 오늘날과 같은 '신기술'의 도입부문에서 '윤리적'인 차원에서의 논의가 수월하게 진행되지 못하고 있다는 점과 동시에 '경제성장'을 두고 이해관계가

---

43) 1987년부터 유엔환경계획(United Nations Environment Programme: UNEP)은 신ㅡ과학기술의 발전으로 기하급수적으로 증가하는 생물다양성 문제에 대한 국제적 행동계획의 수립을 결정하였으며, 여러 차례에 걸쳐 환경·생물·생명공학·의학과 같은 여러 분야의 전문가 회의를 개최한 후 '국제적인 생물다양성 보호'를 위한 국제협약의 초안을 마련하였다. 그 후 1992년 6월 브라질 리우데자네이루(Rio de Janeiro)에서 유엔환경계획(UNEP)의 주관하에 정부 간 협상회의가 개최되었으며, 지구의 '생물다양성 보전'(preservation of biological diversity)과 '지속 가능한 이용'(sustainable use) 등과 같은 인류의 지속적인 미래에 역점을 둔 '생물다양성협약'(Convention on Biological Diversity)을 '리우회의'라고 알려진 동 회의에서 158개국 대표의 서명으로 채택된 후, 1993년에 발효되어 국제적 조약으로 인정되었으며, 한국 역시 당시 154번째로 회원국이 되었다. "바이오안전성에 관한 카르타헤나 의정서"는 기존 '생물다양성협약'에 대한 특별당사국총회에서 부속의정서로 최종적인 내용이 채택되었다. 이 '생물다양성협약'은 1992년 5월 케냐의 나이로비에서 채택되어 동년 12월 29일 발효되었다. 동 협약은 제19조 제3항을 통해 '생물다양성의 보전' 및 '지속 가능한 이용'에 부정적 영향을 미칠 수 있는 현대 생명공학기술에 의해 만들어진 '유전자변형생물체'(GMO)의 안전한 이동·취급·이용에 적정한 보호수준을 보장하기 위한 장치를 후속적으로 마련할 것을 강제하였고, 그 안전장치의 마련을 목적으로 하는 이행의정서로서의 "바이오안전성에 관한 카르타헤나 의정서"가 2000년 1월 29일 캐나다의 몬트리올에서 채택된 후, 50개국의 비준을 얻어 2003년 9월 11일 발효되었다. '생물다양성협약'은 1992년 5월 케냐의 나이로비에서 채택되었는데, 동 협약은 1992년 6월 5일 브라질의 리우데자네이루에서 개최된 UN환경개발회의에서 서명을 위해 개방되었었다.

44) Principle 15: In order to protect the environment, the precautionary approach shall be widely applied by States according to their capabilities. Where there are threats of serious or irreversible damage, lack of full scientific certainty shall not be used as a reason for postponing cost-effective measures to prevent environmental degradation.

얽힌 국가들의 보호무역주의적인 관행으로 인해 더욱 논란이 되고 있다. 그러나 동 의정서 전문에서 '생명공학기술'[45]의 국민안전과 환경보존에 대한 위해성과 세계빈곤문제의 해결에 기여하는 역할에 대하여 양자를 대등한 입장에서 접근하고 있다는 점, 이로써 경제성장과 국민보건 및 환경보존이라는 양측 간의 '조화'를 위한 국제적인 규제방안을 마련했다는 점에 유념할 필요가 있다.[46]

1. EU집행위원회의 '사전예방의 원칙'의 도입

한편 식품안전에 대한 국제식품규격위원회(Codex Alimentarius Commission: CAC)[47]의 기준이 존재하지 않는 경우가 있을 수 있고, 이 경우 국가 간 통상 분쟁 또는 소비자의 혼란을 가져올 수 있다. 이에 대해 WTO SPS협정 제5조 7항을 고려하여 2000년 2월 2일 브

---

45) 생명공학기술은 농업 생명공학 연구의 차원에서도 미래과학기술의 우선순위로 취급되고 있는 것이 현실이다.

46) "바이오안전성에 관한 카르타헤나 의정서"에서 '라벨링'(labelling)과 관련된 핵심적인 내용은 제18조와 제20조에서 상세히 규정하고 있다. 특히 제18조에서는 특정 제품의 관리, 유통 및 포장과 같은 각 단계에 관한 규정 및 라벨링의 의무사항에 대한 원칙을 제시하고 있으며, 부가적인 사항들은 다시 부속서에 더욱 상세히 제시하고 있다.
이 의정서는 GMO가 첨가된 제품들의 논란이 되고 있는 사항들에 관한 다소 포괄적이지만 핵심적인 입법 방향을 제시하고 있다. 제1조에서 '리우선언' 제15번째 원칙인 사전예방의 원칙을 재확인하면서, 제4조에서 규율대상의 명확한 정의, 제6조에서는 반드시 승인 전에 위해성 평가가 실시될 것을 규정하고 있다. 제8조에서 제10조까지는 승인절차상의 정보의 교환과 같은 절차적인 사항들을 규정하고 있으며, 제14조에서는 다자조약 시의 기탁기관에 관한 사항이 있으며, 본 의정서의 핵심적인 내용이라 할 수 있는 위해성 평가와 위해성 관리에 대한 구체적인 사항들은 제15조와 제16조 및 부속서에서 규정하고 있다. 나아가 제17조에서는 비의도적 방출시의 대처방안들, 제20조 이후부터는 정보의 공개에 있어서의 기밀사항들과 공개사항들의 구분, 정보를 보관하는 기관의 설립 및 관리, 지속적인 감독체제, 불법적인 이동에 대한 제약 등을 규정하고 있다.

47) http://www.codexalimentarius.net(2013.4.8 검색); 국제식품규격위원회(Codex Alimentarius Commission)에서 라틴어 'Codex'는 법령(code), 'Alimentarius'는 식품(food)을 의미하여, 'Codex Alimentarius'는 전체적으로는 식품에 대해 전 세계적으로 통용될 수 있는 기준 및 규격을 의미하는 식품법(Food Code)이라 할 수 있다. 국제식품규격위원회(CAC)는 '1962년' 유엔식량농업기구(UNFAO)와 세계보건기구(WHO)의 공동 식품규격작업의 결과로 설립된 정부 간 협의체로 식품에 대한 표준규격(Standard), 지침(Guideline), 실행규범(Code of Practice) 및 최대잔류허용기준(MRLs) 등의 설정을 통하여 '소비자의 건강보호'와 식품교역 시 '공정한 무역행위의 확보'를 목적으로 역할을 수행하고 있다. 김두수, 『EU식품법』(파주: 한국학술정보, 2011), pp.184-185; Caoimhín MacMaoláin, *EU Food Law*(Oxford: Portland Oregon, 2007), pp.151-154; 사무국은 이탈리아 로마(Rome)의 UN식량농업기구 본부 내에 위치하고 있다. 이 기구의 총 예산은 2년 기준으로 약 600만 달러이며 UN식량농업기구에서 75%, 세계보건기구에서 25%를 부담하고 있다. 1995년 WTO체제의 출범으로 SPS협정이 발효됨에 따라 국제식품규격위원회규격 등이 국제적 공통규격으로 활용됨에 따라 국제식품규격위원회의 중요성이 점차 증대되고 있다. 이러한 국제식품규격위원회 기준에 따라 소비자들의 구입품은 안전하고 불순물이 포함되어 있지 않으며 정확한 라벨이 부착되어야 한다. 171개의 회원국으로 구성된 UN식량농업기구/세계보건기구의 공동주관인 국제식품규격위원회는 식품안전과 관련된 문제에 관한 권고뿐만 아니라 광범위한 국제기준 관리지침을 형성해 오고 있다. WTO협정은 이러한 기준들을 국제통상에 있어서 '식품의 안전'과 '품질의 표준'으로 인식하고 있다. WTO회원국 간에 식품위생 및 동식물의 검역기준이나 절차가 무역규제수단으로 이용되는 것을 방지하기 위한 SPS협정의 채택에 따라, 국제식품규격위원회는 SPS협정상의 역할을 수행하기 위해 표준의 채택을 위한 준비 등의 절차를 매우 엄격하게 진행하고자 부단히 노력해야 한다. 김두수, "국제통상법에 있어서 식품안전에 대한 EU식품법의 지위", 『국제지역연구』 제16권 제2호(2012.7.30), p.54.

뤼셀(Bruxelles)에서 EU 소관 위원회(Directorate-General for Health and Consumer Protection)는 '사전예방의 원칙'[48]을 채택하였고, 이 사전예방의 원칙은 EU식품기본법에 해당되는 '유럽의회/이사회 규칙 178/2002' 제7조에 의해 EU식품법으로 규정되었다.[49] 이로서 EU는 식품정책(food policy)부분에서 명시적 규정을 둠으로써 사전예방의 원칙에 기초하게 되었다. 이는 EU가 새로운 식품정책의 입법 시 공중보건과 소비자보호에 관한 문제를 해결하기 위해 전문가에 의한 과학적 자문을 활용함에도 불구하고, 식품정책의 추진에 있어서 '과학적 근거가 불충분'할 경우, 사전예방의 원칙은 식품정책에 대한 EU조치의 '법적 근거'가 되어 EU소비자들을 보호하기 위한 보호수단으로 사용될 수 있음을 의미한다.[50]

2. 국제식품규격위원회(CAC)에 의한 '사전예방의 원칙'의 도입

아울러 EU가 EU식품기본법상 공식적으로 채택한 사전예방의 원칙을 국제식품규격위원회에서도 도입하기 위해 논의를 하였다. 이는 WTO SPS협정에 따른 단순한 회원국 내 이행과정으로 이해될 수도 있다. 그러나 이러한 경향은 국제통상에서 '식품안전'을 위한 사전예방의 원칙의 채택과 적용이 점점 확산되고 있다는 점에서 중요하다. 그리고 이는 경제통상의 논리가 '인간의 건강문제'에 우선될 수 없는 자연적 귀결이라는 점에서 의의가 있다. 이 문제는 2000년 4월 10일~14일에 '일반원칙에 대한 Codex 위원회'(Codex committee on

---

48) Communication from the Commission of 2 February 2000 on the precautionary principle [COM(2000) 1 final-Not published in the Official Journal]의 p.10 '4. The precautionary principle in international law'에서 EU 위원회는 1992년 리우선언(Rio Declaration) 제15조, 2000년 "바이오안전성에 관한 카르타헤나 의정서" 제10조 6항, 그리고 WTO SPS협정 제5조 7항 등의 '사전예방의 원칙'에 관하여 언급한 바 있다.

49) Article 7(Precautionary principle) of Regulation 178/2002:
"1. In specific circumstances where, following an assessment of available information, the possibility of harmful effects on health is identified but scientific uncertainty persists, provisional risk management measures necessary to ensure the high level of health protection chosen in the Community may be adopted, pending further scientific information for a more comprehensive risk assessment.
2. Measures adopted on the basis of paragraph 1 shall be proportionate and no more restrictive of trade than is required to achieve the high level of health protection chosen in the Community, regard being had to technical and economic feasibility and other factors regarded as legitimate in the matter under consideration. The measures shall be reviewed within a reasonable period of time, depending on the nature of the risk to life or health identified and the type of scientific information needed to clarify the scientific uncertainty and to conduct a more comprehensive risk assessment."

50) 이러한 '사전예방의 원칙'은 그 적용이 필요한 상황이라고 고려될 만한 상황이 존재해야 적용할 수 있고, 다음의 조건들에 일치해야 한다. 첫째, 보호의 수준에 '비례'하여 선정된 조치일 것. 둘째, 적용에 있어서의 '비차별적'인 조치일 것. 셋째, 이전에 행해진 비슷한 수단과 '동일성'을 유지하는 조치일 것. 넷째, 조치 시의 잠재적 비용과 비적용 시의 '손익'을 고려한 조치일 것. 다섯째, 새로운 '과학적 자료'(scientific date)의 관점에서 검토된 조치일 것. 여섯째, 더 포괄적인 위해성 평가를 위해 '과학적 증거'를 도출할 만한 조치일 것. O'Rourke, supra note 8, pp.221-222.

General Principles)에서 논의된 바 있으나 결론을 내리지 못하였다. 그 후 2005년 4월 파리 (Paris)에서 다시 논의되어 많은 대표단이 EU와 같은 사전예방원칙의 도입을 지지하였으나, 반면에 반대하는 이들은 사전예방의 원칙의 '비과학성'에 대하여 초점을 맞추어 비난하였다. 이 사안을 해결하는 것은 국제사회에서 식품안전 분야에 대한 국제식품규격위원회의 독립성의 문제에 해당된다.

그런데 이 사전예방의 원칙의 도입에 대한 논의의 결과 2007년 국제식품규격위원회는 "식품안전을 위한 위해성 분석에 대한 국가의 실무원칙"(Working Principles for Risk Analysis for Food Safety for Application by Governments)을 발행하며 '사전주의'(precaution)에 대해 규정하였다.[51] 이는 EU식품법상의 사전예방의 원칙의 도입이 국제사회에서 동 원칙의 도입에 대한 협상에서 일면 영향을 미쳤음을 보여 준다. 이는 결국 많은 국가들의 국내 식품안전정책에도 중요 원칙으로 반영될 것으로 보여 국제통상에 있어서 식품안전이 보다 확보될 것으로 보인다는 데에 의미가 있다. WTO SPS협정에서는 통상논리의 외적인 예외규정으로 제5조 제7항에 제한적으로 사전예방의 원칙을 허용하고 있으나, EU와 국제식품규격위원회 등 규모 있는 국제법 주체가 '적극적으로' 사전예방의 원칙을 도입하고 있다는 점은 향후 식품안전의 확보에 매우 고무적인 현상이라고 평가할 수 있다.[52]

한편 우리나라는 식품안전과 관련하여 2008년 6월 13일 제정한 식품안전기본법 제4조 3항에서 "국가 및 지방자치단체는 식품 등의 제조, 가공, 사용, 조리, 포장, 보존 및 유통 등에 관한 기준과 식품 등의 성분에 관한 규격을 "세계무역기구 설립을 위한 마라케쉬협정"에 따른 '국제식품규격위원회'의 식품규격 등 국제적 기준에 맞게 제정 또는 개정하고 시행하도록 노력하여야 한다"고 규정하고 있다. 또한 제15조 1항에서 "정부는 식품 등으로 인하여 국민건강에 중대한 위해가 발생하거나 발생할 우려가 있는 경우 국민에 대한 피해를 '사전에 예방'하거나 최소화하기 위하여 긴급히 대응할 수 있는 체계를 구축·운영하여야 한다"라고 규정하고 있다.

---

51) 12. Precaution is an inherent element of risk analysis. Many sources of uncertainty exist in the process of risk assessment and risk management of food related hazards to human health. The degree of uncertainty and variability in the available scientific information should be explicitly considered in the risk analysis. The assumptions used for the risk assessment and the risk management options selected should reflect the degree of uncertainty and the characteristics of the hazard. (Working Principles for Risk Analysis for Food Safety for Application by Governments-CAC/GL 62-2007)

52) 김두수, *supra* note 47, p.57.

3. GMO에 대한 EU와 미국의 시각차

GM식품에 대해 미국 FDA(Food and Drug Administration)에서는 유전자변형(GM)식품의 영양분조성, 유독 물질 함량 등을 기준으로 '기존 품종과 차이가 없을 때'는 '실질적 동등성'이 존재한다고 보아 '사전적'이 아닌 '사후적' 검토 위주의 안전관리를 담당하고 있어 GM식품과 관련해서는 식품안전에 대한 '행정규제'를 완화하고 있는 상황이다. 이에 반해 EU는 1997년 5월 14일 발효된 GMO라벨(labeling)과 관련 있는 법령을 채택[53]하였는데, 과학적 증거가 아닌 가상의 위해성에 대한 사회구성원들의 우려와 인식을 반영하여[54] GMO의 위해성 문제를 이유로 식품수입 억제(통상장벽)에 이용하고 있다는 비판을 받기도 하였다. GMO의 안전성평가는 신청을 연 2회에 제한하고(3월 31일, 9월 30일까지) 신청 만료일 후 3개월 이내에 서면으로 결과를 통보하도록 규정되어 있으며, 안전성평가 내용은 실험실 작업, 포장시험, 환경방출 안전성 및 상업적 생산의 문제를 점검하며, 외국에서 개발된 GMO도 EU법령의 규제의 대상이 되었다.[55]

이와 관련하여 WTO 미국-EU 간 *GMO* 사건[56][*EC-Biotech Products (GMO) Case*]이 유명한데, 그 이유는 상호 안전성 평가에 대한 결과를 달리하고 있기 때문이다. GMO의 경우 미국과 EU는 '안전성평가'와 '표시'방법을 달리한다. 안전성평가와 관련해서 2003년 WTO 패널 분쟁조정 절차에 들어간 미국과 EU의 GMO 분쟁에서 당시 미국정부는 '인체에 해가 없는 GM상품'을 EU가 1999년부터 금수 조치한 것은 명백한 WTO SPS협정 위반이라고 주장했다. 반면 EU 측은 "안전성이 입증되지 않은 상태에서 일시 수입을 막는 것"은 정당

---

53) Regulation 258/97/EC of the European Parliament and of the Council of 27 January 1997 concerning novel foods and novel food ingredients(OJ 1997 L43/1~6); 이후 GMO와 관련하여 새롭게 정비된 법령으로는 Directive 2001/18/EC of the European Parliament and of the Council of 12 March 2001 on the deliberate release into the environment of genetically modified organisms and repealing Council Directive 90/220/EEC(OJ 2001 L106/1~39), Regulation 1829/2003/EC of the European Parliament and of the Council of 22 September 2003 on genetically modified food and feed(OJ 2003 L268/1~23), Regulation 1830/2003/EC of the European Parliament and of the Council of 22 September 2003 concerning the traceability and labelling of genetically modified organisms and the traceability of food and feed products produced from genetically modified organisms and amending Directive 2001/18/EC(OJ 2003 L268/24~28), Directive 2008/27/EC of the European Parliament and of the Council of 11 March 2008 amending Directive 2001/18/EC on the deliberate release into the environment of genetically modified organisms, as regards the implementing powers conferred on the Commission(OJ 2008 L81/45~47)이 있다. 현재는 GM식품을 신종식품의 범위에서 제외하여 별도로 규율하고 있다. Bernd van der Meulen and Menno van der Velde, *European Food Law*(Wageningen: Wageningen Academic Publishers, 2009), p.298.

54) EU는 환경 분야에 적용되던 사전 예방적 접근방식을 GMO를 포함한 보건 및 식품안전 분야에 도입하고 있다고 볼 수 있다. 서철원, *supra* note 11, p.83; 이재곤, *supra* note 18, pp.24-27 참조.

55) 김두수, *supra* note 47, pp.62-63.

56) WT/DS291/R, WT/DS292/R, WT/DS293/R(29 September 2006).

한 조치라고 대응하였다.[57] 이 분쟁은 2006년 미국의 승소로 끝났고, 그 이유는 SPS협정 제5조 1항과 제2조 2항에 따라 EU의 GM상품 금수 조치를 정당화할 만한 과학적 근거가 없기 때문이다.[58] 하지만 EU의 패소에도 불구하고 지금도 EU회원국들의 다수는 과학적 자료를 제시함과 아울러 정서적으로도 반대 입장을 고수하고 있다.[59]

그런데 몬산토(Monsanto) 등 주된 GMO개발회사들은 미국이 국적이고, 미국산 콩·옥수수 등이 대부분 GMO작물이어서인지 미국 정부기관의 관련 발표 자료는 대부분 GMO에 호의적이다. 더욱이 미국은 GMO를 바이오테크 식품으로 칭하며 라벨 규제를 통해 따로 '표시'도 하지 않아 일반 식품과 구별하지 않는다.[60] 반면 EU는 GMO가 0.9% 이상 함유된 경우에 '표시'하도록 의무화하고 있다. GM식품의 유통 자체를 규제할 수는 없지만 EU에서는 소비자의 알권리를 강화하여 사실상 GMO식품을 허용하지 않겠다는 의도가 담겨 있는 것이다.

4. 바이오안전성에 관한 카르타헤나 의정서의 의미

위의 GMO사건은 '식품안전' 문제에 관한 한 EU와 미국 양측이 한 치의 양보도 할 수 없다는 것을 잘 보여 주고 있다. 식품안전에 대한 생명공학적인 문제는 "바이오안전성에 관한 카르타헤나 의정서"의 채택으로 식품안전의 확보를 위한 '규제의 측면'에서 그 해결방안이 확보되고, 국제식품규격위원회에서도 '사전예방의 원칙'을 도입한 바 있어 국제적 차원에서 식품안전은 어느 정도 확보되었다고 볼 수 있다. 그러나 '과학적 근거 제시'에 있어서의 부담으로 인하여 생명공학에 의한 GM식품에 대한 규제책의 핵심내용인 사전예방의 원칙이라는 식품안전망이 온전히 제 역할을 할 수 있다고 보기는 어렵다. 그런데 우리나라는 식품 수입국이면서도 같은 수입국보다 GM식품 최대 수출국인 미국의 주장에 더 동조하고 수출국의 연구 자료에 의존하는 부자연스러운 경향을 보이고 있다. 현재 GM식품의 위해성에 관하여 의견이 상충되고 있어 완전하게 일률적으로 규제되고 있지 않을 뿐이지 그렇다고 확실히 안전한 것도 아닌 것이다. 이런 상황에서 GM식품의 안전문제에 대한 우

57) EU는 GMO와 관련하여 회원국 관할당국에게 Directive 2001/18/EC(Regulation 1829/2003/EC, Regulation 1830/2003/EC, 그리고 Directive 2008/27/EC에 의해 개정됨) 제23조에 따라 '세이프가드조치'의 적용을 인정하고 있다. 한편 동 법령은 제5조~제11조(Part B)에서 GMO의 의도적 환경방출에 관하여, 제12조~제24조 (Part C)에서 GM상품의 시장판매에 관하여 규율하고 있다.

58) WT/DS291/R, WT/DS292/R, WT/DS293/R(29 September 2006), para.8.14 참조.

59) 이와 유사한 견해에 관해서는 서철원, *supra* note 11, p.81 참조.

60) 이재곤, *supra* note 18, pp.24-25.

리나라의 보다 독립적인 태도와 정책이 필요하다.[61]

한편 우리나라는 인구는 많으나 경지면적이 좁아 기술 농업이 국제 경쟁력이 있기 때문에 GM기술을 개발한 GM농산물의 수출을 고려하고 있으나 이는 인간과 동식물의 건강과 생명, 환경 및 생물다양성보존에 대한 위해성을 간과한 잘못된 판단으로 이어질 수 있다. 따라서 식품이나 사료로 GMO농산물을 사용하거나 또는 GM농산물을 연구개발하기 위해 재배하는 데에 있어서 국가기관인 보건복지가족부, 농림축산부 및 환경부 등에서는 매우 신중을 기한 결정을 해야 할 것이다. 혹 국가적 차원에서 GM농산물의 이점인 농약사용 감소로 환경보전과 생산비 절감효과를 얻을 수 있고, 농작물의 생산증가나 품질향상을 도모하여 식량부족 문제를 해결할 수 있고, 종자 산업을 발전시켜 종자전쟁에서 국제적 우위를 확보하려는 전략을 세웠다 할지라도 GM농산물에 대한 안전관리를 철저히 하여 부작용을 사전에 통제하는 것이 바람직할 것이다.

무엇보다 2006년 WTO *GMO* 사건에서 EU가 패소하였지만, "바이오안전성에 관한 카르타헤나 의정서"의 채택은 국제사회에서 GM식품의 '위해성'에 대해 견제할 수 있는 규제책 마련의 근거를 제시했다는 점에 있어서 의미가 있다고 할 수 있다. 한편 *GMO* 사건에서 EU가 견지했던 식품안전 중심의 견해는 통상장벽을 위한 독단적이고 자의적인 조치이어서는 아니 될 것이다. 따라서 EU는 EU의 조치가 오직 '인간건강과 환경보호 및 생물다양성 보존'을 목적으로 하고 있음을 확고히 하기 위한 과학적 증거의 확보 및 제시에 계속 힘써야 할 것이다. 이러한 EU의 식품안전에 대한 노력은 국제통상에서 '경제적 지위'가 낮은 국가들에게도 영향력을 가져다줄 수 있다.[62]

끝으로 국제사회는 특히 과학주의의 한계를 인정해야 할 것이다. 위해성 증명에 대한 과학주의에 집착하는 것은 '시장개방'을 위한 통상 중심의 태도로 비판 또는 오해를 받을 수 있기 때문이다.[63] 나아가 위해성 평가에 대한 현재의 과학과 미래의 과학이 질적으로 차이

---

61) 김두수, *supra* note 47, p.64.

62) 실제로 유럽식품안전청(EFSA)은 미국, 캐나다, 오스트레일리아, 뉴질랜드, 한국, 중국, 일본 등과 식품안전을 위한 국제파트너십 관계 구축을 위해 지속적으로 노력하고 있고, 동 기관의 전문가들은 2006년 WTO *GMO* 사건 이후 말레이시아의 국내식품안전강화에 대하여 지원하기도 하였다. 또한 동 기관은 EU회원국 가입 협상 중인 크로아티아, 터키, 마케도니아 등과도 미래 가입을 고려하여 식품안전 관련 협력체제 구축을 위해 접촉하고 있다. 나아가 동 기관은 이웃 국가들인 알제리, 아르메니아, 아제르바이잔, 벨라루스, 이집트, 이스라엘, 요르단, 레바논, 리비아, 몰도바, 모로코, 팔레스타인, 튀니지, 우크라이나 등과도 접촉을 꾀하고 있다. http://www.efsa.europa.eu/en/networks/international.htm(2013.4.17 검색)

63) '위해성'이 과학적으로 불확실한 것이 문제가 아니라, '안전성'이 과학적으로 불확실한 것이 더 큰 문제이다. 그럼에도 GMO 관련 다국적기업은 WTO에 의해 종자 기술 특허를 지적재산권 강화로 보호받고 통관절차나 안정성문제는 무역장벽이라고 주장하며 전 세계적으로 보장받고 있다. 인위적인 유전자변형은 본래의 고유 형질을 발현할 수 없다는 측면에서 '지속 가능한 성질'을 파괴하는 측면이 있고, 따라서 '지속 가능한 세상'을 유지·보존해야 할 필요가 있다. 이윤정, "WTO SPS협정과 과학주의: 그 한계와 문제점들", 『국제법학회

를 보일 수 있다는 가능성을 인정할 수밖에 없는 이상,[64] 당사자가 현재의 과학에 힘입어 그 책임을 소비자들의 '선택권'에 지운다면 이는 올바른 식품안전정책이라고 할 수 없을 것이다.[65]

VI. 결언

EU에서 GMO 관리체제에 대한 논의가 더욱 부각된 이유는 미국과의 GM상품교역과 관련된 국제통상법상의 통상 분쟁에서 비롯되었다. 특히 '사전예방의 원칙'의 적용과 관련된 양 당사자 간의 상충된 입장으로 인해 양 당사자 간의 무역 분쟁이 끊임없이 발생하고 있는 사이에 바로 GMO의 위해성과 관련된 통상 분쟁이 발생하였던 것이다. 결국 이 문제는 '환경 및 건강의 보호'와 '경제통상'의 이익 추구의 관점에서 쟁론이 되었다. 미국은 원칙적으로 '위해성'이 '과학적'으로 증명된 경우 금수조치가 가능하고, 매우 예외적인 경우에 한하여 '과학적 증거'가 불충분할 경우 잠정적으로 '사전예방의 원칙'이 적용됨에 비하여, EU는 GMO승인절차에 있어서 '안전성'이 먼저 확보되어야 유통이 가능하다고 하여 그 반대의 태도를 취하였다. EU는 미국과 함께 자유무역을 표방하는 WTO의 창설에 적극적이었던 데 비하여, GM식품에 대해서는 신종식품에서도 별도로 구별하여 매우 신중히·특별히 취급하고 있으며 상품의 자유이동에 있어서도 규제완화가 아니라 '규제강화'의 정책태도를 취하고 있다. EU는 GMO법제가 WTO SPS협정과 충돌할 가능성이 충분함에도 불구하고 계속해서 GMO와 관련하여 규제를 강화하는 방향으로 정책을 모색하고 있다. GMO에 대해 국제사회에서 가장 엄격하게 규율하고 있는 EU규범을 통해 국제통상에서 식품안전 및 환경보호의 필요성을 제고하고, FTA 등 통상정책에서의 GM상품교역상의 본질적인 측면을 재고하는 것은 의미 있는 일이다.[66] 그런데 현재로서는 국제통상자유화의 보장과 인간건강과 환경보호라는 양자 간의 조화를 꾀하는 방법이 최선의 대안으로 비춰지고 있다. 우리나라도 GM상품과 관련된 통상 분쟁을 예방·해결하기 위해서는 WTO규범과 자유무역협정(FTA)의 규범 내에서 이 문제를 다루어야 한다. 따라서 WTO통상자유화 속에서 우

논총』, 제54권 제3호(2009), p.275 참조.

64) 최승환, "국제통상규범의 발전에 있어 과학의 역할과 한계", 『국제법학회논총』, 제49권 제1호(2004), pp.15-16; 곽노성, *supra* note 61, pp.47-51.

65) 김두수, *supra* note 47, p.65.

66) 국제사회에서 EU가 가장 모범적인 GMO규범체계를 확립해 나가고 있다는 입장에 대해서는 이재곤, *supra* note 18, pp.35-37 참조.

리나라 국민들의 건강보호와 환경보호를 위해 EU에서 진행되는 일련의 GMO 관련 논의 및 입법행위 등은 우리나라에게도 시사하는 바가 상당하다. 우리나라는 세계 경제대국 중에 하나이고, '한·EU FTA'의 발효에 이어 '한·미 FTA'도 발효되었다. 특히 이들 양자는 GM식품을 포함하여 식품안전분야에 있어서 상충되는 입장을 보여 왔기 때문에, 통상자유화에 대한 EU의 보건정책과 환경보호 분야에서의 정책들은 한·미 FTA시대에 있어서 우리나라의 보건문제와 환경문제를 다루는 데 있어서도 의미하는 바가 크다. GM식품에 대해 상반된 입장을 전개해 왔던 EU와 미국인 점을 고려할 때, 이는 GM식품과 관련된 우리나라의 경제성장과 이에 따르는 부작용에 대한 대응책을 마련하는 데 좋은 참고가 될 수 있다.

그런데 EU의 GMO법제, 특히 GMO 위해성 평가제도는 GMO에 내포된 여러 위험성을 '사전에 예방'하기 위해 채택된 것이다. EU의 GMO 위해성 평가제도의 가장 중요한 특징은 GMO의 평가절차나 기준을 GMO의 '용도에 따라' 달리하고 있다는 점이다. 즉 유전자변형미생물(GMM)의 밀폐사용, GMO의 의도적 환경방출, GM 식품 및 사료의 판매, GMO의 국경 간 이동 등에 따라 달리하고 있다. 이러한 '용도별' 평가 기준이나 절차의 차이는 국제규범에 특별히 위반되는 것도 아니기 때문에 허용되는 방식이라고 할 수 있다. 그런데 EU가 GMO의 '용도에 따라' 위해성 평가 기준을 달리하는 것은 우리나라의 상응하는 제도와는 상당한 차이를 보여 주고 있다. 우리나라는 GMO를 '산업 용도별'로 구분하고, 그 위해성 평가 기준이나 절차를 개별적으로 달리하고 있다. 즉 GMO를 시험·연구용 GMO, 농림축산부는 농업용·임업용 또는 축산용 GMO, 산업용 GMO, 보건의료용 GMO, 환경정화용 GMO, 해양용 또는 수산용 GMO 등으로 분류하고 있는 것과는 차이가 크다고 할 수 있다. 그러나 세계 많은 국가들의 위해성 평가제도나 승인절차는 소위 "바이오안전성에 관한 카르타헤나 의정서"라는 토대에서 마련된 것이므로 상당 부분 일치할 수밖에 없다. 하지만 우리나라와 미국 사이에서 후대교배종의 위해성이나 비의도적 혼입률 등에 관해 이견이 나타나는 것처럼 모든 구체적인 부분에 있어서는 갈등을 완전히 피할 수 없는 것이 현실이다.[67]

결론적으로 우리나라도 GMO 관련국들의 직접적인 교역대상국이자 "바이오안전성에 관한 카르타헤나 의정서"의 가입국으로서 'GMO와 같은 신기술의 도입'과 '국민보건·환경보호'를 '조화'시켜야 할 국가적 의무가 있고,[68] 결국 이러한 연구는 학계·실무에 대해서

---

67) 박원석, *supra* note 19, pp.142-143 참조.

68) 2013년 5월 29일에는 미국 농무부로부터 미승인 GM 밀이 발견되어 우리나라에 통보하기도 하였다. 이에 오리건주에서 국내로 수입된 밀가루가 주요 제분업체에 대부분 공급된 것으로 확인돼 보건당국이 검사에 착수

는 국제통상에서 GMO 관련 '식품안전'과 '환경보호'를 중시하는 방향으로, 교육에 있어서는 GMO에 대한 식품안전과 환경보호에 관한 학습효과로, 그리고 실생활에서는 소비자보건의 확보로 이어질 것이다.

한 바 있다. 이를 계기로 '식품의 GM 표시'를 강화하는 입법이 추진될 전망이며, 국회에서 주요 원재료의 '함량 순위'와 '잔류 여부'에 상관없이 GMO를 사용한 경우 반드시 표시하도록 하는 내용의 '식품위생법 개정안'을 발의하였다. 그런데 농림축산식품부와 식품의약품안전처는 EU와 일본 등 외신 보도가 나온 뒤인 5월 30일 밤에야 대책을 발표해 늑장 대응으로 보였다. 농림축산식품부와 식품의약품안전처는 5월 30일 일본과 EU 등 외신 보도가 없었다면 별도 대응 내용을 국민에게 발표할 계획이 없었다는 것이기 때문에 GMO의 심각성을 제대로 인지하지 못했다는 비판을 받을 수 있다. 식품위기(food crisis)의 문제는 매우 '신속하게' 대처해야 하는 사안이다. 『국민일보』(2013.5.31), p.1; 『매일경제』(2013.6.1), p.1.

제20장 식품첨가물 규범체계*

Ⅰ. 서언

식품첨가물(food additives)이란, 일반적으로 그 자체를 식품으로서 섭취하지 않고, 영양적 가치에 상관없이 식품의 일반 성분으로서 사용되지 않는 물질을 의미하며, 식품의 '제조·가공·조리·처리·포장·보관' 시에 '기술적인 목적'을 달성하기 위해 식품에 첨가하여 효과를 나타내거나, 직접 또는 간접적으로 식품에 효과를 나타낼 것으로 기대되거나, 그 부산물이 식품의 구성성분이 되거나, 식품의 특성에 영향을 미칠 수 있는 물질을 말한다. 우리나라 식품위생법 제2조 제2항상 식품첨가물이란, 식품을 제조·가공 또는 보존하는 과정에서 식품에 넣거나 섞는 물질 또는 식품을 적시는 등에 사용되는 물질을 말한다. 이 경우 기구(器具)·용기·포장을 살균·소독하는 데에 사용되어 간접적으로 식품으로 옮아갈 수 있는 물질을 포함한다.

유럽연합(European Union: EU)은 지역통합을 발전시켜 역내 공동시장(internal market)을 완성한 후,[1] 1960년대 이래로 그동안 개별적으로 산재해 있던 각종 식품첨가물에 관한 규범들[2]을 2008년 이후 하나로 통합하여 관리·운영하고 있다. 기존의 회원국들 간에 존재

---

* 이 내용은 김두수, "EU의 식품첨가물규범체계를 통해 본 식품안전정책", 『국제경제법연구』 제11권 제3호 (2013.11)를 참고하였음.

1) 특히 EU의 상품의 자유이동(free movement of Goods)에 관해서는, 김두수, 『EU 공동시장법』(파주: 한국학술정보, 2010), pp.109-145를 참조.

2) 기존의 식품첨가물에 관한 규범들로는 Council Directive of 23 October 1962 on the approximation of the rules of the Member States concerning the colouring matters authorized for use in foodstuffs intended for human consumption(OJ 1962 115, p.2645/62), Council Directive 65/66/EEC of 26 January 1965 laying down specific criteria of purity for preservatives authorized for use in foodstuffs intended for human consumption(OJ 1965 22, p.373), Council Directive 78/663/EEC of 25 July 1978 laying down specific criteria of purity for emulsifiers, stabilizers, thickeners and gelling agents for use in foodstuffs(OJ 1978 L 223/7), Council Directive 78/664/EEC of 25 July 1978 laying down specific criteria of purity for antioxidants which may be used in foodstuffs intended for human consumption(OJ 1978 L 223/30), First Commission Directive 81/712/EEC of 28 July 1981 laying down Community methods of analysis for verifying that certain additives used in foodstuffs satisfy criteria of purity(OJ 1981 L 257/1), Council Directive 89/107/EEC of 21 December 1988 on the approximation of the laws

하던 상이한 식품첨가물규제에 대한 통합 관리는 한편으로는 역내 통상장벽의 해소라는 측면도 있지만,[3] 다른 한편으로는 식품안전정책의 강화의 측면도 함축하고 있다. 이는 식품의 공급자와 소비자 양측 모두에게 유익한 일이다. 즉 EU의 유럽의회(European Parliament: EP)와 이사회(Council)는 EU운영조약(Treaty on the Functioning of the European Union: TFEU) 제114조(구 EC조약 제95조)에 따라 집행위원회(European Commission)가 제안하고, 경제사회위원회(Economic and Social Committee)가 자문의견을 제시하여 입법 상정된 '식품첨가물에 관한 통합규칙'[4]을 TFEU 제294조(구 EC조약 제251조)의 절차에 따라 채택하였으며, 이 통합규칙은 2008년 신규 제정된 이후 2차례에 걸쳐 2010년[5]과 2011년[6]에 개정되어 실행되고 있다. 그리고 바로 이 통합규칙 제32조에 따라 EU 내에서의 '승인된 식품첨가물 재평가프로그램 규칙'[7]이 2010년에 채택되어 2009년 1월 20일 이전에 이미 재평가된

---

of the Member States concerning food additives authorized for use in foodstuffs intended for human consumption(OJ 1989 L 40/27), Directive 94/35/EC of the European Parliament and of the Council of 30 June 1994 on sweeteners for use in foodstuffs(OJ 1994 L 237/3), Directive 94/36/EC of the European Parliament and of the Council of 30 June 1994 on colours for use in foodstuffs(OJ 994 L 237/13), Directive 95/2/EC of the European Parliament and of the Council of 20 February 1995 on food additives other than colours and sweeteners(OJ 1995 L 61/1), Decision No 292/97/EC of the European Parliament and of the Council of 19 December 1996 on the maintenance of national laws prohibiting the use of certain additives in the production of certain specific foodstuffs(OJ 1997 L 48/13) and Commission Decision 2002/247/EC of 27 March 2002 suspending the placing on the market and import of jelly confectionary containing the food additive E 425 konjac(OJ 2002 L 84/69)이 있다.

3) EU회원국들 간의 식품첨가물 사용에 대한 상이함으로 인한 유럽사법법원(European Court of Justice: ECJ)의 사례는 1980년대에 나타나기 시작했으며, 특히 *Müller* case(C-304/84, *Ministère public* v *Muller*, [1986] ECR 1521)에서는 포괄적인 논의가 있었으며, 이 사건에서는 프랑스가 E 475(polyglycol esters of fatty acids)를 포함하고 있는 독일 상품의 수입을 금지한 것은 관련 1974년 지침(Council Directive 74/329 of 18 June 1974 on the approximation of the laws of the Member States relating to emulsifiers, stabilizers, thickeners and gelling agents for use in foodstuffs) 제5조의 위반이라고 판시된 바 있다. 그리고 *Kortas* case(Case C-319/97, *Criminal proceedings against Antoine Kortas*, [1999] ECR Ⅰ-3143)에서 ECJ는 스웨덴이 E 124(cochineal red)의 사용을 금지한 것은 그 사용을 허용하고 있는 관련 1994년 지침(European Parliament and Council Directive 94/36/EC of 30 June 1994 on colours for use in foodstuffs)의 위반이라고 판시하였다. Raymond O'Rourke, *European Food Law*(London: Sweet & Maxwell, 2005), pp.157-158 참조.

4) Regulation 1333/2008/EC of the European Parliament and of the Council on food additives(OJ 2008 L 354/16).

5) Commission Regulation 238/2010/EU of 22 March 2010 amending Annex V to Regulation (EC) No 1333/2008 of the European Parliament and of the Council with regard to the labelling requirement for beverages with more than 1, 2% by volume of alcohol and containing certain food colours(Text with EEA relevance)(OJ 2010 L 75/17).

6) Commission Regulation 1129/2011/EU of 11 November 2011 amending Annex Ⅱ to Regulation (EC) No 1333/2008 of the European Parliament and of the Council by establishing a Union list of food additives Text with EEA relevance(OJ 2011 L 295/1); Commission Regulation 1130/2011/EU of 11 November 2011 amending Annex Ⅲ to Regulation (EC) No 1333/2008 of the European Parliament and of the Council on food additives by establishing a Union list of food additives approved for use in food additives, food enzymes, food flavourings and nutrients Text with EEA relevance(OJ 2011 L 295/178); Commission Regulation 1131/2011/EU of 11 November 2011 amending Annex Ⅱ to Regulation (EC) No 1333/2008 of the European Parliament and of the Council with regard to steviol glycosides Text with EEA relevance(OJ 2011 L 295/205).

식품첨가물, 2015년 12월 31일까지 그리고 2018년 12월 31일까지 재평가되어야 할 식품첨가물에 관하여 세분하여 체계적으로 규율하고 있다. 시장이 하나로 통합된 상황에서 EU는 식품첨가물에 관한 '사용허가'와 '재평가'에 심혈을 기울이고 있는 형상이다. 물론 EU식품첨가물의 선정에 관한 위해성 평가와 식품첨가물과 감미료 등의 승인과 관련된 사항은 2008년 채택된 소위 '식품첨가물에 관한 공동허가절차 규칙'[8]에 의해 수행된다. 이는 국제화시대에 EU공동시장 역내외적으로 식품첨가물의 위해성 관리를 통한 '식품안전성' 확보가 얼마나 중요하게 다루어지고 있는지를 잘 반영하고 있다. 이에 이 글에서는 먼저 '식품첨가물에 관한 통합규칙'의 내용을 분석한 후, 2020년까지 재평가될 부속서 Ⅰ과 Ⅱ(Annex Ⅰ & Annex Ⅱ)상의 식품첨가물의 종류를 나열하기보다는 '승인된 식품첨가물 재평가프로그램 규칙'상의 식품첨가물 재평가 절차상의 내용을 법적 측면에서 분석하여 식품안전정책 강화의 중요성을 제고하고자 한다.

Ⅱ. 식품첨가물에 관한 통합규칙에 대한 분석 및 검토

1. 전문

1) 식품첨가물 통합규칙의 제정 의의

EU 공동시장에 있어서 '안전한 먹을거리'는 EU시민들의 건강은 물론 사회와 시장경제의 활성화를 위해서도 필수적이다. 안전한 식품에 대한 확신은 규범을 통하여 보호받을 수 있기 때문에 2008년 12월 16일에 유럽의회(EP)와 이사회는 식품첨가물에 대한 기존에 산재하게 존재하던 규범 및 절차를 수정하여 보다 높은 수준으로 소비자의 건강을 보호하게 되었다.[9]

---

7) Commission Regulation 257/2010/EU of 25 March 2010 setting up a programme for the re-evaluation of approved food additives in accordance with Regulation 1333/2008/EC of the European Parliament and of the Council on food additives(OJ 2010 L 80/19).

8) Regulation 1331/2008/EC OF the European Parliament and of the Council establishing a common authorization procedure for food additives, food enzymes and food flavourings(OJ 2008 L 354/1).

9) 식품첨가물에 관한 통합규칙, 전문 (1)~(4).

2) 식품첨가물의 개념

식품첨가물은 일반적으로 음식 자체로 소비되지 않지만 식품의 보존 등을 목적으로 음식에 의도적으로 첨가하는 것을 말한다. 이러한 모든 식품첨가물들은 '식품첨가물에 관한 통합규칙'에 의해 관리되어야 하고, 과학기술의 발전에 따라 기능적 분류도 계속되어야 한다. 향이나 맛을 내기 위한 소금 대체물 또는 영양상의 목적을 위해 사용하는 비타민과 미네랄 등과 같은 물질이 식품첨가물로 간주되어서는 아니 된다. 게다가 염화나트륨이나 사프란과 같이 색을 내는 목적 혹은 다른 식품효소에 대한 기능적 목적을 위한 물질은 동 규칙의 규율 범위에서 제외된다.[10]

3) 식품첨가물에 대한 기준

EU에서 식품첨가물은 동 규칙상의 기준에 따라서만 공식적인 식품첨가물로 인정받을 수 있다. 식품첨가물은 식품에 사용되었을 때 반드시 안전해야 하고, 기준에 따라 규정된 식품첨가물은 소비자에게 도움이 되고 해가 되어서는 아니 된다. 식품첨가물에 대한 특성은 자연적인 특성과 신선함, 사용된 원료의 특성과 생산과정에서 식품의 원료에 대한 부분과 식품의 영양적 특성이 고려된다. 또한 식품첨가물에 대한 승인은 사회적·경제적·전통적·윤리적·환경적 요소가 고려되어야 하고, 예방적 원칙과 통제가능성이 고려되어야 한다. 식품첨가물의 사용과 최대치는 다른 원료로부터 식품첨가물의 섭취와 소비자의 특정 집단만이 식품첨가물에 지속적으로 노출되지 않는지 고려하여 결정되어야 한다.[11]

그리고 식품첨가물은 허용 가능한 순수원료의 기준이라든지 식품첨가물의 원산지 확인을 비롯하여 식품첨가물의 정보가 적절히 포함되었는지 등에 대한 승인된 기준에 따라서 규정되어야 한다. 식품을 달게 하는 물질에 관하여 원료의 순수성에 대한 규칙이 1995년 7월 5일의 규칙에 포함되었었고, 뒤이어 1995년 7월 26일에는 식품에서의 착색제에 대한 규칙이 포함되었다. 몇몇 식품첨가물은 관행적으로 '특정한 목적'을 위해 허가되며, 이들 식품첨가물은 규칙에 따라 특정한 경우에만 사용될 수 있다. 식품첨가물의 선정에 관해 위험평가와 식품첨가물과 감미료 등의 승인과 관련된 사항은 소위 "식품첨가물에 관한 공동허가절차규칙"[12]에 의해 수행된다.[13]

---

10) 식품첨가물에 관한 통합규칙, 전문 (5)~(6).

11) 식품첨가물에 관한 통합규칙, 전문 (7).

12) Regulation 1331/2008/EC OF the European Parliament and of the Council establishing a common authorization

그런데 식품첨가물은 2003년 9월 22일에 유럽의회(EP)와 이사회에 의하여 규칙의 범위가 정해졌었는데, 이러한 규칙하에 승인된 식품첨가물은 회원국 정부가 위험평가를 위해 제출하여야 했던 위험 평가방식에 있어서 차이점이 있고, 이것은 '상당히 다른' 특성을 지니고 있다. 따라서 식품첨가물은 지속적인 '감시'하에 유지되어야 하고, 새로운 '과학적인 정보나 사용 상태'에 있어 변경이 요구될 때에는 반드시 소위 "승인된 식품첨가물 재평가 프로그램 규칙"[14])에 의해 재평가되어야 한다. 이에 관하여 필요한 경우 회원국들은 적절한 조치를 취하도록 고려해야 한다.[15])

과거 1992년 1월 1일 회원국들은 관행적으로 당연하게 사용되었던 특정 식품첨가물의 사용에 대하여 금지조치를 주장하였고, 이후 금지 첨가물 목록에 추가되었다. 하지만 대개의 경우 추가적인 제한이 없는 한, 첨가물은 이전의 규정에 따라 계속적으로 인정될 것이며 예외적으로 식품첨가물의 사용에 대하여 기술적인 검토에 의하여 '재론'될 시에는 금지목록에 포함될 수 있다.[16])

감미료에 관하여 말하자면, 규칙에 따라 승인된 감미료는 소비자에게 직접 판매될 수 있다. 해당 제품의 제조업체는 소비자가 안전하게 첨가물을 이용할 수 있도록 적절한 방법으로 소비자에게 유용한 정보를 제공해 주어야 한다. 이러한 정보는 제품 라벨, 인터넷 웹 사이트, 소비자 연락망 등 여러 가지 방법으로 사용할 수 있다. 이러한 규칙의 실행을 위한 필수적 조치는 1999년 6월 28일의 이사회 결정[17])에 따라 채택된 바 있다.[18])

한편 식품첨가물에 대한 법적 규정을 발전시키고 수정하기 위하여 적절하고 효과적인 방법이 취해져야 하는데, 효과적인 방법은 회원국들이 정보를 공유하고 협동적인 업무의 배분을 통해 이루어질 수 있다.[19])

그리고 식품첨가물은 집행위원회의 규칙 채택에 의하여 식품사슬 및 동물보건에 관한 상임위원회(Standing Committee on the Food Chain and Animal Health: SCFCAH)의 보조를

procedure for food additives, food enzymes and food flavourings(OJ 2008 L 354/1).

13) 식품첨가물에 관한 통합규칙, 전문(8).

14) Commission Regulation 257/2010/EU of 25 March 2010 setting up a programme for the re-evaluation of approved food additives in accordance with Regulation 1333/2008/EC of the European Parliament and of the Council on food additives(OJ 2010 L 80/19).

15) 식품첨가물에 관한 통합규칙, 전문 (12)~(14).

16) 식품첨가물에 관한 통합규칙, 전문 (15)~(16).

17) Council Decision 1999/468/EC of 28 June 1999 laying down the procedures for the exercise of implementing powers conferred on the Commission(OJ 1999 L 184/23).

18) 식품첨가물에 관한 통합규칙, 전문 (18)~(19).

19) 식품첨가물에 관한 통합규칙, 전문 (22)~(23).

통해 기준의 정당성이 검토되며, 이러한 검토의 범위에는 섭취에 관한 부분이나 기술적인 요구사항이나 소비자에게 오해를 불러일으킬 만한 가능성 등이 포함된다. 모든 식품첨가물들은 이러한 규정에 따라 부속서 형식으로 다시 규정된다.[20]

또한 집행위원회는 동 규칙의 채택 후 1년 내에 이미 승인된 식품첨가물의 안정성에 대한 '재평가 프로그램'을 수립하도록 요청되었는데, 이 재평가 프로그램은 승인된 식품첨가물이 재검토됨에 있어서의 요구사항과 우선순위를 규정하도록 하고 있는데,[21] 이에 관해서는 장을 달리하여 살펴본다.

2. 본문

1) 규율 목적과 범위 및 개념 정의

(1) 규율 목적

동 규칙 제1조는 국내시장에서 소비자의 건강을 철저히 보호하고자 동 규칙이 효과적으로 작용할 수 있도록 하였고, 소비자의 이익보호와 식품무역에서의 '공정한 관행'을 비롯하여 '환경보호'까지 고려하였다. 제1조는 규칙 1332/2008[22]에 따른 식품첨가물에 대한 규정에 관한 조항과 규칙 1134/2008[23]에 따른 감미료 등 식품에 대한 특정 성분에 대한 사용 규정이 포함되었다.[24]

(2) 규율 범위

동 규칙 제2조는 동 규칙의 적용 범위를 규정하고 있는데, 식품제조에 있어 제조 절차적 도움에 관여하거나 공장 보호를 위해 사용된 물질 또는 영양을 위해 식품에 첨가된 물질의 경우에는 동 규칙이 적용될 수 없다고 규정하고 있다.[25]

---

20) 식품첨가물에 관한 통합규칙, 전문 (25).

21) 식품첨가물에 관한 통합규칙, 전문 (27).

22) Regulation 1332/2008/EC of the European Parliament and of the Council of 16 December 2008 on food enzymes and amending Council Directive 83/417/EEC, Council Regulation (EC) No 1493/1999, Directive 2000/13/EC, Council Directive 2001/112/EC and Regulation (EC) No 258/97(Text with EEA relevance)(OJ 2008 L354/7).

23) Regulation 1334/2008/EC of the European Parliament and of the Council of 16 December 2008 on flavourings and certain food ingredients with flavouring properties for use in and on foods and amending Council Regulation (EEC) No 1601/91, Regulations (EC) No 2232/96 and (EC) No 110/2008 and Directive 2000/13/EC(Text with EEA relevance)(OJ 2008 L354/34).

24) 식품첨가물에 관한 통합규칙, 제1조.

(3) 개념 정의

동 규칙 제3조는 동 규칙에서 사용하는 용어에 대한 개념을 정의하고 있다.

규칙 178/2002[26])에서 내린 정의와 규칙 1829/2003[27])에서 내린 정의를 적용해 보면 '식품첨가물'이란 그 스스로 식품으로서 일반적으로 소비되는 물질을 의미하지 아니하고, 일반적으로 식품의 특징적 요소로서 사용되는 것을 의미하지 아니하며, 영양적 가치를 갖고 있든 갖고 있지 아니하든 제조·준비·가공·포장·운송·저장 등에서 '기술적 목적'을 위해 식품에 '의도적으로 첨가'한 물질이며, 그 같은 식품의 요소가 직접적 또는 간접적으로 만든 부수적 물질도 이에 포함된다.[28])

그러나 단당, 이당류 또는 올리고당류를 포함한 감미료를 사용하는 물질을 포함하는 것은 식품첨가물에 포함되지 않는다. 음식의 일부라고 하기 어려운 코팅 물질이나 이러한 음식과 함께 섭취되도록 의도되지 않은 물질도 식품첨가물에 포함되지 않으며, 펙틴을 포함하는 것과 즙을 짠 사과 찌꺼기 또는 감귤류 또는 마르멜로의 열매와 나트륨의 부분적 중화를 통해 희석된 산의 경우에는 식품첨가물에 포함되지 않는다. 또한 식품첨가물로 인정되지 않는 다른 물질로는 하얗거나 노란 덱스트린이나 구워진 녹말 또는 산으로 변형된 녹말과 표백된 녹말, 혈장, 식용 젤라틴, 단백질 가수 분해 및 그 염분, 우유 단백질과 글루텐이 있고, 글루타민산, 글리신, 시스테인과 시스틴 및 그 염분, 카세 인산염과 카제인 등은 식품첨가물에서 제외된다.[29])

'식품가공에 도움을 주는 물질'이란, 그 자체로 식품으로서 소비되지 않는 것을 의미하고, 원 재료의 가공에 있어 의도적으로 사용되고 식품의 처리나 가공 동안 특정한 기술적인 목적을 실행하기 위하여 그 원료를 사용하는 것을 말한다. 의도하지 않은 결과가 발생할 수도 있으나 그러한 결과는 건강에 위해하지 않아야 하고, 최종적 생산물에 가공과 관련된 기술적인 효과를 발생시키지 않아야 한다.[30])

'기능적 분류'는 범주화의 하나로 부속서 1에서 명시하고 있는 것으로서 식품에 대한 첨가물에 대해 기능적으로 정하여 놓고 있는 사항에 근거한다.[31])

---

25) 식품첨가물에 관한 통합규칙, 제2조.

26) Regulation 178/2002/EC of the European Parliament and of the Council of 28 January 2002 laying down the general principles and requirements of food law, establishing the European Food Safety Authority and laying down procedures in matters of food safety(OJ 2002 L31/1).

27) Regulation 1829/2003/EC of the European Parliament and of the Council of 22 September 2003 on genetically modified food and feed(Text with EEA relevance)(OJ 2003 L268/1).

28) 식품첨가물에 관한 통합규칙, 제3조 2(a).

29) 식품첨가물에 관한 통합규칙, 제3조 2(a) (ⅰ)~(ⅹⅰ).

30) 식품첨가물에 관한 통합규칙, 제3조 2(b) (ⅰ)~(ⅲ).

'설탕이 첨가되지 않은 식품'이란 단당류 혹은 이당류가 첨가되지 않은 식품을 말한다.[32]

'식탁용 감미료'란 설탕의 대체물로 소비자에게 직접적인 판매를 위해 제공된 것으로 음식에 부가하여 먹을 수 있게 제조된 식품을 말한다.[33]

'적당량'이란 포함될 수 있는 최대 수치가 구체화되지 않은 것으로서 단지 소비자가 오해하지 않을 만큼 의도된 목적대로 이용될 수 있는 수준을 말한다.[34]

2) 승인된 식품첨가물 목록(리스트)

(1) 식품첨가물 리스트

동 규칙 제4조에 따르면 부속서 2에 열거된 식품첨가물이 시장에 이미 유통되고 있음을 알 수 있고, 특정한 조건하에 식품에 사용되고 있음을 알 수 있다. 이들 식품첨가물은 제14조에 언급된 바와 같이 세부사항이 준수되어야 한다.[35]

(2) 식품첨가물 사용 금지

동 규칙 제5조는 만약 식품첨가물이 동 규칙에 기초하여 사용되지 않을 경우에 어떤 사람도 식품첨가물을 시장에 내놓을 수 없고, 식품에 사용할 수 없다고 규정하고 있다.[36]

(3) 식품첨가물 사용 요건

동 규칙 제6조는 식품첨가물의 사용을 위한 '조건'을 명시하고 있는데, 제6조 제1항은 식품첨가물이 부속서 2, 부속서 3에 따라 합법적인 요소와 환경적인 요소를 따를 때 인정될 수 있음을 명시하고 있다. 더불어 이는 경제적으로 또는 기술적으로 실행 가능한 수단에 의해 제조될 수 있어야 하고, 소비자를 혼동시킬 수 있는 요소를 포함해서는 아니 된다.[37]

그런데 부속서 2, 부속서 3에 포함된 식품첨가물은 반드시 소비자에게 다음의 이점을 제공해야 한다. 첫째, 음식의 영양적 품질을 보존할 수 있어야 하고, 둘째, 특별한 음식의 제조 규정상의 요구에 따라 식품제조를 위한 필요적 요소를 제공해야 하며, 셋째, 식품의 품

---

31) 식품첨가물에 관한 통합규칙, 제3조 2(c).
32) 식품첨가물에 관한 통합규칙, 제3조 2(e).
33) 식품첨가물에 관한 통합규칙, 제3조 2(g).
34) 식품첨가물에 관한 통합규칙, 제3조 2(h).
35) 식품첨가물에 관한 통합규칙, 제4조.
36) 식품첨가물에 관한 통합규칙, 제5조.
37) 식품첨가물에 관한 통합규칙, 제6조 1(a)~(C).

질을 유지하고 향상시키며, 소비자가 혼동하지 않을 정도 내에서 식품의 품질이 변하지 않게 도울 수 있는 것이어야 한다. 넷째, 식품의 제조・가공・준비・처리・포장・운송・보관에 도움을 주며 식품 효소와 식품의 감미료로서 바람직하지 않은 기술적 문제를 발생시키지 않아야 하고, 위의 제조나 가공 등의 과정에서 비위생적인 처리가 있어서는 아니 된다.[38]

위에서 언급한 식품의 영양적 특성의 보존의 예외 사항은, 일반적으로 음식에서 중요한 요소로서 구성된다고 보이지 않는 식품을 말한다.[39]

(4) 특정 감미료 요건

동 규칙 제7조는 식품첨가제 '감미료'에 대한 특정 조건을 명시하고 있는데, 이는 부속서 2의 목록에 포함될 수 있으며, 비칼로리 음식, 무설탕 첨가 음식 등을 대체할 경우와 식품의 저장수명 증가를 허용하는 설탕의 대체로 사용하는 특정 음식의 경우에 적용된다.[40]

(5) 특정 색소 요건

동 규칙 제8조는 색소에 대한 특정 조건을 명시하고 있는데, 이러한 식품첨가물은 제6조 제2항에 규정된 목적 중 하나 이상을 제공하는 것 외에도 다음과 같은 목적 중 하나를 제공하는 경우 색의 기능등급에 대한 부속서 2 목록에 포함시킬 수 있다. 즉 색의 시각적 수용이 손상되었을 때 그것(첨가물)에 의하여 처리・보관・포장・유통에 의해 영향을 받은 음식의 원래의 모습을 복원할 수 있을 경우와 보다 더 시각적으로 매력 있는 음식을 만들 경우 그리고 무색음식에 색상을 제공할 때이다.[41]

(6) 식품첨가물의 기능적 분류

동 규칙 제9조는 식품첨가물의 기능적 분류에 관하여 규정하고 있는바, 제9조의 제1항에 의하면 식품첨가물은 부속서 1의 식품첨가물의 주요 '기술적 기능'에 기초하여 부속서 2 및 부속서 3을 할당할 수 있다. 그리고 기능등급에 식품첨가물을 할당하여 여러 가지 기능을 위해 사용되는 것을 배제하지 아니한다.[42]

제9조의 제2항에 의하면 '과학적 발전'이나 '기술 발전'의 결과로, 부속서 1에 추가할 수

---

38) 식품첨가물에 관한 통합규칙, 제6조 2(a)~(d).
39) 식품첨가물에 관한 통합규칙, 제6조 3.
40) 식품첨가물에 관한 통합규칙, 제7조.
41) 식품첨가물에 관한 통합규칙, 제8조.
42) 식품첨가물에 관한 통합규칙, 제9조 1.

있는 추가 기능등급의 관한 규정의 비본질적인 요소를 수정하기 위해서는 제28조 제3항에 따른 규제절차에 따라 채택된다.[43]

(7) 식품첨가물 리스트(목록)의 내용

동 규칙 제10조는 식품첨가물 목록의 내용에 관하여 명시하고 있는데, 제10조에 제1항에 따라 제6조, 제7조, 제8조에 규정된 조건을 준수하는 경우 해당 식품첨가물은 "식품첨가물, 식품효소, 감미료를 위한 공동허가절차에 관한 규칙"[44]에 언급된 절차에 따라 포함할 수 있으며, 동 규칙의 부속서 2의 목록과 부속서 3의 목록이 이에 포함된다.[45]

제10조의 제2항은 부속서 2 및 부속서 3의 식품첨가물 목록에 식품첨가물의 항목을 지정하는 데 있어서 식품첨가물의 '이름' 및 'E-number', 식품첨가물을 추가할 수 있는 경우, 그리고 식품첨가물을 사용할 수 있는 조건, 직접 최종소비자에게 식품첨가물을 판매하는 데에 대한 제한 등을 규정할 것을 명시하고 있다.[46]

제10조의 제3항에 따라 부속서 2 및 부속서 3의 식품첨가물 목록은 위에서 언급한 소위 "공동허가절차 규칙"에 언급된 식품첨가물 등의 공동허가절차에 따라 개정한다.[47]

(8) 식품첨가물 사용의 정도

동 규칙 제11조는 식품첨가물의 사용 수준에 관하여 명시하는데, 제11조 제1항은 제10조 제2항 (c)에 언급된 사용조건을 설정할 때 원하는 효과를 달성하기 위한 사용수준은 '가장 낮은 수준'에서 설정되어야 한다고 규정하고 있다. 그리고 식품첨가물의 일일섭취량 또는 이에 상응하는 '평가를 고려하여' 수준이 설정되어야 한다고 규정하고 있다.[48]

제11조 제2항은 허용 최대수치 수준은 식품첨가제의 '적당량의 원칙'에 따라 사용되어야 한다고 명시하고 있다.[49] 제11조 제3항에 따라 시장에 달리 명시되지 않는 한 부속서 2에 명시된 식품첨가물의 허용 최대수치 수준은 건조 또는 농축식품에 대한 '최소희석 계수'를 적용한다.[50] 제11조 제4항에 따라 부속서 2에 명시된 색상의 최대등급은 별도로 언급하지

---

43) 식품첨가물에 관한 통합규칙, 제9조 2.

44) Regulation 1331/2008/EC OF the European Parliament and of the Council establishing a common authorization procedure for food additives, food enzymes and food flavourings(OJ 2008 L 354/1).

45) 식품첨가물에 관한 통합규칙, 제10조 1.

46) 식품첨가물에 관한 통합규칙, 제10조 2.

47) 식품첨가물에 관한 통합규칙, 제10조 3.

48) 식품첨가물에 관한 통합규칙, 제11조 1.

49) 식품첨가물에 관한 통합규칙, 제11조 2.

않는 한 '채색 준비'에 포함된 것을 '착색의 양'에 적용한다.[51]

(9) 식품첨가물 목록에 포함된 식품첨가물의 제조과정 또는 원료의 변화

동 규칙 제12조는 이미 식품첨가물 목록에 포함되어 있는 식품첨가물의 생산공정의 변화 또는 식품첨가물의 초기원료의 변화에 관하여 규정하고 있다. 식품첨가물이 이미 공동체 목록에 포함하고 있는 '생산 방법' 또는 사용되는 '초기물질'에 상당한 변화가 있을 경우 또는 입자크기의 변화가 있을 때, 예를 들어 '나노기술'을 통한 식품첨가물은 그 새로운 방법으로 준비되거나 그것이 시장에 출시되기 전에 목록이 정비되어야 한다.[52]

(10) 규칙 1829/2003/EC의 범위 내에 포함된 식품첨가물

동 규칙 제13조는 '유전자변형생물체(Genetically Modified Organisms: GMO) 식품과 사료'에 관한 규칙 1829/2003/EC의 범위에 속하는 식품첨가물에 관하여 규정하고 있는데, 규칙 1829/2003/EC의 범위에 속하는 식품첨가물은 해당 규칙의 허가에 의해 보호되는 경우에만 부속서 2와 부속서 3의 공동체 식품첨가물 목록에 포함시킬 수 있다. 이미 식품첨가물이 규칙 1829/2008/EC에 속하는 한 동 규칙에 의한 새로운 인증 또는 허가를 필요로 하지 아니한다.[53] 이는 GMO와 관련된 허가절차를 말한다.

(11) 식품첨가물의 구체성

동 규칙 제14조는 식품첨가물의 규격과 관련하여, 식품첨가물이 부속서 2와 부속서 3의 목록에 포함되어 있는 경우 특히 원산지, 순도 기준 및 기타 필요한 정보가 소위 "공동허가절차규칙"인 규칙 1331/2008/EC에서 제시했던 내용과 동일해야 한다고 규정하고 있다.[54]

3) 식품에의 식품첨가물의 사용

(1) 미가공식품에의 식품첨가물의 사용

동 규칙 제15조는 처리되지 않는 식품에서 식품첨가물의 사용에 관하여 규정하는데, 식

---

50) 식품첨가물에 관한 통합규칙, 제11조 3.
51) 식품첨가물에 관한 통합규칙, 제11조 4.
52) 식품첨가물에 관한 통합규칙, 제12조.
53) 식품첨가물에 관한 통합규칙, 제13조.
54) 식품첨가물에 관한 통합규칙, 제14조.

품첨가물 등의 사용이 특히 부속서 2에 규정된 경우를 제외하고는 처리되지 않는 식품에 사용하여서는 아니 된다.[55]

(2) 유아 및 아동 식품에의 식품첨가물의 사용

동 규칙 제16조는 유아와 어린이를 위한 식품에서 식품첨가물의 사용에 관하여 명시하는데, 식품첨가물은 특별이 동 규칙의 부속서 2에 규정된 경우를 제외하고는 유아 및 특수의료 목적을 위해 어린아이들을 위한 영양식품 등과 같은 지침 89/398/EEC(Directive 89/398/EEC)에 언급된 유아 및 어린이를 위한 식품에 사용하여서는 아니 된다.[56]

(3) 표시를 위한 색소의 사용

동 규칙 제17조는 표시(markings)를 위한 색상의 사용에 관하여 명시한다. 동 규칙의 부속서 2에 나열된 식품 색상은 육류식품[57]이나 달걀껍질[58]에 일정한 표시를 할 경우에만 이용될 수 있다.

(4) 해석의 결정

동 규칙 제19조는 해석 결정에 관한 규정으로, 필요한 경우 제28조 제2항에 규정된 규제 절차에 따라 특정 식품이 부속서 2에 언급된 식품의 범주에 속하는지, 부속서 2 및 부속서 3에 나열된 식품첨가물이 제11조 제2항에서 정한 기준에 합치되게 '적정량' 기준에 따라 사용되었는지, 어떤 물질이 제3조상의 식품첨가물에 해당하는지가 결정된다.[59]

(5) 전통식품

동 규칙 제20조는 전통음식에 관한 사항으로, 부속서 4에 열거된 회원국들은 해당 지역에서 생산되는 전통식품에 특정범위의 식품첨가물의 사용금지를 계속할 수 있다.[60]

---

55) 식품첨가물에 관한 통합규칙, 제15조.
56) 식품첨가물에 관한 통합규칙, 제16조.
57) Council Directive 91/497/EEC of 29 July 1991 amending and consolidating Directive 64/433/EEC on health problems affecting intra-Community trade in fresh meat to extend it to the production and marketing of fresh meat(OJ 1991 L 268/69).
58) Regulation 853/2004/EC of the European Parliament and of the Council of 29 April 2004 laying down specific hygiene rules for food of animal origin(OJ 2004 L 139/55. Corrected by OJ 2004 L 226/22).
59) 식품첨가물에 관한 통합규칙, 제19조.
60) 식품첨가물에 관한 통합규칙, 제20조.

4) 라벨링

(1) 최종소비자에게 판매를 목적으로 하지 않는 경우의 식품첨가물의 라벨링

동 규칙 제21조는 '최종소비자에게 판매하기 위함이 아닌' 식품첨가물의 라벨에 관하여 규정하고 있는데, 이는 쉽게 눈에 보이고 명확하게 판독되고 지울 수 있어야 한다. 관련 정보는 구매자가 쉽게 이해할 수 있는 언어로 표기되어야 한다. 영토 내에서 제품이 판매되는 회원국은 제22조에 규정된 정보를 리스본조약(Lisbon Treaty)상의 공동체 공식 언어 중 하나 이상에 의한다.[61]

(2) 최종소비자에게 판매를 목적으로 하지 않는 경우의 식품첨가물의 라벨링을 위한 일반적인 요건

동 규칙 제22조는 '최종소비자에게 판매하기 위함이 아닌' 식품첨가물에 대한 일반적인 라벨링(표지) 요건에 관하여 규정하는데, 제1항에서는 식품첨가물 또는 기타 음식 재료 및 추가 다른 물질 단독 또는 혼합 판매되는 경우 그 표장용기에는 다음과 같은 정보를 표시한다. 각각의 식품첨가물의 '이름' 또는 'E-number'와 식품사용에 대한 구체적인 '참조문', 저장 및 사용의 특수조건과 마크가 식별 가능하여야 한다. 일일 최소사용량과 제조업체, 포장업체 또는 판매자의 이름이나 기업의 이름과 주소, 구매자가 규정 또는 기타 공동체 관련 법률을 준수할 수 있도록 명확하고 쉽게 이해할 수 있는 차원의 표기이어야 하고, 결합 비율은 단일숫자로 지정될 수 있으며, 수량에 대한 제한은 숫자 또는 적정량의 원리에 의해 표현되고, 정량과 최소한의 내구성 기간 및 유통기간을 표시한다.[62]

제2항에 따라 식품첨가물이 기타 식품재료와 혼합 판매되는 경우 그 포장 또는 용기의 총 중량에 의해 그 비율의 내림차순으로 모든 재료의 목록을 표기한다.[63]

제3항에 따라 식품첨가물 또는 다른 식품재료들의 저장, 판매, 표준화, 희석 또는 용해를 촉진하는 식품첨가물에 추가되는 경우, 그 포장 또는 용기의 중량의 백분율이 내림차순으로 이러한 물질의 목록을 표기하도록 하고 있다.[64]

제4항에서는 '소매판매를 위한 것이 아님'이라는 표시를 제품의 포장이나 용기의 보기 쉬운 부분에 부착하도록 하고 있다.[65]

---

61) 식품첨가물에 관한 통합규칙, 제21조.
62) 식품첨가물에 관한 통합규칙, 제22조 1.
63) 식품첨가물에 관한 통합규칙, 제22조 2.
64) 식품첨가물에 관한 통합규칙, 제22조 3.

제5항에서는 선박에 의해 공급되는 식품첨가물의 경우, 운송과 관련된 첨부서류에 관한 모든 정보가 포함되도록 하고 있다.[66]

(3) 최종소비자에게 판매를 목적으로 하는 경우의 식품첨가물의 라벨링

동 규칙 제23조는 '최종소비자에게 판매'하기 위한 식품첨가물의 라벨에 관하여 규정하는데, 제1항에 따라 최종소비가자가 직접 구매할 수 있기 위해서는 식품첨가물의 '이름'과 'E-number'와 '식품을 위한' 또는 '식품 사용의 제한' 등 구체적인 참조문이 포함되어야 한다.[67]

제2항에 따라 제1항의 탁상 감미료의 판매설명에서는 '탁상 감미료가 포함된'이라는 표기를 해야 한다.[68]

제3항에 따라 폴리올 및 아스파탐 또는 아스파탐－아세설팜 소금을 포함하는 탁상 감미료의 라벨에는 '경고'를 표기하도록 하고 있다. 폴리올의 경우에는 '과도한 사용은 설사를 유발할 수 있다'는 표기를 해야 하고, 아스파탐－아세설팜 소금의 경우에는 '페닐알라닌의 재료가 포함되어 있다'고 표기를 해야 한다.[69]

제4항에 따라 탁상 감미료의 제조업체는 소비자들이 안전한 사용을 할 수 있는 적절한 방법에 의해 필요한 정보를 표기하여야 한다. 이를 구현하기 위해 제28조 제3항의 모니터링과 규제절차가 적용된다.[70]

(4) 특정한 식품색상을 포함하는 식품의 라벨링에 관한 요구 사항

동 규칙 제24조는 특정한 식품색상을 포함하는 식품에 대한 라벨링에 관한 요건에 대해 규정하고 있는데, 이 경우 부속서 5에 따르되 비본질적 요소의 개정을 위해서는 제28조 제4항에 따른 모니터링과 규제절차가 적용된다.[71]

---

65) 식품첨가물에 관한 통합규칙, 제22조 4.
66) 식품첨가물에 관한 통합규칙, 제22조 5.
67) 식품첨가물에 관한 통합규칙, 제23조 1.
68) 식품첨가물에 관한 통합규칙, 제22조 2.
69) 식품첨가물에 관한 통합규칙, 제23조 3.
70) 식품첨가물에 관한 통합규칙, 제23조 4.
71) 식품첨가물에 관한 통합규칙, 제24조.

5) 절차적 규정 및 구현

(1) 정보 의무

동 규칙 제26조는 정보제공 의무에 관하여 언급한다. 제1항에서는 식품첨가물의 생산자 또는 사용자가 식품첨가물의 '안전성 평가'에 영향을 미칠 수 있는 '과학적 또는 기술적 정보'를 즉시 '집행위원회'에 통보하여야 한다고 규정하고 있으며,[72] 제2항은 식품첨가물의 생산자 또는 사용자는 집행위원회의 요청에 따라 식품첨가물이 실제 사용되는 것을 통지해야 하며, 이러한 정보는 집행위원회가 회원국들에게 제공해야 한다고 규정하고 있다.[73]

(2) 식품첨가물의 섭취에 대한 모니터링

동 규칙 제27조는 식품첨가물 섭취량의 모니터링에 관한 규정으로, 회원국은 위험 기반 접근방식에 식품첨가물의 '사용량' 및 '사용'을 모니터링하고 집행위원회와 유럽식품안전청(European Food Safety Authority: EFSA)에 적합하게 자신의 연구결과를 보고하는 시스템을 유지해야 하며, 이와 관련하여 유럽식품안전청(EFSA)과 협의한 후 공동체에서 식품첨가물의 섭취에 있어서 회원국에 의한 정보수집에 대한 일반적인 방법을 제28조 제2항에 규정된 규제절차에 따라 채택된다.[74]

(3) 식품사슬 및 동물보건 상임위원회(SCFCAH) 관련 사항

동 규칙 제28조는 식품사슬 및 동물보건 상임위원회(Standing Committee on the Food Chain and Animal Health: SCFCAH)에 관한 사항을 언급하는데, 제1항에 따라 집행위원회는 SCFCAH의 지원(보조)을 받아야 하며,[75] 동 규칙에서 제2항이 언급된 경우에는 결정 1999/468/EC(Decision 1999/468/EC) 제5조, 제7조가 적용되며 동 결정의 제5조 제6항상의 기간은 '3개월'로 해야 한다.[76] 그리고 동 규칙에서 제3항이 언급된 경우에는 결정 1999/468/EC 제5a조의 제1항~제4항, 제7조를 참조한다.[77] 한편 동 규칙에서 제4항이 언급된 경우에는 결정 1999/468/EC 제5a조의 제1항~제4항, 제5항(b), 제7조를 참조하며, 이 경

---

72) 식품첨가물에 관한 통합규칙, 제26조 1.
73) 식품첨가물에 관한 통합규칙, 제26조 2.
74) 식품첨가물에 관한 통합규칙, 제27조.
75) 식품첨가물에 관한 통합규칙, 제28조 1.
76) 식품첨가물에 관한 통합규칙, 제28조 2.
77) 식품첨가물에 관한 통합규칙, 제28조 3.

우 결정 1999/468/EC의 제5a조 제3항(c), 제4항(b), (e)의 기한은 각각 2개월, 2개월, 4개월로 한다.[78]

(4) 조화 정책에 대한 공동체의 재정

동 규칙 제29조는 조화 정책의 공동체 재정에 관한 것으로, 동 규칙에 따른 조치의 자금조달에 대한 법적 근거로 규칙 882/2004(Regulation 882/2004/EC) 제66조 제1항 (c)를 명시하고 있다.[79]

6) 경과 및 최종 규정

(1) 공동체 식품첨가물 목록의 확립(확정)

동 규칙 제30조는 공동체의 식품첨가물 '목록'의 확립에 대한 규정으로, 제1항은 동 규칙의 부속서 2에 대하여 언급하고 있으며, 식품에의 사용을 위해 '허가되는' 식품첨가물의 목록을 2011년 1월 20일까지 완료하도록 하였다. 제2항은 식품첨가물로 사용하기 위해 '승인된' 식품첨가물에 관한 것으로 동 규칙의 부속서 3의 Part 1에 표기될 것에 관하여 규정하고 있으며, 이 또한 2011년 1월 20일까지 그 목록을 확정하도록 하고 있다. 제3항은 '식품향료'에 사용하기 위해 승인된 식품첨가물의 동 규칙의 부속서 3의 Part 4에 표기되어야 할 목록에 관하여 규정하고 있다. 제4항은 앞의 제1항~제3항의 적용을 위한 식품첨가물의 분류 및 규격은 식품첨가물에 관한 공동허가절차에 관한 규칙 1331/2008에 따라 채택된다고 규정하고 있다.[80]

(2) 잠정조치(경과조치)

동 규칙 제31조는 경과조치에 관한 것으로, 2010년 1월 20일 이전에 식품시장에 출시되거나 라벨이 부탁된 제품은 최소 보존력 또는 소비기한에 따라 판매될 수 있다.[81]

(3) 승인된 식품첨가물의 재평가

동 규칙 제32조는 승인된 식품첨가물의 '재평가'에 관한 것으로, 제1항은 2009년 1월 20

---

78) 식품첨가물에 관한 통합규칙, 제28조 4.
79) 식품첨가물에 관한 통합규칙, 제29조.
80) 식품첨가물에 관한 통합규칙, 제30조 1~4.
81) 식품첨가물에 관한 통합규칙, 제31조.

일 이전에 허가된 식품첨가물은 유럽식품안전청(EFSA)에서 실시하는 새로운 위험평가(risk assessment)에 따르도록 규정하고 있으며,[82] 제2항에서는 유럽식품안전청(EFSA)과 협의 후 이들 식품첨가물에 대한 재평가프로그램이 동 규칙 제28조 제2항에 규정된 규제절차에 따라 2010년 1월 20일에 채택되도록 하고 있으며, 이 재평가프로그램은 EU의 공식 저널(Official Journal: OJ)에 공표하도록 하고 있다.[83] 이에 따라 EU는 2010년 "승인된 식품첨가물 재평가 프로그램 규칙"[84]을 채택한 바 있다.

Ⅲ. 승인된 식품첨가물 재평가프로그램 규칙에 대한 분석 및 검토

1. 전문

1) 유럽식품안전청(EFSA)의 자문

EU는 "식품첨가물에 관한 통합규칙" 1333/2008 제32조에 따라 승인된 식품첨가물 재평가프로그램 규칙을 채택할 필요가 있었다. 이에 집행위원회는 EU에서 식품안전에 관한 유럽식품안전청(EFSA)의 자문을 거쳐 관련 법안을 상정하였고,[85] 2010년 3월 25일 유럽의회(EP)와 이사회는 "승인된 식품첨가물 재평가프로그램 규칙" 257/2010/EU을 채택하였다.

2) 재평가대상의 예외

그런데 식품 '색상'(food colours)의 재평가는 이미 우선순위로 먼저 시작된 바 있다. 이러한 식품첨가물은 식품과학위원회(Scientific Committee on Food: SCF)[86]에 의한 가장 오래된

---

82) 식품첨가물에 관한 통합규칙, 제32조 1.

83) 식품첨가물에 관한 통합규칙, 제32조 2.

84) Commission Regulation 257/2010/EU of 25 March 2010 setting up a programme for the re-evaluation of approved food additives in accordance with Regulation 1333/2008/EC of the European Parliament and of the Council on food additives(OJ 2010 L 80/19).

85) 김두수, 『EU식품법』(파주: 한국학술정보, 2011), pp.217-221 참조. Caoimhín MacMaoláin, *EU Food Law*(Oxford: Portland Oregon, 2007), pp.188-189 참조.

86) Bernd van der Meulen and Menno van der Velde, *European Food Law*(Wageningen: Wageningen Academic Publishers, 2009), pp.207-208 참조.

평가이기 때문에. 특정 색상의 재평가는 이미 완료된 상태이다.[87] 또한 E 234 Nisin, E 214-219 Para-hydroxybenzoates와 같은 식품첨가물들은 '새로운 과학적 자료'가 요구되었기 때문에 2010년 이전에 수년 동안 재평가되었다. 따라서 결과적으로 이들 첨가제는 재평가 할 필요가 없게 되었다.[88]

3) 재평가 우선순위 설정의 일반적 기준

'감미료'의 경우에는 가장 최근에 유럽식품안전청(EFSA)에 의해 평가되었음을 감안하여 맨 마지막으로 재평가되도록 규정하였다.[89] 여기에서 우리는 식품첨가물에 대한 재평가가 2020년까지 완료될 것으로 예상되는바, EU에서의 식품첨가물에 대한 재평가는 최소한 10년을 주기로 재평가되고 있음을 알 수 있다.

그리고 승인된 식품첨가물의 재평가를 위한 우선순위는 다음의 '기준'에 따라 설정된다. ① 식품과학위원회(SCF) 또는 유럽식품안전청(EFSA)의 식품첨가물에 대한 최종평가시점으로부터의 '새로운 과학적 근거의 가능성', 그리고 ② 2001년 'EU의 식품첨가물 섭취에 관한 집행위원회의 보고서'(Report from the Commission on Dietary Food Additive Intake in the EU)[90]에 의한 식품첨가물의 '사용 정도'와 '인체노출(human exposure)의 정도'에 따라 설정된다. 북유럽 각료이사회(Nordic Council of Ministers)가 제출한 '유럽 2000년 식품첨가물'(report Food Additives in Europe 2000)[91]는 재평가의 우선순위를 위한 추가적 또는 보충적인 정보를 제공한다.[92]

4) 집행위원회의 요청 또는 유럽식품안전청(EFSA) 자체 발의에 의한 재평가

'효율성'(efficiency)과 '실제적인 목적'(practical purposes)을 위해 가능한 한 재평가는 그들이 속한 주요 기능별 등급(부속서 Ⅰ&Ⅱ)에 따라 해당 식품첨가물의 그룹에 의해 수행되

---

87) E 102 Tartrazine, E 104 Quinoline Yellow, E 110 Sunset Yellow FCF, E 124 Ponceau 4R, E 129 Allura Red AC, E 122 Carmoisine, E 160D lycopene을 말한다.

88) 승인된 식품첨가물 재평가프로그램 규칙, 전문 (3).

89) 승인된 식품첨가물 재평가프로그램 규칙, 전문 (4).

90) COM (2001) 542 final-Report from the Commission on Dietary Food Additive Intake in the European Union.

91) Food Additives in Europe 2000, EU 내 승인된 식품첨가물에 대한 안전성평가 현황, Nordic Council of Ministers, TemaNord 2002:560.

92) 승인된 식품첨가물 재평가프로그램 규칙, 전문 (5).

어야 한다. 그러나 만약 '새로운 증거'에 의해 인간의 건강 또는 어떤 형태로든 식품첨가물의 안전성 평가에 영향을 주는 경우라고 적시되는 경우에는 집행위원회의 '요청'에 의하여 또는 유럽식품안전청(EFSA)의 '자체 발의'에 의해 유럽식품안전청(EFSA)이 수행하여야 한다.[93] 여기서 말하는 효율성과 실제적인 목적이란, 이미 승인된 식품첨가물들에 대한 재평가의 경우에는 관련 회원국, 기타 집단, 식품안전기관, 유럽의회(EP)나 이사회의 협조가 필요하고, 또한 재평가 시간이 많이 소요되기 때문에 관련 정보나 추가 정보요청에 있어서 신속한 협력이 요구될 수밖에 없고, 유럽식품안전청(EFSA)은 집행위원회에 '과학적 견해'를 제시하는 '자문기구'로서의 역할을 수행하고 있기 때문에, 만약 '새로운 과학적 증거'[94]가 나타나면 집행위원회의 요청이나 유럽식품안전청(ESFA)이 갖고 있는 '위해성 평가'라는 자체 권한을 통해 이러한 식품첨가물에 대해서 재평가를 실시할 수 있다는 의미이다.

5) 재평가의 기한 및 변경

식품첨가물 재평가의 기한(deadlines)은 부속서 Ⅰ & Ⅱ에 기재된 우선순위에 따라 설정되며, '정당성'이 인정되는 경우에는 식품첨가물에 대한 재평가가 지연될 수 있다.[95] 그리고 '사안이 발생하는 경우'에 또는 '재평가의 실행을 원만하게' 하기 위하여 특정 개별 식품첨가물 또는 식품첨가물 그룹에 대한 재평가 기한의 설정은 미래에 설정될 수도 있다.[96] 즉 ① 재평가의 '원만한 진행' 또는 ② 현재 식품 안전성의 위해성 평가에서 드러난 '신종 위해요소'가 발생한 경우에 이러한 요소를 가진 식품첨가물에 대한 구체적인 재평가를 위한 기한의 경우 더 많은 시간이 소요될 수 있음을 의미한다.

6) 재평가 절차: 관련 자료 제공의 중요성 강조

'효과적인' 재평가절차를 위하여 유럽식품안진청(EFSA)이 재평가 관련 이해관계자들의 '모든 자료들'을 획득하는 것은 매우 중요하다. 또한 '추가적인 자료'가 식품첨가물의 재평가 완료에 필요한 경우에 관련 이해관계자들에게는 '사전 통보'되어야 한다.[97]

---

93) 승인된 식품첨가물 재평가프로그램 규칙, 전문 (6).

94) van der Meulen and van der Velde, *supra* note 86, p.225.

95) 승인된 식품첨가물 재평가프로그램 규칙, 전문 (7).

96) 승인된 식품첨가물 재평가프로그램 규칙, 전문 (8).

97) 승인된 식품첨가물 재평가프로그램 규칙, 전문 (9).

따라서 식품첨가물 승인의 유지(continuity)에 관심이 있는 사업자는 식품첨가물 재평가와 관련된 모든 자료(data)를 제출해야 하며, 사업자는 가능한 한 전체적인 정보(information collectively)를 제공해야 한다.[98]

그리고 유럽식품안전청(EFSA)은 재평가할 모든 식품첨가물에 대한 자료를 하나 이상 공개해야 한다. 식품첨가물에 대한 기술적 및 과학적인 정보는 재평가에 필수적이고, 특히 식품첨가물에 관련된 '독성자료'와 '인체노출'이 추정되는 자료는 제시된 기한 내에 유럽식품안전청(EFSA)의 이해관계자에게 제출되어야 한다.[99]

유럽식품안전청(EFSA)에 의해 재평가될 식품첨가물은 이전에는 집행위원회 산하 식품과학위원회(SCF)에 의해 안전성이 평가되어 왔다. 따라서 그 재평가를 위해 제출되는 정보는 식품첨가물에 대한 기존의 평가에 기초한 '기존 데이터'를 포함해야 한다. 또한 식품첨가물에 대한 '새로운 자료'는 식품과학위원회(SCF)의 마지막 평가 이후로 평가가 가능해졌고, 이 새로운 정보는 유럽식품안전청(ESFA)이 재평가를 완료하여 최신의 의견을 형성할 수 있도록 하기 위해 가능한 포괄적으로 제공되어야 한다. 그리고 식품첨가물 재평가를 위해 이러한 정보는 가능한 범위에서 해당지침서(2001년 7월 11일 식품과학위원회(SCF)의 식품첨가물평가를 위한 자료제출 지침서)[100]에 따라 제출되어야 한다.[101]

그리고 유럽식품안전청(EFSA)은 식품첨가물의 재평가를 완료하기 위해 추가적인 정보를 요구할 수 있다. 이 경우 유럽식품안전청(EFSA)은 자료에 대한 ① '공개모집' 또는 ② 식품첨가물에 대한 '데이터를 제출한 당사자'에게 연락하여 좋은 시간에 필요한 데이터를 요청해야 한다. 이해관계자는 정해진 기간 내에 요청된 정보를 제출해야 하는데, 그 기간은 이해관계자의 견해를 고려하여 유럽식품안전청(EFSA)에 의해 정해진다.[102]

또한 "식품첨가물에 관한 통합규칙" 1333/2008/EC이 식품첨가물에 대한 승인 시 '환경적 요인'(environmental factors)을 고려해야 한다고 규정하고 있기 때문에 이해관계자는 식품첨가물의 재평가 체계에서 식품첨가물의 '생산(production), 사용(use), 폐기(waste)'로부터의 환경적 위해성(environmental risks)과 관련된 것이라면, 어떤 정보든 집행위원회와 유럽식품안전청(EFSA)에 통지해야 한다.[103]

---

98) 승인된 식품첨가물 재평가프로그램 규칙, 전문 (10).

99) 승인된 식품첨가물 재평가프로그램 규칙, 전문 (11).

100) Guidance on submission for food additive evaluations by the Scientific Committee on Food. Opinion expressed on 11 July 2001. SCF/CS/ADD/GEN/26 final.

101) 승인된 식품첨가물 재평가프로그램 규칙, 전문 (12).

102) 승인된 식품첨가물 재평가프로그램 규칙, 전문 (13).

103) 승인된 식품첨가물 재평가프로그램 규칙, 전문 (14); EU는 GMO의 식품안전성과 환경위해성을 별도의 규범

한편 특정 식품첨가물의 재평가의 완료에 필요하여 '요청된 정보'가 제공되지 않는 경우, 식품첨가물은 EU의 승인된 식품첨가물 목록에서 '삭제'될 수 있도록 하여,[104] 식품첨가물 재평가 관련 자료제공의 중요성을 강조하고 있다.

그리고 식품첨가물의 재평가 절차는 '투명성'(transparency) 있게 이행되어야 하고, 특정 '정보의 기밀성'을 보장하는 경우가 아닌 이상 '공공정보 요건'(public information requirements)에 따라 이행되어야 한다.[105]

동 규칙의 발효일을 기준으로, 식품과학위원회(SCF) 또는 유럽식품안전청(EFSA)에 의하여 재평가된 식품첨가물에 대하여 집행위원회는 승인된 식품첨가물의 목록을 공식적으로 사용(이용)할 수 있다.[106]

동 규칙에 규정된 조치는 '식품사슬과 동물보건에 관한 상임위원회'(SCFCAH)의 의견에 따른 것으로[107] 유럽의회(EP)와 이사회 양자가 모두 반대하지 아니하였다.[108]

2. 본문

1) 유럽식품안전청(EFSA)에 의한 재평가 실시 및 재평가 제외 식품첨가물

동 규칙은 "식품첨가물에 관한 통합규칙" 1333/2008/EC의 제32조의 규정에 따라 이미 '승인된 식품첨가물'에 대한 유럽식품안전청(ESFA)에 의한 재평가 프로그램을 규정하고 있다.[109] 즉 전문에서 언급했듯이 규칙 1333/2008/EC 제32조는 승인된 식품첨가물에 대하여 재평가를 할 수 있는 법적 근거 규정으로, 2009년 1월 20일전에 승인이 되었던 식품첨가물은 권한 있는 기관에 의해서 '새로운 위해성 평가'를 할 수 있다. 규칙 1333/2008/EC 제32조 2항에 따라 유럽식품안전청(EFSA)을 중심으로 2010년 1월 20일까지 식품첨가물에 대한 재평가 프로그램이 채택이 되도록 예정되어 있었다.

체계에 의해 관리하고 있다. 김두수, "EU 유전자변형생물체(GMO)규범체계를 통해 본 국제통상에 있어서의 식품안전과 환경보호", 『국제경제법연구』 제11권 제2호(2013.7), pp.29-78.

104) 승인된 식품첨가물 재평가프로그램 규칙, 전문 (15).

105) 승인된 식품첨가물 재평가프로그램 규칙, 전문 (16).

106) 승인된 식품첨가물 재평가프로그램 규칙, 전문 (17).

107) EU식품기본법(General Food Law, Regulation 178/2002) 제58조에 의해 설립되어 역할을 수행하고 있다. van der Meulen and van der Velde, *supra* note 86, p.165 참조.

108) 승인된 식품첨가물 재평가프로그램 규칙, 전문 (18).

109) 승인된 식품첨가물 재평가프로그램 규칙, 제1조 1.

동 규칙의 채택 시 유럽식품안전청(EFSA)에 의해 재평가가 이미 완료된 식품첨가물은 다시 평가하지 않으며, 이들 식품첨가물은 부속서 Ⅰ(Annex Ⅰ)에 기재되어 있다.[110]

2) 각 용어에 대한 개념 정의

동 규칙상 승인된 식품첨가물, 사업자, 이해관계 있는 사업자, 원본 서류는 다음을 의미한다.

(1) '승인된 식품첨가물'(approved food additive)이란, 2009년 1월 20 이전에 승인된 식품첨가물을 의미하고, 1994년 6월 30일 유럽의회(EP)와 이사회 지침 94/35/EC에 나열된 식품첨가물을 의미한다. 그리고 식품에 사용하는 감미료에 대한 지침을 포함한다.

─2009년 1월 20일 이전 지침 94/35/EC[111]에 나열된 공인 식품첨가물

─1994년 6월 30일 유럽의회(EP)의 식품착색료에 관한 지침 94/36/EC[112]

─또는 1995년 2월 20일 유럽의회(EP) 지침 95/2/EC[113]에서 식품첨가물의 색깔과 감미료 외의 식품첨가물에 관한 지침을 뜻한다.[114]

(2) '사업자'(business operator)는 규칙 1333/2008/EC에서 식품사업 통제하의 규칙의 요건 의무를 지고 있는 모든 자연인 또는 법인을 의미한다.[115] 즉 사업자는 식품사업을 통제하는 자연인 또는 법인이어야 하고, 규칙 1333/2008/EC의 요구를 보장할 책임을 지는 자이어야 한다.

(3) '이해관계 있는 사업자'(interested business operator)란 승인의 지속(유지)과 관련되거나 또는 승인된 식품첨가물과 관련된 자를 말한다.[116] 즉 이때 '이해관계 있는 사업자'에서 사업자는 승인된 식품첨가물에 대한 사업을 하는 자이어야 하고, 승인된 식품첨가물이 재평가에서 위해요소가 있어서 제한될 경우 침해를 입는 자를 포함하고 있다.

(4) '원본 서류'(original dossier)는 2009년 1월 20일 이전에 평가 및 승인된 식품첨가물

---

110) 승인된 식품첨가물 재평가프로그램 규칙, 제1조 2.

111) European Parliament and Council Directive 94/35/EC of 30 June 1994 on sweeteners for use in foodstuffs(OJ 1994 L 237/3).

112) European Parliament and Council Directive 94/36/EC of 30 June 1994 on colours for use in foodstuffs(OJ 1994 L 237/13).

113) European Parliament and Council Directive 95/2/EC of 20 February 1995 on food additives other than colours and sweeteners(OJ 1995 L 61/1).

114) 승인된 식품첨가물 재평가프로그램 규칙, 제2조 (a).

115) 승인된 식품첨가물 재평가프로그램 규칙, 제2조 (b).

116) 승인된 식품첨가물 재평가프로그램 규칙, 제2조 (c).

을 기반으로 된 서류를 의미한다.[117]

3) 승인된 식품첨가물의 재평가 시 우선순위의 결정

이미 승인된 식품첨가물은 부속서 Ⅱ에 기재된 순서에 따라 다음과 같은 기한 내에 재평가되도록 규정하고 있다.

(1) 지침 94/36/EC에 나열된 모든 승인된 식품 색깔의 재평가는 2015년 12월 31일까지 재평가가 완료되어야 하고,[118]

(2) 지침 94/2/EC에 나열된 색깔 및 감미료 외에 모든 승인된 식품첨가물의 재평가는 2018년 12월 31일까지 완료되어야 하고,[119]

(3) 지침 94/35/EC에 나열된 모든 승인된 감미료의 재평가는 2020년 12월 31일까지 완료되어야 한다.[120]

한편, 특정한 식품첨가물 기능등급은 동 규칙 부속서 Ⅱ 1절에 구체적인 기한을 명시하여, 이들 식품첨가물은 동급의 다른 식품첨가물보다 우선하여 평가하도록 하고 있다.[121]

그리고 동 규칙 제3조 제1항 및 제2항의 예외로서, 아래에서 보는 바와 같이 '새로운 과학적 증거'(new scientific evidence)가 나올 경우 유럽식품안전청(EFSA)은 언제든지 식품첨가물 또는 식품첨가물 그룹의 우선순위를 집행위원회의 요청 또는 유럽식품안전청(EFSA)의 자체 발의에 의해 재평가를 시작할 수 있다. 이는 식품첨가물 재평가 실시에 있어서의 효율성과 실제적인 목적을 달성하기 위한 원만한 방법을 강구한 것으로 보인다. '새로운 과학적 증거'가 나올 가능성을 예정하고 있는 경우로는: (ⅰ) 인간의 건강을 위해할 가능성이 있는 경우, (ⅱ) 식품첨가물 또는 식품첨가물 그룹의 안전성 평가에 어떤 식으로든 영향을 미치는 경우를 들고 있어, 식품첨가물의 재평가 시 '인간건강에 대한 위해성'과 '안전성평가 방식' 양자를 매우 중요하게 다루고 있다.[122]

---

117) 승인된 식품첨가물 재평가프로그램 규칙, 제2조 (d).
118) 승인된 식품첨가물 재평가프로그램 규칙, 제3조 1 (a).
119) 승인된 식품첨가물 재평가프로그램 규칙, 제3조 1 (b).
120) 승인된 식품첨가물 재평가프로그램 규칙, 제3조 1 (c).
121) 승인된 식품첨가물 재평가프로그램 규칙, 제3조 2.
122) 승인된 식품첨가물 재평가프로그램 규칙, 제3조 3.

4) 재평가 절차 시 각종 자료(data)의 검토

유럽식품안전청(EFSA)은 승인된 식품첨가물의 재평가 시, (1) 식품과학위원회(SCF) 또는 유럽식품안전청(EFSA)의 초기 의견(original opinion)과 실무서류(working documents)를 검토하여[123] 과거와 현재의 변동을 파악하며, (2) 가능한 한 원본 서류(original dossier)를 검토하여 활용한다. 여기에서 원본 서류란 식품첨가물에 대한 기존평가에 관한 자료를 말한다.[124] 그리고 (3) 이해관계 있는 사업자 및 기타 이해관계 당사자가 제출한 자료를 검토하여[125] 광범위한 의견을 수렴하도록 하고 있다. 나아가 (4) 집행위원회와 회원국이 이용할수 있는 어떤 자료든지 자료를 확보하여 검토하여 재평가에 반영하도록 하고 있다.[126] 또한 (5) 각 식품첨가물의 마지막 평가 이후에 이를 게시한 관련 문헌을 식별하도록 하여[127] 사후에 발생할 수 있는 문제를 예방하는 데에도 힘을 기울이고 있다.

5) 재평가를 위한 자료(data)의 요청과 내용

이해관계 있는 사업자 및 기타 이해관계 당사자부터 재평가를 위한 자료를 수집하기 위해서, 유럽식품안전청(EFSA)은 식품첨가물에 대한 자료를 요청해야 한다. 자료 제출을 위한 일정을 명시하는 데 있어서, 유럽식품안전청(EFSA)은 이해관계 있는 사업자 또는 의무를 지고 있는 기타 이해당사자에게 동 규칙의 발효 후 적정한 시간을 허용하도록 하고 있다.[128] 즉 이해관계 있는 사업자 및 기타 이해관계 당사자로부터 자료를 얻기 위하여 유럽식품안전청(EFSA)은 재평가 진행상 식품첨가물의 자료를 요청해야 하고, 이해관계 있는 사업자 및 기타 이해관계 당사자는 유럽식품안전청(EFSA)의 재평가에 필요한 자료의 요청 시 즉각 정보를 제출해야 하는 의무를 진다. 다만 이 의무를 이행하기 위해서 동 규칙의 발효 후에 유럽식품안전청(EFSA)은 지나치지 않는 범위 내에서 합리적인 시간을 허용할 수 있어야 한다.

동 규칙 제5조 제1항에 언급된 자료에는 다음의 자료도 포함된다. (1) 식품과학위원회(SCF)

---

123) 승인된 식품첨가물 재평가프로그램 규칙, 제4조 (a).
124) 승인된 식품첨가물 재평가프로그램 규칙, 제4조 (b).
125) 승인된 식품첨가물 재평가프로그램 규칙, 제4조 (c).
126) 승인된 식품첨가물 재평가프로그램 규칙, 제4조 (d).
127) 승인된 식품첨가물 재평가프로그램 규칙, 제4조 (e).
128) 승인된 식품첨가물 재평가프로그램 규칙, 제5조 1.

또는 유럽식품안전청(EFSA) 또는 식품첨가물에 대한 식량농업기구(Food and Agriculture Organization: FAO)/세계보건기구(World Health Organization: WHO) 합동전문가위원회 (Expert Committee on Food Additives: JECFA)에 의해 평가되는 원본 서류로부터의 연구 보고서,[129] (2) 이전에 식품과학위원회(SCF) 또는 합동전문가위원회(JECFA)에 의해 검토되지 아니한 관련 식품첨가물의 안전성에 관한 자료에 대한 정보,[130] (3) 입자 크기와 관련된 물리 화학적 특성 및 속성에 대한 정보를 포함하여 현재 사용되고 있는 식품첨가물의 세목(열거)에 대한 정보,[131] (4) 제조 공정에 대한 정보,[132] (5) 식품의 결정(편향)을 위해 사용할 수 있는 분석 방법에 대한 정보,[133] (6) 식품에서 식품첨가물에 대한 인체노출에 대한 정보 예를 들어, 소비 패턴 및 용도, 실제 사용 수준 및 최대 사용 농도, 소비의 빈도 및 침해에 영향을 미치는 기타 요인,[134] (7) 음식에의 반응 및 치명성[135] 등이다. 결국 식품첨가물의 재평가를 위한 자료는 상기의 자료를 포함하여 유럽식품안전청(EFSA)이 요청하는 모든 자료를 포함하는 것으로 이해할 수 있다.

6) 자료(data) 제출의 의무

이해관계 있는 사업자 및 기타 이해관계 당사자는 유럽식품안전청(EFSA)에 의해 자료제출 요청을 받을 경우, 유럽식품안전청(EFSA)에 의해 설정된 기간 내에 동 규칙 제5조(2)에서 언급된 식품첨가물의 재평가와 관련된 자료를 제출해야 한다. 이해관계 있는 사업자 및 기타 이해관계 당사자는 식품첨가물의 평가를 위한 제출지침서[136]에 따라 유럽식품안전청(EFSA)에 의해 요구되는 자료를 최대한도로 제공해야 한다.[137]

그리고 몇몇의 이해관계 있는 사업자들은 가능한 경우 '공동으로' 자료를 제출할 수 있다.[138] 한편 만약 재평가 진행 중에 특정 식품첨가물의 재평가에 '추가적인 정보'가 필요하다고

---

129) 승인된 식품첨가물 재평가프로그램 규칙, 제5조 2 (a).
130) 승인된 식품첨가물 재평가프로그램 규칙, 제5조 2 (b).
131) 승인된 식품첨가물 재평가프로그램 규칙, 제5조 2 (c).
132) 승인된 식품첨가물 재평가프로그램 규칙, 제5조 2 (d).
133) 승인된 식품첨가물 재평가프로그램 규칙, 제5조 2 (e).
134) 승인된 식품첨가물 재평가프로그램 규칙, 제5조 2 (f).
135) 승인된 식품첨가물 재평가프로그램 규칙, 제5조 2 (g).
136) Guidance on submission for food additive evaluations by the Scientific Committee on Food. Opinion expressed on 11 July 2001. SCF/CS/ADD/GEN/26 final.
137) 승인된 식품첨가물 재평가프로그램 규칙, 제6조 1.
138) 승인된 식품첨가물 재평가프로그램 규칙, 제6조 2.

판단될 경우, 유럽식품안전청(EFSA)은 이해관계 있는 사업자에게 '추가적인 정보'를 요구하거나 기타 이해관계 당사자를 초청하여 자료의 공개모집을 통해 '추가적인 정보'를 제출하게 할 수 있다.[139]

그런데 유럽식품안전청(EFSA)에 의해 설정된 기한 내에 제출하지 않는 정보는 재평가에서 고려하지 않으나, 예외적으로 그 정보가 식품첨가물의 재평가에 '중요한 정보'인 경우에는 마감시한을 넘겨서 제출된 정보를 수용하기로 하는 집행위원회의 동의가 있다면 유럽식품안전청(EFSA)은 해당 정보를 제출받은 것으로 결정할 수 있도록 하여,[140] 식품첨가물 재평가를 위한 자료 제출에 있어서 만전을 기하고 있다.

끝으로 요청된 정보가 기한 내에 유럽식품안전청(EFSA)에 제출되지 않는 경우, 해당 식품첨가물은 규칙 1333/2008/EC의 제10조(3)에 정해진 절차에 따라 EU식품첨가물 목록에서 '삭제'될 수 있도록 함으로써[141] 자료 제출의 의무를 매우 엄격하게 규율하고 있다.

7) 환경위해 정보의 제출

식품첨가물의 재평가 체계 내에서 이해관계 있는 사업자 및 기타 이해관계 당사자는 식품첨가물의 생산, 사용, 폐기로 인한 어떠한 환경위해성(environment risks)과 관련된 모든 정보를 유럽식품안전청(EFSA)과 집행위원회에 통지해야 한다.[142] 여기서 말하는 환경위해성은 환경에 대한 식품첨가물의 '신종 위해 요소'를 의미한다.

8) 특정 정보의 비밀의 보장과 예외

이해관계 있는 사업자 또는 다른 이해관계 있는 당사자의 '경쟁력'이 있는 지위에 '중대한 손해'를 끼칠 수 있는 정보의 공개는 '비밀'로 유지될 수 있다.[143] 즉 유럽식품안전청(EFSA)의 자료 요청 또는 자료의 모집 등은 공개적으로 이루어져야 함이 원칙이고, 이는 위에서 언급을 했듯이 유럽식품안전청(ESFA)의 투명성(transparency)과 관련된 민감한 문제이다. 현재는 유럽식품안전청(EFSA)의 투명성 확보를 위하여 유럽식품안전청장이 식품에

---

139) 승인된 식품첨가물 재평가프로그램 규칙, 제6조 3.
140) 승인된 식품첨가물 재평가프로그램 규칙, 제6조 4.
141) 승인된 식품첨가물 재평가프로그램 규칙, 제6조 5.
142) 승인된 식품첨가물 재평가프로그램 규칙, 제7조.
143) 승인된 식품첨가물 재평가프로그램 규칙, 제8조 1.

대한 회의를 생중계하여 방송으로 보낸 적이 있다. 유럽식품안전청의 투명성 확보는 매우 중요한 문제이고, '경쟁력' 있고 '중대한 손해의 우려'가 있는 예외적인 경우에 정보는 비밀로 할 수 있다.

그러나 (1) 이해관계가 있는 사업 운영자의 이름과 주소, (2) 화학물질의 명칭과 물질에 대한 명확한 설명, (3) 특정식품 또는 식품범위에서의 물질의 사용에 대한 정보, (4) 물질의 안전성 평가에 관련된 정보, (5) 식품분석방법(들)[144] 등의 관련 정보는 어떠한 상황에서도 기밀로 간주되지 아니한다.

한편 동 규칙 제8조 제1항의 목적에 따라 이해관계 있는 사업자 및 기타 이해관계 당사자는 그들이 비밀로써 취급되기를 바라고 제공하는 정보는 '표시'할 수 있으나, 단 정당성이 있는 경우에만 예외 사유에 해당된다.[145]

그리고 유럽식품안전청(EFSA)의 제안에 따라 최종적으로 집행위원회는 관련자들과 협의 후에 이해관계 있는 사업자 및 기타 이해관계 당사자의 정보를 '비밀'로 유지하게 할 수 있고, 집행위원회는 이를 유럽식품안전청(EFSA)과 회원국들에게 통지한다.[146] 그런데 이는 유럽식품안전청(EFSA)의 역할 수행상의 한계를 알 수 있는 규정이다. 유럽식품안전청(EFSA)은 식품첨가물의 안전성에 대한 과학적 견해를 제시하는 전문성을 갖춘 기구이지만, 전문성의 충분한 역할 수행에 있어 의구심이 다소 있고, 유럽식품안전청(EFSA)은 위해성 평가만을 할 수 있기 때문에 독립적 기구라는 점에서 다소 의문이 있다. 결국 유럽식품안전청(EFSA)은 위해성에 대해 평가를 하지 '관리'를 할 수 없음을 알 수 있다. 이해관계 있는 사업자 및 기타 이해관계 당사자의 정보를 관리해야 함은 위해성 관리로서 집행위원회의 소관 권한이다. 유럽식품안전청(EFSA)은 집행위원회의 자문에 응하거나 과학적 견해를 제시하고 위해성을 평가하여 관련 자료를 집행위원회에 제출하면 집행위원회가 관리하는 형태이다.[147]

한편 집행위원회, 유럽식품안전청(EFSA)과 회원국들은 유럽의회(EP), 이사회, 집행위원회의 문서에 대한 대중적 접근(일반인열람권)에 관한 2001년 5월 30일 유럽의회와 이사회가 채택한 규칙 1049/2001/EC[148]에 따라 '인간의 건강, 동물의 건강 또는 환경을 보호'하기 위해 필요한 경우를 제외하고 동 규칙하에서 접수된 정보의 '비밀'을 적절히 보장하기 위해

---

144) 승인된 식품첨가물 재평가프로그램 규칙, 제8조 2.

145) 승인된 식품첨가물 재평가프로그램 규칙, 제8조 3.

146) 승인된 식품첨가물 재평가프로그램 규칙, 제8조 4.

147) O'Rourke, *supra* note 3, pp.194-195.

148) Regulation 1049/2001 of the European Parliament and of the Council of 30 May 2001 regarding public access to European Parliament, Council and Commission documents(OJ 2001 L 145/43).

필요한 조치를 취해야 한다.[149] 결국 인간건강과 환경보호가 식품첨가물 재평가의 주된 목적임을 알 수 있다.

9) 모니터링 진행

동 규칙 제9조에 따라 2010년부터 2020년까지 매년 12월에 유럽식품안전청(EFSA)은 집행위원회와 회원국들에게 식품첨가물 재평가 프로그램의 진행과정을 통지하여[150] EU공동시장 내에서의 식품안전을 보장하는 데에 힘을 기울이게 된다.

Ⅳ. 결언

국제사회는 정치적으로 1990년대 초반 냉전(cold war)이 사실상 종식되고, 경제적으로 1995년 1월 1일 세계무역기구(World Trade Organization: WTO)가 출범하면서 시장이 급속히 개방되었다. '통상자유화'가 원칙적으로 적용되면서 '보호무역'은 큰 제한을 받게 되었고, 국제사회의 자유무역의 활성화로 인하여 먹을거리의 안전성 확보(식품안전정책)에는 사실상 비상이 걸린 상황이다. 통상무역에서 소위 사전예방적인 조치는 극히 제한적으로만 사용할 수 있게 되었으며, 이를 취하는 국가는 통상장벽을 위한 조치로 비추어지기도 한다.

이러한 통상자유화의 시기에 맞물려 EU가 1992년 이후 국제사회에 출현하였고, 공동체 단일시장 체제를 완성하여 지역국제사회에서 하나의 거대시장을 구축하게 되었다. 그러나 지역경제통합의 대표인 EU도 국제통상에서의 먹을거리의 안전성확보에 비상이 걸리듯 EU 역내에서도 먹을거리의 안전성 확보가 불안하였다. 1997년 영국에서의 광우병(BSE) 위기가 그 시발점이 되었고, 이후 EU는 역내 '상품의 자유이동'을 보장하고 있으나, '식품법' 영역에서는 규제완화가 아니라 오히려 규제를 더욱 강화하고 있는 실정이다.

앞에서 살펴본 바와 같이 공동시장체제를 갖춘 EU는 유럽 내에서의 식품안전성을 확보하기 위하여 식품첨가물에 관한 통합규칙을 제정하고, 승인된 식품첨가물 재평가프로그램규칙 등의 법령을 마련하여 규제하고 있다.[151] 특히 승인된 식품첨가물의 재평가를 위한 체

---

149) 승인된 식품첨가물 재평가프로그램 규칙, 제8조 5.

150) 승인된 식품첨가물 재평가프로그램 규칙, 제9조.

151) P. S. R. F. Mathijsen, *A Guide to European Union Law*(London: Sweet & Maxwell, 2010), p.494.

계적인 일정을 통한 관리를 통해 역내에서의 먹을거리의 안전성 확보에 심혈을 기울이고 있다. 이는 '식품위기'가 발생했을 경우에 이에 대한 '사후적' 해결책을 강구하는 방식에서 벗어나 '사전에' 보다 체계적으로 EU역내 식품첨가물의 안전성을 관리한다는 데에 큰 의미가 있다. 우리나라의 경우 식품위생법 제2조에서 식품첨가물을 식품의 제조, 가공, 혼합, 침륜 기타의 방법에 의하여 사용되는 물질로 정의하고, 제7조에서 지정한 첨가물의 기준·규격에 합당한 것을 사용하여야 한다.[152] 그리고 이는 식품의약품안전처를 중심으로 관리하고 있는데,[153] 식품첨가물로 인한 사고는 오늘날에도 종종 발생하고 있는 점을 감안할 때, WTO를 중심으로 시장이 개방된 상황에서 국제무역이 차지하는 비중이 높은 우리나라의 경우에는 강대국과의 관계에서도 위축되지 아니하고 먹을거리의 안전성 확보에 더욱 큰 관심을 가져야 한다. 이에 우리나라도 식품첨가물을 엄격하게 관리하고, 식품첨가물의 안전성에 대한 인식을 제고하며, 새로운 과학적 또는 기술적 발전이 반영된 재평가프로그램을 마련하여 자체적인 먹을거리의 안전성 확보(식품안전정책)에 힘을 기울여야 할 것이다. 식품첨가물을 위시한 식품사고가 발생할 때마다 거론되는 '사전조치'의 필요성을 재고하여 식품첨가물에 대하여 보다 체계적으로 엄격하게 관리해야 할 것이다.

---

152) 우리나라의 '식품첨가물'에 관한 정보는 식품의약품안전처(Ministry of Food and Drug Safety)의 식품첨가물 정보망(http://www.mfds.go.kr/fa/index.do)에서 '식품첨가물공전'을 통해 확인할 수 있다.

153) 식품위생법규교재 편찬위원회, 『식품위생관계법규해설』(파주: 광문각, 2010), pp.17-18 참조.

제21장 국제통상에서 EU식품법의 지위*

Ⅰ. 서언

유럽연합[1](European Union: EU)의 창설 이래 국제사회에서 EU는 단일국가에 상응하는 지위를 부여받고 있으며, 거대 유럽 경제지역을 통합한 공통의 EU법질서를 형성하여 정치적·경제적으로 결속력을 강화하고 있다. 이처럼 국제사회에서 EU 27개 회원국을 중심으로 법적 결속력이 매우 강한 지역적 국제사회를 구축하고 있는 점은 대외적으로도 지대한 영향력을 행사할 수 있다는 점에서 중요하다. 과거 국제통상에서 EU는 미국과 함께 스위스 제네바(Geneva)에 본부를 두고 자유무역을 표방했던 세계무역기구(World Trade Organization: WTO)의 창설에 매우 적극적이었다. 시기적으로 WTO설립협정(Agreement Establishing the World Trade Organization)이 1994년 채택되어 1995년 1월 1일 발효되어 국제경제통상질서를 규율하기 전에 이미 EU는 유럽연합조약(Treaty on European Union: TEU)을 1992년 2월 7일 채택하여 1993년 11월 1일 발효시켜 EU공동시장[common market, 이는 '역내시장'(internal market)을 의미함]질서를 규율하고 있었다. 이 시기에 EU는 대내외적인 측면에서 모두 '개방의 시장질서'에 큰 관심을 가지고 있었다. 그런데 EU는 WTO가 추구하는 시장개방의 이상과 목적에 대한 그 한계도 '동시에' 잘 알고 있었기 때문에 1986년부터 시작된 우루과이라운드협상의 결과인 WTO의 출범에 앞서 EU의 공동시장을 완성함으로써 기존 EU회원국들을 중심으로 '규제를 완화 또는 제거'하여 각종 역내 통상장벽을 제거하여 강도 높은 통합체계를 이룩해 왔다.[2]

---

* 이 내용은 김두수, "국제통상법에 있어서 식품안전에 대한 EU식품법의 지위", 『국제지역연구』 제16권 제2호 (2012.7)를 참고하였음.

1) 유럽연합(EU)은 유럽연합조약(Treaty on European Union, Maastricht Treaty: TEU)에 의해 창설되었으며, 동 조약은 1992년 2월 7일 채택되어 1993년 11월 1일 발효된 후 2007년 12월 13일 리스본조약(Treaty of Lisbon amending the Treaty on European Union and the Treaty establishing the European Community: the Treaty on European Union and the Treaty on the Functioning of the European Union)의 채택으로 개정되어 2009년 12월 1일 발효되었다.

그런데 '인간의 건강문제'를 무엇보다도 가장 중요하게 다루고 있는 오늘날 EU에서는 과거 어느 때보다도 '환경'문제와 '식품안전'문제에 심혈을 기울이고 있다. 특히 식품안전과 소비자보호를 위해서는 식품법 분야에 있어서 EU도 상품의 자유이동을 위한 규제 완화가 아니라 '규제 강화'의 측면으로 입법정책이 변화하고 있는 상황이다.[3] 물론 환경문제 또한 인간의 건강문제와 직간접적으로 연관된다는 점은 두말할 필요가 없을 것이다.[4] 미국과 함께 WTO체제를 통한 '개방의 시장질서'를 주요 목표로 삼았던 EU가 유독 인간의 건강과 환경문제를 이유로 식품안전에 있어서는 미국의 경제정책 기조와는 다른 정책을 추진하게 되었다. 이는 EU의 통상장벽으로 이해되기도 하지만, 다른 한편으로는 순전히 인간의 건강을 위한 식품안전과 소비자보호가 그 목적일 수도 있다. 이에 2000년대를 전후로 EU는 역내 공동시장에서 EU식품법체계를 본격적으로 확립하기 시작하였고, 2000년 발행된 식품안전백서(White Paper on Food Safety)[5]에 기초해 2002년 유럽의회/이사회 규칙 178/2002[6]을 채택함으로써 식품기본법체계를 확립하고 이탈리아 파르마(Parma)에 소재하는 유럽식품안전청(European Food Safety Authority: EFSA)을 설립하였다. 그런데 EU식품법의 역사는 1970년대 전후로 거슬러 올라갈 수 있고, 여러 EU식품 관련 지침들이 제정된 바 있으며, 다만 EU식품법이 본격적으로 전개된 것은 영국에서의 광우병(Bovine Spongiform Encephalopathy: BSE)위기와 벨기에에서의 다이옥신오염사태 시기인 2000년대 전후라고 할 수 있다. 그런데 이러한 EU식품법은 역내시장의 식품법적 차원에서뿐만 아니라 WTO "위생 및 검역협정"(Agreement on the Application of Sanitary and Phytosanitary Measures: SPS협정)과 세계보건기구(World Health Organization: WHO), 유엔식량농업기구(Food and Agriculture Organization of the United Nations: UNFAO), 그리고 국제식품규격위원회(Codex Alimentarius Commission: CAC) 등과 함께 국제적 차원에서 이해되어야 더욱 의미가 크다고 할 수 있다.

더욱이 2000년대를 전후로 EU는 식품안전문제에 있어서 미국 등과는 다른 정책을 시도하고 있다. 동식물을 주재료로 하는 음식물들을 수입하기 위해서 회원국들은 반드시 EU입

---

2) Bernd van der Meulen and Menno van der Velde, *European Food Law*(Wageningen: Wageningen Academic Publishers, 2009), p.467.

3) 김두수, "식품안전과 소비자보호에 관한 EU식품법제의 성립과 유럽식품안전청의 설립과정", 『국제지역연구』 제13권 제3호(2009), pp.20-21.

4) 김두수, "EU환경법상 환경정책의 목적에 대한 파라콰트 관련법령의 취소", 『외법논집』 제35권 제4호(2011), p.277.

5) White Paper on Food Safety. COM(1999) 719.

6) Regulation 178/2002 of the European Parliament and of the Council of 28 January 2002 laying down the general principles and requirements of food law, establishing the European Food Safety Authority and laying down procedures in matters of food safety(OJ 2002 L31/1~24).

국 시 '식품 및 수의학 사무소'(Food and Veterinary Office: FVO)의 지원을 받아 수의 및 식물위생 검역과 인증절차를 거쳐야 한다. 만약 어떤 EU회원국이 호르몬 처리 육류와 유전 자변형(Genetically Modified: GM) 옥수수 및 콩을 검토하면서 EU 내에 반입되는 해당 음식물에 대한 EU의 '규제 권한'을 행사하는 경우가 발생한다면, 이는 EU와 비회원국 간의 식품 관련 통상 분쟁이 발생할 소지가 상당히 내재되어 있다고 할 수 있다. 이 경우에 상품의 자유이동이 보장되지만 오히려 이 식품 분야에서는 규제를 강화하고 있는 EU식품법이 WTO규범과 충돌할 가능성이 있다. 특히 WTO SPS협정 발효와 국제식품규격위원회(Codex Alimentarius Commission: CAC)의 설치로 식품안전을 대하는 태도나 식품안전 기준 평가에 있어서 EU식품법은 미국과 통상분쟁을 경험한 바 있다. 소위 '호르몬 사건'[7](*Case on meat and meat products(hormones)*)과 'GMO 사건'[8](*EC-Biotech Products(GMO) Case*)은 그 대표적인 사례에 해당하는 것으로, 이들 사건에서 EU와 미국은 식품안전문제에 대해 장기간 다투었다.

오늘날 WTO체제를 중심으로 하는 국제통상에서 식품안전문제는 모든 국가들이 매우 중요하게 다루고 있다. 그런데 이런 문제를 동북아(한·중·일)와 함께 세계 3대 경제 축을 이루고 있는 EU와 미국의 사례를 중심으로 검토해 본다는 것은 큰 의미가 있다. 이는 WTO 많은 회원국들이 취하는 조치가 '식품안전'을 위한 것이냐 아니면 '통상장벽'을 위한 것이냐의 문제로 비추어지는 문제이기도 하다. 따라서 이 글에서는 국제통상법에 있어서 식품안전문제에 대해 EU가 취하는 태도를 검토함으로써 식품안전문제에 대한 인식을 제고하는 데 목적이 있다. 이는 식품안전과 소비자보호에 있어서 미국과 EU의 견해에 상당히 의존하고 있는 우리나라에게도 적지 않은 시사점을 줄 것이다. 이를 위해 아래에서는 먼저 WTO협정 '부속서 1A'의 하나인 "SPS협정"을 통한 국제사회의 식품안전 규율체계를 개괄적으로 고찰하고, 다음으로 EU(피고)와 미국 및 캐나다(원고) 간 논쟁이 되었던 '호르몬사건', '국제식품규격위원회'(CAC)와의 관계, 그리고 '생명공학'적 문제에 관하여 살펴본다.

---

7) WT/DS26/AB/R(Untied States), WT/DS48/AB/R(Canada)(16 January 1998)-*Case on meat and meat products(hormones)*.

8) WT/DS291/R(United States), WT/DS292/R(Canada), WT/DS293/R(Argentina)(29 September 2006)-*EC-Biotech Products (GMO) Case.*

Ⅱ. 식품안전 관련 WTO SPS협정에 대한 개관

1986년 푼타델에스테(우루과이)에서 1994년 마라케쉬(모로코)까지 진행된 우루과이라운드협상 결과 식품분야와 관련된 "농업 협정"(Agreement on Agriculture), "지적재산권에 대한 무역관련 협정"(Agreement on Trade-related Aspects of Intellectual Property Rights), "무역관련 기술 장벽 협정"[9](Agreement on Technical Barriers to Trade: TBT협정)이 채택되었고, 무엇보다도 "위생 및 검역 협정"(Agreement on the Application of Sanitary and Phytosanitary Measures: SPS협정)이 채택되었는데, 이는 EU식품기본법과도 위해성 평가(Risk Assessment) 등 상당 부분 밀접한 관련이 있다.[10] 이들 WTO 부속협정들은 '인간의 보건'과 '소비자 보호'와 같이 국제통상에서 '통상장벽'을 초래할 우려가 있는 기술적 입법 사항들을 방지하기 위한 국제사회의 노력과 의지의 산물이라고 할 수 있다. 물론 EU는 이 협정들의 당사자이기 때문에 이 협정들은 EU입법 시뿐 아니라 회원국들의 국내입법 시에도 적용된다.

1. SPS협정

SPS협정은 1993년 12월 우루과이라운드협상 타결 시 채택되었으며, 1995년 1월 1일부터 발효된 것으로 국제통상에 직간접적으로 영향을 미칠 수 있는 WTO회원국들의 모든 '위생 및 검역 조치'(SPS조치)에 적용된다. 즉 SPS협정은 GATT 1994의 제20조 b항의 '건강과 위생' 관련 예외규정을 확장시킨 것으로써,[11] 농산물 및 식품의 자유무역을 방해하는 조치들을 국제적으로 규제함으로써 농·수·축산물과 식품의 자유무역 확산에 기여하는 것을 목적으로 하고 있다.

동 협정은 식품 및 동식물 검역규제의 적용에 관한 협정으로 국제식품규격위원회의 지원

---

9) 무역상 기술 장벽(Technical Barriers to Trade: TBT)이란, 무역 상대국 간에 서로 상이한 표준(Standard), 기술규정(Technical Regulation), 인증절차(Certification Procedure), 검사절차(Inspection System) 등을 채택·적용함으로써 상품 및 서비스의 자유로운 이동을 저해하는 무역에 있어서의 제반 장애요소를 의미한다. 동 TBT협정의 규정은 SPS협정의 부속서 1에 정의되어 있는 '위생 및 식물위생 조치'(SPS조치)에는 적용되지 아니한다(TBT협정 제1조 5항 및 SPS협정 제1조 4항 참조).

10) 김두수, "EU식품법에 있어서 유럽식품안전청의 조직구조와 역할수행상의 문제", 『국제지역연구』 제14권 제3호(2010), pp.40-42.

11) 한국국제경제법학회, 『국제경제법』(서울: 박영사, 2006), p.273; van der Meulen and van der Velde, *supra* note 2, p.469 참조); SPS협정 제2조 4항 참조. 이처럼 GATT 1994 제20조의 예외규정을 확장시켜 SPS협정과 같은 부속협정을 채택하는 입법론적 방법은 '환경보호'를 위한 국제사회의 입법형태에도 좋은 방법이 될 것이다.

을 받아 식품첨가물, 오염물질(잔류농약, 중금속, 기타오염물질), 병원성 미생물, 독소 등 4개 분야에 걸쳐 '기준치'와 '규격'을 국제적으로 정하고 이를 통과할 경우 식품교역을 거부할 수 없다. 1995년 1월 1일부터 발효된 SPS협정에 따라 '식품안전'의 국제규격 기준이 각 국가에 강제 적용된다. 이를 거부할 경우 각 국가는 근거를 제시해야 한다.[12]

1) SPS조치의 내용

SPS협정은 국제통상에 직간접적으로 영향을 미칠 수 있는 WTO회원국들의 모든 '위생 및 검역 조치'(SPS조치)에 적용되며, 동 협정 '부속서 1'의 규정에 의하면 동 협정상의 대상이 되는 SPS조치는 다음을 목적으로 하는 모든 조치를 말한다.

첫째, 병해충, 질병매개체 또는 질병원인체의 유입, 정착 또는 전파로 인하여 발생하는 위험으로부터 회원국 영토 내의 동물 또는 식물의 생명 또는 건강의 보호.

둘째, 식품, 음료 또는 사료 내의 첨가제, 오염물질, 독소 또는 질병원인체로 인하여 발생하는 위험으로부터 회원국 영토 내의 인간 또는 동물의 생명 또는 건강의 보호.

셋째, 동물, 식물 또는 동물 또는 식물로 만든 생산품에 의하여 전달되는 질병이나 해충의 유입, 정착 또는 전파로 인하여 발생하는 위험으로부터 회원국 영토 내의 인간의 생명 또는 건강의 보호 또는

넷째, 해충의 유입, 정착 또는 전파로 인한 회원국 영토 내의 다른 피해의 방지 또는 제한.[13]

또한 동 협정상의 SPS조치는 모든 관련 법률, 법령, 규정, 요건 및 절차를 포함하며, 특히, 최종제품 기준, 가공 및 생산방법, 시험, 조사, 증명 및 승인절차, 동물 또는 식물의 수송 또는 수송 중 생존에 필요한 물질과 관련된 적절한 요건을 포함한 검역처리, 관련 통계방법, 표본추출절차 및 위험평가 방법에 관한 규정, 식품안전과 직접적으로 관련되는 포장 및 상표부착을 포함한다.[14]

---

12) 국내 식품법규에 따라 수입식품을 규제해 온 우리나라의 경우에 SPS협정의 기준을 수용하거나 또는 이를 국내에 적용하기 어렵다는 합리적인 근거를 제시해야 한다. 국내에 비해 오염물질의 허용치가 높거나 국내에서는 허용치가 설정되지 않은 외국산 식품들이 '국제규격'임을 내세워 국내에 들어올 경우 이를 저지하기가 어려워 이에 대한 대책이 절실한 것이다.

13) SPS협정, 부속서 1, para.1.

14) *Ibid.*

2) SPS협정 제2조의 준수 의무

SPS협정의 제2조 1항~4항은 모든 회원국들이 준수해야 하는 여러 '기본적 권리와 의무'를 규정하고 있다. 따라서 WTO회원국들은 모든 SPS조치와 관련하여 다음과 같은 사항들을 준수해야 한다.

첫째, SPS조치는 오직 '인간, 동식물의 생명과 건강'을 보호하는 데 필요한 사안에만 적용되어야 한다.

둘째, SPS조치는 '과학적 원칙'을 근거로 한다.

셋째, SPS조치는 '충분한 과학적 증거'가 없이는 '유지'될 수 없다.[15]

넷째, SPS조치는 동일하거나 유사한 조건의 경우에 회원국들 간에 어떠한 '자의적'이고 '부당한' 차별을 해서는 아니 된다.[16]

다섯째, 국제통상에 있어서 '위장된 제한'을 위한 의도로 적용되어서는 아니 된다.

3) SPS협정 제2조와 제5조의 관계: '위해성 평가'의 '국제적 기준'과 관련하여

SPS협정상 '위해성 평가'란, "적용될 수 있는 위생 또는 식물위생 조치에 따라 수입회원국 영토 내에서 해충 또는 질병의 도입, 정착 또는 전파의 가능성과 이와 연관된 잠재적인 생물학적 및 경제적 결과의 평가 또는 식품, 음료 및 사료 내의 첨가제, 오염물질, 독소 또는 질병원인체의 존재로 인하여 발생하는 인간 또는 동물의 건강에 미치는 악영향의 잠재적 가능성에 대한 평가"[17]로 정의된다.

이러한 위해성 평가에는 이를 증명할 수 있는 '과학적 증거'가 반드시 요구된다. 회원국들 간의 '부당한 위해성 평가'는 국제통상에서 '위장된 규제'를 발생시킬 수 있으므로 어떠한 위해성 평가도 다른 회원국에서 요구되는 위해성 평가의 범위를 초과해서는 아니 된다. 따라서 위해성 평가가 인정받기 위해서는 '객관성'과 '투명성'을 확보할 수 있도록 과학적 증거를 제시할 것을 요건으로 하고 있다.

그러나 SPS협정 제5조 7항[18]은 '사전예방의 원칙'(precautionary principle)에 따른 예외적

---

15) SPS조치는 '충분한 과학적 증거'에 의거해서만 유지될 수 있다('객관성의 원칙' – 한 국가의 SPS조치는 '위해성 평가'와 '과학적 증거'에 기초해야 한다). 그러나 SPS협정 제5조 7항에 의한 사전예방의 원칙의 적용의 경우에는 예외이다.

16) '비차별 원칙'의 적용을 말한다.

17) SPS협정 부속서 1, para.4.

18) Article 5.7 of SPS Agreement:

적용에 관해 규정하여 '과학적 증거가 불충분'한 경우, 회원국은 관련 국제기구로부터의 정보 및 다른 회원국이 적용하는 SPS조치에 관한 정보를 포함, 입수 가능한 적절한 정보에 근거하여 '잠정적'으로 SPS조치를 채택할 수 있다. 이러한 상황에서, 회원국은 더욱 객관적인 위해성 평가를 위하여 필요한 추가정보를 수집하도록 노력하며, 이에 따라 '합리적'인 기간 내에 SPS조치를 재검토한다.

한편 SPS협정 제5조에 의하면 제2조를 적용함에 있어서 만약 관련된 '국제기준'이 존재하는 경우, 회원국들은 반드시 자국의 SPS조치가 이 국제기준에 기초하도록 해야 한다. 그러나 제3조 3항에 따라 회원국이 '보다 엄격한' (국내적) 기준을 적용하는 경우에는 그 필요성을 증명할 수 있는 '과학적 근거'와 그 새로운 국내적 기준이 (해당) 상황에 적합한 '위해성 평가 등급'을 만족한다는 것을 제시할 수 있어야 한다. 즉 적절한 수준의 SPS협정 상의 보호를 달성하는 데 있어 '국제기준이 불충분'한 경우, 회원국은 국제적 기준보다 '더 엄격한' 국내적 보호조치를 채택할 수 있다.[19]

한편 관련된 '국제기준'이 존재하지 않는 경우, 회원국들은 국제통상시 분쟁이 발생하지 않도록 편파적이지 않은 공정한 위해성 평가 절차를 이행해야 한다. 그러나 이에 앞서 SPS협정 부속서 1의 3항은 '식품안전'기준 측면에서 동 SPS협정은 회원국들이 '국제식품규격위원회'에 의해 제정된 기준, 지침 및 권고 사항을 토대로 각 국가의 SPS조치를 취할 것을 '우선적으로' 요구하고 있다.[20] 그러나 국제식품규격위원회의 기준만이 '유일한' 국제 기준이라고 보기에는 무리가 있다.

그리고 SPS협정 제4조에 의하면 다른 회원국의 SPS조치가 동일한 제품을 상호 거래하는 데 있어서 자국의 조치와 다르더라도 타국의 SPS조치를 동등하게 수용할 것을 요구하고 있다. 이를 위해 동 협정은 이러한 목적에 부합되도록 수입국에 검사, 시험 그리고 관련 절차에 대한 요청을 하기 전에 '상호 합당한 접근'을 할 수 있도록 하고 있다. 그러나 동 협정은 수출가가 수입국의 체계와 제3국의 체계가 동등하다고 주장하면서 제3국의 요건에 맞출 것을 허용하지는 않는다.[21]

"In cases where relevant scientific evidence is insufficient, a Member may provisionally adopt sanitary or phytosanitary measures on the basis of available scientific information, including that from the relevant international organizations as well as from sanitary and phytosanitary measures applied by other Members. In such circumstances, Members shall seek to obtain the additional information necessary for a more objective assessment of risk and review the sanitary or phytosanitary measure accordingly within a reasonable period of time."

19) SPS협정 제3조 3항.

20) SPS협정 부속서 1. para.3(a).

21) SPS협정 제4조 1항: '투명성'과 관련하여 SPS협정 제7조는 회원국들에게 '투명성'에 대한 의무를 규정하면서 자국이 실시한 SPS조치 및 변경된 SPS조치를 통보하도록 하고 있다. 그리고 '관리'를 위하여 SPS협정 제12조

2. SPS협정위반에 따른 WTO분쟁해결절차의 적용

SPS협정상의 SPS조치의 적용에 있어서 WTO회원국들은 국제기준을 따르는 데 문제가 발생할 수 있고, 이 경우에는 다음과 같은 분쟁해결절차에 따라 문제를 해결할 수 있다.

첫째, 다른 회원국의 공시된 국가기준이 공시절차에 적합하지 않다고 간주한 WTO회원국들은 SPS협정에 의해 해당 조치의 정당화를 요구할 수 있고 먼저 'SPS위원회'(Committee on SPS Measures)에 문제를 회부한다.

둘째, SPS협정을 이행할 책임이 있는 SPS위원회에 제소국이 먼저 국제통상에 영향을 미치는 조치의 존재, 국제기준의 불이행 등을 설명해야 한다. 그리고 다음에 해당 조치를 유지하는 회원국(피제소국)이 그 정당성을 해명(증명)해야 한다.[22]

셋째, SPS위원회에 의한 분쟁해결에 실패한 경우, 해당 국가 간 통상분쟁은 WTO협정의 부속서 2의 '분쟁해결에 관한 규칙과 절차에 관한 양해'(Understanding on Rules and Procedures Governing the Settlement of Disputes: DSU)에 따라 WTO의 분쟁해결기구 (Dispute Settlement Body: DSB)에 의해 패널(ad hoc panel)이 설치됨으로써 판정을 받는다.[23] 패널의 판정에 불복하는 경우에는 상소기구(Appellate Body)에 의한 법률심 절차가 진행된다.

마지막으로, WTO 분쟁해결절차에 의하면 분쟁 당사국들은 '협의(절차)'를 통해 WTO협정과 일치하는 방향으로 상호 해결책을 모색하고 수용할 수 있으며, 분쟁해결절차에 따라 공식적으로 제기된 대다수 분쟁들이 상호 인정한 해결책에 의해 분쟁을 해결하고 있다.[24]

3. 평가

WTO체제상 통상자유화를 위해 각 회원국들의 자의적 통상장벽조치는 금지된다. 그러나 SPS협정에서와 같이 예외적으로 인간(국민)과 동식물의 생명과 건강을 위한 국내조치들은

는 동 협정에 관한 검토를 위해 'SPS조치위원회'(Committee on SPS Measures)를 설립하고 있다.

22) SPS협정 제5조 8항: WT/DS26/AB/R, WT/DS48/AB/R(16 January 1998), para.98 참조.

23) SPS협정 제11조 1항: WTO의 분쟁해결절차는 다자무역체제의 보증 및 명확성을 위해 설립되었다. WTO 일반이사회는 분쟁해결기구(DSB)로 하여금 WTO협정으로 인해 발생하는 분쟁을 다루도록 하고 있다. DSB는 분쟁해결을 위한 패널 설치, 패널 임명, 상소 보고서, 패널 또는 상소기관의 권고 및 결정을 이행할 수 있는 감시제도를 명확히 하고 있다. 그리고 분쟁해결기구(DSB)는 그 권고와 판정이 제대로 진행되고 있는지 조사하고, 권고와 판정을 받은 위반국가가 제대로 의무를 이행하지 않는 경우에 보복조치를 승인할 수 있다.

24) Raymond O'Rourke, *European Food Law*(London: Sweet & Maxwell, 2005), p.215.

엄격한 기준하에서 허용될 수 있다.25) 즉 중요한 점은, 이러한 동 협정의 규정은 회원국들의 '통상장벽'을 허용해 주는 데 그 목적이 있는 것이 아니라, 정당한 무역차별이 '허용'되기 위해서는 '위해성 평가'를 통한 '과학적 증거'의 제시를 통한 '명확한 기준과 요건'을 제시할 것을 요구하고 있다는 점이다. 나아가 동 협정은 이렇게 함으로써 불필요한 통상분쟁을 감소시켜 무역자유화에 기여하기 위한 협정이라는 점이다. 다시 말해서 동 SPS협정은 '식품안전'의 논리 이전에 '통상논리'에 주안점을 두고 있어, 원칙은 무역자유화이며 '엄격한 조건'하에서 '예외'를 허용하는 규범이라고 할 수 있다. '식품'과 관련된 회원국들의 입법과 포장, 상표, 유통 등 전 방위적인 조치들에 모두 관련하는 SPS협정은 정당한 무역차별의 허용 근거로써 오직 '인간과 동식물의 생명과 건강의 보호'만을 이유로 할 것과, '충분한 과학적 근거'의 제시, 유사한 상황에서의 '차별금지', '위장된 제한조치'의 금지에 관해 규정하고 있다. 특히 회원국은 '위해성 평가'를 통해서 무역에 미치는 부정적 영향을 최소화하기 위해 자국 SPS조치의 적절한 수준을 신중하게 결정해야 한다.26)

Ⅲ. 호르몬처리 육류 및 육류제품에 관한 WTO분쟁해결 사례

EU와 미국 간의 '호르몬 사건'은 1998년과 2008년 두 번의 WTO 분쟁해결기구(DSB) 판정을 가져온 SPS협정에 관한 중요한 사례이다. 아래에서는 먼저 1998년 '호르몬처리 육류 및 육류제품 사례'27)[Case on meat and meat products(hormones)]에 대한 사실관계, 쟁점사항, 패널 판정, EU의 상소와 그 이유, 상소기구 판정에 관하여 살펴본 후, 계속된 2차 분쟁에 대한 2008년의 판정에 관해 첨언하여 살펴본다.

1. 사실관계

EU는 미국과 캐나다의 호르몬 처리 쇠고기 및 육류제품에 대해 '이사회 지침 88/146/EEC'28)에 근거하여 금수조치를 단행하였다. 이에 미국과 캐나다는 EU의 조치가 WTO SPS협

---

25) SPS협정이 일반적으로 농·수·축산 식품에 관련된 구체적인 무역협정이라면, TBT협정은 국제무역에서 이를 제외한 모든 무역제품들을 대상으로 한다.

26) SPS협정 제5조 4항.

27) WT/DS26/R, WT/DS48/R(18 August 1997); WT/DS26/AB/R, WT/DS48/AB/R(16 January 1998).

28) Council Directive 88/146/EEC of 7 March 1988 prohibiting the use in livestock farming of certain substances

정 제2조, 제3조, 제5조를 위반하였다고 주장하며 1996년 4월 WTO DSB에 제소하여 EU의 금수조치에 대한 시정을 촉구하였다. 이에 EU는 자신의 금수·제한 SPS조치는 동물용 성장촉진 호르몬물질 사용상의 오용과 부작용으로 인한 발암, 심장마비, 뇌졸중 등의 혈관계질환으로부터 오직 EU시민의 '신체 건강'을 위한 동기와 목적으로 실행되었다고 주장하였다. WTO DSB는 1996년 5월 20일 이 사안에 관한 패널을 설치하였고, 1997년 8월 18일 패널보고서가 발표되었다.

2. 쟁점사항

이 사건은 WTO SPS협정과 관련된 '최초'의 사건이며, '신체 건강'에 직접적인 영향을 주는 '먹을거리'의 '안전성확보'가 화두로 되었기 때문에 패널은 동 분쟁과 관련하여 SPS협정상 호르몬 처리 쇠고기 및 육류식품들에 대한 금수조치의 정당성에 대해 심의하였다. 따라서 EU지침 88/146/EEC(SPS조치)의 이행을 위한 위해성 평가29)가 '적절하게 행해졌는지'(SPS협정 제2조 및 제5조 1항), 위해성 평가에 '충분한 과학적 증거'가 수반되었는지(SPS협정 제2조 2항, 제5조 2항) 등에 대한 세세한 검토가 행하여졌다. 또한 EU의 SPS조치가 국제기준이나 지침 또는 권고보다 '더 높은 차원의 보호가치'가 있는 조치로서 허용될 수 있는 조치인지(SPS협정 제3조 3항, 제5조 5항)에 대해서도 심의의 초점이 되었다.

3. 패널 판정 및 근거

미국과 캐나다가 제소한 EU의 호르몬 처리 쇠고기 금수조치에 대한 WTO패널 판정은 다음과 같다.

첫째, 위해성 평가에 기초하지 않은 SPS조치들을 유지하는 EU는 SPS협정 제5조 제1항에 위배된다.

둘째, 위생보호에 관한 독단적이고 불공정한 특정의 규정들을 해당 지침으로 채택함으로써 EU는 국제통상에서 차별과 불합리한 제한을 발생시켰고, 이는 SPS협정 제5조 제5항에

---

having a hormonal action(OJ 1988 L70/16~18). 동 법령은 Council Directive 96/22/EC of 29 April 1996 concerning the prohibition on the use in stockfarming of certain substances having a hormonal or thyrostatic action and of ß-agonists, and repealing Directives 81/602/EEC, 88/146/EEC and 88/299/EEC(OJ 1996 L125/3~9)에 의해 개정되었다.

29) 위해성 평가(risk assessment)란 유해물질에 노출되었을 때의 건강상의 악영향을 정량적(정량평가), 정성적(정성평가)으로 추정하는 과학적 방법을 말한다. WT/DS26/AB/R, WT/DS48/AB/R(16 January 1998), para.186.

위배된다.

셋째, SPS협정 제3조 제3항에 기초한 정당한 조치가 아닌 SPS조치들을 유지함으로써 유럽공동체(현재의 유럽연합)는 SPS협정 제3조 제1항을 위배하였다.[30]

패널은 EU의 조치가 '국제기준'에 도달하지 않았다고 보았다. 즉 EU가 SPS조치들을 제정하고 유지하기 위해서는 SPS협정 제5조 제1항에 규정되어 있는 '위해성 평가'가 선행되어야 했고, 여기에는 독단을 배제하고 투명성을 보증하기 위해 '과학적 증명'도 포함되어야 했다. 패널은 물론 건강보호를 위한 적절한 보호의 유지가 요청되나, EU가 자신의 일련의 조치(금수조치)를 유지하는 것이 호르몬 처리 쇠고기를 수입하는 것보다 '보호가치가 크다'는 '충분한 과학적 증거'를 제시하고 있지 못하다고 판단한 것이다.

4. 상소기구 판결 및 근거

EU는 패널 판정에 불복하여 WTO DSB 상소기구(Appellate Body)에 상소하였고, 동 상소기구는 1998년 1월 16일 판결을 내렸다.

상소기구는 EU가 충분한 '위해성 평가'를 행하지 않은 채 호르몬 처리 쇠고기 수입을 금지한 것은 SPS협정에 반한다는 패널의 핵심적인 판정 사항을 인정하였다. 그러나 상소기구는 '패널보고서'의 결론 부분을 다음과 같이 수정하였다.

첫째, WTO회원국들이 '신체 건강'에 관한 '보다 높은 SPS조치'를 실시하는 권리는 회원국 정부의 중요한 자연적 권리이지만, 이것은 국제기준에 근거를 둔 일반적인 SPS협정상의 의무의 배제를 의미하는 것은 아니다(SPS협정 제3조 3항의 요건과 관련하여).[31] 또한 SPS협정 부속서 1의 3조(a)호가 '식품안전'의 경우 국제표준은 '국제식품규격위원회'(CAC)에 의해 수립된 표준 등이라고 규정하고 있으나, EU의 SPS조치가 국제식품규격위원회 표준과 상이한 보호수준을 표준으로 삼는다고 하여 이것이 '반드시' 국제표준에서 벗어났다고 볼 수 없다. 국제표준에 '기초'한 것과 '부합'되는 것은 다른 개념이므로, 국제표준의 요소를 부분적으로 채택하는 경우에도 이는 국제표준에 기초한 것으로 볼 수 있다(SPS협정 제3조의 요건과 관련하여).[32] 이는 '하나'가 아닌 '다양한' 과학적 견해가 동시에 반영될 수 있음을 의미한다.

둘째, 위해성 평가 시 '위해성'은 과학실험실에서 엄격하게 통제된 상황에서 이론적으로

---

30) WT/DS26/R, WT/DS48/R(18 August 1997), para.9.1

31) WT/DS26/AB/R, WT/DS48/AB/R(16 January 1998), paras.175, 177 참조.

32) WT/DS26/AB/R, WT/DS48/AB/R(16 January 1998), paras.163, 193, 194.

규명되어야 할 뿐만 아니라, 인간사회에서 '위해성'이 사실상 구체적으로 존재하는 것으로 규명되어야 한다(SPS협정 제5조 1항의 요건과 관련하여).[33] 상소기구는 당시 EU가 제시한 과학보고서는 EU의 금수조치를 합리적으로 설명하지 못하였다는 패널의 판정을 지지하였다.

셋째, 결과적으로 볼 때 국제통상에서의 차별과 불합리한 제한을 발생시키는 WTO회원 국들의 독단적이고 불공정한 규제들을 지양하기 위해 'SPS협정을 존중하는 차원'에서 EU 가 SPS협정에 반하는 조치를 취했다는 패널의 판정은 유지된다.[34]

5. EU의 반론 및 근거

1998년 3월 12일 EU는 WTO DSB와의 회담에서 상소기구의 판결을 보충하면서 국제 규정들을 이행하겠다고 하였으나, 1999년 5월 17일 EU위원회는 EU에게 호르몬 처리 쇠고 기 수입 금지조치를 철폐하라는 1998년 3월의 WTO 판결을 거절하였다.[35]

EU가 WTO의 판결을 거절한 근거로 주장한 이유는 다음과 같다.

1) Franz Fischler의 주장

EU위원회의 농업 관련 위원(The Commissioner for Agriculture and Rural Development: Farm Commissioner)인 Franz Fischler는 1999년 5월 19일 더블린(Dublin)에서 열린 세계 육 류 회의(World Meat Congress)에서 EU위원회의 과학적 증거들을 발표하였다.[36] 그는 EU 는 오직 '인간 건강'을 보호하려는 동기와 목적에 입각하고 있다고 강조함으로써 호르몬 처 리 육류의 EU로의 금수조치가 단지 EU 쇠고기시장을 역외 수입으로부터 '보호'하기 위한 차별적·독단적 수단이 아니라고 하였다.[37]

---

33) WT/DS26/AB/R, WT/DS48/AB/R(16 January 1998), paras.187, 200 참조.

34) WT/DS26/AB/R, WT/DS48/AB/R(16 January 1998), para.212 참조.

35) O'Rourke, *supra* note 24, p.217.

36) Franz Fischler, Member of the European Commission responsible for Agriculture and Rural Development, European Union-Partner in world meat trade, World Meat Congress, Dublin, 19 May 1999. http://europa.eu/rapid/pressReleasesAction.do?reference=SPEECH/99/81&format=HTML&aged=0&language=EN&guiLanguage=en 참조(2012년 5월 27일 검색).

37) O'Rourke, *supra* note 24, p.217.

2) 위해성 평가 보고서와 '공중보건 관련 수의학적 조치에 관한 과학위원회'(SCVPH)[38]의
   보고서

EU는 이 보고서들을 통해 미국산 쇠고기의 생산과정상의 다양한 성장촉진호르몬의 사용
은 소비자의 건강에 위험을 유발시킬 것이라는 충분한 과학적 증거가 있다고 주장하였다.
시장에 출시되는 육류의 '호르몬 잔류물'에 대한 규제적 통제가 미국에서는 결함이 있고,
캐나다에서는 불충분하기 때문에, '인간의 건강'에 특히 위험하다고 본 것이다.[39]

(1) **위해성 평가 보고서**
이 '위해성 평가 보고서'(risk assessment report)는 호르몬 처리 육류 제품과 관련하여 다
음과 같은 결함들을 지적하였다.
첫째, 미국과 캐나다에서 승인된 호르몬 성장촉진제는 시장에서 자유롭게 구입하여 사용
할 수 있다. 즉 수의학적 처방 없이 구입할 수 있고, 수의사의 감독 없이 사용될 수 있다.
둘째, 비록 규정상으로는 동물 귀에의 주입으로 규제되어 있지만, 많은 사례로 나타나듯
주입과 주사가 동물의 생체 어느 곳에서든지 이루어지고 있다.
셋째, 비록 송아지 고기에 호르몬 성장촉진제를 사용하지 못하도록 되어 있지만, 최근 캐
나다 조사에 따르면 합성호르몬 잔류물이 32%~40%의 샘플에서 발견되었다.
넷째, 미국에서도 캐나다에서도 육류검사규정으로 잘못된 호르몬주입을 밝히기 위한 동
물시체에 대한 정기검사를 규정하고 있으나, 미국 검사당국은 정기적으로 호르몬 성장촉진
제의 오용사례를 보고하고 있다.
다섯째, EU의 사용금지에 포함된 6개 호르몬 성장촉진제 등에 대한 미국의 국가 잔류물프
로그램과 관련, 3가지 호르몬[에스트라디올(17-beta-oestradiol), 프로게스테론(progesterone), 테
스토스테린(testosterone)]과 트레보론 아세테이트(trenbolone acetate)에 대해서는 어떤 잔류물
실험도 수행된 적이 없다. 제라놀(zeranol)에 대해서는 1989년 이후 어떤 잔류물 검사도 실
시된 적이 없으며, 메렌게스트롤 아세테이트(melengestrol acetate)의 경우는 1990년 이래 그
러하다. 미국 당국이 이처럼 충분한 잔류물 검사를 하지 않았기 때문에, 호르몬 성장촉진제
의 잘못된 주입과 사용, 그리고 불법적인 블랙마켓[40] 물질의 사용을 발견하지 못할 가능성

---

38) The Scientific Committee on Veterinary Measures Relating to Public Health. 'Scientific Committee'가 2002년 규칙
    178/2002에서 'Scientific Panel'로 변경됨에 따라 동 과학위원회는 Scientific Panel on biological hazards(BIOHAZ
    Panel)로 개칭되었다.
39) O'Rourke, *supra* note 24, p.217.

이 증가하고 있는 것이다.

여섯째, EU의 관점에서 볼 때 미국의 국가잔류물검사프로그램의 부적합성이야말로 인간 건강에 대한 위험도를 증가시키고 있다. 이른바 '비호르몬 처리 육류'에 대한 최근 EU의 조사에 의하면, 258개 육류샘플에서 12%가 트레보론(trenbolene), 메렌게스트롤 아세테이트(melengestrol acetate), 제라놀(zeranol)에 양성반응을 나타냈다.[41]

(2) '공중보건 관련 수의학적 조치에 관한 과학위원회'(SCVPH)의 보고서

'공중보건 관련 수의학적 조치에 관한 과학위원회'(Scientific Committee on Veterinary Measures relating to Public Health: SCVPH) 보고서에서는 성장촉진 호르몬인 에스트라디올(17-beta-oestradiol)이 암을 유발시킨다는 실질적인 최근 증거가 있다고 결론지었다. 소의 성장을 촉진시키기 위해 사용한 이 '호르몬의 잔류물이 포함된 육류'를 인간이 아주 소량만 복용하여도 암을 유발시킬 수 있는 '본래적 위험성'을 가진다는 것이다. 모든 6개의 호르몬에서 면역학적·유전독성적·신경생물학적·발암적인 효과 등 다양한 건강 위험성을 관측할 수 있었다는 것이다. 쇠고기생산에 이러한 호르몬들이 사용됨으로써 가장 심각하게 건강의 위험을 받게 될 그룹은 생물학적 농축이 최정점에 있는 인간 특히 어린이들이라는 데 주목해야 한다.[42]

6. EU의 추가 입법조치와 캐나다의 보복관세

위와 같은 보고서에 기초해서 EU는 육류제품에 성장촉진호르몬을 사용하지 못하도록 하는 기존의 금지조치를 해제하는 것이 적합하지 않다고 결정하였다. 그 결과 성장촉진호르몬의 사용을 금지한 이사회 지침 96/22/EC[43]을 수정하는 제안[44]이 채택되었고, 유럽의회/이사회 지침 2003/74/EC[45]로 채택되었다. 이에 반발한 캐나다는 EU에서 생산된 일정 제품

---

40) 'black market'이란 공식적으로 규정된 법규들을 위반하고 이루어지는 거래를 의미한다.

41) O'Rourke, *supra* note 24, p.218.

42) *Ibid*.

43) Council Directive 96/22/EC of 29 April 1996 concerning the prohibition on the use in stockfarming of certain substances having a hormonal or thyrostatic action and of ß-agonists, and repealing Directives 81/602/EEC, 88/146/EEC and 88/299/EEC(OJ 1996 L125/3~9).

44) 호르몬처리금지에 관한 제안(Proposal for a Directive of the European Parliament and of the Council amending Council Directive 96/22/EC concerning the prohibition on the use in stockfarming of certain substances having a hormonal or thyrostatic action and of beta-agonists(COM (2000) 320)(OJ 2000 C337E/163~166).

45) Directive 2003/74/EC of the European Parliament and of the Council of 22 September 2003 amending Council

들에 대한 보복관세를 부과할 수 있다고 결정하였고, 이 분쟁을 해결하기 위해 합의 절차를 마련하려는 EU의 제안을 거부하였다. 미국과 캐나다는 '과학적 근거'가 없는 호르몬 사용 쇠고기의 유통금지에 관한 EU의 지침이 WTO SPS협정위반이라는 1998년 1월 상소기구판정의 이행을 확보하기 위해 1999년부터 약 2억 달러 상당의 보복조치를 취하였다. EU는 '과학적 근거'가 확보되어 2003년 관련 지침을 개정한 후 보복조치 철회를 요청하였고, 미국과 캐나다는 EU의 이행조치가 불충분하다고 거절하였다. 이에 EU는 2004년 11월 8일 보복조치 철회거부를 이유로 미국과 캐나다를 WTO에 제소하였다.

계속된 2차 호르몬 사건에서 2008년 3월 31일 WTO패널은 "2003년 EU의 호르몬 처리 쇠고기에 대한 위해성 평가가 수입 금지를 정당화할 수 없다"고 했으나 "미국과 캐나다가 적절한 절차를 거치지 않고 EU 제품에 대해 제재를 가하는 결정을 내릴 수 없다"고 판결하였다.[46] 그러나 이어진 WTO상소기구는 2008년 10월 16일 "EU가 미국과 캐나다의 호르몬 처리 쇠고기를 수입 금지하는 것을 계속할 수 있다"고 하면서도 동시에 "적법절차에 따르는 경우 미국과 캐나다는 EU가 호르몬 처리 쇠고기를 수입 금지하는 것에 대해 무역제재를 가할 수 있다"고 판결하였다.[47] WTO상소기구는 패널의 불공정한 과학자들 지명을 문제로 지적하였는데, 이는 결국 '호르몬 처리'에 대한 위해성 문제가 여전히 '과학적 견해'에 있어서 '충돌이 불가피한 사안'임을 보여 주고 있다. 결과론적으로는 EU와 미국 모두의 환영을 받는 판결이 되었지만, 분쟁의 가능성은 여전히 존재한다고 볼 수 있다. EU시민의 '식품안전'을 확보했다는 EU, '추가 관세'를 철회할 이유가 없다는 미국 양측은 현재로서는 만족하고 있는 듯하다. 여전히 EU는 호르몬 처리 쇠고기가 인체에 위험을 준다고 주장하는 반면 미국과 캐나다는 이를 반박하고 있는 것이다. EU는 이후 2008년 11월 28일, 2003년 지침이 부분 개정(Directive 2003/74/EC of the European Parliament and of the Council of 22 September 2003)된 데 이어, 다시 부분 개정된 지침(Directive 2008/97/EC of the European Parliament and of the Council of 19 November 2008)을 채택하였다. 한편 우리나라 농림수산식품부는 성장호르몬이 1950년대부터 줄곧 사용돼 온데다 위해성이 입증되지 않았다며

Directive 96/22/EC concerning the prohibition on the use in stockfarming of certain substances having a hormonal or thyrostatic action and of beta-agonists(OJ 2003 L262/17~21); 이후 Directive 2008/97/EC of the European Parliament and of the Council of 19 November 2008 amending Council Directive 96/22/EC concerning the prohibition on the use in stockfarming of certain substances having a hormonal or thyrostatic action and of beta-agonists(OJ 2008 L318/9~11)에 의해 다시 부분 개정되었다. 동 법령은 동물용 성장촉진 호르몬물질의 일반적 유통금지(제2조~제3조), 가축의 치료목적상의 예외(제4조), 수의사 책임하에 실시될 호르몬물질 사용의 기준(제5조), 호르몬물질의 거래와 관리 및 기록(제6조~제9조), EU역외로부터의 반입금지(제11조) 등에 관하여 규율하고 있다.

46) WT/DS320/R, WT/DS321/R(31 March 2008), paras.7.845, 7.856-857, 8.1-3 참조.

47) WT/DS320/AB/R, WT/DS321/AB/R(16 October 2008), para.736 참조.

EU처럼 수입규제를 하기는 어렵다는 입장이며, 성장호르몬은 국내 소에도 물론 투여하고 있는 게 현실이다.

7. 평가

이 사건은 미국산 및 캐나다산 호르몬 처리 쇠고기 수입을 제한한 EU의 조치가 WTO SPS협정에 위배되는지가 쟁점이었다. 동 조치가 '무역규제수단'으로 이용되었다면 SPS협정에 위반되는 것이고, 무역제한이나 금지를 정당화하기 위한 '적절한 위해성 평가' 실시와 '충분한 과학적 증거'를 제시하는 경우에 동 조치는 허용된다.

이에 1997년 8월 18일 WTO패널은 EU의 조치가 국제기준에 '부합'하지 않으며, EU의 조치를 유지하는 것이 '충분한 과학적 증거'의 요건을 충족시키지 못한다고 판정하였다. 이러한 패널의 판정에 불복한 EU는 상소기구에 항소하였고, WTO상소기구는 패널의 핵심적 판정을 그대로 유지함으로써 EU의 손을 들어 주지 않았다.

1998년 1월 16일 상소기구 심리에서도 패소하자 EU는 WTO DSB와의 회담에서 상소기구의 판결에 대해 국제규정을 보충하면서 이행하겠다고 하였으나, 1999년 5월 17일 EU위원회는 호르몬 처리 쇠고기 수입의 금지조치의 철폐에 대한 WTO의 판결의 이행을 거절하였다. EU는 '위해성 평가 보고서'와 '공중보건 관련 수의학적 조치에 관한 과학위원회 (SCVPH)의 보고서'를 통해 EU의 금수조치의 '정당성'을 '과학적'으로 증명하려고 하였다.

그리고 EU는 성장촉진호르몬의 사용을 금지한 이사회 지침 96/22/EC을 수정해 유럽의회/이사회 지침 2003/74/EC을 채택하여 1999년 시작된 미국과 캐나다의 보복조치 철회를 요청하였으나 미국과 캐나다는 EU의 개정 지침이 과학적 증거가 불충분하다고 거절하였다. 이에 EU는 2004년 11월 8일 보복조치 철회거부를 이유로 미국과 캐나다를 WTO에 제소하여 호르몬 관련 분쟁이 계속되었다. 재발된 2차 호르몬 사건에서 2008년 3월 31일 WTO패널은 2003년 EU의 호르몬 처리 쇠고기에 대한 위해성 평가가 금수조치를 정당화시킬 수 없으며, 미국과 캐나다는 적절한 절차를 거치지 않고 EU 제품에 대해 제재를 가하는 결정을 내릴 수 없다고 판결하였다. 그러나 이어진 WTO상소기구는 2008년 10월 16일 EU가 미국과 캐나다의 호르몬 처리 쇠고기를 수입 금지하는 것을 계속할 수 있다고 하면서도 동시에 적법절차에 따라 미국과 캐나다는 EU가 호르몬 처리 쇠고기를 수입 금지하는 것에 대해 무역 제재를 가할 수 있다고 판결하였다. WTO상소기구는 패널의 불공정한 과학자들 지명을 문제로 지적하였는데, 이는 결국 '호르몬 처리'에 대한 위해성 문제가 여전히 '과학적 견해'에 있어서 '충돌이 불가피한 사안'임을 보여 주고 있다. 결과론적으로는 EU와 미국 모두의 환영을 받는 판결이 되었지만, 분쟁의 가능성은 여전히 존재한다고 볼 수 있다. EU는 EU시민의 '식품안전'을 확보했다는 점에서, 미국은 '추가 관세'를 없앨 이유가 없다는 점에서 양측이 현재로서는 만족하고 있는 듯하다. EU는 이후 2008년 11월 28일, 2003년 지침(Directive 2003/74/EC)을 부분 개정한 데 이어, 다시 부분 개정된 지침(Directive 2008/97/EC)을 채택하였다. 2차 호르몬 사건에 관한 2008년 판례에 따라 EU는 적어도 발암물질, 심장마비, 뇌졸중, 광우병(BSE) 등의 위험이 있는 미국산 쇠고기 수입문제로 심각한 고민을 하지 않아도 되게 되었다. 대신 미국과 캐나다가 적절한 절차에 따라 보복 관세를 부과하는 경우에 이로부터는 자유롭지 않게 되었다.

이 호르몬 사건은 EU가 '끊임없는 과학적 증명'을 통해 자신들의 SPS조치의 정당성을 지속적으로 주장하여 '식품안전과 소비자보호'를 위해 노력하였다는 데에 의의가 있다. 또한 WTO SPS협정하에서 SPS조치를 취함에 있어서 WTO회원국의 '권리와 의무'를 분명히 하는 데 중요한 기여를 하였다는 데에 의의가 있다.

Ⅳ. 국제식품규격위원회의 역할과 사전예방의 원칙의 도입

1. 국제식품규격위원회의 설립과 역할

국제식품규격위원회[48](Codex Alimentarius Commission: CAC)는 '1962년' 유엔식량농업기구(UNFAO)와 세계보건기구(WHO)의 공동 식품규격작업의 결과로 설립된 정부 간 협의체로 식품에 대한 표준규격(Standard), 지침(Guideline), 실행규범(Code of Practice) 및 최대잔류허용기준(MRLs) 등의 설정을 통하여 '소비자의 건강보호'와 식품교역 시 '공정한 무역행위의 확보'를 목적으로 역할을 수행하고 있다.[49] 사무국은 이탈리아 로마(Rome)의 UN식량농업기구 본부 내에 위치하고 있다. 이 기구의 총 예산은 2년 기준으로 약 600만 달러이며 UN식량농업기구에서 75%, 세계보건기구에서 25%를 부담하고 있다.

---

48) http://www.codexalimentarius.net(2012년 5월 27일 검색); 국제식품규격위원회(Codex Alimentarius Commission)에서 라틴어 'Codex'는 법령(code), 'Alimentarius'는 식품(food)을 의미하여, 'Codex Alimentarius'는 전체적으로는 식품에 대해 전 세계적으로 통용될 수 있는 기준 및 규격을 의미하는 식품법(Food Code)이라 할 수 있다.

49) 김두수, 『EU식품법』(파주: 한국학술정보, 2011), pp.184-185; Caoimhín MacMaoláin, *EU Food Law*(Oxford: Portland Oregon, 2007), pp.151-154.

1995년 WTO체제의 출범으로 SPS협정이 발효됨에 따라 국제식품규격위원회규격 등이 국제적 공통규격으로 활용됨에 따라 국제식품규격위원회의 중요성이 점차 증대되고 있다. 이러한 국제식품규격위원회 기준에 따라 소비자들의 구입품은 안전하고 불순물이 포함되어 있지 않으며 정확한 라벨이 부착되어야 한다.

171개의 회원국으로 구성된 UN식량농업기구/세계보건기구의 공동주관인 국제식품규격 위원회는 식품안전과 관련된 문제에 관한 권고뿐만 아니라 광범위한 국제기준 관리지침을 형성해 오고 있다. WTO협정은 이러한 기준들을 국제통상에 있어서 '식품의 안전'과 '품질 의 표준'으로 인식하고 있다.

WTO회원국 간에 식품위생 및 동식물의 검역기준이나 절차가 무역규제수단으로 이용되는 것을 방지하기 위한 SPS협정의 채택에 따라, 국제식품규격위원회는 SPS협정상의 역할을 수행하기 위해 표준의 채택을 위한 준비 등의 절차를 매우 엄격하게 진행하고자 부단히 노력해야 한다.

2. 국제식품규격위원회의 기준채택에 대한 비판

국제식품규격위원회는 그 역할과 관련하여 소비자그룹들에게 두 가지 이유로 비판을 받을 수 있다. 첫째, 국제기준을 채택하기 위한 심의 시 '너무 오랜 판단 기간'이 소요된다는 것이고, 둘째, 국제식품규격위원회의 국제기준의 결정이 '시장경제 논리'가 아닌 '순수한 과학적 논리'에 근거해 공정하게 결정됐냐는 것이다. 위의 두 가지 쟁점은 아래와 같은 '과학적으로 증명'된 정보에 대한 GM식품의 표기문제와 호르몬 첨가 육류식품의 표기문제에서 제기된다.

1) 국제기준 채택을 위한 장시간의 심의기간 소요

'GM식품'과 관련하여 국제식품규격위원회는 '과학적으로 정당성이 증명된 내용'이 있다면 이를 의무적으로 '표기'하도록 계획하고 있다. 그러나 GM식품의 위해성이 과학적으로 증명되기란 결코 쉬운 일이 아니기 때문에, 위해성과 관련된 정보를 큰 논란 없이 '표기'하기란 쉽지 않다. 이에 소비자단체는 소비자들에게 GM상품들의 특징을 충분히 알리기 위해서 '일체의 표기'를 '강제적'으로 해야 한다고 요구하고 있다. 이 문제에 관한 논의는 1993년 국제식품규격위원회에서 시작되었고 7차례 이상 논의하였지만 국제적 차원의 공동합의가 이루어지지는 못하였다. 2005년 5월 말레이시아에서 열린 회의에서도 논의되었으나, 표준규범에 관한 최종 협의는 이루어지지 않았다. 그런데 식품규격 기준 제정과 개정절차는 8단계로 나뉘며 총회의 최종 승인까지는 보통 4년~8년 정도가 걸린다. 논의단계에서는 최대한 회원국 간의 의견 조정과 합의를 통해 기준 규격이 설정되도록 노력하며 총회에서도 의견차가 있을 경우 투표로 결정하는 경우도 있다. 그러나 설령 지금 그 합의가 이루어진다 해도 너무 늦은 결과일 것이다. 그사이에 수많은 GM식품들이 확정될 국제식품규격위원회 규정에 의한 표기를 하지 않고 우리들의 식탁에 들어오기 때문이다.[50]

2) 식품안전 기준채택의 공정성 문제

소 사육에 있어서의 '호르몬'에 사용과 관련하여 국제식품규격위원회는 1991년 미국의 주도 아래 다양한 소 성장호르몬에 관한 최대잔류허용기준(MRLs)에 대한 비밀투표를 진행하여 기준치를 설정했다. 결국 미국은 육류에 어떤 물질을 사용하는 것을 제한하는 과학적 근거가 없다는 것을 성공적으로 주장하였다. 그러나 EU는 '식품안전'을 위해 이에 동의하지 않았다. 또한 EU소비자단체도 국제기준 채택을 위한 과학적 근거에 대한 '편협한 해석'에 우려를 표명하였고, 광우병(BSE)위기를 회고하며 소비자에 대한 '식품정보'의 정확한 전달과 식품안전문제에 대한 인식 제고에 노력해야 한다고 하였다.[51]

3. EU위원회의 '사전예방의 원칙'의 도입

한편 식품안전에 대한 국제식품규격위원회의 기준이 존재하지 않는 경우가 있을 수 있고, 이경우 국가 간 통상 분쟁 또는 소비자의 혼란을 가져올 수 있다. 이에 대해 WTO SPS협정 제5조 7항을 고려하여 2000년 2월 2일 브뤼셀(Bruxelles)에서 EU 소관 위원회(Directorate-General for Health and Consumer Protection)는 '사전예방의 원칙'[52](precautionary principle)을 채택

---

50) O'Rourke, *supra* note 24, p.220.

51) *Ibid.*, p.221.

52) Communication from the Commission of 2 February 2000 on the precautionary principle [COM(2000) 1 final-Not published in the Official Journal]의 p.10 '4. The precautionary principle in international law'에서 EU 위원회는 1992년 리우선언(Rio Declaration) 제15조, 2000년 "생명공학안전성에 관한 카르타헤나 의정서"(Cartagena Protocol on Biosafety) 제10조 6항, 그리고 WTO SPS협정 제5.7조 등의 '사전예방의 원칙'에 관하여 언급한 바 있다. 이러한 '사전예방의 원칙'이란, 보건, 환경, 도덕 등과 같이 국민들의 안녕에 직접적 위험의 소지가 있는 문제들에 대해 법적·행정적 조치를 규제하는 원칙을 말한다. 이는 어떤 하나의 행동으로 인하여 만에 하나라도 위험한 상황을 발생케 할 '불확실성'(uncertainty)의 우려가 있고, 그러한 위험한 상

하였고, 이 사전예방의 원칙은 EU식품기본법에 해당되는 유럽의회/이사회 규칙 178/2002 제7조에 의해 EU식품법으로 규정되었다.[53] 이로서 EU는 식품정책(food policy)부분에서 명시적 규정을 둠으로써 사전예방의 원칙에 기초하게 되었다. 물론 EU는 새로운 식품정책의 입법 시 공중보건과 소비자보호에 관한 문제를 해결하기 위해 전문가에 의한 과학적 자문을 활용한다. 그러나 식품정책의 추진에 있어서 '과학적 근거가 불충분'할 경우, 사전예방의 원칙은 식품정책에 대한 EU조치의 '법적 근거'가 되어 EU소비자들을 보호하기 위한 보호수단으로 사용될 수 있다.

이러한 사전예방의 원칙은 그 적용이 필요한 상황이라고 고려될 만한 상황이 존재해야 적용할 수 있고, 사전예방의 원칙에 의한 조치들은 다음의 조건들에 일치해야 한다.

첫째, 보호의 수준에 '비례'하여 선정된 조치일 것.

둘째, 적용에 있어서의 '비차별적'인 조치일 것.

셋째, 이전에 행해진 비슷한 수단과 '동일성'을 유지하는 조치일 것.

넷째, 조치시의 잠재적 비용과 비적용 시의 '손익'을 고려한 조치일 것.

다섯째, 새로운 '과학적 자료'(scientific date)의 관점에서 검토된 조치일 것.

여섯째, 더 포괄적인 위해성 평가를 위해 '과학적 증거'를 도출할 만한 조치일 것.[54]

4. 국제식품규격위원회에 의한 '사전예방의 원칙'의 도입

아울러 EU가 EU식품기본법상 공식적으로 채택한 사전예방의 원칙을 국제식품규격위원회에서도 도입하기 위해 논의를 하였다. 이는 WTO SPS협정에 따른 단순한 회원국 내 이행과정으로 이해될 수도 있다. 그러나 이러한 경향은 국제통상에서 '식품안전'을 위한 사전

황이 되돌릴 수 없는 '불가역적'(irreversibility) 성격의 것에 해당하는 경우 공중의 안녕과 행복을 위하여 사전에 예방하는 것이 법과 행정의 태도라는 데서 기인한다.

53) Article 7(Precautionary principle) of Regulation 178/2002:
"1. In specific circumstances where, following an assessment of available information, the possibility of harmful effects on health is identified but scientific uncertainty persists, provisional risk management measures necessary to ensure the high level of health protection chosen in the Community may be adopted, pending further scientific information for a more comprehensive risk assessment.
2. Measures adopted on the basis of paragraph 1 shall be proportionate and no more restrictive of trade than is required to achieve the high level of health protection chosen in the Community, regard being had to technical and economic feasibility and other factors regarded as legitimate in the matter under consideration. The measures shall be reviewed within a reasonable period of time, depending on the nature of the risk to life or health identified and the type of scientific information needed to clarify the scientific uncertainty and to conduct a more comprehensive risk assessment."

54) O'Rourke, *supra* note 24, pp.221-222.

예방의 원칙의 채택과 적용이 점점 확산되고 있다는 점에서 중요하다. 그리고 이는 경제통상의 논리가 인간의 건강문제에 우선될 수 없는 자연적 귀결이라는 점에서 의의가 있다. 이 문제는 2000년 4월 10일~14일에 '일반원칙에 대한 Codex 위원회'(Codex committee on General Principles)에서 논의된 바 있으나 결론을 내리지 못하였다. 그 후 2005년 4월 파리(Paris)에서 다시 논의되어 많은 대표단이 EU와 같은 사전예방원칙의 도입을 지지하였으나, 반면에 반대하는 이들은 사전예방의 원칙의 '비과학성'에 대하여 초점을 맞추어 비난하였다. 이 사안을 해결하는 것은 국제사회에서 식품안전 분야에 대한 국제식품규격위원회의 독립성의 문제에 해당된다.

그런데 이 사전예방의 원칙의 도입에 대한 논의의 결과 2007년 국제식품규격위원회는 "식품안전을 위한 위해성 분석에 대한 국가의 실무원칙"(Working Principles for Risk Analysis for Food Safety for Application by Governments)을 발행하며 사전주의(precaution)에 대해 규정하였다.[55] 이는 EU식품법상의 사전예방의 원칙의 도입이 국제사회에서 동 원칙의 도입에 대한 협상에서 영향을 미쳤음을 보여 준다. 이는 결국 많은 국가들의 국내 식품안전 정책에도 중요 원칙으로 반영될 것으로 보여 국제통상에 있어서 식품안전이 보다 확보될 것으로 보인다는 데에 의미가 있다. WTO SPS협정에서는 통상논리의 외적인 예외규정으로 제5조 7항에 제한적으로 사전예방의 원칙을 허용하고 있으나, EU와 국제식품규격위원회 등 규모 있는 국제법 주체가 적극적으로 사전예방의 원칙을 도입하고 있다는 점은 향후 식품안전의 확보에 매우 고무적인 현상이라고 평가할 수 있다. 호르몬 사건에서 EU는 EU의 조치가 과학적 근거에 입각하지 않았다 하더라도 이는 사전예방의 원칙상 성장촉진 호르몬의 사용을 금지하고 관련 상품의 수입을 금지하는 것은 정당하다고 하였다. 그러나 WTO 패널과 상소기구는 사전예방의 원칙이 SPS협정 제5조 1항, 2항의 '명문의 규정'보다 '우선 적용'될 수 없다고 판결하였기에 사전예방의 원칙의 적용 가능성은 매우 제한적이다. 그러면서 WTO 분쟁해결기구(DSB)는 SPS협정 제5조 7항이 과학적 증거가 불충분할 경우 회원국은 입수 가능한 총 정보에 입각해 잠정적으로 SPS조치를 취할 수 있으나, EU가 이러한 사전예방의 원칙에 관한 조항을 사용하지 않았다고 지적한 바 있다.[56]

한편 우리나라는 식품안전과 관련하여 2008년 6월 13일 제정한 식품안전기본법 제4조 3

---

55) 12. Precaution is an inherent element of risk analysis. Many sources of uncertainty exist in the process of risk assessment and risk management of food related hazards to human health. The degree of uncertainty and variability in the available scientific information should be explicitly considered in the risk analysis. The assumptions used for the risk assessment and the risk management options selected should reflect the degree of uncertainty and the characteristics of the hazard. (Working Principles for Risk Analysis for Food Safety for Application by Governments-CAC/GL 62-2007)

56) WT/DS26/AB/R, WT/DS48/AB/R(16 January 1998), para.125.

항에서 "국가 및 지방자치단체는 식품 등의 제조, 가공, 사용, 조리, 포장, 보존 및 유통 등에 관한 기준과 식품 등의 성분에 관한 규격을 '세계무역기구 설립을 위한 마라케쉬협정'에 따른 '국제식품규격위원회'의 식품규격 등 국제적 기준에 맞게 제정 또는 개정하고 시행하도록 노력하여야 한다"고 규정하고 있다. 또한 제15조 1항에서 "정부는 식품 등으로 인하여 국민건강에 중대한 위해가 발생하거나 발생할 우려가 있는 경우 국민에 대한 피해를 '사전에 예방'하거나 최소화하기 위하여 긴급히 대응할 수 있는 체계를 구축·운영하여야 한다"라고 규정하고 있다.

5. 소결

국제식품규격위원회의 목적과 활동의 취지는 '식품안전과 소비자보호', '국가 간 공정무역의 촉진'에 있다. 이러한 목적을 달성하기 위해 국제식품규격위원회는 국제적 기준, 지침, 권고 사항 등을 마련하는 역할을 수행하고 있고, WTO SPS협정의 발효로 이를 마련하는 방식과 절차에 있어서 더 신중해졌다. 국제식품규격위원회가 국제기준채택에 있어서 장시간의 소요와 독립성의 부족이라는 비판이 있었던 만큼, 앞으로 경제통상 논리와 식품안전 논리 사이에서 독립적인 제 역할을 수행해야 할 것이다. 이는 인간의 건강과 환경의 보호를 점점 비중 있게 다루는 오늘날 국제사회에서 국제식품규격위원회의 앞으로의 역할이 주목을 받는 이유이다.

V. 식품안전에 있어서의 생명공학적 문제

1. 식품안전을 위한 '과학적 증거' 제시의 '적극주의' 방식의 필요

국제사회는 생명공학(Biotechnology)분야에서 안전과 윤리상의 난감한 문제들을 해결하기 위해 노력하고 있고,[57] 이러한 문제점을 지적함으로써 EU와 미국은 관련 규정을 개정하여 발전시켜 나가고 있다. 이 중 2000년 1월 29일 캐나다 몬트리올(Montreal)에서 열린 130개 국이 참가하여 1992년 Rio회의[58]에서의 '환경'에 대한 결과에 대해 논의하는 UN회의에서

---

57) 이재곤, "생명공학안성의 국내적 및 국제적 규제동향과 문제점", 『국제법학회논총』 제49권 제2호(2004), pp.21-23 참조.

"생명공학안전성에 관한 카르타헤나 의정서"[59](Cartagena Protocol on Biosafety)가 채택된 바 있다. 동 의정서는 과거 1992년 2월 콜롬비아의 카르타헤나(Cartagena)에서 채택을 시도한 바 있으나 농산물 수출국인 미국, 캐나다, 오스트레일리아, 칠레, 아르헨티나, 우루과이 등이 반대하여 실패하였었고, 이후 2000년 캐나다 몬트리올 UN회의에서 'GM[60]농산물'의 수출입을 규제하는 국제법으로 채택되어 WTO규범과 대등한 효력을 갖게 되었다. 이는 유전자변형 과정을 거친 동식물, 미생물, 동물 사료 등의 국제교역에서 '인간 보건'과 '환경보호' 차원에서 국가가 규제토록 한 최초의 국제협정이라는 데 큰 의의가 있다. 동 의정서 제10조 6항의 '사전예방의 원칙'에 따라 만약 GM 관련 어떤 상품이 '안전하다'는 것을 '적극적으로 증명'하는 '과학적 증거'가 충분치 않다고 생각되면 그러한 상품들에 대해 수입금지를 허용하고 있다. 이에 대해 미국은 중요 상품의 수입 금지의 부과 전 WTO SPS협정상의 규정이 요구하는 명확한 '과학적 증거'에 의하여 '수입 금지'가 결정되어 교역이 되어야 한다고 보고 있다.[61] 이는 분명 GM식품과 관련하여 생산량증대를 통한 식량부족문제의 해결과 우수품종의 개발을 내세운 '통상 중심'적 논리 및 정책이 반영된 견해이며, 결코 식품안전을 통한 '인간 보건, 환경보호, 생물다양성보전'을 최우선으로 하는 논리 및 정책이라고 보기는 어려울 것이다. 이산화탄소의 배출감소를 위한 교토의정서(Kyoto Protocol)에서 '환경 분야'에 대한 미국 행정부의 결정에서와 같이 미국은 이 의정서를 그다지 중요시 여기는 것 같지는 않아 보였다. 다양한 측면에서 볼 때 미국이 동 의정서를 온전히 실행하긴

---

58) 1992년 리우선언(Rio Declaration)은 원래 '환경'보호에 중점을 둔 가운데 당사국들의 일반적 권리와 의무 중 제15원칙으로 사전예방의 원칙(precautionary Principle)을 채택한 바 있다.
   "Principle 15 of the Rio Declaration: In order to protect the environment, the precautionary approach should be widely applied by States according to their capabilities. Where there are threats of serious or irreversible damage, lack of full scientific certainty shall not be used as a reason for postponing cost effective measures to prevent environmental degradation."

59) 2000년 1월 생명공학안전성에 관한 카르타헤나 의정서(Protocol on Biosafety concerning the safe transfer, handling and use of living modified organisms resulting from modern biotechnology)는 제10조 6항에서 사전예방의 원칙(Precautionary Principle)의 주된 기능에 관해 규정한 바 있다.
   "Article 10, para.6 states: Lack of scientific certainty due to insufficient relevant scientific information and knowledge regarding the extent of the potential adverse effects of a living modified organism on the conservation and sustainable use of biological diversity in the Party of import, taking also into account risks to human health, shall not prevent that Party from taking a decision, as appropriate, with regard to the import of living modified organism in question as referred to in paragraph 3 above, in order to avoid or minimize such potential adverse effects."

60) GMO(Genetically Modified Organisms)는 LMO(Living Modified Organisms)와 같은 의미로 사용되는 용어로, 이는 현대 생명공학기술을 이용하여 '새롭게 조합된 유전물질'을 포함하고 있는 생물체로 유전자변형 콩·옥수수나, 제초제저항성 작물, 환경정화용 미생물, 슈퍼미꾸라지 등이 이에 해당된다. GM 관련 우리나라 주무부서에는 산업자원부, 과학기술부, 농림수산식품부, 보건복지부, 환경부, 해양수산부 등 6개 관계 중앙행정기관이 있으며, 주요 이해관계자들로는 GMO 연구개발자, 수입업자, 사료 및 식품업자, 유통업자, 각국 외교관, 시민단체 관계자 등이 있다.

61) 서철원, "GMOs의 무역규제와 WTO-갈등의 근본이유", 『국제법학회논총』 제50권 제1호(2005), p.80.

어려울 것이다. 왜냐하면 미국은 국제통상에서 GM상품의 최대 수출국이자 사용국이기 때문이다.[62) 동 의정서는 50개국의 비준을 얻어 2003년 9월 11일 발효되었다. 우리나라는 2007년 10월 3일에 의정서를 비준하였고 「유전자변형생물체의 국가 간 이동 등에 대한 법률」이 2008년 1월 1일 시행되었다. 우리나라가 유전자변형생물체(GMO)에 관한 법률을 제정한 이유는 과학적으로 아직 검증이 안 된 GM식품의 안전문제와 관련해 '사전적으로' 법을 마련하기 위함이다. 동 GMO법률의 시행으로 제14조의 위해성 평가[63)를 비롯해 GMO 수출입 절차, 표시제, 취급관리 기준 등을 보다 엄격하게 적용하게 된다. 그러나 GMO법률은 그 운영상 '안전예방'의 관점이냐 아니면 '위해성 관리'의 관점이냐에 따라 다른 평가를 받게 될 것이다.[64)

2. 식품안전에 있어서의 '생명공학 문제'에 대한 국제적 논의

2000년 1월 29일 "생명공학안전성에 관한 카르타헤나 의정서"가 채택되고 2003년 9월 11일 발효되기 전, 사실상 국제사회는 생명공학과 식품안전에 관한 문제에 큰 관심을 갖게 되었다. 2000년 7월 일본 오키나와(Okinawa) G8(Group of eight) 정상회담에서도 '생명공학'과 '식품안전'에 관한 문제는 중요 논점이 되었으며, 회담 최종 공식발표에서 국가 식품 안전시스템을 효과적으로 운영하여 식료품 소비자들의 신뢰를 확보하는 것이 무엇보다 중요하다고 하였다. 그리고 '생명공학'으로부터 비롯된 식품들에 대한 국제식품규격위원회의 업무 및 역할을 지지하였으며, 이용할 수 있는 과학적 지식(근거)이 불충분한 경우 (2007년 국제식품규격위원회에서 결과를 도출한 바 있는) '사전예방의 원칙'을 어떻게 '식품안전'에 적용할지에 대한 합의를 이루기 위한 국제식품규격위원회의 노력을 지지한 바 있다.[65)

---

62) O'Rourke, *supra* note 24, p.223.

63) 제14조(수입 또는 생산의 금지 등)
   ① 관계중앙행정기관의 장은 다음 각 호의 어느 하나에 해당하는 유전자변형생물체(제2호의 생물체를 포함한다)의 수입이나 생산을 금지하거나 제한할 수 있다.
   1. 국민의 건강과 생물다양성의 보전 및 지속적인 이용에 위해를 미치거나 미칠 우려가 있다고 인정하는 유전자변형생물체
   2. 제1호에 해당하는 유전자변형생물체와 교배하여 생산된 생물체
   3. 국내 생물다양성의 가치와 관련하여 사회·경제적으로 부정적인 영향을 미치거나 미칠 우려가 있다고 인정하는 유전자변형생물체
   ② 관계중앙행정기관의 장은 제1항에 따라 유전자변형생물체의 수입이나 생산을 금지하거나 제한하는 경우에는 국가책임기관의 장에게 통보하여야 한다.
   ③ 국가책임기관의 장은 제1항 각 호에 따라 수입이나 생산을 금지하거나 제한하는 생물체의 품목 등에 관하여 필요한 사항을 공고하여야 한다.

64) 미국(최대 농업 수출국이자 최초의 GM농산물 채택국)은 아직 비준하지 않고 있다.

3. 식품안전에 있어서의 생명공학 문제에 대한 EU-US 논의

2000년 5월 포르투갈 리스본(Lisbon) EU-US 정상회담에서 EU와 US의 생명공학에 관련된 다양한 문제들을 심사할 저명한 전문가들로 구성된 EU-US '생명공학 자문 포럼'(Biotechnology Consultative Forum)을 설치하기도 하였다. 이 포럼은 2000년 12월 자체 보고서를 작성하기도 하였으며, 모든 상품들의 시장진열 전 검사와 생명공학에서의 농산품 부분에서의 규제와 역할에 관심을 가졌다. 또한 위해성 평가를 통한 '위해성 예측의 가능성'을 향상시키고, 이를 '독립적인 과학적 조사'가 보장되는 방식으로 이행해야 한다는 점에 공감하였다. 그리고 GM상품과 관련해서는 '실질적 동등성'(substantial equivalence)이라는 개념의 사용을 향상시키고 '이력추적'(traceability)을 도입하여 GM상품의 메커니즘을 관찰하고자 하였다. 이 포럼은 생명공학에 대해서 미국과 EU 간에 존재하는 많은 차이점과 오해들을 해결하기 위해 이해관계자들 간의 이런 유형의 토론이 지속되길 원한 바 있다.[66]

그런데 개념적으로 GM식품이란 "유전자 재조합 기술을 이용하여 병·충에 저항성이 강한 유전자 및 수량을 증가시키는 유전자 등 유용한 특정유전자를 생명체에서 찾아내어 이

---

65) O'Rourke, *supra* note 24, p.223.

66) O'Rourke, *supra* note 24, pp.223-224; 한편 EU는 양자협정(Bilateral Agreements)을 통하여 식품안전 문제를 해결해 오고 있다. WTO는 개개의 국가들이 그들 스스로 쌍방 간의 동등성을 가진 협정을 체결할 수 있는 일반적인 구조를 제공하고 있다. SPS협정 제4조는 이러한 양자협정을 지지하고 있다. 이러한 동등협정의 승인은 서명국들 간의 무역조건을 간소화함으로써 무역을 용이하게 한다.
과거 이와 관련된 영역에서 EU이사회는 EU위원회에게 EU와 비회원국과의 협상에서 동등협상을 할 수 있는 권한을 위임하는 결정을 1992년 9월 21일 채택한 바 있다. 그리고 EU위원회는 1995년 1월 20일 쌍방무역과 위생협정을 유럽자유무역연합(European Free Trade Association: EFTA, 1960년 설립되어 스위스, 노르웨이, 아이슬란드, 리히텐슈타인 등 EU에 가입하지 않은 서유럽 4개국으로 구성됨)뿐 아니라 뉴질랜드, 오스트레일리아, 우루과이, 칠레, 아르헨티나, 페로(Faroe)제도, 멕시코, 산마리노(San Marino), 스위스와도 체결한 바 있다. 1999년 7월 20일에는 미국과의 수의학 동등협정(veterinary equivalence agreement)도 채택한 바 있다(US/EU Veterinary Equivalence Agreement: Agreement between the European Community and the United States of America on sanitary measures to protect public and animal health in trade in live animals and animal products, OJ 1998 L118/3~63). 동 협정의 목표는 두 지역 간 위생수단의 적용에 동등한 승인을 함으로써 EU와 US 간에 살아 있는 동물과 그 부산물들의 교역을 용이하게 하기 위함이다. 그런데 불일치를 유발시키는 주된 부분들 중 하나는 미국이 구제역(foot-and-mouth disease)의 위험과 같은 동물의 질병에 관한 EU의 지역분권화 정책(regionalization)을 존중하지 않는다는 점이다. EU는 기꺼이 특정 지역을 동물 비전염병 지역으로 인정할 용의가 있고 그 지역에서의 고기와 가축을 위한 외부의 무역경로들을 개방할 의사가 있다. 예를 들면 당시 북부 아일랜드에서는 광우병이 보고된 적이 없었기 때문에 그 지역의 육류는 무역이 가능하다는 것이다. 미국 당국은 EU의 보건기준과 만약 가축질병이 발생할 경우의 EU의 지역적 정책을 인정하며 잠정적으로 이 현안을 해결하기도 하였다.
1998년 12월 17일에는 캐나다와의 수의학 협정(Veterinary Agreement)을 채택한 바 있다(Canada/EU Veterinary Equivalence Agreement: Agreement between the European Community and the Government of Canada on sanitary measures to protect public and animal health in respect of trade in live animals and animal products, OJ 1999 L71/3~63). 동 협정의 목표는 (수출국가의 위생조치가 수입국의 그것에 대한 동등함이 인정될 때 각각 다른 국가들이 착수한 조치들을 인정한다는 점에서) 인간과 동물의 건강보호의 엄격한 기준을 적용하여 동물과 동물 제품에 대한 거래를 촉진하기 위함이다.

를 인공적으로 분리하거나 결합시켜 의도한 특성(제초제 저항성, 내병성, 내충성 등)을 갖도록 개발한 생물체로 재배, 사육하여 식품으로 이용한 것"을 말한다. 이 GM식품에 대해 미국 FDA(Food and Drug Administration)에서는 유전자변형(GM)식품의 영양분조성, 유독 물질 함량 등을 기준으로 '기존 품종과 차이가 없을 때'는 '실질적 동등성'이 존재한다고 보아 사전적이 아닌 사후적 검토 위주의 안전관리를 담당하고 있어 GM식품과 관련해서는 식품안전에 대한 '행정규제'를 완화하고 있는 상황이다.

이에 반해 EU는 1997년 5월 14일 발효된 GMO라벨(labeling)에 대한 법령을 채택[67]하였는데, GMO의 위해성 문제를 이유로 식품수입 억제(통상장벽)에 이용하고 있다는 비판을 받기도 하였다. GMO의 안전성평가는 신청을 연 2회에 제한하고(3월 31일, 9월 30일까지) 신청 만료일 후 3개월 이내에 서면으로 결과를 통보하도록 규정되어 있으며, 안전성평가 내용은 실험실 작업, 포장시험, 환경방출 안전성 및 상업적 생산의 문제를 점검하며, 외국에서 개발된 GMO도 EU법령의 규제의 대상이 되었다.

이와 관련하여 미국-EU 간 *GMO 사건*[68][*EC-Biotech Products (GMO) Case*]이 유명한데, 그 이유는 상호 안전성 평가에 대한 결과를 달리하고 있기 때문이다. GMO의 경우 미국과 EU는 '안전성평가'와 '표시'방법을 달리한다. 안전성평가와 관련해서 2003년 WTO패널 분쟁 조정 절차에 들어간 미국과 EU의 GMO 분쟁에서 당시 미국정부는 '인체에 해가 없는 GM상품'을 EU가 1999년부터 금수 조치한 것은 명백한 WTO SPS협정 위반이라고 주장했다. 반면 EU 측은 "안전성이 입증되지 않은 상태에서 일시 수입을 막는 것"은 정당한 조치라고 대응하였다.[69] 이 분쟁은 2006년 미국의 승소로 끝났고, 그 이유는 SPS협정 제5조 1항

---

67) Regulation 258/97/EC of the European Parliament and of the Council of 27 January 1997 concerning novel foods and novel food ingredients(OJ 1997 L43/1~6); 이후 GMO와 관련하여 새롭게 정비된 법령으로는 Directive 2001/18/EC of the European Parliament and of the Council of 12 March 2001 on the deliberate release into the environment of genetically modified organisms and repealing Council Directive 90/220/EEC(OJ 2001 L106/1~39), Regulation 1829/2003/EC of the European Parliament and of the Council of 22 September 2003 on genetically modified food and feed(OJ 2003 L268/1~23), Regulation 1830/2003/EC of the European Parliament and of the Council of 22 September 2003 concerning the traceability and labelling of genetically modified organisms and the traceability of food and feed products produced from genetically modified organisms and amending Directive 2001/18/EC(OJ 2003 L268/24~28), Directive 2008/27/EC of the European Parliament and of the Council of 11 March 2008 amending Directive 2001/18/EC on the deliberate release into the environment of genetically modified organisms, as regards the implementing powers conferred on the Commission(OJ 2008 L81/45~47)가 있다. 현재는 GM식품을 신종식품의 범위에서 제외하여 별도로 규율하고 있다(van der Meulen 외 2009, 298).

68) WT/DS291/R, WT/DS292/R, WT/DS293/R(29 September 2006).

69) EU는 GMO와 관련하여 회원국 관할당국에게 Directive 2001/18/EC(Regulation 1829/2003/EC; Regulation 1830/2003/EC, 그리고 Directive 2008/27/EC에 의해 개정됨) 제23조에 따라 '세이프가드조치'의 적용을 인정하고 있다. 한편 동 법령은 제5조~제11조(Part B)에서 GMO의 의도적 환경방출에 관하여, 제12조~제24조(Part C)에서 GM상품의 시장판매에 관하여 규율하고 있다.

과 제2조 2항에 따라 EU의 GM상품 금수 조치를 정당화할 만한 과학적 근거가 없기 때문이다.[70] 하지만 지금도 EU회원국들은 여전히 정서적으로 반대 입장을 고수하고 있다.

그런데 몬산토(Monsanto) 등 주된 GMO개발회사들은 미국이 국적이고, 미국산 콩·옥수수 등이 대부분 GMO작물이어서인지 미국 정부기관의 관련 발표 자료는 대부분 GMO에 호의적이다. 더욱이 미국은 GMO를 바이오테크 식품으로 칭하며 라벨 규제를 통해 따로 '표시'도 하지 않아 일반 식품과 구별하지 않는다.[71] 반면 EU는 GMO가 0.9% 이상 함유된 경우에 '표시'하도록 의무화하고 있다. GM식품의 유통 자체를 규제할 수는 없지만 EU에서는 소비자의 알권리를 강화하여 사실상 GMO식품을 허용하지 않겠다는 의도가 담겨 있는 것이다.

4. 소결

위의 GMO 사건은 '식품안전' 문제에 관한 한 EU와 미국 양측이 한 치의 양보도 할 수 없다는 것을 잘 보여 주고 있다. 식품안전에 대한 생명공학적인 문제는 "생명공학안전성에 관한 카르타헤나 의정서"의 채택으로 식품안전의 확보를 위한 '규제의 측면'에서 그 해결방안이 확보되고, 국제식품규격위원회에서도 '사전예방의 원칙'을 도입한 바 있어 국제적 차원에서 식품안전은 어느 정도 확보되었다고 볼 수 있다. 그러나 '과학적 근거 제시'에 있어서의 부담으로 인하여 생명공학에 의한 GM식품에 대한 규제책의 핵심내용인 사전예방의 원칙이라는 식품안전망이 온전히 제 역할을 할 수 있다고 보기는 어렵다. 그런데 우리나라는 식품 수입국이면서도 같은 수입보다 GM식품 최대 수출국인 미국의 주장에 더 동조하고 수출국의 연구 자료에 의존하는 부자연스러운 경향을 보이고 있다. 현재 GM식품의 위해성이 과학적으로 명확히 증명되지 않았을 뿐이지 그렇다고 확실히 안전한 것도 아니다. 이런 상황에서 GM식품의 안전문제에 대한 우리나라의 보다 독립적인 태도와 정책이 필요할 것이다.

한편 우리나라는 인구는 많으나 경지면적이 좁아 기술 농업이 국제 경쟁력이 있기 때문에 GM기술을 개발한 GM농산물의 수출을 고려하고 있으나 이는 인간과 동식물의 건강과 생명, 환경 및 생물다양성보존에 대한 위해성을 간과한 잘못된 판단으로 이어질 수 있다. 따라서 식품이나 사료로 GMO농산물을 사용하거나 또는 GM농산물을 연구개발하기 위해

---

70) WT/DS291/R, WT/DS292/R, WT/DS293/R(29 September 2006), para.8.14 참조.

71) 이재곤, *supra* note 57, pp.24-25.

재배하는 데에 있어서 국가기관인 보건복지부, 농림수산식품부 및 환경부에서는 매우 신중을 기한 결정을 해야 할 것이다. 혹 국가적 차원에서 GM농산물의 이점인 농약사용 감소로 환경보전과 생산비 절감효과를 얻을 수 있고, 농작물의 생산증가나 품질향상을 도모하여 식량부족 문제를 해결할 수 있고, 종자 산업을 발전시켜 종자전쟁에서 국제적 우위를 확보하려는 전략을 세웠다 할지라도 GM농산물에 대한 안전관리를 철저히 하여 부작용을 사전에 통제하는 것이 바람직할 것이다.

VI. 결언

WTO SPS협정은 사실 식품교역에 있어서 통상장벽을 제거하여 공정무역을 실현하는 것이 주된 목적이지 식품안전을 확보하여 인간의 건강을 보호하는 것이 주된 목적은 아니다. SPS협정은 그 운영상 원칙적으로 과학주의에 근거하고 있으며, 예외적으로 과학적 불충분의 경우에 일시적으로 사전예방의 원칙을 허용하고 있다.

그럼에도 불구하고 WTO 호르몬 사건에 대한 2008년 상소기구의 판정은 식품안전을 우선시하는 EU조치의 유지 가능성을 인정하였다. 이는 미국과의 분쟁의 소지를 완전히 해결하지 못한 점은 있으나 국제통상에서 식품안전을 보다 중요시 여기는 현대적 흐름에 맞는 판정이라고 보인다. 이는 식품안전에 있어서 '사전예방의 원칙'이 국제사회에서 계속하여 도입되고 있는 추세와 맥을 같이하고 있다. 국제식품규격위원회에서도 2007년 사전예방의 원칙을 도입한 바 있다. 물론 법규를 마련했다고 하더라도 사전적 차원의 안전예방에 초점을 두느냐 아니면 사후적 차원의 안전관리에 초점을 두느냐에 따라 평가를 달리할 수 있다는 점은 유념해야 한다. 또한 WTO GMO 사건에서 EU가 패소하였지만, 생명공학안전성에 관한 카르타헤나 의정서의 채택은 국제사회에서 GM식품의 위해성에 대해 견제할 수 있는 규제책 마련의 근거를 제시했다는 점에 있어서 의미가 있다고 할 수 있다.

결국 이러한 문제는 통상자유화와 인간건강의 보호를 위한 식품안전의 확보 간의 쟁점으로 귀결된다. 그런데 호르몬 사건과 GMO 사건에서 EU가 견지했던 식품안전 중심의 견해는 통상장벽을 위한 독단적이고 자의적인 조치이어서는 아니 될 것이다. 따라서 EU는 EU의 조치가 '오직' 인간의 건강과 환경의 보호 및 생물다양성보존을 목적으로 하고 있음을 확고히 하기 위한 과학적 증거의 확보에 계속 힘써야 할 것이다. 이러한 EU의 식품안전에 대한 노력은 국제통상에서 경제적 지위가 낮은 국가들에게 영향력을 가져다줄 수 있다.

끝으로 무엇보다 국제사회는 과학주의의 한계를 인정해야 할 것이다. 위해성 증명에 대한 과학주의에 집착하는 것은 시장개방을 위한 통상 중심의 태도로 비판 또는 오해를 받을 수 있기 때문이다. 위해성 평가에 대한 현재의 과학과 미래의 과학이 질적으로 차이를 보일 수 있다는 가능성을 인정할 수밖에 없는 이상,[72] 당사자가 현재의 과학에 힘입어 그 책임을 소비자들의 선택권에 지운다면 이는 올바른 식품안전정책이라고 할 수 없을 것이다.

결론적으로 WTO와 국제식품규격위원회는 장기적인 관점에서 국제통상에서 식품안전을 위한 기준제시와 분쟁해결에 있어서 주된 역할을 수행하게 될 것이다. 다만 식품분야는 인간의 건강과 직결되므로 WTO와 국제식품규격위원회에서도 EU공동시장과 같이 '식품안전과 소비자보호'를 위해 기준을 엄격히 하고 '사전예방의 원칙'을 적극적으로 적용할 것을 검토하여[73] 국제통상에서 식품안전 '규제를 강화'하는 방향으로 나아가야 할 것이다.

---

72) 최승환, "EC-GMO사건의 법적 평가: 자유무역의 승리인가?", 『국제법학회논총』 제52권 제2호(2007), pp.571-572.
73) MacMaoláin, *supra* note 49, p.173 참조.

제22장 한국의 식품안전기본법*

Ⅰ. 식품안전기본법의 제정

현대사회에서 식품안전과 소비자보호는 생활수준의 향상과 함께 큰 관심을 갖게 되는 분야가 되었다.[1] 따라서 국가적으로도 이에 대한 중앙적·지방적 차원에서의 유기적인 협력체계의 확립이 더욱 필요하게 되었다. 이러한 배경하에 뒤늦은 감이 없진 않으나 우리나라는 2008년 6월 13일 법률 제9121호로 「식품안전기본법」을 제정하였고, 식품안전기본법 부칙에 따라 6개월이 경과한 2008년 12월 14일부터 동 법률이 발효되었다. 한편 식품안전기본법 시행령은 2008년 12월 9일 제정되었다. 이러한 식품안전기본법에 따라 '식품안전정책위원회'의 설치 및 운영, 식품안전정책의 수립 및 추진, 식품위기 발생 시의 긴급대응 및 추적조사, 식품안전관리의 과학화와 위해성 평가, 식품안전문제에 관한 정보공개 및 상호협력, 소비자의 참여 등이 가능하게 되었다.

이 식품안전기본법은 식품 등과 관련된 법률들에 대한 '기본법'으로서의 성질을 갖고 역할을 수행하게 되었다.[2] 그리고 이 식품안전기본법의 시행은 '식품위생'에 중점을 두었던 과거의 식품 관련 정책과 비교하여 이제는 '식품안전'의 확보에 중점을 두고 있음을 보여준다. 다만 아쉬운 점은 식품안전기본법을 그동안의 준비 작업에서는 '식품안전처'의 신설로 동 부서의 소관으로 하고자 하였으나, 결실을 보지 못함으로써 결국 보건복지부의 소관으로 되었다는 점이다. 즉 식품안전 관련 행정상의 권한과 책무는 복수의 중앙행정기관에게 맡기는 동시에 '식품안전정책위원회'를 통해 그 집행을 조정 및 통합하여 전체적인 일원화 체계를 구상하고 있다. 그러나 이러한 방식이 식품안전관리에 대한 완전한 통합체계는 아니기 때문에 식품안전관리상의 완전한 효율화를 가져오지는 않는다고 할 수 있다.[3] 따라

---

* 이 내용은 김두수, 『EU식품법』, 파주: 한국학술정보(2011), 제11장을 참고하였음.

1) 우리가 매일 섭취하는 식품(food)은 광범위한 지역에서 신속하게 유통되기 때문에 식품을 매개로 한 전염병은 사람을 통한 전염병보다 더 빠르게 확산될 수 있다.

2) 식품안전기본법 제3조.

서 식품안전기본법이 제정된 후에도 식품안전관리의 체계적 단일화를 위한 논의는 지속될 수밖에 없을 것이다.

Ⅱ. 식품안전기본법의 주요 내용

1. 법제정의 목적

이 법은 식품안전에 관한 국민의 권리·의무와 국가 및 지방자치단체의 책임을 명확히 하고, 식품안전정책의 수립·조정 등에 관한 기본적인 사항을 규정함으로써 국민이 건강하고 안전하게 식생활을 영위하게 함을 목적으로 하고 있다.[4]

2. 용어의 개념 정의

식품안전기본법에서 정의된 주요 용어는 다음과 같다.

첫째, '식품'이란 모든 음식물을 말하며 다만, 의약으로서 섭취하는 것은 제외된다.

둘째, '사업자'란 제2조 제2호 가~차 목의 어느 하나에 해당하는 것의 생산·채취·제조·가공·수입·운반·저장·조리 또는 판매(이하 '생산·판매 등'이라 한다)를 업으로 하는 자를 말한다.

셋째, '소비자'란 사업자가 제공하는 제2호 각 목에 해당하는 것(이하 '식품 등'이라 한다)을 섭취하거나 사용하는 자를 말하며 다만, 자기의 영업에 사용하기 위하여 식품 등을 제공받는 경우는 제외된다.

넷째, '관계중앙행정기관'이란 기획재정부·교육과학기술부·농림수산식품부·지식경제부·보건복지부·환경부·농촌진흥청 및 식품의약품안전청을 말하고, '관계행정기관'이란 식품 등에 관한 행정권한을 가지는 행정기관을 말한다.

다섯째, '식품안전법령 등'이란 「식품위생법」, 「건강기능식품에 관한 법률」, 「어린이 식생활안전관리 특별법」, 「전염병예방법」, 「국민건강증진법」, 「식품산업진흥법」, 「농산물품질

---

3) 황윤재·한재환, 『식품안전기본법 시행에 따른 농식품 안전관리 체계 개편방향: 중앙 및 지방정부의 역할 정립을 중심으로』(서울: 한국농촌경제연구원, 2009), pp.13-14.

4) 식품안전기본법 제1조.

관리법」, 「축산물위생관리법」, 「가축전염병예방법」, 「축산법」, 「사료관리법」, 「농약관리법」, 「약사법」, 「비료관리법」, 「인삼산업법」, 「양곡관리법」, 「친환경농업육성법」, 「수산물품질관리법」, 「보건범죄단속에 관한 특별조치법」, 「학교급식법」, 「학교보건법」, 「수도법」, 「먹는물관리법」, 「염관리법」, 「주세법」, 「대외무역법」, 「산업표준화법」, 「유전자변형생물체의 국가 간 이동 등에 관한 법률」, 그 밖에 식품 등의 안전과 관련되는 법률과 위 법률의 위임사항 또는 그 시행에 관한 사항을 규정하는 명령·조례 또는 규칙 중 식품 등의 안전과 관련된 규정을 말한다.

여섯째, '위해성 평가'란 식품 등에 존재하는 위해요소가 인체의 건강을 해하거나 해할 우려가 있는지와 그 정도를 과학적으로 평가하는 것을 말한다.

일곱째, '추적조사'란 식품 등의 생산·판매 등의 과정에 관한 정보를 추적하여 조사하는 것을 말한다.[5]

3. 국가 및 지방자치단체의 책무

식품안전기본법에서 규정하고 있는 국가 및 지방자치단체의 책무는 다음과 같다.

첫째, 국가 및 지방자치단체는 국민이 건강하고 안전한 식생활을 영위할 수 있도록 식품 등의 안전에 관한 정책(이하 '식품안전정책'이라 한다)을 수립하고 시행할 책무를 진다.

둘째, 국가 및 지방자치단체는 식품안전정책을 수립·시행할 경우 과학적 합리성, 일관성, 투명성, 신속성 및 사전예방의 원칙이 유지되도록 하여야 한다.

셋째, 국가 및 지방자치단체는 식품 등의 제조·가공·사용·조리·포장·보존 및 유통 등에 관한 기준과 식품 등의 성분에 관한 규격(이하 '식품 등의 안전에 관한 기준·규격'이라 한다)을 "세계무역기구 설립을 위한 마라케쉬협정"에 따른 국제식품규격위원회의 식품규격 등 국제적 기준에 맞게 제정 또는 개정하고 시행하도록 노력하여야 한다.

넷째, 국가 및 지방자치단체는 중복적인 출입·수거·검사 등으로 인하여 사업자에게 과도한 부담을 주지 아니하도록 노력하여야 한다.[6]

이에 대한 식품안전정책의 수립과 추진에 관해서는 제6조에서 식품안전관리에 있어서의 '기본계획'과 '시행계획'을 중심으로 상세하게 규정하고 있으며, 또한 식품안전정책을 종합·조정하기 위하여 국무총리 소속으로 설치되는 식품안전정책위원회(이하 '위원회'라 한다)에

---

5) 식품안전기본법 제2조.
6) 식품안전기본법 제4조.

관해서는 제7조~ 제14조에서 상세하게 규정하고 있다.

4. 국민의 권리와 사업자의 책무

식품안전기본법은 국민의 권리와 사업자의 책무에 관하여 다음과 규정하고 있다.

첫째, 국민은 국가나 지방자치단체의 식품안전정책의 수립·시행에 참여하고, 식품안전 정책에 대한 정보에 관하여 알권리가 있다.

둘째, 사업자는 국민의 건강에 유익하고 안전한 식품 등을 생산·판매 등을 하여야 하고, 취급하는 식품 등의 위해 여부에 대하여 항상 확인하고 검사할 책무를 진다.[7]

5. 긴급대응 및 추적조사

1) 긴급대응

식품안전기본법에서는 식품문제가 발생하는 경우의 긴급대응을 위해 다음과 같이 규정하고 있다.

첫째, 정부는 식품 등으로 인하여 국민건강에 중대한 위해가 발생하거나 발생할 우려가 있는 경우 국민에 대한 피해를 사전에 예방하거나 최소화하기 위하여 긴급히 대응할 수 있는 체계를 구축·운영하여야 한다.

둘째, 관계중앙행정기관의 장은 생산·판매 등이 되고 있는 식품 등이 유해물질을 함유한 것으로 알려지거나 그 밖의 사유로 위해 우려가 제기되고 그로 인하여 국민 불특정 다수의 건강에 중대한 위해가 발생하거나 발생할 우려가 있다고 판단되는 경우 제15조 제2항 제1호~제6호의 사항이 포함된 긴급대응방안을 마련하여 위원회의 심의를 거쳐 해당 긴급대응방안에 따라 필요한 조치를 하여야 한다. 다만, 위원회의 심의를 거치는 것이 긴급대응의 목적을 달성할 수 없다고 판단되는 경우에는 필요한 조치를 한 후에 위원회의 심의를 거칠 수 있다.[8]

긴급대응이 필요한 경우의 생산·판매 등의 금지, 검사명령, 회수에 관해서는 제16조, 제17조, 제19조에 상세하게 규정하고 있다.

---

7) 식품안전기본법 제5조.
8) 식품안전기본법 제15조.

2) 추적조사

식품안전기본법에서는 식품문제가 발생하는 경우의 추적조사를 위해 다음과 같이 규정하고 있다.

첫째, 관계중앙행정기관의 장은 식품 등의 생산·판매 등의 이력을 추적하기 위한 시책을 수립·시행하여야 한다.

둘째, 관계행정기관의 장은 국민건강에 중대한 위해가 발생하거나 발생할 우려가 있는 식품 등에 대하여 추적조사를 실시하여야 한다. 이 경우 관련된 관계행정기관이 있는 때에는 합동조사 등의 방법에 의하여 함께 추적조사를 하여야 한다.

셋째, 관련된 관계행정기관의 장은 제18조 제2항 후단에 따른 추적조사에 적극 협조하여야 한다.

넷째, 사업자는 식품 등의 생산·판매 등의 과정을 확인할 수 있도록 필요한 사항을 기록·보관하여야 하고, 관계행정기관의 장이 그 기록의 열람 또는 제출을 요구하는 경우 이에 응할 수 있도록 관리하여야 한다.

다섯째, 제18조 제4항에 따라 식품 등의 생산·구입 및 판매과정을 기록·보관하여야 하는 사업자의 범위 등은 대통령령으로 정한다.[9]

6. 식품안전관리의 과학화

식품안전기본법에서는 식품안전관리의 과학화를 위해 다음과 같이 규정하고 있다.

1) 위해성 평가

첫째, 관계중앙행정기관의 장은 식품 등의 안전에 관한 기준·규격을 제정 또는 개정하거나 식품 등이 국민건강에 위해를 발생시키는지를 판단하고자 하는 경우 사전에 위해성 평가를 실시하여야 한다. 다만, 제15조 제2항에 따른 긴급대응이 필요한 경우 사후에 위해성 평가를 할 수 있다.

둘째, 위해성 평가는 현재 활용 가능한 과학적 근거에 기초하여 객관적이고 공정·투명하게 실시하여야 한다.[10]

---

9) 식품안전기본법 제18조.

2) 신종식품의 안전관리

관계중앙행정기관의 장은 유전자재조합기술을 활용하여 생산된 농·수·축산물, 그 밖에 식용으로 사용하지 아니하던 것을 새로이 식품으로 생산·판매 등을 하도록 허용하는 경우 국민건강에 위해가 발생하지 아니하도록 안전관리대책을 수립·시행하여야 한다.[11]

3) 식품위해요소중점관리기준(HACCP)

관계중앙행정기관의 장은 식품 등의 생산·판매 등의 과정에서 식품 등의 위해요소를 사전에 방지하기 위하여 중점적으로 관리하도록 하는 제도(위해요소중점관리기준-Hazard Analysis Critical Control Point: HACCP)를 도입·시행하여야 하고, 해당 제도를 적용하는 사업자에 대하여 기술 및 자금 등을 지원할 수 있다.[12]

7. 정보공개

식품안전기본법에서는 식품문제가 발생하는 경우의 정보공개를 위해 다음과 같이 규정하고 있다.

첫째, 정부는 식품 등의 안전정보의 관리와 공개를 위하여 종합적인 식품 등의 안전정보 관리체계를 구축·운영하여야 한다.

둘째, 관계중앙행정기관의 장은 식품안전정책을 수립하는 경우 사업자, 소비자 등 이해당사자에게 해당 정책에 관한 정보를 제공하여야 한다.

셋째, 관계행정기관의 장은 사업자가 식품안전법령 등을 위반한 것으로 판명된 경우 해당 식품 등 및 사업자에 대한 정보를 「공공기관의 정보공개에 관한 법률」 제9조 제1항 제6호에도 불구하고 공개할 수 있다.

---

10) 식품안전기본법 제20조.

11) 식품안전기본법 제21조: EU는 미국으로부터 수입되는 GMO식품에 대하여 WTO에서도 허용하고 있는 사전 예방의 원칙(precautionary principle)을 이유로 안전성평가와는 관계없이 수입을 제한한 바 있다. 그러나 이는 합리적인 기간 내에 위해성 평가를 실시하여 추가적인 자료를 제시해야 하는바, 무한정 허용되는 것은 아니다. EU는 현재 미국으로부터의 GMO식품의 수입을 허용하고 있다.

12) 식품안전기본법 제22조: 위해요소중점관리기준(HACCP)이란 보다 안전한 식품을 생산하여 유통시키기 위해 기본적인 위생관리를 전제로 위해발생의 원인을 찾아 제거하거나 또는 일정수준 이하로 통제하는 관리방식을 말한다.

넷째, 관계행정기관의 장은 대통령령으로 정하는 일정 수 이상의 소비자가 정보공개 요청사유, 정보공개 범위 및 소비자의 신분을 확인할 수 있는 증명서 구비 등 대통령령으로 정하는 요건을 갖추어 해당 관계행정기관이 보유·관리하는 식품 등의 안전에 관한 정보를 공개할 것을 요청하는 경우, 해당 식품 등의 안전에 관한 정보가 국민 불특정 다수의 건강과 관련된 정보인 경우 「공공기관의 정보공개에 관한 법률」 제9조 제1항 제5호에도 불구하고 공개하여야 한다.

다섯째, 시험·분석·연구기관은 시험·분석, 연구·개발 및 정보수집 등에 관하여 기관 상호 간에 협력하고 관련 정보를 공유하여야 한다.[13]

8. 소비자의 참여

식품안전기본법에서는 식품안전과 관련된 소비자의 참여를 위해 다음과 같이 규정하고 있다.

첫째, 관계행정기관의 장은 식품 등의 안전에 관한 각종 위원회에 소비자를 참여시키도록 노력하여야 한다.

둘째, 관계행정기관의 장은 대통령령으로 정하는 일정 수 이상의 소비자가 요청사유·요청범위 및 소비자의 신분을 확인할 수 있는 증명서 구비 등 대통령령으로 정하는 요건을 갖추어 식품 등에 대한 시험·분석 및 시료채취(이하 '시험·분석 등'이라 한다)를 요청하는 경우 제28조 제2항 제1호~제4호에 규정된 다음과 같은 어느 하나에 해당하는 경우를 제외하고는 이에 응하여야 한다.

1. 시험·분석·연구기관이 소비자가 요청한 수준의 시험·분석 등을 할 수 있는 능력이 없는 경우

2. 시험·분석 등의 요청 건수가 과도하여 해당 시험·분석·연구기관의 업무에 중대한 지장을 초래하는 경우

3. 동일한 소비자가 동일한 목적으로 시험·분석 등을 반복적으로 요청하는 경우

4. 특정한 사업자를 이롭게 할 목적으로 시험·분석 등을 요청하는 경우 등 공익적 목적에 반하는 경우

---

13) 식품안전기본법 제24조: 식품위기 관리에서 가장 중요한 것은 확실한 것과 불확실한 것, 문제가 있는 것과 문제가 없는 것을 신속하고 명료하게 구별하여 불확실성을 최소화하는 것이다. 소비자들은 불확실한 상황에서 불안감이 증폭되어 사회적 공포에 휩싸이게 된다. 따라서 식품위기 시에는 소비자들이 궁금해하는 요소인 해당 제품의 위해성 정도, 해당 제품을 확인할 수 있는 방법(해당 제품 회사명, 제품명, 제조일자), 해당 제품의 처리방법을 제시해야 한다.

셋째, 관계행정기관의 장은 제28조 제2항에 따라 해당 식품 등에 대한 시험·분석 등 요청에 응하는 경우 120일 이내에 시험·분석 등을 실시한 후 그 결과를 대통령령으로 정하는 바에 따라 같은 항의 소비자에게 통보하여야 한다. 이 경우 시험·분석 등의 수수료는 대통령령으로 정하는 바에 따라 시험·분석 등을 요청한 소비자가 부담한다.[14]

Ⅲ. 식품안전관리체계의 완전한 일원화 전망

우리나라 식품안전체계는 아직도 식품안전기본법 제정 전과 같이 각각의 개별 법률에 의해 운영되는 면이 많아, 중앙과 지방이 예를 들면 식품안전문제를 전담하는 '식품안전처'와 같은 통일된 부서에 의해 운영되지는 못하고 있다. 또한 여러 부처가 식품규제 업무를 맡고 있기 때문에 식품위기 발생 시에 정부가 효과적으로 대처하기가 어렵다. 이러한 식품안전관리의 다원화는 식품안전관리의 비효율성뿐만 아니라 결국 소비자의 불안을 가중시키며, 추적조사와 제품회수에도 장애의 요인이 되고, 담당공무원들의 업무의욕을 저하시키는 요인으로 작용하게 된다. 그러나 식품안전관리 업무의 일원화는 전 세계적 흐름이라고 할 수 있다. 다만 완전한 일원화를 이루는 데는 일정한 한계가 있을 수 있기 때문에, 대부분의 국가들은 자국의 정치적·경제적·사회적·문화적 특성과 상황에 따라 최대한 식품규제 또는 식품안전 업무를 하나의 기관으로 통합하고자 노력하고 있다.[15]

그런데 식품규제 또는 식품안전에 관한 행정영역은 식품안전의 중요성이 부각되어 식품안전관리의 일원화 통합 논의가 진행되면서부터 본격적으로 발전하게 된 영역이다. 특히 농장과 같은 초기 생산단계에 대한 관리가 제대로 이루어지지 않는 경우에 그 이후의 관리단계는 무의미하다는 판단하에, 오늘날에는 1차 생산단계부터 최종소비자단계까지의 모든 먹이사슬(food chain)에 있어서 식품규제 및 식품안전에 관한 행정관리가 이루어지고 있다. EU는 위원회를 통한 식품안전행정에 있어서 역학조사까지 포함하고 있다는 점에서 가장 발전적으로 일원화된 식품규제 및 식품안전체계를 갖추었다고 할 수 있다.[16]

우리나라도 식품안전 위기가 발생할 때마다 언급되는 문제가 바로 여러 부처에 다원화된

---

14) 식품안전기본법 제28조.

15) 곽노성, 『식품안전, 소비자의 마음에 답이 있다』(고양: 에세이, 2008), pp.107-109 참조.

16) 이는 자연식품(농·수·축·임산물), 가공식품, 식품첨가물, 기구, 용기, 포장을 포함하는 것으로 이에는 생산 단계(재배-수확-저장-제조과정), 유통단계(유통수입-판매), 소비단계(조리-섭취)가 포함된다. 곽노성, 앞의 책(각주 15), pp.123-124.

식품규제 및 식품안전에 관한 행정의 일원화 문제이다. 따라서 식품안전문제해결을 위한 전담조직인 '식품안전처'가 신설될 필요성이 있다고 할 수 있다. 특히 식품안전행정체계에 있어서 보건위생분야와 농업 분야는 관리부서가 이원화되어 운영되고 있는 것이 현실이다. 만약 '식품안전처'가 신설된다면, 식품위생법과 건강기능식품법(보건복지부 소관) 그리고 축산물위생관리법(농림수산식품부 소관)은 식품안전처로 이관되게 될 것이다. 한편 식품안전처의 설치로 식품의약품안전청은 폐지되어 의약품 관련 업무는 보건복지부 소속으로 재편해 보건의료정책과 연계하여 발전시킬 수 있을 것이다. 이렇게 되면 정부조직법 개정에 따라 국무총리 소속으로 '식품안전처'가 신설되어 농·수·축산식품의 생산부터 소비까지 식품안전관리 업무를 관장하게 된다.

이러한 식품안전처의 신설 움직임은 그동안 식품안전에 관한 사고가 빈번하게 발생했으나 식품안전관리가 식품 종류별로 여러 부처에 분산 관리되어 책임소재가 명확하지 않고 식품사고의 해결이 충분하게 이뤄지지 않았다는 지적에 따라 마련되었다. 그러므로 식품안전관리 업무의 효율성과 신속성을 제고하기 위한 일원화의 일환으로 식품안전처를 신설하는 것은 매우 중요한 사안이라고 할 수 있다. 정부기관이나 이해집단의 시대적 변화의 요청과 기득권에 대한 재고의 필요성이 있다고 할 수 있다.

환경보호

제23장 환경법제의 발전과 일반원칙*

Ⅰ. 서언

오늘날 국제사회는 기후변화[1]에 대응하기 위한 국가들 간의 협력과 연대가 강조되고 있으며 환경오염으로 인한 오존층파괴, 기후변화 등으로 생존의 위협을 어느 때보다도 심각하게 인식하기 시작하였다.[2] 그런데 일단 모든 환경오염의 근원은 인간의 활동에서 찾을 수 있고, 이러한 인간의 활동으로 인해 지구에 많은 열과 유해물질이 방출되고, 삼림이 훼손된다고 할 수 있다. 결국 국가들의 산업장려 및 개발정책이 환경을 오염시키고 생태계를 계속하여 파괴시켜 왔던 것이다. 이런 상황에서 환경보호에 관한 국제사회의 노력은 1972년 스톡홀름 UN인간환경회의(UN Conference on the Human Environment, in Stockholm)에서 시작되었다고 할 수 있으며,[3] 2009년 12월 코펜하겐 합의문(Copenhagen Accord) 채택을 통해 지속적으로 시도되고 있다고 볼 수 있다. 이 가운데 EU는 국제사회에서 환경 분야에 있어서 주도적·창의적 역할을 수행하고자 하고 있다. 물론 이에 대해서는 보는 시각

---

* 이 내용은 김두수, "EU의 환경보호에 관한 법제의 발전과 일반원칙들의 현황", 『국제지역연구』 제15권 제2호(2011.7)를 참고하였음.

1) 기후변화는 리스크의 속성에 있어서 '영-무한대 딜레마'(zero-infinity dilemma)가 확연하게 드러나는 대표적인 환경리스크이기 때문에 이 리스크에 대한 불확실성이 제기될 수도 있다. 그럼에도 불구하고 국제사회는 이 리스크를 인정하고 있으며, 우리나라의 경우에는 2010년 1월 13일 기후변화에 대한 처방으로 「저탄소녹색성장 기본법」을 제정하여 신속하고 과감하게 대응하고 있는 상황이다. 조홍식·이재협·허성욱, 『기후변화와 법의 지배』(서울: 박영사, 2010), pp.3-6 참조. 환경문제의 국제적 성격과 국제적 도전에 대한 같은 취지에 대해서는 Philippe Sands, *Principles of international environmental law*(Manchester: Manchester Univ. Press, 1995), pp.9-10; 지구환경문제의 핵심으로 부상한 기후변화는 경제 및 산업활동에 의해 악화되는 것으로 결국 중요한 것은 환경과 경제의 상생을 도모하는 것이라 할 수 있다. 현재로서는 이를 위한 최적의 방법이 온실가스배출량을 감소시키는 것이라는 데에 이견이 없다고 할 수 있다. 유상희·임동순, "EU의 기후변화협약 대응 정책평가 및 시사점", 『유럽연구』 제26권 제1호(2008.4), pp.252-253 참조.

2) Linda A. Malone, *Environmental Law*(New York: Aspen Publishers, 2007), p.201.

3) 1972년 스톡홀름 선언(Stockholm Declarations) 원칙(Principle) 1은 다음과 같이 규정하고 있다.
"Man has a fundamental right to freedom, equality and adequate conditions of life *in an environment of a quality that permits a life of dignity* and well-being [emphasis added]." Elli Louka, *International Environmental Law*(Cambridge: Cambridge Univ. Press, 2006), p.30.

에 따라서 한편으로는 순수하게 환경론자의 입장에서 이해할 수도 있고, 다른 한편으로는 이러한 EU의 환경정책에 대하여 비관세장벽으로 파악하여 통상법적으로 이해할 수도 있다. 그런데 현시점에서 이에 대해 어떤 관점으로 이해한다고 해도, 이렇게 EU가 지역적 차원에서 환경법의 적용영역을 확대 및 강화하고 있다는 점은 결코 쉬운 일은 아니다. 이를 위해 EU 집행위원회가 각 회원국별로 상이한 환경 관련 국내법의 조화를 이루고, 그 이행까지 감독하고 있는 상황이다. 이 과정에서 EU 집행위원회는 불이행 또는 불완전이행 회원국을 상대로 EU사법기관에 제소하는 방법도 가능하나, 이런 방법보다는 EU회원국과의 긴밀한 연대를 유지하며 미래를 향한 발전적 방향에서 지속적인 노력을 할 필요성이 있는 것이 현실적이기도 하다. 무엇보다도 실체법적 차원에서 EU 환경법규의 내용은 매우 광범하고 대규모적인 성질을 가지고 있으며, 기후변화 및 대기오염, 폐기물 관리, 토양오염, 수질오염, 생물다양성, 화학물질의 규제, 환경영향평가 등의 과제를 다루어야 한다. 그런데 EU환경법규는 회원국마다 그리고 지역마다의 행정조치가 매우 다양할 뿐만 아니라 초국경적인 대규모의 사항을 다루기 때문에 국내외적으로 통일된 법질서를 형성하기가 쉽지 않다고 할 수 있다. 그럼에도 불구하고 EU는 유럽이라는 지역적 국제사회에서 회원국들 간 환경법규의 통일을 통해 환경 분야를 규율하고 있다.

이에 이 글에서는 환경법의 세부 각론적 사항이 아닌 EU가 오늘날 환경 분야에서 국제사회에서 주도적·창의적 역할을 수행하기까지의 역내 환경법제의 발전과정과 EU환경법상 환경보호에 관한 주요 일반원리들 혹은 일반원칙들의 현황을 살펴보고자 한다. 이는 기후변화에 국제사회가 공동으로 대응하기 위해 협력하는 국제적 견지에서 좋은 경험과 교훈을 줄 수 있다는 데 의미가 있다. 이를 위해 먼저 EU의 환경보호에 관한 법제의 발전을 살펴본 후에 이 과정 속에서 확립되어 온 일반원리들 혹은 일반원칙들의 현황에 관하여 상세히 검토하고자 한다.

Ⅱ. EU환경법의 발전과 현황

2010년을 전후로 국제사회가 크게 주목하기 시작한 '환경' 분야에 대한 유럽에서의 환경법은 아래와 같이 6단계로 나누어 살펴볼 수 있다. 유럽환경법의 발전사는 환경을 깊이 있게 인식하지 못하여 부수적 차원에서 환경적 고려가 이루어진 시기(제1단계: 1958~1972), 경제성장의 질적 측면인 환경보호를 인식하기 시작한 시기(제2단계: 1972~1987), 환경보호를 위한 초기 법적 근거를 마련한 시기(제3단계: 1987~1993), 지속 가능한 성장의 추구 시기(제4단계: 1993~1997), 지속 가능한 발전의 추구 시기(제5단계: 1997~2009), 환경 및 에너지 관련 법제의 강화 시기(제6단계: 2009~현재) 등 6단계로 나눌 수 있다.

1. 제1단계 시기(1958~1972)

첫 번째 단계는 1958년부터 1972년까지이다. 이 시기는 유럽경제공동체(EEC)와 유럽원자력공동체(EAEC 또는 Euratom)가 설립되어 환경보다는 유럽의 경제부흥에 관심이 많았던 시기이다. 이 시기는 환경문제에 관하여 구체적으로 그리고 심각하게는 인식하지 못했던 시기이며, 당시의 EEC조약 제2조에서 "공동체 전체에 걸친 경제활동의 조화로운 발전, 생활수준의 향상"을 규정하고, 제36조에서 "인간과 동식물의 건강 및 생명의 보호"에 관해 규정하고 있어 환경정책을 추진하기는 하였지만 직접적으로 환경, 환경보호, 환경정책에 대한 체계적인 추진은 이루어지지 않았다.

이 시기의 환경과 관련되어 부분적으로 존재했던 법률로서는 1967년 '위험한 조제용 물질들의 포장과 라벨작업에 대한 지침 67/548'[4]과 1970년 '자동차 소음정도와 배기가스 시스템에 대한 지침 70/157'[5]이 있었다. 이 시기 이러한 지침들은 유럽이라는 공동시장에서 이루어진 최초의 조치였다는 점에서 의미가 있으나, '환경적 고려'는 매우 부분적인 것으로서 환경을 깊이 있게 인식하지 못한 가운데 '부수적 차원'에서 이루어졌다.[6] 1970년대 이전의 EU환경정책은 역내시장 설립을 위한 장벽을 제거하는 것에 초점이 맞추어져 있었고 공동체의 공동시장의 기능 활성화에 있었다. 그렇기 때문에 역내교역에 방해가 되는 회원국들의 상이한 환경규제조치들을 조화시키는 것에 중점을 두었고 환경보호는 부수적 차원에서 다루어졌던 것이다.[7]

---

4) OJ 1967 L196/1.

5) OJ 1971 L42/16.

6) Jan H. Jans and Hans H. B. Vedder, *European Environmental Law*(Europa Law Publishing, 2008), p.3.

7) 배정생, "EU법상 환경보호: 리스본조약 이후 최근 변화를 중심으로", 『유럽연구』 제28권 제2호(2010.8), p.327 참조.

2. 제2단계 시기(1972~1987)

두 번째 단계는 1972년 10월 19일~21일 파리에서 6개 EU회원국 정상회의(European Council Summit)에서 EU 차원의 환경정책을 마련하는 데 합의한 다음 해로, EU 차원의 실질적인 환경정책의 시작을 의미한다. 이 시기는 환경이란 개념을 EU 차원에서 처음으로 인식하고 환경문제를 자각한 시기로, 역내 경제성장은 물적 생활수준과 삶의 질의 향상이 병행되어야 한다고 논의가 되었던 시기이다. 유럽경제의 성장으로 삶의 질이 향상되면서 이전에는 없었던 '경제와 환경의 조화'의 필요성을 인식하게 되었던 시기이다. 인류의 진보를 위해서 환경보호와 건강 및 정신적 가치에 특별한 관심을 갖게 되었고, 이를 기회로 6개국 정상들이 모여 EU위원회에 환경정책을 수립하도록 촉구하게 되었다.8) 이를 통해 공동체 차원의 '환경행동계획'9)(Environmental Action Programme)이 마련되기 시작하였다.

이 시기에 유럽의회(European Parliament: EP)는 유럽의 '환경정책의 가치'를 강조하기 시작하였으며, EU기관들에게 공동체 차원의 환경프로그램을 강구하도록 요청하였다. 당시 EEC조약 제2조는 "EC의 임무는 공동체의 조화로운 경제활동의 발전과 지속적이고 균형 있는 발전을 도모하여"라고 규정하여 인간의 삶과 환경보호의 질을 향상시키는 것으로서 이는 환경오염방지에 관한 캠페인이 없는 상태에서는 상상할 수 없는 것이었다. 비록 당시 EEC조약 제2조와 제3조에서 '환경보호'라는 용어가 직접적으로 사용되지는 않았지만, 이는 이후로 EU의 경제성장을 '양적인' 것뿐만 아니라 '질적인' 것으로도 여기게 하였으며, 처음으로 공동체의 중요한 목적 중 하나가 '환경보호'라고 인식되었다는 점에서 의미 있는 시기이다.10) 이 시기에 유럽 차원에서 환경에 대한 인식의 전환이 이루어지게 되었다고 할 수 있다.

그러나 이에도 불구하고, 유럽경제공동체(EEC)의 권한에 대한 논란의 여지는 남아 있었다. 환경 용어에 대한 정의가 개념화되고 있었으나, 환경정책에 영향을 미치는 'EEC의 권한'은 논란거리가 되었던 것이다. EEC의 환경정책에 대한 권한은 '명확한 법적 근거'를 갖추지 못하였었고, 일반규정에 환경규제에 대한 개별조치가 내포되어 있는 한계를 보이고 있었다.11)

---

8) Jans and Vedder, *supra* note 6, p.3.

9) 지금까지 EU는 6차례의 환경행동계획을 실시하였는데, 1차(1973~1976), 2차(1977~1981), 3차(1982~1986), 4차(1987~1992), 5차(1993~2000), 6차(2002~2010)로 구분된다.

10) Jans and Vedder, *supra* note 6, p.4.

11) *Ibid.*

두 번째 단계에서의 유럽환경에 관한 대부분의 지침은 주로 당시의 EEC조약 제100조(TFEU 제115조)와 제235조(TFEU 제352조)에 근거하였다. 제100조는 공동시장의 설립 및 기능에 직접적인 영향을 주는 각 회원국의 각종 법규를 통일시키는 주요 방법을 규정하고 있으며, 제235조(TFEU 제352조)는 EU로 하여금 공동체설립조약의 '목적'을 달성하기 위해 필요한 조치를 취할 수 있는 근거를 규정하고 있다.

그런데 초기에는 EEC조약 제100조(TFEU 제115조)에 근거한 환경지침이 이루어졌지만 제100조만으로는 한계가 있었고, 명확한 합법적 근거가 필요하였다. 따라서 이러한 흠 또는 문제를 해결하기 위해 유럽의회는 EEC조약 제235조(TFEU 제352조)를 발동하였고, 위와 같은 한계 또는 문제를 극복하기 위해 EEC조약 제235조를 이용하여 환경정책의 중요성을 설득하였다. 환경보호 부분을 명백하게 하기 위한 법적 논거의 필요는 1987년 이전의 큰 문제점으로 지적되는 부분이라고 할 수 있다. 그럼에도 불구하고 환경정책의 추진 이래로 회원국에 의한 특별한 반대가 제기된 일이 없다는 것은 EU 환경정책 대한 '금반언의 원칙'이 확립되었다고 볼 수 있고, 유럽사법법원(ECJ)도 같은 태도를 취하고 있다.

1985년 ADBHU 사건[12]에서 유럽사법법원은 처음으로 환경보호를 공동체의 필수적 목표로 인식하고 있다고 판단하였으며, 제235조(TFEU 제352조)가 제100조(TFEU 제115조)를 보완하고 있다고 보고 있어, 이는 제235조 자체가 유럽환경정책의 법적 기초로서의 역할을 할 수 있다는 것을 의미하였다.[13] 그러나 실제로 제235조에 기초한 법률은 많지 않았으며, 그것도 환경보호를 위한 최소한의 조치들만이 제235조를 기반으로 하고 있었다.[14]

3. 제3단계 시기(1987~1993)

세 번째 단계는 단일유럽의정서(Single European Act: SEA)가 발효된 1987년부터 EU조약(Treaty on European Union: TEU)이 발효된 1993년까지의 시기이다. 이 시기에는 EEC조약 제100조(TFEU 제115조)와 제235조(TFEU 제352조)와 같은 간접적인 법적 규제로는 'EU 차원의 환경정책'에 한계가 있다는 것을 인식하고, 이러한 이유로 공동체 차원의 환경정책에 관한 '법적 근거'를 마련하자는 공감대가 형성되었다.[15] 단일유럽의정서(SEA)는 기

---

12) Case 240/83, *ADBHU*, [1985] ECR 531.

13) Jans and Vedder, *supra* note 6, p.6.

14) Directive 82/884 on a limit value for lead in the air(OJ 1982 L378/15); Recommendation 81/972 concerning the re-use of paper and the use of recycled paper(OJ 1981 L355/56).

15) Ludwig Krämer(ed.), *European Environmental Law*(Aldershot: Dartmouth, 2003), pp.32-39, 82-84 참조.

존의 EEC조약 제100조(TFEU 제115조)와 제235조(TFEU 제352조)를 기초로 환경보호에 있어서 각 회원국의 경쟁에 있어서 동등하지 않은 상태를 방지하기 위한 법적 접근, 즉 EU 차원의 공동목적을 위한 법적 접근을 시도하였다.[16] 이 시기는 처음으로 환경정책의 목적이 조약에서 중대하게 다루어진 시기로, EU조약에서는 환경보호를 위한 강제적 조치들이 구체화되었다. 처음으로 '환경'이라는 주제로 특별히 '환경보호'를 위한 법조항이 제정되었으며, 그 예로 EEC조약 130r, 130s, 130t, 100a(3) 그리고 100a(4) 등을 들 수 있다. 이 중 130r조는 EU 환경정책의 목적, 환경정책의 원칙[특히 2항에서는 방지의 원칙(preventive principle), 근원의 원칙(environmental damage should as a priority be rectified at source), 오염자부담의 원칙(polluter-pays principle)을 규정하였음, 4항에서는 보충성의 원칙[17] (principle of subsidiarity)을 도입하였음] 및 지침 그리고 환경보호를 위한 국제적 협력에서의 EU의 역할 등을 정의하고 있다.[18]

이로써 공동체적 환경정책이 '하나의 공동체 정책'으로 자리 잡게 되었고, 이전의 환경보호에 대한 법적 근거에 대한 논란의 여지는 사라지게 되었으며, 환경문제에 대한 공동체의 임무가 확고해지고 적극적이게 되었다.[19]

단일유럽의정서(SEA)는 'EU 차원의 환경정책'에 관한 확실한 '법적 근거'를 처음으로 마련함으로써 환경보호에 관한 법적 근거의 흠의 논란을 없애고, 각 회원국 간의 통합적인 규범의 틀을 마련했다는 점에서 의미가 크다. 단일유럽의정서(SEA)는 공동시장의 확립 등 1992년 EU출범에 있어서 매우 중요한 법적 준비의 근거가 되었듯이, EU환경법의 발달에 있어서도 법적 기초의 제공에 있어서 매우 중요한 전환점이라고 할 수 있다.

4. 제4단계 시기(1993~1997)

네 번째 단계는 EU조약이 발효된 1993년부터 1997년까지의 시기이다. 단일유럽의정서(SEA)에 이어 1993년 11월 1일에 발효된 EU조약은 EU환경정책을 한 단계 더 발전시키고,[20] 환경정책의 지위를 EU정책의 하나로 확고히 하는 계기를 마련하였다.

이 시기에는 '환경'을 주제로 한 하나의 '독립된 편'을 만들었으며, '환경'이라는 단어가

---

16) Jans and Vedder, *supra* note 6, p.6.

17) 이 보충성의 원칙은 이후 EU조약(마스트리히트조약)에 의해 구 EC조약 제3b조 2단에서 EC 전체에 적용되는 일반원칙으로 규정되었기 때문에 삭제되었다.

18) Krämer, *supra* note 15, pp.84-99 참조.

19) 정홍열, "EU환경정책의 발전과 우리나라 산업에 주는 영향", 『유럽연구』 제24권(2007.2), p.267 참조.

20) 현재 EU의 환경정책의 목적과 원칙은 이 당시의 EC조약 제130r조에 의해 대부분 정립되었다.

당시 EC조약 제2조와 제3조에서 핵심적 용어로 언급되었다. 제2조는 공동체의 목적을 단순한 경제성장이 아닌 '환경을 보호하는 지속 가능한 성장'(sustainable growth)이라고 언급하였다. 그런데 '지속 가능한 성장'은 '지속 가능한 발전'[21](sustainable development)이라는 표현보다는 환경보호적인 관점에서 미약하다는 비난을 받았다. 그럼에도 불구하고 환경적 목적의 조약상의 도입은 대단한 정치적 의미를 갖는다. 제3조는 '공동체의 목적을 달성하기 위한 수단으로 상품의 자유이동, 경쟁정책 등과 함께 환경정책'을 명시적으로 언급하였다. 이로써 환경보호가 공동체의 궁극적 목표임이 명확해졌으며, 이는 현재와 미래에 있어서 환경규제를 위한 중요한 의미를 가진다. 즉 EU 차원의 환경조치를 취할 수 있는 법적 근거로서 효력을 갖게 되었다. 무엇보다 중요한 것은 1979년부터 의원 직접선거를 실시하던 유럽의회의 역할과 권한이 강화되었는데, 그것은 바로 유럽의회가 환경 관련 입법과정에 참여할 수 있게 되어 거부권을 행사할 수 있다는 의미의 공동결정절차를 수립했다는 것이다.[22]

5. 제5단계 시기(1997~2009)

다섯 번째 단계는 1997년부터 2009년까지의 시기이다. 이 시기는 '포스트 암스테르담, 포스트 니스 단계'에 해당된다. 1997년 암스테르담 조약에서는 EC조약 제2조에서 '지속 가능한 발전'을 언급하였을 뿐만 아니라, 높은 수준의 환경보호정책을 추진하고 환경의 질을 개선할 것에 관하여 논의하였다. 그리고 2001년 니스조약에서는 암스테르담조약에 비해서 의사결정과정이 중시되었다.[23]

이 시기는 '지속 가능한 발전'의 추구 시기라고 할 수 있다. 이는 '현재와 미래 세대'를 위해 자연 재산과 생물학적 다양성을 유지하며, 삶의 수준과 복지가 향상된다는 것을 의미한다.[24] 모든 환경정책과 입법은 '지속 가능한 발전'을 기반으로 추진되며 '환경영향'(평가)

---

21) 본래 인간은 개발을 통해 경제적 이익을 얻음으로서 복지의 행복한 삶을 살 수 있기 때문에, **개발권**은 인권으로서 이해할 수 있다. 그러나 문제는 과도한 경제개발 속도와 방법은 일반적으로 환경보호와 양립할 수 없다는 것이다. 과거에 개발은 환경보호를 고려하지 않는 방식으로 진행되었던 것이다. 이는 일면 개발권과 환경권의 충돌이라고 볼 수도 있다. 따라서 국제사회는 개발이 환경보호의 범주 내에서 진행되어야 한다는 인식 하에 '개발'과 '환경'을 '조화'시키는 '지속 가능한 발전'이라는 개념을 도입하게 되었다. 이 지속 가능한 발전의 개념은 개발이 환경에 종속된다는 의미는 아니며, 개발과 환경이 동등한 지위에서 서로 통합되는 것이라고 하겠다. 또한 이 개념은 환경보호 없이는 지속적인 발전이 이루어질 수 없고, 경제적 발전이 없이는 환경의 질을 유지하고 인류의 생활수준을 향상시킬 수 없다는 사실을 전제로 하고 있다. 그러나 이 개념은 '지속 가능성' 또는 '개발'의 성격이나 기준이 무엇인지 등에 대한 명확한 기준이 규명되고 있지 않다는 한계를 보이고 있다. 김기순, "지속가능발전 개념의 법적 지위와 적용사례 분석", 『국제법학회논총』 제52권 제3호 (2007.12), pp.12, 16 참조.

22) Jans and Vedder, *supra* note 6, p.7.

23) *Ibid.*

을 고려해야 함을 의미한다.

이러한 다섯 번째 단계가 가져온 변화로, 첫째는 환경을 파괴하지 않는 '지속 가능한 발전'을 EU의 궁극적 목표로 여겼다는 점이다. 둘째는 환경의 질의 향상과 높은 보호수준을 EU의 임무로 도입했다는 점이다. 셋째는 다음 장에서 살펴보는 EC조약 제6조(TFEU 제11조)의 '통합적 원리'(통합의 원칙)의 촉진이다. 즉 '지속 가능한 발전'을 중심으로 하는 '환경보호'가 EC조약의 일반적인 원칙으로 다른 공동체정책을 보완하고, 그 정의가 통합되어야 한다는 것이다.[25]

6. 제6단계 시기(2009~현재)

여섯 번째 단계는 2009년 12월 1일 발효된 리스본조약[26] 이후의 시기이다. 2001년 니스조약(Treaty of Nice)에 의해 환경법이 강화되었고, 현재 유럽의회는 공동결정절차를 통해 이사회와 함께 환경 관련 입법과정에 관여하게 되었다. 2007년 체결되어 2009년 발효된 리스본조약(Treaty of Lisbon)을 보면 EU가 환경을 얼마나 심사숙고하고 있는지 알 수 있으며, 현재까지도 환경을 고려한 '지속 가능한 발전과 보호' 사이에서 논란이 계속되고 있다.

TFEU 제191조 제1항에서 '기후변화'를 처음으로 새롭게 규정하고 있는 리스본조약은 환경 개선과 보호를 바탕으로 한 EU의 지속 가능한 발전을 목표로 하고 있으며, EU는 2020년까지 '탄소배출'[27]을 1990년에 비해 20% 이상 감축할 것을 표명한 바 있다. 그리고

---

24) Sands, *supra* note 1, pp.199-200 참조.

25) Jans and Vedder, *supra* note 6, pp.8-9; Stuart Bell and Donald McGillivray, *Environmental Law*(Oxford: Oxford Univ. Press, 2006), p.64.

26) TFEU는 제2조~제6조에서 EU의 배타적 권한 및 EU와 회원국의 경합적 권한에 관하여 규정하고 있으며, 환경과 에너지 분야는 제4조(2)에서 경합적 권한으로 규정하고 있다. 한편 환경입법절차에 있어서, 일반입법절차(기존의 공동결정절차: 위원회의 제안에 대해 유럽의회와 이사회가 공동결정)에 의한 가중다수결이 일반적으로 적용되되, 특별입법절차(기존의 협의절차: 유럽의회의 의견 필요)가 TFEU 제192조(2)에 따라 이사회의 만장일치가 적용된다. 대부분의 환경 관련 조치는 일반입법절차인 가중다수결이 적용되지만, TFEU 제192조(2)에 규정된 내용인 재정적 성질의 경우, 도시계획과 수자원관리 및 토지 사용의 경우, 회원국의 에너지 자원 선택과 에너지 공급구조에 중대한 영향을 미치는 경우에는 이사회의 만장일치가 적용된다. 배정생, *supra* note 7, pp.332-334 참조.

27) EU는 탄소배출권거래제도(Emission Trading Scheme: EU-ETS)의 시행을 위한 유럽의회/이사회 지침 2003/87/EC(OJ 2003 L275/32)를 채택하였다. EU-ETS가 우리나라에게 시사하는 바는 이 제도가 초기부터 과감하게 '강제적' 참여제도를 실시하여, 수시로 내용을 업데이트하거나 수정하여 온실가스저감이라는 목적을 상당 부분 달성하고 있다고 평가받고 있으나, ① EU는 이 제도를 단계적으로 실시하여 산업계의 충격을 줄이고 있다는 점, ② 초기단계에서 낮은 배출권 할당을 우려한 회원국들이 국가별할당계획을 너무 여유 있게 작성하여 초과할당문제로 '배출권가격'이 급락했다는 점, ③ 충분한 적응기간을 거친 후에는 무상할당방식에서 유상할당의 비중을 높이는 방향으로 전환하고 있다는 점, ④ 과도기적 상황의 임시적 적용예외, 운영 자연함, 불가항력 등도 고려하고 있다는 점 등은 우리나라에게도 시사점을 주고 있다. 조홍식·이재협·허성욱, *supra* note 1, pp.145-146 참조.

환경 관련 규제에 있어서 각 회원국은 EU 공통의 기준만 충족시키면 되나, 기후변화 방지, 에너지 안보 등에 있어서는 개별 회원국의 거부권이 삭제(강제적 구속력이 강화)됨에 따라 더욱 포괄적인 환경 규범이 제시되고 있는 시기이다. EU환경청(European Environment Agency: EEA)을 중심으로 환경정보네트워크와 모니터링이 이루어지고 있으며,[28] 환경책임이 강화되었고,[29] 에코라벨이 도입되었으며,[30] 신재생에너지[31] 관련 법규가 마련되는 등 점점 환경규제가 강화되고 있다.

기후변화, 즉 이상기후는 지구 전체에 물리적·경제적 피해를 초래하여 경제 성장이 멈추어 심각한 위기를 초래할 수 있다. 무엇보다 이러한 기후변화로 인간이 통제할 수 없는 상황에 직면할 수 있다. 따라서 인간은 자원을 합리적으로 신중하게 사용해야 한다. 오늘날 EU가 환경·에너지 분야에서 취하는 법·제도적 노력은 국제적인 행위자로서의 기능을 실험하는 실험장으로 이용될 수 있다. 이를 통해 EU는 지구적인 환경개선과 EU이익의 극대화라는 양 측면에서 좋은 결실을 맺을 수 있다.[32]

이처럼 EU는 1972년 이후 환경보호에 관한 관심이 고조되면서 환경과 관련한 다양한 분야에 걸쳐 환경정책을 꾸준히 확대·시행해 오고 있다. 환경요건이 EU의 다른 산업분야의 정책에도 적극적으로 반영되는 것을 볼 때, EU환경정책은 일개 국가나 국제사회에서도 하나의 성공적인 사례로 평가할 수 있다. 현재와 미래 세대에 보다 좋은 환경여건을 조성하고 물려주기 위한 이후의 단계들은 현세대가 어떻게 하느냐에 달려 있다고 할 수 있다.

Ⅲ. 환경보호에 관한 EU법상의 일반원칙들의 현황

환경보호를 위한 EU법에도 일반적인 원리들 혹은 원칙들이 존재한다. 이러한 일반원칙들은 보통 EU의 1차적 법원인 조약에 규정되어 있으며, 이에 기초해 구체적인 EU환경 관련 2차 규범들이 채택되고 이행된다. 이러한 내용에는 특정 권한의 원칙, 보충성의 원칙, 비례의 원칙, 통합의 원칙, 기본권보장을 위한 환경보호 등이 있다.

---

28) Regulation 401/2009(OJ 2009 L126/13),

29) Directive 2004/35(OJ 2004 L143/56). 이 지침은 Directive 2006/21(OJ 2006 L102/15)에 의해 개정되었다.

30) Regulation 66/2010(OJ 2010 L27/1), 동 규칙은 인체대상 의약품에 관한 유럽의회/이사회 지침 2001/83(OJ 2001 L311/67) 및 동물대상 의약품에 관한 유럽의회/이사회 지침 2001/82(OJ 2001 L311/1)상의 의약품과 의료기기에는 적용되지 아니한다.

31) Directive 2009/28(기존의 Directives 2001/77/EC 및 2003/30/EC을 개정)(OJ 2009 L140/16).

32) 이강용, "유럽연합의 지구기후변화 대책에 관한 연구", 『유럽연구』 제27권 제2호(2009.8), pp.284-285 참조.

1. 특정 권한의 원칙

현재 환경법 분야에서 발전적 모습을 보이고 있는 EU도 환경문제를 다루기 위한 법적 기초를 마련하는 데는 수십 년의 시간이 필요하였다. 환경과 관련된 EU법상의 법적 근거의 마련은 다음과 같은 측면에서 중요성을 갖는다. 첫째, 환경과 관련하여 구 EC조약 제5조에 따라 EU법상에 '권한 없는 행위 또는 조치'는 무효의 행위 또는 조치가 된다. 둘째, 환경 관련 법적 근거의 마련은 특정 환경 법안의 채택 시 따르는 제정 절차와 관련되는데, 여기서 제정철차는 법령의 주요 '입법 목적'의 근거가 되는 정확한 법적 근거를 의미한다. 셋째, 환경 관련 법적 근거는 회원국들에게 있어서 협의된 유럽 기준보다 '더 엄격한' 자국의 환경법령들을 채택할 자격의 여부에 영향을 미치게 된다.[33] 결국 EU 환경법안의 적절한 법적 근거 결정의 필요성에 있어서, EU법이 규정하고 있는 권한의 범위와 이 권한에 근거하여 채택된 법안만이 그 실효성을 갖기 때문에 법적 기초가 중요한 의미를 가진다.

따라서 환경 관련 생산을 위한 기준들을 조화시키는 법안의 경우에 그것이 '역내시장'에 중점을 두는 경우에는 TFEU 제114조(EC조약 제95조)에 근거한 의사결정방식이, 그것이 '환경보호'에 중점을 두는 경우에는 TFEU 제192조(EC조약 제175조)에 근거한 의사결정방식이 적용되어야 한다.[34] 이와 같이 환경 관련 법안에 대해 EU법상의 의사결정에 관한 근거 규정을 둠으로써 적법성을 보장받을 수 있다.

2. 보충성의 원칙

1) 의의

EU조약(TEU) 제5조 제3항(EC조약 제5조 제3항)은 보충성의 원칙에 대해 언급하고 있다. 여기서 '보충성의 원칙'(principle of subsidiarily)이란 독점적 권한에 속하지 않는 범위 내에서, 회원국들에 의해 제안된 조치들로서는 충분하게 달성될 수 없고, 공동체적 차원에서 더 낫게 해당 목적을 달성할 수 있는 경우에 한해서 공동체가 행동하는 것을 의미한다.[35] 개별 회원국들의 능력만으로는 달성되기 어려운 부분을 공동체가 보완한다고 할 수 있다.

---

33) Jans and Vedder, *supra* note 6, p.10 참조.

34) Krämer, *supra* note 15, p.480.

35) Richard L. Revesz · Philippe Sands · Richard B. Stewart, *Environmental Law, the Economy and Sustainable Development*(Cambridge: Cambridge Univ. Press, 2000), p.80; Krämer, *supra* note 15, p.94.

보충성의 원칙의 예로는 교토의정서(Kyoto Protocol: 기후변화협약에 따른 온실가스 감축 목표에 관한 의정서)의 '온실가스방출 허용거래'를 위한 체계의 마련으로,[36] 제5조에서 규정된 보충성의 원칙에 따라 개별적으로 결정하는 회원국들에 의해서는 충분하게 달성될 수 없어 공동체 차원에서 보다 잘 달성될 수 있는 경우가 있다. 이와 같은 경우에 바로 EU는 유럽 전역에 효과를 미치는 관련 법령들을 채택할 수 있으며, 다만 이 경우 뒤에서 설명될 '비례의 원칙'(principle of proportionality)에 따라 그 목표달성을 위한 필요 이상으로 규제 범위를 넘겨서는 아니 된다.[37] 이와 같이 국경을 넘나드는 '초국경적' 대기오염을 방지하기 위한 조치는 '개별적으로' 활동하는 회원국에 의하여 충분히 성취될 수 없지만 EU 차원에서 더 잘 해결할 수 있다.

이처럼 국경을 넘나드는 초국경적인 환경문제[38]에 대한 조치는 유럽 차원의 법안을 채택하는 것이 필요하다고 할 수 있는데, 특히 대기오염, 수질오염의 경우 더욱 그렇다. 따라서 초국경적인 문제에 대하여 27개 회원국으로 이루어진 EU에 의한 일반적인 조치는 보충성의 원칙에 따른 조치라고 할 수 있다. 만약 그 연방제적 공동체, 즉 예를 들어 EU와 그 회원국 정부 모두 관할권을 갖는 분야로서 어떠한 결정을 내릴 경우에, 그것이 효율성을 해하지 않는 한 그 당사자인 해당 국민들의 입장에서 가장 적정하다고 생각되는 기관에서 이를 수행해야 하는데, 바로 그 주체가 EU라고 할 수 있다.

그리고 '선적 원료의 오염과 위반에 의한 벌금도입'에 관한 지침 2005/35[39]의 내용과 '야생 조류 보호'에 관한 지침[40] 또한 이와 동일하다. 농업상의 질산오염(지침 91/676),[41]

---

36) Directive 2004/101 establishing a scheme for greenhouse gas emission allowance trading(OJ 2004 L338/18).

37) Jans and Vedder, *supra* note 6, p.11 참조.

38) '초국경적' 환경문제와 관련하여 '동아시아' 또는 '동북아'의 환경문제 해결은 환경문제의 특성상 지역 국가들 간의 체계적인 협력체제의 확립이 무엇보다도 중요한 선결 과제라고 할 수 있으며, 환경문제인식의 공유와 환경정보공유네트워크 및 모니터링체계를 갖추고 있는 유럽환경청(European Environment Agency: EEA)을 대표적인 예로 들 수 있다. 동아시아 또는 동북아 환경협력에 관한 연구로는 서철원, "동북아 환경협력에 관한 연구", 『서울국제법연구』 제6권 제2호(1999), pp.123-168; 채영근, "동북아시아 환경협력 – 두만강 지역개발을 중심으로", 『서울국제법연구』 제7권 제2호(2000), pp.85-104; 노명준·성재호·최승환·서철원, "동북아 환경협력체제에 관한 법적 연구", 『국제법학회논총』 제46권 제1호(2001), pp.47-77; 정서용, "동북아시아 환경오염문제의 효율적 해결과 국제법상 정책적 접근방법", 『국제법학회논총』 제51권 제3호(2006.12), pp.69-89; 소병천, "동아시아 환경정보협력체 구축을 위한 연구", 『국제법학회논총』 제54권 제2호(2009.8), pp.119-142 참조. 그 외 환경문제에 대한 국제책임에 관한 연구로는 김석현, "환경오염에 대한 국가의 국제책임", 『국제법평론』통권 제4호(1995.3), pp.101-134; 김석현, "초국경적 손해에 대한 국제책임의 특수성", 『국제법평론』통권 제3호(1994.9), pp.55-75 참조.

39) OJ 2005 L255/11.

40) 1987년에 '야생 조류 보호'에 관한 지침에 대한 판결에서 ECJ는 환경문제는 회원국들에 대한 공통된 책임들을 수반하며, 공동체 자연 유산과 그 위협은 국경을 넘어 자연에서 흔히 존재하는 것이라는 점에서 서식지와 종은 그 위협으로부터 보호되어야 한다는 유럽 차원의 법규 제정이 반드시 필요하다고 하였다. Case 247/85, *Commission* v. *Belgium*, [1987] ECR 3029.

유전학적으로 변형되는 미생물(지침 90/219),[42] 국내의 폐기물소각(지침 89/369)[43]도 동일한 차원에서 유럽연합 지침에서 다루고 있다.

2) 문제점

보충성의 원칙의 장점에도 불구하고 문제는 이러한 보충성의 원칙이 국가 간 우위의 차이를 줄여 경쟁을 피할 수도 있기 때문에 회원국들의 건전한 정책 경쟁(healthy policy competition)의 기회를 박탈할 수 있다는 점이다. 좋게 해석한다면 경쟁의 왜곡을 방지하고 무역상의 제한 또는 장벽을 회피할 수 있으며, 유럽의 경제적·사회적 통합을 강화시킬 수 있다.[44] 흔히 국제법의 법적 성격을 논함에 있어서 G. Scelle의 사회연대성이론에 비추어 보면 전체 질서가 부분질서를 지배하는 것과 일면 유사하다고 할 수 있다. 한편 합리적인 균형은 유럽의 환경보호 규칙들이 주로 '최소한의 조화'만을 추구하려는 성질을 지니게 되면 얻을 수 있다. 그런데 EU 전체에 '최소한의 보호 기준'(minimum level of protection)에 관한 조항이 허용된다면, 회원국들로부터 자국의 영토에서 '더 엄격한 환경 기준'을 채택할 권한을 박탈하게 된다. 유럽의 최소기준 이하로는 정책 경쟁이 불가능하게 될 것이다.[45] 보충성의 원칙을 적절하고 합리적으로 적용하기 위해서 EU 차원의 조치가 회원국 수준의 조치와 비교해 볼 때 그 범위와 효력 면에서 확실히 이익을 창출하는가 하는 문제가 있는 것이다. 물론 EU 전체에 최소 기준의 보호를 성취하려는 목적이 EU법규에 의하여 효과적으로 달성될 수는 있다. 그럼에도 불구하고 뒤의 비례의 원칙에서 살펴보는 바와 같이 회원국에 의한 보다 엄격한 환경 규제 조치는 존중될 필요가 있다.

3) 한계

보충성의 원칙은 문제점 외에 한계점도 보이는데 보충성의 원칙의 한계로는 첫째, EU조약 제5조(EC조약 제5조)의 보충성의 원칙은 '오직' 'EU와 회원국들' 간의 관계만을 규정하고 있다는 것이다. 즉 여타의 권력이 있는 주체에 대해서는 언급한 바가 없다. 특히 회원국 내의

---

41) OJ 1991 L375/1.

42) OJ 1990 L117/1.

43) OJ 1989 L163/32.

44) Jans and Vedder, *supra* note 6, p.13 참조.

45) *Ibid.*

어떤 지역－예를 들면, Scotland 또는 Catalonia 혹은 독일의 Länder와 같은 지역－은 전혀 명시되어 있지 않다. 이러한 이유로 보충성의 원칙은 EU와 회원국 내 여타 지역(sub-national regions)의 관계에 적용되지 않을 뿐만 아니라, 회원국과 회원국 내 지역의 관계에도 적용되지 않을 수도 있다.

둘째, 보충성의 원칙은 EU와 회원국 간 관계를 '항상' 지배하는 보편적인 원칙이 아니라는 점이 동 조항에 분명히 규정되어 있다는 점이다. 오히려 보충성의 원칙은 EU가 '배타적 권한'을 갖지 않는 영역에만 적용될 수도 있다는 것이다.[46]

3. 비례의 원칙

1) 의의

EU조약(TEU) 제5조 제4항(EC조약 제5조 제4항)은 "EU에 의한 어떤 조치도 조약의 목적을 달성하기 위한 필요 이상의 내용적(실체법적), 형식적(절차법적) 권한을 소유할 수 없다"고 규정함으로써 '비례의 원칙'(principle of proportionality)을 도입하고 있다.

EU와 각 회원국 정부에 대하여 부과되는 모든 비용들은 최소한으로 해야 하며, 제시된 목적에 비례해야 한다. EU 입법기관들은 환경 관련 입법을 한다 해도 반드시 회원국의 의사결정에 최고수준의 자유를 보장함으로써 회원국의 법제도가 존중(as much scope for national decision as possible, or subject to the need for proper enforcement)되는 법안을 선택해야 한다는 의미이다.[47] 이는 회원국들이 더 엄격한 환경보호 기준을 확립하는 데 있어서 자율성을 보장받는다는 측면에서 의미가 있다.[48]

2) 목적

이러한 비례의 원칙의 목적은 EU 당국의 '과도한 개입'에 대하여 '개인의 권리를 보호'하는 역할에 있다고 할 수 있다. 이에 대한 조건으로는 개인적 이익과 공공이익 및 EU 당국의 자유재량권의 행사 간 갈등이 야기되어야 하며, 또 이들 간에 상관관계가 있어야 한

---

46) *Ibid.*

47) Krämer, *supra* note 15, p.167.

48) Jans and Vedder, *supra* note 6, p.14 참조.

다. 이렇게 회원국들이 과도한 EU 차원의 개입에 대해 자유로워진다면, 최소 기준이 가능한 한 많이 사용될 것인데, 이 경우 EU의 '지침'은 '규칙'의 사용보다 우선적으로 고려될 것이며, 세부적인 내용보다는 일정한 구조적 가이드라인이 우선될 것이다. 그리고 중요한 점은 이와 같은 조건을 충족하는 범위 내에서 EU의 일반적 이익에 비추어 보아 추구하는 목적을 달성하기 위한 필요한 조치를 제외하고는 EU 당국은 사인에게 의무를 부과할 수 없다는 점이다.[49] 이는 국가들이 규칙보다는 '지침'의 활용을 선호해 왔던 이유이다. 또한 이는 회원국의 권한을 제한하는 것이 아니라, 실질적으로는 EU의 권한을 제한하는 것으로 이해되는 측면도 있다.

이러한 자발적 법체계는 예를 들어, 첫째, 많은 환경보호법령 중 하나인 '질산비료에 의한 환경오염'에 관한 지침 91/676[50]의 제4조는 농부들이 '자발적으로' 행하는 좋은 농업사례에 대한 법률이 되어야 한다고 보고 있다. 이는 회원국들이 좋은 농경 관행에 대한 법제를 마련하되, 이 목적 달성은 농민에 의해 자발적으로 구현되는 방식으로 법안이 마련되어야 한다는 의미이다. 이와 비슷한 법령으로 산업계, 소매업자, 환경기관들 등이 관여하는 '에코라벨 부여제도'에 관한 규칙[51]도 있다. 둘째, 같은 맥락에서 '환경감사'에 관한 규칙 761/2001[52]도 환경 경영과 감사(Eco-management and audit scheme: EMAS)는 기업과 기타 조직들이 그들의 환경보호활동을 평가하고 보고하고 개선시키는 경영도구이므로 그 참가는 완전히 자발적이라는 것이다. 셋째, 교토의정서에 따른 '온실가스 배출 관련 무역 허가'에 관한 지침 2004/101[53]과 관련해서도 온실가스로 인한 지구온난화 문제는 범국가적·초국가적 환경문제로서 EU조약 제5조의 보충성의 원칙상 EU 차원의 조치를 위해 취할 수 있도록 하고 있으나, 이 지침은 EU조약 제5조상의 비례의 원칙에 따라 그 목표를 달성하기 위한 필요 이상으로는 적용되지 아니한다.

오늘날 공공기관과 산업 간의 환경보호협정이 점점 환경정책을 구현하는 데 사용되는 것과 같이 자발적인 환경보호협정의 사용에 대한 관심은 점점 증가하고 있다. 그리고 EU의 환경정책은 환경 분야의 결정에 대한 '지침'의 사용이 상당한 관행으로 확립되어 왔으며, 특히 '규칙'은 국제협약의 구현 또는 국제무역규제에 있어서 보다 균일한 정치제도가 필요하다는 분야에서 우선적으로 사용되었다. 이런 '규칙'은 '직접 적용성' 때문에 EU통합적 측

---

49) *Ibid.*, p.15 참조.
50) OJ 1991 L375/1.
51) OJ 2000 L237/1(Regulation 66/2010(OJ 2010 L27/1)에 의해 개정됨),
52) OJ 2001 L114/1.
53) OJ 2004 L338/18.

면에서는 지침보다 더 적합한 법률문서라고 볼 수도 있다. 그러나 규칙들은 국제무역상의 규제에만 사용되는 것은 아니고 특정회사, 수입업체 혹은 제조업체에 직접 특정 권한을 부여하거나 의무를 부여할 필요가 있을 때에도 사용된다.[54]

Standley 사건[55]에서 ECJ는 원칙적으로 비례의 원칙에 비추어 EU입법을 재검토하고자 하였다. 이 사건에서 ECJ는 질산염에 대한 지침을 검토하였는데, 여기에서 논점은 관련 지침이 농민들에게 불균형한 의무들이 증가했기 때문에 비례의 원칙에 반한다는 것이었다. 그러나 ECJ는 신중하게 검토한 후, 비례의 원칙의 준수 여부를 판단하고 보장하는 책임을 지는 주체는 국내법원이며, ECJ는 '지침'을 통한 회원국의 국내 이행에 대한 권한 행사를 존중한다고 판시하였다. 이 *Standley* 사건이 갖는 의미는 회원국들의 비례의 원칙을 준수한다는 유연성 있는 조항(flexible provisions)에 따른 EU의 지침의 사용이 EU의 환경보호 입법에 있어 가장 효과적이라는 점이다.[56]

4. 통합의 원칙

1) 의의

EU는 세계 환경운동의 선도적·대변자적 역할을 해왔을 뿐 아니라, 어느 지역보다 강력하고 혁신적인 환경정책을 펴 왔다. 그러나 처음부터 그런 것은 아니었으며, 공동체 초기의 구 EEC조약에는 환경에 대한 어떠한 언급도 없었다. 그 이후 단일 경제시장으로의 통합을 촉진하기 위한 1987년의 단일유럽의정서(SEA)에서 환경이라는 단어가 처음으로 조약에서 언급되었다. 이때부터 "EU의 균형 있는 경제성장은 EU의 환경정책으로의 통합"을 의미하였다. 10년 후 1997년 암스테르담조약에서 "환경보호의 의무는 유럽공동체 정책과 활동의 정의와 이행에 반드시 포함되어야 하며… 특히 '지속 가능한 발전'을 추진하는 관점으로…"[57]라고 합의되어 있다.[58] 그런데 EU역내에서 환경기준을 조화시키는 것은 경제활동

---

54) Jans and Vedder, *supra* note 6, p.15 참조.

55) Case C-293/97, *Standley*, [1999] ECR Ⅰ-2603.

56) Jans and Vedder, *supra* note 6, p.16.

57) 지속가능발전 개념을 구성하는 요소에 대해서는 일반적으로 통합의 원칙, 개발권의 원칙, 지속 가능한 이용의 원칙, 세대 내 형평의 원칙, 세대 간 형평의 원칙이 제시되고 있다. 이들 요소는 주로 1992년 리우선언(Rio Declaration)의 원칙(Principles) 3~8, 원칙 16에서 명시되었다. 개별 요소에 대한 상세 설명은 김기순, *supra* note 21, p.21 이하 참조.

58) Jans and Vedder, *supra* note 6, p.17 참조.

의 조건을 공평하게 마련하는 것이다. 한편 EU 환경정책의 원칙들은 사전예방의 원칙, 방지조치의 원칙, 오염자부담의 원칙 등에 기초하고 있으며, WTO체계와는 달리 EU는 생산(방출기준)－유통(에코라벨)－소비자에 걸친 전체의 단계에 걸쳐서 환경기준을 적용해 오고 있다.

EU에서 환경 관련 법규는 1970년대와 1980년대에 채택된 바 있으나, 그 이후로 유럽공동체의 환경 입법의 속도가 다소 느려졌다. EU회원국들도 환경 관련 입법 형식으로서 규칙보다는 지침을 선호하는 경향이 나타났다. 즉 EU는 포괄적인 장기 목표를 위한 기본 지침을 마련하지만, 적용할 방법들을 결정하고 적절한 입법행위를 하는 것은 회원국들에 위임되어 왔다. 따라서 환경에 관해 민감하고 기술적으로도 앞선 EU에서도 정치적 입장 차이와 이행의 문제점들이 널리 존재하는 것이 현실이다. 그러나 EU의 접근법(그리고 그들의 성공요인이라고도 볼 수 있는 것)은 구속력 있는 공동정책을 달성하기 위해 관리와 강제 전략을 결합하였다는 사실이다.

EU는 공동시장을 기반으로 하는 공동정책의 목적들 중의 하나로서 '경제활동의 조화롭고 균형 있는 지속 가능한 개발', '높은 수준의 환경보호 및 환경의 질의 개선'을 추구하고 있다. 그리고 TFEU 제11조(EC조약 제6조)는 지속 가능한 발전을 추진하기 위하여 공동체의 모든 정책 및 활동에 '환경적 고려'가 포함되어야 한다는 점을 명시하고 있다. 즉 EU의 모든 정책영역은 제11조의 규정에 따라 '환경보호가 고려'되어야 하며, 정책의 수립과 집행에 있어서 '환경적 측면'에서의 '통합적이고 균형적인 영향평가'가 이루어져야 함을 의미한다. 이는 환경 관련 규정이 TFEU 제191조~제193조(EC조약 제174조~제176조)까지 명시되어 있는 규정뿐만 아니라 기타 모든 정책들과 연계되어 적용될 수 있음을 의미한다. 이러한 EU의 공동환경정책은 서로 근접해 있기 때문에 회원국들 간 국경을 초월한 광범위한 규모의 환경문제가 발생할 경우 공동대응이 필요하다는 '지리적 이유'와 단일유럽의정서(SEA)에 의한 상품, 사람, 서비스, 설립의 자유로운 이동을 추구하는 공동시장의 특성상 환경 관련 규제가 각 회원국들 간 상이할 경우 '무역장벽'으로 작용할 수 있기 때문에 회원국들 간의 '공정한 경쟁기반'을 왜곡시킬 가능성을 제거하기 위해 추진되고 있다.

이처럼 통합의 원칙은 환경보호를 위한 EU법상의 가장 중요한 원칙 중 하나로서, 환경보호는 공동체의 경제 활동과 정책이 이행 내에서 고려해야 한다는 것으로 TFEU 제11조(EC조약 제6조)에서 규정하고 있다.

2) 검토 사항

통합의 원칙은 그 취지는 좋으나 이 통합의 원칙과 관련해서는 다음과 같은 3가지 사항을 검토할 필요가 있다.

첫째, 통합의 원칙에 따라 TFEU가 언급하는 '환경보호'가 어떤 의미를 갖는가의 문제이다.[59]

TFEU 제191조 제1항(EC 제174조 제1항)은 EU '환경정책의 목적'을 환경의 보호와 환경의 질적 향상, 건강한 삶을 위한 환경의 유지, 환경자원의 건전하고 합리적 이용, 국제적 차원에서의 지역적 혹은 세계적 환경문제를 해결하기 위한 협력의 촉진에 두고 있음을 명시하고 있다. 그런데 EU법상 '환경'에 대한 명시적인 개념정리가 없다는 점은 환경보호의 필요성이 대두되었을 경우 '유연하게' 법을 적용할 수 있다는 장점이 있지만, 다른 한편으로는 환경 관련 법률에 의하여 구속되는 '대상의 범위'가 불분명하기 때문에 관련 법률의 적용 시 '해석상의 오류'가 발생할 수 있다는 단점이 있다.

TFEU 제191조 제2항(EC 제174조 제2항)은 EU가 지향해야 할 '환경정책의 기본원칙들'을 제시하고 있는데, 이는 EU만의 특별한 원칙이라기보다는 환경정책 및 환경규범에 관한 일반원칙으로 받아들여지고 있는 내용이기도 하다. 제191조 제2항(EC 제174조 제2항)에 명시된 원칙들로는 높은 수준의 환경보호 원칙, 사전예방의 원칙, 방지조치의 원칙, 오염자부담의 원칙, 발생원의 대응원칙이 있다.

TFEU 제191조 제3항(EC 제174조 제3항)은 환경정책의 실행에 있어서의 '고려사항'에 대해 명시하고 있는데, 그 내용에는 먼저 환경정책의 입안과 수행 및 평가는 이용 가능한 과학적 및 기술적 측면의 자료를 기반으로 하여야 하며, EU 환경정책의 수행 또는 지침을 통해서 규율하게 되는 공통사항에 있어서도 EU에 소속되어 있는 각 지역별 특성을 감안해 정책을 집행해야 한다. 또한 환경정책의 수행에 있어서는 비용과 효과에 대한 이익형량이 고려되어야 하고, 해당 회원국별 경제 및 사회적 발전상황에 능동적으로 부합하는 환경정책의 수행이 이루어져야 한다. 그런데 이렇게 될 경우 EU 차원에서의 조화롭고 균형 있는 발전이라는 측면에서 개별 회원국의 정책은 그 외연상의 한계를 지니게 된다.

둘째, 통합의 원칙이 EU의 다른 정책권역을 넘은 '우선권'(priority)을 내포하고 있는가의 문제이다.[60] 즉 EU의 다른 정책권역과 충돌하는 상황이 발생하는 경우에 환경정책이 법적인 관점에서 확정적으로 부여된 우선권을 갖는가이다.

---

59) *Ibid.*

60) *Ibid.*

이에 대한 대답으로는 환경 관련 통합의 원칙이 우선적인 어떤 권한을 가지는 것은 아니라고 본다. 다른 EU정책과 환경정책 간의 충돌 시 '최소한도의 환경보호'가 고려되어 채택되도록 하고 있음을 볼 때, 환경정책이 다른 정책분야에 대해 우선적인 어떤 권한을 가지는 것이라고 볼 수는 없기 때문이다. 예를 들어, 농업, 운송, 에너지, 개발원조, 무역, 외교관계, 내수시장, 경쟁정책, 종교정책에서도 '최소한의 환경보호'를 고려하여 정책을 채택하도록 하고 있음을 볼 때, 환경보호를 최고로 생각하여 환경보호의 범위 내에서만 절대적으로 다른 정책을 입안해야 하는 것이 아니라 '최소한의 환경보호'를 고려하도록 하고 있는 것이다.61)

따라서 통합의 원칙은 환경보호가 최소한의 고려사항이 될 수 있도록 하기 위해 특정권역 내에서 제한적으로 구상된다고 볼 때 우선권을 갖지는 않는다고 할 것이며, 환경보호와 국내시장의 기능 간의 잠재적 충돌은 '통합의 원칙'이 아닌 '비례의 원칙'에 의한 논의대상이라고 할 수 있다.

그런데 사안이 우선권에 초점이 맞춰진 문제인 이상, 통합의 원칙의 법적 실행의 문제는 매우 중대하게 여겨질 수 있는데, 이 원칙에 의하면 EU 환경정책의 수립에 있어서도 기존의 입법방식과 마찬가지로 다층적구조하에서 관련 기관의 참여를 보장함으로써 EU 내에서의 입법절차상 민주적 정당성을 제고하고 있다. 환경정책의 경우에도 환경정책 자체의 의미도 중요하지만 환경정책이 영향을 주는 산업 및 경제관계, 그리고 보건 등의 관련 분야가 많음에 따라 절차적 정당성의 보장은 매우 중요한 의미를 갖는다. 따라서 TFEU 제192조 제1항(EC 제175조 제1항)에 의거하여 유럽의회와 이사회는 회원국의 대표자들로 구성되는 자문기구인 경제사회위원회와 지역위원회의 자문을 통해 입법적 고려사항들을 수렴하는 절차를 거치게 된다. 그러나 제192조 제2항(EC 제175조 제2항)에서 열거하고 있는 특별한 사항인 재정적 부담을 동반하거나 도시계획, 수자원의 양적관리, 토지의 사용 등에 영향을 미치는 조치, 일반적인 에너지 공급구조와는 다른 특별한 에너지 공급구조를 가지고 있는 회원국의 정책선택에 영향을 미치는 경우에, 이사회는 반드시 유럽의회와 경제사회위원회 그리고 지역위원회의 자문을 거친 후 특별입법절차에 따라 만장일치로 이를 의결해야 한다.

그런데 여기에서 환경정책이 통합의 원칙에 따른 우선적인 어떤 권한을 가지는 것이 아니기 때문에 발생되는 다음과 같은 세 가지 문제를 살펴볼 필요가 있다. 첫째, 통합의 원칙이 '법적 강제'의 실현성이 있는가 하는 문제이다. 이와 관련해서는 원자력 발전소의 폭발로 인한 방사능 누출 사고인 '체르노빌 사건'에서 보면, 사고가 일어난 이후 제3국가들은

---

61) *Ibid.*, p.18 참조.

러시아산 농산물의 수입을 통제하는 등의 환경보호를 위한 법안을 채택하였다. 그런데 외국에서 환경보호를 위해서 법안을 채택하기는 했지만 환경정책을 고려하여 다른 정책을 채택되는 것이 강제되는 것은 아니었다. 즉 모든 EU 법안이 환경보호를 위한 요구를 만족시켜야 하지만, 이것이 필수적이고도 강제적인 요건으로 보기에는 무리가 있다는 것이다. 이처럼 통합의 원칙이 완전한 법적 강제성이 있는 것은 아니라고 볼 수 있다. 둘째, 환경보호 정책추진에 대한 제한의 우려 여부이다. 통합의 원칙이 우선적인 어떤 수단을 가지는 것이 아니기 때문에, 통합의 원칙에 의해서 다른 정책들이 얽매이는 것이 아니라, '최소한도'의 환경을 고려하도록 함으로써 다른 정책들을 더 폭넓게 입안시킬 수 있도록 하기 때문에 환경보호 정책의 추진을 도리어 제한할 우려가 있다는 것이다. 이것이 남용되는 경우 선심성 또는 가식적 행위로 여겨질 우려가 있다. 셋째, 이사회 조치의 적법성에 대한 유럽사법법원의 사법적 판단 여부의 문제이다. 통합의 원칙이 우선적인 권한을 갖지 않는다면, 각 회원국의 정책 채택 시 환경보호를 최소한으로 고려했기 때문에 환경침해가 발생한 경우 각 회원국 정책들의 환경침해 여부에 대한 유럽사법법원의 판단을 받아야 할 대상인가 하는 문제가 제기될 수 있다.

셋째, 통합의 원칙에 따라 회원국을 위한 가능한 결론을 도출시킬 수 있는가의 문제이다. 이 통합의 원칙에 있어서 사실의 관점에 입각하여 보면, TFEU 제11조(EC조약 제6조) 원문은 명확히 '연합(공동체)의' 정책과 활동이란 내용을 인용하고 있는바, 통합의 원칙은 직접적으로 회원국을 위한 법적 결과를 초래해야 하는 것은 아니다. 또한 EU기본권헌장[62](Charter of Fundamental Rights of the European Union) 제37조와 TFEU 제11조(EC조약 제6조)를 비교해 보았을 때, EU기본권헌장이 '높은 수준의 환경보호와 환경의 질적 개선'을 구체적으로 명시하여 통합을 요구하고 있는 것에 반해, TFEU 제11조는 '환경보호요건'이라는 폭넓은 인용방식을 사용하고 있음을 통해서도 이해할 수 있다.[63]

5. 기본권보장을 위한 환경보호

기본권과 환경의 관계와 관련하여, 기본권을 존중하기 위해서는 환경을 보호해야 하고, 환경을 보호하지 못할 경우에 기본권이 침해되며, 환경을 보호함에 있어서도 기본권을 존중해야 하듯 양자는 매우 밀접한 관계를 갖고 있다.[64] 그 근거로 EU조약(TEU) 제6조 제3

---

62) OJ 2000 C346/1.

63) Jans and Vedder, *supra* note 6, pp.22-23.

64) Sands, *supra* note 1, pp.220-221 참조.

항은 "EU는 기본권을 존중해야 하고, 유럽인권협약(European Convention for the Protection of Human Rights and Fundamental Freedoms)에 의하여 보장된 기본권을 존중해야 한다"라고 규정하고 있다. 이 조문은 ECJ의 판례[65]를 통하여 성문화된 것이다.

이와 관련해서는 Öneryildiz 사건[66]을 통해 보다 구체적으로 살펴볼 필요가 있다. 이 사건에서 터키 Istanbul 근처의 Hekimbaşı Ümraniye의 한 판자촌에 터키 국적의 Öneryildiz가 그의 가족 12명과 함께 살고 있었다. 이 지역은 슬럼집단으로 쓰레기로 가득 찬 동네였다. 이 동네에 대해 1991년 한 기자는 쓰레기가 분해되면서 발생하는 메탄가스가 폭발할 수 있음에도 이것이 제거되지 않고 있으며 또한 이에 대한 아무런 법안이 마련되지도 않았다고 보도했다. 이후 1993년 우려하던 메탄가스 폭발 사고가 일어나면서 동네에서 11가구가 소실되었고, Öneryildiz의 가족 9명이 사망하게 되었다. 이에 1996년 형사적·행정적 조사가 이루어지면서 Öneryildiz와 시장이 법정에 소환되었고, 시장은 직무태만으로 160,000TRL(터키 화폐단위는 리라(lira))의 벌금형과 3개월 이하의 징역을 받게 되었다. 동시에 1995년 Öneryildiz는 남은 식구 3명을 위해서 친족들의 죽음과 재산적 손해에 대해 행정법원에 손해배상을 청구했는데, 이것이 받아들여져 정부는 원고 Öneryildiz에게 100,000,000TRL(당시 약 2,077유로)의 정신적 손해배상을,[67] 10,000,000TRL(당시 약 208유로)의 재산적 손해배상을 지불하게 되었다.

이렇게 Öneryildiz가 손해배상을 청구할 수 있었던 법적 근거는 유럽인권협약 제2조상의 관련국의 부주의로 발생한 손해라고 할 수 있으며, 동 협약 제6조 제1항에 따른 적절한 시간 내의 공정한 청문권에 따라 절차가 진행되었으며, 동 협약 제13조에 따른 효과적인 구제를 받을 권리를 위해 제소했던 것이다. 이에 제2조의 생명권, 프로토콜1 제1조의 재산보호에 의거하여 Öneryildiz는 손해배상을 받을 수 있었다.[68]

이렇듯 환경보호는 기본권보장과 밀접한 관련이 있으며, 환경보호 정책을 채택하지 않음으로써 EU시민의 기본권이 침해될 수 있다는 것을 알 수 있다. 따라서 EU는 환경보호에 대한 인식을 확고히 하고, 또한 환경보호 정책의 채택 시 기본권을 존중하고자 노력하고 있다. 예를 들면, '온실가스방출'을 위한 계획을 설립하는 지침 2003/87 전문에서도 "이 지침은 기본권을 존중하고 EU기본권헌장상의 원칙을 준수한다"[69]라고 규정함으로써 기본권

---

65) Case 29/69, *Stauder*, [1969] ECR 419.

66) *Öneryildiz* v. *Turkey*, 48939/99 [2002] ECHR 496.

67) 1억 TRL은 그 당시 약 2,077유로 정도 되고, 2,077유로는 약 300만 원 정도이다.

68) Jans and Vedder, *supra* note 6, p.24 참조.

69) OJ 2003 L275/32; '선박유출오염과 형사제재'에 관한 지침 2005/35(OJ 2005 L255/11) 전문(Point 16)에서도 EU기본권헌장을 준수하도록 하고 있다.

을 존중하기 위하여 환경을 보호(환경정책을 추진)해야 함을 밝히고 있다.

Ⅳ. 결언

유럽 환경법의 발전 과정은 EU가 경제성장을 하면서 동시에 점차적으로 '환경'을 고려하기 시작하였다는 데에서 그 출발점을 찾을 수 있다. 이러한 과정 속에서 EU는 단순한 양적 경제성장이 아닌 질적 경제성장을 추구하였으며, '지속 가능한 발전'을 통한 인류의 번영을 추구하였다. 여기에서 '지속 가능한 발전'이란 현재 세대들이 미래 세대들에게 부끄럽지 않은 범위 내에서 필요를 충족시키는 것을 말한다. 이러한 계획 아래, 환경 개선과 보호를 바탕으로 한 EU 경제의 '지속 가능한 발전' 추구는 지금까지 계속되고 있으며, 최근 2009년 리스본 조약의 6번째 단계의 시기에 들어서면서 더욱 포괄적인 의미의 공동체적 환경 규범이 제시되고 있다.

그리고 본문에서 살펴본 바와 같이 구체적인 환경 관련 2차 규범은 논외로 하더라도, EU는 기본조약의 체제 내에서 환경 관련 주요 일반원리 혹은 일반원칙들을 확립하고 있다. 환경이 '역내시장'에 관한 사안일 경우에는 TFEU 제114조가 적용되고 '환경보호'에 관한 사안일 경우에는 TFEU 제192조가 적용되어 '특정 권한의 원칙'에 따라 2차 입법 활동이 가능하다. 또한 '보충성의 원칙'에 따라 EU 차원의 초국경적 환경문제를 해결하되, '비례의 원칙'에 따라 EU 차원의 과도한 조치를 제한하고 회원국 차원의 환경강화조치의 자율성을 보장하고 있다. 그리고 '통합의 원칙'에 따라 EU의 여러 정책영역에서 환경적 고려가 이루어지도록 하고 있으며, 지속 가능한 발전을 위한 환경영향평가가 실시되도록 하고 있다. 나아가 '기본권과 환경'의 밀접한 관계에 기초하여 EU시민의 기본권존중을 위해 환경보호가 이루어지도록 하고 있다.

이처럼 EU는 오늘날에도 환경법제사의 연장선상에서 EU법상의 일반원칙들에 의거해 환경보호를 강화하고 있다. 이러한 차원에서 EU환경입법의 회원국으로의 강제가 TFEU 제258조(구 EC조약 제169조)에 기초해 EU집행위원회의 위반회원국을 상대로 한 유럽사법법원(ECJ)으로의 제소가 가능하다는 점은 앞으로 EU환경법의 발전에도 중요한 의미가 있다.[70] 제소 시 위원회는 해당회원국이 납부해야 할 벌금을 명시하는데, 유럽사법법원은 해

---

70) Krämer, *supra* note 15, p.290; EU법 위반회원국에 대한 제소는 EU집행위원회 또는 회원국을 통해 가능하다. 물론 한 회원국이 다른 회원국을 상대로 EU법위반을 이유로 이행강제절차(TFEU 제259조, 구 EC조약 제170조))를 사용하는 것은 EU회원국들 간의 관계 악화 또는 긴장 조성을 이유로 자제할 수 있다.

당회원국이 판결이행을 하지 아니하는 경우에 위원회가 제시한 내용에 근거해 벌금을 부과할 수 있다.[71]

---

71) 이 벌금은 일괄납부액(lump sum: 총 액수가 결정된 벌금의 경우) 또는 정기적 벌금납부(penalty payment: 위반사항의 종료 시까지 위반회원국이 정기적 시기마다 벌금을 납부)의 형태 중 하나로 부과된다. TFEU 제260조(2); Alina Kaczorowska, *EuropeanUnionLaw*(London: Routledge, 2011), p.418 참조.

제24장 환경정책의 목적과 파라콰트 사례*

Ⅰ. 서언

인간의 각종 경제활동상의 '환경오염'으로 인한 오존층파괴 및 기후변화[1] 등으로 오늘날 국제사회는 과거 어느 때보다도 생존의 위협을 깊이 인식하게 되었다. 즉 국가들의 무분별한 산업장려 및 개발정책이 환경을 오염시키고 생태계를 계속하여 파괴시켜 왔다. 이에 환경보호에 관한 국제사회의 노력은 1972년 6월 5일 스웨덴 스톡홀름 UN인간환경회의(UN Conference on the Human Environment, in Stockholm)에서 시작되어, 제15차 UN기후변화협약(United Nations Framework Convention on Climate Change) 당사국 총회의 2009년 12월 19일 덴마크 코펜하겐 합의문(Copenhagen Accord)의 채택을 통해 지속적으로 진행되고 있다.

그런데 무엇보다도 오늘날 환경문제는 한 국가 내에서뿐만 아니라 지역적 국제사회 및 보편적 국제사회에서 모두 중요하게 다루는 관심의 영역이 되었다는 점이다. 특히 '환경'이라는 주제는 초국경적 성질을 갖는 영역으로서 그 다루는 내용이 어느 사회 또는 공동체에서든 '유사한 성질'을 갖고 있다. 그렇기 때문에 환경문제는 국가의 '주권적' 사항이라는 측면과 '초국경적' 국제문제라는 측면에서 다루어진다. 따라서 유럽연합(European Union:

---

* 이 내용은 김두수, "EU환경법상 환경정책의 목적에 대한 파라콰트 관련법령의 취소", 『외법논집』 제35권 제4호(2011.11)를 참고하였음.

[1] 지구의 기후변화는 리스크의 속성상 '영-무한대 딜레마'(zero-infinity dilemma)가 확연히 드러나는 대표적인 환경리스크이기 때문에 리스크의 불확실성이 제기될 수도 있다. 그럼에도 불구하고 국제사회는 이 리스크를 인정하고 있으며, 우리나라의 경우에는 2010년 1월 13일 기후변화에 대한 처방으로 「저탄소녹색성장기본법」을 제정하여 신속하고 과감하게 대응하고 있다. 조홍식·이재협·허성욱, 『기후변화와 법의 지배』(서울: 박영사, 2010), pp.3-6 참조. 환경문제의 국제적 성격과 국제적 도전에 대한 같은 취지에 대해서는 Philippe Sands, *Principles of international environmental law*(Manchester: Manchester Univ. Press, 1995), pp.9-10; 지구환경문제의 핵심으로 부상한 기후변화는 경제 및 산업활동에 의해 악화되는 것으로 결국 중요한 것은 환경과 경제의 상생을 도모하는 것이라 할 수 있다. 현재로서는 이를 위한 최적의 방법이 일단은 온실가스배출량을 감소시키는 것이라는 데에 이견이 없다고 할 수 있다. 유상희·임동순, "EU의 기후변화협약 대응 정책평가 및 시사점", 『유럽연구』 제26권 제1호(2008.4), pp.252-253.

EU)의 환경법도 어떤 특별한 성질을 갖는 것이 아니라, 한 국가의 국내사회 또는 일반 국제사회에서 다루는 내용을 유럽이라는 지역에서 실행하고 있는 정책과 법의 한 영역으로 이해될 수 있다.

이러한 상황에서 EU는 현재 EU공동시장의 주요 정책 영역 중 하나로 '환경문제'를 중요하게 다루고 있다. 그러나 EU도 처음에는 EU환경정책을 EU역내시장의 '통합'이라는 경제적인 목표의 범주에서 부차적인 사항으로 다루었다. 따라서 초기 EU환경정책은 각 회원국들의 상이한 환경정책으로 인한 '상품의 자유이동'의 장애를 제거하고자 환경 관련 규제조치의 조화를 실시하였다. 그러나 21세기에 들어오면서 EU는 '적극적인' 환경정책을 추진하게 되었고, 이는 EU가 국제사회에서 환경문제를 가장 주도적·창의적·건설적으로 다루는 계기가 되었다는 점에서 중요하다. 본문에서 다루는 환경정책의 목적과 관련 사례의 검토는 이러한 차원에서 큰 의미가 있을 것이다.

이처럼 EU환경법의 발전은 과거 유럽공동체(European Community: EC)가 경제팽창과 '동시에' 점차 환경을 고려하기 시작하면서 출발하였다. 이 과정 속에서 EU는 단순한 '양적' 경제성장이 아닌 '질적' 경제성장을 함께 추구하였으며, '지속 가능한 발전'[2]을 통한 인류의 번영을 추구하게 되었다. EU는 이러한 기조 아래 2009년 12월 1일 리스본조약(Treaty of Lisbon)이 발효된 이후 더욱 포괄적인 의미의 EU환경규범이 제시되고 있다. 환경법이라고 하면 흔히 선행연구에서 많이 다루어 온 배출권거래를 떠올리게 되는 것이 사실이지만, 실제로 그보다 더 중요한 것은 '환경정책의 근본적인 목적'과 관련된 사회 전반적인 '환경적 인식'과 일상생활에서의 '친환경적 생활방식'이라고 할 수 있다. 이러한 측면에서 본 연구에서 다루는 환경정책의 '목적들'과 이에 대한 '파라콰트'(Paraquat) 사례는 환경행정에 있어서 그리고 일반인들의 소위 농약에 대한 인식제고에 있어서 큰 의미를 가져다줄 것으로 본다.[3]

따라서 이 글의 목적은 첫째, EU환경법상 환경정책의 목적들은 국제사회 또는 국내사회

---

2) 여기에서 '지속 가능한 발전'이란, 현재 세대들이 미래 세대들에게 부끄럽지 않은 범위 내에서 필요를 충족시키는 것을 말한다.

3) 파라콰트는 그라목손(Gramoxone)으로도 알려진 물질로서 소량이라도 인체에 매우 치명적인 제초제이며, 인간에게는 물론 인근 토양과 하천오염에 2차 피해(주변 생태환경 피해)를 유발할 수 있는 독성이 강한 물질이다. 이는 각주 37)에서 밝힌 바와 같이 지난 60년 이상 120여 개 국가들에서 사용되어 왔으며, 동 사례의 원고인 스웨덴과 소송참가하고 있는 덴마크, 오스트리아, 핀란드 등 EU 13개 국가에서는 사용이 금지되고 있다. 우리나라에서 판매 시 구매자의 인적사항, 품목명 및 판매량 등 판매 장부를 기재하고, 일반농약과 혼재해 판매하는 것을 금지하고 있는 독성이 강한 것으로 알려져 음독자살에 오용되기도 한다. 환경법의 지위와 관련하여 EU환경입법의 회원국으로의 강제가 TFEU 제258조(구 EC조약 제169조)에 기초해 EU집행위원회의 위반회원국을 상대로 한 EU사법기관으로의 제소가 가능하다는 점은 앞으로 EU환경법의 발전에도 중요한 의미가 있다. Alina Kaczorowska, European Union Law(London: Routledge, 2011), p.418 참조.

에서 논하는 것과 크게 다를 바가 없음에도 불구하고, 이것이 유럽이라는 지역적 국제사회에서 보다 강력하게 실현되고 있는데 이를 깊이 있게 분석하고자 한다. 둘째, 파라콰트라는 일종의 살충제 또는 제초제로서의 역할을 하는 물질을 활성물질로 등록하는 것을 허가할 수 있느냐에 대한 EU사법기관의 판결을 분석함으로써 환경정책의 목적과 이행에 비추어 몇 가지 논점을 검토하고자 한다.

이를 위해 이 글은 환경 관련 구 EC조약 규정들을 포함하여 EU환경법 관련 기본법인 EU기능조약(Treaty on the Functioning of the European Union: TFEU) 제191조, 그리고 EU의 다수의 2차 입법 및 유럽사법기관의 판례를 통해 EU환경정책의 목적에 대하여 살펴보고, 파라콰트를 둘러싼 2007년의 사례를 중점적으로 분석·검토함으로써 EU환경법상의 환경정책의 목적과 이행에 대하여 심도 있게 고찰한다. 이를 통해 우리나라 환경정책의 목적과 제반 고려 사항에 대한 이해를 제고하고 관련 시사점을 도출하고자 한다.

Ⅱ. EU환경법상 환경정책의 목적들

EU환경정책의 목적들을 조약상 정립하여 규정하고 있는 TFEU 제191조 제1항은 EU환경정책의 목적들로 환경의 질의 보존과 보호 및 향상, 인간건강의 보호, 천연자원의 신중하고 합리적인 사용, 지역적·지구적 환경문제 극복을 위한 국제적 차원의 조치촉구를 규정하고 있다.[4]

---

[4] EU환경법상 환경정책의 목적에 관한 본 내용은 김두수, "개정된 TFEU 제191조 제1항상 유럽환경정책의 기본 목적들에 대한 분석 및 검토", 『최신외국법제정보』한국법제연구원 2011-6(2011.10.20), pp.58-66에 소개된 내용을 참고. 2007년 발효된 EU의 화학물질관리에 관한 REACH(Registration, Evaluation, Authorization and Restriction of Chemicals)규칙(Regulation 1907/2006, OJ 2006 L396/1)에 의하면 EU에 연간 1톤 이상의 화학물질에 대한 '제조자·수입자' 모두는 제품정보를 등록하고, 그 위해성에 대한 증명책임을 지게 되는데, 이는 화학물질과 동 화학물질을 포함하는 혼합물과 완제품을 수출하는 역외 국가들에게도 통상무역상 부담이 되게 된다. EU는 최근 들어 환경·건강의 보호에 있어서 국제적 입법의 모델을 제시하고 있는데, 이 REACH도 그중 하나라고 볼 수 있다. 그런데 REACH규칙의 역외적용은 선진 공업국들이 자국의 환경보호기준 강화 후에 국제통상무역의 장벽으로 활용될 수 있다는 비판(선진국들의 환경보호기준의 강화는 개도국들의 선진국시장진출 자체를 원천적으로 제한시킬 수 있음)을 받을 수 있으나, EU는 역내 환경 관련 기준과 국제통상규범(Agreement on Technical Barriers to Trade: TBT협정) 간의 충돌문제(내국민대우원칙을 규정하고 있는 1994년 GATT 제3조와 TBT협정 제2조 제1항 등)를 REACH규칙 제1조 제1항에서 규정하고 있는 입법목적인 '인간의 건강과 환경의 보호'를 근거로 해결할 수 있을 것이다. 현재 인간의 건강과 환경에 대한 화학물질의 위해는 화학물질관리체계의 미비에서 비롯되었다고 보고 이를 입법화한 것이다. 그리고 이 문제는 1994년 GATT 제20조의 "인간, 동물 또는 식물의 생명이나 건강을 보호하기 위해 필요한 조치, 환경을 위한 조치"를 예외적 허용규정, TBT협정 제2조 제2항의 "국가 안보, 인간의 안전과 건강, 동식물의 생명과 건강, 환경보호" 등 정당한 목적의 기술규제 허용규정을 통해서도 해결될 수 있다. 이처럼 인간의 건강과 환경의 보호는 EU입법정책의 중요한 목적으로 자리 잡고 있다. 박지현, "EU의 화학물질관리에 관한 REACH규정의 환경장벽여부논의", 『국제법학회

1. 환경의 질의 보존, 보호 및 향상

1) 환경 및 보존·보호·향상의 의미

(1) 환경

먼저 알아야 할 것은 용어의 개념 정의와 관련하여 TFEU 제191조 제1항에 기술되어 있는 '환경의 질의 보존과 보호 및 향상(개선)'이라는 환경정책의 첫 번째 목적은 다분히 일반적이고 추상적이라는 점이다. 따라서 동 조문은 '환경'이란 용어에 사전적 의미 그 이상은 부여하지 않고 있기 때문에 유럽 환경정책이 과연 무엇을 대상으로 하는 것인가 하는 점에서 '유연한' 해석이 가능할 수도 있다. 그러나 '환경'이라는 용어의 개념 정의가 명확하지 않은 모호함으로 인해 유럽 환경정책 목적의 범위를 동 조문 내에서 명확하게 해결하기 어려운 것이 사실이다.[5]

(2) 보존·보호·향상

'보존·보호·향상'이라는 부분 역시 개념이 광범위하고 유연하게 표현된 문구이다. 이는 아마도 "치유력이 있으며 예방할 수 있으며 규제적이고 보존적인 능동적 성질의 환경조치"를 의미한다고 할 수 있을 것이다. 명확하고도 확실하게 어떠한 조치이어야 한다는 구체적인 개념은 존재하지 않는다. 그런데 이러한 '환경의 질의 보존·보호·향상'이라는 표현 자체는 '세면용 수질관리'에 관한 지침 2006/7[6], '공동체 정의를 구현하기 위한 의견 수립과 접근을 위한 대중의 참여를 위한 정보접근권, 의사결정에의 공동참여권, 공동체로의 환경문제 사법청구권에 관한 아르후스 협약[7](Åarhus Convention)규정의 적용'에 관한 규칙 1367/2006[8] 전문에도 찾아볼 수 있다.

논총』 제52권 제3호(2007.12), pp.132, 136, 141 참조. EU의 환경 관련 규칙과 지침은 국제교역상 기업에 대한 환경장벽에 해당할 여지가 있으나, 이들은 환경정책의 모델이 되기도 하고 나아가 여러 국가들의 국내환경법으로 도입되기도 한다. 예를 들면, EU의 REACH도 중국의 신화학물질 환경관리제도(China REACH 2010)의 제정 또는 일본의 화학물질심사규제법의 개정으로 이어졌다. 배정생, "EU법상 환경보호: 리스본조약 이후 최근 변화를 중심으로", 『유럽연구』 제28권 제2호(2010.8), p.331 참조. 대한민국 환경부 REACH 도움센터 (http://www.reach.me.go.kr) 참조.

5) Jan H. Jans and Hans H. B. Vedder, *European Environmental Law*(Europa Law Publishing, 2008), p.26.

6) OJ 2006 L264/13.

7) Åarhus Convention은 1991년의 제1차 범유럽환경장관회의를 시작으로 하여 1998년 6월 23일~25일 덴마크 Åarhus에서 개최된 제4차 회의에서 채택된 국제협약이다. 상세한 내용은 소병천, "최근의 국제입법소개: Åarhus협약", 『국제법학회논총』 제47권 제3호(2002.12), pp.243-257 참조.

8) OJ 2006 L64/37.

2) 자연 경관의 가치보호가 유럽환경정책의 대상에 포함되는지

이에 대해서 서식지 지침(Habitats Directive) 92/43[9] 전문을 보면 "야생 동식물의 자연서식지의 보존을 포함한 환경의 질적 보호와 발전"이 EU가 추구하는 일반적 목표임을 알 수 있다. 나아가 또한 동물원에 사는 동물들의 대우에 관해서도 규정하는 것으로 보이는데, 동물원 지침(Zoo Directive) 1999/22[10]는 TFEU 제191조의 적용에 있어서 비록 '동물의 복지'가 EU법의 일반원칙에 직접적으로 해당된다고 볼 수는 없지만 '동물의 복지'도 간접적으로는 어느 정도 TFEU 제191조의 적용대상에 포함된다고 보고 있다.

그러나 일반적으로 동물복지에 관한 문제는 TFEU 제38조 이하의 공동농업정책(Common Agricultural Policy: CAP)에 관한 규정이 법적 근거가 된다. 또한 동물복지와 관련이 있는 특정 부분들은 2차 입법의 채택을 통해 통합될 수도 있는데, 그 예로 살충제 지침(Pesticide directive) 91/414 제4조(1)(b)(iii)는 해당 제품은 '식물의 보호'를 위해 '퇴치하려는 동물'에게 '불필요한 고통'을 유발하지 않는 제품이어야 한다고 규정하고 있다.[11] 물론 이러한 사항은 환경정책 전반에 걸친 이해관계를 반영하고 있는 것으로 이해되어야 할 것이다.

3) TFEU 제192조에 따른 2차 입법에 의한 형벌의 회원국 내 적용 여부

(1) *Commission* v. *Council* 사례

Case C-176/03 *Commission* v. *Council*[12]는 매우 정치적인 이슈를 다룬 판례로서, 구 EC조약 175조(TFEU 제192조)와 관련된 사항을 국내 형법으로 적용해도 가능한지 및 이것을 국내 형법의 법원으로 인정할 수 있는지에 관한 중요한 판례이다.

이 사건에서 이사회는 제6차 환경행동계획(Sixth Environmental Action Programme)에 따라 EU조약(Treaty on European Union: TEU) 제29조, 제31(e)조, 제34(2)(b)조에 근거하여 '형법을 통한 환경보호'에 관한 이사회 기본결정(Council Framework Decision) 2003/80[13]을 채택하였다. 이 이사회 기본결정의 본질은 '수 개의 환경범죄'를 규정하여 회원국들이 '일정한 형벌'을 부과하도록 하는 것이었다. 그러나 이에 대해 위원회는 이러한 기본결정의 적

---

9) OJ 1992 L206/7.
10) OJ 1999 L94/24.
11) Case T-229/04, *Sweden* v. *Commission*, [2007] ECR Ⅱ-2437.
12) Case C-176/03, *Commission* v. *Council*, [2005] ECR Ⅰ-7879.
13) OJ 2003 L29/55.

법성과 관련하여 유럽사법법원(European Court of Justice: ECJ)에 채택된 법령에 대한 취소소송을 제기하였다. 이에 대해 유럽사법법원은 'EU'에게 부여된 '권한'에는 회원국에 대해 '형법 내지 형사소송법을 강제'할 수 있는 권한까지 포함된 것이 아니라고 하였다. 그러나 ECJ는 이러한 사항이 효과적이며 적절한 형벌의 방식으로 권한 있는 국가기관에 의해 시행되는 것으로서 환경범죄를 방지할 수 있는 근본적인 방법이라면 '권한 있는 국가기관'에 의한 조치는 가능한 것이라고 덧붙였다. 따라서 기본결정의 주된 입법 취지가 '구체적인 형벌 적용'이 아니라 '환경 보호'에 있었다면 해당 기본결정은 TFEU 제192조에 근거하여 적법하게 채택될 수 있었을 것이다.[14]

(2) *Commission* v. *Council* 사례

이 사건에 대한 판결은 Case C-440/05, *Commission* v. *Council*[15]에서 보다 명확하게 확정되었는데, 이 사건에서 위원회는 '이사회'가 '선박오염'에 대한 법률을 강화하기 위해 채택한 '형사적 사안'에 대한 이사회 기본결정(Council Framework Decision) 2005/667[16]의 취소를 요구하였다. 이에 유럽사법법원은 EU에게는 어떠한 '종류'(type)와 '수준'(level)의 형벌을 부여할 수 있는 권한이 없다고 명확하게 판결하였다. 따라서 EU는 2차 입법을 통해 TFEU 제192조에 근거하여 회원국에게 '환경범죄'에 대한 형벌의 부여를 '요구'할 수는 있지만, 형벌의 '수준'과 '종류'는 강제할 수 없다는 것이다. 이것이 강제되기 위해서는 조약(당시의 Reform Treaty)상 형사처벌의 '종류'와 '수준'에 관한 관련 규정이 존재해야 한다는 것이다. 즉 조약상 형벌의 종류와 수준을 명시하지 않는 한 EU는 '사법내무협력'에 해당되는 형벌의 구체적인 내용에 관한 2차 입법행위는 할 수 없다.

2. 인간 건강의 보호

1) '인간 건강'의 보호와 '공중보건'의 관계

(1) 구별의 실익

EU 환경정책의 두 번째 목적을 이해하기 위해서는 먼저 '인간 건강의 보호'(protecting human health)가 '공중보건'(public health)의 범주보다 더 광의의 개념인가에 대해 살펴보아야 한

---

14) Jans and Vedder, *supra* note 5, p.28 참조.

15) C-440/05, *Commission* v. *Council*, [2007] ECR Ⅰ-9097.

16) OJ 2005 L255/164.

다. 그런데 일반적으로 '공중보건'이란 하나의 집단에서 집단적인 차원에서의 공중의 건강을 보호하는 것을 의미하는 데 비해, '인간 건강의 보호'는 반드시 하나의 집단에서 집단적인 차원에서의 건강상 이익을 보호하는 것뿐만 아니라 일개 '개인'의 건강상의 이익도 보호하는 것을 의미한다고 할 수 있다. 따라서 동 규정상의 '인간 건강의 보호'는 '공중보건'보다 포괄적인 광의의 개념이라고 할 수 있다.[17]

TFEU 제191조 제1항에 따라 EU 내에서 단체 또는 사인의 건강에 관한 권익을 적절히 조화시키지 못할 경우 EU는 명확한 행동을 취할 수 있다.

(2) 구별의 불명확성

그런데 두 개념에 관해서, 식물보호상품의 수입제한(국내 식물을 보호하는 데 해가 되는 상품의 수입금지)과 관련해 TFEU 제36조를 적용한 *Fumicot* 사건[18]에서는 다소 개념 정의의 구분이 불분명한데, 유럽사법법원은 두 개념에 대해 동등한 지위를 부여한 바 있다. TFEU 제36조가 사실 인간 또는 동식물의 생명 또는 건강의 보호에 관해 규정하고 있는 것이지 공중보건을 규정하고 있는 것은 아니었음에도 불구하고, 유럽사법법원은 양자를 동일한 개념으로 보아 "이 사건에서 문제된 국내규제(식물보호상품의 수입제한)는 공중보건을 보호하기 위한 것으로 TFEU 제36조에 규정된 예외의 범위에 속하는 것은 분명하다"라고 판결하였다. 따라서 이 사건 판결 이후에는 위에서 기술된 두 개념의 구별이 많이 모호해진 것이 사실이다.

2) 보호대상에 동식물이 포함되는지

EU 환경정책의 두 번째 목적(인간 보건)을 이해하기 위해서는 제1항의 두 번째 목적에서는 단지 '인간' 건강의 보호만을 언급하고 있기 때문에, 과연 '동식물군'의 보호가 이 보호개념에 포함되는 것인가 하는 문제가 발생한다. 그러나 이는 TFEU 제191조 제1항 첫 번째 목적(환경의 질의 보존·보호·개선)에 포함될 수 있다고 살펴본 바가 있다. 따라서 EU 환경정책의 두 번째 목적이 단지 인간 건강의 보호만을 의미하는 것으로 제한적으로 해석할 필요는 굳이 없다고 본다.[19]

다만 EU 환경정책의 두 번째 목적에 관한 다양한 관점과 관련하여, '유전자변형유기체

---

17) Jans and Vedder, *supra* note 5, p.29.

18) Case 272/80, *Frans-Nederlandse Maatschappij voor biologische Producten*, [1981] ECR 3277.

19) Jans and Vedder, *supra* note 5, p.30 참조.

(Genetically Modified Organization: GMO)의 환경에의 고의적인 유포금지'에 관한 지침 2001/18[20) 제1조에서는 동 지침의 목적을 '인간건강 및 환경을 보호하기 위해서'라고 구체적으로 규정하고 있으며, '신 세면용수'에 관한 지침 2006/7[21) 제1조도 이와 같은 규정을 두고 있어 의미가 있다.

3. '천연자원'의 신중하고 합리적인 이용

TFEU 제191조 제1항에서는 천연자원의 개념 또는 범위에 관해서는 명확하지가 않다. 1972년 스톡홀름선언(Stockholm Declaration)[22)의 제2원칙에 의하면 지구의 천연자원은 공기, 물, 땅, 식물군, 동물군 그리고 특히 자연생태계의 대표적 표본을 포함한다고 볼 수 있다. 또한 나무, 광물, 석유, 가스, 화학 물질 등도 천연자원에 포함된다고 볼 수 있다. 스톡홀름선언상의 천연자원에 대한 개념 정의에 근거할 경우, TFEU 제191조 제1항의 천연자원의 신중하고 합리적인 사용을 규정하고 있는 EU 환경정책의 세 번째 목적은 광범위한 규율대상을 갖는다고 볼 수 있다.[23)

그 밖에 천연자원의 보호대상은 '질산비료'에 관한 지침 91/676,[24) 공동체 '에너지효율 부착 프로그램'을 위한 규칙 2422/2001,[25) '신차 마케팅에 있어서 CO^2 배출량을 표시해야 할 의무'를 규정해 놓은 지침 1999/94[26) 그리고 물 관리 기본지침('해수면'은 지침 2000/60,[27) '심해 부분'은 지침 2006/7[28))에서 각각 언급되어 있다.

국제법적으로 각 국가들은 자국의 환경정책 및 개발정책에 따라 천연자원을 활용할 '주권적' 권리를 가진다. 또한 '지속 가능한 개발'을 위해 국가들은 부적절한 생산 및 소비의 패턴을 줄이거나 제거해야 한다. 한편 EU의 제6차 환경행동계획(Sixth Environment Action programme: Decision 1600/2002 laying down the Sixth Community Environment Action

---

20) OJ 2001 L106/1.

21) OJ 2006 L64/37.

22) 1972 Declaration of the United Nations Conference on the Human Environment.

23) 천연자원의 관리가 필요한 '정책적 대상'으로 자연보존, 토양보존, 쓰레기처리(재활용의 촉구), 도시지역의 정책을 포함한 연안 및 산악의 재해 재난 대비, 수질(물)관리, 자연친화적 농경정책, 에너지 보존 등이 언급된 바도 있다. Jans and Vedder, *supra* note 5, p.31 참조.

24) OJ 1991 L375/1.

25) OJ 2001 L332/1.

26) OJ 1999 L12/16.

27) OJ 2000 L327/1.

28) OJ 2006 L64/37.

Programme[29])에서는 '천연자원의 신중한 이용'이란, 환경이 감당할 수 있는 한계를 넘지 않는 한도 내에서의 '지속 가능한 발전'을 할 수 있는 정도라고 보아, 천연자원의 신중한 이용이 '지속 가능한 개발'을 위한 조건 중 하나로 인정한 바 있다.

4. 지역적·지구적 환경문제 해결을 위한 국제적 차원의 기여

1) 환경문제의 초국경적 성질

유럽 환경정책의 중요한 부분은 EU 자체의 '역내 환경보호'뿐만 아니라, EU '역외 환경보호'를 포함하여 다루고 있다는 점이다.[30] 이는 EU가 환경보호는 EU에서만 중요한 것이 아니라, 전 세계적으로 중요한 것이라는 시각을 갖고 있다는 점을 보여 준다. 무엇보다도 EU의 제6차 환경행동계획은 전 세계적인 환경보존을 위한 EU의 적극적이고도 창조적이며 건설적인 역할을 강조하고 있다.[31]

게다가 EU는 자신의 역내 2차 입법 활동 외에도 다각적인 논의를 하였는데, 그 예로 1985년 오존층 보호를 위한 비엔나 협약(Vienna Convention for the protection of the ozone layer), 1987년 몬트리올 의정서(Montreal Protocol), 1989년 유해물질(쓰레기) 국경이동규제에 관한 바젤 협약(Basel Convention on the control of transboundary movements of waste), 1992년 기후변화협약(Framework Convention on Climate Change)과 그 부속 프로토콜 그리고 1992년 생물학적 다양성에 대한 협약(Convention on Biological Diversity)이 있으며,[32] 이는 EU가 실시하고 있는 모든 조치들이 전 세계 및 지역을 넘어서는 광범위한 지역에서의 문제를 다루고 있음을 보여 준다.

현재로서는 TFEU 제191조 제1항의 EU 환경정책의 네 번째 목적은 지나치게 좁게 해석되지는 않을 것으로 보인다. 일반적인 국제법 원칙에 따르되 만약 EU조약 자체로 특별 규정이나 예외들이 존재하지 않는다면, 지역적 또는 전 지구적인 환경보호 모임들을 결속시

---

29) OJ 2002 L242/1; 리스본조약에 의해 개정된 TEU 제21조(f) 참조.

30) 유럽환경청(European Environment Agency: EEA)은 이사회 규칙 1210/90/EEC에 의해 설립되어 유럽국가들을 중심으로 환경정보관찰네트워크를 운영하고 있으나, 규제적 역할을 수행하는 것은 아니기 때문에 일면 한계가 있으나, EU 비회원국인 EFTA까지 참여하는 개방된 조직이다. 이는 환경문제가 유럽에서는 이미 초국경적 성질을 갖는 국제적 문제임을 보여 준다.

31) Jans and Vedder, *supra* note 5, p.32 참조.

32) Philippe Sands and Paolo Galizzi, *Documents in International Environmental Law*(Cambridge: Cambridge Univ. Press, 2004).

키는 역할을 할 수 있을 것이다.

2) *Kramer* 사건과 *Drift-Net* 사건

다만 *Kramer* 사건과 *Drift-Net* 사건[33]에서는 제191조의 해석에 있어서 어느 정도 제한을 두고 있다. 따라서 EU 영역 밖에 대한 초지역적인 환경정책은 그것이 분명 환경보호를 위해 필요한 조치(법)일지라도 반드시 세계무역기구(World Trade Organization: WTO)규정을 포함한 국제법과 조화된 상태에서 실행되어야 할 것이다.[34] 즉 환경에 대한 초지역적 환경정책에 대한 권한을 행사함에 있어, EU는 국제법적 제한규정에 합치되게 법이 발효되거나 시행되도록 해야 할 것이다. 따라서 TFEU 제191조의 어떠한 해석도 국제법상의 의무와 충돌을 일으키는 경우에 이는 반드시 철회되어야 할 것이다.[35]

Ⅲ. 파라콰트 등록허가에 관한 법령의 취소

간략하게 언급하면, 파라콰트 사례[36]는 2007년 7월 11일 일반재판소[General Court: 리스본조약 발효 전 당시의 제1심법원(CFI)]가 판결한 사건으로, 당사자로서 원고는 스웨덴이며 원고 측 소송참가자로 덴마크, 오스트리아, 핀란드가 참여하였고,[37] 피고는 집행위원회(Commission)이었다. 본 소송은 '파라콰트의 활성물질로서의 등록허가'를 위해 기존 이사회 지침 91/414/EEC[38]의 조항을 개정하는 위원회 지침 2003/112/EC[39]에 대한 스웨덴의 취소

---

33) 이 *Kramer* 사건은 공해상의 어업에 관한 당시 EC의 권한에 관한 것으로, ECJ는 국제공법에 따라 회원국은 동등한 위치에 있으므로 공동체는 공해상의 어업에 대해서도 실체적 관할이 있다고 보아 EC의 입법자들은 공해 생태자원의 보존을 위해 법안을 마련할 내부적 권한을 가진다고 보았다. 이러한 판결은 *Drift-Net* 사건에서 더욱 확고해졌는데, 이 사건에서는 EC가 공해상의 어류보존에 대한 권한이 있는가가 문제가 되었는데, ECJ는 *Kramer* 사건과 같은 이유를 들며 공동체가 공해상의 어류보존을 위해 2.5km이상의 유망의 사용을 금지하는 것은 타당하다고 판결하였다. Joined Cases 3, 4 and 6/76, *Kramer*, [1976] ECR 1279; Case C-405/92, *Etablissements Armand Mondiet* v. *Société Armement Islais*, [1993] ECR Ⅰ-6133.

34) 환경문제가 더 이상 국내적 차원에 국한된 문제가 아니라 전 지구적 차원에서 다루어야 할 인류생존의 문제라는 관점에 대해서는 홍준형, 『환경법』(서울: 박영사, 2005) p.7; 박균성·함태성, 『환경법』(서울: 박영사, 2006) p.6 참조.

35) Jans and Vedder, *supra* note 5, p.35 참조.

36) Case T-229/04, *Sweden* v. *Commission*, [2007] ECR Ⅱ-2437.

37) 파라콰트는 지난 60년 이상 120여 개 국가들에서 사용되어 왔으며, 이 사건에서의 당사자인 스웨덴과 소송참가하고 있는 덴마크, 오스트리아, 핀란드 등 13개 국가에서는 사용이 금지되고 있었다. *Ibid.*, paras.29-30.

38) Council Directive 91/414/EEC(OJ 1991 L230/1).

소송이다.

1. 사실관계

1993년 7월, 파라콰트 제조사들이 이사회 지침 91/414의 부속서 I에 파라콰트를 활성물질로서 등록하여 줄 것을 집행위원회에 요청하였고, 공식 조사위원국으로 지정된 영국에게 관련 서류를 제출하였다. 1996년 10월 31일, 영국은 파라콰트를 부속서 I에 포함시키는 것을 보류해야 한다는 평가보고서 초안(Draft Report)을 제출하면서, 특히 조류의 번식과 야생토끼에 대한 영향에 관하여 추가조사가 필요하다는 결론을 내리고, 이를 위해 필요한 추가적인 요건을 제안하였다.[40] EU 집행위원회는 이 평가보고서 초안을 회원국들에게 전달하여 각국의 의견들이 제출될 수 있도록 하였다. 2000년, 영국은 그 사용자나 조류 및 야생토끼에 미치는 파라콰트의 영향에 관한 조사결과를 추가한 부록을 작성하였고, 2002년 9월에는 과학위원회의 의견(the Scientific Committee's opinion)과 더불어 제조사가 추가로 제출한 자료에 대한 자국의 의견을 포함한 두 번째 보고서를 제출하였다.[41] 2003년 10월 3일, 상임위원회(the Standing Committee) 회의에서 파라콰트에 대한 조사·연구가 공식적으로 종료되었고, 2003년 12월 EU 집행위원회는 지침 2003/112를 채택하여 이사회 지침 91/414의 부속서 I에 파라콰트를 등록할 것을 최종적으로 결정하였다.[42]

이에 대해 2004년 2월 27일 스웨덴은 유럽사법법원(ECJ)에 소장을 접수(Case C-102/04)하였고, 2004년 6월 8일 ECJ가 이사회 결정 2004/407[43]에 따라 본 사건을 제1심법원(CFI: 현재 일반재판소(General Court)로 개명)로 회송하여 2004년 6월 17일 접수가 변경(Case T-229/04)되었다.[44] 보고담당재판관(Judge-Rapporteur)의 보고를 청취하는 가운데, 2006년 10월 3일 CFI의 주관하에 양측 당사자들이 참석하여 구두변론이 진행되었고, 서면질의와 구두질의에 답하였다. 주요 쟁점사항은 결국 파라콰트의 독성문제, 인간건강에 대한 악영향, 동식물에 대한 악영향과 이를 사용할 경우 발생하게 될 환경 전반에 대한 악영향에 대한

---

39) Commission Directive 2003/112/EC of 1 December 2003 amending Council Directive 91/414/EEC to include paraquat as an active substance(OJ 2003 L321/32).

40) Case T-229/04, *Sweden* v. *Commission*, [2007] ECR Ⅱ-2437, paras.31-33.

41) *Ibid.*, paras.36-39.

42) *Ibid.*, para.41.

43) Council Decision 2004/407/EC, Euratom of 26 April 2004 amending Articles 51 and 54 of the Protocol on the Statute of the Court of Justice(OJ 2004 L132/5).

44) Case T-229/04, *Sweden* v. *Commission*, [2007] ECR Ⅱ-2437, paras.45-47.

것이라고 할 수 있는데, 그 이면에는 농약 제조회사와 파라콰트를 효과적으로 사용하여 생산량을 증대시키려는 생산자 및 인류를 위한 환경론자 간의 첨예한 견해의 대립이 있다고 할 수 있다. 아래와 같은 원고 측의 주장은 이 사건에서 환경법적 차원에서 다루는 쟁점사항들이다.

2. 당사자들의 주장

1) 원고 측 주장

간략하게 말해서 원고 측의 청구취지는 위원회 지침 2003/112의 취소와 위원회에 대한 소송비용 청구이다.[45] 원고 측이 주장하는 피고 측의 위반조항은 이사회 지침 91/414, EC조약 제174조(TFEU 제191조), 집행위원회 규칙 3600/92[46]로 크게 이 세 가지로 볼 수 있다.[47]

(1) 독성문제 및 파라콰트와 파킨슨병의 관련성에 관하여

세계보건기구(WHO)는 파라콰트가 체내로 흡수되거나 피부에 닿은 후 일정 시간이 경과하면 사망으로 이어질 수도 있는 심각한 결과를 초래할 위험이 있으며, 인체에 치명적 손상을 끼칠 수 있는 '독성물질'이라고 규정하고 있다.[48]

이에 원고 측은 파라콰트의 흡입과 관련해서 파라콰트를 함유한 제초제를 장기간 사용시 '산소부족현상'이 발생할 수 있고, 피부를 통해 흡수되면 '심폐정지'와 '피부암'을 유발할 수 있으며, 확실하게 정립된 사례는 없지만 파라콰트가 신경독성물질로써 '파킨슨병'을 유발할 수 있다는 관련 자료를 제시하였다.

첫째, Thompson Study에 의하면, 1980년대부터 제조사가 위험방지 차원에서 취한 조치, 파라콰트의 식별을 용이하게 하기 위하여 푸른색 색소를 첨가하고, 체내로 흡수되었을 경우나 마셨을 경우에 대비하여 구토유발제를 첨가하였음에도 불구하고, 1980년~1991년 사이에 영국에서는 파라콰트로 인한 '사망사례'가 계속되었으므로, 따라서 제조사의 안전조치도 파라콰트가 인체에 끼치는 해독을 감소시키거나 치명적 중독으로 인한 사망을 방지하는

---

45) *Ibid.*, para.52.

46) Commission Regulation (EEC) No 3600/92 of 11 December 1992 laying down the detailed rules for the implementation of the first stage of the programme of work referred to in Article 8(2) of Directive 91/414(OJ 1992 L366/10).

47) Case T-229/04, *Sweden* v. *Commission,* [2007] ECR II-2437, para.54.

48) *Ibid.*, para.57.

데 효과가 없다고 할 수 있다는 것이다. 둘째, Dalvie Study에 의하면, 파라콰트의 장기간에 걸친 평균적·일반적 사용, 다시 말해서 비정상적이거나 과도한 사용이 아닌 '일반적인 사용'도 흡입으로 인한 '산소부족현상'을 일으킬 수 있다는 것이다. Wesseling Study도 '피부'를 통한 파라콰트의 흡수가 인체에 치명적인 해독을 끼칠 수 있다고 하였다. 셋째, McCormack Study는 파라콰트가 '신경계통의 손상'을 유발할 수 있으며, 이는 파킨슨병의 특징적인 증상과 일치한다고 하였다. Hertzman Study는 파라콰트에 대한 노출과 파킨슨병 유발에 주요한 연관이 있음을 시사해 준 바 있다.[49]

(2) 절차상의 흠

원고 측은 위원회 지침 2003/112의 채택절차에 있어서도 결함이 있다고 주장하였는데, 파라콰트가 신경계통에 손상을 줄 수 있다는 Hertzman Study와 McCormack Study 등 관련된 연구 자료들이 제시하는 증거들이 있음에도 평가 절차에서 제조사나 조사를 담당했던 영국, 집행위원회는 파라콰트와 파킨슨병 사이의 '연관성'은 '언급조차' 하지 않았다는 것이다.[50]

파라콰트와 파킨슨병의 연관성에 관한 사항이 굉장히 복잡하기 때문에 '채택 과정'에서 '과학 위원회'의 자문을 받았어야 했다. 그러나 집행위원회는 보고서 작성에 있어 그러한 절차를 지키지 않았고, 이는 EC조약 제174조, 이사회 지침 91/414 제5조 그리고 위원회 규칙 3600/92에 대한 명백한 위반이라는 것이다.[51]

프랑스의 연구 결과 및 이탈리아, 포르투갈의 조사 보고서는 "사용자가 트랙터 부착기기를 이용하지 않고 '수작업'으로 파라콰트를 사용하게 될 시에는 '인체 저항능력'의 한계를 넘어설 수 있으므로 사용을 금지해야 한다"라고 견해를 제시하고 있는데, 이에 관하여 집행위원회의 '검토'가 제대로 이루어지지 않았기 때문에, 원고 측은 위원회 규칙 3600/92에 대한 위반이라고 주장하였다.[52]

2002년 12월, 프랑스는 지침의 채택을 위한 상임위원회(the Standing Committee) 회의에서 그러한 자국의 연구결과를 구두로 제시한 바 있지만, 위원회 규칙 3600/92에 따라 이에 관한 확인의무가 있는 공식 조사위원국인 영국이 이러한 사실을 언급하지 않았기 때문에, 회원국들은 지침 채택 이전에 이에 관한 사항을 인지하지 못했다는 것이다.[53]

---

49) *Ibid.*, paras.58-60, 65.

50) *Ibid.*, paras.82-87.

51) *Ibid.*, para.88.

52) *Ibid.*, paras.76-77.

(3) 인체에 대한 영향평가의 미흡

원고 측은 집행위원회가 '인체에 대한 영향'과 관련하여 '높은 수준의 안전성을 보장'해야 한다는 '사전예방의 원칙'과 이사회 지침 91/414 제5조 및 부속서 VI에 명시된 구체적인 요건을 충족시키지 못했으며, 이러한 위원회 지침 2003/112의 채택은 명백하게 집행위원회의 재량권의 범위를 벗어난 것이라고 주장하였다.[54] 집행위원회가 입법권을 남용했다는 것이다.

이사회 지침 91/414의 제4조의 1항 (a)에 의하면 활성물질을 평가할 때는 제4조 1항 (b)의 (ⅳ)과 (ⅴ)이 적용되어야 하는데, 이때 이에 관해 구체적으로 제시하고 있는 부속서 VI의 원칙들을 반드시 고려하여야 한다. 이 부속서 VI는 안정성의 정도가 제초제의 사용량 및 사용방법과 관련하여 사용자의 노출 한계가 수용 가능한 한계를 초과하여서는 안 된다고 설정하고 있다. 그러나 임상실험 결과 등에서 알 수 있듯 집행위원회는 파라콰트에 관한 조사과정에서 사용자의 수용 가능 한계를 초과 설정하였고, 그러므로 이사회 지침 91/414의 규정, 부속서 VI, '고도의 안전성'을 요구하는 '사전예방의 원칙' 등을 충족시키지 못하였다.[55]

(4) 동식물에 대한 영향평가의 미흡

파라콰트가 야생토끼와 조류의 알에 치명적일 수 있다는 사실에는 원고 측과 피고 측이 모두 동의하고 있다.[56] 재판소의 질의 과정에서 위원회는 지침 91/414의 부속서 Ⅳ에 명시된 특정 활성물질을 포함한 제초제에 관한 14가지 사용 유형(감귤류, 딸기, 올리브, 토마토, 오이, 콩, 감자, 사과 재배지 및 삼림과 관상식물 재배지 등에서의 사용)에 관하여 검토했어야 함을 인정하였다.[57]

그러나 '야생토끼'와 '조류'의 알에 대한 영향에 관해서는 단 두 가지 유형밖에 검토되지 않았고, 위원회는 나머지 12가지 유형에 대한 검토를 생략한 것에 관하여 어떠한 근거도

---

53) *Ibid.*, paras.89-92; 원고 측은 위원회 규칙 3600/92에 따라 프랑스의 연구결과가 구두가 아닌 '서면'의 형식으로 제시되었어야 하며, 파라콰트 사용의 위험성을 시사하는 프랑스의 견해가 있었으므로 집행위원회는 '과학위원회'에 반드시 자문을 구했어야 한다고 주장하였다. *Ibid.*, paras.92-93.

54) *Ibid.*, para.129.

55) *Ibid.*, paras.131, 136; 사용자의 안전을 위해 일정한 사용방법을 규정하고, 부속서 Ⅰ에 등록된 다른 어떠한 활성물질도 '사용에 관한 보고서'를 추후 요구하지 않음에도 불구하고, 유독 파라콰트 사용에 관한 보고서는 매년 제출하도록 한 것을 볼 때, 집행위원회 스스로도 파라콰트의 '안전성'에 관해 '확신'이 없었음을 알 수 있다는 것이다. *Ibid.*, para.157.

56) *Ibid.*, para.81.

57) *Ibid.*, paras.231-232.

제시하지 못하였다.[58]

2) 피고 측 주장

피고 측의 주장은 원고 측의 소송을 기각하고 스웨덴 및 소송참가국에 대한 비용청구이다.[59]

(1) 독성문제 및 파라콰트와 파킨슨병의 관련성에 관하여

위원회는 파라콰트의 인체에 미치는 치명적인 위험성에 관해 WHO가 파라콰트는 비교적 독성이 약한 물질로 규정하고 있다고 주장하였다.[60] 파라콰트의 체내흡수에 관해 스웨덴이 언급하고 있는 사례들은 1980년에서 1990년 사이 영국에서 발생한 것으로, 그 후 파라콰트 함유 제초제 판매량은 꾸준히 증가하였음에도 그와 관련된 위험 사례들은 점점 감소하여 1987년 사인을 명확히 규정할 수 없는 두 사례를 제외하면 1983년 이래로 영국에서 파라콰트 관련 사망 사례는 없었다는 것이다. 위원회 측은 파라콰트와 파킨슨병 사이의 연관에 관하여 과학적으로 '명확히' 입증된 사례가 없다고 하여, 그에 관해 원고 측이 제시하고 있는 연구자료들에 관하여 반박하였다.[61]

첫째, Hertzman Study는 이미 오랜 기간이 경과된 연구로, 파라콰트가 아닌 파킨슨병을 유발하는 환경적 요인에 초점을 두고 있으며 주요 원인으로 지목된 것은 과일농장이나 목공소에서의 작업이었다는 것이다. 둘째, McCormack Study의 실험에서 대상이 된 실험용 쥐들은 파킨슨병에 민감하게 반응하도록 사육되었으며 쥐들에게 하루 평균 사용량보다 천 배나 많은 양을 주사하여 인체의 실제 노출 정도와 적절한 비례관계를 유지하지 못하였으므로 독물학적으로 볼 때, 이를 파라콰트가 인체에 미치는 영향과 연관시킬 수 없다는 것이다.[62]

(2) 절차상의 흠에 관하여

위원회는 지침 2003/112의 채택 과정에서 규칙 3600/92에 대한 위반이 있었다는 스웨덴 측 주장에 대해서, 필요한 정보를 수집하는 것은 조사담당국의 역할이고 위원회의 역할은

---

58) *Ibid.*, paras.233-234.

59) *Ibid.*, para.53.

60) *Ibid.*, para.61.

61) *Ibid.*, paras.62-64.

62) *Ibid.*, paras.66-67.

그 조사결과를 종합하여 최종 채택결정을 내리는 것이며, 집행위원회와 조사위원국인 영국은 파라콰트와 파킨슨병의 연관성에 대하여 원고 측이 제시하는 모든 자료를 검토하였고, 또한 지침 채택 과정에서 제시된 견해나 자료 및 정보, 논의 내용의 전부를 평가보고서에 게재하여야 할 의무는 없다고 주장하였다.[63]

(3) 인체 및 동식물에 대한 영향평가 미흡에 관하여

집행위원회는 이사회 지침 91/414의 제5조 1항 (b)는 부속서 Ⅵ에 관한 사항이 아닌 제4조 1항 (b)의 (ⅳ)과 (ⅴ)만을 언급하고 있으므로, 위원회로서는 부속서에 명시된 원칙들을 지켜야 할 의무가 없다고 반박하면서 부속서 원칙의 준수 여부는 위원회 재량임에도 불구하고 파라콰트 심의과정에서 부속서의 사항들을 충분히 고려하였다고 주장하였다.[64]

또한 영국과 과학위원회는 수집된 자료들에 의하면 규정된 형태로 파라콰트를 사용하는 경우에는 인체에 대한 심각한 손상은 없을 것이라는 일반적 견해를 제시한 바 있으며, 사용상 안전수칙을 규정하거나 인체에 미치는 영향이나 환경파괴 등 발생 가능한 문제들에 관하여 보고서를 제출하게 하는 것을 원고 측이 문제 삼는 이유를 납득할 수 없다고 하였다.[65]

3. CFI(현재의 일반재판소)의 판단

1) 독성에 관하여

파라콰트를 활성물질로서 부속서 Ⅰ에 등록하기 위한 위원회 지침 2003/112의 채택에 관한 집행위원회 보고서에는 파라콰트가 신경계에 손상을 줄 수 있다는 독성에 관한 언급이 없다.[66] 파라콰트의 위해성에 대한 언급조차 없다는 점은 위해성 검토에 대한 위원회의 과실이라고 볼 수 있다.

2) 절차상의 흠에 관하여

일반재판소는 프랑스의 연구결과와 과학위원회의 견해에 관한 서면형식의 평가보고서가

---

63) *Ibid.*, paras.98, 100.

64) *Ibid.*, paras.136-138.

65) *Ibid.*, para.159.

66) *Ibid.*, paras.103, 108, 110, 117.

누락되어 있음을 지적하였으며, 프랑스의 연구결과보고서와 이탈리아 및 포르투갈이 제시한 정보를 검토하는 과정에서도 이러한 연구결과를 확인하지 않아 공정한 인지의 과정을 거쳤다고 볼 수 없으므로 절차에 대한 위반이 있었음을 인정하였다.

이는 파라콰트의 파킨슨병 유발 위험성과 관련해 위원회 규칙 3600/92의 제7조가 요구하고 있는 절차규칙을 충족시키지 못하는 것으로, 제7조 1항 (c)는 활성물질에 관한 조사당사국의 연구보고서가 집행위원회에 제출되어야 한다고 규정하고 있었다.[67]

3) 파라콰트와 파킨슨병과의 연관성에 관하여

일반재판소는 신경계 손상에 관련된 연구자료들에는 파라콰트의 사용과 파킨슨병의 관계에 관한 내용이 포함되어 있고, 조사 당사국인 영국이 그러한 자료를 검토했다면 보고서에 파라콰트의 신경계 손상 위험에 관한 내용을 명시했어야 하나, 영국의 보고서에는 그에 관한 내용이 누락되어 있었고, 집행위원회 또한 관련 검토보고서를 작성하지 않았으며, 당연히 지침 2003/112의 채택을 위한 상임위원회에 이에 관한 보고서를 제출하지도 않았음을 지적하였다.[68]

4) 영향평가: 추가보충의견 포함

피고 측이 '사전예방의 원칙'을 위반하였다는 원고 측 주장에 대하여, 일반재판소는 인체와 동식물의 건강에 관련된 확고한 과학적 증거를 기초로 특정 물질의 안전성에 대해 의혹을 제기하는 것은 합리적인 것이므로 이사회 지침 91/414의 제5조 1항에 반영되어 있는 '사전예방의 원칙'을 근거로 하여 파라콰트를 지침의 부속서 Ⅰ에 포함시킬 수 없다는 입장은 정당하나, '잠재적인 위험성'을 방지하기 위한 '사전예방의 원칙'은 확립된 '과학적 증거'에 기초하여야 하며 단순한 가설에 그치는 위험성에 관한 이론은 수용될 수 없다고 지적하였다.[69]

---

67) *Ibid.*, paras.108, 121, 124, 126.

68) *Ibid.*, para.106; 그러므로 일반재판소는 영국이 제출한 조사보고서는 위원회 규칙 3600/92에 명시된 절차규정을 충족시키지 못하였고, 집행위원회의 평가보고서에도 파라콰트와 파킨슨병의 연관에 관한 언급이 없었으므로, 파라콰트와 파킨슨병 사이의 연관성을 검토하는 과정에서의 절차상 누락에 관한 원고 측 주장을 인정하면서 지침 채택 과정에서 주요 조사보고서에 대한 취급절차가 규칙 3600/92에 명시된 절차를 위반하였다고 판결한 것이다.

69) Case T-229/04, *Sweden v. Commission,* [2007] ECR Ⅱ-2437, paras.160-161.

일반재판소는 '인체'에 대한 손상에 관하여 이사회 지침 91/414의 제5조 1항의 요건이 충족되었는지를 확인하기 위해서는 제초제가 인체에 직간접적으로 끼치는 손상과 지하수에 대한 영향이 없을 것을 본질적으로 규정하는 동 지침 제4조 1항(b)의 (iv)과 (v)을 검토하여야 하며,[70] 제5조 1항이 부속서 Ⅵ의 일정한 원칙들이 반영하지 못할 경우에는 효력을 갖지 못하고 활성물질과 관련하여 과학적으로 의심의 여지가 있을 때는 '사전예방의 원칙'에 따라 '합리적 의혹'을 제기할 수 있으며, 이를 이유로 해당 지침의 채택을 거부할 수 있다고 하였다.[71]

지침 91/414 제5조 4항은 부속서에 등록된 활성물질의 사용에 관한 제한 규정을 둠으로써 동 조 1항의 요건을 충족시키지 못하는 활성물질도 문제의 여지가 있는 사용 유형에 관해서는 제한을 두는 것을 조건으로 부속서 Ⅰ에 등록시킬 수 있는 효과를 가진다. 그러므로 특정 물질을 부속서 Ⅰ에 등록하는 지침의 내용을 채택할 때는 그 활성물질을 포함한 제품의 사용에 관해 일정한 제한을 둠으로써 지침 제5조 1항이 제시하는 요건을 충족시킬 수 있는가 하는 '합리적 의혹'을 해결해야 한다.[72]

또 일반재판소는 이사회 지침 91/414의 제4조 1항 (b) (v)이 규정하는 환경에 대한 '수용 불가능한 영향',[73] 특히 파괴대상이 아닌 종에 끼치는 영향에 관한 규정이 '동물'에 끼치는 영향과 관련하여 제5조 1항 (b)가 제시하고 있는 요건이 충족되었는가를 평가하는 기준이 될 수 있다는 원고 측 주장에 대해 동 지침 제5조 1항은 인간과 동물에 대해서는 '해로운 영향을 끼쳐서는 안 된다'고 규정하고, 반면 환경에 대해서는 '수용 불가능한 손상'만을 배제한다고 구별하여 규정하고 있고 제4조 1항 (b)도 인간과 동물에 대한 '해로운 영향'(iv)과 환경에 대한 '수용 불가능한 손상'(v)을 구별하여 취급하므로, 일반재판소는 파라콰트가 동물에게 극심한 고통이나 심각한 손상을 야기할 수 있지만 그것이 곧바로 지침 91/414의 제4조의 위반이라고 할 수는 없는데, 동물에 대하여 직간접적으로 어떠한 해로운 영향도 허용하지 않는다고 규정한 1항 (b)의 (iv)과는 달리 (iii)과 (v)은 단지 '수용 불가능한 정도'의 고통과 손상만을 금지하고 있으므로, 이 조항의 위반을 규정하기 위해서는 '어느 정도'가 수용 가능하고 어느 정도를 초과하였을 경우 '수용 불가능'한가에 관한 한계의 설정이 요구되지만, 스웨덴은 그러한 한계를 설정하지 않았고 파라콰트가 인체에 고통과 손상을 야기하므로 야생토끼에 대하여서도 그러한 고통과 손상을 야기할 수 있다고 주장한

---

70) *Ibid.*, para.162.

71) *Ibid.*, para.224.

72) *Ibid.*, paras.169-170.

73) *Ibid.*, para.226.

것에 그치고 있다고 지적하였다.[74]

5) 최종 판단

일반재판소는 제기된 법적 쟁점에 관한 원고 측 주장이 타당하므로 부속서 Ⅰ에 파라콰트를 활성물질로 등록하는 집행위원회의 지침 2003/112에 대하여 취소 판결을 결정하고, 소송절차내규 제87조 2항에 의거하여 패소한 집행위원회가 승소한 스웨덴에 대하여 재판비용을 지급하여야 하며, 제87조 4항에 의거하여 소송참가국인 덴마크, 오스트리아, 핀란드는 자국의 비용을 각각 스스로 부담한다고 판시하였다.[75]

4. 평가

이 사례는 파라콰트의 독성 문제를 중심으로 인체 및 동식물에 대한 영향평가, 등록 허가절차상의 흠을 환경적 차원에서 매우 비중 있게 다루고 있고, TFEU 제191조 제1항에 규정된 환경정책의 목적들 중 특히 환경의 질의 보존·보호·향상과 인간건강의 보호라는 측면에서 중요한 의미를 가진다. 파라콰트라는 일종의 살충제 또는 제초제로서의 역할을 하는 물질의 활성물질로의 등록 허가 여부에 관한 EU사법기관의 판결은 EU가 추구하는 환경정책의 목적이 구체적으로 무엇이고 어떻게 적용될 수 있는지를 실제적으로 보여 주고 있다. 무엇보다 이 판결은 환경이 얼마나 인간의 삶과 긴밀하게 연관된 영역이며 세세하게 검토하고 평가하여 중요하게 다루어야 할 정책분야인지를 보여 주고 있다. 이를 통해 과거와는 달리 이제는 환경보호의 기본적·전체적인 체계 내에서 경제성장을 추구하는 것이 인류의 생존과 직결된다는 점을 확인할 수 있었다. 이제는 이윤추구보다는 인간의 건강과 환경의 보호에 중점을 둔 정책들이 추구되어야 할 것이다. 따라서 인간의 건강과 환경의 보호의 관점에서 적극적 태도를 취한 EU사법기관의 판결은 매우 적절한 판결이며, 시간이 갈수록 환경문제를 매우 중요하게 다루고 있는 EU의 환경정책의 목적에 부합한 판결이라고 할 수 있다.

---

74) *Ibid.*, para.259; 결국 파라콰트가 야생토끼에 야기하는 '수용 불가능한' 고통과 손상에 관한 주장을 뒷받침할 사실적 근거가 없으므로 이에 관한 스웨덴의 주장은 배제된다고 하였다. *Ibid.*, para.260.

75) *Ibid.*, paras.262-265.

Ⅳ. 결언

'환경' 또는 '환경보호'에 대한 인식을 이제야 본격적으로 갖게 된 우리나라로서는 국제환경법질서를 주도하고 있는 EU로부터 좋은 경험과 교훈을 얻을 수 있다. 이제 환경은 국제사회에서도 그리고 국내사회에서도 부수적 차원의 정책이 아니며, 환경과 경제발전 간에 지속 가능한 발전의 이념을 분명하게 실현시켜야 할 때임에는 틀림이 없다. 이러한 맥락에서 EU환경법은 우리나라의 환경 관련 적극적 입법정책의 발전에 법제사적으로 좋은 영향을 줄 수 있다. 본문에서는 먼저 여타 국내 또는 국제사회와 달리 보다 그 이행이 구체화되고 있는 EU환경법상의 환경정책의 목적들에 관하여 살펴보았다. 이는 EU 전체를 통틀어서 환경을 어떻게 인식하고 있는가와 밀접한 관련이 있다. 특히 환경정책의 목적들을 리스본조약에 의해 개정된 TFEU 제191조 제1항에서 '조약상' 명시하고 있다는 점은 EU가 환경을 얼마나 중요하게 다루고 있는지를 보여 준다. 따라서 TFEU 제191조 제1항에 규정된 환경의 질의 보존·보호·향상, 인간건강의 보호, 천연자원의 신중하고 합리적인 사용, 지역적·지구적 환경문제 극복을 위한 국제적 차원의 기여 등의 EU환경정책의 목적들에 대해 깊이 있게 이해하는 것은 환경을 전반적으로 이해하는 데 큰 도움이 된다. 무엇보다도 이러한 환경정책의 목적들에 대한 근본적인 이해는 환경법 전반에 대한 심도 있고 광범위한 이해의 기초가 되기 때문에 매우 중요하다. 그리고 본문에서는 파라콰트라는 일종의 살충제 또는 제초제로서의 역할을 하는 물질의 활성물질로의 등록 허가 여부에 관한 EU사법기관의 판결을 분석·검토하였다. 이를 통해 환경정책의 목적이 구체적으로 무엇이고 어떻게 적용될 수 있는지 실제적으로 이해할 수 있었으며, 환경이 얼마나 우리의 삶과 긴밀하게 연관된 영역이며 중요하게 고려해야 할 부분인지 알 수 있었다. 이를 통해 과거와는 달리 이제는 환경보호의 기본적·전체적인 체계 내에서 경제성장을 추구하는 것이 인류의 생존과 직결된다는 점을 확인할 수 있었다. 나아가 본 연구는 우리나라에서 판매 시 구매자의 인적사항, 품목명 및 판매량 등 판매 장부를 기재하고, 일반농약과 혼재해 판매하는 것을 금지하고 있는 독성이 강한 것으로 알려져 음독자살에 오용되기도 하는 제초제인 파라콰트를 다루고 있다는 점에서 우리나라 환경행정에 있어서뿐만 아니라 국민들의 일상생활에 있어서의 건강보호 및 유기농식품에 대한 생태적·환경적·경제적 그리고 보건적 인식 제고에도 기여할 수 있다. 파라콰트는 소량이라도 인체에 매우 치명적인 제초제이며, 사람에게는 물론 인근 토양과 하천오염에 2차 피해(주변 생태환경 피해)를 유발할 수 있는 독성이 강한 물질이다. 우리나라 농촌진흥청도 2009년에 '파라콰트' 농약이 음독사고 오용이

잦아 출하량(공급량)을 30% 감축(총 938t로 제한)할 계획을 수립한 바가 있으며, 나아가 사용허가 등록말소와 판매금지를 고려하고 있다. 그러나 이는 매우 급박히 해결해야 할 문제이며, 앞으로는 독성이 높거나 국제적으로 위해성이 제기된 모든 농약에 대해서는 상시 '재평가'를 실시해 국내 등록을 폐지하고, 안전하고 우수한 농약만을 사용하도록 강화할 필요가 있다. 무엇보다 오늘날에는 환경과 먹을거리의 안전성에 대한 관심이 매우 중요하게 다루어지고 있으며, 이것이 초국경적이고 국제적인 차원에서 다루어져야 할 문제이기 때문에, EU와의 통상무역에서 환경보호와 환경상품과 관련된 문제가 발생할 수 있다. 따라서 우리나라도 한·EU FTA시대에 있어서 시장개방을 통한 경제적·통상적 이해만을 고려하는 것이 아니라 적극적 환경정책을 고려할 필요가 있다. 적극적 환경정책의 목적 또는 원리들이 접목된 경제통상정책이 추진된다면 미래지향적 관점에서 결국에는 국내적으로나 국제적으로 큰 경쟁력을 확보하고 많은 이득을 가져다줄 것이다.

제25장 환경정책의 원칙과 고려사항*

Ⅰ. 서언

오늘날 '환경문제'는 인간의 건강문제와 직접적인 관련이 있는 것으로서 한 국가 내에서 뿐만 아니라 지역적·보편적 국제사회에서 매우 중요하게 다루는 관심 영역이 되었다. 특히 '환경'이라는 주제는 지구적 차원의 초국경적 사항으로서 그 다루는 내용이 어느 사회 또는 공동체에서든지 유사한 성질을 갖고 있는 내용이다. 따라서 '환경문제'는 국가의 '주권적' 사항이라는 측면과 '초국경적' 국제문제라는 양 측면에서 다루어진다. 결국 '환경문제'는 다른 국제문제와 같이 국제사회가 성숙되고 국제법이 발전함에 따라 점진적으로 해결할 문제이다. 이러한 차원에서 유럽연합(European Union: EU)의 환경법은 어떤 특별한 성질을 갖는 것이라기보다는, 일반 국내사회 또는 국제사회에서 다루는 내용을 유럽이라는 지역에서 실행하고 있는 EU법의 한 영역으로 이해할 수 있다.[1]

그런데 국내외적으로 주요 관심사로 떠오른 환경 관련 이슈에 대한 논의의 초점은 일반적으로 온실가스감축, 탄소배출권거래제도, 친환경기술개발 등에 맞추어져 있다. 반면에 환경보호를 위한 환경정책의 기본 '원칙들'은 중요하지만 크게 논의되고 있지 않아 환경에 대한 전반적인 인식 제고에 한계를 보이기도 한다. 즉 환경정책을 추진하되 구체적으로 어떠한 기본 '원칙들'하에 추진하는 것이 진정으로 '환경'을 보호하고 '인류'를 위하는 것인지가

---

* 이 내용은 김두수, "EU환경정책의 원칙 및 고려사항", 『최신외국법제정보』 한국법제연구원 2012년 제3호 (2012.5)를 참고하였음.

1) 오늘날 기후변화로 인한 리스크에 국제사회가 초국가적으로 대처하는 모습을 보이고 있는 양상과 마찬가지로, 국제사회에서 국가의 국내시장이 개방됨에 따라 초래되는 식품안전의 문제도 오늘날 매우 중요한 사안이 되었다. EU도 EU식품법의 목적들 중에 '경쟁력'(competitiveness)을 고려할 목적들 중의 하나로 다루고 있지 않다. Bernd van der Meulen, *Reconciling food law to competitiveness*(Wageningen: Wageningen Academic Publishers, 2010), pp.24-25; 결국 기후변화에 대처하는 국제사회의 노력은 경쟁적 관점에 따른 국제통상장벽의 차원에서 논할 것이 아니라, 과연 인류가 기후변화로 인한 위기를 모면할 수 있을까에 초점이 맞추어져야 할 것이다. 이미 지구표면온도는 1900년대에 2℃ 이상 상승되었다. Richard G. Hildreth·David R. Hodas·Nicholas A. Robinson·James Gustave Speth, *Climate Change Law: Mitigation and Adaptation*(St. Paul: West, 2009), pp.6-7 참조.

중요하지만, 다양한 이해관계가 존재하는 상황으로 인해 이러한 기본적 내용에 소홀하기 쉽다는 점이 문제점으로 지적될 수 있다.

이러한 맥락에서 이 글에서는 EU의 환경 관련 규범과 몇몇 사례를 통해 EU가 환경정책상 어떤 기본 '원칙들'에 따라 역내 환경보호를 추구하는지 살펴본다. 이를 위해 EU의 환경 관련 기본 규정인 EU기능조약(TFEU)[2] 제191조(구 EC조약 제174조),[3] 그리고 2차 입법에 해당하는 여러 지침 및 EU사법기관의 판례를 검토함으로써 EU의 환경정책의 기본 '원칙들'에 관하여 고찰한다. 이로서 국내외적으로 관심받고 있는 환경정책의 기본 목적, 즉 "환경의 질의 보존과 보호 및 향상, 인간건강의 보호, 천연자원의 신중하고 합리적인 사용, 지역적·지구적 환경문제 극복을 위한 국제적 차원의 기여"의 달성을 위해 필요한 중요한 기본 '원칙들'이 무엇인지를 심도 있게 이해하고 국내 환경정책을 수립하는 데 중요한 참고가 될 수 있을 것이다.

Ⅱ. EU 환경정책상의 기본 원칙

EU의 환경정책은 TFEU 제191조 제2항(구 EC조약 제174조 제2항)에 규정된 원칙에 따라 시행되어야 하며, 이 원칙들로는 높은 수준의 보호원칙(high level of protection principle), 사전예방의 원칙(precautionary principle), 방지의 원칙(prevention principle), 근원의 원칙(source principle), 오염자부담의 원칙(polluter pays principle), 세이프가드(safeguard clause)가 있다.

EU 모든 회원국들은 이러한 원칙들에 따라 형성된 EU 환경입법에 대한 법적 의무를 이행해야 하고, EU의 환경 관련 규칙과 지침은 이러한 기본 원칙들에 입각해 해석되어야 한다.

---

2) 2007년 12월 13일 채택되어 2009년 12월 1일 발효된 리스본조약(Treaty of Lisbon amending the Treaty on European Union and the Treaty establishing the European Community, OJ 2007 C306/1)에 의해 개정된 "Treaty on the Functioning of the European Union"을 말한다. 개정된 통합본(Consolidated versions of the Treaty on European Union and the Treaty on the Functioning of the European Union, OJ 2008 C115/1)은 별도로 공표되었다.

3) EU의 환경 관련 기본법의 체계는 1987년 발효된 단일유럽의정서(Single European Act: SEA)에 의한 당시 E[E]C조약 제130r조에서 마련되었으며, 동 조에 규정된 환경정책의 목적과 원칙 및 고려사항이 이후 EU의 환경법의 발전에 영향을 미쳐 왔다. Andrew Jordan, *Environmental Policy in the European Union*(London: Earthscan, 2007), pp.35-37 참조.

1. 높은 수준의 보호원칙

1) 개념

TFEU 제191조 제2항에서 EU 환경정책은 "다양한 회원국들의 지역적인 상황을 고려하여 '높은 수준의 보호'를 목적으로 해야 한다"고 규정하고 있다. 이러한 '높은 수준의 보호원칙'은 EU 환경정책의 가장 중요한 본질적 원리 중 하나이다. 그럼에도 불구하고 '높은 수준의 보호원칙'은 '최고로 가능한 수준의 보호'와는 다른 의미(개념)로 해석되어야 할 것이다.[4] 유럽사법법원(ECJ)은 Case C-284/95, Safety Hi-tech[5]에서 보호수준은 반드시 '최고로 가능한 보호수준'일 필요는 없고 '높은 수준의 보호'로서 행해지면 된다고 판결하였다.

2) 적법절차에 따른 개념의 합치성

그러나 그 기준이 명확하지 않아 비판을 받을 우려가 있다. 따라서 '높은 수준의 보호'에 적합하지 않은 EU위원회의 입법 제안은 최종 의결기관인 이사회에서 배제될 수 있다. 그런데 문제는 동 조항이 '어느 한도'의 의무까지 법원에 의하여 인정될 수 있는지가 불명확하다는 것이다. 통상 2차 법안의 채택과정이 TFEU 제114조(구 EC조약 제95조) 제3항에 의거 위원회의 입법 제안에 따라 이사회가 의결하는 것을 고려하여 볼 때, 절차상의 흠이 없는 한 높은 수준의 보호 원칙에 기초하지 않고 채택된 결정이 법원에서 무효가 되는 경우는 없다고 보아야 한다. 즉 적법절차에 따라 철저한 과정에 의해 채택된 법규는 사실상 취소되지 않는다고 볼 수 있다.[6]

TFEU 제114조 제3항은 "위원회는 건강, 안전, 환경, 소비자보호 영역의 입법제안에 있어서 '높은 수준의 보호'를 기본으로 하여, 어떠한 특정의 새로운 과학적 사실에 기초한 개발을 고려하여야 하고, 유럽의회와 이사회도 그 권한 내에서 목적 달성을 위해 노력할 수 있다"고 규정하고 있다. 이 규정에 따르면 높은 수준의 보호원칙은 단지 위원회에서의 제정이 아닌 유럽의회와 이사회의 입법적 권한 내에서 이루어진다고 할 수 있다. 그러나 TFEU 제114조 제3항상의 '달성을 위해 노력'이라는 입법방식은 여전히 이 조항이 이사회

---

4) *Ibid.*, p.36 참조.

5) Case C-284/95, *Safety Hi-Tech Srl* v. *S. & T. Srl,* [1998] ECR Ⅰ-4301, para.49.

6) Jan H. Jans and Hans H. B. Vedder, *European Environmental Law*(Europa Law Publishing, 2008), p.36 참조.

가 채택한 합법성 평가에 대한 이의 제기를 위한 법원의 심사대상이 되는지에 대한 의문을 야기한다. 그런데 위원회의 입법제안이 높은 수준의 환경보호에 기초하지 않은 경우, 유럽 의회는 TFEU 제263조(구 EC조약 제230조)에 따라 위원회에 대하여 권한의 남용 또는 절차규정의 위반을 이유로 법원에 제소하는 등 일정한 조치를 취할 수 있는 권한이 있다.[7]

2. 사전예방의 원칙

1) 개념

1992년 2월 7일 채택된 EU조약(Maastricht 조약)은 EU의 환경정책의 원칙으로 '사전예방원칙'을 도입하였다. 이 원칙은 독일환경법상의 Vorsorgeprinzip(소위 '사전배려의 원칙')에서 유래되었다. 이에 따르면 만약 어떠한 활동이 환경에 대한 위협적인 결과를 가져올 것이라는 강한 의구심이 있는 경우, 그 활동에 대하여 감당할 수 없을 정도의 결과에 대한 '과학적 근거'의 연관성(causal link)이 명확해지기 전까지 기다리기보다는 '너무 늦기 전'에 조치를 취하는 것이 낫다는 것이다.[8] 다시 말해서, '사전예방의 원칙'은 비록 일반적 연관성에 대한 '과학적 증거'가 명백하게 규명되지 않았더라도 어떤 경우에는 환경손해를 방지하기 위하여 '예방적 조치의 정당성'이 인정된다는 것이다. 이 원칙의 목적은 환경에 대한 '잠재적인 위험'을 피하기 위함이며,[9] 최소한 EU위원회에 따른 예방조치는 EU가 환경, 인간, 동물 및 식물의 상태에 적합하다고 간주될 수 있는 보호의 수위를 정할 수 있는 권한을 보유하고 있다는 것을 의미하는 것이다.[10]

---

7) *Ibid.,* p.37 참조.

8) 같은 취지에 관하여 박균성·함태성, 『환경법』(서울: 박영사, 2006), p.53; 홍준형, 『환경법』(서울: 박영사, 2005), pp.100-101; Philippe Sands, *Principles of international environmental law*(Manchester: Manchester Univ. Press, 1995), pp.208-209; Elli Louka, *International Environmental Law*(Cambridge: Cambridge Univ. Press, 2006), pp.50-51; Stuart Bell and Donald McGillivray, *Environmental Law*(Oxford: Oxford Univ. Press, 2006), pp.70-73.

9) Case T-229/04, *Sweden* v. *Commission,* [2007] ECR II-2437, para.161.

10) Jans and Vedder, *supra* note 6, pp.37-38 참조. 미국의 경우 환경청(Environmental Protection Agency:) 산하에 과학자문위원회(Science Advisory Board)를 설치하여 환경 관련 과학적 조언을 제공하도록 하고 있다. Richard L. Revesz, *Environment Law and Policy: Statutory and Regulatory Supplement*(New York: Foundation Press, 2007), p. I-12.

2) 허용 요건

위원회에 의하면 사전 예방정책에 대한 가이드라인은 모두 '위험관리'에 대한 것이고, 모든 위험들이 반드시 '제로(0)' 수준이 되어야 한다는 것을 의미하지는 않는다.[11] 어떠한 위험의 수준이 사회에 대하여 '용납 가능한가'에 대해서는 '정책적인 부분'에 맡겨져 있다. 어떠한 조치가 필수적으로 취해질 수밖에 없는 것으로 간주되어야 하는지에 대해서는 사전예방원칙과 그 보호수준과의 '조화'의 정도를 기초로 평가되어야 하고, '비차별적' 적용이어야 하며, 과거의 조치들과 비슷하게 취해져 모순되지 않아야 하고, 조치에 대한 작위·부작위에 대하여 잠재적인 이익과 조치의 경제적비용의 측면 그리고 과학적인 기록을 고려해 결정해야 한다.[12]

사전예방의 원칙은 유럽사법법원(ECJ)의 사례[13]에서 적용된 바 있는데, 인간의 건강에 대한 위험의 존재 또는 위험의 확장이 불명확한 경우에도 EU기관(institutions, 통상 EU위원회를 의미함)은 이러한 '위험의 존재'와 '심각성'이 완전히 명백해지기 전에 '사전예방 조치'를 취할 수 있다. 이 사례는 TFEU 제191조 제3항의 첫 번째 문장의 판단을 위한, 즉 환경정책에 대한 준비에 있어서 EU는 이용 가능한 과학적·기술적 자료를 고려해야 한다는 것에 대하여 사전예방의 원칙을 취할 수 있음을 보여 준다. 과거에는 이것이 환경적인 결과에 대해 지양할 만한 확실한 근거가 있기 전까지는 EU가 조치를 취하지 않는다는 절대적인 근거가 되었으나, 오늘날에는 사전예방의 원칙에 대한 이와 같은 해석은 적합하지 않다고 할 수 있다.

그러나 유럽사법법원(ECJ)은 '증명책임'에 대하여 '무제한적인 면제'를 허용하는 것은 아니며, 관련 조치가 취해지기에는 '잠재적인 위험'이 매우 낮은 경우에까지 백지위임을 부여하는 것은 아니다. 오직 '위험평가'가 사전예방의 원칙의 측면에서 '명백하여' 특정 개별상황의 발생가능성이 '완벽하게' 실현되었을 때 '인간건강과 환경'에 해가 될 우려가 있는 상황에서 보호조치의 실행의 필요성이 인정된다. TFEU 제36조(구 EC조약 제30조)상의 예외를 인정받는 회원국의 권한과 '합리성 이론'(rule of reason)도 같은 방식으로 해석되어야 한다.[14]

---

11) COM (2000) 1, Commission guidelines on how to apply the precautionary principle.

12) Jans and Vedder, *supra* note 6, p.38 참조.

13) Case C-157/96, *National Farmers' Union a.o.*, [1998] ECR Ⅰ-2211, para.63; Case C-180/96, *UK v. Commission*, [1998] ECR Ⅰ-2265, para.99.

14) Jans and Vedder, *supra* note 6, p.39 참조.

3. 방지의 원칙

1) 개념

EU의 환경정책은 '방지조치'가 취해지는 것을 기본적 원칙으로 추진되어야 한다. '방지조치의 원칙'은 이미 1986년에 채택된 단일유럽의정서(Single European Act: SEA)에 포함된 내용으로, 간략하게 말하자면 '방지가 치료보다 더 낫다'는 의미이다. 방지의 원칙은 환경보호를 위해서는 애초의 시작단계에서부터 필요한 조치가 취해지는 것을 허용하는 것을 의미한다. 이는 피해가 발생한 후에 그 '피해의 복구'를 다루는 문제가 아니라, 그 대신 '문제가 발생하는 것 자체를 방지하는 조치를 요구'하기 위한 EU 환경정책상의 원칙이다.[15]

2) 적용 요건

EU의 제3차 환경행동계획[16](Third Environment Action Programme)은 방지의 원칙을 중점적으로 다루었던바, '치료보다는 방지'가 이 제3차 환경행동계획의 주요 주제였다. 이 제3차 환경행동계획에 따르면 방지의 원칙이 충분한 효과가 있을 경우에는 반드시(inter alia) 다음의 상황이 적용되어야 한다고 하였다. 첫째, 방지의 원칙의 적용과 관련된 지식과 정보는 필수요건이며, 동 원칙의 적용을 위해서 결정권자들과 대중이 정당하고 손쉽게 이용할 수 있어야 한다.[17] 둘째, 환경에 중대한 영향을 미칠 수 있는 활동들(주로 개발활동)에 대한 결정에 있어서는 적합한 사실들을 미리 고려하여 정책결정판단에서 활용될 수 있는 절차가 마련되고 도입되어야 한다. 환경정책 '초기단계에서' 가능한 한 결과에 대한 계획과 결정의 수립이 고려되어야 한다. '환경영향평가'(Environmental Impact Assessment: EIA)는 '방지의 원칙'에 있어서 매우 중요하고도 핵심적인 내용이라고 할 수 있다. 환경영향평가지침 85/337(EIA지침)[18]의 전문은 "최고의 환경정책은 차후적으로 대응하려는 노력보다는 환경의 오염이나 저해 행위를 '그 근원으로부터 방조하는 것을 방지하는 것'으로 형성된다"라고 언급하고 있다. 셋째, 채택된 방지 조치의 이행은 반드시 정확하고 올바르게 적용되어야 하며, 새로운 상황들이나 새로운 지식이 요구되는 경우에는 이를 방지 조치에 반영

---

15) *Ibid.,* pp.40-41 참조. Sands, *supra* note 8, pp.194-195; Louka, *supra* note 8, p.50.

16) OJ 1983 C46/1.

17) Directive 2003/4 on public access to environmental information(OJ 2003 L41/26).

18) OJ 1985 L175/40.

해야 한다. 이와 관련된 어떤 지침을 채택·이행하는 경우에는 관련된 새로운 과학적·기술적 표준을 채택하여 반영해야 한다.

다른 예로, '지하수보호'에 관한 지침 80/68[19]는 회원국의 권한 있는 관할기관이 어떤 권한을 부여하기 전에는 반드시 사전에 상세한 '환경영향평가'를 실시하도록 하여, 회원국의 강력한 감독과 검사를 요구하고 있다.

4. 근원의 원칙

1) 개념

'근원의 원칙'이란 환경피해를 '그 근원지부터 우선적으로 바로잡는 것'을 의미하며, EU의 환경정책은 이러한 근원의 원칙을 기본으로 하여 입안되어야 한다. 또한 이 근원의 원칙은 특히 '대기오염'과 '물 오염'을 다루는 것으로서 환경의 질적 기준보다는 '배출에 대한 기준'이 선호됨을 의미한다.[20]

2) 적용 요건

그런데 오염의 '배출 감소'를 위해 회원국에게 요구되는 환경 지침은 일반적으로 배출이 발생되는 '지역상의 환경적 상황'에만 의존하지는 않는다.

이 원칙은 *Walloon Waste* 사건[21]에서 제시된 바 있다. 이 사건에서 유럽사법법원(ECJ)은 어떠한 범위의 외국의 쓰레기 수입제한이 차별적인지에 대해 심사하였다. 이에 법원은 모든 지역, 지방자치, 지역적 관할기구는 반드시 그 자체의 폐기물 제거 절차와 수용이 확실히 준비된 경우에 그 이행이 가능하다고 판시하였다. 이 사건에서 Walloon지방정부의 관련 법률 75/442(폐기물관리)와 84/631(폐기물 국경선적의 감독과 통제)에 따르면 Walloon지방의 폐기물 창고는 '환경적 이유'에서 '외국폐기물'을 저장, 처리 및 투기하는 것을 원칙적으로 금지하면서 동시에 벨기에의 다른 지역으로부터 발생한 폐기물의 저장, 처리 및 투기도 금지하고 있었다. 그런데 '폐기물'은 반드시 가능한 한 이송의 제한을 위해서 '가능한

---

19) OJ 1980 L20/43.

20) Jans and Vedder, *supra* note 6, p.42 참조.

21) Case C-2/90, *Commission* v. *Belgium*, [1992] ECR Ⅰ-4431, paras.14, 34, 20-21, 35-36.

가까운 장소에 배치'되어야 한다. 따라서 결론적으로 법원은 다양한 장소에서 발생한 폐기물과 그 생산의 장소와의 연결과의 차이점의 관점에서, Walloon의 폐기물수입제한은 차별적이라고 간주되지 않는다고 판시하였다. 이 사건에서 근원의 원칙은 '근접의 원칙'과 유사한 의미라고 할 수 있다. 즉 이 판결에서 ECJ는 '환경에 대한 손해'는 '손해의 발생원'에서 회복되어야 한다는 TFEU 제191조 제2항이 정한 '근원의 원칙'에 따라 각 지방자치단체가 폐기물의 회수 및 처리를 위해 적절한 조치를 취해야 하며, 따라서 폐기물은 가능한 한 '폐기물의 발생지에서 가까운 장소'에서 처분되어야 한다는 것을 의미하기 때문에, Walloon 정부의 규제 조치는 '차별적이지 않다'고 판시하였다.

한편 *Sydhavnens Sten & Grus*의 폐기물 사건[22]에서 ECJ는 문제의 폐기물이 '환경에 해로운 경우가 아닌 한' 폐기물 수출에 대한 제한을 정당화할 수 없음을 명백히 하였다. 즉 회원국은 '환경보호를 위해 반드시 필요한 경우에만' 폐기물의 수출제한조치가 가능하게 된다.

5. 오염자부담의 원칙

1) 개념

'오염자부담의 원칙'이란 환경오염에 책임이 있는 자에게 '환경보호비용'을 부담시키는 것을 말하며, EU의 환경정책은 오염자부담의 원칙에 기초해야 한다. 이런 오염자부담의 원칙은 EU의 1차 법원에 해당하는 조약상의 환경정책에 포함되기 전에 이미 유럽 환경정책의 초석 중의 하나였으며, EU의 제1차 환경행동계획[23]에서 EU환경정책의 하나로서 언급되었다. 간략하게 말하자면 이 원칙은 환경상의 '오염을 초래한 자'에게 그 환경보호절차에 대한 '비용'을 부담시키는 것을 말한다.[24]

2) 적용 효과

이 환경오염유발자의 비용부담의 원칙은 EU위원회와 이사회의 환경문제의 해결비용의 할당에 대한 1975년의 통보[25](Communication)에서 확립되었다. 1975년의 통보는 여전히

---

22) Case C-209/98, *Sydhavnens Sten & Grus,* [2002] ECR Ⅰ-3743, para.48.

23) OJ 1973 C112/1; Sands, *supra* note 8, pp.215-216 참조.

24) *Ibid.,* p.213; Louka, *supra* note 8, p.51.

25) OJ 1975 L194/1.

환경정책적 측면에서 원칙적 기초가 되고 있다. 이러한 통보는 EU법상 법적 구속력이 없으나, 이사회는 회원국에게 통보에 포함된 '원칙'의 실행을 권고할 수 있다. 이 제1차 환경행동계획은 환경오염유발자에게 환경보호조치에 대한 비용을 부담시킴으로써 이들이 환경오염을 '줄일 수 있도록 노력함'과 '덜 환경오염을 시킬 수 있는 제품과 기술력'을 찾게 하기위해 추진되었다(환경라벨제도의 운영취지와 유사!). 이는 회원국들의 부족한 환경자원에 대한 합리적인 사용이 가능하도록 한다. 또한 환경보호비용부과는 별개로 하더라도, 이 원칙은 '환경기준'을 부과할 수 있다는 데 의미가 있다. 만약 관련 법규에 따라 환경기준의 준수가 필요한 회사는 그들의 '생산 또는 공정 절차'에 대하여 다양한 투자를 해야 한다. 이런 방법으로 환경기준을 확립함으로써 환경오염부담자는 오염비용을 줄이는 데 도움이 된다.[26]

3) 발전적 방향

따라서 EU는 특히 명확한 기준에 의하여 환경오염에 대한 보호비용의 책임을 지는 사람의 '환경보호비용 부과체계'를 확실히 해야 한다. 또한 이 환경오염유발자의 비용부담의 원칙은 환경오염에 가담하지 않은 사람에게는 오염의 제거를 위한 부담을 부과해서는 아니된다는 것을 의미한다.[27] EU위원회에 따르면 환경보호와 관련된 비용은 다른 생산비용과 같이 회사에 의하여 내부적으로 책정되어야 한다. 그만큼 이제는 기업들도 '생산비용'이 책정되듯 '환경부담금'을 책정하는 방향으로 경영을 해야 하고, 환경오염유발자책임을 엄격하게 적용하는 것이 일반적으로 지지되고 호응을 받아야 한다는 것이다. 결국 '얼마만큼 엄격한 책임'을 묻는 환경정책을 추진하느냐에 따라 '지속 가능한 발전'의 논리에 있어서 '환경지향적인' 사회인지 '개발지향적인' 사회인지 보다 분명하게 나타난다고 할 수 있다. 그런데 이러한 오염자부담의 원칙은 환경침해의 방지・제거 및 손실전보에 관한 '단순한 비용부담'에 관한 원칙이 아니라, 환경책임 일반에 대한 '실질적 책임'의 원칙으로 이해되어야한다.[28]

---

26) Jans and Vedder, *supra* note 6, pp.43-44 참조.

27) *Ibid.*, p.44 참조.

28) 우리나라 「환경정책기본법」 제7조는 "자기의 행위 또는 사업 활동으로 인하여 환경오염 또는 환경훼손의 원인을 야기한 자는 그 오염・훼손의 방지와 오염・훼손된 환경을 회복・복원할 책임을 지며, 환경오염 또는 환경훼손으로 인한 피해의 구제에 소요되는 비용을 부담함을 원칙으로 한다"라고 규정하여 '오염원인자 비용부담원칙'(polluter-pays principle: PPP)을 천명하고 있다. 이는 '환경정책'이라기보다는 오염정화비용을 분담하고자 하는 '경제정책'의 하나로 사용되기 시작하였던 것이다. 홍준형, *supra* note 8, p.104; 박균성・함태성, *supra* note 8, pp.56-58; 조은래, 『환경책임법』(부산: 세종출판사, 2007), pp.244-247 참조. 우리나라 「환경정책기본법」은 '환경'을 이용한 '경제개발'에 대응해 '환경보전'을 위한 국가의 '기본적인 환경정책'을 제시하고 '환경보전대책'을 강화함으로써 헌법상의 '환경권'을 국민이 향유하도록 하기 위하여 제정된 법이다. 이 법은

6. 세이프가드 조항

1) 개념

'세이프가드 조치'란 예측할 수 없는 상황의 발생으로 인해 특정 물품의 수입이 급증하여 수입국의 국내 산업이 입는 막대한 피해를 일시적으로 구제하기 위한 국내적 수단을 말하며 이를 '긴급수입제한조치'라고도 한다. 즉 이러한 논리에 따르면 '인간과 동물의 건강' 또는 '환경'에 위험이 있는 경우 그 상품의 판매나 사용을 그 회원국의 영토에서 제한하거나 금지할 수 있다.

2) 적용 요건

그런데 환경보호의 필요에 따른 '세이프가드 조치'의 요청은 '조화'의 측면에서 평가되어야 하는바, TFEU 제191조 제2항의 세이프가드 규정은 EU회원국이 취하는 '잠정적인' 조치로서의 성격을 가져야 하며, 비경제적차원인 '환경적 이유'에 의해서 이행되어야 한다. 이 조항은 위에서 명시한 다른 원칙들과는 명백하게 다른 체계를 취하고 있는데, TFEU 제191조 제2항의 2번째 문단은 '지침 또는 규칙'을 통해 회원국에게 긴급한 환경보호의 조치로서 세이프가드 조항을 취할 수 있음을 명시하고 있다.[29]

Ⅲ. EU 환경정책상의 고려사항

EU는 환경정책을 입법 제안함에 있어서 TFEU 제191조 제3항(구 EC조약 제174조 제3항)에 따라 일정한 사항을 고려해야 하는데, 이에는 환경정책과 관련된 유용한 과학적·기

1990년 8월 1일 법률 제4492호로 제정된 후, 2002년 12월 30일 법률 제6846호로 개정되어 '지속 가능한 발전'을 위해 환경과 개발의 조화를 도모하고자 하였고, 2005년 5월 31일 법률 제7561호로 개정되어 '사전환경성검토제도'를 시행하는 등 역할을 수행하고 있다. 또한 이 법은 규제법이나 집행법이 아닌 환경에 대한 '정책법'적 성질을 갖는 개별 환경 관련 법들에 대한 '기본법' 또는 '근본법'이라고 할 수 있다. 이 법은 사업자의 환경책임, 오염원인자책임, 사전예방의무, 사전환경성검토, 환경오염피해에 대한 무과실책임 등에 관해 규율하고 있다.

29) Jans and Vedder, *supra* note 6, p.45 참조. Ludwig Krämer (ed.), *European Environmental Law*(Aldershot: Dartmouth, 2003), pp.98-99 참조.

술적 자료, EU의 다양한 지역의 환경적 조건들, 입법의 작위 또는 부작위의 경우의 잠재적인 이익과 비용 간의 균형, 해당지역의 균형 잡힌 발전이 있다.

그런데 TFEU 제11조(구 EC조약 제6조)의 '통합의 원칙'(must to be integrated)에 비하면, 이 TFEU 제191조 제3항의 '고려한다'(take account of)라는 용어는 법적 강제력이 부족하다. 사실상 회원국들은 회원국에 맞지 않는 환경정책들의 이행을 지연시키기 위해 이러한 고려사항들을 '자의적으로' 이용할 수도 있기 때문이다.[30] 이는 'EU의 환경정책'이 '회원국의 환경정책' 내로 쉽게 이행될 수 없음을 의미한다. 즉 회원국 간의 상이한 경제수준, 환경정책의 추진상황 및 환경정책에 대한 인식정도의 차이로 인해 '통일된' 환경정책과 법의 집행이 수월하지만은 않다는 문제점이 제기될 수 있다는 의미이다.

1. 유용한 과학적·기술적 자료

EU는 역내 활동과 생산이 환경적으로 해로운 결과를 초래할 것이 과학적·기술적 자료에 의해 증명될 수 있을 경우에 해당 환경보호를 위해 법규를 제정할 수 있다. 예를 들면, 에어로졸에 포함된 프레온가스(CFCs)가 환경에 악영향을 미쳐 오존층파괴를 유발시킨다는 사실을 증명할 수 있는 과학적·기술적인 증거자료가 있어야 이와 관련된 규제정책의 시행이 가능하다. 이는 '사전예방의 원칙'에서 살펴본 바와 같이 환경규제를 회피하기 위한 수단이 아니라 환경보호의 수단으로 그 해석의 관점이 달라져야 하는데, 왜냐하면 현대사회에서 EU는 어떤 정책을 실행하기 위해 필요한 모든 직접적·간접적인 과학적 자료들을 제공할 능력을 갖추었다고 여겨지기 때문이다.[31]

2. '다양한 지역'의 환경적 조건들

EU는 각 회원국 및 지역의 '환경의 질'이 각각 상이함으로 인해 일률적으로 환경정책을 수행할 수 없다. 따라서 해당 지역의 '환경의 질'의 수준에 따라 적절한 환경정책이 추진되어야 한다. 이는 '환경의 질'에 따라 '오염물질의 배출의 정도'가 다르게 결정될 수 있기 때문에, 해당지역의 환경수준에 기초해 적절한 환경정책이 입안되고 시행되어야 함을 의미한다.[32]

---

30) Jans and Vedder, *supra* note 6, p.46 참조.

31) *Ibid.*, p.46 참조.

따라서 이러한 여러 상황들을 고려하여 환경정책을 입안해야 하는 EU의 환경정책에 관한 입법 활동은 쉬운 일이 아니다. 특별한 보호가 필요한 곳에서는 환경기준을 높게 설정할 필요가 있는데, 이 경우에는 입법 과정에서 특히 관련된 회원국의 동의를 이끌어 내야 하기 때문이다.

3. 입법의 작위 또는 부작위의 경우의 '잠재적인 기대이익'과 '비용' 간의 '균형'

EU는 환경정책을 추진함에 있어서 환경 관련 정책시행으로 발생하는 잠재적인 기대이익과 이행비용 간의 균형을 고려해야 한다. 이 경우 TEU 제5조(구 EC조약 제5조)에서 언급하고 있는 '비례의 원칙'이 적용되어야 한다. 예를 들면, 일찍이 시행된 바 있는 '산업공장에서 나오는 대기오염물질의 억제'를 다룬 지침 84/360[33] 제4조를 들 수 있다. 이에 따르면 해당 정책의 허가는 관련 당국이 대기오염을 방지하기 위한 모든 조치들이 취해졌다고 인정하는 경우에 가능한 것이고, 여기에서 모든 환경조치에는 '큰 비용적인 부담이 되지 않는 한' 도입 가능한 최신 기술도 포함된다.

4. 해당지역의 균형 잡힌 발전

EU회원국들은 경제적·사회적 발전 정도에 따라 서로 다른 속도의 환경정책이 시행될 수 있다. 이는 TFEU 제27조(구 EC조약 제15조)에 포함된 일반원칙보다 상세하게 부연 설명된 면이 있다. 이는 EU의 환경정책은 어떤 경우에는 EU에 의한 환경정책적인 '지원'이 있을 수 있음을 의미한다.

예를 들면, "서식지지침" 92/43[34]의 제8조는 보호대상이 되는 서식지와 동물종의 보호가 시행 회원국에게 큰 재정적 부담이 되는 경우, EU가 함께 해당 회원국과 '공동으로 자금을 충당'할 수 있는 시스템을 구축하도록 규정하고 있다. TFEU 제192조(구 EC조약 제175조) 제1항과 제5항에 의하면, EU는 이사회가 환경조치를 채택하는 경우 환경보조금의 형식으로 TFEU 제177조(구 EC조약 제161조)상의 기금(Community's Cohesion Fund)을 활용할 수 있도록 규정하고 있다.

---

32) *Ibid.*, p.47 참조.
33) OJ 1984 L188/20.
34) OJ 1992 L206/7.

또한 거대한 연소공장으로부터 나오는 '대기오염물질 배출 제한'에 관한 지침 88/609[35] 제5조에서 스페인은 잠정적으로 '보다 덜 강화된 기준치를 도입'해도 된다고 규정하였다. 이는 지침의 전문에서도 언급되었는데, 즉 스페인은 에너지 및 산업 성장을 위해 새로운 발전용량이 필요한 국가라는 것이 그 이유였다.

IV. 결언

본문에서 살펴본 바와 같이 TFEU 제191조 제1항이 EU 환경정책의 '목적'인 환경의 질의 보존·보호·개선, 인간 건강의 보호, 자연자원의 신중하고 합리적인 방식의 이용, 지역적 또는 국제적 환경문제해결의 촉진을 규정한 후, 이러한 환경정책의 목적을 달성하기 위하여 TFEU 제191조 제2항에서 환경정책의 기본 '원칙'에 대해 규정하고 있는데, 이에 따르면 EU의 환경정책은 높은 수준의 보호, 사전예방의 원칙, 방지의 원칙, 근원의 원칙, 오염자부담의 원칙에 기초하여야 하며, 긴급한 보호가 필요한 경우에는 세이프가드 조치를 취할 수 있다. 이러한 EU 환경정책상의 기본 '원칙'에 기초하여 2차 법령인 규칙과 지침이 제정되어 적용되어야 한다. 이로서 회원국의 국내 환경정책의 목적과 EU의 환경정책의 목적이 EU역내에서 '조화' 있고 통일적으로 규율되고 실행될 수 있다. 한편 EU는 환경정책을 입법 제안함에 있어서 TFEU 제191조 제3항에 따라 유용한 과학적·기술적 자료, 다양한 지역의 환경적 조건들, 입법의 작위 또는 부작위에 따른 잠재적인 이익과 비용 간의 균형, 해당지역의 균형 잡힌 발전 등을 고려해야 하나, 여기에서 '고려한다'는 용어는 법적 강제력이 약하다는 데 문제가 있다.

오늘날 EU는 국제사회의 환경정책과 규제를 주도할 만큼 '환경보호'에 관심을 많이 갖고 있으며, 전통적으로 자신의 환경정책을 '역내지역'뿐만 아니라 '역외지역'을 고려하여 추진하는 경향을 보이고 있다. 이는 '지역적 국제사회'를 유럽통합으로 경험하고 있는 EU가 환경 및 환경문제라는 영역이 '초국경적'이고 '국제적인 차원'에서 다루어야 할 대상임을 일찍부터 인식해 왔기 때문이다. 그런데 유럽에서 다루고 있는 환경보호에 관한 EU법상의 원리들은 EU만의 독특한 내용이라기보다는 국제사회에서 그리고 국내사회에서 환경문제를 다룰 때 일반적으로 염두에 두어야 할 사항이라고 할 수 있다. 2009년 12월 1일 발효된 리스본조약에 의해 개정된 TFEU 제191조의 제1항에서도 환경정책의 네 번째 목적과

---

35) OJ 1988 L336/1. 이 지침은 지침 2001/80(OJ 2001 L309/1)에 의해 폐지되었다.

관련하여 '특히 기후변화에 대응하기 위하여'(in particular combating climate change)라는 표현을 추가하여 사용함으로써 환경문제가 '국제적인 문제'임을 함축하고 있다. 이는 오늘날 국제사회에서 다루는 탄소배출권거래제도, 탄소세 등 '기후변화' 관련 문제를 EU가 'TFEU'에서 중요하게 다루고 있다는 점에서 흥미롭다고 하겠다. 그리고 EU가 지구적 기후변화문제에 대응하기 위해 자신의 규범을 어떻게 역외적용하려고 시도할지도 흥미롭게 지켜볼 일이다.

한·EU FTA가 발효된 우리나라도 특히 대외 경제통상활동에 있어서 EU와 어떤 통상마찰 또는 분쟁이 발생하지 않도록 하기 위해서 TFEU 제191조에서 제193조까지의 규정 등 EU의 환경 관련 규범에 대한 깊이 있는 이해가 필요하다. 나아가 우리나라도 국내외적으로 적용 가능한 환경규범을 어떻게 선도적·주도적으로 확립해 나갈지 신중하게 검토해야 할 것이다. 결국 우리나라의 환경의식과 구체적인 환경정책수준에 대한 인식 제고가 필요하며, 물론 이는 국제경제법질서에 합치되는 방향으로 진행되어야 할 것이다. 끝으로 이러한 환경정책상의 원칙에 대한 기본적 이해는 구체적인 환경규범을 이해하는 데 중요한 초석이 될 것이다.

제26장 환경책임과 환경형법*

I. 서언

국내외적으로 '환경문제'가 초국경적 문제임을 인식하면서도 '경제성장'을 위하여 쉽게 이를 규제하고 있지 못한 형편이다. 그러나 환경문제를 다룸에 있어서 가장 중요한 점은 환경손해에 대한 '환경책임'을 명확하게 부여하는 것이다. 이제 지구의 환경은 더 이상 경제성장의 논리에 귀 기울일 여유가 없기 때문에 국제사회는 인류의 생존을 위해 환경문제의 해결에 대한 필요성을 심각하게 인식하고 올바른 환경정책을 추진해야 한다. '지속 가능한 발전'이라는 통합의 원칙[1]에 따라 환경을 보호하고 인간의 건강을 보호하며, 천연자원을 신중하고 합리적으로 이용하고 전 지구적 차원에서 상호 협력해야 한다.[2] '높은 수준의 환경보호'를 위해 노력하고 사전예방의 원칙, 방지의 원칙, 근원의 원칙, 오염자부담의 원칙, 세이프가드 조치 등을 통해 적극적인 환경보호정책을 추진해야 한다.[3]

유럽연합(European Union: EU)은 환경손해에 대한 '환경책임' 문제를 다루기 위해 2004년 4월 21일 유럽의회/이사회가 "환경손해의 예방과 구제에 관한 지침 2004/35/EC"[4]을 채

---

* 이 내용은 김두수, "EU법상 환경책임의 형사제재 강화 가능성", 『EU연구』 제30호(2012.2)를 참고하였음.

1) EU는 EU기능조약(Treaty on the Functioning of the European Union: TFEU) 제11조(EC조약 제6조)에서 '통합의 원칙'을 규정하여 공동체의 경제 활동과 정책의 이행은 '환경보호'를 고려한 '지속 가능한 발전'을 향한 방향으로 추구되어야 한다고 명시하고 있다. 또한 리스본조약(Treaty of Lisbon)을 통해 TFEU 제191조 1항에서는 '특히 기후변화에 대응하며'(in particular combating climate change)를 첨가하여 EU가 환경보호를 역내외적으로 매우 중요하게 다루고 있음을 명시하고 있다. 그리고 환경책임을 다룸에 있어 의결절차상의 민주화를 강화하기 위해 유럽의회(European Parliament: EP)의 권한을 강화하고 있다. PSRF Mathijsen, *A Guide to European Union Law*(London: Sweet & Maxwell, 2010), p.541 참조. 김두수, "EU의 환경보호에 관한 법제의 발전과 일반 원칙들의 현황", 『국제재역연구』, 제15권 제2호(2011.7.30), pp.107-111 참조.

2) 김두수, "EU환경법상 환경정책의 목적에 대한 파라콰트 관련법령의 취소", 『외법논집』, 제35권 제4호(2011.11.30), pp.273-278 참조.

3) 이는 TFEU 제191조에 규정된 EU 환경정책의 기본 목적이자 원칙이기도 하다. 특히 높은 수준의 환경보호는 개념이 명확하게 정의되어 있지는 않지만 환경정책의 성과를 가늠할 수 있는 잣대라고 할 수 있다. Alan Dashwood·Michael Dougan·Barry Rodger·Eleanor Spaventa·Derrick Wyatt, *European Union Law*(London; Hart Publishing, 2011), p.378 참조. Mathijsen, *supra* note 1, pp.541-542.

택하여 환경보호에 관한 '일반적 의무'를 규정하였다. 또한 이와 동시에 이를 구체화하는 기존의 과정 속에서 2003년 1월 27일 이사회가 "형사적 제재를 통한 환경보호에 관한 골격 결정 2003/80/JHA(수정 전)"[5]을 마련하였다. 그러나 이 골격 결정은 2008년 11월 19일 유럽의회/이사회가 '수정된' 관련 지침 2008/99/EC(수정 후)[6]을 채택하였으며, 이 법령(골격 결정 2003/80)에 대한 취소소송이 제기되어 2005년에 이미 유럽사법법원(European Court of Justice: ECJ)의 판결에 의해 관련 법령이 취소(Case C-176/03)된 바 있다. 이 사건은 이사회가 환경손해에 대한 일반적 의무를 다루는 책임지침을 규정하면서 동시에 이를 '구체적으로' 강화하고자 하는 목적으로 '형사적 규제'를 입법화하는 과정에서 회원국들의 사법영역을 침해하였다는 위원회와 유럽의회의 주장에서 비롯되었다. 이는 "선박에 의한 해양오염에 관한 형사적 처벌에·관한 골격결정 2005/667"[7]을 다룬 사건(Case C-440/05)에서 더욱 구체적으로 ECJ에 의해 확인되었다. EU의 3대 축의 하나였던 '사법내무협력'(Justice and Home Affairs: JHA) 분야는 회원국의 주권적 성질이 강한 영역이기 때문에 EU가 규칙(Regulations)과 유사하게 전부구속력이 있는 '결정'(Decisions)이라는 2차 법령의 형태로 규율하고자 하였으나, 위원회와 유럽의회가 ECJ에 취소소송을 제기함으로써 관련 법령(골격 결정 2003/80)이 결국 취소된 것이다. 이는 환경손해에 대한 일반적 '환경책임'의 의무를 회원국들의 '형법의 조화'를 통해 형사적 제재 차원에서 강화하고자 하였으나 실패로 끝났다는 점에 있어서는 아쉬움이 없지 않으나, 그 이유 또는 한계[형벌의 종류와 범위(수준 또는 정도)에 관한 EU의 지나친 개입에 대해서는 부정적]를 살펴 향후 나아갈 방향을 가늠한다는 점에서 연구의 의미가 있다.

따라서 이 글에서는 먼저 '환경손해의 예방과 구제'에 관해 일반적 의무를 규정한 유럽의회/이사회 지침 2004/35/EC과 '형사적 처벌'을 통한 환경보호에 관한 유럽의회/이사회 지침 2008/99/EC을 분석한 후, 이와 동시에 환경보호를 위한 형사적 제재를 다루고자 하였던 골격 결정을 취소한 ECJ의 중요 판례들(Case C-176/03, 2005년 판결과 Case C-440/05,

---

4) Directive 2004/35/EC of the European Parliament and of the Council of 21 April 2004 on environmental liability with regard to the prevention and remedying of environmental damage(OJ 2004 L143/56). 이 지침은 Directive 2006/21(Directive 2006/21/EC of the European Parliament and of the Council of 15 March 2006 on the management of waste from extractive industries and amending Directive 2004/35/EC, OJ 2006 L102/15)에 의해 부속서 III에 13항목이 추가됨으로써 부분 개정됨.

5) Council Framework Decision 2003/80/JHA of 27 January 2003 on the protection of the environment through criminal law(OJ 2003 L29/55).

6) Directive 2008/99/EC of the European Parliament and of the Council of 19 November 2008 on the protection of the environment through criminal law(OJ 2008 L328/28).

7) Council Framework Decision 2005/667/JHA of 12 July 2005 to strengthen the criminal-law framework for the enforcement of the law against ship-source pollution(OJ 2005 L255/164).

2007년 판결)을 분석·검토한다. 이를 통해 EU의 환경책임에 대한 현재의 형사적 규제방식을 이해하고 앞으로의 향방을 예측할 수 있을 것이다.

II. EU의 환경책임기본법: 환경손해의 '예방'과 '구제'에 관한 지침

여기에서는 EU가 역내에서 환경손해의 예방과 구제에 대한 '환경책임'을 어떻게 규율하고 있는지에 대한 법적 기초를 '오염자부담의 원칙'을 중심으로 살펴보고자 한다.

1. 입법 취지

2004년 4월 21일 스트라스부르(Strasbourg)에서 채택된 EU의 "환경손해의 예방과 구제에 관한 환경책임 지침"(Directive 2004/35/EC of the European Parliament and of the Council of 21 April 2004 on environmental liability with regard to the prevention and remedying of environmental damage)의 목적은 환경피해의 예방 및 구제에 있어서 '오염자부담'의 원칙에 기초한 환경책임의 기본 구조를 확립하는 것이며[8](제1조), 동 지침 제2조에서는 다양한 용어에 대한 개념을 정의 내리고 있다.[9]

---

8) Dashwood · Dougan · Rodger · Spaventa · Wyatt, *supra* note 3, p.316 참조.
9) 지침 2004/35/EC 제2조 (정의):
   이 지침의 목적을 위하여 용어에 대한 개념은 다음과 같이 정의하고 있다.
   (1) '환경 피해'의 의미
       (a) '보호종들과 자연서식지들에 대한 피해'를 의미하며, 이러한 행위는 이들 보호종들 또는 서식지들의 좋은 보존 상태를 유지하거나 그 상태에 이르는 것에 대한 중대한 악영향을 초래하는 모든 피해이다. 이러한 중대한 악영향에 대한 판단 기준은 부속서 I에 명시되어 있다.
       (b) '수해'는 지침 2000/60/EC 제4조(7)에서 정의된 것처럼, 물과 관련하여 그 생태계나 화학적 그리고/또는 양적인 상태 그리고/또는 잠재적 생태계에 대한 중대한 악영향을 미치는 피해이다.
       (c) '토양 피해'는 미생물 또는 유기체, (조직)표본, 물질, 땅의 표면과 아래 그리고 토질, 직/간접의 유전자 도입의 결과로서 사람의 건강에 악영향을 끼치는 중대한 위험을 발생토록 하는 토양 오염이다.
   (2) '피해'란 자연자원 또는 직/간접적으로 일어나는 자연정화기능에 있어서의 불리한 변화(하향조정)를 의미한다.
   (3) '보호종들과 자연서식지들'의 의미: 희귀종, 천연기념물, 늪지 등
       (a) 보호종들은 지침 79/409/EEC 또는 지침 92/43/EEC에 기재된 것을 말한다.
       (b) 서식지들은 지침 92/43/EEC 또는 지침 92/43/EEC에 기재된 것을 말한다.
       (c) 이 두 지침에서 규정된 것들과 같은 동등한 목적을 위해 이들 부속서에 기재되지 않은 어떤 종들과 서식지는 회원국이 지정하여 확정한다.
   (4) '보호 상태'의 의미: 오염되지 않게 보호되어야 하는 상태
       (a) '자연 서식지'는 자연 서식지와 그곳의 일반적인 종들에 작용하는 영향력들의 합이 그것의 장기간의 자연분포(자연현상에서 흔히 발생 또는 존재하는 분포양상), 구조 그리고 기능뿐만 아니라 그곳의 일반적인 종들 사이에서 장기간의 생존경쟁(예를 들면, 먹이사슬)에 영향을 주는 상태이어야 한다. 그 경우에

2. 적용 범위 및 예외

동 지침은 '산업활동'에 의해 발생한 환경피해나 이러한 '산업활동'이 원인이 되어 일어난 피해로부터 파생된 긴급한 위협으로 인한 환경피해에 적용되며, 이에는 산업활동에 의해 일어난 보호종들과 자연서식지들에 대한 피해가 포함되며, 사업자의 과실이나 부주의를 요건으로 한다(제3조).

자연서식지는 조약이 적용되는 회원국의 유럽지역 또는 그 서식지의 자연범위(여기서는 생물이 이동하는 범위(mobile animals)를 말하는 경우 자주 회자되는 단어)를 의미함) 또는 회원국의 영토이다.

자연서식지의 '보호 상태'는 다음의 경우에 '좋은 것'으로 여겨진다.

- 동 서식지의 자연범위와 지역이 안정화(보존) 또는 증가(발전)라는 범위를 포함할 때
- 동 서식지의 장기간 유지를 위해 필요한 구체적인 구조 그리고 기능이 존재하고 예측 가능한 미래 동안 존재하기 위해서 계속될 수 있을 것 같은 것, 그리고
- (b)에서 정의된 것처럼, 그곳의 일반적인 종들의 보호 상태가 좋은 경우

(b) '종들'은 관련 종들에 있어서 작용하는 영향력의 합이 조약이 적용되는 회원국의 유럽지역 또는 회원국의 영토 또는 그 종들의 자연범위 내에서 개체군의 번식과 장기 분배에 영향을 주어야 한다.

종들의 '보호 상태'는 다음일 때에 '좋은 것'으로 여겨진다.

- 관련 종들의 개체군 역학 자료가 자연서식지에서 독자생존이 가능한 구성원처럼 장기적인 안목에서 스스로 지속 가능함을 보여 줄 때
- 관련 종들의 자연적인 범위는 감소되고 있거나 예측 가능한 미래 동안 감소될 것 같지 않아야 한다. 그리고
- 장기적인 안목에서 관련 종들의 개체군들을 유지하기 위해서 충분히 큰 서식지가 있어야 하고, 계속해서 있어야 한다.

(5) '물'은 지침 2000/60/EC에 규정된 모든 물을 의미한다.

(6) '사업자'는 어떠한 자연인 또는 법인, 산업활동을 운영하거나 관리하는 공인 또는 사인 또는 법률에 의해 제공되는 산업활동 부분이나 이러한 활동의 기능이 위임되어 있는 부분 중에서 중요한 경제력을 가진 자 또는 이러한 활동을 위한 권한이나 허가권을 가진 자를 포함한다.

(7) '산업활동'은 경제활동의 과정, 사업 또는 계약에서 실행되는 활동을 의미하며, 영리 또는 비영리의 특성이나 또는 사적이거나 공공적인 것과는 무관하다.

(8) '방출'은 인간 활동의 결과로 인해 물질, 표본, 유기체, 미생물에서 환경에 출현되는 것을 의미한다.

(9) '피해의 긴급한 위협'은 환경 피해가 가까운 장래에 일어날 가능성이 충분한 것을 의미한다.

(10) '예방조치'는 환경피해의 긴급한 위협을 발생시켰던 사건, 행동 또는 태만에 대응하여 그 피해를 막거나 최소화하기 위해 취하는 조치를 의미한다.

(11) '구제조치'는 회복을 위한 임시적 또는 경감적 조치로서 손상된 자연자원 그리고/또는 손상된 기능을 대체하거나 회복시키는 것,

(12) '자연자원'은 보호종들과 자연서식지들, 물 그리고 땅을 의미한다.

(13) '기능' 그리고 '자연정화기능'은 그 자연세계 또는 다른 자연자원의 이익을 위해 자연자원에 의해 시행되는 기능을 의미한다.

(14) '판단기준'은 환경피해가 일어나지 않은 현재 존재하고 있는 자연자원 그리고 기능에 대한 피해가 일어나는 그 시점의 조건을 의미한다.

(15) '자연회복'을 포함한 '회복'은 물의 경우에는 보호종들과 자연서식지들의 판단기준에 상응하는 손상 및 자연정화기능의 개선을 의미하고, 토양 피해의 경우에는 사람의 건강에 악영향을 일으키는 중대한 위험의 제거를 의미한다.

(16) '비용'은 환경피해를 평가하는 비용을 포함하는 이 지침의 적절하고도 효과적인 시행을 보장하기 위해 필요하다고 판단되는 비용으로서, 행동을 대체할 수 있는 대안이나 여러 침해 중에서 긴급한 위협에 대처하는 비용뿐만 아니라 행정, 법률, 그리고 강구 비용, 정보 수집을 위한 비용 그리고 일반적 비용, 관리 및 감독 비용들을 의미한다.

그러나 동 지침은 첫째, 무력충돌·적대행위·내란·폭동에 의해 발생한 환경피해, 특별하고 불가피적이며 제어할 수 없는 성질의 자연현상에 의한 환경피해의 경우, 둘째, 국제법(국제조약)의 범위 내에서 시행되는 보상 또는 법적 책임의 경우에는 그 환경피해나 중대한 위협에 적용되지 아니하며, 셋째, 개인 사업자의 행위와 그 피해 사이에 일반적인 관련성이 존재할 경우에는, 일부 특정오염을 원인으로 한 환경피해나 피해의 중대한 위협의 경우에만 적용되며, 넷째, 자연재해를 방지하기 위한 고유한 목적을 가진 행위이거나 국제안전 또는 국가방위 등의 중요 목적으로 한 행위에는 적용하지 아니한다(제4조).

3. 예방조치

환경피해가 발생할 중대한 '위협'이 있는 경우, '사업자'는 필요한 예방조치를 지체 없이 취해야 하며, 회원국은 사업자에 의해 취해진 예방조치에도 불구하고 환경피해의 중대한 위협에 대한 불안을 제거하지 못할 경우에 사업자로 하여금 가능한 한 빨리 상황을 관할당국[10]에게 통지하도록 한다. 한편 '관할당국'의 '상시적 권한'에 관해 규정하여 (a) 환경피해의 어떠한 중대한 위협 또는 그러한 중대한 위협이 예상되는 경우에 관련정보의 제공을 사업자에게 요청할 수 있으며, (b) 필요한 예방조치가 취해지도록 사업자에게 요청할 수 있으며, (c) 취해지는 필요한 예방조치를 지키도록 사업자에게 지시할 수 있으며, (d) 관할당국이 자체적으로 필요한 예방조치를 취할 수 있다. 관할당국은 만약 사업자가 예방조치에 관한 제5조 1항 또는 3항(b) 또는 (c)에 기술된 사업자 의무에 응하지 않는 경우, 동 지침하에서 어떠한 비용청구에 대해서도 그 자격을 부여하지 않을 수 있다(제5조).

4. 구제조치

환경피해가 '발생'하는 경우에 '사업자'는 그 상세한 상황과 조치를 관할당국에 지체 없이 통지해야 한다. 모든 상황은 즉각적으로 진행되어야 하며, 통제나 제거 또는 관련 오염관리와 피해요소의 최소화, 그리고 인간건강의 악영향 및 자연정화기능의 심각한 타격 등을 고려한 예방적 단계를 거쳐야 한다. 그리고 '관할당국'의 '상시적 권한'에 관해 규정하

---

10) 회원국은 동 지침(지침 2004/35)상의 의무이행을 위해 관할당국을 지정할 수 있으며, 이 관할당국은 구제조치의 결정, 환경피해의 중요성 평가, 환경피해의 중대한 위협 또는 환경피해를 일으키는 사업자를 선정하는 의무를 진다. 그리고 관할당국은 관련 사업자에게 환경피해의 발생과 중대한 위협과 관련된 필요한 자료나 정보를 수집하게 하거나 자체 평가를 시행하도록 요구할 수 있다. 나아가 회원국들은 제3자를 위해 필요한 예방조치 또는 구제조치를 수행하도록 관할당국에게 요구한다(지침 2004/35 제11조).

여 (a) 발생한 피해에 대한 충분한 정보제공을 사업자에게 요청하며, (b) 모든 상황에서 즉각적으로 대처하여 통제나 제거 또는 관련 오염관리와 피해요소의 최소화, 그리고 인간건강의 악영향 및 자연정화기능의 심각한 타격 등을 고려한 예방적 단계를 취하도록 사업자에게 지시할 수 있으며, (e) 관할당국은 필요한 구제조치를 자체적으로 취할 수 있다. 관할당국은 만약 사업자가 구제조치에 관한 제6조 1항 또는 2항(b), (c) 또는 (d)에 기술된 사업자 의무에 응하지 않는 경우, 동 지침하에서 어떠한 비용청구에 대해서도 그 자격을 부여하지 않을 수 있다(제6조).

5. 구제조치의 결정

관할당국이 제6조(2)(e) 그리고 (3)에 따른 행동을 취하지 않는 경우, 사업자는 승인을 위해 관할당국에게 조치들을 통지하고, '잠정적 구제조치'를 취할 자격을 부여받는다. 한편 관할당국이 구제조치를 결정하는 경우에는 관련 사업자의 협조를 요청할 수 있다.

그런데 여러 필요한 구제조치를 '동시에' 취할 수 없음이 확실시되는 경우가 발생할 수 있는데, 이러한 경우 관할당국은 가장 우선적으로 구제(개선)되어야 하는 환경피해를 결정할 자격을 부여받는다. 이러한 '우선적 구제조치'의 결정 시, 관할당국은 여러 환경피해의 경우에 있어서의 성질, 크기, 심각성 그리고 자연정화가능성 등을 고려해야 하며, 인간의 건강 역시 고려해야 한다.

그리고 관할당국은 사람들에게 제12조(1)(자연인 및 법인의 소송당사자 적격)[11]을 참고하도록 해야 하고, 해당 구제조치와 관련이 있는 경우에 이들에게는 관련 자료의 제출과 그 설명을 요구한다(제7조).

6. 예방조치 및 구제조치에 대한 비용

사업자는 '오염자부담의 원칙'에 따라서 동 지침의 목적상 취해진 '예방조치'와 '구제조치'에 대한 비용을 부담해야 한다. 그러나 사업자는 환경피해가 (a) 제3자에 의해 일어난

---

11) 자연인 및 법인의 소송당사자 적격과 관련하여 (a) 환경피해의 영향을 받을 가능성이 있거나 영향을 받은 경우 또는 (b) 해당 환경피해의 환경문제에 관한 의사결정 시 '충분한 이해관계'를 갖는 경우 또는 (c) 회원국의 행정절차법상의 전제조건으로서 '권리의 장애'를 초래한 경우를 인정하고 있다. '충분한 이해관계'와 '권리의 장애'에 관해서는 국내법에 의해 결정된다(지침 2004/35 제12조). 제12조(1)에 언급된 자연인 및 법인은 법원이나 다른 독립적이고 공정한 합법적 공공조직에서 예방 및 구제절차에 대한 관할당국의 행위의 옳고 그름에 대한 법적 판단을 신청할 수 있다(지침 2004/35 제13조).

것이거나 (b) 공공기관으로부터의 의무적인 지시나 절차에 따름으로서 발생한 경우임을 증명하는 경우에는 예방 및 구제조치에 대한 비용을 부담할 의무가 없다.

또한 회원국은 동 지침에 따라 취해진 구제조치가 사업자의 실수나 과실에 의하지 않음을 증명하는 경우에 구제비용을 부담하지 않도록 할 수 있다. 즉 EU위원회의 입법조치에 의하거나 회원국 국내법에 의거한 방출이나 사건인 경우 또는 당시의 과학적・기술적 지식의 상황으로는 환경피해의 발생을 예상하기 힘든 경우에는 사용자의 비용 부담을 면제할수 있다.

한편 제6조 (2)와 (3), 제5조 (3)와 (4)에서 그 목적을 위해 '관할당국'이 취한 조치는 동 지침상의 사업자의 책임과 무관하고 또한 EC조약 제87조와 제88조(TFEU 제107조와 제108조)와도 무관하여 아무런 영향을 주지 아니한다(제8조).

7. 비용청구의 기한 제한

동 지침의 목적에 따라 필요한 예방조치 또는 구제조치를 취한 비용청구의 자격이 있는 제3자는 필요조치의 완료일로부터 5년 이내에 그 비용을 청구할 수 있다(제10조).

8. 회원국들 간의 협력

환경피해가 수개의 회원국에 영향을 미치거나 그 우려가 있는 경우, 회원국들은 적절한 '정보'를 교환하며 예방조치 및 구제조치의 필요성 등에 대해서도 협력해야 한다. 무엇보다 환경피해가 발행한 곳, 즉 환경피해의 근원지의 회원국은 환경오염에 따른 악영향을 받을 다른 회원국에게 충분한 '정보'를 제공해야 한다. 한편 회원국은 환경피해를 인지한 것과 아직 구체적 피해가 발생하지 않은 것에 대한 모든 관련 정황을 다른 모든 관련 회원국과 EU위원회에 보고하여야 하며, 이는 향후 '예방조치'나 '구제조치'의 '채택 여부'의 결정 시 좋은 자료로써 활용된다(제15조).

9. 국내법과의 관계

동 지침은 환경피해의 예방과 구제와 관련하여 회원국이 자체적으로 '보다 엄격한' 조항을 채택하거나 유지하는 것을 금지하지 아니한다. 이는 책임자의 범위와 예방 및 구제조치의 강화가 회원국에서 추가적으로 가능함을 의미한다(제16조).

10. 이행

동 지침은 시제법적 적용을 위하여 제19조에 따라 회원국들의 국내법적 이행 기한인 2007년 4월 30일 이전의 사건에 대해서는 적용되지 아니하며, 방출이나 인위적 사건 또는 우연한 사건으로부터 30년 이상의 기간이 지난 환경피해의 경우에는 적용되지 아니한다(제 17조, 제19조).

그리고 회원국들은 늦어도 2013년 4월 30일까지 동 지침의 적용을 통한 경험을 EU위원 회에 보고하며, 이러한 회원국들의 보고에 기초하여 EU위원회는 2014년 4월 30일까지 유 럽의회(EP)에 보고서[12]를 제출한다(제18조). 이를 통해 EU는 환경손해의 예방과 구제에 관 한 보다 적절한 환경정책을 추진할 수 있을 것이다.

Ⅲ. EU의 환경형법:「형법」을 통한 '환경보호'에 관한 지침

EU는 환경책임을 '형사적으로' 보다 구체화하기 위하여 이 글 제4장 전반부에서 살펴보 는 "환경보호 위반에 대한 형사적 제재에 관한 골격결정 2003/80/JHA"을 채택한 바 있으 나 이 법령은 취소된다. EU는 ECJ의 동 법령에 대한 취소판결 이후에 "형법을 통한 환경 보호에 관한 지침 2008/99/EC"을 채택하는바, 아래에서는 이에 대하여 살펴보고자 한다.

---

12) 제18조 2항에 언급된 보고서는 아래의 검토사항을 포함한다.
  (a) 다음 사항의 국내적 적용의 검토
    － 동 지침의 범위로부터 부속서 Ⅳ과 Ⅴ에 게재된 국제기구에 의해 포함된 오염에서 제외되는 것과 관 련 있는 제4조의 (2)와 (4), 그리고
    － 제4조의 (3)에 명시된 바와 같이 국제조약에 따라 그 책임을 제한하는 사업자의 권리에 대한 4조의 (3) EU위원회는 국제해사기구(International Maritime Organization: IMO) 또는 유럽원자력공동체(Euratom) 와 관련된 국제협정뿐만 아니라 이러한 국제기구가 강제하려고 입안하는 내용이나 회원국에 의해 실 행되고 있는 모든 관련 사항의 설명을 포함하되 회원국에서의 법적 책임의 등급 사이에의 차이, 선주 의 법적 책임과 기름 수령인 사이의 기여도에 따른 관련성을 포함해야 한다. 그리고 국제유류오염보상 기금(International Oil Pollution Compensation Fund: IOPC FUND)의 모든 관련 연구를 고려한 관련 국 제포럼에서 얻어진 경험을 설명해야 한다.
  (b) 유전자변형(Genetically Modified Organizations: GMO)식품에 의해 발생한 환경피해에 대한 동 지침의 적 용은 특별히 관련 국제포럼이나 국제조약에서 얻은 경험에 비추어 이들 "생명안전성에 관한 카르타헤나 협약"(Cartagena Protocol on Biosafety)과 '생명다양성협약"(Convention on Biological Diversity)뿐만 아니 라 GMO식품에 의해 발생한 환경피해의 모든 사건의 결과에 대한 동 지침의 적용에 대한 검토
  (c) 보호종들과 자연서식지들에 대한 동 지침의 적용에 대한 검토
  (d) 부속서 Ⅲ, Ⅳ 그리고 Ⅴ에 따라 법인 설립의 자격이 있는 기구

1. 입법 배경 및 취지

국제사회에서 환경문제에 대한 심각성이 제고되고 환경보호가 전 지구적 차원에서 해결해야 할 사안임을 인식함에 따라 EU는 환경보호를 위한 선도적 차원에서 회원국들의 노력을 촉구하고자 "형법을 통한 환경보호에 관한 지침 2008/99/EC"(Directive 2008/99/EC of the European Parliament and of the Council of 19 November 2008 on the protection of the environment through criminal law)를 채택하였다.13) 2008년 11월 19일 채택된 동 지침은 그동안의 EU 노력의 산물로서 27개 회원국 전부에 대해 법적 구속력을 갖는다는 데 의미가 있다. 동 지침은 모든 회원국이 환경보호에 관한 국내 형사 처벌조치를 2010년 12월 26일까지 마련하도록 요구하고 있다.

이는 그간 논의된 환경보호가 EU회원국 사이에서 EU가 기대하는 수준만큼 이루어지지 않았기 때문에 환경보호에 대한 경각심을 일깨우고, '형사제재'를 통하여 각 회원국이 구체적인 대책을 강구하도록 '촉구하기' 위한 것으로 보인다. 환경법이 보호하고자 하는 법익은 개인의 이익보호에 있다기보다는 오히려 '미래 세대'를 포함한 '인류 전체'의 이익, 나아가 생태계 자체의 이익, 지구의 이익보호에 중점을 두고 있다고 볼 수 있어 고도의 '공익성'과 '객관성'을 띤다고 할 수 있다.

동 지침의 전문을 보면 EU는 TFEU 제191조 2항(EC조약 174조 2항)에 따라 높은 수준의 환경정책을 추구해야 하며, 환경범죄의 영향은 국경을 지속적으로 넘어 확대될 수 있다고 하였다. 그리고 그동안의 경험에 비추어 볼 때 현재의 처벌 제도(일정액의 벌금)로서는 환경보호를 위해 법률이 완전한 제 역할을 달성하기에는 불충분하다고 판단하여, 유용한 형사적 처벌이 강력하게 수행되어야 한다고 하였다. 그리고 그러한 형사적 처벌의 집행은 행정적인 처벌이나 민법상의 배상제도와 비교했을 때 그 성질이 질적으로 다른 것이라고 하였다(전문 1단~3단). 따라서 효과적인 환경보호를 위해서는 환경적 위해행위에 대해 '더욱 억지력이 있는' 처벌이 필요하다는 것이다. 무엇보다 그러한 위해행위가 고의 또는 중과실에 의한 경우에는 EU 차원에서 형사 범죄로 간주되어야 한다는 것이다(전문 5, 7단). 따라서 EU회원국들은 동 지침에 따라 환경범죄에 대하여 형사적 처벌을 부과하는 규정을 마련해야 한다(전문 10단). 물론 동 지침은 '최소한'의 규율을 제공하며, 회원국이 환경보호를 위한 효과적인 형법적 방안을 마련하여 '더욱 강력한 규제조치'를 채택하거나 유지하는 것은 자유이다(전문 12단). 단 그러한 국내 형사조치는 EU 기본조약들과 양립할 수 있어야

---

13) 이는 EU 차원에서 환경보호를 위한 형사제재에 대해 얼마나 상당한 심혈을 기울였는지를 알 수 있는 결과물로 평가되기도 한다. Dashwood · Dougan · Rodger · Spaventa · Wyatt, *supra* note 3, p.317 참조.

한다. 효과적인 환경보호는 회원국에 의해 충분히 달성될 수 없기 때문에, EC조약 제5조 [현 유럽연합조약(Treaty on European Union: TEU) 5조]에 따른 보충성의 원칙에 따라 EU 차원에서 조치를 채택할 수 있다. 물론 이러한 경우에도 비례의 원칙에 따라 목적달성을 위한 필요한 한도 내에서만 인정될 수 있다(전문 14단).

동 지침은 전체적으로 볼 때 환경보호의 대상, 환경범죄의 구성요건 및 그 처벌에 관하여 규정하고 있으며, 동 지침의 목적은 환경을 보다 효과적으로 보호하기 위한 회원국 내 '형법적 대책'을 수립하는 것이다(제1조).

2. 범죄의 구성요건

동 지침은 사용되는 용어의 의미를 정의한 후(제2조),[14] 환경범죄의 구성요건을 각 항을 통하여 제시하고 있다(제3조).[15] 환경범죄의 구성요건에 관한 구체적 내용으로 먼저 각 항

---

14) 지침 2008/99/EC 제2조 (정의):
　　동 지침의 목적을 위하여
　　(a) '불법'이란 다음에 대한 위반·침해행위이다.
　　　(ⅰ) EC조약에 따라 채택된 법과 부속서 A 또는
　　　(ⅱ) Euratom조약에 따라 채택된 법과 부속서 B 또는는
　　　(ⅲ) 회원국의 행정법 또는 회원국의 적정한 권한에 의한 결정과 회원국이 효력을 부여한 (ⅰ) 또는 (ⅱ)
　　　　　에서 언급한 공동체법
　　(b) '보호야생동식물군'은
　　　(ⅰ) 제3조(f)의 목적을 위해 다음을 포함한다.
　　　−1992년 5월 21일 자연서식지와 야생동식물의 보전에 관한 이사회 지침 92/43/EEC의 부속서 Ⅳ
　　　−1979년 4월 2일 야생조류의 보전에 관한 이사회 지침 79/409/EEC 제4(2)조 규정
　　　(ⅱ) 제3조(g)의 목적을 위해 1996년 12월 9일 야생동식물군의 보호와 매매의 규제에 관한 이사회 규칙
　　　　　338/97의 부속서 A와 부속서 B를 포함한다.
　　(c) '보호지역안의 서식지'란 지침 79/409/EEC 제4(1)조 또는 (2)의 어떠한 종의 서식지로서 종 보호 지역으
　　　로 분류된 지역 또는 어떠한 자연 서식지 또는 종의 서식지 지침 92/43/EEC) 제4(4)조에 의해 보존을 위
　　　한 특정한 지역으로 구상된 지역
　　(d) '법인'이란 국내법의 적용을 받는 지위를 가진 법인을 말하며, 국가 또는 국가권한과 공적인 국제기구에
　　　의하여 실행되는 행위를 하는 공공단체는 제외한다.
15) 지침 2008/99/EC 제3조 (범죄):
　　회원국은 다음의 행위를 형사 범죄를 구성하는 행위로 규정하여야 하며. 이는 불법성 그리고 고의 또는 중과
　　실을 요건으로 한다.
　　(a) 다량 물질의 배출, 방출, 유입 또는 이온 방사물을 대기, 토양, 수중에 방출하여 사람의 사망 또는 인체
　　　에 심각한 장애를 유발하는 경우 또는 대기의 질, 토양의 질, 수질, 동물과 식물에게 지속적인 피해를 유
　　　발하는 경우
　　(b) 폐기물의 수집, 운반, 재생, 처리와 관련하여 그러한 운영의 감독과 처리장의 사후관리(매매인 또는 중개
　　　인 폐기물처리업자에 의한 행위를 포함)로써 사람의 사망 또는 인체에 심각한 장애를 유발하는 경우 또
　　　는 대기의 질, 토양의 질, 수질, 동물과 식물에게 지속적인 피해를 유발하는 경우
　　(c) 폐기물의 선적은 2006년 6월 14일 유럽의회와 이사회 규칙 1013/2006 제2조(35)의 범위 이내의 장소에
　　　서 투척하는 행위로 폐기물의 선적이 무시할 수 없는 정도의 수량이되 일회의 선적인지 아니면 연계되
　　　어 수회에 걸쳐서 실행되었는지는 불문한다.

의 행위가 '고의' 또는 '중과실'에 해당할 경우에 범죄를 구성한다고 명시하고 있으며, 그리고 사람 또는 동식물이 사망 또는 심각한 부상에 이르는 직간접적 원인을 유발하는 환경오염 행위를 하는 경우와 이러한 환경오염행위의 감독, 사후관리, 거래자로써 행한 행위의 경우 범죄를 구성한다고 규정하고 있으며, 그리고 유럽의회에서 규정한 폐기물 선적의 출하 이외의 경우, 환경오염의 우려가 있는 물질을 사용하거나 이를 저장하는 경우 환경오염을 유발하여 사람 또는 동식물에 사망 또는 심각한 부상을 입힌 경우 등 환경오염을 직간접적으로 유발하는 행위를 한 경우에 범죄를 구성한다고 하며, 이뿐만 아니라 동식물의 무허가 지역에서의 표본채취, 표본거래의 경우와 보호영역의 상당한 저하를 일으키는 행위, 즉 동식물에 직접적 위해를 가하는 경우에도 범죄를 구성하며, 그리고 오존을 파괴하는 물질의 생산, 수출입 및 거래하는 경우에도 본 범죄의 구성요건에 해당한다고 명시하고 있다.[16]

환경범죄의 구성요건에 관한 제3조는 동 지침의 전문 (5)에서 환경보호를 효과적으로 달성하기 위해 환경유해활동을 '특정'할 필요성이 있다는 판단하에 규정된 것으로 보인다.

3. 교사, 방조, 조장

동 지침은 제3조의 행위를 한 정범뿐 아니라, 교사, 방조한 경우 및 이를 조장한 경우에도 처벌토록 규정하고 있다(제4조).

4. 처벌

동 지침은 제3조와 제4조의 죄를 범한 경우, 회원국은 해당 범죄에 대해 '효과적'이고, '비례적'이며, '억제력 있는' 형벌을 부과해야 한다고 규정하고 있으나, 그 구체적 처벌은

(d) 공장의 운영이 위험한 물질로 수행되고 위험한 물질을 야외의 공장에 준비, 저장, 사용하여 사람의 사망 또는 인체에 심각한 장애를 유발하는 경우 또는 대기의 질, 토양의 질, 수질, 동물과 식물에게 지속적인 피해를 유발하는 경우
(e) 핵물질 또는 다른 위험한 방사능 물질을 생산, 가공, 취급, 사용, 보관, 저장, 운반, 수입, 수출, 처분하여 사람의 사망 또는 인체에 심각한 장애를 유발하는 경우 또는 대기의 질, 토양의 질, 수질, 동물과 식물에게 지속적인 피해를 유발하는 경우
(f) 보호야생동식물군을 포획, 파괴, 소유 또는 희귀종을 획득하는 경우, 그러나 그러한 희귀종이 무시할 수 있는 수량의 경우와 종의 보존의 상황에서 무시할 만한 경우에는 제외한다.
(g) 보호야생동식물군 또는 희귀종의 거래, 그러나 희귀종이 무시할 만한 수량의 경우와 종의 보존의 상황에서 무시할 만한 경우에는 제외한다.
(h) 오존감소물질의 생산, 수입, 수출, 상점에 진열, 사용하는 행위.

16) Mathijsen, *supra* note 1, p.549 참조.

내용은 규정하지 않고 회원국에 위임하고 있다(제5조). 이는 이 글 제4장의 사건(Case C-440/05)에서도 다루는 바와 같이 해양선박오염에 대한 형사적 처벌에 있어서 EU가 회원국의 형벌의 '종류'와 '범위'까지 규정하여 강제할 수 없기 때문이다.

5. 법인의 책임 및 처벌

동 지침은 '법인'의 책임능력을 규정하여 '법인' 역시 제3조 또는 제4조의 죄를 행한 경우 '처벌'될 수 있음을 규정하고 있다(제6조 1항). 그리고 '법인'은 범죄행위에 대한 '감독'이나 '통제'의 책임을 지도록 규정하고 있다(제6조 2항). 그리고 '법인'의 죄를 범한 '정범' 또는 '공범'이 개인적 형사 책임을 면할 수 없다고 규정하고 있다(제6조 3항).

동 지침은 법인의 처벌과 관련하여, 법인의 처벌 역시 자연인의 처벌과 마찬가지로 구체적 처벌의 내용은 규정하지 않고 각 회원국이 '효과적'이고, '비례적'이며, '억제력 있는' 처벌 조치를 취하도록만 규정하고 있다(제7조).

6. 이행 및 발효

2008년 11월 19일 채택된 동 지침에 대해 회원국들은 2010년 12월 26일 이전에 이행해야 하며, 회원국들은 동 지침과 관련되는 국내법 주요 규정에 관한 문서를 동 지침과 국내 규정 간의 상관관계에 관한 자료와 함께 EU위원회에 통지해야 한다(제8조).

동 지침은 EU의 2차 법령의 발효와 마찬가지로 EU공보(Official Journal: OJ)에 게재되고 20일 후에 강제력을 가진다(제9조). 동 지침의 수범자는 물론 회원국이다(제10조).

7. 평가

동 지침은 유럽이라는 '지역 국제사회'에서 '환경책임'에 대한 '형사적 처벌'을 통해 환경보호를 실현하고자 했다는 점에 있어서 큰 의미가 있다. 왜냐하면 형법을 통한 환경보호는 '일반 국제사회'에서는 각 국가별 이해관계나 문제해결방식의 차이로 쉽게 이룩할 수 없는 사안이기 때문이다.

그러나 동 지침은 형사 제재(형벌의 종류와 범위(형량))에 대하여 구체적으로 규정하지 못하고, 이를 다만 회원국에 위임하고 있을 뿐이다. 즉 아직까지는 일개 독립국가의 국내

형법과 같은 구체적인 처벌을 규정하지 못하여 법령 채택에 있어서의 큰 의미에 비하여 주요 핵심 사항이 결여되어 있다. 즉 유럽에서 형법을 통한 환경보호는 입법 취지는 좋으나, 각 회원국의 이해관계로 인해 어느 정도는 규제력이 있으나 '구체적으로' 어떻게 통일하여 규제할 것인지는 결론을 내리지 못하였다. 동 지침 제5조에서 처벌에 관해서는 회원국들이 필요한 조치를 취하도록 위임하여 규정하고 있는데, 이에 대해서는 좀 더 구체적으로 형벌의 '종류'와 '형량'을 규정했으면 좋았을 것이다.

환경범죄의 행위자의 측면에서 볼 때, 자연인과는 별도로 법인 자체를 형사적으로 처벌하는 방법은 자유형으로는 불가능하고 재산형으로 규율해야 할 것이다. 결국 동 지침의 위반자들의 다수는 법인일 것이다. 그러나 법인은 징역형의 대상이 될 수 없다. 그런데 그 법인의 불법행위의 감독자를 징역형에 처한다면 진정한 감독자가 처벌될 우려도 있다. 그런데 법인은 대부분 이윤추구의 영리법인이다. 따라서 이들에게는 원상복구에 필요한 금액 이상의 무거운 벌금을 부과하는 형벌을 가하는 것이 적절할 것이다. 만약 벌금을 부담할 수 없는 경우에는 회사매각대금으로 벌금을 충당하고 잔여액만큼을 징역형에 처할 수 있도록 회사감독책임을 물어 대표자가 처벌을 받게 할 수도 있을 것이다. 동 지침 이전의 지침에서는 물론 취소되었으나 자유형과 재산형을 적절히 규정하고 있었다.

어떤 정책이나 입법은 민사적이든, 형사적이든 구체적이고 명확한 처벌규정과 예외 없는 집행이 있어야 그 실효성을 갖는다는 점을 간과해서는 아니 된다. 오늘날 환경에 대한 관심이 증대되고 환경보호에 대한 국제적인 협력의무가 강화되고 있는 데 비하여, 환경보호를 위한 구체적인(다른 말로 표현하자면 보다 강력한) 형사 제재나 민사 제재 및 환경법전문법원의 확립은 찾아보기 어렵다. 동 지침이 형법을 통한 환경보호를 시도하고 있으나, 각 회원국의 상황(국익)에 맞는 국내 입법에 따라 다양한 형사적 처벌이 존재한다는 점에서 동 지침의 강력한 구속력에 의문이 남는다. 동 지침은 회원국이 국내법을 채택하여 이행하는 경우 동 사안에 대한 회원국의 재량을 매우 포괄적으로 인정하고 있다. 이 경우 대부분의 회원국들은 자국에 이익이 되는 관점에서 환경문제를 바라보아 '환경범죄'뿐만 아니라 '예방조치'에 대해서도 형벌의 종류와 범위를 최소한도로 하여 형벌을 부과할 것이므로 동 지침의 실효성에 문제가 제기된다. 구체적이고 명확한 처벌규정이 없으므로 환경보호를 위해 엄격한 책임을 부과하는 회원국들 외에는 처벌의 수위가 낮아질 것은 자명한 사실이다. 얻게 되는 경제적 이익에 대비하여 적은 과태료를 부과하는 것과 같은 경미한 처벌이 형식적 차원에서 이루어질 수 있다. 강력한 처벌규정을 구체적으로 정해야 회원국들의 재량으로 인한 경미한 수준의 처벌을 방지하고 동 지침이 의도하는 목적을 달성할 것이다.

다만 앞으로 EU의 통합강도에 따라 보다 구체적인 형사 제재가 채택될 가능성(형벌 규정에 대한 '개정' 필요성)이 존재한다. 동 지침이 실효성을 확보하기 위해서는 형벌부분에 대한 '개정'이 필요한데, 법인에게는 벌금과 같은 재산형을 그리고 개인 또는 법인의 대표에게는 자유형 또는 재산형을 부과해야 할 것이다.

IV. 형사적 제재를 통한 환경보호에 대한 유럽사법법원(ECJ)의 판례

이 글 앞에서는 EU의 환경책임 및 환경형법에 대한 기본 법제를 분석하였다면, 여기에서는 환경책임, 특히 형사적 제재에 관한 ECJ의 두 개의 주요 판례들의 태도를 살펴봄으로써 앞으로 형법을 통한 EU의 환경보호에 대한 향방을 가늠할 수 있을 것이다.

1. *Commission* v. *Council* 사건(Case C-176/03)

여기에서 살펴보는 *Commission* v. *Council* 사건[17]은 2005년 9월 13일 ECJ가 판결한 사건으로, 당사자로서 원고는 EU위원회이며 원고 측 소송참가자로 유럽의회(EP)가 소송에 참여하였고, 피고는 이사회(Council)이며 피고 측 소송참가자로 덴마크, 독일, 그리스, 스페인, 프랑스, 아일랜드, 포르투갈, 핀란드, 스웨덴, 영국 및 북아일랜드가 소송에 참여하였다.

1) 사실관계

본 소송은 "환경보호위반에 대한 형사적 제재에 관한 이사회 골격결정 2003/80/JHA"[18]에 대한 EU위원회의 취소소송이다.[19] 2003년 1월 27일, 덴마크의 발의로 이사회는 이 골격결정을 채택하였는데, 이는 당시 TEU 제VI편 제29조, 제31조(e), 제34조(2)(b)에 근거하여 증가하는 환경파괴행위에 대한 공동체 차원의 단결된 조치와 그 실현을 위한 수단을 규정하고, 회원국들에게 구체적 환경파괴행위와 그에 대한 '형사적 처벌' 규정의 마련을 요청하는 것을 주요 내용으로 하고 있었다.[20]

---

17) Case C-176/03, *Commission* v. *Council*, [2005] ECR Ⅰ-7879.

18) Council Framework Decision 2003/80/JHA of 27 January 2003 on the protection of the environment through criminal law(OJ 2003 L29/55).

19) Case C-176/03, *Commission* v. *Council*, [2005] ECR Ⅰ-7879, para.1; Koen Lenaerts・Piet Van Nuffel, *European Union Law*(London: Sweet & Maxwell, 2011), p.118 참조. Koen Lenaerts・Dirk Arts・Ignace Maselis, *Procedural Law of the European Union*(London: Sweet & Maxwell, 2006), p.516.

위원회의 주장에 따르면 2001년 3월에 이미 EC조약 제175조(TFEU 제192조) 제1항에 근거하여 형사적 제재를 통한 환경보호에 관한 유럽의회와 이사회의 지침이 '제안된' 바 있으며,[20] 2002년 유럽의회는 이사회에게 이사회의 결정을 앞서 '제안된' 지침의 보조수단으로써만 사용하고 제안된 지침이 채택되기 이전에는 결정의 채택을 삼갈 것을 요구하였다.[22]

이에 반해 이사회는 '제안된' 지침을 채택하는 대신 '제안된' 지침의 주요 조항들, 특히 회원국들이 자국 국내법 범위 내에서 '형사적 제제조치'를 마련하는 것에 관한 규정들을 본 골격결정이 흡수할 수 있다고 주장하였고, 이사회는 앞서 '제안된' 지침의 채택을 논의하였으나 그 내용이 EC조약이 공동체에 부여하고 있는 권한을 넘어선다는 이유로 회원국의 동의를 얻지 못하였으나 지침이 궁극적으로 목표하는 바는 TEU 제VI편에 근거하여 이사회의 결정을 채택함으로써 달성될 수 있다고 주장하였다.[23]

이에 대하여 위원회 측은 이사회의 결정이 환경파괴행위에 대하여 회원국이 형사적 성질을 지니는 제재를 도입하게 하기 위한 수단으로는 적절치 못하다고 반박하며 ECJ에 본 이사회 골격결정에 대한 취소소송을 제기하였다.[24]

2) 당사자들의 주장

(1) 원고 측 주장: 위원회, 유럽의회

① 위원회

원고 측은 환경보호 위반행위에 대하여 해당 회원국이 형사적 제재를 가하도록 강제하는 이사회의 입장에 반대하며, 공동체의 입법권이 형사적 문제에 있어 일반적이고 보편적인 권한을 갖는 것은 아니지만 TEU 제VI편이 아닌 EC조약 제175조(TFEU 제192조)에 근거하여 공동체의 환경 관련 법규의 실효성의 보장을 위해 위반행위에 관련된 회원국이 형사적 제재를 규정하도록 할 수 있다고 하였다.[25]

또한 위원회는 회원국의 국내 형법, 특히 형사적 처벌이 따르는 환경보호위반규정은 쟁

---

20) Case C-176/03, *Commission v. Council,* [2005] ECR Ⅰ-7879, paras.2-3.

21) Dashwood · Dougan · Rodger · Spaventa · Wyatt, *supra* note 3, p.112 참조.

22) Case C-176/03, *Commission v. Council,* [2005] ECR Ⅰ-7879, paras.11-13.

23) *Ibid.*, para.14.

24) *Ibid.*, para.15.

25) *Ibid.*, para.19.

점이 되고 있는 공동체 정책에 부합해야 하며, 형사적 처벌 이외의 제재를 선택하는 것을 회원국의 '재량'에 맡기는 본 골격결정의 제5조 2항과 제6조, 제7조의 내용은 공동체 권한을 명백하게 침해하므로 반드시 무효화되어야 한다고 주장하였다.[26]

단, 이사회 골격결정의 내용 전부가 앞서 '제안된' 지침과 충돌하는 것은 아니고, 특히 사법권과 국외 추방 등에 관한 내용이 TEU 제VI편에 근거를 두고 있다는 이사회 주장은 적절하다고 인정하였다. 그러나 이들 조항들은 '부분적·개별적'으로 성립되는 것이 아니고 단지 전체적 결정으로서만 존재할 수 있기 때문에 이사회의 골격결정은 '전체적으로' 무효화되어야 한다고 주장하였다.[27]

또한 위원회는 이사회가 골격결정에 앞서 '제안된' 지침이 다수의 회원국의 동의를 얻지 못한 이유는 회원국들에게 환경보호 관련 위반행위에 대한 형사적 제재를 마련하도록 할 수 있는 공동체 권한을 부인하고자 한 것이 이유임에도 불구하고, 이사회는 채택된 골격결정의 전문에서 TEU 제VI편을 편리한 대로 '자의적으로' 차용하였으며 이는 입법절차의 남용이라고 주장하였다.[28] 이는 환경범죄에 대한 형사적 처벌의 구체적 권한이 여전히 회원국들의 주권적 사항임을 보여 주고 있는 것이다.

② 유럽의회

유럽의회는 위원회와 입장을 같이하여 이사회가 앞서 '제안된' 지침을 채택하지 않고 그와 유사한 새로운 골격결정을 채택함으로써 '제안된 지침'의 채택에 대한 공동체의 권한 행사를 저해하고, 제안된 지침의 '부분적' 내용을 차용함과 동시에 새로운 조항들을 삽입함으로써 전체적으로 완전성을 지닌 법령을 채택하는 데 있어 혼란을 야기하고 있다고 지적하였다. 또한 형사적 처벌 이외의 제재에 관한 '선택권'을 회원국의 '재량'으로 두는 것에 관해 이사회 측이 근거로 들고 있는 조항들은 편의주의적 원용에 지나지 않으며, 이는 EC조약 제175조와 제251조(TFEU 제192조와 제294조)에 근거하는 환경보호에 관한 적절한 입법절차를 통해서 다루어져야 할 문제라고 주장하였다.[29]

---

26) *Ibid.*, para.22.
27) *Ibid.*, para.23.
28) *Ibid.*, para.24.
29) *Ibid.*, para.25.

(2) 피고 측 주장: 이사회, 덴마크, 독일, 그리스, 스페인, 프랑스, 아일랜드, 포르투갈, 핀
    란드, 스웨덴, 영국, 북아일랜드

현행 EU법상 EU에게는 회원국으로 하여금 골격결정에 규정된 위반행위에 대하여 형사적 처벌조치를 마련하도록 강제할 권한이 없으며, 그러한 사항에 관한 어떠한 협의도 이루어진 바가 없고, EC조약 제175조(TFEU 제192조)가 공동체에 일정한 권한을 부여하고 있기는 하나 '형사적 처벌'에 있어서의 회원국의 주권에 이 정도의 영향력을 행사할 수 있는 권한을 부여하고 있다고 할 근거가 없다. 이러한 해석은 회원국에게 국내적 형법 적용과 사법권 행사를 권리로서 부여하고 있는 EC조약 제135조와 제280조(TFEU 제33조와 제325조)에 의해 알 수 있으며,[30] 형사적 사건에 대한 사법공조에 관하여 EU에 부여된 권한에 대하여 당시 TEU가 규정하고 있는 구체적 조항(제29조, 제30조, 제31조)에 비추어 보아도 그러한 해석이 가능하다. 따라서 피고 측은 원고인 위원회 측이 원용하고 있는 법원은 그 주장을 뒷받침할 수 없다고 주장하였다.[31]

또한 피고 측은 EU사법기관이 회원국은 형사적 처벌 절차를 의무적으로 규정하여야 한다고 판결을 내린 바가 없다고 지적하는 한편 판례법에 따르면 절차법 및 실체법에 있어 EU법에 대한 위반 여부를 확인하고 그에 대해서 국내법에 대한 감독과 동일한 정도의 주의를 기울여야 하는 것이 확실히 회원국의 의무이기는 하나, 사법기관에 따르면 명시적으로든 묵시적으로든 회원국의 형법 적용에 대하여 EU가 영향력을 행사할 수 있는 권한이 각 회원국의 '주권'에 우선하는 것은 아니며 오히려 형사적 처벌에 대하여 회원국의 '재량권'을 인정하고 있다고 봐야 한다고 주장하였다. 이처럼 이사회는 회원국의 '주권'을 존중하는 데에 소홀히 하고 있는 것이 아님을 변호하고 있다.[32]

그러므로 그 목적과 내용에 있어 이사회가 채택한 '환경보호위반에 대한 형사적 제재'에 관한 이사회 결정 2003/80은 형사적 사건에 관한 EU법과 회원국법 간의 '형법의 조화'를 유지하고 있으며, 환경보호에 관한 EU법을 '보완'하고 있다는 것이다.[33]

---

30) *Ibid.*, para.28.

31) *Ibid.*, para.29.

32) *Ibid.*, para.31; 그리고 입법행위 또한 이러한 맥락에서 이루어지는데, 다수의 2차 법원들의 입법에 있어 실효적이고 균형적이며 예방적인 제재가 요청되지만, 이 또한 형사적 처벌과 그 이외의 제재에 대한 회원국의 '선택권'을 침해하지는 않는다고 주장하였다. *Ibid.*, para.32.

33) *Ibid.*, para.34.

3) ECJ의 판단

구 TEU 제47조(현 TEU 제40조)는 조약상의 어떠한 내용도 EC조약(현 TFEU)의 내용에 영향을 미칠 수 없다고 규정하고 있고, 이는 당시 TEU 제29조와 제Ⅵ편에서도 확인할 수 있다. 따라서 ECJ는 피고 측이 원용하고 있는 TEU 제Ⅵ편에 규정된 사항이 EC조약(현 TFEU)이 EU에 부여하고 있는 권한을 해하는지를 확인하여야 한다.

먼저 EU가 '환경보호'라는 가치를 중요시한다는 것에는 이견이 없다. EC조약 제2조는 환경에 대한 '높은 수준의 보전과 개선'을 EU의 의무로 규정하고 있으며, EC조약 제3조 1항(l)은 환경보호정책을 수립할 것을 명시하고 있다.[34] EC조약 제6조(TFEU 제11조)는 통합의 원칙에 따라 공동체 정책과 활동을 규정하고 실행함에 있어 환경보호에 관한 요청이 전반적으로 포함될 것을 규정하고 있으며, 이는 환경보호에 관한 본질적인 목표가 EU정책과 활동에 전반적으로 확장·반영되어야 함을 의미한다.

그리고 EC조약 제174조~제176조(TFEU 제191조~제193조)까지는 EU의 환경정책 수행을 위한 결정에 관한 규정을 포함하고 있으며, 제174조 1항은 환경에 대한 공동체적 조치가 '목적'하는 바를 규정하고 있고, 제175조는 그 달성을 위한 입법절차를 규정하고 있다.

그런데 그 명칭으로 보나 서두의 언급으로 보나 이사회 골격결정 2003/80의 채택 목적이 환경보호라는 것은 확실하며, 본 골격결정의 제2조는 회원국들이 형사적 처벌을 가해야 하는 심각한 환경파괴행위를 규정하고 있다. 그런데 ECJ에 의하면 이사회 골격결정 2003/80의 제2조~제7조까지는 환경보호법규 위반에 대한 형사적 제재를 규정하는 등 확실히 회원국들의 형법체계와 부분적으로 '합치'한다고 할 수 있으나, 현행 EU법상 「형법」이나 '형사절차'는 EU의 '권한'에 속하지 않는다는 것이 일반적이라는 것이다.[35]

그러나 그렇다고 하여 ECJ의 이러한 견해가 환경보호 관련 법규의 '실효성'을 보장하기 위해 회원국 국내기관이 '실효적'이고 '균형적'이며 '예방적'인 형사적 제재를 가해야 할 경우에, EU가 이에 대한 회원국의 형사법적 조치를 취할 권리까지 해하는 것은 아니다.[36] 그리고 더불어 유념해야 할 것은 이사회의 골격결정 제1조~제7조가 환경보호에 대한 특정 위반행위를 범죄로 규정하고 있기는 하지만, 본 골격결정의 제5조 1항에서 제재가 '실효적'이고 '균형적'이며 '예방적'일 것을 규정하고 있고 회원국에게 형사적 처벌 여부의 '선택권'을 위임하고 있다는 점이다. 이런 점에 있어서는 이사회의 주장이 일면 타당성이 있다고도

---

34) *Ibid.*, para.41.

35) *Ibid.*, para.47.

36) *Ibid.*, para.48.

볼 여지는 있다.

그러나 본 골격결정의 제2조는 EU의 조치를 상당히 침해하는 행위들이 포함되어 있고, 이 내용은 앞서 '제안된' 바 있는 지침의 부속서에서 이미 규정하고 있는 것들이며, 본 골격결정의 첫 부분에서도 알 수 있듯이 이사회도 환경보호법규에 대한 심각한 위반을 근절하기 위해서는 형사적 조치가 필수적이라는 데 동의하고 있다. 따라서 ECJ에 의하면 '제안된 지침'이 부결되기는 하였으나 이미 주요 내용을 다루고 있었으며, 이에 이사회가 '편의적으로' 골격결정 2003/80을 채택하여 회원국을 강제하려고 하는 것은 문제가 있다는 것이다.[37]

결론적으로 ECJ는 이사회 골격결정 2003/80은 EC조약 제175조(TFEU 제192조)가 EU에 부여하고 있는 환경보호에 관한 입법절차적인 권한을 침해하여 구 TEU 제47조(현 TEU 제40조)에 대한 위반이므로 이사회의 본 결정은 취소되어야 한다고 판결하였으며,[38] ECJ절차규칙 제69조에 의하여 패소한 측은 승소한 측에 대하여 비용을 지급하여야 하므로 이사회는 위원회에 재판 비용을 지급하여야 하며, 그 외 소송 참가국은 자국의 비용을 각자 부담하도록 하였다.[39]

4) 평가

환경보호가 EU의 기본적인 정책과 활동의 영역임에는 의문의 여지가 없으며, 이사회 골격결정 2003/80/JHA 제2조~제7조가 환경보호위반에 대한 형사적 제재를 규정했던 점은 환경책임의 '형사제재 강화'의 측면에서는 분명 의미가 있으며 부분적으로는 회원국들의 형법체계와 일치할 수도 있다. 더구나 동 이사회 골격결정 제5조 1항이 동 결정에서 규정하고 있는 내용에도 불구하고 회원국들에게 형사적 처벌의 선택권을 위임하고 있다는 점은

---

37) *Ibid.*, para.50; 그 목적과 구체적 내용으로 미루어 볼 때, ECJ는 이사회 골격결정 2003/80의 제1조~제7조까지의 내용은 EC조약 제175조(TFEU 제192조)에 이미 적절하게 규정되어 있다고 판단하였으며, 이러한 견해에 대하여 관세협력이나 재정적 이익에 관한 EC조약 제135조(TFEU 제33조)나 제280조(TFEU 제325조) 4항이 회원국에게 형사적 처벌과 그 이외 제재에 관한 선택권을 부여하고 있음을 이유로 하여 반박할 수는 없다고 하였다. *Ibid.*, paras.51-52.

38) *Ibid.*, paras.53, 55; Paul Craig · Grainne De Burca, *EU Law: Text, Cases and Materials*(Oxford: Oxford Univ. Press, 2008), p.219 참조. Mathijsen, *supra* note 1, p.548; Margot Horspool · Mattew Humphreys, *European Union Law*(Oxford: Oxford Univ. Press, 2010), p.561 참조. Stephen Weatherill, *EU Law*(Oxford: Oxford Univ. Press, 2007), pp.36-37; Ludwig Krämer, "European Environmental Law. Innovative, Integrative-But Also Effective?", in Paul Demaret · Inge Govaere · Dominik Hanf(eds.), *European Legal Dynamics: Revised and updated edition of 30 Years of European Legal Studies at the College of Europe*(Bruxelles: PIE Peter Lang, 2007), p.346 참조. 이사회 골격결정 2003/80의 주된 입법 취지가 '구체적인 형벌 적용'이 아니라 '환경보호'에 있었다면 TFEU 제192조에 근거하여 적법하게 채택될 수 있었을 것이다. Jan H. Jans · Hans H.B. Vedder, *European Environmental Law*(Europa Law Publishing, 2008), p.28.

39) Case C-176/03, *Commission v. Council*, [2005] ECR I-7879, para.56.

동 법령의 이행에 있어서 유연성을 부여하고 있다. 그러나 문제는 동 골격결정의 채택 전에 부결되긴 했으나 이미 '제안되었던' 한 지침의 내용을 그대로 규정하고 있었고, 이는 이사회가 골격결정 2003/80/JHA를 '편의적으로' 채택하여 회원국들을 강제하려고 했다는 것이다. 따라서 이사회의 행위는 EC조약 제175조(TFEU 제192조)와 구 TEU 제47조(현 TEU 제40조)상의 환경보호에 관한 입법절차를 위반하였다고 볼 수 있다. 이로써 결국 동 골격결정은 취소되고, 이 글 제3장에서 살펴본 새로운 "형법을 통한 환경보호에 관한 지침 2008/99/EC"가 채택되었던 것이다.

2. *Commission* v. *Council* 사건(Case C-440/05)

EU는 기존의 국제기구와는 달리 유럽 전체의 공동이익을 위한 공동정책과 목표달성을 위해 행동할 수 있는 권한을 기본 설립조약상 소유하고 유효적절하게 정책목표를 성취해 왔다. 그런데 이러한 EU 차원의 행동은 필연적으로 회원국들의 '주권'을 제한할 수밖에 없으며, 이로 인해 EU의 권한과 회원국들의 '주권'이 충돌하는 문제가 발생하게 된다. 여기에서 살펴보는 사건은 바로 이러한 문제를 보여 주고 있으며, 유럽에서의 사법적 통제를 최종적으로 책임지는 ECJ가 어떤 판결을 내리는지를 살펴봄으로써 관련 분야, 특히 형법을 통한 환경보호분야에서의 EU의 '통합 수준'을 가늠하는 기회가 될 것이다.

1) 사실관계

2002년 11월 13일에 7만 7,000톤의 중유를 실은 탱커 프레스티지(Prestige)호가 스페인 가르시아 주의 앞바다에서 악천후가 원인으로 침몰했다. 이런 해양선박오염사고를 경험한 EU는 2005년 7월 12일 "해양선박오염에 대한 형사적 처벌을 포함하는 제재의 도입에 관한 이사회 골격결정 2005/667/JHA"(Council Framework Decision 2005/667/JHA)[40]과 관련

---

40) 이 골격결정의 채의의 근거로는 당시 TEU 제31조(1)(e), 제34조(2)(b) 참조. 이사회 골격결정 2005/667/JHA는 해양운송에 있어서 안전과 환경을 위해 회원국들이 형사적 제재에 관한 확실한 수단을 갖출 것을 요구하고 있다. 그 구체적인 내용을 보면, 회원국들은 해양환경오염을 형사법으로 규율해야 하며, 위반자들은 최소한 1년에서 3년에 이르는 징역을 선고해야 한다. 그리고 자연인뿐만 아니라 법인도 처벌해야 하며, 특히 해양환경에 심각한 오염을 야기한 경우에는 2년에서 5년에 이르는 징역을 선고해야 한다. 또한 법인에 속하는 자연인이 법인의 통제를 벗어나 위반행위를 한 경우에도 법인은 책임을 져야 하며, 자연인이 처벌받았다는 것이 법인에 대한 처벌을 의미하지는 않는다. 법인은 일반적으로 150,000유로에서 300,000유로 사이, 중대한 피해를 야기한 경우에는 750,000유로에서 1,500,000유로 사이의 벌금을 지불해야 한다. 또한 일시적으로 또는 영구적으로 기업 활동을 할 수 없으며, 위반의 결과를 방어하기 위한 조치를 취할 의무가 부과된다(제2조~제6조). 한편 해양오염에 대한 위반이 발생한 경우 회원국은 위원회와 다른 회원국에 이를 즉시 통지해야 하며, 필요

해양선박오염에 관한 유럽의회와 이사회 지침 2005/35[41]을 같은 해 7월에 채택하였다. 이로서 선박에 의한 해양오염은 EU법에 대한 위반행위이며, 고의 또는 중과실(일반적인 과실과 부주의는 면책되는 것으로 해석할 수 있다)로 불법 오염에 기여한 모든 당사자(선박소유자, 선박기관사, 용선자, 선급협회)는 제재의 대상이 될 수 있었다. 그러나 EU위원회와 회원국들(이사회 의결과정에서 반대표 행사 회원국)은 관련 법률이 각 국가의 형사 관할권을 과도하게 침해할 우려가 있으며, 특히 형사적 처벌의 '종류'와 '범위'를 규정함에 있어서는 그 타당성을 찾을 수 없다며 2005년 12월 8일 ECJ에 관련 법령에 대한 취소소송을 제기하였다.[42] 만약 2005년 9월 13일의 사건(Case C-176/03)에 관한 판결이 2005년 7월 12일 채택된 골격결정 2005/667과 9월 7일 채택된 지침 2005/35보다 앞섰다면 이 골격결정은 채택되지 않았을 것이다. 원고인 EU위원회에는 유럽의회가 소송 참가하였으며, 피고인 이사회에는 벨기에, 체코공화국, 덴마크, 에스토니아, 그리스, 프랑스, 아일랜드, 라트비아, 리투아니아, 헝가리, 몰타, 네덜란드, 오스트리아, 폴란드, 포르투갈, 슬로박공화국, 핀란드, 스웨덴, 영국, 북아일랜드가 소송 참가하였다.

2) 당사자들의 주장

(1) 위원회와 유럽의회

위원회는 이사회의 골격결정 2005/667/JHA가 구 TEU 제47(현 TEU 제40조)에 위반되기 때문에 취소되어야 한다고 주장하였다. 위원회의 주장에 의하면 이전 사건(Case C-176/03)에서도 이사회는 환경오염의 방지를 위한 EU의 정책목적을 달성하기 위해 법적 수단을 갖출 것을 의결하였고, 동 사건(Case C-176/03)에서 ECJ는 '형사적 제재'는 EU의 권한에 속하지 않는다고 하였다는 것이다. 다만 ECJ가 이러한 '형사적 제재'에 있어서 EU가 어느 정도의 관할권을 소유하는지를 명확하게 밝히고 있지 않아 문제시되었을 뿐이라고 주장하였다.[43]

한 정보를 교환해야 한다(제8조~제9조).

41) Directive 2005/35/EC of the European Parliament and of the Council of 7 September 2005 on ship-source pollution and on the introduction of penalties for infringements(OJ 2005 L255/11).

42) Case C-440/05, *Commission* v. *Council*, [2007] ECR I-9097, paras.1-5; Lenaerts · Van Nuffel, *supra* note 19, pp.118, 121 참조. 이사회 골격결정 2005/667/JHA는 제1조에서 동 법령의 입법 목적을 설명함에 있어서 통상의 국제협약에서 전형적으로 사용하는 해양환경보호, 해양오염방지, 해양안전 등의 용어보다 불법배출의 행위자에 대한 형사적 처벌이라는 용어를 먼저 사용하고 강조하여 중점적으로 다루겠다고 함으로써 각국의 선주를 포함하여 해운관련 단체의 반발과 우려의 원인을 제공할 가능성도 배제할 수 없었다. 박종준, "해양오염사고의 형사처벌에 관한 EU 신규법안 검토", 『해상보험법연구』 제3권(2007), 해상보험법연구회, pp.33-43 참조.

43) Case C-440/05, *Commission* v. *Council*, [2007] ECR I-9097, paras.28-31.

위원회에 의하면 EU는 언제나 회원국에게 입법조치를 요구할 수 있는 것이 아니라 '진정으로 필요한 경우'에만 '정당화'되며, 무엇보다도 이사회의 골격결정 2005/667은 EU의 목표를 달성하기 위하여 회원국들이 취할 수 있는 '다양한 정책과 수단들'을 '사전에 배제'해 버리는 결과를 초래하기 때문에 문제가 된다고 지적하였다. 즉 이사회가 TEU 제Ⅵ장에 근거해 EU의 목표달성을 위한 조치들을 취할 수 있으나, EC조약 제80조(TFEU 제100조) (2)에 비추어 볼 때 구체적이고 세세한 규정의 제정은 회원국들의 관할권에 속한다는 것으로 이것이 이사회에게 부여된 권한으로 볼 수는 없다는 것이다.[44]

이에 더하여 위원회는 이사회 골격결정 2005/667이 형사적 제재의 '종류'와 '범위'에 있어서 회원국 '국내법원들의 재량'과 조화를 이룰 수 없는 만큼, 이는 이전 사건(Case C-176/03)에서 이사회 골격결정 2003/80/JHA가 취소되었던 것과 마찬가지라고 하였다. 즉 동 사건(Case C-176/03)에서와 같이 EU는 형법적 차원에 있어서 EU정책을 달성하기 위한 독립적인 권한을 지니지는 못하며, 오히려 보조적인 권한을 지녔을 뿐, 이것도 진정으로 필요한 경우에만 인정되어야 한다고 하였다.[45]

결론적으로 위원회는 이사회 골격결정 2005/667/JHA와 지침 2005/35는 전체적으로 보아 구 TEU 제47조(현 TEU 제40조)에 위반되므로 취소되어야 한다고 주장하였다.[46]

유럽의회 역시 대체적으로 위원회와 동일한 논리를 주장하면서, 이 사건이 이전 사건 (Case C-176/03)과 유사하다고 하였다.[47]

(2) 이사회와 회원국들

이사회는 지침 2005/35는 유럽의회와 공동결정절차에 따라 채택된 것으로 EC조약 제80조(TFEU 제100조) (2)에 따라 이루어진 것이며, 해양운송으로 인한 해양오염을 방지하기 위한 조치로, 이는 다만 회원국들이 준수해야 할 일정한 한계를 설정한 것일 뿐이라고 하였다. EU는 EC조약 제80조(TFEU 제100조) (2)에 근거하여 이보다 더 나아간 그 이상의 조치를 취할 수 있지만, 단지 그렇게 하지 않았을 뿐이며, 이전 사건(Case C-176/03)과 이 사건은 다르다고 하였다. 따라서 이사회는 관련 법령의 채택이 EC조약이나 TEU를 위반한 것이 아니라고 주장하였다. 이사회의 입법 의도와 목표는 해양오염방지를 위한 수단을 취하는 데 있어서 핵심적인 요소들을 중시함으로써 회원국들이 해양오염방지를 위한 법적 수

---

44) *Ibid.*, paras.32-34.

45) *Ibid.*, paras.35-38.

46) *Ibid.*, para.39.

47) *Ibid.*, para.40.

단의 '종류'와 '범위'를 정하는 데 있어서 상호 근접하도록 한 것일 뿐이라고 하였다.[48)]

3) ECJ의 판단

구 TEU 제47조(현 TEU 제40조)에 따르면 EC조약은 TEU에 의해 영향을 받지 않는다. ECJ가 해야 할 일은 이사회의 골격결정 2005/667이 이사회의 관할권에 속하는지를 판단하는 것이다. 따라서 ECJ는 골격결정 2005/667이 EC조약 제80조(TFEU 제100조) (2)에 근거해 채택되었는지를 판단해야 한다. 그런데 동 골격결정은 우선 EC조약 제70조(TFEU 제90조), 그리고 EC조약 제80조(TFEU 제100조) (1)를 근거로 EU의 기본정책 중의 하나인 공통된 도로, 철도, 내륙수로 등을 포함하는 '운송정책'을 바탕으로 채택되었다. 그리고 이사회는 EC조약 제80조(TFEU 제100조) (2)를 근거로 해양운송에 관한 적절한 규정을 둘 수 있다.

그러나 EC조약 제80조(TFEU 제100조) (2)를 살펴보면, EU가 광범위한 입법권한을 갖는 것은 맞지만, EC조약 제71조(TFEU 제91조)에 근거하여 공통된 운송정책에 있어서 '구체적이고 뚜렷한 제한'을 하도록 할 수는 없다.[49)]

결론적으로 이사회 골격결정 2005/667 제2조, 제3조, 제5조는 EC조약 제80조(TFEU 제100조) (2)에 근거하여 해양안전을 위해 채택되었으며, 동시에 심각한 환경오염을 방지하기 위해 회원국들에게 해양안전과 환경보호를 달성하기 위한 형사적 제재를 취하도록 요구하고 있다. 그러나 ECJ에 의하면 위원회가 주장한 바와 같이 이러한 '형사적 제재'나 '형사적 절차'를 취하는 것은 EU의 관할권에 속하지 않는다.[50)] 그리고 동 골격결정 제4조와 제6조 역시 TEU 제47조(현 TEU 제40조)에 위반된다고 할 수 있으며, 동 골격결정 제2조, 제3조, 제5조는 제4조, 제6조와 불가분의 관계에 있다고 할 수 있다. 따라서 동 골격결정은 TEU 제47조(현 TEU 제40조)에 위반된다고 보아 ECJ는 2007년 10월 23일 관련 법령을 취소하라고 판결하였다.[51)]

---

48) *Ibid.*, paras.42-51.

49) *Ibid.*, paras.56-58.

50) EU는 2차 입법을 통해 TFEU 제192조에 근거하여 회원국에게 '환경범죄'에 대한 형벌의 부여를 '요구'할 수는 있지만, 형벌의 '종류'와 '범위'는 강제할 수 없다. 이것이 강제되기 위해서는 조약(당시의 Reform Treaty) 상 형사적 처벌의 '종류'와 '범위'에 관한 관련 규정이 존재해야 한다는 것이다. 즉 조약상 형벌의 종류와 범위에 관해 규정하지 않는 한 EU는 '사법내무협력'에 해당되는 형벌의 구체적인 내용에 관한 2차 입법행위는 할 수 없다. Jans·Vedder, *supra* note 38, p.28.

51) Case C-440/05, *Commission* v. *Council*, [2007] ECR Ⅰ-9097, paras.69-74; Horspool·Humphreys, *supra* note 38, p.561 참조.

4) 평가

'환경보호'는 분명히 EU의 주요한 관심사이자 목표중의 하나로서 EC조약 제6조(TFEU 제11조)에 따라 EU가 환경보호를 달성하기 위해 일정한 조치를 취할 권한이 있다. 종합하여 보면 이사회 골격결정 2005/667은 운송에 있어서 안전의 향상과 환경보호를 위해 취한 조치임에는 틀림이 없다. 그리고 이러한 목적을 달성하기 위해 환경과 생물에 피해를 끼친 자연인과 법인에 대해 균형 있는 적절한 형사적 제재를 회원국들이 갖출 것을 요구하고 있다.

그럼에도 불구하고 구체적인 '형사적 제재'나 '형사적 절차'는 EU의 관할권에 속하지 않는다. 오히려 그러한 오염을 방지하기 위하여 취해지는 수단과 절차들에 관해서는 회원국들의 관할권에 속한다고 보아야 하며,[52] EU는 단지 이를 소개하고 요청할 수 있을 뿐이다. 결국 이 사건은 환경보호를 위한 형벌의 '종류'와 '범위'에 대한 EU의 입법권한의 제한을 명확히 한 사건으로서[53] 현재 EU통합의 한 단면을 보여 주는 것으로, EU가 아직은 국가연합 또는 국제기구적인 단계에 있으며 완전한 연방국가와 같은 통치 구조를 갖추고 있지는 않음을 보여 준다.

Ⅳ. 결언

환경보호에 관한 관심이 증대되고 있는 요즘 환경보호를 위한 각국의 노력은 지속되고 있다. 이런 차원에서 EU의 환경보호를 위한 입법행위는 큰 의미가 있다. 해양오염 등 환경 오염을 방지하기 위해 EU 차원에서 회원국들에게 형사적 처벌의 도입까지 의무화하면서 환경보호를 위한 규제에 적극적으로 나서는 것은 국제적 차원에서 큰 시사점을 주고 있다. 그런데 문제는 이러한 EU의 움직임, 즉 EU 차원에서 일정한 목표를 달성하기 위해 동일하거나 근접한 수준의 규제를 갖추도록 회원국들에게 요구하는 것이 다른 한편으로는 회원국들의 입법 또는 사법 주권과 충돌할 우려가 있다는 점이다. 본문에서 살펴본 바와 같이 이러한 문제는 ECJ에 제소되어 법령이 취소되기까지 하는 중요한 문제이다. 그러나 우리가 유의해야 하는 것은 ECJ의 판단인데, ECJ는 EU가 분명히 EU 차원에서 공동목표를 달성하기 위해 행동할 수 있으나, 그것이 회원국의 주권에 대하여 '지나치게' 제한하면서까지 규

---

52) Mathijsen, *supra* note 1, p.549.

53) Lenaerts · Van Nuffel, *supra* note 19, p.121 참조.

제할 수는 없다고 하였다. 특히 ECJ는 환경분야에서 형사적 처벌과 같은 문제에 관해서는 더더욱 회원국들의 주권이 존중되어야 하며, EU는 이 부분에 있어서는 보조적인 권한밖에 행사할 수 없다고 하였다.

결국 EU가 공동목표를 달성하기 위해 EU 차원에서 어떤 조치를 취할 수는 있지만, 그 것이 지나치게 세세하게 규정되어서는 곤란하다는 것을 알 수 있다. 이는 회원국들과의 주 권 충돌의 문제를 발생시킬 수 있으며, 또한 목표달성에 있어서 회원국들이 강구할 수 있 는 다양한 방법과 수단들을 사전에 봉쇄해 버리는 결과를 야기할 우려가 있다는 것이다. 따라서 기후변화에 대응하며 살아가야 하는 오늘날 환경보호를 위한 EU 차원의 입법적 노 력을 높게 평가하면서도 전체적으로 볼 때 관련 법령을 취소한 ECJ의 판단 또한 타당하다 고 볼 수 있다. 즉 강도 높은 통합을 이룩한 EU도 아직은 연방국가는 아니며, 회원국들의 주권적 영역을 완전히 배제할 수는 없다고 보아야 한다. 그러나 엄청난 환경피해와 재산손 실을 야기하였음에도 불구하고 행위자에 대한 처벌이 미약하다면 향후 해양오염방지와 안 전의 확보는 다시 위협을 받을 수 있으므로, 환경분야에 있어서는 보다 엄격한 규제강화와 실질적인 제재가 가능하도록 해야 할 것이다. 따라서 강도 높은 처벌을 규정하는 법령을 채택하는 데는 한계를 보였지만, 환경오염과 싸우기 위해 단순히 환경정책을 제시하기보다 앞으로는 EU도 환경 관련 형사적 처벌을 보다 강력하게 요구할 수 있는 가능성을 열어 두 었다는 점에 주목할 필요가 있다. 따라서 EU도 이러한 문제를 극복하기 위한 법의 개정 등 그 법적 기초를 강구하여 보다 실효적인 환경보호를 추구해야 할 것이다.[54]

---

54) 우리나라의 경우 「환경정책기본법」을 통해 환경피해(오염 및 훼손)의 예방, 환경의 지속 가능한 관리 및 보전 이라는 목적을 추구하고 있으며, 「환경범죄의 처벌에 관한 특별조치법」을 통해 환경피해를 초래하는 행위를 가중처벌하고 행정처분을 강화하고 있다. 박균성·함태성, 『환경법』(서울: 박영사, 2010), p.29; 환경책임법은 환경법을 환경행정법, 환경형법, 환경사법으로 나눌 때 실질적으로 환경사법에 가까우나 환경책임법 중 공법 적 성질을 지닌 규정이 있을 수 있다. 홍준형, 『환경법』(서울: 박영사, 2005), pp.369-370; 1991년 5월 31일 법률 제4390호로 제정된 「환경범죄의 처벌에 관한 특별조치법」(전문 19조와 부칙으로 구성)에 의하면, ① 오 염물질을 불법 배출하여 공중의 생명이나 신체를 위험하게 하거나, 공중의 식수사용에 위험을 발생시킨 자는 3년 이상의 유기징역에 처한다. 사망에 이르게 한 자는 무기 또는 5년 이상의 유기징역에 처한다. 오염물질을 불법배출하거나 토사를 배출해 농업·축산업·임업·과수원의 토지를 300㎡ 이상 사용하지 못하게 한 자, 바다·하천·호소(湖沼)·지하수를 법률에서 정하는 기준 이상으로 오염시킨 자, 어패류를 법률에서 정하는 규모 이상으로 집단폐사하게 한 자는 1년 이상 7년 이하의 징역에 처한다. ② 환경보호지역에서 오염행위는 해당 벌의 1/2까지 가중할 수 있다. 매매를 목적으로 멸종위기 야생 동식물과 관련된 죄를 범한 자는 동법의 2배 이상 10배 이하의 벌금을 병과한다. 단체나 집단이 영리를 목적으로 폐기물관리법에 정한 죄를 범한 때 는 2년 이상 10년 이하의 징역에 처하고 벌금을 병과한다. ③ 오염물질을 불법 배출한 사업자는 불법배출과 위험 사이에 상당한 개연성이 있을 때 그 위험은 그 사업자가 불법 배출한 물질로 인해 발생한 것으로 추정 한다. 환경부장관은 대통령령이 정하는 오염물질을 불법 배출한 사업자에 대해 오염물질 제거 및 원상회복에 필요한 비용을 과징금으로 부과·징수한다.

제27장 유럽환경청(EEA)과 환경정보관찰네트워크*

I. 서언

EU환경청(European Environment Agency: EEA)은 덴마크 코펜하겐(Copenhagen)에 본부가 소재하며, '규칙 1210/1990'에 의해 설립되어, 1994년부터 정상적인 운영을 시작하였다.

설립 목적 및 지위와 관련해서는 유럽 국가들의 환경상황을 모니터링하고, 바람직한 독립적 환경 관련 정보를 제공하기 위해 조직·운영되는 유럽연합(European Union: EU)의 산하기관이다.

한편 EU는 EEA설립과 동시에 동 규칙을 통하여 유럽의 환경상태와 환경상의 악영향에 대한 평가에 있어서 신속한 양질의 환경 관련정보와 전문지식의 제공을 위하여 '유럽환경정보관찰네트워크'(European Environment Information and Observation Network: EIONET)를 설립함으로써 EEA는 EIONET과 조화롭게 협력할 책임을 지게 된다.

현재 EU는 국제사회에서 어떤 국가보다도 이산화탄소배출의 감축에 관심을 가지고 있으며, 바이오연료 등 신재생에너지원의 개발에 힘을 기울이고 있다. 그만큼 EU는 "교토의정서"(Kyoto Protocol)의 이행에 적극적이며, 환경문제에 대해서는 국제사회를 '적극적'으로 주도해 나가고 있다. 이는 「녹색성장기본법」의 제정과 발효를 통해 환경문제에 큰 관심을 갖기 시작한 우리나라에게 EU가 좋은 본보기요, 또한 선의의 협력자가 될 수 있음을 의미한다.

아래에서는 '규칙 401/2009'에서 규정하고 있는 유럽환경청과 유럽환경정보관찰네트워크의 설립과 운영에 있어서의 조직 및 운영의 측면에 관하여 구체적으로 살펴본다. 이를 통하여 EU의 환경보호노력을 벤치마킹할 수 있을 것이고, 이는 국제사회뿐만 아니라 우리나라에게 있어서도 다음 세대를 위한 '환경보호'와 '지속 가능한 발전'이 어떠한 방향으로 추진되어야 할 것인지에 관하여 시사해 줄 것이다.

---

* 이 내용은 김두수, "유럽환경청과 유럽환경정보관찰네트워크 활동에 관한 법적 분석", 『최신외국법제정보』 한국법제연구원 2011년 제2호(2011.4)를 참고하였음.

Ⅱ. 유럽환경청(EEA)의 주요 내용

1. 유럽환경청의 설립 목적

규칙 401/2009 제1조에 따르면, 유럽환경청과 유럽환경정보관찰네트워크는 동 규칙과 유럽연합차원의 환경프로그램에 명시된 환경 보호 및 환경 개선의 목적을 달성하기 위하여 유럽연합과 그 회원국들에게 ① '환경'을 보호하고 '환경조치'의 결과를 평가하며 회원국 '국민'이 '환경상태'에 관한 상세한 정보를 제공받을 수 있도록 하기 위해 필요한 조치를 취할 수 있도록 하는 유럽 차원의 객관적이고, 신빙성이 있으며, 비교 가능한 정보를 제공하고, ② 이에 필요한 과학적·기술적 지원을 제공한다.[1]

2. 유럽환경청의 기능

유럽환경청은 동 규칙 제1조에 명시된 목적을 달성하기 위하여 ① 네트워크의 설립·운영 및 환경정보의 수집·가공·분석의 역할 수행, ② 환경정책 관련정보의 제공, ③ 환경조치 모니터링을 조력, ④ 환경조치 모니터링에 대한 조언의 제공, ⑤ 각 회원국 환경상태에 대한 정보의 수집과 평가, ⑥ 유럽 차원의 환경정보가 비교 가능하도록 보장하고, 필요한 경우에는 적절한 수단을 통해 환경정보 측정방법의 개선된 통일화를 권장하는 등의 기능을 수행한다.[2]

1) 네트워크의 설립·운영 및 환경정보의 수집·가공·분석의 역할 수행

유럽환경청은 회원국과의 협력하에 동 규칙 제4조에 규정된 유럽환경정보관찰네트워크를 설립하여 관리하고, 동 규칙 제3조에 규정된 분야에 있어서의 환경 관련 자료의 수집·가공·분석에 대하여 책임을 진다.[3]

---

1) Regulation 401/2009(OJ 2009 L126/13), 제1조.

2) Regulation 401/2009, 제2조.

3) Regulation 401/2009, 제2조(a).

2) 환경정책 관련정보의 제공

유럽환경청은 EU와 그 회원국에게 건전하고 효율적인 환경정책을 구축하고 시행하는 데 필요한 객관적 정보를 제공한다. 이러한 목적을 위해 유럽환경청은 특히 '환경' 분야에 있어서의 조치와 입법에 있어서 유럽연합 집행위원회가 성공적으로 확인·준비·평가할 수 있도록 하기 위해 필요한 정보를 유럽연합 '집행위원회'에 제공한다.[4]

3) 환경조치 모니터링을 조력

유럽환경청은 보고요건에 대한 적절한 지원을 통하여 질문지의 개발, 회원국으로부터의 보고서의 가공, 결과의 배분 등을 포함한 환경조치의 모니터링을 조력한다. 단, 이러한 활동은 유럽환경청의 다년간 작업프로그램 및 보고요건 지원의 목적에 합치되는 것이어야 한다.[5]

4) 환경조치 모니터링에 대한 조언의 제공

유럽환경청은 회원국의 요청이 있고 그것이 유럽환경청의 연례사업프로그램에 합치되는 경우에는 회원국에게 환경조치 모니터링체제의 개발·설립·확장을 위한 '조언'을 제공한다. 단, 이러한 활동은 동 규칙 동 조에 의해 확립된 유럽환경청의 다른 기능을 저해하는 것이어서는 아니 되며, 또한 이러한 조언은 회원국의 구체적 요청이 있는 경우에 '전문가에 의한 재검토'를 포함할 수 있다.[6]

5) 각 회원국 환경상태에 대한 정보의 수집과 평가

유럽환경청은 각 회원국의 환경상태에 대한 정보를 기록·정리·평가하고, 회원국 영토 내 환경의 질·민감성 및 환경에 대한 악영향에 대한 전문가보고서를 발행하며, 모든 회원국에 적용될 수 있는 환경정보를 위한 통일된 평가기준을 제공하고, 환경에 대한 정보문의처를 더욱 발전·유지시키고, 환경에 대한 각 회원국의 입법조치를 확보하는 유럽환경청 기능의 일환으로서 이러한 정보를 사용한다.[7]

---

4) Regulation 401/2009, 제2조(b).
5) Regulation 401/2009, 제2조(c).
6) Regulation 401/2009, 제2조(d).

6) 기타 기능

(1) 유럽환경청은 유럽 차원의 환경정보가 비교 가능할 수 있도록 보장하고, 필요한 경우에는 적절한 수단을 통해 환경정보 측정방법의 개선된 통일화를 권장한다.[8]

(2) 유럽환경청은 국제연합(United Nations: UN)과 그 전문기구들에 의해 설립된 '국제 환경 모니터링 프로그램'으로의 유럽환경정보의 통합을 촉진한다.[9] 이를 통해 UN 내에서 유럽환경청은 유럽연합을 대표해서 활동한다.

(3) 유럽환경청은 '5년'마다 특정 이슈들에 집중한 지표보고서들에 보충하여 환경의 상태·추세 및 전망에 대한 보고서를 발행한다.[10]

(4) 유럽환경청은 적절한 '예방적 조치'가 '적합한 시기'에 취해질 수 있도록 할 목적으로 환경예측기술의 개발 및 적용을 촉진한다.[11]

(5) 유럽환경청은 환경피해비용 및 환경의 예방·보호·복구 정책에 소요될 비용을 평가하는 방법의 개발을 촉진하고,[12] 환경피해를 예방하거나 감소시키기 위하여 '이용 가능한' '최상의 기술'에 대한 '정보교환'을 촉진한다.[13] 또한 유럽환경청은 동 규칙 제15조에 명시된 기관들 및 프로그램과 협력한다.[14]

(6) 유럽환경청은 특히 환경상태에 있어서 '신빙성' 있고 '비교 가능'한 '환경정보'의 일반 '대중'으로의 광범위한 배포를 보장하고, 이러한 목적을 위하여 새로운 텔레마티크(telematique) 기술의 사용을 촉진한다.[15]

---

7) Regulation 401/2009, 제2조(e).

8) Regulation 401/2009, 제2조(f).

9) Regulation 401/2009, 제2조(g).

10) Regulation 401/2009, 제2조(h).

11) Regulation 401/2009, 제2조(i).

12) Regulation 401/2009, 제2조(j).

13) Regulation 401/2009, 제2조(k).

14) Regulation 401/2009, 제2조(l).

15) Regulation 401/2009, 제2조(m); '텔레마티크'(telematique)란, 프랑스어로 통신(telecommunication)과 정보(informatique)의 합성어. 통신과 컴퓨터의 융합과 그에 의하여 야기되는 사회적 변화를 종합적으로 가리키는 말이다.

(7) 유럽환경청은 환경평가방법의 개발 및 최상의 현행 평가방법에 대한 정보교환과정에 있어서 유럽연합 집행위원회를 지원하고,[16] 관련 환경연구결과에 관한 정보의 배포에 있어서 그리고 정책개발을 최대한 지원할 수 있는 형식으로 유럽연합 집행위원회를 지원한다.[17]

3. 유럽환경청의 주요 활동 영역

유럽환경청의 주요 활동 영역은 동 기관이 '지속 가능한 발전'의 맥락에서 ① 환경의 질, ② 환경에 대한 악영향, ③ 환경민감성의 관점에 있어서 현재의 그리고 예측 가능한 환경 상태를 기술하기 위해 정보를 수집하기 위한 모든 요소를 포함한다.

유럽환경청은 유럽연합의 '환경정책'의 실행에 있어서 직접적으로 사용가능한 '정보'를 제공한다. 한편 그 중요도는 ① 공기의 질 및 대기오염, ② 수질, 오염원 및 수원, ③ 토양·동식물·소생활권의 생태, ④ 토지사용 및 천연자원, ⑤ 폐기물 관리, ⑥ 소음 공해, ⑦ 환경에 위해한 화학물질, ⑧ 연안 및 해양보호의 순이다. 특히, 초국경적·복수국가적·세계적 자연현상에 대한 정보가 포함되며, 이에는 사회적·경제적인 입장이 고려(반영)된다.

'유럽환경청'은 환경법의 시행 및 집행을 위한 '유럽네트워크'(IMPEL Network)를 포함한 다른 기관들과의 '정보교환'에 있어서 협력할 수 있다. 유럽환경청은 자신의 역할을 수행함에 있어서 현존하는 다른 기관 및 기구의 활동과의 중복을 피한다.[18]

1978년 1월 프랑스의 재무심사관 S. 노라 등이 대통령에게 제출한 '사회의 정보화'라는 보고서에서 처음으로 사용한 말이다. 보고서에는 텔레마티크의 사회적 영향으로서 행정의 지방 분권화, 자동화에 의한 실업의 증대, 국제 면에서는 세계 컴퓨터 시장에서의 IBM사의 압도적 시장점유율, 데이터베이스의 미국 집중에 의한 미국에의 예속화가 우려된다고 지적하며 프랑스정부에서는 텔레마티크를 정책 입안의 기반으로 하여 정보화를 강력하게 추진하는 한편, 이것을 외교의 무기로 삼아야 한다고 했다.
즉 텔레마틱으로 먼 곳의 사람들과 정보를 주고받으면서 유대를 형성하고 책임 있는 연대의식이 형성되리란 진단이다.
지스카르 프랑스 대통령은 이에 대한 충분한 이해와 통찰력을 바탕으로 정보화 중장기계획을 구상했고, 임기 만료 이후에도 고 미테랑 대통령에게 사회와 산업의 정보화에 대한 중요성을 지속적으로 인지시켰다.
이후 텔레마티크는 주로 유럽에서 '정보화'란 용어와 함께 쓰여 왔다. 텔레마티크 응용을 통한 원격의료, 운송, 도로교통, 물류(logistics) 등도 국가 차원에서 지원되었다.

16) Regulation 401/2009, 제2조(n).
17) Regulation 401/2009, 제2조(o).
18) Regulation 401/2009, 제3조.

4. 유럽환경청의 법적 지위

1) 법인격

유럽환경청은 법인격을 가지며, 모든 회원국의 영토 내에서 회원국의 국내법에 의해 법인에게 부여되는 최대한의 법적 능력을 향유한다.[19]

2) 특권 및 면제

한편 유럽연합의 특권 및 면제에 관한 의정서(Protocol on the Privileges and Immunities of the European Union)가 동 기관에 적용되어 EU공무원으로서의 지위를 향유한다.[20]

5. 유럽환경청의 구성

1) 운영위원회

(1) 설치

유럽환경청은 운영위원회(Management Board)를 가지며, 각 '회원국'으로부터 1명의 대표, EU '집행위원회'로부터 2명의 대표로 구성된다. 동 기관에 참여하는 각 회원국은 관련 규정에 따라 1명의 대표를 운영위원회에 '추가적'으로 둘 수 있다.[21]

(2) 의장의 선출

운영위원회는 그 회원국들 중 3년 임기의 '의장'을 선출하고, 자체 '내규' 즉 절차규칙을 채택한다. 운영위원회에서 각 회원국은 1표의 권한을 가진다. 운영위원회는 자체 내규에 따라 그 행정적 결정을 위임할 '사무국'의 임원을 선출한다.[22]

---

19) Regulation 401/2009, 제7조.
20) Regulation 401/2009, 제16조.
21) Regulation 401/2009, 제8조 제1항.
22) Regulation 401/2009, 제8조 제2항.

(3) 의사 결정

운영위원회의 결정은 구성원의 2/3 다수결로 채택된다.[23]

(4) 활동

① 다년간 사업프로그램의 채택

운영위원회는 동 규칙 제3조 제2항에 명시된 순서에 따라 '다년간 사업프로그램'을 채택한다. 이 경우 운영위원회는 동 규칙 제9조상의 유럽환경청장(Executive Director)이 제출한 초안을 근거로 이용하며, 동 규칙 제10조상의 과학위원회(Scientific Committee)와 협의하며, EU 집행위원회의 의견을 수렴한다. '다년간 사업프로그램'은 유럽연합의 연례예산절차를 해함이 없이 다년간 예산측정치를 포함한다.[24]

② 연례 사업프로그램의 채택

다년간 사업프로그램하에 운영위원회는 유럽환경청장이 과학위원회와 협의하고 유럽연합 집행위원회의 의견을 수렴한 후 제출한 초안에 근거하여 매년 자신의 연례 사업프로그램을 채택한다. 이 연례 사업프로그램은 동일한 절차에 의하여 연중 '조정'이 가능하다.[25]

③ 연례 보고서의 채택

운영위원회는 유럽환경청의 활동에 관한 연례 보고서를 채택하고, 이는 늦어도 6월 15일까지 유럽의회, 이사회, 집행위원회, 감사원 및 각 회원국에게 송부한다.[26]

2) 유럽환경청장

(1) 임명

유럽환경청장은 유럽환경청의 수장으로, 유럽연합 집행위원회의 추천에 따라 '운영위원회'에 의해 임명된다. 유럽환경청장의 임기는 5년이며, 재임이 가능하다. 유럽환경청장은 동 기관을 법적으로 대표하여 직무를 수행하고 책임을 진다.[27]

---

23) Regulation 401/2009, 제8조 제3항.
24) Regulation 401/2009, 제8조 제4항.
25) Regulation 401/2009, 제8조 제5항.
26) Regulation 401/2009, 제8조 제6항.

(2) 직무

유럽환경청장은 ① 운영위원회가 채택한 결정 및 프로그램의 적절한 준비 및 실행, ② 유럽환경청의 일반 행정업무, ③ 동 규칙 제12조 및 제13조상의 예산 관련 업무, ④ 동 규칙 제2조(h)에 명시된 보고서의 작성 및 발행, ⑤ 동 규칙 제8조 제4항 및 제5항에 명시된 기관 직원 관련 제반 업무수행, ⑥ 동 규칙 제10조에 따른 기관 과학스태프 고용에 있어서의 과학위원회로부터의 의견 수렴을 수행한다.[28]

또한 유럽환경청장은 자신의 활동에 관하여 운영위원회에 설명할 책임을 지며,[29] 유럽환경청의 예산을 집행한다.[30]

3) 과학위원회

(1) 직무

운영위원회와 유럽환경청장은 동 규칙에 규정되어 있는 경우 자신에게 제출되는 유럽환경청의 활동과 관련된 어떠한 '과학적 문제'에 대해서도 의견을 제출할 의무가 있는 과학위원회(Scientific Committee)의 원조를 제공받는다. 그리고 이때 동 '과학위원회의 의견'은 '공개'되어야 한다.[31]

(2) 구성

과학위원회는 특별히 '환경' 분야에 있어서 자격을 갖춘 '환경전문가'로 구성되어야 하며, 1회 재선이 가능한 4년 임기하에 운영위원회가 선출한다. 이때 운영위원회는 특히 운영위원회의 활동에 조력하기 위해 과학위원회에서 다루어져야 할 과학적 분야를 고려하여야 한다. 동 '과학위원회'는 동 규칙 제8조 제2항에 규정된 '내규'에 따라 기능을 수행해야 한다.[32]

---

27) Regulation 401/2009, 제9조 제1항.
28) Regulation 401/2009, 제9조 제1항.
29) Regulation 401/2009, 제9조 제2항.
30) Regulation 401/2009, 제13조 제1항.
31) Regulation 401/2009, 제10조 제1항.
32) Regulation 401/2009, 제10조 제2항.

4) 유럽환경정보관찰네트워크

(1) 구성

유럽환경정보관찰네트워크는 ① 국내정보네트워크의 주요 요소, ② 각 회원국의 연락 대표자(focal points), ③ 토픽센터(topic centres)로 구성된다.[33]

(2) 회원국의 주요 의무

① 자국 환경정보네트워크의 주요 기관 공지의무

회원국은 가능한 한 최대한도의 자국 영토의 지리적 범위를 보장할 필요를 고려하여, 특히 동 규칙 제3조 제2항에 규정된 분야에 있어서 자국의 '환경정보네트워크의 주요기관'을 유럽환경청에 지속적으로 공지한다. 이에는 EEA의 활동에 기여할 수 있는 어떠한 기관도 포함된다.[34]

② 환경 관련 정보수집활동에 대한 협력의무

회원국은 적절할 경우에 유럽환경청과 협력하고 자국의 정보를 수집·정리·분석함으로써 유럽환경청의 활동프로그램에 따라 유럽환경정보관찰네트워크의 활동에 기여한다. 또한 회원국은 '초국경적' 차원에서 이러한 활동에 협력할 수 있다.[35]

③ 국내 연락대표자의 지정

회원국은 유럽환경청과 제4항에 규정된 토픽센터를 포함한 유럽환경정보관찰네트워크를 구성하는 기관에 제공되어야 할 국내적 환경정보를 조율하거나 송달하기 위한 목적으로 특히 제2항에 규정된 기관 또는 자국 내 설립된 그 밖의 기관 중에서 국내 연락대표자를 지정할 수 있다.[36]

---

33) Regulation 401/2009, 제4조 제1항.

34) Regulation 401/2009, 제4조 제2항 전단.

35) Regulation 401/2009, 제4조 제2항 후단.

36) Regulation 401/2009, 제4조 제3항.

6. 유럽환경청의 재정

1) 예산

'운영위원회'는 매년 회계연도에 따라 '유럽환경청장'이 작성한 초안에 기초하여 기관의 수입과 지출에 관한 '예산(초)안'을 작성한다. 예산초안은 운영위원회에 의해 늦어도 3월 31일까지 EU 집행위원회에 제출한다.[37] 한편 '예산국'은 기관에 대한 보조금의 할당을 승인하여 기관의 예산안을 채택한다.[38]

이처럼 예산안은 운영위원회에 의해 채택되며, 유럽연합의 일반예산안의 최종적 채택에 따라 최종예산으로 결정된다. 적절한 경우 예산안은 수정될 수 있다.[39]

2) 예산의 집행

유럽환경청장은 기관의 예산을 집행하며,[40] '운영위원회'는 기관의 최종 결산보고에 대한 '의견'을 제출한다.[41] 유럽환경청장은 매년 회계연도에 맞추어 늦어도 7월 1일까지는 최종 '결산보고서'를 '운영위원회의 의견'과 함께 유럽의회, 이사회, 집행위원회, 감사원에 제출한다.[42] 기관에 적용되는 재정적 규율은 운영위원회가 EU 집행위원회와 협의한 후 채택된다.[43]

7. 다른 기관과의 협력 의무

1) EU 다른 기관 및 프로그램과의 협력의무

유럽환경청은 특히 공동연구개발센터(Joint Research Centre), 유럽통계청(Statistical Office of the European Union), 그리고 EU의 환경연구 및 개발프로그램 등 유럽연합의 다른 기관 및 프로그램들과 적극적으로 협력을 구축한다.[44]

---

37) Regulation 401/2009, 제12조 제1항.
38) Regulation 401/2009, 제12조 제4항.
39) Regulation 401/2009, 제12조 제5항.
40) Regulation 401/2009, 제13조 제1항.
41) Regulation 401/2009, 제13조 제4항.
42) Regulation 401/2009, 제13조 제6항.
43) Regulation 401/2009, 제14조.

2) 유럽우주기구 · 경제협력개발기구 · 유럽심의회 · 국제연합전문기구 등과의 협력의무

유럽환경청은 유럽우주기구, 경제협력개발기구(OECD), 유럽심의회(Council of Europe), 그리고 국제연합(UN)과 특히 국제기상기구(WMO)와 국제원자력기구(IAEA) 등 그 전문기구와 적극적으로 협력한다.[45]

3) EU회원국이 아닌 국가와의 협력가능성

유럽환경청은 동 기관과 '공동의 이익'을 갖고 있는 분야에 있어서 EU회원국이 아닌 국가들의 기관들이 제공하는 정보, 전문지식, 정보분석 · 평가수집의 방법 등이 '상호 이익'이 되고 유럽환경청의 성공적인 임무수행을 위해 필요한 경우에 이들 기관들과 '협력'할 수 있다.[46]

4) 활동의 중첩 회피

유럽환경청은 특히 동 규칙 제15조 제1항에서 제3항까지 명시된 기관들과 그 활동의 중첩을 피할 필요가 있는지 고려해야 한다.[47]

8. 유럽환경청의 직원

유럽환경청의 직원은 EU의 '관료'(officials) 및 그 밖의 직원(servants)에게 적용되는 규칙의 적용을 받는다. 유럽환경청은 자신의 직원에 대해 위임된 권한을 행사하며, 운영위원회는 EU집행위원회와의 합의에 근거하여 적절한 시행규칙을 도입한다.[48]

---

44) Regulation 401/2009, 제15조 제1항.
45) Regulation 401/2009, 제15조 제2항.
46) Regulation 401/2009, 제15조 제3항.
47) Regulation 401/2009, 제15조 제4항.
48) Regulation 401/2009, 제17조.

9. 유럽사법법원의 관할권

1) 계약적 책임의 경우

유럽환경청의 계약적 책임은 문제가 된 계약에 적용되는 법에 의해 규율된다. 유럽사법법원은 동 기관이 체결한 계약상 포함되어 있는 중재조항에 의거하여 관할권을 가진다.[49]

2) 비계약적 책임의 경우

유럽환경청의 비계약적 책임의 경우, 동 기관은 회원국의 법에서 공통으로 발견되는 일반원칙에 준하여 동 기관 자신이 또는 자신의 직무를 수행하는 직원이 야기한 어떠한 손해에 대해서도 보상한다. 이 경우 유럽사법법원은 어떠한 손해의 보상 문제와 관련된 분쟁에 대하여 관할권을 가진다.[50]

3) 직원의 사적책임의 경우

유럽환경청에 대한 직원의 사적책임의 경우에는 기관 직원에게 적용되는 규정에 의해서 규율된다.[51]

10. 유럽환경청에의 가입

유럽환경청은 EU회원국이 아니지만 동 기관의 목적 달성을 위해 EU 및 그 회원국들과 공동의 관심사를 공유하는 다른 국가들에게 가입을 허용하고 있다.[52] 즉 유럽환경청은 EU의 환경 관련 행정기관으로서 EU가입국은 자동적으로 동 기관에 참가할 수 있으며, EU비회원국일지라도 EU가 합의할 경우에는 동 기관에의 참여가 허용되고 있다. 2004년의 EU의 확대 이전에 13개 가입후보국에게 그 참가자격을 부여한 예는 EU의 행정기관으로서는

---

49) Regulation 401/2009, 제18조 제1항.
50) Regulation 401/2009, 제18조 제2항.
51) Regulation 401/2009, 제18조 제3항.
52) Regulation 401/2009, 제19조.

유럽환경청이 처음이다. 이에 따라 2009년 2월 현재 '유럽환경청'은 EU 27개 회원국, 유럽자유무역연합(European Free Trade Association: EFTA) 3개국(아이슬란드, 노르웨이, 리히텐슈타인), 유럽연합 1개 가입후보국(터키), 스위스를 포함하여 총 32개국으로 구성되어 있다.

Ⅲ. 결언

이상에서는 '유럽환경청'과 '유럽환경정보네트워크'의 설립과 운영 시스템을 중심으로 EU의 '환경정책'에 대한 관심과 노력에 관하여 살펴보았다. 1992년 마스트리히트조약(Treaty on European Union: TEU)에 의해 EU가 창설될 즈음에 '유럽'은 이미 '환경'에 대하여 지대한 관심을 가지고 있었다. 특히 오늘날에는 2009년 12월 1일 리스본조약이 발효됨과 함께 환경에 대한 EU의 적극적 활동이 국제사회의 환경정책을 주도하고 있다. 이산화탄소의 배출을 줄이고 신재생에너지원을 증대시키려는 노력을 통해 EU는 '친환경정책'을 적극적으로 추진하고 있다. 특히 2013년부터의 '연장된 교토의정서체제'를 거쳐 '신기후변화협약시대'가 도래되는 2020년까지 신재생에너지의 활용을 전체 에너지사용의 20%까지 확보하도록 법제도적 조치를 취하고 있다.

이처럼 EU의 환경에 대한 관심은 특별하다. EU가 추구하고 있는 친환경정책은 단순히 '환경을 보호'하는 것이 목적이 아니라, 미래를 향한 '지속 가능한 발전'을 촉진하고 다음 세대에게 건전한 자연환경을 물려주기 위함이라고 할 수 있다. EU는 '더 늦기 전에' 환경보전의 초석을 놓고자 노력하고 있는 것이다. 그런데 이는 개별 국가적 차원에서뿐만 아니라, '국제적 차원'에서도 모두 중요한 사안이라고 할 수 있다. 개별국가의 입장에서는 교토의정서의 이행에 적극적으로 동참해야 하고, 나아가 자유무역협정(Free Trade Agreement: FTA) 등을 통하여도 지역적 내지 국제적 환경보호에 적극적으로 협력해야 할 것이다. 국제적 차원에서는 '국제공동체적 의식'을 제고하여 전 세계적인 환경보호정책을 추진해야 한다. 기존의 다자간환경협약(MEAs)에 많은 국가들이 가입하는 방법을 통하여 동 협약의 '보편적 효력'을 확보하는 방법이 있을 수 있고, 새로운 '초국가적 국제환경기구'를 창설하는 방법이 있을 수 있다.

따라서 EU가 유럽이라는 지역적 차원에서 운영하고 있는 유럽환경청과 유럽환경정보관찰네트워크 시스템은 개별 국가적 차원 그리고 국제공동체적 차원 모두에서 환경보호에 관한 협력에 있어서 부여하는 바가 크다. 우리나라도 녹색성장기본법의 제정과 시행을 통해 국내적으로 환경보호정책을 추진함과 아울러 동아시아적인 차원 또는 국제적 차원에서의 환경정책의 협력에 관심을 가져야 할 것이다.

제28장 에코라벨제도*

Ⅰ. 서언

에코라벨(Eco-label)이란, 어떤 제품이 다른 제품에 비해 보다 더 친환경적임을 정부 또는 기타 공인기관이 인증해 주는 표시 제도를 의미한다. 따라서 EU에코라벨은 해당 제품이 친환경적이며 일정한 요건을 충족한 우수한 품질의 제품임을 EU가 공인해 주고 있음을 의미한다. EU에코라벨에 관한 유럽의회/이사회 규칙 66/2010[1](20개 조문으로 구성)은 2009년 11월 25일 스트라스부르에서 채택되었다.

현재 전 세계적으로 이상 기후에 대한 심각성과 환경오염으로 인한 여러 폐해가 발생하고 있다. 이러한 문제는 세계 경제와 공업을 주도해 온 선진국들만의 문제가 아니라 지구촌의 모든 국가들이 직면하고 있는 문제이다. 이에 개별 국가별 또는 지역공동체가 환경보호와 환경복구를 위해 여러 정책과 법안을 시행하고자 노력하고 있다. 이 문제의 해결이 쉬운 일은 아니지만 산업과 환경의 조화로운 균형 잡힌 정책을 추진할 때 어느 정도 그 해결이 가능하다.

EU도 환경의 영역을 매우 중요한 정책부분으로 다루고 있다. 특히 공동체 역내시장(단일시장 또는 공동시장) 내에서 생산, 소비, 폐기되는 모든 제품군에 대해 부여하는 일종의 환경인증마크인 EU에코라벨제도를 시행하여 '공산품'에 의한 환경오염을 사전에 방지하고자 노력하고 있다.

---

* 이 내용은 김두수, "EU에코라벨에 관한 법적 분석-유럽의회/이사회 규칙 66/2010을 중심으로-", 『최신외국법제정보』 한국법제연구원 2011년 제1호(2011.3)를 참고하였음.
1) Regulation 66/2010/EC of the European Parliament and of the Council of 25 November 2009 on the EU Ecolabel(OJ 2010 L27/1).

Ⅱ. EU에코라벨 법제 분석

1. 규율 대상 및 범위

동 규칙 제1조상 목적은 EU회원국들 내에서의 자율적인 EU에코라벨제도의 확립과 적용에 관하여 규율하는 것이다.[2]

한편 동 규칙은 유상 또는 무상 여부를 불문하고 공동체 시장에 유통, 소비, 사용될 모든 상품과 서비스에 대하여 적용된다.[3]

동 규칙은 인체대상 의약품에 관한 유럽의회/이사회 규칙 2001/83(2001.11.6. - 제정) 및 동물대상 의약품에 관한 유럽의회/이사회 규칙 2001/82(2001.11.6. - 제정)상의 의약품과 의료기기에는 적용되지 아니한다.

2. 용어 정의

① '제품군'이란, 유사한 사용방법과 사용목적을 가지고 있거나 또는 기능적 특징이 유사하고 소비자의 관점에서 유사하다고 보일 수 있는 일련의 제품들을 의미한다.

② '수행자(업자)'란, 모든 생산자, 제조업자, 수입업자, 서비스공급자, 도매업자 및 소매업자를 의미한다.

③ '환경적 영향'이란, 제품이 사용되는 수명기간 동안 전체적으로 또는 부분적으로 제품이 원인이 되어 발생되는 모든 환경에 대한 변화를 의미한다.

④ '환경적 수행(수준)'이란, 환경적 영향을 초래하는 제품의 특성에 대한 제조업자의 관리결과를 의미한다.

⑤ '인증(입증)'이란, 어떤 제품이 EU 에코라벨 기준에 부합되는지를 증명하는 절차를 의미한다.[4]

---

2) Regulation 66/2010, 제1조.
3) Regulation 66/2010, 제2조.
4) Regulation 66/2010, 제3조.

3. 관할기관

EU회원국들은 각 회원국 정부부처 내외에 동 규칙에 규정된 업무를 집행할 권한 있는 기관(관할기관)을 설립(설치)하고 그 활동을 보장해야 한다.

2개 이상의 관할기관을 지정(역할 분담)하는 경우에 회원국은 기관들 상호 간의 권한배분 및 상호협력과 존중에 관하여 명시해야 한다.

관할기관과 관련해서는, 자체의 독립성과 중립성이 보장되어야 하고, 직무수행상의 투명성이 보장되어야 하며, 모든 이해당사자들의 참여의 권리가 보장되도록 절차상 규정되어야 한다. 또한 수행자(업자)가 검증을 받는 동안 그 입증절차가 중립적·독립적·합법적인 방식으로 수행되도록 보장하여야 한다.[5]

4. EU에코라벨위원회

EU집행위원회는 각 회원국의 관할기관의 대표들과 기타 관련 당사자들로 구성된 EU에코라벨위원회(European Union Ecolabelling Board: EUEB)를 설치하여야 한다.

한편 EU에코라벨위원회는 내규에 따라 위원장(대표)을 선출하며, ① EU에코라벨제도의 발전, 제도수행평가, 개선에 대한 임무를 수행하고 ② EU집행위원회에 대하여 관련 분야에 한하여 조언과 보조의 역할을 수행한다. 특히 환경정책적 차원에서 최소한의 환경수준 요구치에 대하여 권고조치를 취할 수 있다. ③ 그리고 EU에코라벨위원회의 임무수행에 있어서는 각 '제품군'에 관하여 관할기관, 생산자, 제조업자, 수입업자, 서비스제공자, 도매업자, 소매업자 및 특히 중소기업, 환경보호단체, 소비자단체 등과 같은 관련 있는 모든 이해당사자들의 균등한 참여를 보장해야 한다.[6]

---

5) Regulation 66/2010, 제4조.
6) Regulation 66/2010, 제5조.

5. EU에코라벨기준(규범)에 관한 일반적 요건7)

1) 회원국의 의무

① EU에코라벨기준(규범)은 환경 영역에 있어서의 공동체의 최신의 전략적 목표를 고려하여 제품의 환경적 수행(수준), 즉 환경보호의 노력에 기초하며, ② 따라서 EU에코라벨기준(규범)은 EU에코라벨을 획득하기 위해 제품이 갖추어야 하는 환경적 요구치를 규정하여야 한다. ③ 또한 EU에코라벨규범은 제품의 전체 수명을 감안하여 과학적 근거에 따라 규정되어야 하고, ④ EU에코라벨규범은 EU에코라벨을 부여받은 상품들이 본래의 용도에 따라 사용되도록 보장하여야 한다. ⑤ 식품법과 관련해서는 친환경적 제품과 유기농 제품 간의 구별을 고려한다.

2) EU에코라벨기준의 규정 시 고려해야 할 사항들

① 가장 중대한 환경적 영향, 특히 기후변화에 대한 영향, 자연환경과 생물다양성, 에너지, 자원소비에 대한 영향, 모든 환경적 매체(토양, 물, 공기)에 대한 폐기물, 배출 가스, 물리적 영향에 따른 오염, 유해물질의 사용과 배출문제, ② 기술적으로 가능한 다른 재료나 디자인을 사용함으로써 유해한 물질을 보다 안전한 물질로 대체, ③ 제품의 내구성 강화 및 재활용 가능성으로 인한 환경적 영향의 감소 가능성, ④ 제품의 전체 수명기간 동안의 환경적 이득과 부담 간의 환경적 균형(안전 및 보건의 영역 포함), ⑤ ILO기준이나 행위준칙과 같은 관련 국제조약이나 협정을 참고하는 것과 같은 사회적 측면 및 윤리적 측면, ⑥ 국가적·지역적으로 공인된 기타 에코라벨에 관한 규범, 시너지 효과의 증대를 위한 특정 제품군에 관한 EN ISO 14024 type 1의 에코라벨, ⑦ 가능한 한 동물실험을 최소화하는 방향성 등 이다.

3) EU에코라벨 승인 제한

물질과 혼합물의 분류, 정보기재 및 포장에 관한 유럽의회/이사회 규칙 1272/2008(2008.12.6.-제정)과 화학물질의 등록, 평가, 허가, 제한 및 유럽화학물질기구설립을 규정한 유럽의회/이

---

7) Regulation 66/2010, 제6조.

사회 규칙 1907/2006(2006.12.18. – 제정)에 따라 유해한 경우, 환경에 위험이 되는 경우, 발암성이 있는 경우, 돌연변이의 발생률을 높이는 경우 및 생산능력의 저하를 유발하는 경우 등의 기준에 부합되는 물질이나 화합물을 포함하는 상품에는 부여되지 아니한다.

6. EU에코라벨규범의 개발 및 수정

EU집행위원회, 회원국, 관할기관 및 기타 이해당사자들은 EU에코라벨위원회의 자문을 거쳐 EU에코라벨규범에 대한 개발 또는 수정을 발의할 수 있다. 이 중 기타 이해당사자들이 개발을 행하는 경우에는 이들에게 해당 영역에 대한 전문성과 중립성이 있음이 증명되어야 한다.

절차와 관련하여, EU에코라벨규범에 대한 개발 또는 수정을 발의하는 당사자는 부속서 Ⅰ의 A에 규정된 절차에 따라 다음과 같은 문서를 작성하여 제출해야 한다. 이 서류는 EU집행위원회와 EU에코라벨위원회에 제출한다. ① 예비 보고서, ② 규범 초안 제안서, ③ 규범 초안 제안서를 위한 자문가의 전문의견 보고서, ④ 최종 보고서, ⑤ EU에코라벨의 잠재적 사용자들(수범자들) 및 관할기관을 위한 매뉴얼, ⑥ 공공사업을 발주하는 기관들을 위한 매뉴얼(안내서) 등이다.[8]

7. EU에코라벨규범의 제정[9]

EU집행위원회는 EU에코라벨위원회에게 자문을 구한 지 9개월 이내에 각 상품군에 대한 구체적인 EU에코라벨을 설정하기 위한 조치를 취한다. 이는 EU의 관보(Official Journal: OJ)에 게재되며, EU집행위원회는 최종제안단계에서 반드시 EU에코라벨위원회의 '자문' 의견을 참고하여 반영하여야 할 뿐만 아니라, EU에코라벨위원회의 자문상의 규범 초안의 제안내용과 비교하여 최종제안에서 변경된 경우 그 변경사항을 명확히 표기하여 기록으로 남기고 그 변경이유를 입증하고 해명해야 한다(EU에코라벨위원회의 강화된 권한 반영).

EU집행위원회의 직무 사항으로는 ① EU에코라벨규범에 따른 특정 제품의 부합 정도를 평가하기 위한 요건을 확립할 것(평가 요건의 확정), ② 각 제품군에 대해 선택적 라벨로 표시될 수 있는 주요 환경적 특성들을 구체화할 것, ③ 각 제품군에 대한 평가기준 및 EU

8) Regulation 66/2010, 제7조.
9) Regulation 66/2010, 제8조.

에코라벨규범상의 유효기간을 정할 것, ④ ③에서 언급한 유효기간 동안에 인정될 수 있는 제품의 가변성 (허용)정도를 구체화할 것 등이 있다.

한편 EU에코라벨규범의 제정 시에는 그 시행 시에 중소기업에 대하여 과도한 행정적·경제적 부담을 발생하게 하는 조치를 취하지 않도록 주의해야 한다.

8. EU에코라벨의 취득과 기간 및 활용[10]

1) 신청서 제출

EU에코라벨을 사용하고자 하는 사업자는 '회원국 관할기관'에 다음과 같은 규정에 따라 신청서를 제출한다. ① 어떤 제품이 단일 회원국에서 출시(생산)되는 제품인 경우에 EU에코라벨의 신청은 당해 회원국의 관할기관에 신청, ② 어떤 제품이 복수의 회원국에서 동일한 형태로 출시(생산)되는 경우에 EU에코라벨의 신청은 해당 회원국들 중 '한 회원국의 관할기관'에 신청 가능, ③ 어떤 제품이 공동체 외부에서 출시(생산)되는 경우에 EU에코라벨의 신청은 당해 제품이 판매될 예정이거나 또는 판매되어 왔던 회원국들 중 일국의 관할기관에 신청.

2) EU에코라벨의 취득 절차와 형태

EU에코라벨은 부속서 Ⅱ에 표시된 형태를 가진다.

EU에코라벨은 해당 제품이 적용되는 EU에코라벨규범에 '부합'하거나 또는 EU에코라벨이 이미 '부여'된 제품에 해당되는 경우에 한하여 사용(취득)할 수 있음.

(1) 신청서 기재 사항

사업자의 연락처 등 상세한 사항을 기재해야 할 뿐만 아니라 해당 제품군이 특정되어 기재되어 있어야 하며, 제품에 대한 완전한 '정보'와 관할기관이 요청하는 여타의 '정보'가

---

10) Regulation 66/2010, 제9조.

포함되어야 한다.

그리고 각 제품은 EU집행위원회의 행정절차상 구체적으로 특정된 모든 '관련 서류'가 첨부되어야 한다.

(2) 수수료

신청서를 접수하는 관할기관은 부속서 Ⅲ에 따라 '신청 수수료'를 부과해야 한다. EU에 코라벨의 사용은 신청 수수료가 기한 내에 납부되었다는 조건하에 그 사용이 가능하다.

(3) 취득 절차

신청서가 접수된 지 2개월 이내에 해당 관할기관은 신청에 필요한 서류가 모두 구비되었는지 확인한 후 신청업자에게 접수확인을 통지한다. 관할기관은 신청업자가 그러한 통지를 받은 지 6개월 이내에 미비한 부분을 보완하지 아니한 경우 신청을 각하할 수 있다. 서류 절차가 완전히 이루어졌고 해당 상품이 동 규칙 제8조에 따른 EU에코라벨 기준 및 평가 요건에 부합된다는 관할기관의 결정이 있는 경우, 관할기관은 해당 상품에 등록번호를 부여해야 한다. 사업자들은 EU에코라벨 기준과 부합되는지에 관한 테스트 및 평가 절차에 소요되는 비용을 부담해야 한다. 이들 사업자들은 관할기관이 소재하고 있는 회원국 외부에서 현장검증(현지조사)이 필요한 경우에 그 출장경비(이동 및 숙박비용)를 부담할 수 있다.

EU에코라벨규범이 '생산시설'에 대하여 특정한 조건을 요구하는 경우, EU에코라벨이 부여된 상품을 생산하는 모든 생산시설은 그 조건을 충족해야 한다. 필요한 경우 관할기관은 현장검증(현지조사)을 실시하거나 그러한 목적을 위하여 권한 있는 대리인을 지명해야 한다.

관할기관은 EU에코라벨의 사용기한(특히 규범 또는 기준의 수정에 따라 발생할 수 있는 EU에코라벨의 허가와 취소에 관한 규정을 포함하여)을 포함하여 각 사업자들과 계약을 체결한다. 이를 위해 부속서 Ⅳ에 있는 서식에 따라 '표준형 계약서'를 사용한다.[11]

사업자는 관할기관과의 계약이 체결된 이후에만 EU에코라벨을 제품에 부착할 수 있으며, 또한 사업자는 EU에코라벨을 부여받은 제품에 등록번호를 기재한다.

제품에 EU에코라벨을 부여한 '관할기관'은 이를 'EU집행위원회'에 '보고'할 의무가 있으며, EU집행위원회는 등록대장을 작성하고 이를 정기적으로 갱신한다. 이러한 등록대장은 EU에코라벨 웹사이트를 통해 공시한다.[12]

---

11) http://europa.eu/legislation_summaries/environment/general_provisions/co0012_en.htm or
   http://eur-lex.europa.eu/LexUriServ/LexUriServ.do?uri=OJ:L:2010:027:0001:0019:EN:PDF

12) http://ec.europa.eu/environment/ecolabel/ or www.ecolabel.eu

EU에코라벨은 EU에코라벨이 부여된 '상품' 및 그 '상품과 관련된 홍보물'에도 사용이 가능하다.

EU에코라벨의 부여는 공동체법 또는 국내법의 환경 및 기타 규제를 침해하지 아니하여야 한다.

EU에코라벨의 사용 권리는 EU에코라벨을 '상표의 구성요소'로서 사용하는 것으로 확대되어서는 아니 된다.

9. 시장 감독 및 EU에코라벨사용의 규제(제한)[13]

EU에코라벨과 '혼동'될 여지가 있는 '허위'나 '과장'된 광고 또는 라벨, 그리고 상표의 사용은 금지된다.

'관할기관'은 EU에코라벨을 부여한 제품에 대하여 해당 제품이 동 규칙 제8조에 규정된 EU에코라벨의 기준 및 평가 요건에 부합하는지 주기적으로 검증해야 한다.

'관할기관'은 필요한 경우 민원에 따른 불만사항에 대하여 조사를 수행하여 검증하는 임무도 수행해야 한다. 이러한 조사의 검증은 무작위 추출에 의한 검사의 형식을 취할 수 있다. 이 경우 당해 제품에 EU에코라벨을 부여한 관할기관은 문제가 된 EU에코라벨 사용자에게 이를 통지해야 하며, 당해 사용자에게 문제가 된 불만사항에 대해 해명할 것을 요청할 수 있다. 관할기관은 민원요청자의 신분을 사용자에게 공개하지 아니할 수 있다.

EU에코라벨 사용자는 자신의 제품에 EU에코라벨을 부여한 관할기관이 해당 제품이 관련 제품군에 관한 규범과 제9조상의 지속적인 부합 여부를 확인하는 경우, 필요한 모든 조사과정을 수행하도록 관할기관에 협조해야 한다.

EU에코라벨 사용자는 제품에 EU에코라벨을 부여한 관할기관의 요청 시, 해당 제품이 생산되는 시설에 출입할 수 있는 권한을 부여해야 한다. 이러한 요청은 합리적인 시기라면 어느 시간에라도 별도의 사전 통지 없이도 가능하다.

EU에코라벨 사용자에게 보고서를 제출할 기회를 제공한 후, EU에코라벨이 부여된 제품이 해당 제품군 기준과 부합하지 않음을 알게 되거나 또는 EU에코라벨이 제9조에 따라 사용되지 않고 있음을 알게 된 관할기관은 해당 제품이 EU에코라벨을 사용하는 것을 금지하거나 또는 그 EU에코라벨이 다른 관할기관에 의해 부여되었을 경우 그 해당 관할기관에 이를 통지해야 한다. EU에코라벨 사용자는 제9조(4)에 명시된 신청 수수료에 대한 전부 또

---

13) Regulation 66/2010, 제10조.

는 일부의 반환을 청구할 수 없다. 관할기관은 다른 모든 관할기관과 EU집행위원회에 해당 사용 금지 처분에 대하여 지체 없이 통지해야 한다.

제품에 EU에코라벨을 부여한 관할기관은 EU에코라벨의 부여와 관련된 목적 이외에는, 사용자가 제9조에 규정된 EU에코라벨 사용과 관련된 규정을 준수하는지를 조사하는 과정에서 취득한 정보를 어떠한 형태로든 공개하거나 이용해서는 아니 된다. 관할기관은 이러한 조사를 이행함에 있어서 '위조'나 '권한남용'을 방지하기 위해 제출된 모든 서류의 보호를 위해 필요한 모든 '합리적인 조치'를 취해야 한다.

10. EU에코라벨의 홍보 및 장려

회원국들과 EU집행위원회는 'EU에코라벨위원회'의 협조하에 다음의 내용에 따라 EU에코라벨의 사용을 '장려'하기 위한 구체적인 사업 계획서에 관한 합의안을 도출한다. ① 소비자, 생산자, 제조업자, 도매업자, 서비스 공급자, 정부구매자, 무역업자, 소매업자, 그리고 일반 대중을 대상으로 하여 EU에코라벨을 '홍보'하기 위한 조치나 정보제공, 그리고 공공 캠페인(공익광고). ② 본 제도를 활용하는 것을 특히 중소기업을 대상으로 권장한다. 이러한 조치를 통하여 본 규범체계의 발전을 도모할 수 있다.

EU에코라벨의 장려는 공동체의 모든 언어로 EU에코라벨에 대한 기본적 정보와 자료(홍보물) 및 EU에코라벨 부착 제품 구매처에 대한 정보를 제공하는 EU에코라벨의 웹사이트를 통해 이루어진다.

회원국들은 부속서 Ⅰ-A-5에 규정된 "정부계약에 대한 인허가를 담당하는 국가기관들에 대한 지침서"(정부구매 시)의 사용을 권장한다(일례로 지침서에 규정하고 있는 기준에 부합하는 '제품을 구매'하는 것에 대한 목표를 수립하는 것 등을 고려).[14]

11. 보고

2015년 2월 19일까지 'EU집행위원회'는 EU에코라벨제도의 시행에 관한 보고서를 '유럽의회'와 '이사회'에 제출해야 한다. 이 보고서에는 EU에코라벨규범에 관한 평가가 적시되어야 한다.

---

14) Regulation 66/2010, 제12조.

12. 부속서의 수정

EU집행위원회는 EU에코라벨 제도 운영에 소요되는 비용을 충당하기 위하여 부속서 Ⅲ에 규정된 수수료의 상한선을 변경하는 등 부속서에 관한 내용을 수정할 수 있다. 동 규칙의 비본질적인 부분을 보충하는 성격을 가진 이런 조치는 제16조(2)에 규정된 절차에 따라 진행된다.

13. 벌칙

회원국들은 본 규칙 위반 시의 사업자에 대한 벌칙(제재)에 관하여 규정하고, 그 시행의 보장을 위한 모든 필요한 조치를 취하여야 한다. 규정될 '벌칙의 내용'은 '효과적'이고, '비례의 원칙'에 따라 적절해야 하며, 개선의 효과를 갖는 것이어야 한다. 회원국들은 이러한 벌칙의 내용과 그 효과에 관해서도 지체 없이 EU위원회에 통지해야 한다.

14. 발효

동 규칙은 EU 공보 게재 '20일' 후에 효력이 발생하며, 모든 회원국에게 '전부 구속력'을 가지며 '직접적으로 적용'이 된다.

Ⅲ. 결언

위에서 살펴본 바와 같이 동 규칙은 'EU 외부에서 생산되는 제품'에 대해서도 EU에코라벨의 신청과 사용이 가능하기 때문에 우리나라 국내기업의 대EU 통상무역에 있어서 EU에코라벨제도는 정책적으로 또는 전략적으로 활용할 가치가 있다. 특히 '환경'에 대한 관심이 점점 증대되고 '녹색성장'이 부각되는 현 국제사회와 2011년 7월 1일 발효된 '한·EU FTA' 시대에는 양 당사자 간 상품 교역에 있어서 소비자의 선택(친환경 상품을 선호)의 향방에 유념해야 한다.

물론 이러한 통상무역에 앞서 우리나라는 '산업'과 '환경'의 조화로운 균형 잡힌 정책을 추진하는 것이 전제되어야 한다. 왜냐하면 그동안에는 '환경보호'보다는 '산업육성정책'(경제 성장)이 보다 많은 배려를 국가로부터 받아 왔기 때문이다.

그리고 '에코라벨제도의 활성화'를 위해서는 행정적 절차와 부담을 줄이기 위해 평가절차와 증명절차를 간소화할 필요가 있고, 에코라벨규범을 준수하는 사업자에게는 에코라벨사용과 관련된 비용을 감소시킴으로써 본 제도를 장려할 필요가 있다.

끝으로 '에코라벨'은 친환경적·자원절약적 목적으로 추진되는 시장지향적인 환경정책의 수단이므로, 시장에서의 녹색성장을 활성화시키기 위해서는 친환경상품에 대한 올바른 정보를 소비자에게 제공해야 할 필요가 있고, 이러한 차원에서 에코라벨에 대한 홍보가 중요하다고 할 수 있다.

제29장 환경정보공유제도(SEIS)*

Ⅰ. 서언

2008년 1월 23일 EU 집행위원회는 유럽의 "환경정보공유제도"(Shared Environmental Information System: SEIS)를 확립하기 위한 방안을 마련하여 EU회원국들에게 통보[1]하였다. 이 통보는 환경정보공유제도(SEIS)를 위한 필요성, 원칙, 장점, 그리고 환경정보공유제도(SEIS) 확립을 위한 제반 요건과 노력 등에 관하여 설명하고 있다.

오늘날 지구가 처해 있는 다양한 환경적 위험 요소들은 효율적으로 대처할 필요성을 요구되고 있고, 동시에 첨단정보기술의 발달은 이에 대한 기존의 한계들을 극복할 수 있는 가능성을 끊임없이 제공하고 있다. 이 두 양상의 결합은 환경정보공유제도(SEIS)의 존재이유이자 성공가능성이라고 할 수 있다. 즉 ① 환경정보공유제도(SEIS)는 '환경정책'의 설계와 수행을 위한 환경정보에 대한 접근, 공유, 상호운용 그리고 공동 이용을 통해 수많은 다양한 환경적 위험요소들에 대한 신속한 대처를 가능하게 하고, 또한 ② 환경에 관한 정보와 자료에 대한 수집, 교환, 활용 과정을 현대화하고 간소화시키는 방향으로 발전시킴으로써 환경정책과 환경적 조치의 준비와 시행을 원활하게 할 수 있다.

여기에서는 EU가 환경정보공유제도(SEIS)를 도입하고자 하는 배경, 목적, 원칙, 필요조치 및 효과 등에 관하여 살펴보고자 한다.

---

* 이 내용은 김두수, "EU의 환경정보공유제도", 『최신외국법제정보』 한국법제연구원 2013년 제1호(2013.2)를 참고하였음.

1) Communication from the Commission to the Council, the European Parliament, the European Economic and Social Committee and the Committee of the Regions of 23 January 2008 entitled "Towards a Shared Environmental Information System(SEIS)". COM(2008) 46 final(OJ 2008 C 118).

Ⅱ. 제도 도입의 배경

21세기 초의 EU 환경정책은 제6차 환경행동계획²⁾(The Sixth Environment Action Programme, 6EAP)에 의해 진행되었다. 제6차 환경행동계획은 환경정책의 효과적인 정책 및 실행, 그리고 시민의 폭넓은 권한확보를 위해서는 환경상태뿐만 아니라, 환경변화 추세, 환경개선을 위한 압박과 행동 추진에 대한 정보들이 반드시 확보되어야 함을 공식화하였다. '환경'은 공공재이기 때문에 환경정보는 널리 공유되어 사용되는 것이 필수적이다. 유럽은 오랫동안 환경정보를 공유해 왔다. 유럽에서의 그동안의 환경정보체계는 ① '회원국들'이 환경법안을 효과적으로 수행하는 데 기여하였고, 최근에는 ② 'EU와 회원국들'에 의해 다양한 환경정책을 추진하는 과정에 기여하였다.

그런데 오늘날 제6차 환경행동계획이 선택한 우선해결 과제들 특히, 기후변화에 대한 대응, 생물다양성 감소의 중지, 천연자원의 관리에 직면해서는 환경정보의 효율적 이용이 더욱 요구되고 있다. 최근의 산불, 홍수, '가뭄'(예, 기후변화로 인한 가뭄은 마야문명의 멸망 원인일 가능성) 등은 정확한 환경정보를 신속하게 수집하여 공유하는 동시에 이를 손쉽게 효율적으로 이용할 것을 요구하고 있다. 그렇지 않고서는 이러한 환경적 도전 또는 환경적 재해에 적절히 대처하지 못할 우려가 있기 때문에 조속한 대응책을 마련하는 것이 시급하다고 할 수 있다. 따라서 제6차 환경행동계획하에서 기존의 관련 환경정보체계는 ① 수집된 환경정보의 '공유'와 '이용'의 측면에서 개편될 필요성이 제기되었다. 그리고 ② 그 개편의 방향은 '통합성'에 초점이 맞춰져야 한다. 즉 계속되는 정보기술(IT)산업발전으로 인한 실시간 자료제공과 기술적 조건들─ 예컨대, 정보체계 형식과 상호운용과 기술적 조건들─이 충족되면서, 신속한 환경정책 결정을 위한 통합된 분석결과들을 제공할 수 있는 환경정보체계로의 개편이 필요하게 되었다.

우리가 살아가고 있는 지구의 환경에는 새로운 문제들이 발생하지만 또한 새로운 기회도 존재한다. 특히 기술의 발전은 정보를 실시간으로 제공하여 관련 조치들이 신속하게 취해질 수 있도록 기여하여 어떤 경우에는 인간의 생명을 구할 수 있다. 데이터 형식에 관한 상호운용 등에 관한 기술적인 조건이 충족된 경우에 그러한 데이터들은 '통합적 분석결과'를 제공하여 바람직한 정책들의 이행에 근거가 된다.

---

2) 제6차 환경행동계획(2002년 7월 22일~2012년 7월 21일)은 유럽공동체 환경정책의 기본근간을 이루고 있는 핵심 환경정책이다. 유럽은 환경 분야에 있어 유선 해결과제를 선정해 집중 노력하는 방식을 채택하고 있다. 따라서 환경 행동 프로그램도 우선 지속 가능한 개발 전략과 함께 4개 우선 과제, 기후 변화, 자연 생태계 및 생물 종다양성, 인체 보건 및 삶의 질, 천연자원 및 폐기물을 선택하여 전 방위적인 노력을 기울이고 있다.

Ⅲ. 제도 제안의 목적

이 통보는 도입부분(Introduction)에서 본 통보의 목적이 EU의 환경정책의 수립과 실행을 위하여 필요한 자료와 정보의 수집, 교환 및 사용을 현대화하고 단순화하는 '방법'을 설명하기 위한 것이 목적임을 밝히고 있다. 그리고 이 방법에 따른 보고체계의 변화, 즉 현재 중앙집중적 보고체계에서 자료접근, 공유 그리고 상호운용에 기반을 둔 체계들로의 점진적 변화 현상을 지적하고 있다. 그리고 그 목적은 개선된 규정을 통해 연관부서의 행정적 부담을 최소화하고 환경정책을 위해 필요한 정보의 질과 유용성을 유지 및 향상시켜 더 나은 규제방안을 도모하는 것임을 밝히고 있다.

이와 같은 방법론적·체계적 변화의 핵심 내용은 '환경 관련 정책 또는 입법 절차'에 필요한 정보사용에 대한 정보 활용체계의 현대화이다. 그리고 그 구체적인 내용은 2008년에 있을 2003년에 개정된 바 있는 현재의 "표준화 보고 지침"(standardized reporting directive) 91/692/EC[3]의 개정이다. 이 개정은 불필요한 보고요건들을 폐지하여, 보고체계를 단순화·현대화할 것이다. 개정안의 주요 내용은 다음과 같다.

① 일관성과 최신정보에 대한 전체윤곽을 제공하여 주제별 환경입법화를 위한 정보를 효율적으로 사용하게 할 것이다.

② 국제회의들에서도 유사한 진척을 유도할 것이다. 추산에 따르면, 국제회의들은 EU회원국들이 해야 하는 환경보고의 약 70%를 감당하고 있다.

③ 회원국 간의 자료 수집과 교환을 보다 조직화하는 방식으로 개선할 수 있을 것이다.

Ⅳ. 제도상의 원칙

이 통보는 ① 지방단체, 지역단체, 국가 및 EU 차원에서 수집된 자료의 존재가 '폭넓게 인지'되지 못하여 그 방대한 양의 정보가 알려지지 않아 효율적으로 활용되지 못하고 있다는 사실과 함께 ② 법적·경제적·기술적·절차적 장애물로 인해 그 수집된 자료의 '활용이 항상 비효율적'임을 지적하고 있다. 따라서 이 통보에서 제시되는 원칙들은 수년간에 걸친 연구와 전문가들의 심사숙고를 거쳐 제시된 것들이며, 이로 인해 환경에 관한 정보가 최대한 효율적으로 체계화되고, 특히 정보수집 '과정'과 '감시'에 사용되는 투자액이 결과

---

3) Council Directive 91/692/EEC of 23 December 1991 standardizing and rationalizing reports on the implementation of certain Directives relating to the environment.(OJ 31.12.1991 L377/48~54).
http://eur-lex.europa.eu/LexUriServ/LexUriServ.do?uri=CONSLEG:1991L0692:20031120:EN:PDF

적으로 최대의 효율을 낳도록 확실히 하기 위해 제시되었다. 그리고 이와 같은 문제를 해결하는 환경정보공유제도(SEIS)의 확립을 위해 다음과 같은 원칙들을 제시한다. 이 원칙들은 효율적인 환경정보의 사용과 감시, 수집을 최대화하기 위한 원칙들이다.

① 정보는 가능한 한 그 출처와 '근접'해서, 즉 가능한 한 출처에 가깝게 존재하여 다루어져야 한다.

② 정보는 1회 수집되며, 여러 목적을 위해 다른 이들과 '공유'되어야 한다.

③ 정보는 공공단체(공공기관)들이 즉시 사용할 수 있을 정도로 '용이'해야 하며, 이들 단체가 해야 하는 법적 보고의무를 쉽게 수행할 수 있도록 '도와줄 내용'이어야 한다.

④ 정보는 환경상태와 정책효율성을 신속하게 '평가'하고 새로운 '정책'을 '수립'할 수 있도록 하기 위하여 지역 공동단체들이나 EU 공공단체들의 모든 실수요자가 쉽게 접근이 가능해야 한다.

⑤ 정보는 지리적으로[예컨대 농어촌(countries), 도시(cities), 집수역(集水域)(catchment areas, 일정한 권역) 등] '비교' 가능하도록, 그리고 환경정책의 개발과 이행에 '참여'하도록 공공단체와 시민 모든 실수요자의 접근이 가능해야 한다.

⑥ 정보는 내용의 '기밀' 사항(기밀성)을 고려하되, 관련 국가들의 '언어'로 일반 '대중'에게 모두 공개하여 충분히 이용 가능해야 한다.

⑦ 정보의 공유(sharing)와 처리(processing)는 공동 및 무료 공개 자료의 소프트웨어로 유지되어야 한다.

Ⅴ. 제도의 실현 가능성에 대한 예시적 검토

EU가 유럽환경청(European Environment Agency: EEA)의 웹사이트(즉 Ozone Web 또는 오존웹 프로젝트)를 이용해 오존수치에 대한 정보를 공유한 사례는 유럽의 환경정보공유제도(SEIS) 실현의 긍정적 가능성을 보여 주고 있다. 2006년 22개국은 유럽환경청(EEA)에 정기적으로 실시간 오존수치를 제공한 가운데 다른 5개국이 web 설치에 참여했던 Ozone Web은 유럽환경청(EEA) 웹사이트에 시험결과를 게재하였다. 또한 데이터 제공은 점차적으로 증가해 그해 여름이 끝날 때에는 같은 해 유럽 전역의 약 700개 관측소가 실시간으로 오존수치 자료를 웹사이트에 제공하였다. 이 사이트는 시민, 정보제공자, 기후 전문가들에게 대기 상태를 알 수 있도록 하여 특정지역의 대기질의 변화를 제공하였다. 동시에 국가 또는 지역 오존 웹사이트와 연계하여 지역 정보와 EU 전체 상황을 일별할 수 있는 기회를 제공함으로써 국가와 지역의 한계를 초월하는 대기질의 상태비교를 가능케 하였다. 유럽환경청(EEA) 웹사이트는 일반대중에게 실시간 유럽 전역의 오존 수치를 지도상으로 표현해 알려주며 대기 상태에 대한 더 많은 참고자료들을 제공한다.

이러한 유럽환경청(EEA) 오존웹은 최근의 정보, 즉 2시간 이내의 오존수치를 지도 인터페이스에 게재하여 공기에 대한 정보를 공개하였다. 만약 이 환경정보체계가 전체 EU 지역을 포괄하게 되면 EU집행위원회 제출용 보고서를 위한 '한 여름의 오존수치정보'를 제공할 수 있게 된다. 유럽환경청(EEA)는 오존웹을 다른 오염물질로도 확대할 계획인데, 이것이 성공을 이루기 위해서는 EU 모든 회원국들의 참여가 필요하다. 이에 따라 완성된 제도는 시민들에게는 정보를, 연구자들에게는 데이터를, 유럽환경청(EEA)에게는 환경에 관한 정보를 제공할 것이며, EU집행위원회에게는 객관적인 자료를 제공할 것이다.

이러한 오존웹은 '공개'되어 '공유'된 환경정보체계가 제공하는 생활서비스의 한 예로서, EU가 도입하고자 하는 환경정보공유제도(SEIS)의 의도에 부합한다. 그러나 오존웹은 단일 오염인자에게만 국한되어 있으므로, 이를 새로운 도전에 대처하고 통합된 분석으로 확대하기 위해서는 오존만이 아닌 보다 폭넓은 오염인자를 포함하는 환경정보들로 확장할 필요가 있다. 오존웹은 EU의 환경정보공유제도(SEIS)의 구축을 위한 하나의 증거자료에 해당하는 실제적인 예로서 제공될 수 있으나 이것만으로는 불충분한 면이 없지 않다. 따라서 ① 공유가 가능한 '개방형 환경정보제도'의 온전하고도 충분한 실행을 위해서, 그리고 ② 21세기 제기되고 있는 수많은 문제들을 다루기 위해서는 오존웹과 같은 접근방식을 보다 '활성화'시켜 보다 '포괄적인' 환경 관련 정보를 제공할 수 있도록 운영되어야 할 것이다.

VI. 제도 실현을 위한 토대 조건

1. 비용

환경정보공유제도(SEIS)의 비용평가에 있어서 중요한 것은 이미 연관된 작업들이 진행 중이라는 점이다. 즉 막대한 초기비용이 필요하다는 것은 아니다. 더 중요한 것은 이런 작업들의 효과적 조정 및 조율을 위하여 EU 차원에서 후술될 여러 주요 프로젝트들[Ⅷ. 환경정보공유제도(SEIS) 구축을 위한 EU의 구체적 노력 참조]이 함께 추진되고 있다는 점이다. 다만 환경정보공유제도(SEIS)의 원칙들의 완전한 실행을 위해서는 더 많은 투자가 필요하며,

그 내용은 다음과 같이 분류될 수 있다.

ⓐ INSPIRE 지침을 계속 실행하기 위해 각 국가별 그리고 EU 차원에서의 더 많은 정치적·행정적 관심과 적절한 자금조달이 필요하다.

ⓑ 환경자료를 수집하고 처리하는 행정기관이나 단체들은 현 체계를 공동으로 활용하고, 또한 통합총괄시스템에 연결되도록 현 체계의 구조와 사업방식을 재검토하거나 수정할 필요가 있다.

ⓒ EU에 속한 기관이나 단체들은 대체로 중앙집중 방식의 현 보고체계를 분산된 네트워크의 공동운용(상호 운용 가능한 분리된 네트워크)이 가능하도록 변경하는 동시에, 입법에 필요한 요구조건들을 최신화하고 합리화하는 노력을 기울여야 한다.

ⓓ 투자는 불필요한 정책의 폐기와 자료의 우선순위 결정으로 상쇄되기도 하지만, 정책적 필요성, 감시활동 및 자료체계의 조화에 필요한 새로운 추가적 자료수집을 위해서도 필요하다.

2. 실행을 위한 조건

환경정보공유제도(SEIS)의 실행을 위하여 가장 중요한 것은 위에서 언급한 환경정보공유제도(SEIS) 실행의 '원칙'에 대한 정치적 약속이다. 이러한 전폭적인 지지가 가능한 경우에만, 다양한 개별적 목적들을 달성하는 통합된 기획이 가능하도록 '통로' 역할을 해 주는 관련자들이 자신들의 행위에 대한 정당성을 확보하게 되기 때문이다. 즉 이 제도는 정부 안팎에 있는 많은 실행자들의 노력이 각기 다른 '목적'을 갖고 접근하게 되지만, 결국에는 하나의 통합된 프로젝트임을 인식시켜 주기 때문이다. 이로써 이들의 지속적인 노력들이 '분산' 되어 환경정보공유제도(SEIS)의 실행과 관련된 도전 과제들을 해결하는 데 비효율적인 영향을 끼치는 것을 방지할 수 있다. 적절한 국가 정보 통합 활동을 보장하기 위해 회원국들의 일관성 있는 행동도 필요하다. 결국 환경정보공유제도(SEIS) 실행상의 원칙들에 대한 정치적 약속이 전제되어야 정부 내외의 많은 사람들에게 '명백한 신호'를 알릴 수 있고, 계속 진행되고 있는 활동들의 '위험부담'을 덜어 줄 수 있다. 따라서 이러한 정치적 약속은 환경정보공유제도의 온전한 실행에 있어서 가장 우선적으로 요청되는 전제 요건이라고 할 수 있다.

또한 유럽 전역에서 행해지는 다양한 활동과 환경정보공유제도(SEIS) 간의 긴밀한 협조관계가 필수적으로 요구된다. 각 국가적·지역적 차원에서 진행되는 각각의 환경활동들은 환경정보공유제도(SEIS)와 긴밀하게 조정됨으로써 재강화되어야 한다. 이를 위해 EU집행위원회는 INSPIRE[4] 지침 실행, GMES[5] 발의(2010년 규칙이 채택됨)에 우선순위를 두고 고

려하여 실행해야 할 것이다. 이 두 활동들의 성공적 운영을 통하여 SEIS, INSPIRE, GMES
는 서로 상호 보완(또는 상호지원)적인 역할을 담당하게 될 것이다. 이와 같은 조치로 유럽
내에서 모두가 환경정보를 '공유'할 수 있게 되고, 또한 공공정책 입안자들과 시민들에게
환경정보서비스를 '제공'할 수 있게 된다. 이 두 가지 활동들의 성공 여부는 신중히 평가하
여 수정될 필요가 있는지 검토될 것이다.

환경정보공유제도(SEIS)의 실행에 있어서 중요한 간소화를 이루기 위해서는 환경입안을 위
한 정보이용과 관련된 법조항들을 현대화하는 것이다. 시대에 적합하며 또한 환경정보공유제
도(SEIS)의 원칙과 부합되도록 하기 위해 "표준보고 지침"(Standardized Reporting directive)
91/692/EC의 개정이 필요하므로 현재의 낡은 조항을 삭제하고 환경정보공유제도(SEIS)의
원칙과 목적들을 법적 의무사항으로 제시할 필요가 있다. 또한 환경정보공유제도(SEIS)의 원
칙들이 현재의 보고 및 감시조항들과 가능한 한 통합되도록 입법화 과정도 수정할 필요가 있
다. 즉 SEIS의 목적과 원칙을 법적으로 강제할 수 있는 새로운 지침이 채택될 수 있다. 제안
되는 새로운 지침들은 SEIS의 원칙과 목표를 기반으로 하여 제시되어야 할 것이다.

EU집행위원회는 환경정보공유제도(SEIS) 실행의 원칙들을 훼손하지 않는 범위 내에서 지
속적으로 주제별 환경입법에 필요한 정보내용을 효율화할 것이다. 더 많은 환경정책이 필
요한 만큼 GMES의 많은 통계적 자료가 필요할 것이다. 주제별 환경정책과 GMES의 작업
에 대한 심층적 분석은 실제로 필요한 자료와 정보를 명확히 하여 필요한 법적 또는(그리
고) 재정적 수단을 강구하기 위해 필요하다. 또한 EU집행위원회는 이와 유사한 국제적 노
력들이 진행됨에 있어서 그러한 국제적 의무조항의 간소화를 위해 관련 국제회의에도 참여
하여 환경정보공유에 대한 적극적인 견해를 피력할 것이다. 이 경우 EU회원국들은 국제적
차원에서의 환경정보수집 절차의 간소화와 효율성 제고를 위해 노력하는 EU집행위원회를
지지할 수 있고 지지해야 할 것이다.

유럽환경청(European Environment Agency: EEA)은 환경정보공유제도(SEIS)의 실행을 위
한 중추적 기관으로서 역할을 수행하고 있고, 이 제도와 관련되어 앞서 언급된 원칙들을
제시하고 지지하여 왔다. EEA는 신속(시의 적절)하고 신뢰성 있는 환경정보를 제공하는 역
할을 담당하고 있기 때문에 환경정보공유제도(SEIS)를 '전략의 중심'에 두어 잘 활용해야

---

4) Infrastructure for Spatial Information: EU는 조화로운 우주와 환경의 정보를 가능하게 할 목적으로 INSPIRE를
   확립했고 이 정보는 on-line으로 이용할 수 있다.

5) Global Monitoring for Environment and Security:
   EU집행위원회와 EU우주국의 공동기획으로서 자율적으로 운영되는 지구 관찰 능력을 획득하는 것을 목표로
   삼고 있다. Regulation 911/2010 of the European Parliament and of the Council of 22 September 2010 on the
   European Earth monitoring programme (GMES) and its initial operations (2011-2013). OJ 20.10.2010 L276/1~10.
   http://europa.eu/legislation_summaries/environment/general_provisions/ev0026_en.htm

한다. 따라서 회원국들은 유럽환경청(EEA)의 Reportnet을 충실히 사용할 필요가 있으며, 최근에 배포된 유럽시스템과 호환 가능하도록 점진적인 조정을 할 필요가 있다. EEA는 계속해서 시기적절하고 신뢰할 만한 환경정보를 제공하기 위하여 SEIS를 핵심전략으로 사용해야 한다. EU집행위원회는 우선적으로는 EU 내 회원국들을 중심으로 SEIS를 발전시키는 데 초점을 맞추고 있으나, SEIS의 실행을 위한 원칙들은 제3국들과의 관계에서도 홍보될 필요가 장차 전 지구적 차원에서 협력하고 공조할 필요가 있다.

또한 필요한 기반시설을 위한 자금 확충을 위해 EU집행위원회의 재정지원(Community financial support)이 Research Framework Programmes,[6] LIFE+,[7] Competitiveness and Innovation framework Programme(CIP)[8], 그리고 Structural Funds[9]의 목적과 필요성에 따라 적절히 할당될 것이다. 아울러 SEIS의 성공 여부는 필요한 활동과 목적을 위해 국가적으로 그리고 지방적으로 적절한 재정을 지원하는 데 달려 있다.

정보이용의 가능성 개선과 비용대비 효율성은 ① 현존 감시체계들 간의 조정과 ② 회원국들의 감시체계 계획과 실행 사이의 상반된 주제 사이의 조정이 이루어질 때만 가능하다. 또한 위에서 제시된 환경정보공유제도(SEIS)의 원칙들은 특히 가입신청국, 인접국, 그리고 제3국에도 권장됨으로써 환경정보공유제도(SEIS)가 이들 국가들에게도 개방될 것이다. 이들 국가들에게도 SEIS를 개방하여 '참여'할 수 있도록 노력하겠다는 점에서 이는 '국제적'으로도 매우 의미 있는 제도라고 의미를 부여할 수 있다. 이는 환경문제가 국가적·지역적·국제적 차원에서 관심 가져야 할 과제이며, 또한 '초국경적'인 사안으로서 국제적 차원에서 해결되어야 할 인류 공동의 과제임을 보여 준다.

---

6) Decision No 1982/2006/EC of the European Parliament and of the Council of 18 December 2006 concerning the Seventh Framework Programme of the European Community for research, technological development and demonstration activities(2007-13), and Council Decision 969/2006/EC of 18 December 2006 concerning the Seventh Framework Programme of the European Atomic Energy Community (Euratom) or nuclear research and training activities(2007-11).
http://europa.eu/legislation_summaries/environment/tackling_climate_change/i23022_en.htm

7) The LIFE+ programme은 환경에 관련된 정책과 법률을 개발하고 시행하는 데 기여하는 프로젝트에 재정을 지원하는 프로그램이다. 특히 이 프로그램은 환경 관련 문제를 다른 정책과 통합시키는 것을 용이하게 함으로써 지속 가능한 발전에 기여한다. The LIFE+ programme은 환경 정책을 위해 그전에 사용되었던, the LIFE programme과 같은 많은 재정지원 수단을 대체하고 있다. Regulation 614/2007/EC of the European Parliament and of the Council of 23 May 2007 concerning the Financial Instrument for the Environment(LIFE+).
http://europa.eu/legislation_summaries/environment/general_provisions/l28021_en.htm

8) Lisbon strategy를 새롭게 해서 유럽의 성장과 고용을 자극할 목적으로 2007~2013기간에 채택된 프로그램이다. 이 프로그램은 EU의 경쟁력과 혁신력을 강화시키는 여러 조치들을 지원하며, 특히 정보 기술, 환경 기술 그리고 재생 에너지 자원의 이용을 장려한다. Decision 1639/2006/EC of the European Parliament and of the Council of 24 October 2006 establishing a Competitiveness and Innovation Framework Programme(2007-2013).
http://europa.eu/legislation_summaries/environment/sustainable_development/n26104_en.htm

9) http://europa.eu/legislation_summaries/regional_policy/provisions_and_instruments/index_en.htm

위와 같은 맥락에서 EU집행위원회는 향후 필요한 경우 적절한 법률을 제안할 것이고, 어떠한 법안이 가장 필요한지의 개요보고서를 3년에 한 번씩 발행할 계획이다.

Ⅶ. 제도 실행의 기대효과

환경정보공유제도(SEIS) 실행의 기대효과 또는 이점은 정보의 개방과 통합이라는 이 제도의 목적과 맥을 같이한다. 환경정보공유제도(SEIS)를 통한 환경 관련 정보의 공유는 결국 유럽사회 전체의 획기적인 발전을 가져올 것이고, 그 구체적인 이점은 다음과 같다.

1. 정보이용절차의 단순화와 효율성 제고

환경정보공유제도(SEIS)의 핵심은 EU의 환경입법에 필요한 정보이용을 위해 관련 법률 조항들을 현대화하는 것이다. 서류보고를 폐지함으로써 정보이용 절차는 더욱 '간소화'되고 유연해지며 '효율적'이 된다. 그리고 환경정보공유제도(SEIS)의 원칙들에 대한 정치적 약속이 수반되는 경우에는 주제별 환경입법을 위한 정보 내용 면에서, 국제적 수준의 보고 내용과 절차 면에서, 그리고 회원국들 간의 자료수집 활동의 효율적 조직 면에서 한층 더 '간소화' 될 것이다. 이처럼 환경 관련 자료의 보다 더 효율적인 이용이 가능하게 함으로써 환경정보공유제도(SEIS)는 현재보다 더 주제별 환경입법에 필요한 정보의 우선순위결정도 보다 용이하게 할 수 있는 장점을 제공한다. 또한 여러 국가들에게 부담이 되고 있는 '보고 의무'에 관한 국제조약과 관련하여 부수적인 파급효과를 가져올 것으로 보인다. 또한 비용의 측면에서 볼 때 회원국들 간에 데이터 수집활동을 효과적으로 개선함으로써 상당한 규모의 비용절감이 예상된다. 이 같은 '효율적 단순화'는 ① 자료수집활동을 개선하고, ② 국가적·지역적 감시활동의 조화와 ③ 우선순위결정에 있어 상당한 비용절감의 효과를 초래할 수 있다.

2. 보다 나은 환경규제, 즉 보다 나은 환경정책의 입안과 실행의 가능

EU의 환경정보체계의 단순화의 목적은 보다 나은 환경규제-즉 더 좋은 환경정책-를 위한 것이다. 그리고 이러한 목적을 달성하는 데는 관련성이 있는 정보이면서 시의적절한 성질을 갖는 '양질의 정보'에 달려 있다. 그런데 환경정보공유(SEIS)가 이것을 제공할 수 있다고 본다. 간소화로 인한 행정적 부담의 감소를 통해 공공정책과 규제의 질을 실질적으로 향상시킬 수 있을 것이고 향상시켜야 한다.

이를 위한 정치적 약속 또한 추가적 요건이다. 환경정보공유제도(SEIS)의 원칙들에 대한 정치적 약속은 이용 가능한 환경 정보 및 자료들을 효과적으로 관리 및 통제함으로써 보다 나은 환경규제 또는 환경정책을 가능케 한다. 또한 환경자료와 정보의 '잠재적 유용성' 때문에 자료수집, 교환 및 사용을 위한 메커니즘이 발전할 것이며, 동시에 사용자에게는 비용 절감의 효과까지 제공하게 될 것이다. 결국 환경 관련 정보와 데이터는 여러 목적을 위해 잠재적으로 사용될 것으로써, 이러한 정보의 교환과 이용은 이를 사용하는 사용자들에게는 정보수집과 이용상의 비용절감효과를 가져다줄 것이며, 미래에는 환경 관련 정보의 사용이 효과적으로 증대될 것으로 기대된다. 이는 기후변화(climate change), 생명다양성 보호(protction of biodiversity), 수자원관리(management of water resources), 홍수(floods), 산불(forest fires)과 같은 환경위기(environmental crises)의 관리와 예방 등 모든 의제에 걸쳐 환경정책의 효율성을 증대시켜 줄 것이다.

3. EU시민에 대한 일정한 권한 부여

위에서 언급한 환경정보공유제도(SEIS)의 원칙들의 이행은 이와 같은 행정절차의 간소화와 더 나은 정책과 규제 외에도 EU시민들에게 그들과 관련된 사용가능한 '적절한 환경 관련 정보'를 제공함으로써 그들에게 '긴급상황'에 대처하는 것을 포함하여 환경과 관련하여 보다 나은 환경정책을 결정하는 데 있어서의 '참여'의 권리를 부여할 수 있다. 이와 같은 환경정보를 통해 비상사태에 적절한 조치를 취할 수 있고, 또한 공공정책에 영향을 미치는 등 시민들의 참여가 가능해진다. 이와 같은 환경정보공유 과정을 통해 결국 EU의 여러 환경 의제들에 대한 시민들의 참여와 개입이 가능하게 한다. 나아가 일반 대중이 필요로 하는 알기 쉬운 언어로 기술된 유용한 정보는 EU 차원의 여러 프로젝트에 대한 시민들의 적극적인 참여를 유도할 것이다.

Ⅷ. 결언

유럽이라는 지역은 본질적으로 국가 간 종교적·문화적·경제적 차이에도 불구하고 오랜 역사 동안 헬레니즘, 가톨릭, 기독교, 르네상스, 산업혁명, 세계대전이라는 역사적인 사건들 속에서 동질감을 확보하고 있다. 현재 유럽은 EU 통합을 통하여 그들의 공동이익을 도모하기 위하여 다양한 정책들을 진행하고 있으며 환경정책도 그 핵심정책 분야의 하나이다.

오늘날 환경문제는 초국경적인 글로벌적인 문제로 인식되고 있다. 전 세계 국가들이 나서서 통합적·조직적으로 규범력 있게 해결하는 것이 가장 바람직하지만, 세계 각 국가의 관련 이해관계에 따른 환경문제 해결의 태도가 다르기 때문에 전 세계가 초국가적 환경문제 해결기구를 설립하지 않는 한, 이는 매우 어렵다고 볼 수 있다. 이런 가운데 가장 모범적인 환경문제 관련 합의를 보여 주고 있는 것은 회원국들의 이익 및 이해가 서로 부합하고 있는 EU의 환경정책이라고 보인다. EU는 이미 유럽환경청(EEA)과 같은 공동의 기관을 설립하여 환경문제에 신속히 대응하고 있으며, 환경문제의 해결 방식에 대한 논의도 다른 국가 및 지역체보다도 앞서 있다고 볼 수 있다.

다만, EU가 27개 국가로 구성된 연합체라는 것은 통합공동체하에서 이상적인 결과물을 도출하기 위해서 상당한 문제 해결이 선행되어야 한다는 것이다. EU가 통합공동체라고는 하지만 회원국들이 아직도 고유의 주권국가로써 이해관계라든지, 언어라든지, 해결 방식의 태도라든지, 처방책이 국가별로 상이할 수 있어 자국의 고유의 체계를 고수하기를 선호할 수 있다. 이는 현재도 환경문제에 있어 EU가 해결해야 할 여전한 과제라고 할 수 있다. 이러한 과제를 해결할 수 있는 방법은 환경정보 수집 및 이용에 있어서 통일적인 환경정보체계를 구축하는 것이며, 바로 언어적·정치적 장벽을 뛰어넘는 결과물로서의 환경정보공유제도(SEIS)로 총칭할 수 있을 것이다. EU는 이미 환경정보 수집을 하는 하부조직(국가 및 소속 기관들), 그리고 이를 활용할 인프라가 갖추어져 있는 상태이며, 환경정보공유제도(SEIS)는 단지 이미 설립되어 있는 프로세스를 보다 '개선'시키기 위한 시스템이며, 이는 EU가 환경문제를 인식하고 대처하는 역량이 이미 높은 수준에 이르렀다는 것을 의미한다. 이미 기획 및 실행 초기 단계를 넘어서 개선의 단계로 접어든 EU의 행보를 보면 EU라는 지역통합체제가 유럽 환경입법에 있어서 얼마나 많은 영향력을 끼치고 진전시켜 왔는지 짐작할 수 있다. 오늘날 환경문제는 초국경적 차원에서 해결해야 할 문제임에 틀림이 없고, 국제사회에서 각 국가는 국제적 차원에서 환경문제의 해결책을 강구하고 있다. 이처럼 각 국가가 다양한 환경문제에 대한 대응책 마련에 고심하고 있는 가운데, EU가 환경정보공유제도(SEIS)의 구축을 향해 이미 그 해답에 대한 접근방식을 찾고 실행에 옮기고 있다는 사실은 환경정보관리체계에 관심을 갖고 있는 우리나라에게도 검토의 대상이 될 수 있다.

형사공조

제30장 테러리즘 규제*

Ⅰ. 서언

오늘날 테러리즘(terrorism)이 국제사회에서 심각한 문제로 제기되면서 국제평화와 안전을 위협하는 요소로 부각되고 있다. 그러나 더 큰 문제는 이러한 테러리즘을 규제하기 위한 '보편적 성격의 국제조약'이 부재하여 테러리즘에 대한 국제사회의 '실효적인 대응책'을 마련하기 어렵다는 점이다. 이는 결국 테러리즘에 대한 '개별국가'의 법적 규제에도 영향을 미치고 있다.

일반적으로 테러리즘은 근대시기인 1789년에서 1794년의 프랑스혁명 공포정치시기에 정권을 유지하기 위한 힘을 '대중의 공포(terror)'에서 찾으려 했던 것에서 유래되었다고 보고 있다. 이 시기에 권력자가 반대세력을 제거하는 행위로 공포심을 야기하고 이로 인한 대중의 복종과 공황적 심리상태를 정치적 목적(political aim)으로 이용하였던 것이다.[1] 즉 단순한 사적인 파괴행위가 아닌 정치권력 자체에 의한 강압 또는 정치적 목적을 가진 단체에 의한 대규모 금압(禁壓)을 의미하였다. 그러다 20세기 이후 테러리즘이 프랑스혁명시기와는 반대로 "다양한 정치집단의 '국가'(state)를 상대로 한 폭력행위의 형태"로 전개됨으로써 '국가에 대한 특정 정치단체의 행위'로 인식되었다.[2] 더욱이 21세기 테러리즘은 대상과 목적이 확대되어 이전에는 상상하지 못했던 대형 참사가 지속적으로 발생할 가능성이 상존하게 되었고, 알카에다(al-Qa'ida) 항공기납치범들의 뉴욕 세계무역센터 빌딩(twin towers of New York City's World Trade Center)을 향한 9·11 테러리즘 사건 이후 2001년 9월 27일 UN 안전보장이사회는 "결의 제1373호"[3]를 채택하여 테러리즘을 "민간인을 상대로 하

---

* 이 내용은 김두수, "EU의 테러리즘 규제에 관한 법적 검토", 『유럽연구』 제30권 제3호(2012.12)를 참고하였음.
1) Bruce Hoffman, *Inside Terrorism*(New York: Columbia Univ. Press, 2006), pp.2-3 참조.
2) *Ibid.*, p.3; August Reinisch, "The Action of the European Union to Combat International Terrorism", in Andrea Bianchi, *Enforcing International Law Norms Against Terrorism*(Oxford: Hart Publishing, 2004), p.144 참조.
3) UN Doc. S/Res/1373(2001).

여 사망 혹은 중상을 입히거나 인질로 잡는 등의 위해를 가하여 대중 또는 어떤 집단의 사람 또는 어떤 특정한 사람의 '공포를 야기'하여 어떤 사람, 대중, 정부, 국제기구 등으로 하여금 특정 행위를 강요하거나 또는 하지 못하도록 하는 의도를 가진 범죄행위"라고 하였다.[4] '종교와 테러리즘'(religion and terrorism)과의 연관성(religious motive)은 알카에다 9·11 사건을 통해 국제테러리즘에 대한 관심이 증대되면서 관심을 가졌지만, 이는 비단 오늘날 새롭게 등장한 것은 아니며 이미 2천여 년 전 지금의 이스라엘 영역을 점령했던 고대 로마제국(Roman Empire)에 대한 유대인들의 저항(zealot)에서 찾을 수 있다.[5] 한편 '종교와 테러리즘'과의 관계는 이슬람(islamic groups), 유대(jewish terrorism), 미국백인우월주의(american christian white supremacists), 숭배 또는 추종(cults) 등을 통해 검토되기도 한다. 이처럼 테러리즘은 몇 가지 공통점을 갖고 있는데, 첫째, 정치적·사회적·종교적 목적이나 동기가 있으며, 둘째, 폭력의 행사 또는 폭력의 위협을 동반하며, 셋째, 심리적 충격과 공포심을 고의적으로 유발하고, 넷째, 소정의 목표나 요구를 관철시킨다는 것이다. 그러나 테러리즘은 동일한 사건을 보는 '상이한 시각' 때문에 국가에 따라 또는 담당기관에 따라 '다의적 해석'이 가능하여 완전히 통일된 개념으로 명확하게 정의 내리기가 쉽지 않은 것이 현실이다.[6] 일반적으로 서구 선진국들은 행위유형과 동기를 불문하고 '비인간적' 또는 '반문명적'

---

4) 우리나라는 2012년 2월 9일 시행된 대통령훈령 제292호 「국가 대테러 활동지침」 제2조 1항에서 테러리즘을 "국가안보 또는 공공안전에 위해를 가할 목적으로 행하는 국가 또는 국제기구를 대표하는 자 등의 살해·납치, 국가 또는 국제기구 등에 대하여 작위·부작위를 강요할 목적의 인질억류·감금, 국가중요시설 또는 다중이 이용하는 시설·장비의 폭파, 운항 중인 항공기의 납치·점거, 운항 중인 항공기의 파괴, 운항중인 항공기의 안전에 위해를 가할 수 있는 항공시설의 파괴, 국제민간항공에 사용되는 공항 내에서의 인명살상 또는 시설파괴, 선박 억류, 선박의 운항에 위해를 줄 수 있는 선박 또는 항해시설의 파괴 등, 해저에 고정된 플랫폼의 파괴 및 핵물질을 이용한 인명살상 또는 핵물질의 절도·강탈"로 규정함으로써 "정치적·사회적·종교적 목적을 가진 개인이나 집단이 그 목적을 달성하거나 상징적 효과를 얻기 위해 계획적(고의적)으로 행하는 불법행위"로 보고 있다.

5) Hoffman, *supra* note 1, p.83.

6) 이런 이유 때문에 심지어 '테러리즘'이 국제적으로 명확한 요소를 갖춘 법적 중요성(legal significance)을 갖는 개념으로 확신해도 문제가 없는지에 대한 견해차가 존재하기도 한다. Ben Saul, *Defining Terrorism in International Law*(Oxford: Oxford Univ. Press, 2006), p.129; Ian Brownlie, *Principles of Public International Law*(Oxford: Oxford Univ. Press, 2003), 6th(edn), p.713; Antonio Cassese, *International Criminal Law*(Oxford: Oxford Univ. Press, 2003), pp.120-131; Antonio Cassese, "Terrorism is Also Disrupting Some Crucial Legal Categories of International Law", (2001) 12 *EJIL* 993, 994; 국제테러리즘에 의한 범죄로 성립되기 위해서 관련 행위는 '3'가지 주요 요소로써 ① 대부분의 국가들의 국내형법상 범죄로 규정되어 있을 것, ② 국가나 공중 또는 특정그룹에 대한 공포 또는 두려움의 확산을 목적으로 하고 있을 것, 그리고 ③ 사적 목적추구가 아닌 정치적·종교적·이념적 동기를 가질 것을 들기도 한다. Antònio Cassese, "Terrorism as an International Crime", in Andrea Bianchi, *Enforcing International Law Norms Against Terrorism*(Oxford: Hart Publishing, 2004), p.219; 그러나 테러리즘과 관련된 자를 '처벌'하기 위해서는 테러리즘에 대한 '개념 정의'를 내리는 것이 필요하되, 다만 전체주의국가(totalitarian state)에서 살기를 원하는 것은 아닌바, 테러리즘은 지나치게 일반적(general)이어서는 아니 되고 엄격하게 제한적(restricted)으로 규명되어야 할 것이다. Wybo P. Heere, *Terrorism and the Military: International Legal Implications*(The Hague: T.M.C. Asser Press, 2003), p.118; 테러리즘을 규율하기 위한 개별 국가의 경찰권한 강화, 출입국관리 강화, 통신감청을 비롯한 정보 수집력 강화, 테러관련 행위의 범죄화와 중벌

폭력행위를 포괄적으로 테러리즘으로 규정하려 하고, 제3세계 국가들은 '민족자결권'의 행사로서의 폭력행위는 정당성을 인정하여 테러리즘에서 제외하려 한다. 이는 국제법상 소위 '대테러리즘조약'이 체결되어 발효되기 어려운 이유이기도 하며, 개별 국내법상의 대테러리즘 관련 규제 조치가 '인권침해'의 우려가 있다는 비판을 받는 이유가 되기도 한다.

이처럼 국제사회에서는 테러리즘에 대한 통일된 개념 정의가 매우 어렵기 때문에 보편적 성격의 대테러리즘조약이 채택되기 힘들다. 이는 국내사회에서 국가가 테러리즘을 쉽게 다루지 못하는 이유가 되기도 한다. 그러나 그럼에도 불구하고 개별 국내사회는 무고한 인명의 희생을 방관하고 있을 수 없기 때문에 테러리즘에 관한 규제 조치를 마련하고 있다. 이는 국가에 근접한 통합적 실체인 유럽연합(European Union: EU) 또한 마찬가지이다. 이에 이 글에서는 테러리즘에 대한 EU의 법적 규제조치를 분석·검토함으로써 테러리즘에 대한 보편적 성격의 국제조약의 부재 속에서의 유럽이라는 지역 국제사회인 EU의 테러리즘에 대한 규제 조치를 평가하고자 한다.

Ⅱ. 기본조약상의 테러리즘 규제

과거 유럽공동체(European Communities: EC) 회원국들 간에도 EU가 창설되기 전인 1970년대부터 국제테러리즘에 대한 협력은 개시되었지만, 이는 EC조약 체제 외부에 있었기 때문에 '통상적인 정부 간 협력'의 형태로 행해지고 있었다. 현재 EU는 2009년 12월 1일 리스본조약 발효에 따라 그동안의 법인격 유무에 대한 논란을 종식시키기 위해 EU에 명확한 법인격[7]을 부여하였고, 이로써 EC라는 명칭을 모두 EU로 개칭하여 사용하고 있기 때문에 지금은 EC를 일반적으로 사용하고 있지는 않으나, EU의 테러리즘에 관한 '주요한 입법행위'는 리스본조약 '발효 이전'에 주로 이루어졌기 때문에 EU의 테러리즘은 3주 체제(3-pillar system), 즉 유럽공동체(EC, 제1기둥), 공동 외교·안보정책(Common Foreign and Security Policy: CFSP, 제2기둥), 사법·내무협력(Justice and Home Affairs: JHA, 제3기둥)과 관련하여 여타 EU의 행위를 고찰하는 경우와 같이 테러리즘에 대해서도 EU 전체 구조상 '테러리즘' 관련 조치가 어디에 위치하는가를 인식할 필요가 있다.

EU의 각 기둥(pillars)의 법적 성격에 있어서는 상당한 차이가 있다. 특히 '명확한 법인격'

화 등의 입법조치가 강화된다 할지라도 이것이 '인권침해'의 시비가 되지 않기 위해서는 테러리즘에 대한 '명확하고도 제한적인 해석과 적용'이 있어야 한다.

7) TEU 제47조.

을 가진 '초국가적 지역 국제기구'로서의 성질을 갖는 제1기둥인 유럽공동체(EC)와는 달리 제2기둥(공동 외교·안보정책)과 제3기둥(사법·내무협력)은 일반 국제법이 규율하는 '정부 간 협력'의 형태와 성격을 갖지만, 양자 상호에 걸쳐서 EU의 테러리즘을 규제하고 있는 양상을 보여 왔다. 즉 제2기둥인 '공동 외교·안보정책'에 관한 EU조약 규정은 테러리즘에 관해 직접 언급하고 있지 않지만, 테러리즘이 평화와 안전에 대한 위협을 구성하는 이상, 이러한 테러리즘에 대한 규제는 EU의 안전(안보)을 목적으로 하고 있는 '공동 외교·안보 정책'의 대상에 당연히 포함된다고 볼 수 있다. 물론 회원국들의 경찰 등의 법집행기관 간의 협력과 형사법제의 접근을 통하여 EU시민(Citizens)에게 범죄 없는 안전한 유럽사회의 보장을 목적으로 하고 있는 '사법·내무협력'은 리스본조약에 의해 개정되기 전의 기존 유럽연합조약(Treaty on European Union: TEU) 제29조 및 제34조를 통해 '테러리즘'에 대한 대응을 규율대상으로 명시8)하고 있다. 또한 주목해야 할 사항은 테러리즘에 대한 규제가 실제로는 제1기둥인 유럽공동체(EC)에도 미치고 있었다는 것이다. 리스본조약에 의해 개정되기 전의 기존 EC조약 제60조(EU운영조약(Treaty on the Functioning of the European Union: TFEU) 제75조) 및 제301조(TFEU 제215조)9)는 제2기둥인 '공동 외교·안보정책'과 제1기둥인 유럽공동체의 '연대'를 도모하는 규정으로, 이로써 제2기둥인 '공동 외교·안보정책'에 의해 확정된 방침을 제1기둥인 EC의 권한으로 수용하여 행사하고 실시할 수 있었다. 따라서 EC의 주요 기관들은 엄격하게는 제1기둥의 주요 기관이었지만 실제로는 제2기둥과 제3기둥에 관한 사안에 대해서도 일정한 행위가 가능하였고, 자유(Freedom)·안전(Security, 안보)·사법(Justice) 등과 관련하여 다수의 관련 이차 법령이 채택될 수 있었다. 그 밖에 EC에서는 1997년 암스테르담조약에 의해 제3기둥으로부터 이전된 EC조약 제4편에 있는 리스본조약 이전의 기존 EC조약 제61조~제6910)조의 제 규정들도 테러리즘을 규제하는 근거가 될 수 있었다.

그러나 2009년 12월 1일 리스본조약 발효 이후 EU의 '법인격'이 명확히 규정되고 EU의 '정치경제적 통합이 강화'된 현재의 시점에서 볼 때, 위와 같은 기존 EU 체제상의 복잡한 문제는 사라졌다고 볼 수 있다. 그리고 EU '시민권의 보장이 향상'된 만큼 테러리즘에 대한 EU의 규제는 특히 9·11 사건 이후 '채택'된 규제 조치를 부분적으로 '개정'하는 방식

---

8) 기존 TEU 제29조(ex. TEU Art. K.1) 및 제34조(ex. TEU Art. K.6).

9) 기존 EC조약 제60조(ex. EC Art. 73g) 및 제301조(ex. EC Art. 228a). 동 조약 제60조(TFEU 제75조)는 테러리즘의 예방과 대응을 위해 필요한 경우 유럽의회와 이사회가 자연인, 법인, 단체, 비국가단체에 의해 소유된 자금, 금융자본, 경제적 수익의 동결을 포함하는 자본이동 및 지급에 관한 행정조치를 보통입법절차(과거의 공동결정절차)에 의해 규칙의 형태로 채택할 수 있다.

10) Ex. EC Arts. 73i-73q.

등을 통해 보다 강화하는 방향으로 전개될 것으로 보인다.

Ⅲ. 이차입법상의 테러리즘 규제

여기에서는 EU의 대테러리즘 기본법을 중심으로 전개되는 유럽 체포영장, 테러리즘 관련 자산동결 조치, 테러리즘에 관한 회원국들 법집행기관 간의 정보교환의 촉진 등을 중심으로 살펴보고자 한다.

1. 개관

EU는 27개 회원국들이 서로 '인접'해 있는데다가 '공동생활권'인 공동시장체제를 확립하여 상품, 사람, 서비스, 자본, 회사설립의 자유이동이 보장되고 있다. 이러한 공동시장의 설립으로 역내 자유이동, 특히 '사람의 자유이동'[11](인적 이동)이 용이해지면서 국경폐지[12]로 인하여 국경을 넘나드는 '초국경적 범죄'가 발생하게 되었고, EU의 내적 안전이 위협을 받게 되어 내적 안전의 영역은 더 이상 국가의 '배타적 사안'이 아닌 '초국경적 문제'가 되었

---

11) EU법상 기본권 중 '사람의 자유이동'에 해당되는 거주이전의 자유의 권리에 관한 규정으로는 2000년 12월 7일 채택된 EU기본권헌장(Charter of Fundamental Rights of the European Union) 제45조, TFEU 제21조(구 EC조약 제18조), 지침 2004/38이 있다. EU는 통합과정 중 역내시장 단일화를 위하여 이를 자유권의 하나로 인정하게 되었다. EU는 '지침 2004/38'(OJ 2004 L158/77)을 통하여 EU시민과 그 가족구성원의 거주권과 영주권을, '지침 2003/109'(OJ 2004 L16/44)를 통하여 제3국 국민의 EU 내 장기거주를 규율하고 있다.

12) EU 대부분의 회원국들은 쉥겐조약(Schengen Agreements)을 체결하여 회원국들 간의 국경통제(border controls)를 폐지하였다. 통상 대륙에 국경을 갖는 국가들은 무단으로 국경을 넘어 들어오는 사람들을 방지하기가 항상 어려웠다. 따라서 많은 대륙 국가들은 '입국 후에 불법입국자들을 추방하는 정책'을 주로 이용해 왔다. 예를 들면, '의무적인 신분증(identity cards)의 소지'를 정책화하고, 모든 사람들이 '경찰에 자신의 주소를 등록'하도록 의무화하였다. 이로써 대륙 국가들은 국경을 폐지하는 일에 있어서 그리 큰 어려움이 없었다. 그러나 섬나라인 영국은 입국 후 이를 통제하는 것보다는 영국 영토에 '입국하는 것 자체를 통제'(사전통제)하는 것을 선호해 왔고, 전통적으로 국경통제 제도에 의존해 왔다. 섬나라인 영국으로서는 이러한 국경통제 제도가 보다 수월했던 것이다. 신분증은 영국에서 잘 알려지지 않은 생소한 것이었고, 시민들은 자신의 주소를 경찰에 등록해야 할 의무도 없었다. 이러한 이유 때문에 영국은 쉥겐조약의 당사국이 되지 않았다.
현재의 쉥겐조약은 1985년 체결된 이래 1997년 암스테르담조약(Treaty of Amsterdam)을 통하여 EC조약 내로 통합되었다. EC조약 제14조 제2항(구 제7a조 제2항, TFEU 제26조)에 의하면, EC가 설립해야 하는 '역내시장'(internal market)은 '역내 국경들이 없는 하나의 지역'(an area without internal frontiers)으로 설정되어야 하고, 이 지역에서는 본 조약의 규정에 따라 상품·사람·서비스·자본의 자유이동이 보장된다. 그리고 '역내국경'(internal borders) 통과 시 EU시민 또는 제3국인으로 분류되어 문제가 발생될 소지가 있기 때문에 이들에 대한 어떠한 통제도 있을 수 없다는 EC조약 제14조(구 제7a조, TFEU 제26조)에 의거하여 EC조약 제62조(구 제73j조, TFEU 제77조)는 이사회로 하여금 이를 보다 철저히 보장하는 조치를 채택할 것을 요구하고 있다. 김두수, 『EU 공동시장법』(파주: 한국학술정보, 2010), pp.159-160.

으며, 테러리즘도 이 영역에 포함된다. 무엇보다 이러한 역내시장의 완성과 국경철폐로 인해 회원국들의 개별적 조치만으로는 EU시민들의 안전을 확보할 수 없게 되었다. 따라서 EU는 EU 차원에서 보충성의 원칙과 비례의 원칙에 입각하여 테러리즘을 규율함과 아울러 회원국들의 형사사법협력을 강화할 필요성을 인식하게 되었다. 이와 같은 움직임은 네덜란드 헤이그에 본부를 두고 1999년 7월 1일부터 전면적으로 활동을 개시한 유로폴(European Police Office: Europol)에서 본격적으로 살펴볼 수 있는데,[13] 유로폴은 '테러리즘'도 그 규율대상으로 하고 있으며, 또한 2001년 9·11 사건 이후 채택된 다수의 테러리즘에 관한 EU의 '이차 법령들'을 통해서 EU의 테러리즘 규제 조치를 살펴볼 수 있다.

EU에서 현재 시행되고 있는 테러리즘에 대한 규제 조치는 다수가 존재하나, 테러리즘에 대한 직접 대응은 일차적으로 각 회원국들의 권한 사항이기 때문에 EU의 대테러리즘에 대한 대응책은 회원국들 간의 긴밀한 협력이 필요하다. 이에 EU는 역내 '형사법제의 접근'과 '회원국들 간 협력의 강화'를 위해 여러 가지 조치를 취하고 있으며, 대표적인 예로 다음을 들 수 있다. 먼저 EU는 대테러리즘 기본 법령이라고 할 수 있는 2002년 6월 13일의 '대테러리즘에 관한 이사회 골격결정 2002/475/JHA'[14]을 채택하여 2002년 6월 22일 발효하였고, 이는 2008년 11월 28일 개정되어 2008년 12월 9일 발효된 바 있다. 또한 EU는 2002년 6월 13일 '유럽 체포영장에 관한 이사회 골격결정 2002/584/JHA'[15]을 채택하여 2002년 8월 7일 발효하였고, 이는 2009년 2월 26일 개정되어 2009년 3월 28일 발효된 바 있

---

13) 유로폴은 테러리즘과 불법적인 마약거래 등 국제조직범죄를 예방하고 이와 싸우는 EU회원국들에 속한 관련 기관들의 효율성과 협력을 증진시키는 것을 목적으로 하는 EU의 기관(유럽중앙경찰청)으로 1992년 발효된 마스트리히트조약(ex. TEU Art. K.1 (9))에 의거해 설립하였으나 처음에는 '단순한 정보교환을 위한 EU의 체제'로 구상되었던 것이, 1995년 유로폴협약(Europol Convention)이 채택되어 1998년 10월 발효된 후 실제적으로는 1999년 7월 1일 임무가 개시되었다. 유로폴은 EU에서 발생한 테러리즘을 사건에 영향을 미친 '지배적인 이데올로기적 동기'가 무엇인지에 따라 이슬람주의자, 분리주의자, 좌익테러리즘, 우익테러리즘, 단일이슈 등 5가지 형태로 분류하고 있다. 유로폴이 작성한 보고서에 의하면 EU에서 발생한 테러리즘의 횟수는 해마다 증가하고 있는데, 대부분이 '분리주의자들'에 의한 테러리즘으로 나타나고 있다. 한종수, "EU의 내적 안전과 유로폴", 『유럽연구』 제26권 제3호(2008.12.30), pp.116, 118; 유럽연합조약 제30조 2항 a는 유로폴이 EU 차원의 공동의 수사 활동을 지원할 수 있도록 하고 있다. 그리고 EU회원국들은 유럽경찰을 애당초 법인격을 갖추도록 하였다. 유로폴협약(Europol Convention) 제26조 1항에 "유럽경찰은 법인격을 가진다"고규정되어 있다. 이 점에 있어서 EU와 유로폴이 각자 법인격을 가지므로 양자의 관계가 문제될 수 있다. 즉 유로폴은 제3국과의 관계에서 EU로부터 무제한적으로 독립적 법인격을 가질 수 있는가가 문제된다. 긍정하는 것이 다수설이다. 그러나 유로폴이 EU의 제도적 틀에 속한다는 점을 감안한다면, 어떠한 현실적 제약을 부정하기는 어렵다. 실제 유로폴은 제3국과의 협약에 있어서 각료이사회의 만장일치의 허가를 받아야 하는데, 이는 제3자에게로의 정보전달보다도 제3자로부터의 정보수령에 있어서 개인정보의 침해의 위험성을 높게 보았기 때문이다. 문장일, "유럽경찰의 조직과 권한", 『공법학연구』 제6권 제3호(2005.12), pp.5, 11.

14) Council Framework Decision 2002/475/JHA on combating terrorism(OJ 2002 L 164/3~7). 이는 Council Framework Decision 2008/919/JHA에 의해 개정되었다(OJ 2008 L 330/21~23).

15) Council Framework Decision 2002/584/JHA on the European arrest warrant and the surrender procedures between Member States(OJ 2002 L190/1~20). 이는 Council Framework Decision 2009/299/JHA에 의해 개정되었다(OJ 2009 L 81/24~36).

다. '사법·내무협력'에 있어서, 전자는 테러리즘에 대한 회원국들 내의 형사법제의 접근에 관한 조치이고, 후자는 테러리스트의 처벌을 위한 회원국들 간의 협력강화를 위한 조치이다. 그밖에도 EU는 테러범죄에 관한 자산동결 조치, 회원국들 법집행기관 간의 정보교환 및 협력의 촉진, 공중·해상·역외국경의 안전 확보를 위한 조치를 통해 다각도로 테러리즘을 규제하고 있다.

2. 대테러리즘에 관한 이사회 골격결정 2002/475/JHA

1) 목적 및 근거

이 골격결정은 전문에서 EU가 인권과 기본적 자유를 존중하여 인간의 존엄성, 자유, 평등 그리고 결속을 기초로 하고 있음을 밝히면서 민주주의의 원칙, 법의 원칙, 회원국 공동의 원칙에 근거하고 있다고 선언하고 있다. 그런데 테러리즘은 이러한 기초적 질서를 가장 심각하게 위반하는 행위에 해당된다는 것이다.[16] 이에 EU는 유럽의 경찰 및 사법 관련 당국의 협력을 통한 테러리즘 관련자에 대한 효과적인 제재를 확보할 필요성이 대두되었다.[17] 그러면서도 이 골격결정은 동 법령이 회원국의 차원에서는 그 목적을 충분히 달성할 수 없어 EU 차원에서 보다 잘 달성될 수 있다는 '보충성의 원칙'에 의하면서도 '비례의 원칙'을 준수하여 목적 달성을 위한 필요한 범위 내에서 적용될 것을 규정하고 있다. 또한 이 골격결정은 전문에서 일반적인 집회, 결사 및 표현의 자유와 같은 기본적 자유를 의도적으로 축소하거나 제한하는 것이 아님을 밝히고 있으며, 무력분쟁상의 군사 활동은 국제인도법의 규제대상이며 국가의 공식적 직무활동에 해당하는 국가 내 군사 활동은 이 골격결정의 적용대상이 아님을 밝히고 있다.[18]

이에 이 골격결정은 이 법령을 이행하는 각 회원국들의 국내법에 있어서 '테러리즘' 범죄의 정의와 구성요건, 양형에 관한 최저기준을 설정하도록 하는 것을 목적으로 하고 있는 대테러리즘에 관한 기본법이라고 볼 수 있다. 이 법령 채택의 근거는 리스본조약 이전의 기존 TEU 제31조 1항(e)[19]로서, 동 조는 '사법·내무협력'의 내용으로서 조직범죄, 위법한 약물취급과 같이 '테러범죄'에 대하여 구성요건과 양형에 관한 최소한의 규칙을 점진적으로

---

16) 이사회 골격결정 2002/475/JHA, 전문 (1)~(2).
17) 이사회 골격결정 2002/475/JHA, 전문 (5)~(7).
18) 이사회 골격결정 2002/475/JHA, 전문 (9)~(11).
19) Ex. TEU Art. K.3 (e).

확립하도록 규정하고 있었다.

2) 개념 정의

이 골격결정은 먼저 '테러리즘' 범죄에 관하여,[20] '테러리즘 집단'에 관하여,[21] '테러리즘 연관범죄'에 관하여[22] 정의하고 있다.

여기에서 테러리즘에 관한 정의는 UN의 테러방지 관련협약을 채용하거나 범죄유형을 구체적으로 특정하지는 않지만, 내용적으로 보면 항공기테러리즘이나 해상테러리즘과 연관된 국제연합(United Nations: UN) 관련 협약과 중복되는 경우가 많다.[23] 이 골격결정 제1조에 의하면 구체적으로 "인체에 대한 공격, 정부 및 국제기구의 행동이나 기권에 대한 강요, 국가 및 국제기구의 정치경제적 또는 헌법이나 사회구조적 불안감의 조성 및 파괴행위, 공적 사회기간시설에 대한 광범위한 파괴, 유괴나 인질, 항공기·선박의 납치, 생화학무기를 포함한 무기·폭발물·각종 병기의 제조·소유·구입, 위험물질의 방출, 화재나 홍수 등 인간생명을 위태롭게 하는 결과를 발생시킬 목적의 폭발행위, 물과 전력 등 생활필수물자의 공급 방해 및 이상의 행위를 범한다는 위협"을 테러범죄라고 규정하고 있다.

한편 이 골격결정 제2조에 의하면 '테러리즘집단'이란 두 명 이상이 여러 기간에 걸쳐 테러리즘 행위를 목적으로 설립된 조직화된 단체를 말하며, 특히 테러리즘집단을 '지휘'한 자 또는 정보제공, 기타 재원의 지원이 테러리즘에 지원됨을 인식하고 참여한 자를 처벌하도록 하고 있다.

그리고 이 골격결정 제3조에 의하면 '테러리즘 연관범죄'란 테러리즘 범죄행위의 발생과 고의적으로 연관된 범죄를 말하는 것으로 테러리즘의 옹호 등의 공공도발, 테러리즘 범죄행위를 위해 사람을 유인하는 행위, 테러리즘 범죄행위를 위해 유해 또는 위험물질의 제조

---

20) 이사회 골격결정 2002/475/JHA, 제1조 1항.

21) 이사회 골격결정 2002/475/JHA, 제2조 1항.

22) 이사회 골격결정 2002/475/JHA, 제3조.

23) 이와 관련된 국제테러리즘 관련 협약으로는 "항공기내에서 범한 범죄 및 기타 행위에 관한 협약"(1963 도쿄협약), "항공기의 불법납치 억제를 위한 협약"(1970 헤이그협약), "민간항공의 안전에 대한 불법적 행위의 억제를 위한 협약"(1971 몬트리올협약), "1971년 9월 23일 몬트리올에서 채택된 민간항공의 안전에 대한 불법적 행위의 억제를 위한 협약을 보충하는, 국제민간항공에 사용되는 공항에서의 불법적 폭력행위의 억제를 위한 의정서"(1988 몬트리올 의정서), "항해의 안전에 대한 불법행위의 억제를 위한 협약"(1988 로마협약), "대륙붕상에 소재한 고정플랫폼의 안전에 대한 불법행위의 억제를 위한 의정서"(1988 로마의정서), "외교관등 국제적 보호인물에 대한 범죄의 방지 및 처벌에 관한 협약"(1973 뉴욕협약), "인질억류 방지에 관한 국제협약"(1979 인질협약), "폭탄테러행위의 억제를 위한 국제협약"(1997 폭탄테러협약), "테러자금조달의 억제를 위한 국제협약"(1999 테러자금협약), "핵테러행위의 억제를 위한 국제협약"(2005 핵테러협약) 등이 있다.

나 사용 등에 관한 지침 등을 알려 테러리즘에 대한 훈련을 하는 행위, 테러리즘을 위한 절도나 갈취 또는 문서위조의 행위를 말한다.

테러범죄의 정의에는 포괄적 테러리즘 방지협약의 경우와 같이 다양한 논의가 있고, 당초 EU위원회 제안은 이사회에서 수차례에 걸쳐 수정되었다. 또한 이러한 테러행위의 정의는 행위유형과 행위목적의 쌍방으로부터 테러범죄를 정의하고 있고, 테러에 관련된 광범위한 행위가 테러범죄에 해당하는 것을 명확히 하여 이로부터 EU의 테러리즘 규제가 구축되고 있다.

3) 회원국의 의무

이 골격결정은 테러리즘 범죄자를 회원국의 국내법에 의해 처벌할 것을 의무로서 부과하고 있다.[24] 따라서 이 골격결정은 법령의 형태는 '결정'에 해당되지만 실질적으로는 수범자들에게는 '규칙'과 같은 법적 성질을 갖기 때문에 모든 EU회원국들에게 전부구속력이 있다. 한편 이 골격결정 제4조는 테러리즘 범죄행위를 '방조, 교사, 선동하거나 시도하는 행위'를 처벌하도록 하여 테러리즘 범죄를 자극하거나 시도 후 미수에 그치는 경우에도 처벌하도록 하여 대테러리즘 대응책을 강화하고 있다.

4) 양형

이 골격결정은 일부 범죄 형태에 대해서는 구체적인 형벌의 정도에 관해서도 규정하고 있다. 테러리스트 집단의 '지휘 행위'에 대해서는 15년 형, 테러리스트 집단의 범죄행위에 '기여하는 행위'에 대해서는 8년 형에 처하되, 회원국 국내법에 의하여 보다 강도 높게 처벌하는 것을 허용하고 있다.[25] 한편 이 골격결정 제6조는 테러리즘 활동을 포기하거나 대테러리즘 관할당국에 도움이 되는 정보를 제공하거나 테러리즘 범죄행위의 영향을 완화시키는 데에 협조하거나 다른 테러리즘 범죄자의 확인이나 증거발견에 협조하는 경우에는 제5조에 규정된 처벌이 감형될 수 있다고 규정하고 있다.

---

24) 이사회 골격결정 2002/475/JHA, 제5조 1항.

25) 이사회 골격결정 2002/475/JHA, 제5조 2항 및 3항.

5) 평가

테러리즘에 대한 EU 차원의 이 골격결정은 일반적인 관련 국제규범과 유사하게 다음과 같은 특징을 보이고 있다. 첫째, 테러리즘에 대한 규제방식은 구체적으로 '국내재판'에 의한 형사처벌을 염두에 두고 있어 EU 차원의 법령은 EU사법재판기관에 의한 규제방식을 도입하고 있지는 않다. 대신 테러리즘에 대한 사법적 처벌의 '실효성'을 확보하기 위해 테러리즘 범죄에 대한 국내재판기관의 '관할권 확립의무'를 명확히 규정하고 있다. 둘째, 회원국들에 대해서 해당 테러리즘범죄에 대해서 엄중한 또는 적절한 형태로서 처벌을 하도록 의무를 부과하는 동시에 '기소가 아니면 인도(후술하는 유럽 체포영장 발부를 통해)'하도록 요구하고 있다. 이를 위해 EU회원국들에게 테러리즘 범죄와 관련하여 제기된 형사소송절차에 관하여 상호 간 최대한 협력을 제공할 의무를 규정하고 있다.

3. 유럽체포영장에 관한 이사회 골격결정 2002/584/JHA

1) 유럽체포영장

유럽체포영장이란, EU의 어떤 회원국이 다른 회원국에게 피청구자의 체포·인도를 요구하여 발부하는 사법적 결정이다.[26] 이것이 중요한 점은 EU회원국이 발부한 유럽 체포영장의 '상호 승인'에 관하여 규정하고 있다는 점이다. 따라서 유럽체포영장 발부대상의 범죄에 대하여 실제로 영장이 발부된 경우에 관련 회원국은 이에 응하게 된다.

2) 도입 취지

이 골격결정은 기본적으로 '범죄인 인도조약'에 따른 범죄 용의자의 체포·인도절차의 간소화 및 신속성을 목적으로 하여 EU회원국들 간에 기존에 존재하던 기존의 범죄인 인도조약을 대체하는 것이다.[27]

---

26) 이사회 골격결정 2002/584/JHA, 제1조 1항.
27) 이사회 골격결정 2002/584/JHA, 제31조.

3) 인도대상 범죄

이 골격결정은 제2조 2항에서 유럽체포영장 발급국가에 '3년' 이상의 자유형을 구형할
가능성이 있는 32종류의 인도대상 범죄를 나열하고 있다.[28] 그런데 여기에는 '테러리즘, 핵
물질 또는 방사성물질의 취급, 항공기 · 선박 납치, 파괴공작' 등이 포함되어 있다. 이들 범
죄에 관한 한 어떤 EU회원국이 발부한 유럽체포영장은 다른 EU회원국의 법집행기관에 직
접 송달되어[29] 다른 회원국에 의하여 '상호 승인'되며, 이는 타 회원국에 의한 체포의 근거
가 된다.

4) 인도 절차

청구국이 발부한 유럽체포영장을 수령한 피청구국은 이 유럽체포영장을 집행하여 범죄
용의자를 '체포'하여 원칙상 체포 후 '60일' 이내에 인도를 결정하고, 인도결정 후 10일 이내
에 범죄 용의자를 청구국에 인도하도록 하여[30] 비교적 상세하게 인도절차를 규정하고 있다.

5) 평가

EU의 테러리즘 등에 대한 '회원국 간 협력 강화'에 기여하기 위해 설립된 유로폴은 EU
법의 실행에 특별한 기여를 하는 임무를 부여받고 있지만, 이 유로폴은 '집행권'을 소유하
고 있지는 않다. 기본적으로 유로폴은 회원국들의 법집행기관들을 지원하는 보조적 서비스
기관으로 구상되어 설립되었으며, 정보교류 및 통보, 정보조사 및 분석, 수사조율 등 회원
국을 지원하는 센터로서의 임무를 수행한다.[31] 이는 유로폴 소속의 기관원들이 EU회원국

---

28) 이사회 골격결정 2002/584/JHA, 제2조 2항.

29) 이사회 골격결정 2002/584/JHA, 제9조 1항.

30) 이사회 골격결정 2002/584/JHA, 제1조 2항, 제17조 3항, 제23조 2항.

31) 유로폴협약(Europol Convention) 제1조 2항 및 제4조 2항에 의하면 정보교환에 있어서 회원국 '협력경
    찰'(National Units)만이 유일하게 회원국경찰과 유로폴을 연결한다. 즉 회원국경찰과 유럽경찰의 직접적 연
    결은 예견되어 있지 않다. 유럽경찰과 회원국협력경찰 간의 의사소통은 회원국이 유럽경찰에 파견한 '연락
    관'이 담당한다. 이 연락관은 자국경찰의 정보를 유럽경찰에, 그 역으로 유럽경찰의 정보를 자국에 전달한다.
    한편 회원국협력경찰의 유럽경찰에 대한 정보제공은 그 해당 회원국의 국내법상의 제약을 받아 엄격하게 행
    해진다. 유로폴협약 제7조 1항에 의하면 회원국협력경찰과 연락관은 정보체제(Information System)에 정보를
    직접 입력할 수 있는데, 이때 국내법적 절차를 존중하도록 명시하고 있다. 연락관은 유럽경찰의 지휘체계에
    속하지 않고 독립적이므로 연락관은 국내법에 엄격히 기속된다. 회원국협력경찰의 유럽경찰로부터 정보획득
    은 정보제공보다도 덜 엄격하다.

들의 영토에서 수사[32]를 하거나 용의자를 체포할 권한이 없다는 것을 의미한다.[33] 유로폴이 유로폴협약(Europol Convention) 제2조에 따라 테러리즘, 불법 마약거래, 불법 이민 및 조직, 핵물질 거래, 불법 자동차거래, 어린이 성매매를 포함한 인신매매, 유로화 등 유가증권 위조, 자본세탁 등의 분야[34]에서 EU회원국을 지원하고 있으나 직접적인 수사권이나 체포권은 행사할 수 없는 한계가 있다. 이처럼 역내에서의 유로폴의 활동은 여전히 해당 EU회원국에 의해 크게 제약을 받고 있기 때문에 유로폴이 '완전한 초국가적 기관'이라고 말하기는 어려울 것이다. 특히 EU의 제3기둥이었던 '사법·내무협력'의 영역에 속하는 경찰협력 분야는 EU회원국들 간 협력과 조율을 원칙으로 하며 법령채택 시 전원일치[35]가 필요하기 때문에 전형적인 '정부 간적 성격'을 갖는 영역으로 경찰주권이 여전히 회원국들의 배타적 영역이라는 것이 증명되었던 셈이다.

4. 기타 테러리즘 규제 조치

1) 자산동결 조치

EU는 테러자금의 공급에 관한 대책으로 테러리즘 관련자에 대한 자산동결 조치를 취한 바 있다. 이는 자산동결 조치의 규제대상이 '특정적'인지 아니면 '일반적'인지에 따라 구분된다.

먼저 자산동결 조치의 규제대상이 '특정된' 경우이다. 9·11 사건 이전에 탈레반, 빈라덴 등에 대해서는 UN안전보장이사회 결의 1267에 기초하여 '이사회 공동입장 1999/727'에 의해 탈레반의 자산동결을 결정하였다.[36] 그리고 2000년에는 EC의 권한을 행사하여 자산동결의 실시를 목적으로 이사회 규칙 337/2000이 채택되었다. 2001년 2월에는 UN안전

---

32) EU 차원의 공동수사팀이 운영될 수 있어 유럽경찰직원이 이에 참가할 수 있으나 스스로 강제수단을 사용할 수는 없다. 그런데 유럽경찰직원은 특수한 사건에 있어서 회원국관할당국에 대하여 수사의 개시 및 지휘를 의뢰할 수는 있다(TEU 제30조 2항b(ex. TEU Art. K.2 (2)(b))).

33) 유로폴은 설립 시에도 그 권한에 관하여 의견이 분분하였는데, 한편으로는 유로폴이 감청장비 등 각종 정보수집수단을 통하여 스스로 정보를 확보하여 독자적인 수사권한을 보유한 중앙 집중적인 유럽경찰의 모습을 띠게 될 것이라는 전망이 있었으며, 반면에 경찰주권을 지키려는 회원국들의 저항으로 인하여 유로폴의 독자적인 수사권행사가 불가능할 것이라는 전망이 있었다. 이계수, "유럽연합의 경찰협력체제와 경찰법제에 관한 연구", 『민주법학』 제28호(2005), p.109.

34) 유로폴의 권한 확장의 근거는 유로폴협약 제43조 3항으로, 이에 의하면 각료이사회는 만장일치에 의하여 부칙에 규정된 범죄의 정의를 확장, 변경 또는 보충할 수 있으며, 나아가 추가적인 범죄의 정의를 만들 수 있다.

35) 2009년 12월 1일 리스본조약의 발효로 전원일치 제도는 이중다수결제(double majority principle)로 대체되었다. 이중다수결제는 회원국 수의 55% 이상(27개국 중 15개국 이상)과 역내 인구의 65% 이상의 찬성으로 정책을 가결시키는 방식이다. 이 제도는 2014년부터 단계적으로 확대 적용하여 2017년에는 완전히 도입된다.

36) 이사회 공동입장 1999/727, 제2조.

보장이사회 결의 1333에 기초하여 '이사회 공동입장 2001/154'에 의해 기존의 이사회 공동입장 1999/727을 수정하여 '빈라덴' 및 '제재위원회가 특정한 대상'에 관계된 개인 및 단체의 자산동결을 결정하였다.[37] 이로써 2001년 3월에 이사회 규칙 337/2000을 폐지하고 이사회 규칙 467/2001이 채택되어 탈레반 및 관계자, 빈라덴, 알카에다와 관계자도 자산동결 조치의 대상이 되었다. 이후에는 UN안전보장이사회 결의 1390의 이행을 위한 '이사회 공동입장 2002/402'에 의해 이사회 규칙 467/2001는 2002년 5월에 '이사회 규칙 881/2002'로 대체되었다.[38]

다음으로는 자산동결 조치의 규제대상이 특정대상 외의 '일반적'인 경우(테러리즘 관계자 일반)가 있다. UN안전보장이사회 결의 1373에 기초하여 채택된 '이사회 공동입장 2001/931'[39]에 의하면 테러행위에 '관계된' 자의 자금동결을 결정하여 동결자산이 되는 개인, 집단 또는 단체의 목록을 부속서로서 첨부하고 있으며, 첨부되는 내용은 UN안전보장이사회가 특정한 개인, 집단 또는 단체가 포함된다.[40] EU는 이 공동입장을 실시하기 위해 2001년 12월 '이사회 규칙 2580/2001'을 채택하였는데, 이 규칙은 테러 '관계자'가 보유하는 자산의 일반적 동결을 목적으로 한 것으로 기존의 이사회 규칙 467/2001에 의한 자산동결의 대상자 이외의 자에 대한 자산동결을 대상으로 하고 있으며, 이 규칙 제2조 3항에 의하면 그 구체적인 '대상자'는 EC '이사회'에 의해 결정된다.[41]

그 외에 '테러리스트 자금 및 자본세탁 방지를 위한 유럽의회/이사회 지침 2005/60/EC'[42]가 있다. 이 지침의 목적은 '자본세탁'과 '테러자금조달' 목적의 재정제도 이용을 방지하는 데에 있다. 이 지침은 금융기관, 신용기관 및 상품공급자인 특정 법인과 자연인에게 적용된다. 지불금이 '현금 15000유로 이상'의 거래인 경우에 '고객주의 의무제도'(customer due diligence: CDD)가 적용되며 자금세탁과 테러자금조달의 위험을 고려해야 된다. 각 회원국들의 국가 금융정보분석원들(financial intelligence units: FIU)은 이러한 '혐의거래 보고제도'(suspicious transaction reports)를 담당하기 위해 설립된다. EU회원국들은 자본세탁과

---

37) 이사회 공동입장 2001/154, 제4조.

38) Reinisch, *supra* note 2, pp.126-127; 유형석, "테러리즘에 대한 국제적 규제", 『법학연구』 제36집(2009.11), 한국법학회, p.319.

39) Council Common Position 2001/931/CFSP of 27 December 2001 on the application of specific measures to combat terrorism(OJ 2001 L344/93~96).

40) 이사회 공동입장 2001/931, 제1조 4항.

41) Reinisch, *supra* note 2, pp.128-129; 유형석, *supra* note 38, p.319.

42) Directive 2005/60/EC of the European Parliament and of the Council on the prevention of the use of the financial system for the purpose of money laundering and terrorist financing(OJ 2005 L309/15~36); 또한 Council Regulation (EC) No 2580/2001 on specific restrictive measures directed against certain persons and entities with a view to combating terrorism(OJ 2001 L344/70~75)이 있다.

테러자금조달의 방지를 위해서 이 지침의 규정보다 더 엄격한 규제를 채택하여 시행할 수 있다. 이 지침을 구체적으로 살펴보면 다음과 같다. 이 지침에서 '자본세탁'이란, 의도적인 행위로서 ① 불법적 출처를 은닉하거나 가장하기 위한 범법행위로 취득한 자금의 전환이나 이전 행위, ② 범법행위로 취득한 자금의 진정한 본질, 출처, 위치, 양도, 이동 또는 소유권에 대한 은닉이나 가장행위, ③ 범법행위로 발생한 자금의 획득이나 취득 혹은 사용행위, ④ 상기 명기된 사항들에 가담하거나 협조하는 행위를 말하며, 세탁된 자금을 발생시키는 행위가 다른 EU회원국이거나 비EU국가이든 상관없이 위의 사항들을 자금세탁이라 여긴다. 그리고 이 지침에서 '테러자금조달'이란, '대테러리즘에 관한 이사회 골격결정 2002/475/JHA'에서 정의된 모든 위법행위(인질납치, 행정문서위조, 테러리스트단체 지도행위)를 수행할 목적의 자금축적이나 공급행위를 의미한다. 이 지침은 금융 및 신용기관, 개별 법조인, 공증인, 회계사, 회계 감사관, 세법전문가, 부동산중개인, 카지노, 신탁회사 서비스제공자에게 적용되며 거래지불금이 현금으로 15,000유로 이상인 경우에 적용된다. 이 경우 관련 단체나 개인은 사업관계의 형성 시 또는 현금 15,000유로 이상 거래 시 '고객주의 의무제도'(CDD)에 따를 의무가 있으며, 또한 한도액에 상관없이 자금세탁과 테러자금조달의 혐의가 있을 시에는 반드시 '혐의거래 보고제도'에 따를 의무가 있다. 이러한 성실한 의무이행에는 고객의 신원정보 파악의 의무도 포함되며, 적법한 절차 내에서 거래관계의 고의 성질과 목적에 관한 정보수집, 행위대행이나 고객을 소유 또는 통제하는 자연인의 신분확인도 포함된다. 이러한 신원확인 방식의 정도는 거래관계나 고객유형에 따른 위험도 접근방식에 따라 결정되며, EU회원국은 이 지침이 적용되는 단체나 개인이 '고객주의 의무제도'를 수행하는 것을 허락하고 있다. 한편 자금세탁과 테러자금조달의 큰 위험성이 있는 경우에는 이 지침이 적용되는 단체와 개인은 '강화된 고객확인 의무제도'(enhanced customer due diligence)를 적용하며, '강화된 고객확인 의무제도'란, 고객이 신분증명을 위해 물리적으로 모습을 드러내지 않았을 경우에 제공된 문서들을 증명하고 입증하기 위한 추가적인 방법들을 포함하는 것을 말한다. 그리고 금융 및 신용채권 기관은 익명의 계좌나 익명의 통장을 유지할 수 없다. 그리고 EU회원국은 회원국들 상호 간 그리고 유럽은행감독당국(European Banking Authority: EBA)과 같은 유럽금융감독기관에게 관련 정보를 통지해야 한다. EU회원국들은 국가 핵심기구의 형태로 금융정보분석원(FIU)을 설치하여 자금세탁과 테러자금조달 관련 정보를 수신, 요청, 분석, 전파할 책임을 진다. EU회원국들은 각국의 금융정보분석원(FIU)이 제 역할을 수행할 수 있도록 적절한 지원을 제공해야 하며, 금융정보분석원(FIU)이 업무수행상 필요한 재정, 행정, 법집행 정보에 관한 접근이 가능하도록 보장해야 한다. 관련 단체나 개인은 자금세탁이나 테러자금조달행위가 행해졌거나 행해지고 있다고 의심되거나 알

앉을 경우에는 금융정보분석원(FIU)에 반드시 지체 없이 의심되는 거래를 보고해야 하며, 불법거래 관련 행위를 삼가야 한다. 이 단체나 개인은 반드시 해당법률에 따라 필요한 모든 정보를 금융정보분석원에 제공해야 한다. 한편 EU회원국들은 개별 법조인, 공증인, 회계감사관, 외부 회계원, 세법전문가들에게 그들이 고객에 대한 법적 정황을 인지하였을 경우 또는 소송 절차에서 고객의 변호 시 고객에 대한 정보를 취득한 경우에 이를 금융정보분석원에 제공하도록 요구할지를 결정할 수 있다. 끝으로 관련 단체나 개인은 법적 집행의 경우를 제외하고는 자신들이 고객의 정보를 동 분석원에 제공했다는 사실을 고객이나 제3자가 인식하도록 해서는 아니 되며, 거래관계 종료시점으로부터 최소 5년 동안 서류와 증거자료 또는 다른 증거물들을 보관할 의무가 있다. EU집행위원회는 EU회원국들 금융정보분석원들(FIU) 간의 협력을 증진한다. EU회원국들은 이 지침의 준수 여부를 확인해야 하며, 이 지침을 불이행한 단체나 개인은 법적 책임을 부담해야 하며, 이에 대한 처벌은 효과적·비례적이며 충분한 영향력이 있어야 한다.

2) 회원국들 법집행기관 간의 정보교환의 촉진

EU는 보다 '효과적'인 유럽지역 테러행위자의 적발 및 테러행위의 억제를 위해 2005년 9월 20일 회원국들 법집행기관 간의 '테러범죄에 관한 정보교환과 협력에 관한 이사회 결정 2005/671/JHA'[43]를 채택하였고 이에는 유로폴이 지원한다. 2001년 9·11 테러리즘 사건 이후, EU회원국들은 모든 형태의 테러리즘에 대항하고자 하는 의지를 여러 번 확인한 바 있으며, 다수의 대테러리즘에 관한 법령을 제정하였고 이후에 개정하기도 하였다. 이 같은 맥락에서 EU는 유로폴(Europol), 유로저스트(Eurojust)[44] 그리고 각국 경찰청들(national

---

43) Council Decision 2005/671/JHA on the exchange of information and cooperation concerning terrorist offences(OJ 2005 L253/22~24); 또한 Council Decision 2008/633/JHA concerning access for consultation of the Visa Information System (VIS) by designated authorities of Member States and by Europol for the purposes of the prevention, detection and investigation of terrorist offences and of other serious criminal offences(OJ 2008 L218/129~136)가 있다.

44) 유로저스트(Eurojust)는 2002년 2월 28일 이사회가 공식적으로 설립한 기관(Council Decision 2002/187/JHA on setting up Eurojust with a view to reinforcing the fight against serious crime(OJ 2002 L63/1~13))으로 2000년 12월 14일 '임시사법협력팀'(Provisional Judicial Cooperation Unit: Council Decision 2000/799/JHA on setting up a Provisional Judicial Cooperation Unit(OJ 2000 L324/2~3))을 대체한 것이다. 유로저스트는 고유의 법인격을 갖는 독립된 EU기관으로서 회원국들이 특명을 위해 특파한 검사(prosecutors), 재판관(judges), 경찰관(police officers)인 국가구성원들로 형성되어 있다. 유로저스트의 설립 목적은 EU회원국들 간의 '사법협력'(judicial cooperation)의 향상에 있으며, 특히 초국경적으로 범해지는 중대범죄들(serious crimes)에 대항하는 것이 목적이다(Council Decision 2002/187/JHA, Preambular para.1). 테러리즘에 한정된 것은 아니지만 테러리즘에 대항하기 위한 사법협력과 법적보조는 분명히 유로저스트의 권한의 한 영역에 해당된다. 유로저스트의 임시본부(provisional headquarters)는 2001년 12월 네덜란드 헤이그였던 것이 2003년 12월 최종적인 본부로

police services)과 같은 대테러기관들 간의 협력을 강화하였다. 우선적으로는 2002년 12월 19일 이사회가 '공동입장 2001/931/CFSP'[45] 제4조에 따라 '대테러리즘에 대한 경찰 및 사법협력을 위한 특별조치의 이행에 관한 이사회 결정 2003/48/JHA'[46]를 채택하였다. 이사회는 정보교환의 범위를 확대해야 할 필요성을 인식하여 결정 2003/48/JHA를 채택하여 '대테러리즘에 관한 이사회 골격결정 2002/475/JHA'에서 정의된 테러범죄행위에 대해 유죄판결, 기소, 조사를 받은 적이 있는 모든 개인, 단체 또는 실체들과 모든 단계의 형사소송절차로 정보교환의 범주를 확대하였다. 그리고 이사회 결정 2003/48/JHA를 개정하여 이사회 결정 2005/671/JHA를 채택하여, 첫째, 각국 법집행기관이 수집한 테러범죄에 관한 형사조사정보에 접근할 '특별부서'(a specialized service)를 각국의 경찰청 또는 다른 법집행기관 내부에 지정하도록 하고, 둘째, 테러문제를 다루기 위한 유로저스트 국가 특파원(Eurojust national correspondent)을 하나 이상 지정하거나 또는 테러범죄자 또는 혐의자에 관한 정보에 접근할 적절한 사법당국이나 다른 관할당국을 지정하도록 하였다. 그리고 어떤 정보든 혐의자(suspects)의 개인정보, 조사 중인 활동, 범죄의 종류 등은 둘 이상의 EU회원국에 영향을 줄 수 있는 경우에는 반드시 유로폴과 유로저스트에 전달되어야 한다. 그리고 일정한 조건하에서 일반적으로 각 EU회원국들의 관할당국은 다른 회원국이 수집한 자료, 파일, 증거들에 접근할 수 있다. 그리고 EU회원국들은 '긴급 사안'이며 '우선적'으로 다루어져야 하는 테러범죄에 관련한 '판결'의 강제(enforcement), 승인(recognition) 및 상호 법적 보조(mutual legal assistant)를 위해 필요한 모든 요청들을 보장하기 위해 필요한 조치를 취해야 한다. 마지막으로 동 결정은 필요한 경우 '공동수사팀'(joint investigation teams)의 구성에 관해서도 규정하고 있다.

3) 공중·해상·역외국경의 안전 확보를 위한 조치

EU는 수송정책에 관한 기존 EC조약 제80조 2항[ex. EC Art. 84(2); TFEU Art. 100(2)]에 기초해 '민간항공기의 안전에 관한 공동기준을 규정하는 규칙 2320/2002'를 채택하여 테러리즘의 대상이 될 우려가 있는 '항공수송'의 안전을 확보하고 있다. 또한 이와 같은 수

확정되었다. Reinisch, *supra* note 2, p.159 참조.

45) Council Common Position 2001/931/CFSP on the application of specific measures to combat terrorism(OJ 2001 L344/93-96).

46) Council Decision 2003/48/JHA on the implementation of specific measures for police and judicial cooperation to combat terrorism in accordance with Article 4 of Common Position 2001/931/CFSP(OJ 2003 L16/68~70).

송정책에 관한 EC조약 제80조 2항[TFEU Art. 100(2)]에 의거해 '선박 및 항만시설의 안전 촉진에 관한 규칙 725/2004'를 채택하여 테러리즘의 대상이 될 우려가 있는 '해상운송'의 안전을 확보하고 있다. 또한 EU는 EC조약 제62조 2항 (a)(ex. Art. 73j (2)(a); TFEU Art. 77 (2)(a))에 근거하여 '역외 국경규제'에 관한 '바이오 매트릭스(bio-matrix) 규칙 2252/2004'를 채택하였다.[47]

Ⅳ. 결언

2001년 9・11 사건 이후 테러리즘이 국제사회에서 심각한 문제로 제기되면서 국제평화와 안전을 위협하는 요소로 부각되고 있듯이 EU 내에서도 테러리즘은 역내 단일생활권에 대한 안전을 위협하는 요소가 되고 있다. 그러나 더욱 복잡한 문제는 테러리즘과 관련된 동일한 사건을 보는 국가 또는 기관의 상이한 시각으로 인한 다의적 해석이 가능할 뿐만 아니라 민족자결권・인권 침해의 우려가 제기되고 있어, 정치적・이념적・종교적 목적의 테러리즘 범죄에 대한 통일적 개념 정의에 대한 국제적 합의 도출이 아직 이루어지지 않았다는 점인데, 이는 EU 내에서도 마찬가지라고 할 수 있다. 이로 인해 국제사회에서는 테러리즘을 규제하기 위한 '보편적 성격의 국제조약'이 부재하여 테러리즘에 대한 국제사회의 '실효적인 대응책'을 마련하기 어렵고, 이는 결국 테러리즘에 대한 '개별국가'의 법적 규제에도 영향을 미치고 있다. 그러나 EU는 테러리즘 규제 조치의 한계 또는 비판이 제기될 가능성이 있음에도 불구하고, 역내 '사람의 자유이동'(인적 이동)의 보장으로 인한 역내 단일 생활권역의 안전을 확보하여 무고한 인명의 희생을 방지하기 위하여, 기본조약상 테러리즘에 대한 규제의 근거를 마련함과 아울러 이사회와 유럽의회 및 EU집행위원회를 통한 이차 입법행위를 통해 '대테러리즘'에 대한 골격결정을 채택하여 회원국들이 테러리즘을 규제하도록 의무화하였으며, 이러한 테러리즘의 규제를 보조하기 위해 '유럽체포영장'의 발부에

---

47) Council Regulation (EC) No 2252/2004 of 13 December 2004 on standards for security features and biometrics in passports and travel documents issued by Member States(OJ 2004 L385/1~6); '바이오매트릭스'(bio-matrix) 란, 생체 인식 시스템을 말하는 것으로, 망막・지문・음성・얼굴 등 개인의 신체적 특성을 이용해 신원을 확인하거나 범죄자를 가려내는 생체 측정 기술이다. 사람이 걸을 때 다리, 무릎 관절, 팔, 팔꿈치 등 신체 일부분이 반복적으로 일정한 패턴을 만들어 낸다는 점에 착안해 캠코더 등으로 이를 캡처한 후 컴퓨터로 분석하는 '걸음걸이 인식 시스템'도 있다. 바이오 매트릭스는 당초 정보 당국에서 비밀 보장을 위해 개발, 사용했으나 비용이 낮아지고 정확도가 높아짐에 따라 사용 범위가 점차 확장되는 추세이다. 그러나 바이오 매트릭스 관련 기술들은 기술의 우수성에도 불구하고 고객의 허락 없이 개인정보를 수집・저장・분석한다는 윤리적인 문제를 불러일으킬 소지가 있다.

관한 골격결정을 채택하여 유로폴의 지원 서비스를 받아 테러리즘 규제에 대한 실효성을 강화하고 있다. 또한 유로저스트와 같은 EU사법부를 통해 테러리즘 등 중대범죄를 규율하고 있다.

결국 테러리즘에 관한 EU의 법적 규제는 다음과 같이 정리할 수 있다. 첫째, 테러리즘에 관한 관련 개념 정의가 어려운 국제사회에 비해, EU는 유럽이라는 지역 국제사회의 공동생활권을 규율하기 위해 테러리즘에 관한 관련 용어에 대해 개념을 정의하고 있다. 관련 법령을 통해 테러리즘에 관한 의견대립에 대한 유권해석이 일정 부분 가능하게 되었다. 둘째, 일반적인 국제협약이 테러리즘에 대하여 엄중한 또는 적절한 형벌로 처벌할 것을 규정하여 국내법상의 가벌적 범죄로 규정만 하면 족하기 때문에 이런 의무이행에 대한 강제규정이 미비한 데 비해, EU는 회원국들에게 테러리즘 관련 범죄를 처벌할 것을 의무화하였고, 테러리즘 범죄인의 인도를 위한 유럽체포영장의 상호 인준에 의해 테러리즘에 대한 형사사법공조를 강화하고 있다. 무엇보다 EU법은 회원국 국내법에 대한 직접효력과 우위가 보장되고 있기 때문에 회원국들이 EU 차원의 규제조치를 회피하기는 어려울 것이다. 그럼에도 불구하고 테러리즘에 관한 범인의 형사적 처벌의 권한은 여전히 각 회원국들의 권한이지 EU의 권한은 아니다. 따라서 EU의 테러리즘에 관한 규제는 일반적인 주권국가의 테러리즘 규제와는 달리 회원국들에 의한 테러리즘 규제를 '지원'(정보교환, 수사 조정 또는 조율, 회원국들 간의 협력체제 구축)하는 것에 주안점을 두고 있다. 이 점에 있어서는 EU가 보다 강도 높은 통합을 이루는 경우 EU 차원의 집행권확보도 가능할 것이다. 셋째, 일반적인 국제협약은 구체적인 처벌기준을 마련하기 어려운 데 비해, EU는 테러리즘 관련 범죄의 정도에 따라 일정 부분 양형을 규정하고 있어 테러리즘에 대한 효과적인 억제책이 될 수 있을 것이다. 넷째, 국제테러리즘은 국제형사법원(International Criminal Court: ICC)의 관할범죄로 규정되지 못하여 계속해서 개별 국가의 국내법 또는 지침에 의해 규율되고 있으며, 이는 완전한 연방국가가 아닌 EU도 마찬가지라고 할 수 있다. EU도 테러리즘에 대한 수사권이나 체포권은 유로폴이 아닌 개별회원국들의 당국이 관할권을 여전히 행사하고 있다. 이는 유로저스트 등의 역할 강화를 통해 보완될 수 있을 것이다. 다섯째, EU는 테러리즘 관련 자산을 통제하고, 효과적인 테러행위자의 적발 및 테러행위의 억제를 위하여 회원국들 법집행기관 간의 테러범죄에 관한 정보 교환 및 협력을 도모하며, 민간 항공기나 선박 및 항만시설의 안전을 확보하는 등 다각도로 역내 안전을 위해 노력하고 있다.

이러한 점들은 단일 국가가 아닌 지역 국제사회인 EU만이 갖는 특징이라고 할 수 있으며, 이는 보편 국제사회의 초국가적 테러리즘에 대한 예방과 규제에 있어서도 또한 중요한 내용이다.

부록

제1부(법과 통치구조)

▦ 부록 1

The Treaty on the Functional of the European Union*

TITLE I
THE INTERNAL MARKET

Article 26
(ex Article 14 TEC)

1. The Union shall adopt measures with the aim of establishing or ensuring the functioning of the internal market, in accordance with the relevant provisions of the Treaties.

2. The internal market shall comprise an area without internal frontiers in which the free movement of goods, persons, services and capital is ensured in accordance with the provisions of the Treaties.

3. The Council, on a proposal from the Commission, shall determine the guidelines and conditions necessary to ensure balanced progress in all the sectors concerned.

Article 27
(ex Article 15 TEC)

When drawing up its proposals with a view to achieving the objectives set out in Article 26, the Commission shall take into account the extent of the effort that certain economies showing differences in development will have to sustain for the establishment of the internal market and it may propose appropriate provisions.

If these provisions take the form of derogations, they must be of a temporary nature and must cause the least possible disturbance to the functioning of the internal market.

TITLE II
FREE MOVEMENT OF GOODS

Article 28
(ex Article 23 TEC)

1. The Union shall comprise a customs union which shall cover all trade in goods and which shall involve the prohibition between Member States of customs duties on imports and exports and of all charges having equivalent effect, and the adoption of a common customs tariff in their relations with third countries.

---

* http://eur-lex.europa.eu/JOHtml.do?uri=OJ:C:2012:326:SOM:EN:HTML

2. The provisions of Article 30 and of Chapter 3 of this Title shall apply to products originating in Member States and to products coming from third countries which are in free circulation in Member States.

Article 29
(ex Article 24 TEC)

Products coming from a third country shall be considered to be in free circulation in a Member State if the import formalities have been complied with and any customs duties or charges having equivalent effect which are payable have been levied in that Member State, and if they have not benefited from a total or partial drawback of such duties or charges.

CHAPTER 1
THE CUSTOMS UNION

Article 30
(ex Article 25 TEC)

Customs duties on imports and exports and charges having equivalent effect shall be prohibited between Member States. This prohibition shall also apply to customs duties of a fiscal nature.

Article 31
(ex Article 26 TEC)

Common Customs Tariff duties shall be fixed by the Council on a proposal from the Commission.

Article 32
(ex Article 27 TEC)

In carrying out the tasks entrusted to it under this Chapter the Commission shall be guided by:
(a) the need to promote trade between Member States and third countries;
(b) developments in conditions of competition within the Union in so far as they lead to an improvement in the competitive capacity of undertakings;
(c) the requirements of the Union as regards the supply of raw materials and semi-finished goods; in this connection the Commission shall take care to avoid distorting conditions of competition between Member States in respect of finished goods;
(d) the need to avoid serious disturbances in the economies of Member States and to ensure rational development of production and an expansion of consumption within the Union.

CHAPTER 2
CUSTOMS COOPERATION

Article 33
(ex Article 135 TEC)

Within the scope of application of the Treaties, the European Parliament and the Council, acting in accordance with the ordinary legislative procedure, shall take measures in order to strengthen customs cooperation between Member States and between the latter and the Commission.

CHAPTER 3
PROHIBITION OF QUANTITATIVE RESTRICTIONS BETWEEN MEMBER STATES

Article 34
(ex Article 28 TEC)

Quantitative restrictions on imports and all measures having equivalent effect shall be prohibited between Member States.

Article 35
(ex Article 29 TEC)

Quantitative restrictions on exports, and all measures having equivalent effect, shall be prohibited between Member States.

Article 36
(ex Article 30 TEC)

The provisions of Articles 34 and 35 shall not preclude prohibitions or restrictions on imports, exports or goods in transit justified on grounds of public morality, public policy or public security; the protection of health and life of humans, animals or plants; the protection of national treasures possessing artistic, historic or archaeological value; or the protection of industrial and commercial property. Such prohibitions or restrictions shall not, however, constitute a means of arbitrary discrimination or a disguised restriction on trade between Member States.

Article 37
(ex Article 31 TEC)

1. Member States shall adjust any State monopolies of a commercial character so as to ensure that no discrimination regarding the conditions under which goods are procured and marketed exists between nationals of Member States.

The provisions of this Article shall apply to any body through which a Member State, in law or in fact, either directly or indirectly supervises, determines or appreciably influences imports or exports between Member States. These provisions shall likewise apply to monopolies delegated by the State to others.

2. Member States shall refrain from introducing any new measure which is contrary to the principles laid down in paragraph 1 or which restricts the scope of the articles dealing with the prohibition of customs duties and quantitative restrictions between Member States.

3. If a State monopoly of a commercial character has rules which are designed to make it easier to dispose of agricultural products or obtain for them the best return, steps should be taken in applying the rules contained in this Article to ensure equivalent safeguards for the employment and standard of living of the producers concerned.

TITLE III

AGRICULTURE AND FISHERIES

Article 38

(ex Article 32 TEC)

1. The Union shall define and implement a common agriculture and fisheries policy.

The internal market shall extend to agriculture, fisheries and trade in agricultural products. 'Agricultural products' means the products of the soil, of stockfarming and of fisheries and products of first-stage processing directly related to these products. References to the common agricultural policy or to agriculture, and the use of the term 'agricultural', shall be understood as also referring to fisheries, having regard to the specific characteristics of this sector.

2. Save as otherwise provided in Articles 39 to 44, the rules laid down for the establishment and functioning of the internal market shall apply to agricultural products.

3. The products subject to the provisions of Articles 39 to 44 are listed in Annex I.

4. The operation and development of the internal market for agricultural products must be accompanied by the establishment of a common agricultural policy.

Article 39

(ex Article 33 TEC)

1. The objectives of the common agricultural policy shall be:

(a) to increase agricultural productivity by promoting technical progress and by ensuring the rational development of agricultural production and the optimum utilisation of the factors of production, in particular labour;

(b) thus to ensure a fair standard of living for the agricultural community, in particular by increasing the individual earnings of persons engaged in agriculture;

(c) to stabilise markets;

(d) to assure the availability of supplies;

(e) to ensure that supplies reach consumers at reasonable prices.

2. In working out the common agricultural policy and the special methods for its application, account shall be taken of:

(a) the particular nature of agricultural activity, which results from the social structure of agriculture and from structural and natural disparities between the various agricultural regions;

(b) the need to effect the appropriate adjustments by degrees;

(c) the fact that in the Member States agriculture constitutes a sector closely linked with the economy as a whole.

Article 40

(ex Article 34 TEC)

1. In order to attain the objectives set out in Article 39, a common organisation of agricultural markets shall be established.

This organisation shall take one of the following forms, depending on the product concerned:

(a) common rules on competition;

(b) compulsory coordination of the various national market organisations;

(c) a European market organisation.

2. The common organisation established in accordance with paragraph 1 may include all measures required to attain the objectives set out in Article 39, in particular regulation of prices, aids for the production and marketing of the various products, storage and carryover arrangements and common machinery for stabilising imports or exports.

The common organisation shall be limited to pursuit of the objectives set out in Article 39 and shall exclude any discrimination between producers or consumers within the Union.

Any common price policy shall be based on common criteria and uniform methods of calculation.

3. In order to enable the common organisation referred to in paragraph 1 to attain its objectives, one or more agricultural guidance and guarantee funds may be set up.

Article 41
(ex Article 35 TEC)

To enable the objectives set out in Article 39 to be attained, provision may be made within the framework of the common agricultural policy for measures such as:

(a) an effective coordination of efforts in the spheres of vocational training, of research and of the dissemination of agricultural knowledge; this may include joint financing of projects or institutions;

(b) joint measures to promote consumption of certain products.

Article 42
(ex Article 36 TEC)

The provisions of the Chapter relating to rules on competition shall apply to production of and trade in agricultural products only to the extent determined by the European Parliament and the Council within the framework of Article 43(2) and in accordance with the procedure laid down therein, account being taken of the objectives set out in Article 39.

The Council, on a proposal from the Commission, may authorise the granting of aid:

(a) for the protection of enterprises handicapped by structural or natural conditions;

(b) within the framework of economic development programmes.

Article 43
(ex Article 37 TEC)

1. The Commission shall submit proposals for working out and implementing the common agricultural policy, including the replacement of the national organisations by one of the forms of common organisation provided for in Article 40(1), and for implementing the measures specified in this Title.

These proposals shall take account of the interdependence of the agricultural matters mentioned in this Title.

2. The European Parliament and the Council, acting in accordance with the ordinary legislative procedure and after consulting the Economic and Social Committee, shall establish the common organisation of agricultural markets provided for in Article 40(1) and the other provisions necessary for the pursuit of the objectives of the common agricultural policy and the common fisheries policy.

3. The Council, on a proposal from the Commission, shall adopt measures on fixing prices, levies, aid and quantitative limitations and on the fixing and allocation of fishing opportunities.

4. In accordance with paragraph 2, the national market organisations may be replaced by the common organisation provided for in Article 40(1) if:

(a) the common organisation offers Member States which are opposed to this measure and which have an organisation of their own for the production in question equivalent safeguards for the employment and standard of living of the producers concerned, account being taken of the adjustments that will be possible and the specialisation that will be needed with the passage of time;

(b) such an organisation ensures conditions for trade within the Union similar to those existing in a national market.

5. If a common organisation for certain raw materials is established before a common organisation exists for the corresponding processed products, such raw materials as are used for processed products intended for export to third countries may be imported from outside the Union.

Article 44
(ex Article 38 TEC)

Where in a Member State a product is subject to a national market organisation or to internal rules having equivalent effect which affect the competitive position of similar production in another Member State, a countervailing charge shall be applied by Member States to imports of this product coming from the Member State where such organisation or rules exist, unless that State applies a countervailing charge on export.

The Commission shall fix the amount of these charges at the level required to redress the balance; it may also authorise other measures, the conditions and details of which it shall determine.

TITLE IV
FREE MOVEMENT OF PERSONS, SERVICES AND CAPITAL

CHAPTER 1
WORKERS

Article 45
(ex Article 39 TEC)

1. Freedom of movement for workers shall be secured within the Union.

2. Such freedom of movement shall entail the abolition of any discrimination based on nationality between workers of the Member States as regards employment, remuneration and other conditions of work and employment.

3. It shall entail the right, subject to limitations justified on grounds of public policy, public security or public health:

(a) to accept offers of employment actually made;

(b) to move freely within the territory of Member States for this purpose;

(c) to stay in a Member State for the purpose of employment in accordance with the provisions governing the employment of nationals of that State laid down by law, regulation or administrative action;

(d) to remain in the territory of a Member State after having been employed in that State, subject to conditions which shall be embodied in regulations to be drawn up by the Commission.

4. The provisions of this Article shall not apply to employment in the public service.

Article 46
(ex Article 40 TEC)

The European Parliament and the Council shall, acting in accordance with the ordinary legislative procedure and after consulting the Economic and Social Committee, issue directives or make regulations setting out the measures required to bring about freedom of movement for workers, as defined in Article 45, in particular:

(a) by ensuring close cooperation between national employment services;

(b) by abolishing those administrative procedures and practices and those qualifying periods in respect of eligibility for available employment, whether resulting from national legislation or from agreements previously concluded between Member States, the maintenance of which would form an obstacle to liberalisation of the movement of workers;

(c) by abolishing all such qualifying periods and other restrictions provided for either under national legislation or under agreements previously concluded between Member States as imposed on workers of other Member States conditions regarding the free choice of employment other than those imposed on workers of the State concerned;

(d) by setting up appropriate machinery to bring offers of employment into touch with applications for employment and to facilitate the achievement of a balance between supply and demand in the employment market in such a way as to avoid serious threats to the standard of living and level of employment in the various regions and industries.

2. Such freedom of movement shall entail the abolition of any discrimination based on nationality between workers of the Member States as regards employment, remuneration and other conditions of work and employment.

3. It shall entail the right, subject to limitations justified on grounds of public policy, public security or public health:

(a) to accept offers of employment actually made;

(b) to move freely within the territory of Member States for this purpose;

(c) to stay in a Member State for the purpose of employment in accordance with the provisions governing the employment of nationals of that State laid down by law, regulation or administrative action;

(d) to remain in the territory of a Member State after having been employed in that State, subject to conditions which shall be embodied in regulations to be drawn up by the Commission.

4. The provisions of this Article shall not apply to employment in the public service.

Article 47
(ex Article 41 TEC)

Member States shall, within the framework of a joint programme, encourage the exchange of young workers.

Article 48
(ex Article 42 TEC)

The European Parliament and the Council shall, acting in accordance with the ordinary legislative procedure, adopt such measures in the field of social security as are necessary to provide freedom of movement for workers; to this end, they shall make arrangements to secure for employed and self-employed migrant workers and their dependants:

(a) aggregation, for the purpose of acquiring and retaining the right to benefit and of calculating the amount of benefit, of all periods taken into account under the laws of the several countries;

(b) payment of benefits to persons resident in the territories of Member States.

Where a member of the Council declares that a draft legislative act referred to in the first subparagraph would affect important aspects of its social security system, including its scope, cost or financial structure, or would affect the financial balance of that system, it may request that the matter be referred to the European Council. In that case, the ordinary legislative procedure shall be suspended. After discussion, the European Council shall, within four months of this suspension, either:

(a) refer the draft back to the Council, which shall terminate the suspension of the ordinary legislative procedure; or

(b) take no action or request the Commission to submit a new proposal; in that case, the act originally proposed shall be deemed not to have been adopted.

CHAPTER 2
RIGHT OF ESTABLISHMENT

Article 49
(ex Article 43 TEC)

Within the framework of the provisions set out below, restrictions on the freedom of establishment of nationals of a Member State in the territory of another Member State shall be prohibited. Such prohibition shall also apply to restrictions on the setting-up of agencies, branches or subsidiaries by nationals of any Member State established in the territory of any Member State.

Freedom of establishment shall include the right to take up and pursue activities as self-employed persons and to set up and manage undertakings, in particular companies or firms within the meaning of the second paragraph of Article 54, under the conditions laid down for its own nationals by the law of the country where such establishment is effected, subject to the provisions of the Chapter relating to capital.

Article 50
(ex Article 44 TEC)

1. In order to attain freedom of establishment as regards a particular activity, the European Parliament and the Council, acting in accordance with the ordinary legislative procedure and after consulting the Economic and Social Committee, shall act by means of directives.

2. The European Parliament, the Council and the Commission shall carry out the duties devolving upon them under the preceding provisions, in particular:

(a) by according, as a general rule, priority treatment to activities where freedom of establishment makes a particularly valuable contribution to the development of production and trade;

(b) by ensuring close cooperation between the competent authorities in the Member States in order to ascertain the particular situation within the Union of the various activities concerned;

(c) by abolishing those administrative procedures and practices, whether resulting from national legislation or from agreements previously concluded between Member States, the maintenance of which would form an obstacle to freedom of establishment;

(d) by ensuring that workers of one Member State employed in the territory of another Member State may remain in that territory for the purpose of taking up activities therein as self-employed persons, where they satisfy the conditions which they would be required to satisfy if they were entering that State at the time when they intended to take up such activities;

(e) by enabling a national of one Member State to acquire and use land and buildings situated in the territory of another Member State, in so far as this does not conflict with the principles laid down in Article 39(2);

(f) by effecting the progressive abolition of restrictions on freedom of establishment in every branch of activity under consideration, both as regards the conditions for setting up agencies, branches or subsidiaries in the territory of a Member State and as regards the subsidiaries in the territory of a Member State and as regards the conditions governing the entry of personnel belonging to the main establishment into managerial or supervisory posts in such agencies, branches or subsidiaries;

(g) by coordinating to the necessary extent the safeguards which, for the protection of the interests of members and others, are required by Member States of companies or firms within the meaning of the second paragraph of Article 54 with a view to making such safeguards equivalent throughout the Union;

(h) by satisfying themselves that the conditions of establishment are not distorted by aids granted by Member States.

Article 51
(ex Article 45 TEC)

The provisions of this Chapter shall not apply, so far as any given Member State is concerned, to activities which in that State are connected, even occasionally, with the exercise of official authority.

The European Parliament and the Council, acting in accordance with the ordinary legislative procedure, may rule that the provisions of this Chapter shall not apply to certain activities.

Article 52
(ex Article 46 TEC)

1. The provisions of this Chapter and measures taken in pursuance thereof shall not prejudice the applicability of provisions laid down by law, regulation or administrative action providing for special treatment for foreign nationals on grounds of public policy, public security or public health.

2. The European Parliament and the Council shall, acting in accordance with the ordinary legislative procedure, issue directives for the coordination of the abovementioned provisions.

Article 53
(ex Article 47 TEC)

1. In order to make it easier for persons to take up and pursue activities as self-employed persons, the European Parliament and the Council shall, acting in accordance with the ordinary legislative procedure, issue directives for the mutual recognition of diplomas, certificates and other evidence of formal qualifications and for the coordination of the provisions laid down by law, regulation or administrative action in Member States concerning the taking-up and pursuit of activities as self-employed persons.

2. In the case of the medical and allied and pharmaceutical professions, the progressive abolition of restrictions shall be dependent upon coordination of the conditions for their exercise in the various Member States.

Article 54
(ex Article 48 TEC)

Companies or firms formed in accordance with the law of a Member State and having their registered office, central administration or principal place of business within the Union shall, for the purposes of this Chapter, be treated in the same way as natural persons who are nationals of Member States.

'Companies or firms' means companies or firms constituted under civil or commercial law, including cooperative societies, and other legal persons governed by public or private law, save for those which are non-profit-making.

Article 55
(ex Article 294 TEC)

Member States shall accord nationals of the other Member States the same treatment as their own nationals as regards participation in the capital of companies or firms within the meaning of Article 54, without prejudice to the application of the other provisions of the Treaties.

The European Parliament and the Council, acting in accordance with the ordinary legislative procedure, may rule that the provisions of this Chapter shall not apply to certain activities.

CHAPTER 3
SERVICES

Article 56
(ex Article 49 TEC)

Within the framework of the provisions set out below, restrictions on freedom to provide services within the Union shall be prohibited in respect of nationals of Member States who are established in a Member State other than that of the person for whom the services are intended.

The European Parliament and the Council, acting in accordance with the ordinary legislative procedure, may extend the provisions of the Chapter to nationals of a third country who provide services and who are established within the Union.

Article 57
(ex Article 50 TEC)

Services shall be considered to be 'services' within the meaning of the Treaties where they are normally provided for remuneration, in so far as they are not governed by the provisions relating to freedom of movement for goods, capital and persons.

'Services' shall in particular include:

(a) activities of an industrial character;

(b) activities of a commercial character;

(c) activities of craftsmen;

(d) activities of the professions.

Without prejudice to the provisions of the Chapter relating to the right of establishment, the person providing a service may, in order to do so, temporarily pursue his activity in the Member State where the service is provided, under the same conditions as are imposed by that State on its own nationals.

Article 58
(ex Article 51 TEC)

1. Freedom to provide services in the field of transport shall be governed by the provisions of the Title relating to transport.

2. The liberalisation of banking and insurance services connected with movements of capital shall be effected in step with the liberalisation of movement of capital.

Article 59
(ex Article 52 TEC)

1. In order to achieve the liberalisation of a specific service, the European Parliament and the Council, acting in accordance with the ordinary legislative procedure and after consulting the Economic and Social Committee, shall issue directives.

2. As regards the directives referred to in paragraph 1, priority shall as a general rule be given to those services which directly affect production costs or the liberalisation of which helps to promote trade in goods.

Article 60
(ex Article 53 TEC)

The Member States shall endeavour to undertake the liberalisation of services beyond the extent required by the directives issued pursuant to Article 59(1), if their general economic situation and the situation of the economic sector concerned so permit.

To this end, the Commission shall make recommendations to the Member States concerned.

Article 61
(ex Article 54 TEC)

As long as restrictions on freedom to provide services have not been abolished, each Member State shall apply such restrictions without distinction on grounds of nationality or residence to all persons providing services within the meaning of the first paragraph of Article 56.

Article 62
(ex Article 55 TEC)

The provisions of Articles 51 to 54 shall apply to the matters covered by this Chapter.

CHAPTER 4

CAPITAL AND PAYMENTS

Article 63
(ex Article 56 TEC)

1. Within the framework of the provisions set out in this Chapter, all restrictions on the movement of capital between Member States and between Member States and third countries shall be prohibited.

2. Within the framework of the provisions set out in this Chapter, all restrictions on payments between Member States and between Member States and third countries shall be prohibited.

Article 64
(ex Article 57 TEC)

1. The provisions of Article 63 shall be without prejudice to the application to third countries of any restrictions which exist on 31 December 1993 under national or Union law adopted in respect of the movement of capital to or from third countries involving direct investment-including in real estate-establishment, the provision of financial services or the admission of securities to capital markets. In respect of restrictions existing under national law in Bulgaria, Estonia and Hungary, the relevant date shall be 31 December 1999.

2. Whilst endeavouring to achieve the objective of free movement of capital between Member States and third countries to the greatest extent possible and without prejudice to the other Chapters of the Treaties, the European Parliament and the Council, acting in accordance with the ordinary legislative procedure, shall adopt the measures on the movement of capital to or from third countries involving direct investment-including investment in real estate-establishment, the provision of financial services or the admission of securities to capital markets.

3. Notwithstanding paragraph 2, only the Council, acting in accordance with a special legislative procedure, may unanimously, and after consulting the European Parliament, adopt measures which constitute a step backwards in Union law as regards the liberalisation of the movement of capital to or from third countries.

Article 65
(ex Article 58 TEC)

1. The provisions of Article 63 shall be without prejudice to the right of Member States:

(a) to apply the relevant provisions of their tax law which distinguish between taxpayers who are not in the same situation with regard to their place of residence or with regard to the place where their capital is invested;

(b) to take all requisite measures to prevent infringements of national law and regulations, in particular in the field of taxation and the prudential supervision of financial institutions, or to lay down procedures for the declaration of capital movements for purposes of administrative or statistical information, or to take measures which are justified on grounds of public policy or public security.

2. The provisions of this Chapter shall be without prejudice to the applicability of restrictions on the right of establishment which are compatible with the Treaties.

3. The measures and procedures referred to in paragraphs 1 and 2 shall not constitute a means of

arbitrary discrimination or a disguised restriction on the free movement of capital and payments as defined in Article 63.

4. In the absence of measures pursuant to Article 64(3), the Commission or, in the absence of a Commission decision within three months from the request of the Member State concerned, the Council, may adopt a decision stating that restrictive tax measures adopted by a Member State concerning one or more third countries are to be considered compatible with the Treaties in so far as they are justified by one of the objectives of the Union and compatible with the proper functioning of the internal market. The Council shall act unanimously on application by a Member State.

Article 66
(ex Article 59 TEC)

Where, in exceptional circumstances, movements of capital to or from third countries cause, or threaten to cause, serious difficulties for the operation of economic and monetary union, the Council, on a proposal from the Commission and after consulting the European Central Bank, may take safeguard measures with regard to third countries for a period not exceeding six months if such measures are strictly necessary.

TITLE V
AREA OF FREEDOM, SECURITY AND JUSTICE

CHAPTER 1
GENERAL PROVISIONS

Article 67
(ex Article 61 TEC and ex Article 29 TEU)

1. The Union shall constitute an area of freedom, security and justice with respect for fundamental rights and the different legal systems and traditions of the Member States.

2. It shall ensure the absence of internal border controls for persons and shall frame a common policy on asylum, immigration and external border control, based on solidarity between Member States, which is fair towards third-country nationals. For the purpose of this Title, stateless persons shall be treated as third-country nationals.

3. The Union shall endeavour to ensure a high level of security through measures to prevent and combat crime, racism and xenophobia, and through measures for coordination and cooperation between police and judicial authorities and other competent authorities, as well as through the mutual recognition of judgments in criminal matters and, if necessary, through the approximation of criminal laws.

4. The Union shall facilitate access to justice, in particular through the principle of mutual recognition of judicial and extrajudicial decisions in civil matters.

Article 68

The European Council shall define the strategic guidelines for legislative and operational planning within the area of freedom, security and justice.

Article 69

National Parliaments ensure that the proposals and legislative initiatives submitted under Chapters 4 and 5 comply with the principle of subsidiarity, in accordance with the arrangements laid down by the Protocol on the application of the principles of subsidiarity and proportionality.

Article 70

Without prejudice to Articles 258, 259 and 260, the Council may, on a proposal from the Commission, adopt measures laying down the arrangements whereby Member States, in collaboration with the Commission, conduct objective and impartial evaluation of the implementation of the Union policies referred to in this Title by Member States' authorities, in particular in order to facilitate full application of the principle of mutual recognition. The European Parliament and national Parliaments shall be informed of the content and results of the evaluation.

Article 71
(ex Article 36 TEU)

A standing committee shall be set up within the Council in order to ensure that operational cooperation on internal security is promoted and strengthened within the Union. Without prejudice to Article 240, it shall facilitate coordination of the action of Member States' competent authorities. Representatives of the Union bodies, offices and agencies concerned may be involved in the proceedings of this committee. The European Parliament and national Parliaments shall be kept informed of the proceedings.

Article 72
(ex Article 64(1) TEC and ex Article 33 TEU)

This Title shall not affect the exercise of the responsibilities incumbent upon Member States with regard to the maintenance of law and order and the safeguarding of internal security.

Article 73

It shall be open to Member States to organise between themselves and under their responsibility such forms of cooperation and coordination as they deem appropriate between the competent departments of their administrations responsible for safeguarding national security.

Article 74
(ex Article 66 TEC)

The Council shall adopt measures to ensure administrative cooperation between the relevant departments of the Member States in the areas covered by this Title, as well as between those departments and the Commission. It shall act on a Commission proposal, subject to Article 76, and after consulting the European Parliament.

Article 75
(ex Article 60 TEC)

Where necessary to achieve the objectives set out in Article 67, as regards preventing and combating terrorism and related activities, the European Parliament and the Council, acting by means of regulations in accordance with the ordinary legislative procedure, shall define a framework for administrative measures with regard to capital movements and payments, such as the freezing of funds, financial assets or economic gains belonging to, or owned or held by, natural or legal persons, groups or non-State entities.

The Council, on a proposal from the Commission, shall adopt measures to implement the framework referred to in the first paragraph.

The acts referred to in this Article shall include necessary provisions on legal safeguards.

Article 76

The acts referred to in Chapters 4 and 5, together with the measures referred to in Article 74 which ensure administrative cooperation in the areas covered by these Chapters, shall be adopted:

(a) on a proposal from the Commission, or

(b) on the initiative of a quarter of the Member States.

CHAPTER 2
POLICIES ON BORDER CHECKS, ASYLUM AND IMMIGRATION

Article 77
(ex Article 62 TEC)

1. The Union shall develop a policy with a view to:

(a) ensuring the absence of any controls on persons, whatever their nationality, when crossing internal borders;

(b) carrying out checks on persons and efficient monitoring of the crossing of external borders;

(c) the gradual introduction of an integrated management system for external borders.

2. For the purposes of paragraph 1, the European Parliament and the Council, acting in accordance with the ordinary legislative procedure, shall adopt measures concerning:

(a) the common policy on visas and other short-stay residence permits;

(b) the checks to which persons crossing external borders are subject;

(c) the conditions under which nationals of third countries shall have the freedom to travel within the Union for a short period;

(d) any measure necessary for the gradual establishment of an integrated management system for external borders;

(e) the absence of any controls on persons, whatever their nationality, when crossing internal borders.

3. If action by the Union should prove necessary to facilitate the exercise of the right referred to in Article 20(2)(a), and if the Treaties have not provided the necessary powers, the Council, acting in accordance with a special legislative procedure, may adopt provisions concerning passports, identity cards, residence permits or any other such document. The Council shall act unanimously after consulting the European Parliament.

4. This Article shall not affect the competence of the Member States concerning the geographical

demarcation of their borders, in accordance with international law.

Article 78
(ex Articles 63, points 1 and 2, and 64(2) TEC)

1. The Union shall develop a common policy on asylum, subsidiary protection and temporary protection with a view to offering appropriate status to any third-country national requiring international protection and ensuring compliance with the principle of non-refoulement. This policy must be in accordance with the Geneva Convention of 28 July 1951 and the Protocol of 31 January 1967 relating to the status of refugees, and other relevant treaties.

2. For the purposes of paragraph 1, the European Parliament and the Council, acting in accordance with the ordinary legislative procedure, shall adopt measures for a common European asylum system comprising:

(a) a uniform status of asylum for nationals of third countries, valid throughout the Union;

(b) a uniform status of subsidiary protection for nationals of third countries who, without obtaining European asylum, are in need of international protection;

(c) a common system of temporary protection for displaced persons in the event of a massive inflow;

(d) common procedures for the granting and withdrawing of uniform asylum or subsidiary protection status;

(e) criteria and mechanisms for determining which Member State is responsible for considering an application for asylum or subsidiary protection;

(f) standards concerning the conditions for the reception of applicants for asylum or subsidiary protection;

(g) partnership and cooperation with third countries for the purpose of managing inflows of people applying for asylum or subsidiary or temporary protection.

3. In the event of one or more Member States being confronted by an emergency situation characterised by a sudden inflow of nationals of third countries, the Council, on a proposal from the Commission, may adopt provisional measures for the benefit of the Member State(s) concerned. It shall act after consulting the European Parliament.

Article 79
(ex Article 63, points 3 and 4, TEC)

1. The Union shall develop a common immigration policy aimed at ensuring, at all stages, the efficient management of migration flows, fair treatment of third-country nationals residing legally in Member States, and the prevention of, and enhanced measures to combat, illegal immigration and trafficking in human beings.

2. For the purposes of paragraph 1, the European Parliament and the Council, acting in accordance with the ordinary legislative procedure, shall adopt measures in the following areas:

(a) the conditions of entry and residence, and standards on the issue by Member States of long-term visas and residence permits, including those for the purpose of family reunification;

(b) the definition of the rights of third-country nationals residing legally in a Member State, including the conditions governing freedom of movement and of residence in other Member States;

(c) illegal immigration and unauthorised residence, including removal and repatriation of persons residing without authorisation;

(d) combating trafficking in persons, in particular women and children.

3. The Union may conclude agreements with third countries for the readmission to their countries of origin or provenance of third-country nationals who do not or who no longer fulfil the conditions for entry, presence or residence in the territory of one of the Member States.

4. The European Parliament and the Council, acting in accordance with the ordinary legislative procedure, may establish measures to provide incentives and support for the action of Member States with a view to promoting the integration of third-country nationals residing legally in their territories, excluding any harmonisation of the laws and regulations of the Member States.

5. This Article shall not affect the right of Member States to determine volumes of admission of third-country nationals coming from third countries to their territory in order to seek work, whether employed or self-employed.

Article 80

The policies of the Union set out in this Chapter and their implementation shall be governed by the principle of solidarity and fair sharing of responsibility, including its financial implications, between the Member States. Whenever necessary, the Union acts adopted pursuant to this Chapter shall contain appropriate measures to give effect to this principle.

CHAPTER 3
JUDICIAL COOPERATION IN CIVIL MATTERS

Article 81
(ex Article 65 TEC)

1. The Union shall develop judicial cooperation in civil matters having cross-border implications, based on the principle of mutual recognition of judgments and of decisions in extrajudicial cases. Such cooperation may include the adoption of measures for the approximation of the laws and regulations of the Member States.

2. For the purposes of paragraph 1, the European Parliament and the Council, acting in accordance with the ordinary legislative procedure, shall adopt measures, particularly when necessary for the proper functioning of the internal market, aimed at ensuring:

(a) the mutual recognition and enforcement between Member States of judgments and of decisions in extrajudicial cases;

(b) the cross-border service of judicial and extrajudicial documents;

(c) the compatibility of the rules applicable in the Member States concerning conflict of laws and of jurisdiction;

(d) cooperation in the taking of evidence;

(e) effective access to justice;

(f) the elimination of obstacles to the proper functioning of civil proceedings, if necessary by promoting the compatibility of the rules on civil procedure applicable in the Member States;

(g) the development of alternative methods of dispute settlement;

(h) support for the training of the judiciary and judicial staff.

3. Notwithstanding paragraph 2, measures concerning family law with cross-border implications shall be established by the Council, acting in accordance with a special legislative procedure. The Council shall act unanimously after consulting the European Parliament.

The Council, on a proposal from the Commission, may adopt a decision determining those aspects of family law with cross-border implications which may be the subject of acts adopted by the ordinary legislative procedure. The Council shall act unanimously after consulting the European Parliament.

The proposal referred to in the second subparagraph shall be notified to the national Parliaments. If a national Parliament makes known its opposition within six months of the date of such notification, the decision shall not be adopted. In the absence of opposition, the Council may adopt the decision.

CHAPTER 4
JUDICIAL COOPERATION IN CRIMINAL MATTERS

Article 82
(ex Article 31 TEU)

1. Judicial cooperation in criminal matters in the Union shall be based on the principle of mutual recognition of judgments and judicial decisions and shall include the approximation of the laws and regulations of the Member States in the areas referred to in paragraph 2 and in Article 83.

The European Parliament and the Council, acting in accordance with the ordinary legislative procedure, shall adopt measures to:

(a) lay down rules and procedures for ensuring recognition throughout the Union of all forms of judgments and judicial decisions;

(b) prevent and settle conflicts of jurisdiction between Member States;

(c) support the training of the judiciary and judicial staff;

(d) facilitate cooperation between judicial or equivalent authorities of the Member States in relation to proceedings in criminal matters and the enforcement of decisions.

2. To the extent necessary to facilitate mutual recognition of judgments and judicial decisions and police and judicial cooperation in criminal matters having a cross-border dimension, the European Parliament and the Council may, by means of directives adopted in accordance with the ordinary legislative procedure, establish minimum rules. Such rules shall take into account the differences between the legal traditions and systems of the Member States.

They shall concern:

(a) mutual admissibility of evidence between Member States;

(b) the rights of individuals in criminal procedure;

(c) the rights of victims of crime;

(d) any other specific aspects of criminal procedure which the Council has identified in advance by a decision; for the adoption of such a decision, the Council shall act unanimously after obtaining the consent of the European Parliament.

Adoption of the minimum rules referred to in this paragraph shall not prevent Member States from maintaining or introducing a higher level of protection for individuals.

3. Where a member of the Council considers that a draft directive as referred to in paragraph 2 would affect fundamental aspects of its criminal justice system, it may request that the draft directive be referred to the European Council. In that case, the ordinary legislative procedure shall be suspended. After discussion, and in case of a consensus, the European Council shall, within four months of this suspension, refer the draft back to the Council, which shall terminate the suspension of the ordinary legislative procedure.

Within the same timeframe, in case of disagreement, and if at least nine Member States wish to establish enhanced cooperation on the basis of the draft directive concerned, they shall notify the European Parliament, the Council and the Commission accordingly. In such a case, the authorisation to proceed with enhanced cooperation referred to in Article 20(2) of the Treaty on European Union and Article 329(1) of this Treaty shall be deemed to be granted and the provisions on enhanced cooperation shall apply.

Article 83
(ex Article 31 TEU)

1. The European Parliament and the Council may, by means of directives adopted in accordance with the ordinary legislative procedure, establish minimum rules concerning the definition of criminal offences and sanctions in the areas of particularly serious crime with a cross-border dimension resulting from the nature or impact of such offences or from a special need to combat them on a common basis.

These areas of crime are the following: terrorism, trafficking in human beings and sexual exploitation of women and children, illicit drug trafficking, illicit arms trafficking, money laundering, corruption, counterfeiting of means of payment, computer crime and organised crime.

On the basis of developments in crime, the Council may adopt a decision identifying other areas of crime that meet the criteria specified in this paragraph. It shall act unanimously after obtaining the consent of the European Parliament.

2. If the approximation of criminal laws and regulations of the Member States proves essential to ensure the effective implementation of a Union policy in an area which has been subject to harmonisation measures, directives may establish minimum rules with regard to the definition of criminal offences and sanctions in the area concerned. Such directives shall be adopted by the same ordinary or special legislative procedure as was followed for the adoption of the harmonisation measures in question, without prejudice to Article 76.

3. Where a member of the Council considers that a draft directive as referred to in paragraph 1 or 2 would affect fundamental aspects of its criminal justice system, it may request that the draft directive be referred to the European Council. In that case, the ordinary legislative procedure shall be suspended. After discussion, and in case of a consensus, the European Council shall, within four months of this suspension, refer the draft back to the Council, which shall terminate the suspension of the ordinary legislative procedure.

Within the same timeframe, in case of disagreement, and if at least nine Member States wish to establish enhanced cooperation on the basis of the draft directive concerned, they shall notify the European Parliament, the Council and the Commission accordingly. In such a case, the authorisation to proceed with enhanced cooperation referred to in Article 20(2) of the Treaty on European Union and Article 329(1) of this Treaty shall be deemed to be granted and the provisions on enhanced cooperation shall apply.

Article 84

The European Parliament and the Council, acting in accordance with the ordinary legislative procedure, may establish measures to promote and support the action of Member States in the field of crime prevention, excluding any harmonisation of the laws and regulations of the Member States.

Article 85
(ex Article 31 TEU)

1. Eurojust's mission shall be to support and strengthen coordination and cooperation between national investigating and prosecuting authorities in relation to serious crime affecting two or more Member States or requiring a prosecution on common bases, on the basis of operations conducted and information supplied

by the Member States' authorities and by Europol.

In this context, the European Parliament and the Council, by means of regulations adopted in accordance with the ordinary legislative procedure, shall determine Eurojust's structure, operation, field of action and tasks. These tasks may include:

(a) the initiation of criminal investigations, as well as proposing the initiation of prosecutions conducted by competent national authorities, particularly those relating to offences against the financial interests of the Union;

(b) the coordination of investigations and prosecutions referred to in point (a);

(c) the strengthening of judicial cooperation, including by resolution of conflicts of jurisdiction and by close cooperation with the European Judicial Network.

These regulations shall also determine arrangements for involving the European Parliament and national Parliaments in the evaluation of Eurojust's activities.

2. In the prosecutions referred to in paragraph 1, and without prejudice to Article 86, formal acts of judicial procedure shall be carried out by the competent national officials.

Article 86

1. In order to combat crimes affecting the financial interests of the Union, the Council, by means of regulations adopted in accordance with a special legislative procedure, may establish a European Public Prosecutor's Office from Eurojust. The Council shall act unanimously after obtaining the consent of the European Parliament.

In the absence of unanimity in the Council, a group of at least nine Member States may request that the draft regulation be referred to the European Council. In that case, the procedure in the Council shall be suspended. After discussion, and in case of a consensus, the European Council shall, within four months of this suspension, refer the draft back to the Council for adoption.

Within the same timeframe, in case of disagreement, and if at least nine Member States wish to establish enhanced cooperation on the basis of the draft regulation concerned, they shall notify the European Parliament, the Council and the Commission accordingly. In such a case, the authorisation to proceed with enhanced cooperation referred to in Article 20(2) of the Treaty on European Union and Article 329(1) of this Treaty shall be deemed to be granted and the provisions on enhanced cooperation shall apply.

2. The European Public Prosecutor's Office shall be responsible for investigating, prosecuting and bringing to judgment, where appropriate in liaison with Europol, the perpetrators of, and accomplices in, offences against the Union's financial interests, as determined by the regulation provided for in paragraph 1. It shall exercise the functions of prosecutor in the competent courts of the Member States in relation to such offences.

3. The regulations referred to in paragraph 1 shall determine the general rules applicable to the European Public Prosecutor's Office, the conditions governing the performance of its functions, the rules of procedure applicable to its activities, as well as those governing the admissibility of evidence, and the rules applicable to the judicial review of procedural measures taken by it in the performance of its functions.

4. The European Council may, at the same time or subsequently, adopt a decision amending paragraph 1 in order to extend the powers of the European Public Prosecutor's Office to include serious crime having a cross-border dimension and amending accordingly paragraph 2 as regards the perpetrators of, and accomplices in, serious crimes affecting more than one Member State. The European Council shall act unanimously after obtaining the consent of the European Parliament and after consulting the Commission.

CHAPTER 5

POLICE COOPERATION

Article 87

(ex Article 30 TEU)

1. The Union shall establish police cooperation involving all the Member States' competent authorities, including police, customs and other specialised law enforcement services in relation to the prevention, detection and investigation of criminal offences.

2. For the purposes of paragraph 1, the European Parliament and the Council, acting in accordance with the ordinary legislative procedure, may establish measures concerning:

(a) the collection, storage, processing, analysis and exchange of relevant information;

(b) support for the training of staff, and cooperation on the exchange of staff, on equipment and on research into crime-detection;

(c) common investigative techniques in relation to the detection of serious forms of organised crime.

3. The Council, acting in accordance with a special legislative procedure, may establish measures concerning operational cooperation between the authorities referred to in this Article. The Council shall act unanimously after consulting the European Parliament.

In case of the absence of unanimity in the Council, a group of at least nine Member States may request that the draft measures be referred to the European Council. In that case, the procedure in the Council shall be suspended. After discussion, and in case of a consensus, the European Council shall, within four months of this suspension, refer the draft back to the Council for adoption.

CHAPTER 6

MONETARY POLICY

Article 127

(ex Article 105 TEC)

1. The primary objective of the European System of Central Banks (hereinafter referred to as 'the ESCB') shall be to maintain price stability. Without prejudice to the objective of price stability, the ESCB shall support the general economic policies in the Union with a view to contributing to the achievement of the objectives of the Union as laid down in Article 3 of the Treaty on European Union. The ESCB shall act in accordance with the principle of an open market economy with free competition, favouring an efficient allocation of resources, and in compliance with the principles set out in Article 119.

2. The basic tasks to be carried out through the ESCB shall be:

—to define and implement the monetary policy of the Union,

—to conduct foreign-exchange operations consistent with the provisions of Article 219,

—to hold and manage the official foreign reserves of the Member States,

—to promote the smooth operation of payment systems.

3. The third indent of paragraph 2 shall be without prejudice to the holding and management by the governments of Member States of foreign-exchange working balances.

4. The European Central Bank shall be consulted:

—on any proposed Union act in its fields of competence,

—by national authorities regarding any draft legislative provision in its fields of competence, but within the limits and under the conditions set out by the Council in accordance with the procedure laid down in Article 129(4).

The European Central Bank may submit opinions to the appropriate Union institutions, bodies, offices or agencies or to national authorities on matters in its fields of competence.

5. The ESCB shall contribute to the smooth conduct of policies pursued by the competent authorities relating to the prudential supervision of credit institutions and the stability of the financial system.

6. The Council, acting by means of regulations in accordance with a special legislative procedure, may unanimously, and after consulting the European Parliament and the European Central Bank, confer specific tasks upon the European Central Bank concerning policies relating to the prudential supervision of credit institutions and other financial institutions with the exception of insurance undertakings.

Article 128
(ex Article 106 TEC)

1. The European Central Bank shall have the exclusive right to authorise the issue of euro banknotes within the Union. The European Central Bank and the national central banks may issue such notes. The banknotes issued by the European Central Bank and the national central banks shall be the only such notes to have the status of legal tender within the Union.

2. Member States may issue euro coins subject to approval by the European Central Bank of the volume of the issue. The Council, on a proposal from the Commission and after consulting the European Parliament and the European Central Bank, may adopt measures to harmonise the denominations and technical specifications of all coins intended for circulation to the extent necessary to permit their smooth circulation within the Union.

Article 129
(ex Article 107 TEC)

1. The ESCB shall be governed by the decision-making bodies of the European Central Bank which shall be the Governing Council and the Executive Board.

2. The Statute of the European System of Central Banks and of the European Central Bank (hereinafter referred to as 'the Statute of the ESCB and of the ECB') is laid down in a Protocol annexed to the Treaties.

3. Articles 5.1, 5.2, 5.3, 17, 18, 19.1, 22, 23, 24, 26, 32.2, 32.3, 32.4, 32.6, 33.1(a) and 36 of the Statute of the ESCB and of the ECB may be amended by the European Parliament and the Council, acting in accordance with the ordinary legislative procedure. They shall act either on a recommendation from the European Central Bank and after consulting the Commission or on a proposal from the Commission and after consulting the European Central Bank.

4. The Council, either on a proposal from the Commission and after consulting the European Parliament and the European Central Bank or on a recommendation from the European Central Bank and after consulting the European Parliament and the Commission, shall adopt the provisions referred to in Articles 4, 5.4, 19.2, 20, 28.1, 29.2, 30.4 and 34.3 of the Statute of the ESCB and of the ECB.

Article 130
(ex Article 108 TEC)

When exercising the powers and carrying out the tasks and duties conferred upon them by the Treaties and the Statute of the ESCB and of the ECB, neither the European Central Bank, nor a national central bank, nor any member of their decision-making bodies shall seek or take instructions from Union institutions, bodies, offices or agencies, from any government of a Member State or from any other body. The Union institutions, bodies, offices or agencies and the governments of the Member States undertake to respect this principle and not to seek to influence the members of the decision-making bodies of the European Central Bank or of the national central banks in the performance of their tasks.

Article 131
(ex Article 109 TEC)

Each Member State shall ensure that its national legislation including the statutes of its national central bank is compatible with the Treaties and the Statute of the ESCB and of the ECB.

Article 132
(ex Article 110 TEC)

1. In order to carry out the tasks entrusted to the ESCB, the European Central Bank shall, in accordance with the provisions of the Treaties and under the conditions laid down in the Statute of the ESCB and of the ECB:
—make regulations to the extent necessary to implement the tasks defined in Article 3.1, first indent, Articles 19.1, 22 and 25.2 of the Statute of the ESCB and of the ECB in cases which shall be laid down in the acts of the Council referred to in Article 129(4),
—take decisions necessary for carrying out the tasks entrusted to the ESCB under the Treaties and the Statute of the ESCB and of the ECB,
—make recommendations and deliver opinions.
2. The European Central Bank may decide to publish its decisions, recommendations and opinions.
3. Within the limits and under the conditions adopted by the Council under the procedure laid down in Article 129(4), the European Central Bank shall be entitled to impose fines or periodic penalty payments on undertakings for failure to comply with obligations under its regulations and decisions.

Article 133

Without prejudice to the powers of the European Central Bank, the European Parliament and the Council, acting in accordance with the ordinary legislative procedure, shall lay down the measures necessary for the use of the euro as the single currency. Such measures shall be adopted after consultation of the European Central Bank.

TITLE XIV
PUBLIC HEALTH

Article 168
(ex Article 152 TEC)

1. A high level of human health protection shall be ensured in the definition and implementation of all Union policies and activities.

Union action, which shall complement national policies, shall be directed towards improving public health, preventing physical and mental illness and diseases, and obviating sources of danger to physical and mental health. Such action shall cover the fight against the major health scourges, by promoting research into their causes, their transmission and their prevention, as well as health information and education, and monitoring, early warning of and combating serious cross-border threats to health.

The Union shall complement the Member States' action in reducing drugs-related health damage, including information and prevention.

2. The Union shall encourage cooperation between the Member States in the areas referred to in this Article and, if necessary, lend support to their action. It shall in particular encourage cooperation between the Member States to improve the complementarity of their health services in cross-border areas.

Member States shall, in liaison with the Commission, coordinate among themselves their policies and programmes in the areas referred to in paragraph 1. The Commission may, in close contact with the Member States, take any useful initiative to promote such coordination, in particular initiatives aiming at the establishment of guidelines and indicators, the organisation of exchange of best practice, and the preparation of the necessary elements for periodic monitoring and evaluation. The European Parliament shall be kept fully informed.

3. The Union and the Member States shall foster cooperation with third countries and the competent international organisations in the sphere of public health.

4. By way of derogation from Article 2(5) and Article 6(a) and in accordance with Article 4(2)(k) the European Parliament and the Council, acting in accordance with the ordinary legislative procedure and after consulting the Economic and Social Committee and the Committee of the Regions, shall contribute to the achievement of the objectives referred to in this Article through adopting in order to meet common safety concerns:

(a) measures setting high standards of quality and safety of organs and substances of human origin, blood and blood derivatives; these measures shall not prevent any Member State from maintaining or introducing more stringent protective measures;

(b) measures in the veterinary and phytosanitary fields which have as their direct objective the protection of public health;

(c) measures setting high standards of quality and safety for medicinal products and devices for medical use.

5. The European Parliament and the Council, acting in accordance with the ordinary legislative procedure and after consulting the Economic and Social Committee and the Committee of the Regions, may also adopt incentive measures designed to protect and improve human health and in particular to combat the major cross-border health scourges, measures concerning monitoring, early warning of and combating serious cross-border threats to health, and measures which have as their direct objective the protection of public health regarding tobacco and the abuse of alcohol, excluding any harmonisation of the laws and regulations of the Member States.

6. The Council, on a proposal from the Commission, may also adopt recommendations for the purposes set out in this Article.

7. Union action shall respect the responsibilities of the Member States for the definition of their health policy and for the organisation and delivery of health services and medical care. The responsibilities of the Member States shall include the management of health services and medical care and the allocation of the resources assigned to them. The measures referred to in paragraph 4(a) shall not affect national provisions on the donation or medical use of organs and blood.

TITLE XV
CONSUMER PROTECTION

Article 169
(ex Article 153 TEC)

1. In order to promote the interests of consumers and to ensure a high level of consumer protection, the Union shall contribute to protecting the health, safety and economic interests of consumers, as well as to promoting their right to information, education and to organise themselves in order to safeguard their interests.

2. The Union shall contribute to the attainment of the objectives referred to in paragraph 1 through:

(a) measures adopted pursuant to Article 114 in the context of the completion of the internal market;

(b) measures which support, supplement and monitor the policy pursued by the Member States.

3. The European Parliament and the Council, acting in accordance with the ordinary legislative procedure and after consulting the Economic and Social Committee, shall adopt the measures referred to in paragraph 2(b).

4. Measures adopted pursuant to paragraph 3 shall not prevent any Member State from maintaining or introducing more stringent protective measures. Such measures must be compatible with the Treaties. The Commission shall be notified of them.

TITLE XX
ENVIRONMENT

Article 191
(ex Article 174 TEC)

1. Union policy on the environment shall contribute to pursuit of the following objectives:

— preserving, protecting and improving the quality of the environment,

— protecting human health,

— prudent and rational utilisation of natural resources,

— promoting measures at international level to deal with regional or worldwide environmental problems, and in particular combating climate change.

2. Union policy on the environment shall aim at a high level of protection taking into account the diversity of situations in the various regions of the Union. It shall be based on the precautionary principle and on the principles that preventive action should be taken, that environmental damage should as a priority be rectified at source and that the polluter should pay.

In this context, harmonisation measures answering environmental protection requirements shall include, where appropriate, a safeguard clause allowing Member States to take provisional measures, for non-economic environmental reasons, subject to a procedure of inspection by the Union.

3. In preparing its policy on the environment, the Union shall take account of:

— available scientific and technical data,

— environmental conditions in the various regions of the Union,

— the potential benefits and costs of action or lack of action,

— the economic and social development of the Union as a whole and the balanced development of its regions.

4. Within their respective spheres of competence, the Union and the Member States shall cooperate with third countries and with the competent international organisations. The arrangements for Union cooperation may be the subject of agreements between the Union and the third parties concerned.

The previous subparagraph shall be without prejudice to Member States' competence to negotiate in international bodies and to conclude international agreements.

Article 192
(ex Article 175 TEC)

1. The European Parliament and the Council, acting in accordance with the ordinary legislative procedure and after consulting the Economic and Social Committee and the Committee of the Regions, shall decide what action is to be taken by the Union in order to achieve the objectives referred to in Article 191.

2. By way of derogation from the decision-making procedure provided for in paragraph 1 and without prejudice to Article 114, the Council acting unanimously in accordance with a special legislative procedure and after consulting the European Parliament, the Economic and Social Committee and the Committee of the Regions, shall adopt:

(a) provisions primarily of a fiscal nature;

(b) measures affecting:

—town and country planning,

—quantitative management of water resources or affecting, directly or indirectly, the availability of those resources,

—land use, with the exception of waste management;

(c) measures significantly affecting a Member State's choice between different energy sources and the general structure of its energy supply.

The Council, acting unanimously on a proposal from the Commission and after consulting the European Parliament, the Economic and Social Committee and the Committee of the Regions, may make the ordinary legislative procedure applicable to the matters referred to in the first subparagraph.

3. General action programmes setting out priority objectives to be attained shall be adopted by the European Parliament and the Council, acting in accordance with the ordinary legislative procedure and after consulting the Economic and Social Committee and the Committee of the Regions.

The measures necessary for the implementation of these programmes shall be adopted under the terms of paragraph 1 or 2, as the case may be.

4. Without prejudice to certain measures adopted by the Union, the Member States shall finance and implement the environment policy.

5. Without prejudice to the principle that the polluter should pay, if a measure based on the provisions of paragraph 1 involves costs deemed disproportionate for the public authorities of a Member State, such measure shall lay down appropriate provisions in the form of:

—temporary derogations, and/or

—financial support from the Cohesion Fund set up pursuant to Article 177.

Article 193
(ex Article 176 TEC)

The protective measures adopted pursuant to Article 192 shall not prevent any Member State from maintaining or introducing more stringent protective measures. Such measures must be compatible with the

Treaties. They shall be notified to the Commission.

TITLE XXI
ENERGY

Article 194

1. In the context of the establishment and functioning of the internal market and with regard for the need to preserve and improve the environment, Union policy on energy shall aim, in a spirit of solidarity between Member States, to:

(a) ensure the functioning of the energy market;

(b) ensure security of energy supply in the Union;

(c) promote energy efficiency and energy saving and the development of new and renewable forms of energy; and

(d) promote the interconnection of energy networks.

2. Without prejudice to the application of other provisions of the Treaties, the European Parliament and the Council, acting in accordance with the ordinary legislative procedure, shall establish the measures necessary to achieve the objectives in paragraph 1. Such measures shall be adopted after consultation of the Economic and Social Committee and the Committee of the Regions.

Such measures shall not affect a Member State's right to determine the conditions for exploiting its energy resources, its choice between different energy sources and the general structure of its energy supply, without prejudice to Article 192(2)(c).

3. By way of derogation from paragraph 2, the Council, acting in accordance with a special legislative procedure, shall unanimously and after consulting the European Parliament, establish the measures referred to therein when they are primarily of a fiscal nature.

TITLE II
COMMON COMMERCIAL POLICY

Article 206
(ex Article 131 TEC)

By establishing a customs union in accordance with Articles 28 to 32, the Union shall contribute, in the common interest, to the harmonious development of world trade, the progressive abolition of restrictions on international trade and on foreign direct investment, and the lowering of customs and other barriers.

Article 207
(ex Article 133 TEC)

1. The common commercial policy shall be based on uniform principles, particularly with regard to changes in tariff rates, the conclusion of tariff and trade agreements relating to trade in goods and services, and the commercial aspects of intellectual property, foreign direct investment, the achievement of uniformity in measures of liberalisation, export policy and measures to protect trade such as those to be taken in the event of dumping or subsidies. The common commercial policy shall be conducted in the

context of the principles and objectives of the Union's external action.

2. The European Parliament and the Council, acting by means of regulations in accordance with the ordinary legislative procedure, shall adopt the measures defining the framework for implementing the common commercial policy.

3. Where agreements with one or more third countries or international organisations need to be negotiated and concluded, Article 218 shall apply, subject to the special provisions of this Article.

The Commission shall make recommendations to the Council, which shall authorise it to open the necessary negotiations. The Council and the Commission shall be responsible for ensuring that the agreements negotiated are compatible with internal Union policies and rules.

The Commission shall conduct these negotiations in consultation with a special committee appointed by the Council to assist the Commission in this task and within the framework of such directives as the Council may issue to it. The Commission shall report regularly to the special committee and to the European Parliament on the progress of negotiations.

4. For the negotiation and conclusion of the agreements referred to in paragraph 3, the Council shall act by a qualified majority.

For the negotiation and conclusion of agreements in the fields of trade in services and the commercial aspects of intellectual property, as well as foreign direct investment, the Council shall act unanimously where such agreements include provisions for which unanimity is required for the adoption of internal rules.

The Council shall also act unanimously for the negotiation and conclusion of agreements:

(a) in the field of trade in cultural and audiovisual services, where these agreements risk prejudicing the Union's cultural and linguistic diversity;

(b) in the field of trade in social, education and health services, where these agreements risk seriously disturbing the national organisation of such services and prejudicing the responsibility of Member States to deliver them.

5. The negotiation and conclusion of international agreements in the field of transport shall be subject to Title VI of Part Three and to Article 218.

6. The exercise of the competences conferred by this Article in the field of the common commercial policy shall not affect the delimitation of competences between the Union and the Member States, and shall not lead to harmonisation of legislative or regulatory provisions of the Member States in so far as the Treaties exclude such harmonisation.

TITLE V
INTERNATIONAL AGREEMENTS

Article 216

1. The Union may conclude an agreement with one or more third countries or international organisations where the Treaties so provide or where the conclusion of an agreement is necessary in order to achieve, within the framework of the Union's policies, one of the objectives referred to in the Treaties, or is provided for in a legally binding Union act or is likely to affect common rules or alter their scope.

2. Agreements concluded by the Union are binding upon the institutions of the Union and on its Member States.

Article 217
(ex Article 310 TEC)

The Union may conclude with one or more third countries or international organisations agreements establishing an association involving reciprocal rights and obligations, common action and special procedure.

Article 218
(ex Article 300 TEC)

1. Without prejudice to the specific provisions laid down in Article 207, agreements between the Union and third countries or international organisations shall be negotiated and concluded in accordance with the following procedure.

2. The Council shall authorise the opening of negotiations, adopt negotiating directives, authorise the signing of agreements and conclude them.

3. The Commission, or the High Representative of the Union for Foreign Affairs and Security Policy where the agreement envisaged relates exclusively or principally to the common foreign and security policy, shall submit recommendations to the Council, which shall adopt a decision authorising the opening of negotiations and, depending on the subject of the agreement envisaged, nominating the Union negotiator or the head of the Union's negotiating team.

4. The Council may address directives to the negotiator and designate a special committee in consultation with which the negotiations must be conducted.

5. The Council, on a proposal by the negotiator, shall adopt a decision authorising the signing of the agreement and, if necessary, its provisional application before entry into force.

6. The Council, on a proposal by the negotiator, shall adopt a decision concluding the agreement.

Except where agreements relate exclusively to the common foreign and security policy, the Council shall adopt the decision concluding the agreement:

(a) after obtaining the consent of the European Parliament in the following cases:

(i) association agreements;

(ii) agreement on Union accession to the European Convention for the Protection of Human Rights and Fundamental Freedoms;

(iii) agreements establishing a specific institutional framework by organising cooperation procedures;

(iv) agreements with important budgetary implications for the Union;

(v) agreements covering fields to which either the ordinary legislative procedure applies, or the special legislative procedure where consent by the European Parliament is required.

The European Parliament and the Council may, in an urgent situation, agree upon a time-limit for consent.

(b) after consulting the European Parliament in other cases. The European Parliament shall deliver its opinion within a time-limit which the Council may set depending on the urgency of the matter. In the absence of an opinion within that time-limit, the Council may act.

7. When concluding an agreement, the Council may, by way of derogation from paragraphs 5, 6 and 9, authorise the negotiator to approve on the Union's behalf modifications to the agreement where it provides for them to be adopted by a simplified procedure or by a body set up by the agreement. The Council may attach specific conditions to such authorisation.

8. The Council shall act by a qualified majority throughout the procedure.

However, it shall act unanimously when the agreement covers a field for which unanimity is required for the adoption of a Union act as well as for association agreements and the agreements referred to in

Article 212 with the States which are candidates for accession. The Council shall also act unanimously for the agreement on accession of the Union to the European Convention for the Protection of Human Rights and Fundamental Freedoms; the decision concluding this agreement shall enter into force after it has been approved by the Member States in accordance with their respective constitutional requirements.

9. The Council, on a proposal from the Commission or the High Representative of the Union for Foreign Affairs and Security Policy, shall adopt a decision suspending application of an agreement and establishing the positions to be adopted on the Union's behalf in a body set up by an agreement, when that body is called upon to adopt acts having legal effects, with the exception of acts supplementing or amending the institutional framework of the agreement.

10. The European Parliament shall be immediately and fully informed at all stages of the procedure.

11. A Member State, the European Parliament, the Council or the Commission may obtain the opinion of the Court of Justice as to whether an agreement envisaged is compatible with the Treaties. Where the opinion of the Court is adverse, the agreement envisaged may not enter into force unless it is amended or the Treaties are revised.

Article 219
(ex Article 111(1) to (3) and (5) TEC)

1. By way of derogation from Article 218, the Council, either on a recommendation from the European Central Bank or on a recommendation from the Commission and after consulting the European Central Bank, in an endeavour to reach a consensus consistent with the objective of price stability, may conclude formal agreements on an exchange-rate system for the euro in relation to the currencies of third States. The Council shall act unanimously after consulting the European Parliament and in accordance with the procedure provided for in paragraph 3.

The Council may, either on a recommendation from the European Central Bank or on a recommendation from the Commission, and after consulting the European Central Bank, in an endeavour to reach a consensus consistent with the objective of price stability, adopt, adjust or abandon the central rates of the euro within the exchange-rate system. The President of the Council shall inform the European Parliament of the adoption, adjustment or abandonment of the euro central rates.

2. In the absence of an exchange-rate system in relation to one or more currencies of third States as referred to in paragraph 1, the Council, either on a recommendation from the Commission and after consulting the European Central Bank or on a recommendation from the European Central Bank, may formulate general orientations for exchange-rate policy in relation to these currencies. These general orientations shall be without prejudice to the primary objective of the ESCB to maintain price stability.

3. By way of derogation from Article 218, where agreements concerning monetary or foreign exchange regime matters need to be negotiated by the Union with one or more third States or international organisations, the Council, on a recommendation from the Commission and after consulting the European Central Bank, shall decide the arrangements for the negotiation and for the conclusion of such agreements. These arrangements shall ensure that the Union expresses a single position. The Commission shall be fully associated with the negotiations.

4. Without prejudice to Union competence and Union agreements as regards economic and monetary union, Member States may negotiate in international bodies and conclude international agreements.

SECTION 1
THE EUROPEAN PARLIAMENT

Article 223
(ex Article 190(4) and (5) TEC)

1. The European Parliament shall draw up a proposal to lay down the provisions necessary for the election of its Members by direct universal suffrage in accordance with a uniform procedure in all Member States or in accordance with principles common to all Member States.

The Council, acting unanimously in accordance with a special legislative procedure and after obtaining the consent of the European Parliament, which shall act by a majority of its component Members, shall lay down the necessary provisions. These provisions shall enter into force following their approval by the Member States in accordance with their respective constitutional requirements.

2. The European Parliament, acting by means of regulations on its own initiative in accordance with a special legislative procedure after seeking an opinion from the Commission and with the consent of the Council, shall lay down the regulations and general conditions governing the performance of the duties of its Members. All rules or conditions relating to the taxation of Members or former Members shall require unanimity within the Council.

Article 224
(ex Article 191, second subparagraph, TEC)

The European Parliament and the Council, acting in accordance with the ordinary legislative procedure, by means of regulations, shall lay down the regulations governing political parties at European level referred to in Article 10(4) of the Treaty on European Union and in particular the rules regarding their funding.

Article 225
(ex Article 192, second subparagraph, TEC)

The European Parliament may, acting by a majority of its component Members, request the Commission to submit any appropriate proposal on matters on which it considers that a Union act is required for the purpose of implementing the Treaties. If the Commission does not submit a proposal, it shall inform the European Parliament of the reasons.

Article 226
(ex Article 193 TEC)

In the course of its duties, the European Parliament may, at the request of a quarter of its component Members, set up a temporary Committee of Inquiry to investigate, without prejudice to the powers conferred by the Treaties on other institutions or bodies, alleged contraventions or maladministration in the implementation of Union law, except where the alleged facts are being examined before a court and while the case is still subject to legal proceedings.

The temporary Committee of Inquiry shall cease to exist on the submission of its report.

The detailed provisions governing the exercise of the right of inquiry shall be determined by the European Parliament, acting by means of regulations on its own initiative in accordance with a special legislative procedure, after obtaining the consent of the Council and the Commission.

Article 227
(ex Article 194 TEC)

Any citizen of the Union, and any natural or legal person residing or having its registered office in a Member State, shall have the right to address, individually or in association with other citizens or persons, a petition to the European Parliament on a matter which comes within the Union's fields of activity and which affects him, her or it directly.

Article 228
(ex Article 195 TEC)

1. A European Ombudsman, elected by the European Parliament, shall be empowered to receive complaints from any citizen of the Union or any natural or legal person residing or having its registered office in a Member State concerning instances of maladministration in the activities of the Union institutions, bodies, offices or agencies, with the exception of the Court of Justice of the European Union acting in its judicial role. He or she shall examine such complaints and report on them.

In accordance with his duties, the Ombudsman shall conduct inquiries for which he finds grounds, either on his own initiative or on the basis of complaints submitted to him direct or through a Member of the European Parliament, except where the alleged facts are or have been the subject of legal proceedings. Where the Ombudsman establishes an instance of maladministration, he shall refer the matter to the institution, body, office or agency concerned, which shall have a period of three months in which to inform him of its views. The Ombudsman shall then forward a report to the European Parliament and the institution, body, office or agency concerned. The person lodging the complaint shall be informed of the outcome of such inquiries.

The Ombudsman shall submit an annual report to the European Parliament on the outcome of his inquiries.

2. The Ombudsman shall be elected after each election of the European Parliament for the duration of its term of office. The Ombudsman shall be eligible for reappointment.

The Ombudsman may be dismissed by the Court of Justice at the request of the European Parliament if he no longer fulfils the conditions required for the performance of his duties or if he is guilty of serious misconduct.

3. The Ombudsman shall be completely independent in the performance of his duties. In the performance of those duties he shall neither seek nor take instructions from any Government, institution, body, office or entity. The Ombudsman may not, during his term of office, engage in any other occupation, whether gainful or not.

4. The European Parliament acting by means of regulations on its own initiative in accordance with a special legislative procedure shall, after seeking an opinion from the Commission and with the consent of the Council, lay down the regulations and general conditions governing the performance of the Ombudsman's duties.

Article 229
(ex Article 196 TEC)

The European Parliament shall hold an annual session. It shall meet, without requiring to be convened, on the second Tuesday in March.

The European Parliament may meet in extraordinary part-session at the request of a majority of its component Members or at the request of the Council or of the Commission.

Article 230
(ex Article 197, second, third and fourth paragraph, TEC)

The Commission may attend all the meetings and shall, at its request, be heard.

The Commission shall reply orally or in writing to questions put to it by the European Parliament or by its Members.

The European Council and the Council shall be heard by the European Parliament in accordance with the conditions laid down in the Rules of Procedure of the European Council and those of the Council.

Article 231
(ex Article 198 TEC)

Save as otherwise provided in the Treaties, the European Parliament shall act by a majority of the votes cast.

The Rules of Procedure shall determine the quorum.

Article 232
(ex Article 199 TEC)

The European Parliament shall adopt its Rules of Procedure, acting by a majority of its Members.

The proceedings of the European Parliament shall be published in the manner laid down in the Treaties and in its Rules of Procedure.

Article 233
(ex Article 200 TEC)

The European Parliament shall discuss in open session the annual general report submitted to it by the Commission.

Article 234
(ex Article 201 TEC)

If a motion of censure on the activities of the Commission is tabled before it, the European Parliament shall not vote thereon until at least three days after the motion has been tabled and only by open vote.

If the motion of censure is carried by a two-thirds majority of the votes cast, representing a majority of the component Members of the European Parliament, the members of the Commission shall resign as a body and the High Representative of the Union for Foreign Affairs and Security Policy shall resign from duties that he or she carries out in the Commission. They shall remain in office and continue to deal with current business until they are replaced in accordance with Article 17 of the Treaty on European Union. In this case, the term of office of the members of the Commission appointed to replace them shall expire on the date on which the term of office of the members of the Commission obliged to resign as a body would have expired.

SECTION 2
THE EUROPEAN COUNCIL

Article 235

1. Where a vote is taken, any member of the European Council may also act on behalf of not more than one other member.

Article 16(4) of the Treaty on European Union and Article 238(2) of this Treaty shall apply to the European Council when it is acting by a qualified majority. Where the European Council decides by vote, its President and the President of the Commission shall not take part in the vote.

Abstentions by members present in person or represented shall not prevent the adoption by the European Council of acts which require unanimity.

2. The President of the European Parliament may be invited to be heard by the European Council.

3. The European Council shall act by a simple majority for procedural questions and for the adoption of its Rules of Procedure.

4. The European Council shall be assisted by the General Secretariat of the Council.

Article 236

The European Council shall adopt by a qualified majority:

(a) a decision establishing the list of Council configurations, other than those of the General Affairs Council and of the Foreign Affairs Council, in accordance with Article 16(6) of the Treaty on European Union;

(b) a decision on the Presidency of Council configurations, other than that of Foreign Affairs, in accordance with Article 16(9) of the Treaty on European Union.

SECTION 3
THE COUNCIL

Article 237
(ex Article 204 TEC)

The Council shall meet when convened by its President on his own initiative or at the request of one of its Members or of the Commission.

Article 238
(ex Article 205(1) and (2), TEC)

1. Where it is required to act by a simple majority, the Council shall act by a majority of its component members.

2. By way of derogation from Article 16(4) of the Treaty on European Union, as from 1 November 2014 and subject to the provisions laid down in the Protocol on transitional provisions, where the Council does not act on a proposal from the Commission or from the High Representative of the Union for Foreign Affairs and Security Policy, the qualified majority shall be defined as at least 72 % of the members of the Council, representing Member States comprising at least 65 % of the population of the Union.

3. As from 1 November 2014 and subject to the provisions laid down in the Protocol on transitional provisions, in cases where, under the Treaties, not all the members of the Council participate in voting, a qualified majority shall be defined as follows:

(a) A qualified majority shall be defined as at least 55 % of the members of the Council representing the participating Member States, comprising at least 65 % of the population of these States.

A blocking minority must include at least the minimum number of Council members representing more than 35 % of the population of the participating Member States, plus one member, failing which the qualified majority shall be deemed attained;

(b) By way of derogation from point (a), where the Council does not act on a proposal from the Commission or from the High Representative of the Union for Foreign Affairs and Security Policy, the qualified majority shall be defined as at least 72 % of the members of the Council representing the participating Member States, comprising at least 65 % of the population of these States.

4. Abstentions by Members present in person or represented shall not prevent the adoption by the Council of acts which require unanimity.

Article 239
(ex Article 206 TEC)

Where a vote is taken, any Member of the Council may also act on behalf of not more than one other member.

Article 240
(ex Article 207 TEC)

1. A committee consisting of the Permanent Representatives of the Governments of the Member States shall be responsible for preparing the work of the Council and for carrying out the tasks assigned to it by the latter. The Committee may adopt procedural decisions in cases provided for in the Council's Rules of Procedure.

2. The Council shall be assisted by a General Secretariat, under the responsibility of a Secretary-General appointed by the Council.

The Council shall decide on the organisation of the General Secretariat by a simple majority.

3. The Council shall act by a simple majority regarding procedural matters and for the adoption of its Rules of Procedure.

Article 241
(ex Article 208 TEC)

The Council, acting by a simple majority, may request the Commission to undertake any studies the Council considers desirable for the attainment of the common objectives, and to submit to it any appropriate proposals. If the Commission does not submit a proposal, it shall inform the Council of the reasons.

Article 242
(ex Article 209 TEC)

The Council, acting by a simple majority shall, after consulting the Commission, determine the rules governing the committees provided for in the Treaties.

Article 243
(ex Article 210 TEC)

The Council shall determine the salaries, allowances and pensions of the President of the European Council, the President of the Commission, the High Representative of the Union for Foreign Affairs and Security Policy, the Members of the Commission, the Presidents, Members and Registrars of the Court of Justice of the European Union, and the Secretary-General of the Council. It shall also determine any payment to be made instead of remuneration.

SECTION 4
THE COMMISSION

Article 244

In accordance with Article 17(5) of the Treaty on European Union, the Members of the Commission shall be chosen on the basis of a system of rotation established unanimously by the European Council and on the basis of the following principles:

(a) Member States shall be treated on a strictly equal footing as regards determination of the sequence of, and the time spent by, their nationals as members of the Commission; consequently, the difference between the total number of terms of office held by nationals of any given pair of Member States may never be more than one;

(b) subject to point (a), each successive Commission shall be so composed as to reflect satisfactorily the demographic and geographical range of all the Member States.

Article 245
(ex Article 213 TEC)

The Members of the Commission shall refrain from any action incompatible with their duties. Member States shall respect their independence and shall not seek to influence them in the performance of their tasks.

The Members of the Commission may not, during their term of office, engage in any other occupation, whether gainful or not. When entering upon their duties they shall give a solemn undertaking that, both during and after their term of office, they will respect the obligations arising therefrom and in particular their duty to behave with integrity and discretion as regards the acceptance, after they have ceased to hold office, of certain appointments or benefits. In the event of any breach of these obligations, the Court of Justice may, on application by the Council acting by a simple majority or the Commission, rule that the Member concerned be, according to the circumstances, either compulsorily retired in accordance with Article 247 or deprived of his right to a pension or other benefits in its stead.

Article 246
(ex Article 215 TEC)

Apart from normal replacement, or death, the duties of a Member of the Commission shall end when he resigns or is compulsorily retired.

A vacancy caused by resignation, compulsory retirement or death shall be filled for the remainder of the Member's term of office by a new Member of the same nationality appointed by the Council, by common accord with the President of the Commission, after consulting the European Parliament and in accordance with the criteria set out in the second subparagraph of Article 17(3) of the Treaty on European Union.

The Council may, acting unanimously on a proposal from the President of the Commission, decide that such a vacancy need not be filled, in particular when the remainder of the Member's term of office is short.

In the event of resignation, compulsory retirement or death, the President shall be replaced for the remainder of his term of office. The procedure laid down in the first subparagraph of Article 17(7) of the Treaty on European Union shall be applicable for the replacement of the President.

In the event of resignation, compulsory retirement or death, the High Representative of the Union for Foreign Affairs and Security Policy shall be replaced, for the remainder of his or her term of office, in accordance with Article 18(1) of the Treaty on European Union.

In the case of the resignation of all the Members of the Commission, they shall remain in office and continue to deal with current business until they have been replaced, for the remainder of their term of office, in accordance with Article 17 of the Treaty on European Union.

Article 247
(ex Article 216 TEC)

If any Member of the Commission no longer fulfils the conditions required for the performance of his duties or if he has been guilty of serious misconduct, the Court of Justice may, on application by the Council acting by a simple majority or the Commission, compulsorily retire him.

Article 248
(ex Article 217(2) TEC)

Without prejudice to Article 18(4) of the Treaty on European Union, the responsibilities incumbent upon the Commission shall be structured and allocated among its members by its President, in accordance with Article 17(6) of that Treaty. The President may reshuffle the allocation of those responsibilities during the Commission's term of office. The Members of the Commission shall carry out the duties devolved upon them by the President under his authority.

Article 249
(ex Articles 218(2) and 212 TEC)

1. The Commission shall adopt its Rules of Procedure so as to ensure that both it and its departments operate. It shall ensure that these Rules are published.

2. The Commission shall publish annually, not later than one month before the opening of the session of the European Parliament, a general report on the activities of the Union.

Article 250
(ex Article 219 TEC)

The Commission shall act by a majority of its Members.
Its Rules of Procedure shall determine the quorum.

SECTION 5
THE COURT OF JUSTICE OF THE EUROPEAN UNION

Article 251
(ex Article 221 TEC)

The Court of Justice shall sit in chambers or in a Grand Chamber, in accordance with the rules laid down for that purpose in the Statute of the Court of Justice of the European Union.

When provided for in the Statute, the Court of Justice may also sit as a full Court.

Article 252
(ex Article 222 TEC)

The Court of Justice shall be assisted by eight Advocates-General. Should the Court of Justice so request, the Council, acting unanimously, may increase the number of Advocates-General.

It shall be the duty of the Advocate-General, acting with complete impartiality and independence, to make, in open court, reasoned submissions on cases which, in accordance with the Statute of the Court of Justice of the European Union, require his involvement.

Article 253
(ex Article 223 TEC)

The Judges and Advocates-General of the Court of Justice shall be chosen from persons whose independence is beyond doubt and who possess the qualifications required for appointment to the highest judicial offices in their respective countries or who are jurisconsults of recognised competence; they shall be appointed by common accord of the governments of the Member States for a term of six years, after consultation of the panel provided for in Article 255.

Every three years there shall be a partial replacement of the Judges and Advocates-General, in accordance with the conditions laid down in the Statute of the Court of Justice of the European Union.

The Judges shall elect the President of the Court of Justice from among their number for a term of three years. He may be re-elected.

Retiring Judges and Advocates-General may be reappointed.

The Court of Justice shall appoint its Registrar and lay down the rules governing his service.

The Court of Justice shall establish its Rules of Procedure. Those Rules shall require the approval of the Council.

Article 254
(ex Article 224 TEC)

The number of Judges of the General Court shall be determined by the Statute of the Court of Justice of the European Union. The Statute may provide for the General Court to be assisted by Advocates-General.

The members of the General Court shall be chosen from persons whose independence is beyond doubt and who possess the ability required for appointment to high judicial office. They shall be appointed by common accord of the governments of the Member States for a term of six years, after consultation of the panel provided for in Article 255. The membership shall be partially renewed every three years. Retiring members shall be eligible for reappointment.

The Judges shall elect the President of the General Court from among their number for a term of three years. He may be re-elected.

The General Court shall appoint its Registrar and lay down the rules governing his service.

The General Court shall establish its Rules of Procedure in agreement with the Court of Justice. Those Rules shall require the approval of the Council.

Unless the Statute of the Court of Justice of the European Union provides otherwise, the provisions of the Treaties relating to the Court of Justice shall apply to the General Court.

Article 255

A panel shall be set up in order to give an opinion on candidates' suitability to perform the duties of Judge and Advocate-General of the Court of Justice and the General Court before the governments of the Member States make the appointments referred to in Articles 253 and 254.

The panel shall comprise seven persons chosen from among former members of the Court of Justice and the General Court, members of national supreme courts and lawyers of recognised competence, one of whom shall be proposed by the European Parliament. The Council shall adopt a decision establishing the panel's operating rules and a decision appointing its members. It shall act on the initiative of the President of the Court of Justice.

Article 256
(ex Article 225 TEC)

1. The General Court shall have jurisdiction to hear and determine at first instance actions or proceedings referred to in Articles 263, 265, 268, 270 and 272, with the exception of those assigned to a specialised court set up under Article 257 and those reserved in the Statute for the Court of Justice. The Statute may provide for the General Court to have jurisdiction for other classes of action or proceeding.

Decisions given by the General Court under this paragraph may be subject to a right of appeal to the Court of Justice on points of law only, under the conditions and within the limits laid down by the Statute.

2. The General Court shall have jurisdiction to hear and determine actions or proceedings brought against decisions of the specialised courts.

Decisions given by the General Court under this paragraph may exceptionally be subject to review by the Court of Justice, under the conditions and within the limits laid down by the Statute, where there is a serious risk of the unity or consistency of Union law being affected.

3. The General Court shall have jurisdiction to hear and determine questions referred for a preliminary ruling under Article 267, in specific areas laid down by the Statute.

Where the General Court considers that the case requires a decision of principle likely to affect the unity or consistency of Union law, it may refer the case to the Court of Justice for a ruling.

Decisions given by the General Court on questions referred for a preliminary ruling may exceptionally be subject to review by the Court of Justice, under the conditions and within the limits laid down by the Statute, where there is a serious risk of the unity or consistency of Union law being affected.

Article 257
(ex Article 225a TEC)

The European Parliament and the Council, acting in accordance with the ordinary legislative procedure, may establish specialised courts attached to the General Court to hear and determine at first instance certain classes of action or proceeding brought in specific areas. The European Parliament and the Council shall act by means of regulations either on a proposal from the Commission after consultation of the Court of Justice or at the request of the Court of Justice after consultation of the Commission.

The regulation establishing a specialised court shall lay down the rules on the organisation of the court and the extent of the jurisdiction conferred upon it.

Decisions given by specialised courts may be subject to a right of appeal on points of law only or, when provided for in the regulation establishing the specialised court, a right of appeal also on matters of fact, before the General Court.

The members of the specialised courts shall be chosen from persons whose independence is beyond doubt and who possess the ability required for appointment to judicial office. They shall be appointed by the Council, acting unanimously.

The specialised courts shall establish their Rules of Procedure in agreement with the Court of Justice. Those Rules shall require the approval of the Council.

Unless the regulation establishing the specialised court provides otherwise, the provisions of the Treaties relating to the Court of Justice of the European Union and the provisions of the Statute of the Court of Justice of the European Union shall apply to the specialised courts. Title I of the Statute and Article 64 thereof shall in any case apply to the specialised courts.

Article 258
(ex Article 226 TEC)

If the Commission considers that a Member State has failed to fulfil an obligation under the Treaties, it shall deliver a reasoned opinion on the matter after giving the State concerned the opportunity to submit its observations.

If the State concerned does not comply with the opinion within the period laid down by the Commission, the latter may bring the matter before the Court of Justice of the European Union.

Article 259
(ex Article 227 TEC)

A Member State which considers that another Member State has failed to fulfil an obligation under the Treaties may bring the matter before the Court of Justice of the European Union.

Before a Member State brings an action against another Member State for an alleged infringement of an obligation under the Treaties, it shall bring the matter before the Commission.

The Commission shall deliver a reasoned opinion after each of the States concerned has been given the opportunity to submit its own case and its observations on the other party's case both orally and in writing.

If the Commission has not delivered an opinion within three months of the date on which the matter was brought before it, the absence of such opinion shall not prevent the matter from being brought before the Court.

Article 260
(ex Article 228 TEC)

1. If the Court of Justice of the European Union finds that a Member State has failed to fulfil an obligation under the Treaties, the State shall be required to take the necessary measures to comply with the judgment of the Court.

2. If the Commission considers that the Member State concerned has not taken the necessary measures to comply with the judgment of the Court, it may bring the case before the Court after giving that State the opportunity to submit its observations. It shall specify the amount of the lump sum or penalty payment to be paid by the Member State concerned which it considers appropriate in the circumstances.

If the Court finds that the Member State concerned has not complied with its judgment it may impose a lump sum or penalty payment on it.

This procedure shall be without prejudice to Article 259.

3. When the Commission brings a case before the Court pursuant to Article 258 on the grounds that the Member State concerned has failed to fulfil its obligation to notify measures transposing a directive adopted under a legislative procedure, it may, when it deems appropriate, specify the amount of the lump sum or penalty payment to be paid by the Member State concerned which it considers appropriate in the circumstances.

If the Court finds that there is an infringement it may impose a lump sum or penalty payment on the Member State concerned not exceeding the amount specified by the Commission. The payment obligation shall take effect on the date set by the Court in its judgment.

Article 261
(ex Article 229 TEC)

Regulations adopted jointly by the European Parliament and the Council, and by the Council, pursuant to the provisions of the Treaties, may give the Court of Justice of the European Union unlimited jurisdiction with regard to the penalties provided for in such regulations.

Article 262
(ex Article 229a TEC)

Without prejudice to the other provisions of the Treaties, the Council, acting unanimously in accordance with a special legislative procedure and after consulting the European Parliament, may adopt provisions to confer jurisdiction, to the extent that it shall determine, on the Court of Justice of the European Union in disputes relating to the application of acts adopted on the basis of the Treaties which create European intellectual property rights. These provisions shall enter into force after their approval by the Member States in accordance with their respective constitutional requirements.

Article 263
(ex Article 230 TEC)

The Court of Justice of the European Union shall review the legality of legislative acts, of acts of the Council, of the Commission and of the European Central Bank, other than recommendations and opinions, and of acts of the European Parliament and of the European Council intended to produce legal effects vis-àa-vis third parties. It shall also review the legality of acts of bodies, offices or agencies of the Union intended to produce legal effects vis-àa-vis third parties.

It shall for this purpose have jurisdiction in actions brought by a Member State, the European Parliament, the Council or the Commission on grounds of lack of competence, infringement of an essential procedural requirement, infringement of the Treaties or of any rule of law relating to their application, or misuse of powers.

The Court shall have jurisdiction under the same conditions in actions brought by the Court of Auditors, by the European Central Bank and by the Committee of the Regions for the purpose of protecting their prerogatives.

Any natural or legal person may, under the conditions laid down in the first and second paragraphs, institute proceedings against an act addressed to that person or which is of direct and individual concern to them, and against a regulatory act which is of direct concern to them and does not entail implementing measures.

Acts setting up bodies, offices and agencies of the Union may lay down specific conditions and arrangements concerning actions brought by natural or legal persons against acts of these bodies, offices or agencies intended to produce legal effects in relation to them.

The proceedings provided for in this Article shall be instituted within two months of the publication of the measure, or of its notification to the plaintiff, or, in the absence thereof, of the day on which it came to the knowledge of the latter, as the case may be.

Article 264
(ex Article 231 TEC)

If the action is well founded, the Court of Justice of the European Union shall declare the act concerned to be void.

However, the Court shall, if it considers this necessary, state which of the effects of the act which it has declared void shall be considered as definitive.

Article 265
(ex Article 232 TEC)

Should the European Parliament, the European Council, the Council, the Commission or the European Central Bank, in infringement of the Treaties, fail to act, the Member States and the other institutions of the Union may bring an action before the Court of Justice of the European Union to have the infringement established. This Article shall apply, under the same conditions, to bodies, offices and agencies of the Union which fail to act.

The action shall be admissible only if the institution, body, office or agency concerned has first been called upon to act. If, within two months of being so called upon, the institution, body, office or agency concerned has not defined its position, the action may be brought within a further period of two months.

Any natural or legal person may, under the conditions laid down in the preceding paragraphs, complain to the Court that an institution, body, office or agency of the Union has failed to address to that person any act other than a recommendation or an opinion.

Article 266
(ex Article 233 TEC)

The institution whose act has been declared void or whose failure to act has been declared contrary to the Treaties shall be required to take the necessary measures to comply with the judgment of the Court of Justice of the European Union.

This obligation shall not affect any obligation which may result from the application of the second paragraph of Article 340.

Article 267
(ex Article 234 TEC)

The Court of Justice of the European Union shall have jurisdiction to give preliminary rulings concerning:

(a) the interpretation of the Treaties;

(b) the validity and interpretation of acts of the institutions, bodies, offices or agencies of the Union;

Where such a question is raised before any court or tribunal of a Member State, that court or tribunal may, if it considers that a decision on the question is necessary to enable it to give judgment, request the Court to give a ruling thereon.

Where any such question is raised in a case pending before a court or tribunal of a Member State against whose decisions there is no judicial remedy under national law, that court or tribunal shall bring the matter before the Court.

If such a question is raised in a case pending before a court or tribunal of a Member State with regard to a person in custody, the Court of Justice of the European Union shall act with the minimum of delay.

Article 268
(ex Article 235 TEC)

The Court of Justice of the European Union shall have jurisdiction in disputes relating to compensation for damage provided for in the second and third paragraphs of Article 340.

Article 269

The Court of Justice shall have jurisdiction to decide on the legality of an act adopted by the European Council or by the Council pursuant to Article 7 of the Treaty on European Union solely at the request of the Member State concerned by a determination of the European Council or of the Council and in respect solely of the procedural stipulations contained in that Article.

Such a request must be made within one month from the date of such determination. The Court shall rule within one month from the date of the request.

Article 270
(ex Article 236 TEC)

The Court of Justice of the European Union shall have jurisdiction in any dispute between the Union and its servants within the limits and under the conditions laid down in the Staff Regulations of Officials and the Conditions of Employment of other servants of the Union.

Article 271
(ex Article 237 TEC)

The Court of Justice of the European Union shall, within the limits hereinafter laid down, have jurisdiction in disputes concerning:

(a) the fulfilment by Member States of obligations under the Statute of the European Investment Bank. In this connection, the Board of Directors of the Bank shall enjoy the powers conferred upon the Commission by Article 258;

(b) measures adopted by the Board of Governors of the European Investment Bank. In this connection, any Member State, the Commission or the Board of Directors of the Bank may institute proceedings under the conditions laid down in Article 263;

(c) measures adopted by the Board of Directors of the European Investment Bank. Proceedings against such measures may be instituted only by Member States or by the Commission, under the conditions laid down in Article 263, and solely on the grounds of non-compliance with the procedure provided for in Article 19(2), (5), (6) and (7) of the Statute of the Bank;

(d) the fulfilment by national central banks of obligations under the Treaties and the Statute of the ESCB and of the ECB. In this connection the powers of the Governing Council of the European Central Bank in respect of national central banks shall be the same as those conferred upon the Commission in respect of Member States by Article 258. If the Court finds that a national central bank has failed to fulfil an obligation under the Treaties, that bank shall be required to take the necessary measures to comply with the judgment of the Court.

Article 272
(ex Article 238 TEC)

The Court of Justice of the European Union shall have jurisdiction to give judgment pursuant to any arbitration clause contained in a contract concluded by or on behalf of the Union, whether that contract be governed by public or private law.

Article 273
(ex Article 239 TEC)

The Court of Justice shall have jurisdiction in any dispute between Member States which relates to the subject matter of the Treaties if the dispute is submitted to it under a special agreement between the parties.

Article 274
(ex Article 240 TEC)

Save where jurisdiction is conferred on the Court of Justice of the European Union by the Treaties, disputes to which the Union is a party shall not on that ground be excluded from the jurisdiction of the courts or tribunals of the Member States.

Article 275

The Court of Justice of the European Union shall not have jurisdiction with respect to the provisions relating to the common foreign and security policy nor with respect to acts adopted on the basis of those provisions.

However, the Court shall have jurisdiction to monitor compliance with Article 40 of the Treaty on European Union and to rule on proceedings, brought in accordance with the conditions laid down in the fourth paragraph of Article 263 of this Treaty, reviewing the legality of decisions providing for restrictive measures against natural or legal persons adopted by the Council on the basis of Chapter 2 of Title V of the Treaty on European Union.

Article 276

In exercising its powers regarding the provisions of Chapters 4 and 5 of Title V of Part Three relating to the area of freedom, security and justice, the Court of Justice of the European Union shall have no jurisdiction to review the validity or proportionality of operations carried out by the police or other law-enforcement services of a Member State or the exercise of the responsibilities incumbent upon Member States with regard to the maintenance of law and order and the safeguarding of internal security.

Article 277
(ex Article 241 TEC)

Notwithstanding the expiry of the period laid down in Article 263, sixth paragraph, any party may, in proceedings in which an act of general application adopted by an institution, body, office or agency of the Union is at issue, plead the grounds specified in Article 263, second paragraph, in order to invoke before the Court of Justice of the European Union the inapplicability of that act.

Article 278
(ex Article 242 TEC)

Actions brought before the Court of Justice of the European Union shall not have suspensory effect. The Court may, however, if it considers that circumstances so require, order that application of the contested act be suspended.

Article 279
(ex Article 243 TEC)

The Court of Justice of the European Union may in any cases before it prescribe any necessary interim measures.

Article 280
(ex Article 244 TEC)

The judgments of the Court of Justice of the European Union shall be enforceable under the conditions laid down in Article 299.

Article 281
(ex Article 245 TEC)

The Statute of the Court of Justice of the European Union shall be laid down in a separate Protocol.

The European Parliament and the Council, acting in accordance with the ordinary legislative procedure, may amend the provisions of the Statute, with the exception of Title I and Article 64. The European Parliament and the Council shall act either at the request of the Court of Justice and after consultation of the Commission, or on a proposal from the Commission and after consultation of the Court of Justice.

SECTION 6
THE EUROPEAN CENTRAL BANK

Article 282

1. The European Central Bank, together with the national central banks, shall constitute the European System of Central Banks (ESCB). The European Central Bank, together with the national central banks of the Member States whose currency is the euro, which constitute the Eurosystem, shall conduct the monetary policy of the Union.

2. The ESCB shall be governed by the decision-making bodies of the European Central Bank. The primary objective of the ESCB shall be to maintain price stability. Without prejudice to that objective, it shall support the general economic policies in the Union in order to contribute to the achievement of the latter's objectives.

3. The European Central Bank shall have legal personality. It alone may authorise the issue of the euro. It shall be independent in the exercise of its powers and in the management of its finances. Union institutions, bodies, offices and agencies and the governments of the Member States shall respect that independence.

4. The European Central Bank shall adopt such measures as are necessary to carry out its tasks in accordance with Articles 127 to 133, with Article 138, and with the conditions laid down in the Statute of the ESCB and of the ECB. In accordance with these same Articles, those Member States whose currency is not the euro, and their central banks, shall retain their powers in monetary matters.

5. Within the areas falling within its responsibilities, the European Central Bank shall be consulted on all proposed Union acts, and all proposals for regulation at national level, and may give an opinion.

Article 283
(ex Article 112 TEC)

1. The Governing Council of the European Central Bank shall comprise the members of the Executive Board of the European Central Bank and the Governors of the national central banks of the Member States whose currency is the euro.

2. The Executive Board shall comprise the President, the Vice-President and four other members.

The President, the Vice-President and the other members of the Executive Board shall be appointed by the European Council, acting by a qualified majority, from among persons of recognised standing and professional experience in monetary or banking matters, on a recommendation from the Council, after it has consulted the European Parliament and the Governing Council of the European Central Bank.

Their term of office shall be eight years and shall not be renewable.

Only nationals of Member States may be members of the Executive Board.

Article 284
(ex Article 113 TEC)

1. The President of the Council and a Member of the Commission may participate, without having the right to vote, in meetings of the Governing Council of the European Central Bank.

The President of the Council may submit a motion for deliberation to the Governing Council of the European Central Bank.

2. The President of the European Central Bank shall be invited to participate in Council meetings when the Council is discussing matters relating to the objectives and tasks of the ESCB.

3. The European Central Bank shall address an annual report on the activities of the ESCB and on the monetary policy of both the previous and current year to the European Parliament, the Council and the Commission, and also to the European Council. The President of the European Central Bank shall present this report to the Council and to the European Parliament, which may hold a general debate on that basis.

The President of the European Central Bank and the other members of the Executive Board may, at the request of the European Parliament or on their own initiative, be heard by the competent committees of the European Parliament.

SECTION 7
THE COURT OF AUDITORS

Article 285
(ex Article 246 TEC)

The Court of Auditors shall carry out the Union's audit.

It shall consist of one national of each Member State. Its Members shall be completely independent in the performance of their duties, in the Union's general interest.

Article 286
(ex Article 247 TEC)

1. The Members of the Court of Auditors shall be chosen from among persons who belong or have belonged in their respective States to external audit bodies or who are especially qualified for this office. Their independence must be beyond doubt.

2. The Members of the Court of Auditors shall be appointed for a term of six years. The Council, after consulting the European Parliament, shall adopt the list of Members drawn up in accordance with the proposals made by each Member State. The term of office of the Members of the Court of Auditors shall be renewable.

They shall elect the President of the Court of Auditors from among their number for a term of three years. The President may be re-elected.

3. In the performance of these duties, the Members of the Court of Auditors shall neither seek nor take instructions from any government or from any other body. The Members of the Court of Auditors shall refrain from any action incompatible with their duties.

4. The Members of the Court of Auditors may not, during their term of office, engage in any other occupation, whether gainful or not. When entering upon their duties they shall give a solemn undertaking that, both during and after their term of office, they will respect the obligations arising therefrom and in

particular their duty to behave with integrity and discretion as regards the acceptance, after they have ceased to hold office, of certain appointments or benefits.

5. Apart from normal replacement, or death, the duties of a Member of the Court of Auditors shall end when he resigns, or is compulsorily retired by a ruling of the Court of Justice pursuant to paragraph 6.

The vacancy thus caused shall be filled for the remainder of the Member's term of office.

Save in the case of compulsory retirement, Members of the Court of Auditors shall remain in office until they have been replaced.

6. A Member of the Court of Auditors may be deprived of his office or of his right to a pension or other benefits in its stead only if the Court of Justice, at the request of the Court of Auditors, finds that he no longer fulfils the requisite conditions or meets the obligations arising from his office.

7. The Council shall determine the conditions of employment of the President and the Members of the Court of Auditors and in particular their salaries, allowances and pensions. It shall also determine any payment to be made instead of remuneration.

8. The provisions of the Protocol on the privileges and immunities of the European Union applicable to the Judges of the Court of Justice of the European Union shall also apply to the Members of the Court of Auditors.

Article 287
(ex Article 248 TEC)

1. The Court of Auditors shall examine the accounts of all revenue and expenditure of the Union. It shall also examine the accounts of all revenue and expenditure of all bodies, offices or agencies set up by the Union in so far as the relevant constituent instrument does not preclude such examination.

The Court of Auditors shall provide the European Parliament and the Council with a statement of assurance as to the reliability of the accounts and the legality and regularity of the underlying transactions which shall be published in the Official Journal of the European Union. This statement may be supplemented by specific assessments for each major area of Union activity.

2. The Court of Auditors shall examine whether all revenue has been received and all expenditure incurred in a lawful and regular manner and whether the financial management has been sound. In doing so, it shall report in particular on any cases of irregularity.

The audit of revenue shall be carried out on the basis both of the amounts established as due and the amounts actually paid to the Union.

The audit of expenditure shall be carried out on the basis both of commitments undertaken and payments made.

These audits may be carried out before the closure of accounts for the financial year in question.

3. The audit shall be based on records and, if necessary, performed on the spot in the other institutions of the Union, on the premises of any body, office or agency which manages revenue or expenditure on behalf of the Union and in the Member States, including on the premises of any natural or legal person in receipt of payments from the budget. In the Member States the audit shall be carried out in liaison with national audit bodies or, if these do not have the necessary powers, with the competent national departments. The Court of Auditors and the national audit bodies of the Member States shall cooperate in a spirit of trust while maintaining their independence. These bodies or departments shall inform the Court of Auditors whether they intend to take part in the audit.

The other institutions of the Union, any bodies, offices or agencies managing revenue or expenditure on behalf of the Union, any natural or legal person in receipt of payments from the budget, and the national audit bodies or, if these do not have the necessary powers, the competent national departments, shall forward to the Court of Auditors, at its request, any document or information necessary to carry out its task.

In respect of the European Investment Bank's activity in managing Union expenditure and revenue, the Court's rights of access to information held by the Bank shall be governed by an agreement between the Court, the Bank and the Commission. In the absence of an agreement, the Court shall nevertheless have access to information necessary for the audit of Union expenditure and revenue managed by the Bank.

4. The Court of Auditors shall draw up an annual report after the close of each financial year. It shall be forwarded to the other institutions of the Union and shall be published, together with the replies of these institutions to the observations of the Court of Auditors, in the Official Journal of the European Union.

The Court of Auditors may also, at any time, submit observations, particularly in the form of special reports, on specific questions and deliver opinions at the request of one of the other institutions of the Union.

It shall adopt its annual reports, special reports or opinions by a majority of its Members. However, it may establish internal chambers in order to adopt certain categories of reports or opinions under the conditions laid down by its Rules of Procedure.

It shall assist the European Parliament and the Council in exercising their powers of control over the implementation of the budget.

The Court of Auditors shall draw up its Rules of Procedure. Those rules shall require the approval of the Council.

SECTION 1
THE LEGAL ACTS OF THE UNION

Article 288
(ex Article 249 TEC)

To exercise the Union's competences, the institutions shall adopt regulations, directives, decisions, recommendations and opinions.

A regulation shall have general application. It shall be binding in its entirety and directly applicable in all Member States.

A directive shall be binding, as to the result to be achieved, upon each Member State to which it is addressed, but shall leave to the national authorities the choice of form and methods.

A decision shall be binding in its entirety. A decision which specifies those to whom it is addressed shall be binding only on them.

Recommendations and opinions shall have no binding force.

Article 289

1. The ordinary legislative procedure shall consist in the joint adoption by the European Parliament and the Council of a regulation, directive or decision on a proposal from the Commission. This procedure is defined in Article 294.

2. In the specific cases provided for by the Treaties, the adoption of a regulation, directive or decision by the European Parliament with the participation of the Council, or by the latter with the participation of the European Parliament, shall constitute a special legislative procedure.

3. Legal acts adopted by legislative procedure shall constitute legislative acts.

4. In the specific cases provided for by the Treaties, legislative acts may be adopted on the initiative of a group of Member States or of the European Parliament, on a recommendation from the European Central Bank or at the request of the Court of Justice or the European Investment Bank.

Article 290

1. A legislative act may delegate to the Commission the power to adopt non-legislative acts of general application to supplement or amend certain non-essential elements of the legislative act.

The objectives, content, scope and duration of the delegation of power shall be explicitly defined in the legislative acts. The essential elements of an area shall be reserved for the legislative act and accordingly shall not be the subject of a delegation of power.

2. Legislative acts shall explicitly lay down the conditions to which the delegation is subject; these conditions may be as follows:

(a) the European Parliament or the Council may decide to revoke the delegation;

(b) the delegated act may enter into force only if no objection has been expressed by the European Parliament or the Council within a period set by the legislative act.

For the purposes of (a) and (b), the European Parliament shall act by a majority of its component members, and the Council by a qualified majority.

3. The adjective 'delegated' shall be inserted in the title of delegated acts.

Article 291

1. Member States shall adopt all measures of national law necessary to implement legally binding Union acts.

2. Where uniform conditions for implementing legally binding Union acts are needed, those acts shall confer implementing powers on the Commission, or, in duly justified specific cases and in the cases provided for in Articles 24 and 26 of the Treaty on European Union, on the Council.

3. For the purposes of paragraph 2, the European Parliament and the Council, acting by means of regulations in accordance with the ordinary legislative procedure, shall lay down in advance the rules and general principles concerning mechanisms for control by Member States of the Commission's exercise of implementing powers.

4. The word 'implementing' shall be inserted in the title of implementing acts.

Article 292

The Council shall adopt recommendations. It shall act on a proposal from the Commission in all cases where the Treaties provide that it shall adopt acts on a proposal from the Commission. It shall act unanimously in those areas in which unanimity is required for the adoption of a Union act. The Commission, and the European Central Bank in the specific cases provided for in the Treaties, shall adopt recommendations.

CHAPTER 3
THE UNION'S ADVISORY BODIES

Article 300

1. The European Parliament, the Council and the Commission shall be assisted by an Economic and Social Committee and a Committee of the Regions, exercising advisory functions.

2. The Economic and Social Committee shall consist of representatives of organisations of employers, of the employed, and of other parties representative of civil society, notably in socio-economic, civic, professional and cultural areas.

3. The Committee of the Regions shall consist of representatives of regional and local bodies who either hold a regional or local authority electoral mandate or are politically accountable to an elected assembly.

4. The members of the Economic and Social Committee and of the Committee of the Regions shall not be bound by any mandatory instructions. They shall be completely independent in the performance of their duties, in the Union's general interest.

5. The rules referred to in paragraphs 2 and 3 governing the nature of the composition of the Committees shall be reviewed at regular intervals by the Council to take account of economic, social and demographic developments within the Union. The Council, on a proposal from the Commission, shall adopt decisions to that end.

SECTION 1
THE ECONOMIC AND SOCIAL COMMITTEE

Article 301
(ex Article 258 TEC)

The number of members of the Economic and Social Committee shall not exceed 350.

The Council, acting unanimously on a proposal from the Commission, shall adopt a decision determining the Committee's composition.

The Council shall determine the allowances of members of the Committee.

Article 302
(ex Article 259 TEC)

1. The members of the Committee shall be appointed for five years The Council shall adopt the list of members drawn up in accordance with the proposals made by each Member State. The term of office of the members of the Committee shall be renewable.

2. The Council shall act after consulting the Commission. It may obtain the opinion of European bodies which are representative of the various economic and social sectors and of civil society to which the Union's activities are of concern.

Article 303
(ex Article 260 TEC)

The Committee shall elect its chairman and officers from among its members for a term of two and a half years.

It shall adopt its Rules of Procedure.

The Committee shall be convened by its chairman at the request of the European Parliament, the Council or of the Commission. It may also meet on its own initiative.

Article 304
(ex Article 262 TEC)

The Committee shall be consulted by the European Parliament, by the Council or by the Commission where the Treaties so provide. The Committee may be consulted by these institutions in all cases in which they consider it appropriate. It may issue an opinion on its own initiative in cases in which it considers such action appropriate.

The European Parliament, the Council or the Commission shall, if it considers it necessary, set the Committee, for the submission of its opinion, a time limit which may not be less than one month from the date on which the chairman receives notification to this effect. Upon expiry of the time limit, the absence of an opinion shall not prevent further action.

The opinion of the Committee, together with a record of the proceedings, shall be forwarded to the European Parliament, to the Council and to the Commission.

SECTION 2
THE COMMITTEE OF THE REGIONS

Article 305
(ex Article 263, second, third and fourth paragraphs, TEC)

The number of members of the Committee of the Regions shall not exceed 350.

The Council, acting unanimously on a proposal from the Commission, shall adopt a decision determining the Committee's composition.

The members of the Committee and an equal number of alternate members shall be appointed for five years. Their term of office shall be renewable. The Council shall adopt the list of members and alternate members drawn up in accordance with the proposals made by each Member State. When the mandate referred to in Article 300(3) on the basis of which they were proposed comes to an end, the term of office of members of the Committee shall terminate automatically and they shall then be replaced for the remainder of the said term of office in accordance with the same procedure. No member of the Committee shall at the same time be a Member of the European Parliament.

Article 306
(ex Article 264 TEC)

The Committee of the Regions shall elect its chairman and officers from among its members for a term of two and a half years.

It shall adopt its Rules of Procedure.

The Committee shall be convened by its chairman at the request of the European Parliament, the Council or of the Commission. It may also meet on its own initiative.

Article 307
(ex Article 265 TEC)

The Committee of the Regions shall be consulted by the European Parliament, by the Council or by the Commission where the Treaties so provide and in all other cases, in particular those which concern cross-border cooperation, in which one of these institutions considers it appropriate.

The European Parliament, the Council or the Commission shall, if it considers it necessary, set the Committee, for the submission of its opinion, a time limit which may not be less than one month from the date on which the chairman receives notification to this effect. Upon expiry of the time limit, the absence of an opinion shall not prevent further action.

Where the Economic and Social Committee is consulted pursuant to Article 304, the Committee of the Regions shall be informed by the European Parliament, the Council or the Commission of the request for an opinion. Where it considers that specific regional interests are involved, the Committee of the Regions may issue an opinion on the matter.

It may issue an opinion on its own initiative in cases in which it considers such action appropriate.

The opinion of the Committee, together with a record of the proceedings, shall be forwarded to the European Parliament, to the Council and to the Commission.

제2부(경제통상)

부록 2

Directive 2004/38/EC of the European Parliment and of the Council of 29 April 2004 on the right of citizens of the Union and their family members to move and reside freely within the territory of the Member States amending Regulation (EEC) No 1612/68 and repealing Directives 64/221/EEC, 68/360/EEC, 72/194/EEC, 73/148/EEC, 75/34/EEC, 75/35/EEC, 90/364/EEC, 90/365/EEC and 93/96/EEC*

THE EUROPEAN PARLIAMENT AND THE COUNCIL OF THE EUROPEAN UNION,

Having regard to the Treaty establishing the European Community, and in particular Articles 12, 18, 40, 44 and 52 thereof,

Having regard to the proposal from the Commission,

Having regard to the Opinion of the European Economic and Social Committee,

Having regard to the Opinion of the Committee of the Regions,

Acting in accordance with the procedure laid down in Article 251 of the Treaty,

Whereas:

(1) Citizenship of the Union confers on every citizen of the Union a primary and individual right to move and reside freely within the territory of the Member States, subject to the limitations and conditions laid down in the Treaty and to the measures adopted to give it effect.

(2) The free movement of persons constitutes one of the fundamental freedoms of the internal market, which comprises an area without internal frontiers, in which freedom is ensured in accordance with the provisions of the Treaty.

(3) Union citizenship should be the fundamental status of nationals of the Member States when they exercise their right of free movement and residence. It is therefore necessary to codify and review the existing Community instruments dealing separately with workers, self-employed persons, as well as students and other inactive persons in order to simplify and strengthen the right of free movement and residence of all Union citizens.

Whereas:

(1) Citizenship of the Union confers on every citizen of the Union a primary and individual right to move and reside freely within the territory of the Member States, subject to the limitations and conditions laid down in the Treaty and to the measures adopted to give it effect.

(2) The free movement of persons constitutes one of the fundamental freedoms of the internal market, which comprises an area without internal frontiers, in which freedom is ensured in accordance with the

---

* http://europa.eu/legislation_summaries/internal_market/living_and_working_in_the_internal_market/l33152_en.htm

provisions of the Treaty.

(3) Union citizenship should be the fundamental status of nationals of the Member States when they exercise their right of free movement and residence. It is therefore necessary to codify and review the existing Community instruments dealing separately with workers, self-employed persons, as well as students and other inactive persons in order to simplify and strengthen the right of free movement and residence of all Union citizens.

(4) With a view to remedying this sector-by-sector, piecemeal approach to the right of free movement and residence and facilitating the exercise of this right, there needs to be a single legislative act to amend Council Regulation (EEC) No 1612/68 of 15 October 1968 on freedom of movement for workers within the Community, and to repeal the following acts: Council Directive 68/360/EEC of 15 October 1968 on the abolition of restrictions on movement and residence within the Community for workers of Member States and their families, Council Directive 73/148/EEC of 21 May 1973 on the abolition of restrictions on movement and residence within the Community for nationals of Member States with regard to

establishment and the provision of services, Council Directive 90/364/EEC of 28 June 1990 on the right of residence, Council Directive 90/365/EEC of 28 June 1990 on the right of residence for employees and self-employed persons who have ceased their occupational activity and Council Directive 93/96/EEC of 29 October 1993 on the right of residence for students.

(5) The right of all Union citizens to move and reside freely within the territory of the Member States should, if it is to be exercised under objective conditions of freedom and dignity, be also granted to their family members, irrespective of nationality. For the purposes of this Directive, the definition of "family member" should also include the registered partner if the legislation of the host Member State treats registered partnership as equivalent to marriage.

(6) In order to maintain the unity of the family in a broader sense and without prejudice to the prohibition of discrimination on grounds of nationality, the situation of those persons who are not included in the definition of family members under this Directive, and who therefore do not enjoy an automatic right of entry and residence in the host Member State, should be examined by the host Member State on the basis of its own national legislation, in order to decide whether entry and residence could be granted to such persons, taking into consideration their relationship with the Union citizen or any other circumstances, such as their financial or physical dependence on the Union citizen.

(7) The formalities connected with the free movement of Union citizens within the territory of Member States should be clearly defined, without prejudice to the provisions applicable to
national border controls.

(8) With a view to facilitating the free movement of family members who are not nationals of a Member State, those who have already obtained a residence card should be exempted from
the requirement to obtain an entry visa within the meaning of Council Regulation (EC) No 539/2001 of 15 March 2001 listing the third countries whose nationals must be in possession of visas when crossing the external borders and those whose nationals are exempt from that requirement or, where appropriate, of the applicable national legislation.

(9) Union citizens should have the right of residence in the host Member State for a period not exceeding three months without being subject to any conditions or any formalities other than the requirement to hold a valid identity card or passport, without prejudice to a more favourable treatment applicable to job-seekers as recognised by the case-law of the Court of Justice.

(10) Persons exercising their right of residence should not, however, become an unreasonable burden on the social assistance system of the host Member State during an initial period of residence. Therefore, the right of residence for Union citizens and their family members for periods in excess of three months should be subject to conditions.

(11) The fundamental and personal right of residence in another Member State is conferred directly on Union citizens by the Treaty and is not dependent upon their having fulfilled administrative procedures.

(12) For periods of residence of longer than three months, Member States should have the possibility to require Union citizens to register with the competent authorities in the place of residence, attested by a registration certificate issued to that effect.

(13) The residence card requirement should be restricted to family members of Union citizens who are not nationals of a Member State for periods of residence of longer than three months.

(14) The supporting documents required by the competent authorities for the issuing of a registration certificate or of a residence card should be comprehensively specified in order to avoid divergent administrative practices or interpretations constituting an undue obstacle to the exercise of the right of residence by Union citizens and their family members.

(15) Family members should be legally safeguarded in the event of the death of the Union citizen, divorce, annulment of marriage or termination of a registered partnership. With due regard for family life and human dignity, and in certain conditions to guard against abuse, measures should therefore be taken to ensure that in such circumstances family members already residing within the territory of the host Member State retain their right of residence

exclusively on a personal basis.

(16) As long as the beneficiaries of the right of residence do not become an unreasonable burden on the social assistance system of the host Member State they should not be expelled.

Therefore, an expulsion measure should not be the automatic consequence of recourse to the social assistance system. The host Member State should examine whether it is a case of temporary difficulties and take into account the duration of residence, the personal circumstances and the amount of aid granted in order to consider whether the beneficiary as become an unreasonable burden on its social assistance system and to proceed to his expulsion. In no case should an expulsion measure be adopted against workers, self-employed persons or job-seekers as defined by the Court of Justice save on grounds of

public policy or public security.

(17) Enjoyment of permanent residence by Union citizens who have chosen to settle long term in the host Member State would strengthen the feeling of Union citizenship and is a key element in promoting social cohesion, which is one of the fundamental objectives of the Union. A right of permanent residence should therefore be laid down for all Union citizens and their family members who have resided in the host Member State in compliance with the

conditions laid down in this Directive during a continuous period of five years without becoming subject to an expulsion measure.

(18) In order to be a genuine vehicle for integration into the society of the host Member State in which the Union citizen resides, the right of permanent residence, once obtained, should not be subject to any conditions.

(19) Certain advantages specific to Union citizens who are workers or self-employed persons and to their family members, which may allow these persons to acquire a right of permanent residence before they have resided five years in the host Member State, should be maintained, as these constitute acquired rights, conferred by Commission Regulation (EEC) No 1251/70 of 29 June 1970 on the right of workers to remain in the territory of a Member State after having been employed in that State and Council Directive 75/34/EEC of 17 December 1974 concerning the right of nationals of a Member State to remain in the territory of another Member State after having pursued therein an activity in a self-employed capacity.

(20) In accordance with the prohibition of discrimination on grounds of nationality, all Union citizens and their family members residing in a Member State on the basis of this Directive should enjoy, in that Member State, equal treatment with nationals in areas covered by the Treaty, subject to such specific

provisions as are expressly provided for in the Treaty and secondary law.

(21) However, it should be left to the host Member State to decide whether it will grant social assistance during the first three months of residence, or for a longer period in the case of job-seekers, to Union citizens other than those who are workers or self-employed persons or who retain that status or their family members, or maintenance assistance for studies, including vocational training, prior to acquisition of the right of permanent residence, to these same persons.

(22) The Treaty allows restrictions to be placed on the right of free movement and residence on grounds of public policy, public security or public health. In order to ensure a tighter definition of the circumstances and procedural safeguards subject to which Union citizens and their family members may be denied leave to enter or may be expelled, this Directive should replace Council Directive 64/221/EEC of 25 February 1964 on the coordination of special measures concerning the movement and residence of foreign nationals, which are justified on grounds of public policy, public security or public health.

(23) Expulsion of Union citizens and their family members on grounds of public policy or public security is a measure that can seriously harm persons who, having availed themselves of the rights and freedoms conferred on them by the Treaty, have become genuinely integrated into the host Member State. The scope for such measures should therefore be limited in accordance with the principle of proportionality to take account of the degree of integration of the persons concerned, the length of their residence in the host Member State, their age, state of health, family and economic situation and the links with their country of origin.

(24) Accordingly, the greater the degree of integration of Union citizens and their family members in the host Member State, the greater the degree of protection against expulsion should be. Only in exceptional circumstances, where there are imperative grounds of public security, should an expulsion measure be taken against Union citizens who have resided for many years in the territory of the host Member State, in particular when they were born and have resided there throughout their life. In addition, such exceptional circumstances should also apply to an expulsion measure taken against minors, in order to protect their links with their family, in accordance with the United Nations Convention on the Rights of the Child, of

20 November 1989.

(25) Procedural safeguards should also be specified in detail in order to ensure a high level of protection of the rights of Union citizens and their family members in the event of their being denied leave to enter or reside in another Member State, as well as to uphold the principle that any action taken by the authorities must be properly justified.

(26) In all events, judicial redress procedures should be available to Union citizens and their family members who have been refused leave to enter or reside in another Member State.

(27) In line with the case-law of the Court of Justice prohibiting Member States from issuing

orders excluding for life persons covered by this Directive from their territory, the right of Union citizens and their family members who have been excluded from the territory of a Member State to submit a fresh application after a reasonable period, and in any event after a three year period from enforcement of the final exclusion order, should be confirmed.

(28) To guard against abuse of rights or fraud, notably marriages of convenience or any other form of relationships contracted for the sole purpose of enjoying the right of free movement and residence, Member States should have the possibility to adopt the necessary measures.

(29) This Directive should not affect more favourable national provisions.

(30) With a view to examining how further to facilitate the exercise of the right of free movement and residence, a report should be prepared by the Commission in order to evaluate the opportunity to present any necessary proposals to this effect, notably on the extension of the period of residence with no

conditions.

(31) This Directive respects the fundamental rights and freedoms and observes the principles

recognised in particular by the Charter of Fundamental Rights of the European Union. In accordance with the prohibition of discrimination contained in the Charter, Member States should implement this Directive without discrimination between the beneficiaries of this Directive on grounds such as sex, race, colour, ethnic or social origin, genetic characteristics, language, religion or beliefs, political or other opinion, membership of an ethnic minority, property, birth, disability, age or sexual orientation,

HAVE ADOPTED THIS DIRECTIVE:

CHAPTER I
General provisions

Article 1
Subject

This Directive lays down:

(a) the conditions governing the exercise of the right of free movement and residence within the territory of the Member States by Union citizens and their family members;

(b) the right of permanent residence in the territory of the Member States for Union citizens and their family members;

(c) the limits placed on the rights set out in (a) and (b) on grounds of public policy, public security or public health.

Article 2
Definitions

For the purposes of this Directive:

1) "Union citizen" means any person having the nationality of a Member State;

2) "Family member" means:

(a) the spouse;

(b) the partner with whom the Union citizen has contracted a registered partnership, on the basis of the legislation of a Member State, if the legislation of the host Member State treats registered partnerships as equivalent to marriage and in accordance with the conditions laid down in the relevant legislation of the host Member State;

(c) the direct descendants who are under the age of 21 or are dependants and those of the spouse or partner as defined in point (b);

(d) the dependent direct relatives in the ascending line and those of the spouse or partner as defined in point (b);

3) "Host Member State" means the Member State to which a Union citizen moves in order to exercise his/her right of free movement and residence.

Article 3
Beneficiaries

1. This Directive shall apply to all Union citizens who move to or reside in a Member State other than that of which they are a national, and to their family members as defined in point 2 of Article 2 who

accompany or join them.

2. Without prejudice to any right to free movement and residence the persons concerned may have in their own right, the host Member State shall, in accordance with its national legislation, facilitate entry and residence for the following persons:

(a) any other family members, irrespective of their nationality, not falling under the definition in point 2 of Article 2 who, in the country from which they have come, are dependants or members of the household of the Union citizen having the primary right of residence, or where serious health grounds strictly require the personal care of the family member by the Union citizen;

(b) the partner with whom the Union citizen has a durable relationship, duly attested. The host Member State shall undertake an extensive examination of the personal circumstances and shall justify any denial of entry or residence to these people.

CHAPTER II
Right of exit and entry

Article 4
Right of exit

1. Without prejudice to the provisions on travel documents applicable to national border controls, all Union citizens with a valid identity card or passport and their family members who are not nationals of a Member State and who hold a valid passport shall have the right to leave the territory of a Member State to travel to another Member State.

2. No exit visa or equivalent formality may be imposed on the persons to whom paragraph 1 applies.

3. Member States shall, acting in accordance with their laws, issue to their own nationals, and renew, an identity card or passport stating their nationality.

4. The passport shall be valid at least for all Member States and for countries through which the holder must pass when travelling between Member States. Where the law of a Member State does not provide for identity cards to be issued, the period of validity of any passport on being issued or renewed shall be not less than five years.

Article 5
Right of entry

1. Without prejudice to the provisions on travel documents applicable to national border controls, Member States shall grant Union citizens leave to enter their territory with a valid identity card or passport and shall grant family members who are not nationals of a Member State leave to enter their territory with a valid passport. No entry visa or equivalent formality may be imposed on Union citizens.

2. Family members who are not nationals of a Member State shall only be required to have an entry visa in accordance with Regulation (EC) No 539/2001 or, where appropriate, with national law. For the purposes of this Directive, possession of the valid residence card referred to in Article 10 shall exempt such family members from the visa requirement. Member States shall grant such persons every facility to obtain the necessary visas. Such visas shall be issued free of charge as soon as possible and on the basis of an accelerated procedure.

3. The host Member State shall not place an entry or exit stamp in the passport of family members who are not nationals of a Member State provided that they present the residence card provided for in Article 10.

4. Where a Union citizen, or a family member who is not a national of a Member State, does not have the necessary travel documents or, if required, the necessary visas, the Member State concerned shall, before turning them back, give such persons every reasonable opportunity to obtain the necessary documents or have them brought to them within a reasonable period of time or to corroborate or prove by other means that they are covered by the right of free movement and residence.

5. The Member State may require the person concerned to report his/her presence within its territory within a reasonable and non-discriminatory period of time. Failure to comply with this requirement may make the person concerned liable to proportionate and non-discriminatory sanctions.

CHAPTER III
Right of residence

Article 6
Right of residence for up to three months

1. Union citizens shall have the right of residence on the territory of another Member State for a period of up to three months without any conditions or any formalities other than the requirement to hold a valid identity card or passport.

2. The provisions of paragraph 1 shall also apply to family members in possession of a valid passport who are not nationals of a Member State, accompanying or joining the Union citizen.

Article 7
Right of residence for more than three months

1. All Union citizens shall have the right of residence on the territory of another Member State for a period of longer than three months if they:

(a) are workers or self-employed persons in the host Member State; or

(b) have sufficient resources for themselves and their family members not to become a burden on the social assistance system of the host Member State during their period of residence and have comprehensive sickness insurance cover in the host Member State; or

(c) —are enrolled at a private or public establishment, accredited or financed by the host Member State on the basis of its legislation or administrative practice, for the principal purpose of following a course of study, including vocational training; and

—have comprehensive sickness insurance cover in the host Member State and assure the relevant national authority, by means of a declaration or by such equivalent means as they may choose, that they have sufficient resources for themselves and their family members not to become a burden on the social assistance system of the host Member State during their period of residence; or

(d) are family members accompanying or joining a Union citizen who satisfies the conditions referred to in points (a), (b) or (c).

2. The right of residence provided for in paragraph 1 shall extend to family members who are not nationals of a Member State, accompanying or joining the Union citizen in the host Member State, provided that such Union citizen satisfies the conditions referred to in paragraph 1(a), (b) or (c).

3. For the purposes of paragraph 1(a), a Union citizen who is no longer a worker or self-employed person shall retain the status of worker or self-employed person in the following circumstances:

(a) he/she is temporarily unable to work as the result of an illness or accident;

(b) he/she is in duly recorded involuntary unemployment after having been employed for more than one year and has registered as a job-seeker with the relevant employment office;

(c) he/she is in duly recorded involuntary unemployment after completing a fixed-term employment contract of less than a year or after having become involuntarily unemployed during the first twelve months and has registered as a job-seeker with the relevant employment office. In this case, the status of worker shall be retained for no less than six months;

(d) he/she embarks on vocational training. Unless he/she is involuntarily unemployed, the retention of the status of worker shall require the training to be related to the previous employment.

4. By way of derogation from paragraphs 1(d) and 2 above, only the spouse, the registered partner provided for in Article 2(2)(b) and dependent children shall have the right of residence as family members of a Union citizen meeting the conditions under 1(c) above. Article 3(2) shall apply to his/her dependent direct relatives in the ascending lines and those of his/her spouse or registered partner.

Article 8
Administrative formalities for Union citizens

1. Without prejudice to Article 5(5), for periods of residence longer than three months, the host Member State may require Union citizens to register with the relevant authorities.

2. The deadline for registration may not be less than three months from the date of arrival. A registration certificate shall be issued immediately, stating the name and address of the person registering and the date of the registration. Failure to comply with the registration requirement may render the person concerned liable to proportionate and non-discriminatory sanctions.

3. For the registration certificate to be issued, Member States may only require that
— Union citizens to whom point (a) of Article 7(1) applies present a valid identity card or passport, a confirmation of engagement from the employer or a certificate of employment, or proof that they are self-employed persons;

— Union citizens to whom point (b) of Article 7(1) applies present a valid identity card or passport and provide proof that they satisfy the conditions laid down therein;

— Union citizens to whom point (c) of Article 7(1) applies present a valid identity card or passport, provide proof of enrolment at an accredited establishment and of comprehensive sickness insurance cover and the declaration or equivalent means referred to in point (c) of Article 7(1). Member States may not require this declaration to refer to any specific amount of resources.

4. Member States may not lay down a fixed amount which they regard as "sufficient resources", but they must take into account the personal situation of the person concerned. In all cases this amount shall not be higher than the threshold below which nationals of the host Member State become eligible for social assistance, or, where this criterion is not applicable, higher than the minimum social security pension paid by the host Member State.

5. For the registration certificate to be issued to family members of Union citizens, who are themselves Union citizens, Member States may require the following documents to be resented:
(a) a valid identity card or passport;
(b) a document attesting to the existence of a family relationship or of a registered partnership;
(c) where appropriate, the registration certificate of the Union citizen whom they are accompanying or joining;
(d) in cases falling under points (c) and (d) of Article 2(2), documentary evidence that the conditions laid down therein are met;
(e) in cases falling under Article 3(2)(a), a document issued by the relevant authority in the country of

origin or country from which they are arriving certifying that they are dependants or members of the household of the Union citizen, or proof of the existence of serious health grounds which strictly require the personal care of the family member by the Union citizen;

(f) in cases falling under Article 3(2)(b), proof of the existence of a durable relationship with the Union citizen.

Article 9
Administrative formalities for family members who are not nationals of a Member State

1. Member States shall issue a residence card to family members of a Union citizen who are not nationals of a Member State, where the planned period of residence is for more than three months.

2. The deadline for submitting the residence card application may not be less than three months from the date of arrival.

3. Failure to comply with the requirement to apply for a residence card may make the person concerned liable to proportionate and non-discriminatory sanctions.

Article 10
Issue of residence cards

1. The right of residence of family members of a Union citizen who are not nationals of a Member State shall be evidenced by the issuing of a document called "Residence card of a family member of a Union citizen" no later than six months from the date on which they submit the application. A certificate of application for the residence card shall be issued immediately.

2. For the residence card to be issued, Member States shall require presentation of the following documents:

(a) a valid passport;

(b) a document attesting to the existence of a family relationship or of a registered partnership;

(c) the registration certificate or, in the absence of a registration system, any other proof of residence in the host Member State of the Union citizen whom they are accompanying or joining;

(d) in cases falling under points (c) and (d) of Article 2(2), documentary evidence that the conditions laid down therein are met;

(e) in cases falling under Article 3(2)(a), a document issued by the relevant authority in the country of origin or country from which they are arriving certifying that they are dependants or members of the household of the Union citizen, or proof of the existence of serious health grounds which strictly require the personal care of the family member by the Union citizen;

(f) in cases falling under Article 3(2)(b), proof of the existence of a durable relationship with the Union citizen.

Article 11
Validity of the residence card

1. The residence card provided for by Article 10(1) shall be valid for five years from the date of issue or for the envisaged period of residence of the Union citizen, if this period is less than five years.

2. The validity of the residence card shall not be affected by temporary absences not exceeding six months a year, or by absences of a longer duration for compulsory military service or by one absence of a maximum of twelve consecutive months for important reasons such as pregnancy and childbirth, serious

illness, study or vocational training, or a posting in another Member State or a third country.

Article 12
Retention of the right of residence by family members in the event of death or departure of the Union citizen

1. Without prejudice to the second subparagraph, the Union citizen's death or departure from the host Member State shall not affect the right of residence of his/her family members who are nationals of a Member State. Before acquiring the right of permanent residence, the persons concerned must meet the conditions laid down in points (a), (b), (c) or (d) of Article 7(1).

2. Without prejudice to the second subparagraph, the Union citizen's death shall not entail loss of the right of residence of his/her family members who are not nationals of a Member State and who have been residing in the host Member State as family members for at least one year before the Union citizen's death.

Before acquiring the right of permanent residence, the right of residence of the persons concerned shall remain subject to the requirement that they are able to show that they are workers or self-employed persons or that they have sufficient resources for themselves and their family members not to become a burden on the social assistance system of the host Member State during their period of residence and have comprehensive sickness insurance cover in the host Member State, or that they are members of the family, already constituted in the host Member State, of a person satisfying these requirements. "Sufficient resources" shall be as defined in Article 8(4).

Such family members shall retain their right of residence exclusively on a personal basis.

3. The Union citizen's departure from the host Member State or his/her death shall not entail loss of the right of residence of his/her children or of the parent who has actual custody of the children, irrespective of nationality, if the children reside in the host Member State and are enrolled at an educational establishment, for the purpose of studying there, until the completion of their studies.

Article 13
Retention of the right of residence by family members in the event of divorce, annulment of marriage or termination of registered partnership

1. Without prejudice to the second subparagraph, divorce, annulment of the Union citizen's marriage or termination of his/her registered partnership, as referred to in point 2(b) of Article 2 shall not affect the right of residence of his/her family members who are nationals of a Member State. Before acquiring the right of permanent residence, the persons concerned must meet the conditions laid down in points (a), (b), (c) or (d) of Article 7(1).

2. Without prejudice to the second subparagraph, divorce, annulment of marriage or termination of the registered partnership referred to in point 2(b) of Article 2 shall not entail loss of the right of residence of a Union citizen's family members who are not nationals of a Member State where:

(a) prior to initiation of the divorce or annulment proceedings or termination of the registered partnership referred to in point 2(b) of Article 2, the marriage or registered partnership has lasted at least three years, including one year in the host Member State; or

(b) by agreement between the spouses or the partners referred to in point 2(b) of Article 2 or by court order, the spouse or partner who is not a national of a Member State has custody of the Union citizen's children; or

(c) this is warranted by particularly difficult circumstances, such as having been a victim of domestic violence while the marriage or registered partnership was subsisting; or (d) by agreement between the spouses or partners referred to in point 2(b) of Article 2 or by court

order, the spouse or partner who is not a national of a Member State has the right of access to a minor child, provided that the court has ruled that such access must be in the host Member State, and for as long as is required.

Before acquiring the right of permanent residence, the right of residence of the persons concerned shall remain subject to the requirement that they are able to show that they are workers or self-employed persons or that they have sufficient resources for themselves and their family members not to become a burden on the social assistance system of the host Member State during their period of residence and have comprehensive sickness insurance cover in the host Member State, or that they are members of the family, already constituted in the host Member State, of a person satisfying these requirements. "Sufficient resources" shall be as defined in Article 8(4).

Such family members shall retain their right of residence exclusively on personal basis.

Article 14
Retention of the right of residence

1. Union citizens and their family members shall have the right of residence provided for in Article 6, as long as they do not become an unreasonable burden on the social assistance system of the host Member State.

2. Union citizens and their family members shall have the right of residence provided for in Articles 7, 12 and 13 as long as they meet the conditions set out therein. In specific cases where there is a reasonable doubt as to whether a Union citizen or his/her family members satisfies the conditions set out in Articles 7, 12 and 13, Member States may verify if these conditions are fulfilled. This verification shall not be carried out systematically.

3. An expulsion measure shall not be the automatic consequence of a Union citizen's or his or her family member's recourse to the social assistance system of the host Member State.

4. By way of derogation from paragraphs 1 and 2 and without prejudice to the provisions of Chapter VI, an expulsion measure may in no case be adopted against Union citizens or their family members if:

(a) the Union citizens are workers or self-employed persons, or

(b) the Union citizens entered the territory of the host Member State in order to seek employment.

In this case, the Union citizens and their family members may not be expelled for as long as the Union citizens can provide evidence that they are continuing to seek employment and that they have a genuine chance of being engaged.

Article 15
Procedural safeguards

1. The procedures provided for by Articles 30 and 31 shall apply by analogy to all decisions restricting free movement of Union citizens and their family members on grounds other than public policy, public security or public health.

2. Expiry of the identity card or passport on the basis of which the person concerned entered the host Member State and was issued with a registration certificate or residence card shall not constitute a ground for expulsion from the host Member State.

3. The host Member State may not impose a ban on entry in the context of an expulsion decision to which paragraph 1 applies.

CHAPTER IV
Right of permanent residence

Section I
Eligibility

Article 16
General rule for Union citizens and their family members

1. Union citizens who have resided legally for a continuous period of five years in the host Member State shall have the right of permanent residence there. This right shall not be subject to the conditions provided for in Chapter III.

2. Paragraph 1 shall apply also to family members who are not nationals of a Member State and have legally resided with the Union citizen in the host Member State for a continuous period of five years.

3. Continuity of residence shall not be affected by temporary absences not exceeding a total of six months a year, or by absences of a longer duration for compulsory military service, or by one absence of a maximum of twelve consecutive months for important reasons such as pregnancy and childbirth, serious illness, study or vocational training, or a posting in another Member State or a third country.

4. Once acquired, the right of permanent residence shall be lost only through absence from the host Member State for a period exceeding two consecutive years.

Article 17
Exemptions for persons no longer working in the host Member State and their family members

1. By way of derogation from Article 16, the right of permanent residence in the host Member State shall be enjoyed before completion of a continuous period of five years of residence by:

(a) workers or self-employed persons who, at the time they stop working, have reached the age laid down by the law of that Member State for entitlement to an old age pension or workers who cease paid employment to take early retirement, provided that they have been working in that Member State for at least the preceding twelve months and have resided there continuously for more than three years.

If the law of the host Member State does not grant the right to an old age pension to certain categories of self-employed persons, the age condition shall be deemed to have been met once the person concerned has reached the age of 60;

(b) workers or self-employed persons who have resided continuously in the host Member State for more than two years and stop working there as a result of permanent incapacity to work.

If such incapacity is the result of an accident at work or an occupational disease entitling the person concerned to a benefit payable in full or in part by an institution in the host Member State, no condition shall be imposed as to length of residence;

(c) workers or self-employed persons who, after three years of continuous employment and residence in the host Member State, work in an employed or self-employed capacity in another Member State, while retaining their place of residence in the host Member State, to which they return, as a rule, each day or at least once a week.

For the purposes of entitlement to the rights referred to in points (a) and (b), periods of employment spent in the Member State in which the person concerned is working shall be regarded as having been spent in the host Member State.

Periods of involuntary unemployment duly recorded by the relevant employment office, periods not worked for reasons not of the person's own making and absences from work or cessation of work due to illness or accident shall be regarded as periods of employment.

2. The conditions as to length of residence and employment laid down in point (a) of paragraph 1 and the condition as to length of residence laid down in point (b) of paragraph 1 shall not apply if the worker's or the self-employed person's spouse or partner as referred to in point 2(b) of Article 2 is a national of the host Member State or has lost the nationality of that Member State by marriage to that worker or self-employed person.

3. Irrespective of nationality, the family members of a worker or a self-employed person who are residing with him in the territory of the host Member State shall have the right of permanent residence in that Member State, if the worker or self-employed person has acquired himself the right of permanent residence in that Member State on the basis of paragraph 1.

4. If, however, the worker or self-employed person dies while still working but before acquiring permanent residence status in the host Member State on the basis of paragraph 1, his family members who are residing with him in the host Member State shall acquire the right of permanent residence there, on condition that:

(a) the worker or self-employed person had, at the time of death, resided continuously on the territory of that Member State for two years; or

(b) the death resulted from an accident at work or an occupational disease; or

(c) the surviving spouse lost the nationality of that Member State following marriage to the worker or self-employed person.

Article 18
Acquisition of the right of permanent residence by certain family members who are not nationals of a Member State

Without prejudice to Article 17, the family members of a Union citizen to whom Articles 12(2) and 13(2) apply, who satisfy the conditions laid down therein, shall acquire the right of permanent residence after residing legally for a period of five consecutive years in the host Member State.

Section II
Administrative formalities

Article 19
Document certifying permanent residence for Union citizens

1. Upon application Member States shall issue Union citizens entitled to permanent residence, after having verified duration of residence, with a document certifying permanent residence.

2. The document certifying permanent residence shall be issued as soon as possible.

Article 20
Permanent residence card for family members who are not nationals of a Member State

1. Member States shall issue family members who are not nationals of a Member State entitled to permanent residence with a permanent residence card within six months of the submission of the application. The permanent residence card shall be renewable automatically every ten years.

2. The application for a permanent residence card shall be submitted before the residence card expires.

Failure to comply with the requirement to apply for a permanent residence card may render the person concerned liable to proportionate and non-discriminatory sanctions.

3. Interruption in residence not exceeding two consecutive years shall not affect the validity of the permanent residence card.

Article 21
Continuity of residence

For the purposes of this Directive, continuity of residence may be attested by any means of proof in use in the host Member State. Continuity of residence is broken by any expulsion decision duly enforced against the person concerned.

CHAPTER V
Provisions common to the right of residence and the right of permanent residence

Article 22
Territorial scope

The right of residence and the right of permanent residence shall cover the whole territory of the host Member State. Member States may impose territorial restrictions on the right of residence and the right of permanent residence only where the same restrictions apply to their own nationals.

Article 23
Related rights

Irrespective of nationality, the family members of a Union citizen who have the right of residence or the right of permanent residence in a Member State shall be entitled to take up employment or self-employment there.

Article 24
Equal treatment

1. Subject to such specific provisions as are expressly provided for in the Treaty and secondary law, all Union citizens residing on the basis of this Directive in the territory of the host Member State shall enjoy equal treatment with the nationals of that Member State within the scope of the Treaty. The benefit of this right shall be extended to family members who are not nationals of a Member State and who have the right of residence or permanent residence.

2. By way of derogation from paragraph 1, the host Member State shall not be obliged to confer entitlement to social assistance during the first three months of residence or, where appropriate, the longer period provided for in Article 14(4)(b), nor shall it be obliged, prior to acquisition of the right of permanent residence, to grant maintenance aid for studies, including vocational training, consisting in student grants or student loans to persons other than workers, self-employed persons, persons who retain such status and members of their families.

Article 25
General provisions concerning residence documents

1. Possession of a registration certificate as referred to in Article 8, of a document certifying permanent residence, of a certificate attesting submission of an application for a family member residence card, of a residence card or of a permanent residence card, may under no circumstances be made a precondition for the exercise of a right or the completion of an administrative formality, as entitlement to rights may be attested by any other means of proof.

2. All documents mentioned in paragraph 1 shall be issued free of charge or for a charge not exceeding that imposed on nationals for the issuing of similar documents.

Article 26
Checks

Member States may carry out checks on compliance with any requirement deriving from their national legislation for non-nationals always to carry their registration certificate or residence card, provided that the same requirement applies to their own nationals as regards their identity card. In the event of failure to comply with this requirement, Member States may impose the same sanctions as those imposed on their own nationals for failure to carry their identity card.

CHAPTER VI
Restrictions on the right of entry and the right of residence on grounds of public policy, public security or public health

Article 27
General principles

1. Subject to the provisions of this Chapter, Member States may restrict the freedom of movement and residence of Union citizens and their family members, irrespective of nationality, on grounds of public policy, public security or public health. These grounds shall not be invoked to serve economic ends.

2. Measures taken on grounds of public policy or public security shall comply with the principle of proportionality and shall be based exclusively on the personal conduct of the individual concerned. Previous criminal convictions shall not in themselves constitute grounds for taking such measures. The personal conduct of the individual concerned must represent a genuine, present and sufficiently serious threat affecting one of the fundamental interests of society. Justifications that are isolated from the particulars of the case or that rely on considerations of general prevention shall not be accepted.

3. In order to ascertain whether the person concerned represents a danger for public policy or public security, when issuing the registration certificate or, in the absence of a registration system, not later than three months from the date of arrival of the person concerned on its territory or from the date of reporting his/her presence within the territory, as provided for in Article 5(5), or when issuing the residence card, the host Member State may, should it consider this essential, request the Member State of origin and, if need be, other Member States to provide information concerning any previous police record the person concerned may have. Such enquiries shall not be made as a matter of routine. The Member State consulted shall give its reply within two months.

4. The Member State which issued the passport or identity card shall allow the holder of the

document who has been expelled on grounds of public policy, public security, or public health from another Member State to re-enter its territory without any formality even if the document is no longer valid or the nationality of the holder is in dispute.

Article 28
Protection against expulsion

1. Before taking an expulsion decision on grounds of public policy or public security, the host Member State shall take account of considerations such as how long the individual concerned has resided on its territory, his/her age, state of health, family and economic situation, social and cultural integration into the host Member State and the extent of his/her links with the country of origin.

2. The host Member State may not take an expulsion decision against Union citizens or their family members, irrespective of nationality, who have the right of permanent residence on its territory, except on serious grounds of public policy or public security.

3. An expulsion decision may not be taken against Union citizens, except if the decision is based on imperative grounds of public security, as defined by Member States, if they:

(a) have resided in the host Member State for the previous ten years; or

(b) are a minor, except if the expulsion is necessary for the best interests of the child, as provided for in the United Nations Convention on the Rights of the Child of 20 November 1989.

Article 29
Public health

1. The only diseases justifying measures restricting freedom of movement shall be the diseases with epidemic potential as defined by the relevant instruments of the World Health Organisation and other infectious diseases or contagious parasitic diseases if they are the subject of protection provisions applying to nationals of the host Member State.

2. Diseases occurring after a three-month period from the date of arrival shall not constitute grounds for expulsion from the territory.

3. Where there are serious indications that it is necessary, Member States may, within three months of the date of arrival, require persons entitled to the right of residence to undergo, free of charge, a medical examination to certify that they are not suffering from any of the conditions referred to in paragraph 1. Such medical examinations may not be required as a matter of routine.

Article 30
Notification of decisions

1. The persons concerned shall be notified in writing of any decision taken under Article 27(1), in such a way that they are able to comprehend its content and the implications for them.

2. The persons concerned shall be informed, precisely and in full, of the public policy, public security or public health grounds on which the decision taken in their case is based, unless this is contrary to the interests of State security.

3. The notification shall specify the court or administrative authority with which the person concerned may lodge an appeal, the time limit for the appeal and, where applicable, the time allowed for the person to leave the territory of the Member State. Save in duly substantiated cases of urgency, the time allowed to leave the territory shall be not less than one month from the date of notification.

Article 31
Procedural safeguards

1. The persons concerned shall have access to judicial and, where appropriate, administrative redress procedures in the host Member State to appeal against or seek review of any decision taken against them on the grounds of public policy, public security or public health.

2. Where the application for appeal against or judicial review of the expulsion decision is accompanied by an application for an interim order to suspend enforcement of that decision, actual removal from the territory may not take place until such time as the decision on the interim order has been taken, except:

—where the expulsion decision is based on a previous judicial decision; or

—where the persons concerned have had previous access to judicial review; or

—where the expulsion decision is based on imperative grounds of public security under Article 28(3).

3. The redress procedures shall allow for an examination of the legality of the decision, as well as of the facts and circumstances on which the proposed measure is based. They shall ensure that the decision is not disproportionate, particularly in view of the requirements laid down in Article 28.

4. Member States may exclude the individual concerned from their territory pending the redress procedure, but they may not prevent the individual from submitting his/her defence in person, except when his/her appearance may cause serious troubles to public policy or public security or when the appeal or judicial review concerns a denial of entry to the territory.

Article 32
Duration of exclusion orders

1. Persons excluded on grounds of public policy or public security may submit an application for lifting of the exclusion order after a reasonable period, depending on the circumstances, and in any event after three years from enforcement of the final exclusion order which has been validly adopted in accordance with Community law, by putting forward arguments to establish that there has been a material change in the circumstances which justified the decision ordering their exclusion.

The Member State concerned shall reach a decision on this application within six months of its submission.

2. The persons referred to in paragraph 1 shall have no right of entry to the territory of the Member State concerned while their application is being considered.

Article 33
Expulsion as a penalty or legal consequence

1. Expulsion orders may not be issued by the host Member State as a penalty or legal consequence of a custodial penalty, unless they conform to the requirements of Articles 27, 28 and 29.

2. If an expulsion order, as provided for in paragraph 1, is enforced more than two years after it was issued, the Member State shall check that the individual concerned is currently and genuinely a threat to public policy or public security and shall assess whether there has been any material change in the circumstances since the expulsion order was issued.

CHAPTER VII
Final provisions

Article 34
Publicity

Member States shall disseminate information concerning the rights and obligations of Union citizens and their family members on the subjects covered by this Directive, particularly by means of awareness-raising campaigns conducted through national and local media and other means of communication.

Article 35
Abuse of rights

Member States may adopt the necessary measures to refuse, terminate or withdraw any right conferred by this Directive in the case of abuse of rights or fraud, such as marriages of convenience. Any such measure shall be proportionate and subject to the procedural safeguards provided for in Articles 30 and 31.

Article 36
Sanctions

Member States shall lay down provisions on the sanctions applicable to breaches of national rules adopted for the implementation of this Directive and shall take the measures required for their application. The sanctions laid down shall be effective and proportionate. Member States shall notify the Commission of these provisions not later than···* and as promptly as possible in the case of any subsequent changes.

Article 37
More favourable national provisions

The provisions of this Directive shall not affect any laws, regulations or administrative provisions laid down by a Member State which would be more favourable to the persons covered by this Directive.

Article 38
Repeals

1. Articles 10 and 11 of Regulation (EEC) No 1612/68 shall be repealed with effect from···.
2. Directives 64/221/EEC, 68/360/EEC, 72/194/EEC, 73/148/EEC, 75/34/EEC, 75/35/EEC, 90/364/EEC, 90/365/EEC and 93/96/EEC shall be repealed with effect from···.
3. References made to the repealed provisions and Directives shall be construed as being made to this Directive.

Article 39
Report

No later than···. the Commission shall submit a report on the application of this Directive to the European Parliament and the Council, together with any necessary proposals, notably on the opportunity to extend the period of time during which Union citizens and their family members may reside in the territory of the host Member State without any conditions. The Member States shall provide the Commission with the information needed to produce the report.

Article 40
Transposition

1. Member States shall bring into force the laws, regulations and administrative provisions necessary to comply with this Directive by···.

When Member States adopt those measures, they shall contain a reference to this Directive or shall be accompanied by such a reference on the occasion of their official publication. The methods of making such reference shall be laid down by the Member States.

2. Member States shall communicate to the Commission the text of the provisions of national law which they adopt in the field covered by this Directive together with a table showing how the provisions of this Directive correspond to the national provisions adopted.

Article 41
Entry into force

This Directive shall enter into force on the day of its publication in the Official Journal of the European Union.

Article 42
Addressees

This Directive is addressed to the Member States.
Done at Strasbourg, 29 April 2004.

For the European Parliament
The PresidentP. COX

For the Council
The PresidentM. McDOWELL

▦ 부록 3

Regulation (EC) No 178/2002 of the European Parliament and of the Council of 28 January 2002 laying down the general principles and requirements of food law, establishing the European Food Safety Authority and laying down procedures in matters of food safety

(OJ L31/1, 1.2.2002)[*1)]

Amended by:

		Official Journal
►__M1__	Regulation (EC) No 1642/2003 of the European Parliament and of the Council of 22 July 2003	L 245/4, 29.9.2003
►__M2__	Commission Regulation (EC) No 575/2006 of 7 April 2006	L 100/3, 8.4.2006
►__M3__	Commission Regulation (EC) No 202/2008 of 4 March 2008	L 60/17, 5.3.2008
►__M4__	Regulation (EC) No 596/2009 of the European Parliament and of the Council of 18 June 2009	L 188/14, 18.7.2009

▼__B__

THE EUROPEAN PARLIAMENT AND THE COUNCIL OF THE EUROPEAN UNION,

Having regard to the Treaty establishing the European Community, and in particular Articles 37, 95, 133 and Article 152(4)(b) thereof,

Having regard to the proposal from the Commission,

Having regard to the opinion of the Economic and Social Committee,

Having regard to the opinion of the Committee of the Regions,

Acting in accordance with the procedure laid down in Article 251 of the Treaty,

Whereas:

(1) The free movement of safe and wholesome food is an essential aspect of the internal market and contributes significantly to the health and well-being of citizens, and to their social and economic interests.

(2) A high level of protection of human life and health should be assured in the pursuit of Community policies.

(3) The free movement of food and feed within the Community can be achieved only if food and feed safety requirements do not differ significantly from Member State to Member State.

(4) There are important differences in relation to concepts, principles and procedures between the food laws of the Member States. When Member States adopt measures governing food, these differences may impede the free movement of food, create unequal conditions of competition, and may thereby directly affect the functioning of the internal market.

---

* http://eur-lex.europa.eu/LexUriServ/LexUriServ.do?uri＝CELEX:32002R0178:EN:NOT 참조.

(5) Accordingly, it is necessary to approximate these concepts, principles and procedures so as to form a common basis for measures governing food and feed taken in the Member States and at Community level. It is however necessary to provide for sufficient time for the adaptation of any conflicting provisions in existing legislation, both at national and Community level, and to provide that, pending such adaptation, the relevant legislation be applied in the light of the principles set out in the present Regulation.

(6) Water is ingested directly or indirectly like other foods, thereby contributing to the overall exposure of a consumer to ingested substances, including chemical and microbiological contaminants. However, as the quality of water intended for human consumption is already controlled by Council Directives 80/778/EEC and 98/83/EC, it suffices to consider water after the point of compliance referred to in Article 6 of Directive 98/83/EC.

(7) Within the context of food law it is appropriate to include requirements for feed, including its production and use where that feed is intended for food-producing animals. This is without prejudice to the similar requirements which have been applied so far and which will be applied in the future in feed legislation applicable to all animals, including pets.

(8) The Community has chosen a high level of health protection as appropriate in the development of food law, which it applies in a non-discriminatory manner whether food or feed is traded on the internal market or internationally.

(9) It is necessary to ensure that consumers, other stakeholders and trading partners have confidence in the decision-making processes underpinning food law, its scientific basis and the structures and independence of the institutions protecting health and other interests.

(10) Experience has shown that it is necessary to adopt measures aimed at guaranteeing that unsafe food is not placed on the market and at ensuring that systems exist to identify and respond to food safety problems in order to ensure the proper functioning of the internal market and to protect human health. Similar issues relating to feed safety should be addressed.

(11) In order to take a sufficiently comprehensive and integrated approach to food safety, there should be a broad definition of food law covering a wide range of provisions with a direct or indirect effect on the safety of food and feed, including provisions on materials and articles in contact with food, animal feed and other agricultural inputs at the level of primary production.

(12) In order to ensure the safety of food, it is necessary to consider all aspects of the food production chain as a continuum from and including primary production and the production of animal feed up to and including sale or supply of food to the consumer because each element may have a potential impact on food safety.

(13) Experience has shown that for this reason it is necessary to consider the production, manufacture, transport and distribution of feed given to food-producing animals, including the production of animals which may be used as feed on fish farms, since the inadvertent or deliberate contamination of feed, and adulteration or fraudulent or other bad practices in relation to it, may give rise to a direct or indirect impact on food safety.

(14) For the same reason, it is necessary to consider other practices and agricultural inputs at the level of primary production and their potential effect on the overall safety of food.

(15) Networking of laboratories of excellence, at regional and/or interregional level, with the aim of ensuring continuous monitoring of food safety, could play an important role in the prevention of potential health risks for citizens.

(16) Measures adopted by the Member States and the Community governing food and feed should generally be based on risk analysis except where this is not appropriate to the circumstances or the nature of the measure. Recourse to a risk analysis prior to the adoption of such measures should facilitate the avoidance of unjustified barriers to the free movement of foodstuffs.

(17) Where food law is aimed at the reduction, elimination or avoidance of a risk to health, the three interconnected components of risk analysis-risk assessment, risk management, and risk communication-provide a systematic methodology for the determination of effective, proportionate and targeted measures or other actions to protect health.

(18) In order for there to be confidence in the scientific basis for food law, risk assessments should be undertaken in an independent, objective and transparent manner, on the basis of the available scientific information and data.

(19) It is recognised that scientific risk assessment alone cannot, in some cases, provide all the information on which a risk management decision should be based, and that other factors relevant to the matter under consideration should legitimately be taken into account including societal, economic, traditional, ethical and environmental factors and the feasibility of controls.

(20) The precautionary principle has been invoked to ensure health protection in the Community, thereby giving rise to barriers to the free movement of food or feed. Therefore it is necessary to adopt a uniform basis throughout the Community for the use of this principle.

(21) In those specific circumstances where a risk to life or health exists but scientific uncertainty persists, the precautionary principle provides a mechanism for determining risk management measures or other actions in order to ensure the high level of health protection chosen in the Community.

(22) Food safety and the protection of consumer's interests is of increasing concern to the general public, non-governmental organisations, professional associations, international trading partners and trade organisations. It is necessary to ensure that consumer confidence and the confidence of trading partners is secured through the open and transparent development of food law and through public authorities taking the appropriate steps to inform the public where there are reasonable grounds to suspect that a food may present a risk to health.

(23) The safety and confidence of consumers within the Community, and in third countries, are of paramount importance. The Community is a major global trader in food and feed and, in this context, it has entered into international trade agreements, it contributes to the development of international standards which underpin food law, and it supports the principles of free trade in safe feed and safe, wholesome food in a non-discriminatory manner, following fair and ethical trading practices.

(24) It is necessary to ensure that food and feed exported or re-exported from the Community complies with Community law or the requirements set up by the importing country. In other circumstances, food and feed can only be exported or re-exported if the importing country has expressly agreed. However, it is necessary to ensure that even where there is agreement of the importing country, food injurious to health or unsafe feed is not exported or re-exported.

(25) It is necessary to establish the general principles upon which food and feed may be traded and the objectives and principles for the contribution of the Community to developing international standards and trade agreements.

(26) Some Member States have adopted horizontal legislation on food safety imposing, in particular, a general obligation on economic operators to market only food that is safe. However, these Member States apply different basic criteria for establishing whether a food is safe. Given these different approaches, and in the absence of horizontal legislation in other Member States, barriers to trade in foods are liable to arise. Similarly such barriers may arise to trade in feed.

(27) It is therefore necessary to establish general requirements for only safe food and feed to be placed on the market, to ensure that the internal market in such products functions effectively.

(28) Experience has shown that the functioning of the internal market in food or feed can be jeopardised where it is impossible to trace food and feed. It is therefore necessary to establish a comprehensive system of traceability within food and feed businesses so that targeted and accurate

withdrawals can be undertaken or information given to consumers or control officials, thereby avoiding the potential for unnecessary wider disruption in the event of food safety problems.

(29) It is necessary to ensure that a food or feed business including an importer can identify at least the business from which the food, feed, animal or substance that may be incorporated into a food or feed has been supplied, to ensure that on investigation, traceability can be assured at all stages.

(30) A food business operator is best placed to devise a safe system for supplying food and ensuring that the food it supplies is safe; thus, it should have primary legal responsibility for ensuring food safety. Although this principle exists in some Member States and areas of food law, in other areas this is either not explicit or else responsibility is assumed by the competent authorities of the Member State through the control activities they carry out. Such disparities are liable to create barriers to trade and distort competition between food business operators in different Member States.

(31) Similar requirements should apply to feed and feed business operators.

(32) The scientific and technical basis of Community legislation relating to the safety of food and feed should contribute to the achievement of a high level of health protection within the Community. The Community should have access to high-quality, independent and efficient scientific and technical support.

(33) The scientific and technical issues in relation to food and feed safety are becoming increasingly important and complex. The establishment of a European Food Safety Authority, hereinafter referred to as "the Authority", should reinforce the present system of scientific and technical support which is no longer able to respond to increasing demands on it.

(34) Pursuant to the general principles of food law, the Authority should take on the role of an independent scientific point of reference in risk assessment and in so doing should assist in ensuring the smooth functioning of the internal market. It may be called upon to give opinions on contentious scientific issues, thereby enabling the Community institutions and Member States to take informed risk management decisions necessary to ensure food and feed safety whilst helping avoid the fragmentation of the internal market through the adoption of unjustified or unnecessary obstacles to the free movement of food and feed.

(35) The Authority should be an independent scientific source of advice, information and risk communication in order to improve consumer confidence; nevertheless, in order to promote coherence between the risk assessment, risk management and risk communication functions, the link between risk assessors and risk managers should be strengthened.

(36) The Authority should provide a comprehensive independent scientific view of the safety and other aspects of the whole food and feed supply chains, which implies wide-ranging responsibilities for the Authority. These should include issues having a direct or indirect impact on the safety of the food and feed supply chains, animal health and welfare, and plant health. However, it is necessary to ensure that the Authority focuses on food safety, so its mission in relation to animal health, animal welfare and plant health issues that are not linked to the safety of the food supply chain should be limited to the provision of scientific opinions. The Authority's mission should also cover scientific advice and scientific and technical support on human nutrition in relation to Community legislation and assistance to the Commission at its request on communication linked to Community health programmes.

(37) Since some products authorised under food law such as pesticides or additives in animal feed may involve risks to the environment or to the safety of workers, some environmental and worker protection aspects should also be assessed by the Authority in accordance with the relevant legislation.

(38) In order to avoid duplicated scientific assessments and related scientific opinions on genetically modified organisms(GMOs), the Authority should also provide scientific opinions on products other than food and feed relating to GMOs as defined by Directive 2001/18/EC and without prejudice to the procedures established therein.

(39) The Authority should contribute through the provision of support on scientific matters, to the Community's and Member States' role in the development and establishment of international food safety standards and trade agreements.

(40) The confidence of the Community institutions, the general public and interested parties in the Authority is essential. For this reason, it is vital to ensure its independence, high scientific quality, transparency and efficiency. Cooperation with Member States is also indispensable.

(41) To that effect the Management Board should be appointed in such a way as to secure the highest standard of competence, a broad range of relevant expertise, for instance in management and in public administration, and the broadest possible geographic distribution within the Union. This should be facilitated by a rotation of the different countries of origin of the members of the Management Board without any post being reserved for nationals of any specific Member State.

(42) The Authority should have the means to perform all the tasks required to enable it to carry out its role.

(43) The Management Board should have the necessary powers to establish the budget, check its implementation, draw up internal rules, adopt financial regulations, appoint members of the Scientific Committee and Scientific Panels and appoint the Executive Director.

(44) The Authority should cooperate closely with competent bodies in the Member States if it is to operate effectively. An Advisory Forum should be created in order to advise the Executive Director, to constitute a mechanism of exchange of information, and to ensure close cooperation in particular with regard to the networking system. Cooperation and appropriate exchange of information should also minimise the potential for diverging scientific opinions.

(45) The Authority should take over the role of the Scientific Committees attached to the Commission in issuing scientific opinions in its field of competence. It is necessary to reorganise these Committees to ensure greater scientific consistency in relation to the food supply chain and to enable them to work more effectively. A Scientific Committee and Permanent Scientific Panels should therefore be set up within the Authority to provide these opinions.

(46) In order to guarantee independence, members of the Scientific Committee and Panels should be independent scientists recruited on the basis of an open application procedure.

(47) The Authority's role as an independent scientific point of reference means that a scientific opinion may be requested not only by the Commission, but also by the European Parliament and the Member States. In order to ensure the manageability and consistency of the process of scientific advice, the Authority should be able to refuse or amend a request providing justification for this and on the basis of predetermined criteria. Steps should also be taken to help avoid diverging scientific opinions and, in the event of diverging scientific opinions between scientific bodies, procedures should be in place to resolve the divergence or provide the risk managers with a transparent basis of scientific information.

(48) The Authority should also be able to commission scientific studies necessary for the accomplishment of its duties, while ensuring that the links established by it with the Commission and the Member States prevent duplication of effort. It should be done in an open and transparent fashion and the Authority should take into account existing Community expertise and structures.

(49) The lack of an effective system of collection and analysis at Community level of data on the food supply chain is recognised as a major shortcoming. A system for the collection and analysis of relevant data in the fields covered by the Authority should therefore be set up, in the form of a network coordinated by the Authority. A review of Community data collection networks already existing in the fields covered by the Authority is called for.

(50) Improved identification of emerging risks may in the long term be a major preventive instrument at the disposal of the Member States and the Community in the exercise of its policies. It is therefore

necessary to assign to the Authority an anticipatory task of collecting information and exercising vigilance and providing evaluation of and information on emerging risks with a view to their prevention.

(51) The establishment of the Authority should enable Member States to become more closely involved in scientific procedures. There should therefore be close cooperation between the Authority and the Member States for this purpose. In particular, the Authority should be able to assign certain tasks to organisations in the Member States.

(52) It is necessary to ensure that a balance is struck between the need to use national organisations to carry out tasks for the Authority and the need to ensure for the purposes of overall consistency that such tasks are carried out in line with the criteria established for such tasks. Existing procedures for the allocation of scientific tasks to the Member States, in particular with regard to the evaluation of dossiers presented by industry for the authorisation of certain substances, products or procedures, should be re-examined within a year with the objective of taking into account the establishment of the Authority and the new facilities it offers, the evaluation procedures remaining at least as stringent as before.

(53) The Commission remains fully responsible for communicating risk management measures. The appropriate information should therefore be exchanged between the Authority and the Commission. Close cooperation between the Authority, the Commission and the Member States is also necessary to ensure the coherence of the global communication process.

(54) The independence of the Authority and its role in informing the public mean that it should be able to communicate autonomously in the fields falling within its competence, its purpose being to provide objective, reliable and easily understandable information.

(55) Appropriate cooperation with the Member States and other interested parties is necessary in the specific field of public information campaigns to take into account any regional parameters and any correlation with health policy.

(56) In addition to its operating principles based on independence and transparency, the Authority should be an organisation open to contacts with consumers and other interested groups.

(57) The Authority should be financed by the general budget of the European Union. However, in the light of experience acquired, in particular with regard to the processing of authorisation dossiers presented by industry, the possibility of fees should be examined within three years following the entry into force of this Regulation. The Community budgetary procedure remains applicable as far as any subsidies chargeable to the general budget of the European Union are concerned. Moreover, the auditing of accounts should be undertaken by the Court of Auditors.

(58) It is necessary to allow for the participation of European countries which are not members of the European Union and which have concluded agreements obliging them to transpose and implement the body of Community law in the field covered by this Regulation.

(59) A system for rapid alert already exists in the framework of Council Directive 92/59/EEC of 29 June 1992 on general product safety. The scope of the existing system includes food and industrial products but not feed. Recent food crises have demonstrated the need to set up an improved and broadened rapid alert system covering food and feed. This revised system should be managed by the Commission and include as members of the network the Member States, the Commission and the Authority. The system should not cover the Community arrangements for the early exchange of information in the event of a radiological emergency as defined in Council Decision 87/600/Euratom.

(60) Recent food safety incidents have demonstrated the need to establish appropriate measures in emergency situations ensuring that all foods, whatever their type and origin, and all feed should be subject to common measures in the event of a serious risk to human health, animal health or the environment. Such a comprehensive approach to emergency food safety measures should allow effective action to be taken and avoid artificial disparities in the treatment of a serious risk in relation to food or feed.

(61) Recent food crises have also shown the benefits to the Commission of having properly adapted, more rapid procedures for crisis management. These organisational procedures should make it possible to improve coordination of effort and to determine the most effective measures on the basis of the best scientific information. Therefore, revised procedures should take into account the Authority's responsibilities and should provide for its scientific and technical assistance in the form of advice in the event of a food crisis.

(62) In order to ensure a more effective, comprehensive approach to the food chain, a Committee on the Food Chain and Animal Health should be established to replace the Standing Veterinary Committee, the Standing Committee for Foodstuffs and the Standing Committee for Feedingstuffs. Accordingly, Council Decisions 68/361/EEC, 69/414/EEC, and 70/372/EEC, should be repealed. For the same reason the Committee on the Food Chain and Animal Health should also replace the Standing Committee on Plant Health in relation to its competence (for Directives 76/895/EEC, 86/362/EEC, 86/363/EEC, 90/642/EEC and 91/414/EEC) on plant protection products and the setting of maximum residue levels.

(63) The measures necessary for the implementation of this Regulation should be adopted in accordance with Council Decision 1999/468/EC of 28 June 1999 laying down the procedures for the exercise of implementing powers conferred on the Commission.

(64) It is necessary that operators should have sufficient time to adapt to some of the requirements established by the present Regulation and that the European Food Safety Authority should commence its operations on 1 January 2002.

(65) It is important to avoid confusion between the missions of the Authority and the European Agency for the Evaluation of Medicinal Products (EMEA) established by Council Regulation (EEC) No 2309/93. Consequently, it is necessary to establish that this Regulation is without prejudice to the competence conferred on the EMEA by Community legislation, including powers conferred by Council Regulation (EEC) No 2377/90 of 26 June 1990 laying down a Community procedure for the establishment of maximum residue limits of veterinary medicinal products in foodstuffs of animal origin.

(66) It is necessary and appropriate for the achievement of the basic objectives of this Regulation to provide for the approximation of the concepts, principles and procedures forming a common basis for food law in the Community and to establish a European Food Safety Authority. In accordance with the principle of proportionality as set out in Article 5 of the Treaty, this Regulation does not go beyond what is necessary in order to achieve the objectives pursued,

HAVE ADOPTED THIS REGULATION:

CHAPTER I
SCOPE AND DEFINITIONS

Article 1
Aim and scope

1. This Regulation provides the basis for the assurance of a high level of protection of human health and consumers' interest in relation to food, taking into account in particular the diversity in the supply of food including traditional products, whilst ensuring the effective functioning of the internal market. It establishes common principles and responsibilities, the means to provide a strong science base, efficient organisational arrangements and procedures to underpin decision-making in matters of food and feed safety.

2. For the purposes of paragraph 1, this Regulation lays down the general principles governing food and feed in general, and food and feed safety in particular, at Community and national level.

It establishes the European Food Safety Authority.

It lays down procedures for matters with a direct or indirect impact on food and feed safety.

3. This Regulation shall apply to all stages of production, processing and distribution of food and feed. It shall not apply to primary production for private domestic use or to the domestic preparation, handling or storage of food for private domestic consumption.

Article 2
Definition of "food"

For the purposes of this Regulation, "food" (or "foodstuff") means any substance or product, whether processed, partially processed or unprocessed, intended to be, or reasonably expected to be ingested by humans.

"Food" includes drink, chewing gum and any substance, including water, intentionally incorporated into the food during its manufacture, preparation or treatment. It includes water after the point of compliance as defined in Article 6 of Directive 98/83/EC and without prejudice to the requirements of Directives 80/778/EEC and 98/83/EC.

"Food" shall not include:

(a) feed;

(b) live animals unless they are prepared for placing on the market for human consumption;

(c) plants prior to harvesting;

(d) medicinal products within the meaning of Council Directives 65/65/EEC and 92/73/EEC;

(e) cosmetics within the meaning of Council Directive 76/768/EEC;

(f) tobacco and tobacco products within the meaning of Council Directive 89/622/EEC;

(g) narcotic or psychotropic substances within the meaning of the United Nations Single Convention on Narcotic Drugs, 1961, and the United Nations Convention on Psychotropic Substances, 1971;

(h) residues and contaminants.

Article 3
Other definitions

For the purposes of this Regulation:

1. "food law" means the laws, regulations and administrative provisions governing food in general, and food safety in particular, whether at Community or national level; it covers any stage of production, processing and distribution of food, and also of feed produced for, or fed to, food-producing animals;

2. "food business" means any undertaking, whether for profit or not and whether public or private, carrying out any of the activities related to any stage of production, processing and distribution of food;

3. "food business operator" means the natural or legal persons responsible for ensuring that the requirements of food law are met within the food business under their control;

4. "feed" (or "feedingstuff") means any substance or product, including additives, whether processed, partially processed or unprocessed, intended to be used for oral feeding to animals;

5. "feed business" means any undertaking whether for profit or not and whether public or private, carrying out any operation of production, manufacture, processing, storage, transport or distribution of feed including any producer producing, processing or storing feed for feeding to animals on his own holding;

6. "feed business operator" means the natural or legal persons responsible for ensuring that the requirements of food law are met within the feed business under their control;

7. "retail" means the handling and/or processing of food and its storage at the point of sale or delivery to the final consumer, and includes distribution terminals, catering operations, factory canteens, institutional

catering, restaurants and other similar food service operations, shops, supermarket distribution centres and wholesale outlets;

8. "placing on the market" means the holding of food or feed for the purpose of sale, including offering for sale or any other form of transfer, whether free of charge or not, and the sale, distribution, and other forms of transfer themselves;

9. "risk" means a function of the probability of an adverse health effect and the severity of that effect, consequential to a hazard;

10. "risk analysis" means a process consisting of three interconnected components: risk assessment, risk management and risk communication;

11. "risk assessment" means a scientifically based process consisting of four steps: hazard identification, hazard characterisation, exposure assessment and risk characterisation;

12. "risk management" means the process, distinct from risk assessment, of weighing policy alternatives in consultation with interested parties, considering risk assessment and other legitimate factors, and, if need be, selecting appropriate prevention and control options;

13. "risk communication" means the interactive exchange of information and opinions throughout the risk analysis process as regards hazards and risks, risk-related factors and risk perceptions, among risk assessors, risk managers, consumers, feed and food businesses, the academic community and other interested parties, including the explanation of risk assessment findings and the basis of risk management decisions;

14. "hazard" means a biological, chemical or physical agent in, or condition of, food or feed with the potential to cause an adverse health effect;

15. "traceability" means the ability to trace and follow a food, feed, food-producing animal or substance intended to be, or expected to be incorporated into a food or feed, through all stages of production, processing and distribution;

16. "stages of production, processing and distribution" means any stage, including import, from and including the primary production of a food, up to and including its storage, transport, sale or supply to the final consumer and, where relevant, the importation, production, manufacture, storage, transport, distribution, sale and supply of feed;

17. "primary production" means the production, rearing or growing of primary products including harvesting, milking and farmed animal production prior to slaughter. It also includes hunting and fishing and the harvesting of wild products;

18. "final consumer" means the ultimate consumer of a foodstuff who will not use the food as part of any food business operation or activity.

CHAPTER II
GENERAL FOOD LAW

Article 4
Scope

1. This Chapter relates to all stages of the production, processing and distribution of food, and also of feed produced for, or fed to, food-producing animals.

2. The principles laid down in Articles 5 to 10 shall form a general framework of a horizontal nature to be followed when measures are taken.

3. Existing food law principles and procedures shall be adapted as soon as possible and by 1 January 2007 at the latest in order to comply with Articles 5 to 10.

4. Until then, and by way of derogation from paragraph 2, existing legislation shall be implemented

taking account of the principles laid down in Articles 5 to 10.

SECTION 1
GENERAL PRINCIPLES OF FOOD LAW

Article 5
General objectives

1. Food law shall pursue one or more of the general objectives of a high level of protection of human life and health and the protection of consumers' interests, including fair practices in food trade, taking account of, where appropriate, the protection of animal health and welfare, plant health and the environment.

2. Food law shall aim to achieve the free movement in the Community of food and feed manufactured or marketed according to the general principles and requirements in this Chapter.

3. Where international standards exist or their completion is imminent, they shall be taken into consideration in the development or adaptation of food law, except where such standards or relevant parts would be an ineffective or inappropriate means for the fulfilment of the legitimate objectives of food law or where there is a scientific justification, or where they would result in a different level of protection from the one determined as appropriate in the Community.

Article 6
Risk analysis

1. In order to achieve the general objective of a high level of protection of human health and life, food law shall be based on risk analysis except where this is not appropriate to the circumstances or the nature of the measure.

2. Risk assessment shall be based on the available scientific evidence and undertaken in an independent, objective and transparent manner.

3. Risk management shall take into account the results of risk assessment, and in particular, the opinions of the Authority referred to in Article 22, other factors legitimate to the matter under consideration and the precautionary principle where the conditions laid down in Article 7(1) are relevant, in order to achieve the general objectives of food law established in Article 5.

Article 7
Precautionary principle

1. In specific circumstances where, following an assessment of available information, the possibility of harmful effects on health is identified but scientific uncertainty persists, provisional risk management measures necessary to ensure the high level of health protection chosen in the Community may be adopted, pending further scientific information for a more comprehensive risk assessment.

2. Measures adopted on the basis of paragraph 1 shall be proportionate and no more restrictive of trade than is required to achieve the high level of health protection chosen in the Community, regard being had to technical and economic feasibility and other factors regarded as legitimate in the matter under consideration. The measures shall be reviewed within a reasonable period of time, depending on the nature of the risk to life or health identified and the type of scientific information needed to clarify the scientific uncertainty and to conduct a more comprehensive risk assessment.

Article 8
Protection of consumers' interests

1. Food law shall aim at the protection of the interests of consumers and shall provide a basis for consumers to make informed choices in relation to the foods they consume. It shall aim at the prevention of:

(a) fraudulent or deceptive practices;

(b) the adulteration of food; and

(c) any other practices which may mislead the consumer.

SECTION 2
PRINCIPLES OF TRANSPARENCY

Article 9
Public consultation

There shall be open and transparent public consultation, directly or through representative bodies, during the preparation, evaluation and revision of food law, except where the urgency of the matter does not allow it.

Article 10
Public information

Without prejudice to the applicable provisions of Community and national law on access to documents, where there are reasonable grounds to suspect that a food or feed may present a risk for human or animal health, then, depending on the nature, seriousness and extent of that risk, public authorities shall take appropriate steps to inform the general public of the nature of the risk to health, identifying to the fullest extent possible the food or feed, or type of food or feed, the risk that it may present, and the measures which are taken or about to be taken to prevent, reduce or eliminate that risk.

SECTION 3
GENERAL OBLIGATIONS OF FOOD TRADE

Article 11
Food and feed imported into the Community

Food and feed imported into the Community for placing on the market within the Community shall comply with the relevant requirements of food law or conditions recognised by the Community to be at least equivalent thereto or, where a specific agreement exists between the Community and the exporting country, with requirements contained therein.

Article 12
Food and feed exported from the Community

1. Food and feed exported or re-exported from the Community for placing on the market of a third country shall comply with the relevant requirements of food law, unless otherwise requested by the

authorities of the importing country or established by the laws, regulations, standards, codes of practice and other legal and administrative procedures as may be in force in the importing country.

In other circumstances, except in the case where foods are injurious to health or feeds are unsafe, food and feed can only be exported or re-exported if the competent authorities of the country of destination have expressly agreed, after having been fully informed of the reasons for which and the circumstances in which the food or feed concerned could not be placed on the market in the Community.

2. Where the provisions of a bilateral agreement concluded between the Community or one of its Member States and a third country are applicable, food and feed exported from the Community or that Member State to that third country shall comply with the said provisions.

Article 13
International standards

Without prejudice to their rights and obligations, the Community and the Member States shall:

(a) contribute to the development of international technical standards for food and feed and sanitary and phytosanitary standards;

(b) promote the coordination of work on food and feed standards undertaken by international governmental and non-governmental organisations;

(c) contribute, where relevant and appropriate, to the development of agreements on recognition of the equivalence of specific food and feed-related measures;

(d) give particular attention to the special development, financial and trade needs of developing countries, with a view to ensuring that international standards do not create unnecessary obstacles to exports from developing countries;

(e) promote consistency between international technical standards and food law while ensuring that the high level of protection adopted in the Community is not reduced.

SECTION 4
GENERAL REQUIREMENTS OF FOOD LAW

Article 14
Food safety requirements

1. Food shall not be placed on the market if it is unsafe.

2. Food shall be deemed to be unsafe if it is considered to be:

(a) injurious to health;

(b) unfit for human consumption.

3. In determining whether any food is unsafe, regard shall be had:

(a) to the normal conditions of use of the food by the consumer and at each stage of production, processing and distribution, and

(b) to the information provided to the consumer, including information on the label, or other information generally available to the consumer concerning the avoidance of specific adverse health effects from a particular food or category of foods.

4. In determining whether any food is injurious to health, regard shall be had:

(a) not only to the probable immediate and/or short-term and/or long-term effects of that food on the health of a person consuming it, but also on subsequent generations;

(b) to the probable cumulative toxic effects;

(c) to the particular health sensitivities of a specific category of consumers where the food is intended for that category of consumers.

5. In determining whether any food is unfit for human consumption, regard shall be had to whether the food is unacceptable for human consumption according to its intended use, for reasons of contamination, whether by extraneous matter or otherwise, or through putrefaction, deterioration or decay.

6. Where any food which is unsafe is part of a batch, lot or consignment of food of the same class or description, it shall be presumed that all the food in that batch, lot or consignment is also unsafe, unless following a detailed assessment there is no evidence that the rest of the batch, lot or consignment is unsafe.

7. Food that complies with specific Community provisions governing food safety shall be deemed to be safe insofar as the aspects covered by the specific Community provisions are concerned.

8. Conformity of a food with specific provisions applicable to that food shall not bar the competent authorities from taking appropriate measures to impose restrictions on it being placed on the market or to require its withdrawal from the market where there are reasons to suspect that, despite such conformity, the food is unsafe.

9. Where there are no specific Community provisions, food shall be deemed to be safe when it conforms to the specific provisions of national food law of the Member State in whose territory the food is marketed, such provisions being drawn up and applied without prejudice to the Treaty, in particular Articles 28 and 30 thereof.

Article 15
Feed safety requirements

1. Feed shall not be placed on the market or fed to any food-producing animal if it is unsafe.

2. Feed shall be deemed to be unsafe for its intended use if it is considered to:
−have an adverse effect on human or animal health;
−make the food derived from food-producing animals unsafe for human consumption.

3. Where a feed which has been identified as not satisfying the feed safety requirement is part of a batch, lot or consignment of feed of the same class or description, it shall be presumed that all of the feed in that batch, lot or consignment is so affected, unless following a detailed assessment there is no evidence that the rest of the batch, lot or consignment fails to satisfy the feed safety requirement.

4. Feed that complies with specific Community provisions governing feed safety shall be deemed to be safe insofar as the aspects covered by the specific Community provisions are concerned.

5. Conformity of a feed with specific provisions applicable to that feed shall not bar the competent authorities from taking appropriate measures to impose restrictions on it being placed on the market or to require its withdrawal from the market where there are reasons to suspect that, despite such conformity, the feed is unsafe.

6. Where there are no specific Community provisions, feed shall be deemed to be safe when it conforms to the specific provisions of national law governing feed safety of the Member State in whose territory the feed is in circulation, such provisions being drawn up and applied without prejudice to the Treaty, in particular Articles 28 and 30 thereof.

Article 16
Presentation

Without prejudice to more specific provisions of food law, the labelling, advertising and presentation of food or feed, including their shape, appearance or packaging, the packaging materials used, the manner in which they are arranged and the setting in which they are displayed, and the information which is made available about them through whatever medium, shall not mislead consumers.

Article 17
Responsibilities

1. Food and feed business operators at all stages of production, processing and distribution within the businesses under their control shall ensure that foods or feeds satisfy the requirements of food law which are relevant to their activities and shall verify that such requirements are met.

2. Member States shall enforce food law, and monitor and verify that the relevant requirements of food law are fulfilled by food and feed business operators at all stages of production, processing and distribution.

For that purpose, they shall maintain a system of official controls and other activities as appropriate to the circumstances, including public communication on food and feed safety and risk, food and feed safety surveillance and other monitoring activities covering all stages of production, processing and distribution.

Member States shall also lay down the rules on measures and penalties applicable to infringements of food and feed law. The measures and penalties provided for shall be effective, proportionate and dissuasive.

Article 18
Traceability

1. The traceability of food, feed, food-producing animals, and any other substance intended to be, or expected to be, incorporated into a food or feed shall be established at all stages of production, processing and distribution.

2. Food and feed business operators shall be able to identify any person from whom they have been supplied with a food, a feed, a food-producing animal, or any substance intended to be, or expected to be, incorporated into a food or feed.

To this end, such operators shall have in place systems and procedures which allow for this information to be made available to the competent authorities on demand.

3. Food and feed business operators shall have in place systems and procedures to identify the other businesses to which their products have been supplied. This information shall be made available to the competent authorities on demand.

4. Food or feed which is placed on the market or is likely to be placed on the market in the Community shall be adequately labelled or identified to facilitate its traceability, through relevant documentation or information in accordance with the relevant requirements of more specific provisions.

5. Provisions for the purpose of applying the requirements of this Article in respect of specific sectors may be adopted in accordance with the procedure laid down in Article 58(2).

Article 19
Responsibilities for food: food business operators

1. If a food business operator considers or has reason to believe that a food which it has imported, produced, processed, manufactured or distributed is not in compliance with the food safety requirements, it shall immediately initiate procedures to withdraw the food in question from the market where the food has left the immediate control of that initial food business operator and inform the competent authorities thereof. Where the product may have reached the consumer, the operator shall effectively and accurately

inform the consumers of the reason for its withdrawal, and if necessary, recall from consumers products already supplied to them when other measures are not sufficient to achieve a high level of health protection.

2. A food business operator responsible for retail or distribution activities which do not affect the packaging, labelling, safety or integrity of the food shall, within the limits of its respective activities, initiate procedures to withdraw from the market products not in compliance with the food-safety requirements and shall participate in contributing to the safety of the food by passing on relevant information necessary to trace a food, cooperating in the action taken by producers, processors, manufacturers and/or the competent authorities.

3. A food business operator shall immediately inform the competent authorities if it considers or has reason to believe that a food which it has placed on the market may be injurious to human health. Operators shall inform the competent authorities of the action taken to prevent risks to the final consumer and shall not prevent or discourage any person from cooperating, in accordance with national law and legal practice, with the competent authorities, where this may prevent, reduce or eliminate a risk arising from a food.

4. Food business operators shall collaborate with the competent authorities on action taken to avoid or reduce risks posed by a food which they supply or have supplied.

Article 20
Responsibilities for feed: feed business operators

1. If a feed business operator considers or has reason to believe that a feed which it has imported, produced, processed, manufactured or distributed does not satisfy the feed safety requirements, it shall immediately initiate procedures to withdraw the feed in question from the market and inform the competent authorities thereof. In these circumstances or, in the case of Article 15(3), where the batch, lot or consignment does not satisfy the feed safety requirement, that feed shall be destroyed, unless the competent authority is satisfied otherwise. The operator shall effectively and accurately inform users of the feed of the reason for its withdrawal, and if necessary, recall from them products already supplied when other measures are not sufficient to achieve a high level of health protection.

2. A feed business operator responsible for retail or distribution activities which do not affect the packaging, labelling, safety or integrity of the feed shall, within the limits of its respective activities, initiate procedures to withdraw from the market products not in compliance with the feed-safety requirements and shall participate in contributing to the safety of food by passing on relevant information necessary to trace a feed, cooperating in the action taken by producers, processors, manufacturers and/or the competent authorities.

3. A feed business operator shall immediately inform the competent authorities if it considers or has reason to believe that a feed which it placed on the market may not satisfy the feed safety requirements. It shall inform the competent authorities of the action taken to prevent risk arising from the use of that feed and shall not prevent or discourage any person from cooperating, in accordance with national law and legal practice, with the competent authorities, where this may prevent, reduce or eliminate a risk arising from a feed.

4. Feed business operators shall collaborate with the competent authorities on action taken in order to avoid risks posed by a feed which they supply or have supplied.

Article 21
Liability

The provisions of this Chapter shall be without prejudice to Council Directive 85/374/EEC of 25 July 1985 on the approximation of the laws, regulations and administrative provisions of the Member States concerning liability for defective products.

CHAPTER III
EUROPEAN FOOD SAFETY AUTHORITY

SECTION 1
MISSION AND TASKS

Article 22
Mission of the Authority

1. A European Food Safety Authority, hereinafter referred to as the "Authority", is hereby established.

2. The Authority shall provide scientific advice and scientific and technical support for the Community's legislation and policies in all fields which have a direct or indirect impact on food and feed safety. It shall provide independent information on all matters within these fields and communicate on risks.

3. The Authority shall contribute to a high level of protection of human life and health, and in this respect take account of animal health and welfare, plant health and the environment, in the context of the operation of the internal market.

4. The Authority shall collect and analyse data to allow the characterisation and monitoring of risks which have a direct or indirect impact on food and feed safety.

5. The mission of the Authority shall also include the provision of:

(a) scientific advice and scientific and technical support on human nutrition in relation to Community legislation and, at the request of the Commission, assistance concerning communication on nutritional issues within the framework of the Community health programme;

(b) scientific opinions on other matters relating to animal health and welfare and plant health;

(c) scientific opinions on products other than food and feed relating to genetically modified organisms as defined by Directive 2001/18/EC and without prejudice to the procedures established therein.

6. The Authority shall provide scientific opinions which will serve as the scientific basis for the drafting and adoption of Community measures in the fields falling within its mission.

7. The Authority shall carry out its tasks in conditions which enable it to serve as a point of reference by virtue of its independence, the scientific and technical quality of the opinions it issues and the information it disseminates, the transparency of its procedures and methods of operation, and its diligence in performing the tasks assigned to it.

It shall act in close cooperation with the competent bodies in the Member States carrying out similar tasks to these of the Authority.

8. The Authority, Commission and Member States shall cooperate to promote the effective coherence between risk assessment, risk management and risk communication functions.

9. The Member States shall cooperate with the Authority to ensure the accomplishment of its mission.

Article 23
Tasks of the Authority

The tasks of the Authority shall be the following:

(a) to provide the Community institutions and the Member States with the best possible scientific opinions in all cases provided for by Community legislation and on any question within its mission;

(b) to promote and coordinate the development of uniform risk assessment methodologies in the fields falling within its mission;

(c) to provide scientific and technical support to the Commission in the areas within its mission and, when so requested, in the interpretation and consideration of risk assessment opinions;

(d) to commission scientific studies necessary for the accomplishment of its mission;

(e) to search for, collect, collate, analyse and summarise scientific and technical data in the fields within its mission;

(f) to undertake action to identify and characterise emerging risks, in the fields within its mission;

(g) to establish a system of networks of organisations operating in the fields within its mission and be responsible for their operation;

(h) to provide scientific and technical assistance, when requested to do so by the Commission, in the crisis management procedures implemented by the Commission with regard to the safety of food and feed;

(i) to provide scientific and technical assistance, when requested to do so by the Commission, with a view to improving cooperation between the Community, applicant countries, international organisations and third countries, in the fields within its mission;

(j) to ensure that the public and interested parties receive rapid, reliable, objective and comprehensible information in the fields within its mission;

(k) to express independently its own conclusions and orientations on matters within its mission;

(l) to undertake any other task assigned to it by the Commission within its mission.

SECTION 2
ORGANISATION

Article 24
Bodies of the Authority

The Authority shall comprise:

(a) a Management Board;

(b) an Executive Director and his staff;

(c) an Advisory Forum;

(d) a Scientific Committee and Scientific Panels.

Article 25
Management Board

1. The Management Board shall be composed of 14 members appointed by the Council in consultation with the European Parliament from a list drawn up by the Commission which includes a number of candidates substantially higher than the number of members to be appointed, plus a representative of the Commission. Four of the members shall have their background in organisations representing consumers and other interests in the food chain.

The list drawn up by the Commission, accompanied by the relevant documentation, shall be forwarded to the European Parliament. As soon as possible and within three months of such communication, the European Parliament may make its views available for consideration by the Council, which will then appoint the Management Board.

The members of the Board shall be appointed in such a way as to secure the highest standards of competence, a broad range of relevant expertise and, consistent with these, the broadest possible geographic distribution within the Union.

2. Members' term of office shall be four years, and may be renewed once. However, for the first mandate, this period shall be six years for half of the members.

3. The Management Board shall adopt the Authority's internal rules on the basis of a proposal by the Executive Director. These rules shall be made public.

4. The Management Board shall elect one of its members as its Chair for a two-year period, which shall be renewable.

5. The Management Board shall adopt its rules of procedure.

Unless otherwise provided, the Management Board shall act by a majority of its members.

6. The Management Board shall meet at the invitation of the Chair or at the request of at least a third of its members.

7. The Management Board shall ensure that the Authority carries out its mission and performs the tasks assigned to it under the conditions laid down in this Regulation.

8. Before 31 January each year, the Management Board shall adopt the Authority's programme of work for the coming year. It shall also adopt a revisable multi-annual programme. The Management Board shall ensure that these programmes are consistent with the Community's legislative and policy priorities in the area of food safety.

Before 30 March each year, the Management Board shall adopt the general report on the Authority's activities for the previous year.

▼ **M1**

9. The financial rules applicable to the Authority shall be adopted by the Management Board after the Commission has been consulted. They may not depart from Commission Regulation (EC, Euratom) No 2343/2002 of 19 November 2002 on the framework Financial Regulation for the bodies referred to in Article 185 of Council Regulation (EC, Euratom) No 1605/2002 on the Financial Regulation applicable to the general budget of the European Communities unless such departure is specifically required for the Authority's operation and the Commission has given its prior consent.

▼ **B**

10. The Executive Director shall take part in the meetings of the Management Board, without voting rights, and shall provide the Secretariat. The Management Board shall invite the Chair of the Scientific Committee to attend its meetings without voting rights.

Article 26
Executive Director

1. The Executive Director shall be appointed by the Management Board, on the basis of a list of candidates proposed by the Commission after an open competition, following publication in the Official Journal of the European Communities and elsewhere of a call for expressions of interest, for a period of five years which shall be renewable. Before appointment the candidate nominated by the Management

Board shall be invited without delay to make a statement before the European Parliament and answer questions put by members of this institution. The Executive Director may be removed from office by a majority of the Management Board.

2. The Executive Director shall be the legal representative of the Authority and shall be responsible for:

(a) the day-to-day administration of the Authority;

(b) drawing up a proposal for the Authority's work programmes in consultation with the Commission;

(c) implementing the work programmes and the decisions adopted by the Management Board;

(d) ensuring the provision of appropriate scientific, technical and administrative support for the Scientific Committee and the Scientific Panels;

(e) ensuring that the Authority carries out its tasks in accordance with the requirements of its users, in particular with regard to the adequacy of the services provided and the time taken;

▼**M1**

(f) the preparation of the Authority's draft statement of estimates of revenue and expenditure, and the execution of its budget;

▼**B**

(g) all staff matters;

(h) developing and maintaining contact with the European Parliament, and for ensuring a regular dialogue with its relevant committees.

▼**M1**

3. 3. Each year, the Executive Director shall submit to the Management Board for approval:

(a) a draft general report covering all the activities of the Authority in the previous year;

(b) draft programmes of work.

The Executive Director shall, following adoption by the Management Board, forward the programmes of work to the European Parliament, the Council, the Commission and the Member States, and shall have them published.

The Executive Director shall, following adoption by the Management Board and by 15 June, forward the Authority's general report to the European Parliament, the Council, the Commission, the Court of Auditors, the European Economic and Social Committee and the Committee of the Regions, and shall have it published.

The Executive Director shall forward annually to the budgetary authority all information relevant to the outcome of the evaluation procedures.

▼**M1**

▼**B**

Article 27
Advisory Forum

1. The Advisory Forum shall be composed of representatives from competent bodies in the Member States which undertake tasks similar to those of the Authority, on the basis of one representative designated by each Member State. Representatives may be replaced by alternates, appointed at the same

time.

2. Members of the Advisory Forum may not be members of the Management Board.

3. The Advisory Forum shall advise the Executive Director in the performance of his duties under this Regulation, in particular in drawing up a proposal for the Authority's work programme. The Executive Director may also ask the Advisory Forum for advice on the prioritisation of requests for scientific opinions.

4. The Advisory Forum shall constitute a mechanism for an exchange of information on potential risks and the pooling of knowledge. It shall ensure close cooperation between the Authority and the competent bodies in the Member States in particular on the following items:

(a) avoidance of duplication of the Authority's scientific studies with Member States, in accordance with Article 32;

(b) in those circumstances identified in Article 30(4), where the Authority and a national body are obliged to cooperate;

(c) in the promoting of the European networking of organisations operating within the fields of the Authority's mission, in accordance with Article 36(1);

(d) where the Authority or a Member State identifies an emerging risk.

5. The Advisory Forum shall be chaired by the Executive Director. It shall meet regularly at the invitation of the Chair or at the request of at least a third of its members, and not less than four times per year. Its operational procedures shall be specified in the Authority's internal rules and shall be made public.

6. The Authority shall provide the technical and logistic support necessary for the Advisory Forum and provide the Secretariat for its meetings.

7. Representatives of the Commission's departments may participate in the work of the Advisory Forum. The Executive Director may invite representatives of the European Parliament and from other relevant bodies to take part.

Where the Advisory Forum discusses the matters referred to in Article 22(5)(b), representatives from competent bodies in the Member States which undertake tasks similar to those referred to in Article 22(5)(b) may participate in the work of the Advisory Forum, on the basis of one representative designated by each Member State.

Article 28
Scientific Committee and Scientific Panels

1. The Scientific Committee and permanent Scientific Panels shall be responsible for providing the scientific opinions of the Authority, each within their own spheres of competence, and shall have the possibility, where necessary, of organising public hearings.

2. The Scientific Committee shall be responsible for the general coordination necessary to ensure the consistency of the scientific opinion procedure, in particular with regard to the adoption of working procedures and harmonisation of working methods. It shall provide opinions on multisectoral issues falling within the competence of more than one Scientific Panel, and on issues which do not fall within the competence of any of the Scientific Panels.

Where necessary, and particularly in the case of subjects which do not fall within the competence of any of the Scientific Panels, the Scientific Committee shall set up working groups. In such cases, it shall draw on the expertise of those working groups when establishing scientific opinions.

3. The Scientific Committee shall be composed of the Chairs of the Scientific Panels and six independent scientific experts who do not belong to any of the Scientific Panels.

4. The Scientific Panels shall be composed of independent scientific experts. When the Authority is

established, the following Scientific Panels shall be set up:

▼ **M3**

(a) the Panel on food additives and nutrient sources added to food;

▼ **B**

(b) the Panel on additives and products or substances used in animal feed;

▼ **M2**

(c) the Panel on plant protection products and their residues;

▼ **B**

(d) the Panel on genetically modified organisms;

(e) the Panel on dietetic products, nutrition and allergies;

(f) the Panel on biological hazards;

(g) the Panel on contaminants in the food chain;

(h) the Panel on animal health and welfare.

▼ **M2**

(i) the Panel on plant health;

▼ **M3**

(j) the Panel on food contact materials, enzymes, flavourings, and processing aids.

▼ **M4**

The number and names of the Scientific Panels may be adapted in the light of technical and scientific development by the Commission, at the Authority's request. Those measures, designed to amend non-essential elements of this Regulation by supplementing it, shall be adopted in accordance with the regulatory procedure with scrutiny referred to in Article 58(3).

▼ **B**

5. The members of the Scientific Committee who are not members of Scientific Panels and the members of the Scientific Panels shall be appointed by the Management Board, acting upon a proposal from the Executive Director, for a three-year term of office, which shall be renewable, following publication in the Official Journal of the European Communities, in relevant leading scientific publications and on the Authority's website of a call for expressions of interest.

6. The Scientific Committee and the Scientific Panels shall each choose a Chair and two Vice-Chairs from among their members.

7. The Scientific Committee and the Scientific Panels shall act by a majority of their members. Minority opinions shall be recorded.

8. The representatives of the Commission's departments shall be entitled to be present in the meetings of the Scientific Committee, the Scientific Panels and their working groups. If invited to do so, they may assist for the purposes of clarification or information but shall not seek to influence discussions.

9. The procedures for the operation and cooperation of the Scientific Committee and the Scientific Panels shall be laid down in the Authority's internal rules.

These procedures shall relate in particular to:

(a) the number of times that a member can serve consecutively on a Scientific Committee or Scientific Panel;

(b) the number of members in each Scientific Panel;

(c) the procedure for reimbursing the expenses of members of the Scientific Committee and the Scientific Panels;

(d) the manner in which tasks and requests for scientific opinions are assigned to the Scientific Committee and the Scientific Panels;

(e) the creation and organisation of the working groups of the Scientific Committee and the Scientific Panels, and the possibility of external experts being included in those working groups;

(f) the possibility of observers being invited to meetings of the Scientific Committee and the Scientific Panels;

(g) the possibility of organising public hearings.

SECTION 3
OPERATION

Article 29
Scientific opinions

1. The Authority shall issue a scientific opinion:

(a) at the request of the Commission, in respect of any matter within its mission, and in all cases where Community legislation makes provision for the Authority to be consulted;

(b) on its own initiative, on matters falling within its mission.

The European Parliament or a Member State may request the Authority to issue a scientific opinion on matters falling within its mission.

2. Requests referred to in paragraph 1 shall be accompanied by background information explaining the scientific issue to be addressed and the Community interest.

3. Where Community legislation does not already specify a time limit for the delivery of a scientific opinion, the Authority shall issue scientific opinions within the time limit specified in the requests for opinions, except in duly justified circumstances.

4. Where different requests are made on the same issues or where the request is not in accordance with paragraph 2, or is unclear, the Authority may either refuse, or propose amendments to a request for an opinion in consultation with the institution or Member State(s) that made the request. Justifications for the refusal shall be given to the institution or Member State(s) that made the request.

5. Where the Authority has already delivered a scientific opinion on the specific topic in a request, it may refuse the request if it concludes there are no new scientific elements justifying the re-examination. Justifications for the refusal shall be given to the institution or Member State(s) that made the request.

▼ M4

6. The implementing rules for the application of this Article shall be established by the Commission after consulting the Authority. Those rules shall specify in particular:

(a) the procedure to be applied by the Authority to the requests referred to it;

(b) the guidelines governing the scientific evaluation of substances, products or processes which are subject under Community legislation to a system of prior authorisation or entry on a positive list, in particular where Community legislation makes provision for, or authorises, a dossier to be presented for this purpose by the applicant.

The measure referred to in point (a), designed to amend non-essential elements of this Regulation by supplementing it, shall be adopted in accordance with the regulatory procedure with scrutiny referred to in Article 58(3).

The guidelines referred to in point (b) shall be adopted in accordance with the regulatory procedure referred to in Article 58(2).

▼B

7. The Authority's internal rules shall specify requirements in regard to format, explanatory background and publication of a scientific opinion.

Article 30
Diverging scientific opinions

1. The Authority shall exercise vigilance in order to identify at an early stage any potential source of divergence between its scientific opinions and the scientific opinions issued by other bodies carrying out similar tasks.

2. Where the Authority identifies a potential source of divergence, it shall contact the body in question to ensure that all relevant scientific information is shared and in order to identify potentially contentious scientific issues.

3. Where a substantive divergence over scientific issues has been identified and the body in question is a Community agency or one of the Commission's Scientific Committees, the Authority and the body concerned shall be obliged to cooperate with a view to either resolving the divergence or presenting a joint document to the Commission clarifying the contentious scientific issues and identifying the relevant uncertainties in the data. This document shall be made public.

4. Where a substantive divergence over scientific issues has been identified and the body in question is a Member State body, the Authority and the national body shall be obliged to cooperate with a view to either resolving the divergence or preparing a joint document clarifying the contentious scientific issues and identifying the relevant uncertainties in the data. This document shall be made public.

Article 31
Scientific and technical assistance

1. The Authority may be requested by the Commission to provide scientific or technical assistance in any field within its mission. The tasks of providing scientific and technical assistance shall consist of scientific or technical work involving the application of well-established scientific or technical principles which does not require scientific evaluation by the Scientific Committee or a Scientific Panel. Such tasks may include in particular assistance to the Commission for the establishment or evaluation of technical criteria and also assistance to the Commission in the development of technical guidelines.

2. Where the Commission refers a request for scientific or technical assistance to the Authority, it shall specify, in agreement with the Authority, the time limit within which the task must be completed.

Article 32
Scientific studies

1. Using the best independent scientific resources available, the Authority shall commission scientific studies necessary for the performance of its mission. Such studies shall be commissioned in an open and

transparent fashion. The Authority shall seek to avoid duplication with Member State or Community research programmes and shall foster cooperation through appropriate coordination.

2. The Authority shall inform the European Parliament, the Commission and the Member States of the results of its scientific studies.

Article 33
Collection of data

1. The Authority shall search for, collect, collate, analyse and summarise relevant scientific and technical data in the fields within its mission. This shall involve in particular the collection of data relating to:

(a) food consumption and the exposure of individuals to risks related to the consumption of food;

(b) incidence and prevalence of biological risk;

(c) contaminants in food and feed;

(d) residues.

2. For the purposes of paragraph 1, the Authority shall work in close cooperation with all organisations operating in the field of data collection, including those from applicant countries, third countries or international bodies.

3. The Member States shall take the necessary measures to enable the data they collect in the fields referred to in paragraphs 1 and 2 to be transmitted to the Authority.

4. The Authority shall forward to the Member States and the Commission appropriate recommendations which might improve the technical comparability of the data it receives and analyses, in order to facilitate consolidation at Community level.

5. Within one year following the date of entry into force of this Regulation, the Commission shall publish an inventory of data collection systems existing at Community level in the fields within the mission of the Authority.

The report, which shall be accompanied, where appropriate, by proposals, shall indicate in particular:

(a) for each system, the role which should be assigned to the Authority, and any modifications or improvements which might be required to enable the Authority to carry out its mission, in cooperation with the Member States;

(b) the shortcomings which should be remedied to enable the Authority to collect and summarise at Community level relevant scientific and technical data in the fields within its mission.

6. The Authority shall forward the results of its work in the field of data collection to the European Parliament, the Commission and the Member States.

Article 34
Identification of emerging risks

1. The Authority shall establish monitoring procedures for systematically searching for, collecting, collating and analysing information and data with a view to the identification of emerging risks in the fields within its mission.

2. Where the Authority has information leading it to suspect an emerging serious risk, it shall request additional information from the Member States, other Community agencies and the Commission. The Member States, the Community agencies concerned and the Commission shall reply as a matter of urgency and forward any relevant information in their possession.

3. The Authority shall use all the information it receives in the performance of its mission to identify an emerging risk.

4. The Authority shall forward the evaluation and information collected on emerging risks to the European Parliament, the Commission and the Member States.

Article 35
Rapid alert system

To enable it to perform its task of monitoring the health and nutritional risks of foods as effectively as possible, the Authority shall be the recipient of any messages forwarded via the rapid alert system. It shall analyse the content of such messages with a view to providing the Commission and the Member States with any information required for the purposes of risk analysis.

Article 36
Networking of organisations operating in the fields within the Authority's mission

1. The Authority shall promote the European networking of organisations operating in the fields within the Authority's mission. The aim of such networking is, in particular, to facilitate a scientific cooperation framework by the coordination of activities, the exchange of information, the development and implementation of joint projects, the exchange of expertise and best practices in the fields within the Authority's mission.

2. The Management Board, acting on a proposal from the Executive Director, shall draw up a list to be made public of competent organisations designated by the Member States which may assist the Authority, either individually or in networks, with its mission. The Authority may entrust to these organisations certain tasks, in particular preparatory work for scientific opinions, scientific and technical assistance, collection of data and identification of emerging risks. Some of these tasks may be eligible for financial support.

▼M4

3. The Commission, after consulting the Authority, shall lay down rules establishing the criteria for inclusion of an institute on the list of competent organisations designated by the Member States, arrangements for setting out harmonised quality requirements and the financial rules governing any financial support. Those measures, designed to amend non-essential elements of this Regulation, *inter alia,* by supplementing it, shall be adopted in accordance with the regulatory procedure with scrutiny referred to in Article 58(3).

Other implementing rules for the application of paragraphs 1 and 2 shall be laid down by the Commission, after consulting the Authority, in accordance with the regulatory procedure referred to in Article 58(2).

▼B

4. Within one year following the entry into force of this Regulation, the Commission shall publish an inventory of Community systems existing in the fields within the mission of the Authority which make provision for Member States to carry out certain tasks in the field of scientific evaluation, in particular the examination of authorisation dossiers. The report, which shall be accompanied, where appropriate, by proposals, shall indicate in particular, for each system, any modifications or improvements which might be required to enable the Authority to carry out its mission, in cooperation with the Member States.

SECTION 4
INDEPENDENCE, TRANSPARENCY, CONFIDENTIALITY AND COMMUNICATION

Article 37
Independence

1. The members of the Management Board, the members of the Advisory Forum and the Executive Director shall undertake to act independently in the public interest.

For this purpose, they shall make a declaration of commitment and a declaration of interests indicating either the absence of any interests which might be considered prejudicial to their independence or any direct or indirect interests which might be considered prejudicial to their independence. Those declarations shall be made annually in writing.

2. The members of the Scientific Committee and the Scientific Panels shall undertake to act independently of any external influence.

For this purpose, they shall make a declaration of commitment and a declaration of interests indicating either the absence of any interests which might be considered prejudicial to their independence or any direct or indirect interests which might be considered prejudicial to their independence. Those declarations shall be made annually in writing.

3. The members of the Management Board, the Executive Director, the members of the Advisory Forum, the members of the Scientific Committee and the Scientific Panels, as well as external experts participating in their working groups shall declare at each meeting any interests which might be considered prejudicial to their independence in relation to the items on the agenda.

Article 38
Transparency

1. The Authority shall ensure that it carries out its activities with a high level of transparency. It shall in particular make public without delay:

(a) agendas and minutes of the Scientific Committee and the Scientific Panels;

(b) the opinions of the Scientific Committee and the Scientific Panels immediately after adoption, minority opinions always being included;

(c) without prejudice to Articles 39 and 41, the information on which its opinions are based;

(d) the annual declarations of interest made by members of the Management Board, the Executive Director, members of the Advisory Forum and members of the Scientific Committee and Scientific Panels, as well as the declarations of interest made in relation to items on the agendas of meetings;

(e) the results of its scientific studies;

(f) the annual report of its activities;

(g) requests from the European Parliament, the Commission or a Member State for scientific opinions which have been refused or modified and the justifications for the refusal or modification.

2. The Management Board shall hold its meetings in public unless, acting on a proposal from the Executive Director, it decides otherwise for specific administrative points of its agenda, and may authorise consumer representatives or other interested parties to observe the proceedings of some of the Authority's activities.

3. The Authority shall lay down in its internal rules the practical arrangements for implementing the transparency rules referred to in paragraphs 1 and 2.

Article 39
Confidentiality

1. By way of derogation from Article 38, the Authority shall not divulge to third parties confidential information that it receives for which confidential treatment has been requested and justified, except for information which must be made public if circumstances so require, in order to protect public health.

2. Members of the Management Board, the Executive Director, members of the Scientific Committee and Scientific Panels as well as external experts participating in their working groups, members of the Advisory Forum and members of the staff of the Authority, even after their duties have ceased, shall be subject to the requirements of confidentiality pursuant to Article 287 of the Treaty.

3. The conclusions of the scientific opinions delivered by the Authority relating to foreseeable health effects shall on no account be kept confidential.

4. The Authority shall lay down in its internal rules the practical arrangements for implementing the confidentiality rules referred to in paragraphs 1 and 2.

Article 40
Communications from the Authority

1. The Authority shall communicate on its own initiative in the fields within its mission without prejudice to the Commission's competence to communicate its risk management decisions.

2. The Authority shall ensure that the public and any interested parties are rapidly given objective, reliable and easily accessible information, in particular with regard to the results of its work. In order to achieve these objectives, the Authority shall develop and disseminate information material for the general public.

3. The Authority shall act in close collaboration with the Commission and the Member States to promote the necessary coherence in the risk communication process.

The Authority shall publish all opinions issued by it in accordance with Article 38.

4. The Authority shall ensure appropriate cooperation with the competent bodies in the Member States and other interested parties with regard to public information campaigns.

▼ M1

Article 41
Access to documents

1. Regulation (EC) No 1049/2001 of the European Parliament and of the Council of 30 May 2001 regarding access to European Parliament, Council and Commission documents shall apply to documents held by the Authority.

2. The Management Board shall adopt the practical arrangements for implementing Regulation (EC) No 1049/2001 within six months after the entry into force of Regulation (EC) No 1642/2003 of the European Parliament and of the Council of 22 July 2003 amending Regulation

(EC) No 178/2002 laying down the general principles and requirements of food law, establishing the European Food Safety Authority and laying down procedures in matters of food safety.

3. Decisions taken by the Authority pursuant to Article 8 of Regulation (EC) No 1049/2001 may form the subject of a complaint to the Ombudsman or of an action before the Court of Justice, under the conditions laid down in Articles 195 and 230 of the EC Treaty respectively.

Article 42
Consumers, producers and other interested parties

The Authority shall develop effective contacts with consumer representatives, producer representatives, processors and any other interested parties.

SECTION 5
FINANCIAL PROVISIONS

Article 43
Adoption of the Authority's budget

1. The revenues of the Authority shall consist of a contribution from the Community and, from any State with which the Community has concluded the agreements referred to in Article 49, and charges for publications, conferences, training and any other similar activities provided by the Authority.

2. The expenditure of the Authority shall include the staff, administrative, infrastructure and operational expenses, and expenses resulting from contracts entered into with third parties or resulting from the financial support referred to in Article 36.

▼ <u>M1</u>

3. The Executive Director shall draw up, in good time before the date referred to in paragraph 5, a draft statement of estimates of the Authority's revenue and expenditure for the following financial year and shall forward it to the Management Board, together with the establishment plan.

4. Revenue and expenditure shall be in balance.

5. Each year the Management Board, on the basis of a draft statement of estimates of revenue and expenditure, shall produce a statement of estimates of revenue and expenditure of the Authority for the following financial year. This statement of estimates, which shall include a draft establishment plan together with the provisional work programmes, shall be forwarded by 31 March at the latest by the Management Board to the Commission and to the countries with which the Community has concluded agreements in accordance with Article 49.

6. The statement of estimates shall be forwarded by the Commission to the European Parliament and the Council (hereinafter referred to as the budgetary authority) together with the preliminary draft general budget of the European Union.

7. On the basis of the statement of estimates, the Commission shall enter in the preliminary draft general budget of the European Union the estimates it deems necessary for the establishment plan and the amount of the subsidy to be charged to the general budget, which it shall place before the budgetary authority in accordance with Article 272 of the Treaty.

8. The budgetary authority shall authorise the appropriations for the subsidy to the Authority.

The budgetary authority shall adopt the establishment plan for the Authority.

9. The budget shall be adopted by the Management Board. It shall become final following final adoption of the general budget of the European Union. Where appropriate, it shall be adjusted accordingly.

10. The Management Board shall, as soon as possible, notify the budgetary authority of its intention to implement any project which may have significant financial implications for the funding of the budget, in particular any projects relating to property such as the rental or purchase of buildings. It shall inform the

Commission thereof.

Where a branch of the budgetary authority has notified its intention to deliver an opinion, it shall forward its opinion to the Management Board within a period of six weeks from the date of notification of the project.

Article 44
Implementation of the Authority's budget

1. The Executive Director shall implement the Authority's budget.

2. By 1 March at the latest following each financial year, the Authority's accounting officer shall communicate the provisional accounts to the Commission's accounting officer together with a report on the budgetary and financial management for that financial year. The Commission's accounting officer shall consolidate the provisional accounts of the institutions and decentralised bodies in accordance with Article 128 of the general Financial Regulation.

3. By 31 March at the latest following each financial year, the Commission's accounting officer shall forward the Authority's provisional accounts to the Court of Auditors, together with a report on the budgetary and financial management for that financial year. The report on the budgetary and financial management for the financial year shall also be forwarded to the European Parliament and the Council.

4. On receipt of the Court of Auditors' observations on the Authority's provisional accounts under Article 129 of the general Financial Regulation, the Executive Director shall draw up the Authority's final accounts under his own responsibility and submit them to the Management Board for an opinion.

5. The Management Board shall deliver an opinion on the Authority's final accounts.

6. The Executive Director shall, by 1 July at the latest following each financial year, forward the final accounts to the European Parliament, the Council, the Commission and the Court of Auditors, together with the Management Board's opinion.

7. The final accounts shall be published.

8. The Executive Director shall send the Court of Auditors a reply to its observations by 30 September at the latest. He shall also send this reply to the Management Board.

9. The Executive Director shall submit to the European Parliament, at the latter's request, all information necessary for the smooth application of the discharge procedure for the financial year in question, as laid down in Article 146(3) of the general Financial Regulation.

10. The European Parliament, on a recommendation from the Council acting by a qualified majority, shall, before 30 April of year N + 2, give a discharge to the Executive Director in respect of the implementation of the budget for year N.

▼ <u>B</u>

Article 45
Fees received by the Authority

Within three years following the date of entry into force of this Regulation and after consulting the Authority, the Member States and the interested parties, the Commission shall publish a report on the feasibility and advisability of presenting a legislative proposal under the co-decision procedure and in accordance with the Treaty and for other services provided by the Authority.

SECTION 6
GENERAL PROVISIONS

Article 46
Legal personality and privileges

1. The Authority shall have legal personality. In all Member States it shall enjoy the widest powers granted by law to legal persons. In particular, it may acquire and dispose of movable and immovable property and institute legal proceedings.

2. The Protocol on the privileges and immunities of the European Communities shall apply to the Authority.

Article 47
Liability

1. The contractual liability of the Authority shall be governed by the law applicable to the contract in question. The Court of Justice of the European Communities shall have jurisdiction to give judgment pursuant to any arbitration clause contained in a contract concluded by the Authority.

2. In the case of non-contractual liability, the Authority shall, in accordance with the general principles common to the laws of the Member States, make good any damage caused by it or its servants in the performance of their duties. The Court of Justice shall have jurisdiction in any dispute relating to compensation for such damage.

3. The personal liability of its servants towards the Authority shall be governed by the relevant provisions applying to the staff of the Authority.

Article 48
Staff

1. The staff of the Authority shall be subject to the rules and regulations applicable to officials and other staff of the European Communities.

2. In respect of its staff, the Authority shall exercise the powers which have been devolved to the appointing authority.

Article 49
Participation of third countries

The Authority shall be open to the participation of countries which have concluded agreements with the European Community by virtue of which they have adopted and apply Community legislation in the field covered by this Regulation.

Arrangements shall be made under the relevant provisions of those agreements, specifying in particular the nature, extent and manner in which these countries will participate in the Authority's work, including provisions relating to participation in the networks operated by the Authority, inclusion in the list of competent organisations to which certain tasks may be entrusted by the Authority, financial contributions and staff.

CHAPTER IV
RAPID ALERT SYSTEM, CRISIS MANAGEMENT AND EMERGENCIES

SECTION 1
RAPID ALERT SYSTEM

Article 50
Rapid alert system

1. A rapid alert system for the notification of a direct or indirect risk to human health deriving from food or feed is hereby established as a network. It shall involve the Member States, the Commission and the Authority. The Member States, the Commission and the Authority shall each designate a contact point, which shall be a member of the network. The Commission shall be responsible for managing the network.

2. Where a member of the network has any information relating to the existence of a serious direct or indirect risk to human health deriving from food or feed, this information shall be immediately notified to the Commission under the rapid alert system. The Commission shall transmit this information immediately to the members of the network.

The Authority may supplement the notification with any scientific or technical information, which will facilitate rapid, appropriate risk management action by the Member States.

3. Without prejudice to other Community legislation, the Member States shall immediately notify the Commission under the rapid alert system of:

(a) any measure they adopt which is aimed at restricting the placing on the market or forcing the withdrawal from the market or the recall of food or feed in order to protect human health and requiring rapid action;

(b) any recommendation or agreement with professional operators which is aimed, on a voluntary or obligatory basis, at preventing, limiting or imposing specific conditions on the placing on the market or the eventual use of food or feed on account of a serious risk to human health requiring rapid action;

(c) any rejection, related to a direct or indirect risk to human health, of a batch, container or cargo of food or feed by a competent authority at a border post within the European Union.

The notification shall be accompanied by a detailed explanation of the reasons for the action taken by the competent authorities of the Member State in which the notification was issued. It shall be followed, in good time, by supplementary information, in particular where the measures on which the notification is based are modified or withdrawn.

The Commission shall immediately transmit to members of the network the notification and supplementary information received under the first and second subparagraphs.

Where a batch, container or cargo is rejected by a competent authority at a border post within the European Union, the Commission shall immediately notify all the border posts within the European Union, as well as the third country of origin.

4. Where a food or feed which has been the subject of a notification under the rapid alert system has been dispatched to a third country, the Commission shall provide the latter with the appropriate information.

5. The Member States shall immediately inform the Commission of the action implemented or measures taken following receipt of the notifications and supplementary information transmitted under the rapid alert system. The Commission shall immediately transmit this information to the members of the network.

6. Participation in the rapid alert system may be opened up to applicant countries, third countries or international organisations, on the basis of agreements between the Community and those countries or

international organisations, in accordance with the procedures defined in those agreements. The latter shall be based on reciprocity and shall include confidentiality measures equivalent to those applicable in the Community.

Article 51
Implementing measures

The measures for implementing Article 50 shall be adopted by the Commission, after discussion with the Authority, in accordance with the procedure referred to in Article 58(2). These measures shall specify, in particular, the specific conditions and procedures applicable to the transmission of notifications and supplementary information.

Article 52
Confidentiality rules for the rapid alert system

1. Information, available to the members of the network, relating to a risk to human health posed by food and feed shall in general be available to the public in accordance with the information principle provided for in Article 10. In general, the public shall have access to information on product identification, the nature of the risk and the measure taken.

However, the members of the network shall take steps to ensure that members of their staff are required not to disclose information obtained for the purposes of this Section which by its nature is covered by professional secrecy in duly justified cases, except for information which must be made public, if circumstances so require, in order to protect human health.

2. Protection of professional secrecy shall not prevent the dissemination to the competent authorities of information relevant to the effectiveness of market surveillance and enforcement activities in the field of food and feed. The authorities receiving information covered by professional secrecy shall ensure its protection in conformity with paragraph 1.

SECTION 2
EMERGENCIES

Article 53
Emergency measures for food and feed of Community origin or imported from a third country

1. Where it is evident that food or feed originating in the Community or imported from a third country is likely to constitute a serious risk to human health, animal health or the environment, and that such risk cannot be contained satisfactorily by means of measures taken by the Member State(s) concerned, the Commission, acting in accordance with the procedure provided for in Article 58(2) on its own initiative or at the request of a Member State, shall immediately adopt one or more of the following measures, depending on the gravity of the situation:

(a) in the case of food or feed of Community origin:

(i) suspension of the placing on the market or use of the food in question;

(ii) suspension of the placing on the market or use of the feed in question;

(iii) laying down special conditions for the food or feed in question;

(iv) any other appropriate interim measure;

(b) in the case of food or feed imported from a third country:

(ⅰ) suspension of imports of the food or feed in question from all or part of the third country concerned and, where applicable, from the third country of transit;

(ⅱ) laying down special conditions for the food or feed in question from all or part of the third country concerned;

(ⅲ) any other appropriate interim measure.

2. However, in eMERGENCIES, the Commission may provisionally adopt the measures referred to in paragraph 1 after consulting the Member State(s) concerned and informing the other Member States.

As soon as possible, and at most within 10 working days, the measures taken shall be confirmed, amended, revoked or extended in accordance with the procedure referred to in Article 58(2), and the reasons for the Commission's decision shall be made public without delay.

Article 54
Other emergency measures

1. Where a Member State officially informs the Commission of the need to take emergency measures, and where the Commission has not acted in accordance with Article 53, the Member State may adopt interim protective measures. In this event, it shall immediately inform the other Member States and the Commission.

2. Within 10 working days, the Commission shall put the matter before the Committee set up in Article 58(1) in accordance with the procedure provided for in Article 58(2) with a view to the extension, amendment or abrogation of the national interim protective measures.

3. The Member State may maintain its national interim protective measures until the Community measures have been adopted.

SECTION 3
CRISIS MANAGEMENT

Article 55
General plan for crisis management

1. The Commission shall draw up, in close cooperation with the Authority and the Member States, a general plan for crisis management in the field of the safety of food and feed (hereinafter referred to as "the general plan").

2. The general plan shall specify the types of situation involving direct or indirect risks to human health deriving from food and feed which are not likely to be prevented, eliminated or reduced to an acceptable level by provisions in place or cannot adequately be managed solely by way of the application of Articles 53 and 54.

The general plan shall also specify the practical procedures necessary to manage a crisis, including the principles of transparency to be applied and a communication strategy.

Article 56
Crisis unit

1. Without prejudice to its role of ensuring the application of Community law, where the Commission identifies a situation involving a serious direct or indirect risk to human health deriving from food and feed, and the risk cannot be prevented, eliminated or reduced by existing provisions or cannot adequately

be managed solely by way of the application of Articles 53 and 54, it shall immediately notify the Member States and the Authority.

2. The Commission shall set up a crisis unit immediately, in which the Authority shall participate, and provide scientific and technical assistance if necessary.

Article 57
Tasks of the crisis unit

1. The crisis unit shall be responsible for collecting and evaluating all relevant information and identifying the options available to prevent, eliminate or reduce to an acceptable level the risk to human health as effectively and rapidly as possible.

2. The crisis unit may request the assistance of any public or private person whose expertise it deems necessary to manage the crisis effectively.

3. The crisis unit shall keep the public informed of the risks involved and the measures taken.

CHAPTER V
PROCEDURES AND FINAL PROVISIONS

SECTION 1
COMMITTEE AND MEDIATION PROCEDURES

Article 58
Committee

1. The Commission shall be assisted by a Standing Committee on the Food Chain and Animal Health, hereinafter referred to as the "Committee", composed of representatives of the Member States and chaired by the representative of the Commission. The Committee shall be organised in sections to deal with all relevant matters.

▼ __M4__

2. Where reference is made to this paragraph, Articles 5 and 7 of Decision 1999/468/EC shall apply, having regard to the provisions of Article 8 thereof.

The period laid down in Article 5(6) of Decision 1999/468/EC shall be set at three months.

3. Where reference is made to this paragraph, Article 5a(1) to (4) and Article 7 of Decision 1999/468/EC shall apply, having regard to the provisions of Article 8 thereof.

▼ __B__

Article 59
Functions assigned to the Committee

The Committee shall carry out the functions assigned to it by this Regulation and by other relevant Community provisions, in the cases and conditions provided for in those provisions. It may also examine any issue falling under those provisions, either at the initiative of the Chairman or at the written request of one of its members.

Article 60
Mediation procedure

1. Without prejudice to the application of other Community provisions, where a Member State is of the opinion that a measure taken by another Member State in the field of food safety is either incompatible with this Regulation or is likely to affect the functioning of the internal market, it shall refer the matter to the Commission, which will immediately inform the other Member State concerned.

2. The two Member States concerned and the Commission shall make every effort to solve the problem. If agreement cannot be reached, the Commission may request an opinion on any relevant contentious scientific issue from the Authority. The terms of that request and the time limit within which the Authority is requested to give its opinion shall be established by mutual agreement between the Commission and the Authority, after consulting the two Member States concerned.

SECTION 2
FINAL PROVISIONS

Article 61
Review clause

1. Before 1 January 2005 and every six years thereafter, the Authority, in collaboration with the Commission, shall commission an independent external evaluation of its achievements on the basis of the terms of reference issued by the Management Board in agreement with the Commission. The evaluation will assess the working practices and the impact of the Authority. The evaluation will take into account the views of the stakeholders, at both Community and national level.

The Management Board of the Authority shall examine the conclusions of the evaluation and issue to the Commission such recommendations as may be necessary regarding changes in the Authority and its working practices. The evaluation and the recommendations shall be made public.

2. Before 1 January 2005, the Commission shall publish a report on the experience acquired from implementing Sections 1 and 2 of Chapter IV.

3. The reports and recommendations referred to in paragraphs 1 and 2 shall be forwarded to the Council and the European Parliament.

Article 62
References to the European Food Safety Authority and to the Standing Committee on the Food Chain and Animal Health

1. Every reference in Community legislation to the Scientific Committee on Food, the Scientific Committee on Animal Nutrition, the Scientific Veterinary Committee, the Scientific Committee on Pesticides, the Scientific Committee on Plants and the Scientific Steering Committee shall be replaced by a reference to the European Food Safety Authority.

2. Every reference in Community legislation to the Standing Committee on Foodstuffs, the Standing Committee for Feedingstuffs and the Standing Veterinary Committee shall be replaced by a reference to the Standing Committee on the Food Chain and Animal Health.

Every reference to the Standing Committee on Plant Health in Community legislation based upon and including Directives 76/895/EEC, 86/362/EEC, 86/363/EEC, 90/642/EEC and 91/414/EEC relating to plant protection products and the setting of maximum residue levels shall be replaced by a reference to the

Standing Committee on the Food Chain and Animal Health.

3. For the purpose of paragraphs 1 and 2, "Community legislation" shall mean all Community Regulations, Directives and Decisions.

4. Decisions 68/361/EEC, 69/414/EEC and 70/372/EEC are hereby repealed.

Article 63
Competence of the European Agency for the Evaluation of Medicinal Products

This Regulation shall be without prejudice to the competence conferred on the European Agency for the Evaluation of Medicinal Products by Regulation (EEC) No 2309/93, Regulation (EEC) No 2377/90, Council Directive 75/319/EEC(27) and Council Directive 81/851/EEC(28).

Article 64
Commencement of the Authority's operation

The Authority shall commence its operations on 1 January 2002.

Article 65
Entry into force

This Regulation shall enter into force on the 20th day following that of its publication in the Official Journal of the European Communities.

Articles 11 and 12 and Articles 14 to 20 shall apply from 1 January 2005.

Articles 29, 56, 57 and 60 and Article 62(1) shall apply as from the date of appointment of the members of the Scientific Committee and of the Scientific Panels which shall be announced by means of a notice in the "C" series of the Official Journal.

This Regulation shall be binding in its entirety and directly applicable in all Member States.

Council Directive 85/374/EEC of 25July 1985 on the approximation of the laws, regulations and administrative provisions of the Member States concerning liability for defective products

(OJ 1985 L210/29)*

Amended by:

► M1 Directive 1999/34/EC of the European Parliament and of the Council of 10 May 1999(OJ 1999 L141/20)

▼B

THE COUNCIL OF THE EUROPEAN COMMUNITIES,

Having regard to the Treaty establishing the European Economic Community, and in particular Article 100 thereof,

Having regard to the proposal from the Commission,

Having regard to the opinion of the European Parliament,

Having regard to the opinion of the Economic and Social Committee,

Whereas approximation of the laws of the Member States concerning the liability of the producer for damage caused by the defectiveness of his products is necessary because the existing divergences may distort competition and affect the movement of goods within the common market and entail a differing degree of protection of the consumer against damage caused by a defective product to his health or property;

Whereas liability without fault on the part of the producer is the sole means of adequately solving the problem, peculiar to our age of increasing technicality, of a fair apportionment of the risks inherent in modern technological production;

Whereas liability without fault should apply only to movables which have been industrially produced; whereas, as a result, it is appropriate to exclude liability for agricultural products and game, except where they have undergone a processing of an industrial nature which could cause a defect in these products; whereas the liability provided for in this Directive should also apply to movables which are used in the construction of immovables or are installed in immovables;

Whereas protection of the consumer requires that all producers involved in the production process should be made liable, in so far as their finished product, component part or any raw material supplied by them was defective; whereas, for the same reason, liability should extend to importers of products into the Community and to persons who present themselves as producers by affixing their name, trade mark or other distinguishing feature or who supply a product the producer of which cannot be identified;

Whereas, in situations where several persons are liable for the same damage, the protection of the consumer requires that the injured person should be able to claim full compensation for the damage from any one of them;

Whereas, to protect the physical well-being and property of the consumer, the defectiveness of the product should be determined by reference not to its fitness for use but to the lack of the safety which

---

* http://europa.eu/legislation_summaries/consumers/consumer_safety/l32012_en.htm

the public at large is entitled to expect; whereas the safety is assessed by excluding any misuse of the product not reasonable under the circumstances;

Whereas a fair apportionment of risk between the injured person and the producer implies that the producer should be able to free himself from liability if he furnishes proof as to the existence of certain exonerating circumstances;

Whereas the protection of the consumer requires that the liability of the producer remains unaffected by acts or omissions of other persons having contributed to cause the damage; whereas, however, the contributory negligence of the injured person may be taken into account to reduce or disallow such liability;

Whereas the protection of the consumer requires compensation for death and personal injury as well as compensation for damage to property; whereas the latter should nevertheless be limited to goods for private use or consumption and be subject to a deduction of a lower threshold of a fixed amount in order to avoid litigation in an excessive number of cases; whereas this Directive should not prejudice compensation for pain and suffering and other non-material damages payable, where appropriate, under the law applicable to the case;

Whereas a uniform period of limitation for the bringing of action for compensation is in the interests both of the injured person and of the producer;

Whereas products age in the course of time, higher safety standards are developed and the state of science and technology progresses; whereas, therefore, it would not be reasonable to make the producer liable for an unlimited period for the defectiveness of his product; whereas, therefore, liability should expire after a reasonable length of time, without prejudice to claims pending at law;

Whereas, to achieve effective protection of consumers, no contractual derogation should be permitted as regards the liability of the producer in relation to the injured person;

Whereas under the legal systems of the Member States an injured party may have a claim for damages based on grounds of contractual liability or on grounds of non-contractual liability other than that provided for in this Directive; in so far as these provisions also serve to attain the objective of effective protection of consumers, they should remain unaffected by this Directive; whereas, in so far as effective protection of consumers in the sector of pharmaceutical products is already also attained in a Member State under a special liability system, claims based on this system should similarly remain possible;

Whereas, to the extent that liability for nuclear injury or damage is already covered in all Member States by adequate special rules, it has been possible to exclude damage of this type from the scope of this Directive;

Whereas, since the exclusion of primary agricultural products and game from the scope of this Directive may be felt, in certain Member States, in view of what is expected for the protection of consumers, to restrict unduly such protection, it should be possible for a Member State to extend liability to such products;

Whereas, for similar reasons, the possibility offered to a producer to free himself from liability if he proves that the state of scientific and technical knowledge at the time when he put the product into circulation was not such as to enable the existence of a defect to be discovered may be felt in certain Member States to restrict unduly the protection of the consumer; whereas it should therefore be possible for a Member State to maintain in its legislation or to provide by new legislation that this exonerating circumstance is not admitted; whereas, in the case of new legislation, making use of this derogation should, however, be subject to a Community stand-still procedure, in order to raise, if possible, the level of protection in auniform manner throughout the Community;

Whereas, taking into account the legal traditions in most of the Member States, it is inappropriate to set any financial ceiling on the producer's liability without fault; whereas, in so far as there are, however, differing traditions, it seems possible to admit that a Member State may derogate from the principle of unlimited liability by providing a limit for the total liability of the producer for damage resulting from a death or personal injury and caused by identical items with the same defect, provided that this limit is established at a level sufficiently high to guarantee adequate protection of the consumer and the correct functioning of the common market;

Whereas the harmonization resulting from this cannot be total at the present stage, but opens the way towards greater harmonization;

Whereas it is therefore necessary that the Council receive at regular intervals, reports from the Commission on the application of this Directive, accompanied, as the case may be, by appropriate proposals;

Whereas it is particularly important in this respect that a re-examination be carried out of those parts of the Directive relating to the derogations open to the Member States, at the expiry of a period of sufficient length to gather practical experience on the effects of these derogations on the protection of consumers and on the functioning of the common market,

HAS ADOPTED THIS DIRECTIVE:

Article 1

The producer shall be liable for damage caused by a defect in his product.

▼M1

Article 2

For the purpose of this Directive, 'product' means all movables even if incorporated into another movable or into an immovable. 'Product' includes electricity.

▼B

Article 3

1. 'Producer' means the manufacturer of a finished product, the producer of any raw material or the manufacturer of a component part and any person who, by putting his name, trade mark or other distinguishing feature on the product presents himself as its producer.

2. Without prejudice to the liability of the producer, any person who imports into the Community a product for sale, hire, leasing or any form of distribution in the course of his business shall be deemed to be a producer within the meaning of this Directive and shall be responsible as a producer.

3. Where the producer of the product cannot be identified, each supplier of the product shall be treated as its producer unless he informs the injured person, within a reasonable time, of the identity of the producer or of the person who supplied him with the product. The same shall apply, in the case of an imported product, if this product does not indicate the identity of the importer referred to in paragraph 2, even if the name of the producer is indicated.

Article 4

The injured person shall be required to prove the damage, the defect and the causal relationship between defect and damage.

Article 5

Where, as a result of the provisions of this Directive, two or more persons are liable for the same damage, they shall be liable jointly and severally, without prejudice to the provisions of national law concerning the rights of contribution or recourse.

Article 6

1. A product is defective when it does not provide the safety which a person is entitled to expect, taking all circumstances into account, including:
(a) the presentation of the product;
(b) the use to which it could reasonably be expected that the product would be put;
(c) the time when the product was put into circulation.
2. A product shall not be considered defective for the sole reason that abetter product is subsequently put into circulation.

Article 7

The producer shall not be liable as a result of this Directive if he proves:
(a) that he did not put the product into circulation; or
(b) that, having regard to the circumstances, it is probable that the defect which caused the damage did not exist at the time when the product was put into circulation by him or that this defect came into being afterwards; or
(c) that the product was neither manufactured by him for sale or any form of distribution for economic purpose nor manufactured or distributed by him in the course of his business; or
(d) that the defect is due to compliance of the product with mandatory regulations issued by the public authorities; or
(e) that the state of scientific and technical knowledge at the time when he put the product into circulation was not such as to enable the existence of the defect to be discovered; or
(f) in the case of a manufacturer of a component, that the defect is attributable to the design of the product in which the component has been fitted or to the instructions given by the manufacturer of the product.

Article 8

1. Without prejudice to the provisions of national law concerning the right of contribution or recourse, the liability of the producer shall not be reduced when the damage is caused both by a defect in product and by the act or omission of a third party.
2. The liability of the producer may be reduced or disallowed when, having regard to all the circumstances, the damage is caused both by a defect in the product and by the fault of the injured person or any person for whom the injured person is responsible.

Article 9

For the purpose of Article 1, 'damage' means:

(a) damage caused by death or by personal injuries;

(b) damage to, or destruction of, any item of property other than the defective product itself, with alower threshold of 500 ECU, provided that the item of property:

(i) is of a type ordinarily intended for private use or consumption, and

(ii) was used by the injured person mainly for his own private use or consumption.

This Article shall be without prejudice to national provisions relating to non-material damage.

Article 10

1. Member States shall provide in their legislation that a limitation period of three years shall apply to proceedings for the recovery of damages as provided for in this Directive. The limitation period shall begin to run from the day on which the plaintiff became aware, or should reasonably have become aware, of the damage, the defect and the identity of the producer.

2. The laws of Member States regulating suspension or interruption of the limitation period shall not be affected by this Directive.

Article 11

Member States shall provide in their legislation that the rights conferred upon the injured person pursuant to this Directive shall be extinguished upon the expiry of a period of 10 years from the date on which the producer put into circulation the actual product which caused the damage, unless the injured person has in the meantime instituted proceedings against the producer.

Article 12

The liability of the producer arising from this Directive may not, in relation to the injured person, be limited or excluded by a provision limiting his liability or exempting him from liability.

Article 13

This Directive shall not affect any rights which an injured person may have according to the rules of the law of contractual or non-contractual liability or a special liability system existing at the moment when this Directive is notified.

Article 14

This Directive shall not apply to injury or damage arising from nuclear accidents and covered by international conventions ratified by the Member States.

Article 15

1. Each Member State may:

(b) by way of derogation from Article 7 (e), maintain or, subject to the procedure set out in paragraph 2 of this Article, provide in this legislation that the producer shall be liable even if he proves that the state of scientific and technical knowledge at the time when he put the product into circulation was not such as to enable the

existence of a defect to be discovered.

2. A Member State wishing to introduce the measure specified in paragraph 1 (b) shall communicate the text of the proposed measure to the Commission. The Commission shall inform the other Member States thereof.

The Member State concerned shall hold the proposed measure in abeyance for nine months after the Commission is informed and provided that in the meantime the Commission has not submitted to the Council a proposal amending this Directive on the relevant matter. However, if within three months of receiving the said information, the Commission does not advise the Member State concerned that it intends submitting such a proposal to the Council, the Member State may take the

proposed measure immediately.

If the Commission does submit to the Council such a proposal amending this Directive within the aforementioned nine months, the Member State concerned shall hold the proposed measure in abeyance for a further period of 18 months from the date on which the proposal is submitted.

3. Ten years after the date of notification of this Directive, the Commission shall submit to the Council a report on the effect that rulings by the courts as to the application of Article 7 (e) and of paragraph 1 (b) of this Article have on consumer protection and the functioning of the common market. In the light of this report the

Council, acting on a proposal from the Commission and pursuant to the terms of Article 100 of the Treaty, shall decide whether to repeal Article 7 (e).

Article 16

1. Any Member State may provide that a producer's total liability for damage resulting from a death or personal injury and caused by identical items with the same defect shall be limited to an amount which may not be less than 70million ECU.

2. Ten years after the date of notification of this Directive, the Commission shall submit to the Council a report on the effect on consumer protection and the functioning of the common market of the implementation of the financial limit on liability by those Member States which have used the option provided for in paragraph 1. In the light of this report the Council, acting on a proposal from the Commission and pursuant to the terms of Article 100 of the Treaty, shall decide

whether to repeal paragraph 1.

Article 17

This Directive shall not apply to products put into circulation before the date on which the provisions referred to in Article 19 enter into force.

Article 18

1. For the purposes of this Directive, the ECU shall be that defined by Regulation (EEC) No 3180/78, as amended by Regulation (EEC) No 2626/84. The equivalent in national currency shall initially be calculated at the rate obtaining on the date of adoption of this Directive.

2. Every five years the Council, acting on a proposal from the Commission, shall examine and, if need be, revise the amounts in this Directive, in the light of economic and monetary trends in the Community.

Article 19

1. Member States shall bring into force, not later than three years from the date of notification of this Directive, the laws, regulations and administrative provisions necessary to comply with this Directive. They shall forthwith inform the Commission thereof.

2. The procedure set out in Article 15 (2) shall apply from the date of notification of this Directive.

Article 20

Member States shall communicate to the Commission the texts of the main provisions of national law which they subsequently adopt in the field governed by this Directive.

Article 21

Every five years the Commission shall present a report to the Council on the application of this Directive and, if necessary, shall submit appropriate proposals to it.

Article 22

This Directive is addressed to the Member States.

Directive 2001/18/EC of the European Parliament and of the Council of 12 March 2001 on the deliberate release into the environment of genetically modified organisms and repealing Council Directive 90/220/EEC

(OJ 2001 L106/1)*

Amended by:

►M1 Commission Decision 2002/623/EC of 24 July 2002(OJ 2002 L200/22)

►M2 Regulation (EC) No 1829/2003 of the European Parliament and of the Council of 22 September 2003(OJ 2003 L268/1)

►M3 Regulation (EC) No 1830/2003 of the European Parliament and of the Council of 22 September 2003(OJ 2003 L268/24)

►M4 Directive 2008/27/EC of the European Parliament and of the Council of 11 March 2008 (OJ 2008 L81/45)

▼B

DIRECTIVE 2001/18/EC OF THE EUROPEAN PARLIAMENT AND OF THE COUNCIL of 12 March 2001 on the deliberate release into the environment of genetically modified organisms and repealing Council Directive 90/220/EEC

THE EUROPEAN PARLIAMENT AND THE COUNCIL OF THE EUROPEAN UNION,

Having regard to the Treaty establishing the European Community, and in particular Article 95 thereof,

Having regard to the proposal from the Commission,

Having regard to the opinion of the Economic and Social Committee,

Acting in accordance with the procedure laid down in Article 251 of the Treaty, in the light of the joint text approved by the Conciliation Committee on 20 December 2000,

Whereas:

(1) The Report of the Commission on the Review of Council Directive 90/220/EEC of 23 April 1990 on the deliberate release into the environment of genetically modified organisms, adopted on 10 December 1996, identified a number of areas where improvement is needed.

(2) There is a need for clarification of the scope of Directive 90/220/EEC and of the definitions therein.

(3) Directive 90/220/EEC has been amended. Now that new amendments are being made to the Directive, it is desirable, for reasons of clarity and rationalisation, that the provisions in

question should be recast.

(4) Living organisms, whether released into the environment in large or small amounts for experimental purposes or as commercial products, may reproduce in the environment and cross national frontiers thereby affecting other Member States. The effects of such releases on the environment may be irreversible.

(5) The protection of human health and the environment requires that due attention be given to controlling risks from the deliberate release into the environment of genetically modified organisms (GMOs).

(6) Under the Treaty, action by the Community relating to the environment should be based on the

---

* http://europa.eu/legislation_summaries/food_safety/specific_themes/l28130_en.htm

principle that preventive action should be taken.

(7) It is necessary to approximate the laws of the Member States concerning the deliberate release into the environment of GMOs and to ensure the safe development of industrial products utilising GMOs.

(8) The precautionary principle has been taken into account in the drafting of this Directive and must be taken into account when implementing it.

(9) Respect for ethical principles recognised in a Member State is particularly important. Member States may take into consideration ethical aspects when GMOs are deliberately released or placed on the market as or in products.

(10) For a comprehensive and transparent legislative framework, it is necessary to ensure that the public is consulted by either the Commission or the Member States during the preparation of measures and that they are informed of the measures taken during the implementation of this Directive.

(11) Placing on the market also covers import. Products containing and/or consisting of GMOs covered by this Directive cannot be imported into the Community if they do not comply with its provisions.

(12) Making GMOs available to be imported or handled in bulk quantities, such as agricultural commodities, should be regarded as placing on the market for the purpose of this Directive.

(13) The content of this Directive duly takes into account international experience in this field and international trade commitments and should respect the requirements of the Cartagena Protocol on Biosafety to the Convention on Biological Diversity. As soon as possible, and in any case before July 2001, the Commission should, in the context of the ratification of the Protocol, submit the appropriate proposals for its implementation.

(14) Guidance on the implementation of provisions related to the definition of the placing on the market in this Directive should be provided by the Regulatory Committee.

(15) When defining 'a genetically modified organism' for the purpose of this Directive, human beings should not be considered as organisms.

(16) The provisions of this Directive should be without prejudice to national legislation in the field of environmental liability, while Community legislation in this field needs to be complemented by rules covering liability for different types of environmental damage in all areas of the European Union. To this end the Commission has undertaken to bring forward a legislative proposal on environmental liability before the end of 2001, which will also cover damage from GMOs.

(17) This Directive should not apply to organisms obtained through certain techniques of genetic modification which have conventionally been used in a number of applications and have a long safety record.

(18) It is necessary to establish harmonised procedures and criteria for the case-by-case evaluation of the potential risks arising from the deliberate release of GMOs into the environment.

(19) A case-by-case environmental risk assessment should always be carried out prior to a release. It should also take due account of potential cumulative long-term effects associated with the interaction with other GMOs and the environment.

(20) It is necessary to establish a common methodology to carry out the environmental risk assessment based on independent scientific advice. It is also necessary to establish common objectives for the monitoring of GMOs after their deliberate release or placing on the market as or in products. Monitoring of potential cumulative long-term effects should be considered as a compulsory part of the monitoring plan.

(21) Member States and the Commission should ensure that systematic and independent research on the potential risks involved in the deliberate release or the placing on the market of GMOs is conducted. The necessary resources should be secured for such research by Member States and the Community in accordance with their budgetary procedures and independent researchers should be given access to all relevant material, while respecting intellectual property rights.

(22) The issue of antibiotic-resistance genes should be taken into particular consideration when conducting the risk assessment of GMOs containing such genes.

(23) The deliberate release of GMOs at the research stage is in most cases a necessary step in the development of new products derived from, or containing GMOs.

(24) The introduction of GMOs into the environment should be carried out according to the 'step by step'principle. This means that the containment of GMOs is reduced and the scale of release increased gradually, step by step, but only if evaluation of the earlier steps in terms of protection of human health and the environment indicates that the next step can be taken.

(25) No GMOs, as or in products, intended for deliberate release are to be considered for placing on the market without first having been subjected to satisfactory field testing at the research and development stage in ecosystems which could be affected by their use.

(26) The implementation of this Directive should be carried out in close liaison with the implementation of other relevant instruments such as Council Directive 91/414/EEC of 15 July

1991 concerning the placing of plant protection products on the market. In this context the competent authorities concerned with the implementation of this Directive and of those instruments, within the Commission and at national level, should coordinate their action as far as possible.

(27) Concerning the environmental risk assessment for part C, risk management, labelling, monitoring, information to the public and safeguard clause, this Directive should be a point of reference for GMOs as or in products authorised by other Community legislation which should therefore provide for a specific environmental risk assessment, to be carried out in accordance with the principles set out in Annex II and on the basis of information specified in Annex III without prejudice to additional requirements laid down by the Community legislation mentioned above, and for requirements as regards risk management, labelling, monitoring as appropriate, information to the public and safeguard clause at least equivalent to that laid down in this Directive. To this end it is necessary to provide for cooperation with the Community and Member State bodies mentioned in this Directive for the purpose of its implementation.

(28) It is necessary to establish a Community authorisation procedure for the placing on the market of GMOs, as or in products, where the intended use of the product involves the deliberate release of the organism(s) into the environment.

(29) The Commission is invited to conduct a study which should contain an assessment of various options to improve further the consistency and efficiency of this framework, particularly focusing on a centralised authorisation procedure for the placing on the market of GMOs within the Community.

(30) For sectoral legislation, monitoring requirements may have to be adapted to the product concerned.

(31) Part C of this Directive does not apply to products covered by Council Regulation (EEC) No 2309/93 of 22 July 1993 laying down Community procedures for the authorisation and supervision of medicinal products for human and veterinary use and establishing a European Agency for the Evaluation of Medicinal Products, provided that it includes an environmental risk assessment equivalent to that provided for by this Directive.

(32) Any person, before undertaking a deliberate release into the environment of a GMO, or the placing on the market of GMOs, as or in products, where the intended use of the product involves its deliberate release into the environment, is to submit a notification to the national competent authority.

(33) That notification should contain a technical dossier of information including a full environmental risk assessment, appropriate safety and emergency response, and, in the case of products, precise instructions and conditions for use, and proposed labelling and packaging.

(34) After notification, no deliberate release of GMOs should be carried out unless the consent of the competent authority has been obtained.

(35) A notifier should be able to withdraw his dossier at any stage of the administrative procedures laid

down in this Directive. The administrative procedure should come to an end when a dossier is withdrawn.

(36) Rejection of a notification for the placing on the market of a GMO as or in products by a competent authority should be without prejudice to the submission of a notification of the same GMO to another competent authority.

(37) An agreement should be reached at the end of the mediation period when no objections remain.

(38) Rejection of a notification following a confirmed negative assessment report should be without prejudice to future decisions based on the notification of the same GMO to another competent authority.

(39) In the interests of the smooth functioning of this Directive, Member States should be able to avail themselves of the various provisions for the exchange of information and experience before having recourse to the safeguard clause in this Directive.

(40) In order to ensure that the presence of GMOs in products containing, or consisting of, genetically modified organisms is appropriately identified, the words '〔 This product contains genetically modified organisms'should appear clearly either on a label or in an accompanying document.

(41) A system should be designed using the appropriate committee procedure, for the assignment of a unique identifier to GMOs, taking into account relevant developments in international fora.

(42) It is necessary to ensure traceability at all stages of the placing on the market of GMOs as or in products authorised under part C of this Directive.

(43) It is necessary to introduce into this Directive an obligation to implement a monitoring plan in order to trace and identify any direct or indirect, immediate, delayed or unforeseen effects on human health or the environment of GMOs as or in products after they have been placed on the market.

(44) Member States should be able, in accordance with the Treaty, to take further measures for monitoring and inspection, for example by official services, of the GMOs as or in products placed on the market.

(45) Means should be sought for providing possibilities for facilitating the control of GMOs or their retrieval in the event of severe risk.

(46) Comments by the public should be taken into consideration in the drafts of measures submitted to the Regulatory Committee.

(47) The competent authority should give its consent only after it has been satisfied that the release will be safe for human health and the environment.

(48) The administrative procedure for granting consents for the placing on the market of GMOs as or in products should be made more efficient and more transparent and first-time consent should be granted for a fixed period.

(49) For products for which consent has been granted for a fixed period a streamlined procedure should apply as regards the renewal of consent.

(50) The existing consents granted under Directive 90/220/EEC have to be renewed in order to avoid disparities between consents granted under that Directive and those pursuant to this Directive and in order to take full account of the conditions of consent under this Directive.

(51) Such renewal requires a transitional period during which existing consents granted under Directive 90/220/EEC remain unaffected.

(52) When a consent is renewed, it should be possible to revise all the conditions of the original consent, including those related to monitoring and the time limitation of the consent.

(53) Provision should be made for consultation of the relevant Scientific Committee(s) established by Commission Decision 97/579/EC on matters which are likely to have an impact on human health and/or the environment.

(54) The system of exchange of information contained in notifications, established under Directive 90/220/EEC, has been useful and should be continued.

(55) It is important to follow closely the development and use of GMOs.

(56) When a product containing a GMO, as or in products, is placed on the market, and where such a product has been properly authorised under this Directive, a Member State may not prohibit, restrict or impede the placing on the market of GMOs, as or in products, which comply with the requirements of this Directive. A safeguard procedure should be provided in case of risk to human health or the environment.

(57) The Commission's European Group on Ethics in Science and New Technologies should be consulted with a view to obtaining advice on ethical issues of a general nature regarding the deliberate release or placing on the market of GMOs. Such consultations should be without prejudice to the competence of Member States as regards ethical issues.

(58) Member States should be able to consult any committee they have established with a view to obtaining advice on the ethical implications of biotechnology.

(59) The measures necessary for the implementation of this Directive are to be adopted in accordance with Council Decision 1999/468/EC of 28 June 1999 laying down the procedures for the exercise of implementing powers conferred on the Commission.

(60) The information exchange set up under this Directive should also cover experience gained with the consideration of ethical aspects.

(61) In order to increase the effective implementation of the provisions adopted under this Directive it is appropriate to provide for penalties to be applied by Member States, including in the event of release or placing on the market contrary to the provisions of this Directive, particularly as a result of negligence.

(62) A report to be issued every three years by the Commission, taking into account the information provided by Member States, should contain a separate chapter regarding the socioeconomic advantages and disadvantages of each category of GMOs authorised for placing on the market, which will take due account of the interest of farmers and consumers.

(63) The regulatory framework for biotechnology should be reviewed so as to identify the feasibility of improving further the consistency and efficiency of that framework. Procedures may need to be adapted so as to optimise efficiency, and all options which might achieve that should be considered,

HAVE ADOPTED THIS DIRECTIVE:

PART A
GENERAL PROVISIONS

Article 1
Objective

In accordance with the precautionary principle, the objective of this Directive is to approximate the laws, regulations and administrative provisions of the Member States and to protect human health and the environment when:

—carrying out the deliberate release into the environment of genetically modified organisms for any other purposes than placing on the market within the Community,

—placing on the market genetically modified organisms as or in products within the Community.

Article 2
Definitions

For the purposes of this Directive:

(1) 'organism'means any biological entity capable of replication or of transferring genetic material;

(2) 'genetically modified organism (GMO)'means an organism, with the exception of human beings, in which the genetic material has been altered in a way that does not occur naturally by mating and/or natural recombination;

Within the terms of this definition:

(a) genetic modification occurs at least through the use of the techniques listed in Annex Ⅰ A, part 1;

(b) the techniques listed in Annex Ⅰ A, part 2, are not considered to result in genetic modification;

(3) 'deliberate release'means any intentional introduction into the environment of a GMO or a combination of GMOs for which no specific containment measures are used to limit their contact with and to provide a high level of safety for the general population and the environment;

(4) 'placing on the market'means making available to third parties, whether in return for payment or free of charge;

The following operations shall not be regarded as placing on the market:

—making available genetically modified microorganisms for activities regulated under Council Directive 90/219/EEC of 23 April 1990 on the contained use of genetically modified microorganisms including culture collections,

—making available GMOs other than microorganisms referred to in the first indent, to be used exclusively for activities where appropriate stringent containment measures are used to limit their contact with and to provide a high level of safety for the general population and the environment, the measures should be based on the same principles of containment as laid down in Directive 90/219/EEC,

—making available GMOs to be used exclusively for deliberate releases complying with the requirements laid down in part B of this Directive;

(5) 'notification'means the submission of the information required under this Directive to the competent authority of a Member State;

(6) 'notifier'means the person submitting the notification;

(7) 'product'means a preparation consisting of, or containing, a GMO or a combination of GMOs, which is placed on the market;

(8) 'environmental risk assessment'means the evaluation of risks to human health and the environment, whether direct or indirect, immediate or delayed, which the deliberate release or the placing on the market of GMOs may pose and carried out in accordance with Annex Ⅱ.

Article 3
Exemptions

1. This Directive shall not apply to organisms obtained through the techniques of genetic modification listed in Annex Ⅰ B.

2. This Directive shall not apply to the carriage of genetically modified organisms by rail, road, inland waterway, sea or air.

Article 4
General obligations

1. Member States shall, in accordance with the precautionary principle, ensure that all appropriate measures are taken to avoid adverse effects on human health and the environment which might arise from the deliberate release or the placing on the market of

GMOs. GMOs may only be deliberately released or placed on the market in conformity with part B or part C respectively.

2. Any person shall, before submitting a notification under part B or part C, carry out an environmental risk assessment. The information which may be necessary to carry out the environmental risk assessment is laid down in Annex Ⅲ. Member States and the Commission shall ensure that GMOs which contain genes expressing resistance to antibiotics in use for medical or veterinary treatment are taken into particular consideration when carrying out an environmental risk assessment, with a view to identifying and phasing out antibiotic resistance markers in GMOs which may have adverse effects on human health and the environment. This phasing out shall take place by the 31 December 2004 in the case of GMOs placed on the market according to part C and by 31 December 2008 in the case of GMOs authorised under part B.

3. Member States and where appropriate the Commission shall ensure that potential adverse effects on human health and the environment, which may occur directly or indirectly through gene transfer from GMOs to other organisms, are accurately assessed on a case-bycase basis. This assessment shall be conducted in accordance with Annex Ⅱ taking into account the environmental impact according to the nature of the organism introduced and the receiving environment.

4. Member States shall designate the competent authority or authorities responsible for complying with the requirements of this Directive. The competent authority shall examine notifications under part B and part C for compliance with the requirements of this Directive and whether the assessment provided for in paragraph 2 is appropriate.

5. Member States shall ensure that the competent authority organises inspections and other control measures as appropriate, to ensure compliance with this Directive. In the event of a release of GMO(s) or placing on the market as or in products for which no authorisation was given, the Member State concerned shall ensure that necessary measures are taken to terminate the release or placing on the market, to initiate remedial action if necessary, and to inform its public, the Commission and other Member States.

▼M3

▼B

PART B
DELIBERATE RELASE OF GMOs FOR ANY OTHER PURPOSE THAN FOR PLACING ON THE MARKET

Article 5

1. Articles 6 to 11 shall not apply to medicinal substances and compunds for human use consisting of, or containing, a GMO or combination of GMOs provided that their deliberate release for any purpose other than that of being placed on the market is authorised by Community legislation which provides:

(a) for a specific environmental risk assessment in accordance with Annex Ⅱ and on the basis of the type of information specified in Annex Ⅲ without prejudice to additional requirements provided for by the said legislation;

(b) for explicit consent prior to release;

(c) for a monitoring plan in accordance with the relevant parts of Annex Ⅲ, with a view to detecting the effects of the GMO or GMOs on human health or the environment;

(d) in an appropriate manner for requirements relating to treatment of new items of information, information to the public, information on the results of releases, and exchanges of information at least equivalent to those contained in this Directive and in the measures taken in accordance therewith.

2. Assessment of the risks to the environment presented by such substances and compounds shall be carried out in coordination with the national and Community authorities mentioned in this Directive.

3. Procedures ensuring conformity of the specific environmental risk assessment and equivalence with the provisions of this Directive must be provided for by the said legislation, which must refer to this Directive.

Article 6
Standard authorisation procedure

1. Without prejudice to Article 5, any person must, before undertaking a deliberate release of a GMO or of a combination of GMOs, submit a notification to the competent authority of the Member State within whose territory the release is to take place.

2. The notification referred to in paragraph 1 shall include:

(a) a technical dossier supplying the information specified in Annex III necessary for carrying out the environmental risk assessment of the deliberate release of a GMO or combination of GMOs, in particular:

(i) general information including information on personnel and training,

(ii) information relating to the GMO(s),

(iii) information relating to the conditions of release and the potential receiving environment,

(iv) information on the interactions between the GMO(s) and the environment,

(v) a plan for monitoring in accordance with the relevant parts of Annex III in order to identify effects of the GMO(s) on human health or the environment,

(vi) information on control, remediation methods, waste treatment and emergency response plans,

(vii) a summary of the dossier;

(b) the environmental risk assessment and the conclusions required in Annex II, section D, together with any bibliographic reference and indications of the methods used.

3. The notifier may refer to data or results from notifications previously submitted by other notifiers, provided that the information, data and results are non confidential or these notifiers have given their agreement in writing, or may submit additional information he considers relevant.

4. The competent authority may accept that releases of the same GMO or of a combination of GMOs on the same site or on different sites for the same purpose and within a defined period may be notified in a single notification.

5. The competent authority shall acknowledge the date of receipt of the notification and, having considered, where appropriate, any observations by other Member States made in accordance with Article 11, shall respond in writing to the notifier within 90 days of receipt of the notification by either:

(a) indicating that it is satisfied that the notification is in compliance with this Directive and that the release may proceed; or

(b) indicating that the release does not fulfil the conditions of this Directive and that notification is therefore rejected.

6. For the purpose of calculating the 90 day period referred to in paragraph 5, no account shall be taken of any periods of time during which the competent authority:

(a) is awaiting further information which it may have requested from the notifier, or

(b) is carrying out a public inquiry or consultation in accordance with Article 9; this public inquiry or consultation shall not prolong the 90 day period referred to in paragraph 5 by more than 30 days.

7. If the competent authority requests new information it must simultaneously give its reasons for so doing.

8. The notifier may proceed with the release only when he has received the written consent of the competent authority, and in conformity with any conditions required in this consent.

9. Member States shall ensure that no material derived from GMOs which are deliberately released in accordance with part B is placed on the market, unless in accordance with part C.

Article 7
Differentiated procedures

1. If sufficient experience has been obtained of releases of certain GMOs in certain ecosystems and the GMOs concerned meet the criteria set out in Annex V, a competent authority may submit to the Commission a reasoned proposal for the application of differentiated procedures to such types of GMOs.

2. Following its own initiative or at the latest 30 days following the receipt of a competent authority's proposal, the Commission shall,

(a) forward the proposal to the competent authorities, which may, within 60 days, present observations and at the same time;

(b) make available the proposal to the public which may, within 60 days, make comments; and

(c) consult the relevant Scientific Committee(s) which may, within 60 days give an opinion.

3. A decision shall be taken on each proposal in accordance with the procedure laid down in Article 30(2). This decision shall establish the minimum amount of technical information from Annex III necessary for evaluating any foreseeable risks from the release, in particular:

(a) information relating to the GMO(s);

(b) information relating to the conditions of release and the potential receiving environment;

(c) information on the interactions between the GMO(s) and the environment;

(d) the environmental risk assessment.

4. This decision shall be taken within 90 days of the date of the Commission's proposal or of receipt of the competent authority's proposal. This 90 day period shall not take into account the period of time during which the Commission is awaiting the observations of

competent authorities, the comments of the public or the opinion of Scientific Committees, as provided for in paragraph 2.

5. The decision taken under paragraphs 3 and 4 shall provide that the notifier may proceed with the release only when he has received the written consent of the competent authority. The notifier shall proceed with the release in conformity with any conditions required in this

consent. The decision taken under paragraphs 3 and 4 may provide that releases of a GMO or of a combination of GMOs on the same site or on different sites for the same purpose and within a defined period may be notified in a single notification.

6. Without prejudice to paragraphs 1 to 5, Commission Decision 94/730/EC of 4 November 1994 establishing simplified procedures concerning the deliberate release into the environment of genetically modified plants pursuant to Article 6(5) of Council Directive 90/220/EEC shall continue to apply.

7. Where a Member State decides to make use or not of a procedure established in a decision taken in accordance with paragraphs 3 and 4 for releases of GMOs within its territory, it shall inform the Commission thereof.

Article 8
Handling of modifications and new information

1. In the event of any modification of, or unintended change to, the deliberate release of a GMO or of a combination of GMOs which could have consequences with regard to risks for human health and the environment after the competent authority has given its written consent, or if new information has become

available on such risks, either while the notification is being examined by the competent authority of a Member State or after that authority has given its written consent, the notifier shall immediately:

(a) take the measures necessary to protect human health and the environment;

(b) inform the competent authority in advance of any modification or as soon as the unintended change is known or the new information is available;

(c) revise the measures specified in the notification.

2. If information becomes available to the competent authority referred to in paragraph 1 which could have significant consequences with regard to risks for human health and the environment or under the circumstances described in paragraph 1, the competent authority shall evaluate such information and make it available to the public. It may require the notifier to modify the conditions of, suspend or terminate the deliberate release and shall inform the public thereof.

Article 9
Consultation of and information to the public

1. Member States shall, without prejudice to the provisions of Articles 7 and 25, consult the public and, where appropriate, groups on the proposed deliberate release. In doing so, Member States shall lay down arrangements for this consultation, including a reasonable timeperiod, in order to give the public or groups the opportunity to express

an opinion.

2. Without prejudice to the provisions of Article 25:

-Member States shall make available to the public information on all part B releases of GMOs in their territory;

-the Commission shall make available to the public the information contained in the system of exchange of information pursuant to Article 11.

Article 10
Reporting by notifiers on releases

After completion of a release, and thereafter, at any intervals laid down in the consent on the basis of the results of the environmental risk assessment, the notifier shall send to the competent authority the result of the release in respect of any risk to human health or the

environment, with, where appropriate, particular reference to any kind of product that the notifier intends to notify at a later stage. The format for the presentation of this result shall be established in accordance with the procedure laid down in Article 30(2).

Article 11
Exchange of information between competent authorities and the Commission

1. The Commission shall set up a system of exchange of the information contained in the notifications. The competent authorities shall send to the Commission, within 30 days of its receipt, a summary of each notification received under Article 6. The format of this summary

shall be established and modified if appropriate in accordance with the procedure laid down in Article 30(2).

2. The Commission shall, at the latest 30 days following their receipt, forward these summaries to the other Member States, which may, within 30 days, present observations through the Commission or directly.

At its request, a Member State shall be permitted to receive a copy of the full notification from the competent authority of the relevant Member State.

3. The competent authorities shall inform the Commission of the final decisions taken in compliance with Article 6(5), including where relevant the reasons for rejecting a notification, and of the results of the releases received in accordance with Article 10.

4. For the releases of GMOs referred to in Article 7, once a year Member States shall send a list of GMOs which have been released on their territory and a list of notifications that were rejected to the Commission, which shall forward them to the competent authorities of the other Member States.

PART C
PLACING ON THE MARKET OF GMOs AS OR IN PRODUCTS

Article 12
Sectoral legislation

1. Articles 13 to 24 shall not apply to any GMO as or in products as far as they are authorised by Community legislation which provides for a specific environmental risk assessment carried out in accordance with the principles set out in Annex II and on the basis of information specified in Annex III without prejudice to additional requirements provided for by the Community legislation mentioned above, and for requirements as regards risk management, labelling, monitoring as appropriate, information to the public and safeguard clause at least equivalent to that laid down in this Directive.

2. As far as Council Regulation (EEC) No 2309/93 is concerned, Articles 13 to 24 of this Directive shall not apply to any GMO as or in products as far as they are authorised by that Regulation provided that a specific environmental risk assessment is carried out in accordance with the principles set out in Annex II to this Directive and on the basis of the type of information specified in Annex III to this Directive without prejudice to other relevant requirements as regards risk assessment, risk management, labelling, monitoring as appropriate, information to the public and safeguard clause provided by Community legislation concerning medicinal products for human and veterinary use.

3. Procedures ensuring that the risk assessment, requirements regarding risk management, labelling, monitoring as appropriate, information to the public and safeguard clause are equivalent to those laid down in this Directive shall be introduced, in a Regulation of the European Parliament and of the Council. Future sectoral legislation based on the provisions of that Regulation shall make a reference to this Directive. Until the Regulation enters into force, any GMO as or in products as far as they are authorised by other Community legislation shall only be placed on the market after having been accepted for placing on the market in accordance with this Directive.

4. During evaluation of the requests for the placing on the market of the GMOs referred to in paragraph 1, the bodies established by the Community under this Directive and by Member States for the purpose of implementing this Directive shall be consulted.

▼ M2

Article 12a
Transitional measures for adventitious or technically unavoidable
presence of genetically modified organisms having benefited from
a favourable risk evaluation

1. Placing on the market of traces of a GMO or combination of GMOs in products intended for direct

use as food or feed or for processing shall be exempted from Articles 13 to 21 provided that they meet the conditions referred to in Article 47 of Regulation (EC)

No 1829/2003 of the European Parliament and of the Council of 22 September 2003 on genetically modified food and feed.

2. This Article shall be applicable for a period of three years after the date of application of Regulation (EC) No 1829/2003.

▼B

Article 13
Notification procedure

1. Before a GMO or a combination of GMOs as or in products is placed on the market, a notification shall be submitted to the competent authority of the Member State where such a GMO is to be placed on the market for the first time. The competent authority shall acknowledge the date of receipt of the notification and immediately forward the summary of the dossier referred to in paragraph 2(h) to the competent authorities of the other Member States and the Commission.

The competent authority shall without delay examine whether the notification is in accordance with paragraph 2 and shall, if necessary, ask the notifier for additional information.

When the notification is in accordance with paragraph 2, and at the latest when it sends its assessment report in accordance with Article 14 (2), the competent authority shall forward a copy of the notification to the Commission which shall, within 30 days of its receipt, forward it to the competent authorities of the other Member States.

2. The notification shall contain:

(a) the information required in Annexes Ⅲ and Ⅳ. This information shall take into account the diversity of sites of use of the GMO as or in a product and shall include information on data and results obtained from research and developmental releases concerning the impact of the release on human health and the environment;

(b) the environmental risk assessment and the conclusions required in Annex Ⅱ, section D;

(c) the conditions for the placing on the market of the product, including specific conditions of use and handling;

(d) with reference to Article 15(4), a proposed period for the consent which should not exceed ten years;

(e) a plan for monitoring in accordance with Annex Ⅶ, including a proposal for the time-period of the monitoring plan; this time-period may be different from the proposed period for the consent;

(f) a proposal for labelling which shall comply with the requirements laid down in Annex Ⅳ. The labelling shall clearly state that a GMO is present. The words 'this product contains genetically modified organisms'shall appear either on a label or in an accompanying

document;

(g) a proposal for packaging which shall comprise the requirements laid down in Annex Ⅳ;

(h) a summary of the dossier. The format of the summary shall be established in accordance with the procedure laid down in Article 30(2).

If on the basis of the results of any release notified under part B, or on other substantive, reasoned scientific grounds, a notifier considers that the placing on the market and use of a GMO as or in a product do not pose a risk to human health and the environment, he may propose to the competent authority not to provide part or all of the information required in Annex IV, section B.

3. The notifier shall include in this notification information on data or results from releases of the same GMOs or the same combination of GMOs previously or currently notified and/or carried out by the notifier either inside or outside the Community.

4. The notifier may also refer to data or results from notifications previously submitted by other notifiers or submit additional information he considers relevant, provided that the information, data and results are non-confidential or these notifiers have given their agreement in writing.

5. In order for a GMO or combination of GMOs to be used for a purpose different from that already specified in a notification, a separate notification shall be submitted.

6. If new information has become available with regard to the risks of the GMO to human health or the environment, before the written consent is granted, the notifier shall immediately take the measures necessary to protect human health and the environment, and inform the competent authority thereof. In addition, the notifier shall revise the information and conditions specified in the notification.

Article 14
Assessment report

1. On receipt and after acknowledgement of the notification in accordance with Article 13(2), the competent authority shall examine it for compliance with this Directive.

2. Within 90 days after receipt of the notification the competent
authority shall:

—prepare an assessment report and send it to the notifier. A subsequent withdrawal by the notifier shall be without prejudice to any further submission of the notification to another competent authority;

—in the case referred to in paragraph 3(a), send its report, together with the information referred to in paragraph 4 and any other information on which it has based its report, to the Commission which shall, within 30 days of its receipt, forward it to the competent authorities of the other Member States.

In the case referred to paragraph 3(b), the competent authority shall send its report, together with the information referred to in paragraph 4 and any other information on which it has based its report, to the Commission no earlier than 15 days after sending the assessment report to the notifier and no later than 105 days after receipt of the notification.

The Commission shall, within 30 days of its receipt, forward the report to the competent authorities of the other Member States.

3. The assessment report shall indicate whether:

(a) the GMO(s) in question should be placed on the market and under which conditions; or

(b) the GMO(s) in question should not be placed on the market.

The assessment reports shall be established in accordance with the guidelines laid down in Annex VI.

4. For the purpose of calculating the 90 day period referred to in paragraph 2, any periods of time during which the competent authority is awaiting further information which it may have requested from the notifier shall not be taken into account. The competent authority shall state the reasons in any request for further information.

Article 15
Standard procedure

1. In the cases referred to in Article 14(3), a competent authority or the Commission may ask for further information, make comments or present reasoned objections to the placing on the market of the

GMO(s) in question within a period of 60 days from the date of circulation of the assessment report.

Comments or reasoned objections and replies shall be forwarded to the Commission which shall immediately circulate them to all competent authorities.

The competent authorities and the Commission may discuss any outstanding issues with the aim of arriving at an agreement within 105 days from the date of circulation of the assessment report.

Any periods of time during which further information from the notifier is awaited shall not be taken into account for the purpose of calculating the final 45 day period for arriving at an agreement. Reasons shall be stated in any request for further information.

2. In the case referred to in Article 14(3)(b), if the competent authority which prepared the report decides that the GMO(s) should not be placed on the market, the notification shall be rejected. This decision shall state the reasons.

3. If the competent authority which prepared the report decides that the product may be placed on the market, in the absence of any reasoned objection from a Member State or the Commission within 60 days following the date of circulation of the assessment report referred to in Article 14(3)(a) or if outstanding issues are resolved within the 105 day period referred to in paragraph 1, the competent authority which prepared the report shall give consent in writing for placing on the market, shall transmit it to the notifier and shall inform the other Member States and the Commission thereof within 30 days.

4. The consent shall be given for a maximum period of ten years starting from the date on which the consent is issued.

For the purpose of approval of a GMO or a progeny of that GMO intended only for the marketing of their seeds under the relevant Community provisions, the period of the first consent shall end at the latest ten years after the date of the first inclusion of the first plant

variety containing the GMO on an official national catalogue of plant varieties in accordance with Council Directives 70/457/EEC (1) and 70/458/EEC (2).

In the case of forest reproductive material, the period of the first consent shall end at the latest ten years after the date of the first inclusion of basic material containing the GMO on an official national register of basic material in accordance with Council Directive 1999/105/EC (3).

Article 16
Criteria and information for specified GMOs

1. A competent authority, or the Commission on its own initiative, may make a proposal on criteria and information requirements to be met for the notification, by way of derogation from Article 13, for the placing on the market of certain types of GMOs as or in products.

▼M4

2. The criteria and information requirements referred to in paragraph 1, as well as any appropriate requirements for a summary of the dossier, shall be established. Those measures, designed to amend non-essential elements of this Directive by supplementing it, shall be adopted, after consultation of the relevant Scientific Committee, in accordance with

the regulatory procedure with scrutiny referred to in Article 30(3). The criteria and information requirements shall be such as to ensure a high level of safety of human health and the environment and shall be based on the available scientific evidence concerning such safety and on experience gained from the release of comparable GMOs.

The requirements set out in Article 13(2) shall be replaced by those adopted in accordance with the first subparagraph, and the procedure set out in Article 13(3), (4), (5) and (6) and Articles 14 and 15 shall apply.

3. Before the regulatory procedure with scrutiny referred to in Article 30(3) is initiated with a view to a decision on criteria and information requirements referred to in paragraph 1, the Commission shall make the proposal available to the public. The public may make comments to the Commission within 60 days. The Commission shall forward any such comments, together with an analysis, to the Committee established pursuant to Article 30.

▾ B

Article 17
Renewal of consent

1. By way of derogation from Articles 13, 14 and 15, the procedure set out in paragraphs 2 to 9 shall be applied to the renewal of:

(a) consents granted under part C; and

(b) before 17 October 2006 of consents granted under Directive 90/220/EEC for placing on the market of GMOs as or in products before 17 October 2002,

2. At the latest nine months before the expiry of the consent, for the consents referred to in paragraph 1(a), and before 17 October 2006, for the consents referred to in paragraph 1(b), the notifier under this Article shall submit a notification to the competent authority which received the original notification, which shall contain:

(a) a copy of the consent to the placing on the market of the GMOs;

(b) a report on the results of the monitoring which was carried out according to Article 20. In the case of consents referred to in paragraph 1(b), this report shall be submitted when the monitoring was carried out;

(c) any other new information which has become available with regard to the risks of the product to human health and/or the environment; and

(d) as appropriate, a proposal for amending or complementing the conditions of the original consent, inter alia the conditions concerning future monitoring and the time limitation of the consent.

The competent authority shall acknowledge the date of receipt of the notification and when the notification is in accordance with this paragraph it shall without delay forward a copy of the notification and its assessment report to the Commission, which shall, within 30 days of their receipt, forward them to the competent authorities of the other Member States. It shall also send its assessment report to the notifier.

3. The assessment report shall indicate whether:

(a) the GMO(s) should remain on the market and under which conditions; or

(b) the GMO(s) should not remain on the market.

4. The other competent authorities or the Commission may ask for further information, make comments, or present reasoned objections within a period of 60 days from the date of circulation of the assessment report.

5. All comments, reasoned objections and replies shall be forwarded to the Commission which shall immediately circulate them to all competent authorities.

6. In the case of paragraph 3(a) and in the absence of any reasoned objection from a Member State or the Commission within 60 days from the date of circulation of the assessment report, the competent authority which prepared the report shall transmit to the notifier the final decision in writing and shall inform the other Member States and the Commission thereof within 30 days. The validity of the consent

should not, as a general rule, exceed ten years and may be limited or extended as appropriate for specific reasons.

7. The competent authorities and the Commission may discuss any outstanding issues with the aim of arriving at an agreement within 75 days from the date of circulation of the assessment report.

8. If outstanding issues are resolved within the 75 day period referred to in paragraph 7, the competent authority which prepared the report shall transmit to the notifier its final decision in writing and shall inform the other Member States and the Commission thereof within 30 days.

The validity of the consent may be limited as appropriate.

9. Following a notification for the renewal of a consent in accordance with paragraph 2, the notifier may continue to place the GMOs on the market under the conditions specified in that consent until a final decision has been taken on the notification.

Article 18
Community procedure in case of objections

1. In cases where an objection is raised and maintained by a competent authority or the Commission in accordance with Articles 15, 17 and 20, a decision shall be adopted and published within 120 days in accordance with the procedure laid down in Article 30(2). This decision shall contain the same information as in Article 19(3).

For the purpose of calculating the 120 day period, any period of time during which the Commission is awaiting further information which it may have requested from the notifier or is seeking the opinion of the Scientific Committee which has been consulted in accordance with Article 28 shall not be taken into account. The Commission shall state reasons in any request for further information and inform the competent authorities of its requests to the notifier. The period of time during which the Commission is awaiting the opinion of the

Scientific Committee shall not exceed 90 days.

The period of time that the Council takes to act in accordance with the procedure laid down in Article 30(2) shall not be taken into account.

2. Where a favourable decision has been taken, the competent authority which prepared the report shall give consent in writing to the placing on the market or to the renewal of the consent, shall transmit it to the notifier and shall inform the other Member States and the Commission thereof within 30 days following the publication or notification of the decision.

Article 19
Consent

1. Without prejudice to requirements under other Community legislation, only if a written consent has been given for the placing on the market of a GMO as or in a product may that product be used without further notification throughout the Community in so far as the specific conditions of use and the environments and/or geographical areas

stipulated in these conditions are strictly adhered to.

2. The notifier may proceed with the placing on the market only when he has received the written consent of the competent authority in accordance with Articles 15, 17 and 18, and in conformity with any conditions required in that consent.

3. The written consent referred to in Articles 15, 17 and 18 shall, in all cases, explicitly specify:

(a) the scope of the consent, including the identity of the GMO(s) to be placed on the market as or in products, and their unique identifier;

(b) the period of validity of the consent;

(c) the conditions for the placing on the market of the product, including any specific condition of use, handling and packaging of the GMO(s) as or in products, and conditions for the protection of particular ecosystems/environments and/or geographical areas;

(d) that, without prejudice to Article 25, the notifier shall make control samples available to the competent authority on request;

(e) the labelling requirements, in compliance with the requirements laid down in Annex IV. The labelling shall clearly state that a GMO is present. The words 'This product contains genetically modified organisms' shall appear either on a label or in a document accompanying

the product or other products containing the GMO(s);

(f) monitoring requirements in accordance with Annex VII, including obligations to report to the Commission and competent authorities, the time period of the monitoring plan and, where appropriate, any obligations on any person selling the product or any user of it, inter

alia, in the case of GMOs grown, concerning a level of information deemed appropriate on their location.

4. Member States shall take all necessary measures to ensure that the written consent and the decision referred to in Article 18, where applicable, are made accessible to the public and that the conditions specified in the written consent and the decision, where applicable, are complied with.

Article 20
Monitoring and handling of new information

1. Following the placing on the market of a GMO as or in a product, the notifier shall ensure that monitoring and reporting on it are carried out according to the conditions specified in the consent. The reports of this monitoring shall be submitted to the Commission and the competent authorities of the Member States. On the basis of these reports, in accordance with the consent and within the framework for the monitoring plan specified in the consent, the competent authority which received the original notification may adapt the monitoring plan after the first monitoring period.

2. If new information has become available, from the users or other sources, with regard to the risks of the GMO(s) to human health or the environment after the written consent has been given, the notifier shall immediately take the measures necessary to protect human health and the environment, and inform the competent authority thereof. In addition, the notifier shall revise the information and conditions specified in the notification.

3. If information becomes available to the competent authority which could have consequences for the risks of the GMO(s) to human health or the environment, or under the circumstances described in paragraph 2, it shall immediately forward the information to the Commission and the competent authorities of the other Member States and may avail itself of the provisions in Articles 15(1) and 17(7) where appropriate, when the information has become available before the written consent.

When the information has become available after the consent has been given, the competent authority shall within 60 days after receipt of the new information, forward its assessment report indicating whether and how the conditions of the consent should be amended or the consent should be terminated to the Commission which shall, within 30 days of its receipt, forward it to the competent authorities of the other Member States.

Comments or reasoned objections to further placing on the market of the GMO or on the proposal for amending the conditions of the consent shall, within 60 days following the circulation of the assessment report, be forwarded to the Commission which shall immediately forward them to all competent authorities.

The competent authorities and the Commission may discuss any outstanding issues with the aim of arriving at an agreement within 75 days from the date of circulation of the assessment report.

In the absence of any reasoned objection from a Member State or the Commission within 60 days following the date of circulation of the new information or if outstanding issues are resolved within 75 days, the competent authority which prepared the report shall amend the consent as proposed, shall transmit the amended consent to the notifier and shall inform the other Member States and the Commission thereof within 30 days.

4. So as to ensure its transparency, the results of the monitoring carried out under part C of the Directive shall be made publicly available.

Article 21
Labelling

1. Member States shall take all necessary measures to ensure that at all stages of the placing on the market, the labelling and packaging of GMOs placed on the market as or in products comply with the relevant requirements specified in the written consent referred to in Articles 15(3), 17(5) and (8), 18(2) and 19(3).

▼M4

2. For products where adventitious or technically unavoidable traces of authorised GMOs cannot be excluded, a minimum threshold may be established below which these products shall not have to be labelled in accordance with paragraph 1.

Threshold levels shall be established according to the product concerned. Those measures, designed to amend non-essential elements of this Directive by supplementing it, shall be adopted in accordance with the regulatory procedure with scrutiny referred to in Article 30(3).

3. For products intended for direct processing, paragraph 1 shall not apply to traces of authorised GMOs in proportions no higher than 0.9% or lower thresholds, provided that these traces are adventitious or technically unavoidable.

The threshold levels referred to in the first subparagraph may be established. Those measures, designed to amend non-essential elements of this Directive by supplementing it, shall be adopted in accordance with the regulatory procedure with scrutiny referred to in Article 30(3).

▼B

Article 22
Free circulation

Without prejudice to Article 23, Member States may not prohibit, restrict or impede the placing on the market of GMOs, as or in products, which comply with the requirements of this Directive.

Article 23
Safeguard clause

1. Where a Member State, as a result of new or additional information made available since the date of

the consent and affecting the environmental risk assessment or reassessment of existing information on the basis of new or additional scientific knowledge, has detailed grounds for considering that a GMO as or in a product which has been properly notified and has received written consent under this Directive constitutes a risk to human health or the environment, that Member State may provisionally restrict or prohibit the use and/or sale of that GMO as or in a product on its territory.

The Member State shall ensure that in the event of a severe risk, emergency measures, such as suspension or termination of the placing on the market, shall be applied, including information to the public.

The Member State shall immediately inform the Commission and the other Member States of actions taken under this Article and give reasons for its decision, supplying its review of the environmental risk assessment, indicating whether and how the conditions of the consent should be amended or the consent should be terminated, and, where appropriate, the new or additional information on which its decision is based.

▼M4

2. Within 60 days of the date of receipt of the information transmitted by the Member State, a decision shall be taken on the measure taken by that Member State in accordance with the regulatory procedure referred to in Article 30(2). For the purpose of calculating the 60-day period, any period of time during which the Commission is awaiting further information which it may have requested from the notifier or is seeking the opinion of the Scientific Committee or Committees which has or have been consulted shall not be taken into account.

The period of time during which the Commission is awaiting the opinion of the Scientific Committee or Committees consulted shall not exceed 60 days.

Likewise, the period of time the Council takes to act in accordance with the regulatory procedure referred to in Article 30(2) shall not be taken into account.

Article 24
Information to the public

1. Without prejudice to Article 25, upon receipt of a notification in accordance with Article 13(1), the Commission shall immediately make available to the public the summary referred to in Article 13(2)(h).

The Commission shall also make available to the public assessment reports in the case referred to in Article 14(3)(a). The public may make comments to the Commission within 30 days. The Commission shall immediately forward the comments to the competent authorities.

2. Without prejudice to Article 25, for all GMOs which have received written consent for placing on the market or whose placing on the market was rejected as or in products under this Directive, the assessment reports carried out for these GMOs and the opinion(s) of the Scientific Committees consulted shall be made available to the public.

For each product, the GMO or GMOs contained therein and the use or uses shall be clearly specified.

PART D
FINAL PROVISIONS

Article 25
Confidentiality

1. The Commission and the competent authorities shall not divulge to third parties any confidential information notified or exchanged under this Directive and shall protect intellectual property rights relating to the data received.

2. The notifier may indicate the information in the notification submitted under this Directive, the disclosure of which might harm his competitive positionand which should therefore be treated as confidential. Verifiable justification must be given in such cases.

3. The competent authority shall, after consultation with the notifier, decide which information will be kept confidential and shall inform the notifier of its decisions.

4. In no case may the following information when submitted according to Articles 6, 7, 8, 13, 17, 20 or 23 be kept confidential:

—general description of the GMO or GMOs, name and address of the notifier, purpose of the release, location of release and intended uses;

—methods and plans for monitoring of the GMO or GMOs and for emergency response;

—environmental risk assessment.

5. If, for whatever reasons, the notifier withdraws the notification, the competent authorities and the Commission must respect the confidentiality of the information supplied.

Article 26
Labelling of GMOs referred to in Article 2(4), second subparagraph

1. The GMOs to be made available for operations referred to under Article 2(4), second subparagraph, shall be subject to adequate labelling requirements in accordance with the relevant sections of Annex Ⅳ in order to provide for clear information, on a label or in an accompanying document, on the presence of GMOs. To that effect the words 'This product contains genetically modified organisms'shall appear either on a label or in an accompanying document.

▼M4

2. Conditions for the implementation of paragraph 1 shall be established, without duplicating or creating inconsistencies with labelling provisions laid down in existing Community legislation. Those measures, designed to amend non-essential elements of this Directive by supplementing it, shall be adopted in accordance with the regulatory procedure with scrutiny referred to in Article 30(3). In so doing, account should be taken, as appropriate, of labelling provisions established by Member States in accordance with Community legislation.

▼M2

Article 26a
Measures to avoid the unintended presence of GMOs

1. Member States may take appropriate measures to avoid the unintended presence of GMOs in other

products.

2. The Commission shall gather and coordinate information based on studies at Community and national level, observe the developments regarding coexistence in the Member States and, on the basis of the information and observations, develop guidelines on the coexistence of genetically modified, conventional and organic crops.

▼ M4

Article 27
Adaptation of annexes to technical progress

The adaptation to technical progress of Sections C and D of Annex II, Annexes III to VI, and Section C of Annex VII, designed to amend non-essential elements of this Directive, shall be adopted in accordance with the regulatory procedure with scrutiny referred to in Article 30(3).

▼ B

Article 28
Consultation of Scientific Committee(s)

1. In cases where an objection as regards the risks of GMOs to human health or to the environment is raised by a competent authority or the Commission and maintained in accordance with Article 15(1), 17(4), 20(3) or 23, or where the assessment report referred to in Article 14 indicates that the GMO should not be placed on the market, the relevant Scientific Committee(s) shall be consulted by the Commission, on its own initiative or at the request of a Member State, on the objection.

2. The relevant Scientific Committee(s) may also be consulted by the Commission, on its own initiative or at the request of a Member State, on any matter under this Directive that may have an adverse effect on human health and the environment.

3. The administrative procedures laid down in this Directive shall not be affected by paragraph 2.

Article 29
Consultation of Committee(s) on Ethics

1. Without prejudice to the competence of Member States as regards ethical issues, the Commission shall, on its own initiative or at the request of the European Parliament or the Council, consult any committee it has created with a view to obtaining its advice on the ethical implications of biotechnology, such as the European Group on Ethics in Science and New Technologies, on ethical issues of a general nature.

This consultation may also take place at the request of a Member State.

2. This consultation is conducted under clear rules of openness, transparency and public accessibility. Its outcome shall be accessible to the public.

3. The administrative procedures provided for in this Directive shall not be affected by paragraph 1.

Article 30
Committee procedure

1. The Commission shall be assisted by a committee.

2. Where reference is made to this paragraph, Articles 5 and 7 of Decision 1999/468/EC shall apply, having regard to the provisions of Article 8 thereof.

The period laid down in Article 5(6) of Decision 1999/468/EC shall be set at three months.

▼M4

3. Where reference is made to this paragraph, Article 5a(1) to (4) and Article 7 of Decision 1999/468/EC shall apply, having regard to the provisions of Article 8 thereof.

▼B

Article 31
Exchange of information and reporting

1. Member States and the Commission shall meet regularly and exchange information on the experience acquired with regard to the prevention of risks related to the release and the placing on the market of GMOs. This information exchange shall also cover experience gained from the implementation of Article 2(4), second subparagraph, environmental risk assessment, monitoring and the issue of consultation and information of the public.

Where necessary, guidance on the implementation of Article 2(4), second subparagraph, may be provided by the committee established under Article 30(1).

2. The Commission shall establish one or several register(s) for the purpose of recording the information on genetic modifications in GMOs mentioned in point A No 7 of Annex Ⅳ. Without prejudice to Article 25, the register(s) shall include a part which is accessible to the public. The detailed arrangements for the operation of the register(s) shall be decided in accordance with the procedure laid down in Article 30(2).

3. Without prejudice to paragraph 2 and point A No 7 of Annex Ⅳ,

(a) Member States shall establish public registers in which the location of the release of the GMOs under part B is recorded.

(b) Member States shall also establish registers for recording the location of GMOs grown under part C, inter alia so that the possible effects of such GMOs on the environment may be monitored in accordance with the provisions of Articles 19(3)(f) and 20(1). Without prejudice to such provisions in Articles 19 and 20, the said locations shall:

—be notified to the competent authorities, and

—be made known to the public in the manner deemed appropriate by the competent authorities and in accordance with national provisions.

4. Every three years, Member States shall send the Commission a report on the measures taken to implement the provisions of this Directive. This report shall include a brief factual report on their experience with GMOs placed on the market in or as products under
this Directive.

5. Every three years, the Commission shall publish a summary based on the reports referred to in paragraph 4.

6. The Commission shall send to the European Parliament and the Council, in 2003 and thereafter every three years, a report on the experience of Member States with GMOs placed on the market under

this Directive.

7. When submitting this report in 2003, the Commission shall at the same time submit a specific report on the operation of part B and part C including an assessment of:

(a) all its implications, particularly to take account of the diversity of European ecosystems and the need to complement the regulatory framework in this field;

(b) the feasibility of various options to improve further the consistency and efficiency of this framework, including a centralised Community authorisation procedure and the arrangements for the final decision making by the Commission;

(c) whether sufficient experience has accumulated on the implementation of part B differentiated procedures to justify a provision on implicit consent in these procedures and on part C to justify the application of differentiated procedures; and

(d) the socioeconomic implications of deliberate releases and placing on the market of GMOs.

8. The Commission shall send to the European Parliament and the Council every year, a report on the ethical issues referred to in Article 29(1); this report may be accompanied, if appropriate, by a proposal with a view to amending this Directive.

Article 32
Implementation of the Cartagena Protocol on biosafety

1. The Commission is invited to bring forward as soon as possible and in any case before July 2001 a legislative proposal for implementing in detail the Cartagena Protocol on biosafety. The proposal shall complement and, if necessary, amend the provisions of this Directive.

2. This proposal shall, in particular, include appropriate measures to implement the procedures laid down in the Cartagena Protocol and, in accordance with the Protocol, require Community exporters to ensure that all requirements of the Advance Informed Agreement Procedure, as set out in Articles 7 to 10, 12 and 14 of the Cartagena Protocol, are fulfilled.

Article 33
Penalties

Member States shall determine the penalties applicable to breaches of the national provisions adopted pursuant to this Directive. Those penalties shall be effective, proportionate and dissuasive.

Article 34
Transposition

1. Member States shall bring into force the laws, regulations and administrative provisions necessary to comply with this Directive by 17 October 2002. They shall forthwith inform the Commission thereof.

When Member States adopt these measures they shall contain a reference to this Directive or shall be accompanied by such reference on the occasion of their official publication. The methods of making such a reference shall be laid down by the Member States.

2. Member States shall communicate to the Commission the texts of the main provisions of domestic law which they adopt in the field covered by this Directive.

Article 35
Pending notifications

1. Notifications concerning placing on the market of GMOs as or in products received pursuant to Directive 90/220/EEC, and in respect of which the procedures of that Directive have not been completed by 17 October 2002 shall be subject to the provisions of this Directive.

2. By 17 January 2003 notifiers shall have complemented their notification in accordance with this Directive.

Article 36
Repeal

1. Directive 90/220/EEC shall be repealed on 17 October 2002. 2. References made to the repealed Directive shall be construed as being made to this Directive and should be read in accordance with the correlation table in Annex VIII.

Article 37

This Directive shall enter into force on the day of its publication in the Official Journal of the European Communities.

Article 38

This Directive is addressed to the Member States.

Regulation (EC) No 1331/2008 of the European Parliament and of the Council of 16 December 2008 establishing a common authorisation procedure for food additives, food enzymes and food flavourings

(Text with EEA relevance)*

THE EUROPEAN PARLIAMENT AND THE COUNCIL OF THE EUROPEAN UNION,

Having regard to the Treaty establishing the European Community, and in particular Article 95 thereof,

Having regard to the proposal from the Commission,

Having regard to the opinion of the European Economic and Social Committee,

Acting in accordance with the procedure laid down in Article 251 of the Treaty,

Whereas:

(1) The free movement of safe and wholesome food is an essential aspect of the internal market and contributes significantly to the health and well-being of citizens, and to their social and economic interests.

(2) A high level of protection of human life and health should be assured in the pursuit of Community policies.

(3) In order to protect human health, the safety of additives, enzymes and flavourings for use in foodstuffs for human consumption must be assessed before they are placed on the Community market.

(4) Regulation (EC) No 1333/2008 of the European Parliament and of the Council of 16 December 2008 on food additives, Regulation (EC) No 1332/2008 of the European Parliament and of the Council of 16 December 2008 on food enzymes and Regulation (EC) No 1334/2008 of the European Parliament and of the Council of 16 December 2008 on flavourings and certain food ingredients with flavouring properties for use in and on foods (hereinafter referred to as the sectoral food laws) lay down harmonised criteria and requirements concerning the assessment and authorisation of these substances.

(5) It is envisaged, in particular, that food additives, food enzymes and food flavourings, to the extent that the safety of food flavourings must be assessed in accordance with Regulation (EC) No 1334/2008 [on flavourings and certain food ingredients with flavouring properties for use in and on foods], must not be placed on the market or used in foodstuffs for human consumption, in accordance with the conditions laid down in each sectoral food law, unless they are included on a Community list of authorised substances.

(6) Ensuring transparency in the production and handling of food is absolutely crucial in order to maintain consumer confidence.

(7) In this context, it appears appropriate to establish for these three categories of substances a common Community assessment and authorisation procedure that is effective, time-limited and transparent, so as to facilitate their free movement within the Community market.

(8) This common procedure must be founded on the principles of good administration and legal certainty and must be implemented in compliance with those principles.

(9) This Regulation will thus complete the regulatory framework concerning the authorisation of the substances by laying down the various stages of the procedure, the deadlines for those stages, the role of the parties involved and the principles that apply. Nevertheless, for some aspects of the procedure, it is necessary to take the specific characteristics of each sectoral food law into consideration.

---

* http://eur-lex.europa.eu/LexUriServ/LexUriServ.do?uri = CELEX:32008R1331:EN:NOT

(10) The deadlines laid down in the procedure take into account the time needed to consider the different criteria set in each sectoral food law, as well as allowing adequate time for consultation when preparing the draft measures. In particular, the nine-months deadline for the Commission to present a draft regulation updating the Community list should not preclude the possibility of this being done within a shorter period.

(11) Upon receipt of an application the Commission should initiate the procedure and where necessary seek the opinion of the European Food Safety Authority (hereinafter referred to as the Authority) established by Regulation (EC) No 178/2002 of the European Parliament and of the Council of 28 January 2002 laying down the general principles and requirements of food law, establishing the European Food Safety Authority and laying down procedures in matters of food safety as soon as possible after the validity and applicability of the application have been assessed.

(12) In accordance with the framework for risk assessment in matters of food safety established by Regulation (EC) No 178/2002, the authorisation to place substances on the market must be preceded by an independent scientific assessment, of the highest possible standard, of the risks that they pose to human health. This assessment, which must be carried out under the responsibility of the Authority, must be followed by a risk management decision taken by the Commission under a regulatory procedure that ensures close cooperation between the Commission and the Member States.

(13) The authorisation to place substances on the market should be granted pursuant to this Regulation provided that the criteria for authorisation laid down under the sectoral food laws are satisfied.

(14) It is recognised that, in some cases, scientific risk assessment alone cannot provide all the information on which a risk management decision should be based, and that other legitimate factors relevant to the matter under consideration may be taken into account, including societal, economic, traditional, ethical and environmental factors and the feasibility of controls.

(15) In order to ensure that both business operators in the sectors concerned and the public are kept informed of the authorisations in force, the authorised substances should be included on a Community list created, maintained and published by the Commission.

(16) Where appropriate and under certain circumstances, the specific sectoral food law may provide for protection of scientific data and other information submitted by the applicant for a certain period of time. In this case, the sectoral food law should lay down the conditions under which these data may not be used for the benefit of another applicant.

(17) Networking between the Authority and the Member States' organisations operating in the fields within the Authority's mission is one of the basic principles of the Authority's operation. In consequence, in preparing its opinion, the Authority may use the network made available to it by Article 36 of Regulation (EC) No 178/2002 and by Commission Regulation (EC) No 2230/2004.

(18) The common authorisation procedure for the substances must fulfil transparency and public information requirements while guaranteeing the right of applicants to preserve the confidentiality of certain information.

(19) Protecting the confidentiality of certain aspects of an application should be maintained as a consideration in order to protect the competitive position of an applicant. However, information relating to the safety of a substance, including, but not limited to, toxicological studies, other safety studies and raw data as such, should under no circumstances be confidential.

(20) Pursuant to Regulation (EC) No 178/2002, Regulation (EC) No 1049/2001 of the European Parliament and of the Council of 30 May 2001 regarding public access to European Parliament, Council and Commission documents applies to documents held by the Authority.

(21) Regulation (EC) No 178/2002 establishes procedures for taking emergency measures in relation to foodstuffs of Community origin or imported from third countries. It authorises the Commission to adopt

such measures in situations where foodstuffs are likely to constitute a serious risk to human health, animal health or the environment and where such risk cannot be contained satisfactorily by measures taken by the Member State(s) concerned.

(22) In the interests of efficiency and legislative simplification, there should be a medium-term examination of the question whether to extend the scope of the common procedure to other legislation in the area of food.

(23) Since the objectives of this Regulation cannot be sufficiently achieved by the Member States on account of differences between national laws and provisions and can therefore be better achieved at Community level, the Community may adopt measures, in accordance with the principle of subsidiarity as set out in Article 5 of the Treaty. In accordance with the principle of proportionality, as set out in that Article, this Regulation does not go beyond what is necessary in order to achieve those objectives.

(24) The measures necessary for the implementation of this Regulation should be adopted in accordance with Council Decision 1999/468/EC of 28 June 1999 laying down the procedures for the exercise of implementing powers conferred on the Commission.

(25) In particular the Commission should be empowered to update the Community lists. Since those measures are of general scope and are designed to amend non-essential elements of each sectoral food law, inter alia, by supplementing it with new non-essential elements, they must be adopted in accordance with the regulatory procedure with scrutiny provided for in Article 5a of Decision 1999/468/EC.

(26) On grounds of efficiency, the normal time-limits for the regulatory procedure with scrutiny should be curtailed for the addition of substances to the Community lists and for adding, removing or changing conditions, specifications or restrictions associated with the presence of a substance on the Community lists.

(27) When, on imperative grounds of urgency, the normal time-limits for the regulatory procedure with scrutiny cannot be complied with, the Commission should be able to apply the urgency procedure provided for in Article 5a(6) of Decision 1999/468/EC for the removal of a substance from the Community lists and for adding, removing or changing conditions, specifications or restrictions associated with the presence of a substance on the Community lists,

HAVE ADOPTED THIS REGULATION:

CHAPTER I
GENERAL PRINCIPLES

Article 1
Subject matter and scope

1. This Regulation lays down a common procedure for the assessment and authorisation (hereinafter referred to as the common procedure) of food additives, food enzymes, food flavourings and source materials of food flavourings and of food ingredients with flavouring properties used or intended for use in or on foodstuffs (hereinafter referred to as the substances), which contributes to the free movement of food within the Community and to a high level of protection of human health and to a high level of consumer protection, including the protection of consumer interests. This Regulation shall not apply to smoke flavourings falling within the scope of Regulation (EC) No 2065/2003 of the European Parliament and of the Council of 10 November 2003 on smoke flavourings used or intended for use in or on foods.

2. The common procedure shall lay down the procedural arrangements for updating the lists of substances the marketing of which is authorised in the Community pursuant to Regulation (EC) No 1333/2008 [on food additives], Regulation (EC) No 1332/2008 [on food enzymes] and Regulation (EC) No

1334/2008 [on flavourings and certain food ingredients with flavouring properties for use in and on foods] (hereinafter referred to as the sectoral food laws).

3. The criteria according to which substances can be included on the Community list provided for in Article 2, the content of the regulation referred to in Article 7 and, where applicable, the transitional provisions concerning ongoing procedures are laid down in each sectoral food law.

Article 2
Community list of substances

1. Under each sectoral food law, substances that have been authorised to be placed on the Community market shall be included on a list the content of which is determined by the said law (hereinafter referred to as the Community list). The Community list shall be updated by the Commission. It shall be published in the Official Journal of the European Union.

2. "Updating the Community list" means:

(a) adding a substance to the Community list;

(b) removing a substance from the Community list;

(c) adding, removing or changing conditions, specifications or restrictions associated with the presence of a substance on the Community list.

CHAPTER II
COMMON PROCEDURE

Article 3
Main stages of the common procedure

1. The common procedure for updating the Community list may be started either on the initiative of the Commission or following an application. Applications may be made by a Member State or by an interested party, who may represent several interested parties, in accordance with the conditions provided for by the implementing measures referred to in Article 9(1)(a) (hereinafter referred to as the applicant). Applications shall be sent to the Commission.

2. The Commission shall seek the opinion of the European Food Safety Authority (hereinafter referred to as the Authority), to be given in accordance with Article 5.

However, for the updates referred to in Article 2(2)(b) and (c), the Commission shall not be required to seek the opinion of the Authority if the updates in question are not liable to have an effect on human health.

3. The common procedure shall end with the adoption by the Commission of a regulation implementing the update, in accordance with Article 7.

4. By way of derogation from paragraph 3, the Commission may end the common procedure and decide not to proceed with a planned update, at any stage of the procedure, if it judges that such an update is not justified. Where applicable, it shall take account of the opinion of the Authority, the views of Member States, any relevant provisions of Community law and any other legitimate factors relevant to the matter under consideration.

In such cases, where applicable, the Commission shall inform the applicant and the Member States directly, indicating in its letter the reasons for not considering the update justified.

Article 4
Initiating the procedure

1. On receipt of an application to update the Community list, the Commission:

(a) shall acknowledge receipt of the application in writing to the applicant within 14 working days of receiving it;

(b) where applicable, shall as soon as possible notify the Authority of the application and request its opinion in accordance with Article 3(2).

The application shall be made available to the Member States by the Commission.

2. Where it starts the procedure on its own initiative, the Commission shall inform the Member States and, where applicable, request the opinion of the Authority.

Article 5
Opinion of the Authority

1. The Authority shall give its opinion within nine months of receipt of a valid application.

2. The Authority shall forward its opinion to the Commission, the Member States and, where applicable, the applicant.

Article 6
Additional information concerning risk assessment

1. In duly justified cases where the Authority requests additional information from applicants, the period referred to in Article 5(1) may be extended. After consulting the applicant, the Authority shall lay down a period within which this information can be provided and shall inform the Commission of the additional period needed. If the Commission does not object within eight working days of being informed by the Authority, the period referred to in Article 5(1) shall be automatically extended by the additional period. The Commission shall inform the Member States of the extension.

2. If the additional information is not sent to the Authority within the additional period referred to in paragraph 1, the Authority shall finalise its opinion on the basis of the information already provided.

3. Where applicants submit additional information on their own initiative, they shall send it to the Authority and to the Commission. In such cases, the Authority shall give its opinion within the original period without prejudice to Article 10.

4. The additional information shall be made available to the Member States and the Commission by the Authority.

Article 7
Updating the Community list

1. Within nine months of the Authority giving its opinion, the Commission shall submit to the Committee referred to in Article 14(1) a draft regulation updating the Community list, taking account of the opinion of the Authority, any relevant provisions of Community law and any other legitimate factors relevant to the matter under consideration.

In those cases where an opinion of the Authority has not been requested, the nine-month period shall start from the date the Commission receives a valid application.

2. In the Regulation updating the Community list, the considerations on which it is based shall be

explained.

3. Where the draft regulation is not in accordance with the opinion of the Authority, the Commission shall explain the reasons for its decision.

4. The measures, designed to amend non-essential elements of each sectoral food law, relating to the removal of a substance from the Community list, shall be adopted in accordance with the regulatory procedure with scrutiny referred to in Article 14(3).

5. On grounds of efficiency, the measures designed to amend non-essential elements of each sectoral food law, inter alia, by supplementing it, relating to the addition of a substance to the Community list and for adding, removing or changing conditions, specifications or restrictions associated with the presence of the substance on the Community list, shall be adopted in accordance with the regulatory procedure with scrutiny referred to in Article 14(4).

6. On imperative grounds of urgency, the Commission may use the urgency procedure referred to in Article 14(5) for the removal of a substance from the Community list and for adding, removing or changing conditions, specifications or restrictions associated with the presence of a substance on the Community list.

Article 8
Additional information concerning risk management

1. Where the Commission requests additional information from applicants on matters concerning risk management, it shall determine, together with the applicant, a period within which that information can be provided. In such cases, the period referred to in Article 7 may be extended accordingly. The Commission shall inform the Member States of the extension and shall make the additional information available to the Member States once it has been provided.

2. If the additional information is not sent within the additional period referred to in paragraph 1, the Commission shall act on the basis of the information already provided.

CHAPTER III
MISCELLANEOUS PROVISIONS

Article 9
Implementing measures

1. In accordance with the regulatory procedure referred to in Article 14(2), within a period of no longer than 24 months from the adoption of each sectoral food law, the implementing measures for this Regulation shall be adopted by the Commission, and shall concern in particular:

(a) the content, drafting and presentation of the application referred to in Article 4(1);

(b) the arrangements for checking the validity of applications;

(c) the type of information that must be included in the opinion of the Authority referred to in Article 5.

2. With a view to the adoption of the implementing measures referred to in paragraph 1(a), the Commission shall consult the Authority, which, within six months of the date of entry into force of each sectoral food law, shall present it with a proposal concerning the data required for risk assessment of the substances concerned.

Article 10
Extension of time periods

In exceptional circumstances, the periods referred to in Article 5(1) and Article 7 may be extended by the Commission on its own initiative or, where applicable, at the Authority's request, if the nature of the matter in question so justifies, without prejudice to Article 6(1) and Article 8(1). In such cases the Commission shall, where appropriate, inform the applicant and the Member States of the extension and the reasons for it.

Article 11
Transparency

The Authority shall ensure the transparency of its activities in accordance with Article 38 of Regulation (EC) No 178/2002. In particular, it shall make its opinions public without delay. It shall also make public any request for its opinion as well as any extension of period pursuant to Article 6(1).

Article 12
Confidentiality

1. Among the information provided by applicants, confidential treatment may be given to information the disclosure of which might significantly harm their competitive position.

Information relating to the following shall not, in any circumstances, be regarded as confidential:

(a) the name and address of the applicant;

(b) the name and a clear description of the substance;

(c) the justification for the use of the substance in or on specific foodstuffs or food categories;

(d) information that is relevant to the assessment of the safety of the substance;

(e) where applicable, the analysis method(s).

2. For the purposes of implementing paragraph 1, applicants shall indicate which of the information provided they wish to be treated as confidential. Verifiable justification must be given in such cases.

3. The Commission shall decide after consulting with the applicants which information can remain confidential and shall notify applicants and the Member States accordingly.

4. After being made aware of the Commission's position, applicants shall have three weeks in which to withdraw their application so as to preserve the confidentiality of the information provided. Confidentiality shall be preserved until this period expires.

5. The Commission, the Authority and the Member States shall, in accordance with Regulation (EC) No 1049/2001, take the necessary measures to ensure appropriate confidentiality of the information received by them under this Regulation, except for information which must be made public if circumstances so require in order to protect human health, animal health or the environment.

6. If an applicant withdraws, or has withdrawn, its application, the Commission, the Authority and the Member States shall not disclose confidential information, including information the confidentiality of which is the subject of disagreement between the Commission and the applicant.

7. The implementation of paragraphs 1 to 6 shall not affect the circulation of information between the Commission, the Authority and the Member States.

Article 13
Emergencies

In the event of an emergency concerning a substance on the Community list, particularly in the light of an opinion of the Authority, measures shall be adopted in accordance with the procedures referred to in Articles 53 and 54 of Regulation (EC) No 178/2002.

Article 14
Committee

1. The Commission shall be assisted by the Standing Committee on the Food Chain and Animal Health established by Article 58 of Regulation (EC) No 178/2002.

2. Where reference is made to this paragraph, Articles 5 and 7 of Decision 1999/468/EC shall apply, having regard to the provisions of Article 8 thereof.

The period laid down in Article 5(6) of Decision 1999/468/EC shall be set at three months.

3. Where reference is made to this paragraph, Article 5a(1) to (4) and Article 7 of Decision 1999/468/EC shall apply, having regard to the provisions of Article 8 thereof.

4. Where reference is made to this paragraph, Article 5a(1) to (4) and (5)(b) and Article 7 of Decision 1999/468/EC shall apply, having regard to the provisions of Article 8 thereof.

The time-limits laid down in Article 5a(3)(c) and (4)(b) and (e) of Decision 1999/468/EC shall be two months, two months and four months respectively.

5. Where reference is made to this paragraph, Article 5a(1), (2), (4) and (6) and Article 7 of Decision 1999/468/EC shall apply, having regard to the provisions of Article 8 thereof.

Article 15
Competent authorities of the Member States

Not later than six months after the entry into force of each sectoral food law, Member States shall forward to the Commission and to the Authority, in relation to each sectoral food law, the name and address of the national competent authority for the purposes of the common procedure, as well as a contact point therein.

CHAPTER IV
FINAL PROVISION

Article 16
Entry into force

This Regulation shall enter into force on the 20th day following its publication in the Official Journal of the European Union.

For each sectoral food law, it shall apply from the date of application of the measures referred to in Article 9(1).

Article 9 shall apply from 20 January 2009.

This Regulation shall be binding in its entirety and directly applicable in all Member States.

Done at Strasbourg, 16 December 2008.

For the European Parliament
The President
H.-G. Pöttering

For the Council
The President
B. Le Maire

Regulation (EC) No 1333/2008 of the European Parliament and of the Council of 16 December 2008 on food additives

(Text with EEA relevance)*

THE EUROPEAN PARLIAMENT AND THE COUNCIL OF THE EUROPEAN UNION,

Having regard to the Treaty establishing the European Community, and in particular Article 95 thereof,

Having regard to the proposal from the Commission,

Having regard to the opinion of the European Economic and Social Committee,

Acting in accordance with the procedure laid down in Article 251 of the Treaty,

Whereas:

(1) The free movement of safe and wholesome food is an essential aspect of the internal market and contributes significantly to the health and well-being of citizens, and to their social and economic interests.

(2) A high level of protection of human life and health should be assured in the pursuit of Community policies.

(3) This Regulation replaces previous Directives and Decisions concerning food additives permitted for use in foods with a view to ensuring the effective functioning of the internal market whilst ensuring a high level of protection of human health and a high level of consumer protection, including the protection of consumer interests, via comprehensive and streamlined procedures.

(4) This Regulation harmonises the use of food additives in foods in the Community. This includes the use of food additives in foods covered by Council Directive 89/398/EEC of 3 May 1989 on the approximation of the laws of the Member States relating to foodstuffs intended for particular nutritional uses and the use of certain food colours for the health marking of meat and the decoration and stamping of eggs. It also harmonises the use of food additives in food additives and food enzymes thus ensuring their safety and quality and facilitating their storage and use. This has not previously been regulated at Community level.

(5) Food additives are substances that are not normally consumed as food itself but are added to food intentionally for a technological purpose described in this Regulation, such as the preservation of food. All food additives should be covered by this Regulation, and therefore in the light of scientific progress and technological development the list of functional classes should be updated. However, substances should not be considered as food additives when they are used for the purpose of imparting flavour and/or taste or for nutritional purposes, such as salt replacers, vitamins and minerals. Moreover, substances considered as foods which may be used for a technological function, such as sodium chloride or saffron for colouring and food enzymes should also not fall within the scope of this Regulation. However, preparations obtained from foods and other natural source material that are intended to have a technological effect in the final food and which are obtained by selective extraction of constituents (e.g. pigments) relative to the nutritive or aromatic constituents, should be considered additives within the meaning of this Regulation. Finally, food enzymes are covered by Regulation (EC) No 1332/2008 of the European Parliament and of the Council of 16 December 2008 on food enzymes, which excludes the application of this Regulation.

(6) Substances not consumed as food itself but used intentionally in the processing of foods, which only

---

* http://eur-lex.europa.eu/LexUriServ/LexUriServ.do?uri = CELEX:32008R1333:EN:NOT

remain as residues in the final food and do not have a technological effect in the final product (processing aids), should not be covered by this Regulation.

(7) Food additives should be approved and used only if they fulfil the criteria laid down in this Regulation. Food additives must be safe when used, there must be a technological need for their use, and their use must not mislead the consumer and must be of benefit to the consumer. Misleading the consumer includes, but is not limited to, issues related to the nature, freshness, quality of ingredients used, the naturalness of a product or of the production process, or the nutritional quality of the product, including its fruit and vegetable content. The approval of food additives should also take into account other factors relevant to the matter under consideration including societal, economic, traditional, ethical and environmental factors, the precautionary principle and the feasibility of controls. The use and maximum levels of a food additive should take into account the intake of the food additive from other sources and the exposure to the food additive by special groups of consumers (e.g. allergic consumers).

(8) Food additives must comply with the approved specifications, which should include information to adequately identify the food additive, including origin, and to describe the acceptable criteria of purity. The specifications previously developed for food additives included in Commission Directive 95/31/EC of 5 July 1995 laying down specific criteria of purity concerning sweeteners for use in foodstuffs, Commission Directive 95/45/EC of 26 July 1995 laying down specific purity criteria concerning colours for use in foodstuffs and Commission Directive 96/77/EC of 2 December 1996 laying down specific purity criteria on food additives other than colours and sweeteners should be maintained until the corresponding additives are entered in the Annexes to this Regulation. At that time, the specifications related to such additives should be set out in a Regulation. Those specifications should relate directly to the additives included in the Community lists in the Annexes to this Regulation. However, considering the complex character and substance of such specifications, for the sake of clarity they should not be integrated as such in the Community lists but should be set out in one or more separate Regulations.

(9) Some food additives are permitted for specific uses for certain authorised oenological practices and processes. The use of such food additives should comply with this Regulation and with the specific provisions laid down in the relevant Community legislation.

(10) In order to ensure harmonisation, the risk assessment and approval of food additives should be carried out in accordance with the procedure laid down in Regulation (EC) No 1331/2008 of the European Parliament and of the Council of 16 December 2008 establishing a common authorisation procedure for food additives, food enzymes and food flavourings.

(11) Under Regulation (EC) No 178/2002 of the European Parliament and of the Council of 28 January 2002 laying down the general principles and requirements of food law, establishing the European Food Safety Authority and laying down procedures in matters of food safety, the European Food Safety Authority (hereinafter referred to as the Authority) is to be consulted on matters likely to affect public health.

(12) A food additive which falls within the scope of Regulation (EC) No 1829/2003 of the European Parliament and of the Council of 22 September 2003 on genetically modified food and feed should be authorised in accordance with that Regulation as well as under this Regulation.

(13) A food additive already approved under this Regulation which is prepared by production methods or using starting materials significantly different from those included in the risk assessment of the Authority, or different from those covered by the specifications laid down, should be submitted for evaluation by the Authority. "Significantly different" could mean, inter alia, a change of the production method from extraction from a plant to production by fermentation using a micro-organism or a genetic modification of the original micro-organism, a change in starting materials, or a change in particle size, including the use of nanotechnology.

(14) Food additives should be kept under continuous observation and must be re-evaluated whenever necessary in the light of changing conditions of use and new scientific information. Where necessary, the Commission together with the Member States should consider appropriate action.

(15) Member States which maintained on 1 January 1992 prohibitions on the use of certain additives in certain specific foods which are considered traditional and are produced on their territory should be permitted to continue to apply those prohibitions. Moreover, as regard products such as "Feta" or "Salame cacciatore", this Regulation should be without prejudice to more restrictive rules linked to the use of certain denominations under Council Regulation (EC) No 510/2006 of 20 March 2006 on the protection of geographical indications and designations of origin for agricultural products and foodstuffs and Council Regulation (EC) No 509/2006 of 20 March 2006 on agricultural products and foodstuffs as traditional specialities guaranteed.

(16) Unless subject to further restrictions, an additive may be present in food, other than by direct addition, as a result of carry-over from an ingredient in which the additive was permitted, provided that the level of the additive in the final food is no greater than would be introduced by the use of the ingredient under proper technological conditions and good manufacturing practice.

(17) Food additives remain subject to the general labelling obligations as provided for in Directive 2000/13/EC of the European Parliament and of the Council of 20 March 2000 on the approximation of the laws of the Member States relating to the labelling, presentation and advertising of foodstuffs and, as the case may be, in Regulation (EC) No 1829/2003 and in Regulation (EC) No 1830/2003 of the European Parliament and of the Council of 22 September 2003 concerning the traceability and labelling of genetically modified organisms and the traceability of food and feed products produced from genetically modified organisms. In addition, specific provisions on the labelling of food additives sold as such to the manufacturer or to the final consumer should be contained in this Regulation.

(18) Sweeteners authorised under this Regulation may be used in table-top sweeteners sold directly to consumers. Manufacturers of such products should make information available to the consumer by appropriate means to allow them to use the product in a safe manner. Such information could be made available in a number of ways including on product labels, Internet websites, consumer information lines or at the point of sale. In order to adopt a uniform approach to the implementation of this requirement, guidance drawn up at Community level may be necessary.

(19) The measures necessary for the implementation of this Regulation should be adopted in accordance with Council Decision 1999/468/EC of 28 June 1999 laying down the procedures for the exercise of implementing powers conferred on the Commission.

(20) In particular the Commission should be empowered to amend the Annexes of this Regulation and to adopt appropriate transitional measures. Since those measures are of general scope and are designed to amend non-essential elements of this Regulation, inter alia, by supplementing it with new non-essential elements, they must be adopted in accordance with the regulatory procedure with scrutiny provided for in Article 5a of Decision 1999/468/EC.

(21) On grounds of efficiency, the normal time-limits for the regulatory procedure with scrutiny should be curtailed for the adoption of certain amendments to Annexes II and III relating to substances already authorised under other Community law as well as any appropriate transitional measures related to these substances.

(22) In order to develop and update Community law on food additives in a proportionate and effective way, it is necessary to collect data, share information and coordinate work between Member States. For that purpose, it may be useful to undertake studies to address specific issues with a view to facilitating the decision-making process. It is appropriate that the Community finance such studies as part of its budgetary procedure. The financing of such measures is covered by Regulation (EC) No 882/2004 of the European

Parliament and of the Council of 29 April 2004 on official controls performed to ensure the verification of compliance with feed and food law, animal health and animal welfare rules.

(23) Member States are to carry out official controls in order to enforce compliance with this Regulation in accordance with Regulation (EC) No 882/2004.

(24) Since the objective of this Regulation, namely to lay down Community rules on food additives, cannot be sufficiently achieved by the Member States and can therefore, in the interests of market unity and a high level of consumer protection, be better achieved at Community level, the Community may adopt measures, in accordance with the principle of subsidiarity as set out in Article 5 of the Treaty. In accordance with the principle of proportionality, as set out in that Article, this Regulation does not go beyond what is necessary in order to achieve that objective.

(25) Following the adoption of this Regulation the Commission, assisted by the Standing Committee on the Food Chain and Animal Health, should review all the existing authorisations for criteria, other than safety, such as intake, technological need and the potential to mislead the consumer. All food additives that are to continue to be authorised in the Community should be transferred to the Community lists in Annexes II and III to this Regulation. Annex III to this Regulation should be completed with the other food additives used in food additives and food enzymes as well as carriers for nutrients and their conditions of use in accordance with Regulation (EC) No 1331/2008 [establishing a common authorisation procedure for food additives, food enzymes and food flavourings]. To allow a suitable transition period, the provisions in Annex III, other than the provisions concerning carriers for food additives and food additives in flavourings, should not apply until 1 January 2011.

(26) Until the future Community lists of food additives are established, it is necessary to provide for a simplified procedure allowing the current lists of food additives contained in the existing Directives to be updated.

(27) Without prejudice to the outcome of the review referred to in recital 25, within one year following the adoption of this Regulation the Commission should set up an evaluation programme for the Authority to re-evaluate the safety of the food additives that were already approved in the Community. That programme should define the needs and the order of priorities according to which the approved food additives are to be examined.

(28) This Regulation repeals and replaces the following acts: Council Directive of 23 October 1962 on the approximation of the rules of the Member States concerning the colouring matters authorised for use in foodstuffs intended for human consumption, Council Directive 65/66/EEC of 26 January 1965 laying down specific criteria of purity for preservatives authorised for use in foodstuffs intended for human consumption, Council Directive 78/663/EEC of 25 July 1978 laying down specific criteria of purity for emulsifiers, stabilizers, thickeners and gelling agents for use in foodstuffs, Council Directive 78/664/EEC of 25 July 1978 laying down specific criteria of purity for antioxidants which may be used in foodstuffs intended for human consumption, First Commission Directive 81/712/EEC of 28 July 1981 laying down Community methods of analysis for verifying that certain additives used in foodstuffs satisfy criteria of purity, Council Directive 89/107/EEC of 21 December 1988 on the approximation of the laws of the Member States concerning food additives authorised for use in foodstuffs intended for human consumption, Directive 94/35/EC of the European Parliament and of the Council of 30 June 1994 on sweeteners for use in foodstuffs, Directive 94/36/EC of the European Parliament and of the Council of 30 June 1994 on colours for use in foodstuffs, Directive 95/2/EC of the European Parliament and of the Council of 20 February 1995 on food additives other than colours and sweeteners, Decision No 292/97/EC of the European Parliament and of the Council of 19 December 1996 on the maintenance of national laws prohibiting the use of certain additives in the production of certain specific foodstuffs and Commission Decision 2002/247/EC of 27 March 2002 suspending the placing on the market and import of jelly confectionary

containing the food additive E 425 konjac. However, it is appropriate that certain provisions of those acts remain in force during a transitional period to allow time for the preparation of the Community lists in the Annexes to this Regulation,

HAVE ADOPTED THIS REGULATION:

CHAPTER I
SUBJECT MATTER, SCOPE AND DEFINITIONS

Article 1
Subject matter

This Regulation lays down rules on food additives used in foods with a view to ensuring the effective functioning of the internal market whilst ensuring a high level of protection of human health and a high level of consumer protection, including the protection of consumer interests and fair practices in food trade, taking into account, where appropriate, the protection of the environment.

For those purposes, this Regulation provides for:

(a) Community lists of approved food additives as set out in Annexes II and III;

(b) conditions of use of food additives in foods, including in food additives and in food enzymes as covered by Regulation (EC) No 1332/2008 [on food enzymes], and in food flavourings as covered by Regulation (EC) No 1334/2008 of the European Parliament and of the Council of 16 December 2008 on flavourings and certain food ingredients with flavouring properties for use in and on foods;

(c) rules on the labelling of food additives sold as such.

Article 2
Scope

1. This Regulation shall apply to food additives.

2. This Regulation shall not apply to the following substances unless they are used as food additives:

(a) processing aids;

(b) substances used for the protection of plants and plant products in accordance with Community rules relating to plant health;

(c) substances added to foods as nutrients;

(d) substances used for the treatment of water for human consumption falling within the scope of Council Directive 98/83/EC of 3 November 1998 on the quality of water intended for human consumption;

(e) flavourings falling within the scope of Regulation (EC) No 1334/2008 [on flavourings and certain food ingredients with flavouring properties for use in and on foods].

3. This Regulation shall not apply to food enzymes falling within the scope of Regulation (EC) No 1332/2008 [on food enzymes], with effect from the date of adoption of the Community list of food enzymes in accordance with Article 17 of that Regulation.

4. This Regulation shall apply without prejudice to any specific Community rules concerning the use of food additives:

(a) in specific foods;

(b) for purposes other than those covered by this Regulation.

Article 3
Definitions

1. For the purposes of this Regulation, the definitions laid down in Regulations (EC) No 178/2002 and (EC) No1829/2003 shall apply.

2. For the purposes of this Regulation the following definitions shall also apply:

(a) "food additive" shall mean any substance not normally consumed as a food in itself and not normally used as a characteristic ingredient of food, whether or not it has nutritive value, the intentional addition of which to food for a technological purpose in the manufacture, processing, preparation, treatment, packaging, transport or storage of such food results, or may be reasonably expected to result, in it or its by-products becoming directly or indirectly a component of such foods;

The following are not considered to be food additives:

(i) monosaccharides, disaccharides or oligosaccharides and foods containing these substances used for their sweetening properties;

(ii) foods, whether dried or in concentrated form, including flavourings incorporated during the manufacturing of compound foods, because of their aromatic, sapid or nutritive properties together with a secondary colouring effect;

(iii) substances used in covering or coating materials, which do not form part of foods and are not intended to be consumed together with those foods;

(iv) products containing pectin and derived from dried apple pomace or peel of citrus fruits or quinces, or from a mixture of them, by the action of dilute acid followed by partial neutralisation with sodium or potassium salts(liquid pectin);

(v) chewing gum bases;

(vi) white or yellow dextrin, roasted or dextrinated starch, starch modified by acid or alkali treatment, bleached starch, physically modified starch and starch treated by amylolitic enzymes;

(vii) ammonium chloride;

(viii) blood plasma, edible gelatin, protein hydrolysates and their salts, milk protein and gluten;

(ix) amino acids and their salts other than glutamic acid, glycine, cysteine and cystine and their salts having no technological function;

(x) caseinates and casein;

(xi) inulin;

(b) "processing aid" shall mean any substance which:

(i) is not consumed as a food by itself;

(ii) is intentionally used in the processing of raw materials, foods or their ingredients, to fulfil a certain technological purpose during treatment or processing; and

(iii) may result in the unintentional but technically unavoidable presence in the final product of residues of the substance or its derivatives provided they do not present any health risk and do not have any technological effect on the final product;

(c) "functional class" shall mean one of the categories set out in Annex I based on the technological function a food additive exerts in the foodstuff;

(d) "unprocessed food" shall mean a food which has not undergone any treatment resulting in a substantial change in the original state of the food, for which purpose the following in particular are not regarded as resulting in substantial change: dividing, parting, severing, boning, mincing, skinning, paring, peeling, grinding, cutting, cleaning, trimming, deep-freezing, freezing, chilling, milling, husking, packing or unpacking;

(e) "food with no added sugars" shall mean a food without the following:

(i) any added monosaccharides or disaccharides;

(ii) any added food containing monosaccharides or disaccharides which is used for its sweetening properties;

(f) "energy-reduced food" shall mean a food with an energy value reduced by at least 30 % compared with the original food or a similar product;

(g) "table-top sweeteners" shall mean preparations of permitted sweeteners, which may contain other food additives and/or food ingredients and which are intended for sale to the final consumer as a substitute for sugars;

(h) "quantum satis" shall mean that no maximum numerical level is specified and substances shall be used in accordance with good manufacturing practice, at a level not higher than is necessary to achieve the intended purpose and provided the consumer is not misled.

CHAPTER II
COMMUNITY LISTS OF APPROVED FOOD ADDITIVES

Article 4
Community lists of food additives

1. Only food additives included in the Community list in Annex II may be placed on the market as such and used in foods under the conditions of use specified therein.

2. Only food additives included in the Community list in Annex III may be used in food additives, in food enzymes and in food flavourings under the conditions of use specified therein.

3. Food additives in Annex II shall be listed on the basis of the categories of food to which they may be added.

4. Food additives in Annex III shall be listed on the basis of the food additives, food enzymes, food flavourings and nutrients or categories thereof to which they may be added.

5. Food additives shall comply with the specifications as referred to in Article 14.

Article 5
Prohibition of non-compliant food additives and/or non-compliant food

No person shall place on the market a food additive or any food in which such a food additive is present if the use of the food additive does not comply with this Regulation.

Article 6
General conditions for inclusion and use of food additives in Community lists

1. A food additive may be included in the Community lists in Annexes II and III only if it meets the following conditions and, where relevant, other legitimate factors, including environmental factors:

(a) it does not, on the basis of the scientific evidence available, pose a safety concern to the health of the consumer at the level of use proposed;

(b) there is a reasonable technological need that cannot be achieved by other economically and technologically practicable means; and

(c) its use does not mislead the consumer.

2. To be included in the Community lists in Annexes II and III a food additive must have advantages and benefits for the consumer and therefore serve one or more of the following purposes:

(a) preserving the nutritional quality of the food;

(b) providing necessary ingredients or constituents for foods manufactured for groups of consumers with special dietary needs;

(c) enhancing the keeping quality or stability of a food or improving its organoleptic properties, provided that the nature, substance or quality of the food is not changed in such a way as to mislead the consumer;

(d) aiding in the manufacture, processing, preparation, treatment, packing, transport or storage of food, including food additives, food enzymes and food flavourings, provided that the food additive is not used to disguise the effects of the use of faulty raw materials or of any undesirable practices or techniques, including unhygienic practices or techniques, during the course of any such activities.

3. By way of derogation from paragraph 2(a), a food additive which reduces the nutritional quality of a food may be included in the Community list in Annex II provided that:

(a) the food does not constitute a significant component of a normal diet; or

(b) the food additive is necessary for the production of foods for groups of consumers with special dietary needs.

Article 7
Specific conditions for sweeteners

A food additive may be included in the Community list in Annex II for the functional class of sweetener only if, in addition to serving one or more of the purposes set out in Article 6(2), it serves one or more of the following purposes:

(a) replacing sugars for the production of energy-reduced food, non-cariogenic food or food with no added sugars; or

(b) replacing sugars where this permits an increase in the shelf-life of the food; or

(c) producing food intended for particular nutritional uses as defined in Article 1(2)(a) of Directive 89/398/EEC.

Article 8
Specific conditions for colours

A food additive may be included in the Community list in Annex II for the functional class of colour only if, in addition to serving one or more of the purposes set out in Article 6(2), it serves one of the following purposes:

(a) restoring the original appearance of food of which the colour has been affected by processing, storage, packaging and distribution, whereby visual acceptability may have been impaired;

(b) making food more visually appealing;

(c) giving colour to food otherwise colourless.

Article 9
Functional classes of food additives

1. Food additives may be assigned in Annexes II and III to one of the functional classes in Annex I on the basis of the principal technological function of the food additive.

Allocating a food additive to a functional class shall not preclude it from being used for several functions.

2. Where necessary, as a result of scientific progress or technological development, the measures, designed to amend non-essential elements of this Regulation, relating to additional functional classes which may be added to Annex I shall be adopted in accordance with the regulatory procedure with scrutiny referred to in Article 28(3).

Article 10
The content of the Community lists of food additives

1. A food additive which complies with the conditions set out in Articles 6, 7 and 8 may, in accordance with the procedure referred to in Regulation (EC) No 1331/2008 [establishing a common authorisation procedure for food additives, food enzymes and food flavourings] be included in:

(a) the Community list in Annex II to this Regulation; and/or

(b) the Community list in Annex III to this Regulation.

2. The entry for a food additive in the Community lists in Annexes II and III shall specify:

(a) the name of the food additive and its E number;

(b) the foods to which the food additive may be added;

(c) the conditions under which the food additive may be used;

(d) if appropriate, whether there are any restrictions on the sale of the food additive directly to the final consumer.

3. The Community lists in Annexes II and III shall be amended in accordance with the procedure referred to in Regulation (EC) No 1331/2008 [establishing a common authorisation procedure for food additives, food enzymes and food flavourings].

Article 11
Levels of use of food additives

1. When establishing the conditions of use referred to in Article 10(2)(c):

(a) the level of use shall be set at the lowest level necessary to achieve the desired effect;

(b) the levels shall take into account:

(i) any acceptable daily intake, or equivalent assessment, established for the food additive and the probable daily intake of it from all sources;

(ii) where the food additive is to be used in foods eaten by special groups of consumers, the possible daily intake of the food additive by consumers in those groups.

2. Where appropriate, no maximum numerical level shall be fixed for a food additive (quantum satis). In that case, the food additive shall be used in accordance with the principle of quantum satis.

3. The maximum levels of food additives set out in Annex II shall apply to the food as marketed, unless otherwise stated. By way of derogation from this principle, for dried and/or concentrated foods which need to be reconstituted the maximum levels shall apply to the food as reconstituted according to the instructions on the label taking into account the minimum dilution factor.

4. The maximum levels for colours set out in Annex II shall apply to the quantities of colouring principle contained in the colouring preparation unless otherwise stated.

Article 12
Changes in the production process or starting materials of a food additive already included in a Community list

When a food additive is already included in a Community list and there is a significant change in its production methods or in the starting materials used, or there is a change in particle size, for example through nanotechnology, the food additive prepared by those new methods or materials shall be considered as a different additive and a new entry in the Community lists or a change in the specifications shall be required before it can be placed on the market.

Article 13
Food additives falling within the scope of Regulation (EC) No 1829/2003

1. A food additive falling within the scope of Regulation (EC) No 1829/2003 may be included in the Community lists in Annexes II and III in accordance with this Regulation only when it is covered by an authorisation in accordance with Regulation (EC) No 1829/2003.

2. When a food additive already included in the Community list is produced from a different source falling within the scope of Regulation (EC) No 1829/2003, it will not require a new authorisation under this Regulation, as long as the new source is covered by an authorisation in accordance with Regulation (EC) No 1829/2003 and the food additive complies with the specifications established under this Regulation.

Article 14
Specifications of food additives

The specifications of food additives relating, in particular, to origin, purity criteria and any other necessary information, shall be adopted when the food additive is included in the Community lists in Annexes II and III for the first time, in accordance with the procedure referred to in Regulation (EC) No 1331/2008 [establishing a common authorisation procedure for food additives, food enzymes and food flavourings].

CHAPTER III
USE OF FOOD ADDITIVES IN FOODS

Article 15
Use of food additives in unprocessed foods

Food additives shall not be used in unprocessed foods, except where such use is specifically provided for in Annex II.

Article 16
Use of food additives in foods for infants and young children

Food additives shall not be used in foods for infants and young children as referred to in Directive 89/398/EEC, including dietary foods for infants and young children for special medical purposes, except where specifically provided for in Annex II to this Regulation.

Article 17
Use of colours for markings

Only food colours listed in Annex Ⅱ to this Regulation may be used for the purpose of health marking as provided for in Council Directive 91/497/EEC of 29 July 1991 amending and consolidating Directive 64/433/EEC on health problems affecting intra-Community trade in fresh meat to extend it to the production and marketing of fresh meat and other markings required on meat products, for the decorative colouring of eggshells and for the stamping of eggshells as provided for in Regulation (EC) No 853/2004 of the European Parliament and of the Council of 29 April 2004 laying down specific hygiene rules for food of animal origin.

Article 18
Carry-over principle

1. The presence of a food additive shall be permitted:

(a) in a compound food other than as referred to in Annex Ⅱ, where the food additive is permitted in one of the ingredients of the compound food;

(b) in a food to which a food additive, food enzyme or food flavouring has been added, where the food additive:

(i) is permitted in the food additive, food enzyme or food flavouring in accordance with this Regulation; and

(ii) has been carried over to the food via the food additive, food enzyme or food flavouring; and

(iii) has no technological function in the final food;

(c) in a food which is to be used solely in the preparation of a compound food and provided that the compound food complies with this Regulation.

2. Paragraph 1 shall not apply to infant formulae, follow-on formulae, processed cereal-based foods and baby foods and dietary foods for special medical purposes intended for infants and young children as referred to in Directive 89/398/EEC, except where specifically provided for.

3. Where a food additive in a food flavouring, food additive or food enzyme is added to a food and has a technological function in that food, it shall be considered a food additive of that food and not a food additive of the added flavouring, food additive or food enzyme, and must then comply with the conditions of use for that food as provided for.

4. Without prejudice to paragraph 1, the presence of a food additive used as a sweetener shall be permitted in a compound food with no added sugars, in an energy-reduced compound food, in compound dietary foods intended for low-calorie diets, in non-cariogenic compound foods, and in a compound food with an increased shelf-life, provided that the sweetener is permitted in one of the ingredients of the compound food.

Article 19
Interpretation decisions

Where necessary, it may be decided in accordance with the regulatory procedure referred to in Article 28(2) whether or not:

(a) a particular food belongs to a category of food referred to in Annex Ⅱ; or

(b) a food additive listed in Annexes Ⅱ and Ⅲ and permitted at "quantum satis" is used in accordance with the criteria referred to in Article 11(2); or

(c) a given substance meets the definition of food additive in Article 3.

Article 20
Traditional foods

The Member States listed in Annex IV may continue to prohibit the use of certain categories of food additives in the traditional foods produced on their territory as listed in that Annex.

CHAPTER IV
LABELLING

Article 21
Labelling of food additives not intended for sale to the final consumer

1. Food additives not intended for sale to the final consumer, whether sold singly or mixed with each other and/or with food ingredients, as defined in Article 6(4) of Directive 2000/13/EC, may only be marketed with the labelling provided for in Article 22 of this Regulation, which must be easily visible, clearly legible and indelible. The information shall be in a language easily understandable to purchasers.

2. Within its own territory, the Member State in which the product is marketed may, in accordance with the Treaty, stipulate that the information provided for in Article 22 shall be given in one or more of the official languages of the Community, to be determined by that Member State. This shall not preclude such information from being indicated in several languages.

Article 22
General labelling requirements for food additives not intended for sale to the final consumer

1. Where food additives not intended for sale to the final consumer are sold singly or mixed with each other and/or other food ingredients and/or with other substances added to them, their packaging or containers shall bear the following information:

(a) the name and/or E-number laid down in this Regulation in respect of each food additive or a sales description which includes the name and/or E-number of each food additive;

(b) the statement "for food" or the statement "restricted use in food" or a more specific reference to its intended food use;

(c) if necessary, the special conditions of storage and/or use;

(d) a mark identifying the batch or lot;

(e) instructions for use, if the omission thereof would preclude appropriate use of the food additive;

(f) the name or business name and address of the manufacturer, packager or seller;

(g) an indication of the maximum quantity of each component or group of components subject to quantitative limitation in food and/or appropriate information in clear and easily understandable terms enabling the purchaser to comply with this Regulation or other relevant Community law; where the same limit on quantity applies to a group of components used singly or in combination, the combined percentage may be given as a single figure; the limit on quantity shall be expressed either numerically or by the quantum satis principle;

(h) the net quantity;

(i) the date of minimum durability or use-by-date;

(j) where relevant, information on a food additive or other substances referred to in this Article and listed in Annex IIIa to Directive 2000/13/EC as regards the indication of the ingredients present in foodstuffs.

2. Where food additives are sold mixed with each other and/or with other food ingredients, their packaging or containers shall bear a list of all ingredients in descending order of their percentage by weight of the total.

3. Where substances (including food additives or other food ingredients) are added to food additives to facilitate their storage, sale, standardisation, dilution or dissolution, their packaging or containers shall bear a list of all such substances in descending order of their percentage by weight of the total.

4. By way of derogation from paragraphs 1, 2 and 3, the information required in paragraph 1 points (e) to (g) and in paragraphs 2 and 3 may appear merely on the documents relating to the consignment which are to be supplied with or prior to the delivery, provided that the indication "not for retail sale" appears on an easily visible part of the packaging or container of the product in question.

5. By way of derogation from paragraphs 1, 2 and 3, where food additives are supplied in tankers, all of the information may appear merely on the accompanying documents relating to the consignment which are to be supplied with the delivery.

Article 23
Labelling of food additives intended for sale to the final consumer

1. Without prejudice to Directive 2000/13/EC, Council Directive 89/396/EEC of 14 June 1989 on indications or marks identifying the lot to which a foodstuff belongs [32] and Regulation (EC) No 1829/2003, food additives sold singly or mixed with each other and/or other food ingredients intended for sale to the final consumer may be marketed only if their packaging contains the following information:

(a) the name and E-number laid down in this Regulation in respect of each food additive or a sales description which includes the name and E-number of each food additive;

(b) the statement "for food" or the statement "restricted use in food" or a more specific reference to its intended food use.

2. By way of derogation from paragraph 1(a), the sales description of a table-top sweetener shall include the term "····-based table-top sweetener", using the name(s) of the sweetener(s) used in its composition.

3. The labelling of a table-top sweetener containing polyols and/or aspartame and/or aspartame-acesulfame salt shall bear the following warnings:

(a) polyols: "excessive consumption may induce laxative effects";

(b) aspartame/aspartame-acesulfame salt: "contains a source of phenylalanine".

4. Manufacturers of table-top sweeteners shall make available by appropriate means the necessary information to allow their safe use by consumers. Guidance for the implementation of this paragraph may be adopted in accordance with the regulatory procedure with scrutiny referred to in Article 28(3).

5. For the information provided for in paragraphs 1 to 3 of this Article, Article 13(2) of Directive 2000/13/EC shall apply accordingly.

Article 24
Labelling requirement for foods containing certain food colours

1. Without prejudice to Directive 2000/13/EC, the labelling of food containing the food colours listed in Annex V to this Regulation shall include the additional information set out in that Annex.

2. In relation to the information provided in paragraph 1 of this Article, Article 13(2) of Directive 2000/13/EC shall apply accordingly.

3. Where necessary as a result of scientific progress or technical development, Annex V shall be amended by measures, designed to amend non-essential elements of this Regulation, in accordance with the regulatory procedure with scrutiny referred to in Article 28(4).

Article 25
Other labelling requirements

Articles 21, 22, 23 and 24 shall be without prejudice to more detailed or more extensive laws, regulations or administrative provisions regarding weights and measures or applying to the presentation, classification, packaging and labelling of dangerous substances and preparations or applying to the transport of such substances and preparations.

CHAPTER V
PROCEDURAL PROVISIONS AND IMPLEMENTATION

Article 26
Information obligation

1. A producer or user of a food additive shall inform the Commission immediately of any new scientific or technical information which might affect the assessment of the safety of the food additive.

2. A producer or user of a food additive shall, at the request of the Commission, inform it of the actual use of the food additive. Such information shall be made available to Member States by the Commission.

Article 27
Monitoring of food additive intake

1. Member States shall maintain systems to monitor the consumption and use of food additives on a risk-based approach and report their findings with appropriate frequency to the Commission and the Authority.

2. After the Authority has been consulted, a common methodology for the gathering of information by the Member States on dietary intake of food additives in the Community shall be adopted in accordance with the regulatory procedure referred to in Article 28(2).

Article 28
Committee

1. The Commission shall be assisted by the Standing Committee on the Food Chain and Animal Health.

2. Where reference is made to this paragraph, Articles 5 and 7 of Decision 1999/468/EC shall apply, having regard to the provisions of Article 8 thereof.

The period laid down in Article 5(6) of Decision 1999/468/EC shall be set at three months.

3. Where reference is made to this paragraph, Article 5a(1) to (4) and Article 7 of Decision 1999/468/EC shall apply, having regard to the provisions of Article 8 thereof.

4. Where reference is made to this paragraph, Article 5a(1) to (4) and (5)(b) and Article 7 of Decision 1999/468/EC shall apply, having regard to the provisions of Article 8 thereof.

The time-limits laid down in Article 5a(3)(c) and (4)(b) and (e) of Decision 1999/468/EC shall be 2 months, 2 months and 4 months respectively.

Article 29
Community financing of harmonised policies

The legal basis for the financing of measures resulting from this Regulation shall be Article 66(1)(c) of Regulation (EC) No 882/2004.

CHAPTER VI
TRANSITIONAL AND FINAL PROVISIONS

Article 30
Establishment of Community lists of food additives

1. Food additives which are permitted for use in foods under Directives 94/35/EC, 94/36/EC and 95/2/EC, as amended on the basis of Article 31 of this Regulation, and their conditions of use shall be entered in Annex II to this Regulation after a review of their compliance with Articles 6, 7 and 8 thereof. The measures relating to the entry of such additives in Annex II, which are designed to amend non-essential elements of this Regulation, shall be adopted in accordance with the regulatory procedure with scrutiny referred to in Article 28(4). The review shall not include a new risk assessment by the Authority. The review shall be completed by 20 January 2011.

Food additives and uses which are no longer needed shall not be entered in Annex II.

2. Food additives authorised for use in food additives in Directive 95/2/EC and their conditions of use shall be entered in Part 1 of Annex III to this Regulation after a review of their compliance with Article 6 thereof. The measures relating to the entry of such additives in Annex III, which are designed to amend non-essential elements of this Regulation, shall be adopted in accordance with the regulatory procedure with scrutiny referred to in Article 28(4). The review shall not include a new risk assessment by the Authority. The review shall be completed by 20 January 2011.

Food additives and uses which are no longer needed shall not be entered in Annex III.

3. Food additives authorised for use in food flavourings in Directive 95/2/EC and their conditions of use shall be entered in Part 4 of Annex III to this Regulation after a review of their compliance with Article 6 thereof. The measures relating to the entry of such additives in Annex III, which are designed to amend non-essential elements of this Regulation, shall be adopted in accordance with the regulatory procedure with scrutiny referred to in Article 28(4). The review shall not include a new risk assessment by the Authority. The review shall be completed by 20 January 2011.

Food additives and uses which are no longer needed shall not be entered in Annex III.

4. Specifications of the food additives covered under paragraphs 1 to 3 of this Article shall be adopted, in accordance with Regulation (EC) No 1331/2008 [establishing a common authorisation procedure for food additives, food enzymes and food flavourings], at the moment those food additives are entered in the Annexes in accordance with those paragraphs.

5. The measures relating to any appropriate transitional measures, which are designed to amend non-essential elements of this Regulation, inter alia, by supplementing it, shall be adopted in accordance with the regulatory procedure with scrutiny referred to in Article 28(3).

Article 31
Transitional measures

Until the establishment of the Community lists of food additives as provided for in Article 30 is completed, the Annexes to Directives 94/35/EC, 94/36/EC and 95/2/EC shall be amended, where necessary, by measures, designed to amend non-essential elements of those Directives, adopted by the Commission in accordance with the regulatory procedure with scrutiny referred to in Article 28(4).

Foods placed on the market or labelled before 20 January 2010 which do not comply with Article 22(1)(i) and (4) may be marketed until their date of minimum durability or use-by-date.

Foods placed on the market or labelled before 20 July 2010 which do not comply with Article 24 may be marketed until their date of minimum durability or use-by-date.

Article 32
Re-evaluation of approved food additives

1. Food additives which were permitted before 20 January 2009 shall be subject to a new risk assessment carried out by the Authority.

2. After consultation of the Authority, an evaluation programme for those additives shall be adopted by 20 January 2010, in accordance with the regulatory procedure referred to in Article 28(2). The evaluation programme shall be published in the Official Journal of the European Union.

Article 33
Repeals

1. The following acts shall be repealed:

(a) Council Directive of 23 October 1962 on the approximation of the rules of the Member States concerning the colouring matters authorised for use in foodstuffs intended for human consumption;

(b) Directive 65/66/EEC;

(c) Directive 78/663/EEC;

(d) Directive 78/664/EEC;

(e) Directive 81/712/EEC;

(f) Directive 89/107/EEC;

(g) Directive 94/35/EC;

(h) Directive 94/36/EC;

(i) Directive 95/2/EC;

(j) Decision No 292/97/EC;

(k) Decision 2002/247/EC.

2. References to the repealed acts shall be construed as references to this Regulation.

Article 34
Transitional provisions

By way of derogation from Article 33, the following provisions shall continue to apply until the transfer under Article 30(1), (2) and (3) of this Regulation of food additives already permitted in Directives 94/35/EC, 94/36/EC and 95/2/EC has been completed:

(a) Article 2(1), (2) and (4) of Directive 94/35/EC and the Annex thereto;

(b) Article 2(1) to (6), (8), (9) and (10) of Directive 94/36/EC and Annexes I to V thereto;

(c) Articles 2 and 4 of Directive 95/2/EC and Annexes I to VI thereto.

Notwithstanding point (c), the authorisations for E 1103 Invertase and E 1105 Lysozyme laid down in Directive 95/2/EC shall be repealed with effect from the date of application of the Community list on food enzymes in accordance with Article 17 of Regulation (EC) No 1332/2008 [on food enzymes].

Article 35
Entry into force

This Regulation shall enter into force on the 20th day following its publication in the Official Journal of the European Union.

It shall apply from 20 January 2010.

However, Article 4(2) shall apply to Parts 2, 3 and 5 of Annex III from 1 January 2011 and Article 23(4) shall apply from 20 January 2011. Article 24 shall apply from 20 July 2010. Article 31 shall apply from 20 January 2009.

This Regulation shall be binding in its entirety and directly applicable in all Member States.

Done at Strasbourg, 16 December 2008.

For the European Parliament
The President
H.-G. Pöttering

For the Council
The President
B. Le Maire

Commission Regulation (EU) No 257/2010 of 25 March 2010 setting up a programme for the re-evaluation of approved food additives in accordance with Regulation (EC) No 1333/2008 of the European Parliament and of the Council on food additives

(Text with EEA relevance)*

THE EUROPEAN COMMISSION,

Having regard to the Treaty on the Functioning of the European Union,

Having regard to Regulation (EC) No 1333/2008 of the European Parliament and of the Council of 16 December 2008 on food additives, and in particular Article 32 thereof,

After consulting the European Food Safety Authority,

Whereas:

(1) Regulation (EC) No 1333/2008 requires the Commission to set up a programme for the re-evaluation, by the European Food Safety Authority (hereinafter referred to as "EFSA"), of the safety of food additives that were already permitted in the Union before 20 January 2009.

(2) In 2007, the Commission presented a report to the European Parliament and the Council on the progress of the re-evaluation of food additives. That report provides a summary of the recent additive re-evaluations undertaken by the Scientific Committee on Food ("SCF") and EFSA and describes the related actions taken by the European Commission on the basis of the scientific opinions.

(3) The re-evaluation of food colours has already been started with priority, since these food additives have the oldest evaluations by the SCF. The re-evaluation of certain colours (namely E 102 Tartrazine, E 104 Quinoline Yellow, E 110 Sunset Yellow FCF, E 124 Ponceau 4R, E 129 Allura Red AC and E 122 Carmoisine, E 160d lycopene) has already been completed. In addition, some food additives such as E 234 Nisin and E 214-219 Para-hydroxybenzoates were re-evaluated in recent years since new scientific data was requested or became otherwise available. As a consequence, those additives do not need to be re-evaluated again.

(4) Taking into account that sweeteners have the most recent evaluations they should be re-evaluated the last.

(5) The order of priorities for the re-evaluation of the currently approved food additives should be set on the basis of the following criteria: the time since the last evaluation of a food additive by the SCF or by EFSA, the availability of new scientific evidence, the extent of use of a food additive in food and the human exposure to the food additive taking also into account the outcome of the Report from the Commission on Dietary Food Additive Intake in the EU of 2001. The report "Food additives in Europe 2000" submitted by the Nordic Council of Ministers to the Commission, provides additional information for the prioritisation of additives for re-evaluation.

(6) For efficiency and practical purposes, the re-evaluation should, as far as possible, be conducted by group of food additives according to the main functional class to which they belong. EFSA should however be in a position to start the re-evaluation of a food additive or a group of food additives with higher

---

* http://eur-lex.europa.eu/LexUriServ/LexUriServ.do?uri = CELEX:32010R0257:EN:NOT

priority, on a request from the Commission or on its own initiative, if new scientific evidence emerges that indicates a possible risk for human health or which in any way may affect the assessment of the safety of a food additive.

(7) Deadlines for the re-evaluation should be established in accordance with that order of priorities. In duly justified cases and only when such re-evaluation may delay substantially the re-evaluation of other food additives, the deadlines laid down in this Regulation may be revised.

(8) More specific deadlines for individual food additives or groups of food additives may be set in the future, in order to allow the smooth running of the re-evaluation process or in case of emerging concern.

(9) In order for the re-evaluation procedure to be effective, it is important that EFSA acquires from the interested parties all data relevant to the re-evaluation and that the interested parties are informed well in advance when additional data is necessary for the completion of the re-evaluation of a food additive.

(10) Business operators interested in the continuity of the approval of a food additive under re-evaluation should submit any data relevant to the re-evaluation of the food additive. Where possible, business operators should take steps to submit information collectively.

(11) EFSA should make public one or more open calls for data on all food additives to be re-evaluated. Any technical and scientific information about a food additive which is necessary for its re-evaluation, in particular toxicological data and data relevant for the estimation of the human exposure to the relevant food additive, should be submitted by the interested parties to EFSA within the set time limits.

(12) The food additives to be re-evaluated by EFSA have been previously assessed for their safety by the SCF and many of them have been used since long time. The information to be submitted for their re-evaluation should include existing data on which the previous evaluation of a food additive was based and any new data relevant to the food additive made available since its last evaluation by the SCF. That information should be as comprehensive as possible in order to allow EFSA to complete its re-evaluation and form an up-to-date opinion and should be submitted following to the extent possible the applicable guidance on submissions for food additive evaluations(currently the guidance established by the SCF on 11 July 2001).

(13) EFSA may require additional information in order to complete the re-evaluation of a food additive. In that case EFSA should request the necessary data in good time either by an open call for data or by contacting the parties that submitted data on the food additive. The interested parties should submit the requested information within a time period that is set by EFSA having considered, where relevant, the views of the interested parties.

(14) Regulation (EC) No 1333/2008 provides that the approval of food additives should also take into account environmental factors. Therefore, in the framework of the re-evaluation of a food additive the interested parties should inform the Commission and EFSA of any information relevant to any environmental risks from the production, use or waste of that additive.

(15) Where the requested information necessary for the completion of the re-evaluation of a particular food additive is not provided, the food additive may be removed from the Union list of approved food additives.

(16) The re-evaluation procedure of food additives must fulfil transparency and public information requirements while guaranteeing the confidentiality of certain information.

(17) By the date of entry into force of this Regulation, the Commission will make available to the public a list of approved food additives that are being re-evaluated with the date of their latest evaluation by the "SCF" or EFSA.

(18) The measures provided for in this Regulation are in accordance with the opinion of the Standing Committee on the Food Chain and Animal Health and neither the European Parliament nor the Council opposed them,

HAS ADOPTED THIS REGULATION:

Article 1

Subject matter and scope

1. This Regulation sets up a programme for the re-evaluation by the European Food Safety Authority (hereinafter referred to as "EFSA") of approved food additives, as provided for in Article 32 of Regulation (EC) No 1333/2008.

2. Approved food additives, for which the re-evaluation by EFSA is already completed at the time of the adoption of this Regulation, shall not be re-evaluated again. Those food additives are listed in Annex I.

Article 2

Definitions

For the purposes of this Regulation, the following definitions shall apply:

(a) "approved food additive" means a food additive authorised before 20 January 2009 and listed in Directive 94/35/EC of the European Parliament and of the Council of 30 June 1994 on sweeteners for use in foodstuffs, Directive 94/36/EC of the European Parliament and of the Council of 30 June 1994 on colours for use in foodstuffs or in Directive 95/2/EC of the European Parliament and of the Council of 20 February 1995 on food additives other than colours and sweeteners;

(b) "business operator" means any natural or legal person responsible for ensuring that the requirements of Regulation (EC) No 1333/2008 are met within the food business under its control;

(c) "interested business operator" means a business operator interested in the continuity of the authorisation of one or more approved food additives;

(d) "original dossier" means a dossier on the basis of which the food additive was evaluated and permitted for use in food before 20 January 2009.

Article 3

Priorities for the re-evaluation of approved food additives

1. Approved food additives shall be re-evaluated in the following order and within the following deadlines:

(a) the re-evaluation of all approved food colours listed in Directive 94/36/EC shall be completed by 31 December 2015;

(b) the re-evaluation of all approved food additives other than colours and sweeteners listed in Directive 95/2/EC shall be completed by 31 December 2018;

(c) the re-evaluation of all approved sweeteners listed in Directive 94/35/EC shall be completed by 31 December 2020.

2. For certain food additives within the functional classes referred to in paragraph 1 more specific deadlines are set out in Annex II to this Regulation. Those food additives shall be evaluated first among the other food additives of the same functional class.

3. By way of derogation from paragraphs 1 and 2, EFSA may at any moment start the re-evaluation of a food additive or a group of food additives with priority, on a request from the Commission or on its own initiative, if new scientific evidence emerges that

(a) indicates a possible risk for human health or

(b) may in any way affect the safety assessment of that food additive or group of food additives.

Article 4
Re-evaluation procedure

When re-evaluating an approved food additive, EFSA shall:

(a) examine the original opinion and the working documents of the Scientific Committee on Food ("SCF") or EFSA;

(b) examine, where available, the original dossier;

(c) examine the data submitted by the interested business operator(s) and/or any other interested party;

(d) examine any data made available by the Commission and Member States;

(e) identify any relevant literature published since the last evaluation of each food additive.

Article 5
Call for data

1. In order to acquire the data from the interested business operators and/or other interested parties, EFSA shall make open call(s) for data for the food additives under re-evaluation. In specifying the timetable for data submission, EFSA shall allow a reasonable time period after the entry into force of this Regulation, to allow the interested business operator and/or any other interested party to meet this duty.

2. The data referred to in paragraph 1 may comprise among others:

(a) study reports from the original dossier as evaluated by the SCF or EFSA or the Joint FAO/WHO Expert Committee on Food Additives (JECFA),

(b) information on the data on the safety of the food additive concerned not previously reviewed by the SCF or the JECFA,

(c) information on the specifications of the food additives presently in use, including information on particle size and relevant physicochemical characteristics and properties,

(d) information on the manufacturing process,

(e) information on analytical methods available for determination in food,

(f) information on the human exposure to the food additives from food (e.g. consumption pattern and uses, actual use levels and maximum use levels, frequency of consumption and other factors influencing exposure),

(g) reaction and fate in food.

Article 6
Submission of data

1. The interested business operator(s) and any other interested party shall submit the data related to the re-evaluation of a food additive as referred to in Article 5(2), within the period set by EFSA in its call for data. In the submission the interested business operator and the other interested parties shall include the data requested by EFSA by following, to the extent possible, the applicable guidance on submissions for food additive evaluations.

2. Where there are several interested business operators they may, when possible, submit the data collectively.

3. If during the re-evaluation additional information considered to be relevant for the re-evaluation of a particular food additive is needed, EFSA shall request from the interested business operators, and shall invite other interested parties, to submit this information by an open call for data. It shall set a deadline within which that information shall be submitted having considered, where relevant, the interested business

operator's and/or other interested parties' view of the time required. In such cases, EFSA shall make the request for the additional information well in advance so that the overall deadlines for the re-evaluation as set out in Article 3(1) and in Annex II are not affected.

4. Information which has not been submitted within the deadline set by EFSA shall not be taken into account in the re-evaluation. However, in exceptional cases, EFSA may decide with the agreement of the Commission to take into account information submitted after the deadline, if that information is significant for the re-evaluation of a food additive.

5. Where the requested information has not been submitted to EFSA within the set deadlines, the food additive may be removed from the Union list in accordance with the procedure laid down in Article 10.3 of Regulation (EC) No 1333/2008.

Article 7
Other information

In the framework of the re-evaluation of a food additive, the interested business operator(s) or any other interested party shall inform EFSA and the Commission of any information available in relation to any environment risks from the production, use or waste of that food additive.

Article 8
Confidentiality

1. Confidential treatment may be given to information the disclosure of which might significantly harm the competitive position of business operators or other interested parties.

2. Information relating to the following shall not, in any circumstances, be regarded as confidential:
(a) the name and address of the interested business operator;
(b) the chemical name and a clear description of the substance;
(c) information for the use of the substance in or on specific foodstuffs or food categories;
(d) information that is relevant to the assessment of the safety of the substance;
(e) the method(s) of analysis in food.

3. For the purposes of paragraph 1, the interested business operator(s) and the other interested parties shall indicate which of the information provided they wish to be treated as confidential. Verifiable justification shall be given in such cases.

4. On a proposal from EFSA, the Commission shall decide after consulting the interested business operator and/or the other interested parties which information may remain confidential and shall notify the EFSA and the Member States accordingly.

5. The Commission, EFSA and the Member States shall, in accordance with Regulation (EC) No 1049/2001 of the European Parliament and of the Council of 30 May 2001 regarding public access to European Parliament, Council and Commission documents, take the necessary measures to ensure appropriate confidentiality of the information received under this Regulation, except for information which must be made public if circumstances so require in order to protect human health, animal health or the environment.

6. The implementation of paragraphs 1 to 5 shall not affect the circulation of information between the Commission, EFSA and the Member States.

Article 9
Monitoring progress

Every year in December, EFSA shall inform the Commission and the Member States on the progress of the re-evaluation programme.

Article 10
Entry into force

This Regulation shall enter into force on the twentieth day following that of its publication in the Official Journal of the European Union.

This Regulation shall be binding in its entirety and directly applicable in all Member States.

Done at Brussels, 25 March 2010.

For the Commission
The President
José Manuel Barroso

한국의 식품안전기본법 및 식품안전기본법시행령

식품안전기본법

제1장 총칙

제1조(목적) 이 법은 식품의 안전에 관한 국민의 권리·의무와 국가 및 지방자치단체의 책임을 명확히 하고, 식품안전정책의 수립·조정 등에 관한 기본적인 사항을 규정함으로써 국민이 건강하고 안전하게 식생활(食生活)을 영위하게 함을 목적으로 한다.

제2조(정의) 이 법에서 사용하는 용어의 뜻은 다음과 같다. <개정 2010.1.18, 2010.5.25.>
1. '식품'이란 모든 음식물을 말한다. 다만, 의약으로서 섭취하는 것을 제외한다.
2. '사업자'란 다음 각 목의 어느 하나에 해당하는 것의 생산·채취·제조·가공·수입·운반·저장·조리 또는 판매(이하 '생산·판매 등'이라 한다)를 업으로 하는 자를 말한다.
  가. 「식품위생법」에 따른 식품·식품첨가물·기구·용기 또는 포장
  나. 「농산물품질관리법」에 따른 농산물
  다. 「수산물품질관리법」에 따른 수산물
  라. 「축산법」에 따른 축산물
  마. 「비료관리법」에 따른 비료
  바. 「농약관리법」에 따른 농약
  사. 「사료관리법」에 따른 사료
  아. 「약사법」 제85조에 따른 동물용 의약품
  자. 식품의 안전성에 영향을 미칠 우려가 있는 농·수·축산업의 생산자재
  차. 그 밖에 식품과 관련된 것으로서 대통령령으로 정하는 것
3. '소비자'란 사업자가 제공하는 제2호 각 목에 해당하는 것(이하 '식품 등'이라 한다)을 섭취하거나 사용하는 자를 말한다. 다만, 자기의 영업에 사용하기 위하여 식품 등을 제공받는 경우를 제외한다.
4. '관계중앙행정기관'이란 기획재정부·교육과학기술부·농림수산식품부·지식경제부·보건복지부·환경부·농촌진흥청 및 식품의약품안전청을 말하고, '관계행정기관'이란 식품 등에 관한 행정권한을 가지는 행정기관을 말한다.
5. '식품안전법령 등'이란 「식품위생법」, 「건강기능식품에 관한 법률」, 「어린이 식생활안전관리 특별법」, 「전염병예방법」, 「국민건강증진법」, 「식품산업진흥법」, 「농산물품질관리법」, 「축산물위생관리법」, 「가축전염병예방법」, 「축산법」, 「사료관리법」, 「농약관리법」, 「약사법」, 「비료관리법」, 「인삼산업법」, 「양곡관리법」, 「친환경농업육성법」, 「수산물품질관리법」, 「보건범죄단속에 관한 특별조치법」, 「학교급식법」, 「학교보건법」, 「수도법」, 「먹는물관리법」, 「염관리법」, 「주세법」, 「대외무역법」, 「산업표준화법」, 「유전자변형생물체의 국가 간 이동 등에 관한 법률」, 그 밖에 식품 등의 안전과 관련되는 법률과 위 법률의 위임사항 또는 그 시행에 관한 사항을 규정하는 명령·조례 또는 규칙 중 식품 등의 안전과 관련된 규정을 말한다.
6. '위해성 평가'란 식품 등에 존재하는 위해요소가 인체의 건강을 해하거나 해할 우려가 있는지와 그 정도를 과학적으로 평가하는 것을 말한다.
7. '추적조사'란 식품 등의 생산·판매 등의 과정에 관한 정보를 추적하여 조사하는 것을 말한다.

제3조(다른 법률과의 관계) ① 식품 등의 안전에 관하여 제2조 제5호에 따른 법률에 특별한 규정이 있는 경우를 제외하고는 이 법으로 정하는 바에 따른다.

② 식품안전법령 등을 제정 또는 개정하는 경우 이 법의 취지에 부합하도록 하여야 한다.

제4조(국가 및 지방자치단체의 책무) ① 국가 및 지방자치단체는 국민이 건강하고 안전한 식생활을 영위할 수 있도록 식품 등의 안전에 관한 정책(이하 '식품안전정책'이라 한다)을 수립하고 시행할 책무를 진다.

② 국가 및 지방자치단체는 식품안전정책을 수립·시행할 경우 과학적 합리성, 일관성, 투명성, 신속성 및 사전예방의 원칙이 유지되도록 하여야 한다.

③ 국가 및 지방자치단체는 식품 등의 제조·가공·사용·조리·포장·보존 및 유통 등에 관한 기준과 식품 등의 성분에 관한 규격(이하 '식품 등의 안전에 관한 기준·규격'이라 한다)을 "세계무역기구 설립을 위한 마라케쉬협정"에 따른 국제식품규격위원회의 식품규격 등 국제적 기준에 맞게 제정 또는 개정하고 시행하도록 노력하여야 한다.

④ 국가 및 지방자치단체는 중복적인 출입·수거·검사 등으로 인하여 사업자에게 과도한 부담을 주지 아니하도록 노력하여야 한다.

제5조(국민의 권리와 사업자의 책무) ① 국민은 국가나 지방자치단체의 식품안전정책의 수립·시행에 참여하고, 식품안전정책에 대한 정보에 관하여 알권리가 있다.

② 사업자는 국민의 건강에 유익하고 안전한 식품 등을 생산·판매 등을 하여야 하고, 취급하는 식품 등의 위해 여부에 대하여 항상 확인하고 검사할 책무를 진다.

제2장 식품안전정책의 수립 및 추진체계

제6조(식품안전관리기본계획 등) ① 관계중앙행정기관의 장은 3년마다 소관 식품 등에 관한 안전관리계획을 수립하여 국무총리에게 제출하여야 한다.

② 국무총리는 제1항에 따라 제출받은 관계중앙행정기관의 식품 등에 관한 안전관리계획을 종합하여 제7조에 따른 식품안전정책위원회의 심의를 거쳐 식품안전관리기본계획(이하 '기본계획'이라 한다)을 수립한 후 관계중앙행정기관의 장에게 통보하여야 한다.

③ 기본계획은 다음 각 호의 사항을 포함하여야 한다.
1. 식생활의 변화와 전망
2. 식품안전정책의 목표 및 기본방향
3. 식품안전법령 등의 정비 등 제도개선에 관한 사항
4. 사업자에 대한 지원 등 식품 등의 안전성 확보를 위한 지원방법에 관한 사항
5. 식품 등의 안전에 관한 연구 및 기술개발에 관한 사항
6. 식품 등의 안전을 위한 국제협력에 관한 사항
7. 그 밖에 식품 등의 안전성 확보를 위하여 필요한 사항

④ 관계중앙행정기관의 장 및 지방자치단체의 장은 기본계획을 기초로 하여 매년 식품안전관리시행계획(이하 '시행계획'이라 한다)을 수립·시행하여야 한다.

⑤ 관계중앙행정기관의 장 및 지방자치단체의 장은 기본계획 및 시행계획을 추진하기 위한 인력과 재원을 우선적으로 확보하도록 노력하여야 한다.

⑥ 제1항부터 제5항까지의 규정으로 정한 것 외에 기본계획 및 시행계획의 수립·시행에 관하여 필요한 사항은 대통령령으로 정한다.

제7조(식품안전정책위원회) ① 식품안전정책을 종합·조정하기 위하여 국무총리 소속으로 식품안전정책위원회(이하 '위원회'라 한다)를 둔다.

② 위원회는 다음 각 호의 사항을 심의·조정한다.

1. 기본계획에 관한 사항
2. 식품 등의 안전 관련 주요 정책에 관한 사항
3. 국민건강에 중대한 영향을 미칠 수 있는 식품안전법령 등 및 식품 등의 안전에 관한 기준·규격의 제정·개정에 관한 사항
4. 국민건강에 중대한 영향을 미칠 수 있는 식품 등에 대한 위해성 평가에 관한 사항
5. 중대한 식품 등의 안전사고에 대한 종합대응방안에 관한 사항
6. 그 밖에 식품 등의 안전에 관한 중요한 사항으로 위원장이 부의하는 사항

제8조(위원회의 구성 등) ① 위원회는 위원장 1명을 포함한 20명 이내의 위원으로 구성한다.
② 위원회의 위원장은 국무총리가 되고, 위원은 다음 각 호의 자가 된다. <개정 2010.1.18.>
1. 기획재정부장관·교육과학기술부장관·법무부장관·농림수산식품부장관·보건복지부장관·환경부장관·식품의약품안전청장 및 국무총리실장
2. 식품 등의 안전에 관한 학식과 경험이 풍부한 자 중에서 국무총리가 위촉하는 자
③ 위원장이 필요하다고 인정하는 때에는 관계행정기관의 장, 관계 공무원 및 전문가 등을 위원회의 회의에 출석시켜 발언하게 할 수 있다.

제9조(위원장의 직무) ① 위원장은 위원회의 회의를 소집하고 그 의장이 된다.
② 위원장이 부득이한 사유로 직무를 수행할 수 없는 때에는 위원장이 미리 지명한 위원이 그 직무를 대행한다.

제10조(위원의 임기와 의무) ① 위원의 임기는 2년으로 하되, 연임할 수 있다. 다만, 공무원인 위원은 그 직위에 재직하는 기간 동안 재임한다.
② 위원은 양심에 따라 공정하게 업무를 수행하여야 하고, 특정집단의 이익을 대변하여서는 아니 된다.

제11조(위원회의 회의) ① 위원회의 회의는 위원장이 필요하다고 인정하거나 재적위원 3분의 1 이상의 요청이 있는 경우 소집한다.
② 위원회의 회의는 재적위원 과반수의 출석으로 개의하고, 출석위원 과반수의 찬성으로 의결한다.

제12조(전문위원회) ① 위원회는 위원장이 요청하는 사항에 대하여 전문적인 검토를 하기 위하여 전문위원회를 둘 수 있다.
② 전문위원회의 구성·기능·운영에 관하여 필요한 사항은 대통령령으로 정한다.

제13조(위원회의 운영) ① 위원회의 사무를 처리하기 위하여 위원회에 사무기구를 둘 수 있다.
② 위원장은 위원회의 업무수행을 위하여 필요한 경우 관계행정기관·연구기관 또는 단체 등의 장과 협의하여 그 소속 공무원 또는 소속 직원의 파견을 요청할 수 있다.
③ 이 법으로 정한 것 외에 위원회의 조직과 운영에 관하여 필요한 사항은 대통령령으로 정한다.

제14조(자료 및 조사·분석 요청) 위원회 및 전문위원회는 식품 등의 안전을 확보하기 위하여 관계행정기관에 자료를 요청하거나 제23조에 따른 시험·분석·연구기관에 위해성 평가에 필요한 조사·분석·검사를 요청할 수 있다.

제3장 긴급대응 및 추적조사 등

제15조(긴급대응) ① 정부는 식품 등으로 인하여 국민건강에 중대한 위해가 발생하거나 발생할 우려가 있는 경우 국민에 대한 피해를 사전에 예방하거나 최소화하기 위하여 긴급히 대응할 수 있는 체계를 구축·운영하여야 한다.

② 관계중앙행정기관의 장은 생산·판매 등이 되고 있는 식품 등이 유해물질을 함유한 것으로 알려지거나 그 밖의 사유로 위해우려가 제기되고 그로 인하여 국민 불특정 다수의 건강에 중대한 위해가 발생하거나 발생할 우려가 있다고 판단되는 경우 다음 각 호의 사항이 포함된 긴급대응방안을 마련하여 위원회의 심의를 거쳐 해당 긴급대응방안에 따라 필요한 조치를 하여야 한다. 다만, 위원회의 심의를 거치는 것이 긴급대응의 목적을 달성할 수 없다고 판단되는 경우에는 필요한 조치를 한 후에 위원회의 심의를 거칠 수 있다.

　1. 해당 식품 등의 종류
　2. 해당 식품 등으로 인하여 인체에 미치는 위해의 종류 및 정도
　3. 제16조에 따른 생산·판매 등의 금지가 필요한 경우 이에 관한 사항
　4. 제18조에 따른 추적조사가 필요한 경우 이에 관한 사항
　5. 소비자에 대한 긴급대응 대처요령 등의 교육·홍보에 관한 사항
　6. 그 밖에 식품 등의 위해방지 및 확산을 막기 위하여 필요한 사항

③ 위원회는 관계중앙행정기관의 장이 제출한 긴급대응방안을 지체 없이 심의하고 그 내용과 관련된 다른 관계행정기관의 장에게 통보하며 일반 국민에게 공표하여야 한다.

④ 관계중앙행정기관의 장은 제2항에 따라 필요한 조치를 행한 후 그 결과를 지체 없이 위원회에 보고하여야 한다.

⑤ 관계행정기관의 장, 사업자 및 소비자는 긴급대응방안의 시행에 협력하여야 한다.

제16조(생산·판매 등의 금지) ① 관계행정기관의 장은 제15조 제2항에 따른 긴급대응이 필요하다고 판단되는 식품 등에 대하여 그 위해 여부가 확인되기 전까지 해당 식품 등의 생산·판매 등을 금지할 수 있다.

② 사업자는 제1항에 따라 생산·판매 등이 금지된 식품 등의 생산·판매 등을 하여서는 아니 된다.

③ 제1항에 따라 생산·판매 등을 금지하고자 하는 관계행정기관의 장은 미리 대통령령으로 정하는 이해관계인의 의견을 들어야 한다.

④ 관계행정기관의 장은 식품 등으로부터 국민건강에 위해가 발생하지 아니하였거나 발생할 우려가 없어졌다고 인정하는 경우 해당 금지의 전부 또는 일부를 지체 없이 해제하여야 한다.

⑤ 사업자는 제1항에 따른 금지조치에 대하여 이의가 있는 경우 대통령령으로 정하는 바에 따라 관계행정기관의 장에게 해당 금지의 전부 또는 일부의 해제를 요청할 수 있다.

제17조(검사명령) ① 관계행정기관의 장은 다음 각 호의 어느 하나에 해당하는 식품 등의 생산·판매 등을 하는 사업자에 대하여 관계중앙행정기관의 장이 지정·고시하는 검사기관에서 검사를 받을 것을 명할 수 있다.

　1. 제15조 제2항에 따른 긴급대응이 필요하다고 판단되는 식품 등
　2. 국내외에서 위해발생의 우려가 제기되었거나 제기된 식품 등
　3. 그 밖에 국민건강에 중대한 위해가 발생하거나 발생할 우려가 있는 식품 등으로서 대통령령으로 정하는 것

② 제1항에 따른 검사명령을 받은 사업자는 대통령령으로 정하는 검사기한 내에 검사를 받아야 하며, 검사기관은 그 검사결과를 사업자 및 관계행정기관의 장에게 통보하여야 한다.

제18조(추적조사 등) ① 관계중앙행정기관의 장은 식품 등의 생산·판매 등의 이력(履歷)을

추적하기 위한 시책을 수립·시행하여야 한다.

　② 관계행정기관의 장은 국민건강에 중대한 위해가 발생하거나 발생할 우려가 있는 식품 등에 대하여 추적조사를 실시하여야 한다. 이 경우 관련된 관계행정기관이 있는 때에는 합동조사 등의 방법에 의하여 함께 추적조사를 하여야 한다.

　③ 관련된 관계행정기관의 장은 제2항 후단에 따른 추적조사에 적극 협조하여야 한다.

　④ 사업자는 식품 등의 생산·판매 등의 과정을 확인할 수 있도록 필요한 사항을 기록·보관하여야 하고, 관계행정기관의 장이 그 기록의 열람 또는 제출을 요구하는 경우 이에 응할 수 있도록 관리하여야 한다.

　⑤ 제4항에 따라 식품 등의 생산·구입 및 판매과정을 기록·보관하여야 하는 사업자의 범위 등은 대통령령으로 정한다.

　제19조(식품 등의 회수) ① 사업자는 생산·판매 등을 한 식품 등이 식품안전법령 등으로 정한 식품 등의 안전에 관한 기준·규격 등에 맞지 아니하여 국민건강에 위해가 발생하거나 발생할 우려가 있는 경우 해당 식품 등을 지체 없이 회수하여야 한다.

　② 사업자는 제1항에 따라 식품 등을 회수하는 경우 대통령령으로 정하는 바에 따라 소비자에게 회수사유, 회수계획 및 회수현황 등을 공개하여야 한다.

제4장 식품안전관리의 과학화

　제20조(위해성 평가) ① 관계중앙행정기관의 장은 식품 등의 안전에 관한 기준·규격을 제정 또는 개정하거나 식품 등이 국민건강에 위해를 발생시키는지를 판단하고자 하는 경우 사전에 위해성 평가를 실시하여야 한다. 다만, 제15조 제2항에 따른 긴급대응이 필요한 경우 사후에 위해성 평가를 할 수 있다.

　② 제1항에도 불구하고 다음 각 호의 어느 하나에 해당하는 경우 위원회의 심의를 거쳐 위해성 평가를 하지 아니할 수 있다.

　1. 식품 등의 안전에 관한 기준·규격 또는 위해의 내용으로 보아 위해성 평가를 실시할 필요가 없는 것이 명확한 경우

　2. 국민건강에 위해를 발생시키는 것이 확실한 경우

　③ 위해성 평가는 현재 활용 가능한 과학적 근거에 기초하여 객관적이고 공정·투명하게 실시하여야 한다.

　제21조(신종식품의 안전관리) 관계중앙행정기관의 장은 유전자재조합기술을 활용하여 생산된 농·수·축산물, 그 밖에 식용으로 사용하지 아니하던 것을 새로이 식품으로 생산·판매 등을 하도록 허용하는 경우 국민건강에 위해가 발생하지 아니하도록 안전관리대책을 수립·시행하여야 한다.

　제22조(식품위해요소중점관리기준) 관계중앙행정기관의 장은 식품 등의 생산·판매 등의 과정에서 식품 등의 위해요소를 사전에 방지하기 위하여 중점적으로 관리하도록 하는 제도를 도입·시행하여야 하고, 해당 제도를 적용하는 사업자에 대하여 기술 및 자금 등을 지원할 수 있다.

　제23조(시험·분석·연구기관의 운용 등) 관계행정기관의 장은 식품 등의 안전에 관한 시험·분석 또는 연구를 하는 소속 기관, 정부출연연구기관 또는 식품안전법령 등에서 지정한 기관(이하 '시험·분석·연구기관'이라 한다)의 전문성과 효율성을 높이기 위하여 노력하여야 한다.

제5장 정보공개 및 상호협력 등

제24조(정보공개 등) ① 정부는 식품 등의 안전정보의 관리와 공개를 위하여 종합적인 식품 등의 안전정보관리체계를 구축·운영하여야 한다.

② 관계중앙행정기관의 장은 식품안전정책을 수립하는 경우 사업자, 소비자 등 이해당사자에게 해당 정책에 관한 정보를 제공하여야 한다.

③ 관계행정기관의 장은 사업자가 식품안전법령 등을 위반한 것으로 판명된 경우 해당 식품 등 및 사업자에 대한 정보를 「공공기관의 정보공개에 관한 법률」 제9조 제1항 제6호에도 불구하고 공개할 수 있다.

④ 관계행정기관의 장은 대통령령으로 정하는 일정 수 이상의 소비자가 정보공개 요청사유, 정보공개 범위 및 소비자의 신분을 확인할 수 있는 증명서 구비 등 대통령령으로 정하는 요건을 갖추어 해당 관계행정기관이 보유·관리하는 식품 등의 안전에 관한 정보를 공개할 것을 요청하는 경우로서 해당 식품 등의 안전에 관한 정보가 국민 불특정 다수의 건강과 관련된 정보인 경우 「공공기관의 정보공개에 관한 법률」 제9조 제1항 제5호에도 불구하고 공개하여야 한다.

⑤ 시험·분석·연구기관은 시험·분석, 연구·개발 및 정보수집 등에 관하여 기관 상호 간에 협력하고 관련 정보를 공유하여야 한다.

제25조(소비자 및 사업자의 의견수렴) ① 관계중앙행정기관의 장은 소비자 및 사업자의 의견을 수렴하여 식품 등의 안전에 관한 기준·규격을 제정하거나 개정하여야 하고, 제정하거나 개정할 때는 그 사유 및 과학적 근거를 구체적으로 공개하여야 한다.

② 관계중앙행정기관의 장은 소비자의 선택권 등을 보장하기 위하여 식품 등에 대하여 표시기준을 마련하도록 노력하여야 한다.

제26조(관계행정기관 간의 상호협력) ① 관계행정기관의 장은 식품안전정책을 수립·시행할 때 상호 긴밀히 협력하여야 하고, 식품 등의 안전에 관한 기준·규격을 제정하거나 개정하고자 하는 경우 관련된 행정기관의 장과 사전에 협의하여야 한다.

② 관계행정기관의 장은 외국정부 및 국제기구 등과의 교류·협력을 통하여 취득한 식품 등의 안전에 관한 정보 등 국내외 식품 등의 안전에 관한 정보를 대통령령으로 정하는 바에 따라 상호 간에 공유하도록 하여야 한다.

③ 식품안전법령 등을 위반한 사건을 수사하는 기관의 장은 해당 사건에 관한 내용을 공표하고자 하는 경우 해당 관계행정기관의 장과 사전에 협의하여야 한다.

제27조(소비자 및 사업자 등에 대한 지원) ① 관계행정기관의 장은 소비자의 건전하고 자주적이며 책임 있는 식품 등의 안전활동을 지원·육성하기 위한 정책을 마련하여야 한다.

② 관계행정기관의 장은 사업자에 대하여 공동검사시설 등 대통령령으로 정하는 식품 등의 안전성 확보를 위한 시설투자 등에 소요되는 비용과 생산기술 등을 지원할 수 있다.

③ 관계행정기관의 장은 국제적 수준의 식품 등의 안전관리기술의 확보와 국민의 식생활 향상을 위하여 식품 등의 관련 연구기관 또는 단체 등에게 식품 등의 관련 연구에 필요한 재정적 지원을 할 수 있다.

제6장 소비자의 참여

제28조(소비자의 참여) ① 관계행정기관의 장은 식품 등의 안전에 관한 각종 위원회에 소비자를 참여시키도록 노력하여야 한다.

② 관계행정기관의 장은 대통령령으로 정하는 일정 수 이상의 소비자가 요청사유·요청범위 및 소비자의 신분을 확인할 수 있는 증명서 구비 등 대통령령으로 정하는 요건을 갖추어 식품

등에 대한 시험·분석 및 시료채취(이하 '시험·분석 등'이라 한다)를 요청하는 경우 다음 각 호의 어느 하나에 해당하는 경우를 제외하고는 이에 응하여야 한다.

　　1. 시험·분석·연구기관이 소비자가 요청한 수준의 시험·분석 등을 할 수 있는 능력이 없는 경우

　　2. 시험·분석 등의 요청 건수가 과도하여 해당 시험·분석·연구기관의 업무에 중대한 지장을 초래하는 경우

　　3. 동일한 소비자가 동일한 목적으로 시험·분석 등을 반복적으로 요청하는 경우

　　4. 특정한 사업자를 이롭게 할 목적으로 시험·분석 등을 요청하는 경우 등 공익적 목적에 반하는 경우

　　③ 관계행정기관의 장은 제2항에 따라 해당 식품 등에 대한 시험·분석 등 요청에 응하는 경우 120일 이내에 시험·분석 등을 실시한 후 그 결과를 대통령령으로 정하는 바에 따라 같은 항의 소비자에게 통보하여야 한다. 이 경우 시험·분석 등의 수수료는 대통령령으로 정하는 바에 따라 시험·분석 등을 요청한 소비자가 부담한다.

　　제29조(신고인 보호) 사업자는 인체에 유해한 식품 등이나 사업자의 식품안전법령 등 위반행위를 관계행정기관에 신고하거나 그에 관한 자료를 제출한 신고인 등에 대하여 불이익한 처우를 하여서는 아니 된다.

　　제30조(포상금 지급) 관계행정기관의 장은 이 법 및 식품안전법령 등의 위반행위를 신고한 자에 대하여 대통령령으로 정하는 기준에 따라 포상금을 지급할 수 있다. 다만, 식품안전법령 등으로 별도로 정하고 있는 경우에는 해당 규정을 적용한다.

부칙 <제9121호, 2008.6.13.>

　　이 법은 공포 후 6개월이 경과한 날부터 시행한다. 다만, 제2조 제5호의 「어린이 식생활안전관리 특별법」의 부분은 2009년 3월 22일부터 시행한다.

부칙(정부조직법) <제9932호, 2010.1.18.>

제1조(시행일) 이 법은 공포 후 2개월이 경과한 날부터 시행한다. <단서 생략>
제2조 및 제3조 생략
제4조(다른 법률의 개정) ①부터 ⑪까지 생략
⑫ 식품안전기본법 일부를 다음과 같이 개정한다.
제2조 제4호 중 '보건복지가족부'를 '보건복지부'로 한다.
제8조 제2항 제1호 중 '보건복지가족부장관'을 '보건복지부장관'으로 한다.
⑬부터 ⑬까지 생략
제5조 생략

부칙(축산물가공처리법) <제10310호, 2010.5.25.>

제1조(시행일) 이 법은 공포 후 6개월이 경과한 날부터 시행한다. <단서 생략>
제2조부터 제12조까지 생략
제13조(다른 법률의 개정) ①부터 ⑯까지 생략
⑰ 식품안전기본법 일부를 다음과 같이 개정한다.
제2조 제5호 중 '「축산물가공처리법」'을 '「축산물위생관리법」'으로 한다.

⑱부터 ㉓까지 생략
제14조 생략

식품안전기본법시행령

제1조(목적) 이 영은 「식품안전기본법」에서 위임된 사항과 그 시행에 필요한 사항을 규정함을 목적으로 한다.

제2조(사업자의 범위) 「식품안전기본법」(이하 '법'이라 한다) 제2조 제2호 차목에서 '대통령령으로 정하는 것'이란 다음 각 호에 해당하는 것을 말한다.
1. 「건강기능식품에 관한 법률」에 따른 건강기능식품
2. 「먹는물관리법」에 따른 먹는샘물
3. 「해양심층수의 개발 및 관리에 관한 법률」에 따른 먹는해양심층수
4. 「염관리법」에 따른 천일염(「식품위생법」 제7조 제1항에 따라 식품으로 정해진 염은 제외한다)
5. 「인삼산업법」에 따른 인삼류
6. 「양곡관리법」에 따른 양곡

제3조(안전관리계획의 수립) 법 제2조 제2호 각 목에 해당하는 것(이하 '식품 등'이라 한다)을 소관하는 관계중앙행정기관의 장은 법 제6조 제1항에 따라 소관 식품 등에 관한 안전관리계획을 수립하여 같은 조 제2항에 따른 식품안전관리기본계획(이하 '기본계획'이라 한다)의 시행 전년도 6월 30일까지 국무총리에게 제출하여야 한다.

제4조(시행계획의 수립) ① 시장·군수·구청장(자치구의 구청장을 말한다. 이하 같다)은 법 제6조 제4항에 따라 식품안전관리시행계획(이하 '시행계획'이라 한다)을 수립하여 시행 전년도 11월 30일까지 특별시장·광역시장·도지사에게 제출하고, 특별시장·광역시장·도지사는 관할 시·군·구(자치구를 말한다. 이하 같다)의 시행계획과 해당 특별시·광역시·도의 시행계획을 종합하여 시행 전년도 12월 31일까지 관계중앙행정기관의 장에게 제출하여야 한다.
② 특별자치도지사는 시행계획을 수립하여 시행 전년도 12월 31일까지 관계중앙행정기관의 장에게 제출하여야 한다.
③ 관계중앙행정기관의 장은 제1항 및 제2항에 따라 제출받은 특별시·광역시·도·특별자치도(이하 '시·도'라 한다) 및 시·군·구의 시행계획을 종합하여 시행연도 2월 말일까지 국무총리에게 제출하여야 한다.
④ 관계중앙행정기관의 장과 특별시장·광역시장·도지사·특별자치도지사(이하 '시·도지사'라 한다) 및 시장·군수·구청장은 제1항부터 제3항까지의 규정에 따라 시행계획을 수립하는 때에는 제5조 제4항에 따라 통보받은 추진실적의 평가 결과를 반영하여야 한다.

제5조(추진실적의 제출 등) ① 시장·군수·구청장은 제4조 제1항에 따른 시행계획의 추진실적을 다음 해 1월 15일까지 특별시장·광역시장·도지사에게 제출하고, 특별시장·광역시장·도지사는 관할 시·군·구의 추진실적과 해당 특별시·광역시·도의 추진실적을 종합하여 다음 해 1월 31일까지 관계중앙행정기관의 장에게 제출하여야 한다.
② 특별자치도지사는 제4조 제2항에 따른 시행계획의 추진실적을 다음 해 1월 31일까지 관계중앙행정기관의 장에게 제출하여야 한다.
③ 관계중앙행정기관의 장은 제1항 및 제2항에 따라 제출받은 시·도 및 시·군·구의 추진실적을 종합하여 다음 해 2월 말일까지 국무총리에게 제출하여야 한다.

④ 국무총리는 제3항에 따라 제출받은 추진실적을 종합하여 법 제7조에 따른 식품안전정책위원회(이하 '위원회'라 한다)의 심의를 거쳐 그 결과를 관계중앙행정기관의 장과 시·도지사 및 시장·군수·구청장에게 통보하여야 한다.

제6조(전문위원회의 구성 등) ① 법 제12조에 따른 전문위원회는 분야별로 설치할 수 있으며, 각 전문위원회는 위원장 1명을 포함한 15명 이내의 위원으로 구성한다.

② 전문위원회의 위원은 관계중앙행정기관의 고위공무원단에 속하는 공무원과 식품 분야에 대한 학식과 경험이 풍부한 자 중에서 위원회의 위원장이 위촉하거나 임명한 자가 된다.

③ 전문위원회의 위원 중 위원회의 위원장이 위촉한 위원의 임기는 2년으로 한다.

④ 전문위원회의 위원장은 위원회의 위원장이 임명하는 자가 된다.

⑤ 전문위원회의 회의는 전문위원회의 위원장이 필요하다고 인정하는 경우 개최하며, 재적위원 과반수의 출석으로 개의(開議)하고 출석위원 과반수의 찬성으로 의결한다.

⑥ 전문위원회의 위원장은 개최된 회의 결과를 위원회의 위원장에게 보고하여야 한다.

제7조(위원회의 간사 등) ① 법 제13조 제3항에 따라 위원회에 그 사무를 처리하게 하기 위하여 간사 1명과 필요한 직원을 둔다.

② 간사는 국무총리실의 고위공무원단에 속하는 일반직 공무원 중에서 위원회의 위원장이 임명한다.

③ 제1항에 따라 위원회에 두는 직원은 관계중앙행정기관 또는 지방자치단체에서 파견된 공무원과 계약직 직원으로 충원할 수 있다. 다만, 계약직 직원의 충원에 있어서는 식품 안전에 관한 학식과 경험이 풍부한 자를 우선 채용할 수 있다.

④ 간사는 위원회의 위원장의 명을 받아 위원회의 사무를 처리하고 위원회에 출석하여 발언할 수 있다.

제8조(수당 지급) 위원회 및 전문위원회의 회의에 출석한 위원에게는 예산의 범위에서 수당과 여비를 지급할 수 있다. 다만, 공무원인 위원이 그 소관 업무와 직접적으로 관련되어 위원회 및 전문위원회의 회의에 출석하는 경우에는 그러하지 아니하다.

제9조(운영세칙) 이 영에 규정된 것 외에 위원회 및 전문위원회의 운영 등에 필요한 사항은 위원회의 의결을 거쳐 위원회의 위원장이 정한다.

제10조(이해관계인의 범위) 법 제16조 제3항에서 '대통령령으로 정하는 이해관계인'이란 같은 조 제1항에 따른 식품 등의 생산·채취·제조·가공·수입·운반·저장·조리 또는 판매(이하 '생산·판매 등'이라 한다)의 금지로 인하여 사업상 불이익을 받았거나 받게 되는 사업자와 해당 금지와 직접 관련이 있는 거래의 상대방을 말한다.

제11조(금지 해제 요청) ① 법 제16조 제5항에 따라 생산·판매 등의 금지조치에 대하여 이의가 있는 사업자는 별지 제1호서식의 식품 등의 생산·판매 등의 금지 해제 요청서를 관계행정기관의 장에게 제출하여야 한다.

② 관계행정기관의 장은 제1항에 따라 생산·판매 등의 금지 해제 요청을 받은 때에는 해당 식품 등을 소관하는 관계중앙행정기관의 장에게 보고하여야 한다.

③ 제2항에 따라 보고받은 관계중앙행정기관의 장은 지체 없이 위원회의 위원장에게 보고하여 위원회의 심의를 거치도록 하여야 한다.

④ 관계중앙행정기관의 장은 제3항에 따른 심의 결과를 관계행정기관의 장에게 통보하고, 관계행정기관의 장은 그 심의 결과에 따라 생산·판매 등의 금지 해제 여부를 해당 사업자에게 통보하여야 한다.

제12조(검사명령 대상 식품 등) 법 제17조 제1항 제3호에 따라 사업자에게 검사명령을 할 수 있는 대상 식품 등은 법 제20조에 따른 위해성 평가 결과 유해물질이 검출되어 국민건강에 위해를 발생시킬 수 있다고 판단되는 식품 등으로 한다.

제13조(검사 기한 등) ① 법 제17조 제1항에 따른 검사명령을 받은 사업자는 그 명령을 받은 즉시 관계행정기관의 장이 정하는 검사기관에 검사를 의뢰하여야 한다.
② 제1항에 따라 검사를 의뢰받은 검사기관은 다른 업무에 우선하여 검사를 실시하고 그 결과를 사업자 및 관계행정기관의 장에게 통보하여야 하며, 검사완료일부터 2년 동안 검사에 관한 서류를 보관하여야 한다.

제14조(판매과정을 기록·보관하는 사업자의 범위) 법 제18조 제4항에 따라 식품 등의 생산·구입 및 판매과정을 기록·보관하여야 하는 사업자의 범위는 다음 각 호와 같다.
1. 「식품위생법」에 따른 식품제조·가공업자, 식품첨가물제조업자, 식품 등 수입판매업자
2. 「건강기능식품에 관한 법률」에 따른 건강기능식품제조업자, 건강기능식품수입업자
3. 「축산물가공처리법」에 따른 도축업자, 집유업자, 식육가공업자, 유가공업자, 알가공업자, 축산물수입판매업자
4. 「농약관리법」에 따른 제조업자, 수입업자
5. 「약사법」에 따른 동물용 의약품 제조업자, 수입업자

제15조(기록·보관 사항) ① 제14조에 따른 사업자는 다음 각 호의 사항을 기록·보관하여야 한다.
1. 제품명
2. 식품 등의 판매 또는 구입일자
3. 제품의 제조·수입일자 또는 유통기한·품질유지기한
4. 제품 원재료의 명칭 및 원산지(식품 등을 제조하거나 가공하는 사업자만 해당한다)
5. 제조·수입·구입 또는 판매한 식품 등의 수량
6. 제품의 판매처 또는 구입처의 명칭 및 연락처
② 제1항에 따라 식품 등의 생산·구입 및 판매과정에서 기록(전자문서로 기록하는 경우를 포함한다)한 사항은 최종기재일부터 3년 동안 보관하여야 한다.

제16조(회수계획의 공개) ① 법 제19조 제1항에 따라 식품 등을 회수하여야 하는 사업자는 관계중앙행정기관, 관계행정기관 및 사업자의 인터넷 홈페이지(인터넷 홈페이지가 있는 사업자만 해당한다)와 다음 각 호의 어느 하나에 해당하는 방법을 이용하여 지체 없이 회수계획을 공개하여야 한다. <개정 2010.1.27.>
1. 「방송법」 제2조 제1호 가목에 따른 텔레비전방송
2. 「신문 등의 진흥에 관한 법률」 제9조 제1항에 따라 전국을 보급지역으로 등록한 일간신문
② 제1항에 따라 회수계획을 공개하는 경우 다음 각 호의 사항이 포함되어야 한다.
1. 식품 등을 회수한다는 내용의 표제
2. 제품명, 회수하는 사업자의 명칭 및 소재지
3. 회수 식품 등의 제조·수입일자 또는 유통기한·품질유지기한
4. 회수 계획량
5. 회수 사유
6. 회수 방법
7. 회수 기간
8. 그 밖에 회수에 필요한 사항
③ 제1항에 따라 식품 등의 회수계획을 공개한 사업자는 회수 기간 종료 후 2일 이내에 제1

항의 방법으로 식품 등의 회수현황을 공개하여야 한다.

제17조(정보공개 요청 요건 등) ① 관계행정기관의 장은 법 제24조 제4항에 따라 20명 이상의 소비자가 별지 제2호서식의 식품 등의 안전정보 공개 요청서를 제출한 경우 해당 식품 등의 안전에 관한 정보가 국민 불특정 다수의 건강과 관련된 정보인 경우에는 그 정보를 공개하여야 한다.

② 제1항에 따른 정보공개 요청을 하는 경우 정보공개청구권자, 정보공개의 청구방법, 정보공개 여부의 결정 및 비용 부담에 관한 사항은 「공공기관의 정보공개에 관한 법률」 제5조, 제11조 및 제17조를 준용한다.

제18조(안전정보의 상호 공유 등) ① 관계중앙행정기관 및 관계행정기관의 소속 공무원 등이 외국정부 및 국제기구 등을 방문하거나 양해각서 또는 협약 등의 체결 등을 통하여 식품 등의 안전에 관한 정보를 취득하였을 때에는 특별한 사유가 있는 경우를 제외하고는 법 제26조 제2항에 따라 관계중앙행정기관 및 관계행정기관에 통보하고 공유하여야 한다.

제19조(시설투자 등의 지원) 관계행정기관의 장은 법 제27조 제2항에 따라 다음 각 호의 어느 하나에 해당하는 기준 등을 준수하기 위하여 필요한 시설투자 등에 사용되는 비용과 생산기술 등을 지원할 수 있다.
  1. 「식품위생법」 제32조의 2에 따른 위해요소중점관리기준
  2. 「축산물가공처리법」 제9조에 따른 위해요소중점관리기준
  3. 「수산물품질관리법」 제23조에 따른 위해요소중점관리기준
  4. 「사료관리법」 제15조에 따른 우수제조관리 및 위해요소중점관리기준
  5. 「건강기능식품에 관한 법률」 제22조에 따른 우수건강기능식품제조기준
  6. 「농산물품질관리법」 제7조의2에 따른 우수농산물관리기준

제20조(시험·분석 등의 요청) ① 관계행정기관의 장은 법 제28조 제2항에 따라 20명 이상의 소비자가 별지 제3호서식의 식품 등의 시험·분석 및 시료채취 요청서를 제출하여 식품 등에 대한 시험·분석 및 시료채취(이하 '시험·분석 등'이라 한다)를 요청하는 경우 지체 없이 시험·분석 등을 하여야 한다.

② 제1항에 따라 시험·분석 등의 요청을 받은 관계행정기관의 장은 시험·분석 등의 결과를 요청한 소비자의 대표자에게 통보하여야 한다. 이 경우 결과통보는 소비자가 요청한 방법으로 하되, 따로 정하지 않은 경우에는 문서로 통보한다.

③ 시험·분석 등에 대한 수수료는 다음 각 호의 기준에 따라 시험·분석 등을 요청한 소비자가 부담한다.
  1. 식품안전법령 등에서 시험·분석 등에 대한 수수료를 별도로 정하고 있는 경우: 그 법령 등에서 정한 수수료 금액
  2. 제1호 외의 경우: 시험·분석 등에 필요한 시약 등의 재료구입비 및 인건비 등을 기준으로 관계행정기관의 장이 따로 책정한 수수료 금액

④ 제3항에 따른 수수료는 수입인지 또는 수입증지로 납부하여야 한다. 다만, 정보통신망을 이용하여 전자화폐·전자결제 등의 방법으로 이를 납부할 수 있다.

제21조(포상금 지급기준) ① 법 제30조에 따른 포상금의 지급기준은 다음 각 호와 같다.
  1. 법 제16조 제2항 및 제19조 제1항을 위반한 사업자를 신고한 경우: 50만 원 이하
  2. 법 제18조 제4항을 위반한 사업자를 신고한 경우: 20만 원 이하

② 제1항에 따른 포상금의 세부적인 지급대상, 지급금액, 지급방법, 지급절차 등은 관계행정기관의 장이 따로 정한다.

부칙 <제21158호, 2008.12.9.>

제1조(시행일) 이 영은 2008년 12월 14일부터 시행한다.
제2조(경과조치) 제3조부터 제5조까지의 규정에도 불구하고 이 영 시행 후 최초로 수립하는 기본계획 및 시행계획에 대해서는 그 제출기한 및 시행 일자를 국무총리가 따로 정할 수 있다.

부칙(신문 등의 진흥에 관한 법률 시행령)<제22003호, 2010.1.27.>

제1조(시행일) 이 영은 2010년 2월 1일부터 시행한다.
제2조 및 제3조 생략
제4조(다른 법령의 개정) ①부터 <27>까지 생략
<28> 식품안전기본법 시행령 일부를 다음과 같이 개정한다.
제16조 제1항 제2호 중 '「신문 등의 자유와 기능보장에 관한 법률」 제12조 제1항'을 '「신문 등의 진흥에 관한 법률」 제9조 제1항'으로 한다.
<29>부터 <45>까지 생략
제5조 생략

식품 등의 생산·판매 등의 금지 해제 요청서			
요청인	사업자 성명 (법인명)		생년월일 또는 사업자등록번호	—
	사업소 명칭 또는 상호			
	주소			
	연락처	(휴대전화:)		
요청 사항	식품 등의 제품명			
	금지 해제 요청 사유			

「식품안전기본법」 제16조 제5항 및 같은 법 시행령 제11조에 따라 위 제품의 생산·판매 등의 금지 해제를 요청합니다.

년 월 일
요청인(서명 또는 날인)

관계행정기관의 장 귀하

210㎜×297㎜[일반용지 60g/㎡(재활용품)]

이 요청서는 아래와 같이 처리됩니다. (뒤쪽)

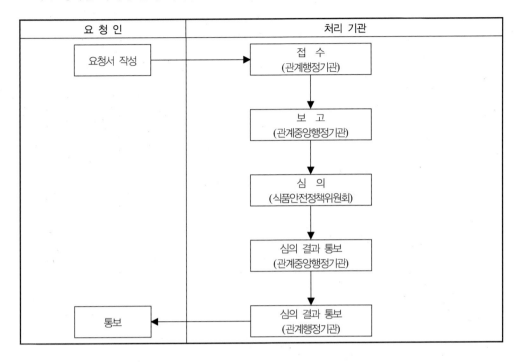

식품 등의 안전정보 공개 요청서

※ 접수일자와 접수번호는 요청인이 기재하지 않습니다.

※ 접수일자			※ 접수번호	
요청인 대표	성명		주민등록 (여권·외국인등록)번호	
	주소 (소재지)		전화번호 (팩스 번호)	
			전자우편 주소	
	※ 요청인 대표를 제외한 나머지 요청인에 대한 사항은 뒤쪽에 기재			
정보 공개 내용	공개요청 내용			
	공개방법	□열람·시청 □사본·출력물 □전자파일 □복제·인화물 □기타( )		
	공개요청사유			
	공개정보 사용목적			
수령방법		□직접방문 □우편 □팩스 □전자우편 □기타()		

「식품안전기본법」 제24조 제4항 및 같은 법 시행령 제17조에 따라 위와 같이 식품 등의 안전정보의 공개를 요청합니다.

년 월 일

요청인(서명 또는 인)

(관계행정기관의 장) 귀하

수수료 감면	해당여부	□해당 □해당 없음
	감면사유	※ 「공공기관의 정보공개에 관한 법률 시행령」 제17조 제3항에 따른 수수료 감면대상에 해당하는 경우에 기재합니다.
구비서류		1. 요청인의 신분을 확인할 수 있는 증명서 2. 수수료 감면사유에 해당하는 경우 그 사실을 증명할 수 있는 서류

접수증

접수번호			요청인 성명	
접수자	직급		성명	(서명 또는 인)

귀하의 요청서는 위와 같이 접수되었습니다.

년 월 일

(접수기관)

※ 식품 등의 안전정보 공개의 처리와 관련하여 문의사항이 있으면 (담당부서 및 전화번호)로 문의하여 주시기 바랍니다.

210㎜×297㎜[일반용지 60g/㎡(재활용품)]

순번	요청인 성명	주민등록 (여권·외국인등록)번호	주소 (소재지)	전화번호

<안 내>

※ 「공공기관의 정보공개에 관한 법률 시행령」 제17조 제3항에 따른 수수료 감면대상
1. 비영리의 학술·공익단체 또는 법인이 학술이나 연구목적 또는 행정감시를 위하여 필요한 정보를 청구한 경우
2. 교수·교사 또는 학생이 교육자료나 연구목적으로 필요한 정보를 소속기관의 장의 확인을 받아 청구한 경우
3. 그 밖에 공공기관의 장이 공공복리의 유지·증진을 위하여 감면이 필요하다고 인정한 경우

식품 등의 시험·분석 및 시료채취 요청서

※ 접수일자와 접수번호는 요청인이 기재하지 아니합니다.

※ 접수일자			※ 접수번호	
요청인 대표	성 명		주민등록 (여권·외국인등록)번호	
	주소 (소재지)		전화번호 (팩스 번호)	
			전자우편 주소	
	※ 요청인 대표를 제외한 나머지 요청인에 대한 사항은 뒤쪽에 기재			
요청내용	제품명		제조(수입)업소	
	요청항목			
	요청사유			
결과통보방법		□열람·시청 □사본·출력물 □전자파일 □복제·인화물 □기타( )		
수령방법		□직접방문 □우편 □팩스 □전자우편 □기타()		

「식품안전기본법」 제28조 및 같은 법 시행령 제20조에 따라 위와 같이 시험·분석 및 시료채취를 요청합니다.

년 월 일

요청인 대표(서명 또는 인)

(관계행정기관의 장) 귀하

수수료	1. 「식품안전기본법」 제2조 제5호에 따른 식품안전법령 등에서 시험·분석 등에 대한 수수료를 별도로 정하고 있는 경우: 그 법령 등에서 정한 수수료 금액 2. 제1호 외의 경우: 시험·분석 등에 필요한 시약 등의 재료구입비 및 인건비 등을 기준으로 관계행정기관의 장이 따로 책정한 금액
구비서류	요청인의 신분을 확인할 수 있는 증명서

접수증

접수번호			요청인(대표) 성명		
접수자	직급		성명		(서명 또는 인)

귀하의 요청서는 위와 같이 접수되었습니다.

년 월 일
(접수기관)

※ 식품 등의 시험·분석 및 시료채취 요청과 관련하여 문의사항이 있으면 (담당 부서 및 전화번호)로 문의하여 주시기 바랍니다.

210㎜×297㎜[일반용지 60g/㎡(재활용품)]

순번	요청인 성명	주민등록 (여권·외국인등록)번호	주소 (소재지)	전화번호

WTO-위생 및 식물위생 조치의 적용에 관한 협정(SPS협정)*

회원국들은,

인간, 동물 또는 식물의 생명 또는 건강을 보호하기 위하여 필요한 조치가 동일조건하의 국가 간에 자의적 또는 부당한 차별 또는 국제무역에 대한 위장된 제한을 구성하는 방법으로 이용되지 않는다는 조건으로 동 조치를 채택 또는 이행할 수 있음을 재확인하고,

모든 회원국 내의 인간 및 동물의 건강과 식물위생 상황의 개선을 희망하며,

위생 및 식물위생 조치가 빈번하게 양자 간 협정 또는 의정서에 근거하여 적용되고 있음에 주목하며,

위생 및 식물위생 조치가 무역에 미치는 부정적인 영향을 최소화하기 위하여 동 조치의 개발, 채택 및 집행을 지도하기 위한 다자간 규칙 및 규율의 틀을 설정할 것을 희망하며,

이와 관련하여 국제기준, 지침 및 권고가 중요한 기여를 할 수 있음을 인정하며,

국제식품규격위원회, 국제수역사무국 및 국제식물보호협약 체제 내의 관련 국제 및 지역기구 등을 포함한 관련 국제기구에 의해 개발된 국제기준, 지침 및 권고를 기초로, 회원국에 대해 인간, 동물 또는 식물의 생명 또는 건강 보호의 적정수준을 변경하도록 요구하지 아니하면서 회원국 간에 조화된 위생 및 식물위생 조치의 사용을 촉진할 것을 희망하며,

개발도상회원국들이 수입국의 위생 및 식물위생 조치를 준수함에 있어서 특별한 어려움을 겪을 수 있으며, 결과적으로 시장접근상의 어려움을 겪을 수 있으며, 또한 자기 나라 영토 내에서 위생 및 식물위생 조치의 수립과 적용에 있어서도 어려움을 겪을 수 있다는 점을 인정하고, 이 점에 있어서 개발도상 회원국들의 노력을 지원할 것을 희망하며,

위생 및 식물위생 조치와 관련된 1994년도 GATT 규정, 특히 제20조 제(b)항(Re.1)의 규정의 적용을 위한 규칙을 발전시켜 나갈 것을 희망하면서,

아래와 같이 합의한다.

(Remark 1) 이 협정에서 제20조 제(b)항이라 함은 제20조의 도입부도 포함한다.

제1조
일반규정

1. 이 협정은 국제무역에 직접적 또는 간접적으로 영향을 미칠 수 있는 모든 위생 및 식물위생 조치에 적용된다. 동 조치는 이 협정의 규정에 따라 개발 및 적용된다.

2. 이 협정의 목적상 부속서 1에 규정된 정의가 적용된다.

3. 부속서는 이 협정의 불가분의 일부를 구성한다.

4. 이 협정은 협정의 대상이 아닌 조치와 관련하여 무역에 대한 기술장벽에 관한 협정에 따른 회원국의 권리에 아무런 영향을 미치지 아니한다.

---

* http://www.mofat.go.kr/economic/multiplenormal/wto/index7.jsp?TabMenu=TabMenu4 참조.

제2조
기본적인 권리 및 의무

1. 회원국은 인간, 동물 또는 식물의 생명 또는 건강을 보호하기 위하여 필요한 위생 및 식물위생 조치를 취할 수 있는 권리를 갖는다. 단, 동 조치는 이 협정의 규정에 합치하여야 한다.

2. 회원국은 위생 및 식물위생 조치가 인간, 동물 또는 식물의 생명 또는 건강을 보호하는 데 필요한 범위 내에서만 적용되고, 과학적 원리에 근거하며 또한 충분한 과학적 증거 없이 유지되지 않도록 보장한다. 단, 제5조 제7항에 규정된 사항은 제외된다.

3. 회원국은 자기 나라 영토와 다른 회원국 영토 간에 차별 적용하지 않는 것을 포함하여 자기 나라의 위생 및 식물위생 조치가 동일하거나 유사한 조건하에 있는 회원국들을 자의적이고 부당하게 차별하지 아니하도록 보장한다. 위생 및 식물위생 조치는 국제무역에 대한 위장된 제한을 구성하는 방법으로 적용되지 아니한다.

4. 이 협정의 관련 규정에 따르는 위생 또는 식물위생 조치는 동 조치의 이용과 관련된 1994년도 GATT 규정, 특히 제20조 제(b)항의 규정에 따른 회원국의 의무에 합치하는 것으로 간주된다.

제3조
조화

1. 위생 및 식물위생 조치를 가능한 한 광범위하게 조화시키기 위하여, 이 협정에 달리 규정된 경우, 특히 제3항에 규정된 경우를 제외하고, 회원국은 자기 나라의 위생 또는 식물위생 조치를 국제기준, 지침 또는 권고가 있는 경우 이에 기초하도록 한다.

2. 관련 국제표준, 지침 또는 권고에 합치하는 위생 또는 식물위생 조치는 인간, 동물 또는 식물의 생명 또는 건강을 보호하는 데 필요한 것으로 간주되며, 이 협정 및 1994년도 GATT의 관련 규정에 합치하는 것으로 추정된다.

3. 회원국은 과학적 정당성이 있거나, 회원국이 특정 보호의 수준의 결과 제5조 제1항부터 제8항까지의 관련 규정에 따라 적절하다고 결정하는 경우 회원국은 관련 국제기준, 지침 또는 권고에 기초한 조치에 의하여 달성되는 위생 또는 식물위생 보호수준보다 높은 보호를 초래하는 위생 또는 식물위생 조치를 도입 또는 유지할 수 있다. (Re.2) 상기에 불구하고, 국제기준, 지침 또는 권고에 기초한 조치에 의하여 달성되는 위생 또는 식물위생 보호수준과 상이한 보호수준을 초래하는 모든 조치는 이 협정의 그 밖의 규정과 불일치하지 아니한다.

(Remark 2) 제3조 제3항의 목적상 회원국이 본 협정의 관련 규정과 합치되는 이용 가능한 과학적인 정보의 조사와 평가에 근거하여, 관련 국제기준, 지침 또는 권고가 위생 또는 식물위생 보호의 적정수준 달성에 충분치 않다고 결정하는 경우, 과학적인 정당성이 존재한다.

4. 회원국은 관련 국제기구 및 그 보조기관, 특히 국제식품규격위원회, 국제수역사무국 및 국제식물 보호협약의 체제 내에서 운영되는 국제 및 지역기구 내에서 위생 및 식물위생 조치의 모든 측면과 관련된 기준, 지침 또는 권고의 개발 및 정기적인 검토를 이들 기구 내에서 촉진하기 위하여 자기 나라의 자원의 범위 내에서 충분한 역할을 한다.

5. 제12조 제1항부터 제4항까지에 규정된 위생 및 식물위생조치위원회(이 협정에서는 '위원회'라 한다)는 국제적인 조화의 과정을 감독하는 절차를 개발하고, 관련 국제기구와 이와 관련한 노력을 조정한다.

제4조
동등성

1. 수출회원국이 자기 나라의 조치가 수입회원국의 위생 및 식물위생 보호의 적정수준을 달성한다는 것을 동 수입회원국에게 객관적으로 증명하는 경우, 회원국은 다른 위생 또는 식물위생 조치가, 자기 나라 또는 동일품목의 무역에 종사하는 다른 회원국이 사용하는 조치와 상이하더라도 이를 동등한 것으로 수락한다. 이 목적을 위하여 요청이 있는 경우, 검사, 시험 및 다른 관련절차를 위하여 수입회원국에게 합리적인 접근이 부여된다.

2. 회원국은 요청이 있는 경우 특정 위생 또는 식물위생 조치의 동등성 인정에 관한 양자 및 다자간 합의를 달성하기 위한 목적으로 협의를 개시한다.

제5조
위험평가 및 위생 및 식물위생 보호의 적정수준 결정

1. 회원국은 관련 국제기구에 의해 개발된 위험평가 기술을 고려하여, 자기 나라의 위생 또는 식물위생 조치가 여건에 따라 적절하게 인간, 동물 또는 식물의 생명 또는 건강에 대한 위험평가에 기초하도록 보장한다.

2. 위험평가에 있어서 회원국은 이용 가능한 과학적 증거, 관련 가공 및 생산 방법, 관련 검사, 표본추출 및 시험방법, 특정 병해충의 발생률, 병해충 안전지역의 존재, 관련 생태학적 및 환경조건, 그리고 검역 또는 다른 처리를 고려한다.

3. 동물 또는 식물의 생명 또는 건강에 대한 위험평가와 이러한 위험으로부터 위생 또는 식물위생 보호의 적정수준을 달성하기 위해 적용되는 조치를 결정함에 있어서 회원국은 병해충이 유입, 정착 또는 전파될 경우 생산 또는 판매에 미치는 손실을 기준으로 한 잠재적 피해, 수입국의 영토 내에서의 방제 및 박멸비용, 위험을 제한하기 위해 대안으로서 접근방법의 상대적 비용 효율성을 관련된 경제적인 요소로서 고려한다.

4. 위생 또는 식물위생 보호의 적정수준 결정 시, 회원국은 무역에 미치는 부정적 영향을 최소화하는 목표를 고려하여야 한다.

5. 인간, 동물 또는 식물의 생명 또는 건강에 대한 위험으로부터의 위생 또는 식물위생 보호의 적정수준이라는 개념의 적용에 있어서 일관성을 달성할 목적으로, 각 회원국은 상이한 상황에서 적절한 것으로 판단하는 수준에서의 구별이 국제무역에 대한 차별적 또는 위장된 제한을 초래하는 경우에는 자의적 또는 부당한 구별을 회피한다. 회원국은 이 협정 제12조 제1항, 제2항 및 제3항에 따라 위원회에서 이 규정의 실제 이행을 촉진하기 위한 지침을 개발하기 위하여 협력한다. 동 지침을 개발함에 있어서 위원회는 사람들이 자발적으로 자신을 노출하는 인간의 건강상 위험의 예외적 특성을 포함한 모든 관련 요소를 고려한다.

6. 제3조 제2항을 저해함이 없이, 위생 또는 식물위생 보호 적정수준을 달성하기 위하여 위생 또는 식물위생 조치를 수립 또는 유지하는 때에는, 회원국은 기술적 및 경제적인 타당성을 고려하여, 동 조치가 위생 또는 식물위생 보호의 적정수준을 달성하는 데 필요한 정도 이상의 무역제한적인 조치가 되지 않도록 보장한다. (Re.3)

(Remark 3) 제5조 제6항의 목적상, 기술적 및 경제적인 타당성을 고려하여 합리적으로 이용 가능하고 위생 또는 식물위생 보호의 적정수준을 달성하면서 무역에 대한 제한이 현저히 적은 다른 조치가 없는 경우, 동 조치는 필요한 정도 이상의 무역제한조치가 아니다.

7. 관련 과학적 증거가 불충분한 경우, 회원국은 관련 국제기구로부터의 정보 및 다른 회원국이 적용하는 위생 또는 식물위생 조치에 관한 정보를 포함, 입수 가능한 적절한 정보에 근거하여 잠정적으로 위생 또는 식물위생 조치를 채택할 수 있다. 이러한 상황에서, 회원국은 더욱 객

관적인 위험평가를 위하여 필요한 추가정보를 수집하도록 노력하며, 이에 따라 합리적인 기간 내에 위생 또는 식물 위생 조치를 재검토한다.

8. 다른 회원국이 도입 또는 유지하는 특정 위생 또는 식물위생 조치가 자기 나라의 수출을 제한하거나 제한할 잠재력이 있으며 동 조치가 관련 국제표준, 지침 또는 권고에 근거하지 않거나, 그러한 표준, 지침 또는 권고가 없다고 믿을 만한 이유가 있을 때에는, 동 위생 또는 식물위생 조치에 대한 해명이 요구될 수 있으며, 동 해명은 동 조치를 유지하는 회원국에 의해 제공된다.

제6조
병해충 안전지역 및 병해충 발생이 적은 지역을 포함하는 지역적 조건에의 적응

1. 회원국은 상품의 원산지 및 도착지－국가의 전체, 국가의 일부와 수개국가의 전체 또는 일부의 여부에 관계없이－의 위생 또는 식물위생상의 특징에 자기 나라의 위생 또는 식물위생 조치를 적합하도록 보장한다. 어느 지역의 위생 또는 식물위생상의 특징을 평가하는 데 있어서 회원국은 특히 특정 병해충 발생률, 박멸 또는 방제계획의 존재 및 관련 국제기구에 의해 개발되는 적절한 기준 또는 지침 등을 고려한다.

2. 특히 회원국은 병해충 안전지역과 병해충 발생이 적은 지역의 개념을 인정한다. 이러한 지역의 결정은 지리, 생태학적 체계, 역학적 감시 및 위생 또는 식물 위생관리의 효과성 등의 요소에 근거한다.

3. 자기 나라의 영토 내의 지역이 병해충 안전지역 또는 발생이 적은 지역이라고 주장하는 수출회원국은 이러한 지역이 병해충 안전지역 또는 발생이 적은 지역이라는 사실을 수입회원국에게 객관적으로 증명하기 위하여 필요한 증거를 제시한다. 이 목적을 위하여 요청이 있는 경우 검사, 시험 및 다른 관련절차를 위해 수입회원국에게 합리적인 접근이 부여된다.

제7조
투명성

회원국은 부속서 2의 규정에 따라 자기 나라의 위생 또는 식물위생 조치의 변경을 통보하고 자기 나라의 위생 또는 식물위생 조치에 관한 정보를 제공한다.

제8조
방제, 검사 및 승인 절차

회원국은 식품, 음료 또는 사료의 첨가제 사용 승인 또는 오염물질 허용치 설정에 관한 국내제도를 포함한 방제, 검사 및 승인절차의 운영에 있어서 부속서 3의 규정을 준수하며 또한 자기 나라의 절차가 이 협정의 규정에 불일치하지 아니하도록 보장한다.

제9조
기술지원

1. 회원국은 양자적으로 또는 적절한 국제기구를 통하여 다른 회원국, 특히 개발도상회원국에 대한 기술지원 제공을 촉진하는 데에 동의한다. 동 지원은 특히 가공기술, 국가 규제기관 설치를 포함한 연구 및 하부구조 분야에서 있을 수 있으며, 이러한 나라들이 자기 나라의 수출시장

에서 위생 또는 식물위생 보호의 적정수준 달성에 필요한 위생 또는 식물위생 조치에 적용 및 합치할 수 있도록 허용하는 기술적인 전문지식, 훈련 및 장비를 구하기 위한 목적을 포함하여 자문, 신용공여, 기부 및 무상원조의 형태를 취할 수 있다.

2. 수입회원국의 위생 및 식물위생 요건을 수출국인 개발도상회원국이 충족하기 위하여 상당한 투자가 필요할 경우, 수입회원국은 개발도상회원국이 관련 상품에 대한 시장접근 기회를 유지하고 확대할 수 있도록 기술지원을 제공할 것을 고려한다.

제10조
특별 및 차등 대우

1. 위생 또는 식물위생 조치의 준비 및 적용에 있어서, 회원국은 개발도상회원국, 특히 최빈개도국회원국의 특별한 필요를 고려한다.

2. 위생 또는 식물위생 보호의 적정수준이 새로운 위생 또는 식물위생 조치의 단계적인 도입의 여지를 허용하는 경우, 개발도상회원국이 자기 나라의 수출관심품목에 대한 수출기회를 유지할 수 있도록 동 품목에 대하여 보다 장기간의 준수기간이 부여되어야 한다.

3. 개발도상회원국이 이 협정의 규정을 준수할 수 있도록 하기 위하여, 위원회는 요청이 있는 경우, 개발도상회원국에 대하여 동 국가의 재정, 무역 및 개발상의 필요를 고려하여 이 협정에 따른 의무의 전체 또는 부분으로부터의 구체적이고 한시적인 예외를 부여할 수 있다.

4. 회원국은 개발도상회원국의 관련 국제기구에 대한 활발한 참여를 권유하고 촉진하여야 한다.

제11조
협의 및 분쟁해결

1. 이 협정에 명시적으로 달리 규정된 경우를 제외하고, 이 협정에 따른 협의 및 분쟁해결에 대해서는 분쟁해결양해에 의하여 발전되고 적용되는 1994년도 GATT 제22조 및 제23조의 규정이 적용된다.

2. 이 협정에 따른 과학적 또는 기술적인 쟁점을 포함하는 분쟁 시, 패널은 분쟁당사국과 협의하여 패널이 선정한 전문가로부터 자문을 구하여야 한다. 이 목적을 위하여 패널은 적절하다고 판단하는 경우에는 일방 분쟁당사국의 요청 또는 자신의 주도에 의하여 기술전문가 자문단을 설치하거나 관련 국제기구와 협의할 수 있다.

3. 이 협정의 어느 규정도 다른 국제기구의 주선 또는 분쟁해결제도 또는 다른 협정에 따라 설치된 주선 또는 분쟁해결제도를 이용할 수 있는 권리를 포함하여 그 밖의 국제협정에 따른 회원국의 권리를 저해하지 아니한다.

제12조
관리

1. 이 협정에 의하여 정기적인 협의의 장을 제공하기 위하여 위생 및 식물위생조치위원회가 설치된다. 동 위원회는 이 협정의 규정을 이행하는 데 필요한 기능을 수행하며, 이 협정의 목적, 특히 조화와 관련된 목적의 증진을 수행한다. 위원회는 컨센서스에 의하여 결정에 도달한다.

2. 위원회는 특정 위생 또는 식물위생 사안에 대하여 회원국 간의 특별협의 또는 협상을 장려하고 촉진한다. 위원회는 모든 회원국들이 국제표준, 지침 또는 권고를 사용하도록 장려하고, 이와 관련하여, 식품첨가제 사용승인 또는 식품, 음료 또는 사료 내의 오염물질 허용기준 설정에 대한 국내외 제도와 접근방법의 조정 및 통합을 증진할 목적으로 기술적인 협의 및 연구를

후원한다.

3. 이 협정의 관리를 위해 최상의 이용 가능한 과학적 및 기술적 자문을 확보하고 노력이 불필요하게 중복되는 것을 피하기 위하여, 위원회는 국제식품규격위원회, 국제수역사무국 및 국제식물보호 협약사무국 등의 위생 및 식물위생 보호 분야의 관련 국제기구와 긴밀한 접촉을 유지한다.

4. 위원회는 국제적인 조화의 과정 및 국제표준, 지침 또는 권고의 이용상황을 감시하기 위한 절차를 개발한다. 이 목적을 위하여, 위원회는 관련 국제기구와 함께, 위원회가 무역에 중요한 영향을 미치는 것으로 판단하는 위생 또는 식물위생 조치에 관한 국제표준, 지침 또는 권고의 목록을 작성하여야 한다. 동 목록에는 회원국이 수입조건으로 적용하거나 수입상품이 자기 나라 시장에 접근할 수 있기 위하여 부합하여야 하는 국제표준, 지침 또는 권고에 대한 설명이 포함되어야 한다. 회원국이 수입조건으로서 국제표준, 지침 또는 권고를 적용하지 아니하는 경우, 동 회원국은 특히 동 표준이 위생 또는 식물위생 보호의 적정수준을 제공하기에 충분히 엄격하지 못하다고 판단하는지 등 그 이유를 적시하여야 한다. 회원국이 수입조건으로 표준, 지침 또는 권고의 사용 의사를 표명한 후, 자기 나라의 입장을 변경하는 경우 부속서 2의 절차에 따라 통보 및 해명이 제공되지 아니하는 경우 동 변경에 대한 설명을 제공하고 사무국 및 관련 국제기구에 통보하여야 한다.

5. 불필요한 중복을 피하기 위하여, 위원회는 적절한 경우 관련 국제기구에서 운영되고 있는 절차, 특히 통보절차에 의해 발생한 정보를 이용하도록 결정할 수 있다.

6. 위원회는 회원국의 주도에 근거하여, 적절한 경로를 통하여 관련 국제기구 및 보조기관으로 하여금 제4항에 따라 제공된 비사용에 대한 해명의 근거를 포함하여 특정표준, 지침 또는 권고와 관련된 특정사안을 조사할 것을 권유할 수 있다.

7. 위원회는 세계무역기구협정 발효일로부터 3년 후, 이 협정의 운영 및 이행을 검토하고, 그 이후에는 필요에 따라 검토한다. 적절한 경우, 위원회는 상품무역이사회에 특히 이 협정의 이행으로 얻어진 경험을 고려하여, 이 협정문의 개정을 제안할 수 있다.

제13조
이행

회원국은 이 협정에 따라 이 협정에 규정된 모든 의무의 준수에 대해 전적으로 책임을 진다. 회원국은 중앙정부기관 이외의 기구에 의한 이 협정의 규정의 준수를 지원하는 적극적인 조치 및 제도를 입안하여 시행한다. 회원국은 자기 나라의 영토 내의 관련 기관이 회원인 지역기구 및 자기 나라의 영토 내의 비정부기구가 이 협정의 관련 규정을 준수하도록 이용 가능한 합리적인 조치를 취한다. 또한 회원국은 이러한 지역기구, 비정부기구 또는 지역정부기구가 이 협정의 규정과 일치하지 아니하는 방식으로 행동하도록 직접적 또는 간접적으로 요구하거나 장려하는 효과를 가지는 조치를 취하지 아니한다. 회원국은 비정부 기구가 이 협정의 규정을 준수하는 경우에만, 위생 또는 식물위생 조치의 이행을 위하여 동 기구의 서비스에 의존한다는 것을 보장한다.

제14조
최종조항

최빈개도국회원국은 수입 또는 수입상품에 영향을 주는 자기 나라의 위생 또는 식물위생 조치와 관련하여, 세계무역기구협정 발효일로부터 5년 동안 이 협정의 규정의 적용을 연기할 수 있다. 다른 개발도상 회원국은 기술적인 전문지식, 기술적인 하부구조 또는 자원의 결여로 인하여 그러한 적용이 방해받는 경우, 수입 또는 수입상품에 영향을 미치는 자기 나라의 기존의 위생 또는 식물위생 조치와 관련하여 제5조 제8항과 제7조를 제외하고 이 협정 규정의 적용을 세계무역기구협정 발효일로부터 2년 동안 연기할 수 있다.

부속서 1
정의(Re.4)

(Remark 4) 이 정의의 목적상, '동물'은 어류 및 야생동물군을 포함하며, '식물'은 산림의 수목 및 야생식물군을 포함하며, '해충'은 잡초를 포함하며, '오염물질'은 농약과 수의약품의 잔류물 및 외부 물질을 포함한다.

1. **위생 또는 식물위생 조치** - 아래 목적으로 적용되는 모든 조치
   가. 병해충, 질병매개체 또는 질병원인체의 유입, 정착 또는 전파로 인하여 발생하는 위험으로부터 회원국 영토 내의 동물 또는 식물의 생명 또는 건강의 보호,
   나. 식품, 음료 또는 사료 내의 첨가제, 오염물질, 독소 또는 질병원인체로 인하여 발생하는 위험으로부터 회원국 영토 내의 인간 또는 동물의 생명 또는 건강의 보호,
   다. 동물, 식물 또는 동물 또는 식물로 만든 생산품에 의하여 전달되는 질병이나 해충의 유입, 정착 또는 전파로 인하여 발생하는 위험으로부터 회원국 영토 내의 인간의 생명 또는 건강의 보호 또는
   라. 해충의 유입, 정착 또는 전파로 인한 회원국 영토 내의 다른 피해의 방지 또는 제한

위생 또는 식물위생 조치는 모든 관련 법률, 법령, 규정, 요건 및 절차를 포함하며, 특히, 최종 제품 기준, 가공 및 생산방법, 시험, 조사, 증명 및 승인절차, 동물 또는 식물의 수송 또는 수송 중 생존에 필요한 물질과 관련된 적절한 요건을 포함한 검역처리, 관련 통계방법, 표본추출절차 및 위험평가 방법에 관한 규정, 식품안전과 직접적으로 관련되는 포장 및 상표부착을 포함한다.

2. **조화** - 상이한 회원국에 의한 공동의 위생 및 식물위생 조치의 수립, 인정 및 적용

3. **국제표준, 지침 및 권고**
   가. 식품안전의 경우, 식품첨가제, 수의약품과 농약의 잔류물, 오염물질, 분석 및 표본추출방법, 위생 관행의 규약 및 지침에 관한 국제식품규격위원회에 의해 수립된 표준 지침 및 권고
   나. 동물위생 및 동물성전염병의 경우, 국제수역사무국의 후원하에 개발된 표준, 지침 및 권고
   다. 식물위생의 경우, 국제식물보호협약의 틀 내에서 운영되는 지역기구와의 협조와 국제식물보호협약 사무국의 후원하에 개발된 국제표준, 지침 및 권고, 그리고
   라. 위의 기구의 대상이 아닌 사항의 경우, 모든 회원국에게 가입이 개방된 다른 관련 국제기구에 의해 공표된 적절한 표준, 지침 및 권고로서 위원회에 의해 확인된 것

4. **위험평가** - 적용될 수 있는 위생 또는 식물위생 조치에 따라 수입회원국의 영토 내에서 해충 또는 질병의 도입, 정착 또는 전파의 가능성과 이와 연관된 잠재적인 생물학적 및 경제적 결과의 평가 또는 식품, 음료 및 사료 내의 첨가제, 오염물질, 독소 또는 질병원인체의 존재로 인하여 발생하는 인간 또는 동물의 건강에 미치는 악영향의 잠재적 가능성에 대한 평가

5. **위생 또는 식물위생 보호의 적정수준** - 자기 나라 영토 내의 인간, 동물 또는 식물의 생명 또는 건강을 보호하기 위하여 위생 또는 식물위생 조치를 수립하는 회원국에 의해 적절하다고 판단되는 보호수준

주: 많은 회원국들은 달리 이 개념을 '수용 가능한 위험 수준'이라고 지칭하고 있음.

6. **병해충 안전지역**－국가전체 또는 일부, 수개국가의 전체 또는 일부의 여부에 관계없이, 특정 병해충이 발생하지 아니하는 것으로 주무 당국에 의해 확인된 지역

주: 병해충 안전지역은 특정 병해충이 발생하는 것으로 알려지나, 당해 병해충을 국한 또는 박멸하기 위한, 보호지대, 감시지대 및 완충지대의 설정 등의 지역 방제조치의 대상이 되는 지역－특정국가의 부분 또는 수개 국가의 일부나 전체를 포함하는 지리적인 지역 내 여부에 관계없이－을 둘러싸거나 동 지역에 의해 둘러싸여 있거나 동 지역과 인접한 위치에 있을 수 있다.

7. **병해충의 발생이 적은 지역**－국가의 전체 또는 일부, 수개 국가의 전체 또는 일부의 여부에 관계없이 특정 병해충이 적은 수준으로 발생하며, 효과적인 감시, 방제 또는 박멸조치의 대상지역으로서 주무당국에 의하여 확인된 지역

부속서 2
위생 및 식물위생 규정의 투명성

규정의 공표

1. 회원국은 채택된 모든 위생 및 식물위생 규정(Re.5)을 이해당사회원국이 인지할 수 있도록 신속히 공표할 것을 보장한다.

(Remark 5) 일반적으로 적용되는 법률, 법령 또는 명령 같은 위생 및 식물위생 조치

2. 긴급한 상황의 경우를 제외하고는, 회원국은 수출회원국, 특히 개발도상회원국 내의 생산자가 수입 회원국의 요구조건에 자신의 제품 및 생산방법을 적응시킬 수 있는 시간을 허용하기 위하여 위생 또는 식물위생 규정의 공표와 발효사이에 합리적인 시간적 간격을 허용한다.

문의처

3. 각 회원국은 이해당사회원국으로부터의 모든 합리적인 질의에 대한 답변 및 아래와 관련한 문서의 제공을 담당할 하나의 문의처가 존재할 것을 보장한다.
가. 자기 나라 영토 내에서 채택 또는 제안된 모든 위생 또는 식물위생 규정
나. 자기 나라 영토 내에서 운영되고 있는 모든 방제 및 검사절차, 생산 및 검역처리, 농약허용치 및 식품첨가제 승인절차
다. 위험평가절차, 고려되는 요소 및 위생 또는 식물위생 보호의 적정수준의 판정
라. 위생 및 식물위생에 관한 국제 및 지역기구와 체제 및 이 협정의 대상 범위 내의 양자 및 다자간 협정과 약정에의 자기 나라 또는 자기 나라 영토 내의 관련 기구의 회원지위 및 참여, 그리고 동 협정문 및 약정문

4. 회원국은 이해당사회원국이 문서의 사본을 요청하는 경우 동 사본은 배달비용을 제외하고는 관련 회원국의 국민(Re.6)에 대해서와 동일한 가격(가격 지불이 필요한 경우)으로 공급되도록 보장한다.

(Remark 6) 이 협정에서 '국민'이라고 함은, 세계무역기구의 독자적인 관세영역 회원국의 경

우, 동 관세영역 내에 거주하거나 실제적이고, 효과적인 산업적 또는 상업적 사업장을 갖고 있는 자연인 또는 법인을 의미하는 것으로 간주된다.

통보절차

5. 국제표준, 지침 또는 권고가 존재하지 아니하거나 또는 제안된 위생 또는 식물위생규정의 내용이 실질적으로 국제표준, 지침 또는 권고의 내용과 동일하지 아니하면서 동 규정이 다른 회원국의 무역에 심각한 영향을 미치는 경우에는 언제나 회원국은,

가. 이해당사회원국이 특정규정의 도입에 관한 제안을 인지할 수 있도록 조기에 이를 공고한다.

나. 사무국을 통하여 제안된 규정의 목적 및 합리적 이유에 관한 간략한 지적과 함께 동 규정의 대상 품목을 다른 회원국에게 통보한다. 동 통보는 개정이 아직 가능하고 의견이 고려될 수 있는 조기에 행하여진다.

다. 요청이 있는 경우, 제안된 규정의 사본을 다른 회원국에게 제공하고 또한 가능한 경우에는 언제나, 국제표준, 지침 또는 권고와 실질적으로 상이한 부분을 확인한다.

라. 다른 회원국이 서면으로 의견을 제시하고, 요청이 있을 경우 동 의견을 논의하고 동 의견과 논의 결과를 고려할 수 있도록 차별 없이 합리적인 시간을 허용한다.

6. 그러나 회원국에 대해 건강보호상 긴급한 문제가 발생하거나, 발생할 우려가 있는 경우, 동 회원국은 필요하다고 판단하는 경우, 이 부속서 제5항의 절차를 생략할 수 있다. 단, 동 회원국은,

가. 사무국을 통하여 긴급한 문제의 성격을 포함하여 특정규정 및 대상품목을 동 규정의 목적 및 합리적인 이유에 대한 간략한 지적과 함께 다른 회원국에 즉시 통보하고,

나. 요청이 있는 경우, 다른 회원국에 동 규정의 사본을 제공하고,

다. 다른 회원국이 서면으로 의견을 제시하는 것을 허용하고, 요청이 있을 경우 동 의견을 논의하고 동 의견과 논의 결과를 고려한다.

7. 사무국에 대한 통보는 영어, 불어 또는 스페인 어로 한다.

8. 선진국회원국은 다른 회원국의 요청이 있는 경우, 특정 통고의 대상인 문서의 사본 또는 문서분량이 방대할 경우에는 문서의 요약본을 영어, 불어 또는 스페인 어로 제공한다.

9. 사무국은 모든 회원국 및 이해당사 국제기구에 통보서 사본을 신속히 배포하며 개발도상회원국의 특별 관심품목과 관련된 통보사항에 대해서는 개발도상회원국의 주의를 환기한다.

10. 회원국은 이 부속서의 제5항, 제6항, 제7항 및 제8항에 따른 통보절차와 관련된 규정의 국내 차원에서의 시행에 책임을 지는 하나의 중앙정부당국을 지정한다.

일반적인 유보

11. 이 협정의 어느 조항도 다음의 사항을 요구하는 것으로 해석되지 아니한다.

가. 이 부속서 제8항에 언급된 바를 제외하고는 회원국의 사용언어 이외의 언어로 초안의 상세사항 또는 사본의 제공 또는 문안의 공표 또는

나. 공개 시 회원국의 위생 및 식물위생 법률의 집행을 방해하거나, 특정기업의 정당한 상업적 이익을 침해할 비밀정보의 공개

부속서 3
통제, 검사 및 승인 절차(Re.7)

(Remark 7) 통제, 검사 및 승인 절차에는 특히, 표본추출, 시험 및 증명을 위한 절차가 포함된다.

1. 위생 또는 식물위생 조치의 이행을 점검하고 보장하기 위한 절차와 관련하여 회원국은 다음의 사항을 보장한다.

가. 이러한 절차는 부당한 지연 없이, 그리고 수입상품이 동종 국내상품에 비하여 불리하지 않은 방법으로 행하여지고 완료된다.

나. 각 절차의 표준처리기간은 공표되거나, 예상 처리기간이 요청 시 신청인에게 통보된다. 신청서 접수 시 주무기관은 구비서류의 완비 여부를 신속히 검토하여 신청인에게 서류상의 모든 하자를 정확하고 완전하게 통보한다. 주무기관은 가능한 한 조속히 절차의 경과를 정확하고 완전하게 신청인에게 전달함으로써 필요시 수정 조치가 취해질 수 있도록 한다. 신청에 하자가 있더라도 신청인의 요청이 있는 경우 주무기관은 가능한 범위 내에서 절차를 진행하며, 요청 시 신청인에게 지연사유를 설명하고 절차의 진행단계를 통보한다.

다. 정보의 요구는 첨가제 사용의 승인 또는 식품, 음료 또는 사료 내의 오염물질 허용치의 설정을 포함, 적절한 통제, 검사 및 승인절차를 위하여 필요한 사항에 국한된다.

라. 통제, 검사 및 승인으로부터 발생하거나 이와 관련하여 제공되는 수입상품에 관한 정보의 비밀성은 국내 상품보다 불리하지 않은 방법으로, 또한 정당한 상업적 이익이 보호되도록 존중된다.

마. 상품의 개별적인 견본의 통제, 검사 및 승인을 위한 요건은 합리적이고 필요한 사항에 국한된다.

바. 수입상품에 대한 절차를 위하여 부과되는 수수료는 국내의 동종 상품 또는 그 밖의 회원국을 원산지로 하는 상품에 부과되는 수수료와 비교하여 형평을 이루어야 하며, 서비스의 실제 비용보다 높지 아니하여야 한다.

사. 신청인, 수입자, 수출자 또는 그들의 대리인에 대한 불편을 최소화하기 위하여, 절차에 사용되는 시설물의 위치 및 수입품의 표본 선정 시 국내상품에 적용되는 기준과 동일한 기준이 사용되어야 한다.

아. 적용되는 규정에 비추어 통제 및 검사 이후 상품의 명세가 변경되는 경우에는 언제나 변경된 상품에 대한 절차는 동 상품이 관련 규정을 계속 충족시키는지에 대한 충분한 신뢰의 존재 여부를 결정하는 데 필요한 범위에 국한된다. 또한,

자. 이러한 절차의 운영에 관한 이의제기를 검토하고 동 이의제기가 정당한 경우 시정조치를 취하기 위한 절차가 존재한다.

수입회원국이 식품, 음료 또는 사료 내의 식품첨가제 사용승인제도 또는 오염물질의 허용기준치 설정에 관한 제도로서 동 승인 미취득 시 국내 상품시장에 대한 접근을 금지하거나 제한하는 제도를 운영하는 경우, 수입회원국은 최종판정이 내려질 때까지 접근의 근거로서 관련 국제기준의 사용을 고려한다.

2. 위생 또는 식물위생 조치가 생산단계에서의 통제를 명시하는 경우 자기 나라의 영토 내에서 동 생산이 이루어지는 회원국은 이러한 통제 및 통제당국의 작업을 촉진하기 위한 필요한 지원을 제공한다.

3. 이 협정의 어떠한 규정도 회원국이 자기 나라 영토 내에서 합리적인 검사를 실시하는 것을 방해하지 아니한다.

::: 부록 11

Declaration of the United Nations Conference on the Human Environment Stockholm(1972)*

The United Nations Conference on the Human Environment,

Having met at Stockholm from 5 to 16 June 1972,

Having considered the need for a common outlook and for common principles to inspire and guide the peoples of the world in the preservation and enhancement of the human environment,

Proclaims that:

1. Man is both creature and moulder of his environment, which gives him physical sustenance and affords him the opportunity for intellectual, moral, social and spiritual growth. In the long and tortuous evolution of the human race on this planet a stage has been reached when, through the rapid acceleration of science and technology, man has acquired the power to transform his environment in countless ways and on an unprecedented scale. Both aspects of man's environment, the natural and the man-made, are essential to his well-being and to the enjoyment of basic human rights the right to life itself.

2. The protection and improvement of the human environment is a major issue which affects the well-being of peoples and economic development throughout the world; it is the urgent desire of the peoples of the whole world and the duty of all Governments.

3. Man has constantly to sum up experience and go on discovering, inventing, creating and advancing. In our time, man's capability to transform his surroundings, if used wisely, can bring to all peoples the benefits of development and the opportunity to enhance the quality of life. Wrongly or heedlessly applied, the same power can do incalculable harm to human beings and the human environment. We see around us growing evidence of man-made harm in many regions of the earth: dangerous levels of pollution in water, air, earth and living beings; major and undesirable disturbances to the ecological balance of the biosphere; destruction and depletion of irreplaceable resources; and gross deficiencies, harmful to the physical, mental and social health of man, in the man-made environment, particularly in the living and working environment.

4. In the developing countries most of the environmental problems are caused by under-development. Millions continue to live far below the minimum levels required for a decent human existence, deprived of adequate food and clothing, shelter and education, health and sanitation. Therefore, the developing countries must direct their efforts to development, bearing in mind their priorities and the need to safeguard and improve the environment. For the same purpose, the industrialized countries should make efforts to reduce the gap themselves and the developing countries. In the industrialized countries, environmental problems are generally related to industrialization and technological development.

5. The natural growth of population continuously presents problems for the preservation of the environment, and adequate policies and measures should be adopted, as appropriate, to face these problems.

---

* http://www.unep.org/Documents.multilingual/Default.asp?DocumentID=97&ArticleID=1503

Of all things in the world, people are the most precious. It is the people that propel social progress, create social wealth, develop science and technology and, through their hard work, continuously transform the human environment. Along with social progress and the advance of production, science and technology, the capability of man to improve the environment increases with each passing day.

6. A point has been reached in history when we must shape our actions throughout the world with a more prudent care for their environmental consequences. Through ignorance or indifference we can do massive and irreversible harm to the earthly environment on which our life and well being depend. Conversely, through fuller knowledge and wiser action, we can achieve for ourselves and our posterity a better life in an environment more in keeping with human needs and hopes. There are broad vistas for the enhancement of environmental quality and the creation of a good life. What is needed is an enthusiastic but calm state of mind and intense but orderly work. For the purpose of attaining freedom in the world of nature, man must use knowledge to build, in collaboration with nature, a better environment. To defend and improve the human environment for present and future generations has become an imperative goal for mankind-a goal to be pursued together with, and in harmony with, the established and fundamental goals of peace and of worldwide economic and social development.

7. To achieve this environmental goal will demand the acceptance of responsibility by citizens and communities and by enterprises and institutions at every level, all sharing equitably in common efforts. Individuals in all walks of life as well as organizations in many fields, by their values and the sum of their actions, will shape the world environment of the future.

Local and national governments will bear the greatest burden for large-scale environmental policy and action within their jurisdictions. International cooperation is also needed in order to raise resources to support the developing countries in carrying out their responsibilities in this field. A growing class of environmental problems, because they are regional or global in extent or because they affect the common international realm, will require extensive cooperation among nations and action by international organizations in the common interest.

The Conference calls upon Governments and peoples to exert common efforts for the preservation and improvement of the human environment, for the benefit of all the people and for their posterity.

Principles

States the common conviction that:

Principle 1

Man has the fundamental right to freedom, equality and adequate conditions of life, in an environment of a quality that permits a life of dignity and well-being, and he bears a solemn responsibility to protect and improve the environment for present and future generations. In this respect, policies promoting or perpetuating apartheid, racial segregation, discrimination, colonial and other forms of oppression and foreign domination stand condemned and must be eliminated.

Principle 2

The natural resources of the earth, including the air, water, land, flora and fauna and especially representative samples of natural ecosystems, must be safeguarded for the benefit of present and future generations through careful planning or management, as appropriate.

Principle 3

The capacity of the earth to produce vital renewable resources must be maintained and, wherever practicable, restored or improved.

Principle 4

Man has a special responsibility to safeguard and wisely manage the heritage of wildlife and its habitat, which are now gravely imperilled by a combination of adverse factors. Nature conservation, including wildlife, must therefore receive importance in planning for economic development.

Principle 5

The non-renewable resources of the earth must be employed in such a way as to guard against the danger of their future exhaustion and to ensure that benefits from such employment are shared by all mankind.

Principle 6

The discharge of toxic substances or of other substances and the release of heat, in such quantities or concentrations as to exceed the capacity of the environment to render them harmless, must be halted in order to ensure that serious or irreversible damage is not inflicted upon ecosystems. The just struggle of the peoples of ill countries against pollution should be supported.

Principle 7

States shall take all possible steps to prevent pollution of the seas by substances that are liable to create hazards to human health, to harm living resources and marine life, to damage amenities or to interfere with other legitimate uses of the sea.

Principle 8

Economic and social development is essential for ensuring a favorable living and working environment for man and for creating conditions on earth that are necessary for the improvement of the quality of life.

Principle 9

Environmental deficiencies generated by the conditions of under-development and natural disasters pose grave problems and can best be remedied by accelerated development through the transfer of substantial quantities of financial and technological assistance as a supplement to the domestic effort of the developing countries and such timely assistance as may be required.

Principle 10

For the developing countries, stability of prices and adequate earnings for primary commodities and raw materials are essential to environmental management, since economic factors as well as ecological processes must be taken into account.

Principle 11

The environmental policies of all States should enhance and not adversely affect the present or future development potential of developing countries, nor should they hamper the attainment of better living conditions for all, and appropriate steps should be taken by States and international organizations with a view to reaching agreement on meeting the possible national and international economic consequences resulting from the application of environmental measures.

Principle 12

Resources should be made available to preserve and improve the environment, taking into account the circumstances and particular requirements of developing countries and any costs which may emanate-from their incorporating environmental safeguards into their development planning and the need for making available to them, upon their request, additional international technical and financial assistance for this purpose.

Principle 13

In order to achieve a more rational management of resources and thus to improve the environment, States should adopt an integrated and coordinated approach to their development planning so as to ensure that development is compatible with the need to protect and improve environment for the benefit of their population.

Principle 14

Rational planning constitutes an essential tool for reconciling any conflict between the needs of development and the need to protect and improve the environment.

Principle 15

Planning must be applied to human settlements and urbanization with a view to avoiding adverse effects on the environment and obtaining maximum social, economic and environmental benefits for all. In this respect projects which arc designed for colonialist and racist domination must be abandoned.

Principle 16

Demographic policies which are without prejudice to basic human rights and which are deemed appropriate by Governments concerned should be applied in those regions where the rate of population growth or excessive population concentrations are likely to have adverse effects on the environment of the human environment and impede development.

Principle 17

Appropriate national institutions must be entrusted with the task of planning, managing or controlling the 9 environmental resources of States with a view to enhancing environmental quality.

Principle 18

Science and technology, as part of their contribution to economic and social development, must be applied to the identification, avoidance and control of environmental risks and the solution of environmental problems and for the common good of mankind.

Principle 19

Education in environmental matters, for the younger generation as well as adults, giving due consideration to the underprivileged, is essential in order to broaden the basis for an enlightened opinion and responsible conduct by individuals, enterprises and communities in protecting and improving the environment in its full human dimension. It is also essential that mass media of communications avoid contributing to the deterioration of the environment, but, on the contrary, disseminates information of an educational nature on the need to project and improve the environment in order to enable mal to develop in every respect.

Principle 20

Scientific research and development in the context of environmental problems, both national and multinational, must be promoted in all countries, especially the developing countries. In this connection, the free flow of up-to-date scientific information and transfer of experience must be supported and assisted, to facilitate the solution of environmental problems; environmental technologies should be made available to developing countries on terms which would encourage their wide dissemination without constituting an economic burden on the developing countries.

Principle 21

States have, in accordance with the Charter of the United Nations and the principles of international law, the sovereign right to exploit their own resources pursuant to their own environmental policies, and the responsibility to ensure that activities within their jurisdiction or control do not cause damage to the environment of other States or of areas beyond the limits of national jurisdiction.

Principle 22

States shall cooperate to develop further the international law regarding liability and compensation for the victims of pollution and other environmental damage caused by activities within the jurisdiction or control of such States to areas beyond their jurisdiction.

Principle 23

Without prejudice to such criteria as may be agreed upon by the international community, or to standards which will have to be determined nationally, it will be essential in all cases to consider the systems of values prevailing in each country, and the extent of the applicability of standards which are valid for the most advanced countries but which may be inappropriate and of unwarranted social cost for the developing countries.

Principle 24

International matters concerning the protection and improvement of the environment should be handled in a cooperative spirit by all countries, big and small, on an equal footing.

Cooperation through multilateral or bilateral arrangements or other appropriate means is essential to effectively control, prevent, reduce and eliminate adverse environmental effects resulting from activities conducted in all spheres, in such a way that due account is taken of the sovereignty and interests of all States.

Principle 25

States shall ensure that international organizations play a coordinated, efficient and dynamic role for the protection and improvement of the environment.

Principle 26

Man and his environment must be spared the effects of nuclear weapons and all other means of mass destruction. States must strive to reach prompt agreement, in the relevant international organs, on the elimination and complete destruction of such weapons.

21st plenary meeting, 16 June 1972

The Rio Declaration on Environment and Development(1992)*

The United Nations Conference on Environment and Development,

Having met at Rio de Janeiro from 3 to 14 June 1992,

Reaffirming the Declaration of the United Nations Conference on the Human Environment, adopted at Stockholm on 16 June 1972, and seeking to build upon it,

With the goal of establishing a new and equitable global partnership through the creation of new levels of cooperation among States, key sectors of societies and people,

Working towards international agreements which respect the interests of all and protect the integrity of the global environmental and developmental system,

Recognizing the integral and interdependent nature of the Earth, our home,

Proclaims that:

Principle 1
The role of humans

Human beings are at the centre of concerns for sustainable development. They are entitled to a healthy and productive life in harmony with nature.

Principle 2
State sovereignty

States have, in accordance with the Charter of the United Nations and the principles of international law, the sovereign right to exploit their own resources pursuant to their own environmental and developmental policies, and the responsibility to ensure that activities within their jurisdiction or control do not cause damage to the environment of other States or of areas beyond the limits of national jurisdiction.

Principle 3
The Right to development

The right to development must be fulfilled so as to equitably meet developmental and environmental needs of present and future generations.

Principle 4
Environmental Protection in the Development Process

In order to achieve sustainable development, environmental protection shall constitute an integral part of the development process and cannot be considered in isolation from it.

---

* http://www.unep.org/Documents.Multilingual/Default.asp?documentid=78&articleid=1163

Principle 5
Eradication of Poverty

All States and all people shall cooperate in the essential task of eradicating poverty as an indispensable requirement for sustainable development, in order to decrease the disparities in standards of living and better meet the needs of the majority of the people of the world.

Principle 6
Priority for the Least Developed

The special situation and needs of developing countries, particularly the least developed and those most environmentally vulnerable, shall be given special priority. International actions in the field of environment and development should also address the interests and needs of all countries.

Principle 7
State Cooperation to Protect Ecosystem

States shall cooperate in a spirit of global partnership to conserve, protect and restore the health and integrity of the Earth's ecosystem. In view of the different contributions to global environmental degradation, States have common but differentiated responsibilities. The developed countries acknowledge the responsibility that they bear in the international pursuit to sustainable development in view of the pressures their societies place on the global environment and of the technologies and financial resources they command.

Principle 8
Reduction of Unsustainable Patterns of Production and Consumption

To achieve sustainable development and a higher quality of life for all people, States should reduce and eliminate unsustainable patterns of production and consumption and promote appropriate demographic policies.

Principle 9
Capacity Building for Sustainable Development

States should cooperate to strengthen endogenous capacity-building for sustainable development by improving scientific understanding through exchanges of scientific and technological knowledge, and by enhancing the development, adaptation, diffusion and transfer of technologies, including new and innovative technologies.

Principle 10
Public participation

Environmental issues are best handled with participation of all concerned citizens, at the relevant level. At the national level, each individual shall have appropriate access to information concerning the environment that is held by public authorities, including information on hazardous materials and activities in their communities, and the opportunity to participate in decision-making processes. States shall facilitate and encourage public awareness and participation by making information widely available. Effective access to judicial and administrative proceedings, including redress and remedy, shall be provided.

Principle 11
National Environmental Legislation

States shall enact effective environmental legislation. Environmental standards, management objectives and priorities should reflect the environmental and development context to which they apply. Standards applied by some countries may be inappropriate and of unwarranted economic and social cost to other countries, in particular developing countries.

Principle 12
Supportive and Open International Economic System

States should cooperate to promote a supportive and open international economic system that would lead to economic growth and sustainable development in all countries, to better address the problems of environmental degradation. Trade policy measures for environmental purposes should not constitute a means of arbitrary or unjustifiable discrimination or a disguised restriction on international trade.

Unilateral actions to deal with environmental challenges outside the jurisdiction of the importing country should be avoided. Environmental measures addressing transboundary or global environmental problems should, as far as possible, be based on an international consensus.

Principle 13
Compensation for Victims of Pollution and other Environmental Damage

States shall develop national law regarding liability and compensation for the victims of pollution and other environmental damage. States shall also cooperate in an expeditious and more determined manner to develop further international law regarding liability and compensation for adverse effects of environmental damage caused by activities within their jurisdiction or control to areas beyond their jurisdiction.

Principle 14
State Cooperation to Prevent environmental dumping

States should effectively cooperate to discourage or prevent the relocation and transfer to other States of any activities and substances that cause severe environmental degradation or are found to be harmful to human health.

Principle 15
Precautionary principle

In order to protect the environment, the precautionary approach shall be widely applied by States according to their capabilities. Where there are threats of serious or irreversible damage, lack of full scientific certainty shall not be used as a reason for postponing cost-effective measures to prevent environmental degradation.

Principle 16
Internalization of Environmental Costs

National authorities should endeavour to promote the internalization of environmental costs and the use of economic instruments, taking into account the approach that the polluter should, in principle, bear the cost of pollution, with due regard to the public interest and without distorting international trade and investment.

Principle 17
Environmental Impact Assessments

Environmental impact assessment, as a national instrument, shall be undertaken for proposed activities that are likely to have a significant adverse impact on the environment and are subject to a decision of a competent national authority.

Principle 18
Notification of Natural Disaster

States shall immediately notify other States of any natural disasters or other emergencies that are likely to produce sudden harmful effects on the environment of those States. Every effort shall be made by the international community to help States so afflicted.

Principle 19
Prior and Timely Notification

States shall provide prior and timely notification and relevant information to potentially affected States on activities that may have a significant adverse transboundary environmental effect and shall consult with those States at an early stage and in good faith.

Principle 20
Women have a Vital Role

Women have a vital role in environmental management and development. Their full participation is therefore essential to achieve sustainable development.

Principle 21
Youth Mobilization

The creativity, ideals and courage of the youth of the world should be mobilized to forge a global partnership in order to achieve sustainable development and ensure a better future for all.

Principle 22
Indigenous Peoples have a Vital Role

Indigenous people and their communities and other local communities have a vital role in environmental management and development because of their knowledge and traditional practices. States should recognize and duly support their identity, culture and interests and enable their effective participation in the achievement of sustainable development.

Principle 23
People under Oppression

The environment and natural resources of people under oppression, domination and occupation shall be protected.

Principle 24
Warfare

Warfare is inherently destructive of sustainable development. States shall therefore respect international law providing protection for the environment in times of armed conflict and cooperate in its further development, as necessary.

Principle 25
Peace, Development and Environmental Protection

Peace, development and environmental protection are interdependent and indivisible.

Principle 26
Resolution of Environmental Disputes

States shall resolve all their environmental disputes peacefully and by appropriate means in accordance with the Charter of the United Nations.

Principle 27
Cooperation between State and People

States and people shall cooperate in good faith and in a spirit of partnership in the fulfilment of the principles embodied in this Declaration and in the further development of international law in the field of sustainable development.

United Nations Framework Convention on Climate Change(1992)*

The Parties to this Convention,

Acknowledging that change in the Earth's climate and its adverse effects are a common concern of humankind,

Concerned that human activities have been substantially increasing the atmospheric concentrations of greenhouse gases, that these increases enhance the natural greenhouse effect, and that this will result on average in an additional warming of the Earth's surface and atmosphere and may adversely affect natural ecosystems and humankind,

Noting that the largest share of historical and current global emissions of greenhouse gases has originated in developed countries, that per capita emissions in developing countries are still relatively low and that the share of global emissions originating in developing countries will grow to meet their social and development needs,

Aware of the role and importance in terrestrial and marine ecosystems of sinks and reservoirs of greenhouse gases,

Noting that there are many uncertainties in predictions of climate change, particularly with regard to the timing, magnitude and regional patterns thereof,

Acknowledging that the global nature of climate change calls for the widest possible cooperation by all countries and their participation in an effective and appropriate international response, in accordance with their common but differentiated responsibilities and respective capabilities and their social and economic conditions,

Recalling the pertinent provisions of the Declaration of the United Nations Conference on the Human Environment, adopted at Stockholm on 16 June 1972,

Recalling also that States have, in accordance with the Charter of the United Nations and the principles of international law, the sovereign right to exploit their own resources pursuant to their own environmental and developmental policies, and the responsibility to ensure that activities within their jurisdiction or control do not cause damage to the environment of other States or of areas beyond the limits of national jurisdiction,

Reaffirming the principle of sovereignty of States in international cooperation to address climate change,

Recognizing that States should enact effective environmental legislation, that environmental standards, management objectives and priorities should reflect the environmental and developmental context to which they apply, and that standards applied by some countries may be inappropriate and of unwarranted economic and social cost to other countries, in particular developing countries,

Recalling the provisions of General Assembly resolution 44/228 of 22 December 1989 on the United Nations Conference on Environment and Development, and resolutions 43/53 of 6 December 1988, 44/207 of 22 December 1989, 45/212 of 21 December 1990 and 46/169 of 19 December 1991 on protection of global climate for present and future generations of mankind,

Recalling also the provisions of General Assembly resolution 44/206 of 22 December 1989 on the possible adverse effects of sea-level rise on islands and coastal areas, particularly low-lying coastal areas and

---

* http://unfccc.int/documentation/document_lists/items/2960.php

the pertinent provisions of General Assembly resolution 44/172 of 19 December 1989 on the implementation of the Plan of Action to Combat Desertification,

Recalling further the Vienna Convention for the Protection of the Ozone Layer, 1985, and the Montreal Protocol on Substances that Deplete the Ozone Layer, 1987, as adjusted and amended on 29 June 1990,

Noting the Ministerial Declaration of the Second World Climate Conference adopted on 7 November 1990,

Conscious of the valuable analytical work being conducted by many States on climate change and of the important contributions of the World Meteorological Organization, the United Nations Environment Programme and other organs, organizations and bodies of the United Nations system, as well as other international and intergovernmental bodies, to the exchange of results of scientific research and the coordination of research,

Recognizing that steps required to understand and address climate change will be environmentally, socially and economically most effective if they are based on relevant scientific, technical and economic considerations and continually re-evaluated in the light of new findings in these areas,

Recognizing that various actions to address climate change can be justified economically in their own right and can also help in solving other environmental problems,

Recognizing also the need for developed countries to take immediate action in a flexible manner on the basis of clear priorities, as a first step towards comprehensive response strategies at the global, national and, where agreed, regional levels that take into account all greenhouse gases, with due consideration of their relative contributions to the enhancement of the greenhouse effect,

Recognizing further that low-lying and other small island countries, countries with low-lying coastal, arid and semi-arid areas or areas liable to floods, drought and desertification, and developing countries with fragile mountainous ecosystems are particularly vulnerable to the adverse effects of climate change,

Recognizing the special difficulties of those countries, especially developing countries, whose economies are particularly dependent on fossil fuel production, use and exportation, as a consequence of action taken on limiting greenhouse gas emissions,

Affirming that responses to climate change should be coordinated with social and economic development in an integrated manner with a view to avoiding adverse impacts on the latter, taking into full account the legitimate priority needs of developing countries for the achievement of sustained economic growth and the eradication of poverty,

Recognizing that all countries, especially developing countries, need access to resources required to achieve sustainable social and economic development and that, in order for developing countries to progress towards that goal, their energy consumption will need to grow taking into account the possibilities for achieving greater energy efficiency and for controlling greenhouse gas emissions in general, including through the application of new technologies on terms which make such an application economically and socially beneficial,

Determined to protect the climate system for present and future generations,

Have agreed as follows:

Article 1
Definitions

For the purposes of this Convention:

1. "Adverse effects of climate change" means changes in the physical environment or biota resulting from climate change which have significant deleterious effects on the composition, resilience or productivity of natural and managed ecosystems or on the operation of socio-economic systems or on human health and

welfare.

2. "Climate change" means a change of climate which is attributed directly or indirectly to human activity that alters the composition of the global atmosphere and which is in addition to natural climate variability observed over comparable time periods.

3. "Climate system" means the totality of the atmosphere, hydrosphere, biosphere and geosphere and their interactions.

4. "Emissions" means the release of greenhouse gases and/or their precursors into the atmosphere over a specified area and period of time.

5. "Greenhouse gases" means those gaseous constituents of the atmosphere, both natural and anthropogenic, that absorb and re-emit infrared radiation.

6. "Regional economic integration organization" means an organization constituted by sovereign States of a given region which has competence in respect of matters governed by this Convention or its protocols and has been duly authorized, in accordance with its internal procedures, to sign, ratify, accept, approve or accede to the instruments concerned.

7. "Reservoir" means a component or components of the climate system where a greenhouse gas or a precursor of a greenhouse gas is stored.

8. "Sink" means any process, activity or mechanism which removes a greenhouse gas, an aerosol or a precursor of a greenhouse gas from the atmosphere.

9. "Source" means any process or activity which releases a greenhouse gas, an aerosol or a precursor of a greenhouse gas into the atmosphere.

Article 2
Objective

The ultimate objective of this Convention and any related legal instruments that the Conference of the Parties may adopt is to achieve, in accordance with the relevant provisions of the Convention, stabilization of greenhouse gas concentrations in the atmosphere at a level that would prevent dangerous anthropogenic interference with the climate system. Such a level should be achieved within a time-frame sufficient to allow ecosystems to adapt naturally to climate change, to ensure that food production is not threatened and to enable economic development to proceed in a sustainable manner.

Article 3
Principles

In their actions to achieve the objective of the Convention and to implement its provisions, the Parties shall be guided, INTER ALIA, by the following:

1. The Parties should protect the climate system for the benefit of present and future generations of humankind, on the basis of equity and in accordance with their common but differentiated responsibilities and respective capabilities. Accordingly, the developed country Parties should take the lead in combating climate change and the adverse effects thereof.

2. The specific needs and special circumstances of developing country Parties, especially those that are particularly vulnerable to the adverse effects of climate change, and of those Parties, especially developing country Parties, that would have to bear a disproportionate or abnormal burden under the Convention, should be given full consideration.

3. The Parties should take precautionary measures to anticipate, prevent or minimize the causes of climate change and mitigate its adverse effects. Where there are threats of serious or irreversible damage,

lack of full scientific certainty should not be used as a reason for postponing such measures, taking into account that policies and measures to deal with climate change should be cost-effective so as to ensure global benefits at the lowest possible cost. To achieve this, such policies and measures should take into account different socio-economic contexts, be comprehensive, cover all relevant sources, sinks and reservoirs of greenhouse gases and adaptation, and comprise all economic sectors. Efforts to address climate change may be carried out cooperatively by interested Parties.

4. The Parties have a right to, and should, promote sustainable development. Policies and measures to protect the climate system against human-induced change should be appropriate for the specific conditions of each Party and should be integrated with national development programmes, taking into account that economic development is essential for adopting measures to address climate change.

5. The Parties should cooperate to promote a supportive and open international economic system that would lead to sustainable economic growth and development in all Parties, particularly developing country Parties, thus enabling them better to address the problems of climate change. Measures taken to combat climate change, including unilateral ones, should not constitute a means of arbitrary or unjustifiable discrimination or a disguised restriction on international trade.

Article 4
Commitments

1. All Parties, taking into account their common but differentiated responsibilities and their specific national and regional development priorities, objectives and circumstances, shall:

(a) Develop, periodically update, publish and make available to the Conference of the Parties, in accordance with Article 12, national inventories of anthropogenic emissions by sources and removals by sinks of all greenhouse gases not controlled by the Montreal Protocol, using comparable methodologies to be agreed upon by the Conference of the Parties;

(b) Formulate, implement, publish and regularly update national and, where appropriate, regional programmes containing measures to mitigate climate change by addressing anthropogenic emissions by sources and removals by sinks of all greenhouse gases not controlled by the Montreal Protocol, and measures to facilitate adequate adaptation to climate change;

(c) Promote and cooperate in the development, application and diffusion, including transfer, of technologies, practices and processes that control, reduce or prevent anthropogenic emissions of greenhouse gases not controlled by the Montreal Protocol in all relevant sectors, including the energy, transport, industry, agriculture, forestry and waste management sectors;

(d) Promote sustainable management, and promote and cooperate in the conservation and enhancement, as appropriate, of sinks and reservoirs of all greenhouse gases not controlled by the Montreal Protocol, including biomass, forests and oceans as well as other terrestrial, coastal and marine ecosystems;

(e) Cooperate in preparing for adaptation to the impacts of climate change; develop and elaborate appropriate and integrated plans for coastal zone management, water resources and agriculture, and for the protection and rehabilitation of areas, particularly in Africa, affected by drought and desertification, as well as floods;

(f) Take climate change considerations into account, to the extent feasible, in their relevant social, economic and environmental policies and actions, and employ appropriate methods, for example impact assessments, formulated and determined nationally, with a view to minimizing adverse effects on the economy, on public health and on the quality of the environment, of projects or measures undertaken by them to mitigate or adapt to climate change;

(g) Promote and cooperate in scientific, technological, technical, socio-economic and other research, systematic observation and development of data archives related to the climate system and intended to further the understanding and to reduce or eliminate the remaining uncertainties regarding the causes, effects, magnitude and timing of climate change and the economic and social consequences of various response strategies;

(h) Promote and cooperate in the full, open and prompt exchange of relevant scientific, technological, technical, socio-economic and legal information related to the climate system and climate change, and to the economic and social consequences of various response strategies;

(i) Promote and cooperate in education, training and public awareness related to climate change and encourage the widest participation in this process, including that of non-governmental organizations; and

(j) Communicate to the Conference of the Parties information related to implementation, in accordance with Article 12.

2. The developed country Parties and other Parties included in Annex I commit themselves specifically as provided for in the following:

(a) Each of these Parties shall adopt national1 policies and take corresponding measures on the mitigation of climate change, by limiting its anthropogenic emissions of greenhouse gases and protecting and enhancing its greenhouse gas sinks and reservoirs. These policies and measures will demonstrate that developed countries are taking the lead in modifying longer-term trends in anthropogenic emissions consistent with the objective of the Convention, recognizing that the return by the end of the present decade to earlier levels of anthropogenic emissions of carbon dioxide and other greenhouse gases not controlled by the Montreal Protocol would contribute to such modification, and taking into account the differences in these Parties' starting points and approaches, economic structures and resource bases, the need to maintain strong and sustainable economic growth, available technologies and other individual circumstances, as well as the need for equitable and appropriate contributions by each of these Parties to the global effort regarding that objective. These Parties may implement such policies and measures jointly with other Parties and may assist other Parties in contributing to the achievement of the objective of the Convention and, in particular, that of this subparagraph;

(b) In order to promote progress to this end, each of these Parties shall communicate, within six months of the entry into force of the Convention for it and periodically thereafter, and in accordance with Article 12, detailed information on its policies and measures referred to in subparagraph (a) above, as well as on its resulting projected anthropogenic emissions by sources and removals by sinks of greenhouse gases not controlled by the Montreal Protocol for the period referred to in subparagraph (a), with the aim of returning individually or jointly to their 1990 levels these anthropogenic emissions of carbon dioxide and other greenhouse gases not controlled by the Montreal Protocol. This information will be reviewed by the Conference of the Parties, at its first session and periodically thereafter, in accordance with Article 7;

(c) Calculations of emissions by sources and removals by sinks of greenhouse gases for the purposes of subparagraph (b) above should take into account the best available scientific knowledge, including of the effective capacity of sinks and the respective contributions of such gases to climate change. The Conference of the Parties shall consider and agree on methodologies for these calculations at its first session and review them regularly thereafter;

(d) The Conference of the Parties shall, at its first session, review the adequacy of subparagraphs (a) and (b) above. Such review shall be carried out in the light of the best available scientific information and assessment on climate change and its impacts, as well as relevant technical, social and economic information. Based on this review, the Conference of the Parties shall take appropriate action, which may include the adoption of amendments to the commitments in subparagraphs (a) and (b) above. The Conference of the Parties, at its first session, shall also take decisions regarding criteria for joint implementation as indicated in subparagraph (a) above. A second review of subparagraphs (a) and (b) shall take place not later than 31 December 1998, and thereafter at regular intervals determined by the Conference of the Parties, until the objective of the Convention is met;

(e) Each of these Parties shall:

(ⅰ) Coordinate as appropriate with other such Parties, relevant economic and administrative instruments developed to achieve the objective of the Convention; and

(ⅱ) Identify and periodically review its own policies and practices which encourage activities that lead to greater levels of anthropogenic emissions of greenhouse gases not controlled by the Montreal Protocol than would otherwise occur;

(f) The Conference of the Parties shall review, not later than 31 December 1998, available information with a view to taking decisions regarding such amendments to the lists in Annexes Ⅰ and Ⅱ as may be appropriate, with the approval of the Party concerned;

(g) Any Party not included in Annex Ⅰ may, in its instrument of ratification, acceptance, approval or accession, or at any time thereafter, notify the Depositary that it intends to be bound by subparagraphs (a) and (b) above. The Depositary shall inform the other signatories and Parties of any such notification.

3. The developed country Parties and other developed Parties included in Annex Ⅱ shall provide new and additional financial resources to meet the agreed full costs incurred by developing country Parties in complying with their obligations under Article 12, paragraph 1. They shall also provide such financial resources, including for the transfer of technology, needed by the developing country Parties to meet the agreed full incremental costs of implementing measures that are covered by paragraph 1 of this Article and that are agreed between a developing country Party and the international entity or entities referred to in Article 11, in accordance with that Article. The implementation of these commitments shall take into account the need for adequacy and predictability in the flow of funds and the importance of appropriate burden sharing among the developed country Parties.

4. The developed country Parties and other developed Parties included in Annex Ⅱ shall also assist the developing country Parties that are particularly vulnerable to the adverse effects of climate change in meeting costs of adaptation to those adverse effects.

5. The developed country Parties and other developed Parties included in Annex Ⅱ shall take all practicable steps to promote, facilitate and finance, as appropriate, the transfer of, or access to, environmentally sound technologies and know-how to other Parties, particularly developing country Parties, to enable them to implement the provisions of the Convention. In this process, the developed country Parties shall support the development and enhancement of endogenous capacities and technologies of developing country Parties. Other Parties and organizations in a position to do so may also assist in facilitating the transfer of such technologies.

6. In the implementation of their commitments under paragraph 2 above, a certain degree of flexibility shall be allowed by the Conference of the Parties to the Parties included in Annex Ⅰ undergoing the process of transition to a market economy, in order to enhance the ability of these Parties to address climate change, including with regard to the historical level of anthropogenic emissions of greenhouse gases not controlled by the Montreal Protocol chosen as a reference.

7. The extent to which developing country Parties will effectively implement their commitments under the Convention will depend on the effective implementation by developed country Parties of their commitments under the Convention related to financial resources and transfer of technology and will take fully into account that economic and social development and poverty eradication are the first and overriding priorities of the developing country Parties.

8. In the implementation of the commitments in this Article, the Parties shall give full consideration to what actions are necessary under the Convention, including actions related to funding, insurance and the transfer of technology, to meet the specific needs and concerns of developing country Parties arising from

the adverse effects of climate change and/or the impact of the implementation of response measures, especially on:

(a) Small island countries;

(b) Countries with low-lying coastal areas;

(c) Countries with arid and semi-arid areas, forested areas and areas liable to forest decay;

(d) Countries with areas prone to natural disasters;

(e) Countries with areas liable to drought and desertification;

(f) Countries with areas of high urban atmospheric pollution;

(g) Countries with areas with fragile ecosystems, including mountainous ecosystems;

(h) Countries whose economies are highly dependent on income generated from the production, processing and export, and/or on consumption of fossil fuels and associated energy-intensive products; and

(i) Land-locked and transit countries.

Further, the Conference of the Parties may take actions, as appropriate, with respect to this paragraph.

9. The Parties shall take full account of the specific needs and special situations of the least developed countries in their actions with regard to funding and transfer of technology.

10. The Parties shall, in accordance with Article 10, take into consideration in the implementation of the commitments of the Convention the situation of Parties, particularly developing country Parties, with economies that are vulnerable to the adverse effects of the implementation of measures to respond to climate change. This applies notably to Parties with economies that are highly dependent on income generated from the production, processing and export, and/or consumption of fossil fuels and associated energy-intensive products and/or the use of fossil fuels for which such Parties have serious difficulties in switching to alternatives.

Article 5
Research and Systematic Observation

In carrying out their commitments under Article 4, paragraph 1(g), the Parties shall:

(a) Support and further develop, as appropriate, international and intergovernmental programmes and networks or organizations aimed at defining, conducting, assessing and financing research, data collection and systematic observation, taking into account the need to minimize duplication of effort;

(b) Support international and intergovernmental efforts to strengthen systematic observation and national scientific and technical research capacities and capabilities, particularly in developing countries, and to promote access to, and the exchange of, data and analyses thereof obtained from areas beyond national jurisdiction; and

(c) Take into account the particular concerns and needs of developing countries and cooperate in improving their endogenous capacities and capabilities to participate in the efforts referred to in subparagraphs (a) and (b) above.

Article 6
Education, Training and public Awareness

In carrying out their commitments under Article 4, paragraph 1(i), the Parties shall:

(a) Promote and facilitate at the national and, as appropriate, subregional and regional levels, and in accordance with national laws and regulations, and within their respective capacities:

(i) The development and implementation of educational and public awareness programmes on climate change and its effects;

(ii) Public access to information on climate change and its effects;

(iii) Public participation in addressing climate change and its effects and developing adequate responses; and

(iv) Training of scientific, technical and managerial personnel.

(b) Cooperate in and promote, at the international level, and, where appropriate, using existing bodies:

(i) The development and exchange of educational and public awareness material on climate change and its effects; and

(ii) The development and implementation of education and training programmes, including the strengthening of national institutions and the exchange or secondment of personnel to train experts in this field, in particular for developing countries.

Article 7
Conference of the Parties

1. A Conference of the Parties is hereby established.

2. The Conference of the Parties, as the supreme body of this Convention, shall keep under regular review the implementation of the Convention and any related legal instruments that the Conference of the Parties may adopt, and shall make, within its mandate, the decisions necessary to promote the effective implementation of the Convention. To this end, it shall:

(a) Periodically examine the obligations of the Parties and the institutional arrangements under the Convention, in the light of the objective of the Convention, the experience gained in its implementation and the evolution of scientific and technological knowledge;

(b) Promote and facilitate the exchange of information on measures adopted by the Parties to address climate change and its effects, taking into account the differing circumstances, responsibilities and capabilities of the Parties and their respective commitments under the Convention;

(c) Facilitate, at the request of two or more Parties, the coordination of measures adopted by them to address climate change and its effects, taking into account the differing circumstances, responsibilities and capabilities of the Parties and their respective commitments under the Convention;

(d) Promote and guide, in accordance with the objective and provisions of the Convention, the development and periodic refinement of comparable methodologies, to be agreed on by the Conference of the Parties, inter alia, for preparing inventories of greenhouse gas emissions by sources and removals by sinks, and for evaluating the effectiveness of measures to limit the emissions and enhance the removals of these gases;

(e) Assess, on the basis of all information made available to it in accordance with the provisions of the Convention, the implementation of the Convention by the Parties, the overall effects of the measures taken pursuant to the Convention, in particular environmental, economic and social effects as well as their cumulative impacts and the extent to which progress towards the objective of the Convention is being achieved;

(f) Consider and adopt regular reports on the implementation of the Convention and ensure their publication;

(g) Make recommendations on any matters necessary for the implementation of the Convention;

(h) Seek to mobilize financial resources in accordance with Article 4, paragraphs 3, 4 and 5, and Article 11;

(i) Establish such subsidiary bodies as are deemed necessary for the implementation of the Convention;

(j) Review reports submitted by its subsidiary bodies and provide guidance to them;

(k) Agree upon and adopt, by consensus, rules of procedure and financial rules for itself and for any subsidiary bodies;

(l) Seek and utilize, where appropriate, the services and cooperation of, and information provided by, competent international organizations and intergovernmental and non-governmental bodies; and

(m) Exercise such other functions as are required for the achievement of the objective of the Convention as well as all other functions assigned to it under the Convention.

3. The Conference of the Parties shall, at its first session, adopt its own rules of procedure as well as those of the subsidiary bodies established by the Convention, which shall include decision-making procedures for matters not already covered by decision-making procedures stipulated in the Convention. Such procedures may include specified majorities required for the adoption of particular decisions.

4. The first session of the Conference of the Parties shall be convened by the interim secretariat referred to in Article 21 and shall take place not later than one year after the date of entry into force of the Convention. Thereafter, ordinary sessions of the Conference of the Parties shall be held every year unless otherwise decided by the Conference of the Parties.

5. Extraordinary sessions of the Conference of the Parties shall be held at such other times as may be deemed necessary by the Conference, or at the written request of any Party, provided that, within six months of the request being communicated to the Parties by the secretariat, it is supported by at least one third of the Parties.

6. The United Nations, its specialized agencies and the International Atomic Energy Agency, as well as any State member thereof or observers thereto not Party to the Convention, may be represented at sessions of the Conference of the Parties as observers. Any body or agency, whether national or international, governmental or non-governmental, which is qualified in matters covered by the Convention, and which has informed the secretariat of its wish to be represented at a session of the Conference of the Parties as an observer, may be so admitted unless at least one third of the Parties present object. The admission and participation of observers shall be subject to the rules of procedure adopted by the Conference of the Parties.

Article 8
Secretariat

1. A secretariat is hereby established.

2. The functions of the secretariat shall be:

(a) To make arrangements for sessions of the Conference of the Parties and its subsidiary bodies established under the Convention and to provide them with services as required;

(b) To compile and transmit reports submitted to it;

(c) To facilitate assistance to the Parties, particularly developing country Parties, on request, in the compilation and communication of information required in accordance with the provisions of the Convention;

(d) To prepare reports on its activities and present them to the Conference of the Parties;

(e) To ensure the necessary coordination with the secretariats of other relevant international bodies;

(f) To enter, under the overall guidance of the Conference of the Parties, into such administrative and contractual arrangements as may be required for the effective discharge of its functions; and

(g) To perform the other secretariat functions specified in the Convention and in any of its protocols and such other functions as may be determined by the Conference of the Parties.

3. The Conference of the Parties, at its first session, shall designate a permanent secretariat and make arrangements for its functioning.

Article 9

Subsidiary Body for Scientific and Technological Advice

1. A subsidiary body for scientific and technological advice is hereby established to provide the Conference of the Parties and, as appropriate, its other subsidiary bodies with timely information and advice on scientific and technological matters relating to the Convention. This body shall be open to participation by all Parties and shall be multidisciplinary. It shall comprise government representatives competent in the relevant field of expertise. It shall report regularly to the Conference of the Parties on all aspects of its work.

2. Under the guidance of the Conference of the Parties, and drawing upon existing competent international bodies, this body shall:

(a) Provide assessments of the state of scientific knowledge relating to climate change and its effects;

(b) Prepare scientific assessments on the effects of measures taken in the implementation of the Convention;

(c) Identify innovative, efficient and state-of-the-art technologies and know-how and advise on the ways and means of promoting development and/or transferring such technologies;

(d) Provide advice on scientific programmes, international cooperation in research and development related to climate change, as well as on ways and means of supporting endogenous capacity-building in developing countries; and

(e) Respond to scientific, technological and methodological questions that the Conference of the Parties and its subsidiary bodies may put to the body.

3. The functions and terms of reference of this body may be further elaborated by the Conference of the Parties.

Article 10

Subsidiary Body for Implementation

1. A subsidiary body for implementation is hereby established to assist the Conference of the Parties in the assessment and review of the effective implementation of the Convention. This body shall be open to participation by all Parties and comprise government representatives who are experts on matters related to climate change. It shall report regularly to the Conference of the Parties on all aspects of its work.

2. Under the guidance of the Conference of the Parties, this body shall:

(a) Consider the information communicated in accordance with Article 12, paragraph 1, to assess the overall aggregated effect of the steps taken by the Parties in the light of the latest scientific assessments concerning climate change;

(b) Consider the information communicated in accordance with Article 12, paragraph 2, in order to assist the Conference of the Parties in carrying out the reviews required by Article 4, paragraph 2(d); and

(c) Assist the Conference of the Parties, as appropriate, in the preparation and implementation of its decisions.

Article 11

Financial Mechanism

1. A mechanism for the provision of financial resources on a grant or concessional basis, including for the transfer of technology, is hereby defined. It shall function under the guidance of and be accountable to the Conference of the Parties, which shall decide on its policies, programme priorities and eligibility criteria

related to this Convention. Its operation shall be entrusted to one or more existing international entities.

2. The financial mechanism shall have an equitable and balanced representation of all Parties within a transparent system of governance.

3. The Conference of the Parties and the entity or entities entrusted with the operation of the financial mechanism shall agree upon arrangements to give effect to the above paragraphs, which shall include the following:

(a) Modalities to ensure that the funded projects to address climate change are in conformity with the policies, programme priorities and eligibility criteria established by the Conference of the Parties;

(b) Modalities by which a particular funding decision may be reconsidered in light of these policies, programme priorities and eligibility criteria;

(c) Provision by the entity or entities of regular reports to the Conference of the Parties on its funding operations, which is consistent with the requirement for accountability set out in paragraph 1 above; and

(d) Determination in a predictable and identifiable manner of the amount of funding necessary and available for the implementation of this Convention and the conditions under which that amount shall be periodically reviewed.

4. The Conference of the Parties shall make arrangements to implement the above-mentioned provisions at its first session, reviewing and taking into account the interim arrangements referred to in Article 21, paragraph 3, and shall decide whether these interim arrangements shall be maintained. Within four years thereafter, the Conference of the Parties shall review the financial mechanism and take appropriate measures.

5. The developed country Parties may also provide and developing country Parties avail themselves of, financial resources related to the implementation of the Convention through bilateral, regional and other multilateral channels.

Article 12
Communication of Information related to Implementation

1. In accordance with Article 4, paragraph 1, each Party shall communicate to the Conference of the Parties, through the secretariat, the following elements of information:

(a) A national inventory of anthropogenic emissions by sources and removals by sinks of all greenhouse gases not controlled by the Montreal Protocol, to the extent its capacities permit, using comparable methodologies to be promoted and agreed upon by the Conference of the Parties;

(b) A general description of steps taken or envisaged by the Party to implement the Convention; and

(c) Any other information that the Party considers relevant to the achievement of the objective of the Convention and suitable for inclusion in its communication, including, if feasible, material relevant for calculations of global emission trends.

2. Each developed country Party and each other Party included in Annex I shall incorporate in its communication the following elements of information:

(a) A detailed description of the policies and measures that it has adopted to implement its commitment under Article 4, paragraphs 2(a) and 2(b); and

(b) A specific estimate of the effects that the policies and measures referred to in subparagraph (a) immediately above will have on anthropogenic emissions by its sources and removals by its sinks of greenhouse gases during the period referred to in Article 4, paragraph 2(a).

3. In addition, each developed country Party and each other developed Party included in Annex II shall incorporate details of measures taken in accordance with Article 4, paragraphs 3, 4 and 5.

4. Developing country Parties may, on a voluntary basis, propose projects for financing, including

specific technologies, materials, equipment, techniques or practices that would be needed to implement such projects, along with, if possible, an estimate of all incremental costs, of the reductions of emissions and increments of removals of greenhouse gases, as well as an estimate of the consequent benefits.

5. Each developed country Party and each other Party included in Annex I shall make its initial communication within six months of the entry into force of the Convention for that Party. Each Party not so listed shall make its initial communication within three years of the entry into force of the Convention for that Party, or of the availability of financial resources in accordance with Article 4, paragraph 3. Parties that are least developed countries may make their initial communication at their discretion. The frequency of subsequent communications by all Parties shall be determined by the Conference of the Parties, taking into account the differentiated timetable set by this paragraph.

6. Information communicated by Parties under this Article shall be transmitted by the secretariat as soon as possible to the Conference of the Parties and to any subsidiary bodies concerned. If necessary, the procedures for the communication of information may be further considered by the Conference of the Parties.

7. From its first session, the Conference of the Parties shall arrange for the provision to developing country Parties of technical and financial support, on request, in compiling and communicating information under this Article, as well as in identifying the technical and financial needs associated with proposed projects and response measures under Article 4. Such support may be provided by other Parties, by competent international organizations and by the secretariat, as appropriate.

8. Any group of Parties may, subject to guidelines adopted by the Conference of the Parties, and to prior notification to the Conference of the Parties, make a joint communication in fulfilment of their obligations under this Article, provided that such a communication includes information on the fulfilment by each of these Parties of its individual obligations under the Convention.

9. Information received by the secretariat that is designated by a Party as confidential, in accordance with criteria to be established by the Conference of the Parties, shall be aggregated by the secretariat to protect its confidentiality before being made available to any of the bodies involved in the communication and review of information.

10. Subject to paragraph 9 above, and without prejudice to the ability of any Party to make public its communication at any time, the secretariat shall make communications by Parties under this Article publicly available at the time they are submitted to the Conference of the Parties.

Article 13
Resolution of Questions regarding Implementation

The Conference of the Parties shall, at its first session, consider the establishment of a multilateral consultative process, available to Parties on their request, for the resolution of questions regarding the implementation of the Convention.

Article 14
Settlement of Disputes

1. In the event of a dispute between any two or more Parties concerning the interpretation or application of the Convention, the Parties concerned shall seek a settlement of the dispute through negotiation or any other peaceful means of their own choice.

2. When ratifying, accepting, approving or acceding to the Convention, or at any time thereafter, a Party which is not a regional economic integration organization may declare in a written instrument

submitted to the Depositary that, in respect of any dispute concerning the interpretation or application of the Convention, it recognizes as compulsory ipso facto and without special agreement, in relation to any Party accepting the same obligation:

(a) Submission of the dispute to the International Court of Justice, and/or

(b) Arbitration in accordance with procedures to be adopted by the Conference of the Parties as soon as practicable, in an annex on arbitration.

A Party which is a regional economic integration organization may make a declaration with like effect in relation to arbitration in accordance with the procedures referred to in subparagraph (b) above.

3. A declaration made under paragraph 2 above shall remain in force until it expires in accordance with its terms or until three months after written notice of its revocation has been deposited with the Depositary.

4. A new declaration, a notice of revocation or the expiry of a declaration shall not in any way affect proceedings pending before the International Court of Justice or the arbitral tribunal, unless the parties to the dispute otherwise agree.

5. Subject to the operation of paragraph 2 above, if after twelve months following notification by one Party to another that a dispute exists between them, the Parties concerned have not been able to settle their dispute through the means mentioned in paragraph 1 above, the dispute shall be submitted, at the request of any of the parties to the dispute, to conciliation.

6. A conciliation commission shall be created upon the request of one of the parties to the dispute. The commission shall be composed of an equal number of members appointed by each party concerned and a chairman chosen jointly by the members appointed by each party. The commission shall render a recommendatory award, which the parties shall consider in good faith.

7. Additional procedures relating to conciliation shall be adopted by the Conference of the Parties, as soon as practicable, in an annex on conciliation.

8. The provisions of this Article shall apply to any related legal instrument which the Conference of the Parties may adopt, unless the instrument provides otherwise.

Article 15
Amendments to the Convention

1. Any Party may propose amendments to the Convention.

2. Amendments to the Convention shall be adopted at an ordinary session of the Conference of the Parties. The text of any proposed amendment to the Convention shall be communicated to the Parties by the secretariat at least six months before the meeting at which it is proposed for adoption. The secretariat shall also communicate proposed amendments to the signatories to the Convention and, for information, to the Depositary.

3. The Parties shall make every effort to reach agreement on any proposed amendment to the Convention by consensus. If all efforts at consensus have been exhausted, and no agreement reached, the amendment shall as a last resort be adopted by a three-fourths majority vote of the Parties present and voting at the meeting. The adopted amendment shall be communicated by the secretariat to the Depositary, who shall circulate it to all Parties for their acceptance.

4. Instruments of acceptance in respect of an amendment shall be deposited with the Depositary. An amendment adopted in accordance with paragraph 3 above shall enter into force for those Parties having accepted it on the ninetieth day after the date of receipt by the Depositary of an instrument of acceptance by at least three fourths of the Parties to the Convention.

5. The amendment shall enter into force for any other Party on the ninetieth day after the date on

which that Party deposits with the Depositary its instrument of acceptance of the said amendment.

6. For the purposes of this Article, "Parties present and voting" means Parties present and casting an affirmative or negative vote.

Article 16

Adoption and Amendment of Annexes to the Convention

1. Annexes to the Convention shall form an integral part thereof and, unless otherwise expressly provided, a reference to the Convention constitutes at the same time a reference to any annexes thereto. Without prejudice to the provisions of Article 14, paragraphs 2(b) and 7, such annexes shall be restricted to lists, forms and any other material of a descriptive nature that is of a scientific, technical, procedural or administrative character.

2. Annexes to the Convention shall be proposed and adopted in accordance with the procedure set forth in Article 15, paragraphs 2, 3 and 4.

3. An annex that has been adopted in accordance with paragraph 2 above shall enter into force for all Parties to the Convention six months after the date of the communication by the Depositary to such Parties of the adoption of the annex, except for those Parties that have notified the Depositary, in writing, within that period of their non-acceptance of the annex. The annex shall enter into force for Parties which withdraw their notification of non-acceptance on the ninetieth day after the date on which withdrawal of such notification has been received by the Depositary.

4. The proposal, adoption and entry into force of amendments to annexes to the Convention shall be subject to the same procedure as that for the proposal, adoption and entry into force of annexes to the Convention in accordance with paragraphs 2 and 3 above.

5. If the adoption of an annex or an amendment to an annex involves an amendment to the Convention, that annex or amendment to an annex shall not enter into force until such time as the amendment to the Convention enters into force.

Article 17

Protocols

1. The Conference of the Parties may, at any ordinary session, adopt protocols to the Convention.

2. The text of any proposed protocol shall be communicated to the Parties by the secretariat at least six months before such a session.

3. The requirements for the entry into force of any protocol shall be established by that instrument.

4. Only Parties to the Convention may be Parties to a protocol.

5. Decisions under any protocol shall be taken only by the Parties to the protocol concerned.

Article 18

Right to Vote

1. Each Party to the Convention shall have one vote, except as provided for in paragraph 2 below.

2. Regional economic integration organizations, in matters within their competence, shall exercise their right to vote with a number of votes equal to the number of their member States that are Parties to the Convention. Such an organization shall not exercise its right to vote if any of its member States exercises its right, and vice versa.

Article 19
Depositary

The Secretary-General of the United Nations shall be the Depositary of the Convention and of protocols adopted in accordance with Article 17.

Article 20
Signature

This Convention shall be open for signature by States Members of the United Nations or of any of its specialized agencies or that are Parties to the Statute of the International Court of Justice and by regional economic integration organizations at Rio de Janeiro, during the United Nations Conference on Environment and Development, and thereafter at United Nations Headquarters in New York from 20 June 1992 to 19 June 1993.

Article 21
Interim Arrangements

1. The secretariat functions referred to in Article 8 will be carried out on an interim basis by the secretariat established by the General Assembly of the United Nations in its resolution 45/212 of 21 December 1990, until the completion of the first session of the Conference of the Parties.

2. The head of the interim secretariat referred to in paragraph 1 above will cooperate closely with the Intergovernmental Panel on Climate Change to ensure that the Panel can respond to the need for objective scientific and technical advice. Other relevant scientific bodies could also be consulted.

3. The Global Environment Facility of the United Nations Development Programme, the United Nations Environment Programme and the International Bank for Reconstruction and Development shall be the international entity entrusted with the operation of the financial mechanism referred to in Article 11 on an interim basis. In this connection, the Global Environment Facility should be appropriately restructured and its membership made universal to enable it to fulfil the requirements of Article 11.

Article 22
Ratification, Acceptance, Approval or Accession

1. The Convention shall be subject to ratification, acceptance, approval or accession by States and by regional economic integration organizations. It shall be open for accession from the day after the date on which the Convention is closed for signature. Instruments of ratification, acceptance, approval or accession shall be deposited with the Depositary.

2. Any regional economic integration organization which becomes a Party to the Convention without any of its member States being a Party shall be bound by all the obligations under the Convention. In the case of such organizations, one or more of whose member States is a Party to the Convention, the organization and its member States shall decide on their respective responsibilities for the performance of their obligations under the Convention. In such cases, the organization and the member States shall not be entitled to exercise rights under the Convention concurrently.

3. In their instruments of ratification, acceptance, approval or accession, regional economic integration organizations shall declare the extent of their competence with respect to the matters governed by the

Convention. These organizations shall also inform the Depositary, who shall in turn inform the Parties, of any substantial modification in the extent of their competence.

Article 23
Entry into Force

1. The Convention shall enter into force on the ninetieth day after the date of deposit of the fiftieth instrument of ratification, acceptance, approval or accession.

2. For each State or regional economic integration organization that ratifies, accepts or approves the Convention or accedes thereto after the deposit of the fiftieth instrument of ratification, acceptance, approval or accession, the Convention shall enter into force on the ninetieth day after the date of deposit by such State or regional economic integration organization of its instrument of ratification, acceptance, approval or accession.

3. For the purposes of paragraphs 1 and 2 above, any instrument deposited by a regional economic integration organization shall not be counted as additional to those deposited by States members of the organization.

Article 24
Reservations

No reservations may be made to the Convention.

Article 25
Withdrawal

1. At any time after three years from the date on which the Convention has entered into force for a Party, that Party may withdraw from the Convention by giving written notification to the Depositary.

2. Any such withdrawal shall take effect upon expiry of one year from the date of receipt by the Depositary of the notification of withdrawal, or on such later date as may be specified in the notification of withdrawal.

3. Any Party that withdraws from the Convention shall be considered as also having withdrawn from any protocol to which it is a Party.

Article 26
Authentic Texts

The original of this Convention, of which the Arabic, Chinese, English, French, Russian and Spanish texts are equally authentic, shall be deposited with the Secretary-General of the United Nations.

IN WITNESS WHEREOF the undersigned, being duly authorized to that effect, have signed this Convention.

DONE at New York this ninth day of May one thousand nine hundred and ninety-two.

Annex Ⅰ and Annex Ⅱ Countries

Annex Ⅰ

Australia
Austria
Belarus*
Belgium
Bulgaria*
Canada
Czechoslovakia*
Denmark
European Economic Community
Estonia*
Finland
France
Germany
Greece
Hungary*
Iceland
Ireland
Italy
Japan
Latvia*
Lithuania*
Luxembourg
Netherlands
New Zealand
Norway
Poland*
Portugal
Romania*
Russian Federation*
Spain
Sweden
Switzerland
Turkey
Ukraine*
United Kingdom of Great Britain and Northern Ireland
United States of America

*Countries that are undergoing the process of transition to a market economy.

Annex Ⅱ

Australia
Austria
Belgium
Canada
Denmark
European Economic Community
Finland
France
Germany
Greece
Iceland
Ireland
Italy
Japan
Luxembourg
Netherlands
New Zealand
Norway
Portugal
Spain
Sweden
Switzerland
United Kingdom of Great Britain and Northern Ireland
United States of America

Kyoto Protocol to the United Nations Framework Convention on Climate Change(1997)*

The Parties to this Protocol,

Being Parties to the United Nations Framework Convention on Climate Change, hereinafter referred to as "the Convention",

In pursuit of the ultimate objective of the Convention as stated in its Article 2,

Recalling the provisions of the Convention,

Being guided by Article 3 of the Convention,

Pursuant to the Berlin Mandate adopted by decision 1/CP.1 of the Conference of the Parties to the Convention at its first session,

Have agreed as follows:

Article 1

For the purposes of this Protocol, the definitions contained in Article 1 of the Convention shall apply. In addition:

1. "Conference of the Parties" means the Conference of the Parties to the Convention.

2. "Convention" means the United Nations Framework Convention on Climate Change, adopted in New York on 9 May 1992.

3. "Intergovernmental Panel on Climate Change" means the Intergovernmental Panel on Climate Change established in 1988 jointly by the World Meteorological Organization and the United Nations Environment Programme.

4. "Montreal Protocol" means the Montreal Protocol on Substances that Deplete the Ozone Layer, adopted in Montreal on 16 September 1987 and as subsequently adjusted and amended.

5. "Parties present and voting" means Parties present and casting an affirmative or negative vote.

6. "Party" means, unless the context otherwise indicates, a Party to this Protocol.

7. "Party included in Annex I" means a Party included in Annex I to the Convention, as may be amended, or a Party which has made a notification under Article 4, paragraph 2(g), of the Convention.

Article 2

1. Each Party included in Annex I, in achieving its quantified emission limitation and reduction commitments under Article 3, in order to promote sustainable development, shall:

(a) Implement and/or further elaborate policies and measures in accordance with its national circumstances, such as:

(ⅰ) Enhancement of energy efficiency in relevant sectors of the national economy;

(ⅱ) Protection and enhancement of sinks and reservoirs of greenhouse gases not controlled by the Montreal Protocol, taking into account its commitments under relevant international environmental

---

* http://unfccc.int/documentation/document_lists/items/2960.php

agreements; promotion of sustainable forest management practices, afforestation and reforestation;

(iii) Promotion of sustainable forms of agriculture in light of climate change considerations;

(iv) Research on, and promotion, development and increased use of, new and renewable forms of energy, of carbon dioxide sequestration technologies and of advanced and innovative environmentally sound technologies;

(v) Progressive reduction or phasing out of market imperfections, fiscal incentives, tax and duty exemptions and subsidies in all greenhouse gas emitting sectors that run counter to the objective of the Convention and application of market instruments;

(vi) Encouragement of appropriate reforms in relevant sectors aimed at promoting policies and measures which limit or reduce emissions of greenhouse gases not controlled by the Montreal Protocol;

(vii) Measures to limit and/or reduce emissions of greenhouse gases not controlled by the Montreal Protocol in the transport sector;

(viii) Limitation and/or reduction of methane emissions through recovery and use in waste management, as well as in the production, transport and distribution of energy;

(b) Cooperate with other such Parties to enhance the individual and combined effectiveness of their policies and measures adopted under this Article, pursuant to Article 4, paragraph 2 (e) (i), of the Convention. To this end, these Parties shall take steps to share their experience and exchange information on such policies and measures, including developing ways of improving their comparability, transparency and effectiveness. The Conference of the Parties serving as the meeting of the Parties to this Protocol shall, at its first session or as soon as practicable thereafter, consider ways to facilitate such cooperation, taking into account all relevant information.

2. The Parties included in Annex I shall pursue limitation or reduction of emissions of greenhouse gases not controlled by the Montreal Protocol from aviation and marine bunker fuels, working through the International Civil Aviation Organization and the International Maritime Organization, respectively.

3. The Parties included in Annex I shall strive to implement policies and measures under this Article in such a way as to minimize adverse effects, including the adverse effects of climate change, effects on international trade, and social, environmental and economic impacts on other Parties, especially developing country Parties and in particular those identified in Article 4, paragraphs 8 and 9, of the Convention, taking into account Article 3 of the Convention. The Conference of the Parties serving as the meeting of the Parties to this Protocol may take further action, as appropriate, to promote the implementation of the provisions of this paragraph.

4. The Conference of the Parties serving as the meeting of the Parties to this Protocol, if it decides that it would be beneficial to coordinate any of the policies and measures in paragraph 1 (a) above, taking into account different national circumstances and potential effects, shall consider ways and means to elaborate the coordination of such policies and measures.

Article 3

1. The Parties included in Annex I shall, individually or jointly, ensure that their aggregate anthropogenic carbon dioxide equivalent emissions of the greenhouse gases listed in Annex A do not exceed their assigned amounts, calculated pursuant to their quantified emission limitation and reduction commitments inscribed in Annex B and in accordance with the provisions of this Article, with a view to reducing their overall emissions of such gases by at least 5 per cent below 1990 levels in the commitment period 2008 to 2012.

2. Each Party included in Annex I shall, by 2005, have made demonstrable progress in achieving its commitments under this Protocol.

3. The net changes in greenhouse gas emissions by sources and removals by sinks resulting from direct human-induced land-use change and forestry activities, limited to afforestation, reforestation and deforestation since 1990, measured as verifiable changes in carbon stocks in each commitment period, shall be used to meet the commitments under this Article of each Party included in Annex Ⅰ. The greenhouse gas emissions by sources and removals by sinks associated with those activities shall be reported in a transparent and verifiable manner and reviewed in accordance with Articles 7 and 8.

4. Prior to the first session of the Conference of the Parties serving as the meeting of the Parties to this Protocol, each Party included in Annex Ⅰ shall provide, for consideration by the Subsidiary Body for Scientific and Technological Advice, data to establish its level of carbon stocks in 1990 and to enable an estimate to be made of its changes in carbon stocks in subsequent years. The Conference of the Parties serving as the meeting of the Parties to this Protocol shall, at its first session or as soon as practicable thereafter, decide upon modalities, rules and guidelines as to how, and which, additional human-induced activities related to changes in greenhouse gas emissions by sources and removals by sinks in the agricultural soils and the land-use change and forestry categories shall be added to, or subtracted from, the assigned amounts for Parties included in Annex Ⅰ, taking into account uncertainties, transparency in reporting, verifiability, the methodological work of the Intergovernmental Panel on Climate Change, the advice provided by the Subsidiary Body for Scientific and Technological Advice in accordance with Article 5 and the decisions of the Conference of the Parties. Such a decision shall apply in the second and subsequent commitment periods. A Party may choose to apply such a decision on these additional human-induced activities for its first commitment period, provided that these activities have taken place since 1990.

5. The Parties included in Annex Ⅰ undergoing the process of transition to a market economy whose base year or period was established pursuant to decision 9/CP.2 of the Conference of the Parties at its second session shall use that base year or period for the implementation of their commitments under this Article. Any other Party included in Annex Ⅰ undergoing the process of transition to a market economy which has not yet submitted its first national communication under Article 12 of the Convention may also notify the Conference of the Parties serving as the meeting of the Parties to this Protocol that it intends to use an historical base year or period other than 1990 for the implementation of its commitments under this Article. The Conference of the Parties serving as the meeting of the Parties to this Protocol shall decide on the acceptance of such notification.

6. Taking into account Article 4, paragraph 6, of the Convention, in the implementation of their commitments under this Protocol other than those under this Article, a certain degree of flexibility shall be allowed by the Conference of the Parties serving as the meeting of the Parties to this Protocol to the Parties included in Annex Ⅰ undergoing the process of transition to a market economy.

7. In the first quantified emission limitation and reduction commitment period, from 2008 to 2012, the assigned amount for each Party included in Annex Ⅰ shall be equal to the percentage inscribed for it in Annex B of its aggregate anthropogenic carbon dioxide equivalent emissions of the greenhouse gases listed in Annex A in 1990, or the base year or period determined in accordance with paragraph 5 above, multiplied by five. Those Parties included in Annex Ⅰ for whom land-use change and forestry constituted a net source of greenhouse gas emissions in 1990 shall include in their 1990 emissions base year or period the aggregate anthropogenic carbon dioxide equivalent emissions by sources minus removals by sinks in 1990 from land-use change for the purposes of calculating their assigned amount.

8. Any Party included in Annex Ⅰ may use 1995 as its base year for hydrofluorocarbons, perfluorocarbons and sulphur hexafluoride, for the purposes of the calculation referred to in paragraph 7 above.

9. Commitments for subsequent periods for Parties included in Annex Ⅰ shall be established in amendments to Annex B to this Protocol, which shall be adopted in accordance with the provisions of

Article 21, paragraph 7. The Conference of the Parties serving as the meeting of the Parties to this Protocol shall initiate the consideration of such commitments at least seven years before the end of the first commitment period referred to in paragraph 1 above.

10. Any emission reduction units, or any part of an assigned amount, which a Party acquires from another Party in accordance with the provisions of Article 6 or of Article 17 shall be added to the assigned amount for the acquiring Party.

11. Any emission reduction units, or any part of an assigned amount, which a Party transfers to another Party in accordance with the provisions of Article 6 or of Article 17 shall be subtracted from the assigned amount for the transferring Party.

12. Any certified emission reductions which a Party acquires from another Party in accordance with the provisions of Article 12 shall be added to the assigned amount for the acquiring Party.

13. If the emissions of a Party included in Annex I in a commitment period are less than its assigned amount under this Article, this difference shall, on request of that Party, be added to the assigned amount for that Party for subsequent commitment periods.

14. Each Party included in Annex I shall strive to implement the commitments mentioned in paragraph 1 above in such a way as to minimize adverse social, environmental and economic impacts on developing country Parties, particularly those identified in Article 4, paragraphs 8 and 9, of the Convention. In line with relevant decisions of the Conference of the Parties on the implementation of those paragraphs, the Conference of the Parties serving as the meeting of the Parties to this Protocol shall, at its first session, consider what actions are necessary to minimize the adverse effects of climate change and/or the impacts of response measures on Parties referred to in those paragraphs. Among the issues to be considered shall be the establishment of funding, insurance and transfer of technology.

Article 4

1. Any Parties included in Annex I that have reached an agreement to fulfil their commitments under Article 3 jointly, shall be deemed to have met those commitments provided that their total combined aggregate anthropogenic carbon dioxide equivalent emissions of the greenhouse gases listed in Annex A do not exceed their assigned amounts calculated pursuant to their quantified emission limitation and reduction commitments inscribed in Annex B and in accordance with the provisions of Article 3. The respective emission level allocated to each of the Parties to the agreement shall be set out in that agreement.

2. The Parties to any such agreement shall notify the secretariat of the terms of the agreement on the date of deposit of their instruments of ratification, acceptance or approval of this Protocol, or accession thereto. The secretariat shall in turn inform the Parties and signatories to the Convention of the terms of the agreement.

3. Any such agreement shall remain in operation for the duration of the commitment period specified in Article 3, paragraph 7.

4. If Parties acting jointly do so in the framework of, and together with, a regional economic integration organization, any alteration in the composition of the organization after adoption of this Protocol shall not affect existing commitments under this Protocol. Any alteration in the composition of the organization shall only apply for the purposes of those commitments under Article 3 that are adopted subsequent to that alteration.

5. In the event of failure by the Parties to such an agreement to achieve their total combined level of emission reductions, each Party to that agreement shall be responsible for its own level of emissions set out in the agreement.

6. If Parties acting jointly do so in the framework of, and together with, a regional economic

integration organization which is itself a Party to this Protocol, each member State of that regional economic integration organization individually, and together with the regional economic integration organization acting in accordance with Article 24, shall, in the event of failure to achieve the total combined level of emission reductions, be responsible for its level of emissions as notified in accordance with this Article.

Article 5

1. Each Party included in Annex I shall have in place, no later than one year prior to the start of the first commitment period, a national system for the estimation of anthropogenic emissions by sources and removals by sinks of all greenhouse gases not controlled by the Montreal Protocol. Guidelines for such national systems, which shall incorporate the methodologies specified in paragraph 2 below, shall be decided upon by the Conference of the Parties serving as the meeting of the Parties to this Protocol at its first session.

2. Methodologies for estimating anthropogenic emissions by sources and removals by sinks of all greenhouse gases not controlled by the Montreal Protocol shall be those accepted by the Intergovernmental Panel on Climate Change and agreed upon by the Conference of the Parties at its third session. Where such methodologies are not used, appropriate adjustments shall be applied according to methodologies agreed upon by the Conference of the Parties serving as the meeting of the Parties to this Protocol at its first session. Based on the work of, inter alia, the Intergovernmental Panel on Climate Change and advice provided by the Subsidiary Body for Scientific and Technological Advice, the Conference of the Parties serving as the meeting of the Parties to this Protocol shall regularly review and, as appropriate, revise such methodologies and adjustments, taking fully into account any relevant decisions by the Conference of the Parties. Any revision to methodologies or adjustments shall be used only for the purposes of ascertaining compliance with commitments under Article 3 in respect of any commitment period adopted subsequent to that revision.

3. The global warming potentials used to calculate the carbon dioxide equivalence of anthropogenic emissions by sources and removals by sinks of greenhouse gases listed in Annex A shall be those accepted by the Intergovernmental Panel on Climate Change and agreed upon by the Conference of the Parties at its third session. Based on the work of, inter alia, the Intergovernmental Panel on Climate Change and advice provided by the Subsidiary Body for Scientific and Technological Advice, the Conference of the Parties serving as the meeting of the Parties to this Protocol shall regularly review and, as appropriate, revise the global warming potential of each such greenhouse gas, taking fully into account any relevant decisions by the Conference of the Parties. Any revision to a global warming potential shall apply only to commitments under Article 3 in respect of any commitment period adopted subsequent to that revision.

Article 6

1. For the purpose of meeting its commitments under Article 3, any Party included in Annex I may transfer to, or acquire from, any other such Party emission reduction units resulting from projects aimed at reducing anthropogenic emissions by sources or enhancing anthropogenic removals by sinks of greenhouse gases in any sector of the economy, provided that:

(a) Any such project has the approval of the Parties involved;

(b) Any such project provides a reduction in emissions by sources, or an enhancement of removals by sinks, that is additional to any that would otherwise occur;

(c) It does not acquire any emission reduction units if it is not in compliance with its obligations under

Articles 5 and 7; and

(d) The acquisition of emission reduction units shall be supplemental to domestic actions for the purposes of meeting commitments under Article 3.

2. The Conference of the Parties serving as the meeting of the Parties to this Protocol may, at its first session or as soon as practicable thereafter, further elaborate guidelines for the implementation of this Article, including for verification and reporting.

3. A Party included in Annex I may authorize legal entities to participate, under its responsibility, in actions leading to the generation, transfer or acquisition under this Article of emission reduction units.

4. If a question of implementation by a Party included in Annex I of the requirements referred to in this Article is identified in accordance with the relevant provisions of Article 8, transfers and acquisitions of emission reduction units may continue to be made after the question has been identified, provided that any such units may not be used by a Party to meet its commitments under Article 3 until any issue of compliance is resolved.

Article 7

1. Each Party included in Annex I shall incorporate in its annual inventory of anthropogenic emissions by sources and removals by sinks of greenhouse gases not controlled by the Montreal Protocol, submitted in accordance with the relevant decisions of the Conference of the Parties, the necessary supplementary information for the purposes of ensuring compliance with Article 3, to be determined in accordance with paragraph 4 below.

2. Each Party included in Annex I shall incorporate in its national communication, submitted under Article 12 of the Convention, the supplementary information necessary to demonstrate compliance with its commitments under this Protocol, to be determined in accordance with paragraph 4 below.

3. Each Party included in Annex I shall submit the information required under paragraph 1 above annually, beginning with the first inventory due under the Convention for the first year of the commitment period after this Protocol has entered into force for that Party. Each such Party shall submit the information required under paragraph 2 above as part of the first national communication due under the Convention after this Protocol has entered into force for it and after the adoption of guidelines as provided for in paragraph 4 below. The frequency of subsequent submission of information required under this Article shall be determined by the Conference of the Parties serving as the meeting of the Parties to this Protocol, taking into account any timetable for the submission of national communications decided upon by the Conference of the Parties.

4. The Conference of the Parties serving as the meeting of the Parties to this Protocol shall adopt at its first session, and review periodically thereafter, guidelines for the preparation of the information required under this Article, taking into account guidelines for the preparation of national communications by Parties included in Annex I adopted by the Conference of the Parties. The Conference of the Parties serving as the meeting of the Parties to this Protocol shall also, prior to the first commitment period, decide upon modalities for the accounting of assigned amounts.

Article 8

1. The information submitted under Article 7 by each Party included in Annex I shall be reviewed by expert review teams pursuant to the relevant decisions of the Conference of the Parties and in accordance with guidelines adopted for this purpose by the Conference of the Parties serving as the meeting of the Parties to this Protocol under paragraph 4 below. The information submitted under Article 7, paragraph 1,

by each Party included in Annex I shall be reviewed as part of the annual compilation and accounting of emissions inventories and assigned amounts. Additionally, the information submitted under Article 7, paragraph 2, by each Party included in Annex I shall be reviewed as part of the review of communications.

2. Expert review teams shall be coordinated by the secretariat and shall be composed of experts selected from those nominated by Parties to the Convention and, as appropriate, by intergovernmental organizations, in accordance with guidance provided for this purpose by the Conference of the Parties.

3. The review process shall provide a thorough and comprehensive technical assessment of all aspects of the implementation by a Party of this Protocol. The expert review teams shall prepare a report to the Conference of the Parties serving as the meeting of the Parties to this Protocol, assessing the implementation of the commitments of the Party and identifying any potential problems in, and factors influencing, the fulfilment of commitments. Such reports shall be circulated by the secretariat to all Parties to the Convention. The secretariat shall list those questions of implementation indicated in such reports for further consideration by the Conference of the Parties serving as the meeting of the Parties to this Protocol.

4. The Conference of the Parties serving as the meeting of the Parties to this Protocol shall adopt at its first session, and review periodically thereafter, guidelines for the review of implementation of this Protocol by expert review teams taking into account the relevant decisions of the Conference of the Parties.

5. The Conference of the Parties serving as the meeting of the Parties to this Protocol shall, with the assistance of the Subsidiary Body for Implementation and, as appropriate, the Subsidiary Body for Scientific and Technological Advice, consider:

(a) The information submitted by Parties under Article 7 and the reports of the expert reviews thereon conducted under this Article; and

(b) Those questions of implementation listed by the secretariat under paragraph 3 above, as well as any questions raised by Parties.

6. Pursuant to its consideration of the information referred to in paragraph 5 above, the Conference of the Parties serving as the meeting of the Parties to this Protocol shall take decisions on any matter required for the implementation of this Protocol.

Article 9

1. The Conference of the Parties serving as the meeting of the Parties to this Protocol shall periodically review this Protocol in the light of the best available scientific information and assessments on climate change and its impacts, as well as relevant technical, social and economic information. Such reviews shall be coordinated with pertinent reviews under the Convention, in particular those required by Article 4, paragraph 2 (d), and Article 7, paragraph 2 (a), of the Convention. Based on these reviews, the Conference of the Parties serving as the meeting of the Parties to this Protocol shall take appropriate action.

2. The first review shall take place at the second session of the Conference of the Parties serving as the meeting of the Parties to this Protocol. Further reviews shall take place at regular intervals and in a timely manner.

Article 10

All Parties, taking into account their common but differentiated responsibilities and their specific national and regional development priorities, objectives and circumstances, without introducing any new commitments for Parties not included in Annex I, but reaffirming existing commitments under Article 4, paragraph 1, of the Convention, and continuing to advance the implementation of these commitments in order to achieve sustainable development, taking into account Article 4, paragraphs 3, 5 and 7, of the Convention, shall:

(a) Formulate, where relevant and to the extent possible, cost-effective national and, where appropriate, regional programmes to improve the quality of local emission factors, activity data and/or models which reflect the socio-economic conditions of each Party for the preparation and periodic updating of national inventories of anthropogenic emissions by sources and removals by sinks of all greenhouse gases not controlled by the Montreal Protocol, using comparable methodologies to be agreed upon by the Conference of the Parties, and consistent with the guidelines for the preparation of national communications adopted by the Conference of the Parties;

(b) Formulate, implement, publish and regularly update national and, where appropriate, regional programmes containing measures to mitigate climate change and measures to facilitate adequate adaptation to climate change:

(i) Such programmes would, inter alia, concern the energy, transport and industry sectors as well as agriculture, forestry and waste management. Furthermore, adaptation technologies and methods for improving spatial planning would improve adaptation to climate change; and

(ii) Parties included in Annex I shall submit information on action under this Protocol, including national programmes, in accordance with Article 7; and other Parties shall seek to include in their national communications, as appropriate, information on programmes which contain measures that the Party believes contribute to addressing climate change and its adverse impacts, including the abatement of increases in greenhouse gas emissions, and enhancement of and removals by sinks, capacity building and adaptation measures;

(c) Cooperate in the promotion of effective modalities for the development, application and diffusion of, and take all practicable steps to promote, facilitate and finance, as appropriate, the transfer of, or access to, environmentally sound technologies, know-how, practices and processes pertinent to climate change, in particular to developing countries, including the formulation of policies and programmes for the effective transfer of environmentally sound technologies that are publicly owned or in the public domain and the creation of an enabling environment for the private sector, to promote and enhance the transfer of, and access to, environmentally sound technologies;

(d) Cooperate in scientific and technical research and promote the maintenance and the development of systematic observation systems and development of data archives to reduce uncertainties related to the climate system, the adverse impacts of climate change and the economic and social consequences of various response strategies, and promote the development and strengthening of endogenous capacities and capabilities to participate in international and intergovernmental efforts, programmes and networks on research and systematic observation, taking into account Article 5 of the Convention;

(e) Cooperate in and promote at the international level, and, where appropriate, using existing bodies, the development and implementation of education and training programmes, including the strengthening of national capacity building, in particular human and institutional capacities and the exchange or secondment of personnel to train experts in this field, in particular for developing countries, and facilitate at the national level public awareness of, and public access to information on, climate change. Suitable modalities should be developed to implement these activities through the relevant bodies of the Convention, taking into account Article 6 of the Convention;

(f) Include in their national communications information on programmes and activities undertaken pursuant to this Article in accordance with relevant decisions of the Conference of the Parties; and

(g) Give full consideration, in implementing the commitments under this Article, to Article 4, paragraph 8, of the Convention.

Article 11

1. In the implementation of Article 10, Parties shall take into account the provisions of Article 4, paragraphs 4, 5, 7, 8 and 9, of the Convention.

2. In the context of the implementation of Article 4, paragraph 1, of the Convention, in accordance with the provisions of Article 4, paragraph 3, and Article 11 of the Convention, and through the entity or entities entrusted with the operation of the financial mechanism of the Convention, the developed country Parties and other developed Parties included in Annex II to the Convention shall:

(a) Provide new and additional financial resources to meet the agreed full costs incurred by developing country Parties in advancing the implementation of existing commitments under Article 4, paragraph 1 (a), of the Convention that are covered in Article 10, subparagraph (a); and

(b) Also provide such financial resources, including for the transfer of technology, needed by the developing country Parties to meet the agreed full incremental costs of advancing the implementation of existing commitments under Article 4, paragraph 1, of the Convention that are covered by Article 10 and that are agreed between a developing country Party and the international entity or entities referred to in Article 11 of the Convention, in accordance with that Article.

The implementation of these existing commitments shall take into account the need for adequacy and predictability in the flow of funds and the importance of appropriate burden sharing among developed country Parties. The guidance to the entity or entities entrusted with the operation of the financial mechanism of the Convention in relevant decisions of the Conference of the Parties, including those agreed before the adoption of this Protocol, shall apply mutatis mutandis to the provisions of this paragraph.

3. The developed country Parties and other developed Parties in Annex II to the Convention may also provide, and developing country Parties avail themselves of, financial resources for the implementation of Article 10, through bilateral, regional and other multilateral channels.

Article 12

1. A clean development mechanism is hereby defined.

2. The purpose of the clean development mechanism shall be to assist Parties not included in Annex I in achieving sustainable development and in contributing to the ultimate objective of the Convention, and to assist Parties included in Annex I in achieving compliance with their quantified emission limitation and reduction commitments under Article 3.

3. Under the clean development mechanism:

(a) Parties not included in Annex I will benefit from project activities resulting in certified emission reductions; and

(b) Parties included in Annex I may use the certified emission reductions accruing from such project activities to contribute to compliance with part of their quantified emission limitation and reduction commitments under Article 3, as determined by the Conference of the Parties serving as the meeting of the Parties to this Protocol.

4. The clean development mechanism shall be subject to the authority and guidance of the Conference of the Parties serving as the meeting of the Parties to this Protocol and be supervised by an executive board of the clean development mechanism.

5. Emission reductions resulting from each project activity shall be certified by operational entities to be designated by the Conference of the Parties serving as the meeting of the Parties to this Protocol, on the basis of:

(a) Voluntary participation approved by each Party involved;

(b) Real, measurable, and long-term benefits related to the mitigation of climate change; and

(c) Reductions in emissions that are additional to any that would occur in the absence of the certified project activity.

6. The clean development mechanism shall assist in arranging funding of certified project activities as necessary.

7. The Conference of the Parties serving as the meeting of the Parties to this Protocol shall, at its first session, elaborate modalities and procedures with the objective of ensuring transparency, efficiency and accountability through independent auditing and verification of project activities.

8. The Conference of the Parties serving as the meeting of the Parties to this Protocol shall ensure that a share of the proceeds from certified project activities is used to cover administrative expenses as well as to assist developing country Parties that are particularly vulnerable to the adverse effects of climate change to meet the costs of adaptation.

9. Participation under the clean development mechanism, including in activities mentioned in paragraph 3 (a) above and in the acquisition of certified emission reductions, may involve private and/or public entities, and is to be subject to whatever guidance may be provided by the executive board of the clean development mechanism.

10. Certified emission reductions obtained during the period from the year 2000 up to the beginning of the first commitment period can be used to assist in achieving compliance in the first commitment period.

Article 13

1. The Conference of the Parties, the supreme body of the Convention, shall serve as the meeting of the Parties to this Protocol.

2. Parties to the Convention that are not Parties to this Protocol may participate as observers in the proceedings of any session of the Conference of the Parties serving as the meeting of the Parties to this Protocol. When the Conference of the Parties serves as the meeting of the Parties to this Protocol, decisions under this Protocol shall be taken only by those that are Parties to his Protocol.

3. When the Conference of the Parties serves as the meeting of the Parties to this Protocol, any member of the Bureau of the Conference of the Parties representing a Party to the Convention but, at that time, not a Party to this Protocol, shall be replaced by an additional member to be elected by and from amongst the Parties to this Protocol.

4. The Conference of the Parties serving as the meeting of the Parties to this Protocol shall keep under regular review the implementation of this Protocol and shall make, within its mandate, the decisions necessary to promote its effective implementation. It shall perform the functions assigned to it by this Protocol and shall:

(a) Assess, on the basis of all information made available to it in accordance with the provisions of this Protocol, the implementation of this Protocol by the Parties, the overall effects of the measures taken pursuant to this Protocol, in particular environmental, economic and social effects as well as their cumulative impacts and the extent to which progress towards the objective of the Convention is being achieved;

(b) Periodically examine the obligations of the Parties under this Protocol, giving due consideration to any reviews required by Article 4, paragraph 2 (d), and Article 7, paragraph 2, of the Convention, in the light of the objective of the Convention, the experience gained in its implementation and the evolution of scientific and technological knowledge, and in this respect consider and adopt regular reports on the implementation of this Protocol;

(c) Promote and facilitate the exchange of information on measures adopted by the Parties to address climate change and its effects, taking into account the differing circumstances, responsibilities and capabilities of the Parties and their respective commitments under this Protocol;

(d) Facilitate, at the request of two or more Parties, the coordination of measures adopted by them to address climate change and its effects, taking into account the differing circumstances, responsibilities and capabilities of the Parties and their respective commitments under this Protocol;

(e) Promote and guide, in accordance with the objective of the Convention and the provisions of this Protocol, and taking fully into account the relevant decisions by the Conference of the Parties, the development and periodic refinement of comparable methodologies for the effective implementation of this Protocol, to be agreed on by the Conference of the Parties serving as the meeting of the Parties to this Protocol;

(f) Make recommendations on any matters necessary for the implementation of this Protocol;

(g) Seek to mobilize additional financial resources in accordance with Article 11, paragraph 2;

(h) Establish such subsidiary bodies as are deemed necessary for the implementation of this Protocol;

(i) Seek and utilize, where appropriate, the services and cooperation of, and information provided by, competent international organizations and intergovernmental and non-governmental bodies; and

(j) Exercise such other functions as may be required for the implementation of this Protocol, and consider any assignment resulting from a decision by the Conference of the Parties.

5. The rules of procedure of the Conference of the Parties and financial procedures applied under the Convention shall be applied mutatis mutandis under this Protocol, except as may be otherwise decided by consensus by the Conference of the Parties serving as the meeting of the Parties to this Protocol.

6. The first session of the Conference of the Parties serving as the meeting of the Parties to this Protocol shall be convened by the secretariat in conjunction with the first session of the Conference of the Parties that is scheduled after the date of the entry into force of this Protocol.

Subsequent ordinary sessions of the Conference of the Parties serving as the meeting of the Parties to this Protocol shall be held every year and in conjunction with ordinary sessions of the Conference of the Parties, unless otherwise decided by the Conference of the Parties serving as the meeting of the Parties to this Protocol.

7. Extraordinary sessions of the Conference of the Parties serving as the meeting of the Parties to this Protocol shall be held at such other times as may be deemed necessary by the Conference of the Parties serving as the meeting of the Parties to this Protocol, or at the written request of any Party, provided that, within six months of the request being communicated to the Parties by the secretariat, it is supported by at least one third of the Parties.

8. The United Nations, its specialized agencies and the International Atomic Energy Agency, as well as any State member thereof or observers thereto not party to the Convention, may be represented at sessions of the Conference of the Parties serving as the meeting of the Parties to this Protocol as observers. Any body or agency, whether national or international, governmental or non-governmental, which is qualified in matters covered by this Protocol and which has informed the secretariat of its wish to be represented at a session of the Conference of the Parties serving as the meeting of the Parties to this Protocol as an observer, may be so admitted unless at least one third of the Parties present object. The admission and participation of observers shall be subject to the rules of procedure, as referred to in paragraph 5 above.

Article 14

1. The secretariat established by Article 8 of the Convention shall serve as the secretariat of this Protocol.

2. Article 8, paragraph 2, of the Convention on the functions of the secretariat, and Article 8,

paragraph 3, of the Convention on arrangements made for the functioning of the secretariat, shall apply mutatis mutandis to this Protocol. The secretariat shall, in addition, exercise the functions assigned to it under this Protocol.

Article 15

1. The Subsidiary Body for Scientific and Technological Advice and the Subsidiary Body for Implementation established by Articles 9 and 10 of the Convention shall serve as, respectively, the Subsidiary Body for Scientific and Technological Advice and the Subsidiary Body for Implementation of this Protocol. The provisions relating to the functioning of these two bodies under the Convention shall apply mutatis mutandis to this Protocol. Sessions of the meetings of the Subsidiary Body for Scientific and Technological Advice and the Subsidiary Body for Implementation of this Protocol shall be held in conjunction with the meetings of, respectively, the Subsidiary Body for Scientific and Technological Advice and the Subsidiary Body for Implementation of the Convention.

2. Parties to the Convention that are not Parties to this Protocol may participate as observers in the proceedings of any session of the subsidiary bodies. When the subsidiary bodies serve as the subsidiary bodies of this Protocol, decisions under this Protocol shall be taken only by those that are Parties to this Protocol.

3. When the subsidiary bodies established by Articles 9 and 10 of the Convention exercise their functions with regard to matters concerning this Protocol, any member of the Bureaux of those subsidiary bodies representing a Party to the Convention but, at that time, not a party to this Protocol, shall be replaced by an additional member to be elected by and from amongst the Parties to this Protocol.

Article 16

The Conference of the Parties serving as the meeting of the Parties to this Protocol shall, as soon as practicable, consider the application to this Protocol of, and modify as appropriate, the multilateral consultative process referred to in Article 13 of the Convention, in the light of any relevant decisions that may be taken by the Conference of the Parties. Any multilateral consultative process that may be applied to this Protocol shall operate without prejudice to the procedures and mechanisms established in accordance with Article 18.

Article 17

The Conference of the Parties shall define the relevant principles, modalities, rules and guidelines, in particular for verification, reporting and accountability for emissions trading. The Parties included in Annex B may participate in emissions trading for the purposes of fulfilling their commitments under Article 3. Any such trading shall be supplemental to domestic actions for the purpose of meeting quantified emission limitation and reduction commitments under that Article.

Article 18

The Conference of the Parties serving as the meeting of the Parties to this Protocol shall, at its first session, approve appropriate and effective procedures and mechanisms to determine and to address cases of non-compliance with the provisions of this Protocol, including through the development of an indicative list of consequences, taking into account the cause, type, degree and frequency of non-compliance. Any procedures and mechanisms under this Article entailing binding consequences shall be adopted by means of an amendment to this Protocol.

Article 19

The provisions of Article 14 of the Convention on settlement of disputes shall apply mutatis mutandis to this Protocol.

Article 20

1. Any Party may propose amendments to this Protocol.

2. Amendments to this Protocol shall be adopted at an ordinary session of the Conference of the Parties serving as the meeting of the Parties to this Protocol. The text of any proposed amendment to this Protocol shall be communicated to the Parties by the secretariat at least six months before the meeting at which it is proposed for adoption. The secretariat shall also communicate the text of any proposed amendments to the Parties and signatories to the Convention and, for information, to the Depositary.

3. The Parties shall make every effort to reach agreement on any proposed amendment to this Protocol by consensus. If all efforts at consensus have been exhausted, and no agreement reached, the amendment shall as a last resort be adopted by a three-fourths majority vote of the Parties present and voting at the meeting. The adopted amendment shall be communicated by the secretariat to the Depositary, who shall circulate it to all Parties for their acceptance.

4. Instruments of acceptance in respect of an amendment shall be deposited with the Depositary. An amendment adopted in accordance with paragraph 3 above shall enter into force for those Parties having accepted it on the ninetieth day after the date of receipt by the Depositary of an instrument of acceptance by at least three fourths of the Parties to this Protocol.

5. The amendment shall enter into force for any other Party on the ninetieth day after the date on which that Party deposits with the Depositary its instrument of acceptance of the said amendment.

Article 21

1. Annexes to this Protocol shall form an integral part thereof and, unless otherwise expressly provided, a reference to this Protocol constitutes at the same time a reference to any annexes thereto. Any annexes adopted after the entry into force of this Protocol shall be restricted to lists, forms and any other material of a descriptive nature that is of a scientific, technical, procedural or administrative character.

2. Any Party may make proposals for an annex to this Protocol and may propose amendments to annexes to this Protocol.

3. Annexes to this Protocol and amendments to annexes to this Protocol shall be adopted at an ordinary session of the Conference of the Parties serving as the meeting of the Parties to this Protocol. The text of any proposed annex or amendment to an annex shall be communicated to the Parties by the secretariat at least six months before the meeting at which it is proposed for adoption. The secretariat shall also communicate the text of any proposed annex or amendment to an annex to the Parties and signatories to the Convention and, for information, to the Depositary.

4. The Parties shall make every effort to reach agreement on any proposed annex or amendment to an annex by consensus. If all efforts at consensus have been exhausted, and no agreement reached, the annex or amendment to an annex shall as a last resort be adopted by a three-fourths majority vote of the Parties present and voting at the meeting. The adopted annex or amendment to an annex shall be communicated

by the secretariat to the Depositary, who shall circulate it to all Parties for their acceptance.

5. An annex, or amendment to an annex other than Annex A or B, that has been adopted in accordance with paragraphs 3 and 4 above shall enter into force for all Parties to this Protocol six months after the date of the communication by the Depositary to such Parties of the adoption of the annex or adoption of the amendment to the annex, except for those Parties that have notified the Depositary, in writing, within that period of their non-acceptance of the annex or amendment to the annex. The annex or amendment to an annex shall enter into force for Parties which withdraw their notification of non-acceptance on the ninetieth day after the date on which withdrawal of such notification has been received by the Depositary.

6. If the adoption of an annex or an amendment to an annex involves an amendment to this Protocol, that annex or amendment to an annex shall not enter into force until such time as the amendment to this Protocol enters into force.

7. Amendments to Annexes A and B to this Protocol shall be adopted and enter into force in accordance with the procedure set out in Article 20, provided that any amendment to Annex B shall be adopted only with the written consent of the Party concerned.

Article 22

1. Each Party shall have one vote, except as provided for in paragraph 2 below.

2. Regional economic integration organizations, in matters within their competence, shall exercise their right to vote with a number of votes equal to the number of their member States that are Parties to this Protocol. Such an organization shall not exercise its right to vote if any of its member States exercises its right, and vice versa.

Article 23

The Secretary-General of the United Nations shall be the Depositary of this Protocol.

Article 24

1. This Protocol shall be open for signature and subject to ratification, acceptance or approval by States and regional economic integration organizations which are Parties to the Convention. It shall be open for signature at United Nations Headquarters in New York from 16 March 1998 to 15 March 1999. This Protocol shall be open for accession from the day after the date on which it is closed for signature. Instruments of ratification, acceptance, approval or accession shall be deposited with the Depositary.

2. Any regional economic integration organization which becomes a Party to this Protocol without any of its member States being a Party shall be bound by all the obligations under this Protocol. In the case of such organizations, one or more of whose member States is a Party to this Protocol, the organization and its member States shall decide on their respective responsibilities for the performance of their obligations under this Protocol. In such cases, the organization and the member States shall not be entitled to exercise rights under this Protocol concurrently.

3. In their instruments of ratification, acceptance, approval or accession, regional economic integration organizations shall declare the extent of their competence with respect to the matters governed by this Protocol. These organizations shall also inform the Depositary, who shall in turn inform the Parties, of any substantial modification in the extent of their competence.

Article 25

1. This Protocol shall enter into force on the ninetieth day after the date on which not less than 55 Parties to the Convention, incorporating Parties included in Annex I which accounted in total for at least 55 per cent of the total carbon dioxide emissions for 1990 of the Parties included in Annex I, have deposited their instruments of ratification, acceptance, approval or accession.

2. For the purposes of this Article, "the total carbon dioxide emissions for 1990 of the Parties included in Annex I" means the amount communicated on or before the date of adoption of this Protocol by the Parties included in Annex I in their first national communications submitted in accordance with Article 12 of the Convention.

3. For each State or regional economic integration organization that ratifies, accepts or approves this Protocol or accedes thereto after the conditions set out in paragraph 1 above for entry into force have been fulfilled, this Protocol shall enter into force on the ninetieth day following the date of deposit of its instrument of ratification, acceptance, approval or accession.

4. For the purposes of this Article, any instrument deposited by a regional economic integration organization shall not be counted as additional to those deposited by States members of the organization.

Article 26

No reservations may be made to this Protocol.

Article 27

1. At any time after three years from the date on which this Protocol has entered into force for a Party, that Party may withdraw from this Protocol by giving written notification to the Depositary.

2. Any such withdrawal shall take effect upon expiry of one year from the date of receipt by the Depositary of the notification of withdrawal, or on such later date as may be specified in the notification of withdrawal.

3. Any Party that withdraws from the Convention shall be considered as also having withdrawn from this Protocol.

Article 28

The original of this Protocol, of which the Arabic, Chinese, English, French, Russian and Spanish texts are equally authentic, shall be deposited with the Secretary-General of the United Nations.

DONE at Kyoto this eleventh day of December one thousand nine hundred and ninety-seven.

IN WITNESS WHEREOF the undersigned, being duly authorized to that effect, have affixed their signatures to this Protocol on the dates indicated.

Greenhouse gases

  Carbon dioxide (C02)
  Methane (CH4)
  Nitrous oxide (N20)
  Hydrofluorocarbons (HFCs)
  Perfluorocarbons (PFCs)
  Sulphur hexafluoride (SF6)

Sectors/source categories

- Energy
  Fuel combustion
    Energy industries
    Manufacturing industries and construction
    Transport
    Other sectors
    Other
  Fugitive emissions from fuels
    Solid fuels
    Oil and natural gas
    Other
- Industrial processes
  Mineral products
  Chemical industry
  Metal production
  Other production
  Production of halocarbons and sulphur hexafluoride
  Consumption of halocarbons and sulphur hexafluoride
  Other
- Solvent and other product use

- Agriculture
  Enteric fermentation
  Manure management
  Rice cultivation
  Agricultural soils
  Prescribed burning of savannas
  Field burning of agricultural residues
  Other
- Waste
  Solid waste disposal on land
  Wastewater handling
  Waste incineration
  Other

Annex B

Party / Quantified emission limitation or reduction commitment
(percentage of base year or period)

Australia 108	Liechtenstein 92
Austria 92	Lithuania* 92
Belgium 92	Luxembourg 92
Bulgaria* 92	Monaco 92
Canada 94	Netherlands 92
Croatia* 95	New Zealand 100
Czech Republic* 92	Norway 101
Denmark 92	Poland* 94
Estonia* 92	Portugal 92
European Community 92	Romania* 92
Finland 92	Russian Federation* 100
France 92	Slovakia* 92
Germany 92	Slovenia* 92
Greece 92	Spain 92
Hungary* 94	Sweden 92
Iceland 110	Switzerland 92
Ireland 92	Ukraine* 100
Italy 92	United Kingdom of Great Britain and Northern
Japan 94	Ireland 92
Latvia* 92	United States of America 93

* Countries that are undergoing the process of transition to a market economy.

Directive 2004/35/EC of the European Parliament and of the Council of 21 April 2004 on environmental liability with regard to the prevention and remedying of environmental damage

(OJ 2004 L143/56)*

THE EUROPEAN PARLIAMENT AND THE COUNCIL OF THE EUROPEAN UNION,

Having regard to the Treaty establishing the European Community, and in particular Article 175(1) thereof,

Having regard to the proposal from the Commission,

Having regard to the Opinion of the European Economic and Social Committee,

After consulting the Committee of the Regions,

Acting in accordance with the procedure laid down in Article 251 of the Treaty, in the light of the joint text approved by the Conciliation Committee on 10 March 2004,

Whereas:

(1) There are currently many contaminated sites in the Community, posing significant health risks, and the loss of biodiversity has dramatically accelerated over the last decades. Failure to act could result in increased site contamination and greater loss of biodiversity in the future. Preventing and remedying, insofar as is possible, environmental damage contributes to implementing the objectives and principles of the Community's environment policy as set out in the Treaty. Local conditions should be taken into account when deciding how to remedy damage.

(2) The prevention and remedying of environmental damage should be implemented through the furtherance of the "polluter pays" principle, as indicated in the Treaty and in line with the principle of sustainable development. The fundamental principle of this Directive should therefore be that an operator whose activity has caused the environmental damage or the imminent threat of such damage is to be held financially liable, in order to induce operators to adopt measures and develop practices to minimise the risks of environmental damage so that their exposure to financial liabilities is reduced.

(3) Since the objective of this Directive, namely to establish a common framework for the prevention and remedying of environmental damage at a reasonable cost to society, cannot be sufficiently achieved by the Member States and can therefore be better achieved at Community level by reason of the scale of this Directive and its implications in respect of other Community legislation, namely Council Directive 79/409/EEC of 2 April 1979 on the conservation of wild birds, Council Directive 92/43/EEC of 21 May 1992 on the conservation of natural habitats and of wild fauna and flora, and Directive 2000/60/EC of the European Parliament and of the Council of 23 October 2000 establishing a framework for Community action in the field of water policy, the Community may adopt measures in accordance with the principle of subsidiarity as set out in Article 5 of the Treaty. In accordance with the principle of proportionality, as set out in that Article, this Directive does not go beyond what is necessary in order to achieve that objective.

(4) Environmental damage also includes damage caused by airborne elements as far as they cause damage to water, land or protected species or natural habitats.

(5) Concepts instrumental for the correct interpretation and application of the scheme provided for by

---

* http://europa.eu/legislation_summaries/environment/general_provisions/l28120_en.htm

this Directive should be defined especially as regards the definition of environmental damage. When the concept in question derives from other relevant Community legislation, the same definition should be used so that common criteria can be used and uniform application promoted.

(6) Protected species and natural habitats might also be defined by reference to species and habitats protected in pursuance of national legislation on nature conservation. Account should nevertheless be taken of specific situations where Community, or equivalent national, legislation allows for certain derogations from the level of protection afforded to the environment.

(7) For the purposes of assessing damage to land as defined in this Directive the use of risk assessment procedures to determine to what extent human health is likely to be adversely affected is desirable.

(8) This Directive should apply, as far as environmental damage is concerned, to occupational activities which present a risk for human health or the environment. Those activities should be identified, in principle, by reference to the relevant Community legislation which provides for regulatory requirements in relation to certain activities or practices considered as posing a potential or actual risk for human health or the environment.

(9) This Directive should also apply, as regards damage to protected species and natural habitats, to any occupational activities other than those already directly or indirectly identified by reference to Community legislation as posing an actual or potential risk for human health or the environment. In such cases the operator should only be liable under this Directive whenever he is at fault or negligent.

(10) Express account should be taken of the Euratom Treaty and relevant international conventions and of Community legislation regulating more comprehensively and more stringently the operation of any of the activities falling under the scope of this Directive. This Directive, which does not provide for additional rules of conflict of laws when it specifies the powers of the competent authorities, is without prejudice to the rules on international jurisdiction of courts as provided, inter alia, in Council Regulation (EC) No 44/2001 of 22 December 2000 on jurisdiction and the recognition and enforcement of judgments in civil and commercial matters. This Directive should not apply to activities the main purpose of which is to serve national defence or international security.

(11) This Directive aims at preventing and remedying environmental damage, and does not affect rights of compensation for traditional damage granted under any relevant international agreement regulating civil liability.

(12) Many Member States are party to international agreements dealing with civil liability in relation to specific fields. These Member States should be able to remain so after the entry into force of this Directive, whereas other Member States should not lose their freedom to become parties to these agreements.

(13) Not all forms of environmental damage can be remedied by means of the liability mechanism. For the latter to be effective, there need to be one or more identifiable polluters, the damage should be concrete and quantifiable, and a causal link should be established between the damage and the identified polluter(s). Liability is therefore not a suitable instrument for dealing with pollution of a widespread, diffuse character, where it is impossible to link the negative environmental effects with acts or failure to act of certain individual actors.

(14) This Directive does not apply to cases of personal injury, to damage to private property or to any economic loss and does not affect any right regarding these types of damages.

(15) Since the prevention and remedying of environmental damage is a task directly contributing to the pursuit of the Community's environment policy, public authorities should ensure the proper implementation and enforcement of the scheme provided for by this Directive.

(16) Restoration of the environment should take place in an effective manner ensuring that the relevant restoration objectives are achieved. A common framework should be defined to that end, the proper

application of which should be supervised by the competent authority.

(17) Appropriate provision should be made for those situations where several instances of environmental damage have occurred in such a manner that the competent authority cannot ensure that all the necessary remedial measures are taken at the same time. In such a case, the competent authority should be entitled to decide which instance of environmental damage is to be remedied first.

(18) According to the "polluter-pays" principle, an operator causing environmental damage or creating an imminent threat of such damage should, in principle, bear the cost of the necessary preventive or remedial measures. In cases where a competent authority acts, itself or through a third party, in the place of an operator, that authority should ensure that the cost incurred by it is recovered from the operator. It is also appropriate that the operators should ultimately bear the cost of assessing environmental damage and, as the case may be, assessing an imminent threat of such damage occurring.

(19) Member States may provide for flat-rate calculation of administrative, legal, enforcement and other general costs to be recovered.

(20) An operator should not be required to bear the costs of preventive or remedial actions taken pursuant to this Directive in situations where the damage in question or imminent threat thereof is the result of certain events beyond the operator's control. Member States may allow that operators who are not at fault or negligent shall not bear the cost of remedial measures, in situations where the damage in question is the result of emissions or events explicitly authorised or where the potential for damage could not have been known when the event or emission took place.

(21) Operators should bear the costs relating to preventive measures when those measures should have been taken as a matter of course in order to comply with the legislative, regulatory and administrative provisions regulating their activities or the terms of any permit or authorisation.

(22) Member States may establish national rules covering cost allocation in cases of multiple party causation. Member States may take into account, in particular, the specific situation of users of products who might not be held responsible for environmental damage in the same conditions as those producing such products. In this case, apportionment of liability should be determined in accordance with national law.

(23) Competent authorities should be entitled to recover the cost of preventive or remedial measures from an operator within a reasonable period of time from the date on which those measures were completed.

(24) It is necessary to ensure that effective means of implementation and enforcement are available, while ensuring that the legitimate interests of the relevant operators and other interested parties are adequately safeguarded. Competent authorities should be in charge of specific tasks entailing appropriate administrative discretion, namely the duty to assess the significance of the damage and to determine which remedial measures should be taken.

(25) Persons adversely affected or likely to be adversely affected by environmental damage should be entitled to ask the competent authority to take action. Environmental protection is, however, a diffuse interest on behalf of which individuals will not always act or will not be in a position to act. Non-governmental organisations promoting environmental protection should therefore also be given the opportunity to properly contribute to the effective implementation of this Directive.

(26) The relevant natural or legal persons concerned should have access to procedures for the review of the competent authority's decisions, acts or failure to act.

(27) Member States should take measures to encourage the use by operators of any appropriate insurance or other forms of financial security and the development of financial security instruments and markets in order to provide effective cover for financial obligations under this Directive.

(28) Where environmental damage affects or is likely to affect several Member States, those Member

States should cooperate with a view to ensuring proper and effective preventive or remedial action in respect of any environmental damage. Member States may seek to recover the costs for preventive or remedial actions.

(29) This Directive should not prevent Member States from maintaining or enacting more stringent provisions in relation to the prevention and remedying of environmental damage; nor should it prevent the adoption by Member States of appropriate measures in relation to situations where double recovery of costs could occur as a result of concurrent action by a competent authority under this Directive and by a person whose property is affected by the environmental damage.

(30) Damage caused before the expiry of the deadline for implementation of this Directive should not be covered by its provisions.

(31) Member States should report to the Commission on the experience gained in the application of this Directive so as to enable the Commission to consider, taking into account the impact on sustainable development and future risks to the environment, whether any review of this Directive is appropriate,

HAVE ADOPTED THIS DIRECTIVE:

Article 1
Subject matter

The purpose of this Directive is to establish a framework of environmental liability based on the "polluter-pays" principle, to prevent and remedy environmental damage.

Article 2
Definitions

For the purpose of this Directive the following definitions shall apply:

1. "environmental damage" means:

(a) damage to protected species and natural habitats, which is any damage that has significant adverse effects on reaching or maintaining the favourable conservation status of such habitats or species. The significance of such effects is to be assessed with reference to the baseline condition, taking account of the criteria set out in Annex I ;

Damage to protected species and natural habitats does not include previously identified adverse effects which result from an act by an operator which was expressly authorised by the relevant authorities in accordance with provisions implementing Article 6(3) and (4) or Article 16 of Directive 92/43/EEC or Article 9 of Directive 79/409/EEC or, in the case of habitats and species not covered by Community law, in accordance with equivalent provisions of national law on nature conservation.

(b) water damage, which is any damage that significantly adversely affects the ecological, chemical and/or quantitative status and/or ecological potential, as defined in Directive 2000/60/EC, of the waters concerned, with the exception of adverse effects where Article 4(7) of that Directive applies;

(c) land damage, which is any land contamination that creates a significant risk of human health being adversely affected as a result of the direct or indirect introduction, in, on or under land, of substances, preparations, organisms or micro-organisms;

2. "damage" means a measurable adverse change in a natural resource or measurable impairment of a natural resource service which may occur directly or indirectly;

3. "protected species and natural habitats" means:

(a) the species mentioned in Article 4(2) of Directive 79/409/EEC or listed in Annex I thereto or listed in Annexes II and IV to Directive 92/43/EEC;

(b) the habitats of species mentioned in Article 4(2) of Directive 79/409/EEC or listed in Annex I thereto or listed in Annex II to Directive 92/43/EEC, and the natural habitats listed in Annex I to Directive 92/43/EEC and the breeding sites or resting places of the species listed in Annex IV to Directive 92/43/EEC; and

(c) where a Member State so determines, any habitat or species, not listed in those Annexes which the Member State designates for equivalent purposes as those laid down in these two Directives;

4. "conservation status" means:

(a) in respect of a natural habitat, the sum of the influences acting on a natural habitat and its typical species that may affect its long-term natural distribution, structure and functions as well as the long-term survival of its typical species within, as the case may be, the European territory of the Member States to which the Treaty applies or the territory of a Member State or the natural range of that habitat;

The conservation status of a natural habitat will be taken as "favourable" when:

—its natural range and areas it covers within that range are stable or increasing,

—the specific structure and functions which are necessary for its long-term maintenance exist and are likely to continue to exist for the foreseeable future, and

—the conservation status of its typical species is favourable, as defined in (b);

(b) in respect of a species, the sum of the influences acting on the species concerned that may affect the long-term distribution and abundance of its populations within, as the case may be, the European territory of the Member States to which the Treaty applies or the territory of a Member State or the natural range of that species;

The conservation status of a species will be taken as "favourable" when:

—population dynamics data on the species concerned indicate that it is maintaining itself on a long-term basis as a viable component of its natural habitats,

—the natural range of the species is neither being reduced nor is likely to be reduced for the foreseeable future, and

—there is, and will probably continue to be, a sufficiently large habitat to maintain its populations on a long-term basis;

5. "waters" mean all waters covered by Directive 2000/60/EC;

6. "operator" means any natural or legal, private or public person who operates or controls the occupational activity or, where this is provided for in national legislation, to whom decisive economic power over the technical functioning of such an activity has been delegated, including the holder of a permit or authorisation for such an activity or the person registering or notifying such an activity;

7. "occupational activity" means any activity carried out in the course of an economic activity, a business or an undertaking, irrespectively of its private or public, profit or non-profit character;

8. "emission" means the release in the environment, as a result of human activities, of substances, preparations, organisms or micro-organisms;

9. "imminent threat of damage" means a sufficient likelihood that environmental damage will occur in the near future;

10. "preventive measures" means any measures taken in response to an event, act or omission that has created an imminent threat of environmental damage, with a view to preventing or minimising that damage;

11. "remedial measures" means any action, or combination of actions, including mitigating or interim measures to restore, rehabilitate or replace damaged natural resources and/or impaired services, or to provide an equivalent alternative to those resources or services as foreseen in Annex II;

12. "natural resource" means protected species and natural habitats, water and land;

13. "services" and "natural resources services" mean the functions performed by a natural resource for

the benefit of another natural resource or the public;

14. "baseline condition" means the condition at the time of the damage of the natural resources and services that would have existed had the environmental damage not occurred, estimated on the basis of the best information available;

15. "recovery", including "natural recovery", means, in the case of water, protected species and natural habitats the return of damaged natural resources and/or impaired services to baseline condition and in the case of land damage, the elimination of any significant risk of adversely affecting human health;

16. "costs" means costs which are justified by the need to ensure the proper and effective implementation of this Directive including the costs of assessing environmental damage, an imminent threat of such damage, alternatives for action as well as the administrative, legal, and enforcement costs, the costs of data collection and other general costs, monitoring and supervision costs.

Article 3
Scope

1. This Directive shall apply to:

(a) environmental damage caused by any of the occupational activities listed in Annex III, and to any imminent threat of such damage occurring by reason of any of those activities;

(b) damage to protected species and natural habitats caused by any occupational activities other than those listed in Annex III, and to any imminent threat of such damage occurring by reason of any of those activities, whenever the operator has been at fault or negligent.

2. This Directive shall apply without prejudice to more stringent Community legislation regulating the operation of any of the activities falling within the scope of this Directive and without prejudice to Community legislation containing rules on conflicts of jurisdiction.

3. Without prejudice to relevant national legislation, this Directive shall not give private parties a right of compensation as a consequence of environmental damage or of an imminent threat of such damage.

Article 4
Exceptions

1. This Directive shall not cover environmental damage or an imminent threat of such damage caused by:

(a) an act of armed conflict, hostilities, civil war or insurrection;

(b) a natural phenomenon of exceptional, inevitable and irresistible character.

2. This Directive shall not apply to environmental damage or to any imminent threat of such damage arising from an incident in respect of which liability or compensation falls within the scope of any of the International Conventions listed in Annex IV, including any future amendments thereof, which is in force in the Member State concerned.

3. This Directive shall be without prejudice to the right of the operator to limit his liability in accordance with national legislation implementing the Convention on Limitation of Liability for Maritime Claims (LLMC), 1976, including any future amendment to the Convention, or the Strasbourg Convention on Limitation of Liability in Inland Navigation (CLNI), 1988, including any future amendment to the Convention.

4. This Directive shall not apply to such nuclear risks or environmental damage or imminent threat of such damage as may be caused by the activities covered by the Treaty establishing the European Atomic Energy Community or caused by an incident or activity in respect of which liability or compensation falls

within the scope of any of the international instruments listed in Annex V, including any future amendments thereof.

5. This Directive shall only apply to environmental damage or to an imminent threat of such damage caused by pollution of a diffuse character, where it is possible to establish a causal link between the damage and the activities of individual operators.

6. This Directive shall not apply to activities the main purpose of which is to serve national defence or international security nor to activities the sole purpose of which is to protect from natural disasters.

Article 5
Preventive action

1. Where environmental damage has not yet occurred but there is an imminent threat of such damage occurring, the operator shall, without delay, take the necessary preventive measures.

2. Member States shall provide that, where appropriate, and in any case whenever an imminent threat of environmental damage is not dispelled despite the preventive measures taken by the operator, operators are to inform the competent authority of all relevant aspects of the situation, as soon as possible.

3. The competent authority may, at any time:

(a) require the operator to provide information on any imminent threat of environmental damage or in suspected cases of such an imminent threat;

(b) require the operator to take the necessary preventive measures;

(c) give instructions to the operator to be followed on the necessary preventive measures to be taken; or

(d) itself take the necessary preventive measures.

4. The competent authority shall require that the preventive measures are taken by the operator. If the operator fails to comply with the obligations laid down in paragraph 1 or 3(b) or (c), cannot be identified or is not required to bear the costs under this Directive, the competent authority may take these measures itself.

Article 6
Remedial action

1. Where environmental damage has occurred the operator shall, without delay, inform the competent authority of all relevant aspects of the situation and take:

(a) all practicable steps to immediately control, contain, remove or otherwise manage the relevant contaminants and/or any other damage factors in order to limit or to prevent further environmental damage and adverse effects on human health or further impairment of services and

(b) the necessary remedial measures, in accordance with Article 7.

2. The competent authority may, at any time:

(a) require the operator to provide supplementary information on any damage that has occurred;

(b) take, require the operator to take or give instructions to the operator concerning, all practicable steps to immediately control, contain, remove or otherwise manage the relevant contaminants and/or any other damage factors in order to limit or to prevent further environmental damage and adverse effect on human health, or further impairment of services;

(c) require the operator to take the necessary remedial measures;

(d) give instructions to the operator to be followed on the necessary remedial measures to be taken; or

(e) itself take the necessary remedial measures.

3. The competent authority shall require that the remedial measures are taken by the operator. If the

operator fails to comply with the obligations laid down in paragraph 1 or 2(b), (c) or (d), cannot be identified or is not required to bear the costs under this Directive, the competent authority may take these measures itself, as a means of last resort.

Article 7
Determination of remedial measures

1. Operators shall identify, in accordance with Annex Ⅱ, potential remedial measures and submit them to the competent authority for its approval, unless the competent authority has taken action under Article 6(2)(e) and (3).

2. The competent authority shall decide which remedial measures shall be implemented in accordance with Annex Ⅱ, and with the cooperation of the relevant operator, as required.

3. Where several instances of environmental damage have occurred in such a manner that the competent authority cannot ensure that the necessary remedial measures are taken at the same time, the competent authority shall be entitled to decide which instance of environmental damage must be remedied first.

In making that decision, the competent authority shall have regard, inter alia, to the nature, extent and gravity of the various instances of environmental damage concerned, and to the possibility of natural recovery. Risks to human health shall also be taken into account.

4. The competent authority shall invite the persons referred to in Article 12(1) and in any case the persons on whose land remedial measures would be carried out to submit their observations and shall take them into account.

Article 8
Prevention and remediation costs

1. The operator shall bear the costs for the preventive and remedial actions taken pursuant to this Directive.

2. Subject to paragraphs 3 and 4, the competent authority shall recover, inter alia, via security over property or other appropriate guarantees from the operator who has caused the damage or the imminent threat of damage, the costs it has incurred in relation to the preventive or remedial actions taken under this Directive.

However, the competent authority may decide not to recover the full costs where the expenditure required to do so would be greater than the recoverable sum or where the operator cannot be identified.

3. An operator shall not be required to bear the cost of preventive or remedial actions taken pursuant to this Directive when he can prove that the environmental damage or imminent threat of such damage:

(a) was caused by a third party and occured despite the fact that appropriate safety measures were in place; or

(b) resulted from compliance with a compulsory order or instruction emanating from a public authority other than an order or instruction consequent upon an emission or incident caused by the operator's own activities.

In such cases Member States shall take the appropriate measures to enable the operator to recover the costs incurred.

4. The Member States may allow the operator not to bear the cost of remedial actions taken pursuant to this Directive where he demonstrates that he was not at fault or negligent and that the environmental damage was caused by:

(a) an emission or event expressly authorised by, and fully in accordance with the conditions of, an authorisation conferred by or given under applicable national laws and regulations which implement those legislative measures adopted by the Community specified in Annex III, as applied at the date of the emission or event;

(b) an emission or activity or any manner of using a product in the course of an activity which the operator demonstrates was not considered likely to cause environmental damage according to the state of scientific and technical knowledge at the time when the emission was released or the activity took place.

5. Measures taken by the competent authority in pursuance of Article 5(3) and (4) and Article 6(2) and (3) shall be without prejudice to the liability of the relevant operator under this Directive and without prejudice to Articles 87 and 88 of the Treaty.

Article 9
Cost allocation in cases of multiple party causation

This Directive is without prejudice to any provisions of national regulations concerning cost allocation in cases of multiple party causation especially concerning the apportionment of liability between the producer and the user of a product.

Article 10
Limitation period for recovery of costs

The competent authority shall be entitled to initiate cost recovery proceedings against the operator, or if appropriate, a third party who has caused the damage or the imminent threat of damage in relation to any measures taken in pursuance of this Directive within five years from the date on which those measures have been completed or the liable operator, or third party, has been identified, whichever is the later.

Article 11
Competent authority

1. Member States shall designate the competent authority(ies) responsible for fulfilling the duties provided for in this Directive.

2. The duty to establish which operator has caused the damage or the imminent threat of damage, to assess the significance of the damage and to determine which remedial measures should be taken with reference to Annex II shall rest with the competent authority. To that effect, the competent authority shall be entitled to require the relevant operator to carry out his own assessment and to supply any information and data necessary.

3. Member States shall ensure that the competent authority may empower or require third parties to carry out the necessary preventive or remedial measures.

4. Any decision taken pursuant to this Directive which imposes preventive or remedial measures shall state the exact grounds on which it is based. Such decision shall be notified forthwith to the operator concerned, who shall at the same time be informed of the legal remedies available to him under the laws in force in the Member State concerned and of the time-limits to which such remedies are subject.

Article 12
Request for action

1. Natural or legal persons:

(a) affected or likely to be affected by environmental damage or

(b) having a sufficient interest in environmental decision making relating to the damage or, alternatively,

(c) alleging the impairment of a right, where administrative procedural law of a Member State requires this as a precondition,

shall be entitled to submit to the competent authority any observations relating to instances of environmental damage or an imminent threat of such damage of which they are aware and shall be entitled to request the competent authority to take action under this Directive.

What constitutes a "sufficient interest" and "impairment of a right" shall be determined by the Member States.

To this end, the interest of any non-governmental organisation promoting environmental protection and meeting any requirements under national law shall be deemed sufficient for the purpose of subparagraph (b). Such organisations shall also be deemed to have rights capable of being impaired for the purpose of subparagraph (c).

2. The request for action shall be accompanied by the relevant information and data supporting the observations submitted in relation to the environmental damage in question.

3. Where the request for action and the accompanying observations show in a plausible manner that environmental damage exists, the competent authority shall consider any such observations and requests for action. In such circumstances the competent authority shall give the relevant operator an opportunity to make his views known with respect to the request for action and the accompanying observations.

4. The competent authority shall, as soon as possible and in any case in accordance with the relevant provisions of national law, inform the persons referred to in paragraph 1, which submitted observations to the authority, of its decision to accede to or refuse the request for action and shall provide the reasons for it.

5. Member States may decide not to apply paragraphs 1 and 4 to cases of imminent threat of damage.

Article 13
Review procedures

1. The persons referred to in Article 12(1) shall have access to a court or other independent and impartial public body competent to review the procedural and substantive legality of the decisions, acts or failure to act of the competent authority under this Directive.

2. This Directive shall be without prejudice to any provisions of national law which regulate access to justice and those which require that administrative review procedures be exhausted prior to recourse to judicial proceedings.

Article 14
Financial security

1. Member States shall take measures to encourage the development of financial security instruments and markets by the appropriate economic and financial operators, including financial mechanisms in case of insolvency, with the aim of enabling operators to use financial guarantees to cover their responsibilities under this Directive.

2. The Commission, before 30 April 2010 shall present a report on the effectiveness of the Directive in terms of actual remediation of environmental damages, on the availability at reasonable costs and on conditions of insurance and other types of financial security for the activities covered by Annex Ⅲ. The report shall also consider in relation to financial security the following aspects: a gradual approach, a ceiling for the financial guarantee and the exclusion of low-risk activities. In the light of that report, and of an extended impact assessment, including a cost-benefit analysis, the Commission shall, if appropriate, submit proposals for a system of harmonised mandatory financial security.

Article 15
Cooperation between Member States

1. Where environmental damage affects or is likely to affect several Member States, those Member States shall cooperate, including through the appropriate exchange of information, with a view to ensuring that preventive action and, where necessary, remedial action is taken in respect of any such environmental damage.

2. Where environmental damage has occurred, the Member State in whose territory the damage originates shall provide sufficient information to the potentially affected Member States.

3. Where a Member State identifies damage within its borders which has not been caused within them it may report the issue to the Commission and any other Member State concerned; it may make recommendations for the adoption of preventive or remedial measures and it may seek, in accordance with this Directive, to recover the costs it has incurred in relation to the adoption of preventive or remedial measures.

Article 16
Relationship with national law

1. This Directive shall not prevent Member States from maintaining or adopting more stringent provisions in relation to the prevention and remedying of environmental damage, including the identification of additional activities to be subject to the prevention and remediation requirements of this Directive and the identification of additional responsible parties.

2. This Directive shall not prevent Member States from adopting appropriate measures, such as the prohibition of double recovery of costs, in relation to situations where double recovery could occur as a result of concurrent action by a competent authority under this Directive and by a person whose property is affected by environmental damage.

Article 17
Temporal application

This Directive shall not apply to:
　—damage caused by an emission, event or incident that took place before the date referred to in Article 19(1),
　—damage caused by an emission, event or incident which takes place subsequent to the date referred to in Article 19(1) when it derives from a specific activity that took place and finished before the said date,
　—damage, if more than 30 years have passed since the emission, event or incident, resulting in the damage, occurred.

Article 18

Reports and review

1. Member States shall report to the Commission on the experience gained in the application of this Directive by 30 April 2013 at the latest. The reports shall include the information and data set out in Annex VI.

2. On that basis, the Commission shall submit a report to the European Parliament and to the Council before 30 April 2014, which shall include any appropriate proposals for amendment.

3. The report, referred to in paragraph 2, shall include a review of:

(a) the application of:

—Article 4(2) and (4) in relation to the exclusion of pollution covered by the international instruments listed in Annexes IV and V from the scope of this Directive, and

—Article 4(3) in relation to the right of an operator to limit his liability in accordance with the international conventions referred to in Article 4(3).

The Commission shall take into accountexperience gained within the relevant international fora, such as the IMO and Euratom and the relevant international agreements, as well as the extent to which these instruments have entered into force and/or have been implemented by Member States and/or have been modified, taking account of all relevant instances of environmental damage resulting from such activities and the remedial action taken and the differences between the liability levels in Member States, and considering the relationship between shipowners' liability and oil receivers' contributions, having due regard to any relevant study undertaken by the International Oil Pollution Compensation Funds.

(b) the application of this Directive to environmental damage caused by genetically modified organisms (GMOs), particularly in the light of experience gained within relevant international fora and Conventions, such as the Convention on Biological Diversity and the Cartagena Protocol on Biosafety, as well as the results of any incidents of environmental damage caused by GMOs;

(c) the application of this Directive in relation to protected species and natural habitats;

(d) the instruments that may be eligible for incorporation into Annexes III, IV and V.

Article 19

Implementation

1. Member States shall bring into force the laws, regulations and administrative provisions necessary to comply with this Directive by 30 April 2007. They shall forthwith inform the Commission thereof.

When Member States adopt those measures, they shall contain a reference to this Directive or shall be accompanied by such a reference on the occasion of their official publication. The methods of making such reference shall be laid down by Member States.

2. Member States shall communicate to the Commission the text of the main provisions of national law which they adopt in the field covered by this Directive together with a table showing how the provisions of this Directive correspond to the national provisions adopted.

Article 20

Entry into force

This Directive shall enter into force on the day of its publication in the Official Journal of the European Union.

Article 21
Addressees

This Directive is addressed to the Member States.

Done at Strasbourg, 21 April 2004.

For the European Parliament
The President
P. Cox

For the Council
The President
D. Roche

부록 16

Directive 2008/99/EC of the European Parliament and of the Council of 19 November 2008 on the protection of the environment through criminal law

(OJ 2008 L328/28)*

THE EUROPEAN PARLIAMENT AND THE COUNCIL OF THE EUROPEAN UNION,

Having regard to the Treaty establishing the European Community, and in particular Article 175(1) thereof,

Having regard to the proposal from the Commission,

Having regard to the opinion of the European Economic and Social Committee,

After consulting the Committee of the Regions,

Acting in accordance with the procedure laid down in Article 251 of the Treaty,

Whereas:

(1) According to Article 174(2) of the Treaty, Community policy on the environment must aim at a high level of protection.

(2) The Community is concerned at the rise in environmental offences and at their effects, which are increasingly extending beyond the borders of the States in which the offences are committed. Such offences pose a threat to the environment and therefore call for an appropriate response.

(3) Experience has shown that the existing systems of penalties have not been sufficient to achieve complete compliance with the laws for the protection of the environment. Such compliance can and should be strengthened by the availability of criminal penalties, which demonstrate a social disapproval of a qualitatively different nature compared to administrative penalties or a compensation mechanism under civil law.

(4) Common rules on criminal offences make it possible to use effective methods of investigation and assistance within and between Member States.

(5) In order to achieve effective protection of the environment, there is a particular need for more dissuasive penalties for environmentally harmful activities, which typically cause or are likely to cause substantial damage to the air, including the stratosphere, to soil, water, animals or plants, including to the conservation of species.

(6) Failure to comply with a legal duty to act can have the same effect as active behaviour and should therefore also be subject to corresponding penalties.

(7) Therefore, such conduct should be considered a criminal offence throughout the Community when committed intentionally or with serious negligence.

(8) The legislation listed in the Annexes to this Directive contains provisions which should be subject to criminal law measures in order to ensure that the rules on environmental protection are fully effective.

(9) The obligations under this Directive only relate to the provisions of the legislation listed in the Annexes to this Directive which entail an obligation for Member States, when implementing that legislation, to provide for prohibitive measures.

---

* http://europa.eu/legislation_summaries/environment/general_provisions/ev0012_en.htm

(10) This Directive obliges Member States to provide for criminal penalties in their national legislation in respect of serious infringements of provisions of Community law on the protection of the environment. This Directive creates no obligations regarding the application of such penalties, or any other available system of law enforcement, in individual cases.

(11) This Directive is without prejudice to other systems of liability for environmental damage under Community law or national law.

(12) As this Directive provides for minimum rules, Member States are free to adopt or maintain more stringent measures regarding the effective criminal law protection of the environment. Such measures must be compatible with the Treaty.

(13) Member States should provide information to the Commission on the implementation of this Directive, in order to enable it to evaluate the effect of this Directive.

(14) Since the objective of this Directive, namely to ensure a more effective protection of the environment, cannot be sufficiently achieved by the Member States and can therefore, by reason of the scale and effects of this Directive, be better achieved at Community level, the Community may adopt measures, in accordance with the principle of subsidiarity as set out in Article 5 of the Treaty. In accordance with the principle of proportionality, as set out in that Article, this Directive does not go beyond what is necessary in order to achieve that objective.

(15) Whenever subsequent legislation on environmental matters is adopted, it should specify where appropriate that this Directive will apply. Where necessary, Article 3 should be amended.

(16) This Directive respects the fundamental rights and observes the principles as recognised in particular by the Charter of Fundamental Rights of the European Union,

HAVE ADOPTED THIS DIRECTIVE:

Article 1

Subject matter

This Directive establishes measures relating to criminal law in order to protect the environment more effectively.

Article 2

Definitions

For the purpose of this Directive:

(a) "unlawful" means infringing:

(i) the legislation adopted pursuant to the EC Treaty and listed in Annex A; or

(ii) with regard to activities covered by the Euratom Treaty, the legislation adopted pursuant to the Euratom Treaty and listed in Annex B; or

(iii) a law, an administrative regulation of a Member State or a decision taken by a competent authority of a Member State that gives effect to the Community legislation referred to in (i) or (ii);

(b) "protected wild fauna and flora species" are:

(i) for the purposes of Article 3(f), those listed in:

—Annex IV to Council Directive 92/43/EEC of 21 May 1992 on the conservation of natural habitats and of wild fauna and flora,

—Annex I to, and referred to in Article 4(2) of, Council Directive 79/409/EEC of 2 April 1979 on the conservation of wild birds;

(ii) for the purposes of Article 3(g), those listed in Annex A or B to Council Regulation (EC) No

338/97 of 9 December 1996 on the protection of species of wild fauna and flora by regulating trade therein;

(c) "habitat within a protected site" means any habitat of species for which an area is classified as a special protection area pursuant to Article 4(1) or (2) of Directive 79/409/EEC, or any natural habitat or a habitat of species for which a site is designated as a special area of conservation pursuant to Article 4(4) of Directive 92/43/EEC;

(d) "legal person" means any legal entity having such status under the applicable national law, except for States or public bodies exercising State authority and for public international organisations.

Article 3
Offences

Member States shall ensure that the following conduct constitutes a criminal offence, when unlawful and committed intentionally or with at least serious negligence:

(a) the discharge, emission or introduction of a quantity of materials or ionising radiation into air, soil or water, which causes or is likely to cause death or serious injury to any person or substantial damage to the quality of air, the quality of soil or the quality of water, or to animals or plants;

(b) the collection, transport, recovery or disposal of waste, including the supervision of such operations and the after-care of disposal sites, and including action taken as a dealer or a broker (waste management), which causes or is likely to cause death or serious injury to any person or substantial damage to the quality of air, the quality of soil or the quality of water, or to animals or plants;

(c) the shipment of waste, where this activity falls within the scope of Article 2(35) of Regulation (EC) No 1013/2006 of the European Parliament and of the Council of 14 June 2006 on shipments of waste and is undertaken in a non-negligible quantity, whether executed in a single shipment or in several shipments which appear to be linked;

(d) the operation of a plant in which a dangerous activity is carried out or in which dangerous substances or preparations are stored or used and which, outside the plant, causes or is likely to cause death or serious injury to any person or substantial damage to the quality of air, the quality of soil or the quality of water, or to animals or plants;

(e) the production, processing, handling, use, holding, storage, transport, import, export or disposal of nuclear materials or other hazardous radioactive substances which causes or is likely to cause death or serious injury to any person or substantial damage to the quality of air, the quality of soil or the quality of water, or to animals or plants;

(f) the killing, destruction, possession or taking of specimens of protected wild fauna or flora species, except for cases where the conduct concerns a negligible quantity of such specimens and has a negligible impact on the conservation status of the species;

(g) trading in specimens of protected wild fauna or flora species or parts or derivatives thereof, except for cases where the conduct concerns a negligible quantity of such specimens and has a negligible impact on the conservation status of the species;

(h) any conduct which causes the significant deterioration of a habitat within a protected site;

(i) the production, importation, exportation, placing on the market or use of ozone-depleting substances.

Article 4
Inciting, aiding and abetting

Member States shall ensure that inciting, aiding and abetting the intentional conduct referred to in

Article 3 is punishable as a criminal offence.

Article 5
Penalties

Member States shall take the necessary measures to ensure that the offences referred to in Articles 3 and 4 are punishable by effective, proportionate and dissuasive criminal penalties.

Article 6
Liability of legal persons

1. Member States shall ensure that legal persons can be held liable for offences referred to in Articles 3 and 4 where such offences have been committed for their benefit by any person who has a leading position within the legal person, acting either individually or as part of an organ of the legal person, based on:

(a) a power of representation of the legal person;

(b) an authority to take decisions on behalf of the legal person; or

(c) an authority to exercise control within the legal person.

2. Member States shall also ensure that legal persons can be held liable where the lack of supervision or control, by a person referred to in paragraph 1, has made possible the commission of an offence referred to in Articles 3 and 4 for the benefit of the legal person by a person under its authority.

3. Liability of legal persons under paragraphs 1 and 2 shall not exclude criminal proceedings against natural persons who are perpetrators, inciters or accessories in the offences referred to in Articles 3 and 4.

Article 7
Penalties for legal persons

Member States shall take the necessary measures to ensure that legal persons held liable pursuant to Article 6 are punishable by effective, proportionate and dissuasive penalties.

Article 8
Transposition

1. Member States shall bring into force the laws, regulations and administrative provisions necessary to comply with this Directive before 26 December 2010.

When Member States adopt these measures, they shall contain a reference to this Directive or be accompanied by such a reference on the occasion of their official publication. Member States shall determine how such reference is to be made.

2. Member States shall communicate to the Commission the text of the main provisions of national law which they adopt in the field covered by this Directive and a table indicating the correlation between those provisions and this Directive.

Article 9
Entry into force

This Directive shall enter into force on the 20th day following its publication in the Official Journal of the European Union.

Article 10

Addressees

This Directive is addressed to the Member States.

Done at Strasbourg, 19 November 2008.

For the European Parliament
The President
H.-G. Pöttering

For the Council
The President
J.-P. Jouyet

Regulation 401/2009/EC of the European Parliament and of the Council of 23 April 2009 on the European Environment Agency and the European Environment Information and Observation Network (Codified version)

(OJ 2009 L126/13)*

THE EUROPEAN PARLIAMENT AND THE COUNCIL OF THE EUROPEAN UNION,

Having regard to the Treaty establishing the European Community, and in particular Article 175 thereof,

Having regard to the proposal from the Commission,

Having regard to the opinion of the European Economic and Social Committee,

After consulting the Committee of the Regions,

Acting in accordance with the procedure laid down in Article 251 of the Treaty,

Whereas:

(1) Council Regulation (EEC) No 1210/90 of 7 May 1990 on the establishment of the European Environment Agency and the European Environment Information and Observation Network has been substantially amended several times. In the interests of clarity and rationality the said Regulation should be codified.

(2) The Treaty provides for the development and implementation of a Community policy on the environment, and lays down the objectives and principles which should govern such policy.

(3) Environmental protection requirements are to be a component of the Community's other policies.

(4) According to Article 174 of the Treaty, in preparing its action relating to the environment the Community is to take account, inter alia, of the available scientific and technical data.

(5) Collection, processing and analysis of environmental data at European level are necessary in order to provide objective, reliable and comparable information which will enable the Community and the Member States to take the requisite measures to protect the environment, to assess the results of such measures and to ensure that the public is properly informed about the state of the environment.

(6) There already exist in the Community and the Member States facilities providing such information and services.

(7) They should form the basis for the European Environment Information and Observation Network to be coordinated at Community level by the European Environment Agency.

(8) The general principles and limits governing the exercise of the right of access to documents, provided for in Article 255 of the Treaty, have been laid down by Regulation (EC) No 1049/2001 of the European Parliament and of the Council of 30 May 2001 regarding public access to European Parliament, Council and Commission documents.

(9) The Agency should cooperate with existing structures at Community level to enable the Commission to ensure full application of Community legislation on the environment.

(10) The status and structure of the Agency should correspond to the objective character of the results

---

* http://europa.eu/legislation_summaries/environment/general_provisions/ev0019_en.htm

it is intended to produce and allow it to carry out its functions in close cooperation with the existing national and international facilities.

(11) The Agency should be granted legal autonomy while maintaining close links with the Community institutions and the Member States.

(12) It is desirable to provide for the Agency to be open to other countries which share the concern of the Community and the Member States for the objectives of the Agency under agreements to be concluded between them and the Community,

HAVE ADOPTED THIS REGULATION:

Article 1

1. This Regulation provides for the European Environment Agency, hereinafter referred to as "the Agency", and aims at the setting up of a European Environment Information and Observation Network.

2. To achieve the aims of environmental protection and improvement laid down by the Treaty and by successive Community action programmes on the environment, as well as of sustainable development, the objective of the Agency and of the European Environment Information and Observation Network shall be to provide the Community and the Member States with:

(a) objective, reliable and comparable information at European level enabling them to take the requisite measures to protect the environment, to assess the results of such measures and to ensure that the public is properly informed about the state of the environment, and to that end;

(b) the necessary technical and scientific support.

Article 2

For the purposes of achieving the objective set out in Article 1, the tasks of the Agency shall be:

(a) to establish, in cooperation with the Member States, and coordinate the Network referred to in Article 4; in this context, the Agency shall be responsible for the collection, processing and analysis of data, in particular in the fields referred to in Article 3;

(b) to provide the Community and the Member States with the objective information necessary for framing and implementing sound and effective environmental policies; to that end, in particular to provide the Commission with the information that it needs to be able to carry out successfully its tasks of identifying, preparing and evaluating measures and legislation in the field of the environment;

(c) to assist the monitoring of environmental measures through appropriate support for reporting requirements (including through involvement in the development of questionnaires, the processing of reports from Member States and the distribution of results), in accordance with its multiannual work programme and with the aim of coordinating reporting;

(d) to advise individual Member States, upon their request and where this is consistent with the Agency's annual work programme, on the development, establishment and expansion of their systems for the monitoring of environmental measures, provided such activities do not endanger the fulfilment of the other tasks established by this Article; such advice may also include peer reviews by experts at the specific request of Member States;

(e) to record, collate and assess data on the state of the environment, to draw up expert reports on the quality, sensitivity and pressures on the environment within the territory of the Community, to provide uniform assessment criteria for environmental data to be applied in all Member States, to develop further and maintain a reference centre of information on the environment; the Commission shall use this information in its task of ensuring the implementation of Community legislation on the environment;

(f) to help ensure that environmental data at European level are comparable and, if necessary, to encourage by appropriate means improved harmonisation of methods of measurement;

(g) to promote the incorporation of European environmental information into international environment monitoring programmes such as those established by the United Nations and its specialised agencies;

(h) to publish a report on the state of, trends in and prospects for the environment every five years, supplemented by indicator reports focusing upon specific issues;

(i) to stimulate the development and application of environmental forecasting techniques so that adequate preventive measures can be taken in good time;

(j) to stimulate the development of methods of assessing the cost of damage to the environment and the costs of environmental preventive, protection and restoration policies;

(k) to stimulate the exchange of information on the best technologies available for preventing or reducing damage to the environment;

(l) to cooperate with the bodies and programmes referred to in Article 15;

(m) to ensure the broad dissemination of reliable and comparable environmental information, in particular on the state of the environment, to the general public and, to this end, to promote the use of new telematics technology for this purpose;

(n) to support the Commission in the process of exchange of information on the development of environmental assessment methodologies and best practice;

(o) to assist the Commission in the diffusion of information on the results of relevant environmental research and in a form which can best assist policy development.

Article 3

1. The principal areas of activity of the Agency shall, as far as possible, include all elements enabling it to gather the information making it possible to describe the present and foreseeable state of the environment from the following points of view:

(a) the quality of the environment;

(b) the pressures on the environment;

(c) the sensitivity of the environment;

including placing these in the context of sustainable development.

2. The Agency shall furnish information which can be directly used in the implementation of Community environmental policy.

Priority shall be given to the following areas of work:

(a) air quality and atmospheric emissions;

(b) water quality, pollutants and water resources;

(c) the state of the soil, of the fauna and flora, and of biotopes;

(d) land use and natural resources;

(e) waste management;

(f) noise emissions;

(g) chemical substances which are hazardous for the environment;

(h) coastal and marine protection.

In particular, transfrontier, plurinational and global phenomena shall be covered.

The socioeconomic dimension shall also be taken into account.

3. The Agency may also cooperate in the exchange of information with other bodies, including with the European Network for the Implementation and Enforcement of Environmental Law (IMPEL Network).

In its activities the Agency shall avoid duplicating the existing activities of other institutions and bodies.

Article 4

1. The Network shall comprise:

(a) the main component elements of the national information networks;

(b) the national focal points;

(c) the topic centres.

2. Member States shall keep the Agency informed of the main component elements of their national environment information networks, especially in the priority areas referred to in Article 3(2), including any institution which in their judgment could contribute to the work of the Agency, taking into account the need to ensure the fullest possible geographical coverage of their territory.

Member States shall, as appropriate, cooperate with the Agency and contribute to the work of the European Environment Information and Observation Network in accordance with the work programme of the Agency by collecting, collating and analysing data nationwide.

Member States may also join to cooperate in these activities at a transnational level.

3. Member States may in particular designate from among the institutions referred to in paragraph 2 or other organisations established in their territory a "national focal point" for coordinating and/or transmitting the information to be supplied at national level to the Agency and to the institutions or bodies forming part of the Network, including the topic centres referred to in paragraph 4.

4. Member States may also, by 30 April 1994, identify the institutions or other organisations established in their territory which could be specifically entrusted with the task of cooperating with the Agency as regards certain topics of particular interest.

An institution thus identified should be in a position to conclude an agreement with the Agency to act as a topic centre of the Network for specific tasks.

These centres shall cooperate with other institutions which form part of the Network.

5. The topic centres shall be designated by the Management Board as defined in Article 8(1), for a period not exceeding the duration of each multiannual work programme as referred to in Article 8(4). Each designation may, however, be renewed.

6. The allocation of specific tasks to the topic centres shall appear in the Agency's multiannual work programme mentioned in Article 8(4).

7. In the light in particular of the multiannual work programme, the Agency shall periodically re-examine the component elements of the Network as referred to in paragraph 2 and shall make such changes as may be decided on by the Management Board, taking account of any new designations made by the Member States.

Article 5

The Agency may agree with the institutions or bodies which form part of the Network, as referred to in Article 4, upon the necessary arrangements, in particular contracts, for successfully carrying out the tasks which it may entrust to them.

A Member State may provide, as regards the national institutions or organisations in its territory, that such arrangements with the Agency shall be made in agreement with the national focal point.

Article 6

1. Regulation (EC) No 1049/2001 shall apply to documents held by the Agency.

2. Decisions taken by the Agency pursuant to Article 8 of Regulation (EC) No 1049/2001 may form

the subject of a complaint to the European Ombudsman or of an action before the Court of Justice of the European Communities, under the conditions laid down in Articles 195 and 230 of the Treaty respectively.

Article 7

The Agency shall have legal personality. It shall enjoy in all the Member States the most extensive legal capacity accorded to legal persons under their laws.

Article 8

1. The Agency shall have a Management Board consisting of one representative of each Member State and two representatives of the Commission. In addition, there may be one representative of each other country which participates in the Agency, in accordance with the relevant provisions.

In addition, the European Parliament shall designate, as members of the Management Board, two scientific personalities particularly qualified in the field of environmental protection, who shall be chosen on the basis of the personal contribution they are likely to make to the Agency's work.

Each member of the Management Board may be represented by an alternate member.

2. The Management Board shall elect its chairman from among its members for a period of three years and shall adopt its rules of procedure. Each member of the Management Board shall have a vote.

The Management Board shall elect a bureau to which it may delegate executive decisions, according to the rules that it shall adopt.

3. Decisions of the Management Board shall require for their adoption a two-thirds majority of the members of the Board.

4. The Management Board shall adopt a multiannual work programme based on the priority areas referred to in Article 3(2), using as its basis a draft submitted by the Executive Director referred to in Article 9, after consulting the scientific committee, referred to in Article 10, and receiving the Commission's opinion. The multiannual work programme shall, without prejudice to the annual Community budgetary procedure, include a multiannual budget estimate.

5. Under the multiannual programme, the Management Board shall each year adopt the Agency's work programme on the basis of a draft submitted by the Executive Director after consulting the scientific committee and receiving the Commission's opinion. The programme may be adjusted in the course of the year by the same procedure.

6. The Management Board shall adopt the annual report on the Agency's activities and forward it by 15 June at the latest to the European Parliament, the Council, the Commission, the Court of Auditors and the Member States.

7. The Agency shall forward annually to the budgetary authority all information relevant to the outcome of the evaluation procedures.

Article 9

1. The Agency shall be headed by an Executive Director appointed by the Management Board on a proposal from the Commission for a period of five years, which shall be renewable.

The Executive Director shall be the legal representative of the Agency.

The Executive Director shall be responsible:

(a) for the proper preparation and execution of the decisions and programmes adopted by the Management Board;

(b) for the day-to-day administration of the Agency;

(c) for the performance of the tasks defined in Articles 12 and 13;

(d) for the preparation and publication of the reports specified in Article 2(h);

(e) for all staff matters, for the performance of the tasks referred to in Article 8(4) and (5).

He shall obtain the opinion of the scientific committee, referred to in Article 10, for the purposes of recruitment of the Agency's scientific staff.

2. The Executive Director shall be accountable to the Management Board for his activities.

Article 10

1. The Management Board and the Executive Director shall be assisted by a scientific committee which shall deliver an opinion where provided for in this Regulation and on any scientific matter concerning the Agency's activity which the Management Board or the Executive Director may submit to it.

The opinions of the scientific committee shall be published.

2. The scientific committee shall be made up of members particularly qualified in the field of the environment, designated by the Management Board for a term of four years renewable once, taking into account, inter alia, the scientific areas which need to be represented in the committee in order to assist the Agency in its areas of activity. It shall function as determined by the rules of procedure provided for in Article 8(2).

Article 11

1. Estimates shall be drawn up of all the Agency's revenue and expenditure for each financial year, which shall correspond to the calendar year, and shall be entered in the Agency's budget.

2. The revenue and expenditure shown in the budget shall be in balance.

3. The revenue of the Agency shall, without prejudice to other resources, consist of a subsidy from the Community entered in the general budget of the European Communities and of payments for services rendered.

4. The expenditure of the Agency shall include, inter alia, staff remuneration, administrative and infrastructure expenses, operating costs and expenditure relating to contracts concluded with institutions or bodies forming part of the Network and with third parties.

Article 12

1. Each year the Management Board, on the basis of a draft drawn up by the Executive Director, shall produce a statement of estimates of revenue and expenditure of the Agency for the following financial year. This statement of estimates, which shall include a draft establishment plan, shall be forwarded by the Management Board to the Commission by 31 March at the latest.

2. The statement of estimates shall be forwarded by the Commission to the European Parliament and the Council (hereinafter referred to as the budgetary authority) together with the preliminary draft general budget of the European Communities.

3. On the basis of the statement of estimates, the Commission shall enter in the preliminary draft general budget of the European Communities the estimates it deems necessary for the establishment plan and the amount of the subsidy to be charged to the general budget, which it shall place before the budgetary authority in accordance with Article 272 of the Treaty.

4. The budgetary authority shall authorise the appropriations for the subsidy to the Agency.

The budgetary authority shall adopt the establishment plan for the Agency.

5. The budget shall be adopted by the Management Board. It shall become final following final adoption of the general budget of the European Communities. Where appropriate, it shall be adjusted accordingly.

6. The Management Board shall, as soon as possible, notify the budgetary authority of its intention to implement any project which may have significant financial implications for the funding of the budget, in particular any projects relating to property such as the rental or purchase of buildings. It shall inform the Commission thereof.

Where a branch of the budgetary authority has notified its intention to deliver an opinion, it shall forward its opinion to the Management Board within a period of six weeks after the date of notification of the project.

Article 13

1. The Executive Director shall implement the budget of the Agency.

2. By 1 March at the latest following each financial year, the Agency's accounting officer shall communicate the provisional accounts to the Commission's accounting officer together with a report on the budgetary and financial management for that financial year. The Commission's accounting officer shall consolidate the provisional accounts of the institutions and decentralised bodies in accordance with Article 128 of Council Regulation (EC, Euratom) No 1605/2002 of 25 June 2002 on the Financial Regulation applicable to the general budget of the European Communities.

3. By 31 March at the latest following each financial year, the Commission's accounting officer shall forward the Agency's provisional accounts to the Court of Auditors, together with a report on the budgetary and financial management for that financial year. The report on the budgetary and financial management for the financial year shall also be forwarded to the European Parliament and the Council.

4. On receipt of the Court of Auditors' observations on the Agency's provisional accounts under Article 129 of Regulation (EC, Euratom) No 1605/2002, the Executive Director shall draw up the Agency's final accounts under his own responsibility and submit them to the Management Board for an opinion.

5. The Management Board shall deliver an opinion on the Agency's final accounts.

6. The Executive Director shall, by 1 July at the latest following each financial year, forward the final accounts to the European Parliament, the Council, the Commission and the Court of Auditors, together with the Management Board's opinion.

7. The final accounts shall be published.

8. The Executive Director shall send the Court of Auditors a reply to its observations by 30 September at the latest. He shall also send this reply to the Management Board.

9. The Executive Director shall submit to the European Parliament, at the latter's request, all information necessary for the smooth application of the discharge procedure for the financial year in question, as laid down in Article 146(3) of Regulation (EC, Euratom) No 1605/2002.

10. The European Parliament, on a recommendation from the Council acting by a qualified majority, shall, before 30 April of year $N+2$, give a discharge to the Executive Director in respect of the implementation of the budget for year N.

Article 14

The financial rules applicable to the Agency shall be adopted by the Management Board after the Commission has been consulted. They may not depart from Commission Regulation (EC, Euratom) No

2343/2002 of 19 November 2002 on the framework Financial Regulation for the bodies referred to in Article 185 of Council Regulation (EC, Euratom) No 1605/2002 on the Financial Regulation applicable to the general budget of the European Communities unless such departure is specifically required for the Agency's operation and the Commission has given its prior consent.

Article 15

1. The Agency shall actively seek the cooperation of other Community bodies and programmes, and notably the Joint Research Centre, the Statistical Office of the European Communities (Eurostat) and the Community's environmental research and development programmes. In particular:

(a) cooperation with the Joint Research Centre shall include the tasks set out in Annex I under A;

(b) coordination with Eurostat and the statistical programme of the European Communities shall follow the guidelines outlined in Annex I under B.

2. The Agency shall also cooperate actively with other bodies such as the European Space Agency, the Organisation for Economic Cooperation and Development (OECD), the Council of Europe and the International Energy Agency as well as the United Nations and its specialised agencies, particularly the United Nations Environment Programme, the World Meteorological Organisation and the International Atomic Energy Authority.

3. The Agency may cooperate in areas of common interest with those institutions in countries which are not members of the Community which can provide data, information and expertise, methodologies of data collection, analysis and assessment which are of mutual interest and which are necessary for the successful completion of the Agency's work.

4. The cooperation referred to in paragraphs 1, 2 and 3 must in particular take account of the need to avoid any duplication of effort.

Article 16

The Protocol on the Privileges and Immunities of the European Communities shall apply to the Agency.

Article 17

The staff of the Agency shall be subject to the Regulations and Rules applicable to officials and other servants of the European Communities.

The Agency shall exercise in respect of its staff the powers devolved to the Appointing Authority.

The Management Board shall, in agreement with the Commission, adopt the appropriate implementing rules.

Article 18

1. The contractual liability of the Agency shall be governed by the law applicable to the contract in question. The Court of Justice shall have jurisdiction to give judgment pursuant to an arbitration clause contained in a contract concluded by the Agency.

2. In the case of non-contractual liability, the Agency shall, in accordance with the general principles common to the laws of the Member States, make good any damage caused by the Agency or its servants in the performance of their duties.

The Court of Justice shall have jurisdiction in disputes relating to compensation for any such damage.

3. The personal liability of servants towards the Agency shall be governed by the provisions applying to the staff of the Agency.

Article 19

The Agency is open to countries which are not members of the Community but which share the concern of the Community and the Member States for the objectives of the Agency under agreements concluded between them and the Community following the procedure in Article 300 of the Treaty.

Article 20

Regulation (EEC) No 1210/90, as amended by the Regulations listed in Annex Ⅱ, is repealed.

References to the repealed Regulation shall be construed as references to this Regulation and shall be read in accordance with the correlation table in Annex Ⅲ.

Article 21

This Regulation shall enter into force on the 20th day following its publication in the Official Journal of the European Union.

This Regulation shall be binding in its entirety and directly applicable in all Member States.

Done at Strasbourg, 23 April 2009.

For the European Parliament
The President
H.-G. Pöttering

For the Council
The President
P. Nečas

Regulation 66/2010/EC of the European Parliament and of the Council of 25 November 2009 on the EU Ecolabel

(OJ 2010 L27/1)*

THE EUROPEAN PARLIAMENT AND THE COUNCIL OF THE EUROPEAN UNION,

Having regard to the Treaty establishing the European Community, and in particular Article 175(1) thereof,

Having regard to the proposal from the Commission,

Having regard to the opinion of the European Economic and Social Committee,

Having regard to the opinion of the Committee of the Regions,

Acting in accordance with the procedure laid down in Article 251 of the Treaty,

Whereas:

(1) The aim of Regulation (EC) No 1980/2000 of the European Parliament and of the Council of 17 July 2000 on a revised Community eco-label award scheme was to establish a voluntary ecolabel award scheme intended to promote products with a reduced environmental impact during their entire life cycle and to provide consumers with accurate, non-deceptive, science-based information on the environmental impact of products.

(2) The experience gained during the implementation of Regulation (EC) No 1980/2000 has shown the need to amend that ecolabel scheme in order to increase its effectiveness and streamline its operation.

(3) The amended scheme (hereinafter "the EU Ecolabel scheme") should be implemented in compliance with the provisions of the Treaties, including, in particular, the precautionary principle as laid down in Article 174(2) of the EC Treaty.

(4) It is necessary to ensure coordination between the EU Ecolabel scheme and the establishment of the requirements in the context of Directive 2009/125/EC of the European Parliament and of the Council of 21 October 2009 establishing a framework for the setting of ecodesign requirements for energy related products.

(5) The EU Ecolabel scheme is part of the sustainable consumption and production policy of the Community, which aims at reducing the negative impact of consumption and production on the environment, health, climate and natural resources. The scheme is intended to promote those products which have a high level of environmental performance through the use of the EU Ecolabel. To this effect, it is appropriate to require that the criteria with which products must comply in order to bear the EU Ecolabel be based on the best environmental performance achieved by products on the Community market. Those criteria should be simple to understand and to use and should be based on scientific evidence, taking into consideration the latest technological developments. Those criteria should be market oriented and limited to the most significant environmental impacts of products during their whole life cycle.

(6) In order to avoid the proliferation of environmental labelling schemes and to encourage higher environmental performance in all sectors for which environmental impact is a factor in consumer choice, the possibility of using the EU Ecolabel should be extended. However, for food and feed product groups, a study should be undertaken to ensure that criteria are feasible and that added value can be guaranteed.

---

* http://europa.eu/legislation_summaries/environment/general_provisions/co0012_en.htm

For food and feed products, as well as unprocessed agricultural products that lie within the scope of Council Regulation (EC) No 834/2007 of 28 June 2007 on organic production and labelling of organic products, the option that only those products certified as organic would be eligible for award of the EU Ecolabel should be considered, to avoid confusion for consumers.

(7) The EU Ecolabel should aim at substituting hazardous substances by safer substances, wherever technically possible.

(8) For the acceptance by the general public of the EU Ecolabel scheme, it is essential that environmental non-governmental organisations (NGOs) and consumer organisations play an important role and be actively involved in the development and setting of EU Ecolabel criteria.

(9) It is desirable that any interested party may lead the development or revision of EU Ecolabel criteria provided that common procedural rules are followed and that the process is coordinated by the Commission. In order to ensure the overall coherence of the Community's action, it is also appropriate to require that the latest strategic objectives of the Community in the field of the environment, such as Environment Action Programmes, Sustainable Development Strategies and Climate Change Programmes, be taken into account in the development or revision of EU Ecolabel criteria.

(10) In order to simplify the EU Ecolabel scheme and to reduce the administrative burden associated with the use of the EU Ecolabel, the assessment and verification procedures should be streamlined.

(11) It is appropriate to provide for the conditions under which the EU Ecolabel may be used and, in order to ensure compliance with those conditions, to require competent bodies to undertake verifications and to prohibit the use of the EU Ecolabel where the conditions for use have not been complied with. It is also appropriate to require Member States to lay down the rules on penalties applicable to infringements of this Regulation and to ensure that they are implemented.

(12) In order to increase the use of the EU Ecolabel and in order to encourage those whose products meet the EU Ecolabel criteria, the costs of using the EU Ecolabel should be reduced.

(13) It is necessary to inform the public and to raise public awareness of the EU Ecolabel through promotion actions, information and education campaigns, at local, national and Community levels, in order to make consumers aware of the meaning of the EU Ecolabel and to enable them to make informed choices. It is also necessary in order to make the scheme more attractive to producers and retailers.

(14) Member States should consider guidelines when they establish their national Green Public Procurement Action Plans and could consider the setting of targets for public purchasing of environmental friendly products.

(15) In order to facilitate the marketing of products bearing environmental labels at national and Community levels, to limit additional work for companies, in particular SMEs, and to avoid confusing consumers, it is also necessary to enhance the coherence and promote harmonisation between the EU Ecolabel scheme and national ecolabelling schemes in the Community.

(16) In order to ensure a harmonised application of the awarding system and of the market surveillance and control of the use of the EU Ecolabel throughout the Community, competent bodies should exchange information and experiences.

(17) The measures necessary for the implementation of this Regulation should be adopted in accordance with Council Decision 1999/468/EC of 28 June 1999 laying down the procedures for the exercise of implementing powers conferred on the Commission.

(18) In particular, the Commission should be empowered to adopt the criteria with which products must comply in order to bear the EU Ecolabel and to amend the Annexes to this Regulation. Since those measures are of general scope and are designed to amend non-essential elements of this Regulation, inter alia by supplementing it with new non-essential elements, they must be adopted in accordance with the regulatory procedure with scrutiny provided for in Article 5a of Decision 1999/468/EC.

(19) For reasons of clarity and legal certainty, Regulation (EC) No 1980/2000 should therefore be replaced by this Regulation.

(20) Appropriate transitional provisions should be provided to ensure a smooth transition between Regulation (EC) No 1980/2000 and this Regulation,

HAVE ADOPTED THIS REGULATION:

Article 1
Subject matter

This Regulation lays down rules for the establishment and application of the voluntary EU Ecolabel scheme.

Article 2
Scope

1. This Regulation shall apply to any goods or services which are supplied for distribution, consumption or use on the Community market whether in return for payment or free of charge (hereinafter "products").

2. This Regulation shall apply neither to medicinal products for human use, as defined in Directive 2001/83/EC of the European Parliament and of the Council of 6 November 2001 on the Community code relating to medicinal products for human use, or for veterinary use, as defined in Directive 2001/82/EC of the European Parliament and of the Council of 6 November 2001 on the Community code relating to veterinary medicinal products, nor to any type of medical device.

Article 3
Definitions

For the purposes of this Regulation, the following definitions shall apply:

1. "product group" means a set of products that serve similar purposes and are similar in terms of use, or have similar functional properties, and are similar in terms of consumer perception;

2. "operator" means any producer, manufacturer, importer, service provider, wholesaler or retailer;

3. "environmental impact" means any change to the environment resulting wholly or partially from a product during its life cycle;

4. "environmental performance" means the result of a manufacturer's management of those characteristics of a product that cause environmental impact;

5. "verification" means a procedure to certify that a product complies with specified EU Ecolabel criteria.

Article 4
Competent bodies

1. Each Member State shall designate the body or bodies, within government ministries or outside, responsible for carrying out the tasks provided for in this Regulation ("the competent body" or "the competent bodies") and ensure that they are operational. Where more than one competent body is designated, the Member State shall determine those bodies' respective powers and the coordination requirements applicable to them.

2. The composition of the competent bodies shall be such as to guarantee their independence and neutrality and their rules of procedure shall be such as to ensure transparency in the conduct of their activities as well as the involvement of all interested parties.

3. Member States shall ensure that competent bodies meet the requirements laid down in Annex Ⅴ.

4. Competent bodies shall ensure that the verification process is carried out in a consistent, neutral and reliable manner by a party independent from the operator being verified, based on international, European or national standards and procedures concerning bodies operating product-certification schemes.

Article 5

European Union Ecolabelling Board

1. The Commission shall establish a European Union Ecolabelling Board (EUEB) consisting of the representatives of the competent bodies of all the Member States, as referred to in Article 4, and of other interested parties. The EUEB shall elect its president according to its rules of procedure. It shall contribute to the development and revision of EU Ecolabel criteria and to any review of the implementation of the EU Ecolabel scheme. It shall also provide the Commission with advice and assistance in these areas and, in particular, issue recommendations on minimum environmental performance requirements.

2. The Commission shall ensure that, in the conduct of its activities, the EUEB observes a balanced participation of all relevant interested parties in respect of each product group, such as competent bodies, producers, manufacturers, importers, service providers, wholesalers, retailers, notably SMEs, and environmental protection groups and consumer organisations.

Article 6

General requirements for EU Ecolabel criteria

1. EU Ecolabel criteria shall be based on the environmental performance of products, taking into account the latest strategic objectives of the Community in the field of the environment.

2. EU Ecolabel criteria shall set out the environmental requirements that a product must fulfil in order to bear the EU Ecolabel.

3. EU Ecolabel criteria shall be determined on a scientific basis considering the whole life cycle of products. In determining such criteria, the following shall be considered:

(a) the most significant environmental impacts, in particular the impact on climate change, the impact on nature and biodiversity, energy and resource consumption, generation of waste, emissions to all environmental media, pollution through physical effects and use and release of hazardous substances;

(b) the substitution of hazardous substances by safer substances, as such or via the use of alternative materials or designs, wherever it is technically feasible;

(c) the potential to reduce environmental impacts due to durability and reusability of products;

(d) the net environmental balance between the environmental benefits and burdens, including health and safety aspects, at the various life stages of the products;

(e) where appropriate, social and ethical aspects, e.g. by making reference to related international conventions and agreements such as relevant ILO standards and codes of conduct;

(f) criteria established for other environmental labels, particularly officially recognised, nationally or regionally, EN ISO 14024 type Ⅰ environmental labels, where they exist for that product group so as to enhance synergies;

(g) as far as possible the principle of reducing animal testing.

4. EU Ecolabel criteria shall include requirements intended to ensure that the products bearing the EU

Ecolabel function adequately in accordance with their intended use.

5. Before developing EU Ecolabel criteria for food and feed products, as defined in Regulation (EC) No 178/2002 of the European Parliament and of the Council of 28 January 2002 laying down the general principles and requirements of food law, establishing the European Food Safety Authority and laying down procedures in matters of food safety, the Commission shall undertake a study, by 31 December 2011 at the latest, exploring the feasibility of establishing reliable criteria covering environmental performance during the whole life cycle of such products, including the products of fishing and aquaculture. The study should pay particular attention to the impact of any EU Ecolabel criteria on food and feed products, as well as unprocessed agricultural products that lie within the scope of Regulation (EC) No 834/2007. The study should consider the option that only those products certified as organic would be eligible for award of the EU Ecolabel, to avoid confusion for consumers.

The Commission shall decide, taking into account the outcome of the study and the opinion of the EUEB, for which group of food and feed, if any, the development of EU Ecolabel criteria is feasible, in accordance with the regulatory procedure with scrutiny referred to in Article 16(2).

6. The EU Ecolabel may not be awarded to goods containing substances or preparations/mixtures meeting the criteria for classification as toxic, hazardous to the environment, carcinogenic, mutagenic or toxic for reproduction(CMR), in accordance with Regulation (EC) No 1272/2008 of the European Parliament and of the Council of 16 December 2008 on classification, labelling and packaging of substances and mixtures, nor to goods containing substances referred to in Article 57 of Regulation (EC) No 1907/2006 of the European Parliament and of the Council of 18 December 2006 concerning the Registration, Evaluation, Authorisation and Restriction of Chemicals(REACH), establishing a European Chemicals Agency.

7. For specific categories of goods containing substances referred to in paragraph 6, and only in the event that it is not technically feasible to substitute them as such, or via the use of alternative materials or designs, or in the case of products which have a significantly higher overall environment performance compared with other goods of the same category, the Commission may adopt measures to grant derogations from paragraph 6. No derogation shall be given concerning substances that meet the criteria of Article 57 of Regulation (EC) No 1907/2006 and that are identified according to the procedure described in Article 59(1) of that Regulation, present in mixtures, in an article or in any homogeneous part of a complex article in concentrations higher than 0.1%(weight by weight). Those measures, designed to amend non-essential elements of this Regulation, shall be adopted in accordance with the regulatory procedure with scrutiny referred to in Article 16(2).

Article 7
Development and revision of EU Ecolabel criteria

1. Following consultation of the EUEB, the Commission, Member States, competent bodies and other stakeholders may initiate and lead the development or revision of EU Ecolabel criteria. Where such other stakeholders are put in charge of leading the development of criteria, they must demonstrate expertise in the product area, as well as the ability to lead the process with neutrality and in line with the aims of this Regulation. In this regard, consortiums consisting of more than one interest group shall be favoured.

The party which initiates and leads the development or revision of EU Ecolabel criteria shall, in accordance with the procedure set out in Part A of Annex I, produce the following documents:

(a) a preliminary report;

(b) a proposal for draft criteria;

(c) report in support of the proposal for draft criteria;

(d) a final report;

(e) a manual for potential users of the EU Ecolabel and competent bodies;

(f) a manual for authorities awarding public contracts.

Those documents shall be submitted to the Commission and to the EUEB.

2. Where criteria have already been developed under another ecolabel scheme complying with the requirements of EN ISO 14024 type I environmental labels for a product group for which no EU Ecolabel criteria have been established, any Member State in which the other ecolabel scheme is recognised may, after consulting the Commission and the EUEB, propose those criteria for development under the EU Ecolabel scheme.

In such cases, the shortened criteria development procedure laid down in Part B of Annex I may apply provided that the proposed criteria have been developed in line with Part A of Annex I. Either the Commission or the Member State which, according to the first subparagraph, has proposed the shortened criteria development procedure shall lead that procedure.

3. Where a non-substantial revision of the criteria is necessary, the shortened revision procedure laid down in Part C of Annex I may apply.

4. By 19 February 2011, the EUEB and the Commission shall agree on a working plan including a strategy and a non-exhaustive list of product groups. This plan will consider other Community action (e.g. in the field of green public procurement) and may be updated according to the latest strategic objectives of the Community in the field of the environment. This plan shall be regularly updated.

Article 8
Establishment of EU Ecolabel criteria

1. Draft EU Ecolabel criteria shall be developed in accordance with the procedure laid down in Annex I and taking into account the working plan.

2. The Commission shall, no later than nine months after consulting the EUEB, adopt measures to establish specific EU Ecolabel criteria for each product group. These measures shall be published in the Official Journal of the European Union.

In its final proposal, the Commission shall take into account the comments of the EUEB and shall clearly highlight, document and provide explanations for the reasoning behind any changes in its final proposal compared to the proposal for draft criteria following the consultation of the EUEB.

Those measures, designed to amend non-essential elements of this Regulation, by supplementing it, shall be adopted in accordance with the regulatory procedure with scrutiny referred to in Article 16(2).

3. In the measures referred to in paragraph 2 the Commission shall:

(a) establish requirements for assessing the compliance of specific products with EU Ecolabel criteria ("assessment requirements");

(b) specify, for each product group, three key environmental characteristics that may be displayed in the optional label with text box described in Annex II;

(c) specify, for each product group, the relevant period of validity of the criteria and of the assessment requirements;

(d) specify the degree of product variability allowed during the period of validity referred to in point (c).

4. When establishing EU Ecolabel criteria, care shall be taken not to introduce measures whose implementation may impose disproportionate administrative and economic burdens on SMEs.

Article 9

Award of the EU Ecolabel and terms and conditions of its use

1. Any operator who wishes to use the EU Ecolabel shall apply to the competent bodies referred to in Article 4 in accordance with the following rules:

(a) where a product originates in a single Member State, the application shall be presented to a competent body of that Member State;

(b) where a product originates in the same form in several Member States, the application may be presented to a competent body in one of those Member States;

(c) where a product originates outside the Community, the application shall be presented to a competent body in any of the Member States in which the product is to be or has been placed on the market.

2. The EU Ecolabel shall have the form depicted in Annex Ⅱ.

The EU Ecolabel may only be used in connection with products complying with the EU Ecolabel criteria applicable to the products concerned and for which the EU Ecolabel has been awarded.

3. Applications shall specify the full contact details of the operator, as well as the product group in question and shall contain a full description of the product as well as all other information requested by the competent body.

Applications shall include all relevant documentation, as specified in the relevant Commission measure establishing EU Ecolabel criteria for the product group in question.

4. The competent body to which an application is made shall charge fees according to Annex Ⅲ. The use of the EU Ecolabel shall be conditional upon the fees having been paid in due time.

5. Within two months of receipt of an application, the competent body concerned shall check whether the documentation is complete and shall notify the operator. The competent body may reject the application if the operator fails to complete the documentation within six months after such notification.

Provided that the documentation is complete and the competent body has verified that the product complies with the EU Ecolabel criteria and assessment requirements published according to Article 8, the competent body shall assign a registration number to the product.

Operators shall meet the costs of testing and assessment of conformity with EU Ecolabel criteria. Operators may be charged for travel and accommodation costs where an on-site verification is needed outside the Member State in which the competent body is based.

6. Where EU Ecolabel criteria require production facilities to meet certain requirements, they shall be met in all facilities in which the product bearing the EU Ecolabel is manufactured. Where appropriate, the competent body shall undertake on-site verifications or assign an authorised agent for that purpose.

7. Competent bodies shall preferentially recognise tests which are accredited according to ISO 17025 and verifications performed by bodies which are accredited under the EN 45011 standard or an equivalent international standard. Competent bodies shall collaborate in order to ensure the effective and consistent implementation of the assessment and verification procedures, notably through the working group referred to in Article 13.

8. The competent body shall conclude a contract with each operator, covering the terms of use of the EU Ecolabel (including provisions for the authorisation and withdrawal of the EU Ecolabel, notably following the revision of criteria). To that end a standard contract shall be used in accordance with the template in Annex Ⅳ.

9. The operator may place the EU Ecolabel on the product only after conclusion of the contract. The operator shall also place the registration number on the product bearing the EU Ecolabel.

10. The competent body which has awarded the EU Ecolabel to a product shall notify the Commission thereof. The Commission shall establish a common register and update it regularly. That register shall be

publicly available on a website dedicated to the EU Ecolabel.

11. The EU Ecolabel may be used on the products for which the EU Ecolabel has been awarded and on their associated promotional material.

12. The award of the EU Ecolabel shall be without prejudice to environmental or other regulatory requirements of Community or national law applicable to the various life stages of the product.

13. The right to use the EU Ecolabel shall not extend to the use of the EU Ecolabel as a component of a trademark.

Article 10
Market surveillance and control of the use of the EU Ecolabel

1. Any false or misleading advertising or use of any label or logo which leads to confusion with the EU Ecolabel shall be prohibited.

2. The competent body shall, in respect of products to which it has awarded the EU Ecolabel, verify that the product complies with the EU Ecolabel criteria and assessment requirements published under Article 8, on a regular basis. The competent body shall, as appropriate, also undertake such verifications upon complaint. These verifications may take the form of random spot-checks.

The competent body which has awarded the EU Ecolabel to the product shall inform the user of the EU Ecolabel of any complaints made concerning the product bearing the EU Ecolabel, and may request the user to reply to those complaints. The competent body may withhold the identity of the complainant from the user.

3. The user of the EU Ecolabel shall allow the competent body which has awarded the EU Ecolabel to the product to undertake all necessary investigations to monitor its on-going compliance with the product group criteria and Article 9.

4. The user of the EU Ecolabel shall, upon request by the competent body which has awarded the EU Ecolabel to the product, grant access to the premises on which the product concerned is produced.

The request may be made at any reasonable time and without notice.

5. Where, after giving the user of the EU Ecolabel the opportunity to submit observations, any competent body which finds that a product bearing the EU Ecolabel does not comply with the relevant product group criteria or that the EU Ecolabel is not used in accordance with Article 9, it shall either prohibit the use of the EU Ecolabel on that product, or, in the event that the EU Ecolabel has been awarded by another competent body, it shall inform that competent body. The user of the EU Ecolabel shall not be entitled to repayment of the fees referred to in Article 9(4), either in whole or in part.

The competent body shall without delay inform all other competent bodies and the Commission of that prohibition.

6. The competent body which has awarded the EU Ecolabel to the product shall not disclose, or use for any purpose unconnected with the award for use of the EU Ecolabel, information to which it has gained access in the course of assessing the compliance by a user of the EU Ecolabel with the rules on use of the EU Ecolabel set out in Article 9.

It shall take all reasonable steps to secure the protection of the documents provided to it against falsification and misappropriation.

Article 11
Ecolabelling schemes in the Member States

1. Where EU Ecolabel criteria for a given product group have been published, other nationally or

regionally officially recognised EN ISO 14024 type I ecolabelling schemes which do not cover that product group at the time of publication may be extended to that product group only where the criteria developed under those schemes are at least as strict as the EU Ecolabel criteria.

2. In order to harmonise the criteria of European ecolabelling schemes (EN ISO 14024 type I), EU Ecolabel criteria shall also take into account existing criteria developed in officially recognised ecolabelling schemes in the Member States.

Article 12
Promotion of the EU Ecolabel

1. Member States and the Commission shall, in cooperation with the EUEB, agree on a specific action plan to promote the use of the EU Ecolabel by:

(a) awareness-raising actions and information and public education campaigns for consumers, producers, manufacturers, wholesalers, service providers, public purchasers, traders, retailers and the general public,

(b) encouraging the uptake of the scheme, especially for SMEs,

thus supporting the development of the scheme.

2. Promotion of the EU Ecolabel may be undertaken via the EU Ecolabel website providing basic information and promotional materials on the EU Ecolabel, and information on where to purchase EU Ecolabel products, in all Community languages.

3. Member States shall encourage the use of the "Manual for authorities awarding public contracts", as specified in Annex I, Part A, point 5. For this purpose, Member States shall consider, for example, the setting of targets for the purchasing of products meeting the criteria specified in that Manual.

Article 13
Exchange of information and experiences

1. In order to foster consistent implementation of this Regulation, competent bodies shall regularly exchange information and experiences, in particular on the application of Articles 9 and 10.

2. The Commission shall set up a working group of competent bodies for this purpose. The working group shall meet at least twice a year. Travel expenses shall be borne by the Commission. The working group shall elect its chair and adopt its rules of procedure.

Article 14
Report

By 19 February 2015, the Commission shall submit to the European Parliament and the Council a report on the implementation of the EU Ecolabel scheme. The report shall also identify elements for a possible review of the scheme.

Article 15
Amendment of Annexes

The Commission may amend the Annexes, including modifying the maximum fees provided for in Annex III taking into account the need for fees to cover the costs of running the scheme.

Those measures, designed to amend non-essential elements of this Regulation, shall be adopted in accordance with the regulatory procedure with scrutiny referred to in Article 16(2).

Article 16

Committee procedure

1. The Commission shall be assisted by a Committee.

2. Where reference is made to this paragraph, Article 5a(1) to (4) and Article 7 of Decision 1999/468/EC shall apply, having regard to the provisions of Article 8 thereof.

Article 17

Penalties

Member States shall lay down the rules on penalties applicable to infringements of the provisions of this Regulation and shall take all measures necessary to ensure that they are implemented. The penalties provided for must be effective, proportionate and dissuasive. The Member States shall notify those provisions to the Commission without delay and shall notify it without delay of any subsequent amendment affecting them.

Article 18

Repeal

Regulation (EC) No 1980/2000 is hereby repealed.

Article 19

Transitional provisions

Regulation (EC) No 1980/2000 shall continue to apply to contracts concluded under Article 9 thereof until the date of expiry specified in those contracts, except for its provisions concerning fees.

Article 9(4) of and Annex III to this Regulation shall apply to such contracts.

Article 20

Entry into force

This Regulation shall enter into force on the twentieth day following its publication in the Official Journal of the European Union.

This Regulation shall be binding in its entirety and directly applicable in all Member States.

Done at Strasbourg, 25 November 2009.

For the European Parliament
The President
J. Buzek

For the Council
The President
Å. Torstensson

제5부(형사공조)

▦ 부록 19

Council Framework Decision 2002/475/JHA of 13 June 2002 on combating terrorism*

THE COUNCIL OF THE EUROPEAN UNION,

Having regard to the Treaty establishing the European Union, and in particular Article 29, Article 31(e) and Article 34(2)(b) thereof,

Having regard to the proposal from the Commission,

Having regard to the opinion of the European Parliament,

Whereas:

(1) The European Union is founded on the universal values of human dignity, liberty, equality and solidarity, respect for human rights and fundamental freedoms. It is based on the principle of democracy and the principle of the rule of law, principles which are common to the Member States.

(2) Terrorism constitutes one of the most serious violations of those principles. The La Gomera Declaration adopted at the informal Council meeting on 14 October 1995 affirmed that terrorism constitutes a threat to democracy, to the free exercise of human rights and to economic and social development.

(3) All or some Member States are party to a number of conventions relating to terrorism. The Council of Europe Convention of 27 January 1977 on the Suppression of Terrorism does not regard terrorist offences as political offences or as offences connected with political offences or as offences inspired by political motives. The United Nations has adopted the Convention for the suppression of terrorist bombings of 15 December 1997 and the Convention for the suppression of financing terrorism of 9 December 1999. A draft global Convention against terrorism is currently being negotiated within the United Nations.

(4) At European Union level, on 3 December 1998 the Council adopted the Action Plan of the Council and the Commission on how best to implement the provisions of the Treaty of Amsterdam on an area of freedom, security and justice. Account should also be taken of the Council Conclusions of 20 September 2001 and of the Extraordinary European Council plan of action to combat terrorism of 21 September 2001. Terrorism was referred to in the conclusions of the Tampere European Council of 15 and 16 October 1999, and of the Santa María da Feira European Council of 19 and 20 June 2000. It was also mentioned in the Commission communication to the Council and the European Parliament on the biannual update of the scoreboard to review progress on the creation of an area of "freedom, security and justice" in the European Union (second half of 2000). Furthermore, on 5 September 2001 the European Parliament adopted a recommendation on the role of the European Union in combating terrorism. It should, moreover, be recalled that on 30 July 1996 twenty-five measures to fight against terrorism were advocated by the leading industrialised countries (G7) and Russia meeting in Paris.

(5) The European Union has adopted numerous specific measures having an impact on terrorism and organised crime, such as the Council Decision of 3 December 1998 instructing Europol to deal with crimes

---

* http://eur-lex.europa.eu/LexUriServ/LexUriServ.do?uri = CELEX:32002F0475:EN:NOT

committed or likely to be committed in the course of terrorist activities against life, limb, personal freedom or property; Council Joint Action 96/610/JHA of 15 October 1996 concerning the creation and maintenance of a Directory of specialised counter-terrorist competences, skills and expertise to facilitate counter-terrorism cooperation between the Member States of the European Union; Council Joint Action 98/428/JHA of 29 June 1998 on the creation of a European Judicial Network, with responsibilities in terrorist offences, in particular Article 2; Council Joint Action 98/733/JHA of 21 December 1998 on making it a criminal offence to participate in a criminal organisation in the Member States of the European Union; and the Council Recommendation of 9 December 1999 on cooperation in combating the financing of terrorist groups.

(6) The definition of terrorist offences should be approximated in all Member States, including those offences relating to terrorist groups. Furthermore, penalties and sanctions should be provided for natural and legal persons having committed or being liable for such offences, which reflect the seriousness of such offences.

(7) Jurisdictional rules should be established to ensure that the terrorist offence may be effectively prosecuted.

(8) Victims of terrorist offences are vulnerable, and therefore specific measures are necessary with regard to them.

(9) Given that the objectives of the proposed action cannot be sufficiently achieved by the Member States unilaterally, and can therefore, because of the need for reciprocity, be better achieved at the level of the Union, the Union may adopt measures, in accordance with the principle of subsidiarity. In accordance with the principle of proportionality, this Framework Decision does not go beyond what is necessary in order to achieve those objectives.

(10) This Framework Decision respects fundamental rights as guaranteed by the European Convention for the Protection of Human Rights and Fundamental Freedoms and as they emerge from the constitutional traditions common to the Member States as principles of Community law. The Union observes the principles recognised by Article 6(2) of the Treaty on European Union and reflected in the Charter of Fundamental Rights of the European Union, notably Chapter VI thereof. Nothing in this Framework Decision may be interpreted as being intended to reduce or restrict fundamental rights or freedoms such as the right to strike, freedom of assembly, of association or of expression, including the right of everyone to form and to join trade unions with others for the protection of his or her interests and the related right to demonstrate.

(11) Actions by armed forces during periods of armed conflict, which are governed by international humanitarian law within the meaning of these terms under that law, and, inasmuch as they are governed by other rules of international law, actions by the armed forces of a State in the exercise of their official duties are not governed by this Framework Decision,

HAS ADOPTED THIS FRAMEWORK DECISION:

Article 1
Terrorist offences and fundamental rights and principles

1. Each Member State shall take the necessary measures to ensure that the intentional acts referred to below in points (a) to (i), as defined as offences under national law, which, given their nature or context, may seriously damage a country or an international organisation where committed with the aim of:

—seriously intimidating a population, or

—unduly compelling a Government or international organisation to perform or abstain from performing any act, or

— seriously destabilising or destroying the fundamental political, constitutional, economic or social structures of a country or an international organisation,

shall be deemed to be terrorist offences:

(a) attacks upon a person's life which may cause death;

(b) attacks upon the physical integrity of a person;

(c) kidnapping or hostage taking;

(d) causing extensive destruction to a Government or public facility, a transport system, an infrastructure facility, including an information system, a fixed platform located on the continental shelf, a public place or private property likely to endanger human life or result in major economic loss;

(e) seizure of aircraft, ships or other means of public or goods transport;

(f) manufacture, possession, acquisition, transport, supply or use of weapons, explosives or of nuclear, biological or chemical weapons, as well as research into, and development of, biological and chemical weapons;

(g) release of dangerous substances, or causing fires, floods or explosions the effect of which is to endanger human life;

(h) interfering with or disrupting the supply of water, power or any other fundamental natural resource the effect of which is to endanger human life;

(i) threatening to commit any of the acts listed in (a) to (h).

2. This Framework Decision shall not have the effect of altering the obligation to respect fundamental rights and fundamental legal principles as enshrined in Article 6 of the Treaty on European Union.

Article 2
Offences relating to a terrorist group

1. For the purposes of this Framework Decision, "terrorist group" shall mean: a structured group of more than two persons, established over a period of time and acting in concert to commit terrorist offences. "Structured group" shall mean a group that is not randomly formed for the immediate commission of an offence and that does not need to have formally defined roles for its members, continuity of its membership or a developed structure.

2. Each Member State shall take the necessary measures to ensure that the following intentional acts are punishable:

(a) directing a terrorist group;

(b) participating in the activities of a terrorist group, including by supplying information or material resources, or by funding its activities in any way, with knowledge of the fact that such participation will contribute to the criminal activities of the terrorist group.

Article 3
Offences linked to terrorist activities

Each Member State shall take the necessary measures to ensure that terrorist-linked offences include the following acts:

(a) aggravated theft with a view to committing one of the acts listed in Article 1(1);

(b) extortion with a view to the perpetration of one of the acts listed in Article 1(1);

(c) drawing up false administrative documents with a view to committing one of the acts listed in Article 1(1)(a) to (h) and Article 2(2)(b).

Article 4
Inciting, aiding or abetting, and attempting

1. Each Member State shall take the necessary measures to ensure that inciting or aiding or abetting an offence referred to in Article 1(1), Articles 2 or 3 is made punishable.

2. Each Member State shall take the necessary measures to ensure that attempting to commit an offence referred to in Article 1(1) and Article 3, with the exception of possession as provided for in Article 1(1)(f) and the offence referred to in Article 1(1)(i), is made punishable.

Article 5
Penalties

1. Each Member State shall take the necessary measures to ensure that the offences referred to in Articles 1 to 4 are punishable by effective, proportionate and dissuasive criminal penalties, which may entail extradition.

2. Each Member State shall take the necessary measures to ensure that the terrorist offences referred to in Article 1(1) and offences referred to in Article 4, inasmuch as they relate to terrorist offences, are punishable by custodial sentences heavier than those imposable under national law for such offences in the absence of the special intent required pursuant to Article 1(1), save where the sentences imposable are already the maximum possible sentences under national law.

3. Each Member State shall take the necessary measures to ensure that offences listed in Article 2 are punishable by custodial sentences, with a maximum sentence of not less than fifteen years for the offence referred to in Article 2(2)(a), and for the offences listed in Article 2(2)(b) a maximum sentence of not less than eight years. In so far as the offence referred to in Article 2(2)(a) refers only to the act in Article 1(1)(i), the maximum sentence shall not be less than eight years.

Article 6
Particular circumstances

Each Member State may take the necessary measures to ensure that the penalties referred to in Article 5 may be reduced if the offender:

(a) renounces terrorist activity, and

(b) provides the administrative or judicial authorities with information which they would not otherwise have been able to obtain, helping them to:

(i) prevent or mitigate the effects of the offence;

(ii) identify or bring to justice the other offenders;

(iii) find evidence; or

(iv) prevent further offences referred to in Articles 1 to 4.

Article 7
Liability of legal persons

1. Each Member State shall take the necessary measures to ensure that legal persons can be held liable for any of the offences referred to in Articles 1 to 4 committed for their benefit by any person, acting either individually or as part of an organ of the legal person, who has a leading position within the legal person, based on one of the following:

(a) a power of representation of the legal person;

(b) an authority to take decisions on behalf of the legal person;

(c) an authority to exercise control within the legal person.

2. Apart from the cases provided for in paragraph 1, each Member State shall take the necessary measures to ensure that legal persons can be held liable where the lack of supervision or control by a person referred to in paragraph 1 has made possible the commission of any of the offences referred to in Articles 1 to 4 for the benefit of that legal person by a person under its authority.

3. Liability of legal persons under paragraphs 1 and 2 shall not exclude criminal proceedings against natural persons who are perpetrators, instigators or accessories in any of the offences referred to in Articles 1 to 4.

Article 8
Penalties for legal persons

Each Member State shall take the necessary measures to ensure that a legal person held liable pursuant to Article 7 is punishable by effective, proportionate and dissuasive penalties, which shall include criminal or non-criminal fines and may include other penalties, such as:

(a) exclusion from entitlement to public benefits or aid;

(b) temporary or permanent disqualification from the practice of commercial activities;

(c) placing under judicial supervision;

(d) a judicial winding-up order;

(e) temporary or permanent closure of establishments which have been used for committing the offence.

Article 9
Jurisdiction and prosecution

1. Each Member State shall take the necessary measures to establish its jurisdiction over the offences referred to in Articles 1 to 4 where:

(a) the offence is committed in whole or in part in its territory. Each Member State may extend its jurisdiction if the offence is committed in the territory of a Member State;

(b) the offence is committed on board a vessel flying its flag or an aircraft registered there;

(c) the offender is one of its nationals or residents;

(d) the offence is committed for the benefit of a legal person established in its territory;

(e) the offence is committed against the institutions or people of the Member State in question or against an institution of the European Union or a body set up in accordance with the Treaty establishing the European Community or the Treaty on European Union and based in that Member State.

2. When an offence falls within the jurisdiction of more than one Member State and when any of the States concerned can validly prosecute on the basis of the same facts, the Member States concerned shall cooperate in order to decide which of them will prosecute the offenders with the aim, if possible, of centralising proceedings in a single Member State. To this end, the Member States may have recourse to any body or mechanism established within the European Union in order to facilitate cooperation between their judicial authorities and the coordination of their action. Sequential account shall be taken of the following factors:

—the Member State shall be that in the territory of which the acts were committed,

—the Member State shall be that of which the perpetrator is a national or resident,

—the Member State shall be the Member State of origin of the victims,

—the Member State shall be that in the territory of which the perpetrator was found.

3. Each Member State shall take the necessary measures also to establish its jurisdiction over the offences referred to in Articles 1 to 4 in cases where it refuses to hand over or extradite a person suspected or convicted of such an offence to another Member State or to a third country.

4. Each Member State shall ensure that its jurisdiction covers cases in which any of the offences referred to in Articles 2 and 4 has been committed in whole or in part within its territory, wherever the terrorist group is based or pursues its criminal activities.

5. This Article shall not exclude the exercise of jurisdiction in criminal matters as laid down by a Member State in accordance with its national legislation.

Article 10
Protection of, and assistance to, victims

1. Member States shall ensure that investigations into, or prosecution of, offences covered by this Framework Decision are not dependent on a report or accusation made by a person subjected to the offence, at least if the acts were committed on the territory of the Member State.

2. In addition to the measures laid down in the Council Framework Decision 2001/220/JHA of 15 March 2001 on the standing of victims in criminal proceedings, each Member State shall, if necessary, take all measures possible to ensure appropriate assistance for victims' families.

Article 11
Implementation and reports

1. Member States shall take the necessary measures to comply with this Framework Decision by 31 December 2002.

2. By 31 December 2002, Member States shall forward to the General Secretariat of the Council and to the Commission the text of the provisions transposing into their national law the obligations imposed on them under this Framework Decision. On the basis of a report drawn up from that information and a report from the Commission, the Council shall assess, by 31 December 2003, whether Member States have taken the necessary measures to comply with this Framework Decision.

3. The Commission report shall specify, in particular, transposition into the criminal law of the Member States of the obligation referred to in Article 5(2).

Article 12
Territorial application

This Framework Decision shall apply to Gibraltar.

Article 13
Entry into force

This Framework Decision shall enter into force on the day of its publication in the Official Journal.

Done at Luxembourg, 13 June 2002.

For the Council
The President
M. Rajoy Brey

Council Framework Decision of 13 June 2002 on the European arrest warrant and the surrender procedures between Member States

(2002/584/JHA)*

THE COUNCIL OF THE EUROPEAN UNION,

Having regard to the Treaty on European Union, and in particular Article 31(a) and (b) and Article 34(2)(b) thereof,

Having regard to the proposal from the Commission,

Having regard to the opinion of the European Parliament,

Whereas:

(1) According to the Conclusions of the Tampere European Council of 15 and 16 October 1999, and in particular point 35 thereof, the formal extradition procedure should be abolished among the Member States in respect of persons who are fleeing from justice after having been finally sentenced and extradition procedures should be speeded up in respect of persons suspected of having committed an offence.

(2) The programme of measures to implement the principle of mutual recognition of criminal decisions envisaged in point 37 of the Tampere European Council Conclusions and adopted by the Council on 30 November 2000, addresses the matter of mutual enforcement of arrest warrants.

(3) All or some Member States are parties to a number of conventions in the field of extradition, including the European Convention on extradition of 13 December 1957 and the European Convention on the suppression of terrorism of 27 January 1977. The Nordic States have extradition laws with identical wording.

(4) In addition, the following three Conventions dealing in whole or in part with extradition have been agreed upon among Member States and form part of the Union acquis: the Convention of 19 June 1990 implementing the Schengen Agreement of 14 June 1985 on the gradual abolition of checks at their common borders (regarding relations between the Member States which are parties to that Convention), the Convention of 10 March 1995 on simplified extradition procedure between the Member States of the European Union and the Convention of 27 September 1996 relating to extradition between the Member States of the European Union.

(5) The objective set for the Union to become an area of freedom, security and justice leads to abolishing extradition between Member States and replacing it by a system of surrender between judicial authorities. Further, the introduction of a new simplified system of surrender of sentenced or suspected persons for the purposes of execution or prosecution of criminal sentences makes it possible to remove the complexity and potential for delay inherent in the present extradition procedures. Traditional cooperation relations which have prevailed up till now between Member States should be replaced by a system of free movement of judicial decisions in criminal matters, covering both pre-sentence and final decisions, within an area of freedom, security and justice.

(6) The European arrest warrant provided for in this Framework Decision is the first concrete measure in the field of criminal law implementing the principle of mutual recognition which the European Council referred to as the "cornerstone" of judicial cooperation.

---

* http://eur-lex.europa.eu/LexUriServ/LexUriServ.do?uri = CELEX:32002F0584:EN:NOT

(7) Since the aim of replacing the system of multilateral extradition built upon the European Convention on Extradition of 13 December 1957 cannot be sufficiently achieved by the Member States acting unilaterally and can therefore, by reason of its scale and effects, be better achieved at Union level, the Council may adopt measures in accordance with the principle of subsidiarity as referred to in Article 2 of the Treaty on European Union and Article 5 of the Treaty establishing the European Community. In accordance with the principle of proportionality, as set out in the latter Article, this Framework Decision does not go beyond what is necessary in order to achieve that objective.

(8) Decisions on the execution of the European arrest warrant must be subject to sufficient controls, which means that a judicial authority of the Member State where the requested person has been arrested will have to take the decision on his or her surrender.

(9) The role of central authorities in the execution of a European arrest warrant must be limited to practical and administrative assistance.

(10) The mechanism of the European arrest warrant is based on a high level of confidence between Member States. Its implementation may be suspended only in the event of a serious and persistent breach by one of the Member States of the principles set out in Article 6(1) of the Treaty on European Union, determined by the Council pursuant to Article 7(1) of the said Treaty with the consequences set out in Article 7(2) thereof.

(11) In relations between Member States, the European arrest warrant should replace all the previous instruments concerning extradition, including the provisions of Title III of the Convention implementing the Schengen Agreement which concern extradition.

(12) This Framework Decision respects fundamental rights and observes the principles recognised by Article 6 of the Treaty on European Union and reflected in the Charter of Fundamental Rights of the European Union, in particular Chapter VI thereof. Nothing in this Framework Decision may be interpreted as prohibiting refusal to surrender a person for whom a European arrest warrant has been issued when there are reasons to believe, on the basis of objective elements, that the said arrest warrant has been issued for the purpose of prosecuting or punishing a person on the grounds of his or her sex, race, religion, ethnic origin, nationality, language, political opinions or sexual orientation, or that person's position may be prejudiced for any of these reasons.

This Framework Decision does not prevent a Member State from applying its constitutional rules relating to due process, freedom of association, freedom of the press and freedom of expression in other media.

(13) No person should be removed, expelled or extradited to a State where there is a serious risk that he or she would be subjected to the death penalty, torture or other inhuman or degrading treatment or punishment.

(14) Since all Member States have ratified the Council of Europe Convention of 28 January 1981 for the protection of individuals with regard to automatic processing of personal data, the personal data processed in the context of the implementation of this Framework Decision should be protected in accordance with the principles of the said Convention,

HAS ADOPTED THIS FRAMEWORK DECISION:

CHAPTER 1
GENERAL PRINCIPLES

Article 1

Definition of the European arrest warrant and obligation to execute it

1. The European arrest warrant is a judicial decision issued by a Member State with a view to the arrest and surrender by another Member State of a requested person, for the purposes of conducting a criminal prosecution or executing a custodial sentence or detention order.

2. Member States shall execute any European arrest warrant on the basis of the principle of mutual recognition and in accordance with the provisions of this Framework Decision.

3. This Framework Decision shall not have the effect of modifying the obligation to respect fundamental rights and fundamental legal principles as enshrined in Article 6 of the Treaty on European Union.

Article 2
Scope of the European arrest warrant

1. A European arrest warrant may be issued for acts punishable by the law of the issuing Member State by a custodial sentence or a detention order for a maximum period of at least 12 months or, where a sentence has been passed or a detention order has been made, for sentences of at least four months.

2. The following offences, if they are punishable in the issuing Member State by a custodial sentence or a detention order for a maximum period of at least three years and as they are defined by the law of the issuing Member State, shall, under the terms of this Framework Decision and without verification of the double criminality of the act, give rise to surrender pursuant to a European arrest warrant:

—participation in a criminal organisation,

—terrorism,

—trafficking in human beings,

—sexual exploitation of children and child pornography,

—illicit trafficking in narcotic drugs and psychotropic substances,

—illicit trafficking in weapons, munitions and explosives,

—corruption,

—fraud, including that affecting the financial interests of the European Communities within the meaning of the Convention of 26 July 1995 on the protection of the European Communities' financial interests,

—laundering of the proceeds of crime,

—counterfeiting currency, including of the euro,

—computer-related crime,

—environmental crime, including illicit trafficking in endangered animal species and in endangered plant species and varieties,

—facilitation of unauthorised entry and residence,

—murder, grievous bodily injury,

—illicit trade in human organs and tissue,

—kidnapping, illegal restraint and hostage-taking,

—racism and xenophobia,

—organised or armed robbery,

—illicit trafficking in cultural goods, including antiques and works of art,

—swindling,

—racketeering and extortion,

—counterfeiting and piracy of products,

—forgery of administrative documents and trafficking therein,

—forgery of means of payment,

—illicit trafficking in hormonal substances and other growth promoters,

—illicit trafficking in nuclear or radioactive materials,

—trafficking in stolen vehicles,

—rape,

—arson,

—crimes within the jurisdiction of the International Criminal Court,

—unlawful seizure of aircraft/ships,

—sabotage.

3. The Council may decide at any time, acting unanimously after consultation of the European Parliament under the conditions laid down in Article 39(1) of the Treaty on European Union (TEU), to add other categories of offence to the list contained in paragraph 2. The Council shall examine, in the light of the report submitted by the Commission pursuant to Article 34(3), whether the list should be extended or amended.

4. For offences other than those covered by paragraph 2, surrender may be subject to the condition that the acts for which the European arrest warrant has been issued constitute an offence under the law of the executing Member State, whatever the constituent elements or however it is described.

Article 3
Grounds for mandatory non-execution of the European arrest warrant

The judicial authority of the Member State of execution (hereinafter "executing judicial authority") shall refuse to execute the European arrest warrant in the following cases:

1. if the offence on which the arrest warrant is based is covered by amnesty in the executing Member State, where that State had jurisdiction to prosecute the offence under its own criminal law;

2. if the executing judicial authority is informed that the requested person has been finally judged by a Member State in respect of the same acts provided that, where there has been sentence, the sentence has been served or is currently being served or may no longer be executed under the law of the sentencing Member State;

3. if the person who is the subject of the European arrest warrant may not, owing to his age, be held criminally responsible for the acts on which the arrest warrant is based under the law of the executing State.

Article 4
Grounds for optional non-execution of the European arrest warrant

The executing judicial authority may refuse to execute the European arrest warrant:

1. if, in one of the cases referred to in Article 2(4), the act on which the European arrest warrant is based does not constitute an offence under the law of the executing Member State; however, in relation to taxes or duties, customs and exchange, execution of the European arrest warrant shall not be refused on the ground that the law of the executing Member State does not impose the same kind of tax or duty or does not contain the same type of rules as regards taxes, duties and customs and exchange regulations as the law of the issuing Member State;

2. where the person who is the subject of the European arrest warrant is being prosecuted in the executing Member State for the same act as that on which the European arrest warrant is based;

3. where the judicial authorities of the executing Member State have decided either not to prosecute for the offence on which the European arrest warrant is based or to halt proceedings, or where a final judgment has been passed upon the requested person in a Member State, in respect of the same acts, which prevents further proceedings;

4. where the criminal prosecution or punishment of the requested person is statute-barred according to the law of the executing Member State and the acts fall within the jurisdiction of that Member State under its own criminal law;

5. if the executing judicial authority is informed that the requested person has been finally judged by a third State in respect of the same acts provided that, where there has been sentence, the sentence has been served or is currently being served or may no longer be executed under the law of the sentencing country;

6. if the European arrest warrant has been issued for the purposes of execution of a custodial sentence or detention order, where the requested person is staying in, or is a national or a resident of the executing Member State and that State undertakes to execute the sentence or detention order in accordance with its domestic law;

7. where the European arrest warrant relates to offences which:

(a) are regarded by the law of the executing Member State as having been committed in whole or in part in the territory of the executing Member State or in a place treated as such; or

(b) have been committed outside the territory of the issuing Member State and the law of the executing Member State does not allow prosecution for the same offences when committed outside its territory.

Article 5
Guarantees to be given by the issuing Member State in particular cases

The execution of the European arrest warrant by the executing judicial authority may, by the law of the executing Member State, be subject to the following conditions:

1. where the European arrest warrant has been issued for the purposes of executing a sentence or a detention order imposed by a decision rendered in absentia and if the person concerned has not been summoned in person or otherwise informed of the date and place of the hearing which led to the decision rendered in absentia, surrender may be subject to the condition that the issuing judicial authority gives an assurance deemed adequate to guarantee the person who is the subject of the European arrest warrant that he or she will have an opportunity to apply for a retrial of the case in the issuing Member State and to be present at the judgment;

2. if the offence on the basis of which the European arrest warrant has been issued is punishable by custodial life sentence or life-time detention order, the execution of the said arrest warrant may be subject to the condition that the issuing Member State has provisions in its legal system for a review of the penalty or measure imposed, on request or at the latest after 20 years, or for the application of measures of clemency to which the person is entitled to apply for under the law or practice of the issuing Member State, aiming at a non-execution of such penalty or measure;

3. where a person who is the subject of a European arrest warrant for the purposes of prosecution is a national or resident of the executing Member State, surrender may be subject to the condition that the person, after being heard, is returned to the executing Member State in order to serve there the custodial sentence or detention order passed against him in the issuing Member State.

Article 6
Determination of the competent judicial authorities

1. The issuing judicial authority shall be the judicial authority of the issuing Member State which is competent to issue a European arrest warrant by virtue of the law of that State.

2. The executing judicial authority shall be the judicial authority of the executing Member State which is competent to execute the European arrest warrant by virtue of the law of that State.

3. Each Member State shall inform the General Secretariat of the Council of the competent judicial authority under its law.

Article 7
Recourse to the central authority

1. Each Member State may designate a central authority or, when its legal system so provides, more than one central authority to assist the competent judicial authorities.

2. A Member State may, if it is necessary as a result of the organisation of its internal judicial system, make its central authority(ies) responsible for the administrative transmission and reception of European arrest warrants as well as for all other official correspondence relating thereto.

Member State wishing to make use of the possibilities referred to in this Article shall communicate to the General Secretariat of the Council information relating to the designated central authority or central authorities. These indications shall be binding upon all the authorities of the issuing Member State.

Article 8
Content and form of the European arrest warrant

1. The European arrest warrant shall contain the following information set out in accordance with the form contained in the Annex:

(a) the identity and nationality of the requested person;

(b) the name, address, telephone and fax numbers and e-mail address of the issuing judicial authority;

(c) evidence of an enforceable judgment, an arrest warrant or any other enforceable judicial decision having the same effect, coming within the scope of Articles 1 and 2;

(d) the nature and legal classification of the offence, particularly in respect of Article 2;

(e) a description of the circumstances in which the offence was committed, including the time, place and degree of participation in the offence by the requested person;

(f) the penalty imposed, if there is a final judgment, or the prescribed scale of penalties for the offence under the law of the issuing Member State;

(g) if possible, other consequences of the offence.

2. The European arrest warrant must be translated into the official language or one of the official languages of the executing Member State. Any Member State may, when this Framework Decision is adopted or at a later date, state in a declaration deposited with the General Secretariat of the Council that it will accept a translation in one or more other official languages of the Institutions of the European Communities.

CHAPTER 2
SURRENDER PROCEDURE

Article 9
Transmission of a European arrest warrant

1. When the location of the requested person is known, the issuing judicial authority may transmit the European arrest warrant directly to the executing judicial authority.

2. The issuing judicial authority may, in any event, decide to issue an alert for the requested person in

the Schengen Information System (SIS).

3. Such an alert shall be effected in accordance with the provisions of Article 95 of the Convention of 19 June 1990 implementing the Schengen Agreement of 14 June 1985 on the gradual abolition of controls at common borders. An alert in the Schengen Information System shall be equivalent to a European arrest warrant accompanied by the information set out in Article 8(1).

For a transitional period, until the SIS is capable of transmitting all the information described in Article 8, the alert shall be equivalent to a European arrest warrant pending the receipt of the original in due and proper form by the executing judicial authority.

Article 10
Detailed procedures for transmitting a European arrest warrant

1. If the issuing judicial authority does not know the competent executing judicial authority, it shall make the requisite enquiries, including through the contact points of the European Judicial Network, in order to obtain that information from the executing Member State.

2. If the issuing judicial authority so wishes, transmission may be effected via the secure telecommunications system of the European Judicial Network.

3. If it is not possible to call on the services of the SIS, the issuing judicial authority may call on Interpol to transmit a European arrest warrant.

4. The issuing judicial authority may forward the European arrest warrant by any secure means capable of producing written records under conditions allowing the executing Member State to establish its authenticity.

5. All difficulties concerning the transmission or the authenticity of any document needed for the execution of the European arrest warrant shall be dealt with by direct contacts between the judicial authorities involved, or, where appropriate, with the involvement of the central authorities of the Member States.

6. If the authority which receives a European arrest warrant is not competent to act upon it, it shall automatically forward the European arrest warrant to the competent authority in its Member State and shall inform the issuing judicial authority accordingly.

Article 11
Rights of a requested person

1. When a requested person is arrested, the executing competent judicial authority shall, in accordance with its national law, inform that person of the European arrest warrant and of its contents, and also of the possibility of consenting to surrender to the issuing judicial authority.

2. A requested person who is arrested for the purpose of the execution of a European arrest warrant shall have a right to be assisted by a legal counsel and by an interpreter in accordance with the national law of the executing Member State.

Article 12
Keeping the person in detention

When a person is arrested on the basis of a European arrest warrant, the executing judicial authority shall take a decision on whether the requested person should remain in detention, in accordance with the law of the executing Member State. The person may be released provisionally at any time in conformity with the domestic law of the executing Member State, provided that the competent authority of the said Member State takes all the measures it deems necessary to prevent the person absconding.

Article 13
Consent to surrender

1. If the arrested person indicates that he or she consents to surrender, that consent and, if appropriate, express renunciation of entitlement to the "speciality rule", referred to in Article 27(2), shall be given before the executing judicial authority, in accordance with the domestic law of the executing Member State.

2. Each Member State shall adopt the measures necessary to ensure that consent and, where appropriate, renunciation, as referred to in paragraph 1, are established in such a way as to show that the person concerned has expressed them voluntarily and in full awareness of the consequences. To that end, the requested person shall have the right to legal counsel.

3. The consent and, where appropriate, renunciation, as referred to in paragraph 1, shall be formally recorded in accordance with the procedure laid down by the domestic law of the executing Member State.

4. In principle, consent may not be revoked. Each Member State may provide that consent and, if appropriate, renunciation may be revoked, in accordance with the rules applicable under its domestic law. In this case, the period between the date of consent and that of its revocation shall not be taken into consideration in establishing the time limits laid down in Article 17. A Member State which wishes to have recourse to this possibility shall inform the General Secretariat of the Council accordingly when this Framework Decision is adopted and shall specify the procedures whereby revocation of consent shall be possible and any amendment to them.

Article 14
Hearing of the requested person

Where the arrested person does not consent to his or her surrender as referred to in Article 13, he or she shall be entitled to be heard by the executing judicial authority, in accordance with the law of the executing Member State.

Article 15
Surrender decision

1. The executing judicial authority shall decide, within the time-limits and under the conditions defined in this Framework Decision, whether the person is to be surrendered.

2. If the executing judicial authority finds the information communicated by the issuing Member State to be insufficient to allow it to decide on surrender, it shall request that the necessary supplementary information, in particular with respect to Articles 3 to 5 and Article 8, be furnished as a matter of urgency and may fix a time limit for the receipt thereof, taking into account the need to observe the time limits set in Article 17.

3. The issuing judicial authority may at any time forward any additional useful information to the executing judicial authority.

Article 16

Decision in the event of multiple requests

1. If two or more Member States have issued European arrest warrants for the same person, the decision on which of the European arrest warrants shall be executed shall be taken by the executing judicial authority with due consideration of all the circumstances and especially the relative seriousness and place of the offences, the respective dates of the European arrest warrants and whether the warrant has been issued for the purposes of prosecution or for execution of a custodial sentence or detention order.

2. The executing judicial authority may seek the advice of Eurojust when making the choice referred to in paragraph 1.

3. In the event of a conflict between a European arrest warrant and a request for extradition presented by a third country, the decision on whether the European arrest warrant or the extradition request takes precedence shall be taken by the competent authority of the executing Member State with due consideration of all the circumstances, in particular those referred to in paragraph 1 and those mentioned in the applicable convention.

4. This Article shall be without prejudice to Member States' obligations under the Statute of the International Criminal Court.

Article 17

Time limits and procedures for the decision to execute the European arrest warrant

1. A European arrest warrant shall be dealt with and executed as a matter of urgency.

2. In cases where the requested person consents to his surrender, the final decision on the execution of the European arrest warrant should be taken within a period of 10 days after consent has been given.

3. In other cases, the final decision on the execution of the European arrest warrant should be taken within a period of 60 days after the arrest of the requested person.

4. Where in specific cases the European arrest warrant cannot be executed within the time limits laid down in paragraphs 2 or 3, the executing judicial authority shall immediately inform the issuing judicial authority thereof, giving the reasons for the delay. In such case, the time limits may be extended by a further 30 days.

5. As long as the executing judicial authority has not taken a final decision on the European arrest warrant, it shall ensure that the material conditions necessary for effective surrender of the person remain fulfilled.

6. Reasons must be given for any refusal to execute a European arrest warrant.

7. Where in exceptional circumstances a Member State cannot observe the time limits provided for in this Article, it shall inform Eurojust, giving the reasons for the delay. In addition, a Member State which has experienced repeated delays on the part of another Member State in the execution of European arrest warrants shall inform the Council with a view to evaluating the implementation of this Framework Decision at Member State level.

Article 18

Situation pending the decision

1. Where the European arrest warrant has been issued for the purpose of conducting a criminal prosecution, the executing judicial authority must:

(a) either agree that the requested person should be heard according to Article 19;

(b) or agree to the temporary transfer of the requested person.

2. The conditions and the duration of the temporary transfer shall be determined by mutual agreement between the issuing and executing judicial authorities.

3. In the case of temporary transfer, the person must be able to return to the executing Member State to attend hearings concerning him or her as part of the surrender procedure.

Article 19
Hearing the person pending the decision

1. The requested person shall be heard by a judicial authority, assisted by another person designated in accordance with the law of the Member State of the requesting court.

2. The requested person shall be heard in accordance with the law of the executing Member State and with the conditions determined by mutual agreement between the issuing and executing judicial authorities.

3. The competent executing judicial authority may assign another judicial authority of its Member State to take part in the hearing of the requested person in order to ensure the proper application of this Article and of the conditions laid down.

Article 20
Privileges and immunities

1. Where the requested person enjoys a privilege or immunity regarding jurisdiction or execution in the executing Member State, the time limits referred to in Article 17 shall not start running unless, and counting from the day when, the executing judicial authority is informed of the fact that the privilege or immunity has been waived.

The executing Member State shall ensure that the material conditions necessary for effective surrender are fulfilled when the person no longer enjoys such privilege or immunity.

2. Where power to waive the privilege or immunity lies with an authority of the executing Member State, the executing judicial authority shall request it to exercise that power forthwith. Where power to waive the privilege or immunity lies with an authority of another State or international organisation, it shall be for the issuing judicial authority to request it to exercise that power.

Article 21
Competing international obligations

This Framework Decision shall not prejudice the obligations of the executing Member State where the requested person has been extradited to that Member State from a third State and where that person is protected by provisions of the arrangement under which he or she was extradited concerning speciality. The executing Member State shall take all necessary measures for requesting forthwith the consent of the State from which the requested person was extradited so that he or she can be surrendered to the Member State which issued the European arrest warrant. The time limits referred to in Article 17 shall not start running until the day on which these speciality rules cease to apply. Pending the decision of the State from which the requested person was extradited, the executing Member State will ensure that the material conditions necessary for effective surrender remain fulfilled.

Article 22
Notification of the decision

The executing judicial authority shall notify the issuing judicial authority immediately of the decision on the action to be taken on the European arrest warrant.

Article 23
Time limits for surrender of the person

1. The person requested shall be surrendered as soon as possible on a date agreed between the authorities concerned.

2. He or she shall be surrendered no later than 10 days after the final decision on the execution of the European arrest warrant.

3. If the surrender of the requested person within the period laid down in paragraph 2 is prevented by circumstances beyond the control of any of the Member States, the executing and issuing judicial authorities shall immediately contact each other and agree on a new surrender date. In that event, the surrender shall take place within 10 days of the new date thus agreed.

4. The surrender may exceptionally be temporarily postponed for serious humanitarian reasons, for example if there are substantial grounds for believing that it would manifestly endanger the requested person's life or health. The execution of the European arrest warrant shall take place as soon as these grounds have ceased to exist. The executing judicial authority shall immediately inform the issuing judicial authority and agree on a new surrender date. In that event, the surrender shall take place within 10 days of the new date thus agreed.

5. Upon expiry of the time limits referred to in paragraphs 2 to 4, if the person is still being held in custody he shall be released.

Article 24
Postponed or conditional surrender

1. The executing judicial authority may, after deciding to execute the European arrest warrant, postpone the surrender of the requested person so that he or she may be prosecuted in the executing Member State or, if he or she has already been sentenced, so that he or she may serve, in its territory, a sentence passed for an act other than that referred to in the European arrest warrant.

2. Instead of postponing the surrender, the executing judicial authority may temporarily surrender the requested person to the issuing Member State under conditions to be determined by mutual agreement between the executing and the issuing judicial authorities. The agreement shall be made in writing and the conditions shall be binding on all the authorities in the issuing Member State.

Article 25
Transit

1. Each Member State shall, except when it avails itself of the possibility of refusal when the transit of a national or a resident is requested for the purpose of the execution of a custodial sentence or detention order, permit the transit through its territory of a requested person who is being surrendered provided that it has been given information on:

(a) the identity and nationality of the person subject to the European arrest warrant;

(b) the existence of a European arrest warrant;

(c) the nature and legal classification of the offence;

(d) the description of the circumstances of the offence, including the date and place.

Where a person who is the subject of a European arrest warrant for the purposes of prosecution is a national or resident of the Member State of transit, transit may be subject to the condition that the person, after being heard, is returned to the transit Member State to serve the custodial sentence or detention order passed against him in the issuing Member State.

2. Each Member State shall designate an authority responsible for receiving transit requests and the necessary documents, as well as any other official correspondence relating to transit requests. Member States shall communicate this designation to the General Secretariat of the Council.

3. The transit request and the information set out in paragraph 1 may be addressed to the authority designated pursuant to paragraph 2 by any means capable of producing a written record. The Member State of transit shall notify its decision by the same procedure.

4. This Framework Decision does not apply in the case of transport by air without a scheduled stopover. However, if an unscheduled landing occurs, the issuing Member State shall provide the authority designated pursuant to paragraph 2 with the information provided for in paragraph 1.

5. Where a transit concerns a person who is to be extradited from a third State to a Member State this Article will apply mutatis mutandis. In particular the expression "European arrest warrant" shall be deemed to be replaced by "extradition request".

CHAPTER 3

EFFECTS OF THE SURRENDER

Article 26

Deduction of the period of detention served in the executing Member State

1. The issuing Member State shall deduct all periods of detention arising from the execution of a European arrest warrant from the total period of detention to be served in the issuing Member State as a result of a custodial sentence or detention order being passed.

2. To that end, all information concerning the duration of the detention of the requested person on the basis of the European arrest warrant shall be transmitted by the executing judicial authority or the central authority designated under Article 7 to the issuing judicial authority at the time of the surrender.

Article 27

Possible prosecution for other offences

1. Each Member State may notify the General Secretariat of the Council that, in its relations with other Member States that have given the same notification, consent is presumed to have been given for the prosecution, sentencing or detention with a view to the carrying out of a custodial sentence or detention order for an offence committed prior to his or her surrender, other than that for which he or she was surrendered, unless in a particular case the executing judicial authority states otherwise in its decision on surrender.

2. Except in the cases referred to in paragraphs 1 and 3, a person surrendered may not be prosecuted, sentenced or otherwise deprived of his or her liberty for an offence committed prior to his or her surrender

other than that for which he or she was surrendered.

3. Paragraph 2 does not apply in the following cases:

(a) when the person having had an opportunity to leave the territory of the Member State to which he or she has been surrendered has not done so within 45 days of his or her final discharge, or has returned to that territory after leaving it;

(b) the offence is not punishable by a custodial sentence or detention order;

(c) the criminal proceedings do not give rise to the application of a measure restricting personal liberty;

(d) when the person could be liable to a penalty or a measure not involving the deprivation of liberty, in particular a financial penalty or a measure in lieu thereof, even if the penalty or measure may give rise to a restriction of his or her personal liberty;

(e) when the person consented to be surrendered, where appropriate at the same time as he or she renounced the speciality rule, in accordance with Article 13;

(f) when the person, after his/her surrender, has expressly renounced entitlement to the speciality rule with regard to specific offences preceding his/her surrender. Renunciation shall be given before the competent judicial authorities of the issuing Member State and shall be recorded in accordance with that State's domestic law. The renunciation shall be drawn up in such a way as to make clear that the person has given it voluntarily and in full awareness of the consequences. To that end, the person shall have the right to legal counsel;

(g) where the executing judicial authority which surrendered the person gives its consent in accordance with paragraph 4.

4. A request for consent shall be submitted to the executing judicial authority, accompanied by the information mentioned in Article 8(1) and a translation as referred to in Article 8(2). Consent shall be given when the offence for which it is requested is itself subject to surrender in accordance with the provisions of this Framework Decision. Consent shall be refused on the grounds referred to in Article 3 and otherwise may be refused only on the grounds referred to in Article 4. The decision shall be taken no later than 30 days after receipt of the request.

For the situations mentioned in Article 5 the issuing Member State must give the guarantees provided for therein.

Article 28
Surrender or subsequent extradition

1. Each Member State may notify the General Secretariat of the Council that, in its relations with other Member States which have given the same notification, the consent for the surrender of a person to a Member State other than the executing Member State pursuant to a European arrest warrant issued for an offence committed prior to his or her surrender is presumed to have been given, unless in a particular case the executing judicial authority states otherwise in its decision on surrender.

2. In any case, a person who has been surrendered to the issuing Member State pursuant to a European arrest warrant may, without the consent of the executing Member State, be surrendered to a Member State other than the executing Member State pursuant to a European arrest warrant issued for any offence committed prior to his or her surrender in the following cases:

(a) where the requested person, having had an opportunity to leave the territory of the Member State to which he or she has been surrendered, has not done so within 45 days of his final discharge, or has returned to that territory after leaving it;

(b) where the requested person consents to be surrendered to a Member State other than the executing Member State pursuant to a European arrest warrant. Consent shall be given before the competent judicial authorities of the issuing Member State and shall be recorded in accordance with that State's national law. It shall be drawn up in such a way as to make clear that the person concerned has given it voluntarily and in full awareness of the consequences. To that end, the requested person shall have the right to legal counsel;

(c) where the requested person is not subject to the speciality rule, in accordance with Article 27(3)(a), (e), (f) and (g).

3. The executing judicial authority consents to the surrender to another Member State according to the following rules:

(a) the request for consent shall be submitted in accordance with Article 9, accompanied by the information mentioned in Article 8(1) and a translation as stated in Article 8(2);

(b) consent shall be given when the offence for which it is requested is itself subject to surrender in accordance with the provisions of this Framework Decision;

(c) the decision shall be taken no later than 30 days after receipt of the request;

(d) consent shall be refused on the grounds referred to in Article 3 and otherwise may be refused only on the grounds referred to in Article 4.

For the situations referred to in Article 5, the issuing Member State must give the guarantees provided for therein.

4. Notwithstanding paragraph 1, a person who has been surrendered pursuant to a European arrest warrant shall not be extradited to a third State without the consent of the competent authority of the Member State which surrendered the person. Such consent shall be given in accordance with the Conventions by which that Member State is bound, as well as with its domestic law.

Article 29
Handing over of property

1. At the request of the issuing judicial authority or on its own initiative, the executing judicial authority shall, in accordance with its national law, seize and hand over property which:

(a) may be required as evidence, or

(b) has been acquired by the requested person as a result of the offence.

2. The property referred to in paragraph 1 shall be handed over even if the European arrest warrant cannot be carried out owing to the death or escape of the requested person.

3. If the property referred to in paragraph 1 is liable to seizure or confiscation in the territory of the executing Member State, the latter may, if the property is needed in connection with pending criminal proceedings, temporarily retain it or hand it over to the issuing Member State, on condition that it is returned.

4. Any rights which the executing Member State or third parties may have acquired in the property referred to in paragraph 1 shall be preserved. Where such rights exist, the issuing Member State shall return the property without charge to the executing Member State as soon as the criminal proceedings have been terminated.

Article 30
Expenses

1. Expenses incurred in the territory of the executing Member State for the execution of a European arrest warrant shall be borne by that Member State.

2. All other expenses shall be borne by the issuing Member State.

CHAPTER 4

GENERAL AND FINAL PROVISIONS

Article 31
Relation to other legal instruments

1. Without prejudice to their application in relations between Member States and third States, this Framework Decision shall, from 1 January 2004, replace the corresponding provisions of the following conventions applicable in the field of extradition in relations between the Member States:

(a) the European Convention on Extradition of 13 December 1957, its additional protocol of 15 October 1975, its second additional protocol of 17 March 1978, and the European Convention on the suppression of terrorism of 27 January 1977 as far as extradition is concerned;

(b) the Agreement between the 12 Member States of the European Communities on the simplification and modernisation of methods of transmitting extradition requests of 26 May 1989;

(c) the Convention of 10 March 1995 on simplified extradition procedure between the Member States of the European Union;

(d) the Convention of 27 September 1996 relating to extradition between the Member States of the European Union;

(e) Title III, Chapter 4 of the Convention of 19 June 1990 implementing the Schengen Agreement of 14 June 1985 on the gradual abolition of checks at common borders.

2. Member States may continue to apply bilateral or multilateral agreements or arrangements in force when this Framework Decision is adopted in so far as such agreements or arrangements allow the objectives of this Framework Decision to be extended or enlarged and help to simplify or facilitate further the procedures for surrender of persons who are the subject of European arrest warrants.

Member States may conclude bilateral or multilateral agreements or arrangements after this Framework Decision has come into force in so far as such agreements or arrangements allow the prescriptions of this Framework Decision to be extended or enlarged and help to simplify or facilitate further the procedures for surrender of persons who are the subject of European arrest warrants, in particular by fixing time limits shorter than those fixed in Article 17, by extending the list of offences laid down in Article 2(2), by further limiting the grounds for refusal set out in Articles 3 and 4, or by lowering the threshold provided for in Article 2(1) or (2).

The agreements and arrangements referred to in the second subparagraph may in no case affect relations with Member States which are not parties to them.

Member States shall, within three months from the entry into force of this Framework Decision, notify the Council and the Commission of the existing agreements and arrangements referred to in the first subparagraph which they wish to continue applying.

Member States shall also notify the Council and the Commission of any new agreement or arrangement as referred to in the second subparagraph, within three months of signing it.

3. Where the conventions or agreements referred to in paragraph 1 apply to the territories of Member States or to territories for whose external relations a Member State is responsible to which this Framework Decision does not apply, these instruments shall continue to govern the relations existing between those territories and the other Members States.

Article 32

Transitional provision

1. Extradition requests received before 1 January 2004 will continue to be governed by existing instruments relating to extradition. Requests received after that date will be governed by the rules adopted by Member States pursuant to this Framework Decision. However, any Member State may, at the time of the adoption of this Framework Decision by the Council, make a statement indicating that as executing Member State it will continue to deal with requests relating to acts committed before a date which it specifies in accordance with the extradition system applicable before 1 January 2004. The date in question may not be later than 7 August 2002. The said statement will be published in the Official Journal of the European Communities. It may be withdrawn at any time.

Article 33

Provisions concerning Austria and Gibraltar

1. As long as Austria has not modified Article 12(1) of the "Auslieferungs-und Rechtshilfegesetz" and, at the latest, until 31 December 2008, it may allow its executing judicial authorities to refuse the enforcement of a European arrest warrant if the requested person is an Austrian citizen and if the act for which the European arrest warrant has been issued is not punishable under Austrian law.

2. This Framework Decision shall apply to Gibraltar.

Article 34

Implementation

1. Member States shall take the necessary measures to comply with the provisions of this Framework Decision by 31 December 2003.

2. Member States shall transmit to the General Secretariat of the Council and to the Commission the text of the provisions transposing into their national law the obligations imposed on them under this Framework Decision. When doing so, each Member State may indicate that it will apply immediately this Framework Decision in its relations with those Member States which have given the same notification.

The General Secretariat of the Council shall communicate to the Member States and to the Commission the information received pursuant to Article 7(2), Article 8(2), Article 13(4) and Article 25(2). It shall also have the information published in the Official Journal of the European Communities.

3. On the basis of the information communicated by the General Secretariat of the Council, the Commission shall, by 31 December 2004 at the latest, submit a report to the European Parliament and to the Council on the operation of this Framework Decision, accompanied, where necessary, by legislative proposals.

4. The Council shall in the second half of 2003 conduct a review, in particular of the practical application, of the provisions of this Framework Decision by the Member States as well as the functioning of the Schengen Information System.

Article 35

Entry into force

This Framework Decision shall enter into force on the twentieth day following that of its publication in the Official Journal of the European Communities.

Done at Luxembourg, 13 June 2002.

For the Council
The President
M. Rajoy Brey

기타

■ 부록 21

EU의 연대기(Chronology of the European Union)

1951. 4. 18.	파리조약(Treaty of Paris)에 의해 ECSC조약(Treaty Establishing the European Coal and Steel Community)의 채택 * 원회원국: 독일, 프랑스, 이탈리아, 베네룩스 3국(벨기에, 네덜란드, 룩셈부르크) * 이사회(Council), 고등관청(High Authority), 의회(Assembly), 법원(Court)의 설립
1952. 7. 25.	ECSC조약의 발효
1957. 3. 25.	로마조약(Treaty of Rome)에 의해 EEC조약(Treaty Establishing the European Economic Community)과 EAEC조약(Treaty Establishing the European Atomic Energy Community)의 채택 * 이사회(Council), 위원회(Commission), 의회(Assembly), 법원(Court)의 설립 * Convention on certain Institutions common to the three Communities: 단일의회(a single Assembly)와 단일법원(a single Court)의 합의
1958. 1. 1.	EEC조약과 EAEC조약의 발효
1962. 3. 30.	유럽의회가 Assembly 대신 European Parliament라는 명칭을 사용하기로 결의
1965. 4. 8.	통합조약(Merger Treaty)의 채택(Treaty establishing a Single Council and a Single Commission of the European Communities)
1967. 7. 1.	통합조약(Merger Treaty)의 발효
1968. 7. 1.	관세동맹(Customs Union)의 창설
1972. 1. 22.	영국, 덴마크, 아일랜드, 노르웨이의 EC서명
1973. 1. 1.	영국, 덴마크, 아일랜드의 EC가입(노르웨이는 국민투표에서 비준거부)
1976. 9. 20.	직접보통선거에 의한 의원선출에 관한 의정서(Act concerning the Election of Representatives of the Assembly by Direct Universal Suffrage)의 채택
1979. 6. 7, 10.	유럽의회(European Parliament: EP)의 첫 직접선거의 실시
1979. 7. 17.	유럽의회(European Parliament: EP)의 공식개회
1981. 1. 1.	그리스의 EC가입
1985. 2. 1.	그린란드(1973년 1월 1일부터 EC의 회원국이었던 덴마크 영토의 일부였음)의 EC탈퇴
1986. 1. 1.	스페인, 포르투갈의 EC가입
1986. 2. 17, 28.	단일유럽의정서(Single European Act: SEA)의 채택
1987. 7. 1.	단일유럽의정서(Single European Act: SEA)의 발효
1988. 10. 24.	이사회에 의한 제1심법원(Court of First Instance: CFI) 설립에 관한 결정(Council Decision 88/591)의 채택
1989. 9. 25.	제1심법원(Court of First Instance: CFI)의 설치
1989. 11.	제1심법원(Court of First Instance: CFI)의 직무 개시

1990. 10. 3.	독일의 통일
1992. 2. 7.	유럽연합조약(Treaty on European Union: TEU, Maastricht 조약)의 채택
1992. 5. 2.	EEA협정(Agreement on a European Economic Area)의 채택
1993. 11. 1.	유럽연합조약(Treaty on European Union: TEU, Maastricht 조약)의 발효
1994. 1. 1.	EEA협정(Agreement on a European Economic Area)의 발효
1995. 1. 1.	스웨덴, 핀란드, 오스트리아의 EU가입(노르웨이는 국민투표에서 비준 거부)
1997. 10. 2.	Amsterdam조약(Treaty of Amsterdam amending the Treaty on European Union, the Treaties establishing the European Communities and certain related Acts)의 채택
1999. 5. 1.	Amsterdam조약(Treaty of Amsterdam amending the Treaty on European Union, the Treaties establishing the European Communities and certain related Acts)의 발효
2001. 2. 26.	Nice조약(Treaty of Nice amending the Treaty on European Union, the Treaties establishing the European Communities and certain related Acts)의 채택
2002. 7. 23.	ECSC조약의 소멸
2002. 7. 24.	ECSC 자산과 부채의 EC로의 이전(ECSC조약 만료의 재정적 결과와 석탄철강 연구기금에 관한 의정서: Protocol on the financial consequences of the expiry of the ECSC Treaty and on the Research Fund for Coal and Steel)
2003. 2. 1.	Nice조약(Treaty of Nice amending the Treaty on European Union, the Treaties establishing the European Communities and certain related Acts)의 발효
2004. 5. 1.	사이프러스, 몰타, 헝가리, 폴란드, 슬로박공화국, 라트비아, 에스토니아, 리투아니아, 체코공화국, 슬로베니아의 EU가입
2004. 10. 29.	EU헌법조약(Treaty establishing a Constitution for Europe)의 채택
2005. 5. 29.	EU헌법조약-프랑스 국민투표에서 부결
2005. 6. 1.	EU헌법조약-네덜란드 국민투표에서 부결
2007. 1. 1.	루마니아, 불가리아의 EU가입
2007. 12. 13.	Lisbon조약(Treaty of Lisbon amending the Treaty on European Union and the Treaty establishing the European Community: the Treaty on European Union and the Treaty on the Functioning of the European Union)의 채택
2008. 6. 13.	Lisbon조약-아일랜드 1차 국민투표에서 부결
2009. 10. 2.	Lisbon조약-아일랜드 2차 국민투표에서 가결
2009. 10. 15.	한·EU FTA-벨기에 브뤼셀에서 가서명
2009. 12. 1.	Lisbon조약(Treaty of Lisbon amending the Treaty on European Union and the Treaty establishing the European Community: the Treaty on European Union and the Treaty on the Functioning of the European Union)의 발효
2010. 10. 6.	한·EU FTA-벨기에 브뤼셀에서 정식서명
2011. 7. 1.	한·EU FTA (잠정)발효
2013. 7. 1.	크로아티아의 EU가입

리스본조약에 의한 신구조문 대조표
(Tables of equivalences)*

Treaty on European Union

Old numbering of the Treaty on European Union	New numbering of the Treaty on European Union
TITLE I -. COMMON PROVISIONS	TITLE I -. COMMON PROVISIONS
Article 1	Article 1
	Article 2
Article 2	Article 3
Article 3(repealed)	
	Article 4
	Article 5
Article 4(repealed)	
Article 5(repealed)	
Article 6	Article 6
Article 7	Article 7
	Article 8
TITLE II -. PROVISIONS AMENDING THE TREATY ESTABLISHING THE EUROPEAN ECONOMIC COMMUNITY WITH A VIEW TO ESTABLISHING THE EUROPEAN COMMUNITY	TITLE II -. PROVISIONS ON DEMOCRATIC PRINCIPLES
Article 8(repealed)	Article 9
	Article 10
	Article 11
	Article 12
TITLE III -. PROVISIONS AMENDING THE TREATY ESTABLISHING THE EUROPEAN COAL AND STEEL COMMUNITY	TITLE III -. PROVISIONS ON THE INSTITUTIONS
Article 9(repealed)	Article 13
	Article 14
	Article 15
	Article 16

---

* Tables of equivalences as referred to in Article 5 of the Treaty of Lisbon. OJ 2008 C115/1.

Article 26(repealed)	
Article 27(repealed)	
Article 27a(replaced)	*Article 20*
Article 27b(replaced)	*Article 20*
Article 27c(replaced)	*Article 20*
Article 27d(replaced)	*Article 20*
Article 27e(replaced)	*Article 20*
Article 28	Article 41
	Section 2-. Provisions on the common security and defence policy
Article 17(moved)	Article 42
	Article 43
	Article 44
	Article 45
	Article 46
TITLE VI-. PROVISIONS ON POLICE AND JUDICIAL COOPERATION IN CRIMINAL MATTERS(repealed)	
Article 29(replaced)	
Article 30(replaced)	
Article 31(replaced)	
Article 32(replaced)	
Article 33(replaced)	
Article 34(replaced)	
Article 35(replaced)	
Article 36(replaced)	
Article 37(replaced)	
Article 38(replaced)	
Article 39(replaced)	
Article 40(replaced)	*Article 20*
Article 40 A(replaced)	*Article 20*
Article 40 B(replaced)	*Article 20*
Article 41(repealed)	
Article 42(repealed)	
TITLE VII-. PROVISIONS ON ENHANCED COOPERATION(replaced)	*TITLE IV-. PROVISIONS ON ENHANCED COOPERATION*
Article 43(replaced)	*Article 20*
Article 43 A(replaced)	*Article 20*
Article 43 B(replaced)	*Article 20*
Article 44(replaced)	*Article 20*
Article 44 A(replaced)	*Article 20*

Article 45(replaced)	*Article 20*
TITRE VIII-. FINAL PROVISIONS	TITLE VI-. FINAL PROVISIONS
Article 46(repealed)	
	Article 47
Article 47(replaced)	*Article 40*
Article 48	Article 48
Article 49	Article 49
	Article 50
	Article 51
	Article 52
Article 50(repealed)	
Article 51	Article 53
Article 52	Article 54
Article 53	Article 55

Treaty on the Functioning of the European Union

Old numbering of the Treaty establishing the European Community	New numbering of the Treaty on the Functioning of the European Union
PART ONE-. PRINCIPLES	PART ONE-. PRINCIPLES
Article 1(repealed)	
	Article 1
Article 2(repealed)	
	Title I -. Categories and areas of union competence
	Article 2
	Article 3
	Article 4
	Article 5
	Article 6
	Title II -. Provisions having general application
	Article 7
Article 3, paragraph 1(repealed)	
Article 3, paragraph 2	Article 8
Article 4(moved)	*Article 119*
Article 5(replaced)	
	Article 9
	Article 10
Article 6	Article 11
Article 153, paragraph 2(moved)	Article 12
	Article 13
Article 7(repealed)	

Article 8(repealed)	
Article 9(repealed)	
Article 10(repealed)	
Article 11(repealed)	*Articles 326 to 334*
Article 11a(replaced)	*Articles 326 to 334*
Article 12(repealed)	*Article 18*
Article 13(moved)	*Article 19*
Article 14(moved)	*Article 26*
Article 15(moved)	*Article 27*
Article 16	Article 14
Article 255(moved)	Article 15
Article 286(moved)	Article 16
	Article 17
PART TWO-. CITIZENSHIP OF THE UNION	PART TWO-. NON-DISCRIMINATION AND CITIZENSHIP OF THE UNION
Article 12(moved)	Article 18
Article 13(moved)	Article 19
Article 17	Article 20
Article 18	Article 21
Article 19	Article 22
Article 20	Article 23
Article 21	Article 24
Article 22	Article 25
PART THREE-. COMMUNITY POLICIES	PART THREE-. POLICIES AND INTERNAL ACTIONS OF THE UNION
	Title I -. The internal market
Article 14(moved)	Article 26
Article 15(moved)	Article 27
Title I -. Free movement of goods	Title II-. Free movement of goods
Article 23	Article 28
Article 24	Article 29
Chapter 1-. The customs union	Chapter 1-. The customs union
Article 25	Article 30
Article 26	Article 31
Article 27	Article 32
Part Three, Title X, Customs cooperation(moved)	Chapter 2-. Customs cooperation
Article 135(moved)	Article 33
Chapter 2-. Prohibition of quantitative restrictions between Member States	Chapter 3-. Prohibition of quantitative restrictions between Member States
Article 28	Article 34

Article 29	Article 35
Article 30	Article 36
Article 31	Article 37
Title II-. Agriculture	Title III-. Agriculture and fisheries
Article 32	Article 38
Article 33	Article 39
Article 34	Article 40
Article 35	Article 41
Article 36	Article 42
Article 37	Article 43
Article 38	Article 44
Title III-. Free movement of persons, services and capital	Title IV-. Free movement of persons, services and capital
Chapter 1-. Workers	Chapter 1-. Workers
Article 39	Article 45
Article 40	Article 46
Article 41	Article 47
Article 42	Article 48
Chapter 2-. Right of establishment	Chapter 2-. Right of establishment
Article 43	Article 49
Article 44	Article 50
Article 45	Article 51
Article 46	Article 52
Article 47	Article 53
Article 48	Article 54
Article 294(moved)	Article 55
Chapter 3-. Services	Chapter 3-. Services
Article 49	Article 56
Article 50	Article 57
Article 51	Article 58
Article 52	Article 59
Article 53	Article 60
Article 54	Article 61
Article 55	Article 62
Chapter 4-. Capital and payments	Chapter 4-. Capital and payments
Article 56	Article 63
Article 57	Article 64
Article 58	Article 65
Article 59	Article 66
Article 60(moved)	*Article 75*

Title IV-. Visas, asylum, immigration and other policies related to free movement of persons	Title V-. Area of freedom, security and justice
	Chapter 1-. General provisions
Article 61	Article 67
	Article 68
	Article 69
	Article 70
	Article 71
Article 64, paragraph 1(replaced)	Article 72
	Article 73
Article 66(replaced)	Article 74
Article 60(moved)	Article 75
	Article 76
	Chapter 2-. Policies on border checks, asylum and immigration
Article 62	Article 77
Article 63, points 1 et 2, and Article 64, paragraph 2	Article 78
Article 63, points 3 and 4	Article 79
	Article 80
Article 64, paragraph 1(replaced)	*Article 72*
	Chapter 3-. Judicial cooperation in civil matters
Article 65	Article 81
Article 66(repealed)	*Article 74*
Article 67(repealed)	
Article 68(repealed)	
Article 69(repealed)	
	Chapter 4-. Judicial cooperation in criminal matters
	Article 82
	Article 83
	Article 84
	Article 85
	Article 86
	Chapter 5-. Police cooperation
	Article 87
	Article 88
	Article 89
Title VI-. Transport	Title VI-. Transport
Article 70	Article 90
Article 71	Article 91
Article 72	Article 92
Article 73	Article 93

Article 103	Article 125
Article 104	Article 126
Chapter 2-. monetary policy	Chapter 2-. monetary policy
Article 105	Article 127
Article 106	Article 128
Article 107	Article 129
Article 108	Article 130
Article 109	Article 131
Article 110	Article 132
Article 111, paragraphs 1 to 3 and 5(moved)	*Article 219*
Article 111, paragraph 4(moved)	*Article 138*
	Article 133
Chapter 3-. Institutional provisions	Chapter 3-. Institutional provisions
Article 112(moved)	*Article 283*
Article 113(moved)	*Article 284*
Article 114	Article 134
Article 115	Article 135
	Chapter 4-. Provisions specific to Member States whose currency is the euro
	Article 136
	Article 137
Article 111, paragraph 4(moved)	Article 138
Chapter 4-. Transitional provisions	Chapter 5-. Transitional provisions
Article 116(repealed)	
	Article 139
Article 117, paragraphs 1, 2, sixth indent, and 3 to 9(repealed)	
Article 117, paragraph 2, first five indents(moved)	*Article 141, paragraph 2*
Article 121, paragraph 1(moved) *Article 122, paragraph 2, second sentence(moved)* *Article 123, paragraph 5(moved)*	Article 140
Article 118(repealed)	
Article 123, paragraph 3(moved) *Article 117, paragraph 2, first five indents(moved)*	Article 141
Article 124, paragraph 1(moved)	Article 142
Article 119	Article 143
Article 120	Article 144
Article 121, paragraph 1(moved)	*Article 140, paragraph 1*
Article 121, paragraphs 2 to 4(repealed)	
Article 122, paragraphs 1, 2, first sentence, 3, 4, 5 and 6(repealed)	

Article 122, paragraph 2, second sentence (moved)	*Article 140, paragraph 2, first subparagraph*
Article 123, paragraphs 1, 2 and 4(repealed)	
Article 123, paragraph 3(moved)	*Article 141, paragraph 1*
Article 123, paragraph 5(moved)	*Article 140, paragraph 3*
Article 124, paragraph 1(moved)	*Article 142*
Article 124, paragraph 2(repealed)	
Title VIII-. Employment	Title IX-. Employment
Article 125	Article 145
Article 126	Article 146
Article 127	Article 147
Article 128	Article 148
Article 129	Article 149
Article 130	Article 150
Title IX-. Common commercial policy (moved)	*Part Five, Title II, common commercial policy*
Article 131(moved)	*Article 206*
Article 132(repealed)	
Article 133(moved)	*Article 207*
Article 134(repealed)	
Title X-. Customs cooperation(moved)	*Part Three, Title II, Chapter 2, Customs cooperation*
Article 135(moved)	*Article 33*
Title XI-. Social policy, education, vocational training and youth	Title X-. Social policy
Chapter 1-. social provisions(repealed)	
Article 136	Article 151
	Article 152
Article 137	Article 153
Article 138	Article 154
Article 139	Article 155
Article 140	Article 156
Article 141	Article 157
Article 142	Article 158
Article 143	Article 159
Article 144	Article 160
Article 145	Article 161
Chapter 2-. The European Social Fund	Title XI-. The European Social Fund
Article 146	Article 162
Article 147	Article 163
Article 148	Article 164

Chapter 3-. Education, vocational training and youth	Title XII-. Education, vocational training, youth and sport
Article 149	Article 165
Article 150	Article 166
Title XII-. Culture	Title XIII-. Culture
Article 151	Article 167
Title XIII-. Public health	Title XIV-. Public health
Article 152	Article 168
Title XIV-. Consumer protection	Title XV-. Consumer protection
Article 153, paragraphs 1, 3, 4 and 5	Article 169
Article 153, paragraph 2(moved)	*Article 12*
Title XV-. Trans-.European networks	Title XVI-. Trans-.European networks
Article 154	Article 170
Article 155	Article 171
Article 156	Article 172
Title XVI-. Industry	Title XVII-. Industry
Article 157	Article 173
Title XVII-. Economic and social cohesion	Title XVIII-. Economic, social and territorial cohesion
Article 158	Article 174
Article 159	Article 175
Article 160	Article 176
Article 161	Article 177
Article 162	Article 178
Title XVIII-. Research and technological development	Title XIX-. Research and technological development and space
Article 163	Article 179
Article 164	Article 180
Article 165	Article 181
Article 166	Article 182
Article 167	Article 183
Article 168	Article 184
Article 169	Article 185
Article 170	Article 186
Article 171	Article 187
Article 172	Article 188
	Article 189
Article 173	Article 190
Title XIX-. Environment	Title XX-. Environment
Article 174	Article 191
Article 175	Article 192
Article 176	Article 193

	Titre XXI-. Energy
	Article 194
	Title XXⅡ-. Tourism
	Article 195
	Title XXⅢ-. Civil protection
	Article 196
	Title XXIV-. Administrative cooperation
	Article 197
Title XX-. Development cooperation(moved)	*Part Five, Title Ⅲ, Chapter 1, Development cooperation*
Article 177(moved)	*Article 208*
Article 178(repealed)	
Article 179(moved)	*Article 209*
Article 180(moved)	*Article 210*
Article 181(moved)	*Article 211*
Title XXI-. Economic, financial and technical cooperation with third countries(moved)	*Part Five, Title Ⅲ, Chapter 2, Economic, financial and technical cooperation with third countries*
Article 181*a*(moved)	*Article 212*
PART FOUR-. ASSOCIATION OF THE OVERSEAS COUNTRIES AND TERRITORIES	PART FOUR-. ASSOCIATION OF THE OVERSEAS COUNTRIES AND TERRITORIES
Article 182	Article 198
Article 183	Article 199
Article 184	Article 200
Article 185	Article 201
Article 186	Article 202
Article 187	Article 203
Article 188	Article 204
	PART FIVE-. EXTERNAL ACTION BY THE UNION
	Title Ⅰ-. General provisions on the union's external action
	Article 205
Part Three, Title Ⅸ, Common commercial policy (moved)	Title Ⅱ-. Common commercial policy
Article 131(moved)	Article 206
Article 133(moved)	Article 207
	Title Ⅲ-. Cooperation with third countries and humanitarian aid
Part Three, Title XX, Development cooperation(moved)	Chapter 1-. development cooperation
Article 177(moved)	Article 208
Article 179(moved)	Article 209
Article 180(moved)	Article 210
Article 181(moved)	Article 211

Part Three, Title XXI, Economic, financial and technical cooperation with third countries(moved)	Chapter 2-. Economic, financial and technical cooperation with third countries
Article 181a(moved)	Article 212
	Article 213
	Chapter 3-. Humanitarian aid
	Article 214
	Title Ⅳ-. Restrictive measures
Article 301(replaced)	Article 215
	Title Ⅴ-. International agreements
	Article 216
Article 310(moved)	Article 217
Article 300(replaced)	Article 218
Article 111, paragraphs 1 to 3 and 5(moved)	Article 219
	Title Ⅵ-. The Union's relations with international organisations and third countries and the Union delegations
Articles 302 to 304(replaced)	Article 220
	Article 221
	Title Ⅶ-. Solidarity clause
	Article 222
PART FIVE-. INSTITUTIONS OF THE COMMUNITY	PART SIX-. INSTITUTIONAL AND FINANCIAL PROVISIONS
Title Ⅰ-. Institutional provisions	Title Ⅰ-. Institutional provisions
Chapter 1-. The institutions	Chapter 1-. The institutions
Section 1-. The European Parliament	Section 1-. The European Parliament
Article 189(repealed)	
Article 190, paragraphs 1 to 3(repealed)	
Article 190, paragraphs 4 and 5	Article 223
Article 191, first paragraph(repealed)	
Article 191, second paragraph	Article 224
Article 192, first paragraph(repealed)	
Article 192, second paragraph	Article 225
Article 193	Article 226
Article 194	Article 227
Article 195	Article 228
Article 196	Article 229
Article 197, first paragraph(repealed)	
Article 197, second, third and fourth paragraphs	Article 230
Article 198	Article 231
Article 199	Article 232
Article 200	Article 233
Article 201	Article 234

	Section 2-. The European Council
	Article 235
	Article 236
Section 2-. The Council	Section 3-. The Council
Article 202(repealed)	
Article 203(repealed)	
Article 204	Article 237
Article 205, paragraphs 2 and 4(repealed)	
Article 205, paragraphs 1 and 3	Article 238
Article 206	Article 239
Article 207	Article 240
Article 208	Article 241
Article 209	Article 242
Article 210	Article 243
Section 3-. The Commission	Section 4-. The Commission
Article 211(repealed)	
	Article 244
Article 212(moved)	*Article 249, paragraph 2*
Article 213	Article 245
Article 214(repealed)	
Article 215	Article 246
Article 216	Article 247
Article 217, paragraphs 1, 3 and 4(repealed)	
Article 217, paragraph 2	Article 148
Article 218, paragraph 1(repealed)	
Article 218, paragraph 2	Article 249
Article 219	Article 250
Section 4-. The Court of Justice	Section 5-. The Court of Justice of the European Union
Article 220(repealed)	
Article 221, first paragraph(repealed)	
Article 221, second and third paragraphs	Article 251
Article 222	Article 252
Article 223	Article 253
Article 224	Article 254
	Article 255
Article 225	Article 256
Article 225a	Article 257
Article 226	Article 258
Article 227	Article 259
Article 228	Article 260
Article 229	Article 261

	Article 295
Article 253	Article 296
Article 254	Article 297
	Article 298
Article 255(moved)	*Article 15*
Article 256	Article 299
	Chapter 3-. The Union's advisory bodies
	Article 300
Chapter 3-. The Economic and Social Committee	Section 1-. The Economic and Social Committee
Article 257(repealed)	
Article 258, first, second and fourth paragraphs	Article 301
Article 258, third paragraph(repealed)	
Article 259	Article 302
Article 260	Article 303
Article 261(repealed)	
Article 262	Article 304
Chapter 4-. The Committee of the Regions	Section 2-. The Committee of the Regions
Article 263, first and fifth paragraphs (repealed)	
Article 263, second to fourth paragraphs	Article 305
Article 264	Article 306
Article 265	Article 307
Chapter 5-. The European Investment Bank	Chapter 4-. The European Investment Bank
Article 266	Article 308
Article 267	Article 309
Title Ⅱ-. Financial provisions	Title Ⅱ-. Financial provisions
Article 268	Article 310
	Chapter 1-. The Union's own resources
Article 269	Article 311
Article 270(repealed)	
	Chapter 2-. The multiannual financial framework
	Article 312
	Chapter 3-. The Union's annual budget
Article 272, paragraph 1(moved)	Article 313
Article 271(moved)	*Article 316*
Article 272, paragraph 1(moved)	*Article 313*
Article 272, paragraphs 2 to 10	Article 314
Article 273	Article 315
Article 271(moved)	Article 316

Article 298	Article 348
Article 299, paragraph 1(repealed)	
Article 299, paragraph 2, second, third and fourth subparagraphs	Article 349
Article 299, paragraph 2, first subparagraph, and paragraphs 3 to 6(moved)	*Article 355*
Article 300(replaced)	*Article 218*
Article 301(replaced)	*Article 215*
Article 302(replaced)	*Article 220*
Article 303(replaced)	*Article 220*
Article 304(replaced)	*Article 220*
Article 305(repealed)	
Article 306	Article 350
Article 307	Article 351
Article 308	Article 352
	Article 353
Article 309	Article 354
Article 310(moved)	*Article 217*
Article 311(repealed)	
Article 299, paragraph 2,first subparagraph, and paragraphs 3 to 6(moved)	Article 355
Article 312	Article 356
Final Provisions	
Article 313	Article 357
	Article 358
Article 314(repealed)	

찾아보기

김두수 ──

한국외국어대학교 졸업(법학박사)
Hague Academy of International Law 수료
대한국제법학회 사무국장 및 이사
한국국제경제법학회 출판이사
한국안보통상학회 편집이사
한국유럽학회 이사
국가공무원시험 출제위원
한국외국어대학교 법학연구소 초빙연구원
한국법제연구원 비교법제연구센터 해외법제조사위원
국회도서관 EU법 강사
한국외국어대학교 법학전문대학원, 경희대학교, 서울시립대학교, 아주대학교, 동국대학교, 창원대학교, 경기대학교,
청주대학교 강의교수
경상대학교 객원교수·학술연구교수

『현대국제조약집』(공편)
『개정판 현대국제조약집』(공편)
『EU소송법상 선결적 부탁절차』
『EU법론』
『EU사법(Ⅰ)·(Ⅱ)』(공저)
『EU공동시장법』
『글로벌시대의 유럽읽기』(공저)
『EU식품법』
『유럽연합의 법, 정치와 대외관계』(공저)
『EU환경법』
『EU의 통합성과 지역성』(공저)
외 다수

EU 법

European Union Law

Law · Governance · Economic and Trade · Food Safety ·
Environmental Protection · Criminal Cooperation

초판인쇄　2014년 3월 20일
초판발행　2014년 3월 20일

지은이　김두수
펴낸이　채종준
펴낸곳　한국학술정보㈜
주소　경기도 파주시 회동길 230(문발동)
전화　031) 908-3181(대표)
팩스　031) 908-3189
홈페이지　http://ebook.kstudy.com
전자우편　출판사업부　publish@kstudy.com
등록　제일산-115호(2000. 6. 19)

ISBN　978-89-268-6133-2 93360